明史

上

南炳文 汤纲 著

上海人民出版社

作者简介

南炳文 1942年生，河北省广宗县人。1966年毕业于南开大学历史系，现任南开大学历史研究所所长、博士生导师、天津市政协文史委常务副主任、中国明史学会常务副会长，历任日本东北学院大学、立命馆大学、东洋文库等院校学术机构客座教授、外国人研究员。著有《南明史》、《佛道秘密宗教与明代社会》(主编)、《20世纪中国明史研究回顾》、《中国通史》(明代部分)(合著)、《清史》(上册)(副主编)、《清代文化》(合著)、《清代苗民起义》、《中国古代史》(合著)、《中国图书事业史》(合著)、《天津史话》、《天津古代人物录》(合著)、《中国反贪史》(合著)、《明清史蠡测》。编有《明史研究备览》(合编)、《明清史资料》(合编)、《明清史国际学术讨论会论文集》(合编)、《中国历史大辞典》(明代卷)(合编)。

作者简介

汤　纲　1928年8月生，浙江诸暨市人。1960年毕业于复旦大学历史系。1960年至1980年在南开大学明清史研究室任教。1980年到复旦大学历史系任教，曾任复旦大学历史系主任、文博学院副院长，兼任中国明史学会副会长(现为顾问)。著有《明史》(与南炳文教授合撰)；《二十五史新编·明史》(与朱元寅教授合撰)；《中国通史》第八册(与蔡美彪教授等合撰)；《中国古代史》(撰写明代部分)；《明清史资料》(编写明代部分)。发表学术论文《论明史》、《黄宗羲与明史》等数十篇。

明太祖朱元璋像

明成祖陵 长陵祾恩殿

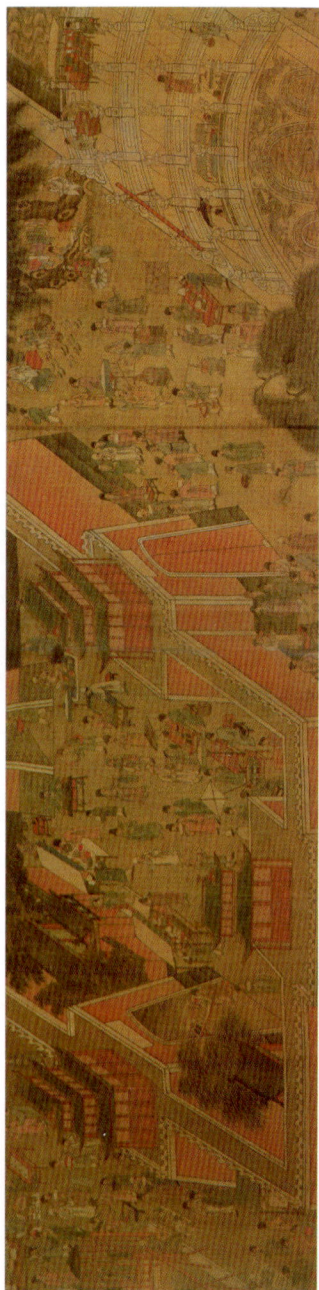

皇都积胜图卷

南都繁会图卷(局部)

山西洪洞县广胜寺上寺飞虹塔

宗喀巴像

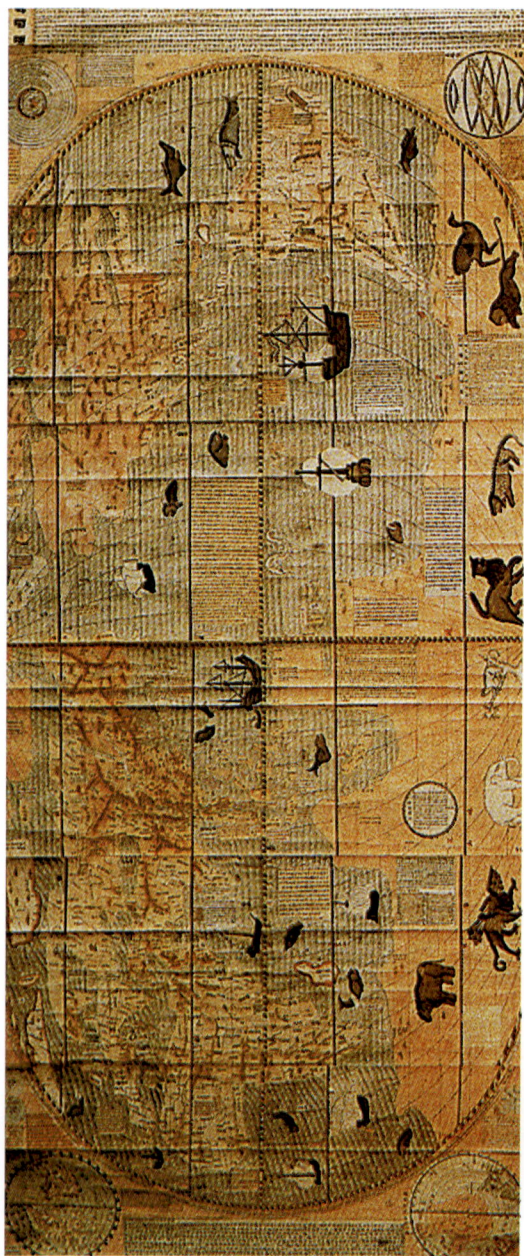

《坤輿万国全图》

荷鱼朱砂澄泥砚

万历五彩云凤纹
葫芦瓶

蓝地法花三彩双耳瓶

宣德青花海水双龙瓷扁瓶

赤地花文锦

剔红花鸟人物两层提盒

《明　史》序

　　明朝是我国历史上的一个重要朝代。这个历史时期,出现
了资本主义萌芽,农民反对封建统治的斗争发展到了一个新阶
段,多民族的统一国家得到进一步巩固和加强,中外交往频繁,
出现了空前的新局面,许多有作为的政治家、军事家,令人钦佩
的爱国主义人物,贡献卓著的思想家、科学家、文学家、艺术家
等,给后人留下了宝贵的精神财富。因此,深入研究明朝的历
史,对于探索中国封建社会的发展规律、学习辩证唯物主义和历
史唯物主义,对于发扬革命英雄主义和爱国主义的光荣传统,对
于总结历史经验、批判地继承历史遗产、为促进"四化"服务,具
有重大的意义。

　　很久以来,中外学者非常重视明代历史的研究,并取得了
可喜的成果。但随着时间的推移,革命和建设的现实要求把它
做得更加全面和深入。呈献在读者面前的这部《明史》,就是作
者试图顺应这一形势而撰写出来的。作者继承了前人的某些研
究成果,也总结了自己的学习心得,逐渐形成了自己对明代历
史的一些见解。他们根据自己的见解,在这部《明史》中比较详
细地叙述了明代生产力的发展状况、各阶级和各阶层的地位、
人民的反抗斗争、上层建筑的各种演变,以及各种人物的具体
活动;比较注意运用马列主义的立场、观点和方法,对复杂的
历史现象作出理论分析和概括;对于史料的运用不求猎奇,注
重平实严谨。这部书对作者自己的学习和研究是一个总结,对
于其他学习和研究明代历史的同志,或许也有一定的参考价

值。我祝贺这部《明史》的出版,更殷切希望今后出现更多更好的明代史专著。

郑天挺

1981.10

目　录

第一章　元末农民大起义和
　　　明朝的建立

元世祖忽必烈建立的元朝,改变了唐末五代以来在我国境内几个政权同时并存的割据形势,恢复了统一的局面,对我国统一的多民族国家的发展起了一定的积极作用。忽必烈时期的一些"汉化"政策,与广大汉族地区的社会情况基本上是相适应的,有利于当时社会生产的发展。但是,元朝政权是以蒙古贵族为主体的,他们自然就把本族内一些落后的东西带到了元朝政府所实行的政治和经济政策中去,使得社会在某些方面呈现出错综复杂的现象。元朝一代,民族矛盾和阶级矛盾都很尖锐,人民反抗延绵不断,最后终于爆发了元末农民大起义,推翻了元朝的统治。

第一节　元朝后期的腐朽统治和严重的社会危机

一、剧烈的土地兼并和农民的沉重负担

1. 蒙古贵族官僚以"赐田"形式抢占土地

元朝一代土地兼并剧烈,当蒙古贵族进占中原地区时,他们就大肆抢占土地作为牧场。到了元朝后期,蒙古贵族随着进占汉人农业地区时间的延长,从汉族地主那里学会了向农民征收地租的剥削手段,因此,对掠夺土地更为贪婪。他们获得土地的方法之一是由皇帝"赐田"。除了蒙古贵族以外,色目和汉人官

僚也同样被赐予田地。这种赐田,在元世祖时,一般不过百顷,个别的有赐给千顷的,如忽必烈赐撒吉思益都田千顷。到元朝后期,赐给千顷土地就习以为常了,甚至有赐田万顷的,如伯颜在泰定(1324—1327年)以前已赐田五千顷,到元顺帝至元二年(1336年)又一次赐田五千顷。在江南膏腴地区赐田的情况也日趋严重,世祖时,赐郑温常州田三十顷,赐叶李平江田四十顷,最多时也只八十顷,但到武宗时,竟赐瑚阿不剌平江田一千五百顷。文宗曾赐燕铁木儿平江官地五百顷①。这些蒙古贵族和官僚以赐田的形式获得土地,以租佃的方式向农民进行剥削。如武宗时,一个大臣占江南田一千二百三十顷,收租五十万石,每亩租粮高达四石。如此苛重的地租,真是对农民敲骨吸髓的剥削。元朝政府还拨给官僚职田。武宗至大二年(1309年)在江西地区,三品官职田的佃户有五百至七百户,下至九品小官,还占有佃户三十至五十户②。这些官僚对佃户的剥削非常苛重,"闽宪职田,每亩岁输米三石,民率破产偿之"③。

2. 寺院和汉族地主对土地的兼并

元朝统治者竭力利用宗教来麻痹人民。元代全国寺观林立,僧道人数极多,元朝后期更是恶性发展。元顺帝至元三年(1337年)嘉兴路竟有僧道二千七百人④。仁宗延祐六年(1319年)白云宗总摄沈明仁竟有僧徒十万人⑤。当然,这些所谓的僧徒,绝大部分是寺院大地主的佃农,由此可见当时寺院势力的猖獗。元朝政府将大量土地拨给寺院,其数字十分惊人,如元顺帝

---

① 《元史》卷134《撒吉思传》,卷138《伯颜传》,卷154《郑温传》,卷173《叶李传》,卷184《王都中传》,卷118《瑚阿不剌传》,卷32《文宗纪》。

② 《元典章》卷25《户部》11《禁职田佃户规避差役》。

③ 苏天爵:《滋溪文稿》卷9《元故太史院赠翰林学士齐文懿公神道碑》。

④ 《元史》卷190《赡思传》。

⑤ 《元史》卷26《仁宗纪》。

"拨山东地土十六万二千余顷属大承天护圣寺"①。除了由元朝政府拨给赐田以外,这些寺院大地主更是贪得无厌地强抢豪夺,如上所说的白云宗总摄沈明仁即"强夺民田二万顷"②。成宗大德三年(1299 年),据当时中书省的统计,江南诸寺佃户达五十余万③。

除了上面所说的蒙古贵族官僚以及寺院大肆兼并土地以外,一般汉族地主也不甘落后。"江南富户侵占民田,以致贫者流离转徙"④。"富室有蔽占王民奴使之者,动辄百千家,有多至万家者"⑤。元统(1333—1335 年)初"松江大姓,有岁漕米万石献京师者"⑥。这就形成了"大家收粟至数百万斛,而小民皆无盖藏"⑦,"贫者愈贫,富者愈富"⑧ 的情景。

3. 农民的沉重负担

在蒙古贵族、官僚、寺院和地主掀起的土地兼并狂潮中,很多农民失去了土地,成为租种地主土地的佃农,"江南佃民,多无己产,皆于富家佃种土地,分收籽粒,以充岁计"⑨。他们在元朝政府和地主阶级的残酷压迫剥削下,生活于竭蹶艰难之中,每遇青黄不接或水旱灾歉之际,就只好向地主、商人借高利贷,挨至秋成时,辛苦一年所得粮食,除田主分受外,"尽数偿之,还本利更有不敷",甚至"抵挡人口,准折物件",以致逃避在外,"土田荒废"⑩。农民除了向地主交纳地租以外,还要负担元朝政府的赋税徭役。当时的赋税"日增月益",到天历(1328—1329 年)年间,

---

① 《元史》卷 41《顺帝纪》。

② 《元史》卷 26《仁宗纪》。

③④ 《元史》卷 20《成宗纪》。

⑤ 《元史》卷 23《武宗纪》。

⑥ 《元史》卷 184《王克敬传》。

⑦ 余阙:《青阳集》卷 3《宪使董公均役记》。

⑧ 危素:《危太仆续集》卷 9《书张成基传后》。

⑨⑩ 《元典章》卷 19《户部》5。

比至元(1280—1294年)、大德(1297—1307年)时,"盖增二十倍"①。有一种叫包银的捐税,竟规定每家纳银四两,"二两输银,二两折收丝、绢、颜色等物"②。地方官于征收时往往额外多收,如江西饶州路"州县征之加十倍"③。在江南,佃户的人身依附性很强,有的地区,地主可以把佃户随土地一起出卖,叫做"随田佃客"。元朝法律规定,"地主殴死佃客者,杖一百七,征烧埋银五十两"④。这就从法律上给予了地主可以随意杀死佃客而不必偿命的权力。

二、民族压迫政策

蒙古统治者为了巩固他们的政权,为了紧紧地控制人数上远比蒙古族为多的汉族和其他各族人民,实行了严厉的民族分化和民族压迫政策。蒙古统治者严禁蒙古人汉化,禁止蒙古人与汉人通婚,以使蒙古族保持其特有的风俗习惯。并"禁汉人、南人不得习学蒙古、色目文字"⑤,人为地造成蒙汉两族的民族隔阂。元朝统治者还把全国分成四等人:第一等是蒙古人;第二等是色目人,包括西夏人、维吾尔人和中亚及欧洲各族人民,也即是西域人;第三等是汉人,包括原来金朝统治下的汉人、契丹人、女真人、高丽人等;第四等是南人,即南宋统治下的汉人以及当地各少数民族的人民。元朝统治者对这四等人的待遇各不相同。蒙古人居上。其次为色目人,蒙古贵族利用他们来监视和协助统治汉人、南人。南人的地位最低,最受歧视和压迫。名义上汉人的地位要稍高于南人,其实他们受歧视和压迫的情况,和

---

①② 《元史》卷93《食货志》。

③ 《元史》卷184《王都中传》。

④ 《元史》卷105《刑法志》。

⑤ 《元史》卷39《顺帝纪》。

南人也没有什么区别,蒙古统治者在实行民族压迫措施时,往往把汉人和南人并列在一起不加区分。这种"四等人"的民族歧视和压迫政策,元朝一代始终执行着,贯彻到经济、政治、军事、文化等各个方面,而且越到后来越为严厉。在元初忽必烈时,蒙古统治者为了笼络汉族地主,还有少数汉人担任中书省左右丞相的官职。元世祖以后,蒙古统治者以为天下已得,中央省、台、院的长官就没有汉人的份了。如至正六年(1346年)元顺帝任命贺惟一做御史大夫,但贺惟一因"故事,台端非国姓不以授"①,辞不敢做。元顺帝赐他蒙古姓,又改名太平,这才做了。至于南人则一直被排斥在中央省、台、院的官僚机构之外,"自世祖以后,南人斥不用"。直到元顺帝至正十二年,由于农民起义的不断发生,元朝统治者为了收拾人心,令"南士皆得居省、台",遂擢升贡师泰、周伯琦两人为监察御史,但也不过是不起什么作用的七品小官②。地方行省平章等官,"承平之时,虽德望汉人,抑而不与"③。一般汉人官僚可以做行省以下路府州县的"总管",但蒙古统治者也仍然要设法牵制,往往以色目人担任总管之下的同知。同时,元朝统治者又设了"达鲁花赤"的监临官,它必须由蒙古人或色目人充当,汉人是不能问津的。而总管和同知都要受达鲁花赤的指挥,成为实际上的最高长官。元朝的法律也充分反映了民族歧视和压迫的内容,它对蒙、汉两族很不平等。汉人犯法由刑部审理,但蒙古、色目人犯法,刑部不得过问,由大宗正府审理。这就是说,蒙古人除了得到法律明文规定的庇护以外,还受到大宗正府这一特别法庭的保护。汉人、南人犯盗案要在臂上刺字,而蒙古、色目人则免刺。更为不平的是,刑法上竟

---

① 《元史》卷140《太平传》。
② 《元史》卷187《贡师泰周伯琦传》。
③ 《元史》卷186《成遵传》。

有这样的规定,"诸蒙古人与汉人争,殴汉人,汉人勿还报,许诉于有司"。这就是用法律来捆住汉人的手脚,任凭蒙古贵族、地主宰割。甚至有蒙古人因争吵乘醉殴死汉人者,只"断罚出征,并全征烧埋银"① 了事。在科举和学校方面,元朝政府也根据"四等人"的标准,对汉人和南人实行严格的限制。如在科举考试中,对汉人的试题难、要求高、名额少。就人口总数讲,汉人和南人远远超过蒙古、色目人,但元朝统治者却规定会试时,"取中选者一百人,蒙古、色目、汉人、南人分卷考试,各二十五人"。学校录取学生的情况也与此类似。如仁宗延祐二年(1315 年)的京师蒙古国子学(收蒙古、汉人百官及怯薛台官员的子弟),"所设生员百人,蒙古五十人,色目二十人,汉人三十人"②。而科举中选或学校毕业授官时,又往往分配给汉人、南人以最低最劣的职位。蒙古贵族和上层色目人还可以通过"怯薛"出身出入官场。"怯薛"就是宫廷的禁军宿卫,蒙古贵族子弟往往通过宿卫宫廷爬上显赫的地位,"常加显擢"③。元末时人陈高,曾遇到一个不识一字却得到高官厚禄的蒙古少年,因而感叹一批汉人穷秀才皓首穷经,孜孜黄卷,但结果却是"年年去射策,临老犹儒冠"④。当时人王祎对汉族知识分子所处的穷困境地和艰于仕进的状况,也一再发出愤愤不平的慨叹,说:"士生今时,欲以所学自见,亦何其难也。"⑤ "为士于今日者,宜其穷困颠踬视昔有加,其心甚劳,而力甚艰也。"⑥蒙古统治者为了防止汉族人民的反抗,不断地下令没收汉人、南人的军器,把坏的销毁,比较好的交给色目人用来监视汉人,精良的武器收放到武器库里,以备蒙

① 《元史》卷 105《刑法志》。
② 《元史》卷 81《选举志》。
③ 《元史》卷 82《选举志》。
④ 陈高:《不系舟渔集》卷 3《感兴诗》。
⑤⑥ 王祎:《王忠文公集》卷 4《送朱仲桓序》、《赠熊君序》。

古人使用,甚至规定汉人、南人"不得持寸铁"。

蒙古统治者推行的民族歧视、压迫政策,主要还是针对广大汉族劳动人民的。至于一般汉族地主阶级,虽然在仕途上遭到了一些排挤和打击,但他们和蒙古贵族的基本阶级利益是一致的,因此元朝政府对汉族地主压迫和剥削农民的阶级利益则处处维护,丝毫不加抑制。所以,元朝时期,汉族地主仍能肆无忌惮地进行土地兼并。同时,元朝政府虽然竭力提高蒙古族的政治地位,在经济上也大力扶植,但这些政策的实际获益者,也只是蒙古贵族阶层和蒙古族中的上层分子,至于蒙古族中的广大贫苦人民,同样受到残酷的压迫和剥削。草原上的蒙古人民,在繁重的军役和蒙古贵族的压迫剥削下,过着艰难困苦的生活,尤其在遇到旱灾和大风雪等自然灾害时,往往衣食无着,冻饿而死。文宗至顺二年(1331年),兴和路"蒙古民万一千一百余户,大雪,畜牧冻死"①。仁宗延祐七年(1320年),"和林民阎海瘅殍死者三千余人"②。所以,在草原上的蒙古人民往往大批逃到大都、上都和陕西等地。武宗至大元年(1308年),大都"北来贫民八十六万八千户"。文宗至顺三年(1332年),蒙古军"流离至陕西者四百六十七户"。这些大批逃荒到内地的蒙古贫民,往往把自己的子女卖为奴仆,《元史》中有关这方面的记载屡见不鲜。武宗至大元年(1308年),"北来饥民,有鬻子者"。仁宗延祐四年(1317年),"帝谕省臣曰:比闻蒙古诸部贫乏,往往鬻子女于民家为婢仆"。英宗至治元年(1321年)的一个上谕中也提到"蒙古子女鬻为回回、汉人奴"的情况。而元朝政府对待这些蒙古贫民同样采取镇压政策,要求他们"毋擅离所部,违者斩"③。

---

① 《元史》卷35《文宗纪》。

② 《元史》卷27《英宗纪》。

③ 《元史》卷22《武宗纪》,卷26《仁宗纪》,卷34、36《文宗纪》,卷27《英宗纪》,卷29《泰定帝纪》。

三、统治阶级的内部矛盾和政治的腐朽

元朝从中统元年(1260年)忽必烈称帝到至正二十八年(1368年)元顺帝被朱元璋赶出大都(北京),前后历时一百零八年。忽必烈于至元三十一年(1294年)病死,一共做了三十四年皇帝,这是元朝的全盛时期。从忽必烈死后到元顺帝妥欢帖木尔即位(1333年),四十年间换了十个皇帝,平均每四年就要换一个皇帝。其中从致和元年(1328年)到元统元年(1333年)更是年年换皇帝,六年中换了五个皇帝。他们都是在皇室贵族间经过互相残杀而上台的,为了夺取皇位,演出了一场场父子、兄弟相争的丑剧。蒙古贵族的大臣们也都分成派别,投靠他们各自的主子,参加这一争斗。如武宗、仁宗、泰定帝及文宗,都是蒙古贵族大臣们拥立的。在纷争中得势的君臣们,根本不管社会生产和国家政事,惟知搜刮民脂民膏供他们挥霍,奢侈腐化成风。如成宗死后,武宗海山抢得皇帝宝座,于是就对拥护他的一些贵族、大臣滥予赏赐,弄得国库虚竭。他在成宗大德十一年(1307年)五月即位,到八月,只三个月时间,赏赐"钞总三百五十万锭",弄得"两都所储已虚"。当时"常赋岁钞四百万锭,各省备用之外,入京师者二百八十万锭"[1]。至大四年(1311年)武宗死,仁宗爱育黎拔力八达即位。他于即位的当月,"以诸王朝会,普赐金三万九千六百五十两,银百八十四万九千五十两,钞二十二万三千二百七十九锭,币帛四十七万二千四百八十八匹"[2]。就这样,不到一年时间,用钞达二千万锭。当时的臣僚奏称:"每岁支钞六百余万锭,又土木营缮百余处,计用数百万锭,内降旨

---

① 《元史》卷22《武宗纪》。
② 《元史》卷24《仁宗纪》。

赏赐复用三百余万锭，北边军需又六七百万锭，今帑藏见贮止十一万余锭。"①财政费用成倍地增长，而其亏空也与日俱增，到元末至顺二年（1331年）元朝政府支出经费，"以（世宗）至元三十年（1293年）以前较之，动增数十倍。至顺经费缺二百三十九万余锭"②。

元朝末期，政治腐败，贪污贿赂之风盛行。仁宗延祐六年（1319年）御史台臣言："比者官以倖求，罪以贿免。"③政府卖官鬻爵，"高下有定价"。官吏搜刮钱财的花样更是名目繁多，"所属始参曰拜见钱，无事白要曰撒花钱，逢节曰追节钱，生辰曰生日钱，管事而索曰常例钱，送迎曰人情钱，勾追曰赍发钱，论诉曰公事钱。觅得钱多曰得手，除得州美曰好地方，补得近职曰好窠窟"。甚至连职掌"纠察百官善恶、政治得失"的肃政廉访司的官员，"所至州县，各带库子捡钞秤银，殆同市道"，真是"罔然不知廉耻为何物"！④元朝政府任用的一些蒙古官吏，很多是不学无术的家伙，有的甚至根本不识汉字，要题判署事，及写日子，七字钩不从右"七"转，而从左扌转，见者为笑⑤。蒙古军队到了元朝末期，也十分腐化，部队的将领多为蒙古贵族承袭，惟知贪图享受，沉溺酒色，"但以飞觞为飞炮，酒令为军令，肉阵为军阵，讴歌为凯歌"⑥。顺帝时的御史大夫张桢，当农民起义军毛贵部攻下山东时，他上疏陈十祸，其中讲到元朝政府及统军将帅之腐败情况时说："臣伏见调兵六年，初无纪律之法，又无激劝之宜，将帅因败为功，指虚为实，大小相谩，上下相依，其性情不一，而邀功求赏则同。是以有覆军之将，残民之将，怯懦之将，贪婪之将，曾

---

① 《元史》卷24《仁宗纪》。
② 《元史》卷184《陈思谦传》。
③ 《元史》卷26《仁宗纪》。
④⑤ 叶子奇：《草木子》卷4《杂俎篇》。
⑥ 叶子奇：《草木子》卷3《克谨篇》。

无惩戒,所经之处,鸡犬一空,货财俱尽。及其面谀游说,反以克复受赏。"① 这样的政府,这样的将帅,自然不能统兵作战,而只能残害人民。

蒙古统治者为了麻痹人民,大肆宣传宗教迷信思想,耗费巨大的人力物力来修筑寺院和"作佛事",元朝后期更是有增无已。英宗为了"建寿安山寺,给钞千万贯","役卒七千人","冶铜五十万斤,作寿安山寺佛像"②。谏造佛寺的御史观音保等人竟被杀死。仁宗延祐四年(1317 年)宣徽使统计,每年内廷作佛事,要用面四十三万九千五百斤,油七万九千斤,酥二万一千八百七十斤,蜜二万七千三百斤③。仁宗皇庆二年(1313 年)"各寺作佛事,日用羊九千四百四十"④。

元朝后期统治者的骄奢淫逸,肆意挥霍浪费,造成国库虚竭,财政极度困难。于是元朝政府除了加重赋税以外,又用滥发纸币的办法来剥夺人民,使得币制混乱,形成恶性的通货膨胀,人民生活更为艰难。

由于统治者不关心生产,不组织防灾抗灾,致使水、旱、蝗灾以及疾疫不断发生,无灾成灾,小灾变大灾。从泰定帝(1324 年)开始到 1368 年元亡,在这四十多年时间中,关于天灾的记载史不绝书。泰定元年(1324 年)"两浙及江东诸郡水、旱,坏田六万四千三百余顷"⑤。陕西"自泰定二年至是岁(天历元年,1328 年)不雨,大饥,民相食"⑥。天历二年(1329 年)"陕西诸路饥民百二十三万四千余口,诸县流民又数十万"。当时大批流

---

① 《元史》卷 186《张桢传》。
② 《元史》卷 27、28《英宗纪》。
③ 《元史》卷 202《释老传》。
④ 《元史》卷 24《仁宗纪》。
⑤ 《元史》卷 29《泰定帝纪》。
⑥ 《元史》卷 32、33《文宗纪》。

民因饥饿"自嵩、汝至淮南,死亡相藉"①。据河南廉访司言:"河南府路以兵、旱民饥,食人肉","饿死者千九百五十人"②。至顺元年(1330年)广德、太平、集庆等路饥民凡数百万户。"汴梁、怀庆、彰德、大名、兴和、卫辉、顺德、归德及高唐、泰安、徐、邳、曹、冠等州饥民六十七万六千户,一百一万二千余口","松江、平江、嘉兴、湖州等路水漂民庐,没田三万六千六百余顷,饥民四十万五千五百七十余户"③。元统元年(1333年)"大霖雨,京畿水平地丈余,饥民四十余万","黄河大溢,河南水灾,两淮旱,民大饥"。元统二年,江浙大饥,饥民五十九万余户④。至正十二年(1352年)"大名路开、滑、浚三州,元城十一县,水旱虫蝗,饥民七十一万六千九百八十口"⑤。至正十四年曹州、汴梁、白茅堤、金堤等处三次决口,给河南、山东等地人民的生命财产造成了极大的损失⑥。同年,"江西、湖广大饥,民疫疠者甚众"⑦。至正十九年(1359年)"山东、河东、河南、关中等处蝗飞蔽天,人马不能行,所落沟堑尽平,民大饥","蝗自河北飞渡汴梁,食田禾一空"⑧。

第二节　大起义的爆发

人祸、天灾,造成了元末的经济残破,民不聊生,但元朝统治者却仍然醉生梦死地过着奢侈淫逸的生活,于是民怨沸腾,民谣四起。当时,人们往往借用一些自然现象,编造出短小生动的民谣来表达自己的政治理想。如河北有童谣云:"塔儿黑,北人作主南是客;塔儿红,朱衣人作主人公。"在河南有民谣:"天雨线,

① 《元史》卷32、33《文宗纪》。
②③ 《元史》卷33、34《文宗纪》。
④⑤⑥⑦ 《元史》卷38、42、41、43《顺帝纪》。
⑧ 《元史》卷45《顺帝纪》。

民起怨;中原地,事必变。"淮楚地区有童谣:"富汉莫起楼,穷汉莫起屋;但看羊儿年,便是吴家国。"① 这些民谣,很明显是反对元朝统治的,它符合当时广大人民的愿望,所以一经出现,就不胫而走,传遍各地,鼓动人心。浙江温州和台州地区的人民,由于受不了地主阶级和元朝统治者的残酷压迫和剥削,直接在村边树起造反的大旗,旗上写着:"天高皇帝远,民少相公多;一日三遍打,不反待如何!"② 人心思反,已经成为全国人民的一个共同愿望。"山雨欲来风满楼",各地的小股农民暴动,揭开了元末农民大起义的序幕。

一、大起义的前奏——赵丑厮、郭菩萨和棒胡、彭和尚等的起义

泰定二年(1325 年)河南息州民赵丑厮、郭菩萨倡言"弥勒佛当有天下",号召人民起义,被元政府逮捕处死③。

至元三年(1337 年)广州增城县民朱光卿起义,"其党石昆山、钟大明率众从之"。他们建立大金国,年号赤符。同时,"惠州归善县民聂秀卿、谭景山等造军器,拜戴甲为定光佛",与朱光卿相结合,声势更为盛大④。

同年,河南陈州(淮阳)棒胡起义于汝宁信阳州,率众攻占归德鹿邑,屯营于杏冈。棒胡原名闰儿,以善使棒闻名,起义时烧香聚众,制弥勒佛小旗,建年号,自称"李老君太子"⑤。

---

① 《元史》卷 51《五行志》。
② 黄溥:《闲中今古录摘抄》。
③ 《元史》卷 29《泰定帝纪》。
④ 《元史》卷 39《顺帝纪》。
⑤ 《元史》卷 39《顺帝纪》,卷 138《许有壬传》;权衡:《庚申外史》卷上。

至元四年(1338 年),袁州(今江西宜春)僧彭莹玉(一称彭和尚)和他的徒弟周子旺率众五千余人起义,"背、心皆书佛字"①。

至元五年开封杞县人范孟起义,假传皇帝圣旨,杀河南行省平章政事月禄帖木儿等②。

至正六年(1346 年)有骑"贼"四十人,阻扼李开务之闸河,邀截漕舟三百艘,使得元朝由南往北每年运粮几百万石的漕运受到阻塞③。

至正七年,江阴、通、泰、镇江、真州等沿江一带郡县的人民不断起义,集庆花山的起义军三十六人,乘战船往来于江上,"官军万人不能进讨,反为所败"④。

同时,各地少数民族人民也不断举行起义。至正八年,辽东女真族人锁火奴以及辽阳兀颜拨鲁欢,都自称是大金的子孙,起来反抗元朝的统治。

元顺帝时,广西和湖广地区的瑶族人民不断起义。至正三年(1343 年),元朝政府镇压了道州、贺州的瑶人起义,杀害了他们的首领唐大二和蒋仁五,但其部属蒋丙依然坚持斗争,"自号顺天王,攻破连、桂二州"⑤。

这些起义,虽然为时不久,都被元朝政府所镇压,但却揭开了元末农民大起义的序幕。起义者提出的弥勒佛降生救世的号召深入人心,他们英勇斗争的精神鼓舞着人们前仆后继。农民起义此伏彼起,继续不断地打击着元朝的反动统治,而且声势越来越大,最后终于爆发了元末农民大起义。

---

① 权衡:《庚申外史》卷上;《元史》卷 39《顺帝纪》。
② 《元史》卷 40《顺帝纪》。
③④⑤ 《元史》卷 41《顺帝纪》。

二、韩山童、刘福通领导的红巾军和
龙凤政权的建立

韩山童是红巾军的早期倡导人和组织者。韩山童的祖先原是栾城人,他的祖父是白莲教徒,因为传播白莲教的教义而被元朝政府以"烧香惑众"的罪名,谪徙永年(今河北永年)。元朝末期,韩山童继承祖父的事业,继续宣传"天下当大乱,弥勒佛下生,明王出世"。当时,处在水深火热中的广大劳动人民亟盼得到解救,因此,河南、江、淮间的人民对韩山童的宣传"多信之"①。

当时韩山童等奉的是弥勒佛,因此就叫做弥勒教或白莲教。因宣传"明王出世",又叫做"明教"。明教渊源于唐代传入中国的摩尼教,是波斯人摩尼所创,它是掺合了基督教、祆教、佛教而成的。其主要教义为二宗三际,认为世界上有两种不同力量叫明、暗两宗。明是善,暗是恶,两者互相斗争,经过初际、中际、后际三个阶段。初际时,明、暗两宗形成对立状态。中际时,暗的势力扩大,压迫明的势力。这时明王出世,经过斗争,把暗的恶势力赶走。后际时,明暗各复本位。明教传入中国后,又和在民间流传的弥勒教、白莲教相混合。弥勒教和白莲教都属佛教的净土宗。据佛教传说,释迦牟尼灭度(死)后,世界变坏了,要等到弥勒佛出世时,世界才会变得美好起来。白莲教供奉的是阿弥陀佛,因其仪式和戒条跟弥勒教相近,所以后来在民间流传时也就混合在一起了。

明教和弥勒教都不满现状,主张改变现状,都相信和期待着未来的美好世界。因此,"弥勒下生,明王出世"就成为鼓动和组

---

① 高岱:《鸿猷录》卷2《宋事始末》;《明史》卷122《韩林儿传》。

织群众起义的有力号召。

至正十一年(1351年)河南归德知府观音奴向元朝中央政府报告说:"今河决白茅,日徙而北,失其故道,当疏塞以为地利。"① 当时中书省右丞相脱脱正因变更钞法失败,物价腾贵,就想以治河来挽回他的声誉,对元顺帝说:"皇帝方忧下民,为大臣者职当分忧。然事有难为,犹疾有难治,自古河患即难治之疾也,今我必欲去其疾。"② 于是他派工部尚书成遵前去勘察,成遵回来说:"工不可兴,浩大难成。且现今南阳、安丰盗贼成群,万一与挑河人夫相挺而杂起,此大乱之机,非细事也。"③ 其他许多官僚也纷纷反对,脱脱不听,贬成遵为长芦盐运使,擢升贾鲁为工部尚书兼河防使,总治河防。就于这年四月,"发汴梁、大名十三路民十五万"前去兴工。为了防备挑河夫的动乱,又调派了庐州等地的二万军队去监视。准备挖掘自黄陵冈南达白茅和自黄陵冈西至阳青村的河道,使黄河东流复故道④。正在筹划起义的韩山童等人听到了这个消息,十分高兴。原来,元朝政府怕人民聚众闹事,一再申令严禁集会,现在元朝政府自己把一二十万人民聚集到挑河工地上,正是宣传鼓动起义的大好时机。当时在黄河南北一直流传着一首民谣:"石人一只眼,挑动黄河天下反。"⑤ 于是韩山童等人就因势利导,凿了个一只眼的石人,并把那首民谣略作改动,刻在石人的背上:"莫道石人一只眼,此物一出天下反",预埋到黄陵冈要挖的河道里。元朝的治河官吏不管河工的死活,克扣河工的"食钱","河夫多怨"。正在这时,河工在黄陵冈上掘出了一只眼的石人,看到在它背上刻着的两句话和当时在社会上流传着的民谣相符合,大家感到十分惊诧,

①③ 权衡:《庚申外史》卷上。

② 《元史》卷138《脱脱传》。

④ 《元史》卷42《顺帝纪》。

⑤ 《元史》卷66《河渠志》。

就纷纷计谋造反。①

韩山童和他的同道颍州(今安徽阜阳)人刘福通及杜遵道、罗文素、盛文郁等聚集了三千人在颍州颍上县白鹿庄密谋起义，为了便于更加广泛地动员群众，他们就宣称"山童，宋徽宗八世孙，当主中国"②，并说刘福通是宋朝大将刘光世的后代，当辅佐旧主恢复大业。于是大家共同推戴韩山童为明王，"乃杀白马黑牛，誓告天地，谋起兵，以红巾为号"③，由于不慎泄漏了消息，韩山童被捕杀，其妻杨氏带着儿子林儿逃到武安山中。刘福通聚集部分起义群众组织农民起义军，并出敌不意，于这年五月迅速攻占了颍州，占领了元朝屯粮地点朱皋(镇名，今属河南固始县)，获得了大批粮食，散发给贫苦人民，壮大了起义队伍。接着攻下了罗山、上蔡、真阳、确山。到九月又攻下了汝宁府和光、息等县。起义军发展迅速，贫者踊跃参加，"众至十余万，元兵不能御"④。

起义军因"以红巾为识"，所以称为"红巾军"，简称"红军"；又因他们烧香礼拜弥勒佛，所以也称"香军"。当时有人写诗嘲讽元朝政府说："丞相造假钞，舍人做强盗，贾鲁要开河，搅得天下闹。"⑤民间还流传着一首醉太平小令："堂堂大元，奸佞专权，开河变钞祸根源，惹红巾万千。官法滥，刑法重，黎民怨。人吃人，钞买钞，何曾见！贼做官，官做贼，混贤愚，哀哉可怜！"⑥生动地刻画了元朝政治的腐败和广大劳动人民的怨愤情绪，揭示了大起义爆发的根源。

元朝政府听到红巾军起事的消息，立即派枢密院同知赫厮秃赤领阿速军六千会合汉军去镇压。阿速军是色目人所组成的

---

① 叶子奇：《草木子》卷3《克谨篇》。

②③④ 《明史》卷122《韩林儿传》。

⑤ 叶子奇：《草木子》卷4《谈薮篇》。

⑥ 陶宗仪：《南村辍耕录》卷23《醉太平小令》。

军队,"素号精悍,善骑射"。赫厮与河南行省徐左丞一起进兵,这两个带兵将领,"但以酒色为务,军士但以剽掠为务",根本不作战斗部署。赫厮看见红巾军阵势壮大,扬起马鞭连声高喊:"阿卜!阿卜!(走!走!)""于是所部皆走"。成为淮上人们的一种笑谈①。阿速军不战而溃,后来赫厮死于上蔡。元朝政府另派巩卜班平章为将,领侍卫汉军会同爱马鞑靼军共数万众,进抵汝宁,屯扎在沙河岸。巩卜班也和赫厮一样,"日夜沉溺酒色,醉卧不醒"。起义军于夜间袭击其营,元军乱作一团,主将也找不到了。第二天在战场上查阅死人时,才找到了巩卜班的尸体。主将死掉了,几万人的部队溃退数百里到项城县屯扎。元朝政府遭遇到了两次失败之后,就命御史大夫也先帖木儿代为总兵,率精兵三十余万,满载军需物资,气焰嚣张地杀奔红巾军,但当接近红巾军时,就不敢继续前进了,和他的前任一样,驻扎在汝宁沙河岸,两月不敢出战。一夕,军中夜惊,自相扰乱,也先以为起义军杀进营寨来了,就尽弃军资器械,粮运车辆山积,仅收散兵万人,一直逃到开封城下②。可见元朝军队的腐败与无能。

刘福通的农民起义军几次打退了元朝军队的进攻,队伍得到了壮大,立足点稳固下来。至正十五年(1355年)二月,刘福通在砀山夹河找到了韩林儿,把他迎来亳州(今安徽亳县),立为皇帝,号小明王,国号大宋,建元龙凤。以林儿母杨氏为皇太后,杜遵道、盛文郁为丞相,刘福通、罗文素为平章政事,刘福通的弟弟刘六知枢密院事。于是和元朝相对立的农民政权比较完备地建立起来了③。

---

①② 权衡:《庚申外史》卷上。

③ 《明史》卷122《韩林儿传》;《元史》卷44《顺帝纪》。

三、彭莹玉、徐寿辉领导的蕲黄红巾军和天完政权的建立

1. 天完政权的建立和"摧富益贫"口号的提出

在刘福通领导的汝、颍红巾军起义的影响下,原在袁州发动过起义的彭莹玉,于至正十一年(1351年)八月又与徐寿辉、邹普胜于蕲州起义。彭莹玉原是袁州"庄民家子",本不姓彭,自幼出家,即从其寺僧之姓。后因其家乡民"皆患疾疫",彭莹玉以清泉水为人治之,"疾者皆愈,以故袁民翕然事之如神"。袁州起义失败,他逃避到淮西,"淮民争庇之"①。徐寿辉,一名贞一,蕲州罗田县人,是一个布贩。邹普胜,黄州麻城人,是一个铁工。彭莹玉在袁州起义失败后,继续宣传"弥勒佛下生,当为世主"的造反舆论。蕲州起义中,他们共推徐寿辉为主,以红巾为号②,起义后的第二月(九月),就占领了蕲水县及黄州路。十月,徐寿辉以蕲水为都称帝,国号天完,建元治平,以邹普胜为太师。当时南方人民在元朝政府和地主阶级压迫剥削下,"皆相挺为乱"③,"江南诸郡盗贼充斥"④。所以徐寿辉起义军所到之处,都得到人民的拥护,发展迅速。起义后不到半年,至正十二年(1352年)正月,就攻占了湖广行省的首府武昌,接着起义军分几路向外扩展。向今江西、安徽、浙江方向发展的,先后攻下了江州、南康、袁州、饶州以及徽州,直至安吉、杭州等地。向湖南方向发展的,先后攻下了常德、潭州和宝庆等地。向湖北西部发展的,先后攻下了沔阳、中兴、荆门及襄阳等地。起义军所到之处,元朝

---

① ② 权衡:《庚申外史》卷上。
③ 《元史》卷145《亦怜真班传》。
④ 《元史》卷144《月鲁帖木儿传》。

"官军多疲懦不能拒",狼狈溃逃,而广大贫苦农民则纷纷参加起义军。如至正十二年三月,徐寿辉部项普略的起义军到达江西饶州地区时,数日之间就有几万人参加起义军,"皆短衣草履,齿木为耙,削竹为枪,截绯帛为巾襦,弥野皆赤"①,声势十分壮盛。起义军纪律严明,至正十二年七月,攻下杭州时,"不杀不淫",也不强制人民去当兵,只是把"投降者注姓名于簿",但对元朝政府搜刮得来的府库财物,则加以没收,"悉辇以去",深受杭州人民的拥护。而元朝的官员,当起义军进城时狼狈逃窜,等起义军退走时,则又耀武扬威地进入杭州,"举火焚城,残荡殆尽"②。

徐寿辉所领导的红巾军,还推行了剥夺富家、救济贫民的政策。至正十二年(1352年),江西宜黄一路涂佑所率的义军进入福建,和邵武建宁应必达所率的一支起义军共同攻占了邵武。他们提出了"摧富益贫"的口号,号召人民起来造反。他们没收地主阶级的财物来救济贫民,有的地主逃跑了,起义军就跟踪到山谷中去搜索,"无获免者"。这一"摧富益贫"的政策受到贫苦人民的热烈拥护,"皆群起趋之,旬日之间聚众数万"③。

2. 地主武装的猖獗

面对着农民起义军"杀掠巨室"的威胁,地主阶级自然不会放弃自己的阶级利益,他们要作拼死的挣扎,不少地主分子纷纷组织地主武装来反抗农民起义军。在江西,"故家悉为义旅"④,他们怀着地主阶级的复仇心理,凶狠地袭击农民军。至正十二年(1352年)闰三月,徐寿辉的部将陈普文占领了吉安路,赶跑了元军,而地主罗明远却在本地组织武装又攻陷了吉安。建昌的地主戴良也于至正十二年五月,攻陷了已为农民军占领的建

① 《元史》卷195《魏中立传》。
② 陶宗仪:《南村辍耕录》卷28《刑赏失宜》。
③ 嘉靖《邵武府志》卷2《城池》。
④ 解缙:《解学士全集》卷7《万安赖氏源流记》。

昌。湖广地区的地主武装也十分猖獗,徐寿辉部的起义军将领俞君正于至正十二年八月攻下了荆门州,杀其知州聂炳。九月又打败了元朝的四川行省咬住的军队,攻下了中兴路(今湖北荆州市),逼得咬住逃奔松滋。但这样一个屡败元朝官军的农民军将领,却被中兴地主范忠组织的反动武装所打败,中兴路再次陷入敌人之手。徽州地区的地主武装协助元朝政府镇压农民军也十分卖力。如徽州地主汪同、程国胜、俞茂等就是其中显著的例子。钱谦益在其《回金正希馆丈书》中,对当时农民军的发展形势和地主武装的反动活动曾有概括的叙述,他说:"蕲黄之贼,既陷江州,旋略南康、鄱阳,即由婺源犯休宁,一夕而陷徽州。由是而陷昱岭关,破杭州,蔓延吴兴、延陵,江南之涂炭自此始。当时克复徽、杭,杀妖彭、项奴儿诸盗魁,遏楚贼方张之势,虽董抟霄、三旦八辈督师剿御,而汪同、程国胜、俞茂结集民兵,誓死血战,恢复城栅,其功尚多。"①

元朝政府认识到地主武装可用,因此,竭力扩充所谓的"民兵"或"义兵"。至正十四年(1354年)二月"诏河南、淮南两省并立义兵万户府"②。第二年二月,又"立淮东等处宣慰使司都元帅府于天长县,统濠泗义兵万户府并洪泽等处义兵。听富民愿出丁壮义兵五千名者为万户,五百名者为千户,一百名者为百户"③。这些地主武装在当时成为农民军的死敌,而对元朝政府来说,在官军不堪一击的情况下,它们又成为其延命的强心剂。

3. 元朝对蕲黄红巾军的围剿

在元末农民大起义的初期阶段,徐寿辉等人所领导的蕲黄红巾军,起了极为重大的作用,他们发展得快,声势盛大。因此,

---

① 钱谦益:《牧斋初学集》卷80。
② 《元史》卷43《顺帝纪》。
③ 《元史》卷44《顺帝纪》。

当时元朝的军事部署把重点放在对付蕲黄红巾军上。至正十二年(1352年)闰三月,元朝政府命四川行省平章咬住率兵东向进攻荆襄,命江西行省左丞相亦怜真班率兵守住江东西关隘,并以江西行省左丞兀忽失和江浙行省右丞老老和星吉、不颜帖木儿专攻饶、信,而由浙东宣慰使恩宁普守芜湖。对蕲黄红巾军形成了围剿的态势。这些部队在元朝的军队中是比较能够作战的,大多由招募"民兵"而组成。如答失八都鲁于至正十二年(1352年)进攻荆门时,"招募襄阳官吏及土豪避兵者,得义丁二万,编排部伍"①。以后,他就是凭借这支队伍起家而成为到处镇压农民起义军的刽子手。其他如卜颜帖木儿,"募壮健为兵,得骁勇士三千人"②。月鲁帖木儿也是"招募民兵数千人"③而起家的。

徐寿辉领导的红巾军于至正十一年(1351年)八月起义后,开始时进展比较顺利,但后来由于遇到上述地主武装和元朝军队的抵抗,双方就形成剧烈的争夺战,在湖广、江西、江浙省的一些战略要地,如岳州、武昌、汉阳、江州、饶州、徽州以及杭州等地,都进行了反复的争夺,打得十分激烈。起义军重要首领彭莹玉和项普略在战斗中英勇牺牲。到至正十三年(1353年)五月,元军由信州和徽州两路进军攻了饶州后,就逐渐地向天完政权的根据地蕲水逼近。六月,答失八都鲁攻陷了蕲水西北方向的安陆。七月,湖广行省参知政事阿鲁辉攻陷了武昌及汉阳。十一月,江西左丞火尔赤攻陷了蕲水正南方向的瑞州。而蕲水正北方的安庆原来就由元军驻扎着。元军从四面向农民军合围,终于在至正十三年十二月攻陷了蕲水。起义军遭到重大损失后,退避到沔阳湖和蕲春山中,坚持斗争。

---

① 《元史》卷142《答失八都鲁传》。

② 《元史》卷144《卜颜帖木儿传》。

③ 《元史》卷144《月鲁帖木儿传》。

4. 蕲黄红巾军的再起和迁都汉阳

元军对蕲黄红巾军的围剿,到至正十三年(1353 年)十二月攻陷蕲水为顶点,以后元军没能组织更大的军事力量来对付他们。这是因为,当时在高邮的张士诚于至正十四年正月自称诚王,国号大周;而汝颍红巾军也于同年五月进围庐州。这两处起义部队的行动,支援了蕲黄红巾军,使元朝政府不得不把注意力转向两淮地区。元朝政府于至正十四年二月,命湖广行省平章政事苟儿为淮南行省平章政事,"以兵攻高邮"①。又把答失八都鲁、阿儿灰等部军队调来汝宁和庐州。至正十四年十二月,张士诚于高邮城下大败元军。徐寿辉领导的蕲黄红巾军在这一胜利形势的鼓舞下,再次兴起,大举出击。至正十五年正月,徐寿辉部将倪文俊又攻下了沔阳,三月攻下襄阳,五月攻下中兴路,七月攻下武昌、汉阳,十一月攻下饶州路等。十六年正月,倪文俊建都于汉阳,迎徐寿辉据之。以后又连续攻下了澧州、衡州、岳州等地。到至正十七年时,又进而攻下了峡州及巴蜀诸郡。天完政权重新壮大了起来,在中央设有丞相、平章等官,以倪文俊为丞相,并设有中书省及六部。在军制方面,设统军元帅府管理军队。在地方建置上则设有行省,如陇蜀行省等②。

四、李二、赵均用、彭大红巾军的起义

刘福通所领导的红巾军起义以后,江淮一带的农民也积极响应,纷纷起义。其中以李二、赵均用和彭大等人领导的一支声势较大。李二是邳州(今江苏邳州)人,"值岁饥,其家惟有芝麻一仓,尽以赈人",因此人们就叫他芝麻李。他目睹元朝政府的

---

① 钱谦益:《国初群雄事略》卷 7《周张士诚》。
② 见《文物》1975 年第 9 期《元末农民政权几方铜印的初步研究》。

残暴统治,就和邻人赵均用说:"朝廷妄兴土木,百姓贫苦无告,吾闻颍上香军起,官军无如之何。当此之时,有真男子,取富贵之秋也。"赵均用说,要举大事就应该把城南的彭大找来,此人"勇悍有胆略"。于是赵均用就约彭大引见李二。经过这样的串连,共得八人,歃血为盟,于至正十一年(1351年)八月十日扮作挑河夫,日夜赶路,奔向徐州去发动起义。夜间,四人混进徐州城里,四人留在城外。到四更,城内四人点火四堆,城外四人也点火四堆,然后会合到一处,城内城外互相呐喊响应,城中大乱,城内四人乘乱夺得守门元军的兵器乱杀,城外四人乘机进城,同声叫杀,乱了一夜,到天明,他们树起大旗募人为军,人们纷纷参加,"从之者亦百余万"①。

同时起义的还有布王三,号"北琐红军",占领了唐、邓、南阳、嵩、汝、河南府。孟海马,号"南琐红军",占领了均、房、襄阳、荆门、归、峡等州②。

至正十二年(1352年)春,郭子兴也"集少年数千人"起义,"袭据濠州"。后来朱元璋参加了这支起义军③。

元朝的地方官把这些红巾军的起义情况上报到中书省,中书省的官吏把报告加写了标题"谋反事"。中书省右丞相脱脱把它改写成"河南汉人谋反事"④,把河南的汉人都说成是起义军。这反映了脱脱这个蒙古贵族怀着对广大汉族人民的仇恨心理;又表明他的愚蠢。脱脱是一个阴险毒辣权势欲极盛的家伙。顺帝至元时,他的伯父伯颜任中书右丞相,脱脱和其父马札儿台合谋攻击伯颜,逼得伯颜在走投无路中自杀。顺帝就任马札儿台为丞相,命脱脱为知枢密院事。但脱脱仍嫌权力不大,于是又逼

---

① 权衡:《庚申外史》卷上;《国初群雄事略》引用时写为"十余万"。
②④ 权衡:《庚申外史》卷上。
③ 《明史》卷122《郭子兴传》。

着他的父亲"移疾辞相位"①。这样,脱脱遂于至正元年(1341年)任中书右丞相录军国重事。他当权后,一味粉饰太平,至正三年,脱脱向顺帝说:"陛下自临御以来,天下无事,宜留心圣学。"②而当红巾军到处起事以后,他又"讳言中原兵乱",被他的政敌哈麻在顺帝面前揭穿真相,于是顺帝就召脱脱怒责之曰:"汝尝言天下太平无事,今红巾军半宇内,丞相以何策待之?"脱脱汗流浃背。"未几,自请督军下徐州。"③

脱脱知道元朝的官军不足用,他接受了淮东元帅逯善之和豪民王宣的建议,募"城墅趫勇惯捷者"及盐丁,"各得三万人,皆黄衣黄帽,号曰黄军"④,和其他的元朝官军一起向徐州进发。在此之前,元朝政府已派兵包围了徐州。脱脱怕功劳被人抢走,先下命令叫进攻徐州的元军作准备,等他到徐州后再进攻。至正十二年(1352年)九月,脱脱攻陷了徐州,芝麻李被俘牺牲。彭大、赵均用率其余起义军退到濠州与郭子兴农民军相合⑤。于是脱脱就意气洋洋地立了"徐州平寇碑"⑥,自我夸耀一番,但内心却十分恐惧,怕外出期间遭到政敌的暗算,因此,徐州一打下,就急忙派人到朝廷"阴构朝旨令班师,使者六七返,帝始令月怯察儿代之"⑦。脱脱这次动用了数十万元军,结果却"仅复一城",而且"不日而旋失"⑧。当时李二等领导的红巾军虽然受到挫折,但其他各支起义军却如火如荼地发展着。

五、张士诚和方国珍的起义

除上面所说的红巾军的起义以外,当时还有不属于红巾军

①②⑥ 《元史》卷138《脱脱传》。
③④⑦ 权衡:《庚申外史》卷上。
⑤　权衡:《庚申外史》卷上;《明史》卷122《郭子兴传》。
⑧　钱谦益:《国初群雄事略》卷7《周张士诚》。

系统的,如至正八年(1348年)方国珍起义和至正十三年张士诚的起义。

1. 张士诚起义建立大周政权

张士诚,小字九四,江苏泰州白驹场亭人。有弟三人,"并以操舟运盐为业"。他们贩盐卖给富家,往往遭到侮辱,有的买了盐不给钱。"士诚不胜愤",遂于至正十三年(1353年)正月,与其弟士义、士德、士信以及李伯升等十八人起事,"灭诸富家,纵火焚其居",并到附近的盐场招人起兵。遇到地主武装刘子仁的袭击,"士义中矢死"。这时"盐丁方苦重役",听了张士诚的动员,大家都表示愿意起义,一致推他为主。他们打跑了刘子仁的地主武装。盐丁和贫苦人民前来参加起义军的越来越多,很快发展成为万余人的队伍。同年二月攻下了泰州,接着攻下了兴化,五月攻下了高邮。到第二年正月,张士诚自称诚王,国号大周,建元天祐。六月,张士诚率兵进攻扬州,打败了达识帖睦迩的元军①。高邮原属河南江北行省扬州路管辖,后来因为汝颖、蕲黄红巾军在两淮起义,元朝政府为了加强两淮地区的统治,"析河南地,立淮南江北行省于扬州"②。张士诚占领高邮后,"遂连兴化,接德胜湖,舟舰四塞,蔓延入宝应县"③。南北运道梗塞,这使仰赖江南财赋供应的元朝政府十分恐慌。当张士诚刚起事攻下泰州时,元朝淮南行省就派遣军队去镇压;镇压不得手,就派高邮知府李齐去招降。张士诚杀了李齐和参知政事赵琏,拒绝投降。

至正十四年(1354年)九月,元朝政府派遣中书右丞相脱脱总制各路军马前来镇压,甚至连"西域、西番皆发兵来助。旌旗

---

① 钱谦益:《国初群雄事略》卷7《周张士诚》;《明史》卷123《张士诚传》;吴宽:《平吴录》。

② 《元史》卷194《赵琏传》。

③ 《元史》卷194《李齐传》。

累千里,金鼓震野,出师之盛,未有过之者"①。同时,南方的不少地主武装也积极地参加了这次围剿。如浙东地主戴国彬当脱脱攻高邮时,就"率子弟,携义旅,不惮海运,从事金革。舳舻之供,辇橐之需,皆所自给"②。浙西的地主武装也日夜聚集出动,"近报大军屯六合,义兵日日点行频"③。张士诚部起义军面对强敌,毫不气馁,英勇抗击,固守高邮城,使得元军顿兵坚城之下,一筹莫展。为了敷衍元顺帝,脱脱接受了部将董抟霄的建议,"先攻其易",于是分兵攻陷了天长、六合,但高邮却仍岿然不动。这时,脱脱的政敌哈麻正与顺帝的母舅老的沙、顺帝之弟巴郎太子以及哈麻的妹婿秃鲁帖木儿等相勾结,用导其淫乐的方式向顺帝献媚,取得顺帝的欢心,并在顺帝面前不断攻击脱脱。至正十四年十二月,元顺帝就以"老师费财,已逾三月,坐视寇盗,恬不为意"④ 的罪名,削夺了脱脱的官爵和兵权。哈麻怕脱脱不奉行诏旨,因此他在发出诏旨之前,就要朝中诸大臣领军从征者之家,阴遣人先来军中,告诉他们说:"诏书且至,不即散者当族诛。"所以诏书一到军中,"大军百万,一时四散","其散而无所附者,多从红军"⑤。张士诚的起义军乘势奋击,大败元军。

高邮战役在元末农民战争史中是一次重要的战役,从此以后"元兵不复振矣"⑥,而农民起义军则推向一个新的高潮。在北方,刘福通领导的红巾军拥立韩林儿为帝,分兵三路,进行北伐。在南方,徐寿辉领导的红巾军则立即组织反攻,很快地重新攻占了湖广、江西等大部地区。而朱元璋和张士诚则先后渡江

① 《元史》卷 138《脱脱传》。
② 李士瞻:《经济文集》卷 5。
③ 顾瑛:《玉山璞稿·至正甲午十一月二十七日雾中作》。
④ 《元史》卷 43《顺帝纪》。
⑤ 权衡:《庚申外史》卷上。
⑥ 钱谦益:《国初群雄事略》卷 7《周张士诚》。

占领了浙东、浙西的大片土地。

2．方国珍的起义和降元

方国珍，浙江台州黄岩人。"黄岩风俗，贵贱等分甚严，若农家种富室之田，名曰佃户，见田主不敢施揖，伺其过而复行"。方国珍的父亲是一个佃户，方国珍看不惯他父亲对田主的那种恭敬的样子，就问他父亲："田主亦人，尔何恭如此!"至正八年（1348年），方国珍在周围造反情绪的影响下，遂与兄国璋、弟国瑛、国珉聚众数千人起义①。他们夺得了元朝政府的运粮船只，于浙江沿海活动，阻断了元朝漕粮北运的海道。元朝政府即派江浙行省参政朵儿只班率舟师前去镇压。方国珍于福州五虎门海面打败了元军，俘获了朵儿只班。但方国珍造反意志很不坚定，竟通过朵儿只班和元朝疏通，接受了元朝政府的招降，受任庆元定海尉。其后"数降数叛"。"元既失江淮，资国珍舟以通海运，重以官爵羁縻之"，方国珍一度升任江浙行省左丞相，据有庆元、温、台之地。为此，他"岁岁治海舟"，为元运粮"十余万石于京师"。当时有个叫张子善的，劝方国珍"以师溯江窥江东，北略青、徐、辽海。国珍曰：吾始志不及此。谢之去"②。可见方国珍根本就没有什么抱负。

六、韩林儿、刘福通红巾军的北伐

韩林儿和刘福通于至正十五年（1355年）在亳州建立宋政权以后，当时分散在中原各地的红巾军大都接受其领导，因这些首领多是韩山童传教时的"门弟子"③。当时在滁阳地区的郭子

---

① 黄溥：《闲中古今录摘抄》；《明史》卷123《方国珍传》。
② 《明史》卷123《方国珍传》。
③ 钱谦益：《国初群雄事略》卷1《宋小明王》。

兴部红巾军,也接受龙凤政权的领导。于是刘福通就积极向元朝统治地区进军。

这时元朝政府除了原有的几支主要部队而外,又增添了几股地主反动武装,尤其是察罕帖木儿成为地主武装中最凶悍的一支。

察罕帖木儿原是维吾尔人,其曾祖阔阔台投靠蒙古贵族当军官,于元朝初年跟随元军到河南。后来,他的祖父和父亲就在河南定居下来,遂为颍州沈丘(今安徽临泉)人。察罕家庭受汉化较深,察罕从小就喜好汉学,曾经参加进士考试。他看到红巾军不断攻占江淮郡县,而"朝廷征兵致讨,卒无成功",于是怀着地主阶级对农民军的仇恨心理,至正十二年(1352年)于其家乡组织了一支地主武装,"沈丘之子弟从者数百人"。他与沈丘罗山典史李思齐合兵,袭破罗山。元朝政府就授察罕为汝宁府达鲁花赤,李思齐为知府,察罕的势力骤然增强,所谓"义士俱将兵来会,得万人,自成一军,屯沈丘"①。这一支地主武装和元朝其他的几支部队,成了龙凤政权的死敌,对中原地区的红巾军起了极大的破坏作用。

至正十五年(1355年)六月,刘福通率军大败河南行省平章答失八都鲁的部队,迫使答失八都鲁"收散卒,团结屯种"于中牟。九月,起义军跟踪追击到中牟,又给答失八都鲁以狠狠的打击,答失八都鲁与孛罗帖木儿抱头鼠窜,父子失散②。这一年,农民起义军连续攻下了开封以南的邓、许、嵩等郡县。察罕帖木儿扼守虎牢,防起义军过河。但起义军转到盟津北渡,"河北震动"③。这年十二月,元朝政府"调兵进讨",加强了答失八都鲁

---

① 权衡:《庚申外史》卷上;《元史》卷141《察罕帖木儿传》。

② 《元史》卷142《答失八都鲁传》。

③ 《元史》卷141《察罕帖木儿传》。

的军事力量;而刘福通在两次获胜的骄傲情绪支配下,放松了警惕,结果为答失八都鲁所败,被迫撤出亳州(今安徽亳县)退到安丰(今安徽寿县)。在安丰,农民军整顿了队伍,"未几,兵复盛,遣其党分道略地"①。李武、崔德所部起义军西向进军,一路上风驰电掣,至正十六年九月攻破了军事重镇潼关,杀了参知政事述律杰。张翥在他的《蜕庵集》中有一首《潼关失守哭参政述律杰存道》的诗:"十月三日天地昏,将军拒战死辕门;火飞华岳三关破,血浸秦川万马奔。"② 可见当时农民军向元朝统治区进军的英武姿态。至正十七年(1357年)初,刘福通派遣毛贵率领一支农民军向山东进军。毛贵进军神速,二月攻下了胶州,三月攻下了莱州、益都和滨州(今山东滨州)。

至正十七年六月,刘福通自率大军进攻汴梁(河南开封),并分军三路北伐:中路由关先生、破头潘、冯长舅、沙刘二以及王士诚等率领攻向晋、冀;西路由白不信、大刀敖和李喜喜率领攻向关中;东路由毛贵向北进攻,直指大都。他们在军旗上写着:"虎贲三千,直抵幽燕之地;龙飞九五,重开大宋之天。"③ 表达了农民起义军气壮山河、誓必推翻元朝统治的决心。

至正十八年(1358年)五月,刘福通攻下汴梁,迎来韩林儿,以此为都,以便指挥各支起义军。当时"巴蜀、荆楚、江淮、齐鲁、辽海,西至甘肃,所在兵起,势相联结"④,形成了农民战争的新高潮。

毛贵在山东,根据当时的社会情况,采取了一些适宜的政治和经济措施。他在攻下济南后,"立宾兴院,选用元故官姬宗周等分守诸路。又于莱州立屯田三百六十所,每屯相距三十里,造

① 《明史》卷122《韩林儿传》。
② 钱谦益:《国初群雄事略》卷1《宋小明王》。
③ 陶宗仪:《南村辍耕录》卷27《旗联》。
④ 《元史》卷141《察罕帖木儿传》。

挽运大车百辆,凡官民田十取其二"①。这样,山东的起义军就有了一个比较巩固的根据地;同时,在战争岁月中能注意农业生产,使得人民的衣食有赖;又造车运送粮储,减轻人民的负担。所以深受山东人民的拥护。毛贵从山东出发,向北进军,"数败元兵"。至正十八年(1358年)三月,其军到南皮,杀了正要去上任的河南行省右丞董抟霄。这个曾于徽杭地区杀害农民起义军领袖彭莹玉,以后又跟随脱脱围剿高邮农民军的刽子手,终于受到了农民军的制裁。接着,毛贵又马不停蹄地一直打到漷州、枣林和柳林,直逼大都,大败元军,杀枢密副使达国珍,"京师人心大骇"。元朝的官僚就像一群丧家之犬,惶惶然不知所措,有的劝皇帝北逃,有的主张迁都到关陕去,"众议纷然"。但农民起义军由于长途奔袭,连续作战,军士过于疲劳,又没有后续部队,难以乘胜再进,而元朝在大都周围部署有较强的兵力,后来农民军在柳林遭到了刘哈剌不花所率元军的袭击,损失较重,毛贵就率军退回到济南②。

关先生、破头潘率领的中路红巾军,进展也很迅速。他们在攻占怀庆以后,派偏师出击绛州,牵制元军,主力部队则直指沁州。至正十八年(1358年)四月攻下了辽州(今山西昔阳),接着又攻下了冀宁路(治所在今山西太原)。九月进攻保定,为元军所阻,遂转而攻下了大同、兴和等地,"烽火数千里",起义军纵马驰骋于塞外诸郡,横扫元朝的反动统治③。到十二月,就攻下了元朝的上都,"焚宫阙,留七日,转略往辽阳,遂入高丽"④。起义军首领严令部队遵守军纪,毋得扰民,并号召高丽人民与起义军合作。

---

① 《明史》卷122《韩林儿传》。
② 《元史》卷188《刘哈剌不花传》。
③ 陆深:《平胡录》。
④ 《元史》卷45《顺帝纪》。

白不信、大刀敖、李喜喜所率领的西路军,以李武、崔德所部红巾军为先头部队,于至正十七年(1357年)二月攻下了商州。白不信等所统率的主力部队,于这年的十月攻下了兴元,接着又攻占了巩昌,由李喜喜防守,白不信又向凤翔进军。后来由于遭到察罕帖木儿与李思齐等元军的袭击,白不信和李喜喜都转入四川①。

　　龙凤政权三路北伐大军给元朝的统治以沉重的打击,在元朝统治摇摇欲坠的情况下,不少地方大吏纷纷投降红巾军。至正十七年,镇守黄河义兵万户田丰投降毛贵,归德知府林茂和万户时公权也投降了红巾军。至正十八年驻军于怀庆路的元湖广行省参知政事周全,率领军民渡河到汴梁,投降刘福通。在战斗中,很多支元朝劲旅也被农民军所消灭。刘福通于雷泽、濮州予答失八都鲁等元军以毁灭性打击,使他"力不能支","忧愤死"②。当时元朝政府所以还能支撑下去,主要是依赖了一批地主武装,尤其是察罕帖木儿一支。

　　至正十八年,元顺帝任命察罕帖木儿为陕西行省平章政事,兼同知河南行枢密院事。令其"守御关陕、晋、冀,抚镇汉、沔、荆、襄,便宜行阃外事"。元朝政府把当时起义军最为活跃的地方都交给了他,而察罕帖木儿这个死心塌地为元朝统治效劳的地主分子,也"以平定四方为己责"。他把军队分驻于关陕、荆襄、河洛等地,以重兵扼屯太行。当关先生、破头潘的中路红巾军进入山西以后,察罕又"分兵屯泽州,塞碗子城,屯上党,塞吾儿谷。屯并州,塞井陉口,以杜太行诸道",使得起义军数次想越过太行而未遂。因此,中路军虽然转战数千里,攻下了不少塞外重镇,但却没有能够接近作为元朝统治中心的大都地区,只是

---

　　① 《元史》卷45;《鸿猷录》卷2《宋事始末》。
　　② 《元史》卷142《答失八都鲁传》。

在它的外围周旋。至正十九年(1359年),当中路红巾军的力量在长途流动作战中遭到削弱,西路军因察罕等逼迫而转移到四川以后,察罕又准备攻打汴梁。这年五月,他以大军屯虎牢,先出兵汴梁南面的归、亳等地,防止汝、颍方面的红巾军。同时在汴梁东面水陆并进,占据黄陵渡,防止山东方面的红巾军。而后征调陕西元军出函谷关,过虎牢,山西方面的元军出太行,过黄河。这两路元军都会集到汴梁城下,形成对起义军的包围。刘福通率红巾军英勇出战,但由于元军人多势众,没有能够击败元军,突破包围。起义军坚持战斗,"婴城守百余日"。是年八月,城内粮食已尽,刘福通保护韩林儿从汴梁东门突围,退到安丰(今安徽寿县)①。

龙凤政权自汴梁失陷后,战事急剧逆转。这时农民起义军内部又不断火并,正当元军进攻汴梁时,山东毛贵为赵均用所杀,毛贵的部下续继祖"自辽阳入益都,杀均用"。东路农民军由于内部"自相仇杀"而严重削弱了力量②。中路军和西路军则在长期流动作战中力量受到极大的消耗,最后都被元军所消灭。察罕帖木儿自攻陷汴梁后,乃"谋大举以复山东",于至正二十一年(1361年)六月总兵攻山东,到八月,山东郡县多为元军所攻陷,在东平、济宁的田丰、王士诚等人也都投降了察罕帖木儿,只有益都仍然掌握在农民军陈猱头手中,"与福通遥为声援"③。陈猱头秘密策动田丰、王士诚,乘察罕帖木儿前来巡视兵营时刺杀了察罕④。元朝政府就于军中任察罕帖木儿的养子扩廓帖木儿为太尉、中书平章政事并知枢密院事,如察罕官。扩廓帖木儿本姓王,小字保保,系察罕之甥,察罕养为子,元顺帝赐名扩廓帖

---

① 《元史》卷141《察罕帖木儿传》;《明史》卷122《韩林儿传》。

② 钱谦益:《国初群雄事略》卷1《宋小明王》。

③ 《明史》卷122《韩林儿传》。

④ 《元史》卷141《察罕帖木儿传》。

木儿。扩廓承袭了察罕的职位以后,于至正二十二年六月"复围益都"。元军"攻城益急",而农民军的"城守益固"。陈猱头向安丰的刘福通告急,九月,刘福通率兵赴援,被元军阻于火星埠,败还。陈猱头坚守孤城历时五月,直到十一月,才被元军掘地道攻入,陈猱头、田丰、王士诚等皆被杀①。至此,山东的农民起义军也被元军所镇压。龙凤政权的屏藩都被撤除了,所占地区越来越小。至正二十三年(1363年),张士诚派其部将吕珍攻安丰,韩林儿向朱元璋告急,等到朱元璋的援兵赶到时,吕珍已破城杀刘福通,韩林儿被朱元璋接走安置在滁州(今安徽滁州)。韩林儿和刘福通所建立的宋龙凤政权,到此,实际上已经结束。至正二十六年,朱元璋派廖永忠迎接韩林儿来南京,途中于瓜步覆舟沉江死②。

龙凤政权失败的原因。汝、颍红军,从至正十一年(1351年)于颍州起义到至正二十三年刘福通牺牲,历时十三年,大小数百战,历经安徽、山东、山西、河南、河北、陕西、四川、宁夏、甘肃、内蒙、辽宁等十多个省区。最后虽然失败了,但他们给元朝统治者和蒙汉地主阶级以沉重的打击,从根本上动摇了元朝的统治。他们为南方农民军的发展创造了条件。《明史·韩林儿传赞》说得十分贴切:"林儿横据中原,纵兵蹂躏,蔽遮江、淮十有余年。太祖(朱元璋)得以从容缔造者,藉其力焉。"

龙凤政权之所以失败,从农民起义军本身来说,首先是由于农民阶级的散漫性,组织性不强。这充分表现在其北伐活动中。刘福通派出三路北伐大军,事先既没有缜密的计划,出师以后又互不配合,各管各的,终于被敌人分割包围,各个击破。这支起

---

① 《元史》卷141《察罕帖木儿传》,卷46《顺帝纪》;《明史》卷124《扩廓帖木儿传》。

② 《明史》卷122《韩林儿传》。

义军在战略上没有建立可靠的根据地,也是其致命的弱点。"兵虽盛,威令不行。数攻下城邑,元兵亦数从其后复之,不能守。"这种情况最明显反映在中路军和西路军身上,他们长期流动作战,既得不到物资供应,又得不到休整,其结果只好"东西转战","多走死"①。毛贵在山东比其他几支红巾军的情况要好些,他在山东经营了三年,有了比较巩固的地盘,但却发生了内讧,互相仇杀,给了敌人以可乘之机。地主武装的强悍,也是造成龙凤政权覆灭的重要原因。元朝军队虽已十分腐朽,但各个地主武装集团却极为凶恶。韩林儿、刘福通红巾军,主要是受察罕帖木儿这一地主武装集团的袭击而覆灭的。

第三节　朱元璋参加红巾军和建立明朝

一、朱元璋参加红巾军和江南政权的建立

1．朱元璋的身世

朱元璋是濠州钟离(今安徽凤阳)人,出身于一个贫苦农民的家庭。至正四年(1344 年),朱元璋十七岁,濠州"旱蝗,大饥疫"②,父母兄相继病死,家里无依无靠,就到皇觉寺里当了和尚;住了五十多天,"寺僧以岁饥罢僧饭食"③。朱元璋只好到外地化缘游食。他先往南到庐州(今安徽合肥),从庐州西折到固始、信阳,从信阳往北到汝宁(今河南汝南)、陈州(今河南淮阳),东经鹿邑、亳州(今安徽亳州),到颍州(今安徽阜阳)。和尚化缘游食,实际上就是当乞丐,沿途叫化,生活自然十分艰苦。他自

---

① 《明史》卷 122《韩林儿传》。
② 《明史》卷 1《太祖纪》。
③ 《皇明本纪》。

己曾回忆这段生活说:"众各为计,云水飘扬。我何作为,百无所长。依亲自辱,仰天茫茫。既非可倚,侣影相将。突朝烟而急进,暮投古寺以趋跄。仰穷崖崔嵬而倚碧,听猿啼夜月而凄凉。魂悠悠而觅父母无有,志落魄而侠佯。西风鹤唳,俄淅沥以飞霜。身如篷逐风而不止,心滚滚乎沸汤。"[①] 这种风餐露宿、如篷逐风的流浪生活过了三年多,到至正八年(1348 年)又回到了濠州皇觉寺。朱元璋在三年多的时间内,周游了皖西豫东的八九个郡县,熟识了这一地区的地形。由于生活在社会最底层,了解到社会的弊病,丰富了社会知识;由于无依无靠,到处周游,自然就要去结识江湖上的朋友,增长了江湖义气;由于离开了家乡,到处周游,自然就扩大了眼界,冲刷了保守狭隘等农民所固有的习性。艰苦的流浪生活,锻炼了他勇敢坚强的性格,但同时这种流浪生活也铸就了他性格的另一方面——猜忌、残忍。所以朱元璋这三年多的流浪生活,对他后来事业的发展,有着十分重大的影响。

2. 参加红巾军

至正十一年(1351 年)江淮一带人民纷纷起义,其中以颍州刘福通的起义影响最大。第二年正月,定远人郭子兴也"聚众烧香",二月,与孙德崖等共五人率众起义,自称元帅,攻占了濠州城(今安徽凤阳)[②]。元朝政府派彻里不花率三千骑兵前来镇压,但元军胆小怯战,不敢逼近红巾军,远远地离濠州城南三十里扎营,惟从四处去捕捉老百姓,包上红头巾,充作抓到的红巾军俘虏,向上级去献功。"于是,良民受害,呼亲唤旧,相继入城",去参加红巾军,"合势共守"[③]。朱元璋也在这种不得已的

---

① 《御制皇陵碑》。
② 钱谦益:《国初群雄事略》卷 2《滁阳王》。
③ 《御制纪梦》。

情况下,于这年的闰二月初奔向濠州城参加了郭子兴的红巾军。朱元璋起先是充为步卒,两个多月后,郭子兴提升他为亲兵九夫长,并调到帅府做事。郭子兴看朱元璋"度量豁达,有智略",才能出众,视为心腹,并把养女马氏嫁给了他。从此,人们就叫朱元璋为"朱公子"①。起了个官名叫元璋,字国瑞②。

在濠州和郭子兴同时起兵的孙德崖等四人,名位皆在郭子兴之上。他们与郭子兴的意见常有歧异,而郭子兴也看不起他们农民的粗直脾气,言语中常带些讥刺。至正十二年(1352年)九月,元军攻陷了徐州,起义军首领李二战死,彭大和赵均用率余部突围到濠州。彭大和赵均用虽战败,但所率领的兵力仍比濠州的起义军强大,因此,濠州五帅皆受彭、赵的节制。而彭、赵也就卷入了濠州起义军的内部斗争。郭子兴和彭大在一起,赵均用和孙德崖等四人在一起,双方不断发生磨擦,甚至发展到火并的地步。后来元将贾鲁追击农民军,至正十二年十二月包围了濠州城,大敌当前,农民军只好暂时把内部的怨恨放在一边,共同对付元军。至正十三年五月,贾鲁死,"元兵解围去"③。濠州起义者在五个月的守城作战中"多死伤"。于是朱元璋回到家乡去募兵,得七百余人,郭子兴就让他带领,并提升他为镇抚。从此,朱元璋正式成为带兵的军官④。但朱元璋感到几支起义军同住在一个地方,相互间不断发生冲突,而彭大和赵均用又以王者自居,其"部下多凌辱人"⑤,心里不痛快。同时,他是有抱负的人,对三年来"为人调用"的处境也很不满意⑥。因此,他就决计离开濠州,自谋独立发展。为了不致引起其他首领的猜疑

---

① 《御制纪梦》;《明太祖实录》卷14。

② 《明太祖实录》卷1。

③⑤ 《皇明本纪》。

④ 《御制纪梦》。

⑥ 钱谦益:《国初群雄事略》卷2《滁阳王》。

和反对,他在至正十四年六月离开时,把原来率领的七百人的部队让给了其他人统领,只是从中挑选了"徐达、汤和、吴良、吴祯、花云、陈德、顾时、费聚、耿再成、耿炳文、唐胜宗、陆仲亨、华云龙、郑遇春、郭兴、郭英、胡海、张龙、陈桓、谢成、李新材、张赫、周铨、周德兴等二十四人"①,带到了定远。这时定远张家堡驴牌寨有民兵三千人,因缺乏粮食,走投无路,朱元璋就设计把他们招编了来。接着又凭借这一支三千人的队伍,收编了缪大亨在横涧山的义兵二万余人②。从此,朱元璋有了几万人的大部队,发展十分顺利,正如他自己后来在皇陵碑中所说的那样:"不逾月而众集,赤帜蔽野而盈冈。"朱元璋把新收编得来的"精壮二万,悉加训练"。在训练中,朱元璋特别注重于纪律的整顿,对他们说:"尔众初非不多,一旦为吾所有,何也?盖将无纪律,士不素练。故尔今练习尔等者,欲令知纪律也。"并勉励大家,共同努力,"以建功业"③。士兵们听了都很佩服,说我们都听你的号令。朱元璋抓紧时间进行了近十天的整顿和训练,随即"率而南入滁阳"④。

定远人冯国用及其弟国胜,"俱喜读书,通兵法,元末结寨自保"。当朱元璋统率新整顿好的部队向滁阳进军,途经妙山时,国用兄弟两人一起来参加起义军。朱元璋十分信用他们,曾和他们讨论天下大事,国用回答说:"金陵龙蟠虎踞,帝王之都,先拔之以为根本。然后四出征伐,倡仁义,收人心,勿贪子女玉帛,天下不足定也。"⑤ 冯国用的这一席话,正合朱元璋的心意,朱元璋十分高兴,就叫他在幕府当参谋计议大事。

---

① 《明史纪事本末》卷1《太祖起兵》。

② 《御制纪梦》;《明史纪事本末》卷1《太祖起兵》。

③ 《明太祖实录》卷1。

④ 钱谦益:《国初群雄事略》卷2《滁阳王》。

⑤ 《明史》卷129《冯胜传》。

在朱元璋的部队向滁州进军的途中,定远人李善长也到军营来求见。他"少读书有智计,习法家言,策事多中"①。朱元璋就留他在幕府掌书记。有一次,朱元璋问他:"四方战斗,何时定乎?"李善长回答说:"秦乱,汉高起布衣,豁达大度,知人善任,不嗜杀人,五载成帝业。今元纲既紊,天下土崩瓦解。公濠产,距沛不远,山川王气,公当受之。法其所为,天下不足定也。"②李善长的这一席话,为朱元璋描绘了一幅布衣天子的图景,并为他提出了一个可以效法的榜样——汉高祖刘邦。朱元璋听了连声说好。从此以后,朱元璋对李善长甚为亲信,并告诉李善长说:"方今群雄并争,非有智者不可与谋议。吾观群雄中持案牍及谋事者,多毁左右将士,将士弗得其能以至于败。其羽翼既去,主者安得独存,故亦相继而亡。汝宜鉴其失,务协诸将以成功,毋效彼所为也。"③此后,李善长也确实起到了这样的作用。将领之间有摩擦的,李善长为他们调解。对新来归附的将士,李善长审察他们的才能,建议朱元璋因材任用,并向他们解释朱元璋对他们的诚意,使他们消除疑虑④。

至正十四年(1354 年)七月,朱元璋的部队顺利地攻下了滁州。不久,郭子兴率其所部万余人从泗州来滁州,看到朱元璋"所将兵三万余,号令严明,军容整肃"⑤,非常高兴。十月间,元丞相脱脱率师围高邮,分兵攻六合。六合的起义军遣使到滁州来求援,郭子兴因和他们的首领有仇,不肯发兵。朱元璋说:"六合破,滁不独存,唇齿也。可以小憾而弃大事乎!"⑥于是朱元璋就率军前去支援,实在抵敌不住了,就组织全城军民撤退到滁州。元兵跟踪追击到滁州城外,朱元璋于涧边设伏大败元军。

①②④　《明史》卷 127《李善长传》。

③⑤　《明太祖实录》卷 1。

⑥　《明史纪事本末》卷 1《太祖起兵》。

这时朱元璋清醒地估计到,虽然打了胜仗,但"元军尚强",怕他们再来进攻滁州,于是就让城中父老把战场上获得的元军的马匹辎重并具牛酒送还元军,还告诉元军将领说:滁州城中都是百姓,聚集在一起,只是为了防御寇盗,你们应当去攻打高邮才对,怎么分兵来打滁州呢?饶了这一地方的百姓们吧。军需物资我们是情愿供应的。朱元璋就这样把元军的这一股祸水引向高邮,"滁城得完"①。

　　元军撤退了,接着张士诚又在高邮大败元军,江淮地区的农民军又活跃了起来。但郭子兴却没有什么远大的抱负,只是觉得自己和其他起义军的首领相比,"名称尚微,意在据滁阳而称王号"。朱元璋劝阻他说:"滁四面皆山,舟楫商旅不通,非可旦夕安者也。"②郭子兴才没奈何地打消了称王的念头。当时元朝的军事压力虽然解除了,但几万军队聚集在滁州这个山城里,军粮却成了问题。朱元璋建议移兵和阳就食,至正十五年(1355年)正月,张天祐和汤和率军攻取和州,郭子兴就任命朱元璋总和阳兵。但当时军队的纪律极坏,"诸将破和阳,暴横多杀掠,城中夫妇不相保"③。有一次,朱元璋外出,看见一个小孩立在门外,问他在这里干什么,回答说:父亲在官养马,母亲也在军营里,彼此不敢相认,"但以兄妹相呼,我不敢入",所以在这里等候。朱元璋知道这一情况以后,立即召集诸将,说:"诸将自滁来,多房人妻女,使民夫妇离散,军无纪律,何以安众。凡军中所得夫妇,当悉还之。"第二天把所掠的妇女集合到衙门里面,命男子列门外两旁,然后放妇女一个个地出来,"令之曰:果夫妇相认而去,非夫妇无妄识。于是夫妇皆相携而往,室家得完,人民大

---

① 《明太祖实录》卷1。
② 《皇明本纪》;《明太祖实录》卷1;《明史》卷122《郭子兴传》。
③ 《明史纪事本末》卷1《太祖起兵》。

悦"①。不久,孙德崖部的起义军也到和阳来就食,郭子兴一听孙德崖到了和州,他也急冲冲地从滁州赶来,双方又发生了一次冲突,孙部抓了朱元璋,郭军抓了孙德崖,结果是相互交换了事。

至正十五年(1355年)三月,郭子兴病死,这时刘福通等已于亳州建立了龙凤政权,就派人"至和阳招诸将入其党",大家就推张天祐到亳州去受命。四月,张天祐带回来龙凤政权的任命,以郭子兴子郭天叙为都元帅,郭子兴的妇弟张天祐为右副元帅,朱元璋为左副元帅。从龙凤政权所授官阶来看,郭天叙是主帅,张天祐居第二(元朝制度尊右),朱元璋居第三位。但实际上军中事务都是朱元璋说了算,他是事实上的主帅。因为朱有一支自己亲手建立起来的军队,有和自己患难与共屡经战阵的贴身将领,还有一批谋士。朱元璋对上述任命是不满意的,曾因此而说过:"大丈夫宁能受制于人耶!"他的部下将领和谋士们提出,光靠自己,势孤力单,不如受之,"借为声援"。朱元璋才接受了这个任命,"纪年称龙凤","然事皆不禀其节制"②。

3. 渡江建立江南政权

和州(安徽和县)紧靠长江北岸,虽然水陆交通比山城滁州要好些,但它前阻长江,后面又是龙凤政权的管辖地区,不便向外发展;而元军又不断前来攻击,还有孙德崖所部的农民军也总是想来并吞;此外军粮也成问题。所以要想摆脱这一困境,得到大的发展,就必须打过长江去,这是冯国用、李善长等刚参加朱元璋的起义军时就已提到了的。现在朱元璋已经驻军江岸,但面对着滔滔江水,苦于无法渡越。

朱元璋正在发愁没有船只渡江的时候,巢湖水军俞通海来乞求支援。原来,汝颍红巾军起义以后,俞廷玉与其子通海、通

---

① 《明太祖实录》卷2;《皇明本纪》。
② 高岱:《鸿猷录》卷2《宋事始末》;《明史纪事本末》卷1《太祖起兵》。

源、通渊以及赵普胜、廖永安等"结寨巢湖,有水军千艘,数为庐州左君弼所窘"①,三次派人到和州求援。朱元璋于至正十五年(1355年)五月亲自率兵去巢湖,值"大雨水涨",巢湖水军的船只顺利驶入长江,除赵普胜于途中率领所部归附彭莹玉以外,其他的水军和船只都到达了和州,于是"舟楫具备,军威大振"②。这时常遇春和邓愈也归附了朱元璋。六月一日,朱元璋率领徐达、冯国用、邵荣、汤和、李善长、常遇春、邓愈、耿君用、廖永安等"各引舟渡江"。按照朱元璋的指挥,先攻取了牛渚,再向外发展,攻下了采石镇,"缘江诸垒,望风迎附"。江东地区,太平日久,比较富裕,"诸将以和阳饥乏,见粮畜,各欲资取而归"。朱元璋看到这一情况,就和徐达等说:"今举军渡江,幸而克捷,当乘胜径取太平,若听诸军取财物以归,再举必难,江东非我有,大事去矣。"朱元璋下令把全部船缆砍断,把船推到江心,顺流而下。这一做法,断了士兵返回北岸和州的念头,"诸军大惊"③。朱元璋大声下令说:"前有州曰太平,子女玉帛无所不有,若破此一州,从其所取,然后方放汝归。"④ 传令已毕,就叫士兵饱餐一顿,直奔太平,一鼓攻克,俘虏了万户纳哈出,后于十一月放其北归。太平路总管靳义跳水自杀,朱元璋称赞他是"义士"。士兵进城后,刚想放手抢掠,但朱元璋当采石出发时就叫李善长写好禁约,一进太平城就立即"榜之通衢",士兵见了,"皆愕然不敢动"。有一个士兵违令进入民家,即被斩首,"城中肃然"⑤。而同时,朱元璋则将富民献出来的金帛分赐给将士。

当农民起义军进入太平城时,儒士李习、陶安等率众出城迎

---

① 《明史》卷133《俞通海传》。
② 高岱:《鸿猷录》卷1《集师滁和》。
③ 《明太祖实录》卷3。
④ 《皇明本纪》。
⑤ 《明太祖实录》卷3;谈迁:《国榷》卷1。

接,陶安见到了朱元璋,说:"我辈今有主矣。"过了两天,六月三日,朱元璋召他们两人来讨论时事,陶安建议说:"方今四海鼎沸,豪杰并争,攻城屠邑,互相雄长,然其志皆子女玉帛,取快一时,非有拨乱救世安天下之心。明公率众渡江,神武不杀,人心悦服。以此顺天应人而行吊伐,天下不足平也。"朱元璋说:"足下之言甚善,吾欲取金陵,足下以为如何?"安曰:"金陵古帝王之都,龙蟠虎踞,限以长江之险,若取而有之,据其形胜,出兵以临四方,则何向不克!"① 陶安的这一建议,和以前冯国用、李善长所说的基本相同,很合朱元璋的心意。于是,朱元璋把太平路改为太平府(治所在今安徽当涂),以李习为知府,任陶安参幕府事。并置太平兴国翼元帅府,大家推朱元璋为大元帅,朱元璋又命李善长为帅府都事。"诸将分守各门,修城浚濠,以固守御。"并"籍乡兵,令居民蓄积皆徙入城","文移用宋龙凤年号,旗帜战衣皆红色。"② 朱元璋的江南政权初步建立了起来。

这时,太平周围都是元军,向立足未稳的红巾军反扑过来。元右丞阿鲁灰、中丞蛮子海牙"以巨舟截采石,闭姑孰口",截断红巾军的归路。而"义兵"元帅陈埜先与其将康茂才与元兵合,"水陆分道",直攻太平城。朱元璋亲自督兵拒战,命徐达、邓愈率一军绕到元军的背后,前后夹击,元军大败,陈埜先被生擒,朱元璋"释而用之"。七月,朱元璋留陈埜先于太平,命张天祐率军连同陈埜先的降军去攻集庆(今江苏南京),为元将福寿所败。八月,朱元璋命徐达等攻取了溧水、溧阳、句容、芜湖等地③。九月,朱元璋命郭天叙、张天祐以及陈埜先合军再攻集庆,四面包围集庆城"凡七日"。战争打得正激烈的时候,陈埜先与城里的元将密

---

① 《明太祖实录》卷3。

② 《明太祖实录》卷3;高岱:《鸿猷录》卷1《定鼎金陵》;《明史纪事本末》卷1《太祖起兵》。

③ 《明史纪事本末》卷1《太祖起兵》。

约夹攻红巾军,郭天叙、张天祐皆死。陈埜先追击红巾军到溧阳时,当地的地主武装以为陈已投降红巾军,用计诱杀了他①。

　　郭、张两人死后,朱元璋就独任元帅府事,接管了郭子兴的所有部队。这时,蛮子海牙的水军还在采石江上截断太平红巾军和北岸和州等地的联系。由于红巾军将士的家属还留在和州,不通消息,人心不安。至正十六年(1356年)二月,朱元璋命常遇春率军进攻蛮子海牙的水军,蛮子海牙逃进集庆城里,从此,"南北道始通"②。三月一日,朱元璋亲率大军,三攻集庆,自太平水陆并进。初三日到江宁镇,破陈兆先的营寨,得降兵三万六千人。初十日,攻破集庆城,元守将行台御史大夫战死,蛮子海牙走投张士诚,水军元帅康茂才等率众降,"凡得军民五十余万"③。朱元璋进入集庆城后即宣告说:"元失其政,所在纷扰,兵戈并起,生民涂炭,汝等处危城之中,朝夕惕惕不能自保。吾率众至此,为民除乱耳。汝宜各安职业,毋怀疑惧,贤人君子有能相从立功业者,吾礼用之。居官者慎毋暴横以殃吾民,旧政有不便者,吾为汝除之。"④ 第二天,朱元璋巡视了集庆城郭后登上城楼,踌躇满志地对跟在他身边的徐达等人说:"金陵险固,古所谓长江天堑,真形胜地也。仓廪实,人民足,吾今有之。诸公又能同心协力以相左右,何功不成。"当天就改集庆路为应天府,置天兴建康翼统军大元帅府,以廖永安为统军元帅,赵忠为兴国翼元帅以守太平,儒士夏煜、孙炎、杨宪等十余人都分别安排了官职。到七月,置江南行中书省,朱元璋兼总省事,其下设参议、左右司郎中、都事。并置行枢密院、理问所、提刑按察司、营田司等机构。朱元璋很快把军事、政治、经济等各方面的机构建立了

---

① 《明太祖实录》卷3;钱谦益:《国初群雄事略》卷2《滁阳王》。

② 谈迁:《国榷》卷1;《明史纪事本末》卷1《太祖起兵》。

③ 《明太祖实录》卷4。

④ 《明太祖实录》卷4;高岱:《鸿猷录》卷1《定鼎金陵》。

起来①,俨然已是一个政府。

二、江南政权的巩固和发展

1．周围形势

朱元璋于至正十六年(1356年)渡江建立江南政权的时候,张士诚也于这年二月攻下了平江(今江苏苏州),建为国都;徐寿辉的蕲黄红巾军也东山再起,迁都于汉阳。而刘福通、韩林儿龙凤政权所派遣的西征军,也于这年的九月攻下了军事重镇潼关。整个农民起义的形势是十分喜人的,但从朱元璋江南政权来说,形势却是很严峻的:东南方向张士诚的势力已从平江伸展到常州;西北方向,徐寿辉部红巾军已扩充到池州。这些虽然都是农民起义部队,但彼此之间也是水火不相容的。而元朝的军队也紧紧地包围着江南政权,"元将定定扼镇江,别不华、杨仲英屯宁国,青衣军张明鉴据扬州,八思尔不花驻徽州,石抹宜孙守处州,其弟厚孙守婺州,宋伯颜不花守衢州"②。

从当时朱元璋的战略形势来看,镇江是应天的东大门,如果张士诚占领镇江,则东边的门户就洞开了,张士诚随时可以进攻应天。宁国和广德则是应天的南大门,这两个地方如果长期为元军占领,或被徐寿辉攻占,那末敌人也可随时进窥应天,使江南政权总不得安宁。要确保应天的安全,就必须尽快占领这几处地方。因此,朱元璋在占领集庆的当月,就派徐达攻下了镇江。到六月,又派邓愈攻下了广德。这样就保证了应天的安全。宁国则因元军有重兵驻守,徐达、常遇春都没有把它攻下来,直到至正十七年(1357年)四月,朱元璋亲自统率大军才把它攻

---

① 《明太祖实录》卷4。
② 《明史》卷1《太祖纪》。

占,并俘获逼降了朱亮祖,得将士十余万。朱元璋原想占领镇江以后,与在平江的张士诚采取保境相安的策略。他派遣杨宪到张士诚那里去通好,说:"足下兵由通州,遂有吴郡。吾与足下东西境也,睦邻守国保境息民,古人所贵,吾甚慕焉。自今以后,通使往来,毋惑于交构之言,以生边衅。"但"士诚不悦",拘留了杨宪,并派兵进攻镇江,被徐达、汤和所败。朱元璋感到张士诚既不愿通好,而双方所占地盘又是紧邻着的,就下决心先攻打张士诚,以安定自己的大本营。在打败了张士诚进攻镇江的部队后,立即派徐达进攻常州。到至正十七年三月,攻克了常州。同时派耿炳文、刘成自广德攻克长兴(时在至正十七年二月)。六月,赵继祖攻下了江阴。七月徐达攻下了常熟。这一系列胜利,对朱元璋来说,意义极大,《明太祖实录》曾对此评论说:"先是,士诚北有淮海,南有浙西。江阴、长兴两邑,皆其要害:长兴据太湖口,陆走广德诸郡;江阴枕大江,扼姑苏,通州济渡之处。得长兴,则士诚步骑不敢出广德,窥宣、歙;得江阴,则士诚舟师不敢溯大江上金焦。至是并为我(指朱元璋)有,士诚侵轶路绝。"①朱元璋在攻下常熟之后,就停止了对张士诚的攻势,把进攻的矛头转向浙东方向的元朝统治区。因为张士诚部队的战斗力较强,暂时不易拿下。如常州战役,从至正十六年(1356年)七月开始到第二年的三月才攻下,费时半年多,动用兵力也大,战斗打响后,两次增派的部队就有五万之多。

2. 向浙东发展

朱元璋在攻占了广德和宁国路以后,不仅稳固了应天的南大门,而且打开了向浙东发展的通道。于是朱元璋就派其得力的亲信将领耿炳文守长兴,吴良守江阴,汤和守常州,而自己则亲自指挥大军向浙东进发。其首先攻取的是皖南诸州县。至正

---

① 《明太祖实录》卷5。

十七年(1357年)七月胡大海克徽州,十月常遇春克池州。接着从皖南进军浙东。至正十八年三月,邓愈克建德。以胡大海久攻婺州(今浙江金华)未下,朱元璋亲率十万大军于这年十二月攻下了婺州。朱元璋把它改为宁越府,后又改为金华府,并于其地置浙东行省。于省门树两大黄旗,上写:"山河奄有中华地,日月重开大宋天。"旗旁各立一碑,上写:"九天日月开黄道,宋国江山复宝图。"①至正十九年,胡大海克诸暨。九月,常遇春克衢州。十一月,胡大海克处州。经过两年左右时间的战斗,江浙省西部的元朝统治区大都被朱元璋所攻克②。朱元璋江南政权的辖区扩大了。从此,这一带地方成为朱元璋补充兵源和军需物资的基地。

朱元璋之所以能够顺利地攻占浙东地区,是因为当时元朝在这里所管辖的州县都是一个个的孤立据点,"守兵单弱,且闻中原乱,人心离散,以故江左、浙右诸郡",朱元璋"兵至皆下"③。另一个原因是浙东地主与元朝政府的离心力越来越大。元朝政府当农民起义军力量高涨时,曾表示了要放宽对汉族地方官僚和知识分子的民族歧视政策,但当这些地区的农民起义形势一度低落时,元朝政府和蒙古、色目官僚又继续对汉族官僚和地主武装肆行排挤。如最初组织地主武装协助元军镇压方国珍的几家豪族,"至兄弟子侄皆歼于盗手,卒不沾一命之及"④。胡深"治兵殆十年,勤劳亦至矣,而朝廷无一命之锡"⑤。刘基也是拼命协助元朝政府镇压农民军的,结果是"置公军功不录"⑥。又

① 钱谦益:《国初群雄事略》卷1《宋小明王》。
② 上述所列攻克州县时间见《明史》卷1《太祖纪》。
③ 《明史》卷1《太祖纪》。
④ 叶子奇:《草木子》卷3《克谨篇》。
⑤ 宋濂:《宋学士文集》卷3《胡参军神道碑》。
⑥ 刘基:《诚意伯文集》卷首《诚意伯刘公行状》。

如王毅,当农民军攻占龙泉的时候,组织了近万人的地主武装攻打农民军夺回了县治,但后来却被元朝政府所杀。"倾家事守御,反以结嫌猜"①。刘基的这两句诗道出了当时汉族地主分子的愤懑心情。所以朱元璋的军队一到,不少地主分子就投向朱元璋。而朱元璋军队纪律的严格,每攻克一地不杀不掠,也易于得到所到之处人民的欢迎。

三、江南政权所推行的政策

1. 重用地主阶级知识分子

朱元璋对地主阶级知识分子是很重视的,在未渡江前有李善长、冯国用等一批文人参加了他的起义军。渡江以后,随着统治地域的扩大,地主文人更是纷纷向他归拢,"所克城池,得元朝官吏及儒士尽用之"②。当浙东地主文人叶琛、章溢、刘基被聘召到应天时,朱元璋还特地为他们盖了一所礼贤馆③。朱元璋到处搜罗地主文人学士,但却"不许将官任用","太祖于国初所克城池,令将官守之,勿容儒者在左右议论古今,止设一吏管办文书"。朱文忠在金华时用儒士屠性、孙履、许元、王天锡、王祎"干预公事",朱元璋就"差人提取屠性等五人到京,内王祎、许元、王天锡发充书写,惟屠性、孙履诛之"④。这也说明朱元璋对知识分子作用的重视,在天下扰攘之际,怕他部下的将领一旦与文人相结合,会威胁到他的地位。

在元朝民族歧视政策的压迫下,投向朱元璋的知识分子,大多是没有功名的,或只是在元朝地方政府任低级官吏,是一批

---

① 刘基:《诚意伯文集》卷13《感时述事十首》。

②④ 刘辰:《国初事迹》。

③ 《明太祖实录》卷8;《国初礼贤录》。

"平生抱区区,期结明主眷","艺成无所售,抚卷空太息"的落魄之士①。如李善长只是里中长者;陈遇是温州教授;叶兑、范常皆系一介布衣;陶安是明道书院山长;朱升是池州学正;刘基的官职较高,由进士而被任为元帅府都事,总管府判,但后来也弃官还青田。这一批封建士大夫,"穷经绩学,株守草野"②,他们认识到"元纲既紊,天下土崩瓦解"③ 的总趋势,自称是"胸中经国皆远谋"的有识之士。从当时情况来看,他们的确是治国安邦的杰出人才,对朱元璋的事业起了不小的作用,归纳起来有如下的几个方面:

选择金陵为根据地。未渡江时的冯国用、李善长和渡江以后的陶安都向朱元璋建议,先攻占金陵以为根本,然后"出兵以临四方"。从地理位置来说,金陵北阻长江,南挹吴会,从长江下游形势来说,确实是向外发展的理想地区,为朱元璋以后向外发展起了积极作用。

提供斗争策略。在朱元璋的部队攻克徽州后,朱升向朱元璋提出了"高筑墙,广积粮,缓称王"④ 的斗争策略。朱升这一建议,是根据当时客观形势提出来的。高筑墙,是要朱元璋巩固自己的管辖地区;广积粮,是要朱元璋准备好应付长期战争的物质条件;缓称王,是要朱元璋求实效,不图虚名,尽量不使自己成为众矢之的。这一斗争策略,无疑是十分正确的,朱元璋完全采纳了这一建议。

整顿军队纪律。"勿嗜杀人","勿贪子女玉帛",这是投向朱元璋的封建文人共同向朱元璋提出的强调军队纪律的两条建议。朱元璋在行军作战中也十分注意军纪的整顿。入太平,"城

---

① 王祎:《王忠文公全集》卷1《感兴诗》。
② 《明史》卷137"赞"。
③ 《明史》卷127《李善长传》。
④ 《明史》卷136《朱升传》。

中肃然";入建康,"秋毫无犯";取镇江,"民不知有兵";征婺州,"市不易肆"。军队纪律,是军队在战斗中获胜的根本保证。上述对朱元璋军队的赞扬辞,自然有夸大溢美之处,但朱元璋所部农民军的纪律,确实是相当严格的,因此,所到之处,受到人民的拥护。

过江之后,局面打开了,知识分子大量涌进农民军,对朱元璋加速封建化起了不小的作用。知识分子对元朝统治者失望之余,急切希望能找到一个重建封建秩序的"明主",当时朱元璋就成为他们的理想人物。所以当他们谒见朱元璋之初,就竭力要朱元璋效法汉高祖刘邦,"以帝王事功期于始见之期"[①]。至正二十三年(1363年)朱元璋从安丰救出小明王,迎归滁州,"中书省设御座,将奉小明王,以正月朔旦行庆贺礼。刘基大怒,骂曰:'彼牧竖耳,奉之何为?'遂不拜。适上召基,基遂陈天命所在,上大感悟"[②]。这说明刘基看准了当时的形势,要朱元璋撇开小明王,建立新王朝。朱元璋本来就怀着帝王欲,自然对此极易"感悟"。于是"御座不拜,遂辍龙凤之号"[③]。这一事例生动地说明刘基等知识分子,在引导和促使朱元璋与红巾军决裂和转向封建化方面,起了一定的作用。

2. 江南政权所推行政策的两面性

朱元璋的江南政权所推行的政策,既具有反对封建王朝的一面,又具有维护封建秩序的一面,这是农民政权的特点。至正十八年(1358年)朱元璋的军队攻下了婺州,就"开仓以济贫民"[④]。胡大海所部在绍兴一带时,"远近之人皆争趋附之"[⑤]。

---

① 陶安:《陶学士文集》卷首。

② 《国初礼贤录》。

③ 王世贞:《弇州史料前集》卷28《浙三大功臣赞》。

④ 刘辰:《国初事迹》。

⑤ 宋濂:《銮坡前集》卷5《胡越公新庙碑》。

"红军攻下处州城,多少男儿入虏营"。这说明朱元璋农民军是受广大农民群众所欢迎的,是把它看成农民自己的队伍的。虽然朱元璋的农民军没有提出类似"摧富益贫"的口号,也没有在统治区实行调整土地的措施,但他们对当地农民反抗地主夺取土地的斗争是支持的。这才使得有的地主"家业荡然,遗田数亩而已"①;有的地主"士大夫蝼蚁走"②。江南政权对农民在起义战争中所获得的土地是予以承认的。如朱元璋农民军在攻占徽州后,任命端复初为徽州府经历,他"令民自实田,汇为图籍,积弊尽刷"③。这些,表明了江南政权的政策具有维护农民利益的地方。

与此同时,朱元璋的江南政权推行的政策也有维护封建制度的一面。朱元璋攻下集庆时,向人们宣告:"汝宜各安职业,毋怀疑惧。"并宣布"旧政有不便者,吾为汝除之"④。可见朱元璋并不触动原来的封建制度,要人们"各安职业",只是对元朝"旧政"有不便的地方加以改革。所以在朱元璋江南政权的统治区内,封建生产关系并没有变动。如农民军攻克衢州后,朱元璋命王恺总制衢州军民事。王恺就规定"以粮多者为正里长,寡者为副"⑤,仍然要粮多的地主充当里长来管理人民。而当时丽水等七县也都普遍地存在着地主"大户"⑥。再如听从武官"开垦荒田以为己业,文官拨典职田,召佃耕种,送纳子粒,以代俸禄"⑦。这就在公开培植新的官僚地主分子了。

---

① 苏伯衡:《苏平仲文集》卷12《俞元瑞墓志铭》。

② 宋濂:《銮坡前集》卷7《送许时用还越中序》。

③ 《明史》卷138《周祯传附端复初传》。

④ 《明太祖实录》卷4。

⑤ 宋濂:《宋学士文集》卷3《王郎中墓志铭》。

⑥⑦ 刘辰:《国初事迹》。

四、并吞陈友谅、张士诚和平定方国珍

1．鄱阳湖决战和陈友谅汉政权的消灭

蕲黄红巾军于至正十五年(1355 年)再次崛起,到至正十七年(1357 年),占领了湖广、江西以及川蜀等广大地区,这时发生了内讧。原来蕲黄红巾军初起时,徐寿辉是以仪表好被推作首领的,其实他没有多大的才干,对起义事业并无多大贡献。自彭莹玉牺牲后,天完政权实际上被丞相倪文俊所控制。倪文俊,号蛮子,"世以渔业居黄州黄陂"①,勇敢善战,蕲黄红巾军再次崛起时,多赖其力。至正十七年(1357 年)八月,倪文俊想于汉阳谋杀徐寿辉,事泄,就率部分军队奔黄州②。黄州当时是倪文俊的部将陈友谅的驻地。陈友谅出身沔阳渔民家庭,"本谢氏,祖赘于陈,因从其姓",在县里当贴书,参加了徐寿辉部红巾军,最初充当倪文俊簿掾,后因作战有功,"为领兵元帅"。这时他乘机杀了倪文俊,"尽领其众,而自称平章"。于是,天完政权的大权又转到了陈友谅手里。至正二十年(1360 年),陈友谅"挟寿辉东下",向朱元璋的统治区进攻。闰五月,攻下了太平,接着又进驻采石矶。陈友谅以为攻占应天指日可待,志得意满,急于想当皇帝,派人用铁挝击杀了徐寿辉,在大风雨中"以采石五通庙为行殿,即皇帝位,国号汉,改元大义"③。陈友谅称帝后即"遣人约张士诚侵建康"④。面对强敌压境,应天的文官武将"或议降,或议奔据钟山"。刘基奋曰:"主降及奔者,可斩也。""贼骄矣,待其深入,伏兵邀取之,易耳。天道后举者胜,取威制敌以成王业,

---

① 叶子奇:《草木子》卷 3《克谨篇》。
②④ 《明太祖实录》卷 8。
③ 《明史》卷 123《陈友谅传》。

在此举矣。"朱元璋采纳了刘基的建议,积极作好战斗部署,一方面"命胡大海出兵捣广信,以牵制之",扰乱其后方。同时又利用康茂才与陈友谅是老朋友的关系,约以诈降,诱陈友谅速来。陈友谅受骗上当,在龙湾遭到朱元璋水陆伏兵的袭击,被打得大败。朱元璋俘虏了陈友谅军队约二万人,并获其"巨舰混江龙、塞断江、撞倒山、江海鳌者百余艘,及战舸数百",乘胜"复太平,下安庆,而大海亦克信州"①。到至正二十二年(1362年)时,龙兴(是年改为洪都府,今江西南昌)、袁州、瑞州、临江、吉安等州县,亦皆为朱元璋所占领。

至正二十三年(1363年)四月,陈友谅乘朱元璋出兵安丰之际,"复大举兵围洪都。初友谅忿其疆场日蹙,乃作大舰来攻。舰高数丈,外饰以丹漆,上下三级,级置走马棚,下设板房为蔽,置橹数十,其中上下人语不相闻,橹箱皆裹以铁。自为必胜之计,载其家属百官,空国而来"②,"其气甚盛,号六十万"③。都督朱文正与参政邓愈、元帅赵德胜率洪都军民坚决死守。陈友谅攻八十五日不下,到七月中,知道朱元璋亲率舟师二十万前来救援,才解围到鄱阳湖去迎战④。朱元璋的军队于七月十六日到达湖口,即"遣指挥戴德以一军屯于泾江口,复以一军屯南湖咀,以遏友谅归师,又遣人调信州兵守武阳渡,防其奔逸"。朱元璋亲率大军由松门入鄱阳。七月二十日两军相遇于康郎山,鄱阳湖之战从此开始。到八月二十七日,在混战中,陈友谅"中流矢贯睛及颅而死"。其将张定边"乘夜以小舟载友谅尸及其子理奔还武昌"⑤,立陈理为帝,改元德寿。这一次朱、陈两军在鄱阳湖

---

① 《明太祖实录》卷8;《明史》卷1《太祖纪》,卷128《刘基传》,卷123《陈友谅传》。

②④ 《明太祖实录》卷12。

③ 童承叙:《平汉录》。

⑤ 高岱:《鸿猷录》卷3《克陈友谅》。

的水战达三十六天之久,战斗打得十分激烈,陈友谅所部几乎全军覆没,而朱元璋方面的伤亡也很大,将领宋贵、张志雄、韩成、陈兆先、丁普郎等皆战死①。朱元璋怕张士诚乘虚来袭,鄱阳湖之战结束后,命常遇春去攻武昌,自己率师还应天。至正二十四年(1364年)正月朱元璋于应天即吴王位,建百司官属,置中书省左右相国②。二月,朱元璋以武昌久围未下,亲往督师,陈理遂率其太尉张定边等投降,汉亡。朱元璋于其地置湖广行中书省进行管辖。

蕲黄红巾军所建立的农民政权最后被朱元璋消灭了,但它在元末农民斗争史上的辉煌业绩,却是不容抹煞的。陈友谅虽在击杀徐寿辉时有他的缺点,但他坚决反对元朝的反动统治,从不屈服地进行战斗,不失为一个英雄人物。他的坟墓,今天还保存在武汉长江大桥下。当年他活动过的地方,至今还有关于他的传说,可见人民是怀念他的。

2．张士诚的败亡

朱元璋于至正二十四年(1364年)灭汉以后,下一个进攻目标轮到了张士诚。张士诚自至正十四年十一月于高邮大败元军以后,乘胜向外发展。至正十六年二月,张士诚率军由通州渡江,攻占了平江、湖州、松江及常州诸路后,改平江为隆平府,建都于此③。张士诚自进入江南地区以后,就与朱元璋接邻,互相不断发生战争,后来朱元璋攻占了长兴、江阴等地,堵住了张士

---

① 《明太祖实录》卷12。

② 《明太祖实录》卷14。张士诚早已于至正二十三年自立为吴王,为什么朱元璋还要称吴王呢?这是因为当时社会上流传着这样一首民谣:"但看羊儿年,便是吴家国。"羊儿年是丁未年,即至正二十七年,为了迎合这首民谣,所以,朱元璋也称吴王。因此,有人就称张士诚为东吴,朱元璋为西吴,"时以金陵为西吴,平江为东吴"(《吴王张士诚载纪》卷2)。

③ 吴宽:《平吴录》;《明史》卷123《张士诚传》。

诚西进的道路。其南面又有苗军元帅杨完者部驻守,士诚之弟士德进攻杭州的部队,为杨完者所败,无法南进。至正十七年八月,张士诚投降元朝,被封为太尉。从至正十九年开始,"士诚自海道输粮十一万石于大都,岁以为常"①。张士诚虽然接受了元朝政府的官爵,但"擅甲兵土地如故"②。至正二十一年七月,张士诚乘元江浙右丞相达识帖睦迩与杨完者的矛盾,派兵袭据杭州,以后势力不断扩张。到至正二十三年,张士诚又自立为吴王。张士诚全盛时期,其所据土地,"南抵绍兴,北逾徐州,达于济宁之金沟,西距汝、颍、濠、泗,东薄海,二千余里,带甲数十万"③。

张士诚所统治的地方,盛产粮食鱼盐,又有蚕桑之利,物产丰富。士诚之弟士德,小字九六,"善战有谋,能得士心,浙西地皆其所略定"④。士德于至正十六年(1356年)在常州被徐达所擒,到应天绝食死。此后由士诚的三弟士信(小字九七)作丞相,其贪污无能,日夜歌舞自娱,疏远旧将,上下隔绝。张士诚也养尊处优,怠于政事。而诸"将帅亦偃蹇不用命,每有攻战,辄称疾,邀官爵田宅然后起"。"及丧师失地还,士诚概置不问。已,复用为将"⑤。朱元璋了解到了这些情况,对他的臣僚们说:"我诸事无不经心,法不轻恕,尚且有人瞒我。张九四终岁不出门,不理政事,岂不着人瞒。"⑥ 张士信专门信用黄、蔡、叶(即黄敬夫、蔡彦文和叶德新)三个人作参谋,朋比为奸,弄权舞弊,东吴有一首民谣讽刺说:"丞相做事业,专凭黄蔡叶,一朝西风起,干瘪。"⑦ 当时杨维桢曾写信给张士诚,说:"况为阁下之将帅者,有生之心,无死之志矣;为阁下之守令者,有奉上之道,无恤下之

①②③④⑤ 《明史》卷 123《张士诚传》。
⑥ 刘辰:《国初事迹》。
⑦ 吴宽:《平吴录》;《明史》卷 35《五行志》。

政矣;为阁下之亲族姻党者,无禄养之法,有奸位之权矣。"最后指出张士诚"衅阙多端,不有内变,必有外祸"。"阁下狃于小安,而无长虑"①。杨维桢的这些批评,切中要害。

朱元璋对张士诚的用兵,先是扫除他在淮水流域的据点,"欲先取通、泰诸郡县,剪士诚肘翼,然后专取浙西"②。从至正二十五年(1365年)十月,命徐达总兵出击,经半年多时间的战斗,到至正二十六年四月,就攻占了通州、兴化、盐城、泰州、高邮、淮安、徐州、宿州、濠州、邳州、安丰诸州县③。接着,朱元璋就全力转向张士诚的政治中心江南地区。至正二十六年五月,传檄声讨张士诚的罪状:

> 惟兹姑苏张士诚,为民则私贩盐货,行劫于江湖。兵兴则首聚凶徒,负固于海岛。其罪一也。

> 又恐海隅一区,难抗天下全势,诈降于元。坑其参政赵琏,囚其待制孙拚。其罪二也。

> 厥后掩袭浙西,兵不满万数,地不足千里,僭号改元。其罪三也。

> 初寇我边,一战生擒其亲弟。再犯浙省,扬矛直捣其近郊。首尾畏缩,又乃诈降于元。其罪四也。

> 阳受元朝之名,阴行假王之令。挟制达丞相,谋害杨左丞。其罪五也。

> 占据江浙,钱粮十年不贡。其罪六也。

> 知元纲已坠,公然害其达失帖木儿,南台大夫普化帖木儿。其罪七也。

> 恃其地险食足,诱我叛将,掠我边民。其罪八也。④

① 贝琼:《清江贝先生集》卷2《铁崖先生传》。
② 《明太祖实录》卷15。
③ 钱谦益:《国初群雄事略》卷7《周张士诚》。
④ 《纪录汇编》卷200《前闻纪·平吴仁言》。

朱元璋在这一篇檄文中声讨张士诚的八条罪状,除了四、八两条是指责张士诚侵占自己的地盘和诱降自己的部将以外,其他六条都是指责张士诚背叛元朝政府的罪状。这说明朱元璋是站在封建正统的立场来声讨张士诚的。同时在这一篇檄文中,朱元璋竟大骂红巾军是"不幸小民,误中妖术,不解其言之妄诞,酷信弥勒之真有,冀其治世以苏困苦,聚为烧香之党,根据汝颍,蔓延河洛。妖言既行,凶谋遂逞,焚荡城郭,杀戮士夫,荼毒生灵,千端万状"。并且提出了"旧有田产房舍,依前为主"这一维护地主土地所有权的政策。这些都表明了朱元璋已经完全从农民起义领袖转化为封建统治者了。

　　八月,朱元璋命徐达为大将军,常遇春为副将军,率师二十万伐张士诚。"先攻湖州,使其疲于奔命,羽翼既披,然后移兵姑苏"①。同时命偏师朱文忠帅师攻杭州以牵制之。到十一月就攻下了湖州、嘉兴、杭州、绍兴等地。扫清了外围,从四面包围平江。"其属县相继来归,惟苏州孤立而已"②,张士诚几次想突围,均被朱元璋的军队堵了回来。至正二十七年(1367 年)六月,张士信于城楼上被"飞炮碎其首而死"③。九月,徐达破葑门,常遇春破闾门,张士诚"仓皇归府第,拒户自缢",被其将解救,做了俘虏。徐达几次派张士诚的部将李伯升和其女婿潘元绍劝他投降,"士诚瞑目不答",后被解"至金陵,竟自缢死,年四十七"④。于是吴地悉平,"所得城中兵民二十余万"⑤。平江固守十月,才被攻破。朱元璋改平江路为苏州府,命何质任知府。

----

① 《明太祖实录》卷 16。
② 《皇朝本纪》。
③ 《明太祖实录》卷 19。
④ 《明史》卷 123《张士诚传》。
⑤ 高岱:《鸿猷录》卷 4《克张士诚》。

张士诚从至正十三年(1353年)起兵,称诚王,到至正十七年就投降了元朝,后于至正二十三年复自立为吴王,但这时张士诚和其大臣将领们,惟知修府第,建园池,吃喝玩乐,已经腐朽变质。吴政权只不过是一个封建割据政权而已。张士诚也没有远大的抱负,被刘基讥为"自守虏"①。当朱元璋与陈友谅于鄱阳湖大战时张士诚竟不出平江一步,坐等朱元璋来逐个消灭。但张士诚于刚起义时高邮会战大败元兵,在元末农民战争中作出了贡献。

3．方国珍投降

当平江即将攻破时,至正二十七年(1367年)九月,朱元璋又遣将派兵去攻打割据在浙东的方国珍。原来,在至正十八年攻占婺州与方国珍接境后,朱元璋曾派刘辰去招谕方国珍。方国珍看到朱元璋兵势强盛,难与争锋,派使者随刘辰向朱元璋奉送金银绸缎,表示"愿合力攻士诚",又申明俟朱元璋攻下杭州,就献纳温、台、庆元三郡。但同时,方国珍仍不断为元朝海运粮食去大都。等到朱元璋攻下杭州,方国珍怕被并吞,就"北通扩廓帖木儿,南交(福建)陈友定,图为犄角"②,与朱元璋相对抗。并"日夜运珍宝,治舟楫",准备万一抵敌不住时就逃往海上③。但陈友定和扩廓根本无力来支援,方国珍士卒也"多怀惧亡去者"④,不想为方国珍卖命。至正二十七年(1367年)九月,朱元璋的部将朱亮祖率军攻下台州,接着又攻下温州。十一月,朱元璋的另一部将汤和率军进占庆元(今浙江宁波),方国珍逃入海岛,又为朱元璋的部将廖永忠所率舟师击败。方国珍在走投无路的情况下,只好向朱元璋投降。他被授为"广西行省左丞,食

---

① 《明史》卷128《刘基传》。
② 《明史》卷1《太祖纪》;《明史纪事本末》卷5《方国珍降》。
③ 《明史》卷123《方国珍传》。
④ 《明史纪事本末》卷5《方国珍降》。

禄不之官",数年后死于南京。①

五、南平闽广和北伐中原

1．闽广的平定

朱元璋在攻克平江以后,于至正二十七年(1367年)即派胡廷瑞为征南将军,何文辉为副将军,从江西率师进攻福建。同年十一月,方国珍投降,于是朱元璋又命汤和、廖永忠率水师自明州(今浙江宁波)由海道取福州。当时福建为陈友定盘踞着。陈友定系福建福清人,后徙居清流,家贫,曾佣于富室②。陈友定虽系贫苦农民出身,但在元末农民战争中却站在农民军的对立面。当至正十八年陈友谅的农民军攻入福建汀州时,陈友定参加了地主武装,镇压农民军。因他为元朝统治者拼命卖力,得到赏识,一直被任为福建行省平章,占据了福建八郡之地,"鹰扬跋扈","驱官僚如圉仆,擅帑廪如私藏"③。但对元朝政府却是一副奴才相,极为恭顺,每岁为元都输粟数十万石。

至正二十七年(1367年)十一月,胡廷瑞由江西度杉关,下光泽,连续攻克了邵武、建阳。同时,汤和与廖永忠所率的水师也攻下了福州。第二年正月,汤和与廖永忠攻下了延平,执陈友定送应天处死。朱元璋部从出师到攻下延平历时四月,接着又攻克了福建的其他地区,平定了福建④。

福建的平定,为朱元璋部向两广进军打下了基础。当胡廷瑞攻福建时,至正二十七年(1367年)十月,朱元璋就派湖广行省平章杨璟和左丞周德兴等率师由湖广取广西。第二年二月,

---

① 《明史》卷123《方国珍传》;《国初群雄事略》卷8《方谷真》。
② 《明史纪事本末》卷6《太祖平闽》。
③ 《明史》卷124《陈友定传》。
④ 《明太祖实录》卷25;《国初群雄事略》卷12《陈友定》。

汤和、廖永忠攻下福建延平后，朱元璋又令廖永忠和朱亮祖率军由海道取广东，另派赣州卫指挥使陆仲亨由韶州(治曲江，今广东韶关)直捣德庆，与杨璟、廖永忠三路进军，水陆并进。三月，廖永忠舟师于潮州登陆，驻广州的元左丞何真"籍所部郡县户口、甲兵、钱谷，奉表归附"。于是广州及其附近州县皆降于明①。四月，陆仲亨率兵连下英德、清远、连江、连州、肇庆及德庆诸郡县，元守将弃城逃跑②。三路明军中惟杨璟一路遭到了元军的顽强抵抗。杨璟出兵的第二年正月，所部进抵永州(治零陵，今湖南永州)，久围未下，直到四月，始攻克永州。而后，率兵进抵靖江(今广西桂林)。这时朱亮祖也率师入广西，与之会师围攻靖江，"相持凡两阅月"，到六月才攻占了靖江城③。接着南宁、柳州等州县皆投降明军，广西平定。洪武二年(1369 年)，即于其地置广西行省。

2．北伐中原

至正二十七年(1367 年)九月二十八日，"平吴师还，论功行赏"。第二天徐达等诸将入谢，朱元璋问大家："公等还欲置酒为乐否?"对曰："荷主上恩德，皆置酒相庆。"朱元璋说："宁不欲置酒与诸将为一日之欢，但中原未平，非宴乐之时。公等不见张氏所为乎，终日相与酣歌乐，今竟何如! 宜深戒之。"④ 朱元璋没有为胜利所陶醉，在消灭张士诚割据势力以后，休整未及一月，即于十月二十一日命"徐达为征虏大将军，常遇春为副将军，帅师二十五万，由淮入河北取中原"⑤。

对于北伐的进军路线和战略部署，朱元璋作了审慎的筹划。

---

① 《明太祖实录》卷 26、27;《明史》卷 130《何真传》。

② 《明史纪事本末》卷 7《平定两广》。

③ 《明太祖实录》卷 27、28;《明史纪事本末》卷 7《平定两广》。

④ 《明太祖实录》卷 20。

⑤ 《明史》卷 1《太祖纪》。

他先向将领们征询意见，常遇春提出"直捣元都，以我百战之师，敌彼久逸之卒，挺笮而可以胜也。都城既克，有破竹之势，乘胜长驱，余可建瓴而下矣！"朱元璋不同意这个轻敌冒进方案，认为"元建都百年，城守必固"，若"悬师深入，不能即破，顿于坚城之下，馈饷不济，援兵四集，进不得战，退无所据，非我利也"。朱元璋提出了稳扎稳打，逐步推进的战略："先取山东，撤其屏蔽。旋师河南，断其羽翼。拔潼关而守之，据其户槛。天下形势入我掌握，然后进兵元都，则彼势孤援绝，不战可克。既克其都，鼓行而西，云中、九原以及关陇，可席卷而下。""诸将皆曰善"①。以后北伐战争基本上就是按照这一方案实行的。

　　为了向北方人民说明北伐的道理，使得"兵至，民人勿避"，朱元璋让宋濂撰写了一篇告北方人民的檄文。这一篇檄文表现了大汉族主义思想，把国内的少数民族一概称之为"夷狄"。少数民族只能受汉族的统治，否则就是"冠履倒置"。它还极力强调天命论，说元朝蒙古贵族入主中原，"此岂人力，实乃天授"。到元末"天厌其德而弃之"，朱元璋才"恭承天命"来统治中国。这样，红巾军打击元朝统治的事实被一笔勾销，一切都归于天命。另外，它又明确表示，要维护封建纲常，提出"立纲陈纪，救济斯民"，恢复"君臣父子夫妇长幼之伦"的口号。这些，都十分清楚地说明，朱元璋是以封建君主的立场来宣告自己的政治意图和建构未来帝国的。这对元末农民大起义来说，自然是一种背叛。但这一篇檄文所提出的以汉族为中心的主张，在当时元朝统治者对广大汉族人民实行民族压迫政策的情况下，不能不说具有一定的反民族压迫的正义性，其"驱逐胡虏，恢复中华"的口号，对汉族各阶层人民都是颇具号召力的。同时，檄文揭露了元朝的腐朽统治，指出："有司毒虐"，造成"人心离叛，天下兵起，

---

① 《明太祖实录》卷21。

使我中国之民,死者肝脑涂地,生者骨肉不相保",朱元璋正是在这种情况下实行北伐,"拯生民于涂炭"。这对长期处于兵荒马乱、颠沛流离中的广大人民,自然也有很大的吸引力。此外,这篇檄文还特别强调军纪,提出"号令严肃,秋毫无犯"的保证,并告诫将士,"克城勿妄杀人,勿夺民财,勿毁民居,勿废农具,勿掠子女"①。这种政策,在当时无疑也是顺乎民心的。而檄文对蒙古色目人宣称,"愿为臣民者,与中夏之人抚养无异",这又解除了一般蒙古人和色目人的疑惧心理,减少了进军的阻力②。可见,这篇檄文不能一笔抹煞,它具有一定的进步性,能起一定的积极作用。

由于朱元璋北伐军队纪律严明,战略部署正确,以及北伐檄文在安定民心和瓦解敌军方面起了一定的作用,所以北伐军事进展顺利。从至正二十七年(1367年)十月出师,到第二年(1368年)二月,三个月左右的时间就平定了山东。接着由山东折而向西分水陆两路进攻河南。水路,"开耐牢坡坝,引舟师由郓城趋汴梁,以取河南"③。陆路由归德(治睢阳,今河南商丘)进入河南,攻下了陈州(治宛丘,今河南淮阳)、许州(治长社,今河南许昌)等地。元汴梁(开封)守将不战而降。四月,徐达率步骑由中滦进取河南(洛阳),于洛水北大败元军,进逼河南城北,元河南行省平章梁王阿鲁温降。这时征南将军邓愈师师攻占了南阳路。而冯胜所部也攻克了陕州(治陕县,今属河南)、潼关等地,扼住了三秦门户,阻断了驻扎在关陇地区的元将李思齐、张思道等与元朝的联系。元朝大都的屏蔽已撤,外援被截断,陷入了明军的弧形包围圈中。五月,朱元璋亲自来到汴梁,听取了徐达、

---

① 《明太祖实录》卷21。
② 《明太祖实录》卷21;《鸿猷录》卷5《北伐中原》。
③ 《明太祖实录》卷27。

常遇春、冯胜等将领关于前线军事情况的汇报,并研究了下一阶段的战略步骤。冯胜留守汴梁,何文辉守河南(洛阳),郭子兴和康茂才镇潼关。闰七月,徐达等"分布士马规取河北"①。

当明军攻下汴梁,拟向大都合围时,元朝的各地军阀部队正在互相火并。原来,当朱元璋并吞陈友谅后,元朝命扩廓"总天下兵","南平江淮"。扩廓进军到河南,发檄征调关中李思齐、张思道、孔兴和脱列伯所部军队。李思齐得檄文大怒道:"吾与若父交,若发未燥,敢檄我耶!"令其下一甲不得出武关。张思道等亦皆不听调。于是扩廓西入关,攻李思齐等,双方"相持经年,数百战未能决"。这时,扩廓的部将关保、貔高倒戈反攻扩廓。元顺帝见扩廓势孤,就命令"李思齐等东出关,与貔高合攻扩廓"。"扩廓愤甚,引军据太原,尽杀朝廷所置官吏。于是顺帝下诏尽削扩廓官爵,令诸军四面讨之"②。元朝统治集团内部的自相残杀,给明军的北伐造成了有利时机。到闰七月初,关保、貔高被扩廓擒杀。初三日明军取卫辉(今河南卫辉),初五日,占彰德(今河南安阳),初九日,下广平(今河北永年)。这时,元朝统治者慌了手脚,于十九日诏复扩廓所有官爵,并要扩廓和中书右丞相也速、陕西左丞相秃鲁以及平章政事李思齐,"四道进兵,掎角剿捕,毋分彼此"③。但为时已晚,明军以横扫千军之势直向大都推进。十一日,当明军攻克临清后,徐达命诸将"各率马步舟师大会于临清"。临清城濒运河东岸,是冀鲁豫三省交界地区水道的枢纽,卫河由此入运,水量大增,可直达大都。明军在临清休整,补充了刍粮以后,"徐达率马步舟师北发",十五日攻下了德州,二十日进抵长芦、直沽,"获海舟作浮梁济师,常遇春率舟

---

① 《明史纪事本末》卷8《北伐中原》;《鸿猷录》卷5《北伐中原》。

② 《元史》卷47《顺帝纪》;《鸿猷录》卷5《北伐中原》;《明史》卷124《扩廓帖木儿传》。

③ 《元史》卷47《顺帝纪》。

师,诸将率步骑,夹河进"。二十五日进抵河西务,郭英追元军至通州城下,杀元知院卜颜帖木儿,擒元宗室梁王孛罗。二十七日夜克通州①。元顺帝得知明军已到通州,大惧,当即"集后妃太子议避兵北行";第二天天刚亮,又"召集群臣会议端明殿","左丞相失烈门、知枢密院事黑厮等皆劝固守京城"。但元顺帝感到大势已去,怕困守孤城,像宋朝徽、钦两帝那样当俘虏,决计弃城北逃。临行,留淮王帖木儿不花监国,丞相庆童留守,当替死鬼。元顺帝自己则于二十八日夜三鼓和后妃太子"开建德门,由居庸关北走",逃往上都。八月二日,徐达等至齐化门,"将士填壕登城而入"②。执元监国淮王帖木儿不花和丞相庆童等,斩之。从此,正式结束了元朝的统治。但广大人民迎来的仍然是一个封建专制主义的明王朝,历时十七年的元末农民大起义,以地主阶级的改朝换代而告终。

六、明王朝的建立和元末农民起义的意义

朱元璋在派兵南平闽广和北伐中原期间,于 1368 年正月正式建立了明朝,年号洪武,建都于南京,做了明朝的开国皇帝,史称明太祖。

元末农民大起义,历时十七年之久,遍及全国绝大部分地区,在我国农民战争史上写下了光辉的一页。最后,虽被以朱元璋为代表的新兴地主集团所利用,成为他们改朝换代的工具,但它却具有巨大的历史意义和作用。

以蒙古贵族为核心所建立的元朝,是我国历史上由少数民族统治的第一个统一的封建王朝。蒙古贵族为了确保他们的统

---

① 《明史纪事本末》卷 8《北伐中原》;《鸿猷录》卷 5《北伐中原》、《克取元都》。
② 《明史纪事本末》卷 8《北伐中原》;《元史》卷 47《顺帝纪》。

治地位,实行了残酷的民族压迫政策。经元末农民大起义浪潮的冲击,元朝统治被推翻了,拆除了民族压迫政策所造成的藩篱,使得我国各民族之间得到了进一步的团结和融合。

蒙古贵族在统治全国期间,把他们本民族的一些落后的生产方式强加给中原地区的汉族人民,使大量人民沦为驱口,把手工业工人变为工奴,把耕地变为牧场。这便严重地阻碍和破坏了生产力。元末农民大起义,冲击了这些落后的东西,不少驱丁获得了人身自由,手工业工人也从工奴地位中解放了出来。

元朝末期政治腐朽,王公贵族、官僚地主、僧道等寄生阶层恶性膨胀,土地高度集中,经过元末农民大起义的扫荡,不仅许多蒙古王公贵族被赶跑或杀死,汉族官僚和地主也遭到了严重的打击,"自丧乱以来,名门巨室往往散落"①。"江南北巨姓右族,不死沟壑,则奔窜散处"。②"往年大姓家,存者无八九。"③这些情况的出现,正是农民战争摧枯拉朽,消灭了大批寄生阶层的结果。这使高度集中的土地又分散到农民手里,使得明初实行屯田和开荒有了基础,为明初社会生产力的发展具备了条件。

元末农民起义虽然以改朝换代而告终,而这改朝换代本身,就是对社会历史的巨大推进。我国封建社会每个王朝的末期,在政治上和经济上所产生的痼疾,在本朝内部,不论采取何种自救运动,都是无济于事的。只有通过农民起义推翻旧王朝的统治,才能除掉社会的痼疾,使得新王朝的政治比较清明,社会经济也才有生机。元末农民起义正是起了这样的作用。

---

① 张羽:《张来仪文集·晚翠轩记》。
② 贝琼:《清江贝先生文集》卷8《送王子渊序》。
③ 李继本:《一山文集》卷1《送李顺文》。

第二章　明初全国统一的完成
明太祖的治国政策

第一节　全国统一的完成

明朝建国之初,中原、江南和闽广等地虽已归属明朝政府管辖,但四川仍由夏(明昇)政权统治着;云南还为元宗室梁王所控制;秦、晋、关、陇地区还有一批地主武装存在着;元顺帝已从大都退到上都,但还保存着完整的政府机构和一定的军事力量;东北地区还有元丞相纳哈出率领二十万元军屯驻在金山一带。面对着这种割据形势,朱元璋建国后的首要任务,就是继续完成全国的统一事业。

一、山西、陕西等地的平定

徐达自攻下元大都后,就率师西征秦晋。元顺帝北走上都时,命当时在山西的扩廓帖木儿“率兵出雁门关,由保安州(河北涿鹿县)经居庸关以攻北平”①。徐达得到这一情报后,并不回救北平,却乘扩廓率师远出的机会,“乘其不备,直抵太原”。扩廓进军到保安州,听到明军去进攻他的老巢,就还军救太原,半路上遭到徐达所率明军的夜袭,扩廓大败,仅以十八骑逃到大同,后转到甘肃。

---

① 《明史纪事本末》卷9《略定秦晋》。

洪武二年(1369年)二月,徐达派副将军常遇春、冯胜渡河趋陕西。三月,徐达亲率军进占奉元路,明廷改奉元为西安府。元将张思道、孔兴、脱列伯逃去。接着,常遇春、冯胜等率师自西安进取凤翔,李思齐率所部十余万人西奔临洮,冯胜跟踪追击,李思齐降,立临洮卫。徐达也率军进抵巩昌(今甘肃陇西),至此,秦晋的重要地区大部平定,明朝政府于洪武二年四月置陕西、山西两行省,以中书参政汪广洋为陕西参政,御史中丞杨宪为山西参政。①

二、对蒙古的用兵

明朝在进军秦晋的同时,于洪武二年(1369年)六月另派常遇春等攻克了开平(即元上都,今内蒙古自治区正蓝旗东)。原来,常遇春也随徐达在秦晋前线。四月间,朱元璋命常遇春从凤翔回北平,与李文忠率步兵八万、骑兵一万,自北平往取开平。常遇春所率部队,经三河,过惠州,败元将江文清兵于锦川。次全宁,败元丞相也速,进攻大兴州,大破元兵,擒其丞相脱火赤,遂率兵取新开岭进攻开平。元顺帝北奔,明军俘其宗王庆生及平章鼎住等斩之,凡得将士万人、车万辆、马三千匹、牛五万头②。

元顺帝从大都败逃到应昌(今内蒙古克什克腾旗西达来诺尔附近),"常郁郁不乐,作歌曰:'失我大都兮,冬无宁处;失我上都兮,夏无以逭暑。惟予狂惑兮,招此大侮。堕坏先业兮,获罪二祖。死而加我恶谥兮,予妥欢帖睦尔奚辞以拒。'歌声甚哀,继之以泣,至今蒙兀人尚能按之"③。这首歌词,并不一定是元顺

---

① 《明太祖实录》卷40。
② 《明太祖实录》卷42。
③ 屠寄:《蒙兀儿史记》卷17《妥欢帖睦尔本纪》。

帝所作,但它确实反映了当时以元顺帝为代表的蒙古贵族不甘失去一切但又无可奈何的颓丧情绪。

明朝政府为了进一步统一蒙古地区,在洪武时期多次出兵,其中使用兵力较多,规模较大的有以下几次。

洪武三年(1370年)正月,朱元璋命徐达为征虏大将军,李文忠、邓愈为左副将军,冯胜、汤和为右副将军,统领大军,往征沙漠。兵分东西两路:西路由徐达率军,"自潼关出西安,捣定西,以取王保保"。东路由李文忠率军,"出居庸,入沙漠,以追元主"①。四月,徐达军出安定,于沈儿峪口大败王保保,擒元郯王、文济王及国公阎思孝、平章韩扎儿等官一千八百六十五人,将校士卒八万四千五百余人,获马万四千八百余匹。王保保仅与妻子从宁夏奔和林。李文忠所率东路军,出野狐岭,至开平,破应昌,这时元顺帝已死,获元主孙买的里八剌并后、妃、宫人、诸王、省院辇官、士卒等,元太子爱猷识理达腊奔和林旧都②。朱元璋这一次对蒙古的用兵,取得了较大的胜利,迫使元朝残余势力从应昌、定西一线北撤。从此,明朝北边的防御比较稳定,使明朝政府能抽出力量来对四川、云南等地用兵。

洪武五年(1372年)正月,朱元璋又命徐达为征虏大将军,李文忠为左副将军,冯胜为右副将军,各率五万骑,三路出兵"清沙漠"(当时明朝统治者把对蒙古用兵,称为"清沙漠"或"肃清沙漠")。二月,徐达率领中路军出雁门,至野马川败蒙古军队。五月,至岭北,扩廓帖木儿与贺宗哲合兵来战,明中路军战败,死亡数万人,徐达"敛兵守塞"③。冯胜率领西路军于五月至甘肃进

---

① 《明太祖实录》卷48;《明史纪事本末》卷10《故元遗兵》。
② 《明太祖实录》卷51、52;《明史纪事本末》卷10《故元遗兵》。
③ 《明太祖实录》卷73;《国榷》卷5;《明史》卷125《徐达传》。

至亦集乃路(今内蒙古额济纳旗),守将卜颜帖木儿以全城降,又进军至瓜、沙州而还①。李文忠所率东路军,出应昌,于六月至口温,进至哈剌莽,胪朐河,"人持二十日粮,兼程而进,至土剌河","复进至阿鲁浑河",直到称海(今蒙古国西南部)而还②。这次战役,东西两路虽然获得了一些胜利,迫使蒙古军后退,但并没有太多的缴获,而明军方面却遭到了不小的损失。李文忠的东路军,"宣宁侯曹良臣、骁骑左卫指挥使周显、振武卫指挥同知常荣、神策卫指挥张耀俱战没"③,死伤很多。尤其是作为主力部队徐达所率的中路军遭到了失败,死数万人。所以明朝政府当三路军班师回朝时,"赏罚俱不行"。④

　　这一次战役以后,朱元璋感到蒙古军事力量一时难以全部平定,就改变为以防御为主的战略。洪武六年(1373年)正月,朱元璋命徐达、李文忠等往山西、北平练兵备边,临行时告诫他们说:山西、北平紧邻蒙古,"无事之时,正宜往彼练习军士,修葺城池,严为守备"。"来则御之,去则勿追,斯为上策。若专务穷兵,朕所不取,卿等慎之"⑤。洪武八年,元将王保保卒于哈剌那海之衙庭,蒙古南犯的势力也渐趋衰弱。所以,从明朝第二次大规模对蒙古用兵以后,在北方边境,明朝中央政府与蒙古地方割据势力虽仍有战争,但规模都不大。

　　洪武二十年(1387年),冯胜、蓝玉、傅友德平定了盘踞在金山的纳哈出后,当年九月,朱元璋命蓝玉为征虏大将军,唐胜宗和郭英为左、右副将军,率兵"肃清沙漠"。第二年四月,蓝玉率师自大宁至庆州(今内蒙古林西),直至捕鱼儿海(今内蒙古新巴尔虎左旗西南即今贝尔湖)杀元太尉以下数千人,元主脱古思帖

①②③　《明太祖实录》卷74。
④　《国榷》卷5;《明史纪事本末》卷10《故元遗兵》。
⑤　《明史纪事本末》卷10《故元遗兵》;《明太祖实录》卷78。

木儿逃跑(元太子爱猷识理达腊于洪武十一年死,弟脱古思帖木儿继立,此据《蒙古源流》,《明史》卷327《鞑靼传》称子),获其次子地保奴、吴王朵儿只、代王达里麻、平章八兰,将相官校三千人,军士男女七万七千余口,马四万七千余匹,牛羊十万头。这是一次大胜利,从此以后,蒙古势力益趋衰微。脱古思帖木儿自捕鱼儿海遭明朝蓝玉所率军队的袭击后,往依丞相咬住于和林,行至土剌河,为其部将也速迭儿所缢杀。从此,蒙古内部混乱,互相争权夺利,"部帅纷拏,五传至坤帖木儿,咸被弑,不复知帝号"。有鬼力赤者,杀坤帖木儿自立,"称可汗,去(元朝)国号,遂称鞑靼"。①

朱元璋在对蒙古用兵时,竭力争取蒙古各部的归附,对蒙古族的上层人物也根据不同情况予以任用。朱元璋于吴元年(1367年)"北伐檄文"中已申明了这一政策。以后又一再申述:"蒙古诸色人等,皆吾赤子,果有材能,一体擢用。"② 元朝崩溃时,大量的蒙古人和色目人留居在中原广大地区;即使蒙古军队,当元顺帝北走时,也绝大部分留下来了。如《蒙古源流》载:"方大乱时,各处转战蒙古人等四十万内,惟脱出六万,其三十四万俱陷于敌。"③ 也就是留在内地了。一般蒙古人,也有"避乱自北而南者,多聚于京师"④。这些蒙古军民,有的安排在南京附近,有的安排到荆州、黄州、常德、岳州、沅州、蕲州、武昌等地⑤。其中编籍为民的蒙古族人,和当地的汉人及其他各族人民一起,从事耕种,互通婚姻。洪武六年(1373年),明朝政府把蒙古军人"简其壮勇者为驾前先锋",或"分补侍卫"⑥。也有的

---

② 《明太祖实录》卷51。

③ 《蒙古源流》卷5。

④ 《明太祖实录》卷128。

⑤ 《明太祖实录》卷84、128、195。

⑥ 《明太祖实录》卷80。

授为"蒙古卫所百户、镇抚"等官。①

朱元璋对蒙古族的上层人士,更是竭力争取,任用他们为各级官吏。如洪武六年,任答禄舆权为秦王府纪善,后调任中央监察御史②。洪武九年,"以火你赤为翰林蒙古编修,更其姓名曰霍庄"③。后来,任乃儿不花、阿鲁帖木儿等为指挥使④。明朝政府采用这些政策,对招抚和分化蒙古势力起了不小作用。如当脱古思帖木儿为其下也速迭儿缢杀时,其知院捏怯来、丞相失烈门就投向明朝。又如冯胜、蓝玉等征金山时,派遣原所俘获的元将乃剌吾前往劝降,说服了全国公观童来降。而纳哈出的二十万之众,也没有经过大的战争就投降了明朝,这也与明朝政府实行的民族政策有关。

三、平 定 四 川

洪武三年(1370年),明朝政府对蒙古用兵取得了胜利,稳定了北方形势,就着手消灭四川的夏政权。洪武四年(1371年),朱元璋部署南北两路大军向四川进军。南路军由汤和、周德兴、廖永忠"率京卫,荆、湘舟师,由瞿塘趋重庆"。北路军由傅友德、顾时、何文辉"率河南、陕西步骑,由秦陇趋成都"⑤。并叫邓愈往襄阳训练军马、运粮饷以给征蜀军士。

四川夏政权的创建者是明玉珍,他原籍随州(治随县,今属湖北),"家世务农"⑥,蕲黄红巾起义,明玉珍"与里中父老团结

---

① 《明太祖实录》卷110。

② 《明太祖实录》卷79、80。

③ 《明太祖实录》卷105。

④ 《明太祖实录》卷201。

⑤ 《明史纪事本末》卷11《太祖平夏》。

⑥ 黄标:《平夏录》。

千余人,屯青山"①。后来参加了徐寿辉的起义军,"授元帅,隶倪文俊麾下,镇沔阳"②,经常驾船掠粮川峡间。后乘元兵空虚,袭据重庆,徐寿辉就授明玉珍为陇蜀行省右丞。到元至正二十年(1360年)陈友谅杀徐寿辉自立,明玉珍很不满意,说:"与友谅俱臣徐氏,顾悖逆如此。"并"以兵塞瞿塘,绝不与通","自立为陇蜀王"。又过了二年,明玉珍称帝,即位于重庆,国号夏,建元天统。天统五年(1366年)明玉珍病死,其子明昇嗣立。

明朝的两路大军开向四川之后,夏君臣面对强敌压境,有的主战,有的主降。原先,左丞戴寿就对明昇说:"以王保保、李思齐之强,犹莫能与明抗,况吾蜀乎! 一旦有惊,计安出?"太尉吴友仁认为:"不然,吾蜀襟山带江,非中原比,莫若外交好而内修备。"③明昇听信了吴友仁的意见,一方面和朱元璋通使修好,另一方面又派平章莫仁寿以铁索横断瞿塘峡口。到明军临境时,明昇又增派戴寿、吴友仁、邹兴等率兵到瞿塘峡扼守。汤和所率领的南路军于闰三月抵夔之大溪口,进攻瞿塘,"俱被夏兵扼阻,战不利,退还归州"④。这时傅友德率领的北路军却进展顺利。四月,连破阶州(治福津,今甘肃武都)、文州(治曲水,今甘肃文县),从文州迅速向蜀中进军,下江油、彰明二县及绵州(治绵阳,今属四川)。接着就向汉州(治雒县,今四川广汉)进发。为了鼓励南路军和瓦解夏人斗志,明军用"木牌数千,书克阶、文、绵州日月",投于江水,"顺流而下,重庆守者见之,为解体"⑤。此前,夏人把重兵调往瞿塘扼守,这时听到阶、文州被明军攻克,夏将戴寿、吴友仁就由瞿塘率兵前来救援,但都被明军所败。六月,汉州被明军攻克。汤和所率的南路军,在大溪口屯兵三月,不得

①③ 《明史》卷123《明玉珍传》。
② 《明史纪事本末》卷11《太祖平夏》。
④ 《明太祖实录》卷63。
⑤ 《国初群雄事略》卷5。

前进,想等到长江水落时再进军。朱元璋得到北路军的捷报,就下诏切责汤和,督促其配合北路军加速进军。舟师廖永忠选精兵数百,抬着小舟逾山度关,到达夏军上游,再乘船顺流而下,上下夹击,大败夏军,攻入夔州,突破了瞿塘天险。于是汤和率骑兵,廖永忠率舟师,约会于重庆。六月十八日,廖永忠舟师抵铜锣峡。明昇大惧,右丞刘仁劝明昇奔成都,明昇之母彭氏说:"事势如此,纵往成都,不过延旦夕命,何益"①,不如早降。二十二日,汤和至重庆,受明昇降。七月初十日,傅友德围成都,城中守将戴寿闻明昇已降,遂无斗志,"乃籍府库仓廪","率其属降"②。接着汤和、傅友德两路明军又攻克了其他州县,平定了四川。

四、平 定 云 南

统一四川,为平定云南创造了条件。这时,云南是在元梁王的统治之下。元顺帝退出大都以后,世代盘踞云南的元朝宗室梁王把匝剌瓦尔密,仍奉元朝正朔,仍然服从退据在蒙古沙漠地区元朝残余势力的命令,不断派人前往联络。梁王的统治中心在昆明一带。除此以外,当时在云南还有"土酋"段氏控制着大理一带地区。原来,当元世祖忽必烈进军云南时,灭了少数族段氏所建的大理政权,"设大理都元帅府,仍录段氏子姓,世守其土"③。到洪武十四年(1381 年)时,已由"十一代总管信苴段明"袭职。大理地区虽也直属元朝政府管辖,设路府州县,但却处于半独立状态,与梁王之间不时发生战争。

朱元璋本想采用和平方式解决云南问题。洪武五年(1372年)正月,他派遣翰林院待制王袆去云南,"谕以奉版图,归职

---

①② 《国初群雄事略》卷5。
③ 杨慎:《滇载记》。

方"①,要梁王归附明朝,梁王不听,并拘杀了王祎。洪武八年九月,朱元璋又命湖广行省参政吴云使云南,与被徐达所俘获的梁王派往漠北联络的铁知院等二十余人同行,走到云南沙塘口,吴云也被铁知院等所杀。于是,朱元璋就决心用武力平定云南。洪武十四年九月,命傅友德、蓝玉、沐英帅师征云南。朱元璋对进兵云南早已有所准备,他仔细观察云南地图,并经常询问熟悉云南情况的人们。因此,他对云南山川形势了解得比较清楚,亲自制订了进军云南的战略部署,对傅友德等说:"取之之计,当自永宁,先遣骁将别率一军以向乌撒,大军继自辰、沅以入普定,分据要害,乃进兵曲靖。曲靖,云南之襟喉,彼必并力于此,以抗我师。审察形势,出奇制胜,正在于此。既下曲靖,三将军以一人提兵向乌撒,应永宁之师,大军直捣云南。彼此牵制,使疲于奔命,破之必矣。云南既克,宜分兵径趋大理,先声已振,势将瓦解。其余部落,可遣使招谕,不烦兵而下也。"②

傅友德等受命后,即率兵至湖广,根据朱元璋的战略部署,从东、北两方面进攻云南。一路从四川南下,分遣都督郭英、胡海洋等帅师五万由永宁(今四川叙永)趋乌撒(今云南镇雄)③。这里是四川、云南、贵州三省交界处,为当时的一个军事据点。一路从湖广西进,傅友德"与蓝玉、沐英由辰、沅趋贵州,进攻普定、普安"④。梁王听到明军已攻下普定,就"遣司徒平章达里麻将精兵十万屯曲靖"⑤,希图阻扼明军。十二月,傅友德师至曲靖,大败达里麻兵于白石江,生擒达里麻。曲靖为云南东部门户,此处水陆交通四达。明军占领曲靖后,扼住了云南的襟喉。于是明军就分为两路:由蓝玉、沐英率军直趋云南;傅友德率军

---

① ② 《明史纪事本末》卷 12《太祖平滇》。

③ 《明太祖实录》卷 139。

④ 《国榷》卷 7。

⑤ 《明太祖实录》卷 140。

向乌撒接援郭英、胡海洋。梁王闻明军逼近，遂逃入罗佐山，又逃到普宁州忽纳寨，于草舍中自经死①。同月，蓝玉、沐英军进入云南（昆明）。傅友德所率明军也攻下乌撒，"于是东川（今云南会泽）、乌蒙（今云南昭通）、芒部（今云南镇雄），诸部震詟，皆望风降附"②。昆明既下，明军就向大理进军，洪武十五年闰二月，攻下大理，"擒段明，分兵取鹤庆，略丽江，破石门关，下金齿，由是车里平缅等咸降，诸夷悉平"③。从傅友德于洪武十四年九月在京师受命出征，到十二月攻下昆明，仅百余日，到十五年闰二月攻下大理，也才刚过半年。至此，平定了云南全境。

明朝政府于洪武十五年（1382 年）二月建立了云南都指挥使司和云南布政使司，管理云南军政事务。并于军事冲要地区设置卫所，屯兵守御。但是当地的土司和少数族人民不时起来反抗，正像朱元璋给傅友德他们的信里所说的那样，"卿等南征诸夷，兵临普定，如风行草上，风去草仰"④。洪武十五年四月，"乌撒诸蛮复叛"，六月间，"沐英自大理还军滇池，会傅友德进击乌撒"，才平定叛乱。同年九月，"云南诸夷复叛"，"纠众二十万来攻"，沐英等从乌撒调来骑兵平定了这次叛乱⑤。明朝政府为了加强对乌撒、乌蒙、芒部的管辖，于洪武十六年三月，把这三府划归四川⑥。同时为了防备云南少数族人民的反抗，让傅友德、蓝玉等征滇大军留在云南，到洪武十七年三月，才班师回朝，而沐英则一直统兵镇守云南。此后沐氏子孙世代承袭镇守云南达二百六十余年，直到明朝灭亡⑦。

---

① 《明太祖实录》卷 140。

② 《明史纪事本末》卷 12《太祖平滇》。

③④⑤⑥ 《国榷》卷 7。

⑦ 《明史》卷 126《沐英传》。

五、对东北地区的统一

元朝在东北地区设立了辽阳行中书省(简称辽阳行省)进行管辖,当时在行省之下设有辽阳、沈阳、广宁、大宁、东宁、开元、水达达等七路。其中水达达路和开元路管辖地区在黑龙江中下游和乌苏里江以东地区。

元至正十五年(1355年),朱元璋的部队攻下太平,俘获了元万户纳哈出,后放其北归,仍仕于元。朱元璋攻下大都,元顺帝北走后,纳哈出聚兵金山(今辽宁开原),畜牧蕃盛①,仍奉元朝正朔,和元顺帝、扩廓帖木儿等形成东中西三条战线,向刚占领北平的明朝军队反攻。

朱元璋在攻占了北平以后,就派人到辽阳行省去招抚,洪武四年(1371年)"元辽阳行省平章刘益,以辽东州郡地图并籍其钱粮兵马之数"投向明朝②。明朝即置立辽东卫指挥使司,以刘益为指挥同知。同年七月,"置定辽都指挥使司,马云、叶旺为都指挥使,总辽东诸卫兵"③。洪武八年改称辽东都指挥使司(简称辽东都司),下设定辽等二十五卫④。辽东都司建立以后,元朝派驻在当地的官吏纷纷投向明朝。洪武十五年二月,"故元鲸海千户速哥帖木儿,木答哈千户完者帖木儿,牙兰千户皂化,自女真来归"⑤。第二年三月,"故元海西右丞阿鲁灰,遣人至辽东,愿内附"⑥,但盘踞在金山地区的纳哈出却不断引兵进攻辽

---

① 《明史》卷129《纳哈出传》。
② 《明太祖实录》卷61。
③ 《国榷》卷4。
④ 《辽东志》卷1《疆域》。
⑤ 《明太祖实录》卷142。
⑥ 《明太祖实录》卷153。

阳、辽东等地。等到四川、云南先后平定,明朝政府就着手解决东北问题。

洪武二十年(1387 年)正月,朱元璋命冯胜为征虏大将军,傅友德、蓝玉为左右副将军,率师二十万北伐纳哈出。三月,冯胜等师出松亭关,筑大宁(今内蒙古宁城西)、宽河(今河北宽城)、会州(今河北平泉)、富峪(今河北平泉之北)四城,冯胜留兵五万守大宁,自率大军直趋金山(今内蒙古哲里木盟东境,西辽河南岸),到六月,明军主力自金山西面深入到金山东北,包围了纳哈出。纳哈出孤军无援,计无所出,投降了明朝。纳哈出部二十余万人,陆续降明,牛羊马驼辎重亘百余里①。从此,元朝在东北地区的残余势力被消灭,明朝政府初步统一了东北。永乐时,朱棣就在这一基础上进一步对其实行经营与管理。

第二节 加强君主专制统治的政治制度

明朝建立后,朱元璋在继续进行统一战争的同时,立即建立了庞大的官僚机构,对全国人民实行统治。朱元璋对历史经验是十分重视的,他经常阅读历史书籍,从中吸取经验教训。他对历史上曾建都于南京的六朝兴亡事迹深为注意,把唐人李山甫《上元怀古诗》书置屏间,并不断吟哦:"南朝天子爱风流,尽守江山不到头。总为战争收拾得,却因歌舞破除休。尧将道德终无敌,秦把金汤可自由。试问繁华何处在,雨花烟草石城秋。"②尤其是元朝"得天下"和"失天下"的兴衰历史,更成为他实行统治的借鉴。为了保住朱明王朝能够长治久安,他对政治制度作了一番改革。

---

① 《明史》卷 129《冯胜传》;《明太祖实录》卷 182。
② 姚福:《青溪暇笔摘抄》。

一、中央和地方行政机构的改革

1. 废中书省和丞相制

朱元璋建立明朝初期,其官僚机构仍然采用元朝的制度,在中央设中书省,由左右丞相总理吏、户、礼、兵、刑、工六部事务;在地方设行中书省,统管地方军政事务。这一制度,从中央来说,大部分权力掌握在丞相手中,地方上的行中书省总揽军政事务,权力也很大。这对权力欲极大的朱元璋来说,自然是不满意的。他说:"设相之后,臣张君之威福,乱自秦起。宰相权重,指鹿为马。自秦以下,人人君天下者,皆不鉴秦设相之患,相从而命之,往往病及于国君者,其故在擅专威福。"① 他总结元朝灭亡的原因,认为其中之一,就是"委任权臣,上下蒙蔽故也"②。朱元璋不愿意作无所事事的傀儡皇帝,他要按照自己的意志来治理天下,这就必须加强皇权。

朱元璋先从削弱地方权力开始。洪武九年(1376 年)下令,改行中书省为承宣布政使司,设左右布政使各一人,掌管民政财政。除南京直辖区外,全国分为十二布政使司:浙江、江西、福建、北平、广西、四川、山东、广东、河南、陕西、湖广、山西。十五年,增置云南布政司③。各布政司管辖地区,大致仍照元代时行省所辖范围。由于行中书省的名称已经成为习惯,所以一般还是称为行省,俗称省。承宣布政使司和布政使外,各行省另设提刑按察司,设按察使一人,掌管刑法。又设都指挥使司,置都指挥使,掌管军事,与布、按并称三司,为封

---

① 黄佐:《南雍志》卷 10《谟训考》下。
② 《明太祖实录》卷 59。
③ 后来地方行政区又有变化:永乐元年(1403)北平布政司改为北京布政司。十一年置贵州布政司。除南京和北京外,定为十三布政司。

疆大吏①。他们不相统属,各自直属中央。这样,原来由行中书省长官总揽的大权,便一分为三,三者互相牵制,凡遇到重大政事,就要有都、布、按三司会议,上报给中央的部院。在一些边远和少数民族地区,则单设都指挥使司等机构,实行军政和民政合一的统治。布政司下的地方政权分为二级:第一级是府,长官为知府;直隶州,即直属布政司的州,长官为知州,其地位和府相等。第二级是县,长官为知县;一般州(也叫属州)的长官为知州,其地位与县相等。这一改革,把元朝的路、府、州、县减少了一级,传达和奉行政令更便捷了。

接着,朱元璋对中央统治机构进行了改革。当时,中书省大权掌握在左丞相胡惟庸等人手中,他们仍想照宰相的职权来行事,"生杀黜陟,或不奏径行"②。朱元璋对此自然是不能容忍的。所以,在改革地方官僚机构的第二年,即洪武十年(1377年)五月,朱元璋便命李善长与李文忠"总中书省、大都督府、御史台,同议军国重事"③。这是借元勋重臣压制中书省等机构权力的一种措施。第二年,朱元璋又"命奏事毋关白中书省"④,这就把中书省变成了一个有名无实的空架子了。洪武十三年(1380年)正月,朱元璋终于以阴谋政变的罪名杀了胡惟庸⑤。罗织胡惟庸的罪状是:组织党羽,收集军马,勾结倭寇和蒙古,请兵为外应等。朱元璋乘机废除了中书省及丞相制,分中书省和丞相的权于六部,相对提高六部的职权和地位,由六部尚书直接对皇帝负责。

2. 都察院、大理寺和通政司

元朝中央的监察机构称为御史台,朱元璋对它也进行了改

---

① 《明史》卷72《职官志·序》、卷75《职官志》。

②⑤ 《明史》卷308《胡惟庸传》。

③ 《明史》卷127《李善长传》、卷126《李文忠传》。

④ 《明史》卷2《太祖纪》。

革。洪武十五年(1382年)将它改为都察院,并充实了机构,加强了职权,长官为左右都御史,与六部同称七卿。"都御史职专纠劾百司,辨明冤枉,提督各道,为天子耳目风纪之司"。其下设有十三道监察御史,以一布政司为一道,共设置御史一百十人。他们的职权是"纠内外百司之官邪,或露章面劾,或封章奏劾"。他们在京城里,则巡视京营,监临乡会试,巡视仓场、内库、皇城等。出使到地方,则巡按、清军、提督学校、茶马、巡漕、巡关,师行则监军记功等。"而巡按则代天子巡狩",其权力更大,巡行所至地方,"大事奏裁,小事立断"①。监察御史只是七品官,其官阶和地方上的知县一样,但朱元璋却赋予他们很大的权力,这是用以小制大的办法来钳制他的臣僚。

中央还设立了大理寺,其长官为大理寺卿。凡刑部、都察院、五军断事官所推问狱讼,皆移案牍、引囚徒,由大理寺复审,"凡狱既具,未经本寺评允,诸司毋得发遣。误则纠之"②。它与刑部、都察院合称"三法司"。这是使司法部门也互相牵制,而不能由某一个部门独断专行。

通政使司,是明代所创设的一个机构。洪武十年建立这一机构时,朱元璋对任通政使的曾秉正和刘仁说:"政犹水也,欲其常通,故以'通政'名官。卿其审命令以正百官,达幽隐以通庶务。当执奏者勿忌避,当驳正者勿阿随,当敷陈者勿隐避,当引见者勿留难。"其职责是"掌受内外章疏敷奏封驳之事"③。无论什么官署上奏,都必须经过通政司。通政使参预"议大政、大狱及会推文武大臣"④,其居于七卿以下的最高位次。

3. 锦衣卫和镇抚司

朱元璋要他的臣僚对他绝对忠诚,不允许他们对他有隐瞒或有所不满。为此,他往往派人用特务手段侦察臣僚的私下言

①②③④ 《明史》卷73《职官志》。

行。当时最著名的是高见贤、夏煜、杨宪和凌说。他们"四人以伺察搏击为事"①,"专主察听在京大小衙门官吏不公不法及风闻之事,无不奏闻"。朱元璋说:"惟此数人,譬如恶犬,则人怕。"② 甚至连李善长等人也怕他们,日夜提心吊胆。钱宰被征编《孟子节文》,罢朝回家吟诗:"四鼓鼕鼕起着衣,午门朝见尚嫌迟;何时得遂田园乐,睡到人间饭熟时。"第二天上朝时,朱元璋问他:昨天做的好诗,但我并没有"嫌"你啊,何不用"忧"字。钱宰吓得直磕头谢罪③。吏部尚书吴琳告老回到自己的家乡黄岗,朱元璋不放心,派人去察看他的行迹,等使者回报说吴琳在家老实务农时,朱元璋才放下心来④。国子祭酒宋讷"危坐有怒色",第二天朝见时,朱元璋问他昨天为什么发怒,宋讷大吃一惊,把发怒的原因如实说了,问"陛下何自知之",朱元璋把派人偷着给他画的像拿出来给他看⑤。

朱元璋刺探臣僚的私下言行,开始时,只是派一些检校、佥事等类的官吏去侦察,没有一个机构,不能直接逮捕判刑。到洪武十五年(1382年),特别设置了锦衣卫。它的前身是吴元年(1367年)所设的拱卫司,洪武二年改为亲军都尉府,十五年才改为锦衣卫。下设镇抚司,有监狱和法庭,从事侦察、逮捕、审问、判刑等活动,称为"诏狱"。

朱元璋对中央和地方行政机构的改革,尤其是中书省和丞相制的废除,是我国封建社会政治制度史上的重要事件,这使皇帝拥有更多的权力,成了真正的独裁者。朱元璋以上述形式加强封建主义的中央集权,对巩固我国多民族国家的统一起到了

---

① 《明史》卷135《夏煜传》。

② 刘辰:《国初事迹》。

③ 叶盛:《水东日记摘抄二》。

④ 《明史》卷138《吴琳传》。

⑤ 《明史》卷137《宋讷传》。

一定的积极作用,对当时稳定社会秩序和恢复社会生产也起到了一些促进作用,但同时,由于封建统治机构的日益完善,也就大大地加强了它对人民的统治职能,加强了它对人民的控制,使中国封建专制主义的统治达到了空前的程度。

二、创建卫所和军制

军队是国家政权的主要成分,明初统治者特别注意对军队的管理和建设。朱元璋渡江以后,所率军队不断扩大,编制不一,将校的称呼也很混乱。因此,他于龙凤十年(1364年)四月,立部伍法,"下令曰:为国当先正名,今诸将有称枢密、平章、元帅、总管、万户者,名不称实,甚无谓。其核诸将所部,有兵五千者为指挥,满千者为千户,百人为百户,五十人为总旗,十人为小旗。令既下,部伍严明,名实相副,众皆悦服,以为良法"①。建立明朝后,刘基在这一基础上,"奏立军卫法"②,"自京师达于郡县,皆立卫所"③。在军事上重要的地方设卫,次要的地方设所。大抵五千六百人为一卫,长官为指挥使,管辖五个千户所。每个千户所额定一千一百二十人,长官为千户。千户所下分十个百户所,一个百户所额定一百一十二人,长官为百户。百户所设总旗二,每个总旗下设五个小旗,每个小旗额定十人。"大小联比以成军"④。都指挥使司是地方上的最高军事机构。洪武初,全国卫所、都指挥使司皆统属于大都督府,朱元璋任命他的亲侄儿朱文正为都督,节制中外诸军事。洪武十三年废丞相制时,也废大都督府,设中左右前后五军都督府,其长官为左右都督,分别

---

① 《明太祖实录》卷14。
② 《明史》卷128《刘基传》。
③ 《明史》卷89《兵志》。
④ 《明史》卷90《兵志》。

管理京师及各地的卫所和都指挥使司。朱元璋为了防范统兵将领的专权，又规定五军都督府对军队无调遣权，调遣权由皇帝直接掌管；兵部在军队中虽有任免、升调、训练之权，但不统兵。每逢战时，由皇帝亲自委派专人担任总兵官，统率卫所军队出征。战事结束，总兵归还将印，军队归还卫所，军队始终掌握在皇帝手中。这是朱元璋从军事上加强和巩固皇权的重要措施。据洪武二十五年（1392 年）统计，全国共约有军队一百二十万人①。到洪武二十六年（1393 年），全国"共计都司十有七，留守司一，内外卫三百二十九，守御千户所六十五"②。照这一卫所数来推算，当时全国约有士兵一百八十余万人③。精锐的军队多驻在京师，朱元璋在南京一带设有四十八卫，有军士二十余万人。

军士皆另立户籍，其身份是世袭的。明代的户籍，军籍、民籍和匠籍是主要的户口。军籍隶都督府，民籍属户部，匠籍属工部。明朝初期卫所军士的来源，大抵可以分为四个方面，即《明史·兵志》中所说："从征"、"归附"、"谪发"和"垛集"。按照《明史》的解释，"从征"就是原来参加农民起义军的所谓"诸将所部兵"；"归附"，就是元朝的军队、元末各地起义部队和割据势力的部队失败后向朱元璋投降的，即所谓"胜国及僭伪诸降卒"；"谪发"，就是因"罪"被罚充军的；"垛集"，即是征兵，明朝政府用强制命令征调民户为军。按每户人口多少抽丁从军，三丁或五丁抽一，比例不一。当明朝建立、全国基本统一后，军队的主要来源则为"垛集"。如洪武二十五年十二月，命冯胜等往太原、平阳

---

① 《明太祖实录》卷 223。

② 《明史》卷 90《兵志》。

③ 后来又不断增设卫所，到朱棣时，"共计都司二十一，留守司二，内外卫四百九十三，守御屯田群牧千户所三百五十九"（《明史》卷 90《兵志》）。弘治十四年（1501年）户部左侍郎李孟阳说："祖宗时天下都司卫所属官军二百七十余万"（明孝宗实录）卷 80），大概就是根据这一卫所数推算得来的。

等地籍民为兵,新增添了十六卫,以五千六百人为一卫计算,则这次"垛集"到的新军就有八万九千余人。因"罪"谪发充军的也有相当数量,如"辽东军士多以罪谪戍"①。陕西卫所军士也"多有罪谪"②。明人丘濬以为明初的卫所军队,"内地多是抽丁垛集,边方多是有罪谪戍"③,"凡以罪谪充军者,名为恩军"④。明朝政府把当兵作为对犯"罪"者的一种惩罚手段,这说明明代军士地位的低下,因此,军户也就受人们的歧视,"人耻为军",成为当时人们的普遍认识。一般民户怕受军户的牵累,而不愿和军户通婚。据记载,朱棣在位时,湖广地区的军户,"民家虑与为婚姻,徭赋将累己,男女至年四十尚不婚"⑤。

三、荐举、学校和科举

朱元璋自建立明王朝后,亟需重新建立庞大的官僚机构来统治全国人民。由起义将领转变而来的文臣武将,以及在农民战争中投向朱元璋队伍的知识分子,如所谓开国功臣的"六国公二十八侯"等,是明朝官僚机构的中坚力量。他们任职于中央政府的各个重要部门,成为明廷的最高统治集团。但是从全国来说,上自六部,下至府州县,层层官僚机构,亟需重新建立和充实官吏。明朝政府除了任用元朝原来的一些官吏以外,主要采用了荐举、学校和科举三条途径来选用官吏。

1. 荐举

早在渡江下金陵之前,朱元璋就录用了一批儒士,如夏煜、

---

① 《明宣宗实录》卷 107。
② 《明太祖实录》卷 244。
③ 《明经世文编》卷 74 丘濬《州郡兵制议》。
④ 《明太祖实录》卷 232。
⑤ 《明史》卷 158《黄宗载传》。

孙炎、杨宪等人。渡江建立政权扩大了辖区以后，于吴元年（1367年）"遣起居注吴林、魏观等以币帛求遗贤于四方"。洪武元年（1368年）"征贤才至京，授以守令。其年冬，又遣文原吉、詹同、魏观、吴辅、赵寿等分行天下，访求贤才"①。以后，朱元璋多次强调选用贤能的重要性，要求各地大力荐贤，如洪武六年（1373年）曾下诏说："贤才不备，不足以为治"，"人君之能致治者，为其有贤人而为之辅也。山林之士德行文艺可称者，有司采举，备礼遣送至京，朕将任用之，以图至治"。这时，推举人才的科目计有：聪明正直、贤良方正、孝弟力田、儒士、孝廉、秀才、人才、耆民等。"时中外大小臣工皆得推举"，被推举者又可以"转荐"。有的一经荐举就被任命为大官，如"贤良郭有道，秀才范敏、曾泰，税户人才郑沂，儒士赵翥，起家为尚书"，其他如被任命为侍郎、副都御史以及地方上的布政使和府尹等官的就更多了②。这一时期，吏部荐举的有时"多至三千七百余人，其少者亦至一千九百余人"③。除了上面所说的荐举任官以外，明朝政府还直接从所谓"富民"中选用官吏。朱元璋认为"人有恒产，斯有恒心，今天下富民生长田里之间，周知民事"④。这就是说，有田地房舍的地主富豪才能永远效忠于封建地主政权，他们在长期的剥削生活中，也懂得对农民的统治术，所以朱元璋不遗余力地网罗他们来充实各级官僚机构。如洪武十九年（1386年），朱元璋选取应天诸府州县地主到南京做官的共一千四百六十人⑤。洪武三十年，明朝政府调查浙江等九布政司、直隶应天十八府州田地在七百亩以上的地主，共一万四千二百四十一户，编成花名册，准备分批召见录用⑥。那时"富户耆民，皆得进见，奏对称

---

①②③ 《明史》卷71《选举志》。
④⑥ 《明太祖实录》卷252。
⑤ 《明太祖实录》卷179。

旨,辄予美官"①。至于那些不想与明王朝合作的封建文人,朱元璋就用严刑峻法来制裁他们,如"贵溪儒士夏伯启叔侄断指不仕,苏州人才姚润、王谟被征不至,皆诛而籍其家"②。

2.学校

在中央的称"国子学"(或称国子监),在地方的称府州县学。朱元璋早于龙凤十一年(1365年)时,就于南京创办国子学。洪武十五年(1382年)三月,改国子学为国子监。中都凤阳也于洪武八年设国子学,到洪武二十六年停设,以其师生并入京师国子监。国子监的学官计有祭酒、司业、博士、助教等职。"祭酒、司业掌国学诸生训导之政令",相当于今天的校长、副校长。"博士掌分经讲授,而时其考课",是主讲教师③。国子监的学生,"通谓之监生",分为官生和民生两类,"品官子弟为官生,民间俊秀为民生"④。少数民族"土官"子弟及外国留学生也是官生。国子监的规模相当大,洪武十七年时,在监学生"凡数千人,学舍不能容","增筑国子监房舍五百余间于集贤门外,谓之外号房"⑤。洪武二十六年监生达到八千一百二十四名⑥,是当时世界上最大的学府之一。

地方上的府、州、县学,洪武二年(1369年)规定其生员之数,府学四十人,州学三十人,县学二十人。主要的学官,府设教授,州设学正,县设教谕,各一人⑦。其生员名额,以后渐有增加。地方上除了府州县学以外,洪武八年,明朝政府又令各地农

---

① 《明史》卷71《选举志》。
② 《明史》卷94《刑法志》。
③ 《明史》卷73《职官志》。
④ 《南雍志》卷15《储养考》。
⑤ 《明太祖实录》卷161。
⑥ 《南雍志》卷15《储养考》。
⑦ 《明太祖实录》卷46;《明史》卷69《选举志》。

村建立社学,由于地方官吏借此扰民,一度停办,到洪武十六年就令"民间自立社学,延师儒以教民间子弟"①。

国子学的课本,有《四书》、《五经》、《御制大诰》、《大明律令》以及刘向《说苑》等书。《四书》、《五经》是维护封建纲常秩序的经典著作,自然是封建士子的必读课本。但朱元璋对《四书》中的《孟子》却大不以为然。《孟子·离娄篇》有"君视臣如草芥,则臣视君如寇仇"数语,这对君权独尊的朱元璋是绝不能容忍的。当他读到这里时,大怒道:"使此老在今日,宁得免耶!"于是下令撤去了孟子在国子监孔庙中配享的神位,经过儒臣们的恳求,虽然恢复了孟子的配享,但对《孟子》中有触犯君权神圣的地方,如《尽心篇》的"民为贵,社稷次之,君为轻",《万章篇》的"君有大过则谏,反复之而不听则易位"等八十五条,统统删去,编成了《孟子节文》,并规定删掉的部分"课士不以命题,科举不以取士"②。朱元璋懂得法令的重要意义,不仅自己亲自参与制订《明律》和《大诰》,而且在洪武十九年(1386年)正月,"以御制《大诰》颁赐诸生";洪武二十四年,又规定"今后科举岁贡生员俱出题试之";并要"国子监正官严督诸生熟读讲解,以资录用,有不遵者,以违制论"③。

府、州、县学的诸生,必须进国子学才能得官。国子监的学生,在学校结业的,可以直接做官,或再通过考试做官。从洪武二年建立国子学,到洪武三十一年,明朝政府一直把国子学作为培养官僚的主要场所,随时擢升他们任各级官吏,有时可直接擢升为地方上的高级官员,洪武二十六年(1393年),"尽擢监生刘政、龙镡等六十四人为行省布政、按察两使,及参政、参议、副使、

---

① 《明太祖实录》卷 96。
② 《明史》卷 139《钱唐传》;全祖望:《鲒埼亭集》卷 35《辨钱尚书争孟子事》。
③ 《南雍志》卷 1。

佥事等官"①。有的擢升为都察院右佥都御史、郎中、监察御史等中央官吏。至于州县地方官,更是大批任用监生,洪武十九年五月,"上以天下郡县多吏弊民蠹,皆由杂流得为牧民官,乃命祭酒、司业择监生千余人送吏部除授知州知县等职"②。由于明朝政府对兴办学校的重视,各级学校普遍设立了起来。明朝政府又从其中选拔大批人才任为官吏,因此,入学读书的人就很踊跃,出现"家有弦诵之声,人有青云之志"的社会现象③。政府也"优礼师儒,教官擢给事、御史"④ 等职,洪武十五年明廷"以上海县儒学训导顾彧为户部左侍郎"⑤,即为例证。所以,明初官办学校比以往任何时代都要发达。

3．科举制度

明朝政府于洪武三年(1370 年)正式建立科举制度,规定以八股文取士,专取《四书》、《五经》命题。《四书》要以朱熹的集注为依据。"其文略仿宋经义,然代古人语气为之,体用排偶,谓之八股,通谓之制义"⑥。以《四书》命题的叫书义,以《五经》命题的叫经义,在行文时必须根据古人的思想和规定的几家注疏来阐释发挥,不能有自己的见解⑦。

---

① 《明史》卷 69《选举志》。
② 《南雍志》卷 1。
③ 徐一夔:《始丰稿》卷 5《送赵乡贡序》。
④ 《明史》卷 69《选举志》。
⑤ 《明太祖实录》卷 150。
⑥ 《明史》卷 70《选举志》。
⑦ 八股文,到明朝中期以后,演变成为一种僵死的官僚式文体。这种文章有它特殊的格式,一篇文章里面包括有"破题"、"承题"(也叫承承)、"起讲"、"题比"、"虚比"、"中比"、"后比"、"大结"等几个段落。"题比",又叫"入手",是引入"正文"之始。"虚比"、"中比"、"后比"、"大结",又叫做"起股"、"中股"、"后股"、"束股",这四段文字才是一篇文章的正式议论,而每段又各有两股相比偶的文字,共为八股,因而称为八股文。人们只是根据它所规定的格式,按照题目的字义敷衍成章,把知识分子的思想限制在孔孟之道、程朱理学的范围之内。

考试分三级进行。童生(未入学士子的通称)先在州县级考试,中试的称为"秀才"或生员,就成为府、州、县学的诸生,取得进一步考试的资格。省级考试叫"乡试",每三年举行一次,中式者称为"举人";中央级考试,在乡试的第二年进行,礼部主持的叫"会试",中式者再经过皇帝的考试,叫"廷试"或"殿试"。皇帝的复试,只是一种形式,表示选拔官员的最后决定权是在他那里。考中的分三甲,一甲只取三名,分别叫"状元"、"榜眼"、"探花",统名为"赐进士及第";二甲若干人,叫"赐进士出身";三甲若干人,叫"赐同进士出身"。当时,人们又称乡试第一名为"解元",会试第一名为"会元",二、三甲第一名为"传胪"。进士,统统被任命为官员。一般来说,状元授修撰,榜眼、探花授编修,二、三甲考选庶吉士者可为翰林官,其他或授给事、御史、主事、中书、行人、太常、国子博士,或授府推官、知州、知县等官①。

洪武六年(1373 年)一度停罢科举,朱元璋认为科举所取"多后生少年,能以所学措诸行事者寡,乃但令有司察举贤才,而罢科举不用"②。到洪武十五年复设科举。洪武十七年,"始定科举之式,命礼部颁行各省,后遂以为永制"③。洪武时期,科举虽是选用官吏的一个重要途径,但与荐举和学校相比则逊色多了④。

四、整顿吏治严惩贪官污吏

朱元璋通过荐举、学校和科举三个途径选用官员,终于把元

①③ 《明史》卷 70《选举志》。

② 《明太祖实录》卷 80;《明史》卷 70《选举志》。

④ 这种选用官员的情况,后来发生变化,建文、永乐时,虽也有监生与荐举人才被任命为官员的,但远不如洪武之盛。宣德以后,明朝政府选拔官员就侧重在科举考试,形成"科目为盛,卿相皆由此出,学校则储才以应科目者也"(《明史》卷 71《选举志》)。

末农民战争破坏了的各级封建统治机构恢复和充实了起来。朱元璋"惩元季吏治纵弛",对任用的官员,详定考课之法,凡内外官,根据他们的品秩,分别订定考察的时间和内容,由吏部"综其称职、平常、不称职而陟黜之"①。并用严刑峻法来整顿吏治。朱元璋执法很严。还在农民战争时,朱元璋因当时粮食困难,命禁酿酒,大将胡大海的儿子犯酒禁,应按禁令惩治,这时胡大海正在浙江绍兴一带打仗,都事王恺便提议不要杀他,以稳住胡大海。朱元璋说:"宁可使大海叛我,不可使我法不行。"竟自己抽刀把胡大海的儿子杀了②。明朝建立后,中书省都事李彬犯法,丞相李善长为其求情,朱元璋不允,反而采纳了刘基的建议,处李彬以死刑③。开国功臣"汤和姑夫席某隐常州田,不输税"。朱元璋说:"席某恃(汤)和势,不畏法,故敢如此。"常遇春拼命为之求情,不听,终于把席某杀了④。又如驸马都尉欧阳伦,也因犯私茶之禁而被处死⑤。

朱元璋对贪官污吏的惩治和用法之严酷是历史上所罕见的。他规定官吏贪污钱财六十两以上的,就斩首示众,还要剥皮实草。朱元璋把府、州、县、卫衙门左面的土地庙,作为剥人皮的场所,称为"皮场庙",在官府公座两旁,各悬挂一个填满草的人皮袋,使官吏触目惊心,知所警惕。还有挑筋、剁指、刖足、断手、刑膑、钩肠、去势等酷刑⑥。洪武九年(1376年)以前,"官吏有罪者,笞以上,悉谪屯凤阳,至万数"⑦。洪武十八年,"诏尽逮天下

---

① 《明史》卷72《职官志》。
② 《明史》卷133《胡大海传》。
③ 刘基:《国初礼贤录》。
④ 刘辰:《国初事迹》。
⑤ 《明史》卷80《食货志》。
⑥ 《廿二史劄记》卷23《重惩贪吏》;《明朝小史》卷2。
⑦ 《明史》卷139《韩宜可传》。

积岁官吏为民害者,赴京师筑城"①。同时,他对一些在地方上著有政绩的官员,则予以旌举,"以示劝勉,不专任法也"②。

朱元璋整顿吏治,确也起到了一些作用,同元末听任贪官污吏横行的局面相比有所改变,一些中央和地方官员,经元末动荡以后,在安定社会、组织生产方面作出了一定的成绩。如江都县"兵燹后,民死徙者十七八"。县丞欧阳铭"招徕拊循,渐次复业"。后迁知临淄,"单骑行田间,课耕获,邑大治"③。又如济宁知府方克勤,劝民垦荒,罢不时之役,在济宁三年,"户口增数倍,一郡饶足"。"济宁人歌之曰:孰罢我役? 使君之力。孰活我黍? 使君之雨。使君勿去,我民父母。"④

但朱元璋毕竟是一个封建皇帝,他整顿吏治的目的,还是为了巩固朱家王朝的长治久安;他区别官吏是非善恶的标准,也往往是凭他个人的意志来判别;他的性格又猜忌多疑,刚愎专断。他在论述君臣关系时,话说得堂皇好听,但一旦有人提出建议触怒他时,就会遭到他的滥杀。洪武八年(1375 年),他对侍臣说:"人君深居高位,恐阻隔聪明,过而不闻其过,阙而不知其阙。故必有献替之臣、忠谏之士,日处左右,以拾遗补阙。""若昏庸之主,吝一己之非,拒天下之善。全躯保禄之臣,或缄默而不言,或畏威而不谏。塞其聪明,昧于治理,必至沦亡而后已。由此观之,能受谏与不能受谏之异也。"⑤ 这段话说得多么有道理呀! 可是实际上他并不按照这个道理去办。洪武十三年(1380 年),朱元璋下令免天下田租,后来又遣"郎礼征逋租于江西,礼以失

---

① 《明史》卷 296《朱煦传》。

② 《明史》卷 140"赞"。

③ 《明史》卷 140《欧阳铭传》。

④ 《明史》卷 281《方克勤传》。

⑤ 《明太祖实录》卷 100。

信天下,不奉诏,固遣,固不往,上诛之"①。洪武九年(1376年),朱元璋自己诏求直言,平遥训导叶伯巨根据当时明朝政府的一些政策,提出三个方面切中时弊的意见:"分封太侈也,用刑太繁也,求治太速也。"② 这却触犯了朱元璋的皇帝尊严,被抓来关在狱中,折磨而死。这种任意杀人、倒行逆施的作为,和他整顿吏治的做法完全是背道而驰的,所以形成洪武一朝"法出而奸生,令下而诈起。故或朝信而暮猜者有之;昨日所进,今日被戮者有之"③。封建社会不可能根除贪污贿赂,当时贪赃枉法的行为仍然到处都有,"掌钱谷者盗钱谷,掌刑名者出入刑名"④。"浙西所在有司,凡征收害民之奸,甚如虎狼"。农民输送秋粮,每米一石,官折钞二贯,额外又要索取水脚钱等九百文⑤。"诸郡官吏,不畏法律之严,奸弊迭兴","赃吏贪婪如蝇蚋之趋朽腐,蝼蚁之慕腥膻"⑥。洪武十八年(1385年),明朝政府考核全国布政司及府、州、县来京朝觐官四千一百一十七人,其中所谓称职的只有四百三十五人,不称职以及贪污的就有七百八十五人⑦。封建王朝的考核有很大的虚伪性,所以实际上贪污不法的地方官,远不止七百八十五人。

五、《明律》和《大诰》的制定

法律是统治阶级意志的表现,它凭借国家权力来强制推行,以保证统治秩序的稳定。在元末农民大起义中,封建法律遭到

① 查继佐:《罪惟录》卷1《太祖纪》。
②③ 《明史》卷139《叶伯巨传》。
④ 《大诰·谕官毋作非为第43》。
⑤ 《大诰·折粮科敛第41》。
⑥ 叶盛:《水东日记摘抄三》。
⑦ 《明太祖实录》卷170。

了破坏,因此,当朱元璋建立明王朝恢复封建秩序时,非常重视法律的制定。他曾明确提出:"礼法,国之纲纪。礼法立,则人志定,上下安。建国之初,此为先务。"①又说:"纪纲法度,为治之本。"②朱元璋于吴元年(1367年)十月,就命中书省定律令,以左丞相李善长为总裁官,参知政事杨宪、傅瓛,御史中丞刘基,翰林学士陶安等二十人为议律官,讨论制定。李善长等提出:"历代之律,皆以汉九章为宗,至唐始集其成。今制宜遵唐旧。"③朱元璋同意他们的意见,以唐律为蓝本着手制定明律。朱元璋自己也经常和他们在一起讲论律义。到十二月,"书成,凡为令一百四十五条,律二百八十五条"。"又恐小民不能周知,命大理卿周桢等取所定律令,自礼乐、制度、钱粮、选法之外,凡民间所行事宜,类聚成编,训释其义,颁之郡县,名曰《律令直解》"④。后来,朱元璋觉得所定律令还不够完善,"尚有轻重失宜"之处,决定继续修订。洪武六年(1373年)夏刊"《律令宪纲》,颁之诸司"。这年闰十一月,朱元璋又命刑部尚书刘惟谦详定大明律,"每成一篇,辄缮写以进,上命揭于两庑之壁,亲加裁定"。洪武七年(1374年)二月书成,颁行天下,篇目一准于唐,共计六百有六条,分为三十卷⑤。从吴元年起到洪武六年,经过前后七年的反复修改,基本上完成了明律的制定。以后在贯彻中对原来的律条又有所增损,因此,洪武二十二年(1389年)刑部又奏请更定了一次,"取比年所增者,以类附入"。重新整齐编订,直到洪武三十年(1397年)才正式颁布。《明律》有三十卷,四百六十条⑥。

① 宋濂:《洪武圣政纪》。
② 《明太祖实录》卷21。
③⑥ 《明史》卷93《刑法志》。
④ 《明史》卷93《刑法志》;《明太祖实录》卷23。
⑤ 《明史》卷93《刑法志》;《明太祖实录》卷86。

《明律》和《唐律》一样，首列"十恶"，以凌迟处死等刑法镇压人民的反抗；规定人民要服从官府，奴婢、雇工要服从主人；有敢侵犯地主、政府的田土房舍者，要处各种刑法，以保护封建私有制和政治特权。《明律》在镇压人民造反这一方面比《唐律》更为残酷。如犯了"谋反"、"谋大逆"之"罪"者，在行刑上，《唐律》规定为首者处斩刑，其父及年在十六岁以上的儿子皆处绞刑，其余亲属则不处死刑；而《明律》规定，不分"主犯"、"从犯"一律凌迟处死，他们的祖、父、子、孙、兄弟及同居之人，年在十六岁以上的都处斩刑①。

元末农民大起义是用弥勒教、白莲教等宗教形式组织发动起来的，朱元璋在参加农民起义军时也曾利用这种形式，明朝初期，有些地区仍继续采用这一形式反抗明朝的统治。所以，朱元璋针对这一情况具体地制定了律条："凡师巫假降邪神，书符咒水，扶鸾祷圣，自号端公太保师婆，及妄称弥勒佛、白莲社、明尊教、白云宗等会，一应左道乱正之术，或隐藏图像，烧香集众，夜聚晓散，佯修善事，扇惑人民，为首者绞，为从者各杖一百，流三千里。"②

朱元璋极力加强君权，独揽任用官员的权力，这也在《明律》中用法律条文固定下来，使之合法化。"凡除授官员须从朝廷选用，若大臣专擅选用者斩。"③ 朱元璋在《明律》中规定："凡诸衙门官吏及士庶人等若有上言宰执大臣美政才德者，即是奸党，务要鞫问，穷究来历明白，犯人处斩，妻子为奴，财产入官。若宰执大臣知情，与同罪。"④ 这是要所有的人们和官吏都按照他的意志行事，无条件地效忠于他个人，否则，就要受到法律的严厉

---

① 《明律集解附例》卷18《谋反大逆》。
② 《明律集解附例》卷11《禁止师巫邪术》。
③ 《明律集解附例》卷2《大臣专擅选用》。
④ 《明律集解附例》卷2《上言大臣德政》。

制裁。

《明律》是朱元璋一生政治活动的经验总结,是他"劳心焦思,虑患防微近二十载",反复修改"凡七誊稿",字斟句酌的"不刊之典"①。朱元璋把它视为维护朱明皇朝长治久安的法宝,所以他在《祖训》中谆谆嘱咐:"凡我子孙,钦承朕命,勿作聪明,乱我已成之法,一字不可改易。"②

《明律》的规定尽管相当详细,但复杂的社会生活毕竟不可能为之囊括无遗。朱元璋为了解决这个矛盾,以便把《大明律》贯彻到社会的各个方面去,就汇集官民"犯罪"事例来解释律条,称为《大诰》。明朝政府于洪武十八年颁行《大诰》,次年又颁《大诰续编》、《三编》,要求"一切官民诸色人等,户户有此一本","臣民熟观为戒",并且规定如果家里有一本《大诰》的,犯"罪"时可减一等判刑,没有的就要加一等判徒③。并"令天下府、州、县民,每里置塾,塾置师,聚生徒教诵御制《大诰》,欲其自幼知所遵守。阅三岁,为师者率其徒至礼部背诵,视其所诵多寡次第赏之"④。洪武三十年(1397年),天下讲读《大诰》师生来朝者凡十九万三千四百余人⑤。洪武二十一年(1388年)又颁赐"天下武臣《大诰》,令其子弟诵习"⑥。朱元璋所以花费这么大的力量来推行《明律》,其目的是通过律令的教育和宣传,使广大人民都能服服帖帖地在封建统治下生活:农民老老实实地从事耕作,读书人好好地学习忠孝仁义那一套封建理论,商人贩运货物以通有无,手工工人专心专意去搞技艺。总之是要人民"奉法守分",

---

① 何乔远:《名山藏·典谟记》。
② 《明太祖实录》卷82。
③ 《大诰·颁行大诰第47》。
④ 《明太祖实录》卷214。
⑤ 《明太祖实录》卷253。
⑥ 《明太祖实录》卷192。

"应役输租","上下相安"①。这样,自然就达到朱明王朝长治久安的目的。

六、统治阶级的内部矛盾

1. 胡蓝之狱

朱元璋自 1368 年建立明王朝后,又经十多年的统一战争,稳定了北方的局势,消除了元朝残余势力对明朝的威胁;平定了南方的割据势力,巩固了明王朝的统治。这些胜利的取得,除了广大士兵群众的作用以外,还由于在朱元璋身边,有一批运筹帷幄、能征惯战的文臣武将。这批人因帮助朱元璋争夺天下有功,在政治、军事和经济上都形成相当大的势力。现在新王朝已经比较巩固,外部敌人已经没有力量能与他抗衡,这时新王朝内部公侯将相的权势,却使朱元璋放心不下,猜疑他们来抢夺皇帝宝座。早在农民战争期间,朱元璋就严密防范部下将领,为防他们叛变,凡是出征将领,须把他的妻子留在京城做人质。他规定"与我取城子的总兵官妻子,俱要在京住坐,不许搬取出外"②。这样还不放心,再派他的心腹去监军,"所克城池,专用义子作心腹与将官同守。如得镇江用周舍,得宣州用道舍,得徽州用王驸马,得严州用保儿,得婺州用马儿,得处州用柴舍、真童,得衢州用金刚奴、也先,得广信调周舍即(郎)沐英也"③。而在严酷的争战中,朱元璋也确曾经历过部将谋叛的事件,如先有邵荣后有谢再兴的背叛。

邵荣是朱元璋一同起事的战友,骁勇善战。至正十八年(1358 年),邵荣和徐达一起攻克宜兴,十九年败张士诚军于余

---

① 《明太祖实录》卷 150。
②③ 刘辰:《国初事迹》。

杭,因屡立战功,提升为中书平章政事,地位在常遇春之上。"太祖自起兵,所任将帅最著者,徐达、常遇春与荣为三,而荣尤宿将善战"①。至正二十二年,邵荣自处州平定苗军叛乱后回应天,与参政赵继祖密谋击杀朱元璋,为宋国兴所告发。朱元璋立即派兵收捕了邵、赵两人,用铁链锁着,置酒食,与他们一起喝酒,问道:"我与尔等同起濠梁,望事业成,共享富贵,为一代之君臣,尔如何要谋害我?"邵荣回答说:"我等连年出外,取讨城池,多受劳苦,不能在家与妻子相守同乐,所以举此谋。"并不肯喝酒。赵继祖呼邵荣说:"若早为之,不见今日,猎狗在床下死,事已如此,泣何益,惟痛饮。"② 朱元璋把他们二人都缢杀了。

谢再兴也是朱元璋的旧将,又是朱元璋侄儿朱文正的岳父,所以朱元璋称他为"亲家"。至正二十二年谢再兴守卫诸暨,张士诚乘金华、处州苗军反叛朱元璋的机会,派张士信率军进攻诸暨。谢再兴苦战二十多天,大败士信军。这次战斗后,谢再兴派其心腹左总管、糜万户两人私往张士诚的占领区杭州贩卖物品,被朱元璋查获。朱元璋怕泄漏军机,杀了这两个人,并把头挂到谢再兴的办事厅里,这对谢再兴是一种侮辱性的警告。朱元璋又擅自作主把谢再兴次女嫁给徐达。又派参军李梦庚去节制诸暨兵马,降谢再兴为副将。谢再兴愤怒地说:"女嫁不教我知,似同给配。又着我听人节制。"于是,就捉了李梦庚到绍兴去投降了张士诚的部将吕珍。

这两桩叛变事件,对朱元璋的影响是十分深刻的。怎样来对待功臣宿将,在他未当皇帝之前就已经有所考虑了。龙凤十一年(1365年),一天,朱元璋阅读《宋史》,当读到赵普建议宋太祖收诸将兵权时,就对起居注詹同说:"(赵)普诚贤相,使诸将不

---

① 《明通鉴》"前编"卷2。
② 刘辰:《国初事迹》。

早解兵权,则宋之天下,未必不五代若也。"①

明王朝建立后,为了使公侯将相尽忠于他的朱明王朝,朱元璋确实是用尽心机,想了不少方法的。洪武五年(1372年)作了申诫公侯的《铁榜文》②。洪武八年又编了《资世通训》,反复强调臣僚对他效忠,"勿欺、勿蔽"③。洪武十三年又编了《臣戒录》,"纂录历代诸侯王宗戚宦臣之属悖逆不道者凡二百十二人"的行事④,来教育他的臣僚。洪武十九年,又颁发了《至戒录》,"其书采汉唐宋为臣悖逆者凡百有余事,赐群臣及教官诸生讲授,使知所鉴戒"⑤。原来,朱元璋不容许儒者在他的将官左右议论古今,这是因为在天下扰攘君臣名分未定之际,唯恐知识分子为他的将领出谋划策去独立发展。而当明王朝建立后,朱元璋却鼓励他的将领去接近儒臣,并在武将"操练之暇",命儒臣去给他们讲述"上古以来忠臣烈士""忠君报国之义,事上死长之节"等⑥。

朱元璋虽然采取了上述种种措施预防臣僚的反叛,但他总是不放心。随着外部敌人的平定,他对王朝内部权势烜赫的王侯将相越来越猜疑,加上某些开国功臣的骄纵违法,使统治阶级内部矛盾显得突出。朱元璋终于向往日曾经同甘苦共患难的兄弟们开刀了。而在官僚中也形成了各派集团,有文武之间的矛盾,有淮西集团和浙东集团之间的矛盾,互相倾轧排挤,不断在朱元璋面前攻击对方。如杨宪为御史中丞,朱元璋曾想用他作相,胡惟庸对李善长说:"杨宪为相,我等淮人不得为大官矣。"于

① 《明太祖实录》卷15。
② 《明太祖实录》卷74。
③ 《明太祖实录》卷97。
④ 《明太祖实录》卷132。
⑤ 《明太祖实录》卷179。
⑥ 《明太祖实录》卷249。

是李善长就乘机劾其"放肆为奸事",终于使杨宪被杀①。官僚集团之间的互相攻击,正好为朱元璋所利用,便于一个个地来收拾他们。洪武十三年(1380年),朱元璋以"擅权植党"的罪名杀了胡惟庸,同时被杀的有陈宁、涂节等数人。以后又加胡惟庸以"通倭"、"通虏"和"谋反"的罪名,并不断牵连扩大。十年后,到洪武二十三年又兴大狱,于是李善长、陆仲亨、唐胜宗、费聚、赵庸、郑遇春、黄彬、陆聚、金朝兴、叶昇、毛麒、李伯昇、丁玉等,都以与胡惟庸交通谋反被杀。"词所连及坐诛者三万余人。乃为《昭示奸党录》,布告天下。株连蔓引,迄数年未靖云"②。这时李善长已七十七岁,被赐死,自缢,家属七十余人被杀。第二年,虞部郎中王国用上书为李善长辩冤③。可见,当时人们对朱元璋加给李善长等人的罪名就认为是冤屈的。

洪武二十六年(1393年)又兴蓝党大狱。蓝玉是定远人,常遇春的内弟,临敌勇敢,自徐达、常遇春死后,蓝玉"数总大军,多立功"。洪武二十一年,率大军十五万出塞追击蒙古军队,直至捕鱼儿海,"虏获男女七万七千余人",大胜而回,被封为凉国公。他在屡立战功的情况下骄傲起来,"北征还,夜扣喜峰关。关吏不时纳,纵兵毁关入。帝闻之不乐",引起了朱元璋的猜忌。洪武二十六年,锦衣卫指挥蒋瓛告蓝玉谋反,于是又牵连到武将曹震、张翼、朱寿及吏部尚书詹徽、户部侍郎傅友文等,"族诛者万五千人"④。

胡惟庸和蓝玉两案,史称"胡蓝之狱",前后达十四年之久,诛杀四万五千余人,"元功宿将相继尽矣!"⑤除了"胡蓝之狱"以外,还有朱亮祖、胡美、周德兴、王弼、谢成、傅友德以及

---

① 刘辰:《国初事迹》。
② 《明史》卷308《胡惟庸传》。
③ 《明史》卷127《李善长传》。
④⑤ 《明史》卷132《蓝玉传》。

冯胜等① 的冤狱。朱元璋的亲侄儿朱文正,在与陈友谅大战中,曾孤军坚守南昌达八十五日,立有大功,因赏薄怨望,免官安置桐城,不久死去②。亲外甥李文忠,南征北战,屡建大功,也被赐死③。徐达是和朱元璋同时起义的患难战友,为开国功臣第一,洪武十八年背生疽,经治疗已有好转,"帝忽赐膳,魏公对使者流涕而食之",吃后不数日就死了④。在历代王朝开国之初,如此大肆杀戮功臣的极为少见,真如赵翼所说的,朱元璋"借诸功臣以取天下,及天下既定,即尽举取天下之人而尽杀之,其残忍实千古所未有"⑤。明初,朱元璋的统治集团中,确有一批经过长期锻炼的文武人才,如果把他们用于国家的建设和对边疆的开发,那末明初时期的国力原是可以更为强盛的。

2. 文字狱祸

明初统治阶级内部矛盾相当激烈的又一表现是文字狱祸。朱元璋一向重视儒生的作用,明王朝建立后,更是广为搜罗儒生来充实其官僚机构,因此,有不少儒生投向新王朝,但也有部分士大夫对新王朝持敌对态度而不愿出来做官,或畏惧明廷的严刑峻法而隐居山林。针对这一情况,朱元璋特别补充了一条法令:"率土之滨,莫非王臣。寰中士大夫不为君用,是自外其教者,诛其身而没其家,不为之过。"⑥ 朱元璋一方面征集儒生做官;一方面又猜忌他们,尤其是部分士大夫不合作的敌对行为,加深了他的这种猜忌;再加上一些功臣武将的挑拨,便促成了洪武时期的文字狱祸。黄溥《闲中今古录摘抄》记载有这样一段故

---

① 各见《明史》本传。
② 《明史》卷118《靖江王传》。
③ 王世贞:《弇山堂别集》卷20《史乘考误》。
④ 徐祯卿:《翦胜野闻》。
⑤ 《廿二史劄记》卷32《胡蓝之狱》。
⑥ 《大诰三编》"秀才剁指第10"、"苏州人才第13"。

事:洪武甲子开科取士,朱元璋想进一步罗致文人来为他治理明朝,但功臣武将不平,向朱元璋挑拨说,这些文人善于讥讽人,如"张九四(士诚)厚礼文儒,及请其名,则曰士诚"。朱元璋说:"此名甚美。"回答说:"《孟子》有'士诚小人也'之句。""上由是览天下所进表笺而祸起矣。"这件事情不一定确实,但反映了文武官吏之间的矛盾,而明初文字狱祸确实发生不少。这些事例看起来像笑话,但却是事实。如"浙江府学教授林元亮,为海门卫作《谢增俸表》,以表内'作则垂宪'诛。北平府学训导赵伯宁,为都司作《万寿表》,以'垂子孙而作则'诛。福州府学训导林伯璟,为按察使撰《贺冬表》,以'仪则天下'诛。桂林府学训导蒋质,为布按作《贺正旦表》,以'建中作则'诛。常州府学训导蒋镇,为本府作《正旦贺表》,以'睿性生知'诛。澧州学正孟清,为本府作《贺冬表》,以'圣德作则'诛。陈州学训导周冕,为本州作《万寿表》,以'寿域千秋'诛。怀庆府学训导吕睿,为本府作《谢赐马表》,以'遥瞻帝扉'诛。祥符县学教谕贾翥,为本县作《正旦贺表》,以'取法象魏'诛。亳州训导林云,为本府作《谢东宫赐宴笺》,以'式君父以班爵禄'诛。尉氏县教谕许元,为本府作《万寿贺表》,以'体乾法坤,藻饰太平'诛。德安府学训导吴宪,为本府作《贺立太孙表》,以'永绍亿年,天下有道,望拜青门'诛。盖'则'音嫌于'贼'也。'生知'嫌于'僧'也,'帝扉'嫌于'帝非'也,'法坤'嫌于'髪髡'也,'有道'嫌于'有盗'也,'藻饰太平'嫌于'早失太平'也"[1]。朱元璋这种乱定罪名、妄加诛杀的行为,对明初文化思想起了极其恶劣的窒息作用。

3. 空印案和郭桓贪污案

朱元璋大肆杀戮官吏,除了前面所说的胡蓝之狱和文字狱以外,还有空印案和郭桓案。

---

[1] 《廿二史劄记》卷32《明初文字之祸》。

明朝政府规定,"每岁布政司、府州县吏诣户部核钱粮、军需诸事"。经过户部的审核,遇有钱粮不符合的地方,就要驳回重新填造。但"省府去部远者六七千里,近亦三四千里",所以上计吏"预持空印文书,遇部驳即改,以为常"。后来,朱元璋发觉了这一情况,认为其中一定有舞弊行为,就下令严办,"凡主印者论死,佐贰以下榜一百,戍远方"①。洪武十八年(1385年),朱元璋怀疑北平二司官吏与户部侍郎郭桓通同贪污,于是又兴大狱,"自六部左右侍郎以下皆死,赃七百万,词连直省诸官吏"。追赃时又波及全国各地的一批地主富户,"核赃所寄借遍天下,民中人之家大抵皆破"②。这两起案件牵连被杀的达几万人。被杀的官吏,其中自然会有贪官污吏,但朱元璋却不问青红皂白,一概诛杀,可见其用意并不在于惩治贪吏。从"民中人之家大抵皆破"的情况来看,则分明是朱元璋敛财的一种手段。

七、限制和迁徙旧豪族地主

朱元璋对原来的豪族地主所采取的政策比较复杂,他一方面要利用和依靠他们,一方面又要限制他们的发展。朱元璋曾大量吸收富民当官,其中当然有不少旧的豪族地主,这说明朱元璋对他们的依靠。但是,为了防止旧豪族地主在地方上盘根错节,形成尾大不掉之势,不利于朱明王朝的长治久安;也为了防止他们因财势过大,过分地压榨农民,不利于封建秩序的巩固,朱元璋还对他们采取了限制和打击的措施。洪武三年(1370

---

① 《明史》卷94《刑法志》,卷139《郑士利传》。

② 《明史》卷94《刑法志》,《大诰》二十三《郭桓卖放浙西秋粮》、四十九《郭桓盗官粮》。

年)八月,朱元璋曾说:"近世风俗相承,流于僭侈,闾里之民,服食居处,与公卿无异。"①还说:"元氏阘弱,威福下移,驯至于乱。"这说明朱元璋对豪族地主和封建政权的关系是很清楚、很注意的,他不允许地方上豪族势力膨胀,不允许出现"威福下移"、"流于僭侈"的局面,所以他效法汉高祖徙天下豪富于关中的做法来限制与打击他们。洪武初,朱元璋徙江南民十四万户于凤阳②,其中不少是地主。二十四年再徙天下富户五千三百户于南京③。三十年又徙富民一万四千三百余户于南京。朱元璋说:"昔汉高祖徙天下富豪于关中,朕初不取,今思之,京师天下根本,乃知事有当然,不得不尔。"④迁徙富民的目的,是使他们离开拥有土地的原籍,使之财势俱失,不能危害朱明王朝。而中都和京师,是明朝政府统治力量最强的地区,也便于对这些豪族地主的控制。被迁徙到凤阳等地的一些江南地主,留恋原来家乡的豪华生活,常常扮成乞丐回家去扫墓探亲,沿途唱着他们自己编的凤阳花鼓词,发泄对朱元璋的不满情绪:"家住庐州并凤阳,凤阳本是好地方,自从出了朱皇帝,十年倒有九年荒。"⑤关于这些情况,当时贝琼和方孝孺都曾有所论述,贝琼说:"(洪武初年时),三吴巨姓,享农之利,而不亲其劳,数年之中,既盈而复,或死或徙,无一存者。"⑥方孝孺说:"太祖高皇帝以神武雄断治海内,疾兼并之俗,在位三十年间,大家富民多以逾制失道亡其宗。"⑦

---

① 《明太祖实录》卷 55。

② 《明史》卷 77《食货志》。

③④ 《明太祖实录》卷 210。

⑤ 赵翼:《陔余丛考》卷 41《凤阳丐者》。

⑥ 贝琼:《清江贝先生文集》卷 19《横塘农诗序》。

⑦ 方孝孺:《逊志斋集》卷 22《故中顺大夫福建布政司左参议郑君墓表》。

第三节　洪武时期的经济政策

一、户籍和赋役制度的建立

赋役是封建政权赖以存在的重要经济基础,如果不向人民征收赋税和徭役,国家机器就不能运转。为了向人民征收赋役,首先必须控制人口。朱元璋在建立明朝后,十分重视对全国户口的管理,注意收集元朝的户口版籍。洪武元年(1368 年)时就下令,叫在各地作战的总兵官及地方官员注意收集户口版籍。但经过元末战乱之后,许多户口版籍散失了,而且户口变动也很大,因此,必须建立一套适合于当时情况的户籍和赋役制度。

1.均工夫和户帖制度

洪武元年(1368 年),明朝政府制订了名曰均工夫的役民办法。它规定"田一顷出丁夫一人,不及顷者,以他田足之,名曰均工夫。寻编应天十八府州,江西九江、饶州、南康三府均工夫图册。每岁农隙赴京供役三十日遣归。田多丁少者以佃人充夫,而田主出米一石资其用。非佃人而计亩出夫者,亩资米二升五合"[①]。均工夫的特点是政府佥派徭役不是按丁,而是按田亩来计算。这可能是由于当时朱元璋刚刚转化为封建皇帝,在他的思想里还残存着农民的平均主义思想。均工夫大体只实行于江南地区,是组织当地人民到南京应役的办法,其他地区未见实行。为它服务的均工夫图册,也编得草率,远不能成为向全国人民征收赋役的根据。

洪武三年(1370 年),明朝政府又推行了户帖制度,命户部"籍天下户,置户籍户帖"。明政府规定:"各书户之乡贯、丁口、

---

① 《明史》卷78《食货志》。

名、岁,以字号编为勘合,用半印钤记";"男女田宅牛畜备载"; "籍藏于部,帖给之民。仍令有司岁计其登耗以闻"①。这一制度,最早是宁国知府陈灌在当地施行的,后来朱元璋把它推向全国②。明朝政府为保证户帖制度的顺利推行,采取的措施非常严厉,"令有司各户比对,不合者遣戍,隐匿者斩"③。从户帖制度的内容来看,它为明朝政府征收徭役赋税提供了相当可靠的依据。

2. 黄册、里甲制度和鱼鳞图册

洪武十四年(1381年),明朝政府在户帖制度的基础上建立了黄册制度,它比户帖制度更为详密。其以户为单位,详细登载各户的乡贯、姓名、年龄、丁口、田宅、资产,并按照人们的职业规定人户的籍属,主要分为民、军、匠三大类。民籍除一般应役的民户外,还有儒、医、阴阳等户。军籍除一般供应军役的军户以外,还有校尉、力士、弓、铺兵等。匠籍,所登记的手工业户,要向政府承应工匠差役以及厨役、裁缝、马船等。还有灶籍,登记制盐户。"凡军民医匠诸色人户,许各以原报抄籍为定,不许妄行变乱,违者治罪,仍从原籍"④。黄册的编造程序是:"其法各给户帖,备开籍贯丁产,有司岁加稽察,十年一造(黄册),造必审图,皆据户帖现额添减开除。"⑤ 黄册共造四份,一份上送户部,其他则布政司、府、县各存一份。送户部的册面为黄纸,所以叫"黄册"或"户口黄册"。明朝政府依据黄册向人民征收赋役,因此,又叫"赋役黄册"。明朝政府对编造黄册是很重视的,规定发给各户的表册,必须由本人填写,或本户自报请人代写,不许其他人包办。如有"团局攒造",隐瞒作弊,就要严惩。洪武二十四

①③ 《续文献通考》卷13《户口考》;谈迁:《枣林杂俎》卷1《逸典·户帖式》。
② 《明史》卷281《陈灌传》。
④ 《明会典》卷69《户部》。
⑤ 万历《武进县志》卷3《钱谷》。

年(1391年)命令,若官吏等"通同人户隐瞒作弊,及将原报在官田地不行明白推收过割,一概影射减除粮额者,一体处死。隐瞒人户,家长处死,人口迁发化外"①。明初黄册的编造,奠定了明朝的户籍制度,它比以往朝代对户口的控制更为严密。

和黄册制度同时产生的还有里甲制度。洪武十四年,明朝政府在编造黄册时规定,"以一百一十户为里。一里之中推丁粮多者十人为长,余百户为十甲,甲凡十人。岁役里长一人,甲首十人,管摄一里之事。城中曰坊,近城曰厢,乡都曰里。凡十年一周,先后则各以丁粮多寡为次,每里编为一册(黄册),册之首总为一图。其里鳏、寡、孤、独,不任役者,则带管于一百一十户之外,而列于图后,名曰畸零"②。在轮年应役中,"当年谓之见役,轮当者谓之排年"③。里甲的民户要互相了解丁口职业,互相作保。这就是里甲制度。明朝统治者实行这一制度的目的,是要把一切人户都编置到里甲之中,然后把编置到里甲中的人户的具体情况登载到黄册中,政府又根据黄册所载人户的情况,通过里甲制度来征收赋役。所以,里甲制度是明朝政府推行黄册制度的组织保证,如果没有里甲制度,黄册制度也就无法实行。另外,明代的里甲也是最基层的社会组织单位,里长的职责极为广泛,"凡其一里之中,一年之内,所有追征钱粮,勾摄公事,与夫祭祀鬼神,接应宾旅,官府有所征求,民间有所争斗,皆在见役者所司"④。还有督促生产的责任,"凡里长部内,已入籍纳粮当差,田地无故荒芜,及应课种桑麻之类而不种者",里长都要受到责罚⑤。

户帖和黄册虽然都登录了每户占有的土地亩数,但是有些

---

① 《明会典》卷20《黄册》。
② 《明太祖实录》卷135。
③④ 丘濬:《大学衍义补》卷31;《明史》卷77《食货志》。
⑤ 《明会典》卷163《户律》。

人仍可设法隐瞒。如"两浙富民,畏避徭役,往往以田产诡托亲邻田仆,谓之铁脚诡寄。久之相沿成风,乡里欺州县,州县欺府,奸弊百出,谓之通天诡寄"①。朱元璋曾经采取奖励受寄之家出官首告,就将本田赏与,永为己业的办法,来打击隐瞒土地的活动,但是诡寄之风依然盛行。于是明朝政府于洪武二十年(1387年)在全国范围内普遍丈量土地,以一个粮区为单位,记载每块田地的亩数、质量、方圆四至,以及田主的姓名等,并绘制成图。因所绘的田亩形状像鱼鳞,故名《鱼鳞图册》②。除总图以外,还绘有以小块土地为单位的分图。这种土地登记册,内容确实相当完备。明朝政府经过这一次普遍的土地丈量,清查出了不少隐瞒的土地。洪武二十六年(1393年)"核天下土田,总八百五十万七千六百二十三顷"③,是明代见于记载的耕地数额最多的一次,这与洪武二十年开始的土地丈量是有一定关系的。

明朝初期实行的黄册、里甲、鱼鳞图册等制度,虽有因袭前代的地方,但却比以往任何朝代都更周密,它是我国封建社会发展到后期出现的比较详备的户籍和赋役管理制度。其主要职能当然是凭借这一套制度,把人民牢固地束缚在土地上,从而实现其赋税和徭役的剥削。同时,对地主豪富隐瞒土地,规避赋役,也起了一定的限制作用。顾炎武说:"凡百差科,悉由此出,无复前代纷更之扰。"④ 在一定时期内,使得赋役负担可以均平一些。

3. 赋役和粮长制度

明代的赋税制度,基本上沿袭了唐宋以来的两税制。它规定田赋分"夏税"和"秋粮"两次缴纳。"夏税无过八月,秋粮无过明年二月",所缴纳的"大略以米麦为主,而丝绢与钞次之"。用

①② 《明太祖实录》卷180。
③ 《明史》卷77《食货志》。
④ 《天下郡国利病书》卷87。

米麦缴纳的称"本色",以丝绢与钞折缴的称"折色"。洪武时规定田赋率:"凡官田亩税五升三合五勺,民田减二升,重租田八升五合五勺,没官田一斗二升。"但江南苏、松、嘉、湖的田赋不在此列,因朱元璋怒当地老百姓为张士诚坚守,所以,在攻下这些地区以后,"乃籍诸豪族及富民田以为官田,按私租簿为税额","亩税有二、三石者"①。当时,苏州一府一年所交的田赋竟达二百八十万九千余石。据统计,当时"苏州之田居天下八十八分之一弱,而赋约居天下十分之一弱"②。直到英宗正统元年(1436年),明朝政府才"令苏、松、浙江等处官田,准民田起科"③。

明代的徭役分为"正役"和"杂役"两大类。"里甲"称为"正役",到官府去应役的叫做"杂役"。这类杂役的名目繁多,有的是"常役",如粮长、解户、马船头、馆夫、祗候、弓兵、皂隶等。有的则"因事编金,岁有增益"④,如砍柴、抬柴、修河、修仓、运料等。这些杂役中间,有的是明朝政府根据需要因地而设的,如"祗应、禁子、弓兵,悉金市民"⑤。"养马户"主要在江北、江南、北直隶、山东、河南等地供役。粮长则主要在浙江、南直隶、湖广、江西、福建等地供役。男子称"丁",不满十六岁的称"未成丁",十六岁以上的称"成丁","成丁而役,六十而免"⑥。这些徭役,有力役(力差)、雇役(银差)。在明朝初期,主要是力役,雇役比较少。

明朝政府在征调徭役时,府州县要根据人户、丁口和产业的多少来编派。朱元璋在洪武十八年(1385年),命全国府、州、县官都要以"民户上中下三等为赋役册贮于厅事,凡遇徭役,发册验其轻重而役之"⑦。当时三等人户的划分标准,大体是:人三丁以上,田粮十石以上;或虽只一二丁,田种不多,"而别有生理,

---

① ③ ④ ⑤ ⑥　《明史》卷78《食货志》。
②　《日知录》卷4《苏松二府田赋之重》。
⑦　《明太祖实录》卷170。

衣食丰裕","仆马出入者",皆为"上丁"。人三丁以上,田种五石上下,"躬耕足食",皆为"中丁"。其有一二丁,田种不多,"力耕衣食不缺",或人只单丁,"勤于生理","亦够衣食",皆为"下丁"①。政府按照民户的"丁粮多寡",户等高下来金派徭役,丁粮多者任重役,丁粮少者任轻役。如马驿的马夫是重役。水驿的水夫是中役。府州县的皂隶(祗候)、禁子等是轻役,应征纳粮二石至三石的人户承当②。由于马夫要供应马匹、鞍辔、毡衫(雨具)、驿夫等项费用,金点粮数百石以上人户充当。其后,甚至一户已不能应付。到洪武二十六年(1393年),明朝政府重新规定,"如一户粮数不及百石者,许众户凑数共当一夫"③。这是明朝初期徭役制度的一般规定,而在实际执行中,地方政府和里长在金派徭役时,往往"放富差贫",把徭役转嫁到农民头上,到明中叶时日益严重。

粮长制度,是明朝政府保证田赋收入的一项措施。在未推行粮长制前,明朝政府规定由州县官吏直接征收田赋,纳粮人家则"亲赴州县所在交纳"④。因此,"郡县吏每遇征收赋税,辄侵渔于民"⑤。有的粮户往往不亲自去州县,委托别人去州县代纳,于是就产生了所谓"揽纳户"。"揽纳"就是代替粮户到州县政府办理完粮手续,从而向粮户索取一定的报酬,他们往往勾结州县吏胥从中舞弊。明朝政府明令严加禁止:"凡揽纳税粮者,杖六十,着落赴仓纳足,再于犯人名下追罚一半入官。若监临、主守揽纳者,罪加二等。"⑥ 但这种揽纳现象依然不断发生,"各

---

① 《明经世文编》卷134 胡世宁《为定籍册以均赋役疏》。
② 《明太祖实录》卷203;《明会典》卷157《兵部·皂隶》。
③ 《明会典》卷145《兵部·水马驿》。
④ 《大诰·设立粮长第65》。
⑤ 《明太祖实录》卷68。
⑥ 《明律集解附例》7《户律·揽纳税粮》。

处纳粮纳草人户往往不量揽纳之人有何底业(资产),一概将粮草付与解来"①。而有的揽纳户"不行赴各该仓库纳足,隐匿入己"②。这种揽纳户并不始自明代,在宋、金时已成为田赋征收中的一种弊病。在田赋征收实物和运输困难的情况下,揽纳户的产生是有它的社会基础的。明朝政府所以实行粮长制度,可能就是从揽纳户方面受到启发。洪武四年(1371年)九月,朱元璋"命户部令有司料民土田,以万石为率,其中田土多者为粮长,督其乡之赋税。且谓廷臣曰:'此以良民治良民,必无侵渔之患矣。'"③

粮长的职责主要为对田赋的催征、经收和解运三个方面,而这三项任务,最为繁重的是解运。明朝政府为了要粮长每岁运纳田粮,于洪武六年(1373年)九月"诏松江、苏州等府,于旧定粮长下(每名)各设知数一人,斗级二十人,送粮夫千人"④。粮长经收的税粮,从其处理的情况来看,计有"存留",即是留在本地方开支的;"起运",即是运交外地的。"起运"部分又有"京运"和"对拨"两种。"京运"是运纳京师的,这是解运中最为重要的部分,须由粮长亲自押运。"对拨"就是拨运到外地军卫的官军俸粮⑤。粮长除负担上述几项主要任务以外,还要参加编制赋役黄册和鱼鳞图册等。明朝初期的粮长制,主要在浙江、南直隶、江西、湖广和福建等地区实行,这些地区占全国秋粮税额的一半以上。

洪武时期,明朝政府对粮长的待遇是很优厚的,如期如数解运税粮到京师的,皇帝往往亲自召见。洪武十四年(1381年)二月,"浙江、江西粮长一千三百二十五人,输粮于京师,将还,上召

① 《大诰·揽纳户虚买实收第19》。
② 《大诰·揽纳户第37》。
③ 《明太祖实录》卷68。
④ 《明太祖实录》卷85。
⑤ 《明会典》卷29《征收》;《明太祖实录》卷200。

至廷,谕劳之,赐钞为道里费"①。有的从粮长擢升为七卿。如严震直,"以富民择粮长,岁部粮万石至京师,无后期,帝才之,二十三年特授通政司参议,再迁为工部侍郎。二十六年六月进尚书"②。再如浦江郑氏家族,多由粮长入仕,其中的郑沂,"自白衣擢礼部尚书"③。明朝政府设立粮长时,原想以此来禁绝贪污,事实上并不能如愿,如粮长邾阿奶,"起立名色,科扰粮户",正名"加五(成)收受",贪污钱粮计般水脚米、斛面米等达十三种之多,勒逼粮户以房屋、牲口、衣服、农具等折纳田赋④。

二、奖励开荒、实行屯田和兴修水利

元末农民大起义后建立起来的明王朝,面临的是这样一种状况:一方面,农民军给蒙汉贵族、地主阶级以沉重的打击,蒙古统治集团被推翻,许多汉族地主被杀,地主阶级的统治势力严重削弱了。另方面,由于封建统治者在镇压农民起义中的大肆屠杀,元朝统治集团的内部厮杀,以及盘踞在地方上的军阀的不断火并,使得社会经济残破,人口锐减,土地荒芜。如向称繁华地区的扬州,元末为地主武装青军(又名一片瓦、长枪军)元帅张明鉴所占据。他们"专事剽劫,由含山、全椒,转掠六合、天长,至扬州,人皆苦之"。到龙凤三年(1357年)朱元璋部将攻克扬州时,

---

① 《明太祖实录》卷135。
② 《明史》卷151《严震直传》。
③ 《明史》卷296《郑濂传》。
④ 《大诰续编·粮长邾阿奶害民第47》。粮长的地位,后来大有变化。随着明朝政治的日益腐朽,土地兼并日趋剧烈,优免人户不断增加,从而造成田赋逋负越来越大的现象,而政府却一味责令粮长追缴赔纳。因此,在明朝初期看成美差的粮长,后来却被人视为苦差了。世宗嘉靖时,"江南赋役必责粮长,粮长承役必至破家"(《明世宗实录》卷504)。所以,这时的大地主就多方规避,粮长往往就由中小纳粮户来充当了。

"城中居民仅余十八家"①。山东、河南地区长期受到元朝军阀的摧残,弄得"多是无人之处"②。洪武元年(1368年)闰七月,徐达率师北伐,"徇取河北州县,时兵革连年,道路皆榛塞,人烟断绝"③。朱元璋建立的新王朝,如不设法改变这一状况,显然是不能持久的。

朱元璋对上述情况看得是比较清楚的,所以他采取了一系列安定社会、组织生产的措施。早在龙凤十二年(1366年)正月,朱元璋就对他的大臣们说:"为国之道,以足食为本。大乱未平,民多转徙,失其本业。而军国之费所资不少,皆出于民,若使之不得尽力南亩,则国家资用何所赖焉。今春时和,宜令有司劝民农事,勿夺其时。一岁之中,观其收获多寡,立为劝惩。若年谷丰登,衣食给足,则国富而民安。此为治之先务,立国之根本。"④ 吴元年(1367年)朱元璋曾"特命中书省,凡徐、宿、濠、泗、寿、邳、东海、安东、襄阳、安陆郡县,及今后新附土地人民,桑麻谷粟税粮徭役,令有司尽行蠲免三年"⑤,使长期在战乱中遭受抢掠和繁重赋役剥削的人民得以休息。洪武元年(1368年)正月,各地府州县官来朝,朱元璋又当面对他们说:"天下初定,百姓财力俱困,譬犹初飞之鸟,不可拔其羽,新植之木,不可摇其根,要在安养生息之。"⑥ 同年十二月,朱元璋任命宋冕为开封府知府,上任前对他说:"汝往治郡,务在安辑人民,劝课农桑,以求实效,勿学迂儒,但能谈论而已。"⑦ 在朱元璋所采取的安定

---

① 《明太祖实录》卷5。
② 《日知录》卷10《开垦荒地》。
③ 《明太祖实录》卷29。
④ 《明太祖实录》卷16。
⑤ 《明太祖实录》卷18。
⑥ 《明太祖实录》卷25。
⑦ 《明太祖实录》卷34。

社会、组织生产的各项措施中,最重要的是奖励开荒,实行屯田和兴修水利。

1. 奖励垦荒

为了开垦中原地区的荒地,明朝政府专门设"司农司,开治河南,掌其事"①。洪武三年(1370年)下令,凡是有力量开垦荒地的,"不限顷亩",皆免三年租税②。这些荒芜的土地,有的原来是地主的,元末农民起义中地主逃亡了,其土地就被少地或无地的农民所占有,或者荒芜了,以后渐为农民所开垦。当原来占有这些土地的地主还乡时,就出现产权纠纷。针对这一情况,明朝政府专门制订了一条法令:"各处人民先因兵燹遗下田土,他人开垦成熟者,听为己业。业主已还,有司于附近荒田拨补。""复业人民,见今丁少而旧田多者,不许依前占护,止许尽力耕垦为业。见今丁多而旧田少者,有司于附近荒田验丁拨付。"③这条法令承认了农民战争造成的生产关系变革的既成事实,与明朝建立前,进攻张士诚时所发布的《平周榜》关于"旧有田产房舍,仍前为主"的保证,是很不相同的。这是朱元璋从迅速恢复农业生产以巩固朱明王朝着想,而对地主阶级局部利益的限制。这一政策调整,解决了农民开荒的顾虑,对促进开垦荒地的发展,具有很大的积极作用。朱元璋的奖励垦荒政策,直到洪武二十八年(1395年)还在大力推行,规定"二十七年以后新垦田地,不论多寡,俱不起科。若有司增科扰害者罪之"。④

洪武七年(1374年),户部统计各地垦荒田凡九十二万一千一百二十四顷⑤。但这一垦荒数字是不确实的,洪武十年(1377

---

① 《明史》卷77《食货志》。
② 《明太祖实录》卷53。
③ 《明会典》卷17《户部·田土》。
④ 《明太祖实录》卷243。
⑤ 《明太祖实录》卷95。

年)工部的一个官吏揭露说:"土旷民稀,垦辟有限,所在守令往往责令里甲增报额数,以为在官事迹。"他建议:"宜令各处农民自实见垦亩数,以定税粮。"① 由此可见,所谓"奖励垦荒",在有些地区,只是谎报政绩。这种弊病,在封建社会中自是难免的。总的来看,明朝初期,奖励垦荒所取得的效果还是明显的。

2. 军屯、民屯和商屯

明朝初期的屯田,计有军屯、民屯和商屯三种,其中以军屯的规模最大,组织也最完备。

早在明王朝建立以前,朱元璋就立民兵万户府,效法汉武帝和曹操,"寓兵于民",实行军屯。屯田的将士"且耕且战"。当时以康茂才搞屯田所取得的成绩最大,他在龙江共"得谷一万五千石,以给军饷"②。不过当时屯田还是为了解决军粮,支援农民战争的顺利进行。朱元璋称帝后,继续利用军队实行卫所屯田,这时的屯田性质已不同于以前。军屯由卫所来管理,田地由卫所军士来耕种。它的组织是以"屯"为单位。"每军种田五十亩为一分。又或百亩,或七十亩,或三十亩、二十亩不等"③,这是根据土地的肥瘠和耕种条件不同来区别的。军士屯守比例,一般是"三分守城,七分屯种。又有二八、四六、一九、中半等例。皆以田地肥瘠,地方缓冲为差"④。弘治十四年(1501年)户部左侍郎李孟阳说:"祖宗时天下都司卫所原额官军二百七十余万。"⑤ 那末屯守比例如以三、七计算的话,全国屯田军士就有一百八十余万人。如以每军授田五十亩计算,全国军屯土地就有九十多万顷。《春明梦余录》载:"国家原额屯田八十九万二千七百八十九顷余。"⑥

---

① 《明太祖实录》卷111。

② 《明太祖实录》卷12。

③④ 《明会典》卷18《户部·屯田》。

⑤ 《明孝宗实录》卷180。

⑥ 孙承泽:《春明梦余录》卷36《屯田》。

《明书·土田志》载:"国初原额九十万三千三百一十三顷九十五亩零。"王毓铨先生在《明代的军屯》一书中,对此作了考证,他认为"明初屯地总额,大致应该接近于万历间六十三万多顷的亩数"。不管从哪一个数字来看,军屯规模都可说是很大的。

屯军要向明朝政府交纳赋税,叫做"屯田籽粒"。洪武时期,每份屯田应纳"屯田籽粒"的数量没有统一规定。有的地方是"岁征其半,余存自食"。辽东是每军限田五十亩,租十五石①。全国统一的屯田籽粒征收额,在朱元璋死后才制定出来。

明朝初期的军屯,在当时经济残破、人民流徙的情况下,曾经起过它的积极作用,尤其是在统一战争中,使得军粮不致匮乏,保证了统一战争的顺利进行。但当全国基本统一、社会生活已经趋于安定的情况下,明朝政府仍盲目依赖军屯,拼命扩充军队,大规模实行军屯,这就弊多利少,消极作用多于积极作用了。因此,军屯在宣德以后很快遭到破坏。

"移民就宽乡(屯田),或召募或罪徙者为民屯"②。民屯由当地的地方政府管理。明初统治者多次大规模组织人多地少的"狭乡"居民到人少地多的"宽乡"去屯种。洪武三年(1370年)六月徙苏州、松江、嘉兴、湖州、杭州无田农民四千多户到濠州种田,给牛具种子,三年不征其税。又移江南民十四万户于凤阳。九年十月,徙山西及真定民无产者于凤阳屯田。二十一年八月,迁山西泽、潞二州民之无田者往彰德、真定、临清、归德、太康诸处闲旷之地,置屯耕种。二十二年四月以两浙民众地狭,务本者少而事末者多,命杭、湖、温、台、苏、松诸郡民无田者,往淮河以南滁、和等处起耕。山西贫民徙居大名、广平、东昌三府者,凡给田二万六千七十二顷。二十八年青、兖、登、莱、济南五府,五丁

---

① 《明宪宗实录》卷244。
② 《明史》卷77《食货志》。

以上,田不及一顷并小民无田耕者,令分丁就东昌开垦闲田①。
战争之后,土地荒芜,由国家组织"狭乡"的人到"宽乡"去耕种,
这是我国封建社会中恢复生产行之有效的措施。明初政府采取
的上述移民屯种的政策,对当时恢复社会生产起了积极的作用。
洪武二十八年明廷官方记载,"东昌等三府屯田迁民五万八千一
百二十四户,租三百二十二万五千九百余石,棉花二百四十八万
斤"②。"彰德等四府屯田凡三百八十一屯,租二百三十三万三
千三百一十九石,棉花五百零二万五千五百余斤。"③

　　召募民人进行屯种,其方式和移民屯种相仿,只是前者出于
自愿,后者带有强制性质。洪武二十二年(1389年)九月,山西
沁州民张从整等一百一十六户,自愿应募到北平、山东等地去屯
种④,这是募人屯种的一个实例。不过,当时老百姓主动应募到
外地去屯种的情况还是比较少的。

　　徙罪囚屯田,洪武时大都是在凤阳。洪武八年(1375年),
明朝政府规定:"宥杂犯死罪以下及官犯死罪者,谪凤阳输作屯
种赎罪。"⑤洪武九年时,官吏有罪贬谪到凤阳屯种的有一万多
人⑥。

　　民屯中每份屯地的数额,没有统一规定,大概是根据当地的
具体情况,"验其丁力,计亩给之"⑦,北方地区是"人给十五亩,
蔬地二亩"。这些进行屯种的人民,以屯为其基层单位,即所谓

---

① 《明太祖实录》卷236。

②③ 《明太祖实录》卷243。

④ 《明太祖实录》卷197。

⑤ 《明史》卷2《太祖纪》。

⑥ 《明史》卷139《韩宜可传》。明成祖朱棣仍把"屯种"作为对犯"罪"者的一种
惩罚手段,永乐元年(1403年),明朝政府发布了一条法令:"凡人命、十恶死罪、强盗
伤人者依律处决,其余死罪及流罪,令挈家往北平种田。流罪三年、死罪五年后录为
良民。"(《明太宗实录》卷12)。

⑦ 《明史》卷77《食货志》。

115

"迁民分屯之地以屯分里甲"①。一屯就是一里,下分十甲,和一般的里甲制度相同②。明朝政府一般对屯种之民供给牛种农具。洪武四年(1371年),"命工部遣官往广东买耕牛以给中原屯种之民"③。洪武二十五年,"命户部遣官于湖广、江西诸郡县买牛二万二千三百余头"④。洪武二十八年,"命户部以耕牛一万头给东昌府屯田贫民"⑤。民屯土地的赋税额,未见明确的规定,从土地所有制的形式来说,《明史·食货志》把民屯划为官田,而"凡官田亩税五升三合五勺"⑥。民屯的赋税额大概就是这么多。

商屯是一种特殊的民屯。明朝政府为了解决边防地区的军粮,就利用其所掌握的食盐专卖权,规定商人把粮食运到边防的粮仓,就可向政府换取贩盐的专利执照(盐引),然后凭盐引到指定的盐场支盐,再到指定的地域去销售,这套制度叫做"开中"法。洪武四年(1371年),明朝政府订定中盐例,根据里程远近,自五石至一石不等,就可向政府换取一小引(二百斤)的盐引⑦,但"先后增减,则例不一,率视时缓急,米直高下,中纳者利否"而不同⑧。洪武二十年,命户部募商人于云南毕节卫纳米中盐,每米二斗给浙盐一引,三斗给川盐一引⑨。除了用米中纳以外,根据明朝政府的需要,也可以用布绢、银钱、马等中纳,但以纳粟开中为主要形式。开中制度大致分为报中、守支、市易三个步骤。

① 《明史》卷77《食货志》。
② 《明初迁民碑》,载《文物参考资料》1958年第3期。
③ 《明太祖实录》卷61。
④ 《明太祖实录》卷223。
⑤ 《明太祖实录》卷236。
⑥ 《明史》卷78《食货志》。
⑦ 洪武年间一度盛行大引盐,每引可兑盐四百斤,后来改为小引盐。
⑧ 《明史》卷80《食货志》。
⑨ 《明太祖实录》卷187。

报中就是盐商按照明朝政府出示的招商榜文要求的开中内容，把军需物资运到规定地区，向政府领取相应的盐引；守支就是盐商领取盐引后，到指定盐场凭引守候支盐；市易就是盐商把盐运到指定行盐地域去销售。有的盐商为了更多的获利，就雇人在边地屯垦，把收获的粮食就地纳仓换取盐引，这就是商屯的由来。商屯对供应边防的军粮和开发边疆地区都起了一定的积极作用。明人把这一制度胪列了几方面的优点："商人自募民耕种塞下，得粟以输边，有偿盐之利，无运盐之苦，便一；流亡之民因商招募，得力作而食其利，便二；兵卒就地受粟，无和籴之扰，无侵渔之弊，便三；不烦转输，如坐得刍粮，以佐军兴，又国家所称为大便者。"①

3．兴修水利和重视经济作物的种植

明初，明朝政府对兴修水利也很重视，命令各地的地方官吏，人民如有关于水利的建议，就要立即呈报②；对那些不重视水利事业的官吏，则要加以处罚③。洪武时期，明朝政府曾多次大规模地组织人民于各地兴修水利。洪武元年（1368 年），"修和州铜城堰闸，周回二百余里"④。四年（1371 年），修复"广西兴安县灵渠"，"溉田万顷"⑤。八年，"命耿炳文浚泾阳洪渠堰，溉泾阳、三原、醴泉、高陵、临潼田二百余里"⑥。十九年，"筑福建长乐县海堤。长乐之田，濒海者半，其田久坏，田稼岁为潮卤所伤"。经修筑海堤后，"长乐田无斥卤之患，而岁获其利"⑦。二十三年，"修崇明、海门决堤二万三千九百余丈，役夫二十五万人"⑧。二十四年，"浚定海、鄞二县东钱湖，灌田数万顷"。二十

---

① 《明经世文编》卷 431 刘应秋《盐政考》。

②④⑥⑧ 《明史》卷 88《河渠志》。

③ 《明太祖实录》卷 200。

⑤ 《明太祖实录》卷 60。

⑦ 《明太祖实录》卷 178。

五年，"凿溧阳银墅东坝河道"，"役夫三十五万九千余人"。三十一年，修治洪渠堰，"浚渠十万三千余丈"①。洪武二十七年，明朝政府派遣"国子监生和人材分诣天下郡县修治水利"。二十八年统计，全国共计"开塘堰四万零九百八十七处，疏通河流四千一百六十二处，修建陂渠堤岸五千多处"②。上述规模巨大和数量众多的水利工程，其直接劳动者固然是劳动人民，但如果没有当时明朝政府的组织和鼓励，那是无法完成的。

　　明初，政府还十分重视经济作物的种植，尤其注意麻、棉和桑、枣及漆树等的栽培③。朱元璋在龙凤十一年(1365年)时，就在他的统治地区鼓励种植经济作物。他下令"农民田五至十亩者栽桑、麻、木棉各半亩，十亩以上者倍之。其田多者率以是为差，有司亲临督劝，惰不如令者有罚，不种桑使出绢一匹，不种麻及木棉，使出麻布、棉布各一匹"④。洪武元年(1368年)，又把这一法令推广到各个地区，并且规定，凡种桑麻"四年始征其税，不种桑者输绢，不种麻者输布"⑤。二十五年，命令凤阳、滁州、庐州、和州的农民每户种桑、枣、柿各二百株。全国卫所屯田军士每人种桑百株，并随地宜种柿、栗、胡桃等树木。洪武二十七年，令天下百姓务要多种桑、枣，每一户，初年二百株，次年四百株，三年六百株，栽种过数目，造册回奏，违者发云南金齿充军。二十九年，以湖广诸府县宜于种桑，而种之者少。命于淮安府及徐州府取桑种二十石，派人送到辰、沅、靖、全、道、永、宝庆、衡州等处，各给一石，使其种之⑥。为了鼓励农民多种经济作物，明朝

　　① 《明史》卷88《河渠志》。
　　② 《明太祖实录》卷234、243；《日知录》卷12《水利》。
　　③ 刘辰：《国初事迹》。
　　④ 《明太祖实录》卷17。
　　⑤ 《明史》卷138《杨思义传》。
　　⑥ 《明太祖实录》卷215、222、232、246；《明会典》卷17《农桑》。

政府于洪武二十七年"令益种棉花,率蠲其税"①。二十八年,又下令山东、河南农民,自二十六年以后栽种桑枣果树,"不论多寡,俱不起科"②。明朝政府还规定地方官员任满赴京考课的,"必书农桑学校之绩",作为官吏考课的主要内容③。这些政策的推行,有利于经济作物种植面积的扩大,尤其是竭力推广桑、麻、棉的种植,为手工业提供了更多的原料,为以后丝、棉织业的发展奠定了基础。

三、工商业政策和大明宝钞的发行

明朝初期对工匠的管理,仍然沿袭元代的制度,专门编置匠籍,不许变动。但元代的手工业工人处于工奴地位,他们被征调后,就终身服役,人身依附性很强。明初,政府对这种制度进行了改革。洪武十一年(1378年),"命工部凡在京工匠赴工者,月给薪米盐蔬,休工者停给,听其营生勿拘。时在京工匠凡五千余人,皆便"④。休工时期的工匠,政府虽然停给薪米盐蔬,但却可以自由营生,投入社会生产,这对手工业生产的发展无疑是有利的。对手工业者本人来说,也获得了更多人身自由。洪武十九年,明朝政府定工匠轮班制。起先工部议定,各地匠户,"验其丁力,定以三年为班,更番赴京输作三月,如期交代,名曰轮班匠,议而未行"。这时,工部侍郎秦逵复议举行。量地远近以为班次,且置籍,为勘合(文书)付之。工匠至期带勘合到工部听候调拨服役,政府则蠲免其家里的徭役⑤。洪武二十六年,明朝政

---

① 《明太祖实录》卷232。
② 《明太祖实录》卷243。
③ 《明太祖实录》卷77。
④ 《明太祖实录》卷118。
⑤ 《明太祖实录》卷177。

府根据各个政府部门役作的情况,订定每三年或二年轮班到京应役的工匠为二十三万二千八十九名①,由工部管辖。在京师等地固定做工的叫住坐匠户,由内府内官监管辖,"一月上工一十日,歇二十日,若工少人多,量加歇役",月粮由政府支给②。手工业工人应役制度的这一改变,是元朝后期手工业工人不断斗争所争取得来的,它对手工业生产的阻碍比元代要少些。政府把手工业工人征调到政府手工业工场劳动时,虽然仍是工奴式的生产关系,他们所生产的大都是宫廷用品,和社会生产没有多大关系,但轮班匠是每三年为政府服役三个月,住坐匠是每月服役十天,因病不能服役的还可纳钱代役,其余时间就可以"自由趁作"。这就使几十万工匠绝大部分时间可以进行社会生产,这对当时社会生产的发展必然起到一定的积极作用。

在商业方面,明初政府对宋元以来的烦琐征课加以清理,规定商税"三十而取一,过者以违令论"③。税收机构,在京师的称为宣课司,在地方的称为通课司。洪武元年(1368年),"命在京兵马指挥使,并管市司,三日一次校勘街市斛斗秤尺,稽考牙侩姓名,时其物价。在外府州各城门兵马,一体兼领市司"④。洪武十三年,下令农具以及军民"嫁娶丧祭之物,舟车丝布之类皆勿税"⑤。这年,又裁撤了税收额米不及五百石的三百六十四所税课司局⑥。

明朝政府在恢复社会生产整顿工商业的同时,也进行了货币改革。元朝末年,由于滥发纸币,导致通货膨胀,货币贬值,最

---

① 《明会典》卷189《工匠》;《明史》卷151《严震直传》。
② 《明会典》卷189《工匠》。
③⑥ 《明史》卷81《食货志》。
④ 《明太祖实录》卷34。
⑤ 《明太祖实录》卷132。

后弄得在"京师料钞十锭,易斗粟不可得";"所在郡县皆以物货相贸易"①。所以,朱元璋在占领集庆后,就铸大中通宝钱。建立明朝后,又铸洪武通宝钱,其制凡五等:曰当十、当五、当三、当二、当一。当十钱重一两,余递降至重一钱止。在应天置宝源局,"各行省皆设宝泉局,与宝源局并铸,而严私铸之禁"。洪武四年(1371年),"改铸大中、洪武通宝大钱为小钱"。但铜钱分量重,价值低,不便于携带,所以"商贾沿元之旧习用钞,多不便用钱"②。

为了适应社会上的需要,明朝政府于洪武七年(1374年)设宝钞提举司。第二年,"造大明宝钞,命民间通行","禁民间不得以金银物货交易,违者罪之"。宝钞"以桑穰为料,其制方,高一尺,广六寸,质青色,外为龙文花栏,横题其额曰'大明通行宝钞'。其内上两旁,复为篆文八字,曰'大明宝钞,天下通行'。中图钱贯,十串为一贯。其下云'中书省(废中书省后改为户部)奏准印造大明宝钞与铜钱通行使用,伪造者斩,告捕者赏银二十五两,仍给犯人财产'。若五百文则画钱文为五串,余如其制而递减之。其等凡六:曰一贯,曰五百文、四百文、三百文、二百文、一百文。每钞一贯准钱千文,银一两。四贯准黄金一两"。洪武二十二年,"更造小钞,自十文至五十文"③。

明初政府发行大明宝钞,对民间交易和商人贸易是一种便利措施,但明朝政府没有按照发行货币的经济规律办事,没有贵金属或其他物资作钞本(准备金),不控制发行量,洪武十八年(1385年)一年内就造钞九百九十四万六千五百九十九锭④。按照明朝政府的法定比价,就合银五千万两。这样滥发纸币,自然

---

① 《元史》卷97《食货志》。
② 《明史》卷81《食货志》。
③ 《明会典》卷31《钞法》;《明史》卷81《食货志》。
④ 《大诰续诰·钞库作弊第32》。

无法保持币值。再加上印刷不精致，易于假造①，使得大明宝钞的信用更低。洪武二十三年，两浙地区人民有的"以钞一贯折钱二百五十文"②，只合法定币值的四分之一。到洪武二十七年（1394年），两浙、福建、两广、江西等地人民"重钱轻钞，多行折使，至有以钱一百六十文折钞一贯者"，"由是物价踊贵"③。到洪武三十年，"杭州诸郡商贾，不论货物贵贱，一以金银定价"④。明朝政府虽一再想用行政命令维护宝钞的通行，但都无济于事。大明宝钞从洪武八年发行，只经过短短的十几年时间，到二十三年就大幅度贬值，到洪武末年阻滞不行，明朝政府货币政策宣告失败。

---

① 《大诰·伪钞第48》。
② 《明太祖实录》卷205。
③ 《明太祖实录》卷234。
④ 《明太祖实录》卷251。

第三章 从永乐到宣德治国
政策的演变

一、靖难之役

朱元璋为了保持朱氏王朝的长远统治及同元朝残余势力作斗争,在加强皇权的同时,又实行分封制,把他二十四个儿子和一个从孙分封在全国各地,想要他们来"夹辅王室"①。朱元璋在洪武三年(1370年)四月分封秦、晋、燕、吴、楚等十王时说:"天下之大,必建藩屏,上卫国家,下安生民,今诸子既长,宜各有爵封,分镇诸国","为久安长治之计"②。诸王就藩最早的是洪武十一年,秦王就藩西安,晋王就藩太原③。十三年,燕王"之国北平"④。以后随着诸王年龄的增长,纷纷就藩各地,分置在各个军事重地。从当时全国的军事形势来看,边防的重点是对付蒙古势力。因此,朱元璋就在东北到西北的漫长边防线上,择其险要地区分封了九国:"连亘边陲,北平天险,为元故都",建燕国;"东历渔阳(今天津蓟县)、卢龙,出喜峰",以大宁为中心建宁国;"东渡榆关,跨辽东,西并海,被朝鲜,联开原,交市东北诸夷",以广宁为中心建辽国;"西接古北口,濒于雍河,中更上谷、云中,巩居庸,蔽雁门",谷王镇宣府,代王镇大同;"雁门之南,太

---

① 《明史纪事本末》卷14《开国规模》。
② 《明太祖实录》卷51。
③ 《明史》卷116《诸王传》。
④ 《明史》卷2《太祖纪》。

原其都会也,表里河山",建晋国;"逾河而西,历延、庆、韦、灵,又逾河北,保宁夏,倚贺兰山",以宁夏为中心,建庆国;"兼殽陇之险,周秦都圻之地,牧坰之野,直走金城",以西安为中心,建秦国;"西渡河,领张掖、酒泉诸郡,西扃嘉峪,护西域诸国",以甘州为中心,建肃国。"此九王者,皆塞王也,莫不傅险狭,控要害,佐以元侯宿将,权崇制命,势匹抚军,肃清沙漠,垒帐相望。"① 这些塞王中,宁王、晋王、燕王的势力尤其大。宁王有"带甲八万,革车六千"②。"而晋、燕二王,尤被重寄",甚至"大将如宋国公冯胜、颍国公傅友德皆受节制。又诏二王,军中事大者方以闻"③。特别是燕王,因屡次率兵打败元朝残余势力的军队,朱元璋就令其"节制沿边士马"④。即使处于内地的藩王,如周(开封)、楚(武昌)、齐(青州)、潭(长沙)、鲁(兖州)、蜀(成都)诸王,也有"护卫精卒万六千余人,牧马数千匹,亦皆部兵耀武,并列内郡"⑤。当时朱元璋从制度上规定:"置亲王护卫指挥使司,每府三护卫"。⑥ "护卫甲士少者三千人,多者至万九千人"⑦。"冕服车旗邸第,下天子一等。公侯大臣伏而拜谒,无敢钧礼"。"岁禄万石,府置官属"⑧。朱元璋一方面削弱地方官吏的权力,加强中央集权,同时又把自己的子孙分封到各重要地区世袭镇守,形成比元代行中书省权力要大得多的半独立政权,从汉代以后还没有权力如此巨大的封国。这和上述加强中央集权的政策,形成十分矛盾的现象,它的发展趋势必然要威胁中央政权的安全。在刚进行分封时,洪武九年,山西平遥训导叶伯巨就上书指出了

---

①⑤　《名山藏》卷 36《分藩记》。

②　《明史》卷 117《宁王传》。

③　《明史》卷 116《晋王传》。

④　《明史》卷 5《成祖纪》。

⑥　《明史》卷 90《兵志》。

⑦⑧　《明史》卷 116《诸王传序》。

分封制的弊病,说:"裂土分封,使诸王各有分地",恐怕数世之后,"尾大不掉",造成割据的形势;并以汉初的"七国之叛"和西晋的"八王之乱"为借鉴,警告朱元璋说:"分封逾制,祸患立生,援古证今,昭昭然矣!"但朱元璋听不进这一劝告,反而大骂,这是离间我骨肉,快点抓来,我要亲手射死他①。结果,叶伯巨被抓来囚死狱中。而他所说的分封的祸患,在朱元璋死后,很快就降临了。

洪武三十一年(1398年)朱元璋死,因其长子朱标已于洪武二十五年病死,就由皇太孙朱允炆即位,年号"建文"。朱允炆为皇太孙时,已感到"诸王以叔父之尊,多不逊"。一天在东角门和他的伴读黄子澄商量对策:"诸叔各拥重兵,何以制之?"黄子澄满有把握地答复说:"诸王护卫兵,才足自守,倘有变,临以六师,其谁能支!"并以汉景帝平定吴楚七国之乱为佐证,来说明地方藩王的势力是不足忧虑的②。朱允炆即皇帝位后,就和他的亲信大臣齐泰、黄子澄等密议削藩。决定先削周、齐、湘、代、岷诸王。认为"周王,燕之母弟,削周是剪燕手足也","遂命李景隆帅兵袭执之"。接着就废周王橚及岷王楩为庶人,"幽代王桂于大同,囚齐王榑于京师。湘王柏自焚死"③。同时在北平周围部署兵力,准备袭燕。朱允炆对齐泰说:"今欲图燕,燕王素善用兵,北卒又劲,奈何?"齐泰回答说:"今北边有寇警,以防边为名,遣将戍开平,悉调燕藩护卫兵出塞,去其羽翼,乃可图也。"于是以工部侍郎张昺为北平左布政使,以谢贵为都指挥使,在北平城内监视朱棣的动静。朱允炆又命都督宋忠率兵三万及燕府护卫精锐屯开平。命都督耿瓛练兵于山海关,徐凯练兵于临清④。燕

① 《明史》卷139《叶伯巨传》。
②③ 《明史纪事本末》卷15《削夺诸藩》;《明史》卷141《黄子澄传》。
④ 《明史纪事本末》卷16《燕王起兵》。

王朱棣(朱元璋第四子)在僧道衍(姚广孝)的策划下,"练兵后苑中","日夜铸军器"①。朱棣则"佯狂称疾",当张昺、谢贵到王府去察看时,朱棣在盛夏时节还围着火炉,颤颤抖抖地说"寒甚"②,在宫中行动时也扶杖而行,以欺骗朱允炆的耳目。

朱允炆认为部署停当以后,于建文元年(1399年)六月,密令张昺、谢贵动手。同时又密敕原来为朱棣所信任的北平都指挥张信逮捕朱棣,但张信却把朱允炆的策划都密报朱棣。朱棣令其亲信护卫指挥张玉、朱能"潜纳勇士八百人入府守卫"③。七月,朱允炆又下令逮王府官属,谢贵等统率北平在城七卫并屯田军士围王城,索所逮诸官属。当时北平满城都是谢贵所统率的军队,而朱棣王府护卫的精锐军士都被调到开平,形势对朱棣十分不利。朱棣和张玉、朱能商议,决定先擒杀张昺、谢贵,除掉了统兵将领,其他的士兵就好对付了。朱棣说:"是当计取之。今奸臣遣使来逮官属,依所坐备收之。即令来使召昺、贵付所逮者。昺、贵必来,来则擒之,一壮士力耳。"④贵、昺被骗前来王府,在酒席间被擒杀。围王城的将士听到张昺、谢贵被逮,皆溃散。朱棣即命张玉、朱能等率兵乘夜攻夺了九门,控制了北平,起兵反抗。

朱元璋在世时怕权臣擅政,规定地方藩王有移文中央索取奸臣和举兵清君侧的权利⑤。至此,朱棣就援引这一规定,作为起兵反抗的借口。但朱元璋的《祖训》是:"新天子正位,如朝无正臣,内有奸恶,则亲王训兵待命,天子密诏诸王统领镇兵讨平之。"朱棣没有也不可能得到天子的这种密诏。为了师出有名,所以朱棣又说:"予已上书陈情,请诛奸臣,今少主为奸臣所蔽,

① 《明史》卷145《姚广孝传》。
②④ 《明史纪事本末》卷16《燕王起兵》。
③ 《明史》卷5《成祖纪》。
⑤ 《皇明祖训·法律》。

恐不见答,则惟应以尔等清君侧之恶,扶国家之既坏。"① 这样,朱棣便使自己的举兵反抗"名正言顺"了。他称自己的举动为"靖难",即靖祸难的意思。

朱棣起兵后不久,就"拔居庸关,破怀来,执(都督)宋忠,取密云,克遵化,降永平",扫平了北平的外围。经过朱元璋大肆杀戮功臣以后,这时,朱允炆已无将可使,只好起用幸存的老将耿炳文为大将军,率军十三万伐燕。建文元年(1399年)八月,师至真定,于滹沱河为燕军所败,退保真定,坚守不出,"燕王知炳文老将,未易下,越三日,解围还"②。朱允炆听到耿炳文军败,根据黄子澄的推荐,任李景隆为大将军取代耿炳文。

九月,李景隆至德州,收集耿炳文溃散士卒,并调各路军马共五十万,进抵河间驻扎。为了引诱李景隆深入,朱棣就叫姚广孝协助世子朱高炽防守北平,自己则率军援永平,这时攻围永平的江阴侯吴高退保山海关。朱棣率军直向大宁。大宁为宁王封地,所属朵颜诸卫,多为蒙古骑兵,骁勇善战。朱棣起兵后,就想吞并它,扩张自己的军事力量。朱允炆也怕宁王与朱棣合兵,所以下令削除宁府的三护卫。朱棣得知这一情况后,认为这是袭取大宁的好机会,遂由刘家口直趋大宁。十月,合并了大宁宁王的部属及朵颜三卫的军队,才回师救北平。

李景隆听到朱棣去大宁,就帅师进渡卢沟桥,直抵北平城下。景隆几次攻城,皆被击退,遂顿兵于坚城之下,结九营于郑坝村。十一月,朱棣回师至北平郊外,进逼李景隆军营,城内燕军亦出击,内外夹攻,景隆不能支持,乘夜逃跑。第二天,士兵听说主帅李景隆已跑,"乃弃兵粮,晨夜南奔"③。李景隆一直败逃

---

① 《明太宗实录》卷2。
② 《明史》卷130《耿炳文传》。
③ 《明史纪事本末》卷16《燕王起兵》。

到德州。

李景隆军败的消息传到南京,朱允炆问黄子澄:"外间近传军不利,果何如?"黄子澄隐瞒战败实情,谎称:"闻交战数胜,但天寒,士卒不堪,今暂回德州,待来春更进。"黄子澄并派人告诉李景隆:"隐其败,勿奏。"① 朱允炆在这些臣僚的蒙蔽下信以为真,加李景隆太子太师,予以奖励。建文二年(1400 年)四月,李景隆会武定侯郭英及安陆侯吴杰等"合军六十万,号百万",进抵白沟河,以都督平安率精兵万骑为前锋。燕军方面,朱棣"使张玉将中军,朱能将左军,陈亨将右军,为先锋,丘福将步骑继之,马步十余万"②。双方会战于白沟河,战争十分激烈,前锋平安和都督瞿能父子率军数败燕兵,燕军右军主将陈亨被平安所斩,朱棣的坐骑"凡三被创,三易之"。南军虽多于燕军数倍,但由于"将帅不专,政令不一",当取得胜利时,不能乘胜扩大战果,在遇到挫败时,不能部署兵力阻遏燕军的攻势。所以在瞿能父子战死、平安所部被燕军朱能所败后,"列阵大崩,奔走之声如雷,(俞)通渊与(滕)聚等皆死"。燕兵乘风纵火,烧其营垒,"郭英等溃而西,李景隆溃而南,委弃器械辎重山积,斩首及溺死者十余万","横尸百余里,景隆单骑走德州"③,燕军跟踪追至德州。五月,李景隆又自德州逃到济南。燕军追到济南,又败李景隆所率残部十余万人,围攻济南城。赖都督盛庸与参政铁铉死守,燕军围城三月未下,才撤军回北平。这时,朱允炆才感到李景隆的无能,便以盛庸代李景隆为大将军,擢升铁铉为兵部尚书,赞理大将军军事。

建文二年(1400 年)九月,朱允炆又命盛庸率军北伐,以副将军吴杰进兵定州,都督徐凯等屯沧州。十月,燕军破沧州,俘虏了徐凯、程暹以及都指挥俞琪、赵浒、胡原等。十二月,燕军进

---

①②③　《明史纪事本末》卷 16《燕王起兵》。

入山东,至临清、馆陶、大名、汶上、济宁。盛庸与铁铉于东昌"宰牛宴犒将士,誓师励众,简阅精锐,背城而战",等待燕军前来厮杀。这时,燕军屡胜轻敌,进至东昌,看到盛庸军,"即鼓噪前薄",结果被盛庸所率的军队打得大败,朱棣的亲信将领张玉死于战阵,朱棣自己也被围,借朱能援军的接应才得冲出包围。朱棣回到北平后,总结了白沟河与东昌战役胜败的经验教训,说:"比者,东昌之役,接战即退,遂弃前功。夫惧死者必死,捐生者必生。白沟河之战,南军先走,故得而杀之,所谓惧死者必死也。尔等奋不顾身,故能出万死,全一生,所谓捐生者必生也。"告诫将士说:"自今无轻敌,无选愞"①,要奋不顾身,才能打败敌人。

建文三年(1401年)二月,朱棣又率军出击,先后于滹沱河、夹河、真定等地败盛庸、吴杰、平安的军队,接着又攻下了顺德、广平、大名等地,"河北郡县多降"②。建文四年正月,燕军进入山东,济南为铁铉驻守,城坚未易破,燕军就绕过济南,攻破了东阿、汶上、邹县,直至沛县、徐州。四月,燕军进抵宿州。平安率军跟踪至肥河,袭击燕军。总兵何福率军列阵十余里,沿河向东挺进,徐辉祖又率军前来支援,与燕军大战于齐眉山。燕军损失甚重,骁将王真、陈文、李斌以及都指挥韩贵皆战死。当时正值暑雨连绵,道路泥泞,燕军北方士兵多不习惯,且又疾疫,多想北归。朱棣竭力设法稳定军心,亲信将领朱能并以楚汉之争来勉励诸将,说:"诸君勉矣! 汉高十战而九不胜,卒有天下,岂可有退心!"③两军正在肥河相持时,朱允炆左右的一批廷臣认为,燕军快要北归了,京师不可无良将,在此决战的关键时刻,朱允炆竟下令把徐辉祖所统率的军队撤回南京,削弱了前线的军事力量。何福"欲持久老燕师,移营灵璧,深堑高垒自固"④,但粮运

---

① ② ③ 《明史纪事本末》卷16《燕王起兵》。
④ 《明史》卷144《平安传》。

为燕军所截阻。燕军乘南军缺粮,军心动摇之机,全力进攻何福军,破灵璧,南军大败。"(何)福单骑走,(平)安及陈晖、马溥、徐真、孙成等三十七人皆被执,文臣宦官在军被执者又百五十余人"①。平安在靖难之役中,曾数败燕军,斩燕骁将多人,燕军中听到俘获了平安,"欢呼动地曰:'吾属自此获安矣!'"②。灵璧之战后,燕军士气大振,南军益衰。朱棣率军直趋扬州,攻下高邮、通、泰等地,到六月初三日,燕军自瓜洲渡江,这时南军已毫无抵抗能力。十三日,朱棣进抵金川门,守卫金川门的李景隆和谷王橞开门迎降。朱允炆于宫中自焚死,"或云帝由地道出亡"为僧③。朱棣便于南京即皇帝位,是为明成祖,也称明太宗,年号"永乐"。这就是明史上所谓的"靖难之变"。

朱允炆采取削藩政策,这对巩固中央集权是有利的,但他所重用的齐泰、黄子澄、方孝孺等皆文弱书生,不懂军事,不会打仗,朱允炆自己也"仁柔少断"④。他们虽然高喊"削藩",却不作得力的军事部署,认为"以天下制一隅甚易"。当耿炳文稍受挫折时,却任用一个纨袴子弟李景隆去统率大军,正如朱棣所说:"其众适足为吾资也。"⑤ 朱允炆的几十万军队,在不到一年的时间内被李景隆断送殆尽,而朱棣所率领的军队却因此得到壮大。这就铸定了以后战争胜败的基础。兵部尚书齐泰也只是一个纸上谈兵的书生,虽然谙熟边将姓名和图籍,但根本没有实战经验。到燕兵进入南京后,正在外地的齐泰还想举兵谋兴复,但没有什么人响应。他为了躲过燕兵的追捕,竟蠢笨到用墨染黑白马去逃命,等到马出汗淋退了墨汁,这个兵部尚书也就束手被

---

①② 《明史》卷 144《平安传》。

③ 《明史纪事本末》卷 16《燕王起兵》,卷 17《建文逊国》;《明史》卷 4《恭闵帝纪》,卷 143《牛景先传附程济传》。

④ 《明史纪事本末》卷 16《燕王起兵》。

⑤ 《明史》卷 141《齐泰传》。

擒了①。

朱棣进入南京后,就大肆杀戮曾为朱允炆出谋划策及不肯迎附的文臣武将。所谓"读书种子"的方孝孺,因不肯为朱棣撰写即位诏,除诛九族而外,朋友门生全被牵连,成为历史上空前的被收"十族"的惨案,被杀者达八百七十三人,"谪戍绝徼死者不可胜计"。其他如齐泰、黄子澄、景清等,也"命赤其族,籍其乡,转相扳染,谓之瓜蔓抄,村里为墟"。②

这次统治阶级内部争夺皇位的战争,历时四年,它给明初刚刚得到恢复的社会经济,又带来了不小的破坏,尤其是战争剧烈的地区,所受的破坏更大,形成"淮以北鞠为茂草"③的情况。

二、削除藩王兵权和继续垦荒屯田

朱棣是以藩王起兵抢得皇帝宝座的,因此,他对藩王权势过重的祸害自然十分清楚;但他刚刚以藩王的身份夺得侄儿的皇位,地位还不甚巩固,所以他虽急欲削减藩王的权势,但又不能操之过急,于是就采取了欲夺先予的策略。

永乐元年(1403年)正月,朱棣恢复了被建文帝贬削的藩王的地位,"复周王橚、齐王榑、代王桂、岷王楩旧封"④。并赏赉有加,示之以恩。这时,他所打击的藩王只是个别的,如势力最强、对其威胁较大的宁王权被徙于南昌。等到皇帝的地位比较巩固时,朱棣就立即进行削藩。他首先于永乐元年十一月革去代王桂的三护卫及官属。永乐四年五月削去齐王榑的官属和护卫,八月又将其废为庶人。永乐六年削岷王朱楩的护卫并罢其官

---

① 《明史》卷141《齐泰传》。
② 《明史纪事本末》卷18《壬午殉难》。
③ 《明史》卷77《食货志》。
④ 《明史》卷6《成祖纪》。

属。永乐十年削辽王朱植护卫。永乐十五年废谷王朱橞为庶人。永乐十九年，朱棣的同母弟周王朱橚，在朱棣的示意下，"献还三护卫"①。这样，就把当时掌握兵权的大部分亲王，或削其护卫，或废为庶人，基本上实现了削藩的目的。同时，朱棣又大封靖难功臣，这就和其父朱元璋杀戮功臣使诸王典兵的做法相反，使得中央政权有了可靠的武力保证。但朱棣对藩王分封还没有从制度上进行改变，对他自己的儿子汉王高煦和赵王高燧，仍然按祖训设立了护卫，从而伏下了宣宗宣德元年（1426年）"高煦之叛"的祸根。明宣宗朱瞻基率兵平定了高煦的叛乱之后，先后又削除了楚、蜀、肃及赵等王府的护卫②。自此以后，王府不再设立护卫③。所以，从永乐"靖难之役"和宣德时平定"高煦之叛"以后，藩王的势力大衰，在政治上已不起多大作用。

朱棣当上皇帝以后，在一段时期以内，对他的政敌实行了残酷的镇压，但不久，他就刹住了这股镇压风，对原来为建文帝出谋划策的官员，除了坚持反对立场的以外，愿为他服务的，都量才录用，稳定了当时的政局。他还继续执行朱元璋时期重视社会生产的政策。永乐元年（1403年）"徙直隶苏州等十郡、浙江等九省富民实北京"④。同年，又命令，凡十恶死罪等依律处决，"其余死罪及流罪，令挈家赴北平种田"⑤。第二年，朱棣命"核太原、平阳、泽、潞、辽、沁丁多田少及无田之家，分其丁口"移民到北平屯种⑥。

①② 《明史》卷116、117、118《诸王传》。
③ 明英宗复辟后，由于襄王瞻墡在英宗朱祁镇被俘期间主张立朱祁镇的皇长子，被英宗视为对他的忠心，才破格"诏设襄阳护卫"。为此，《万历野获编》特标示说："特赐以护卫，时护卫不设久矣。"
④ 《明史》卷6《成祖纪》。
⑤ 《明太宗实录》卷12。
⑥ 《明史》卷77《食货志》。

三、兴修水利和治理运河

朱棣对兴修水利也很重视,永乐元年(1403 年),命户部尚书夏原吉疏浚吴淞江,"度地为闸,以时蓄泄",动员了十多万人,到第二年九月完工,"苏松农田大利"。①

永乐时最主要的水利工程是对南北大运河的治理。元明时期,北方军粮、官俸及宫廷耗费,绝大部分都仰赖于江南。元代为了把南方的物资运送到北京,曾开浚了山东境内的会通河,使南北大运河全线贯通,但因水量不能很好调节,因此运河的输送量仍然受到限制,南粮北调的任务,主要仍由海运来负担。元末,会通河已废不用,到明初洪武时,"河岸冲决,河道淤塞"②。因此,在永乐时漕粮北运就更为艰难,"海运险远多失亡,而河运则由江淮达阳武,发山西、河南丁夫,陆挽百七十里入卫河,历八递运所,民苦其劳"③。

永乐九年(1411 年),"济宁同知潘叔正言:会通河道四百五十余里,其淤塞者三之一。浚而通之,非惟山东之民免转输之劳,实国家无穷之利也"④。于是明朝政府命工部尚书宋礼,"发山东及徐州、应天、镇江民三十万"并力开浚,"二十旬而工成"。⑤

宋礼这次治理运河,并不只是简单地加以疏浚,而是解决了元代治河时所没有解决的水量调节的关键工程。宋礼负责治河工程后,有一汶上老人白英向他建议:"南旺地耸,盍分水于南旺,导汶趋之,毋令南注洸,北倾坝。其南九十里使流于天井,其北百八十里使流于张秋,楼船可济也。"⑥ 这是白英长期实地考

---

① 《明史》卷 149《夏原吉传》。
②④ 《明史纪事本末》卷 24《河漕转运》。
③⑤ 《明史》卷 153《宋礼传》。
⑥ 何乔远:《名山藏·河漕记》。

察地形而制定的正确治理方案。宋礼接受了这个建议,解决了会通河的水量问题。南旺在鲁西丘陵地区,地势高,为当时的"南北之脊",它"北至临清,地降九十尺","南至沽头,地降百十有六尺"①宋礼采纳白英的建议,"筑堽城及戴村坝,横亘五里,遏汶流,使无南入洸而北归海。汇诸泉之水,尽出汶上,至南旺,中分之为二道,南流接徐沛者十之四,北流达临清者十之六"②。"南北置闸三十八",调剂水量。并在南旺的南北两头与运河交接处各筑闸,这样,"闭诸北闸则南流,闭诸南闸则北流",使得"水如人意","命之左则左灌济宁,命之右则右灌临清"③。经过宋礼对会通河的治理,从徐州至临清,漕船载着大量粮饷顺利通过,"若涉虚然"④。于是,永乐十三年(1415年),明朝就罢海运而专任河运。

接替宋礼治理运河而卓有成效的是陈瑄,"宋礼之功在会通,陈瑄之功在淮南"⑤。会通河的问题虽获得解决,但运河在淮南地段仍有不少问题。首先是南来船只到淮安后,不能直接进淮。其所载货物须陆运盘过仁、义、礼、智、信五坝(漕船由仁、义二坝,官民商船由礼、智、信三坝),才能进淮到清河,由漕船接运北上,"挽输甚艰苦"⑥。漕运总督陈瑄,于永乐十三年访问故老得悉:"淮城西管家湖西北,距淮河鸭陈口仅二十里,与清江口相值。宜凿为河,引湖水通漕"⑦。陈瑄就开凿清江浦,导管家湖水至鸭陈口入淮,这样就使漕船免除了盘坝之苦。

陈瑄还解决了漕船避开徐州吕梁洪险区的问题。吕梁洪一直是漕船的畏途,"舟楫邂逅多倾覆"⑧。经过这里的船工只好

----

①② 《明史》卷85《河渠志》,卷153《宋礼传》。
③ 《行水金鉴》卷121引《治水筌蹄》。
④⑤ 何乔远:《名山藏·河漕记》。
⑥⑦ 《明史》卷85《河渠志》。
⑧ 《明太宗实录》卷214。

祭祀神龙来保佑平安,元人写诗描述祭神的情景说:"船头浇酒祀神龙,手掷金钱撒水中;百尺楼船双夹橹,唱歌齐上吕梁洪。"① 陈瑄为了解决吕梁洪的问题,于旧洪西岸开凿了一条新渠,这样就避开了吕梁洪之险,保证了往来船只的安全②。陈瑄还解决了漕船过长江进运河的问题。运河和长江的交会点,江南为丹徒,江北为瓜洲,而瓜洲水险,漕船不能在这里进运河。因此,由江南来的漕船,就须在瓜洲陆路盘坝。陈瑄根据地势"开泰州白塔河"③。自此,"从常州府西北孟渎河过江,入白塔河至湾头达漕河,以省瓜洲盘坝之费"④。

经过宋礼、陈瑄两人对运河的治理,运河才真正贯通南北,"南极江口,北尽大通桥,运道三千余里"⑤。这除了可以减轻人民输送漕粮的艰苦劳役之外,也促进了南北经济的交流,沿河两岸商贾会集,临清等沿河城市更加繁荣起来。

四、迁 都 北 京

北京是朱棣的发祥地,又是辽金元的故都,便于控制全国。尤其是从明朝初期北方蒙古贵族不断南下骚扰的政治军事形势来看,为了有力地抵御蒙古贵族的进犯,将北京作为全国的政治中心,比南京更为适宜。而当时运河的疏通,解决了南粮北运问题,北京作为首都的物质条件也已具备了。所以,朱棣就于永乐十九年(1421 年)把首都从南京迁到北京。这一措施,后来对于巩固北方的边防和加强对全国的管辖,都起了积极的作用。

---

① 余阙:《青阳集·扬州客舍》。
②③ 《明史》卷 153《陈瑄传》。
④ 《行水金鉴》卷 107。
⑤ 《明史》卷 85《河渠志》。

五、"仁宣之治"

明代仁宗、宣宗两朝是明王朝的鼎盛时期。这时,明朝的国家政策,由洪武、永乐时的严急而趋向平稳。仁宗朱高炽和宣宗朱瞻基,在朱元璋创业的基础上,从政治、经济等各方面来求得社会的安定与统治的稳固。在皇室内部虽爆发了争夺皇位的"高煦之叛",但立即被平定,没有酿成大的祸乱,对社会的影响不大。内阁制度也确立了起来,政治比较清明。由于明朝政府实行了一些缓和矛盾的政策,因此,这一时期没有发生大规模的农民反抗运动。周边形势也比较安宁。谷应泰说"明有仁、宣,犹周有成、康,汉有文、景"①,是有其一定道理的。

1."高煦之叛"的平定

朱高煦系朱棣的次子,英勇善战,在"靖难之役"中,跟随朱棣征战南北,屡立战功。白沟河之战,高煦帅精骑数千,斩南军都督瞿能父子,使得燕军反败为胜。东昌之役,"张玉战死,成祖只身走",赖高煦所率援军,击败南军,保护了朱棣。朱棣以高煦类己,许以事成立为皇太子。朱棣做皇帝以后,淇国公丘福、驸马王宁拥护支持高煦,在朱棣面前"时时称高煦功高","数劝立为太子"②。但朱高炽在朱元璋洪武二十八年(1395年)时就"册为燕世子"。所以,永乐二年(1404年)议立皇太子时,朱棣在大臣们的建议下,经过一番犹豫以后,终于立朱高炽为皇太子。封高煦汉王,国云南;高燧(朱棣第三子)赵王,国彰德。高煦大为不满,说:"我何罪,斥我万里。"③ 不肯到云南就藩,跟随朱棣到

---

① 《明史纪事本末》卷28《仁宣致治》。
② 《明史》卷118《汉王高煦传》,卷145《丘福传》。
③ 《明史纪事本末》卷27《高煦之叛》。

北京巡边,并力请和其子归南京。于是高煦就和高燧合力倾陷朱高炽。

永乐时,朱棣数次亲率大军出征蒙古,皆留皇太子朱高炽于南京监国。永乐十年(1412年),高煦阴结朱棣左右的官员构陷朱高炽,东宫官属多得罪。大理寺丞耿通上章为朱高炽辩白,朱棣认为"(耿)通为东宫关说,坏祖法,离间我父子"①,杀之。朱棣又召杨士奇问太子监国状,"士奇以孝敬对,且曰:'殿下天资高,即有过必知,知必改,存心爱人,决不负陛下托。'"② 经过杨士奇的委婉解释,朱棣的怒气才平息。永乐十二年闰九月,朱棣北巡还,"以太子遣使迎驾缓"③,下东宫官黄淮等于狱。杨士奇又向朱棣解释说:"太子孝敬如初,凡所稽迟,皆臣等罪。"④ 这样,在高煦的谗间下,朱棣几次想更立皇太子,赖东宫官属杨士奇等的保护,朱高炽才保住皇太子的地位。朱高炽虽被立为皇太子,但朱棣对他总是不大满意。朱高炽身体肥胖,不能骑射,并有足疾,行动时需宦官扶持着,还常失足。但朱高炽的长子朱瞻基生得却很英俊,言语行动都很敏捷,得到朱棣的钟爱。在议立皇太子时,"淇国公丘福言汉王功高,宜立。帝密问(解)缙,缙称'皇长子仁孝,天下归心',帝不应。缙又顿首曰'好圣孙',谓宣宗也。帝颔之。太子遂定"⑤。朱瞻基自永乐九年(1411年)十一月立为皇太孙后,"巡幸征讨皆从"。朱棣赞赏地说:"此他日太平天子也。"⑥ 朱棣把继承他事业的希望寄托在他孙子朱瞻基身上,朱高炽也以此而巩固了他皇太子的地位。

---

① 《明通鉴》卷16。

②④ 《明史》卷148《杨士奇传》。

③ 《明史》卷7《成祖纪》。

⑤ 《明史》卷147《解缙传》。

⑥ 《明史》卷9《宣宗纪》。

高煦自留南京后，请得天策卫为护卫，辄以唐太宗自比①，他说："唐太宗天策上将，吾得之岂偶然。"又请增置两护卫，说："我英武，岂不类秦王世民乎！"② 朱棣对朱高煦的跋扈行为逐渐感到不满，永乐十三年(1415年)五月，改封高煦于青州，高煦仍不想走，朱棣责备他说："既受藩封，岂可常居京邸。前以云南远惮行，今封青州，又托故欲留侍，前后殆非实意，兹命更不可辞。"③但高煦留住南京不走。这时，朱棣又听到了高煦谋夺皇太子地位和其他不法事，问蹇义，推说不知。问杨士奇，杨士奇回答说："臣与义俱侍东宫，外人无敢为臣两人言汉王事者。然汉王两遣就藩皆不肯行。今知陛下将徙都，辄请留守南京。惟陛下熟察其意。"④ 朱棣遂于永乐十五年三月徙封高煦于乐安州(今山东广饶)，限令即日成行。高煦至乐安，怨望更甚，处心积虑要夺取皇帝宝座。

永乐二十二年(1424年)七月，朱棣病死，朱高炽即位，高煦日遣人至京师侦察，"幸有变"。洪熙元年(1425年)朱高炽死，宣宗朱瞻基即位，于是高煦就乘机起兵叛乱。立五军：指挥王斌领前军，韦达左军，千户盛坚右军，知州朱烜后军。诸子瞻坴、瞻域、瞻埣、瞻垿各监一军。高煦自率中军，世子瞻垣居守。部署已定，遣亲信枚青潜至京师约英国公张辅为内应。当夜，张辅就绑缚枚青上报宣宗⑤。御史李濬，乐安人，因父丧家居，当时也赶到京师向朱瞻基报告高煦的叛乱情况。朱瞻基准备派遣阳武侯薛禄率军往讨。大学士杨荣劝宣宗亲征，说："皇上独不见李景隆事乎？"夏原吉也赞同杨荣的意见。于是朱瞻基便于八月初十日亲统大营五军将士以行，少师蹇义、少傅杨士奇、少保夏原

①③ 《明史》卷118《汉王高煦传》。

② 《明史纪事本末》卷27《高煦之叛》。

④ 《明史》卷148《杨士奇传》。

⑤ 《明史纪事本末》卷27《高煦之叛》；《明史》卷154《张辅传》。

吉、太子少傅杨荣等扈行。以阳武侯薛禄、清平伯吴成为先锋。十九日前锋至乐安,第二天朱瞻基所率大军也至乐安城外。高煦原约山东都指挥靳荣等于济南起兵接应,但被山东布政使与按察使阻止不得发。朱炟要高煦率精兵取南京,但护卫军士家皆在乐安,不肯离家南下,又听说大军将至,不敢出。朱瞻基为了瓦解叛军,两次致书高煦,要他出城投降,擒献倡谋者,"朕与王除过,恩礼如初。不然,一战成擒,或以王为奇货,缚以来献,悔无及矣"①。高煦害怕被人擒献,怀着一线活命的希望,于二十一日出城投降。九月,高煦父子皆被执至京师,禁锢于西华门内,"筑室居之,曰逍遥城",到宣德四年(1429年)皆被处死②。因高煦的叛乱牵连被杀及充军的达二千多人。

2．内阁制的确立

明朝仁、宣时期,内阁制度也确立起来。阁职渐崇。这有一个发展过程。

朱元璋自废除丞相制后,六部直接向皇帝负责,皇权空前加强,全国政务最后都丛集到他身上。朱元璋即使"昧爽临朝,日宴忘餐"③,整天批答处理章奏,也还是忙不过来。而当遇到重大问题时,又无处商量讨论,朱元璋已感到"密勿论思,不可无人"。于是在洪武十三年(1390年)九月置"四辅官",户部尚书范敏荐耆儒王本、杜佑、龚敩、赵民望、吴源等任之。四辅官的任务是"协赞政事","刑官议狱,四辅官及谏院复核奏行,有疑谳,四辅官封驳"。但"诸人皆老儒,起田家,惇朴无他长"④,不能胜任其职,不久相继致仕。继任的安然,虽"练达庶务",但在洪武十四年(1381年)八月病死,以后就废罢不设。四辅官的设置虽

---

① 《明史》卷118《汉王高煦传》。
② 《明通鉴》卷19、20。
③ 《国榷》卷10。
④ 《明史》卷137《安然传》。

只一年左右,但它说明了朱元璋这个独裁皇帝也需要有人"协赞政事"。洪武十五年(1382 年),朱元璋仿效宋朝的制度,"置殿阁大学士以备顾问",以礼部尚书刘仲质为华盖殿大学士,检讨吴伯宗为武英殿大学士,典籍吴沈为东阁大学士。又置文华殿大学士,征耆儒鲍恂、余铨等为之,辅导太子,秩皆五品①。这就是后来内阁制的最早雏形。不过朱元璋"克勤不怠",重大政务皆"自操威柄",直到病重弥留之际,仍"临朝决事如故",因此,这些大学士对国家事务"鲜所参决",只备顾问而已②。

明代内阁制度的基本形成,是在明太宗朱棣时期。朱棣当上了皇帝以后,即命侍读解缙、胡广,编修黄淮,修撰杨荣,编修杨士奇,检讨金幼孜、胡俨,"并直文渊阁,预机务。内阁预机务自此始"③。从此以后,阁臣的设置成为常制,成为一个稳定的官僚机构,并且明确规定其职责是"参预机务"。所以从职责和名称来看,明朝的内阁制度,这时已基本形成。但当时阁臣的阶秩不高,"各赐五品服",是中级官员。"其时入阁者,皆编、检、讲、读之官,不置官属,不得专制诸司,诸司奏事,亦不得相关白"④。尽管阁臣与皇帝"朝夕左右","机密重务悉预闻"⑤,朱棣也曾鼓励解缙等人说:"代言之司,机密所系,且旦夕侍朕,裨益不在尚书下也。"⑥ 但实际上阁臣的权位远远不及尚书,尤其当时的吏部尚书蹇义、户部尚书夏原吉,"军国事皆倚办","称股肱之任"。蹇义在永乐朝,"数奉命兼理他部事,职务填委,处之裕如"。"(夏)原吉虽居户部,国家大事,辄令详议"。永乐七年(1409 年),朱棣北巡,命夏原吉"兼摄行在礼部、兵部、都察院

① 《明通鉴》卷 7。

② 《明通鉴》卷 10,《明史》卷 72《职官志序》。

③⑤ 《明史》卷 147《解缙传》、《黄淮传》。

④ 《明史》卷 72《职官志》。

⑥ 《明史》卷 147《解缙传》。

事"。八年，命夏原吉"辅太孙留守北京，总行在九卿事"①。阁臣虽得参预机务，但他们的权力却受到种种限制。他们的建言行事，即使得到皇帝的赞许，在推行中也还会有顾忌。如永乐十七年（1384年）十一月，"学士杨荣疏陈十事，皆指斥府、部、法司积弊。上览之，密谕荣曰：'卿言甚当。但侍臣腹心之臣，若进此言，恐群臣相猜疑，不若使御史言之。'于是御史邓真疏入奏，众皆请罪，诏诸司即日悛改，怙终者不赦"②。

仁、宣时期，明朝的内阁制度进一步发展，阁权已重于部权。史载："仁宗而后，诸大学士历晋尚书、保、傅，品位尊崇，地居近密。而纶言批答，裁决机宜，悉由票拟。阁权之重，俨然汉唐宰辅，特不居丞相名耳。"③ "迨仁、宣朝，大学士以太子经师恩，累加至三孤（少师、少傅、少保），望益尊。而宣宗内柄无大小，悉下大学士杨士奇等参可否。虽吏部蹇义、户部夏原吉时召见，得预各部事，然希阔不敌士奇等亲。自是内阁权日重，即有一二吏兵之长，与执持是非，辄以败"④。

原来，"殿阁大学士，官仅五品"，"终永乐之世，未尝改秩"⑤。朱棣虽然信用阁臣，但因阶秩不高，在处理朝政时，必然要受到一定影响。仁、宣时期就打破了这一限制，不断提升阁臣的官阶。仁宗刚即位（永乐二十二年八月），"进杨荣太常寺卿，金幼孜户部侍郎，仍兼大学士。杨士奇礼部左侍郎，兼华盖殿大学士，黄淮通政使兼武英殿大学士，俱掌内制"⑥。这样，就把阁臣的官阶从正五品提高到正三品。仁宗时，复设建文、永乐时罢

---

② 《明通鉴》卷17。

③ 《明史》卷109《宰辅年表序》。

④ 《明史》卷72《职官志》。

⑤ 《廿二史劄记》卷33《明内阁首辅之权最重》。

⑥ 《明通鉴》卷18。

置的公孤官(太师、太傅、太保为三公,正一品,少师、少傅、少保为三孤,从一品)。公孤官是为勋戚文武大臣加官赠官而设的,虽系虚衔但却极尊崇,原来皆以公侯伯尚书兼之。仁宗也把这一崇高的官衔授予阁臣。九月,进"杨士奇少保,又进杨荣太子少傅兼谨身殿大学士,金幼孜太子少保兼武英殿大学士"①。可见,这时内阁大学士已跻入公侯伯尚书的行列。十二月,又"进杨荣工部尚书"。自仁宗即位以后,对杨士奇等阁臣不断擢升,但提升为尚书的,杨荣为第一人。虽在这之前阁臣已有提升为公孤官的,但究系虚衔,不及尚书握有实权。所以"居内阁者,必以尚书为尊。自荣后,诸入直文渊阁者皆相继晋尚书,于是阁职渐崇"②。洪熙元年(1425年),晋杨士奇兵部尚书,进黄淮少保兼户部尚书、金幼孜礼部尚书。比较后进的杨溥,也于宣德九年(1434年)"迁礼部尚书,学士值内阁如故"③。当时,吏部尚书蹇义、户部尚书夏原吉,"皆以元老为中外所信","名位先于三杨","与三杨同辅政"④。但实际上,"仁宣之间,政在三杨,(蹇)义虽掌铨衡,辄依违其间,无所匡拂"⑤。可见,这时已形成阁权重于部权的局面。

永乐时阁臣虽参预机务,但"其时奏章,直达御前,多出宸断"⑥。宣德时,始有内阁的"票拟"。"票拟",即是阁臣草拟对臣僚各种章奏的处理意见。这是内阁的最大权力所在。据《殿阁词林记》载:"至宣德时,始令内阁杨士奇辈及尚书兼詹事蹇义、夏原吉,于凡中外章奏,许用小票墨书,贴各疏面以进,谓之条旨。及遇大事,犹命大臣面议,议既定,即传旨处分,不待批

---

①② 《明通鉴》卷18。

③ 《明史》卷148《杨溥传》。

④ 《明史》卷149《蹇义传》、《夏原吉传》。

⑤ 《明通鉴》卷21。

⑥ 《明史》卷109《宰辅年表序》。

答。自后始专命内阁条旨。"① 阁臣获得票拟权,也就是直接掌握了处理国家政事的大权。人们把明代内阁之职比于古之丞相,就是因为其主票拟的缘故。

内阁大学士有多人,所以在主持票拟及处理其他政务时,往往根据阁臣资历的深浅,及皇帝信任程度的不同而有主次之分。如宣宗时,在内阁的除了"三杨"以外,还有张瑛为华盖殿大学士,直文渊阁;陈山为谨身殿大学士,直文渊阁。他们两人也都是加尚书衔的阁臣,但其权力则远逊于"三杨",其时"天下建言章奏,皆三杨主之"②。可见以后的首辅制度,这时已见端倪。首辅制度正式形成于明中叶。资格最老、最受皇帝信任的大学士被称为首辅,负主要责任;其余的大学士称群辅,权力比首辅小得多,是其助手。《明史》卷三〇六叙述这种情形说:"内阁调旨,惟出首辅一人,余但参议论而已。"

仁、宣时期阁权之迅速增长,与当时的阁臣"三杨"(杨士奇、杨荣、杨溥)的特殊身份有关。他们都是仁宗居东宫时的旧臣,为维护朱高炽皇太子的地位起了重要作用,因而深受仁宗和宣宗的信任。同时,他们在内阁任职的时间都很长,"杨士奇在内阁四十三年,虽其始不过为学士,然已预机务。后加至公孤,始终在枢地,不出内阁一步,古来所未有也。同时值内阁者,金幼孜三十年,杨荣三十七年,杨溥二十二年"③,历任成祖、仁宗、宣宗、英宗四朝大学士。这样的经历,使之成为"宿德重望","为时耆硕"④,在朝臣中有很高的威望,这对于阁臣权力的增长,显然也起着很大的作用。

3. 安定社会的各项措施和潜存的危机

仁宗朱高炽和宣宗朱瞻基一意想做一个"守成令主",力求

---

① 《殿阁词林记》卷9。
②③④ 赵翼:《廿二史劄记》卷33;《明史》卷148"赞"。

社会的安定和统治的稳固。仁宗即位后，就对廷臣杨士奇、杨荣、金幼孜说："卿三人及蹇、夏二尚书，皆先帝旧臣，朕方倚以自辅。尝见前代人主，恶闻直言，虽素所亲信，亦畏威顺旨，缄默取容。贤良之臣，言不见听，退而卷舌。朕与卿等宜深以为戒。"[①]宣德四年(1429年)朱瞻基也召学士杨溥说："朕每念创业难，守成不易。今幸海内稍安，顾祸乱每生于不虞。迩来群臣，好进谀词，朕颇厌闻。卿宜勉辅朕，勿惮直言。"[②] 因此，在仁、宣时期臣僚上奏章时，阿谀奉承的情况比较少，直言政治得失的情况比较多，而皇帝也能倾听一些朝臣的意见来改进统治术。如仁宗时，"罢西洋宝船，迤西市马及云南、交阯采办"，都是"从夏原吉之奏也"[③]。又如洪熙元年(1425年)大理寺卿弋谦"直陈时政"，"词太激，上不怿"，一些阿谀之臣就乘机弹劾弋谦，"尚书吕震、吴中等劾谦诬罔，都御史刘观令众御史合纠谦卖直沽名"。朱高炽拟加罪弋谦，后听了杨士奇的谏言，就令杨士奇草敕引过说："朕于谦一时不能含容，未尝不自愧咎。尔群臣勿以前事为戒，于国家利弊，政令未当者，直言勿讳。谦朝参如故。"[④]但有时臣僚的奏章触犯了皇帝的尊严，也会遭到重罚。如宣德六年(1431年)二月，巡按御史陈祚上疏"劝进'圣学'"，要朱瞻基在听政之暇学习《大学衍义》一书。"上见疏大怒曰：'竖儒谓朕未读《大学》邪？薄朕至此，不可不诛。'"结果陈祚被"下之狱，又逮其家人十余口，隔别禁系者五年，祚父竟瘐死"[⑤]。但从仁宗、宣宗两朝的整个情况来看，皇帝还是能够倾听臣下的一些意见，对大臣乱关乱杀的现象比较地少。

仁、宣两朝对大臣的信用比较稳定。如"三杨"掌阁务，蹇义

①③④　《明通鉴》卷18。
②　《明通鉴》卷20。
⑤　《明通鉴》卷21。

长吏部,夏原吉管户部。他们始终得到皇帝的信用,所以也都能尽心辅佐皇帝,政治比较稳定。对不称职的大臣则予以黜退,即使原来和皇帝的关系比较密切,也不迁就。如大学士"陈山、张瑛以东宫旧恩入,不称,出为他官"①。对其他的中央和地方官员,也经常进行考察黜陟。宣德八年(1433年),裁汰京师冗官七十七员②。

仁、宣两朝对宦官的控驭也比较严厉。仁宗即位后就下令:"中官在外采办者悉召还,并罢所市物。"③明宣宗于宣德元年(1426年)七月"谕六科给事中,凡中官传旨,必复奏始行"④。宣德六年,宦官袁琦"自幼侍上,恃恩纵肆,擅遣内官内侍,以采办为名,虐取官民财物";又有中官"裴可烈在苏松诸郡,贪暴尤甚";"中官唐受,以公差南京,纵恣贪酷",俱被捕杀。"其他宦党阮巨队、阮诰、武莽、武路、阮可、陈友、赵淮、王贵、杨四保、陈海等十人,皆下狱论死,寻命都察院榜琦等罪示天下"⑤。经过这一次对不法宦官的严厉打击,使得当时的宦官不敢恣意妄为。

仁宣时期,在经济方面实行了一些有利于生产发展的措施。宣德四年(1429年),"命户部申明栽种桑枣旧令"⑥。所以这时的社会生产继洪、永之后,有着进一步的发展。同时又蠲免一些地方的逋赋和官田租税,宣德七年四月,"以山西旱,蠲逋赋二百四十万石有奇"。同年十二月,"减苏州官田租七十二万余石"⑦。这使当地人民的负担,多少有些减轻。

仁、宣时期还改革了科举取士法。仁宗在位时,曾与廷臣讨论科举之弊。杨士奇建议,定会试分南北卷取士。原来由于文

① 《明史》卷148《杨士奇传》。
②⑤⑦ 《明通鉴》卷21。
③ 《明通鉴》卷18。
④ 《明通鉴》卷19。
⑥ 《纪录汇编》卷23《古穰杂录摘抄》。

化水平高低的不同,形成会试多取南士。改革后,分南卷和北卷,分配录取比例,从地域上加以平衡。朱高炽未及实行而死去,朱瞻基继位后,就按照这一改革办法录取名额。"如当取百人,则南六十,北四十"。"后复定南、北、中卷。北卷则北直隶、山东、河南、山西、陕西;中卷则四川、广西、云南、贵州及凤阳、庐州二府,徐、滁、和三州;余皆南卷"。会试取士的这一改革,使得北方的地主阶级知识分子"亦感奋兴起",扩大了明王朝的统治基础,使得"南北人材,皆入彀矣"![1]

仁、宣时期,周边形势也比较安定。当时,明朝政府对北方蒙古族等少数族的政策是"脱扰塞下,驱之而已",戒边将"毋贪功"[2];东北地区在奴儿干都司的管辖下也较宁谧;西北卫所顺利地对当地人民进行着管理;西南地区永乐十一年(1413年)开设贵州布政司以来,进一步加强了对这一地区的治理。

但是,在这繁华与平静的背后社会危机在滋长着,王朝衰落的征象也渐次显现。由于经济的繁荣,社会比较安定,君臣们就陶醉在这一表面的治平景象中。因此"臣僚宴乐,以奢相尚,歌妓满前,纪纲为之不振"[3]。洪永时的"垦荒田永不起科及洿下斥卤无粮者",这时"皆核入赋额"[4],增加了人民的负担。流民问题也已逐渐形成,如宣德三年(1428年),"山西饥民流徙至南阳诸郡不下十万余口,有司军卫及巡检司各遣人捕逐,民愈穷困,死亡者多"[5]。宣德五年,北直隶易州一州就有逃民一千二百二十九户,山东潍县有逃民三千四百七户[6]。土地兼并情况也日益严重起来。而在北边防御上,宣德五年六月迁开平卫于

① ② 《明史纪事本末》卷28《仁宣致治》。
③ 《纪录汇编》卷23《古穰杂录摘抄》。
④ 《明史》卷77《食货志》。
⑤ 《明宣宗实录》卷42。
⑥ 《明宣宗实录》卷70。

独石,"自此蹙地三百里,尽失龙冈滦河之险,而边地益虚矣"①。这些社会问题,如处理不当,矛盾就会激化起来。仁宣时所以还没有达到激烈的程度,那是因为朱高炽父子在"三杨"等人的辅佐下还能采取一些缓和矛盾的政策。到明英宗朱祁镇正统年间,"三杨"等正派官僚皆老,朱祁镇宠用宦官,王振专权。从此,政治日趋腐败,明朝初期所潜存的各种矛盾逐渐暴露和激化了:宦官专权,君臣之情不通;皇室勋贵官僚地主肆意兼并土地,财政危机日益深重;卫所军制败坏,边防废弛。结果导致边地少数民族的军事集团不断骚扰内地,农民阶级反抗封建统治的斗争越来越猛烈。

---

① 《明通鉴》卷20。

第四章　明初社会经济的恢复和发展　农民反对封建统治的斗争

第一节　明初社会经济的恢复和发展

元末农民大起义沉重地打击了封建统治者,尤其是冲刷了封建势力最为腐朽的部分,这就为明初社会经济的恢复和发展创造了条件。

一、农　　业

1. 封建生产关系的一些改变

元朝时期地主和佃户之间"贵贱等分甚严",佃户对地主"拱侍如承官府",在路上遇见田主,"不敢施揖,伺其过而复行"①。元朝的法律规定:地主与佃户以主仆礼相见,地主打死佃客,仅"杖一百七,征烧埋银五十两"了事②。可见元代佃户对地主的人身依附关系很强,地主把佃户完全看成为自己的奴仆。经过元末农民战争之后,农民与地主之间的关系有了一些变动。这些变动,在明朝有关制度和法令中有所反映。洪武五年(1372 年),明朝政府规定:"佃见田户,不论齿序,并以少事长之礼。若在亲属,不拘主佃,则以亲属

---

① 黄溥:《闲中古今录摘抄》。
② 《元典章》卷 42《主户打死佃客》。

礼行之。"① 明朝制度,父辈曰"尊",兄辈曰"长"。明朝政府规定农民与地主是兄弟辈的少长关系,虽然仍以地主为长,用封建宗法关系来统治农民,但这比元代的主仆关系要放松些。明朝政府还取消了地主打死佃客仅赔烧埋银五十两的法令。元朝时期,蒙古贵族在战争中大批俘掠汉族和其他各族人民为"驱口"、"驱丁"。这种"驱口"、"驱丁"有极强的依附关系,类于农奴。明初时,不再有"驱口"、"驱丁"的称呼,可见他们已在元末农民战争中争得了解放。洪武五年(1372年),明朝政府下令:"诸遭乱为人奴隶者,复为民。"② 并规定非贵族官僚地主不得有奴婢,"若庶民之家存养奴婢者,杖一百,即放从良"③。事实上,一般地主仍有奴婢,但这一规定反映元末时许多奴婢获得了解放;同时,它对一般地主蓄养奴婢多少起些限制作用。在生产资料占有方面,经过元末农民战争,土地所有关系得到了部分调整,明初农民部分地占有了地主的土地,明初又进行了垦荒,使得无地少地的农民得到了耕地。明初地主,尤其是新兴地主,虽然也抢占土地,但这是一个兼并过程的开始,土地集中较之元末还不那样严重。由于社会生产关系上述的一些变化,再加上明朝政府采取的"休养生息"重视生产的政策,以及劳动人民的辛勤劳动,这就使明初农业生产获得了较快的恢复和发展。

2. 耕地、户口和农作物产量的增加

封建王朝国力的强弱和社会经济的繁荣与衰落,皆与耕地、户口的增减有着密切的关系。明朝初期农业生产的恢复和发展,也可以从当时耕地和户口的迅速增加中反映出来。先看洪武时期耕地的增辟情况,《明太祖实录》曾有粗略的统计:

① 《明太祖实录》卷73。
② 《明史》卷2《太祖纪》。
③ 《明律》卷4《立嫡子违法》。

洪武元年,增辟耕地七百七十余顷;

洪武二年,增辟耕地八百九十八顷;

洪武三年,增辟耕地二千一百三十五顷二十亩(只是山东、河南、江西的数字);

洪武四年,增辟耕地一十万六千六百二十二顷四十二亩;

洪武五年,缺载;

洪武六年,增辟耕地三十五万三千九百八十顷有奇;

洪武七年,增辟耕地九十二万一千一百二十四顷;

洪武八年,增辟耕地六万二千三百八顷二十亩;

洪武九年,增辟耕地二万七千五百六十四顷二十七亩;

洪武十年,增辟耕地一千五百十三顷;

洪武十一年,缺载;

洪武十二年,增辟耕地二十七万三千一百四顷三十三亩;

洪武十三年,增辟耕地五万三千九百三十一顷;

洪武十四年,没有登录当年开垦荒田数字;

洪武十五年,缺载;

洪武十六年,增辟耕地一千二百六十五顷[①]。

从洪武十七年(1384年)到洪武三十年,在《明实录》中没有再记载每年增辟耕地的数字。从洪武元年到十六年,除其中五年、十一年和十五年缺载外,十二年中累计增辟耕地一百八十五千余顷,占洪武十四年全国官民田三百六十六万七千余顷的一半。洪武二十年开始,明朝政府在全国普遍丈量土地,编制了鱼鳞图册,清出了不少豪强地主所隐瞒的土地,同时仍不断鼓励人民开荒,所以到洪武二十六年时,全国垦田数猛增到八百五十万七千余顷[②],比洪武十四年全国官民田总数增加了四百八十

① 见《明太祖实录》卷34、47、59、70、86、95、102、110、128、134、140、158。
② 《明史》卷77《食货志》。

多万顷。虽然在丈量土地或垦荒中地方官吏难免有谎报成绩的地方,但当时政府所掌握的耕地大幅度增加,却是事实。

明朝初期几十年的休养生息,全国户口也有显著的增加。洪武十四年(1381年)统计,全国户口就已达到户一千零六十五万四千三百六十二,口五千九百八十七万三千三百零五①。洪武二十六年(1393年)统计,户一千六百零五万二千八百六十,口六千零五十四万五千八百十二②。与元代全盛时期相比,户增加四百四十多万,口增加近七百万③。

朱元璋对人户土地是非常重视的,早在洪武元年(1368年),就对到北方上任的地方官说:"所谓田野辟,户口增,此正中原之急务。"④ 以后还作为一种制度规定下来:地方官来朝觐的时候,必须携带"土地人民图本"及"事迹文册",以供考察⑤。土地和人户是封建国家赋税徭役的来源,是封建国家存在的经济基础。我国历代封建王朝的历史事实也反复证实了这一点:封建国家直接掌握的人户与土地的多少,往往成为这一王朝盛衰的主要标志。明朝政府为了保证赋税徭役的供应,除了夺回豪强地主隐漏的土地人户以外,对广大劳动人民的控制极为严厉,不许百姓随便迁徙,如因灾荒或其他原因流亡他乡的,也要押回原籍入册当差。如果在政府编造黄册时,人户有逃亡的,"所在有司,必须穷究所逃去处,移文勾取赴官,依律问罪,仍令复业"⑥。从这些方面来看,明代户口、土地统计数的迅速增加,包

① 《明太祖实录》卷140。
② 《明史》卷77《食货志》。
③ 元世祖忽必烈时期为元代的盛世,据《元史》卷93《食货志》载,当时户口为户一千一百六十三万二千二百八十一,口五千三百六十五万四千三百三十七。
④ 《明太祖实录》卷34。
⑤ 《明会典》卷13《朝觐考察》。
⑥ 《明会典》卷20《黄册》。

含着残酷的封建剥削和压迫的内容。

伴随着社会安定,耕地面积迅速扩大,粮食产量也有明显的增加。这一点从当时政府向人民收取的税粮上可以看出来。洪武十四年(1381年),岁征麦米豆谷二千六百一十万五千二百五十一石。洪武十八年,征天下田租二千零八十八万九千六百一十七石。洪武二十四年,征米麦豆粟三千二百二十七万八千九百八十三石。洪武二十六年,计三千二百七十八万九千八百石①。这一赋税收入数字,在以后的永乐、洪熙、宣德各朝,基本上没有多大变动。洪武二十六年,岁入粮数比元代岁入粮数(一千二百一十一万四千七百零八石)多两倍②。所以,明朝在地方上的仓储就很充裕。洪武时"山东济南府广储、广丰两仓,粮七十五万七千石,蓄积既多,岁久红腐"③。永乐九年(1411年),陕西所属储积仓粮千九十八万四千二百五十五石有奇,足支官军俸粮十年④。宣德时,福建汀州府所储积的粮食竟可支官军百余年俸粮⑤。据《明史·食货志》记载:"是时,宇内富庶,赋入盈羡,米粟自输京师数百万石外,府县仓廪蓄积甚丰,至红腐不可食。"这固然说明当时明朝政府对广大人民的残酷剥削,但也反映了粮食确实是增产了。由于仓储丰富,明朝地方政府的官员在遇到灾荒时才敢于"先发粟赈贷,然后以闻"⑥。

3. 棉花种植的推广

棉花自传入中国后,首先在闽、广、关、陕地区种植。丘濬《大学衍义补》载:"宋元之间,始传其(棉花)种入中国,关陕闽广

---

① 《明太祖实录》卷140、176、214、230。
② 《元史》卷93《食货志》。
③ 《明太祖实录》卷241。
④ 《明太宗实录》卷77。
⑤ 《明宣宗实录》卷67。
⑥ 《明史》卷78《食货志》。

首得其利。盖此物出外夷,闽广通海舶,关陕壤接西域故也。"到元代时,江南地区也竞相种植。到元末江南松江就成为重要的棉业中心。朱元璋十分重视棉花的种植,龙凤十一年(1365年)下令"凡民田五亩至十亩者栽桑、麻、木棉各半亩,十亩以上倍之"①。洪武元年(1368年)又把这一规定推广到全国。明初,由于政府的推广,山东、河南、河北等地也普遍种植起来。洪武二十五年,彰德、卫辉、广平、大名、东昌、开封、怀庆七府棉花丰收,产量高达一千一百八十万三千余斤②。由于棉花在全国普遍种植,因此,棉花、布帛就成为国家赋税的重要部分。永乐十七年(1419年),共征收布帛一百二十万六千八百八十七匹,丝绵二十四万六千五百七斤,绵花绒五十八万三千三百二十四斤③。明朝政府供应军队的棉花、棉布的数量也十分浩大。洪武十三年(1380年),供给辽东诸卫士卒棉布四十三万四百余匹,棉花十七万斤。洪武十六年供给四川等都司士卒,棉布九十六万一千四百余匹,棉花三十六万七千余斤④。由于棉花、棉布产量的增加,明朝政府往往用棉布向边疆地区少数民族换马。如洪武三十年,以棉布九万九千匹往"西番"换马一千五百六十匹⑤。

二、手 工 业

明朝初期的手工业如矿冶业、陶瓷业、纺织业、造船业、制盐业等都有相当发展。

---

① 《明史》卷78《食货志》。
② 《明太祖实录》卷223。
③ 《明太宗实录》卷115。
④ 《明太祖实录》卷150、156。
⑤ 《明太祖实录》卷252。

1．矿冶业

明代的矿冶业分为官营和民营两种。官营的是由明朝政府派遣官员直接经营管理,民营的则需取得政府的许可,向政府交纳一定的课额。

明代的官矿计有金银铜铁铅等矿业。金银矿在明初时的产量并不多,但其对人民的苛扰却极为严重。洪武时,福建尤溪县银屏山银场的规模较大,设有炉冶四十二座。其他如浙江温州、处州、丽水、平阳等七县,也开设有银场。永乐时又于陕西商县、福建浦城、贵州太平溪、云南大理等地开金银矿场①。洪武时金银矿课甚少,洪武二十三年(1390年)金二百两,银二万九千八百三十两②。到永乐、宣德时,金银矿尤其是银矿的产量逐渐增多起来。永乐十二年(1414年)金四百九十五两,银三十九万三千九百四十九两③。宣德九年(1434年)金三百三十五两,银三十二万七千六百八两④。银课增长了十倍多。但这些数字,是明朝政府硬派给当地的岁征额数,而不是实际产量。陆容《菽园杂记》曾指出这一情况说:浙江银课八万七千五百八十余两,坑冶户只能办银二万五千七百九十余两。明英宗正统时,罢金银铜铁等官矿,封闭坑冶,从此银矿时采时闭,其产量也再无多大起色。

官营的铜矿和铅矿,在明朝初年发展不大,因此,在文献中关于这方面的记载也较少。洪武时,在济南、青州、莱州三府每年役民二千六百六十户,采铅三十二万三千多斤,后以凿山深而得铅少,罢采⑤。洪武时,池州府采铜十五万斤⑥。宣德年间,江

---

① 《明史》卷81《食货志》。
② 《明太祖实录》卷206。
③ 《明太宗实录》卷94。
④ 《明宣宗实录》卷115。
⑤ 《明太祖实录》卷150。
⑥ 《明太祖实录》卷77。

西德兴、铅山每岁产铜五千余斤。一说作五十余万斤。①

　　明初官营矿业中，以铁矿的规模最大。洪武六年（1373 年）在全国设置了十三个铁冶所，计江西进贤、新喻、分宜，湖广兴国、黄梅，山东莱芜，广东阳山，陕西巩昌，山西太原、泽、潞，上述十一个地方各建一个铁冶所，吉州地区设铁冶所两个。以后在河南、四川和湖广茶陵也设置了铁冶所②。共计岁输铁一千八百四十七万五千二十六斤③。洪武十八年罢各布政司铁冶。工部言："山西交城产云子铁，旧贡十万斤，缮治兵器，他处无有。"复行开采。接着武昌、吉州依次恢复铁冶。洪武二十八年内库贮铁三千七百四十三万斤，又命罢各处铁冶，并允许人民自由采炼，岁输课程，每三十分取其二。洪武三十一年，以内库所贮铁有限，又命重开铁冶④。永乐时，又设四川龙州，辽东都司三万卫铁冶。

　　官矿开采和冶炼的劳动力，是采取劳役制的形态，以户为单位向人民征调的，一切器具也都出自民间⑤。人们一听说要佥发矿夫，就四散逃窜。由于直接劳动者没有生产兴趣，官矿也往往无利可图，形成这样的情况："山泽之利，官取之则不足，民取之则有余。"⑥ 从洪武元年（1368 年）到宣德十年（1436 年），在这六十余年中，官矿屡停屡开，其生产量也时涨时落。洪武二十八年和宣德十年两次全面停罢金银铜各官矿，令民得自采炼⑦。这表示了明朝初期官矿趋向衰落和民矿逐渐发展

---

① 《明宣宗实录》卷 47；《续文献通考》卷 23。
② 《明史》卷 81《食货志》。
③ 《明会典》卷 194。
④ 《明太祖实录》卷 176、242、256；《明史》卷 81《食货志》。
⑤ 《明太祖实录》卷 150；《明宣宗实录》卷 47。
⑥ 丘濬《大学衍义补》卷 29《山泽之利》下。
⑦ 《明太祖实录》卷 244；《明英宗实录》卷 2。

的情况。

　　明代各类民营矿业的生产量有多少，没有统计数字，只好根据《明实录》所记载的国家岁征课额来推测它的大致情况。洪武朝在实录中没有记载，永乐和宣德两朝的情况如下述。铜课，永乐十二年(1414年)最多，为二千八百四十九斤。最少是永乐十六年，为二千一百二十八斤。永乐十六年到宣德朝，每年的铜课都是二千一百二十八斤。从这种没有什么变化的情况来看，显然是与明朝政府规定的每年的定额指派有关，这在开始时，可能会参照当时的生产量，但经过几十年后，老是停留在原来的数额上，那就不能作为衡量生产高低的标准了。铅课，最多的是永乐七年，计二千七百四十一万六千四百八十八斤。其次是永乐九年，计六百七十一万八千一百七十一斤。永乐六年，计九十四万九千四百三十七斤。最少是永乐十六年，计二万零七百八十斤。从此以后，也就成为固定的数额，没有变动。从铅课的情况来看，其变动的幅度很大，尤其是永乐七年的课额竟达二千七百多万斤，如以每三十分取二计算折算成产量，就要达到四亿多斤了，其中恐有错误。铁课，在永乐、宣德两朝，小有升降，但总的趋势则是上升的。从永乐元年到十一年，波动在七万到八万左右(永乐元年为七万九千八百零六斤，十一年为八万六千六百二十六斤)，永乐十二年跃增到三十八万九千六百零五斤，过了三年又增到五十一万四千三百零九斤。以后曲折发展，到宣德九年(1434年)，为五十五万五千二百六十七斤。洪武二十八年(1395年)，明朝政府规定，铁课率为"每三十分取其二"①，即产量为课额的十五倍。依此推算，则永乐元年的铁产量为一百十九万七千余斤，宣德九年的铁产量为八百三十二万九千余斤。宣德九年的产量约为永乐元年(1403年)的七倍。明代的民矿，

────────────

　　① 《明史》卷81《食货志》。

除了取得政府许可的以外,还有的是政府控制力量较为薄弱的地方,人民自己组织起来去进行开采的。这种被明朝政府视为"盗矿"的非法矿场,大多是银矿。因为当时银矿是不许民间开采的。民矿的产品,除了用作矿课而上交给国家一部分以外,其余部分则作为商品投入市场。而官矿,则主要是供给国家的军用、建筑以及铸钱等之用。

明朝初期矿冶业的技术水平已相当高,遵化炼铁炉,深一丈二尺,前宽二尺五寸,后宽二尺七寸,矿石入炉后,"用炭火置二辅扇之,得铁日可四次"。产品有生铁、熟铁和钢铁三种,"生铁之炼凡三时而成,熟铁由生铁五、六炼而成,钢铁由熟铁九炼而成"[①]。永乐年间铸造了一个大铜钟,叫华严钟,现存北京西直门外觉生寺(俗名大钟寺),它因钟内铸有华严经而得名。钟身通高五点八米,重八万四千斤,钟口铸有《金刚经》,钟内铸有《华严经》《金光明经》,钟外铸有诸佛菩萨名称,约有二十二万字,全部为楷书。文字铸造得极其精致,至今已逾五百多年,仍清晰可辨。形体如此高大、文字如此精美的大铜钟的铸成,可见当时冶炼水平的高超。

2．制瓷业

明代瓷器手工业在宋元的基础上进一步提高。江西饶州浮梁县景德镇,是全国制瓷业的中心。宣德年间其所烧造的青花瓷器,采用麻仓(景德东乡麻仓山)的陶土作瓷胎,青花的原料是由南洋输入的"苏泥勃青"(也称"苏离勃青"),烧成之后,洁白细腻,色调幽雅。除了白地青花以外,还有黄、紫、红、绿、蓝等诸种色彩。当时瓷器的产量也很高,宣德时,饶州烧造的瓷器一次就达四十四万三千五百件[②]。

---

① 孙承泽:《春明梦余录》卷46"工部铁厂"。
② 《明会典》卷194《陶器》。

3．制盐业

明初，制盐工业的直接生产者称为"灶户"，登记为灶籍。这是因为当时两淮、两浙、山东等主要产盐区，大多用灶煎熬制盐，所以称为灶户。但有的地方称为"盐户"，或仍宋元之旧，称为"亭户"。明初的灶户，除元时遗留下来的以外，又有从民户中拨充和因"罪"发遣煎盐的。灶户也和匠户一样，不准随便改籍。

明代全国的盐务由户部掌管，在户部之下，于各产盐地设都转运盐使司（简称转运司、盐运司或盐司）。洪武时设有两淮、两浙、长芦、山东、福建、河东六个转运司。另外还设有广东、海北、四川、云南黑盐井、白盐井、安定盐井、五井等七个盐课提举司（简称提举司）。这两个官衙，是明代管理盐务的最高地方机构。其下又设有分司、盐课司等管理机构①。灶户最基层的生产单位则是"团"，相当于民户中的里甲。

明朝政府核定各地岁办盐课的定额，一直落实到灶户。政府并拨给灶户草场，供其樵采，作为煎盐时的燃料。灶户每煎盐一引四百斤（此为大引四百斤，小引则为二百斤）给工本米一石②。灶户所缴纳的盐课称为"正盐"。除了缴纳盐课以外多余的部分称为"余盐"。灶户对余盐也不能自由处理，明朝政府规定，灶丁如将余盐夹带出场及货卖的处绞刑。所有余盐都要送交政府，以二百斤为一引，官给工本米③。洪武初，盐课的数额是"仍依旧额"④，即按照元代的定额下达。洪武十三年（1380年），以户为单位按丁产多寡对盐课作了调整。洪武二十三年（1390年），由于"两淮盐场，煎办盐课，其役不均。灶户有一丁而办盐三十引者，有七八丁而办盐三十引者"，因此，明朝政府再次改定了盐课的标准，规定"两淮、两浙各灶户，每丁岁办小引盐一十六引，

---

① ② ④ 《明史》卷80《食货志》。
③ 《明会典》卷34《盐法》。

每引重二百斤"①。全国定额盐课总数"大小引目二百二十余万,解太仓银百万有奇,各镇银三十万有奇"②。明朝政府的这笔财政收入"几与漕运米直等"③。盐课在明代的财政收入中,处于仅次于田赋的重要地位。

第二节 明初农民反对封建统治的斗争

一、农民的痛苦生活

明朝初期的七十年间,社会经济得到了恢复和发展,但从中得利的首先是皇族、勋戚、官僚和地主阶级,而一般劳动人民仍然过着被压迫、被剥削的痛苦生活。朱元璋虽然口口声声说要"取之有制,用之有节",但剥削阶级的本性是贪得无厌的,其节制只能是些微的、暂时的。

土地兼并这一封建社会的痼疾,伴随着明王朝的建立而俱来。这个时期虽然整个说来土地的占有比较分散,但土地集中于少数人手中的情况也在一定程度上存在着。早在洪武四年(1371年)时,新贵族的六国公二十八侯就拥有佃户三万八千一百九十四户④。到洪武三十年(1397年),全国占地七顷以上的地主就有一万四千二百四十一户⑤。永乐时,岐阳王李文忠次子李增枝"于各处多立庄田,每庄蓄童仆无虑千百户"⑥。

明初政府虽然把赋役额定得较低,但在当时经济残破的情

① 《明太祖实录》卷199。
② 《明会典》卷32《盐法》。
③ 《天下郡国利病书》卷28《江南·盐法考》。
④ 《明太祖实录》卷68。
⑤ 《明太祖实录》卷252。
⑥ 《明太宗实录》卷30;《明史》卷126《李文忠传》。

况下,对农民来说仍是沉重的负担。靠近洞庭湖的龙阳地区"岁罹水患,遍赋数十万,敲扑死者相踵"①。济宁府役民筑城,以致"民不得稽","旦暮不休"②。而明朝政府对官僚地主等却有种种优待。洪武十年(1377 年),朱元璋下令"食禄之家,与庶民贵贱有等,趋事执役以奉上者,庶民之事也。若贤人君子,既贵其家,而复役其身,则君子野人无所分别,非劝士待贤之道。自今百司见任官员之家有田土者,输租税外,悉免其徭役"③。连退休致仕在家的官员也可享受这一特权。洪武十二年(1379 年)规定:"自今内外官致仕还乡者,复其家终身无所与。"④甚至在学的生员"除本身外,户内优免二丁差役"⑤。这些人所豁免的赋役,自然就转嫁到广大劳动人民的头上,更加深了人民的痛苦。当时就有人指出:"方今力役过烦,赋敛过厚。"⑥ "或卖产以供税,产去而税存,或赔办以当役,役重而民困。"⑦ 再加上官吏的层层贪污舞弊,地主和高利贷的盘剥,使得农民生活十分艰难。所以在明初六七十年中,农民起义此伏彼起,连绵不断。这些起义遍布于广东、广西、福建、江西、湖广、四川、陕西、山东和浙江等十来个省份,规模大的有几十万人。一个王朝的初期,农民起义竟如此频繁,地域如此广泛,这在历代封建王朝中也是少见的。

二、广东、广西和福建的农民起义

广东、广西地区,在元末农民战争中,一直为元朝势力所统

---

① 《明史》卷 140《青文胜传》。
② 方孝孺:《逊志斋集》卷 21《先府君行状》。
③④ 《明太祖实录》卷 111、126。
⑤ 张居正:《张文忠公全集》奏疏 4《请申旧章饬学政以振兴人才疏》。
⑥ 《明史》卷 139《周敬心传》。
⑦ 《明史》卷 147《解缙传》。

治,直到洪武元年(1368年),才被朱元璋派遣的部队所攻取。福建地区,在元末农民战争时期,也一直为忠于元朝政府的陈友定所割据,虽然陈友谅所部的农民军一度攻入邵武、汀州、延平等处,但旋即被陈友定所攻陷。后来,朱元璋所部的胡深及朱亮祖的军队也曾进军福建,攻下浦城、崇安、建阳,直至建宁,后来为陈友定所败。因此,两广和福建地区地主阶级的统治势力基本未曾遭受农民起义军的打击,封建生产关系没有受过太大冲击,阶级矛盾没有得到缓和。所以,在明初,闽广地区农民反抗斗争就特别频繁与活跃。

1. 广东的农民起义

洪武时期,东从潮州起,中经惠州、广州、肇庆和韶州,西至高州和雷州,包括琼州和崖州(今海南岛),几乎整个广东地区都爆发了农民的反抗斗争[1]。其中规模较大的,如洪武十四年(1381年),广州"海贼"曹真和苏文卿联合山区里的单志道、李子文等人起义,有众数万人,战船一千八百余艘,占领了番禺鹿步、清远大罗山等处,"据险立寨",进攻东莞、南海及肇庆、翁源诸县,声势浩大。明朝政府十分震惊,派南雄侯赵庸"率步骑舟师一万五千余人",并会同广东参政阎钝、千户张惠所率的军队,才镇压了这次起义[2]。第二年,广东又有一支起义军,首领号称"铲平王",起义群众多至数万人。明朝政府又派赵庸率兵前去,残酷地杀害了八千八百多起义农民,镇压了这次起义[3]。潮州地区的农民起义,虽然规模不大,但却此伏彼起,连绵不断,顽强地反抗明廷统治。洪武五年(1372年),潮州民千余人起义,占领了揭阳、潮阳两县,后被潮阳卫明军所镇压[4]。洪武十二年、

---

① 《明太祖实录》卷72、190、182、140、141、95、188、67、88、92、146、163、243。
② 《明太祖实录》卷140。
③ 《明太祖实录》卷149。
④ 《明太祖实录》卷72。

十四年、二十一年,潮州海阳县民曾数次聚众起义①。

2. 广西的农民起义

明初时期,广西地区人民也不断起义反抗封建统治。明王朝刚统治广西不久,洪武三年(1370年)阳山县十万山寨人民就聚众起义,反对明朝的统治,被南宁卫明军所镇压。洪武五年南宁卫指挥佥事左君弼强征民人为军,又激起了三千多人的反抗②。大藤峡地区是广西瑶、壮族人民的聚居地区,他们不堪明朝统治者的压迫和剥削,洪武八年时曾起义进行反抗,为柳州卫明军所镇压③。到洪武二十八年,瑶、壮族人民又逐渐聚集起来达数万人,他们以更吾、莲花、大藤等寨为据点,向附近的都康、向武、上林等地发展势力。明朝政府特派征南将军杨文等驻师奉议州东南,与广西都指挥使韩观所率的军队,共同镇压起义人民。他们惨无人道地杀害了起义军一万八千三百六十余人和起义军家属八千二百八十余人,起义军首领黄世铁也英勇牺牲。明朝政府把余下的六百四十八户迁徙到了象州武仙县。为了防止这一地区人民再次起义,并设置了奉议等卫④。

3. 福建的农民起义

福建人民也是在明王朝统治福建不久就不断爆发起义。洪武三年(1370年),泉州惠安县民陈同率众起义,进攻永安、德化和安溪三县,打败了泉州卫前来镇压的明军。最后由驸马都尉王恭亲自率兵,才镇压了这次起义⑤。洪武五年(1372年)同安县民吴毛狄聚众起义,"据县治"⑥。洪武十年(1377年),泉州民

---

① 《明太祖实录》卷189。

② 《明太祖实录》卷59、73。

③ 《明太祖实录》卷98。

④ 《明太祖实录》卷242。

⑤ 《明太祖实录》卷53。

⑥ 《明太祖实录》卷76。

任钧显起义,攻占安溪县,"夺县印而去"①。洪武十二年(1379年),漳州府龙岩县民江志贤聚众数千人起义,据雷公狮子岭天柱等寨②。洪武十四年(1381年),福安县民聚众八千余人起义③。同年漳州府龙岩县民起义,自立官属,进攻尤溪县④。这些起义人民,前仆后继,不断地打击着明朝政府和地主阶级的统治。

三、江西、湖广地区的农民起义

江西袁州(治宜春,今属江西)是红巾军最早组织者之一彭莹玉的老家,湖广罗田县则是蕲黄红巾军领导人徐寿辉的家乡,蕲州曾是天完政权的都城。而江西、湖广地区,在元末农民战争时期一直为徐寿辉、陈友谅所建政权的管辖地区。因此,在这里红巾军革命的影响特别深刻。明初时,这里的人民就往往利用熟悉的斗争形式,用弥勒教宣传和组织群众进行起义,以反抗明王朝的封建统治。洪武六年(1373年)正月,蕲州民王玉二"聚众烧香"密谋起义。同年六月,罗田县人王佛儿自称弥勒降生,传写佛号,鼓动群众起义。洪武二十年,袁州府宜春县民李某自称弥勒佛,发九十九等纸号,用"龙凤"印信,置日月袍、绿罗掌扇令旗等,准备起义。第二年袁州府萍乡县民又用弥勒教宣传群众。洪武十九年,福建将乐僧彭玉琳,"行脚至新淦,自号弥勒佛祖师,烧香聚众作白莲会"。新淦县民杨文、曾尚敬等与彭玉琳同谋起义。彭玉琳称晋王,置官属,建元天定⑤。上述起义,虽然在组织起义中或在起义后不久就被明朝政府所镇压,但却给

---

① 《明太祖实录》卷111。
② 《明太祖实录》卷126。
③④ 《明太祖实录》卷140。
⑤ 《明太祖实录》卷78、81、182、190、178。

明朝统治者以不断的打击。

除上述起义外,江西、湖广地区还发生了另外一些农民起义。其在江西,分布于东部的广信府(治所在今江西上饶)、鄱阳湖畔的饶州,以及西部的龙泉(今江西遂川)、永新等地①。在湖广地区,则分布于长沙、靖州(今湖南靖县)、会同、蕲州(今湖北蕲春)、罗田、兴山、房州(治竹山,今属湖北)等地②。其中规模较大的有如下几次:

第一、江西"顺天王"和夏三的起义。洪武十六年(1383年)广东瑶族人民起义,影响及于江西,永新、龙泉人民也聚众起义,"自称顺天王,势甚猖獗",打败了江西都指挥同知戴宗仁所率的明军。于是明朝政府特派申国公邓镇为征南副将军前去镇压,到第二年三月,才将起义镇压下去。

洪武二十二年(1389年),赣州人民在夏三的领导下举行起义,聚众数万人,联络湖广地区的起义人民,反抗明朝的封建统治,吓得明朝袁州卫指挥蒋旺不敢前去抵敌。明朝政府十分震惊,于是派"东川侯胡海充总兵官,普定侯陈桓为左副将军,靖宁侯叶昇为右副将军,率湖广各卫军士三万三千五百人"前去镇压。在明朝初期,对付一个地区的农民起义军,竟用三侯为将,摆出这样大的阵势,这是少见的,可见这次农民起义规模之大。胡海等刽子手残酷地杀害了三千七百多起义农民,又滥捕一万六千余人,镇压了这次起义③。

第二、湖广"铲平王"吴奤儿起义。洪武十一年(1378年)六月,湖广五开(今贵州黎平)民吴奤儿聚众起义,明靖州卫指挥佥事过兴率三百土兵前去镇压,被起义军打得大败,过兴父子也送

---

① 《明太祖实录》卷60、47、156、160。

② 《明太祖实录》卷59、64、246、78、81、79、82。

③ 《明太祖实录》卷199。

了命。十一月,起义军遭到辰州卫指挥杨仲名所率明军的打击,遭到了挫折。但吴奋儿在人民的掩护下逃脱了明军的追捕,继续在其家乡附近秘密活动,积聚力量。洪武十八年七月又再次举起反抗大旗,"称铲平王,古州十二长官司悉应之,号二十万"。明朝中央政府闻之大震,急忙派信国公汤和为征蛮将军,江夏侯周德兴、都督同知汤醴副之,会合楚王的护卫,号"二十万"大军,镇压了这次起义,明军还滥捕当地各族人民四万余人①。广东的一次起义和吴奋儿的起义都号称"铲平王",表明农民要"铲平"明初统治者所恢复的不平的封建秩序。

第三、湖广湘潭李法良的起义。江西、湖广地区的农民起义,大多是为了反抗苛重的徭役和赋税。洪武二十九年(1396年)会同县人民因不堪明朝政府的压迫剥削,就组织起来,"各立寨栅,置标枪刀弩,拒命不供赋役"②。明朝政府把这些反抗的人民谪戍到三万卫去。永乐时,李法良的起义也是这样。朱棣在位时(1403年—1424年)大兴土木,在北京修建皇宫,从永乐四年(1406年)开始修建,到永乐十八年才基本建成,花了十四年时间,"工作之夫,动以百万,终岁供役,不得躬亲田亩以事力作",荒废了农业生产。这一浩大的工程,也耗费了大量财物,给广大人民带来巨大的灾难,如为了绘饰梁柱,强令人民交纳大青(颜料),每斤大青,价至万六千贯,"而不足供一柱之用"③。当时所用木料,多采自南方各省,无数劳动人民被迫到荒无人烟的原始森林中去砍伐,不知夺去了多少人的生命。永乐四年,吏部侍郎师逵在湖南役使十万民工入山采木,许多人死在山里④,官吏又强迫孤儿寡妇来应役。农民出差役,耽误了农业生产,还要

① 《明太祖实录》卷 119、121、174、175、176;《国榷》卷 8。
② 《明太祖实录》卷 246。
③ 《明史》卷 164《邹缉传》。
④ 《明史》卷 150《师逵传》。

照常交田赋。在这种情况下,发生了李法良领导的起义。李法良于永乐七年在湖广湘潭发动起义,应役伐木的民工纷纷参加。起义军转战至江西安福县,遭到明军的残酷屠杀,李法良再转至吉水,兵败被俘牺牲。明朝政府又"多所连引"地追捕余众①。

四、四川、陕西的农民起义

1. 四川眉县彭普贵的起义

洪武十二年(1379年)四月,眉县人民因不堪明朝政府的压迫和剥削,在彭普贵的领导下起义,"转攻州县",打败了眉县知县颜师圣所率明军,杀了颜师圣。起义军势力大振,先后占领了十四个州县,屡败四川都指挥普亮。最后被右御史大夫丁玉所率的军队镇压②。彭普贵这次起义,《明史》和《国榷》没有提到他与弥勒教有何关系,但《明实录》则诋毁其为"妖人",说"嘉定忠州土民为妖人所惑,乘隙作乱",可能彭普贵也是以弥勒教和白莲会来鼓动群众的。洪武十四年,四川广安州(四川渠江)人民又以弥勒教鼓动群众起义③。可见弥勒教对四川人民有相当深远和普遍的影响。

2. 陕西金刚奴、田九成、高福兴起义

明初,陕西和四川交界地区的人民,凭借高山大岭的复杂地形,"不供征徭,不惧法度"④,以弥勒教组织起来,长期坚持反抗明朝的封建统治。其中以金刚奴、高福兴和田九成的起义持续时间最久,规模也较大。金刚奴,陕西阶州(今甘肃武都)人,自洪武初就于当地聚众起义,活动于沔县(今陕西勉县)西部地区。

---

① 《明太宗实录》卷66;《明史》卷150《师逵传》。

② 《明史》卷134《丁玉传》;《明太祖实录》卷124、125;《国榷》卷6。

③ 《明太祖实录》卷138。

④ 《明太祖实录》卷252。

到洪武三十年(1397年)沔县人高福兴、田九成起义,金刚奴就和他们合并,"聚众至千余人",陕蜀间人民群起响应。高福兴称弥勒佛,田九成称汉明皇帝,建元龙凤,金刚奴为四天王。从称号和建元,可以十分明显地看出他们和元末起义农民一样,宣传"弥勒降生,明王出世"的主张,表示要继续元末农民革命斗争。他们"攻破屯寨,杀死官军",得到迅速发展,于沔县西北阳平关打败汉中卫明军,攻入略阳,"焚县治,杀知县吕昌",复攻入徽州(治所在今甘肃徽县)、文县。明朝政府大惊,派长兴侯耿炳文、武定侯郭英统领四川和陕西都司明军数万人前去镇压。九月,起义军的主力部队失败,高福兴被捕牺牲。余众在金刚奴与仇占儿领导下,退回到沔县西部地区继续战斗,直到永乐七年(1409年)才被明朝军队捕获牺牲①。这次在陕西、四川交界地区的农民反抗斗争,前后持续达二三十年之久。

五、山东唐赛儿起义

山东地区的人民,对明王朝的统治一直进行不断的反抗。洪武三年(1370年)青州(益都)民孙古朴等聚众起义,自号"黄巾",袭击莒州(今山东莒县),杀同知牟鲁。未几,被青州卫明军所镇压②。

永乐十八年(1420年)二月,这一富有革命传统的青州地区又爆发了唐赛儿所领导的农民起义。那几年,山东等地"水旱相仍,民至剥树皮掘草根以食。老幼流移,颠踣道路,卖妻鬻子以求苟活",而明朝政府"犹且征求无艺"③。唐赛儿起义就是在这

① 《明太祖实录》卷249、250、252、255;《明太宗实录》卷65。
② 《明太祖实录》卷56。
③ 《明史》卷164《邹缉传》。

一情况下发生的。

唐赛儿是蒲台县农民林三的妻子,她用白莲教组织群众,自称佛母,在益都、诸城、安州、莒州、即墨、寿光诸县活动。唐赛儿起义后,占领了益都卸石棚寨①,打死前来镇压的明青州卫指挥高凤。起义军声势更为高涨,各地的白莲教群众纷纷行动起来,"细民翕然从之"。董彦升、宾鸿所率领的一支起义军乘胜攻占了莒县和即墨县,并围攻安丘。明朝在山东的地方官惊惶失措,连忙向明廷告急。朱棣立即派安远侯柳升、都指挥刘忠率领京军前来镇压,把卸石棚寨团团围住,唐赛儿率领起义军于夜间突围,射死刘忠。这时,明朝政府又调来了在山东沿海防备倭寇的卫青所率的骑兵和鳌山卫指挥王真的部队。在力量悬殊的情况下,起义军失败。起义军首领刘俊、王宣等被捕牺牲,明朝军队把俘获的四千多起义者全部杀害,而唐赛儿、董彦升、宾鸿等人,则在人民的保护下逃走。

明朝政府屡下严令,务要捕获唐赛儿等人,但却杳无踪迹。朱棣感到十分焦躁与恐慌,他怀疑唐赛儿"削发为尼,或混处女道士中",就下令尽逮"北京、山东境内尼及道姑"来京审讯,"既又尽逮天下出家妇女,先后几万人"②。可见封建统治者对革命农民是何等的恐惧!

---

① 《明史》作"卸石棚寨",此据《明实录》及《明史纪事本末》。
② 《明史纪事本末》卷 23《平山东盗》;《明史》卷 154《柳升传》,卷 158《段民传》,卷 175《卫青传》;《明书》卷 161《唐赛儿传》;《明太宗实录》卷 116。

第五章　明初中央政府对边疆地区的经营和管理

一、与蒙古鞑靼、瓦剌、兀良哈三部的关系

元亡以后,一部分蒙古贵族退到蒙古草原及东北等地,经朱元璋多次派兵攻打,其内部发生变乱,到永乐初,其部帅鬼力赤杀坤帖木儿自立,"称可汗,去(元朝)国号,遂称鞑靼"①。当时,蒙古分为三大部,辽河、西辽河、老哈河流域(今吉林、辽宁地区)为兀良哈部;鄂嫩河、克鲁伦河和贝加尔湖一带为鞑靼部;科布多河、额尔齐斯河流域及其以南的准葛尔盆地为瓦剌部。

1. 鞑靼部

永乐初,蒙古三部之间不断发生战争,这时鞑靼部的"鬼力赤与瓦剌相仇杀,数往来塞下",而鞑靼统治集团内部也互相争权夺利。永乐三年(1405年),知院阿鲁台杀鬼力赤,而迎元之后本雅失里,立为可汗,后被瓦剌部所败,徙居胪朐河(今蒙古国境内克鲁伦河)②。永乐七年六月,朱棣派遣使臣郭骥去鞑靼,被杀。于是明朝政府于七月命丘福为大将军,王聪、火真副之,王忠、李远为参将,将精骑十万征鞑靼。丘福孤军深入,直抵胪朐河,遭到鞑靼骑兵的包围袭击,五将军皆没,全军覆灭③。永乐八年(1410年),朱棣自将五十万众出塞征鞑靼,直至斡难河,

---

① ② 《明史》卷 327《鞑靼传》。
③ 《明史》卷 145《丘福传》;《国榷》卷 14。

"本雅失里弃辎重孳畜,以七骑遁"。鞑靼部落经这次大败,"众溃散",其"君臣始各为部"①。阿鲁台便于这年冬向明朝贡马臣服。永乐十一年,明朝政府封阿鲁台为和宁王。而本雅失里则于永乐十年被瓦剌部的马哈木所攻杀。自本雅失里死后,鞑靼部就全由阿鲁台所统率,一直受明朝中央政府的管辖。但到永乐十九年(1421年),因"生聚蕃富,遂桀骜",又数起兵骚扰兴和等地。朱棣遂于永乐二十年、二十一年、二十二年三次亲率大军出征,予鞑靼部以沉重打击。而瓦剌又数败其众,使得鞑靼"部曲离散",最后阿鲁台也为瓦剌脱懽所袭杀②。

2. 瓦剌部

朱棣即皇帝位后,即派使臣告谕瓦剌部。永乐六年(1408年),瓦剌部的马哈木向明朝政府贡马请封。第二年,明朝政府封瓦剌部的三个首领马哈木为顺宁王、太平为贤义王、把秃孛罗为安乐王。后来,瓦剌势力逐渐强盛起来,于永乐十年攻杀鞑靼的本雅失里,向明朝政府多所要挟,并扣留使臣,南下骚扰。永乐十二年,朱棣亲率大军出征,直至土剌河(今蒙古国境内的图拉河),马哈木等战败脱身遁,不久死去。经过这一次打击,在永乐时期,瓦剌就一直接受明朝政府的管辖。马哈木顺宁王的封爵,也由其子脱懽承袭③。

3. 兀良哈部

兀良哈原是元朝大宁路的北境,明朝建立后,朱元璋为了加强这一地区的管理,就把锦、义、剑、利诸州划归辽东都司管辖,并于大宁地区设北平行都司,领兴、营等二十余卫所。到洪武十四年(1381年)封其第十七子朱权于大宁,为宁王。洪武二十年(1387年)朱元璋命冯胜、蓝玉等平定金山纳哈出,就以兀良哈

①② 《明史》卷327《鞑靼传》;《明史纪事本末》卷21《亲征漠北》。
③ 《明史》卷328《瓦剌传》;《明史纪事本末》卷21《亲征漠北》。

地安置纳哈出部众。二十二年置三卫:"自大宁前抵喜峰,近宣府,曰朵颜;自锦、义历广宁,渡辽河至白云山,为泰宁;自黄泥洼逾沈阳、铁岭至开原,曰福余。"后来,朱棣因靖难之役中三卫兀良哈骑兵从战有功,就把大宁地予兀良哈,仍为三卫,任命其首领脱儿火赤为都督佥事,哈儿兀歹为都指挥同知,掌朵颜卫事;安出及土不申俱为都指挥佥事,掌福余卫事;忽剌班胡为都指挥佥事,掌泰宁卫事。其他三百五十七个头目,各授指挥、千百户等官,赐以诰印、冠带等①。并于广宁等地进行互市贸易。

朱棣从永乐八年(1410年)到永乐二十二年(1424年)为对付蒙古贵族的军事势力而五次北征,他本人于最后一次出征的回师途中,病死在榆木川(今内蒙古乌珠穆沁东南)。朱棣的五次出征,沉重地打击了蒙古贵族的割据势力,在朱元璋经营的基础上,进一步加强了对蒙古地区的管理,使这些蒙古贵族的地方政权服从明朝中央政府的管辖。

二、西北卫所的设置

明朝初期,在对蒙古贵族的斗争中,西北地区也是重要的方面,明朝每次出征蒙古,西路军的进军方向就是西北地区。洪武五年(1372年)六月,征西将军冯胜和傅友德率兵至兰州、甘肃(治所在今甘肃张掖市),大败元兵,于十一月设置了甘肃卫。在洪武、永乐时期,还陆续在西北地区(今甘肃、青海、新疆)设置了不少其他卫所,加强了对这里的管辖。

1. 西宁、河州和洮州等卫的设置

洪武三年(1370年),邓愈率军攻克河州(治所在今甘肃临夏),明朝政府于第二年设河州卫,以何锁南普为指挥同知。"又

---

① 《明史纪事本末》卷20《设立三卫》;《明史》卷328《朵颜传》。

遣西宁州同知李喃哥等招抚其酋长,至者亦悉授官,乃改西宁州(治所在今青海西宁)为卫,以喃哥为指挥"①。洪武十一年(1378年)沐英于岷州(治所在今甘肃岷县)筑城戍守,就于其地设岷州卫。第二年洮州地区发生叛乱,沐英率军前去平定了洮州(治所在今甘肃临潭)的叛乱。朱元璋认为"洮州,西番门户",宜"筑城戍守,扼其咽喉",遂置洮州卫②。

2.安定、阿端和曲先卫的设置

洪武七年(1374年),原来元朝政府敕封的撒里畏兀儿宁王卜烟帖木儿,"遣其府尉麻答儿、千户所剌儿来朝,贡铠甲刀剑等物"③。明朝政府仍命其部族首领进行管理,而分其地为阿端、阿真、苦先、帖里四部,并各颁给铜印。第二年,根据卜烟帖木儿的请求,置安定、阿端二卫,"乃封卜烟帖木儿为安定王,以其部人沙剌等为指挥"。洪武十年,卜烟帖木儿为沙剌所杀,卜烟帖木儿子板咱失里又杀沙剌,沙剌部将复杀板咱失里,部内大乱。而别部将领"朵儿只巴叛走沙漠,经安定,大肆杀掠,夺其印去,其众益衰"。洪武二十九年(1396年),明朝政府又"命行人陈诚至其地,复立安定卫,其酋长哈孩虎都鲁等五十八人悉授指挥、千百户等官"④。永乐四年(1406年)安定卫"徙于苦儿丁之地"。到永乐十一年,明朝政府命卜烟帖木儿孙亦攀丹袭封安定王,并赐诰印⑤。洪武十年(1377年),当安定卫动乱时,阿端卫也遭到朵儿只巴的杀掠,残破不堪,其卫遂废。永乐四年冬,其部首领"小薛忽鲁札等来朝贡方物,请复置卫设官",于是,明朝政府重又立卫,"授小薛等为指挥佥事"⑥。

曲先卫的设置时间,大约和安定、阿端卫相近。当朵儿只巴

---

①② 《明史》卷330《西番诸卫传》。

③ 《明太祖实录》卷90。

④⑤ 《明史》卷330《安定卫传》。

⑥ 《明史》卷330《阿端卫传》。

为乱时，"部众窜亡，并入安定卫，居阿真之地"。永乐四年安定卫指挥哈三、散即思、三即请求"仍分为二，复先朝旧制"，明朝政府准许他们的请求复立曲先卫，"即令三即为指挥使，掌卫事，散即思副之"，"徙治药王淮之地"①。

安定、阿端、曲先三卫的地区，约在今天青海柴达木盆地西北一带，其地"居无城郭，以毡帐为庐舍。产多驼马牛羊"。可见是从事游牧生活的。其居民系畏兀儿、藏族和蒙古族等。明朝政府和他们进行茶马贸易，但由于安定等卫距内地路途遥远，因此，明朝政府有时也用布帛代替茶叶②。

3. 罕东卫

洪武八年(1375年)，明朝政府置罕东百户所。洪武三十年(1397年)其部落首领"锁南吉剌思遣使入贡"，于是明朝政府就于其地改置罕东卫，授锁南吉剌思为指挥佥事。罕东卫自建立后，与明朝中央政府的关系一直非常密切，明朝初期对西北其他地区的用兵，曾得到罕东卫的协助。洪熙、宣德时，明朝政府以其"从征有功"，先后擢升其部族首领却里加为都指挥佥事、绰儿加为都指挥同知。罕东卫"在赤斤蒙古(今甘肃玉门市西北赤金堡)南，嘉峪关西南"。其辖区大约是在今青海柴达木盆地北缘。从这一地区所设置的几个卫来看，罕东卫是比较兴盛的。宣德时，由于战乱影响，罕东卫内部的密罗族人惊窜他处，事后招抚复业的就达"二千四百余帐，男妇万七千三百余人"③。

4. 赤斤蒙古卫

永乐二年(1404年)，元故丞相苫术子塔力尼率所部男妇五百余人，自哈剌脱之地来归，明朝政府就于其地设赤斤蒙古千户

---

① 《明史》卷330《曲先卫传》。

② 《明史》卷330《安定卫传》。

③ 《明史》卷330《罕东卫传》。

所,以塔力尼为千户①。永乐八年(1410年)升为卫。赤斤蒙古卫,在明朝初期不受其他部族的煽惑,一直服从明朝中央政府的管辖,所以明朝政府屡予擢升,塔力尼子且旺失加于宣德二年(1427年)时进为都指挥同知。据《明史》记载,赤斤蒙古卫是在嘉峪关西行约二百四十里的地方②。

5. 沙州卫

元朝时在今天甘肃敦煌地区设沙州路,元亡后,其地由蒙古王子阿鲁哥失里统治。洪武二十四年(1391年)阿鲁哥失里遣国公抹台阿巴赤、司徒苦儿兰来朝。永乐二年(1404年),"酋长困即来、买住率众来归,命置沙州卫,授二人指挥使"。其地居民兼事耕牧,明朝政府还运给谷种发展农业。困即来部属"居沙州三十余年,户口滋息,畜牧富饶"。但因常遭到邻近的罕东、哈密和瓦剌的侵逼,于宣德时向东迁徙到了离赤斤蒙古二百里的苦峪地方③。

6. 哈密卫

元末时,哈密地区为蒙古贵族忽纳失里所居,封为肃王,后由其弟安克帖木儿袭爵。当地的居民主要为回回、畏兀儿、哈剌灰三种。朱棣即位后,即遣使至其地招谕,永乐元年(1403年)安克帖木儿遣使向明朝进贡,第二年封其为忠顺王。不久,安克帖木儿为鬼力赤所谋害。永乐三年,明朝政府把原先已在明朝政府任职的安克帖木儿侄脱脱送回哈密袭爵。永乐四年,于其地设哈密卫,"以其头目马哈麻火者等为指挥千百户等官,又以周安为忠顺王长史,刘行为纪善",共同管理当地军政事宜④。哈密卫治所在今新疆哈密县,在其北和西北方向为瓦剌,南和东

---

① ② 《明史》卷330《赤斤蒙古卫传》。

③ 《明史》卷330《沙州卫传》。

④ 《明史》卷329《哈密卫传》。

南方向为沙州和肃州,其西为火州和吐鲁番,为西域之要道。明朝政府对其非常重视,专门派遣官员到哈密卫协助其部族首领进行管理,"令为西域之喉襟,以通诸番之消息,凡有人贡夷使方物,悉令至彼,译表以上"①。明朝政府是想借其巩固边防,"统领诸番,为西陲屏蔽"②。但因当地居民种族复杂,而"其王率庸懦",没有起到明朝政府所预期的作用。

洪武、永乐时期,明朝政府在今天的甘肃、青海、新疆等地设置上述卫所,加强了对这些地区的管理。这一广大地区的居民,主要是畏兀儿族、蒙古族、藏族以及回族等。其中除安定、阿端、曲先等地过着游牧生活外,其他地区则兼营耕牧,有的地方以农业为主,兼营畜牧和手工业。哈密地方"其俗,风景融和,四时皆春,田沃稻饶,居民乐业。俗好善,男女辫发,衣细布衫,系细带布。有回回历与中国历,前后差三日。人多以马乳拌饭,故人肥美。其产马(高八尺许)、金铂、珊瑚、犀角"。明朝政府用朝贡、赏赐及马市等方式,和他们进行物资交换。洪武二十五年(1392年),明朝政府派遣中官而聂到河州,和当地居民进行贸易,得马万三百余匹,给茶三十余万斤③。永乐元年(1403年)哈密忠顺王进马,朱棣"命有司给直收其马四千七百四十匹"④。永乐二年(1404年),"(安定卫)指挥朵儿只束来朝",自陈"愿纳差发马五百匹"。明朝政府以安定卫路途遥远,运茶艰难,就以布帛交换。这种布帛茶马贸易,对明朝政府和少数族人民在军事经济文化生活方面都有一定的积极作用。但当时明朝政府及各该部族的首领对这些少数族人民的剥削和压迫也是很重的。永乐时规定安定卫"岁纳孳畜什一"⑤。另外所谓的"差发马"虽是明朝

<hr>

① 严从简:《殊域周咨录》卷 12。
②④ 《明史》卷 329《哈密卫传》。
③ 《明史》卷 330《西番诸卫传》。
⑤ 《明史》卷 330《安定卫传》、《罕东卫传》。

政府用布帛、茶给马价，但也往往给当地人民带来不小的负担，如罕东卫，洪熙元年（1425年），"其指挥那那奏，所属番民千五百，例纳差发马二百五十匹"，由于剥削太重，"其人多逃居赤斤"①。再者，明朝政府对这些少数族地区用兵时，往往大肆掳掠，永乐二十二年，因安定卫劫杀明朝的使者，明仁宗就发兵征讨，"获驼马牛十四万有奇"②。

三、对西藏的管理

西藏，明时称乌斯藏。藏族人农牧业并重，农产品有小麦、荞麦、青稞等。藏族的上层喇嘛和各个部族的酋长构成各级封建主，这些封建主占有大量农奴和牲畜，对藏族人民进行残酷的压迫和剥削。

西藏地区盛行喇嘛教，内部有很多教派，互相争夺统治权。元朝元世祖忽必烈封花教首领八思巴为"大宝法王"，并以其为西藏的政治首领，在西藏实行政教合一的统治。八思巴死后，元朝政府赐号为"大元帝师"，从此，他的徒弟承袭大宝法王的，都称为帝师③。洪武二年（1369年），明朝政府在平定陕西后，即派使臣到西藏地区广行招谕，宣布承认元朝所授僧侣的封号，接着又派遣陕西行省员外郎许允德到西藏，"令举元故官赴京授职"。于是乌斯藏摄帝师喃加巴藏卜于洪武六年亲自来到南京，明朝政府根据他所举的原来受元朝所封的南哥思丹八亦监藏等六十人，各授为指挥同知、金事、宣慰使同知、副使、元帅、招讨、万户等官。并封喃加巴藏卜为"炽盛佛宝国师"。明朝政府从洪武四年到六年，陆续在西藏地区设置了乌斯藏、朵甘卫指挥使司以及

---

①② 《明史》卷330《安定卫传》、《罕东卫传》。
③ 《元史》卷202《释老·八思巴传》。

宣慰使司、招讨司、万户府、千户所等行政机构,并颁给印信和官服。洪武七年升朵甘、乌斯藏两卫为都指挥使司。[①]

明初时,帕木竹巴僧章阳沙加监藏在西藏地区有较高的威望,元朝封为灌顶国师,"为番人推服"。明朝政府于洪武五年(1372年)仍封他为"灌顶国师",赐予印信,并要他调解朵甘僧赏竹监藏与管兀儿的纷争。赏竹监藏在他的影响下,接受明朝政府的封赏。洪武八年,明朝政府在帕木竹巴地区设万户府。章阳沙加死后,由其徒承袭国师。永乐四年(1406年)封为阐化王。其后,每一代阐化王都由明朝政府册封。

明朝政府陆续在西藏地区封授了大宝法王、大乘法王、大慈法王、阐化王、辅教王、赞善王、护教王和阐教王八个主要的王和法王。他们大都有一定的份地[②],接受明朝政府的管理。为了适应政治经济联系的需要,永乐五年,明朝政府组织阐化王、护教王、赞善王及必里、朵甘、陇答诸卫,发动所属藏汉人民修筑从雅州(四川雅安)到乌斯藏的驿路,"复置驿站,通道往来"。永乐十二年(1414年),明朝政府派遣使者宦官杨三保到乌斯藏,又命阐化王、阐教王、护教王、赞善王等"共修驿站,诸未复者尽复之"。经过这两次修筑,自是"使者往还数万里","道路毕通"[③],使西藏与内地的联系更为方便。

明朝政府还制定了西藏的僧官制度。僧官分为法王、西天佛子、大国师、国师、禅师、都纲、喇嘛各等级。法王是最高级僧侣,奉明廷封授,法王没有任命下一级僧官的权力,法王以下的各级僧官也都由明廷任免。

---

① 《明太祖实录》卷68、69、79、91。
② 《明史》卷331《西域传》。
③ 《明史》卷331《阐化王传》。

四、对东北地区的经营和管理

洪武二十年(1387年)纳哈出所部降明后,元朝在东北的军事力量被基本消灭,于是明朝政府就派遣官员到黑龙江下游吉烈迷等族去招谕,但当时由于交通困难,以及其他条件尚未成熟,所以收效不大。

1.奴儿干都指挥使司的建立

明成祖朱棣即位后,在明太祖朱元璋经营东北的基础上,进一步加强经营和管理。永乐元年(1403年)明朝政府"遣行人邢枢偕知县张斌往谕奴儿干,至吉烈迷诸部落招抚之"①,获得成功。接着,各部首领相率入京,明朝政府建立了奴儿干、建州等十卫,各部首领分别任命为指挥同知等职,并"赐诰印冠带袭衣"②。明朝政府为了加强对东北地区女真、吉烈迷、达斡尔、蒙古等族人民的管理,从永乐元年到永乐七年,在乌苏里江、黑龙江流域等地设置了一百三十二个卫③。"于是海西女直、建州女直、野人女直诸酋长悉境来附"④。明辽东都指挥佥事毕恭《辽东志书序》中记载当时的情况说:"东北至奴儿干,涉海有吉烈迷诸部落,东邻建州、海西、野人女直","永乐初,相率来归","咸属统内"。从此,明朝政府完成了对东北地区的统一事业。

永乐七年(1409年),奴儿干官员忽剌佟奴来朝,奏称奴儿干"其地冲要,宜立元帅府"。明朝政府同意这一建议,就于这年闰四月设置奴儿干都指挥使司(简称奴儿干都司),任命"东宁卫

---

① ④ 严从简:《殊域周咨录》卷24《女直》。

② 《明太宗实录》卷26;《大明一统志》卷89。

③ 《大明一统志》卷89。

指挥康旺为都指挥同知,千户王肇舟等为都指挥佥事"①。同年六月,又置奴儿干都司经历司经历一员②。永乐九年春,明朝政府"特遣内官亦失哈等率官军一千余人,巨船二十五艘"③,顺黑龙江而下,护送康旺等奴儿干都司的官员前去赴任,直至亨滚河口对岸的特林地方,正式开设奴儿干都司,成为明朝政府管辖黑龙江、乌苏里江流域等地最高一级的地方行政机构。

奴儿干都司建立后,明朝政府为了加强对这一地区的管理,根据少数民族居民的特点,又陆续增设了不少卫所。到英宗正统十二年(1447年),共计有一百八十四个卫,二十个所④。到万历时"为卫者三百八十四,为千户(所)者二十四,为站为地面者各七"⑤。它们的分布地域,西起斡难河(鄂嫩河),北至外兴安岭,东抵大海,东北越海而有库页岛。其中有不少卫所是明成祖朱棣时期设置的。

据记载,从鄂嫩河直至黑龙江入海口以北地区设置的卫所如下:

永乐四年(1406年),设斡难河卫⑥。永乐八年五月,明成祖朱棣曾亲临此地,"命都督薛禄祭斡难河山川,赐名玄冥河"⑦。

永乐五年,设卜鲁丹河卫⑧。卜鲁丹河,在清代称博罗穆丹河或博罗木达河(在今俄罗斯境内)。⑨

---

① 《明太宗实录》卷62。
② 《明太宗实录》卷64。
③ 《永宁寺记》。
④ 《大明一统志》卷89。
⑤ 万历《明会典》卷108。
⑥ 《明太宗实录》卷40。
⑦ 《明太宗实录》卷70。
⑧ 《明太宗实录》卷48。
⑨ 乾隆《大清一统志》卷48。

永乐七年,设古里河卫①。古里河系精奇里江上游的支流(在今俄罗斯境内)。

永乐四年,设脱木河卫②。脱木河,又称托摩河、托漠河(在今俄罗斯境内),是精奇里江的上源③。

永乐七年,设葛林卫于葛林河流域④。葛林河又称革林河,格楞河或格林河。《满洲源流考》卷一三载:"格林河卫,旧讹葛林。"格林,满语是"众"的意思⑤。

永乐五年,设依木河卫⑥。依木河,清代称做"依穆河"(在今俄罗斯境内),它是兴滚河(亨滚河或恨滚河,在今俄罗斯境内)上游的支流,"在宁古塔城东北三千一百四十八里,源出扬古岱山,东北流入兴滚河"⑦。

永乐十年,设满泾卫⑧。满泾卫在兴滚河口,奴儿干都司治所的西边,其地并设有驿站。"奴儿干之西,有站满泾"⑨。

永乐五年,设朵儿必河卫⑩。朵儿必河,清代称做"噶勒毕河"(在今俄罗斯境内),和额密勒河(在今俄罗斯境内)同为兴滚河上游的两条支流⑪。

同年,设兀的河卫⑫。兀的河也称乌底河或乌第河(在今俄罗斯境内)。

设在乌苏里江以东的卫所如下:

---

① 《寰宇通志》卷 116。

② 《明太宗实录》卷 45。

③ 乾隆《盛京通志》卷 103;乾隆《大清一统志》卷 48。

④ 《明太宗实录》卷 62。

⑤⑪ 乾隆《盛京通志》卷 27。

⑥⑩⑫ 《明太宗实录》卷 48。

⑧ 《明太宗实录》卷 84。

⑨ 《永宁寺记》。

永乐四年(1406 年),设亦儿古里卫①。亦儿古里,清代称做"宜尔库禄",也叫"伊勒枯鲁噶山"(在今俄罗斯境内)。

同年,设双城卫于双城子②。今俄罗斯乌苏里斯克。

永乐八年,设亦麻河卫③。亦麻河又叫"伊瞒河"或"尼满河",向西流入乌苏里江④。

在库页岛上设置的卫所如下:

库页岛,明代称为苦夷或苦兀。永乐十年(1377 年)明成祖朱棣命内官亦失哈巡视"自海西抵奴儿干及海外苦夷诸民"⑤。"苦夷"即"库页"的同音异译。明朝政府就于这年的十月,在其北部的囊阿里设囊哈儿卫⑥。囊阿里,在今俄罗斯境内。囊哈儿指挥使的官印,后来在黑龙江省依兰县发现。印的正面刻有"囊哈儿卫指挥使印"八字,背面刻有"神字七十三号永乐十年十月礼部造"十五字⑦。明英宗正统以后,又在库页岛上增设了波罗河卫。

2.明朝政府对奴儿干都司所辖地区的管理和经营

奴儿干都指挥使司直属明朝中央政府,是军政合一的最高地方行政机构,设有都指挥使、都指挥同知和都指挥佥事等军政长官。明成祖时期,都指挥使悬缺,以都指挥同知为最高长官,到明宣宗宣德二年(1427 年)时才晋升康旺为都指挥使,其下并设有办事机构经历司。在都司的所在地,经常有二百名至五百名驻防军戍守,"逾二年遣还"轮换⑧。有事时则往往增派官军

① 《明太宗实录》卷 45。
② 《大明一统志》卷 89。
③ 《明太宗实录》卷 68。
④ 《满洲源流考》卷 13。
⑤ 《永宁寺记》。
⑥ 《明太宗实录》卷 84。
⑦ 金岳馥:《东北古印钩沉》第 22 页。
⑧ 《明太宗实录》卷 93。

前去,永乐九年(1411年)内官亦失哈"率官军一千余人,巨船二十五艘"护送康旺前去莅任①。明宣宗朱瞻基即位后,于宣德二年增派官兵多达三千人②。宣德七年康旺年老辞职,由康福接任,明宣宗命内官亦失哈"率官军二千,巨舡五十",护送康福首次上任③。可见明朝政府对奴儿干地区的重视。都司以下的各个卫所的官员,一般是由其当地部族首领担任。明朝中央政府"选其酋及族目授以指挥、千百户、镇抚等职,俾仍旧俗,各统其属,以时朝贡"④,由明朝中央政府颁予"诰敕"(委任状)加以任命,并颁给印信、袭衣(明朝官员制服)。这样,他们既是各部族的首领,又是明朝政府的地方官吏,这是明朝政府管理边疆少数民族地区常用的措施。

奴儿干都司辖区内的居民,和内地人民一样,都得向明朝政府缴纳赋税。但他们缴纳的是本地的土特产,即是"土贡",计有:海青、大鹰、皂雕、白兔、黑狐、貂鼠、阿胶、海豹皮、海獭皮、叉角(即海象牙)、鲸须、好剌(即各色鹿)、马、失剌孙(即土豹)、金钱豹皮等。各个卫所的官员,也就是各部族的首领,和内地的地方官吏一样,服从明朝中央政府的命令,"有所征调,闻命即从,无敢违期"⑤。

明朝政府为了沟通从内地到奴儿干地区的交通,就在其境内设置了东西两条驿站线路,保证传递文报,运送官军和贡赋等。往东的一条是"海西东水陆城站"。这条驿站线路,起自海西底卜失站(今黑龙江双城县西,拉林河畔花园屯古城),向东北沿松花江而下,直到黑龙江下游奴儿干都司治所附近的满泾站,沿途经过五十多个城站。往西的一条叫"海西西陆路",从肇州

①③ 《永宁寺记》。

② 《明宣宗实录》卷31。

④⑤ 严从简:《殊域周咨录》卷24《女直》。

起,经松花江、洮儿河往西直至兀良河(今满洲里附近)①。这两条驿站线路,又连接辽东都司辖境内的驿路,这样,就沟通了奴儿干都司和北京之间的交通。为了维护驿路的畅通,明朝政府在驿路经过地区征调当地各族人民供应劳役、畜力(站丁、站狗)。为了供应航运的需要,明朝政府还在今天吉林市附近松花江畔建立船厂制造船只,这个地方因而就叫"船厂"。当时辽东都指挥使刘清曾数次于此督造船只②。他还在江边石崖上刻字题词,遗迹一直保留了下来,即是有名的阿什哈达摩崖石刻③。

3. 亦失哈、康旺和王肇舟等人的历史贡献和永宁寺碑

亦失哈、康旺和王肇舟等人,是明朝政府创建奴儿干都司的主要人物。亦失哈以钦差大臣的身份,康旺、王肇舟以封疆大吏的身份,从永乐七年(1409 年)受命以后,从筹备创建以至到任后对边疆地区的管理和经营,他们都亲与其事。直到宣德六年(1431 年),康旺以年老辞官,王肇舟仍然继续辅佐康福对奴儿干都司辖区进行管理;亦失哈依然以钦差的身份前往巡视,历经永乐、洪熙、宣德三朝,前后凡二十余年,赴奴儿干地区巡视在十次以上。他们对边疆地区的经营是卓有成效的。他们对边疆地区少数民族采取"柔化斯民"的政策,奴儿干都司所辖卫所的各部族,与明朝政府的关系极为密切。永乐七年(1409 年),他们复至奴儿干地区巡视时,"赐男妇以衣服、器用,给以谷米,宴以酒食"。当地居民皆踊跃欢欣,无一人梗化不率者④。又如宣德七年(1432 年)亦失哈护送康福去奴儿干接任时,永宁寺被当地居民所毁,"吉烈迷毁寺者,皆悚惧战栗",担心受惩罚,但亦失哈等并没有处罚他们,而是"特加(宽)恕",并且送老百姓许多布匹

① 《辽东志》卷 9。
② 《明宣宗实录》卷 90;《明英宗实录》卷 4。
③ 《吉林通志》卷 120。
④ 《永宁寺记》。

和日用品,"于是人民老少,踊跃欢忻","国人无远近皆来顿首谢曰:'我等臣服,永无疑矣。'"① 当地人民到明朝中央政府去朝贡的也很频繁。永乐五年(1407 年),纳木里河等地部族头目到京师朝贡的达三百人②。永乐十年,奴儿干等处部族头目到京师朝贡的有七十八人③。在明朝初期,奴儿干各地的居民也没有什么动乱,一直比较平稳。亦失哈、康旺和王肇舟等人一生从事于东北边疆的经营,作出了巨大贡献,是值得人们追念的。当时和他们同去建设边疆的还有医生、铁匠、木匠、泥水匠、砖瓦匠以及画匠,他们把内地的先进建筑技巧和文化传到了边疆地区,在开发边疆和建设边疆中贡献了才能,也是值得追念的。

　　亦失哈和康旺等人还在当时奴儿干都司的治所特林建立了一座供奉观音的永宁寺。并在寺旁竖立了两块石碑:一块是永乐十一年(1413 年)时所立,刻有《敕修永宁寺记》;另一块是宣德八年(1433 年)时所立,刻有《重建永宁寺记》。这两块碑记,记录了明朝政府管理和经营奴儿干都司的事迹。碑文用汉、蒙古、女真、西藏四体文字书写。从所列官员人名来看,有汉族人、蒙古人、女真人和其他少数族人,可以看出奴儿干都司是明朝这个多民族国家的地方政权。这两块碑文与一般碑文不同的是,在它所列的一百多人中,不仅有钦差大臣、封疆大吏,甚至连铁、石工匠等也一一列名其中,这说明亦失哈与康旺尊重劳动人民的态度。这两块石碑,是我国明朝政府管理奴儿干地区的历史见证。永宁寺虽已不存在,但这两块石碑曾经巍然挺立在原址几达五百年之久,不少中外文献对它作过记述,日本人间宫林藏的《东鞑纪行》、美国人柯林斯的《阿穆尔河顺航记》、英国拉文·

---

① 《重建永宁寺记》。
② 《明太宗实录》卷 63。
③ 《明太宗实录》卷 131。

斯坦因的《俄国人在黑龙江上》、俄国人瓦西里耶夫的《关于黑龙江口附近悬崖上的碑文的记载》,都对这些遗迹作了详略不同的记述。光绪十一年(1885年),清朝政府曾派官员曹廷杰到当时已被沙俄侵占的黑龙江口北岸等地区去探察。他到特林时,俄国人已把永宁寺改建为东正教堂,但这两块永宁寺碑,"尚巍然立于庙西南百步许"。他亲自把这两块碑文拓了下来。曹廷杰还踏勘了奴儿干都司治所特林的古城遗址,把踏勘的情况作了如下的记述:"由特林喇嘛庙(指东正教堂)西北下山,沿江行里许,有石岩高数十丈,上甚平旷,有古城基,周约二、三里,街道形迹宛然,瓦砾亦多。今为林木所翳,非披荆履棘,不能周知。"①

①　曹廷杰:《西伯利亚东偏纪要》。

第六章 明初的中外关系和
郑和远航亚非各国

　　明朝初期,对周围邻国基本上采取友好的政策,不断派遣使臣进行访问,建立起正常的外交关系。洪武四年(1371年)九月,朱元璋曾跟他的大臣们说:"海外蛮夷之国,有为患于中国者,不可不讨;不为中国患者,不可辄自兴兵。"[1] 以后他在《皇明祖训》中又向他的后世子孙提出告诫,说:"四方诸夷,皆限山隔海,僻在一隅,得其地不足以供给,得其民不足以使令。""吾恐后世子孙,倚中国富强,贪一时之战功,无故兴兵,杀伤人命,切记不可。"并将朝鲜、日本、安南、真腊、暹罗、占城、苏门答剌、爪哇、溢亨、白花、三佛齐、渤泥等国列为不征国[2]。从这些国名的列举,可以看出明朝时中国人对境外的国家,所熟悉者基本上局限于亚洲地区,对亚洲以外的世界就知之甚少了。朱元璋制定这一对外政策,是他总结了历史上的经验教训的结果,他认为国家花了巨大的物力人力去打仗,其结果是"得其地不足以供给,得其民不足以使令"。即使打了胜仗,也是得不偿失,如果吃了败仗,国家的亏耗就更大了。明朝初期,对周围国家采取的友好睦邻政策,对中外文化经济的交流,起了良好的作用。不过,这一时期与个别邻国也发生过武装冲突。

----

　　① 《明太祖实录》卷68。
　　② 《皇明祖训·箴戒篇》。

一、与日本的友好关系

日本是我国东方一衣带水的近邻，中日两国人民的友谊源远流长，早在刳木为舟的古代，两国人民就劈波斩浪互相往还。明初政府为了修好和日本之间的关系，于洪武二年（1369 年）派遣行人杨载出使日本。第二年又派莱州府同知赵秩去日本，进一步解释明朝的对外政策，表示愿意继承历史上的友好传统，消除日本国王良怀的疑虑。赵秩圆满地完成了使命。日本即派使者来中国，并且送还"倭寇"在明、台二郡掠去的人口七十余人，于洪武四年（1371 年）十月抵达当时明朝的首都南京。从此，明朝政府就与日本建立了邦交关系①。洪武后期，明朝和日本的关系有所疏远，虽然仍把日本列为不征国之一，但互相间使臣往来绝少。当时明朝政府认为胡惟庸"欲借日本为助"谋逆，因此，朱元璋"怒日本特甚，决意绝之，专以防海为务"②。明成祖朱棣即位后，于永乐元年（1403 年）即派左通政赵居任、行人张洪偕僧道成出使日本。将行，日本使臣已至宁波，十月到南京。明朝政府优礼相待，对其所带物品，即如违禁的兵器之类，"亦准时值市之"，还派官员"偕其使还"，进行回访③。从此，两国间又恢复了友好关系。

明朝在建国之初，就很重视对外贸易，和日本的贸易来往也很盛。洪武时宁波的市舶司就是对日本而设的。明朝政府为了防止"倭寇"假冒日本的使臣和商人，就实行"勘合贸易制"，"勘合"就是贸易凭证。日本商船来中国须持有明朝政府所制发的勘合，才准许贸易。永乐初，双方协定，每隔十年贸易一次，"人止二百，船止二艘"。到宣德初，放宽到"人毋过三百，舟毋过三

---

①②③ 《明史》卷 322《日本传》。

艘"。但实际上日本来中国贸易的船舶和人数远远超过上述规定，也没有严格遵守十年一次贸易的限制，并且在"贡物外所携私物增十倍"①。日本输出的大多为刀、扇、硫磺、铜、苏木、漆器等。中国输出的主要是银、钱、绸缎、布帛、陶瓷等。这种贸易交往，扩大了两国人民的经济文化交流。如我国的泥金画漆和折扇就是明代时从日本传来的。漆器，我们中国早在先秦时期就已相当发达，日本的漆制品工艺原来就是从中国传去的，但日本在中国传入漆器的基础上，又发明了一种"莳绘"的漆制品，中国称为泥金画漆。其制作工艺是，先在器面上用漆绘画，当其将干未干时，把金银粉或炭末洒在绘画上，然后再漆，等到干燥后再磨光，这就使得画面凸出，不仅色彩鲜艳，而且还有一种立体感，很受明朝人的重视和喜爱。宣德时，明朝政府专门派漆工到日本"传其法以归"②。从此，中国也开始有泥金画漆。关于这方面的情况，郎瑛《七修类稿》也有记载："天顺间有杨埙者，精明漆理，各色俱可合，而于倭漆尤妙，其缥霞山水人物，神气飞动，真描写之不如，愈久愈鲜也，世号杨倭漆。所制器皿，亦珍贵。"③中国原来所用的扇子是羽扇和团扇，日本运来的是折扇。折扇又称聚头扇、蝙蝠扇或者撒扇。因为是从日本传来，也称"倭扇"。在北宋时，日本使臣曾以蝙蝠扇等物赠送官方④，但数量很少，直到明初，由于中日贸易的发达，日本折扇大量运来，中国也进行仿制，折扇遂普遍流行起来。张燮《东西洋考》卷六《日本·物产》中说："中国宋前惟用团扇。元初，东南使者持聚头扇，人皆讥笑之。我朝永乐初始有持者，及倭充贡，遍赐群臣，内府又仿其制，天下遂通用之。"

---

① 《明史》卷322《日本传》。
② 张燮:《东西洋考》卷6《日本·物产》。
③ 郎瑛:《七修类稿》卷47《杨埙》。
④ 《宋史》卷491《日本传》。

明朝初期,中日两国间,不仅使臣和商人经常往来,日本还时常派遣留学生前来中国学习。洪武二十四年(1391 年),明朝政府还任命日本留学生、当时的"国子监生滕祐寿为观察使"①。

二、与东南亚各国的贸易交往

明朝初期,与东南亚各国的关系最为密切,洪武时规定,琉球、占城等国来进行"朝贡贸易"的,就"任其时至入贡"②,不作限制。明朝政府为了管理中外贸易,还设立了市舶司。朱元璋早在吴元年(1367 年)就于太仓州的黄渡设置了市舶司,任官"提举市舶"③。但太仓离当时的京师南京过近,明政府不放心,所以在洪武三年(1370 年)"罢太仓黄渡市舶司",把它移置到浙江宁波、福建泉州和广东广州,并规定"宁波通日本,泉州通琉球,广州通占城、暹罗、西洋诸国"④。后来明朝政府为了打击私商的海外贸易,洪武七年又罢泉州、宁波和广州三市舶司⑤,而把市舶司的职责转交沿海的地方长官负责。从罢市舶司后,官方的朝贡贸易得继续进行,而私人的对外贸易就受到了极大的限制,形成所谓"惟不通商,而止通贡"⑥。永乐元年(1403 年),明朝政府"依洪武初制,于浙江、福建、广东设市舶提举司","寻命太监提举市舶"⑦,并不断派遣使臣到安南、占城、暹罗、琉球、真腊、爪哇、西洋、苏门答刺等国,邀请他们到中国来进行贸易⑧。

---

① 《明太祖实录》卷 207。
② 《明史》卷 81《食货志》。
③ 《明太祖实录》卷 28。
④ 《明史》卷 75《职官志》、卷 81《食货志》。
⑤ 《明史》卷 81《食货志》;《明太祖实录》卷 70。
⑥ 《续文献通考》卷 53。
⑦ 《明太宗实录》卷 21;《明史》卷 75《职官志》。
⑧ 《明太宗实录》卷 16、18、21。

当时,这些国家纷纷应邀派遣使臣和商队前来中国。永乐二年,暹罗、日本、琉球中山来了两次。永乐三年,暹罗,琉球山南、山北来了两次,琉球中山来了三次①。明朝政府"以诸番贡使益多"就建筑宾馆,"乃置驿于福建、广东、浙江三市舶司以馆之。福建曰来远,浙江曰安远,广东曰怀远"②。除了使臣和商队以外,东南亚的一些国王也前来访问,如渤泥(在今加里曼丹北部)、苏禄、古麻剌朗(菲律宾群岛南部,即今天的棉兰老岛)等国王都曾来中国进行访问,而满剌加(马六甲)在永乐、宣德时期先后有三位国王五次来中国访问。永乐九年满剌加国王拜里迷苏剌来访时,其随员多达五百四十多人③。满剌加国王西里麻哈剌者来访,在明朝的南北两京逗留了一年半时间,直到宣德十年(1435年)四月,明朝派船送其回国④。

当时东南亚各国运销中国的物品计有四十多种:犀角、象牙、玳瑁、玛瑙珠、鹤顶、金母鹤顶、珊瑚树、金镶戒指、鹦鹉、黑猿、黑熊、白鹿、锁鹿、撒哈剌、白必布、姜黄布、撒都细布、西洋布、花缦、蔷薇露、栀子花、乌爹泥、苏合油、片脑、沉香、乳香、黄速香、金银香、降真香、紫檀香、丁香、树香、木香、没药、阿魏、大枫子、乌木、苏木、番锡、盐等⑤。而中国输到这些国家去的货物则为瓷器、丝绸、绫罗、麝香、大黄和铁釜等。其中以瓷器最受欢迎,如琉球等地"其国俗市易不贵纨绮,但贵瓷器、铁釜等物"⑥。所以明朝的输出品中,瓷器就占很大比重。如洪武七年(1374年),"命刑部侍郎李浩及通事梁子名使琉球国,赐其王察度文绮

① 《明史》卷6《成祖纪》。
② 《明史》卷81《食货志》。
③ 《明太宗实录》卷78。
④ 《明宣宗实录》卷106、110;《明英宗实录》卷4。
⑤ 《明会典》卷105。
⑥ 《明太祖实录》卷105。

二十四,陶器一千事,铁釜十只;仍令浩以文绮百匹,纱罗五十匹,陶器六万九千五百事,铁釜九百九十只,就其国市马"①。洪武十六年(1383年)明朝"遣使赐占城、暹罗、真腊国王织金文绮各三十二匹,瓷器一万九千事"②。

明朝政府为了独占对外贸易,从洪武时开始,就屡次下令禁止民间入海"通番","禁濒海民私通海外诸国"③。尽管明朝政府三令五申,但两广、浙江、福建等沿海人民,却不断"交通外番,私易货物"。这是因为当时我国东南沿海一带手工业和商业比以往更为繁荣,造船技术和航海能力也得到空前提高,这便为海外贸易提供了方便条件。而东南沿海地区人稠地少,再加上地主阶级的土地兼并和明朝政府苛重的赋役剥削,使得生活无着的农民、手工业者和小商人将出海当成他们的一种重要谋生手段。此外,这些地区的人民也有航海的传统。"浙之宁、绍、温、台,闽之漳、泉,广之惠、潮,其人皆习于海"。当时以到南洋的居多,"彼此互市","夏去秋来,率以为常"④。而有的则在当地定居下来。明初时,出海贸易的除了一般农民和手工业者、小商人以外,还有一部分豪富大贾。这些人进行的海外贸易规模巨大,有的甚至拥有海船几十艘。如洪武六年(1373年),占城贡使言:"海寇张汝厚、林海等自称元帅,剽劫海上。国主击破之,贼魁溺死,获其舟二十艘,苏木七万斤。谨奉献。"⑤ 明朝在沿海的卫所官员也有"遣人出海",从事走私贸易的⑥。这种走私集团,到洪武中后期时,势力越来越大,广东人陈祖义等竟占据了

---

① 《明太祖实录》卷91。
② 《明太祖实录》卷156。
③ 《明太祖实录》卷70、139。
④ 谢肇淛:《五杂俎》卷4《地部》。
⑤ 《明史》卷324《占城传》。
⑥ 《明太祖实录》卷70。

三佛齐(今印度尼西亚苏门答腊岛的旧港),"充为头目,甚是豪横,凡有经过客人船只,辄便劫夺财物"[1]。三佛齐是控制马来海峡的重要地区。陈祖义等占据这里以后,不仅遮断了通向印度洋的航道,并且使得苏门答剌、彭亨、爪哇等国也断绝了和中国的交往,"由是商旅阻遏,诸国之意不通"[2]。

明朝初期和日本及东南亚各国的友好往还,加强了互相之间的经济文化联系。但明朝政府采取朝贡形式的官方贸易,有很大的局限性,各国使臣和商业代表团来中国的日期、船数和人数等都有严格的限制,而且还要呈验"勘合"和"金叶表文"等。而这种官方贸易输入中国的大多是香料、珍禽异兽,以及宫廷奢侈品,与广大人民生活的关系不大。由于明朝政府屡颁禁令,不准人民出海贸易,这就使得当时的中国和东南亚各国的商业不能得到正常和充分的发展,对我国社会生产不能起到更大的促进作用。

三、对安南的战争

安南是东南亚国家之一,是中国的近邻。明朝建立后,洪武元年(1368年)十二月,朱元璋即派遣"汉阳知府易济颁诏安南"。安南国王陈日煃遣使向明朝朝贡。朱元璋仍袭元朝旧制,"封日煃安南国王"。当明朝册封使臣抵达安南时,"日煃先卒,侄日熞嗣位"。于是明朝复遣使"封日熞为王"。其时安南国内政局不稳,国王常为权臣所废立,建文时,安南国相黎季犛"大杀陈氏宗族而自立,更姓名为胡一元","谓出帝舜裔胡公后,僭国号大虞,年号天圣"。"子(黎)苍易名(胡)奆,称皇帝,

---

① 马欢:《瀛涯胜览》。
② 《明史》卷324《三佛齐传》。

自称太上皇。"①

　　永乐元年(1403年)四月,胡奎遣使奉表入贡,贺明成祖朱棣即位。表称陈氏已绝,"无可绍承,臣(胡奎)陈氏之甥,为众所推,权理国事,于今四年"。"然名分未正,难以率下"。"伏望天恩,颁臣封爵"②。明成祖得此表奏,虽"遣使廉察",但在胡奎的蒙蔽下,明朝于这年的闰十一月"封胡奎为安南国王"。③

　　永乐二年八月乙亥(六日)安南故陪臣裴伯耆诣阙告难,控诉"黎季犛父子弑主篡位,屠害忠臣",请明朝"禽灭此贼,荡除奸凶,复立陈氏子孙,使主此土"④。同月丁酉(二十八日)"老挝军民宣慰使刀线歹遣使护送前安南国王孙陈天平来朝",陈诉黎氏父子篡位真相,要求明朝"伐罪吊民,兴灭继绝",讨灭黎氏,恢复陈氏王位。永乐三年(1405年)正月,明成祖派遣监察御史李琦等往安南查问。同年六月,安南胡奎遣使臣阮景真随李琦等入朝,上表谢罪,并请"迎归(陈)天平,以君事之"⑤。明成祖虑其有诈,于这年七月,命行人聂聪随安南使者阮景真去其国,察胡奎迎还陈天平是否真诚。到十二月,胡奎复派阮景真随聂聪来明朝复奏"誓无二心"。明成祖遂派"行人聂聪送陈天平归国,命征南副将军黄中、吕毅,大理卿薛嵓以兵五千护行"。永乐四年三月,黄中等行至安南境内,"将至芹站,山路险峻,林木蒙密",胡奎伏兵突发,"大呼鼓噪动山谷,遂杀天平",聂聪、薛嵓也被杀。黄中、吕毅引兵退还奏报朝廷。成祖得报大怒,说:"蕞尔小丑,乃敢欺我,此而不诛,兵则何用!"⑥ 遂决心发大军征讨

---

① 《明史》卷321《安南传》;《明史纪事本末》卷22。
② 《明太宗实录》卷19。
③ 《明太宗实录》卷25。
④ 《明太宗实录》卷32。
⑤ 《明太宗实录》卷43。
⑥ 《明史纪事本末》卷22《安南叛服》。

安南。

永乐四年(1406年)七月,明成祖命成国公朱能为征夷大将军、新城侯张辅为右副将军,镇守云南的西平侯沐晟为左副将军,"帅丰城侯李彬等十八将军",号称统兵八十万"分道进讨"①。"京畿及荆、湖、闽、浙、广西兵出广西凭祥",由朱能、张辅统率,"巴蜀、建昌、云、贵兵出云南蒙自"②,由沐晟统率,两路并进。九月十六日,朱能、张辅率师至广西龙州。十月二日,朱能因病死于军中,张辅受命代朱能统军,即率师自凭祥进入安南境内。张辅以明成祖谕意,"传檄数季犛二十罪"。安南亦布兵堵截,"号二百万"。张辅与沐晟两路明军攻势极为锐利,很快进至安南内地。永乐四年十二月,张辅军进至富良江北。这时沐晟军"亦至洮江北岸,与多邦城对垒"。于是张辅与沐晟军合势攻克多邦城,"并进克东都(河内)"。接着遣左参将李彬进攻西都(清化),"黎季犛焚宫室仓库逃入海,三江州县皆望风降"③。第二年正月,张辅、沐晟败安南军于"普赖山,斩首三万"。进至木丸江,"杀其将阮子仁、黄世冈百余人"。三月,又于富良江大败敌军,"斩获数万"。"(黎)季犛父子以数舟遁去",张辅、沐晟"诸军水陆并追",又破敌于茶龙,"获船三百艘"。进而追至日南州奇罗海口,"命柳升出海追之"。五月,柳升所部于海口"获(黎)季犛及伪太子于高望山,安南尽平"。九月,黎季犛、黎苍被押至京师囚禁,"后季犛释自狱,戍广西",黎苍"以善兵器,赦用之"④。

明成祖败安南黎氏父子后,于永乐五年(1407年)六月,诏告天下,改安南为交阯,纳入明王朝版图,设置交阯布政使司、都

①　《明史》卷154《张辅传》。
②　《明史纪事本末》卷22《安南叛服》。
③　《明史》卷154《张辅传》;《明史纪事本末》卷22。
④　《明史》卷321《安南传》;《明史纪事本末》卷22。

指挥使司和按察司,分十七府、四十七州、一百五十七县、卫十一、所三、市舶司一。任命原北京行部尚书黄福以尚书兼掌布政司、按察司二司事,以都督金事吕毅掌都司事、黄中副之,前工部侍郎张显宗、福建布政司左参政王平为左右布政使,前河南按察使阮友彰为按察使,裴伯耆为右参议①。于是安南成为当时明朝的行省之一。第二年三月,交阯总兵张辅、沐晟率师还。

张辅、沐晟从安南撤兵不到半年,永乐六年八月,安南简定又反叛。简定原为安南"陈氏故官,不肯臣黎氏",逃归明朝,"从下安南为别将",后因明朝"不欲复陈氏",逃至化州起兵反明,"称日南王,改元兴庆"。明成祖得报,即命沐晟往讨,于生厥江被简定所败。于是明成祖复命张辅"帅师二十万往征"。翌年五月,"简定称上皇,立陈季扩为大越皇帝,改元重光"②。陈季扩自称为陈氏后,从者更众。张辅率兵至安南,屡败敌军,一直追至美良。"简定弃马走吉利深山",被擒,押解到京师处死。永乐八年十二月,陈季扩遣使请降,明成祖不复封王,而以陈季扩为交阯右布政使,季扩不肯赴任。张辅、沐晟再合兵进攻,战争一直延续到永乐十二年(1414年),陈季扩最后败逃到老挝,被擒归处死。永乐十三年四月,命张辅镇守交阯,"(张)辅下交南,凡三擒伪王,威镇西南"。第二年十一月,张辅奉召还京,"命丰城侯李彬代镇守",以"中官马骐为监军"③。

马骐甚为贪残,他到安南后,以采办为名,"大索境内珍宝",并"定岁贡扇万柄,翠羽万个"。时任职交阯的黄福对马骐的贪残行为屡屡加以裁抑,但马骐毫不收敛,并向朝廷奏报,"诬(黄)福有异志"④。在各地人情骚动的情况下,永乐十六年(1418年)

---

① 《明史》卷321《安南传》;《明史》卷154《黄福传》。
② 《明史纪事本末》卷22。
③ 《明史》卷154《张辅传》;《明史纪事本末》卷22。
④ 《明史》卷321《安南传》;《明史纪事本末》卷22;《明史》卷154《黄福传》。

清化府黎利起兵反明,先后并起的有陆那阮贞、顺州黎核、南灵州判官阮拟、左平知县范伯高等①,其中以黎利的声势最大。黎利初仕陈季扩为金吾将军,归明后,用为清化府俄乐巡检。他起事后,自号平定王,以弟黎石为相国②。明仁宗即位(1425 年),黄福被召还,命兵部尚书陈洽总领交阯布、按二司,参赞军务。黄福在交阯前后凡十九年,勤政爱民,"编氓籍,兴学校",酌定赋税,"务从轻省","戒属吏毋苛扰"。"群臣以细故谪交阯者","福咸加拯恤,甄其贤者与共事"。"及还,交人扶携走送,号泣不忍别"。黎利也说:"中国遣官吏治交阯,使人人如黄尚书,我岂得反哉!"③ 黄福返回后,交阯的反明活动更为剧烈。

　　宣德元年(1426 年)三月,总兵陈智于茶龙州为黎利所败。明朝改命成山侯王通为总兵官进讨。明宣宗感到安南连年用兵,劳民费财,与群臣议,拟复封安南,"如洪武中使自为一国,岁奉常贡"。蹇义、夏原吉等以为"二十年之功",不应弃于一旦。杨士奇、杨荣力赞宣宗之议。这年冬十月,"黎利弟黎善据广威州,拥众数十万,分道攻交阯"。十一月,兵部尚书陈洽战死。"黎利时在义安,闻之,自以精兵来会,围东关"。总兵官王通败后,"气大沮,阴许为(黎)利请封"。十二月,据交阯布、按之请求,复命工部尚书黄福重赴安南掌交阯二司事,并以安远侯柳升为征彝副将军讨交阯。宣德二年(1427)正月,宣宗再召杨士奇、杨荣说:"前者论交阯事,蹇义、夏原吉拘牵常见。"今欲为安南陈氏立后复国,"使中国之人皆安无事"④。杨荣、杨士奇盛赞此盛德事,"三代之圣,不过如此"⑤。于是宣宗不顾蹇义、夏原吉及张辅等的反对,便命黄福访求陈氏后人。宣德二年九月,柳升兵

---

① 《明史》卷 321《安南传》。
②④ 《明史纪事本末》卷 22。
③ 《明史》卷 154《黄福传》。
⑤ 《明宣宗实录》卷 24。

至安南隘留关,黎利"具书遣人诣军门,乞罢兵息民,立陈氏后主其地,(柳)升等受书不启封,遣人奏闻"。柳升复进兵至倒马坡,遇伏中镖死,所部"七万人皆没"。王通知柳升败,"益大惧,决意与和"①。于是便遣指挥阚忠与黎利所遣人"奉表及方物"至京师。黎利所进表称:"陈族避祸方远窜,故无从访求。今有遗嗣(陈)暠,潜身老挝二十年","已访得之"。第二天陈暠表文亦至,"其词与(黎)利书略同"。明宣宗"心知其诈,欲藉此息兵,遂纳其言"。十一月,命礼部左侍郎李琦等去安南宣诏"抚谕安南人民,尽赦其罪","令具陈氏后人之实以闻"。命王通及三司官,尽撤军民北还。"诏未至,(王)通已弃交阯,由陆路还广西,中官山寿、马骐及三司守令,由水路还钦州。凡得还者止八万六千人,为贼所杀及拘留者不可胜计"②。

宣德三年(1428年)黎利遣使至北京,谎称陈暠已死,"陈氏子孙绝,国人推(黎)利守其国,谨俟朝命"③。以后黎利每年都遣使向明朝奉表请封,直到宣德六年夏,黎利又"遣使谢罪","复进头目耆老奏,仍为(黎)利乞封"。宣宗才予允准,命礼部右侍郎章敞等持敕印往封"(黎)利权署安南国事"。于是黎利"居国称帝,纪元顺天",建东都交州府,西都清华府。全国分为十三道,拟中国三司,设承政司、宪察司、总兵使司进行统治④。宣宗结束了对安南的长期战争,从此,安南重新立国,向明朝进贡。

明朝与安南的战争,缘起于安南权臣谋位,明成祖不明真相,一再失误,终致派大军远征,劳军费饷。安南军民也遭受沉重的损失。战争之后,明成祖不立新王而据地设官,直接统治,更是违背安南人民的意愿,于明朝也无益而有损。明宣宗目睹

---

① 《明史纪事本末》卷22。
②③ 《明史》卷321《安南传》。
④ 《明史》卷9《宣宗纪》;《明史》卷321《安南传》。

交阯无岁不用兵劳民费财,经过反复思考,不顾元老重臣的反对,毅然决定罢兵息民,撤回三司,使安南重新立国,这对明朝和安南来说,都是安国惠民之政。

四、与中亚帖木儿帝国的关系

明朝建立之初,在中亚地区兴起了帖木儿帝国,为成吉思汗后裔所建。十三世纪初,成吉思汗在统一蒙古和向外扩张中,曾把其领土分封给四个儿子。以后,随着征服地区的进一步扩大,就形成为窝阔台、察哈台、伊儿和钦察四个汗国。后来窝阔台封地并入察哈台。而察哈台封地内的贵族之间不断发生斗争,到十四世纪初叶,形成东西两大割据势力。东察哈台占领了中国新疆一带,西察哈台则占据阿姆河和锡尔河间的地带,互相战争不息。1370年,西察哈台的蒙古贵族帖木儿夺得了统治地位,成为西察哈台的苏丹,接着向外扩张,建立起了盛极一时的帖木儿帝国。

帖木儿在位期间(1370—1405年)不断对外扩张,想仿效成吉思汗建立大帝国。开始,其矛头主要指向西方的伊儿汗国和北边的钦察汗国,而对东邻的中国却采取了"纳贡称臣"的做法。洪武二十年(1387年)九月,帖木儿首次派遣使臣到明朝"贡马十五、驼二","自是频岁贡马驼"。到洪武二十七年(1394年)八月,帖木儿派遣使臣到明朝贡马二百,并携带表文,盛称明朝皇帝的业绩:"臣帖木儿僻在万里外,恭闻圣德宽大……又承敕书恩抚劳问,使站驿相通,道路无壅,远国之人咸得其济。"[1] 这说明,自洪武二十年(1387年)后,明朝与帖木儿帝国之间的交往是频繁的。互相之间以朝贡方式进行贸易,帖木儿帝国输到中

---

① 《明史》卷332《撒马儿罕传》。

国的主要是马，"其贡马，一岁再至，以千计"。其他则为骆驼、玉石及刀剑等物。中国与之交换的则为丝绸、瓷器等物。除了这种官方的朝贡贸易之外，民间贸易也很兴旺，"其国中回回又自驱马抵凉州互市"①。

明朝与帖木儿帝国之间的关系，一度出现紧张状态。洪武二十八年（1395年），明朝派遣给事中傅安、郭骥等为使臣，率将士一千五百余人，赴帖木儿帝国的都城撒马儿罕。当时，正值帖木儿对西方用兵不断取得胜利，就骄横起来，扣留了使臣，断绝了与明朝的邦交。建文四年（1402年）帖木儿率兵打败了土耳其后，东归撒马尔罕，以为西方已经底定，就打算对明朝用兵，声称要"亲来见大汗（明朝皇帝），使之称臣纳贡于帖木儿"②。经过一番准备以后，帖木儿便于永乐二年（1404年）冬，集结数十万军队向东进发。但帖木儿于行军途中病死，帝国内部便爆发了争夺汗位的斗争，这次进军也就自然终止。

当帖木儿起兵不久，明朝政府就作了准备。永乐三年（1405年）二月，明廷"敕甘肃总兵官左都督宋晟曰：'回回倒兀言，撒马儿罕回回与别失八里沙米查干王假道率兵东向，彼未必敢肆志如此，然边备常不可息……宜练士马，谨斥堠，计粮储，预为之备。'"③ 直到永乐五年（1407年），明朝政府还不断下令要甘肃总兵官加强边防，并派人随回回同往去"察彼处动静"④。

帖木儿死后，由其孙哈里承袭汗位。哈里主张与明朝恢复和平邦交关系，于永乐五年六月遣使臣虎歹达等送傅安归明朝。傅安被帖木儿扣留"凡十三年，艰苦备尝，志节益励"，始终拒绝

① 《明史》卷332《撒马儿罕传》。
② 德国人细尔脱白格：《游记》，译文见《中西交通史料汇编》第一册第六章《明代中国与欧洲之交通》。
③ 《明太宗实录》卷33。
④ 《明太宗实录》卷50。

劝降。傅安出使时"方壮龄,比归,须眉尽白。同行御史姚臣、太监刘惟俱物故。官军千五百人,而生还者,十有七人而已"①。傅安等热爱祖国的气节,垂留史册。

自傅安返回南京以后,两国之间重归于好,帖木儿帝国"或比年,或间一岁,或三岁辄入贡"②。明朝政府也"遣指挥白阿儿忻台等往祭故王(帖木儿),而赐新王及部落银币"③。双方之间的贸易络绎不绝。

自永乐以后,两国之间一直保持着友好的邦交关系。

五、郑和远航亚非各国

明朝政府把自己视为"天朝上国",要周围邻国都来向它"朝贡",但是洪武中后期后,东南亚国家"诸番久缺贡",只有少数东南亚国家"朝贡如故"④。对于这种情况,明朝统治者是不满意的。而当时随着社会经济的恢复与发展,明朝积累了越来越多的物质财富,在这种情况下,迫切需要开辟对外贸易的通道。永乐初期之后,明朝政府派遣郑和多次远航亚非各国,其目的一是要在这些地区宣扬国威,"宣德化而柔远人"⑤;二是招致各国来朝,发展朝贡贸易,同时,也携带中国产品直接到各国进行交换。

郑和本姓马,小字三保,回族,云南昆阳(今云南晋宁)人。洪武时入宫,初在燕王藩邸任职,后随朱棣起兵有功,擢升为太监,赐姓郑。历事永乐、洪熙、宣德三朝。世称"三保太监",也称"三宝太监"。明朝时以婆罗洲为中心,婆罗洲以西称"西洋",以

---

②③ 《明史》卷332《撒马儿罕传》。

④ 《明史》卷324《三佛齐传》。

⑤ 长乐《天妃灵应之碑记》。

东称"东洋"。"文莱,即婆罗国,东洋尽处,西洋所自起也"①。郑和所到的地区大都在婆罗洲以西,所以俗称"三保太监下西洋"。

郑和第一次远航是在永乐三年(1405年)六月,他与副使王景弘等从苏州刘家港(今江苏太仓东浏河镇)出发,首先到达占城(今越南南部),遍历爪哇(今印度尼西亚爪哇岛)、暹罗(今泰国)、满刺加(今马来半岛南端马六甲)、苏门答刺(今印度尼西亚苏门答腊)、忽鲁谟斯等地。于永乐五年(1407年)九月返回南京,前后历时两年三个月。郑和这一次航行共有船只六十二艘,人员二万七千多名,船长四十四丈、宽十八丈②。每船可容千余人,是当时海上最大的船只。船上有航海图、罗盘针,具有当时最先进的航海设备。从永乐六年(1408年)到宣德五年(1430年)郑和又六次率领船队远航。前后七次,历时二十余年,共经历亚非三十多个国家和地区,是世界航海史上的盛举。

郑和所率船队到过的地方有:渤泥(今加里曼丹北部)、满刺加、爪哇、三佛齐、苏门答刺、暹罗、占城、真腊(今柬埔寨)、锡兰山(今斯里兰卡国)、榜葛刺(今孟加拉国)、古里(今印度西海岸卡利库特)、苏禄(今菲律宾苏禄群岛)、安南(今越南)、彭亨(今马来半岛)、小葛兰(今印度西海岸)、美洛居(今马鲁古群岛),远至波斯湾的忽鲁谟斯岛、红海岸的阿丹(亚丁)和伊斯兰教圣地天方(麦加),以及非洲东海岸的不刺哇、竹步、麻林等地。郑和的远航,比西方哥伦布、达伽马等的航行早将近一个世纪,舰队规模和船只之大更是远远超过了他们。尤其是郑和第三次、第四次远航中,对赤道非洲木骨都束(非洲东岸,今索马里摩加迪

---

① 张燮:《东西洋考》卷5《文莱》。
② 《明史》卷304《郑和传》。1963年4月版《科学史集刊》第5期所载周世德《中国沙船考略》一文,认为"宽十八丈"为"宽于八丈"之误。

沙)、卜剌哇(今索马里的布腊瓦)、竹步(赤道以南,今索马里的朱巴河口一带)、麻林(赤道以南,今肯尼亚的马林迪)等几个国家的访问,更是航海史上的创举。永乐时期(十五世纪初),外界对赤道非洲是不了解的。那时欧洲人知道和他们邻近的地中海彼岸非洲北部各国的一些情况;阿拉伯人对非洲的认识,也局限在阿拉伯海和红海、地中海沿岸地区。从来没有一只商船到过赤道非洲。

郑和远航的船队,满载瓷器、丝绸、锦绮、纱罗、麝香、铁器和金属货币等,所以又称为"宝船"。郑和船队所到之处,一方面宣扬明朝的国威,邀约各国派使臣到中国来"朝贡";同时就地与他们进行贸易。各国和中国交易的是他们本国的特产,如占城对"中国青瓷盘碗等品,纻丝绫绢烧珠等物甚爱之,则将淡金交易";爪哇"国人最喜中国青花瓷器并麝香、销金、纻丝、烧珠之类,则用铜钱买易";锡兰国对"中国麝香、纻丝、色绢、青瓷盘碗、铜钱、樟脑甚喜,则将宝石珍珠换易"。当宝船到达祖法儿后,其国王"差头目遍谕国人皆将乳香、血竭、芦荟、没药、安息香、苏合油、木别子之类来换纻丝、瓷器等物"①。明朝进口的大多是供皇室贵族享用的珍珠宝石、香料及珍禽异兽等奢侈品,如马欢在《瀛涯胜览》纪行诗中所说的那样:"归到京华觐紫宸,龙墀献纳皆奇珍;重瞳一顾天颜喜,爵禄均颁雨露新。"在交易品中也有少量的棉花及铜等物资。郑和船队在进行贸易时,有的是通过当地国家政府。如在古里,郑和先将带去锦绮等物与当地的官员及牙人"逐一议价已定,随写合同价数,彼此收执",然后主人"才将宝石、珍珠、珊瑚等物来看议价"成交②。有时则直接与当地居民进行交易,如在暹罗国有一市镇名上水,"此处有番人五六

① 马欢:《瀛涯胜览》"占城"、"爪哇"、"锡兰"、"祖法儿"。
② 马欢:《瀛涯胜览》"古里"。

· 202 ·

百家,诸色香货皆有卖者","中国宝船到暹罗,亦用小船去做买卖"①。所以,郑和所率的宝船抵达一国后,并不限于在国都或大码头、大市镇进行贸易,而且派遣船只到各国内地的市集去做买卖。《郑和航海图》所标注的地名极多,于偏僻处注明"有人家"字样,由此可见其贸易活动范围之广。郑和的远航船队从南海进入印度洋或从非洲回航时,往往以满刺加作为他们的中间站,于此停泊休整,所以郑和就在当地设立"官厂"。曾随郑和出使的巩珍,在其所著《西洋番国志》中记载说:"中国下西洋舡以此为外府,立摆栅墙垣,设四门更鼓楼。内又立重城,盖造仓库完备。"在回航时则到满刺加集中,"将各国诸色钱粮通行打点,装封仓䐀,停候五月中风信已顺,结綜回还"②。

郑和的远航,促进了中国人民同亚非各国的经济文化交流,增进了各国政府间和人民间的友谊,很多国家在郑和的远航船队访问后派使臣来中国建立邦交和进行贸易。所以在永乐时期,"西洋"各国使臣和商队来中国的络绎不绝,有的就是在郑和回航时派遣船只前来中国的。如忽鲁谟斯"国王亦将船只载狮子、麒麟、马匹、珠子、宝石等宝物,并金叶表文,差其头目人等跟随钦差西洋回还宝船,赴阙进贡"③。当时随郑和船队来中国的有柯枝、南渤利、甘巴里、满刺加、占城、锡兰山、木骨都束、爪哇、不刺哇、阿丹、苏门答剌、麻林、剌撒等国的使臣。永乐二十一年(1423年),忽鲁谟斯等国来中国的使臣达一千二百人。是时"诸番使臣充斥于庭"④,中国的首都成了亚非各国友好使者会聚的胜地。

郑和率领庞大的舰队七下西洋,还扫除了海上交通的障碍。

---

① 马欢:《瀛涯胜览》"暹罗"。
② 巩珍:《西洋番国志》"满刺加"。
③ 马欢:《瀛涯胜览》"忽鲁谟斯"。
④ 《明史》卷326《古里传》。

当时由南海进入印度洋的交通要道三佛齐,为陈祖义等武装走私集团所控制。郑和第一次出使回航到三佛齐时,就擒获了陈祖义,将他带回国内①,"海道由是清宁,番人赖之以安业"②。这对保证东南亚各国之间的海上贸易活动也起了不小作用。

郑和远航的舰队都是和平访问和进行贸易,只要不抢掠宝船的货物,或先向郑和的舰队进行袭击,郑和是不使用武力的。

郑和的随员马欢著《瀛涯胜览》、费信著《星槎胜览》、巩珍著《西洋番国志》,记载了所至各国的情况,丰富了中国人民的世界知识。郑和的航海行程留有图录,原称《自宝船厂开船从龙江关出水直抵外国诸番图》,一般省称为《郑和航海图》。它绘示了郑和出使西洋,从南京起经南海、印度洋直达非洲东岸所经的地名和方位。郑和还总结航海实践经验,写出《针位编》,是远洋航行的宝贵资料。他在第七次航海前(1431年),曾在福建长乐天妃宫立碑,记载了他前六次航海的经过,这是我国航海史上的重要文物。郑和是我国也是世界历史上杰出的航海家。

---

① 《明史》卷304《郑和传》。
② 郑和:《娄东刘家港天妃宫通番事迹碑》,载《吴都文萃续集》卷28。

第七章　明中期的政治(上)

　　正统十四年(1449年),明朝与瓦剌打了一仗,明朝皇帝英宗在土木堡作了瓦剌的俘虏。这件大事,一般将之看作明代中期的开端。万历九年(1581年),张居正在全国推行一条鞭法,进行了中国赋役制度史上的一次大改革。这次改革,一般看作是明代中期的下限。从正统十四年(1449年)到万历九年(1581年)的一百多年,在明代历史上,也在整个中国封建社会历史上,占有特殊的地位。一方面,长期的相对稳定的守成局面,使明朝统治者失去了建国之初勤政不怠的作风,朝夕生活在皇帝身边的宦官因而得以经常窃权专政,造成了政治的日趋混乱和黑暗。这在英宗正统至武宗正德时期尤为突出。世宗嘉靖年间宦官之势稍有抑制,而群臣争夺首辅的斗争则很激烈,同样使政治经常处于混乱状态。另方面,封建社会的痼疾——土地兼并和地主阶级向农民转嫁赋役日趋严重,在明初曾经喘过一口气的农民,因而重新陷入每况愈下的痛苦之中,社会矛盾越来越尖锐。为了争得生存的权力,农民们不得不一次又一次地掀起武装斗争的高潮。政治的黑暗和国内社会矛盾的尖锐,削弱了边防力量,边疆少数民族的上层,尤其是北方蒙古族的上层,乘机骚扰,倭寇等外国侵略势力也纷至沓来。边境连绵不断的战事,反过来又影响了国内的政治和激化了社会矛盾,使得明朝的统治不断发生危机。为了巩固明王朝,缓和国内的矛盾,对付边境的战事,许多地主阶级政治家先后提议改革,并做了种种试验,嘉靖中期以后,改革的潮流越来越强,到万历初年,遂形成了有名的张居正改革。明朝中期的历史,就是这样,一方面矛盾不断发展,一方面自上而下的改革又多次出现,两方面的交织,使局势的演变错综复杂,迂回曲折。另外,明代中期生产力得到很大提高,商品经济空前发达,在这个基础之上,资本主义生产关系的萌芽冲破了封建生产关系的束缚,破土而出,标志着中国封建社会至此发展到了一个新的转折点。

第一节　王振专权和"土木之败"

明宣宗朱瞻基于宣德十年(1435 年)正月病死,由皇太子朱祁镇继位,是为英宗,年号正统。这时朱祁镇刚九岁,太皇太后张氏(朱祁镇的祖母)委任"三杨"等主持政务。因此,正统初年基本上继承了仁宣时的各项政策。但宦官王振已在渐渐地窃取权力、干预政治了。后来,在王振的操纵下,宫廷糜财日甚,土木工程繁兴,用兵连年,对人民的剥削越来越残酷,流民问题越来越严重,阶级斗争越来越激烈。这时,瓦剌又在北方兴起,而王振却不予重视,到正统末年终于导致了英宗为其所俘的结局。

一、王振专权

王振,蔚州(今河北蔚县)人,曾在家乡读过书,由儒士为教官。后当谪戍,正好遇到明朝皇帝下令"有子者许净身入内",王振乘机自宫钻进皇宫,授宫人书,皇宫里的人都称呼他为"王先生"。当时一般小宦官虽在内书堂读书,但比起王振来,文墨上要逊色得多。而且王振又在官场中混过,因此在舞文弄墨和玩弄权术方面他的同辈都无法与他相比。王振因具备了这些有利条件,故受到明宣宗的信用,被派侍奉皇太子朱祁镇读书,很快升任为司礼监太监。①

宣宗死，英宗年幼，敬畏王振，呼先生而不名。王振为了巩固自己的地位，便故作姿态，耍弄权术，以取得阁臣"三杨"等的好感。一次，英宗朱祁镇与小宦官于宫庭内击球，"振至而止"。第二天，朱祁镇"在阁中，振跪奏曰：'先皇帝为一球子，几误天下，陛下复蹈其好，如社稷何！'"作出一副耿耿忠心的样子，感动得"三杨"叹曰："宦官中宁有是人。"②王振每次到内阁去传旨时，装得恭敬小心的样子，"立阁外，不敢入，'三杨'呼入坐，以宠异之"。但他暗地里却拼命勾结内外官僚，窃取权力。英宗当皇帝后半年（宣德十年七月），太皇太后命王振偕文武大臣阅兵于朝阳门外，王振谎报其私党隆庆右卫指挥佥事纪广的骑射为第一，超擢其为都督佥事。起先张太后对王振是存有戒心的，英宗刚即位后的一天，张太后把英国公张辅，大学士杨士奇、杨荣、杨溥和尚书胡濙召到便殿，对朱祁镇说：这五个大臣是"先朝所简贻皇帝者，有行必与之计。非五人赞成不可行也"。接着又把王振找来说："汝侍皇帝起居多不律，今当赐汝死。"经过朱祁镇和在场的大臣们的请求，才宽免了王振，规定"此后不可令干国事也"。但王振善于察言观色，处处表现自己的忠心。正统四年（1439年）十月，福建按察佥事廖谟杖死驿丞。驿丞是阁臣杨溥的乡里，而廖谟则是阁臣杨士奇的乡里。杨溥要为驿丞报仇，处廖谟以死刑，而杨士奇则庇护廖谟，以"因公杀人"论，"争议不决，请裁太后"。王振乘机对太后说："二人皆挟乡故，抵命太重，因公太轻，宜对品降调。"太后从之，降谟同知③。太后看他处理事情是那么"秉公无私"，渐渐地信任了他，让他"渐撛朝事"④。正统六年（1441年）十月，奉天、华盖、谨身三殿的修建工程完

---

① ② 查继佐：《罪惟录》列传卷29《王振传》。
③ ④ 《明史纪事本末》卷29《王振用事》。

成,朱祁镇大宴百官,根据明朝的礼制,"宦者虽宠,不得预王庭宴"。英宗怕王振不高兴,派人去看他在干什么。来人发现王振正在那里大发脾气,自比为周公,说:"周公辅成王,我独不可一坐乎!"①英宗连忙叫人打开东华门的中间大门,让王振来参加宴会,在座的百官也赶忙起来迎谒。

正统七年(1442年)十月,张太后病死,杨荣先卒,杨士奇则因其子稷杀人被捕入狱而"坚卧不出"。"三杨"中"惟杨溥在朝,年老势孤"。王振就无所顾忌了,他除去了朱元璋时在宫中所立的"内臣不得干预政事"的禁牌②。从此,大权独揽,广植私党。他使其侄王山为锦衣卫指挥同知,王林为锦衣卫指挥佥事。凡是敢于触犯他者,就嗾使其同党诬构罪状,横加刑罚。如械系户部尚书刘中敷于长安门,枷祭酒李时勉于国子监门,贬河南山西巡抚于谦官。"公侯勋戚咸呼曰翁父。畏祸者争附振免死,贿赂辏集"③。兵部尚书徐晞、都御史王文等皆诣附王振。工部郎中王祐自称儿子,由此可见当时一班官僚的谄媚丑态。明朝宦官专权,自王振始。

王振迷信佛教,乱发度牒。正统五年春夏两季的半年中就发卖了度牒二万二千三百余份,弄得北京的街头上布满了和尚道士④。正统十三年(1448年)二月,王振重修庆寿寺,"凡役军民万余人,糜帑数十万"⑤,改名大兴隆寺,"侈极壮严"。京师谣曰:"竭民之膏,劳民之髓,不得遮风,不得避雨。"⑥王振公开卖官鬻爵,收受贿赂,"广置塌房庄所田园马房,侵夺民利,不输国课"⑦。

①②《明史纪事本末》卷29《王振用事》;《明史》卷304《宦官传》。

③《明史》卷304《王振传》。

④《明通鉴》卷22。

⑤《明通鉴》卷24。

⑥《明英宗实录》卷183。

⑦《明英宗实录》卷181。

王振用搜括来的财富,在京城内外建造了好几处第宅,"重堂邃阁,拟于宸居"。"器服绮丽,尚方不逮"①。

二、麓川用兵

麓川宣慰司在今云南瑞丽县等地区,与缅甸接境。元朝时就于其地设置了宣慰司。朱元璋派兵平定云南后,麓川宣慰司归明,其部族首领受令担任宣慰使之职。英宗正统二年(1437年)十月,云南麓川宣慰使思任发叛,到正统五年七月,被镇守在云南的黔国公沐昂与都指挥方瑛、柳英等所率的明军所平服。十二月,思任发派使者致书云南总兵官,转奏明朝皇帝,表示愿进贡谢罪。朱祁镇叫在朝的文武大臣进行讨论。刑部侍郎何文渊上言,认为麓川地方不大,又处于极南边,不要兴大军去进讨,"官军于金齿,且耕且守",用政治去影响,使他们归服,"舜德格苗,不劳征伐,而稽首来王矣"②。大学士杨士奇和侍讲刘球也主张这一办法。刘球还分析了当时的边防形势,指出:"瓦剌终为边患",所以应该把边防的重点放在西北,"浚筑沟垣,增缮城堡,勤训练,严守望,以防不虞"。更不应该把甘肃的守将调去南征,削弱北方的防御③。但王振为了"示威荒服",根本听不进这些正确的意见,一意孤行。他已先召还甘肃总兵蒋贵等人,待命出征。兵部尚书王骥揣知王振的意向,力主用兵。王振大悦,"遂绌廷议,于是麓川之役起"④。

正统六年(1441年)正月,命定西伯蒋贵为征蛮将军,兵部尚书王骥提督军务,征麓川。发四川、贵州、湖广兵十五万,"转

① 《明史纪事本末》卷29。
② 《明史纪事本末》卷30《麓川之役》。
③ 《明史》卷162《刘球传》。
④ 《明通鉴》卷22。

饷半天下"①,用兵一年,但却没有结果,到十二月,王骥等班师回京。正统七年十月,复命蒋贵、王骥征麓川。明军深入高黎贡山,大破叛军,思任发逃走,乱平班师。思任发到处躲藏,后来为缅甸人所擒。正统十一年,缅甸人将思任发献于明军。思任发子思机发"屡遣使入贡谢罪,中外咸愿罢兵"。而王振却要"尽灭其种类"②,于正统十三年复派王骥等率十三万明军前去征剿。

对麓川用兵,"老师费财,以一隅骚动天下"③,给人民带来了不少灾祸,对明朝的国力也是巨大的消耗。而王骥等人却大发战争财,他们擅自征调民夫,抬运彩绸,卖给沿途的土司。军队的辎重却不给负载牲畜,强令士兵"负米六斗,跋陟山谷",很多士兵因不堪负荷自缢而死。军队"抵金沙江,徬徨不敢渡,既渡不敢攻"。王骥为了报功,"多捕渔户为俘"④。结果,仍没有把麓川平服,虽然思机发"竟失所在",而(王)骥还兵,部落复拥任发少子思禄为乱。王骥只好"与思禄约,许以土目得部勒诸夷,居孟养如故"⑤。

三、瓦剌的兴起及其南扰

明英宗正统(1436—1449 年)时,蒙古族瓦剌部的脱懽及其子也先崛起。脱懽是永乐时被封为顺宁王的马哈木之子。马哈木死后,脱懽于永乐十六年(1418 年)袭封。宣德九年(1434年),脱懽袭杀鞑靼部的阿鲁台,"悉收其部"⑥。正统初,脱懽又

---

① 《明史纪事本末》卷 30《麓川之役》。
② 《明史》卷 171《王骥传》,卷 314《麓川传》。
③④ 《明史》卷 171《王骥传》。
⑤ 《明史》卷 314《麓川传》;《明史纪事本末》卷 30《麓川之役》。
⑥ 《明史》卷 327《鞑靼传》。

杀瓦剌部的"贤义、安乐两王,尽有其众"①。于是蒙古瓦剌、鞑靼各部皆归脱懽统率。脱懽"欲自称可汗,众不可;乃共立脱脱不花,以先所并阿鲁台众归之"②。脱懽则"自为丞相"。脱脱不花系原来元皇室的后裔。因为多数蒙古人愿以成吉思汗子孙作蒙古可汗,所以当一些大部落的首领在各部之间的战争中抢得权力以后,就往往拥立元皇室后裔作傀儡。这些傀儡,就成为蒙古族各派之间权力争夺中的工具和牺牲品,早在永乐时就已是这样,如"自顺帝(妥懽贴木尔)之后,传爱猷识理达腊,至坤帖木儿,凡六辈,相代瞬息之间,且未闻一人遂善终者"③。当时脱懽虽在众议的逼迫下,表面上推奉脱脱不花,"实不承其号令"。④

正统四年(1439年)脱懽死,子也先嗣,称太师淮王。"脱脱不花具空名,不复相制"。⑤向明朝政府朝贡时,脱脱不花和也先各自派遣使臣,"主臣并使",而明朝政府也两边应付,赐予的物品都很优厚。正当明朝对麓川用兵时,也先拚命扩张其势力。首先向西北方向发展,"结婚沙州、赤斤蒙古诸卫"⑥。到正统九年,竟置甘肃行省,并授罕东诸卫都督讷格(喃哥)等为平章⑦。

正统十年(1445年),也先发兵裹胁沙州、罕东及赤斤蒙古等围攻哈密卫,俘掳了明朝所封的忠顺王倒瓦塔失里之妻及母,后放回哈密,并逼胁忠顺王到瓦剌去。倒瓦塔失里数次派使者向明朝政府告难求救,但明朝政府只是"敕令诸部修好"⑧,却不发一兵一卒前去救援。倒瓦塔失里求救无门,在瓦剌武力的威逼下,乃于正统十三年去瓦剌。从此哈密卫就为瓦剌所控制。

---

①②⑤⑥ 《明史》卷328《瓦剌传》。

③ 《明太宗实录》卷55。

④ 《明史》卷327《鞑靼传》。

⑦ 《明通鉴》卷23。

⑧ 《明史》卷329《哈密卫传》。

哈密为西域要道,明初于此建立卫所,以此为西陲屏蔽,至此为也先所控制,使得明朝与西域的交通受到了阻扰,在甘肃方面的边防更为吃紧。也先在"役属西北诸部"的同时,又把他的势力向东方发展。正统十一年,率兵攻打兀良哈三卫,派使者到大同要明朝供应他们粮食,并要见大同镇守太监郭敬。实际上这是对明朝的一种试探,看明朝政府对其攻打兀良哈抱什么态度。明英宗朱祁镇和王振告诉郭敬"毋见,毋予粮"①,既不谴责也先的侵扰活动,也不派兵援助兀良哈,竟坐视也先"破兀良哈,胁朝鲜"②。这时,也先的势力向东扩展到辽东地区,向西伸展到今天的新疆、青海等地。面对瓦剌势力的扩张,明廷较有见识的官员都知道也先必将起兵攻掠内地,纷纷向明英宗朱祁镇上疏。正统八年,侍讲学士刘球针对当时的弊政提出了十桩应该改革的事情。其中对瓦剌的问题,他指出:"迤北贡使日增,包藏祸心,诚为难测。"因此他建议整顿兵制,杜绝私役军士,及时训练京边官军。整理军屯、盐法,充实军粮,"以厚储蓄"③。王振看了奏疏,认为是指责他的,立即将刘球逮捕,并私自派锦衣卫指挥马顺于狱中杀害了刘球。内使张环、顾忠及锦衣卫卒王永等对王振的暴虐十分愤恨,把王振的罪恶写成榜文张贴到大街上,"一再匿名数振恶,揭通衢"④。这些人也都被王振杀害了。正统十年,兵部尚书邝埜又和廷臣一起上疏:"请增大同兵","罢京营兵修城之役,令休息以备缓急"⑤。但明英宗朱祁镇和王振两人一味寻欢作乐,对臣僚的奏疏根本不加闻问,不采取任何战备措施。王振甚至仍不断地阴使其亲信大同镇守太监郭敬,"递年多造钢铁箭头,用瓮盛之以遗瓦剌使臣,也先每岁以良马等物赂

①② 《明史》卷328《瓦剌传》。
③ 《明史》卷162《刘球传》。
④ 《罪惟录》列传卷29《王振传》。
⑤ 《明史》卷167《邝埜传》。

振及敬以报之"①。

也先还通过进贡向明朝政府讹诈财物,正统四年(1439年)以后,瓦剌每年来北京的贡使达二千余人。大同地区每年对"贡使"供应费达三十万两。这些贡使进入内地以后,"往来多行杀掠",对沿途人民的骚扰十分严重。当明朝政府所赐的财物不能满足他们时,就"辄造衅端"②。正统十四年二月,"也先遣使二千余人进马,诈称三千人"③,向明朝政府邀赏。瓦剌的贡使冒领赏赐,原是习以为常的事情,王振本来就与瓦剌有勾结,接受也先的贿赂,所以以往瓦剌贡使冒领赏赐时他都加以庇护。这次,王振却叫礼部按贡使实有人数给予赏赐,并轻易减去马价五分之四。贡使回报了这一情况后,也先勃然大怒,借口明朝使者去瓦剌时曾答应嫁公主给也先的儿子,这次贡马是聘礼,而明朝失信,"答诏无许姻意",遂于这年七月统率各部,分四路大举向内地骚扰。东路,由脱脱不花与兀良哈部攻辽东;西路,派别将进攻甘州(治所在今甘肃张掖);中路为进攻的重点,又分为两支,一支由阿剌知院所统率,直攻宣府围赤城,另一支由也先亲率进攻大同。也先进攻大同的一路"兵锋锐甚,大同兵失利,塞外城堡,所至陷没"④。大同参将吴浩战死于猫儿庄。

四、土 木 之 败

大同前线的败报不断传到北京,明英宗朱祁镇在王振的鼓惑与挟持下,准备亲征。兵部尚书邝埜和侍郎于谦"力言六师不

---

① 《明英宗实录》卷183。
② 《明史》卷328《瓦剌传》。
③④ 《明史纪事本末》卷32《土木之变》。

宜轻出"，吏部尚书王直率群臣上疏说："况今秋暑未退，旱气未回，青草不丰，水泉犹塞，士马之用未充，兵凶战危。"[①] 但朱祁镇不听劝谏，偏信王振，决意亲征。命太监金英辅佐弟弟郕王朱祁钰留守京师，兵部侍郎于谦留京代理部务。英国公张辅、兵部尚书邝埜、户部尚书王佐及内阁学士曹鼐、张益等文武官员随征扈驾。随征的文武大臣以张辅居首，但却不使参预军政事务。一切军政事务皆由王振专断。如此大规模的军事行动，朱祁镇和王振竟儿戏似地要在几天内把出征事项准备齐全。"命在京五军、神机、三千等营官军操练者，人锡银一两，胖袄裤各一件，鞋鞋两双。行粮一月，作炒麦三斗。兵器八十余万。又每三人给驴一头，为负辎重。把总、都指挥，人加赐钞五百贯"。[②] 由于时间仓促，发放这些军需物资时十分混乱。当时在宣府、大同等地的仓储都缺乏粮草，户部只好急令"山西布政司及顺天保定等七府夏麦秋粮，原定口外交纳者，悉令抵斗收豆，赴大同、宣府等处交纳"。又"令太原府所属近北州县各起民五百名采刈秋青草"[③]。这样恶劣的物质条件，对军事行动当然非常不利，但朱祁镇和王振这一对昏聩骄妄的君臣却一意孤行。

七月十六日，朱祁镇和王振率领五十余万大军从北京出发，由于组织不当，军内自相惊乱。十九日出居庸关，过怀来，至宣府。兵部尚书邝埜在行军中跌下马来，负重伤，勉强支撑着随行。因军心不稳，士兵人人怀着疑惧心理，更加"连日风雨，人情汹汹"。"未至大同，兵士已乏粮，僵尸满路"[④]。王振却不管军队实际情况，盲目催促进军。兵部尚书邝埜和户部尚书王佐屡

---

① 《明通鉴》卷24。
②③ 《明英宗实录》卷180。
④ 《明史纪事本末》卷32《土木之变》。

次上章请回,王振大施淫威,"令跪于草中,至暮方释"。成国公朱勇向王振奏事,要"膝行向前"①。二十八日至大同东北的阳和(今山西阳高)。早在本月十五日,大同总督西宁侯宋瑛、总兵官武进伯朱冕及都督石亨,曾于阳和迎战也先率领的瓦剌军。因受监军太监郭敬的牵制,不能适宜指挥军队,全军覆灭。宋瑛和朱冕战死,石亨单骑奔回,郭敬伏草丛中逃脱。这时,大军来到阳和,看到十几天前留下的遍野"伏尸","众益寒心"②。

八月初一日,明军进到大同。也先为诱明军深入,主动北撤。王振看到瓦剌军北撤,还要坚持北进,随从的文武大臣纷纷上章请回,王振不听劝说。初二日,王振的同党镇守太监郭敬把前线惨败的情况密告王振,并说如果继续北进,"正中虏计,振始惧"③,第二天下令班师。王振是蔚州人,起先想从紫荆关退兵,让明朝皇帝于退兵时经过他的家乡,"驾幸其第",显示威风。已经走了四十多里路,王振又怕大军到蔚州损坏他的田园庄稼,就命"复折而东",奔向宣府。大同参将郭登得知这一情况后,急忙告诉学士曹鼐、张益说:"自此趋紫荆,裁四十余里,驾宜从紫荆入。"④ 王振不听。初十日,明军退到宣府,这时瓦剌大队骑兵追袭而来,朱祁镇派恭顺伯吴克忠、都督吴克勤帅兵断后拒敌,皆战死,又派成国公朱勇、永顺伯薛绶率三万骑前去救援。朱勇冒险进军至鹞儿岭,陷入瓦剌军的包围,"敌于山两翼邀阻夹攻",三万骑兵被"杀掠殆尽"⑤。朱勇和薛绶也都战死。朱祁镇和王振在退师中不断遭到瓦剌军的袭击,异常惊慌。十三日,狼狈逃到土木堡,离怀来城仅二十里,随从的文武官员都主张"入

---

① 《明英宗实录》卷180。
② 《明通鉴》卷24;《明英宗实录》卷180。
③ 《明英宗实录》卷181。
④ 《明史》卷167《曹鼐传》。
⑤ 《明史纪事本末》卷32《土木之变》。

保怀来",王振以"辎重千余辆未至,留待至"。邝埜一再上章要英宗"车驾疾驱入(居庸)关",组织精锐的部队断后拒敌,皆被王振阻止不报。邝埜又到行殿力请,王振怒斥道:"腐儒安知兵事,再妄言必死!"邝埜回答说:"我为社稷生灵,何得以死惧我!"王振喝令卫士硬把邝埜扶出,"遂驻土木"。第二天朱祁镇想继续行进,但瓦剌军已紧逼明军,无法移动。土木堡地高无水,掘井深二丈亦不得水,人马两天不饮水,十分饥渴。土木堡之南十五里处有河,已被瓦剌军所占据。也先从土木堡旁的麻谷口进攻明军,瓦剌军越聚越多,守麻谷口的都指挥郭懋拒战一夜。十五日,也先伪退,并派使者到明军处讲和。朱祁镇命曹鼐起草诏书,派通事两人随来使去也先军营。王振看到瓦剌军向后撤退,又派使者来议和,不作分析,轻易地下令移营就水,军士跳越壕堑而行,行伍纷乱。明军刚一移动,行未三四里,瓦剌军就四面围攻,明军"兵士争先奔逸,势不能止"。瓦剌骑兵蹂阵而入,挥长刀砍杀明军,"大呼解甲投刀者不杀"。于是明军士兵"裸袒相蹈藉死,蔽野塞川"。朱祁镇与亲兵乘马突围,不得出,乃下马盘膝面南坐,有一个瓦剌士兵要剥取他的衣甲,看到朱祁镇的衣着与众不同,就推拥着他去见也先之弟赛刊王,明朝皇帝就这样作了瓦剌军的俘虏。在混战中,随从朱祁镇的大臣英国公张辅,驸马都尉井源,兵部尚书邝埜,户部尚书王佐,内阁学士曹鼐、张益,侍郎丁铭、王永和等五十余人皆战死。只有大理寺右寺丞萧维桢、礼部左侍郎杨善等数人侥幸逃出[1]。王振则于战争中被护卫将军樊忠以棰捶死,说:"吾为天下诛此贼!"[2] 太监喜宁投降瓦剌,把明朝内部的虚实情况完全告诉了也先。"骡马二十余万,并衣甲器械辎重,尽为也先所得。"[3]朱祁镇所率领五十万军

---

①③ 《明史纪事本末》卷 32《土木之变》。

② 《明史纪事本末》卷 29《王振用事》。

队是明朝京军的所有精锐,几乎全部被王振断送,"死伤过半"。"其实虏(瓦剌军队)众仅二万"①。战争过后一个月,九月十二日,提督居庸关巡守都指挥同知杨俊报告称:近日来在"土木拾所遗军器,得盔六千余顶,甲五千八十领,神枪一万一千余把,神铳六百余个,火药一十八桶"。九月十三日,宣府总兵昌平伯杨洪报称:"于土木拾所遗军器,得盔三千八百余顶,甲一百二十余领,圆牌二百九十余面,神铳二万二千余把,神箭四十四万枝,大炮八百个。"② 由此可见明军损失的惨重。这次战役,明史上称为"土木之败"。这次大败影响深远,成为明王朝由初期进入中期的转折点。

第二节　于谦和北京保卫战

土木之败,使明朝遇到严重的危机,幸亏有正直而强毅干练的于谦,挺身而出,艰苦经营,才使明朝历险而未亡,度过难关。

一、刷新内政,加强战备

英宗朱祁镇于正统十四年(1449年)八月十五日被俘到也先弟赛刊王营地雷家站(今河北宣化县东南),赛刊王在盘问他时,朱祁镇却反问道:"子其也先乎,其伯颜帖木儿乎,赛刊王乎,大同王乎?"赛刊王感到朱祁镇说话的口气很大,立即去告知也先:"部下获一人甚异,得非大明天子乎?"也先即派尚留在瓦剌军中的明朝使者去辨认,证实是明朝皇帝。也先狂喜大喊道:

①　刘定之:《否泰录》。
②　《明英宗实录》卷183。

"我常告天,求大元一统天下,今果有此胜。"① 也先问他的部下如何处理明朝皇帝,有人主张杀了以泄恨,也先之弟伯颜帖木儿力主留下来。也先自己也想以此来要挟明朝政府,于是就把朱祁镇送到伯颜帖木儿营里管押,只留被俘的校尉袁彬和他在一起②,后来又叫原被扣押的明朝使者哈明(即杨铭)去作伴。③

十六日,朱祁镇让袁彬给明朝廷写信,告诉他被俘的情况以及讨要珍珠金银去赎他。信交由日前来瓦剌军营充使者的千户梁贵送去。梁贵先把信送到怀来,再由怀来守将复遣人送到京师,于当夜三更从西长安门递进皇宫,皇宫里一片惊惶气氛。皇太后孙氏和皇后钱氏马上搜刮皇宫里的金宝文绮等珍贵财物,装驮了八匹马,于十七日午派太监运送到居庸关外去找瓦剌军营,企图把朱祁镇赎回来。这种用金帛赎回皇帝的设想,当然不会实现,朱祁镇却被也先所率的蒙古骑兵带至宣府转到大同④。

皇宫里把土木之败皇帝被俘的消息封锁起来,没有向朝臣们公布。但从前线败退下来的士兵,"疮残被体,血汗狼藉"⑤,三五成群地出现在北京街头上,问他们皇帝的情况,都说不知道。十七日,百官会集于阙下,"私相告语,愁叹惊惧"⑥。

十八日,皇太后命郕王朱祁钰监国(朱祁钰系宣宗朱瞻基次子,英宗朱祁镇之异母弟,英宗即位时封郕王,时年二十二岁),召集群臣商议战守之策。"群臣聚哭于朝",不知所为⑦。翰林侍讲徐珵急忙跳出来鼓吹天命,惑乱人心,说:"验之星象,稽之

---

① 《明史纪事本末》卷 32《土木之变》。
② 袁彬:《北征事迹》。
③ 杨铭:《正统北狩事迹》。
④ 袁彬:《北征事迹》;《明通鉴》卷 24。
⑤⑥ 刘定之:《否泰录》。
⑦ 《明英宗实录》卷 181。

历数,天命已去,惟南迁可以纾难。"① 当时许多大官富户为了保全自己的身家性命,纷纷南逃。徐珵是其中的典型代表,在土木之败以前,他看到边防形势紧张,预感到瓦剌必将入犯京畿,在同僚中间传播失败情绪,并把他的眷属送回南方苏州老家。这时他又在朝廷上公开鼓吹逃跑主张,当即遭到主战派兵部侍郎于谦等人的坚决反对。于谦大声说:"言南迁者可斩也。京师,天下根本,一动则大事去矣! 独不见宋南渡事乎。"② 于谦的正确意见,得到了吏部尚书王直、内阁学士陈循的支持。徐珵不敢复言,太监金英把徐珵叱出③。在于谦、陈循、王直以及商辂、王竑等爱国官员坚决主战的激励下,朱祁钰和皇太后才下抗战的决心,并把战守的重任付托给于谦。

于谦,字廷益,号节庵,浙江钱塘人,青少年时就有报效国家之志。他家里收藏有文天祥画像,非常仰慕文天祥于国难当头时那种"殉国忘身,舍生取义"的爱国精神。他撰写了赞词,作为鼓励自己的座右铭:"呜呼文山! 遭宋之季,殉国忘身,舍生取义。气吞寰宇,诚感天地……宁正而毙,弗苟而全……孤忠大节,万古攸传。载瞻遗像,清风凛然。"④ 当时,国君被俘,明王朝眼看着就要重蹈宋室南迁的覆辙,他不想让历史悲剧重演,于是毅然负起力撑危局的重任。于谦从八月十八日受事,到十月初瓦剌军队大举进犯,在这一个多月的时间内,他和主战派官员一起,雷厉风行地刷新内政,整顿军队,识拔文武官员,加强关隘防守,把惊慌混乱的局面改变成为同仇敌忾、共赴危难的激昂形势,终于在北京城下击败瓦剌军队,使得明王朝转危为安。

当时明朝的"京师劲甲精骑皆陷没,所余疲卒不及十万,人

---

① 《明史》卷 171《徐有贞传》。
② 《明史》卷 170《于谦传》。
③ 《罪惟录》列传卷 29《金英传》。
④ 叶盛:《水东日记》卷 30。

心震恐,上下无固志"①。于谦于受事的第二天(八月十九日)立即奏请朱祁钰调南北两京河南备操军,山东及南京沿海备倭军,江北及北京诸府运粮军,以及宁阳侯陈懋所率的浙兵亟赴京师守卫。

同日又命移通州粮入京师。当时通州仓积粮尚多,有人怕落入瓦剌手中,提议焚毁。正在北京的应天巡抚周忱建议,通州"仓米数百万(石),可充京军一岁饷,弃之可惜,不如令自取之"②。于谦赞成这一办法,立即奏请朱祁钰征调顺天府大车五百辆运通州仓粮进京,"运粮二十石纳京仓者,官给脚银一两"。并令"文武京官自九月至明年五月粮预于通州取给,军人给半年"③。派遣都御史陈镒、都督同知武兴、都指挥杨节等总其事。并令"新选余丁官军并旧操舍人及报效者,人赐银一两,布二匹。守城匠人,守门军火伏,并皇城四门内外官军,人赐布二匹"④。各地军队陆续来到京师,更加上粮食有了储备,京师人心渐趋安定。

八月二十一日于谦升任兵部尚书。

八月二十三日,朱祁钰登临午门代理朝政,右都御史陈镒等奏言:"王振倾危社稷,构陷乘舆,请族诛以安人心。"⑤朱祁钰没有明确答复,群臣看到朱祁钰犹豫不决的态度,满腔悲愤,哭声震殿陛。王振的党羽锦衣卫指挥马顺叱骂喝逐群臣,更加激起了大家的愤怒,于是给事中王竑奋起抓住了马顺的头发,咬他脸上的肉,怒斥道:"若曹奸党,罪当诛,今尚敢尔!"⑥群臣随着一哄而上,立时把马顺击毙,并向朱祁钰索要王振的党徒宦官毛贵、王长随两人。太监金英看到事情紧急,就把毛、王从宫门的

---

① 《明史》卷 170《于谦传》。

②⑤ 《明通鉴》卷 24。

③④ 《明英宗实录》卷 181。

⑥ 《明史》卷 177《王竑传》。

缝隙中推出来,也立时被群臣打死。过了一会,有人又把王振的侄儿王山捆缚了来,众争唾骂。一时"朝班大乱,卫卒声汹汹"。马顺等被打死,罪有应得,但臣下在殿庭上动武,这也不是正常的作法,因此,大臣们都感到束手无策。朱祁钰看着群臣怒不可遏的情状,殿庭上血迹斑斑的样子,感到害怕,想退避到宫里去。这时,于谦"排众直前",拦住了朱祁钰,请朱祁钰宣告:"顺等罪当死",殴击马顺等的官员皆"不论"①。朱祁钰又下令把王山缚至刑场,凌迟处死。王振家族无少长皆斩,"籍其家"②。这一事件起于仓卒之间,于谦当机立断,处理得宜,使得情势很快安定下来。于谦的袍袖挤轧得都破裂了,可见当时混乱的情况。当于谦步出左掖门时,吏部尚书王直握着于谦的手,以敬佩的口吻说:"国家正赖公耳,今日虽百王直何能为!"③ 不久王振党徒宦官郭敬、彭德清从大同逃归京师,也被抄家下狱。经过这一番打击后,王振同党为之敛迹,于谦等主战派的正气得到伸张。

八月二十四日,于谦推荐右都御史陈镒安抚畿内军民。

同日,于谦请封镇守宣府的杨洪为昌平伯,并奖谕巡抚罗亨信等。"土木之败"以后,宣府成为一座孤城,"人情汹惧,有议弃宣府城者,官吏军民纷然争出,亨信仗剑坐城下,令曰:出城者斩"。也先率军三次进攻宣府,挟朱祁镇命杨洪、罗亨信开门,皆被拒绝。杨、罗两人率同军民坚守孤城,"外御强寇,内屏京师"④,为保卫京师立下了战功。

当时,文武官员有的老弱怯懦,不能担负起抗击瓦剌的战守重任。因此于谦就大力调换整饬,积极识拔和推荐一批有才干的文武官员充实到中央和地方的各个部门。

---

①② 《明史》卷170《于谦传》;《明史》卷304《王振传》。
③ 《明史》卷170《于谦传》。
④ 《明史》卷172《罗亨信传》。

八月二十五日，于谦推荐升广东东莞县河泊所闸官罗通任兵部郎中守居庸关，派遣四川按察使曹泰守紫荆关，"会同军职，守备关隘，抚恤军民"①。同时命都督石亨总京营兵。石亨自阳和之败以后被贬官，但他有军事才能，因此于谦向朱祁钰推荐，使之担任这个重要职务。

八月二十八日，取来南京内库所贮军器三分之二以备急用②。当时京军兵器十分短缺，"有盔甲者仅十之一"③。

九月一日，群臣合请皇太后曰："国有长君，社稷之福"，请朱祁钰即帝位以安人心。这时朱祁钰虽然以监国的身份总理朝政，但却不是正式君主，这从明朝内部来说，究竟还缺少"皇帝"的权威，推行政令时总感到有些阻碍，对外部来说，明朝不另立皇帝，就使瓦剌易于借朱祁镇来进行要挟。而新立的太子(朱祁镇子朱见深)当时还只是一个三岁的幼儿，无法执政理事。皇太后看到这些事实，同意了大家的奏请。但当群臣把皇太后的旨意转告朱祁钰时，朱祁钰却惊让再三，并避归他的郕王第宅。于谦正色对朱祁钰说："臣等诚忧国家，非为私计。"④ 朱祁钰这才接受了皇太后的旨意，于九月六日即皇帝位，遥尊朱祁镇为太上皇，以翌年为景泰元年。

九月初七日，于谦推荐辽东都指挥范广为副总兵，协助石亨佐理京营。

九月十五日，于谦推荐大同副总兵都督同知郭登，佩征西将军印为总兵官，代刘安镇守大同。原来郭登一直与广宁伯总兵官刘安共同镇守大同。土木之战以后，八月二十一日瓦剌军拥朱祁镇到大同城外，郭登"闭门不纳"，朱祁镇派人对郭登说："朕

---

①② 《明英宗实录》卷181。

③ 《明英宗实录》卷184。

④ 《明史》卷170《于谦传》。

与登有姻娅,何外朕若此!"郭登回答说:"臣奉命守城,不敢擅启闭。"① 于是刘安出城去朝见了朱祁镇,朱祁镇索取了大同库金一万两及朱冕、宋瑛、宦官郭敬等人的家财分给也先及伯颜帖木儿等人。瓦剌军在大同城西驻到二十三日才离去②。当时大同"军士多战死,城门昼闭,人心汹汹",郭登"修城堞,缮兵械,拊循士卒,吊死问伤,亲为裹创换药"。郭登慷慨激昂地对军民说:"吾誓与此城共存亡,不令诸君独死也。"③ 而刘安却不顾边防重任,一心想要升官,于九月初五日竟擅离大同前线奔来京师,声言"来报虏情",并说英宗朱祁镇升他为侯。于是文武大臣及六科十三道弹劾刘安"擅离信地,径赴阙庭。素无智谋,莫救邦家之难。不由朝命,自加封爵之荣。宜正典刑,以为后戒"④。结果,刘安没有升为侯爵,却被下狱禁锢。郭登被任为总兵官后,更为奋励。他为了固守大同,不断扩充军队。他初接任时,"士卒堪战者才数百,马百余匹",经过数年的整顿以后,"马至万五千,精卒数万,大同兵遂为天下最"⑤。保卫大同孤城,对挫败瓦剌军起了重大的作用。

九月二十二日,于谦劾管三千营忻城伯赵荣,"不赴营操练,以致军容不整,纪律全无,士卒喧哗,行伍错乱,请治其罪"⑥。朱祁钰命法司禁锢赵荣,并以都督金事孙镗代领军务。

九月二十七日,朱祁钰接受于谦的建议,命监察御史白圭、李宾等十五人"往直隶、山东、山西、河南各府县招募民壮,就彼

① 《明史纪事本末》卷33《景帝登极守御》。
② 袁彬:《北征事迹》。
③ 《明史》卷173《郭登传》。
④ 《明英宗实录》卷182。
⑤ 《明通鉴》卷24。
⑥ 《明英宗实录》卷183。

卫所,量选官旗兼同操练,听调策应"①,充实和加强军队的后备力量。

同日,命户部主事陈汝言等往宣府、东昌、德州、河间等卫,对达官达军"每人赏银二两、布二匹,各令安分守己,毋或生事扰人"②。

于谦在这一个多月的日日夜夜里尽心竭虑,从各方面整顿内政,加强战备。当时,"上下皆倚重谦,谦亦毅然以社稷安危为己任"③。经过于谦的这一番整顿以后,京师人心稳定,军事力量增强,"大小关隘,但可通人马之处,或塞或守。塞则积木石,守则锋利器械"④。朱祁钰也完全信任于谦,有人因此而攻击说"帝任谦太过"。太监兴安为之辩白说:"为国分忧,如于公者宁有二人。"⑤

二、北京保卫战

正当于谦整顿军队,加强战备的时候,瓦剌军又大举进犯,妄想长驱直入夺取北京,逼明朝南迁。正统十四年(1449 年)十月初一日,也先和脱脱不花率领瓦剌军拥挟着朱祁镇至大同,"诡称奉上皇还"。大同守将郭登严兵为备,"遣人谢曰:'赖天地宗社之灵,国有君矣!'"⑥ 也先知道郭登已有准备,不敢攻,绕过大同南进。郭登立时将瓦剌进犯情况驰报京师。初三日,瓦剌军前哨精骑二万已抵紫荆关北口,另一路瓦剌军则从古北口进犯。初四日瓦剌军三万人过洪州堡进攻居庸关,又转攻白羊

①② 《明英宗实录》卷 183。
③ 《明史》卷 170《于谦传》。
④ 《明英宗实录》卷 184。
⑤ 《明史》卷 304《兴安传》。
⑥ 《明通鉴》卷 24。

口(居庸关西南)。初八日白羊口守将谢泽战死,白羊口被瓦剌军攻破。

明廷接到郭登的战报后,京师即行戒严。初五日诏诸王遣兵入卫。初八日,朱祁钰命于谦提督各营军马,将士皆受节制,并赦刘安、王通出狱,协守京师。召集文武大臣商讨战守策略。成山侯王通主张挑筑京师外城壕。总兵官石亨提议"毋出师,尽闭九门,坚壁以老之"①。于谦坚决主张到城外去迎击敌人,说:"贼张甚矣,而又示之弱,是愈张也。"②立即分遣诸将帅兵二十二万列阵于京师九门外:总兵官石亨,副总兵范广、武兴阵于德胜门,都督陶瑾阵于安定门,广宁伯刘安阵于东直门,武进伯朱瑛阵于朝阳门,都督刘聚阵于西直门,副总兵顾兴祖阵于阜成门,都指挥李端阵于正阳门,都督刘德新阵于崇文门,都指挥杨节阵于宣武门。皆受石亨节制。于谦把兵部的日常事务交侍郎吴宁处理,自己亲自至德胜门石亨军营,参加抵御瓦剌的战斗。初九日下令"有盔甲军士但今日不出城者斩"③。等到各部军队皆出至城外部署完毕后,"悉闭诸城门"以示背城死战的决心。下令"临阵,将不顾军先退者,斩其将;军不顾将先退者,后队斩前队"④。于谦自己则"率先士卒,躬擐甲胄","以示必死,泣以忠义谕三军,人人感奋,勇气百倍"⑤,准备迎击瓦剌军。

初九日,也先抵紫荆关,督促瓦剌军加紧攻关。投降瓦剌军的明朝宦官喜宁引导瓦剌军由山间小路越过山岭,腹背夹攻关城,守备都御史孙祥、都指挥韩清战死,紫荆关才被攻破。瓦剌军队便由紫荆关和白羊口两路进逼北京。十月十一日,瓦剌军抵北京城下,列阵西直门外,把朱祁镇放置在德胜门外空

①② 《明通鉴》卷24。

③ 《明英宗实录》卷184。

④ 《明史》卷170《于谦传》。

⑤ 《明史纪事本末》卷33《景帝登极守御》。

房内①。当天,都督高礼、毛福寿袭击瓦剌军于彰义门北,杀敌数百人,夺还被瓦剌军所掠千余人。也先看到明军阵容严整,不敢贸然进攻。喜宁就嗾使也先要明朝派大臣迎接朱祁镇,借议和试探明朝的虚实。明朝不派大臣"迎驾",以通政使参议王复为右通政、中书舍人赵荣为太常少卿带着羊酒出城到也先营去见朱祁镇。也先让朱祁镇带刀坐帐中,也先自己和伯颜帖木儿等皆全副武装,披甲胄张弓矢,引王复、赵荣进见。也先不受羊酒,取看番字公文,朱祁镇看汉字公文。也先对王复等说:"尔小官,可令胡濙、于谦、王直、石亨、杨善等来。"② 并索取大量金帛财物。朱祁钰和一些廷臣有些动摇,想议和,派人去问于谦。于谦回答说:"今日止知有军旅,它非所敢闻。"③ 在于谦的坚持下,也先的议和诡计没有得逞。

十三日,于谦、石亨率军与瓦剌军战于德胜门外。瓦剌军进抵北京城下后,曾派散骑到德胜门来窥探明军的阵势。于谦判断瓦剌军可能要在这里进攻,就叫石亨预先领兵埋伏于道路两旁的空房中,明军派少数骑兵去迎战,旋即假装败退,瓦剌军以万余骑追来。等瓦剌军逼近时,神机营的火炮、火铳齐发,同时石亨所领伏兵突起夹攻。明军副总兵范广,"跃马陷阵,部下从之,勇气百倍"④。瓦剌军大败,也先弟平章孛罗卯那孩在瓦剌军中有"铁元帅"之称,在这次战斗中也被范广所部的火炮击毙。瓦剌军随又转至西直门进攻明军,明军守将都督孙镗即率军迎战。战斗十分激烈,孙镗斩瓦剌军的前锋数人,敌军稍向北退,孙镗率军追击。瓦剌军增兵合围孙镗,孙镗尽力拚杀,但因兵力单薄,支撑不住,退到城边。给事中程信于城上发炮轰击瓦剌

① 袁彬:《北征事迹》。
② 刘定之:《否泰录》。
③ 《明通鉴》卷 24。
④ 《明史》卷 173《范广传》。

军,高礼、毛福寿率兵来助战,石亨也派兵来援,瓦剌军三面受敌,被迫退去①。

这次战斗后,于谦根据战斗中暴露出来的一些问题,重新作了部署,加强了西直门和彰义门之间的军事力量,命都督毛福寿等"于京城外西南街巷要路,堵塞路口,埋伏神铳短枪,以待策应"。派金都御史王竑往毛福寿、高礼处提督军务,与孙镗一处屯兵。并要他们与彰义门方面加强联系,遇有紧急情况,"互相应援,不许自分彼此,失误军机"②。瓦剌军在德胜门和西直门遭到挫折后,就在彰义门组织进攻。于谦命副总兵武兴、都督王敬、都指挥王勇率军往彰义门迎战瓦剌军。明军"俱以神铳列于前,弓矢短兵次之"③,挫败了瓦剌军的前锋。但这时明朝方面有数百骑想要争功,自后跃马冲出,冲乱了阵营,瓦剌军乘机反击,明军败退,武兴中流矢死。瓦剌军追到土城,土城一带的居民,"升屋号呼,投砖石击寇,哗声动天"④,瓦剌军受到阻遏。王竑、毛福寿也闻讯赶来支援,瓦剌军看到援军的旗帜,不敢恋战,仓皇退走。

这次也先率瓦剌军深入京畿,原以为明军不堪一击,北京旦夕可下。但经过五天的战斗,皆被击败,议和"迎驾"的诡计又未得逞,也先感到沮丧,瓦剌军的士气低落。明军自接战以来,屡获胜利,士气旺盛。而攻居庸关的五万瓦剌军,因天大寒,明朝守将罗通,"汲水灌城,冰坚不得近"⑤。经过七天的战斗,瓦剌军的进攻都被击退,罗通三次出关追击,斩获无算。也先又听得明朝的援军将集,恐断其归路,遂于十五日夜拔营北遁。也先拥挟着朱祁镇先退,于谦侦察到朱祁镇已走远,就命石亨等举火发

① 《明史》卷173《孙镗传》;《明通鉴》卷24。
②③ 《明英宗实录》卷184。
④ 《明史》卷170《于谦传》。
⑤ 《明史》卷160《罗通传》。

大炮轰其营,瓦剌军死者万余人。也先率瓦剌军自良乡向西退去,沿途大掠,在昌平焚毁了明朝皇帝的长、献、景三陵寝殿和供器。十七日,也先拥朱祁镇由紫荆关北退。但仍有不少股瓦剌军散掠各府、州、县。昌平伯杨洪率兵二万人援京师,于谦就命令他和孙镗、范广等去追击。二十四日杨洪追至霸州,败瓦剌军,俘虏敌军四十八人,夺还被掳人口万余①。二十五日,孙镗、范广亦追败瓦剌军于固安。各地人民因不堪瓦剌军的骚扰,也组织起来进行袭击。京郊舍人叶思实和民人任浪等六人,因杀获瓦剌军,得到明朝政府的奖赏②。直隶真定府安平县老人郭弘、生员郭清等十六人斩瓦剌军七人,并缴获了一批盔甲器械,明朝政府就授郭弘为判官、郭清等为正副巡检③。到十一月初八日,瓦剌军退出塞外,京师解严④。

三、继续整饬武备和朱祁镇南归

于谦和主战派官员领导和组织的京师保卫战终于取得了胜利,粉碎了瓦剌军想夺取北京的野心,明王朝转危为安。但"土木之败",使明朝的军事力量大损,国力减弱,各方面遭受的战争创伤也不是短期内所能恢复的。正如于谦在辞让功赏时所说的那样:"四郊多垒,卿大夫之耻也,敢邀功赏哉!"⑤ 这样,继续整饬武备,就成为明朝政府的重要任务。但那时朝廷内部极不团结,这个任务的完成极为不易。

当时,有些大臣妒忌于谦的功赏,而有意贬低保卫京师的战

---

① 《明史》卷 173《杨洪传》。
② 《明英宗实录》卷 184。
③ 《明英宗实录》卷 185。
④ 刘定之:《否泰录》。
⑤ 《明史》卷 170《于谦传》。

绩,有的甚至罗织罪名对他进行弹劾。如侍讲刘定之上疏说:
"昨德胜门下之战,未闻摧陷强寇,但迭为胜负,互杀伤而已。虽
不足罚,亦不足赏。乃石亨则自伯进侯,于谦则自二品晋一品。
天下未闻其功,但见其赏,岂不怠忠臣义士之心乎!"①副都御
史罗通上言:"且韩信起自行伍,穰苴拔于寒微,宜博搜将士如
信、苴者与议军事。若今腰玉珥貂,皆苟全性命保爵禄之人,憎
贤忌才,能言而不能行,未足与议也。"②这一番话,也是诋毁于
谦和石亨的。王振的余党,也时刻企图反扑。景泰元年(1450
年)四月,浙江镇守中官李德上言:"诸臣擅杀马顺,同于犯阙,贼
臣不宜用。"③景帝朱祁钰交廷臣议论,由于于谦的据理驳斥,
朱祁钰才说:"诛乱臣所以安众志,廷臣忠义,朕已知之,卿等勿
以德言介意。"④这些情况,使继续整饬武备遇事掣肘,不能顺利
进行。由于当时朝政的主要主持者于谦不怕困难,做了坚持不
懈的努力,在其他有见识的大臣支持下,终于冲破了重重阻力,
完成了继续整饬武备的任务。

关于战守方略,大臣们的意见很不一致。户部尚书兼翰林
学士陈循力主把能征惯战的将领和精锐部队皆留京师,于是镇
守宣府的杨洪及其子杨俊,以及镇守居庸关的罗通都被调到北
京。而当时的一些将领,也以为打了胜仗,有了功绩,就想晋官
升职,在京师享受。有的虽派遣去镇守边关,却赖着不走,如"都
督顾兴祖等,虽承差遣,尚未启行"⑤。这些情况使得"宣府、居
庸兵将俱无","彼尚存者,不过疲兵赢卒"⑥。"紫荆、倒马、白羊
等关,虏贼退后,几及一月","尚未设守"⑦。于谦面对当时边防
废弛的状况,忧心忡忡,于十一月十五日上奏说:"宣府者京师之

---

①② 《明通鉴》卷25。
③④ 《明史》卷177《王竑传》;《明通鉴》卷25。
⑤⑥⑦ 《明英宗实录》卷185。

藩篱,居庸者京师之门户,未有藩篱门户之不固,而能免盗贼之侵损者也。"① 因此他要求朱祁钰集合文武大臣六科十三道,对如何处置边务从公会议。兵科都给事中叶盛也说:"固当保卫京师,尤宜整饬边关","以往事言之,独石、马营不弃,则乘舆何以陷土木,紫荆、白羊不破,则虏骑何以薄都城"②。在于谦和叶盛等人的大声疾呼下,最终引起了朱祁钰和多数大臣的重视,决定整饬边防,派遣左都督朱谦和都督同知纪广、都督佥事杨俊去镇守宣府。派刑部右侍郎耿九畴到南直隶整顿各卫所。命右佥都御史王竑和都指挥同知夏忠去镇守居庸关。派遣佥都御史萧启和都指挥佥事董宸赴河间府,佥都御史祝暹和都指挥佥事赵瑄赴保定府,右佥都御史陆矩和都指挥佥事葛旺赴真定府卫所镇守。又敦促顾兴祖即日启行,加紧修筑沿边关隘。命令各镇守官:"往彼镇守,提督各府并各卫官,抚安人民,操练军马,修理城池,坚利器械";"人民流移者,招抚复业,田地荒芜者,督令耕种"③。

为了整饬武备,于谦很重视提高士兵的素质和战斗力,强调平时对士兵的操练,他认为"操练军马,国之重务"。而当时京军的各营总兵、把总官,每于朝参后方到教场操练,使得军士在教场上久等,耽误了操练。于谦奏请"自今乞令总兵把总等,凡直操之日,免其朝参,就令至教场操练"④。于谦自己则"不时往来总督,怠惰贪黩者即奏闻黜罪"⑤。经过于谦等人的大力整饬,明朝的军备力量逐渐加强,对瓦剌军的抵御力量日益增大,这导致了朱祁镇不久得以南归。

也先所率瓦剌军虽在北京城下受到挫败,但兵力并没有遭受太大的损失,所以也先退到塞外以后,仍是野心勃勃妄图兴兵来夺取明朝的江山。叛阉喜宁向也先献策:"西犯宁夏,掠其马,

① ② ③ ④ ⑤ 《明英宗实录》卷185。

直取江表(即江南地区),居上皇(朱祁镇)于南京。"① 以朱祁镇为傀儡,和北京朱祁钰相对抗,中分天下。景泰元年(1450 年)闰正月,也先即派遣瓦剌军三万余进入宁夏,抢掠人口及明朝的马牛羊等②,接着又进攻大同。大同总兵官郭登侦知瓦剌军营于沙坳,即率骑兵赶至敌营,身先士卒,奋勇进击,诸将继进,呼声震山谷,遂大破其众。追奔四十余里至栲栳山,又斩瓦剌军卒二百余,夺回被掠男女和牲畜。明朝边将自土木之败以后,畏缩不敢与瓦剌骑兵交锋。这次战斗,郭登以"八百人破敌数千骑,军气为之一振"③。郭登进封为定襄伯。但当时不少将领还抱着与瓦剌议和的态度,大同参将许贵上奏说,瓦剌派了三个人来,邀明朝派使者去讲和。于谦回答说:"我与彼不共戴天,理固不可和,万一和而彼肆无厌之术,从之则坐敝,不从则生变,势亦不得和。贵为介胄臣,而恇怯如此,何以敌忾,法当诛。"④ 朱祁钰准于谦的提议,下令切责许贵。从此,边将人人主战守,没有人再讲和议了。也先不断进攻宣府、大同,想占领这两处地方作为桥头堡,再进攻北京。但当时朱谦守宣府,郭登守大同,屡次击败瓦剌军,使两座坚城屹然不动。

也先每次进犯内地,往往先派间谍到内地来窥探明朝的虚实,因此,明朝政府就密令擒捕瓦剌的间谍,正统十四年(1449年)十月擒杀了跛儿干,十一月擒杀了安孟哥等三人,景泰元年(1450年)闰正月又擒杀了小田儿于阳和城外。这几个人都是也先的重要间谍,他们或作也先进犯时的向导,或混杂在使者中"来觇虚实"⑤。同年二月,也先又派叛阉喜宁充作使者与那哈

① 杨铭:《正统临戎录》,《明通鉴》卷24。
② 《明英宗实录》卷188。
③ 《明史》卷173《郭登传》。
④ 《明史》卷170《于谦传》。
⑤ 《明史纪事本末》卷33《景帝登极守御》。

出一起到野狐岭,声称奉太上皇朱祁镇命来索礼物,被都指挥江福所部擒获。喜宁是也先的亲信,也是瓦剌探察明朝虚实的主要间谍,也先的几次进犯,都是喜宁为他策划的,因此,明朝对他恨之切骨,以重金悬赏捕捉他。其赏格仅次于也先,与伯颜帖木儿相同:"杀巴延特穆尔(即伯颜帖木儿)及喜宁者赏银二万两,金一千两,封侯。"[①] 喜宁被解到北京,文武大臣及六科十三道就连章劾之:"喜宁,近侍内臣也,本朝廷腹心,反为丑虏腹心;本丑虏仇敌,反为朝廷仇敌。凡也先敢尔跳梁,皆喜宁为之向导。若不正之典刑,碎之万段,不惟无以大彰天讨,垂戒将来,抑亦无以慰宗社之灵,雪臣民之忿。"[②] 经过审问,于京师将之凌迟处死。也先的重要间谍逐个被翦除。

也先自从在土木战役中俘获明朝皇帝朱祁镇后,原以为奇货可居,欲利用朱祁镇来诱破明朝的城、关,来向明朝索取金帛财物。这一招,起先也确实起过一些作用,但明朝政府在于谦的主持下,传谕各边镇"瓦剌奉驾(朱祁镇)至,不得轻出"。而每当也先派使者来言"送驾"议和,或朝中大臣提到迎还朱祁镇时,于谦总是说:"社稷为重,君为轻。"[③] 所以到后来朱祁镇这个奇货就变成了"空质",也先留着他就根本不起什么作用了。

也先不断发动对明朝的战争,不仅山西、京畿等地连年遭受战争的破坏,蒙古各部族也深受其害,并使得汉族和蒙古族之间的交往和贸易中断,失掉了通贡和互市的好处,这对北方各族人民都很不利。因而蒙古统治集团内部的矛盾也日趋激化,反对也先的人愈来愈多。当时也先掌握大权,兵最多。脱脱不花虽

---

① 《明通鉴》卷25。
② 《明英宗实录》卷189。
③ 《明史纪事本末》卷35《南宫复辟》。

为汗,兵较少。阿剌知院兵更少。"其合兵南侵,利多归也先,而弊则均受。"① 正统十四年(1449年)十月,也先率兵进攻明朝京师时,脱脱不花所部并未入关,当瓦剌军败退到塞外时,脱脱不花和阿剌知院就遣使来献马议和,"皆撤所部归"②。

在上述情况下,也先也只好与明朝讲和。景泰元年(1450年)六月,也先授意阿剌知院派完者脱欢等五人到北京,申述也先有诚意送朱祁镇回来,愿意与明朝讲和。景帝朱祁钰不愿他的哥哥朱祁镇回来,怕来抢他的皇位。而当时大臣们都主张速派使臣去迎回朱祁镇,于是景帝就召群臣议于文华殿,吏部尚书王直奏说:"上皇蒙尘,理宜迎复。乞必遣使,勿使有他日悔。"朱祁钰听了很不高兴,说:"我非贪此位,而卿等强树焉,今复作纷纭何!"群臣听了不知所对。于谦觉得这次也先遣使来议和较有诚意,便从容地对景帝说:"天位已定,孰敢他议? 答使者,冀以舒边患,得为备耳!"景帝听到皇位不再改动,才放下心来说:"从汝,从汝。"③遂升礼科都给事中李实为礼部右侍郎任正使,升大理寺丞罗绮为少卿任副使,率领随行人员,于七月一日出发前去瓦剌驻地。

李实等于七月十一日抵达地名失八秃儿的也先营中,也先即差人陪同李实等到三十里外的伯颜帖木儿营里去见朱祁镇。李实看到朱祁镇住在"围帐布帏"之中,"席地而寝,牛车一辆,马一匹,以为移营之具"。吃的又皆是牛羊肉之类,没有米菜。李实就把随身带的数斗大米奉上。朱祁镇说:"饮食之类小节也,你与我整理大事。"并问:"我在此一年,因何不差人来迎我回,你每(们)与我将得衣帽来否?"李实回答说:陛下蒙尘(被俘)以来,朝廷"四次差人来迎,俱无回报,因此,特差臣等来探听陛下回否

---

① ③ 《明史纪事本末》卷33《景帝登极守御》。

② 《明史》卷328《瓦剌传》。

消息,实不曾带有衣服靴帽等物来"。朱祁镇迫不及待地说:"你每回去上复当今皇帝,并内外文武群臣,差来迎我,愿看守祖宗陵寝,或做百姓也好①。"李实等从朱祁镇那里出来又回到也先营里,十二日也先宰马备酒招待李实,问李实道:"大明皇帝敕书内只说讲和,不曾说来迎驾。太上皇帝留在这里又做不得我每皇帝,是一个闲人,诸事难用,我还你每,千载之后,只图一个好名儿。你每回去奏知,务差太监一、二人,老臣三、五人来接,我便差人送去。"②十四日,李实等便从瓦剌启程回京。

也先求和心切,授意阿剌派出使臣后,又派遣皮儿马黑麻等到北京。皮儿马黑麻到北京后对明朝大臣们说:上次是知院的使者,我们是汗和太师所命的。这次明朝如果不回派使臣,那末迎回朱祁镇的事情一定办不成。在群臣的力请下,朱祁钰才派右都御史杨善和工部侍郎赵荣率领随行人员,于七月十八日从北京出发去瓦剌驻地。这次景帝交给杨善的敕书,依然没有迎回朱祁镇的内容,除了随带送给也先的金银财物以外,也没有带给朱祁镇的衣物等用品。杨善就自"出家财,悉市彼中所需者携以往"③。二十七日,杨善等人到达也先驻地,第二天就会见了也先。也先问:"敕书何以无奉迎语?"杨善回答道:"此欲成太师令名,使自为之,若载之敕书,是太师迫于朝命,非太师诚心也。"瓦剌平章昂克接着问道:"何不以重宝来购?"杨善回答说:"若赍货来,人谓太师图利;今不尔,乃见太师仁义为好男子,垂史册,颂扬万世。"④杨善的巧辩遮掩了景帝朱祁钰不乐意朱祁镇回到北京的真实用意,也迎合了也先的心理。也先就叫杨善迎回朱祁镇。景泰元年八月初二日,也先给朱祁镇饯行,并派遣头目七十人护送,取道宣府进京。

---

①② 李实:《北使录》。
③④ 《明史》卷171《杨善传》。

朱祁钰是不愿意他哥哥回来的,因此,他规定迎接朱祁镇的礼仪非常简慢,只派侍读商辂率一轿二马迎于居庸关。十五日,朱祁镇等到北京,在安定门易法驾,由安定门进东安门,百官于此朝见。景帝也于东安门谒见朱祁镇,双方表示了授受帝位的形式上的礼节后,遂把英宗朱祁镇送进南宫(今北京市南池子)。景帝重用于谦等人,打退瓦剌进犯,功垂史册,他继位做皇帝是很得人心的。朱祁镇回来后,也先就派使者来明朝,恢复了"通贡"和互市。

于谦在朱祁镇回来后,就向群臣提出"和议难恃"和"上皇虽还,国耻未雪"的警告①。因此,于谦仍不懈地加强军事力量。他在执掌兵部的实践中,深感明朝兵制中的一些弊病,为了从根本上提高军队的战斗力,就积极从事对京营兵制的改革。

原来明朝的京军分为五军、三千、神机三大营。五军营,在朱元璋洪武时期已经编定,即是驻于京师的卫所军队,有步兵和骑兵,平常主要训练演习营阵。永乐时又设立了三千营,皆为骑兵,执掌仪仗扈从皇帝,平时主要肄习巡哨。永乐时从安南得火器法,于是就设立了神机营,开始时是步兵,后又增加了马队,执掌随驾护卫,平时主要是肄习火器②。三大营同隶五军都督府管辖,但掌府官只管"常行文书而已,非特命不预营事"③。三大营各有总兵,不相统一,号令不一致。遇有战事,"临期调拨,兵将不相习"④。"土木之败"以后,京军精锐皆没,三大营的兵制更为混乱。

景泰二年(1451年)于谦于三大营中选十万精壮军士,分五营团操,名曰团营法。第二年把团营军士增加到十五万,分编为

---

① 《明史》卷170《于谦传》。
②④ 《明史》卷89《兵志》。
③ 《明通鉴》卷26。

十营。每营有军士一万五千人,置都督一人,称为"坐营都督"。每营的坐营都督下置都指挥三人,每一都指挥统领军士五千人。每一都指挥之下,设把总五人,每一把总统领军士一千人。每一把总之下,设指挥二人,每一指挥统领军士五百人。每一指挥之下,设领队官五人,每一领队官统领军士一百人。每一领队官之下,设管队官二人,每一管队官统领军士五十人①。十团营共设总兵官一人,由石亨充任,受兵部尚书于谦节制。景帝朱祁钰还派太监曹吉祥、刘永诚任监军。没有编入团营的军士,仍归三大营训练,以卫京师,称做"老营"或"老家"。建立团营后,于谦规定各级军官都要按时到教场操练。明朝的京军,经过这一番整顿之后,使得"互相统属,兵将相识,管军者知军士之强弱,为兵者知将帅之号令,不致临期错乱"。"交战之时,但调其头目,而士卒自随。"②《明史·兵志》说:"于谦创立团营,简精锐,一号令,兵将相习,其法颇善","京军之制一变"③。于谦对京军兵制的改革,使得明朝的军事力量得到增强。

第三节　英宗复辟和曹石之变

一、更换皇太子

英宗朱祁镇在"土木之败"被俘前做了十四年皇帝,朝廷内外都有他的一批心腹,有着雄厚的势力。景泰元年(1450 年)八月,朱祁镇被瓦剌释放,回到北京,这时朱祁钰被推戴做皇帝才一年,内心十分恐惧,怕皇帝的宝座被他哥哥夺回去,所以在东

---

① 《明英宗实录》卷 224;《明通鉴》卷 26。
② 《明英宗实录》卷 211。
③ 《明史》卷 89《兵志》。

安门举行授受帝位仪式以后,立即把朱祁镇送进南宫禁锢起来。并派靖远伯王骥守备南宫,不许群臣去朝见,也不许朱祁镇和廷臣交往,防止朱祁镇和群臣联络进行复辟活动。朱祁钰感到忧虑的另一个问题是皇太子仍是朱祁镇的长子朱见深,所以一直想"易储",废太子朱见深,另立自己的儿子朱见济为皇太子,但没有正当的理由,"难于发言"。太监王诚、舒良为朱祁钰出谋,在"易储"前,先对大臣们加官晋爵和赏赐金银,进行笼络,堵住他们的嘴巴。朱祁钰遂于景泰三年正月晋都御史杨善、王文皆太子太保;四月,赐阁臣陈循、高谷银百两,江渊、王一宁、萧镃、商辂各银五十两①。赏赐的财物虽然不多,但却是朱祁钰的一种试探,看他们对"易储"问题抱什么态度。被晋爵和赏赐的几个大臣果然都接受了,这说明他们是支持的。正当朱祁钰在逐步笼络和收买大臣时,恰好发生了广西土官都指挥使黄竑上疏建议"易储"事件,加速了更换皇太子的进程。

黄竑是广西思明州土知府黄玙的庶兄,守备浔州。景泰三年(1452年),黄玙以年老致仕,由其子黄钧承袭知府。黄竑阴谋夺取知府的职位,假传上司命令征兵思明府,令其子纠众结营于府城三十里外,到深夜突然进入府城,杀了黄玙全家。黄玙家的仆人福童逃出,到巡抚和总兵处告发,巡抚李棠和副总兵武毅经调查属实,立即上报朝廷,并逮捕了黄竑父子。黄竑急忙派心腹千户袁洪携带大量财物到京师去向权臣行贿赂,并为了迎合皇帝的心意,上章请更换太子"永固国本"②。朱祁钰看了章奏大喜,说:"万里之外,乃有此忠臣!"③ 立即下令释放黄竑父子,当即叫礼部集群臣会议废立太子事。当时参议的大小官员有九

---

① 《明英宗实录》卷215。
② 《明史》卷318《广西土司传》;《明英宗实录》卷215。
③ 《明通鉴》卷26。

十一人,大家心里认为不可,但都不敢直言,司礼监太监兴安大声说:"此事今不可已,不肯者不用签名,尚何迟疑之有!"① 于是大学士陈循、礼部尚书胡濴以及都御史王文首先签名,接着都一一签了名,联名合奏:"父有天下,必传于子。""陛下膺天明命,中兴邦家,统绪之传,宜归圣子。今黄玹所奏,宜允所言"。②

朱祁钰经过逼胁文武群臣联名上奏以后,更换太子终算是名正言顺了。景泰三年(1452年)五月初二日正式立其子见济为皇太子,见济的生母杭氏为皇后,改封原来的皇太子朱见深为沂王。朱祁钰为了巩固皇太子的地位,所置东宫官皆以大臣兼任,王直、胡濴俱太子太师,陈循、高谷、于谦俱太子太傅,升仪铭为兵部尚书,与俞士悦、王翱、何文渊俱太子太保,萧镃、王一宁太子少师。东宫的这些官员,都兼支二俸,朱祁钰以此来笼络大臣们。

二、英宗复辟和于谦被害

朱祁镇被禁锢,皇太子也已更换,朱祁钰父子传承皇位似乎是没有问题了,但实际并非如此。朱见济立为皇太子后只一年多,于景泰四年(1453年)十一月忽然病死,而朱祁钰又只有一个儿子。这样,"再建皇储"就成为大臣们所关心的问题,在朝的不少官员主张复立朱见深为皇太子。景泰五年五月,御史锺同和礼部郎中章纶先后上疏,请"还沂王于储位,定天下之大本"③。但朱祁钰大怒,当时天色已晚,宫门已闭,从门隙中传递出景帝的命令,立即逮捕锺同和章纶下锦衣卫狱,"搒掠惨酷",逼问主使及交通南宫(朱祁镇)的罪状。锺同、章纶"濒死无一语"④。

---

①② 《明英宗实录》卷215。
③④ 《明通鉴》卷26。

锺同被杖死,章纶被关在锦衣卫狱,直到天顺元年(1457年)英宗复辟后才被释放。

朱祁钰一方面严厉压制奏请复立沂王为皇太子的官员,同时严密防范朱祁镇在南宫的活动。朱祁钰总把朱祁镇看成是一个隐患,而在朝廷中也确实有这样一种倾向,正如给事中徐正密奏景帝所说的:"今日臣民有望上皇复位者,有望废太子沂王嗣位者。"① 他建议朱祁钰把沂王出至沂州,增高南城数尺,伐去城边高树,南宫宫门的锁则灌上铁。朱祁钰表面上要显示自己的宽厚,要笃亲亲之谊,把徐正谪戍铁岭卫。实际上则更警惕地监视着南宫,把南宫及其附近的树木皆砍伐掉。

景泰八年(1457年)正月,朱祁钰病重,而皇太子尚未定,宫廷内和文武官员都十分忧惧。十一日,都御史萧维桢同百官在左顺门外"问安",探问景帝的病情。太监兴安对大家说:"公等皆朝廷股肱耳目,不能为社稷计,徒日日问安何益?"② 群臣领悟了兴安要大家上奏建立皇储的用意,便各回家去准备奏章。十四日群臣会议于朝廷,大多数官员同意复立沂王为皇太子,惟大学士王文、陈循、萧镃等不同意。萧镃说:"沂王既退,不可再也。"王文说:"今只请立东宫,安知上意谁属?"③于是就以"早择元良请"。但朱祁钰死也不肯放弃皇帝的宝座,看了群臣的奏疏后,传谕说:"朕偶有寒疾,十七日当早朝,所请不允。"④十六日,王直、胡濙、于谦会诸大臣请复立沂王,推商辂主草,当疏稿写成时,已日暮,尚未上奏,当天夜里就发生了英宗复辟的夺门之变⑤。

发动夺门之变的是石亨、徐有贞等人。十二日,朱祁钰支撑着病体到南郊斋宫,召石亨至病榻前,要他代行郊祀礼。石亨看

---

① 《明史纪事本末》卷35《南宫复辟》。
②③④⑤ 《明通鉴》卷27。

到朱祁钰病势沉重,没有康复的希望,回来后就与其同党都督张轨、左都御史杨善及太监曹吉祥等谋议。石亨认为"请复立东宫,不如请太上皇(朱祁镇)复位,可得功赏"①。张轨、曹吉祥等也都同意这一主张。他们又到太常卿许彬那里去商议。许彬认为"此不世功也",但又认为自己"老矣,无能为,徐元玉(徐有贞字)善奇策",让大家和他去计谋②。十四日夜,石亨等聚会在徐有贞家里,徐有贞问石亨、张轨说:复辟计谋"南城(朱祁镇)亦知之乎"?石亨和张轨说:"一日前已密达之。"徐有贞认为:"俟得审报乃可。"③十六日夜,石亨、张轨等又到徐有贞家聚会,张轨急不可待地告诉徐有贞:朱祁镇的回报已经得到,"计将安出?"于是徐有贞装模作样地到屋顶去观天象,过了一会下来说:"事在今夕,不可失。"④适边吏报警,徐有贞说:"宜乘此以备非常为名,纳兵入大内,谁不可者!"⑤阴谋已定,就去会合王骥、杨善、陈汝言等人。徐有贞在和他的家人分别时说:"事成社稷利,不成门族祸。归,人;不归,鬼矣。"⑥活现出一个政治投机者在官场中作孤注一掷的赌徒心理。

徐有贞预令张轨调兵千人等待于长安门外,石亨收了各城门钥匙,夜四鼓开长安门放张轨所率领的军士进入皇城,守卫的士兵惊愕不知所为。徐有贞复将城门锁好,以防遏外兵,并把门钥投入水窦中。徐有贞、石亨、张轨等率领士兵急速向南宫进发。石亨、张轨心中感到惶惑,问徐有贞事情能办成吗?徐有贞说必成无疑。直抵南宫,门锢不可开。徐有贞命军士取巨木悬置起来,用几十人曳木撞门,又令士兵爬墙进去,内外合力毁墙,墙坏门开,石亨、张轨进入南宫。朱祁镇在灯烛下单独出见,石

①③④⑤ 《明史纪事本末》卷35《南宫复辟》。

②　《明史》卷171《徐有贞传》。

⑥　《明通鉴》卷27。

亨等一起对朱祁镇说:"请陛下登位。"呼士兵举辇,士兵惊慌不能举,徐有贞等帮着一起推挽,扶朱祁镇登辇以行。朱祁镇问徐有贞等是谁,各人报称自己的官职姓名。到东华门,守门的卫士喝令他们停止行进,朱祁镇说:"朕太上皇帝也。"遂入。众人拥护朱祁镇到奉天殿,扶朱祁镇升座,徐有贞等立即高呼万岁,敲响钟鼓,大开诸门,此时已是正月十七日的黎明。

当时,群臣都等在朝房中准备景帝临朝,忽然听到宫殿中的呼噪声,正感到惊疑,接着又听到钟鼓声,随着诸门大开,徐有贞出来大声说:"上皇帝复位矣!"① 催促大家去朝贺。朱祁镇宣谕复位,"众始定"②。当日,英宗朱祁镇命徐有贞以原官兼学士入内阁预机务。第二天(十八日)逮捕少保于谦、王文,学士陈循、萧镃、商辂,尚书俞士悦、江渊,都督范广,太监王诚、舒良、王勤、张玉下狱。升徐有贞为兵部尚书。二十一日,改景泰八年为天顺元年。明史上称这一事件为"夺门之变"。英宗复辟也称"南宫复辟",因当时英宗被禁锢于南宫。

徐有贞、石亨等嗾使其同党劾于谦、王文等谋迎立外藩襄王朱瞻墡的儿子作皇帝。在廷审时,王文辩白说:"召亲王须用金牌信符,遣人必有马牌,内府、兵部可验也。"③ 于谦冷笑着说:"亨等意耳,辩何益。"④ 经过查对,金牌信符都在内府,但徐有贞却说:"虽无显迹,意有之。"⑤主审的都御史萧维祯阿附徐有贞、石亨,"乃以'意欲'二字成狱"⑥,判处谋逆罪,处死刑。朱祁镇还有点犹豫,说:"于谦实有功。"徐有贞对朱祁镇说:"不杀于谦,此举为无名。"爱国志士于谦和王文一起被杀⑦,天下冤之。

① 《明史》卷 171《徐有贞传》。
②⑤⑥ 《明史纪事本末》卷 35《南宫复辟》。
③ 《明史》卷 168《王文传》。
④ 《明史》卷 170《于谦传》。
⑦ 《明史》卷 170《于谦传》,卷 168《王文传》。

抄没于谦的家产时,"家无余资,独正室镝钥甚固,启视,则上(景帝)赐蟒衣剑器也"①。都督范广勇而知义,得到于谦的信任,曾弹劾过石亨的不法行为,遭到石亨的嫉恨,也被杀。徐有贞、石亨更罗织罪名,打击异己,把陈循、江渊、俞士悦等充军铁岭卫。把商辂、萧镃等罢斥为民。他们把于谦推荐选用以及不附和徐有贞、石亨的文武官员列名镂板,"榜于谦党人示天下"②。二月初一日,以皇太后诰谕,废景帝仍为郕王,迁之西内。十多天后,郕王死于西宫③。于谦等被杀后,边防废弛,边警不断,一天,朱祁镇"忧形于色",在一旁的恭顺侯吴瑾就说:"使于谦在,当不令寇至此。"④

于谦在土木之败以后力撑危局,在北京保卫战中功最高。在其任兵部尚书期间,"号令明审,虽勋臣宿将小不中律,即请旨切责"⑤,因此得罪了一批官僚。

徐有贞原名徐珵,以议南迁,遭到于谦的申斥。景泰时,徐有贞想求得祭酒的官职,但景帝朱祁钰说:"此议南迁徐珵邪!为人倾危,将坏诸生心术。"⑥ 当场表示不同意。当时用人多决于于谦,徐有贞以为是于谦在压抑他。徐有贞谄附陈循,送陈循玉带,讨好说:"公带将玉矣。"不久陈循果升为少保,就屡次推荐他。陈循又建议他把原来的名字改掉,遂改名有贞,瞒过了景帝,方得到任用。后因治河作出了成绩,被提升为左副都御史。他复辟有功,进入内阁,自然切齿痛恨于谦。石亨原是经于谦推荐而得到重用,"总兵十营",被封为侯。石亨感到在京师保卫战中的功绩不及于谦,而自己独得侯爵,感到惭愧,想讨好于谦,上疏推荐于谦的长子于冕,遭到于谦的拒绝。于谦说:"国家多事,

①④⑤ 《明史》卷170《于谦传》。
②③ 《明通鉴》卷27。
⑥ 《明史》卷171《徐有贞传》。

臣子义不得顾私恩。且亨位大将,不闻举一幽隐,拔一行伍微贱以裨军国,而独荐臣子,于公议得乎?臣于军功,力杜侥幸,决不敢以子滥功。"① "纵臣欲为子求官,自当乞恩于君父,何必假手于石亨。"② 石亨听到了这些话语,恼羞成怒,仇恨于谦。英宗朱祁镇能够回归明朝,主要是因为谦的力主抗战,挫败了瓦剌军,使也先的要挟不能得逞;另外也由于于谦对景帝的劝说,才使景帝遣使去迎还朱祁镇。但在"土木之败"以后,于谦"不主和议",常说:"社稷为重,君为轻。"所以朱祁镇也就怨恨于谦。至于都督张轨和太监曹吉祥也都因受到过于谦的劾奏而仇恨于谦。于谦为人刚直,他也知道有人在嫉恨他,所以遇事有不如意时,往往扪胸浩叹:"此一腔热血,竟洒何地?"③于谦就在这样一批君臣的合谋下被杀害了。于谦被害的那天,"行路嗟叹","天下无不怨之"。有一个指挥朵儿,原系曹吉祥部属,用酒哭祭于谦被杀的地方,"吉祥怒抶之,明日复酹奠如故"④。都督同知陈逵被于谦的忠义所感,冒着风险,"收遗骸殡之"⑤。

后来,于谦的女婿朱骥把于谦的灵柩归葬到他的故乡杭州西湖边。青山埋忠骨,西湖于谦墓,千百年来,一直为人们所凭吊。明末抗清志士张苍水,在他的绝命词里高歌:"国破家亡欲何之,西子湖头有我师;日月双悬于氏墓,乾坤半壁岳家祠。"表达了人们对于谦的敬仰。

三、曹吉祥、石亨的专权乱政

英宗复辟,又重新当上了明朝皇帝,参加夺门事件的主要人物一个个都得到了封赏。石亨,在景帝时已封为侯,这时又晋封

---

①③④⑤ 《明史》卷170《于谦传》。
② 《明史纪事本末》卷35《南宫复辟》。

为忠国公。曹吉祥则提升为司礼太监,总督三大营。张轨封为太平侯,其兄张𫐐为文安侯。杨善封为兴济伯。徐有贞已于夺门之变的当天入阁,第二天晋为兵部尚书,但他还不满足,对石亨说:"愿得冠侧注从兄后。"石亨转告英宗,遂封其为武功伯①。户部侍郎陈汝言,依附石亨、曹吉祥谋夺门,晋为兵部尚书。

　　徐有贞入阁以后,欲独揽大权,就把原来的阁臣一个个地排挤走,连曾经帮过他的陈循也不放过,被谪戍铁岭卫。徐有贞独揽内阁事权,英宗朱祁镇也认为他有才能,十分宠用他。徐有贞感到曹吉祥和石亨招权纳贿的劣迹太露骨,欲"自异于曹、石",以取得朝臣们的好感;同时在暗中窥察到英宗对他们流露有厌恶的神情,于是对曹、石"乃稍稍裁抑之,且微言其贪横状"②。

　　天顺元年(1457 年)五月,御史杨瑄、张鹏、周斌等上章劾曹吉祥、石亨强夺民田、冒功滥职等罪,朱祁镇问徐有贞,得到的回答和杨瑄等的劾章相同。以前曹、石之间在争权夺利中也有矛盾,但这时石亨却对曹吉祥说:"今在内惟尔,在外惟吾,彼欲排陷,其意非善。"曹吉祥也感到"内阁专权,欲除我辈"③,于是两人就联合起来,"日夜谋构有贞"。当时朱祁镇颇信任有贞,"时屏人密语,吉祥令小竖窃听得之",并故意在和朱祁镇谈话时泄漏出来,朱祁镇惊问道:"安所受此语?"回答说:"受之有贞。"还说:"某日语某事,外间无弗闻。"④在曹吉祥的离间下,朱祁镇渐渐地与徐有贞疏远起来。曹吉祥和石亨又嗾使言官弹劾徐有贞和李贤"图擅威权,排斥勋旧"⑤,于是两人都被关进了诏狱。后来,李贤在吏部尚书王翱的保护下复任为吏部侍郎,又进入内

---

① 《明史》卷 171《徐有贞传》。
②④⑤ 《明通鉴》卷 27。
③ 李贤:《天顺实录》。

阁。徐有贞则被谪戍金齿，直到天顺四年(1460年)才被释放回到原籍苏州。

曹吉祥和石亨与内阁的斗争，以他们获胜而告终，从此，他们就更加肆无忌惮地专权乱政。天顺元年十二月，复论夺门功，封曹吉祥养子钦为昭武伯，曹吉祥又要朱祁镇任命其侄儿铉、铎、镗为都督，其门下厮养因"夺门"冒功得官的多至千百人，天顺三年(1459年)石亨的侄子石彪又晋爵为侯。当时，石亨"弟侄家人冒功锦衣者五十余人，部曲亲故窜名夺门籍得官者四千余人"①。石亨又公开地卖官鬻爵，"以货之多寡为授职美恶，人之先后为得官迟早。时有朱三千，龙八百之谣"，指郎中朱铨和龙文因贿赂石亨而升官②。石亨为了独断专行，不愿文臣来牵制武臣，因此，他要朱祁镇尽罢巡抚提督军务，结果弄得"军官纵肆贪暴，士卒罢弊"③，"边徼骚然，军无纪律"④。

明英宗朱祁镇当了一年多的俘虏，又在南宫被关了七年，但并没有从中吸取教训，对他自己以往所干的蠢事并没有什么反省和悔悟，对祸国殃民的宦官王振仍是一往情深地追念不已。于天顺元年(1457年)十月，恢复了王振的官位，"刻香木为(王)振形，招魂以葬，建祠祀之"，还在匾额上大书"旌忠"两字⑤。而对忠心耿耿于明王朝的官员却继续进行迫害，天顺元年六月，巡抚贵州副都御史蒋琳还因于谦党而被杀害⑥。但朱祁镇与曹、石之间也存在着矛盾，曹、石的专权跋扈，使他感到难堪。一天朱祁镇对李贤谈到曹、石等人专断的情况时说："但依之则悦，不

① 《明史》卷173《石亨传》。
② 《明通鉴》卷28。
③ 李贤：《天顺实录》。
④ 《明史纪事本末》卷36《曹石之变》。
⑤ 《明通鉴》卷27。
⑥ 《明史》卷12《英宗后纪》。

从便怫然见于辞色。"①"此辈干政，四方奏事者先造其门，为之奈何？"李贤教朱祁镇一方面遇事独断，权不下移，同时渐渐地剥夺他们的权力。

于是朱祁镇就采用李贤的办法来对付曹、石。原来曹、石等人"或因小事私情，或无事"动不动就"入见"英宗，谒见后，又张大其辞，抬高自己的身份。朱祁镇命令"左顺门阍者，今后非有宣召，不许擅进"②，逐渐地疏远曹、石。石亨也感到朱祁镇在疏远他们，就想效法"陈桥兵变"来夺取明朝的天下，于是便把石彪安排在大同，作为他们叛乱的据点。石亨曾对其同党说："大同士马甲天下，吾抚之素厚，今石彪在彼可恃也。"将来起兵时，"北塞紫荆关，东据临清，决高邮之堤以绝饷道，京师可不战而困矣"③。

朱祁镇对石亨、石彪内外握兵权，疑虑越来越深。天顺三年（1459年）七月，召石彪还京，石彪不肯从命，令千户杨斌等五十人到京师来奏保，乞令彪继续在大同镇守。朱祁镇拷讯杨斌，得知是受石彪的指使，这更增加了朱祁镇的猜疑，就立即命石彪"疾驰入京"。八月，"下石彪锦衣卫狱"④。在朝官员又纷纷上章劾石亨"招权纳贿，肆行无忌，私与术士邹叔彝等讲论天文，妄谈休咎"⑤。于是朱祁镇又"罢（石）亨闲住，绝朝参"⑥。锦衣卫指挥逯杲，原来依附石亨、曹吉祥，和曹、石关系密切，后来感到石亨渐渐失宠，他就伺察石亨阴事，向朱祁镇报告，得到朱祁镇的信用，这时也奏"亨怨望，与其从孙後等造妖言，蓄养无赖，专伺朝廷动静，不轨迹已著"⑦。群臣皆言石亨不可轻宥，于是石亨也被关进了诏狱。天顺四年二月，石亨死于狱中，石彪、石後被杀。

----

①② 李贤：《天顺实录》。
③ 《明史纪事本末》卷36《曹石之变》。
④⑤⑥ 《明通鉴》卷28。
⑦ 《明史》卷173《石亨传》。

兔死狐悲,石亨、石彪的结局,自然使曹吉祥、曹钦叔侄惊惧不安。曹吉祥和曹钦清楚地知道,他们与石亨的命运是紧密地联系着的,"亨败,己且不得独完"①。与其坐以待毙,等待朱祁镇来收拾自己,不如作孤注一掷,发动军事政变,或可侥幸成功。一天,曹钦问他的门客冯益:"自古有宦官子弟为天子者乎?"冯益回答说:"君家魏武(曹操)其人也。"② 野心勃勃一心想当皇帝的曹钦听了大喜。曹吉祥门下原来就豢养着一批投降过来的蒙古族军官和士兵,曹吉祥给他们以私恩小惠,收为腹心。英宗复辟,曹吉祥又把他们列入"夺门"有功人员名单,"俱升大职"。石亨事发后,因冒"夺门"功得官被罢黜的达四千余人。但这些人因得到曹吉祥的庇护而未动,因此越发对曹吉祥感恩。曹吉祥"日犒诸达官,金钱谷帛恣所取,皆愿尽力,结为死党"。曹吉祥与曹钦决定于七月二日黎明前举事,"(曹)钦自外拥兵入废帝,而吉祥以禁兵为内应"③。计谋既定,曹钦与其党都督伯颜也先部署好士卒五百人,并和伯颜也先等数十人夜饮等待举事。酒吃到一半,夜二鼓,达官都指挥马亮从酒席上悄悄溜走,到皇宫里去报告。当时因甘、凉有警,怀宁伯孙镗奉命西征,拟于第二天向皇帝辞行,这天夜里与恭顺伯吴瑾俱宿于朝房。马亮到朝房里把曹钦谋反的情况告诉吴瑾,吴瑾又告诉了孙镗。孙、吴两人急忙草疏,因都是武臣,"拙于书,惟曰:曹钦反,曹钦反"④,从长安右门隙投疏入。皇宫内立即逮捕了曹吉祥,并紧闭皇城及京城九门。曹钦觉察到马亮逸走,立即率其党徒至东长安门,门闭不得入,转至逯杲住所杀了逯杲,又在西朝房杀了都御史寇深,在东朝房砍伤了学士李贤,纵火焚烧东西长安门。这时孙镗

① 《明史纪事本末》卷36《曹石之变》。
② 《明史纪事本末》卷36《曹石之变》。
③④ 《明通鉴》卷28。

急遣其子召西征军二千人攻击曹钦，工部尚书赵荣亦率数百人来助战。天将黎明，曹钦的党徒渐渐散去，城门尽闭，曹钦冲突不出，才奔归家里拒战，被孙镗军攻入，曹钦投井死，铎、镠、铉皆被杀。曹吉祥于三天后被凌迟处死。这一事件，史家称之为"曹石之变"。

从"土木之败"以后，明朝统治集团内部又接连发生英宗复辟和曹石之变，这说明明朝自进入中期起，国力遭到极大的削弱，它的统治已很不稳定了。

第四节　成化年间宦官势力的继续发展

天顺八年（1464 年）正月，明英宗病死，太子朱见深即皇帝位，以翌年为成化元年（1465 年），是为明宪宗。明宪宗在位共二十三年。在这一时期里，宦官的势力日益膨胀，这既加深了政治的腐败，也加剧了统治集团内部的矛盾。

一、成化以前宦官权势的逐步增长

成化年间（1465—1487 年）宦官权势很大，但这种情况的出现，是与成化以前宦官权势的逐步增长紧密联系在一起的。

朱元璋建立明王朝后，在总结历代兴亡的历史经验中，认识到汉、唐之亡，宦官专权是其中的一个重要原因。"鉴前代之失"，为了防备重蹈历史的覆辙，他规定宦者只供洒扫侍奉，"不许读书识字"，"不得兼外臣文武衔"，"敕诸司不得与文移往来"，"镌铁牌置宫门曰：'内臣不得干预政事，预者斩'"①。洪武十年（1377 年），"有内侍以久事内廷，泛言及朝政，即日斥还乡，终身

---

① 《明史》卷 304《宦官传·序》。

不齿"①。可见，朱元璋对宦官的防范措施不可谓不严，但却正是他自己推行的极端君主专制制度，导致明中叶以后出现宦官专权的恶果。

朱元璋废除了中书省和丞相制，成为空前的封建专制独裁者，还要他的后代照着办，"以后嗣君并不许立丞相，臣下敢有奏请设立者，文武群臣即时劾奏，处以重刑"②。但是，既废除丞相，又不许宦官干政，这种情况是很难持久的，最后往往会信用宦官。正如他自己所说的："阉寺之人，朝夕在人君左右，出入起居之际，声音笑貌，日接乎耳目，其小善小信，皆足以固结君心。而便嬖专忍，其本态也。苟一为所惑而不之省，将必假威福，窃权势，以干与政事。及其久也，遂至于不可抑，由是而乱阶多矣。"③ 所以，严禁宦官干政的朱元璋自己，也在不知不觉中把他们视为亲信，使之参与国家的政治活动了。如洪武八年(1375年)派"内使赵成往河州，以绫绮帛市马"④；洪武十一年，"遣内臣吴诚诣总兵官指挥杨仲名行营观方略"⑤；洪武十九年，"行人刘敏、唐敬偕内臣赍磁器赐真腊等国"⑥。

永乐时，宦官的权势渐渐地扩张起来，因为朱棣起兵，"刺探宫中事，多以建文帝左右为耳目"⑦。而朱棣自己的宦官如狗儿等，在"靖难"之役中也为朱棣在战场上立过功⑧。因此，朱棣当上了皇帝以后，对宦官"多所委任"。永乐元年(1403年)内官监李兴奉敕往劳暹罗国王；永乐三年，遣太监郑和帅舟师下西洋；永乐八年，都督谭青营内有内官王安等，又命马靖镇甘肃；永乐

---

① ④ ⑤ 《国榷》卷6。

② 《明太祖实录》卷239。

③ 《明太祖实录》卷112。

⑥ 《国榷》卷8。

⑦ 《明史》卷95《刑法志》。

⑧ 《明史纪事本末》卷16《燕王起兵》。

十八年,置东厂,令刺事。"盖明世宦官出使、专征、监军、分镇、刺臣民隐事诸大权,皆自永乐间始"①。只是这时乃临时派遣,还没有在制度上正式规定下来。永乐时还有意识地培养内官,教他们读书识字,"选教官入内教习之"。宣德元年(1426 年)正式开设内书堂,"选内使年十岁上下者二三百人读书其中"②。宣德以前,宦官虽然参与了不少政治活动,但还没有达到专权的程度。到明英宗正统时,宦官王振窃取了军政大权,形成了宦官专权的局面。从此,宦官的权势便一天天发展起来。成化以前,宦官的权力主要表现在以下几个方面:

1.利用司礼监干预朝政

宦官组成的机构为内府衙门。明代的内府衙门主要有二十四个,包括:司礼监、御用监、内官监、御马监、司设监、尚宝监、神宫监、尚膳监、尚衣监、印绶监、直殿监、都知监等十二监,惜薪司、宝钞司、钟鼓司、混堂司等四司,兵仗局、巾帽局、针工局、内织染局、酒醋面局、司苑局、洗衣局、银作局等八局,总谓之曰"二十四衙门"③。设在皇宫内的宦官机构,主要为这二十四衙门。宦官最高一级叫太监,为宦官各主要衙门的负责人。其次是少监、监丞,为太监的助手,这些都是高级宦官。再往下就是典簿、长随、奉御、当差、听事等。人们以太监通称宦官,是用最高级职称来概括全体。

在宦官二十四衙门中权力最大、最值得重视的是司礼监。其主要人员有提督太监一员,掌印太监一员,秉笔、随堂太监八、九员。提督太监掌管全部大小宦官,"掌印掌理内外章奏及御前勘合。秉笔、随堂掌章奏文书,照阁票批朱"④。阁票是内阁对

---

① 《明史》卷 304《宦官传序》。
② 《明通鉴》卷 19。
③ 刘若愚:《明宫史》木集;《明史》卷 74《职官志》。
④ 《明史》卷 74《职官志》。

章奏草拟的处理意见,皇帝审定后,让太监用红笔写出,这就是"批朱"。此外,此监还掌管传宣谕旨等事。司礼太监掌握这一职权,大约始于宣宗之前。《明通鉴》卷十九宣德元年(1426年)七月有这样一条记事:"司礼掌印之下则秉笔太监为重,凡每日(章)奏文书,自御笔亲批数本外,皆秉笔内官遵照阁中票拟字样,用朱笔批行,遂与外庭交结往来矣。"明朝在制度上所规定的司礼监的地位和职掌,必然使其成为凌驾于内阁之上的机构,使宦官得以干预国家大政,进退大臣。因为"内阁之拟票,不得不决于内监之批红,而相权转归之寺人。于是朝廷之纪纲,贤士大夫之进退,悉颠倒于其手"[①]。黄宗羲曾对这种情况评论说:"有明之无善治,自高皇帝罢丞相始也。""或谓后之入阁办事,无宰相之名,有宰相之实也。曰,不然。入阁办事者,职在批答,犹开府之书记也。其事既轻,而批答之意,又必自内授之而后拟之,可谓有其实乎?吾以为有宰相之实者,今之宫奴也。"[②]

2.操纵政府官员的任免

明代中叶以后,大臣们的进退常和宦官有关,即使贵至内阁的成员,甚至首辅,也往往依附勾结宦官来谋取并稳固自己的地位,否则就会遭到陷害和贬黜。

宦官操纵阁臣和大臣的进退,最早是明英宗正统时的王振。正统元年(1436年),王振被任为司礼太监不久,一天,他对杨士奇和杨荣说:"朝廷事久劳公等,公等皆高年,倦矣。"这意思就是要杨士奇和杨荣"倦勤"退休。杨士奇说:"老臣尽瘁报国,死而后已。"杨荣却顺着王振的意思说:"吾辈衰残,无以效力,当择后生可任者报圣恩耳。"王振听了杨荣的话很高兴地走了。杨士奇责怪杨荣失言。杨荣说:"彼厌吾辈矣,一旦内中出片纸,令某人

① 《明史》卷72《职官志序》。
② 黄宗羲:《明夷待访录·置相》。

入阁,且奈何？及此时进一二贤者,同心协力,尚可为也。"杨士奇也同意杨荣的意见,不久就荐曹鼐、陈循等入阁①。杨士奇和杨荣都是四朝元老,是当时的首辅,在朝廷的威望极高,刚任司礼监太监不久的王振,竟然提出要他们"倦勤"。而杨士奇、杨荣怕拂逆王振的意志而遭罢黜,只好赶紧推荐一些正直官员入阁。这说明事实上王振已在操纵阁臣的任免了。再如正统元年十二月,兵部尚书王骥议边事,五日未奏,"王振初用事,欲令朝臣畏己",嗾使朱祁镇召王骥当面申斥说:"卿等欺朕年幼耶!"②即把王骥和兵部侍郎邝埜逮捕下狱,其实这是王振借皇帝来树自己的威势。到正统后期,王振专权,大臣的任免就更由他一手操纵了。

正统以后,宦官操纵政府官员的任免习以为常,景泰时阁臣王文"得中官王诚助"而入阁③。王一宁之入阁也是"以中官王诚辈尝受业,私相援引,遂致显达"④。不依附宦官,则受排挤倾轧,天顺时著名阁臣李贤,因支持御史弹劾石亨和宦官曹吉祥,曹、石两人就在英宗朱祁镇面前诬陷李贤,结果,李贤被关入锦衣卫狱⑤。岳正也因为不依顺曹吉祥的意志,在内阁只二十八天就被曹诬为"卖直谤讪",贬谪到肃州⑥。

3．提督京营和监军统兵

明朝皇帝派遣宦官监军京营,开始于英宗朱祁镇时,史载"正统中添设提督坐营监枪太监"⑦。这些监军宦官照例是由司礼监派遣的,兵部不能干预其事。

①② 《明通鉴》卷 22。

③ 《明史》卷 168《王文传》。

④ 《明通鉴》卷 26。

⑤ 《明史》卷 176《李贤传》。

⑥ 《明史》卷 176《岳正传》。

⑦ 王世贞:《凤洲杂编》卷 5。

景帝景泰三年(1452年),京营兵制发生变化,创立团营,分为十营,"太监阮让、都督杨俊提督四营,太监陈瑄、卢永,都督郭震、冯宗各提督三营。俱听(于)谦、(石)亨及太监刘永诚、(曹)吉祥节制"①。这样,京军不仅有宦官的总节制,而且每三营就有一名宦官监军。

明朝皇帝在平时对京营军队层层派有宦官监视,防备统兵将领的反叛。遇到战争,皇帝就更是放心不下,每遇总兵官统兵出征,同时就要派宦官随军去当监军。这个充当监军的宦官,其任务就是监视总兵官的行动,随时向皇帝密奏。因此,总兵官如果不和监军搞好关系,就会事事被掣肘,甚至被罗织一些莫须有的罪名,告到皇帝那里,轻的被罢官,重的被杀头。反之,如果和监军太监相处得好,依附勾结在一起,打胜仗固然可以升官进爵,没有打仗甚至打了败仗,也可以给他谎报战绩,掩败为胜,得到赏赐,或开脱罪责。

宦官正式以监军的名义派往出征的军队中去,大概也是从明英宗朱祁镇时开始的。正统二年(1437年)十月,"镇守甘肃左副总兵任礼充总兵官……讨阿台朵儿只伯,兵部尚书王骥、太监王贵监督之"②。从此以后,每次较大的军事行动,明朝皇帝都正式派遣宦官担任监军,或直接由宦官统率军队。如正统四年派遣太监吴诚、曹吉祥监督诸军讨麓川宣慰使思任发。明人王世贞说:"此内臣总兵之始也。"③

正统六年(1441年)定西伯蒋贵征麓川,以"兵部尚书王骥总督军务,太监曹吉祥监督军务"④。正统十四年(1449年)"土木之败",就是太监王振亲自统兵造成的。按照常理说,"土木之

①③ 王世贞:《弇山堂别集》卷90《中官考一》。

② 《明史》卷10《英宗前纪》。

④ 《明通鉴》卷23。

败"应该使明朝皇帝醒悟了,但事实并非如此。景帝朱祁钰即位不久,山西巡抚朱鉴曾剀切上言:"窃见王振乱天下,往者江南寇发,辄以诛振为名。夫事归朝廷则治,归宦官则乱。""宜专将帅事权,悉罢监军中贵。"① 但朱祁钰却不能从,宦官监军依然如故。

4. 担任镇守和守备等职务

镇守,本来是武官的职衔,"总镇一方者为镇守,独镇一路者为分守"②。镇守都是总兵官担任,少数地区为副总兵,分守多系参将担任。明代各个边镇及省一级的地区都设有镇守总兵官。明朝皇帝对这些掌握一方一省兵马大权的总兵官自然是不能放心的,他们认为最便捷而又可靠的办法就是派其亲信的宫奴去监视,于是便有镇守太监的设置。永乐八年(1410年),"敕内官马靖往甘肃巡视"③。马靖正式的名义虽是巡视,但赋予他的职权如同镇守,这大概是明代最早的镇守太监。到永乐后期,派往边地的镇守太监逐渐增多,但当时还只是"协镇",如《明史》卷一五五《费瓛传》载:"永乐时诸边率用宦官协镇。"明仁宗朱高炽时,才有镇守太监的名称,当时太监王安即为甘肃镇守太监④。宣德元年(1426年)宣宗以汉王反,遣指挥谭顺、内官黄让、内使陈锦助平江伯陈瑄镇守淮安⑤。于是宦官又被派往内地镇守。

英宗正统时,不仅边镇和内地省一级地区派遣宦官去镇守,甚至府一级地区也派遣宦官去担任分守。正统十二三年时,因浙江、福建发生叶宗留和邓茂七起义,朱祁镇就"简御史十三人与中官分守诸府"⑥。"土木之变"以后,朱祁钰对镇守太监不仅不减撤,而且对宦官"各边防守之寄,益周于前",如各方面有险

---

① 《明通鉴》卷24。

② 《明史》卷76《职官志》。

③④⑤ 王世贞:《弇山堂别集》卷90《中官考一》。

⑥ 《明史》卷178《朱英传》。

要者,"俱设镇守太监、总兵官、巡抚都御史各一员"①,人们称之谓"三堂"。

除了镇守和分守以外,在全国的几个特殊地区还有守备太监的设置,计有凤阳守备、天寿山守备和南京守备。凤阳是朱元璋的故乡,天寿山是除朱元璋外明朝历代皇帝的陵墓所在地。这两处守备除侦察当地的军政情况以外,更负担着护卫陵墓的责任,凤阳的守备,还要管理禁锢于高墙内的犯罪宗室。南京称为留都,是明朝在南方的军事政治中心,因此南京守备的权势就更大。南京虽也设有六部九卿,但实际权力都操在守备之手。守备和镇守一样,原来也是武臣的职衔。永乐时规定:"南京守备一人,协同守备一人。南京以守备及参赞机务为要职,守备以公侯伯充之,兼领中军都督府事。协同守备以侯伯都督充之,领五府事。参赞机务以南京兵部尚书领之。其治所在中府,掌南都一切留守防护之事"②。对这样一个仅次于京师的重镇,明朝皇帝当然不会单凭公侯伯去坐镇。仁宗朱高炽时,"命内官监太监郑和领下番官军守备南京"③。明朝皇帝对南京守备太监是十分重视的,因为他的任务是"护卫留都,为三千里外亲臣"④。他们的地位比守备南京的武臣要高,如在公堂上的坐次,守备太监"据首席,而协同者为侯伯则上坐,都督则侧坐耳"⑤。

镇守太监的职权,原来主要是监察军事,在边镇上的固不用说,在内地也往往是为了镇压人民起义或平定地方藩王的反叛而采取军事行动时设置的。但当军事行动结束后,这些镇守太监依然留任下来。到后来各个边镇及省一级的地区普遍设置了

① 陆容:《菽园杂记摘抄》三。

② 《明史》卷76《职官志》。

③ 王世贞:《弇山堂别集》卷90《中官考一》。

④ 刘若愚:《明宫史》木集《内府职掌》。

⑤ 王世贞:《凤洲杂编》卷1。

镇守太监,这时其职权就突破了军事范围而干预地方刑名政事了。除担任镇守、守备外,宦官还被派遣充任矿监、税使,主管采办、织造等,帮助皇帝在经济领域里搜刮劳动人民。

5. 操纵厂卫

厂指东厂,卫指锦衣卫,它们都是明朝皇帝实行专制统治的特务机构。"厂与卫相倚,故言者并称厂卫"①。

朱棣当上了皇帝以后,为了镇压建文帝那一派的官僚,不断派遣宦官刺探情况,但没有一个专门机构,总感到不方便。永乐十八年(1420年)八月,在北京"设东厂于东安门北,以内监掌之。自是中官益专横,不可复制"②。东厂自建立以后,一直没有停止过活动,直到明亡,其任务即所谓"缉访谋逆妖言大奸恶等,与锦衣卫均权势"③。

东厂直接受皇帝指挥,派去主持其事的宦官都是皇帝的亲信心腹。起初是选各监中一人提督,到后来专用司礼秉笔第二人或第三人为之。其官衔的全称是"钦差总督东厂官校办事太监",简称为"提督东厂"。并颁给关防一颗,文曰:"钦差总督东厂官校办事太监关防",凡十四字。一般宦官出差,所给印信,无"钦差"两字,其职衔"不过曰内官内臣而已"。而东厂关防"特称太监,以示威重"④。皇帝还特颁给密封牙章一枚,凡事件应封奏者,以此钤封,可不必经过任何手续,直接送到皇帝那里。厂内人员,称主管东厂的太监为"督主"或"厂公",其下设"掌刑千户一,理刑百户一,亦谓之贴刑",他们是从锦衣卫那里调拨过来的。在千、百户之下的是掌班、领班、司房四十余名。专门到外面去缉访的是役长(又叫挡头),有一百

---

①③ 《明史》卷95《刑法志》。
② 王世贞:《弇山堂别集》卷90《中官考一》。
④ 沈德符:《万历野获编》卷6"东厂印"。

256

余人。每一役长率领番子(也叫番役或干事)数人,计有一千余人①。这两部分人统称为隶役,都是从锦衣卫那里挑选"最轻黠獧巧者"②来充任。东厂因为是直接对皇帝负责,受皇帝指挥的,所以除皇帝而外,上自公侯勋贵下至民间,都可作为他们侦察访缉的对象。

东厂每月分配一次访缉任务,"每月旦(初一),厂役数百人掣签庭中,分瞰官府。其视中府诸处会审大狱,北镇抚司考讯重犯者曰听记。他官府及各城门访缉曰坐记。某官行某事,某城门得某奸,胥吏疏白坐记者,上之厂,曰打事件"③。在访缉时,不仅只是对官员行动或某城门得某奸,甚至连"地方失火","雷击何物","亦奏闻之"。每月月底的一天还要"奏报在京杂粮、米、豆、油、面之价"④。各处役长(挡头)打来事件以后,先去见厂公心腹内官审阅,而后发司房删润,再送给皇帝。遇有重要事件,虽在深夜,东华门关了,也从门缝里塞进,里面的人接到后,立即秘密送给皇帝。外边事无大小,皇帝都可以随时知道。

东厂番役在打事件的时候,又联络了一批流氓无赖,作其外围帮凶。这一批流氓无赖就勾结东厂番役,进行诓骗钱财和挟报私仇。他们"得一阴事,由之以密白于挡头,挡头视其事大小先予之金。事曰起数,金曰买起数。既得事,帅番子至所犯家左右坐曰打桩"⑤。经过所谓"打桩",把这一家情况弄清楚以后,"番子即突入执讯之,无有左证符牒。贿如数径去,少不如意,搒治之,名曰干醡酒,亦曰搬罾儿,痛楚十倍官刑。且授意使牵有力者,有力者予多金,即无事。或靳不予,予不足,立闻上,下镇抚司狱,立死矣"⑥。东厂的番役和地方上的流氓无赖就这样互

---

① 刘若愚:《明宫史》木集《内府职掌》;《明史》卷95《刑法志》。

②③⑤⑥ 《明史》卷95《刑法志》。

④ 刘若愚:《明宫史》木集《内府职掌》。

相串联起来,对人们栽赃诬陷敲诈勒索。

自洪武二十年(1387 年)烧锦衣卫刑具,又六年"诏内外狱毋得上锦衣卫",直至朱元璋死去,锦衣卫"不复与典狱"①。永乐时,朱棣以藩王起兵夺得皇帝的宝座,因此,对建文朝的官僚存有戒心,把纪纲从忠义卫千户提升为都指挥佥事,治锦衣亲兵,"复典治诏狱"②。从此又恢复了锦衣卫狱。并增设北镇抚司,原来的镇抚司改称为南镇抚司,于是南镇抚司"掌本卫刑名,兼理军匠",北镇抚司"专治诏狱"③。当时纪纲和指挥庄敬、袁江、千户王谦、李春等勾结在一起,"奸利数百千端"④,气焰十分嚣张,连成国公朱能也惧怕他们。

镇抚司原是锦衣卫的下属机构,成化十四年(1478 年)"增铸北司印信,一切刑狱毋关白本卫",甚至连锦衣卫交下来的案件,镇抚司也可直接请示皇帝裁决,"卫使毋得与闻",至于三法司更不能过问了,"故镇抚职卑而权日益重"⑤。这是明朝皇帝怕卫权过重,赋予地位较低的镇抚司以特权,使它们互相牵制。诏狱的牢房,防范得十分严密,生活条件十分恶劣。《万历野获编》卷二一记载:"镇抚司狱,亦不比法司,其室卑入地,其墙厚数仞,即隔壁嗥呼,悄不闻声。每市一物入内,必经数处验查,饮食之属十不能得一。又不得自举火,虽严寒不过啖冷炙披冷衲而已。家人辈不但不得随入,亦不许相面,惟拷问之期,得于堂下遥相望见。""犯人"一被投入"诏狱",便无申诉之处,只得受刑挨打。刑具一套计有十八种,其中以"拶"最厉害。因"诸刑俱可应故事,惟拶指则毫难假借。盖紧拶则肉虽去而骨不伤,稍宽则十指俱折矣"⑥。

----

① ② ④　王世贞:《锦衣志》。

③　《明史》卷 76《职官志》及《万历野获编》卷二一俱载,北镇抚司系永乐时添设。《明史》卷 95《刑法志》载,洪武十五年添设北司,此处据《职官志》及《野获编》。

⑤　《明史》卷 95《刑法志》。

⑥　沈德符:《万历野获编》卷 21"镇抚司刑具"。

还有一种叫做琶的刑具,"每上百骨尽脱,汗下如雨,死而复生,如是者二三次,荼酷之下,何狱不成"①。明朝皇帝用这些酷刑来残害官民,以便实行专制统治。

厂由宦官主持,卫则任武将掌管,厂卫虽然系统不同,但他们互相之间的关系极为密切。东厂的番役都是从锦衣卫选拔来的。他们的任务都是侦察一切官民,受皇帝的直接指挥。当然他们之间也会有矛盾,互相倾轧争宠。因此,厂卫的权势也会有消长。这得看皇帝宠信谁来定,如果皇帝倾向厂,则厂权就重于卫,否则,卫就凌驾于厂上。但明中叶后,宦官专权,而司礼太监又提督东厂,所以一般来说,是厂权高于卫权,锦衣卫是依随于厂的。另外,锦衣卫使也大多是司礼监太监的亲信私人,如王振在英宗正统时为司礼太监,锦衣卫指挥使马顺即其私党。司礼监太监一方面出任东厂提督;同时又派心腹担任锦衣卫使,把这两个特务组织控制在自己手里,形成"三位一体"。

二、成化时期的宦官权势

1. 肆意"奸欺国政"

成化时期(1465—1487年),宦官完全继承了以前的威权,肆意"奸欺国政"。他们继续利用司礼监干预国家的方针大计,继续利用厂、卫大搞特务活动,提督京营、监军统兵和担任镇守及守备等一如既往。更严重的是,宦官操纵政府官员的任免。这里仅就其中几个方面的情形,加以叙述。

操纵官吏任免。天顺八年(1464年)十一月,南京给事中王徽等上疏说:"夫宦者无事之时,似乎恭慎,一闻国政,即肆奸欺……大臣不识廉耻,多与交结。馈献珍奇,伊优取媚,即以为

---

① 《明书》卷72。

贤而朝夕誉之。有方正不阿者,即以为不肖而朝夕谗谤之……称誉者获显,谗谤者被斥。恩出于内侍,怨归于朝廷。"① 成化二十一年(1485年)正月,吏科给事中李俊等上疏说:"今之大臣,非夤缘内臣则不得进,非依倚内臣则不得安。"② 两人上疏,一在明宪宗即位之初,一在其统治的末期,而所讲宦官操纵官吏任免的情形,则基本上相同。由此可见,这一现象在成化年间始终未变,具体的事例在史书上也不乏记载。成化九年(1473年)二月,吏部尚书姚夔卒、大学士商辂想任用王概,但三月中尹旻却出任了这个职务。何以如此? 史称:"(尹)旻通中官,以中旨得之。"尹旻由于走了宦官的门路,就可以不通过内阁,而由皇帝直接下令出任"六卿之长"的吏部尚书,这足以显示出宦官对官吏任免的影响之大③。广东布政使陈选,为人正直,一向"治尚简易,独于赃吏无所假",威信很高,但成化二十一年(1485年)因反对市舶中官韦眷,竟被韦眷诬为"贪墨"。明宪宗派刑部员外郎李行等调查,李行等"皆畏(韦)眷势",不敢秉公处理,"以诬狱上",将陈选逮捕,在押往京师途中,陈选死于南昌④。堂堂省级长官,由于得罪了宦官,不但丢了官,并被迫害而死,足见宦官势焰之凶。

提督京营和监军统兵。天顺八年(1464年)三月,会昌侯孙继宗等请于五军、神机、三千营选壮勇官军一十二万,分为十二营,各命侯、伯、都督等官,坐营团练。明宪宗批准了这一建议,下令孙继宗同太监刘永诚总管提督。四月,召郭登总神机营兵,命太监十二人坐营管操。以上两例反映了当时太监提督京营的情形⑤。

---

① 《明史》卷180《王徽传》。
②④ 《明通鉴》卷35。
③ 《明通鉴》卷32。
⑤ 《明通鉴》卷29。

成化元年(1465年)三月,四川永宁宣抚司所辖山都掌地区的少数族反叛明朝,明宪宗于成化三年六月派襄城伯李瑾为征夷将军,充总兵官,对反叛者进行讨伐,以太监刘恒为监军。成化二年六月,鞑靼部玛拉噶进犯延绥,明宪宗下令彰武伯杨信为平虏将军,充总兵官,太监裴当监督军务,会陕西巡抚项忠御之①。这两个事例,说明了当时太监监军统兵情形的存在。

担任镇守、守备以及出使等职务。这类事例俯拾即是。《明通鉴》记载,当时"内府供用日繁,守备分守中官布列天下"②。成化三年(1467年)三月,"复开浙江、福建、四川、云南银场,以内臣领之"③。成化十六年,广东"中官奉使纷逐",除镇守宦官顾恒外,还有提督市舶的宦官韦眷、提督珠池的宦官黄福④。成化四年,朝鲜国王李瑈卒,明宪宗"遣中官郑同、崔安封其世子晄为王"⑤。

成化二十一年(1485年)正月,巡抚应天副都御史彭韶说:"监局内臣,数以万计,利源兵柄,尽以付之。"⑥ 这段话恰如其分地道出了当时宦官仍像成化以前那样用事掌权的客观事实。正是由于他们大权在握,大臣们才纷纷与之相拉拢。天顺八年(1464年)五月,南京给事中王徽等指出:"近有无耻大臣,结交内宦,或行叩头之礼,或有翁父之称。"⑦ 有一次,司礼太监黄赐之母去世,"廷臣皆往吊"⑧。

2. 汪直和西厂

成化年间的宦官不仅具有以前的各项威权,而且权势有所发展,其主要表现是增设了西厂。

---

① ③　《明通鉴》卷30。
② ④　《明通鉴》卷34。
⑤ ⑧　《明通鉴》卷31。
⑥　《明通鉴》卷35。
⑦　《明通鉴》卷29。

西厂最早由汪直把持。汪直，广西大藤峡瑶族人，最初以幼男入禁中，因为年少黠谲，深受明宪宗宠爱，得掌御马监。后来，妖人李子龙"以左道惑众"，宦官鲍石、郑忠与之相结，"夤缘入内府"，经常引到万岁山观望，"谋不轨"，事被锦衣卫官校发现，"伏诛"。时为成化十二年（1476 年）。这个事件的发生，引起明宪宗的极大不安，他"锐欲知外事"，于是命令汪直易服化妆，带校尉一、二人，不断"密出伺察"。

　　第二年正月，正式成立一个特务机构，"以直领之，列官校刺事"，由于原来已有一个以"东厂"为名的以宦官掌管的特务机构，这个新成立的机构便起名"西厂"，以与东厂相区别①。西厂"所领缇骑倍东厂"，势力大大超过东厂和锦衣卫，其逮捕朝臣，"初不俟奏请"，有先下狱而后奏闻者，有旋执旋释，竟不奏闻者。"下至民间斗詈鸡狗琐事，辄置重法。""以捕妖言图官赏"，其旗校"多为赝书诱愚民而后捕之，冤死相属，廷臣莫敢言"②。西厂成立后屡兴大狱，不到半年就有好几起。如成化十三年（1477年）二月有杨晔之狱。杨晔是建宁卫指挥，故少师杨荣的曾孙，与其父杨泰为仇家所告，逃入京师，匿于姊夫董玙处。董玙找到汪直的心腹锦衣百户韦瑛求情，韦瑛表面许诺，暗地里却报告汪直。汪直立即把杨晔和董玙逮捕，用称为"琶"的一种锦衣卫特有的酷刑拷讯。杨晔"骨节皆寸解，绝而复苏"，因不胜其苦，妄言寄金于叔父兵部主事士伟处。汪直不奏闻朝廷，即捕士伟下狱，"并掠其妻孥。狱具，晔死狱中，泰论斩，士伟等皆谪官"③。借这个案件，汪直还"诬左右大臣"多得杨晔的贿赂，除大学士商辂外，并及刑部尚书董方、都御史李宾等④。同年四月有掌太医

---

　　①　《明史》卷 304《汪直传》；《明史纪事本末》卷 37。

　　②④　《明通鉴》卷 33。

　　③　《明史》卷 304《汪直传》。

院事左通政方贤、太医院判蒋宗武、礼部郎中乐章、行人张廷纲、刑部郎中武清、浙江布政使刘福、御史黄本等狱。韦瑛向方贤索取药品，方贤未给，韦瑛大怒，派人"恣检其家，得片脑沉香，以为盗之官库"，又搜出"御墨及龙凤瓷器，俱以违法论"，因将之执下西厂狱，并株连而及蒋宗武，一齐下狱。乐章、张廷纲出使安南回国，"厂校执之，鞫其受馈遗有迹"，因革职"冠带闲住"。武清，于广西勘事归来，至通州，"厂校谓其有所赍载，不俟奏"，执之下狱，后讯鞫无验而释放，"竟不以闻"。刘福丁母忧服除，"有构之于直者，遂执系厂狱"，不久以查无事实获释。黄本自云、贵清军刷卷还，汪直令韦瑛搜查，得象笏一个，执送锦衣卫，革职为民。①

　　汪直利用西厂罗织人罪，数起大狱，搞得政治空气极为紧张，引起了一些大臣的反对，这导致西厂于成化十三年(1477年)五月一度被罢。当时大学士商辂在要求罢西厂的奏疏中指出："近日伺察太繁，政令太急，刑网太密，人情疑畏，汹汹不安。盖缘陛下委听断于汪直，而直又寄耳目于群小也。中外骚然，安保其无意外不测之变！"这个奏疏应该说是切中时弊的，但明宪宗看过后，竟大发雷霆，说什么"一内竖辄危天下乎？"让太监怀恩传旨严加斥责。商辂据理力争，说："朝臣无大小，有罪皆请旨收问。(汪)直敢擅逮三品以上京官。大同、宣府，北门锁钥，守备不可一日缺。(汪)直则一日擒械数人。南京，祖宗根本重地，留守大臣(汪)直辄收捕。诸近侍，(汪)直辄易置。(汪)直不黜，国家安得不危！"商辂的这番话感动了怀恩，他不再斥责商辂，而是将其所说如实报告了明宪宗。明宪宗大概对这番道理无法驳倒，只好听从其建议，下令罢西厂，令汪直回御马监，把韦瑛调边卫，遣散诸旗校。②

_____

① 《明史纪事本末》卷37；《明通鉴》卷33。
② 《明史纪事本末》卷37。

不过,明宪宗并非真心接受商辂的意见。当时西厂虽革,但犹密召汪直伺察外间动静,并且让他寻觅会耍笔杆的人作助手。有人推荐锦衣副千户吴绶,遂于罢西厂的当月,令其"同在镇抚司问刑"①。太监黄赐、陈祖生曾在司礼监任职,位在汪直之上,汪直对他们很忮恨。西厂被罢后,汪直诬称商辂奏疏为"黄赐、陈祖生意",目的是"为杨晔报复"。明宪宗即将他们出之南京。御史戴缙,品质很坏,"险躁干进",以九年秩满不得迁而着急,这时得知明宪宗对西厂念念不忘的本心,遂上书"盛称(汪)直功",请复西厂。明宪宗看后,正中下怀,于是在成化十三年(1477年)六月十五日下令复开西厂②。大学士商辂因西厂终于恢复,知事不可为,于是上疏坚决要求致仕。明宪宗也乐得他离开,在恢复西厂的同月二十二日,批准了他的辞呈。另外,与汪直有矛盾的刑部尚书董方、都御史李宾等人也先后被迫去职。汪直的权势随之更大,"士大夫益俯首事(汪)直,无敢与抗者"③。势焰之凶,甚至可使人假冒汪直之名,横行各地。成化十四年七月,江西人杨福路过南京,有人说他相貌酷似汪直,他就诈称自己是汪直,进行诈骗,"自芜湖乘传给廪,历常、苏,由杭州抵四明,有司及市舶官皆屏息奉命,威福大张",最后到了福州,才被镇守太监卢胜所识破,"执问如律"④。

西厂重开之后,与汪直勾结在一起、充当其帮凶的主要是王越和陈钺。王越"素以才自喜,不修小节",因而在朝臣中相处不谐。汪直势盛之后,他通过结识韦瑛而与汪直拉上了关系,成化十三年(1477年)十二月,遂升任兵部尚书。而陈钺也靠结交汪直而擢升右副都御史,巡抚辽东。成化十五年秋,汪直受命巡

---

① 《明通鉴》卷33。

② 《明史》卷304《汪直传》;《明通鉴》卷33。

③ 《明史纪事本末》卷37;《明通鉴》卷33。

④ 《明史纪事本末》卷37。

边,"率飞骑日驰数百里,御史、主事等官迎拜马首,箠挞守令"。各边都御史畏惧汪直,"服橐鞬,迎谒,供张百里外"。汪直到辽东,陈钺"郊迎蒲伏,厨传尤盛,左右皆有贿"。汪直对他更加喜欢。兵部侍郎马文升恰好奉命在辽东,"直至,不为礼",对陈钺也很怠慢。陈钺、汪直于是对之进行陷害,终于使之丢官谪戍。汪直"年少喜兵",陈钺给他出主意征伐伏当加,以"立边功自固"。汪直即用抚宁侯朱永做总兵官,自任监军出兵征伐伏当加。"师还,(朱)永封保国公,(陈)钺晋右都御史,(汪)直加禄米"。王越看到陈钺用协助汪直出征的办法得到了好处,也起而效法,劝汪直出征,汪直用其谋,"诈称亦思马因犯边",让明宪宗下令朱永与王越"西讨,(汪)直为监军"。结果王越得封威宁伯,汪直再加禄米。汪直的出征,招致了边境的不安宁,"已,伏当加寇辽东,亦思马因寇大同,杀掠甚众"。辽东巡按强珍上表弹劾陈钺,汪直祖护陈钺,竟将强珍谪戍。"于是恶(汪)直者,指王越、陈钺为'二钺'"①。

汪直炙手可热的势焰,引起了广泛的不满,终于导致了他的倒台。有个名叫阿丑的小宦官,"工俳优",一天于宫中扮作醉汉撒泼骂街,有人告诉他皇帝来了,他谩骂如故,而告诉他汪太监来了,他马上撒腿避走,并口称"今人但知汪太监也"。他又曾扮作汪直的样子,手持两钺来到明宪宗面前,旁人问他,他便说:"吾将兵,仗此两钺耳。"问为何钺,答以"王越、陈钺也"。明宪宗听后哈哈大笑,而笑后则渐渐注意到汪直权势过大和仇怨者众的情形②。这时又发生了汪直、尚铭争功的事件,使汪直处境更为不利。尚铭是主管东厂的太监,最初因依附汪直而进用。正当汪直忙于出征的时候,有盗西内物者,明宪宗命厂校侦缉,东厂捕得上报,尚铭得到奖赏。汪直怨恨尚铭抢功,口称"铭敢负

①② 《明史》卷304《汪直传》。

我!"尚铭自知捅了马蜂窝,"惧将倾己",遂决定先发制人。以前汪直"时或泄禁中语于(王)越",王越传之他人,尚铭有所耳闻,因将之奏上,并"尽发王越交通不法事",明宪宗于是开始疏远汪直[①]。成化十七年(1481年)秋,汪直和王越受命往宣府御敌,敌退,汪直请班师,不得获准,反被徙镇大同。汪直既久镇在外,其宠更衰,给事、御史们交章奏其苛扰,请仍罢西厂。成化十八年三月,西厂最终被罢。成化十九年六月,调汪直南京御马监;八月,降为奉御,其党羽亦先后罢黜。汪直利用西厂当权用事的历史,遂告结束[②]。

3. 成化时宦官权势发展的因与果

成化年间有名的宦官除了上述汪直等人之外,还有梁芳、钱能、韦兴、陈喜、王敬等人。可以说,成化时期宦官权势既大,有名者又多。历朝宦官得势,多半由于皇帝荒唐,耽于逸乐,不问政事,成化年间亦是如此。在明朝十几个皇帝中,明宪宗不是最爱玩乐的一个,但也不是励精图治的人。成化三年(1467年)四月,刑科给事中毛弘等上言批评他:"比塞上多事,正陛下宵衣旰食时。乃闻退朝之暇,颇事逸游,炮声数闻于外,非禁地所宜有。"同年十二月,明宪宗准备于翌年上元张灯,"命词臣撰诗词进奉"。翰林院编修章懋、黄仲昭等认为,天下多事,正"宵旰焦劳"之日,而且"翰林官以论思为职",所以拒不受命,要求"停止烟火。移此视听,明目达聪,省此资财,振饥恤困"。明宪宗不仅不听,反而斥之为"妄言,杖之阙下",处以谪降[③]。明宪宗如此作为,自然便为宦官窃权提供了机会。史载:明宪宗"怠于政,(大学士彭)时与万安同在阁,而(万)安内结中官戚畹,大臣希得进见"[④]。这一

---

① 《明通鉴》卷34;《明史》卷304《汪直传》。
② 《明史》卷304《汪直传》;《明史纪事本末》卷37。
③ 《明通鉴》卷30。
④ 《明通鉴》卷33。

现象,清楚地反映了明宪宗倦勤怠政与宦官窃权的因果关系。

溺于女色,是封建皇帝荒嬉怠政的重要表现之一,又是造成宦官窃权的重要原因。明宪宗时有个万贵妃,比明宪宗年长十九岁,但机警,善迎帝意,宠冠后宫,许多宦官"假贡献,苛敛民财,倾竭府库",以结其欢①。汪直最初即"给事万贵妃宫",这是他能够飞黄腾达的一个重要原因②。梁芳、陈喜、钱能、韦兴等大宦官,也都有巴结万贵妃的明文记载③。

成化年间宦官权势的发展,产生了很恶劣的影响。朝臣利权被侵夺,激化了他们与宦官的矛盾。宦官依仗权势胡作非为,使政治更加黑暗。许多坏人通过依附宦官而得到进用。如李孜省,南昌人,以布政司吏待选京职,因贪污事发,隐匿不归。看到明宪宗"好方术","乃学五雷法","厚结中官梁芳、钱义,以符箓进"。成化十五年(1479年)特旨授太常丞,因御史、给事中劾其身系赃吏,不宜典祭祀,又改上林苑监丞,此后与梁芳"表里为奸,渐干预政事"④。再如江夏僧继晓,以秘术因梁芳进,授僧录司左觉义,进右善世,命为通元翊教广善国师,"日诱帝为佛事,建大永昌寺于西市,逼徙民居数百家,费国帑数十万"⑤。宦官贪污和浪费也很厉害,如梁芳,"假市珍玩名,侵盗库金以数十万计,不足则给以盐","前后请两淮存积、余盐不下数十万引"⑥。"帝视内帑,见累朝金七窖俱尽",便指着梁芳和另一个宦官韦兴说:"糜费帑藏,实由汝二人。"⑦ 再如东厂太监尚铭,由于他的

---

① 《明史》卷113《万贵妃传》。

② 《明通鉴》卷33。

③ 《明史》卷113《万贵妃传》;《明通鉴》卷31。

④ 《明史》卷307《李孜省传》。

⑤ 《明史》卷307《继晓传》。

⑥ 《明通鉴》卷34。

⑦ 《明史》卷304《梁芳传》。

告发使西厂被废之后,他得擅权势,"闻京师有富室,辄以事罗织,得重贿乃已。卖官鬻爵,无所不至"。后来明宪宗发现其恶,将他谪充南京净军,"籍其家,辇送内府,数日不尽"①。成化二十一年(1485年)正月,吏科给事中李俊等在一个奏疏里论述宪宗时期的"近幸干纪"说:"夫内侍之设,国初皆有定制,今或一监而丛十余人,一事而参六七辈,分布藩郡,总领边疆,援引恓邪,投献奇巧。司钱谷则法外取财,贡方物则多方责贿,兵民坐困,官吏蒙殃。"② 这段话,可说是概要地叙述了这一时期宦官权势进一步发展所造成的恶果。

---

① 《明史》卷304《汪直传》。
② 《明通鉴》卷35。

第八章 明中期的政治(中)

第一节 弘治"中兴"

成化二十三年(1487年)八月,明宪宗死去,九月,十八岁的皇太子朱祐樘即位,是为孝宗。以翌年为弘治元年(1488年)。明孝宗共在位十八年,旧史对其多有誉语。有的把他和汉文帝、宋仁宗相提并论①;有的说,明代皇帝中,太祖、成祖而外,可称者只有仁宗、宣宗和孝宗②;有的则为之加上了"中兴之令主"的称号③。这些评价,不能说没有溢美,但在一定意义上反映了明孝宗的基本状况。

一、斥逐奸邪,任用贤能

孝宗即位时所面临的局面是,由于明宪宗重用宦官和奸佞,造成"朝多秕政"④。为了刷新政治,改弦更张,明孝宗首先在用人上进行整顿,斥逐奸邪,任用正直、练达之士。

太监梁芳,"贪黩谀佞",在成化年间通过向明宪宗宠爱的万贵妃"日进美珠珍宝",得到其欢心,从而"擅宠于内"。许多奸佞之徒走他的门路而得重用,与他"共为奸利"。他取"中旨

---

① 《明史纪事本末》卷42。
② 《明史》卷15《孝宗纪》。
③ 《明通鉴》卷40。
④ 《明史》卷168《万安传》。

授官累数千人,名传奉官,有白衣躐至太常卿者"。孝宗在即位后的第六天,就把他"谪居南京,寻下狱"①。奸佞李孜省,在成化年间作恶多端,权势很大,"搢绅进退,多出其口,执政大臣万安、刘吉、彭华从而附丽之"。孝宗即位后,于斥逐梁芳的同一天,也把他谪罚戍边,后来又将他逮捕入狱②。成化年间"传奉之例既开,文武僧道滥恩泽者数千","一时诸杂流加侍郎、通政、太常、太仆、尚宝者,不可悉数",西番僧"授西天佛子、大国师、国师、禅师者不可胜计","缁衣、羽流加号真人、高士者,亦盈都下"。孝宗即位后,不出两月,即下令汰传奉官,右通政任杰等二千余人被罢免,又下令罢遣禅师、国师、真人等一千数百人③。万安,四川眉州人,自成化五年(1469年)入内阁参机务,然而毫无才能,"既柄用,惟日事请托,结诸阉为内援"。为了找靠山、稳固地位,竟通过宦官向万贵妃大献殷勤,"自称子侄行"④。孝宗当太子时,已"稔闻其恶",即位后,在宫中发现一篚奏疏,内容都是讲房中术的,末尾的署名又都是"臣安进",于是派人拿着这些奏疏到内阁找万安,指责他:"是大臣所为乎?"万安羞愧难言。"已而科道交章论之",孝宗遂下令罢免其官职。江夏僧人继晓,早在成化二十一年(1485年)已由于言官的"极论其罪,始勒为民"⑤。弘治元年(1488年)十一月,"给事中林廷玉复请逮治",于是明孝宗下令把这个妖僧处以死刑⑥。此外,明孝宗还罢免处罚了另外一些奸邪之徒。这一系列行动,好像一阵冲刷污垢的暴风雨,使"先朝妖佞之臣,

① 《明史》卷304《梁芳传》;《明通鉴》卷35。
② 《明史》卷307《李孜省传》;《明通鉴》卷35。
③ 《明通鉴》卷35;《明史》卷307《继晓传》。
④ 《明史》卷168《万安传》。
⑤ 《明史》卷307《继晓传》。
⑥ 《明通鉴》卷36。

放斥殆尽"①。这为全面刷新政治,起了扫清障碍的作用。

与罢斥奸邪并行的是任用贤能。这个方针,孝宗在位期间始终得到奉行。《明史纪事本末》的作者曾把它用二十个字加以表述:"置亮弼之辅,召敢言之臣,求方正之士,绝嬖幸之门。"②为了保证这一方针的执行,明孝宗很注意对各级官吏的考察。为了熟悉官吏的情况,弘治元年(1488年)三月,他让吏、兵两部把两京文武大臣、在外知府守备以上官姓名抄下来,贴在文华殿的墙壁上,"有迁罢者,易以新除"③。为了使官吏的考察符合实际,他多次指示吏部、都察院,"考察进退人才,务得实迹以闻"④。

由于明孝宗注意任用贤能,弘治时期形成了"朝多君子"的盛况⑤,出了许多名臣,其尤著者有王恕、马文升、刘大夏、刘健、谢迁、李东阳等人。

王恕,陕西三原人,一向以"好直言"著称,成化时期,"侃侃论列无少避,先后应诏陈言者二十一,建白者三十九,皆力阻权幸。天下倾心慕之,遇朝事有不可,必曰'王公胡不言也?'则又曰'公疏且至矣'。已,恕疏果至。时为谣曰:'两京十二部,独有一王恕。'"他的这种品行,使"贵近皆侧目",昏庸的明宪宗"亦颇厌苦之",终于使他"不得立朝",在成化末年被强迫"致仕"⑥。孝宗即位后两个月,由于许多大臣的推荐,致仕家居的王恕被任命为吏部尚书,直到弘治六年(1493年)闰五月,他一直担任这个职务⑦。孝宗皇帝对他很信任,而他"感激眷遇,益以身任国

---

①② 《明史纪事本末》卷42。

③ 《明通鉴》卷36。

④ 《明通鉴》卷38。

⑤ 《明史》卷183赞语。

⑥ 《明史》卷182《王恕传》。

⑦ 《明通鉴》卷35、37。

事""先后以灾异条七事,以星变陈二十事,咸切时弊"①。在吏部侍郎彭韶的辅佐下,"甄人才,核功实,仕路为清"②。王恕先后引荐的人才有耿裕、彭韶、何乔新、周经、李敏、张悦、倪岳、刘大夏、戴珊、章懋等,"皆一时名臣。他贤才久废草泽者,拔擢之恐后。弘治二十年间,众正盈朝,职业修理,号为极盛者,恕力也"③。

马文升,湖广钧州(今河南禹州市)人,"有文武才,长于应变,朝端大议往往待之决"。成化二十二年(1486年),由于李孜省进谮言,由兵部尚书调南京。孝宗即位后,召拜左都御史。不久,被任命提督十二团营。弘治二年(1489年),又擢任兵部尚书,督团营如故。这时因兵政久弛,"西北部落时伺塞下",马文升严核诸将校,黜贪懦者三十余人。奸人怨恨,夜间持弓矢等在他的门口,企图行刺;还有的作谤书,射入东长安门内。明孝宗得知后,立刻命令锦衣缉捕,并拨骑士十二人,"卫文升出入"④。直到弘治十四年(1501年),由于改任吏部尚书,马文升才离开兵部尚书之职,前后凡十三年⑤。在这十三年中,马文升"尽心戎务,于屯田、马政、边备、守御,数条上便宜。国家事当言者,即非职守,亦言无不尽"⑥。

刘大夏,湖广华容人。成化初"除职方主事,再迁郎中。明习兵事,曹中宿弊尽革。所奏覆多当上意,尚书倚之若左右手"。弘治二年(1489年),迁广东右布政使,弘治六年以吏部尚书王恕荐,擢右副都御史,治河张秋。后历任左副都御史、户部左侍郎等职,弘治十五年拜兵部尚书。他能够将民间的真实情况毫无忌讳地向明孝宗报告。有一次,明孝宗在便殿召见刘大夏,问

①③ 《明史》卷182《王恕传》。
② 《明史》卷183《彭韶传》。
④⑥ 《明史》卷182《马文升传》。
⑤ 《明通鉴》卷39。

他说:"卿前言天下民穷财尽。祖宗以来征敛有常,何今日至此?"他回答说:"正谓不尽有常耳。如广西岁取铎木,广东取香药,费固以万计,他可知矣。"明孝宗又询问士兵的情况,他回答说:"穷与民等。"弘治帝很不理解,继续问:"士兵居有月粮,出有行粮,何故穷?"他报告说:"其帅侵克过半,怎能不穷!"听了这番话,明孝宗感叹地说:"朕临御久,乃不知天下军民困,何以为人主!"遂下诏严禁。明孝宗"察知大夏方严,且练事",对他极为亲信,数召见决事。"大夏每被召,跪御榻前。帝左右顾,近侍辄引避。尝对久,急不能兴,呼司礼太监李荣掖之出。一日早朝,大夏固在班,帝偶未见,明日谕曰:'卿昨失朝耶? 恐御史纠,不果召卿。'其受眷深如此"①。

刘健,河南洛阳人,成化时任少詹事,充东宫讲官,受知于孝宗。孝宗即位后,进礼部右侍郎兼翰林学士,入内阁参机务,弘治十一年(1498年)成为首辅。谢迁,浙江余姚人,孝宗做太子时,已充当讲官;孝宗即位后,"与日讲,务积诚开帝意。前夕必正衣冠习诵,及进讲,敷词详切,帝数称善"②。弘治八年,入内阁参预机务。李东阳,湖广茶陵人,弘治八年与谢迁同日登用,入内阁参预机务。弘治后期,孝宗"在位久,益明习政事,数召见大臣,欲以次革烦苛,除宿弊"。刘健、谢迁、李东阳等三人"同心辅政,竭情尽虑,知无不言。初或有从有不从,既乃益见信,所奏请无不纳,呼为先生而不名。每进见,帝辄屏左右。左右间从屏间窃听,但闻帝数数称善"③。三人各有特点,当时人评论说:"李公谋,刘公断,谢公尤侃侃。"④其中刘健、谢迁政绩尤其突出,《明史》的作者认为:"刘健、谢迁正色直道,蹇蹇匪躬","有明

① 《明史》卷182《刘大夏传》。
②④ 《明史》卷181《谢迁传》。
③ 《明史》卷181《刘健传》。

贤宰辅,自三杨外,前有彭、商,后称刘、谢"。这个评论是有一定根据的。①

由于明孝宗"明于任人"②,这便使他改良政治从组织上得到了保证。

二、广 开 言 路

明孝宗即位后,还很注意广开言路。他一上台,立刻形成了臣子纷纷上书的生动局面。史载,"是时上更新庶政,封章旁午,言路大开"③。不仅大臣上表言事,连尚未做官的太学生也踊跃上疏提建议。明孝宗即位后几个月,将在万岁山建棕棚,以备登临眺望,太学生虎臣得知消息,当即"上疏切谏"。祭酒费訚担心自己受牵连,"银铛系(虎)臣堂树下"。但过了不久,就有官校传令,把虎臣召到皇宫的左顺门,"传旨慰谕曰:'若言是,棕棚已毁矣。'"费訚听到消息,十分惭愧,而虎臣则从此名闻都城,"顷之,命授七品官,为云南知县"④。虎臣之大受奖励说明,明孝宗对敢言直谏是极力提倡的,而这种虚心纳谏的实际行动,鼓励了当时朝野人士敢言直谏。弘治九年(1496年)闰三月,少詹事王华在文华殿进讲《大学衍义》,"至唐(宦官)李辅国与张后表里用事,指陈甚切"。"时内侍李广方贵幸,招权纳贿。华讽上"。而孝宗听后不仅不加罪王华,反而"乐闻之,命中官赐食"⑤。弘治十年二月,孝宗在后苑游玩之后,"御讲筵",侍讲学士王鏊因而"进讲'文王不敢盘于游畋',反复规切,上为动容"。孝宗事后对

---

① 《明史》卷181赞语。
② 《明史》卷183赞语。
③ 《明通鉴》卷36。
④ 《明通鉴》卷35。
⑤ 《明通鉴》卷38;《明史纪事本末》卷42。

王鏊也不怪罪,而是对当时诱导他游玩的宦官李广说:"讲官所指,殆为若辈,好为之!"自此之后,"遂罢游猎"①。明孝宗除了用虚心纳谏的实际行动劝导臣下踊跃进言之外,还经常直接、正面地提出这件事情,鼓励臣下知无不言。弘治十七年九月,在经筵进讲中,讲官的讲章中有"以善道启沃他"一句,太监李荣认为"'他'字不是对上语",触犯了忌讳,向孝宗告状。孝宗听后,根本不把它当成什么罪过,并且为了避免讲官因此而不肯大胆规谏,特地召来大学士刘健等说:"讲书须推明圣贤之旨,直言无讳。若恐伤时,过为隐覆不尽,虽日进讲,亦何益乎!"而且又明确要求他们:"传语诸讲官,不必顾忌。"② 明孝宗如此鼓励臣下直言无讳,从而广开言路,使臣下能够大胆献策献计。广开言路政策的实行,使明孝宗能够集思广益,看到不足之处,找出解决问题的方案,这便为其改良政治创造了条件。

三、改 良 政 治

弘治时期在政治上的改良,主要表现在四个方面。第一,勤于政事;第二,注意节俭;第三,抑制勋戚中官等势家近幸;第四,减轻剥削,注意救济灾民。

明孝宗有"勤求治理"之称③,这是符合事实的。正统以来,皇帝每天只有一个"早朝","臣下进见说事,不过片时"。这样,皇帝与大臣见面的时间很少,只好听信"左右之人",对大臣的了解不可能深入,甚至"未免以直为枉,以枉为直"。鉴于这种情况,弘治元年(1488 年)三月吏部尚书王恕建议,除"早朝"之外,

---

① 《明通鉴》卷 38;《明史》卷 181《王鏊传》;《明史纪事本末》卷 42。
② 《明通鉴》卷 40;《明史纪事本末》卷 42。
③ 《明史纪事本末》卷 42。

皇帝还要"日御便殿,宣召诸大臣,与之讲论治道,谋议政事,或令转(专)对,或阅其章奏"。王恕认为,这不仅可以加深对大臣的了解,得以"随才任使,亦可以启沃圣心",提高处理政事的才能。孝宗觉得有理,遂开始增加"午朝",每天于左顺门接见大臣①。

弘治年间,正直的大臣经常向明孝宗建议节俭,而明孝宗也都能予以采纳,说明这一时期对节俭是很重视的。弘治元年(1488年)三月,都御史马文升陈时政十五事,其中的一条是"节费用以苏民困",他说:"一应供应之物,陛下量减一分,则民受一分之赐。"言语极为尖锐、深刻。明孝宗对其建议,"嘉纳之,悉施行"②。

弘治二年(1489年)十一月,"有星孛于天津",诏大臣极言时政得失。左侍郎倪岳上疏说:"当今民日贫,财日匮,宜节俭以为天下先。"他还具体提出,要"减斋醮,罢供应,省营缮"。明孝宗对其建议又是"俱采纳焉"③。弘治十四年八月,大学士刘健等因军兴缺饷上言:天下的财富,其生有限,而"光禄岁供增数十倍,诸方织作,务为新巧,斋醮日费数万,太仓所储,不足饷战士,而内府取入,动四五十万。宗藩、贵戚之求土田、夺盐利者,亦数千万"。再加上大兴土木,官吏冗滥,"财安得不匮!愿陛下绝无益之费,躬行节俭,为中外倡"。明孝宗对这个建议很重视,立即"减光禄寺供奉",将之恢复到弘治元年时的标准。成化年间,光禄寺增加了坐家长随八十余员,传添汤饭中官百五十余员。"天下常贡不足于用,乃责买于京师铺户",而物价却并不及时支给,商人负累不堪。这时,兵部尚书刘大夏也"因天变"要求改革,明孝宗乃下令"裁减中官,岁省银八十余万"④。

---

① 《明通鉴》卷 36。

②③ 《明史纪事本末》卷 42。

④ 《明通鉴》卷 39。

勋戚中官等势家近幸的为非作歹,是明中期的一个严重社会问题。而弘治年间,以明孝宗为首的执政集团,对这一问题相当注意,竭力抑制其胡作非为和侵害一般老百姓的行为。弘治三年(1490年)闰九月,明孝宗曾申明禁令,"禁宗室、勋戚奏请田土及受人投献"①。当时,勋戚近幸不肯遵守有关规定,"纵家人列肆通衢,邀截商货,都城内外,所在有之"。按照规定,"王公,仆从二十人;一品,不过十二人"。而这时"勋戚多者以百数,大乖旧制"。面对这种情况,弘治九年九月,尚书屠滽等上言,要求皇帝戒谕勋戚,"凡有店肆,悉皆停止。更敕都察院揭榜禁戒,扰商贾夺民利者,听巡城巡按御史及所在有司执治。仍考永乐间榜例,裁定勋戚家人,不得滥收"。根据大臣的这个建议,明孝宗再一次下达了关于"禁势家侵夺民利"的命令②。对于张皇后的两个弟弟张鹤龄和张延龄的制裁,尤其表现了当时抑制势家近幸作恶的政策。张鹤龄兄弟都仗势"骄肆,纵家奴夺民田庐,篡狱囚,数犯法。(弘治)帝遣侍郎屠勋、太监萧敬按得实,坐奴如律。敬复命,皇后怒,帝亦佯怒。已而召敬曰:'汝言是也。'赐之金"③。弘治十八年三月,户部主事李梦阳上书"指斥弊政",洋洋数万言,其中指斥张鹤龄尤其严厉,揭发他"招纳无赖,罔利贼民,势如翼虎"。皇后之母金夫人及张鹤龄深为怨恨,天天"泣诉于上前"。孝宗不得已,下李梦阳于狱。科道官纷纷上疏营救,金夫人犹在孝宗面前泣涕,求加重刑。孝宗遂大怒,推案而起。既而法司请示处理意见,孝宗毫不犹豫地提笔批示:"梦阳复职,罚俸三月。"过了一些日子,孝宗夜游南宫,张鹤龄入内陪酒,皇后、金夫人也在场。"酒半,皇后及金夫人起更衣,上出游

① 《明史》卷15《孝宗纪》。
② 《明通鉴》卷38。
③ 《明史》卷300《张峦传》。

览,独召鹤龄语,左右莫闻也,惟遥见鹤龄免冠,首触地"。"盖因梦阳言罪寿宁也(张鹤龄在其父张峦死后,嗣寿宁侯)"。不久,孝宗在一次召见兵部尚书刘大夏时,谈完其他事情后,孝宗询问处廷近日舆论状况,刘大夏告诉他:"近释李梦阳,中外欢呼至德如天地。"孝宗听后说:李梦阳的上疏中有"张氏"两字,"左右谓其语涉皇后,朕不得已下之狱。比法司奏上,朕试问左右作何批行,一人曰:'此人狂妄,宜杖释之。'朕揣知此辈欲重责李梦阳致死,以快宫中之忿。朕所以即释复职,更不令法司拟罪也"①。

弘治时期,统治者没有从制度上对赋役进行突出的改革,但在减轻人民负担上却做了一些好事,这主要表现在减免灾区的赋税征收上,有时甚至还拿出官府的财物,对灾民进行救济。这类记载史书中极多,其中规模较大的便有如下几次:弘治三年(1490年)二月十日,"免河南被灾秋粮"。同月十二日,户部请免南畿、湖广税粮,孝宗说:"凶岁义当损上益下。必欲取盈,如病民何!"于是全部批准②。弘治四年八月,"以水灾,停苏州、浙江今年织造"。弘治六年,全年中"以灾蠲者,两京外,蠲山西太原诸府平阳诸县夏税,河南开封诸府夏税之半,祥符诸县秋粮。又免沈阳卫屯粮六万四千余石。赈则自苏松外,山东饥甚,巡抚王霁先后请发帑金五十余万,米二百余万石,选廉能吏验口给之,凡活饥民二百六十余万"③。弘治十一年,免南畿、山西、陕西、广东、广西被灾税粮④。弘治十四年,对两畿、江西、山东、河南等灾区既免税粮,又搞赈济⑤。弘治十六年九月,赈济两畿、

---

① 《明史纪事本末》卷42;《明通鉴》卷40。
② 《明史》卷15《孝宗纪》。
③ 《明通鉴》卷37。
④ 《明通鉴》卷38。
⑤ 《明通鉴》卷39。

浙江、山东、河南、湖广等地的被灾军民①。上列事例,虽非全面统计,但从中已可看出,弘治时期的减免赋税和赈济灾民,次数相当之多,涉及的地区相当之广。

以孝宗为首的弘治君臣所进行的上述改良政治的活动,毫无疑义,都是有利于生产发展和社会安定的,在历史上起了进步作用。正统以来日益激化的社会矛盾,因之暂时有所缓和。当时统治阶级内部也没有发生较大的纷争。弘治以前和之后,都曾发生过较多的农民起义,形成了明中期农民起义的两个高潮,而惟独这个时期农民起义发生极少,是政治上的一个相对稳定时期。

"孝宗之世,明有天下百余年矣"。② 虽然在它之前发生过农民起义,甚至出现过起义的高潮,但这些起义的规模和持续的时间,远远比不上一般王朝末年的全国规模的激烈的农民武装斗争,王朝并无灭亡的危险。在这种情况下,一般统治者比较容易走上贪图享乐、不理政事的邪路。可是,明孝宗及其助手们并没有走上这条邪路,而是励精图治,这是难能可贵的。《明史》的作者评论明孝宗说:"晏安则易耽怠玩,富盛则渐启骄奢。孝宗独能恭俭有制,勤政爱民,兢兢于保泰持盈之道,用使朝序清宁,民物康阜。《易》曰:'无平不陂,无往不复,艰贞无咎。'知此道者,其惟孝宗乎!"③ 这个评论虽属过誉之辞,但其基本论点,是公允的。

四、政治改良的局限性

弘治时期的政治应该予以肯定,但也不可估计过分。如果

---

① 《明通鉴》卷40。
② 《明史纪事本末》卷42。
③ 《明史》卷15《孝宗纪》。

借用旧史书的名词，称这一时期为"中兴"，也未尝不可，但必须注意，绝不能误以为这个时期的政治已完美无缺。明孝宗君臣的政治改良，从本质上说，只是小修小补，其作用只不过是防止社会矛盾激化。此外，即便这些小修小补，他们也不能彻底完成、持之以恒，推行不力、甚至言而不行和中途动摇、发生曲折，比比皆是。如孝宗即位之初斥逐奸邪的活动就没有搞彻底，刘吉即是未加斥逐的奸邪之一。刘吉是北直博野人，成化十一年（1475年）入阁参机务。他与万安、刘珝同在内阁；对明宪宗的胡作非为竟无所规正，时有"纸糊三阁老，泥塑六尚书"之谣。他善于投机，经常为科道官所揭发，但却一直不失官位，"人目之为'刘绵花'，以其耐弹也"。成化十八年丁父忧，"诏起复"，他一方面假惺惺地"三疏恳辞"，另方面却又暗地里走贵戚万喜的门路，"得不允"。就是这样一个无耻之徒，明孝宗即位后却没加罢斥，而且"委寄愈专"，使他得以继续看风使舵。他为了结好科道官，以免他们继续揭发自己，曾"建议超迁科道官，处以不次之位"。科道官不吃他这一套，对他的揭发没有停止。刘吉愤恨至极，乃"数兴大狱"，使"台署为空，中外侧目"。直到弘治五年（1492年），由于刘吉因封外戚事与孝宗发生分歧，才被"讽令致仕"①。

　　其抑制势家近幸的政策也没能彻底执行。《明通鉴》关于这项政策就明确地记述说："上（指孝宗）性宽厚，虽屡申禁，不能尽执法也。"②　与明中叶政治混乱有极大关系的宦官用事问题，在明孝宗时期仍旧存在，李广即是这时很受宠信的一个宦官。明孝宗对任用贤能的政策未能持之以恒，有时很随便地便将贤能之士夺官罢职。如彭韶，福建莆田人，弘治四年（1491年）秋任刑部尚书，"莅任三年，昌言正色，与王恕、何乔新称'三大老'"。

----

　　① 《明史》卷168《刘吉传》。
　　② 《明通鉴》卷36。

当时宦官王明等杀人，仅判遣戍；张皇后之父张峦建坟逾制，役使士卒达数万人；畿内豪猾往往冒充陵庙户或勇士、校尉，辄得免除徭役，致使一般老百姓加重了负担，流亡日众。对这些不合理的现象，彭韶皆"抗章极论"。贵戚、近习对他因而深为忌恨。在他们的阻挠下，彭韶的意见皆"格不行"，他只好"连章乞休"。对于这样的秉节无私之士，明孝宗未加挽留，弘治六年七月竟批准他致仕"乘传归"①。

明孝宗之"勤于政事"，也不是一以贯之。自弘治八年（1495年）以后，由于宦官李广等的引诱，明孝宗热衷于斋醮、烧炼，"视朝渐晏"。"旧制，内殿日再进奏，事重者不时上闻，又常面召儒臣，咨访政事"，这时却变成"奏事日止一次，朝参之外"，大臣不能再和皇帝见面。章奏的批答也不及时，"或稽留数月，或竟不施行。事多壅滞，有妨政体。经筵进讲，每岁不过数日"，以致"正士疏远，邪说得行"②。这种情形，到了弘治末年才得到改变。

明孝宗时期在政治上的其他各项改良，可以说都程度不同地存在不能持之以恒的情形。弘治元年（1488年）和弘治十二年，御史张昺和给事中张弘至曾分别上疏，综述了各种不能始终如一的表现。

弘治元年（1488年）七月，张昺上言："迩台谏交章论事矣，而咠跣纠仪者不免锦衣捶楚之辱，是言路将塞之渐也。经筵既举矣，而封章累进，卒不能回寒暑停免之说，是圣学将怠之渐也。内幸虽斥梁芳，而赐祭仍及便辟，是复启宠幸之渐也。外戚虽罪万喜，而庄田又赐皇亲，是骄纵姻娅之渐也。左道虽斥，而符书尚揭于宫禁，番僧旋复于京师，是异端复兴之渐也。传奉虽革，

---

① 《明史》卷183《彭韶传》；《明通鉴》卷37。
② 《明史》卷181《徐溥传》；《明通鉴》卷38；《明史纪事本末》卷42。

而千户复除张质,通政不去张苗,是传奉复启之渐也。织造停矣,仍闻有蟒衣牛斗之织,淫巧其渐作乎?宝石废矣,又闻有戚里不时之赐,珍玩其渐崇乎?《诗》云:'靡不有初,鲜克有终。'愿陛下以为戒。"①

弘治十二年(1499 年)十二月张弘至上疏,陈初政渐不克终八事:"初汰传奉官殆尽,近匠官张广宁等一传至百二十余人,少卿李纶、指挥张玘等再传至一百八十余人,异初政者一。初戮方士李孜省,斩僧继晓,近则烧炼斋醮不息,异初政者二。初去万安、李裕辈,朝弹夕斥,近被劾数十疏如尚书徐琼者,犹觍然居位,异初政者三。初尝谕,有大政召大臣面谕;近自十年(1497年)三月召见文华殿,不复再召,上下否隔,异初政者四。初停增设内官,近已还者复去,已革者复增,异初政者五。初慎重诏旨,左右不敢妄干,近陈情乞恩,率奉俞允,异初政者六。初令兵部申旧章,有妄乞升武职者奏治,近乞升无违拒,异初政者七。初节光禄供亿,近冗事日繁,移太仓银赊市廛物,异初政者八。"②

正是由于弘治时期政治上的改良存在上述局限性,这便使劳动人民的生活不可能得到较大改善,甚至有时仍处于极端困苦之中。

弘治十年(1497 年),吏科给事中周玺在奏疏中说:"近来兴作相继,费出无经,民困于科派,军困于力役。"③ 弘治十四年(1501 年)兵部尚书马文升上言指出:"海内民困财竭。"④这一时期人民揭竿而起的情形虽然不多,但也有发生。如史载弘治八年(1495 年)"上杭盗复起","陕西'妖僧'据终南山为逆"⑤,弘治十五年"江西盗起,新昌王武为首"⑥。可见,《明史》作者把弘治

---

①　《明史》卷 161《张旿传》。
②④⑥　《明通鉴》卷 39。
③⑤　《明通鉴》卷 38。

时期描绘成"朝序清宁,民物康阜"的太平盛世,实在有些夸张。不过,弘治时期毕竟是政治比较好的时期,在论述其腐朽一面的时候,不可走向另一个极端,否定明孝宗的政绩。

第二节 明武宗的腐朽统治

弘治时期的"中兴"气象在明孝宗死后立即消失,随之而来的是明武宗的腐朽统治。

弘治十八年(1505 年)五月六日,孝宗皇帝在弥留之际,召来内阁大学士刘健、李东阳、谢迁,将十五岁的太子朱厚照托付给他们,说:"东宫年幼,好逸乐,卿等当教之读书,辅导成德。"① 第二天,孝宗死去,十八日朱厚照即皇帝位,以翌年为正德元年(1506 年),是为明武宗。从此开始了长达十六年的明武宗正德时期的统治。明武宗其人,正如明孝宗所说,"好逸乐";另外还好勇逞强。正德九年,编修王思在上疏中说他:"嗜酒而荒其志,好勇而轻其身。"② 这正是一语中的。他"好逸乐",便不问政事,大权落在宦官手中,使早已十分严重的宦官用事进一步发展,从而导致了势权烜赫的大太监刘瑾的出现;他好勇逞强,便欣赏富于勇力的流氓式人物江彬,从而在其怂恿下,到处巡游、征讨。如此等等,必然造成政治的极端腐败。明武宗就这样成为明代出名的腐朽荒唐的皇帝。

一、刘瑾专权和寘镭之乱

明武宗初即位,刘健等"厘诸弊政",凡明孝宗生前欲兴革

---

① 《明通鉴》卷 40。
② 《明通鉴》卷 45。

者，"悉以遗诏行之"①。但这时明武宗信任其当太子期间就日夕随侍身边的太监刘瑾，以及马永成、谷大用、魏彬、张永、邱聚、高凤、罗祥等八人，"八人俱用事，谓之'八党'，亦谓之'八虎'"②。他们日为狗马鹰犬、歌舞角抵等，引导明武宗游戏取乐。因此，明武宗怠于从政，遗诏中所宣布准备兴革者，全格而不行，堂而皇之的遗诏成了一纸空文。这正如弘治十八年（1505年）九月户科给事中刘蒇所说："今梓宫未葬，德音犹存，而政事多乖，号令不信。"③

身为顾命大臣的刘健等上疏极谏，而明武宗虽以"温诏答之"，实际上却并不采纳，并且变本加厉地信用那些太监，"左右宦竖日恣，增益且众。享祀郊庙，带刀被甲拥驾后。内府诸监局金书多者至百数十人，光禄日供，骤益数倍"④。在这种情况下，不仅遗诏中所列当兴革者"废格不行"，而且孝宗时的善政也"变易殆尽"，"建言者以为多言，干事者以为生事，累章执奏谓之渎扰，厘剔弊政谓之纷更。忧在于民生国计，则若罔闻知，事涉于近幸贵戚，则牢不可破"⑤。刘健等身居高位，但徒拥虚衔，或旨从中出，略不预闻，对军国政事有所拟议，往往被径行改易，得不到批准。面对这种局面，他们只好愤然乞休。明武宗虽然不同意他们退休，但却依然信用"八党"，排挤正直官员。比较正直的大臣一派与以八党为核心的奸邪一派之间，斗争日益激烈。

正德元年（1506年）三、四月，吏部尚书马文升上疏要求退休。他自明武宗即位以来，像以前一样，为改良明王朝的政治而孜孜不倦地处理其职责范围内的各项政务。为了汰除传奉官，不惜开罪掌权的太监，而太监因此对他极为怨恨。这时，八党见到马文升的乞休奏疏，遂顺水推舟，劝说明武宗下旨，允其"乘传

---

① ④ ⑤　《明史》卷181《刘健传》。
② ③　《明通鉴》卷40。

归,赐玺书优礼之"。表面上客客气气,实际上意在拔除眼中钉①。代替马文升任吏部尚书的焦芳为人邪恶,一心向上爬,但被刘健、谢迁所抑,"乃深结阉宦以自固"。正德皇帝即位不久,户部尚书韩文报告财政吃紧,大臣们廷议认为,"理财无奇术,唯劝上节俭"。当时任吏部左侍郎的焦芳参加了这次讨论,他知道左右有窃听者,就故意大声说:"庶民家尚须用度,况县官邪! 谚云:'无钱拣故纸。'今天下逋租匿税何限,不是检索,而但云损上,何也!"他就是靠这种投其所好的办法,取得了明武宗和宦官们的欢心。他之被任命担任吏部尚书,是明武宗和宦官们任用亲信的一个重要事件②。明孝宗为明武宗留下来的"忘身徇国"的大臣兵部尚书刘大夏,在正德元年五月也被批准退休。他在明武宗即位后屡次建议裁撤镇守太监和传奉武臣,又曾上言:"镇守中官,如江西董让、蓟州刘琅、陕西刘云、山东朱云,贪残尤甚,乞按治。"这些都惹得明武宗和其周围的宦官们大为不悦。在批准刘大夏退休时,明武宗亦"赐敕驰驿归,给廪隶如制"。这种礼遇与对马文升的处理办法一样,不过是表面文章,其真意仍是排斥异己的正直臣僚③。

正直的臣僚在排斥、打击面前不易其节,其继续留任者仍在不断提建议、进谏言,对日非的朝政极力匡正。正德元年(1506年)六月,许多大臣以灾异而应诏陈言,刘健等看到这些奏章后,为了便于明武宗"朝夕观省",特地将之摘录、分类,送给明武宗,请他置于案头。其所分类别有:"无单骑驰驱,出入宫禁","无频幸监局,泛舟海子","无事鹰犬弹射","无纳内侍进献饮膳"等,皆针对当时存在的实际问题而言④。八月,刘健等又上言批评

① 《明通鉴》卷 41;《明史》卷 182《马文升传》。
② 《明史》卷 306《焦芳传》。
③ 《明史》卷 182《刘大夏传》。
④ 《明史》卷 181《刘健传》;《明通鉴》卷 41。

明武宗视朝太晚，指出"近者两月以来，或至日高数丈，侍卫执役人等不能久立，俱纵横坐卧，弃仗满地，四方朝见官吏，外国朝贡使臣，疲于久候，非但精神困倦，抑且废时误事"。此外，还明确地向明武宗说："早朝乃人君首务"，要求他不要将"圣心别有所系"①。为了彻底解决问题，刘健等又决定设法铲除"八党"。

当时给事中陶谐、御史赵佑等交章论劾八党，明武宗把奏章下内阁议论，刘健等"持之甚力"。接着户部尚书韩文合九卿诸大臣又上一疏。这个奏疏由郎中李梦阳具草，韩文删定。韩文认为"是不可文，文恐上弗省；不可多，多恐览弗竟"，因而写得既简单，又通俗。它简洁明快地声讨了八党的罪恶，分析了其严重后果，严正地要求明武宗"奋乾纲，割私爱，上告两宫，下谕百僚，明正典刑"。明武宗看了乃至"惊泣不食"②，于是一天中三次派司礼太监陈宽、李荣、王岳等至内阁商讨处理办法。明武宗的意见是把刘瑾等安置在南京，但刘健、谢迁等人却打算趁机杀掉他们。刘健"推案哭曰：'先帝临崩，执老臣手，付以大事。今陵土未干，使若辈败坏至此，臣何面目见先帝！'"王岳是宦官中难得的一个正直人士，平时对刘瑾等八人的胡作非为就非常不满，他把刘健的话全向明武宗作了汇报，并言"阁臣议是"③。阁臣刘健等与韩文及诸九卿相约第二天伏阙力争，而与太监素有勾结的焦芳把消息飞报刘瑾。刘瑾大惊，率马永成等共八人连夜去见明武宗，围着明武宗哭泣，明武宗为之心动。刘瑾乘机告黑状，说："害奴等者王岳。岳结阁臣欲制上出入，故先去所忌耳。且鹰犬何损万几！若司礼监得人，左班官安敢如是！"明武宗听后大怒，立即命刘瑾掌司礼监，马永成掌东厂，谷大用掌西厂（西厂成化十八年罢，这时又设），并连夜逮捕王岳，发落南京充净

① ② 《明通鉴》卷41。
③ 《明史》卷181《刘健传》。

军。第二天诸臣上朝将伏阙,发现形势大变,刘健、谢迁、李东阳三个内阁大学士遂上疏乞休。明武宗与得胜的太监们批准了刘健、谢迁致仕,而李东阳因前此争论刘瑾等问题时语气稍为缓和,得继续留任。王岳在赴南京途中,被刘瑾派人杀害。从此中外大权悉归刘瑾,刘健、谢迁等的除"八党"活动彻底失败。时在正德元年(1506年)十月。①

刘瑾战胜刘健、谢迁后,进一步党同伐异,提拔亲信,排斥异己。就在正德元年(1506年)十月,即任命亲信、吏部尚书焦芳兼文渊阁大学士,入阁预机务②。正德二年三月,刘瑾为广布私人,以分擅天下之柄,令内阁撰敕扩大镇守太监的权力,"命天下镇守太监悉如巡抚、都御史之制,干预刑名政事"③。河南钧州(今河南禹州)人刘宇,通过焦芳的介绍,结识了刘瑾,正德二年正月由右都御史总督宣府、大同、山西军务,入为左都御史。刘瑾喜好"摧折台谏",刘宇迎合其意,"请敕箝制御史,有小过辄加笞辱";刘瑾因"以为贤"。刘瑾收受贿赂,最初所望"不过数百金",而刘宇"首以万金"为贽,刘瑾因而大喜,称赞:"刘先生厚我!"由于这个原因,正德二年四月,刘瑾又把刘宇提拔为兵部尚书。④

罢免户部尚书韩文是刘瑾打击异己的突出一例。刘瑾因怨恨韩文带头上疏反对自己,"日伺(韩)文过",无奈无机可乘。正德元年(1506年)十一月,发现"有以伪银输内库者,遂以为(韩)文罪",将其罢官。给事中周昂疏救,竟罪及周昂,"责其党护","并除昂名"⑤。明升暗降是刘瑾排斥异己的另一个办法。詹事兼翰林院学士杨廷和掌诰敕,且与翰林学士刘忠俱日讲,按照惯例,不久他"当以次入阁"。但正德二年三月的一次日讲中,他与

---

① 《明史》卷304《刘瑾传》。

②⑤ 《明通鉴》卷41。

③ 《明通鉴》卷42。

④ 《明史》卷306《刘宇传》。

刘忠曾"致讽谏语",对佞幸有所指斥,因而得罪了刘瑾。事后,醉心逸乐的明武宗对杨廷和、刘忠借日讲议论政事表示不满:"经筵讲书耳,何又添出许多话来!"刘瑾乘机说:"二人可令南京去。"于是杨廷和便被改任为南京吏部左侍郎,刘忠改任为南京礼部左侍郎。这两个职务,地位不低,但闲散无事可作,"外似升之,实远之也"。本来南京六部只设右侍郎一员,这次破例安排左侍郎,说明刘瑾为了排斥异己,甚至达到了不择手段的地步①。在朝堂出奸党榜也是刘瑾排斥异己的一个手段。正德二年三月,刘瑾将原大学士刘健、谢迁,尚书韩文、杨守随、林瀚,都御史张敷华,郎中李梦阳,主事王守仁,检讨刘瑞,给事中汤礼敬,御史陈琳等五十三人列为奸党,"榜示朝堂",并传宣群臣跪于金水桥南,"以敕授鸿胪宣戒之"。这些被打成奸党的人,都是与刘瑾一派邪恶之徒相对立的正派人士,史称"皆海内号忠直者也"。②

为了进一步巩固自己的地位,刘瑾千方百计引导明武宗寻欢作乐。史载:"(刘)瑾欲全窃大柄,乃日构杂艺,俟上玩弄,则多取各司章疏请省决。上每曰:'吾用尔何为?乃以此一一烦朕耶!'自是(刘)瑾不复奏,事无大小,任意剖断,悉传旨行之,上多不之知也。"③

于是,刘瑾的权势一天天扩大,竟至倾动天下、"威福任情"的程度。"公侯勋戚以下,莫敢钧礼,每私谒,相率跪拜。章奏先具红揭投(刘)瑾,号'红本',然后上通政司,号'白本',皆称刘太监而不名。都察院奏谳误名'瑾',(刘)瑾怒詈之,都御史屠滽率属跪谢乃已"④。"大小官奉命出外及还京者,朝见毕,必赴瑾见辞以为常"⑤。刘瑾因没学问,批答章奏,辄拿到家中,与妹婿礼

①③ 《明通鉴》卷42。
② 《明史》卷304《刘瑾传》;《明通鉴》卷42。
④ 《明史》卷304《刘瑾传》。
⑤ 《明史纪事本末》卷43。

部司务孙聪及松江市侩张文冕相商处理,文笔鄙冗,然后交焦芳润色。正德三年(1508年)六月二十六日早朝时,在丹墀发现一封匿名信,明武宗让人捡起一看,乃是"告(刘)瑾不法状也"。这一下可惹怒了刘瑾,当即矫旨召百官跪在奉天门下,自己立在门左对百官进行诘责。晚上,因没有结果,又将五品以下官尽收入狱,共达三百多人。第二天,大学士李东阳上疏申救,刘瑾也听说此信乃宦官中人所写,才释放了被扣压者。此时正当盛暑,有的官员竟热渴而死。看到百官受此折磨,正直的太监李荣曾趁刘瑾离开的时候,给群臣冰瓜吃;另一个正直的宦官黄伟因为激愤,曾对群臣说:"书所言皆为国为民事,挺身自承,虽死不失为好男子,奈何枉累他人!"刘瑾因此对李荣、黄伟甚为不满,即日勒令李荣闲住,而将黄伟逐到南京①。刘瑾最讨厌谏官,在其淫威之下,"一时惧祸者往往自尽,以求免下狱、廷杖之辱"。平定人郇䥄,官礼科给事中,奉使核延绥边功,刘瑾"属其私人",郇䥄感到照办则违犯国法,拒绝则会受打击,左右为难,"遂自经死"。琼山人冯颙,初为主事,曾受到刘大夏的极力称赞,明武宗即位后,奉命同太监高金勘泾王所乞庄田,清还土地二千七百余顷。这样一个正直能干的正派人士,后来却"以事忤(刘)瑾,为瑾所诬,遂自经,人皆惜之"②。其他一些官吏,为了避免遭受刘瑾的打击陷害,只好向他贡献钱财。如各省地方官"朝觐至京,畏(刘)瑾虐焰,恐罹祸,各敛银赂之,每省至二万两。往往贷于京师富豪,复任之日,取官库贮倍偿之,名曰'京债'。上下交征,恬不为异"③。

在刘瑾的纵容下,为虎作伥的太监更加横暴。正德三年

① 《明史纪事本末》卷43;《明史》卷304《刘瑾传》;《明通鉴》卷42。
② 《明通鉴》卷42。
③ 《明史纪事本末》卷43。

(1508年)夏,提督西厂太监谷大用,分遣官校远出侦事。江西南康民吴登显等三家于五月五日为竞渡,被诬陷为擅造龙舟,捕其人抄其家。"自是偏州下邑,见华衣怒马、京师语音,辄相惊告,官司密赂之,人不贴席矣"①。为了加强特务统治,在东、西二厂之外,刘瑾又立内行厂,自己亲自掌管,其为害社会,"尤为酷烈,中人以微法,无得全者。凡所逮捕,一家有犯,邻里皆坐,或瞰河居者,以河外居民坐之。屡起大狱,冤号相属"②。内行厂的设立,标志着宦官的权势比以前又发展了一步。

依附刘瑾的官僚,也狗仗人势,狐假虎威,大施淫威。安定人张綵,走刘瑾的门路,一年当中自郎署而长六卿,当了吏部尚书,"僚友守官如故",都毕恭毕敬地向他谈公事,而他则心安理得,"厉色无所假借"。"每(刘)瑾出休沐,公卿往候,自辰至晡未得见"。而张綵则故意"徐徐来,直入(刘)瑾小阁,欢饮而出",然后才向众人打招呼。大家因此更加怕他,见他时所用的礼节跟见刘瑾时完全一样,贿赂他的金帛奇货,相望涂巷间。其性尤渔色。抚州知府刘介是他的老乡,娶一妾甚美。张綵特地提拔刘介做太常少卿,而后盛服往贺,并毫不隐讳地询问:"子何以报我?"刘介惶恐万分,急忙说:"一身外,皆公物。"张綵接着说了声"命之矣",立即使人直入其内室,"牵其妾,舆载而去"。他又听说平阳知府张恕的妾甚美,"索之不肯,令御史张檝按致其罪,拟成。恕献妾,始得论减"③。充当刘瑾爪牙的焦芳,更为骄横。他因为与江西的个别人有矛盾,竟在正德五年(1510年)勾结刘瑾,下令裁革江西乡试解额五十名,并不许江西人选除京职。更有甚者,他还企图连江西的前代人物也加惩罚,说:"王安石祸

---

① 《明史》卷304《谷大用传》;《明通鉴》卷42。
② 《明通鉴》卷42。
③ 《明史》卷306《张綵传》。

宋,吴澄仕元,皆宜榜其罪,戒他日毋滥用江西人。"只是由于其他官吏的反对,才没能行通①。

刘瑾之取得明武宗的信任,靠的是满足明武宗"好逸乐"的欲望,因此在刘瑾专权的时期里,明武宗得以极为痛快地玩乐和挥霍。正德二年(1507年)修理南海子及"制造明年元宵灯诸项工程",自正月到八月用银达二十余万,但尚未完工②。正德二年八月,明武宗在太监的诱惑下,"于西华门别构院籥,筑宫殿,而造密室于两厢,勾连栉列,命曰豹房"③。豹房造成之初,明武宗"日幸其处,既则歇宿,比大内,令内侍环值,名曰'豹房祗候',群小见幸者,皆集于此"④。明武宗把豹房称为"'新宅',日召教坊乐工"入其中承应。"久之,乐工以承应不及,请檄取河南诸府乐户精技业者,遣送入京,教坊人至者日以百计"⑤。正德三年七月,明武宗又谕钟鼓司太监,"近来音乐废缺,非所以重观瞻",要礼部"选三院乐工,严督教习",并责令"该部移文各布政司,精选通艺业者,送京师供应,以充三院乐工"。从此以后,筋斗百戏等充杂宫廷⑥。除了土木声色,明武宗还尊崇佛教,正德五年六月,曾自称"大庆法王西天觉道圆明自在大定慧佛",命所司为之铸印。番僧乞田百顷为法王下院,明武宗立即下令由礼部办理,所下圣旨,竟以皇帝和大庆法王的双重名义签署。后来,这个不伦不类的圣旨遭到大臣的坚决抵制,才没能贯彻实行⑦。

明武宗和刘瑾等的胡作非为,其结果必然是使财政开支大为增加,因而对人民的经济掠夺随之加重。据记载,正德元年(1506年)光禄寺"查看每年所征厨料及内外近侍官员每日所费酒馔"的供应数额,与弘治元年(1488年)相比,"日增

---

① 《明史》卷306《焦芳传》;《明通鉴》卷43。
②③⑤⑥ 《明通鉴》卷42。
④ 《明武宗外纪》。
⑦ 《明通鉴》卷43。

一倍"①。为了通过皇庄增加皇室的收入,正德元年二月,"以庄田故,遣缇骑逮民鲁堂等二百余人,畿内"为之"骚动"②。卖官鬻爵成为明政府搜刮民脂民膏的重要途径之一。正德二年八月,为了继续进行修理南海子等未完成的工程,工部奏请卖官,明武宗批准了这项计划,下令"阴阳僧道医官有缺,许其生徒及仕宦子孙、农民纳银送部,免考授官,其等有四。军民客商人等纳银,许授七品以下散官,荣其终身,仍免杂徭,其等有三。民间子弟纳银,许授都、布、按、府、州、县诸司承差、知印吏役,其等有八"。这次卖官规模相当大,史称"前此纳粟输边之例,无此冗滥也"③。正德三年四月,又因"饷用不足"再次卖官,"令军民输银者授指挥、佥事以下官"④。为了加紧搜刮,刘瑾又创立"罚米法"。此法创于正德三年八月,当时刘瑾对已罢官的前户部尚书韩文仍恨得咬牙切齿,"会户部偶遗故籍",遂将之下锦衣卫狱,数月才予释放,察知韩文"家素贫,因创罚米法以困之",让他罚米千石输大同,不久又借故再罚一次,使之"家业荡然"。自此法创,"忤(刘)瑾者悉诬以旧事,入之罚米例中"。同年九月,刘瑾责令前后诸官罚米者,皆定限完报。"一时列上前后罚米官员之数,自一千石韩文以下,凡罚米五百石至二百石者一百四十余人"⑤。"罚米法"的处罚对象都是刘瑾等当权者的政敌,但最终其负担也要转嫁到一般劳动人民头上,所以实质上也是对人民进行搜刮。正德三年十月,刘瑾规定罢各边年例银两。这是从士兵身上揩油的一种办法。弘治年间,户部尚书叶淇奏改商人赴边纳粮中盐之法,令纳银运司、解部,分送各边(详后),自此始有年例银两。由于此后商人不再上纳本色,边塞米价涌贵,市籴

①② 《明通鉴》卷41。

③④ 《明通鉴》卷42。

⑤ 《明通鉴》卷42;《明史》卷186《韩文传》。

艰难,盐课银两不敷支用,年例银两遂日渐增加,益以各钞关商税,仍然不足,又加赋于民。于是年例银两成为国家的一个大负担。这时,刘瑾因户部奏送各边年例银两,令尚书顾佐查考天顺以前年例银数,顾佐告诉他:"天顺以前并无此例。"刘瑾于是不分析弘治以来年例银出现的原因,就武断地说:"此户部官通同边方巡抚共盗内帑之明验也。"遂决定停止给各边发放年例银两。

自从各边停发年例银两之后,"边储日匮",士兵的生活无有着落。为了解决这一危机,正德四年(1509年)八月,刘瑾奏请派御史等到各处清理屯田。这些奉命外出的御史等官,多"承望风旨,各边伪增屯田数百顷,悉令出租",搞得"人不聊生"。派往宁夏的是大理寺少卿周东,他"尤为苛刻"①,"以五十亩为一顷,又亩敛银为(刘)瑾贿,敲扑残酷,戍将卫卒皆愤怨"②。这给宁夏的安化王朱寘𫓧发动叛乱,提供了难得的时机。

朱寘𫓧的曾祖父是庆靖王朱㮷,朱元璋的第十六子,洪武二十四年(1391年)封王,二十六年就藩宁夏。朱寘𫓧的祖父是朱秩炵,庆靖王的第四子,永乐十九年(1421年)封安化王。朱寘𫓧的父亲是朱邃墁,镇国将军。弘治五年(1492年)朱寘𫓧嗣王爵。他"素有逆谋,与宁夏卫生员孙景文、孟彬往来甚密。觋王九儿降鹦鹉神,妄言祸福,每见寘𫓧,辄呼'老天子',寘𫓧益怀不轨"③。

正德五年(1510年),会有边警,游击将军仇钺和副总兵杨英率兵出御,总兵官姜汉简锐卒六十人为牙兵,令指挥周昂带领。周昂是朱寘𫓧的同党,得到这个任命后,遂与朱寘𫓧的另一

---

① 《明通鉴》卷43。
② 《明史》卷117《诸王传》。
③ 《明史纪事本末》卷44。

个同党千户何锦为朱寘鐇划策,于四月五日设宴,大会巡抚安惟学、总兵姜汉、大理寺少卿周东、镇守太监李增等。届时,安惟学、周东辞而未来。何锦、周昂率牙兵直入宴会,杀姜汉及李增等,分遣同党千户丁广等杀安惟学、周东于公署。遂焚官府,释囚徒,将黄河的渡船统统撤到西岸,防止有人渡河。朱寘鐇派人招降仇钺和杨英;杨英所率部众溃散,本人单骑奔灵州;仇钺伪降,自驻地玉泉营引兵而至,朱寘鐇夺其军,分给其同党统领。又令孙景文作檄文,以讨伐刘瑾作为起兵的借口。各边镇接到檄文后,因畏惧刘瑾陷害,不敢上报,只有延绥巡抚黄珂封而上之。

这时,西安左卫人曹雄,正以署都督同知充总兵官,镇守固原。"闻变,即统兵压境上"。命令指挥黄正以兵三千入灵州,约邻境各镇兵克期讨叛,又派遣灵州守备史镛等夺河西船,尽泊东岸,并潜通书仇钺,约为内应①。曹雄的部署,限制了朱寘鐇势力的发展,加速了朱寘鐇的失败。

仇钺被解除兵权后即装病在家,何锦等信以为真,经常前往研究战略部署,仇钺也"谬输心腹,而阴结壮士,遣人潜出城,令还报'官军旦夕至'",因乘机欺骗何锦等说:"宜亟出兵守(黄河)渡口,遏东岸兵,勿使渡河。"何锦、丁广等竟听信了他的话,"悉倾营而出",只留下了周昂守城。后来,"(朱)寘鐇以祸牙召(仇)钺,闻钺病,亟遣(周)昂来视。钺方坚卧呻吟,伏卒猝起,捶杀(周)昂"。接着,仇钺集壮士,直奔安化府,将朱寘鐇擒拿。而后,假传朱寘鐇的命令,召何锦、丁广回城,而暗中则传播朱寘鐇被擒的消息。何锦、丁广的部众遂大溃,两人单骑奔贺兰山,"皆获之,械送伏诛"。至此,寘鐇之乱彻底失败,时为四月二十三日。从举事到失败,前后共十九天。②

---

① 《明史》卷175《曹雄传》。
② 《明史纪事本末》卷44;《明通鉴》卷43。

朱寘鐇叛乱的消息传到京城后,明武宗派杨一清总制军务,与总兵官泾阳伯神英西讨,又派太监张永为监军。大军未至,寘鐇已成擒,杨一清驰至宁夏处理善后事宜,张永不久也来到宁夏,两人相与结纳,关系甚洽。张永本是八党之一,但随着刘瑾权势的增长,其他七人"所请多不应",对刘瑾产生不满①。后来,刘瑾又打算把张永"黜之南京",张永更加恼火,于是"直趋帝前,诉(刘)瑾陷己。帝召(刘)瑾与质。方争辩,(张)永辄奋拳殴(刘)瑾。帝令谷大用等置酒为解,由是二人益不和"②。杨一清深知张永与刘瑾的关系,他之所以与张永搞好关系,乃是为了利用矛盾,假手张永,除掉刘瑾。

为了动员张永除瑾,杨一清做了细致的工作。史载:"(杨一清)知(张)永与(刘)瑾有隙,乘间扼腕言曰:'赖公力定反侧。然此易除也,如国家内患何?'永曰:'何谓也?'一清遂促席画掌作'瑾'字。永难之曰:'是家晨夕上前,枝附根据,耳目广矣。'一清慷慨曰:'公亦上信臣,讨贼不付他人而付公,意可知。今功成奏捷,请间论军事,因发(刘)瑾奸,极陈海内愁怨,惧变起心腹。上英武,必听公诛瑾。瑾诛,公益柄用,悉矫前弊,收天下心。吕强、张承业及公,千载三人耳。'永曰:'脱不济,奈何?'一清曰:'言出于公必济。万一不信,公顿首据地泣,请死上前,剖心以明不妄,上必为公动。苟得请,即行事,毋须臾缓。'于是永勃然起曰:'嗟乎,老奴何惜余年不以报主哉!'"③

"皇天不负有心人"。后来事情的发展,一如杨一清所设计。当时有术士俞日明,妄言刘瑾从孙刘二汉当大贵,刘瑾信之,遂谋不轨。恰好他的哥哥都督同知刘景祥死,于是刘瑾计划在正

<hr>

① 《明史》卷304《刘瑾传》。
② 《明史》卷304《张永传》。
③ 《明史》卷198《杨一清传》。

德五年(1510年)八月十五日百官前来参加葬礼时起事。就在他加紧策划之时,张永的奏捷报告送到,而且不早不晚,恰好请以这一天献俘。刘瑾指令献俘缓期,欲事成并擒张永。张永担心发生变故,遂先期入。献俘毕,明武宗设宴慰劳张永,刘瑾作陪。到了夜晚,刘瑾退席,张永拿出朱寘鐇的檄文让明武宗看,"因奏(刘)瑾不法十七事"。这时明武宗已经半醉,"俯首曰:'(刘)瑾负我!'永曰:'此不可缓。'"遂连夜逮捕了刘瑾。第二天,明武宗把张永的奏疏交内阁,降刘瑾为奉御,谪居南京。"帝亲籍其家,得伪玺一,穿宫牌五百及衣甲、弓弩、衮衣、玉带诸违禁物。又所常持扇,内藏利匕首二"。明武宗因而大怒说:"奴果反!""趋付狱。狱具,诏磔于市,枭其首,榜狱词处决图示天下"。行刑时,"怨家争购其肉生噉之"。族人、逆党皆伏诛。被科道官劾为刘瑾的奸党的内外官,包括内阁大学士焦芳、刘宇、曹元,尚书张綵,侍郎柴昇,副都御史杨纶,佥都御史萧选,巡抚刘聪,总督文贵,大理寺卿张纶,少卿董恬,大理寺丞蔡中孚,通政司通政吴钑,参议张龙,太常少卿杨廷仪,尚宝卿吴世忠,尚宝丞屈铨,府尹陈良器,府丞石禄,侍读焦黄中,修撰康海,编修刘仁,检讨段炅,给事中李宪,御史薛凤鸣等,总数超过六十多个,或论死,或谪戍,或闲住,或除名,"一时朝署为清"①。不可一世的刘瑾,就这样一朝身灭。

二、除掉刘瑾后的明武宗

刘瑾被处死后,明朝的政治有些好转。被刘瑾所谪戍诸臣一一释放②。"廷臣奏(刘)瑾所变法,吏部二十四事,户部三十

---

① 《明史》卷304《刘瑾传》;《明通鉴》卷43。

② 《明通鉴》卷43。

余事,兵部十八事,诏悉厘正如旧制。"① 这些措施颇有拨乱反正的味道,但却只是暂时的。刘瑾虽除,而宦官当权的局面未改,史称"张永用事,政仍在内,魏彬、马永成等擅窃威柄,阁部仍敛手而已"②。谁得罪宦官,谁就要倒霉。正德八年(1513 年)七月,户部尚书孙交和礼部尚书傅珪,均以"忤中官"而被罢免③。有工部主事王銮,出辖徐、沛闸河,织造中官史宣由此经过,索挽夫千人,沛县知县胡守约给其半,史宣自至县捕吏,王銮帮助胡守约与之相对抗。这一下触恼了史宣,遂诬奏于朝,使王銮被捕入狱。这种情形,真如当时人所说:"朝廷刑威所及,乃在奄寺一言。"④ 不仅宦官本人气焰嚣张,作为其爪牙的厂卫校卒也飞扬跋扈。他们"至各部白事,呼卿佐为'老尊长',卿佐亦降颜礼遇之"。正德十二年,有厂卫校卒喧争三法司道上,遇大理寺司务林华外出,不肯避让,林华因而予以杖责,但厂卫校卒仍很嚣张,大理寺评事沈光大"复杖而囚之"。于是林、沈二人便被告发"擅辱""执驾人役","有旨俱下狱拷讯,且令法司从重拟罪"。法司判处降调,最后传旨却"黜(沈)光大为民,(林)华调外"⑤。宦官腐朽集团既然仍旧把持政权,刘瑾处死后的政局就不可能有大的改变。

而作为统治集团总代表的明武宗则依然故我,腐朽至极。归纳起来,主要有四个方面:第一,大兴土木,挥霍浪费;第二,宠女色;第三,玩猛兽;第四,宠江彬,巡游无度。

大兴土木,挥霍浪费。刘瑾死后,明武宗对豹房进行了长时期的修整扩建工程,浪费财力极多。史称,这个时期"内臣犹用

---

① 《明史》卷 304《刘瑾传》。
② 《明通鉴》卷 43。
③ 《明通鉴》卷 45。
④ 《明通鉴》卷 46。
⑤ 《明通鉴》卷 47。

事,导上嬉游如故,皇子未生,多居宿于外,又大兴豹房之役"①。正德七年(1512年)十月,工部报告:"豹房之造,迄今五年,所费白金二十四万余两。今又增修房屋二百余间,国乏民贫,何以为继!乞即停止,或量减其半。"明武宗对这一正确的建议的回答却是"不听"两个字②。举行郊祀典礼本有斋宫可用,而明武宗却别出心裁,传旨让镇守陕西太监廖堂等另造帐篷式的斋宫,正德九年九月制造完毕,共一百六十二间,重门、堂庑、庖湢、户牖之属,无不悉具。这项制造所费银两数字很大,仅廖堂扣下来准备贿赂权幸者的就有数万金。正德九年正月,乾清宫等失火,十月为修复乾清宫和坤宁宫,派官员远至四川、湖广、贵州、江西、浙江、徽州等处采买材料。同年为此而向全国加赋一百万两,"自是催科旁午,海内骚然"③。正德十年,不顾"乾清、坤宁"二宫之修建已造成"役重费繁"的情况,明武宗根据太监的提议,又修太素殿、天鹅房、船坞等,御马监、钟鼓司、火药库等也"皆一新之"。这些工程都修建得很讲究,如太素殿"比旧尤华侈,凡用银二十余万两,役军匠三千余人,岁支工米万有三千余石,盐三万四千余引"。除了工程本身费用浩繁之外,经手人还"因缘为利,权奸、奄人所建庄园、祠墓及香火寺观,皆取给于此"。当时人因此而有"木妖土灾"之说。④

宠女色。延绥总兵官马昂,因奸贪骄横被罢官。有妹善歌能骑射,嫁指挥毕春。马昂将之夺归,进献给明武宗。明武宗把她召到豹房,极为宠爱,遂升马昂做右都督。马昂之弟马炅、马㬎也因此"并赐蟒衣,大珰皆呼之为舅。赐第太平仓东,熏灼动京师"。明武宗多次到马昂家饮酒,有一天酒酣,召马昂的爱妾,

---

① 《明通鉴》卷43。
② 《明通鉴》卷44。
③ 《明通鉴》卷45。
④ 《明通鉴》卷46。

马昂推说爱妾有病而拒绝,明武宗遂发怒而去。马昂恐慌万分,连忙通过太监张忠把爱妾献给明武宗,于是其弟马炅当即被提拔为都指挥,马景被提拔为仪真守备。马昂大喜,又进美女四人谢恩。①

玩猛兽。明武宗很爱"观搏虎",正德九年(1514年)九月,因"狎虎被伤",以致一个多月不能上朝②。正德十一年,明武宗又指令居庸关太监李嵩等进献活虎豹,巡按直隶御史屠侨认为,正当边关烽火方急之际,不可令士兵丢下边防尽赴山泽捉拿虎豹,因上言"乞寝前命"。然而明武宗对其建议置若罔闻,根本不作回答③。正德十二年正月初二,明武宗召内阁、府、部大臣及科道官传旨:"十三日郊祀毕,驾幸南海子观猎。"大学士梁储、五府六部都察院通政大理等衙门纷纷上疏劝阻,明武宗仍置若罔闻,十三日郊祀礼毕,遂猎于南海子,一直玩到半夜才停止。《明通鉴》的作者曾对这件事评论说:"武宗盖虑临时诸大臣之谏阻,而先传旨明告,可谓不畏天怒,不恤人言!"④

宠江彬,巡游无度。江彬,山西宣府人,初为蔚州卫指挥金事。正德六年(1511年),以大同游击随总兵官张俊带边兵到内地参加镇压农民起义,过蓟州,杀一家二十余人,诬为贼,因而得赏。后在战争中,身中三箭,其中一箭射在脸上,"镞出于耳,拔之更战"。以好勇著称的明武宗,因此对他极为欣赏。正德七年,遣边兵还镇大同、宣府,江彬途经京师,与宣府守将许泰皆被留下,经过明武宗的倖臣钱宁的引荐,得见明武宗。江彬有勇力,善骑射,又能谈兵,明武宗得之大悦,因擢都指挥金事,使之出入豹房,与自己同卧起。钱宁见江彬骤进,意有不平;江彬知

---

① ③ 《明通鉴》卷46。

② 《明通鉴》卷45。

④ 《明通鉴》卷47。

钱宁不能相容,又见左右皆钱宁党羽,欲借边兵自固,因对明武宗盛赞边军骁悍,胜过京军,请互调操练。于是辽东、宣府、大同、延绥四镇军被调入京师,号"外四家"。这些边军在京师纵横街市,并经常于皇宫里操练,明武宗"戎服临之,与(江)彬联骑出,铠甲相错,几不可辨"①。

为了进一步讨好明武宗,江彬还"导帝微行"②。正德九年(1514年)二月,"上始微行,夜至教坊观乐"③。正德十年六月,明武宗自西安门出外,经宿始回,内阁大学士等"不知临幸何所"④。正德十二年三月,"上微行,骑出北安门,军士从者才数人,至顺天府大街而还"。正德十二年五月,明武宗"微行至石经山、汤峪山、玉泉亭",数日始还⑤。

明武宗越巡游瘾头越大。这时江彬为了减少明武宗与钱宁的接触,专信自己,因而刻意诱导明武宗作更远更大的巡游,"因数言:'宣府乐工多美妇人,且可观边衅,瞬息驰千里,何郁郁居大内,为廷臣所制!'"⑥江彬的这番话,对于明武宗自然是正中下怀,于是大规模的远游很快就开始了。

正德十二年(1517年)八月,明武宗"微服如昌平",到居庸关,并传令打开关门。巡关御史张钦坚决拒绝这种荒唐的命令,"负敕印"、持宝剑坐在关门下,严厉地宣称:"敢言开关者斩。"明武宗不得已,只好返驾。但几天后,张钦出巡白羊口,明武宗乘机"疾驰出关",并令谷大用代替张钦守关,遂于九月到达宣府⑦。在这里,江彬为他营建了镇国府第,"复辇豹房所储诸珍宝,及巡游所收妇女实其中"。明武宗甚乐,每称曰"家里","遂忘归"。"每夜行,见高屋大房即驰入,或索饮,或搜其妇女,居民

---

①②⑥ 《明史》卷307《江彬传》。

③ 《明通鉴》卷45。

④ 《明通鉴》卷46。

⑤⑦ 《明通鉴》卷47。

苦之。""后军士樵苏不继,至毁民房屋以供爨,市肆萧然,白昼户闭。"①

不久,明武宗又去阳和,"自署'总督军务威武大将军总兵官',所驻跸称'军门'。凡有征发,悉以威武大将军钧帖行之"。这时,明武宗听说鞑靼兵将入寇,这位"喜以雄略自见"的皇帝,遂在大同、聚落堡、天成、阳和、平虏、威远等地,集结了大同总兵官王勋等率领的军队,准备迎敌。十月,明军与鞑靼兵战于应州,明武宗亲自率太监张永、魏彬、张忠,都督江彬等兵,自阳和来援,苦战两日,鞑靼兵才退走。这一仗,官军死者五十二人,重伤者五百六十三人,明武宗本人险些被俘,可是他却让王勋等"以捷闻于朝"。十一月,明武宗回到宣府。闰十二月十六日,时当立春,即令"迎春于宣府,备诸戏剧。又饰大车数十辆,令僧与妇女数百杂载戏昵"②,明武宗尽情地寻欢作乐。正德十三年(1518年)春他决定回京,预先传令群臣盛服相迎。正月初六,回到京城,"文武群臣皆曳襮大帽鸾带,迎驾于德胜门外"。"彩幛数十,彩联数千,皆金织字,序词惟称'威武大将军',不敢及尊号,众官列名于下,亦不敢称臣"。明武宗"戎服、乘赤马、佩剑来,边骑攒拥",走到哪里,那里便"火球"腾起,硝烟弥漫。等到明武宗下了马,大学士杨廷和等连忙迎上前去,奉觞、注酒、慰劳、称贺。喝完了庆功酒,他得意洋洋地向大臣们夸耀说:"朕在榆河亲斩首虏一级,亦知之乎?"在大臣的一片称颂声中,明武宗又上了战马,"遂驰马由东华门入,宿于豹房"。而时当"大雨雪",数不清的迎驾百官可吃了苦,"仆马相失,曳走泥淖中,夜半得入城,有几殆者"③。这次出巡历时长达半年。

第一次出巡归来后没几天,明武宗又搞了第二次出巡。自

---

①③ 《明武宗外纪》。
② 《明通鉴》卷47。

正德十三年（1518年）正月二十一日起去宣府。二月因慈寿太皇太后王氏（宪宗的皇后）去世，只好赶回京城处理丧事。这次出巡历时较短，只有二十一天①。

正德十三年（1518年）三月，明武宗又开始了第三次出巡。他先去昌平。四月，到密云，民间竞传欲括女子、敛财物以充进奉，所至避匿。五月，至喜峰口，欲招朵颜三卫花当、把儿孙等纳质宴劳，但三卫却以窥边的行动"回答"他，只好作罢。初十，自喜峰口回京②。这一次出巡历时共四十天。

正德十三年（1518年）七月初二，明武宗因怀念"家里"，在江彬诱导下，遂准备第四次出巡，当即传下圣旨："北寇屡犯边疆，诚恐四方兵戎废弛，其辽东、宣府、大同、延绥、陕西、宁夏、甘肃，尤为要害。今特命总督军务威武大将军总兵官朱寿，率六军往征。"并令内阁起草敕令。其"圣旨"中的所谓"朱寿"，乃是明武宗为自己起的名字。接到这样荒唐的圣旨，内阁大学士们从维护明朝的统治出发，当然不能接受。但这是阻挡不住明武宗的出巡的。就在同月的初九，明武宗正式开始了其第四次出巡。初十，经过居庸关，历怀来、保安诸城堡，到宣府。八月自万全左卫，历怀安、天成、阳和，至大同。在大同，降敕自封为镇国公，岁支禄米五千石。九月初三至偏头关③。当时，"凡车驾所至，近侍先掠良家女以充幸御，至数十车，在道日有死者。左右不敢闻，且令有司饩廪之，别具女衣首饰为赏赍费。远近骚动，所经多逃亡"④。十月，明武宗西渡黄河，至榆林。十一月，至绥德州。十二月，东渡黄河，至山西石州、文水、太原⑤。太原有晋王府乐工杨腾妻，为乐户刘良之女，"色姣而善讴"，明武宗见而悦之，"遂载以归"，"宠冠诸女，称美人，饮食起居必与偕。左右或

---

①②③⑤ 《明通鉴》卷47。
④ 《明武宗外纪》。

触上怒,阴求之,辄一笑而解"。连江彬等幸臣,亦称她为"刘娘娘"①。正德十四年正月,明武宗自太原出发还京,十七日至宣府。二月回到京城,文武群臣又奉命以第一次出巡归来时的那种隆重仪式,"具彩帐、银币、羊酒迎驾"②。这次出巡旅程很远,历时也长,超过了半年。据说这次出巡"历数千里,(明武宗)乘马,腰弓矢,涉险阻,冒风雪,从者多道病",而他却"无倦容"③。

第四次出巡归来后,大学士杨廷和等建议"明诏天下,自今以后不复巡游";并要缴还所奉"居守敕",但明武宗传下的圣旨却是"其勿缴"。因为他在江彬等人的引诱下,又准备到南方巡游去了。正德十四年(1519年)二月二十五日,正式下诏南巡,杨廷和等力谏不听。三月初四,六科都给事中邢寰、十三道御史王度等,南京六科孙懋、十三道张䌷等,皆上疏谏阻南巡,仍是不被接受。此后大臣上疏劝谏者日益增多,明武宗与诸幸臣遂勃然大怒,决定大加惩罚④。二十日,"以谏巡幸,下兵部郎中黄巩六人于锦衣卫狱,跪修撰舒芬百有七人于午门五日。金吾卫都指挥金事张英自刃以谏,卫士夺刃,得不死,鞫治,杖杀之。乙卯(二十二日),下寺正周叙、行人司副余廷瓒、主事林大辂三十三人于锦衣卫狱。戊寅(二十五日),杖舒芬等百有七人于阙下"。四月十五日,又"杖黄巩等三十九人于阙下,先后死者十一人"⑤。为了南巡这样的区区小事,明武宗及其幸臣江彬等,竟然对这么多的大臣进行惩罚,这充分表现了其残忍暴虐。但面对群臣的激烈反对,明武宗等毕竟不得不加以考虑。史载:"上亦为之感动,竟罢南巡。""(江)彬等亦知朝廷有人,稍畏惮之。"⑥

① 《明武宗外纪》;《明史》卷307《江彬传》。
②④ 《明通鉴》卷48。
③ 《明史》卷307《江彬传》。
⑤ 《明史》卷16《武宗纪》。
⑥ 《明史纪事本末》卷49。

明武宗热衷出巡,这便大大妨碍了他对政务的及时处理。这一点正好满足了其左右幸臣窃权行私的需要。据说,他嗜酒,"常以杯杓自随。左右幸臣欲乘其昏醉,以市权乱政,故多备罂罍,伺其既醉而醒,又复进之。或未温亦辄冷饮之。终日酣酗,颠倒迷乱"①。看来,撺掇明武宗频繁出巡的,除了江彬之外,其他幸臣当也起了一定的作用。

三、朱宸濠之乱和明武宗之死

刘瑾被除掉后,由于政治状况没有多大改善,社会矛盾依旧非常尖锐,甚至越积越多。农民起义不仅没有停止,而且规模越来越大,次数越来越多,直至正德十三年(1518年)才算勉强镇压下去。统治阶级内部的争权夺利之争也时有发生,朱宸濠之乱是其中最大的一次。明武宗的丧命,也与这个事件有关。

朱宸濠的高祖是明太祖的第十七子宁王朱权,洪武二十四年(1391年)封王,逾二年就藩大宁。靖难之役中,燕王朱棣以计挟朱权迁北平,即以其地给朵颜三卫,永乐元年(1403年)改封南昌。正统十三年(1448年),朱权死,朱权之孙、朱宸濠之祖朱奠培嗣位,天顺年间因罪削去护卫,改为南昌左卫。弘治四年(1491年)朱奠培死,朱宸濠之父朱觐钧嗣位,弘治十年(1497年)朱觐钧死,朱宸濠嗣位②。

朱宸濠早在刘瑾专权时,就已认为有机可乘,野心膨胀,极力谋求发展自己的势力,为夺取最高权力作准备。当时"术士李自然、李日芳,妄言其有异表,又谓(南昌)城东南有天子气"③。

---

① 《明武宗外纪》;《明通鉴》卷48。
② 《明史》卷117《宁王权传》;《明史纪事本末》卷47。
③ 《明史》卷117《宁王权传》。

这更助长了其野心的增长。他通过向刘瑾行贿,正德二年(1507年)五月,得以恢复护卫。刘瑾垮台后,其护卫乃被取消。正德八年十一月,与朱宸濠素有交往的陆完被任命为兵部尚书,朱宸濠遂给他写信,要他帮助恢复护卫。陆完回信教他"须以祖训为言"。时伶人臧贤为明武宗所宠爱,臧贤的女婿司钺在南昌卫充军,朱宸濠通过司钺与臧贤挂上了钩,辇载金宝于臧贤家,分馈诸权要。又与幸臣钱宁勾结在一起。在陆完、臧贤、钱宁等人的帮助下,朱宸濠终于在正德九年四月达到了恢复护卫的目的①。朱宸濠在勾结诸幸臣权要的同时,也不断向明武宗献媚,借以讨取其欢心。正德九年正月的乾清宫火灾,就是由此引起的。明武宗自即位以来,每年都要在宫中张灯为乐,所费以数万计。正德九年,朱宸濠献来新样四时灯数百,穷极奇巧。临献复令所遣人亲入宫悬挂。其灯式样不一,多半"着柱附壁,以取新异"。明武宗复于廷轩间依栏设毡幕,而贮火药于其中。偶不小心,引起火灾,"自二漏至明,乾清宫以内"皆成灰烬。当火势正盛时,明武宗犹往豹房省视,"回顾光焰烘烘然,笑曰:'是一棚大烟火也。'"② 朱宸濠之得以恢复护卫,与其极力讨好明武宗也有很大关系。恢复护卫后,朱宸濠更加恣意行事。"尽夺诸附王府民庐,责民间子钱,强夺田宅子女,养群盗,劫财江、湖间,有司不敢问,日与致仕都御史李士实、举人刘养正等谋不轨。"③

对于朱宸濠的为非作恶和阴谋活动,不断有人揭发,请求裁抑,但因他"奥援甚众"④,揭发者反被诬为"疑出伪托",甚至"责其妄言"⑤。而朱宸濠却是"凡所奏请,朝入夕允"⑥。正德十二

---

① 《明史纪事本末》卷47;《明通鉴》卷45。

② 《明武宗外纪》。

③ 《明史》卷117《宁王权传》。

④⑤ 《明通鉴》卷45。

⑥ 《明通鉴》卷46。

年(1517年),宁府典宝阎顺,内官陈宣、刘良等赴京揭发朱宸濠诸不法事;朱宸濠遣承奉刘吉贿钱宁等,因得不问,而且下令把阎顺等发孝陵卫充军。朱宸濠怀疑承奉周仪是阎顺等的指使人,把周仪及其家属六十多人全部杀害①。这时,朱宸濠"反状虽著",但因看到明武宗无子,东宫未立,"冀其子入嗣,可得大统,又不受悖逆名,故蓄谋不发"。他求钱宁、臧贤等"取中旨召其子司香太庙",钱宁等为之报告明武宗,明武宗"用异色龙笺,加金报赐"。按照旧例,异色龙笺是"所赐监国书笺也"。朱宸濠得之大喜,"列仗受贺,复胁镇巡官及诸生、父老奏阙下,称其孝且勤"。②

正当朱宸濠庆贺其阴谋得逞的时候,事情骤然发生变化。当时江彬正红,太监张忠依附江彬,与钱宁、臧贤相倾轧。有一次张忠对明武宗说:"宁、贤盛称宁王,陛下以为何如?"明武宗回答:"荐文武百执事,可任使也。荐藩王何为者?"张忠又说:"(臧)贤称宁王孝,讥陛下不孝耳。称宁王勤,讥陛下不勤耳。"明武宗听后觉得极有道理,当即下诏驱逐宁王派到京城的人。正德十四年(1519年),御史萧淮上疏揭发朱宸濠的罪行,并且指出:"不早制,将来之患有不可胜言者。"内阁大学士杨廷和看到奏疏后提议:"宜如宣宗处赵府事,遣勋戚大臣宣谕,令王自新。"明武宗同意这一意见,派驸马都尉崔元、都御史颜颐寿、太监赖义等携带圣旨前去,收其护卫,令其归还所夺官民田③。朱宸濠得到消息,知道用儿子"入嗣"的办法取得最高统治权已经行不通,于是决定发动武装叛乱。

朱宸濠选择正德十四年(1519年)六月十四日作为正式叛

① 《明史纪事本末》卷47;《明通鉴》卷48。
② 《明通鉴》卷48。
③ 《明史》卷117《宁王权传》。

乱的日子。头一天,他以庆祝生日为由,设宴招待地方官。第二天天一亮,地方官都来道谢,朱宸濠令带甲持刀侍卫数百人将地方官包围起来,声称"奉太后密旨,令起兵入朝"。巡抚江西副都御史孙燧和江西按察司副使许逵不从,皆被杀害。参政王纶、季敩,佥事潘鹏、师夔,布政使梁宸,按察使杨璋,副使唐锦等归附了朱宸濠。朱宸濠以李士实、刘养正分任左右丞相,以王纶为兵部尚书,集兵号称十万。七月初一,朱宸濠留宜春王朱拱樤、内官万锐等守南昌城,自帅舟师蔽江而下,前往攻打安庆。

　　汀、赣巡抚副都御史王守仁得知朱宸濠起兵叛乱的消息,即与吉安知府伍文定等急檄各府州县,派兵前来会剿。王守仁集结兵力直攻南昌,七月二十日攻克南昌,擒拿朱拱樤、万锐等。消息传到朱宸濠那里,他正在围攻安庆,不能得手,听说老巢已失,他大吃一惊,马上撤兵回救。二十四日,叛军与王守仁所派邀击部队相遇于黄家渡,叛军不敌,败退八字脑。第二天又败,退保樵舍(在南昌东北方向),联舟为方阵。二十六日,明军以火相攻,朱宸濠大败,诸妃嫔皆赴水死,将士焚溺而死者三万余人,朱宸濠及其世子、郡王、仪宾,并李士实、刘养正、王纶等皆就擒①。朱宸濠见到王守仁后,大喊:"王先生,我欲尽削护卫,请降为庶民可乎?"王守仁回答说:"有国法在!"他只好俯首不语。最初起兵时,其妃娄氏哭泣劝阻,朱宸濠不肯听,及被擒,他于槛车中泣对人语:"昔纣用妇人言而亡天下,我以不用妇人言而亡其国,今悔恨何及!"② 朱宸濠自起兵至被擒,只有一个多月,说明这次叛乱不得人心,因而很快就被平定。

　　王守仁等为巩固明王朝,不顾个人安危,与称兵反叛的朱宸濠,进行了激烈的战斗,而明武宗及其幸臣却把这一事件视作寻

---

① 《明史》卷117《宁王权传》。
② 《明史纪事本末》卷47。

欢作乐的机会。听到朱宸濠反叛的消息后,明武宗认为突破大臣的阻拦、实现南巡计划的借口找到了,因而积极筹划御驾亲征。江彬等在豹房陪他玩乐的幸臣也纷纷献上所谓擒拿朱宸濠的策略。七月十三日明武宗传旨,"令总督军务威武大将军镇国公朱寿统各镇兵征剿"。明武宗不顾群臣的激烈反对,于八月二十二日,正式出发"亲征"①。

八月底,明武宗的"亲征"队伍到达涿州。这时,王守仁关于朱宸濠已被擒拿的奏疏恰好送到,但为了达到南巡的目的,明武宗竟秘而不宣。九月,明武宗一行到达临清。在从京城出发时,明武宗与刘美人约好,明武宗先行,"而后迎美人以从。临行,美人脱一簪"给明武宗,"且令迎者执为信"。不巧,明武宗过芦沟,"驰马失簪,大索数日不得"。到达临清后,明武宗派人去接刘美人,美人因不见信物,不肯从命。明武宗"乃独乘舸,晨夜疾行,至张家湾亲迎之,并载而南。当发临清时,内外从官无知者,既而始觉,然追不能及。及还,遇湖广参议林文缵,入其舟,夺一妾行"②。这次为迎刘美人,往返时间超过一个月。十月,明武宗自临清出发,继续南行。十一月,过济宁、徐州,至淮安清江浦。当时,明武宗"巡幸所至,捕得鱼鸟,分赐左右,受一脔一毛者,各献金帛为谢"。来到清江浦后,在这里打鱼取乐一连几天。又至宝应,"渔于泛光湖"。十二月至扬州。又至仪真,"渔于仪真之新闸"。十二月底,到达南京③。一路上随行的幸臣江彬等亦借势肆意妄为。当时"南京及河南、山东、淮扬等处文武官,迎送车驾,皆戎装步行,而江彬不时传旨征索,旗牌官拷缚郡县长吏,有如奴隶。通判胡琮,惧而自缢;南京守备成国公朱辅,见(江)彬长跪;总兵官镇远侯顾仕隆,稍不为屈,(江)彬数窘辱之。又遣

①③ 《明通鉴》卷48。
② 《明武宗外纪》。

官校四出至民家,矫传上旨,索鹰犬、珍宝、古玩,民皆惴惴不敢诘。近淮三四百里间,无得免者"。在扬州,江彬"谋夺富民居为威武大将军府",知府蒋瑶反对,江彬就把他囚禁在空室中,"挫辱之"。太监吴经,"矫上意刷处女、寡妇",民间汹汹不安,"有女者一夕皆适人,乘夜争门逃匿不可禁",知府蒋瑶找吴经要求停止,竟被"麾之去"。半夜中,派几个骑卒打开城门,"传呼驾至,令通衢燃炬如白昼",而后吴经遍入各家,"捽妇女出,破垣毁屋,必得乃已"①。如上种种,对于所经过的地方,无疑是一场大灾难。

正德十四年(1519年)九月,王守仁把朱宸濠押解至杭州。在这里遇到太监张永。张永这时提督军务,地位颇高,而且曾参与诛刘瑾,名声较好;王守仁向他陈述了江西兵乱之后的困敝状况,极言其"不堪六师之扰",并把朱宸濠交给张永,自己返回南昌②。

正德十五年(1520年)闰八月,明武宗在南京搞了个很滑稽的受俘仪式。"上欲自以为捷,命设广场,戎服,设大纛,环以诸军,令释逆(朱宸)濠等,去桎梏,伐鼓鸣金而擒焉,然后置械,行献俘礼"。③十二日,明武宗自南京北返。一路上仍搞了不少寻欢作乐的名堂。到仪真,"渔于江口"。九月,至清江浦,"渔于积水池,舟覆,溺焉",左右保驾者七手八脚地把他救出水,然而还是大受损伤,从此生病。十月,北还至通州,十二月在通州处死朱宸濠,将之焚尸扬灰④。这时,江彬"尚欲劝帝幸宣府","会帝体惫甚,左右力请乃还京"⑤。十四日,明武宗大祀天地于南郊,

---

① 《明武宗外纪》,《明通鉴》卷48。

② 《明通鉴》卷48。

③ 《明通鉴》卷49。

④ 《明史》卷16《武宗纪》;《明通鉴》卷49。

⑤ 《明史》卷307《江彬传》。

"再拜,呕血于地,不能终礼,遂大渐"①。正德十六年(1521年)三月十四日,死于豹房,终年三十一岁。在临死前一天,明武宗曾对司礼监太监说:"朕疾不可为矣。其以朕意达皇太后,天下事重,与阁臣审处之。前事皆由朕误,非汝曹所能预也。"② 死到临头,他终于发觉自己行为错误。

第三节　从正统到正德年间的农民起义

从正统到正德,农民起义不断,其中正统末年、成化前期和正德时期最为集中。各次起义的具体起因虽不尽相同,但根本原因则是一致的,即:除去政治腐朽外,还有土地兼并剧烈和封建剥削日益加重。

一、剧烈的土地兼并和残酷的封建剥削

1．剧烈的土地兼并

明中叶时,土地兼并日益严重。当时,商品经济日渐发展起来,所以土地买卖非常频繁,这是当时土地兼并极为严重的原因之一。而当时皇室、宦官和勋戚凭借政治上的特权大肆掠夺土地,建立庄田,更是这个时期土地兼并的突出特点。正如《明史·食货志》所说的,在"占夺民业"方面,"为民厉者,莫如皇庄及诸王、勋戚、中官庄田为甚"③。

皇庄,是皇室拥有的庄田,除了皇帝的庄田之外,还包括宫庄,即后妃、皇太子和未就藩的诸王的庄田。诸王庄田是已经就

---

①　《明武宗外纪》;《明史》卷16《武宗纪》。

②　《明通鉴》卷49。

③　《明史》卷77《食货志》。

藩的诸王所拥有的庄田。这些庄田，一般坐落在其封地以内，如庄田过多，也有搜刮其他地区的土地来补充的。宦官的庄田属于宦官个人所有。勋戚庄田是勋臣和外戚所拥有的庄田。各类庄田的来源，根据史籍的记载，大致有赏赐、乞请、投献、侵占、购买等几种。这些不同名目的来源虽各有具体情况，但其实质都是一样的，即将官田和民田，变成贵族的私田。

明中叶各类庄田的总数究竟有多少，现在没有完整的记载，只有几个片段的统计数字，如《明史》卷七七记载："弘治二年，户部尚书李敏等以灾异上言：'畿内皇庄有五，共地万二千八百余顷，勋戚中官庄田三百三十有二，共地三万三千余顷。'"《明经世文编》卷八七所载林俊《查处皇庄田土疏》说："以正德十一年以前计之，（皇庄并皇亲功臣各项庄田）无虑九万余顷。"同书卷八八所载《传奉敕谕查勘畿内田地疏》说："（嘉靖初）查勘过顺天等府地方各项庄田地土，共计二十万九百一十九顷二十八亩。"这几个数字，只是北京附近地区的统计，但从中已经可以看出当时庄田面积是何等的广大；其数字的逐年上升，也反映了庄田日益膨胀的发展趋势。

皇室勋贵之外，官僚地主也在疯狂地兼并土地。正德时大学士梁储的儿子梁次摅在广东老家，与富人杨端争民田，杨端杀死田主，梁次摅又仗势杀死杨家二百余人[1]。这是当时官僚地主肆无忌惮地兼并土地的突出一例。一般的地主，也依仗他们的势力，通过种种欺诈手段强夺农民的土地。如江南吴县豪绅盛明卿指使爪牙伪立契券，霸占张姓木匠田地数十亩，田主被逼致死[2]。

皇庄和诸王、勋戚、中官庄田的扩大，以及官僚地主、一般

---

① 《明史》卷190《梁储传》。

② 张畴用：《风世类编》卷2。

地主的大肆兼并土地,使明初土地占有比较分散的情况逐渐消失,土地兼并成为越来越严重的社会问题,社会矛盾因而激化起来。

2．军屯和商屯制度的破坏

随着剧烈的土地兼并,以及明朝政府政治的腐败,明初以来推行的军屯和商屯,到明中叶时也遭到了破坏。

军屯的破坏。军屯是一种落后的农奴制的生产方式。军屯士卒对封建国家有很强的人身依附关系。明朝政府用军事编制把士卒固着于土地上,不许随便离开。一个丁男一经被佥为军,就得终身服役,直到丧失劳动能力,但还要从其户内勾解丁男来补充。"军士六十以上,老疾者,既不能征操,又不能耕种,宜迁还,令壮者代之"①。屯田军士所受的剥削也是十分苛重的,以屯田籽粒来说,明太宗朱棣即位时规定:"每军田一份,正粮十二石,收贮屯仓,听本军支用,余粮十二石,给本卫官军俸粮。"②根据这一科则,每份军田,最低产量不得少于二十四石。如以苏、杭地区来看,当时屯军实际拨给土地有二十亩、十五亩或十二亩的;以米二十四石,折合成稻谷则为六十石;这样,苏杭的屯田军士想要如数缴纳屯田籽粒,就需达到亩产稻谷三四石至六石的产量,这从大部分屯地来说当然是不可能的。即使其他地区拨给土地有五十亩或一百亩的,但因土地瘠薄,同样无法达到如此高的产量。甘肃"临洮、兰河等卫,每军给地一份,计所入多不过十石"③。永乐二十年(1422年)明朝政府下令"余粮免其一半,止纳六石"④。这一改变对屯田军士的剥削有所减轻,但其剥削量依然十分苛重,另外,这一减征的规定也只是具文而已。

---

① 《明太宗实录》卷20。
②④ 《明会典》卷18"户部"5"屯田"。
③ 《明经世文编》卷359庞尚鹏《清理固原屯田疏》。

如云南楚雄卫,永乐以后还是"每军一名,额田一份,纳秋粮米九石二斗,夏税出于陆地"①,仅秋粮一项就已超过上交余粮六石的百分之五十以上。明代自宣德以后,屯军所受的剥削越来越重,除了上交余粮以外,还需交纳屯草及修渠等费。

由于军屯是用军队的特殊形式组织起来的,用军事律令强制抑配份地,用军事律令强征屯田籽粒,这就使得屯军所受压迫与剥削的程度比一般佃农更为苛酷。一般佃农通常有地才有租,有丁才有役,但屯军却要输无地之租,出双重徭役。无地之租即"包赔屯田籽粒"。当屯军因种种原因抛荒或失去屯地时,仍要"包赔屯田籽粒"。这种情况,在明代中叶时相当普遍地存在着。有的是因配拨的份地土质瘠薄或道路遥远无法耕种而抛荒,如宣府地区"山川楚错,地多不毛,求其可施锄犁者,仅十之三四,而砂砾半之"②。甘肃地区"若道路险远,及地方硗薄,或水利艰阻,遂多弃置抛荒"③。有些卫所军士的份地"其田四散,一军之田,或跨数圩,一圩之田,又分数处。屯官旗甲,不知事体,或有锄种一二亩者,便率全粮"④。这就使得有些屯军"不得已终身佣身以输粮而不足者"⑤。有的因镇守太监及各级管屯官凭借权势侵占屯军份地,但政府仍让屯军交纳屯田籽粒,弘治年间"甘州屯田肥饶者,多为太监总兵等官占据,而官军则含怨赔粮,衣食不足"⑥。陕西榆林地区管屯官"侵占屯田,隐占为业,祖孙相继,盘踞自如,凡应纳屯粮,悉置诸度外。其余官舍,彼此效尤,用强霸耕,不纳子粒,往往均摊于概卫,或捐月粮扣补,或

---

① 康熙《楚雄府志》卷8。
② 《明经世文编》卷358庞尚鹏《清理宣府屯田疏》。
③ 《明经世文编》卷360庞尚鹏《清理甘肃屯田疏》。
④ 《明经世文编》卷210方日乾《抚恤屯田官军疏》。
⑤ 《明经世文编》卷115杨一清《论甘肃事宜》。
⑥ 《明孝宗实录》卷101。

变家产包赔"。"富豪者种无粮之地,贫弱者输无地之粮"①。

屯军除了"包赔屯田籽粒"以外,还要服双重徭役。屯军耕种屯田,就是以丁应役的一种军差。所以在洪武时期,明朝政府规定,除正军豁免一切差役以外,在营的余丁和原籍户下一丁也得豁免差役,令其专一供给正军。但事实上,从明初永乐时"卫所府县都不遵承,仍袭故弊,私擅差役,如驱犬羊"②。到了宣宗以后,对屯军额外派遣的差役就越来越多。

屯军不仅遭受明朝政府屯田籽粒和各种差役的压榨剥削,他们的屯地,也在土地兼并的狂潮中被吞没。各级管屯官,从百户、千户一直到总兵官、镇守太监,以及王府、势豪等等,都争先恐后地抢夺屯地,私役屯军耕种。宣宗时镇守宁夏的宁阳侯陈懋,"私役军种田三千余顷,夺民水利,岁收之粟,召商贾收籴中盐"③。英宗时都指挥田礼等"侵占屯地四千一百二十七顷有奇,递年不输子粒"④。宪宗时"大同、宣府等处,膏腴土田无虑数十万顷,悉为豪强占种,租税不供"⑤。

由于屯田籽粒和徭役的苛重,以及屯地的被侵占,使得屯军不断逃亡,到英宗正统三年(1438 年)"逃故军士一百二十万有奇"⑥,约占当时全国军队总数的一半。屯军的逃亡,使得不少开垦成熟的土地,甚至膏腴之地又变成了荒田,如榆林地区"屯田荒芜者强半"⑦。明中叶之后,大同"各路荒田,何啻万千"⑧。蓟镇军屯土地"荒芜者凡一千一百顷有奇"⑨。南京镇南等卫

---

① 《明经世文编》卷 359 庞尚鹏《清理延绥屯田疏》。
② 《明太宗实录》卷 16。
③ 《明宣宗实录》卷 76。
④ 《明英宗实录》卷 123。
⑤ 《明宪宗实录》卷 156。
⑥ 《明英宗实录》卷 46。
⑦⑧⑨ 《明经世文编》卷 359 庞尚鹏《清理延绥屯田疏》、《清理大同屯田疏》、《清理蓟镇屯田疏》。

"行数十里,俱是旷地。葭莽极目,不胜凄凉"①。因此,明代的军屯,到了明中叶时,已经是名存实亡,明朝政府虽一再想重新整顿,不断遣官踏勘清理,但都无济于事。嘉靖初年,林希元在《应诏陈言屯田疏》中说:"弘治年间,虽尝遣官查理,何尝得其要领乎?"②

商屯的破坏。明朝初期因盐法的开中制度而兴起的商屯,到明中叶时,也随着开中制度的破坏而破坏。贪得无厌的皇室、贵族、官僚等特权阶层,看到掌握盐引有大利可图,就如蝇逐臭,纷纷去抢占盐引,然后转卖给盐商,从中牟利。当时,"每岁户部开纳,方其文书未至,则内外权豪势家遍持书札,预托抚臣,抚臣畏势而莫敢逆,其势重者与数千引,次者一、二千引"。这种活动"名为占窝"③。占窝是为了转卖,转卖时每千引卖百余两,或七八十两,这种钱叫做"买窝钱"。明朝政府对这种行径一再申令禁止,如成化二十二年(1486年)"令各边开中引盐、粮草,俱不许势要及内外官员家求讨占窝,领价上纳。令巡盐御史纠举"④。但这种禁令根本不能贯彻,只不过是一纸空文,因为皇帝本人就是破坏这一禁令的罪魁。权豪势要"占窝"得到的盐引,大多是皇帝所赐予的。所以奏讨"占窝"的现象越演越烈,"宪宗末年,阉宦窃势,奏讨淮浙盐无算","至五百余万引"⑤。权豪势要不仅易于搞到盐引,而且在凭引取盐时,也凭借特权优先支取,这使一般盐商虽然换取了盐引,却长期支不到盐。英宗正统时,有"自永乐中候支盐,祖孙相代不得者"⑥。权豪势要的上述活动,不仅妨碍一般

① 《明经世文编》卷210方日乾《抚恤屯田官军疏》。
② 《明经世文编》卷163林希元《应诏陈言屯田疏》。
③ 《西园闻见录》卷36。
④ 《续文献通考》卷20。
⑤ 《西园闻见录》卷35。
⑥ 《明史》卷80《食货志》。

盐商的利益,而且严重影响了明廷的财政收入。

因此,以改革盐法来弥补国家的财政收支,就成为必然趋势。在宪宗"成化间,(开中商人)始有折纳银者,然未尝著为令也"①。到孝宗弘治五年(1492年)户部尚书叶淇"请召商纳银运司,类解太仓,分给各边,每引输银三四钱有差,视国初中米直加倍,而商无守支之苦,一时太仓银累至百余万"②。国家的财政收入因之增多了,但这一改变,却促使商屯迅速崩坏,"诸淮商悉撤业归,西北商亦多徙家于淮,边地为墟,米石直银五两"③。商屯的破坏,是长期以来盐政败坏的必然结果,《明史·食货志》说:"迨弘治中,叶淇变法而开中始坏。"④这一评论是不确切的,开中制度败坏的根本原因应该说是权贵势家的"占窝"。

军屯制度和商屯制度在明初曾对解决军粮和军费发挥过积极作用。它们破坏之后,封建国家只好另拨军费。这笔开支只有通过加重对劳动人民的剥削才能解决,这成为明中叶社会矛盾激化的又一个原因。

3.赋役负担的加重和苛重的地租剥削

赋税负担越来越重。明中叶时,明朝政府掌握的税田额数大幅度减少。洪武二十六年(1393年),全国税田总额为八百五十万七千多顷,到明孝宗弘治十五年(1502年)下降到四百二十二万八千多顷。在这一百多年中,税田额减少了一半以上,其中以湖广、河南、广东失额最多⑤。湖广原额田二百二十万顷,降低到二十三万顷,失额一百九十七万顷;河南原额田一百四十四万顷,降低到四十一万顷,失额一百零三万顷;广东原额田二十三万顷,降低到七万顷,失额十六万顷⑥。这些失额的土地,"非

---

①③ 《明史》卷80《食货志》。
②④⑤ 《明史》卷77《食货志》。
⑥ 《明世宗实录》卷102。

拨给于王府,则欺隐于猾民"①。也就是被王府、勋戚、官僚地主兼并去了,并且以合法和非法的手段,免除了赋税负担。税田总额虽然减少了一半,但政府所收的赋税只少了十分之一。洪武二十六年(1393年)田赋总额为二千九百四十四万二千多石(夏税四百七十一万七千多石,秋粮二千四百七十二万九千多石),孝宗弘治时田赋总额为二千六百七十九万二千多石(夏税四百六十二万五千多石,秋粮二千二百十六万多石)②。很明显,由于上述变化,劳动人民的赋税负担比明初大大增加了。

明朝政府还采用征收折色银的办法加重对农民的赋税剥削。明朝初期的田赋,除洪武时一度征收折色以外,其他时期都征收本色粮食。正统元年(1436年),明朝政府在南畿、浙江、江西、湖广、福建、广东、广西等地征折色银,规定"米麦一石,折银二钱五分",共"折银百万余两,入内承运库,谓之'金花银'"③。以后,田赋征收折色的办法就逐渐向全国推行。赋税缴纳银子,比缴纳粮食可省运送之苦,而且有利于农民对封建国家人身依附关系的削弱,从这些方面来说,这一改革,应该是进步的。但封建统治者却在折算比率上玩弄花招,加重对农民的剥削。弘治六年(1493年),明政府曾规定山西平阳府泽、潞、辽、沁四州所属征赋税时"每米麦一石,折银七钱"④。这一折征比例,与正统元年所定相比,高出近两倍。

对于官府分派下来的赋税,乡绅、豪强地主往往采用"飞洒"、"诡寄"、"包纳"等手段逃避,向农民转嫁,这更加重了农民的负担。"飞洒"就是地主把自己应纳的赋税分成细数,洒派到在籍的农民身上;"诡寄"就是地主把自己的土地假称属于逃户、

---

① 《明史》卷77《食货志》。
② 《明史》卷82《食货志》。
③ 《明史》卷78《食货志》。
④ 《明会典》卷29《征收》。

绝户的名下,借以免去赋税;所谓"包纳",就是地主虽然买了农民的土地,但不肯接受应承担的赋税,仍由出卖田地的农民交纳。上述情况,早在明初就已存在,到明中叶更为严重。弘治五年(1492年),巡抚河南右副都御史徐恪在奏疏中对此曾有比较详细的叙述:

> 照得河南地方,虽系平原沃野,亦多冈阜沙瘠,不堪耕种。所以民多告瘁,业无常主。或因水旱饥荒,及粮差繁并,或被势要相侵,及钱债驱迫,不得已将起科膄田减其价直,典卖与王府人员并所在有力之家。又被机心巧计,指立契书,不曰退滩闲田,即曰水坡荒地,否则不肯承买。间有过割,亦不依数推收。遗下税粮,仍存本户。虽苟目前一时之安,实贻子孙无穷之害。因循积习,其来久矣。故富者田连阡陌,坐享兼并之利,无公家丝粒之需。贫者虽无立锥之地,而税额如故,未免缧绁追并之苦。尚冀买主悔念,行佣乞怜,直至力尽计穷,迫无所聊,方始挈家逃避。负累里甲,年年包赔。每遇催征,控诉不已。地方民情,莫此为急……此等民害,各处皆有,不独河南。①

日益繁重的徭役。明初佥派徭役以"丁粮多寡"为准则,即是丁粮多的征派重役,丁粮少的派轻役。为此,洪武时期编制黄册要划分"上、中、下三等人户"②。到明宪宗时,又细分为三等九则。《明会典》记载,成化十五年(1479年)明朝政府"令各处差徭,户分九等,门分三甲,凡遇上司坐派买办采办,务因所派多少定民输纳"③。这种根据财力状况确定徭役的政策是比较合理的,但事实上,往往不能照规定执行。乡绅豪强像逃避赋税那

---

① 《明经世文编》卷81徐恪《修政弭灾疏》。

② 《明太祖实录》卷203。

③ 《明会典》卷20《户口二·赋役》。

样,千方百计把徭役负担转嫁给农民。每当"大造黄册"时,"豪富奸狡通贿赂以避重役,以下作上,以亡为存"①。因此,"上户常巧免,移之下户"②,"孤寡老幼皆不免差,空闲人户,亦令出银"③。另外,明初以来各级官员直到生员和致仕家居的退休官员,都享有法定的免役特权,到明中叶时,这一批特权阶层的人数越来越多。不少地主富户科举的道路走不通,就采用捐纳的办法,拿钱去买一个官衔,而后地方政府就须"以礼相待,不许擅便差使"④。这样,农民所承受的差役更为加重,所谓以丁粮多寡定徭役的政策便更加不能实行了。如正德时福州,"郡多士大夫,其士大夫又多田产,民有产者无几耳,而徭则尽责之民"⑤。

明代中叶,随着宗室和官僚机构的膨胀,明朝政府佥派徭役的项目也越来越多。明初"皂隶",原是"取刑部笞杖囚人应役,后照人户差点"。后来又有"柴薪皂隶"的规定,并改为"解柴薪银两"。弘治十五年(1502年)规定每名每年"办柴薪价银一十二两"⑥。当时仅河南、山东、南北直隶等地征收的"京班柴薪皂隶"银,一年就达八万余两⑦。北直隶大名府的"柴夫",原为力役,因柴薪所需究竟有限,实际调用的"柴夫"数字并不太多。而明朝政府为了增加剥削,就于成化二十一年(1485年)将所规定的柴夫额全部改为银差,"每夫一名,每年征银一十四两四钱"⑧。明朝政府为了充实军事力量,除卫所军以外,佥募民壮为兵。弘治七年立佥民壮法,各州县每里佥派民壮二至五人。

---

① ③ 《明宪宗实录》卷33。
② 归有光:《震川先生文集》卷18《外舅光禄寺典簿魏公墓志铭》。
④ 《明孝宗实录》卷61。
⑤ 《明史》卷203《欧阳铎传》。
⑥ 《明会典》卷157"兵部"四十"皂隶"。
⑦ 《明孝宗实录》卷42。
⑧ 《明宪宗实录》卷265。

以后,明朝政府为了向人民进行搜刮,把民壮也改成为银差,"率征银以充召募"①。除了上面所说的徭役以外,还有马船头、馆夫、门禁、厨斗,以及抬柴、修河、修仓、运料、闸浅夫之类,名目繁多,不可胜数。

苛重的地租剥削。在土地兼并中被剥夺了土地的广大农民,只好租种地主的田地而沦为佃农。如福建南靖县"境内田亩归他邑豪者十之七八,土著之民大都佃耕自活"②。而地主阶级对农民的地租剥削却又日益加重,武进地主李盛时地租每亩一石六斗③。上海南乡十一、十二两保地租高达二、三石④。当时地主收取的地租数额大都占农民收成的百分之五十以上,甚至有达到百分之七八十的。地主为增加剥削,除了秋季收租以外,又在夏季收麦租。明中叶以后,两季租大量出现,如安徽泾县,"乡俗佃田麦秋二熟皆令纳租"⑤。江苏江阴县吴公祠田的地租也包括夏麦和秋米⑥。地主在收租时更是花样百出,粮食要风干,过斗时要踢斗(用脚踢斗,使粮食下沉多盛)。此外,由于土地集中,大地主多居住于城市或外乡,农民又要多出一番劳力把租谷送到城市或外乡去。地主除了向农民征收正额地租以外,还有种种名目的附加地租。如世代镇守云南的沐氏,他们的庄田地租,除"正征之外有杂派,杂征之外有亡名(即无名),虐焰所加,不至骨见髓干不止"⑦。

广大农民在上述种种封建剥削之下,生活非常困苦,当时在

---

① 《明史》卷 91《兵志》。
② 《天下郡国利病书》卷 94《福建》。
③ 乾隆《太湖备考》卷 15《补遗》。
④ 同治《上海县志》卷 32 引《莼乡赘笔》。
⑤ 嘉庆《泾县志》卷 19《郑元玠传》。
⑥ 道光《江阴县志》卷 5《学校》。
⑦ 《天下郡国利病书》卷 112 周嘉谟《庄田册疏》。

山东、山西、河南、陕西、北直隶等地的人民,"佣丐衣食以度日,父母妻子啼饥号寒者十有八九"①。江南松江府"农夫蚕妇,冻而织,馁而耕,供税不足,则卖儿鬻女,又不足,然后不得已而逃"②。山西平定、岢岚、朔、代等州,寿阳、静乐、灵丘等县人民,"往往车载幼小男女,牵扶瞽疾老羸,采野菜煮榆皮而食,百十为群,沿途住宿,皆因饥饿而逃者"③。成化时人王弼作了一首《永丰谣》,叙述高淳县(今江苏高淳)农民艰苦的生活状况说:

> 永丰圩接永宁乡,一亩官田八斗粮。人家种田无厚薄,了得官租身即乐。前年大水平斗门,圩底禾苗无半分。里胥告灾县官怒,至今追租如追魂。有田追租未足怪,尽将官田作民卖。富家得田贫纳租,年年旧租结新债。旧租了,新租促,更向城中卖黄犊。一犊千文任时估,债家算息不算母。呜呼!有犊可卖君莫悲,东邻卖犊兼卖儿,但愿有儿在我边,明年还得种官田。④

劳动人民的生活无以为继,只得铤而走险,发动武装起义。

二、几次规模较大的农民起义

1. 浙江叶宗留领导的矿工起义

明代贵金属金银等矿皆属官矿,由国家经营,严禁民间开采。明朝中期,由于农业、手工业的发展,商品经济渐趋繁荣,国内外贸易频繁,白银成为价值尺度,在社会上普遍使用。英宗时,明朝政府不得不"弛用银之禁。朝野率用银,其小者乃用钱"。⑤

---

① 《明英宗实录》卷 34。
②④ 《日知录》卷 10《苏松二府田赋之重》。
③ 《明英宗实录》卷 66。
⑤ 《明史》卷 81《食货志》。

贪婪的明朝统治者更把银矿视为它的利源所在,迭下禁令,加重"盗矿"的处刑。正统三年(1438年)下令:"福建、浙江等处军民私煎银矿者,正犯处以极刑,家口迁化外,如有逃遁不服追问者,量调附近官军剿捕。"[①] 五年,又下令:浙江、福建若有聚众偷采银坑者,"调军捕获,首贼枭首示众,为从及诱引通同有实迹者,连当房家小,发云南边卫充军"[②]。并划定封禁山区,驻兵防守。浙江、福建、江西三省交界地区的仙霞岭,就是当时的禁区之一。但受生活驱迫的人民,仍冒险进山"盗矿"。参加"盗矿"的有的是官矿的矿工。明朝政府对官矿的矿工采取农奴制形式进行残酷剥削,强迫他们为封建国家提供"矿课",即使矿脉微竭,也仍旧照原额征收,矿工被逼无奈,只好典卖妻子来赔补其数。矿工常常用怠工及逃亡等方式来进行反抗。逃亡者无以为生,就进入封禁山区进行"盗采"。参加"盗矿"的还有破产农民。他们"常不下五六百人,刀刃器仗悉具"[③],所以,当明朝政府硬要封禁,派兵剿捕时,很容易激起矿工的武装反抗。叶宗留领导的矿工起义,就是在这种情况下爆发的。

叶宗留,浙江庆元人。正统七年(1442年),他与王能、郑祥四、苍大头等"聚众千余人",进入仙霞岭山区开采银矿,劳动和生活条件都十分艰苦,开采所得也很微薄。有的地方,常常发生矿坍,"没死者甚众",名为"陷人坑"。而明朝政府还多方逼迫,实行封禁。叶宗留感到开矿不能维持他们的生计,想用武装暴动来解决贫富不均的社会矛盾,就和他的同伴说:"以吾之众,即索金于市,易耳,何至自疲山岭间,常苦不给也。"他们就于正统十年举行起义,进攻江西永丰。明朝政府立即"调南昌前卫,广、铅二所官军及六县民壮"前去镇压,结果被起义矿工

---

①② 《明会典》卷37《金银诸课》。
③ 《广丰县志》九之六《艺文》。

打得大败,"被杀者甚众"。于是永丰知县邓容入山招抚,王能等三十五人投降了明朝,充作"快手",帮助官军镇压起义者,诱杀了郑祥四、苍大头等三百余人。叶宗留率余众逃出,转移到处州(今浙江丽水)、云和(今浙江云和)、政和(今福建政和)等地,一方面继续开采银矿;一方面积聚力量,至"数百人,势遂复振"。正统十二年,叶宗留重新举起义旗,攻政和县城,"还庆元,号召得千余人",复入福建浦城、建阳、建宁,"从者益众"。叶宗留又分兵进占江西铅山的车盘岭,控制了闽、浙、赣三省交界地区的交通。

这时,邓茂七也于福建起义(详后),"东南大震"。明朝政府即命都御史张楷偕都督刘得新、陈荣率兵前去镇压,途经浙江,遭到叶宗留起义军的袭击。正统十三年(1448年)十一月,叶宗留率众与明军奋战,不幸中流矢牺牲。部众由叶希八率领,继续打击明军,在玉山(今江西玉山)十二都的一次战斗中,大败明军,杀都督陈荣、指挥戴礼。张楷不敢再战,听到刘得新已率江西兵到福建建宁,他也就慌慌忙忙地逃向福建。这时,起义军声势大振,发展到数万人,与福建邓茂七起义军"互为声援,此入彼出",使得明军两面应战,疲于奔命。由陈鉴胡领导的一支起义军,攻破浙江的松阳、龙泉,"自号太平国王,改泰定元年"。但不久,陈鉴胡受丽水县丞丁宁及地主分子王世昌引诱投降官府,被杀。叶希八所率的起义军入据云和山中。这时福建邓茂七起义已经失败,叶希八失援,势稍弱,然犹据铜塘且耕且守,以后与陶得二等所部起义军会合,进攻浙江处、金、衢以及江西广信、永丰、上饶等地,杀永丰知县邓颙。明朝政府命令张楷由闽入浙,要他"相机抚剿",张楷以老母家属为誓诱降起义军,景泰元年(1450年),叶希八、陶得二相继投降明军。历时六年的矿工起义失败后,明朝政府采取了血腥手段,"录居民通贼者尽行诛戮,家产入官",并加强了对这一地区的控制,在起义军主要根据地的铜塘(上饶、铅山、永丰三县交界地)"数十里内者悉加封禁"，"山塘地皆不得耕种"①。

2. 福建邓茂七起义

正统十三年(1448年)四月，福建爆发了邓茂七领导的农民起义。邓茂七原为江西建昌人，佃农出身，初名邓云，后至福建宁化，改名茂七。当时，明朝政府因福建地区经常有矿工暴动，于正统十二年命御史柳华到福建捕"矿盗"。柳华到福建后，命令"乡村各置望高楼，及编其各乡居民为什伍，设总小甲以统率之"；"择其豪为长，得自置兵仗"，"由是总小甲各得号召其乡人"。茂七与其弟茂八皆被任为总甲。但邓茂七任总甲后，并不为封建统治者效劳，而是利用这一方便条件"聚众集会，常数百人"，组织农民反抗地主的封建剥削。当地地主除了向佃户征取正额地租之外，还强迫佃户向地主缴纳鸡鸭等，称为"冬牲"，佃户缴纳地租，也须给地主送到其粮仓。针对这种情况，邓茂七号召农民不向地主送交鸡鸭等"冬牲"，不给地主送租谷，要地主自己到地头来收受。地主向知县告状，县里派出巡检来抓捕，邓茂七杀了弓兵聚众起义。官方慌忙派巡检和知县带了三百名官兵来镇压，邓茂七的起义军把他们打得大败，杀了巡检和知县。当时福建人民不堪左布政使宋新的残酷压迫，"相率从乱"，"皆举金鼓器械应之"，不数日，邓茂七聚众至数万人。接着，起义者进攻上杭、汀州、光泽，顺流下邵武、顺昌，攻占了二十余县。这时，尤溪炉主蒋福成也号召"炉丁"及村落贫民起义，有众万余人，攻占了尤溪县城。而后与邓茂七起义军会合，占领了沙县，并在这里建立农民政权，设总甲里长，邓茂七称"铲平王"。

---

① 《鸿猷录》卷10《平处州盗》;《明史纪事本末》卷31《平闽浙盗》;《天下郡国利病书》卷82"江西"上饶知县李鸿《封禁考略》。

明朝政府感到起义军势力浩大,一时难以平定,就命御史丁瑄前去招讨。丁瑄派人到起义军中去诱降,说:"解散得免死。"邓茂七轻蔑地笑答说:"吾岂畏死求免者,吾取延平,据建宁,塞二关,传檄南下,八闽谁敢窥焉。"说罢便杀了明朝的诱降官员。起义军在战场上也打得很漂亮。一次,明都指挥张某,率四千明军气势汹汹地向起义军扑来,起义军战士二十余人预先埋伏于延平双溪口隘道的两旁,等到明军"过将尽,都指挥后殿至",起义军突起,用木栅塞道,使前面的明军无法返回,消灭了都指挥张某及其从兵数十人,其余的明军听到都指挥被杀,狼狈溃逃。邓茂七起义军乘胜进攻延平,于延平城外大败明军,杀都指挥范真、指挥彭玺。明朝御史张海登城楼招谕,起义军中有一人大声回答说:"我曹苦富民鱼肉,有司不我直耳!如朝廷宥我,且立散,乞免徭三年。"这说明,这次起义就是因为苛重的地租和徭役剥削引起的。邓茂七乘明朝都御史张楷所率明军被叶宗留起义军堵截于浙江的机会,积极向外发展势力,分遣别将由德化、永春、安溪进攻泉州,自己率部进攻建宁。

正统十四年(1449年)正月,明朝政府增派宁阳侯陈懋为征南将军,保定伯梁瑶、平江伯陈豫为左右副总兵,刑部尚书金濂总督军务,太监曹吉祥监军,"率京营及江西、浙江诸处大军"前往镇压。张楷已由浙入闽,招降了起义军首领罗汝先、张繇孙及黄琴等人。这年的二月,叛徒张繇孙、罗汝先诱农民军进攻延平,张楷先于四面布置重兵,而以福建军出城诱战。农民军素来轻视福建兵,乘浮桥竞进。明军突起合击,农民军遭到挫败,邓茂七中箭牺牲,余部在邓茂七的侄儿邓伯孙及其妻廖氏带领下继续坚持战斗。这时陈懋所率明军也已抵达福建,在众寡悬殊的情况下,农民军只得退守山寨。邓伯孙又中了明军的离间计,误杀了骁勇善战的起义首领张留孙,使得农民军内部互相猜疑,有的人则投降明军,最后邓伯孙和廖氏也皆战败被杀,起义失败①。

3. 广东黄萧养起义

在叶宗留、邓茂七起义的同时,广东发生了黄萧养领导的农民起义。黄萧养,广州府南海县冲鹤堡人。当时在广东沿海和山地不时有人民起来反抗地主阶级的压迫和剥削,明朝政府把他们一概称为"山海盗"。黄萧养也被明朝政府以"盗贼"的罪名关在广州监狱中,和黄萧养关在一起的还有数百名"山海盗"。黄萧养就和他们串连起来,并"贿狱吏得携物出入",联络了狱外的同伴,把刀斧等武器偷偷运进监狱。正统十三年(1448年)九月,在狱外同伴的接应下,黄萧养和同监的难友集体越狱,攻入兵械局夺得兵器,举行起义。"赴之者如归市",个把月的时间起义群众就发展到一万多人②。第二年六月,起义军分水陆两路进攻广州城:水路,在珠江上列舟数百艘进攻广州的南门;陆路,则从城西方向进攻广州,"制云梯、吕公车冲城"③。明朝镇守广东的安乡伯张安率领水军前来镇压,起义军迎击于蚬船澳,"官军不能支,退至沙角尾",起义军紧追不放,大败明军,安乡伯张安落水淹死④。明朝都指挥王清"自高州率舟师赴援,至广州沙角尾,水浅胶舟"。起义军装扮成逃难的平民,乘着小舟,载着柴薪及鱼盐等物,迎面划去。王清问他们"萧养所在,言未出口,伏兵出薪中",跳上王清的坐船,尽杀明军,活捉了王清⑤。从此,明军将领就龟缩在广州城里不敢出战,登城望之,看到起义军

---

① 《明史》卷145《陈懋传》,卷165《丁瑄传》;《明史纪事本末》卷31《平浙闽盗》;《鸿猷录》卷9《平福建寇》;《天下郡国利病书》卷92"福建"引《延平府志》卷96"福建·兵事·泉州"。

② 毛奇龄:《后鉴录》卷8;《羊城古钞》卷4;《天下郡国利病书》卷97"广东""兵事"。

③ 屈大均:《广东新语》卷7《黄盗》;《羊城古钞》卷4。

④ 《明史》卷146《张勇传附张安传》。

⑤ 《羊城古钞》卷4。

"刃矢森发,相顾涕泣而已"①。明朝的将官,为了防止起义军混进城里,"禁民出入,樵采绝"②。这更加激起人民的愤怒,纷纷参加起义军,不久,起义军发展至十余万③。黄萧养乘势建立政权,称东阳王,据五羊驿为行宫,授官百余人④。

起义军发展如此迅速,是因为广东虽称富饶,然地远法疏,官员多贪污欺压人民;另外,广东沿海地区的地主阶级往往采用"占沙"和"抢割"来抢占农民的土地和农产品,也是原因之一。当时广东滨海地区,不断有冲积而成的新地,称为浮生土地,即沙田。这些土地"皆海中浮土,原无税业"⑤,因此劳动人民往往到这里来垦种。当地的豪强地主为了抢夺农民的劳动成果,就前来"占沙"。所谓"占沙",就是势豪之家"影占他人已熟之(沙)田为己物"⑥ 然后把抢占的沙田租给"沙头",也称"总佃",再由"沙头"分租给佃户。他们"以五分揽进",而后"取十分于诸佃,不俟力耕,而已收其利数倍矣"⑦。这种"沙头","非巨猾不能胜任"⑧,实际上就是一批地痞,凭借他们的恶势力在地方上充当二地主。地主阶级抢夺农民垦种沙田成果的另一种方式是"抢割",这更是一种赤裸裸的强盗行径,每当庄稼成熟之时,恶霸地主"统率打手驾大船,列刃张旗以往",连农作物带土地都抢夺过来,农民稍有反抗,就"多所杀伤"⑨。这种情况,在"顺德、香山、新会尤多"⑩。上述情形导致广东沿海一带社会矛盾尖锐,一旦有人举起反抗的大旗,这些被压迫的农民就会群起参加到起义队伍中来。

①③ 《羊城古钞》卷4。

② 《明史》卷172《杨信民传》。

④ 《天下郡国利病书》卷97"广东""兵事";《广东新语》卷7"黄盗";《羊城古钞》卷4。

⑤ 《明经世文编》卷188霍韬:《书沙田事》。

⑥⑦⑧⑨⑩ 屈大均:《广东新语》卷2《地语·沙田》。

参加黄萧养起义军的基本群众,还有水乡的少数民族"疍家"。他们以"舟楫为宅,捕鱼为业"①,社会地位极低,明朝统治者视之为"贱民",洪武初"编户立里长,属河泊所,岁收渔课"②。明朝政府用繁重的渔税,对他们进行残酷的压榨,使得"男子冬夏止一裤襦,妇人量三岁益一布裙"③。黄萧养起义后,疍户渔民也纷纷参加起义军,进攻广州城④。所以黄萧养起义军的水军特别庞大,船只动称几百艘或千艘。

居住在山区的苗、瑶等少数族人民也参加了黄萧养的起义队伍。正统十三年(1448年)十二月,瑶族人"赵音旺等率众张旗帜,鸣钲鼓",进攻泷水、电白等县,并自称"天贤将军"。他们与汉族人吴大甑等在高要聚众万余人,"叛应黄萧养"⑤。

明朝政府面对蓬勃发展的起义势力,感到光用武力镇压,不能平定,就采用反革命的两手策略。景泰元年(1450年)派右佥都御史杨信民巡抚广东。杨信民曾任广东左参议,有"廉吏"之称。他到广州后,就打开城门,收纳逃亡地主,扩充反革命力量,并开仓赈济,还派人到农民军中诱降招抚。又把"押印公据数万,散布四方。约曰,纵为盗,有此据者悉免罪,愿入城者听"⑥。经过杨信民的招抚,起义军分化了,不少人散归家乡。连黄萧养自己也动摇了,准备接受招抚。与此同时,明朝政府又派都督同知董兴率江西、两广军前去镇压。景泰元年二月,董兴率军至广州,这时黄萧养虽然有"舟千余艘,势甚炽",但起义军经过杨信民的招抚,战斗意志减弱了。大洲一战,起义军被董兴所率明军屠杀一万余人,黄萧养中箭死⑦。此后,他的余部"屯聚三山及

---

① ② ④ 《天下郡国利病书》卷 104 "广东" 八。

③ 屈大均:《广东新语》卷 14《食语·舟楫为食》。

⑤ 《肇庆府志·事略》。

⑥ 《羊城古钞》卷 4。

⑦ 《明史》卷 175《董兴传》。

大良堡等处",在三山尚有战船六百余艘,在大良还有起义军万余人,船八百余艘,依山濒海,立栅拒守。但这时起义军已士气低落,先后皆被董兴所率的明军镇压①。明朝军队"所过村聚多杀掠"②。对农民起义军的根据地更是大肆屠杀,黄萧养的家乡冲鹤堡,原来"烟户较盛",经过明军的杀掠后,变得"井里萧条"③。明朝政府为了加强统治,把起义军的主要活动地区划出来,专门建立顺德县。但不管明朝政府怎样加强统治,人民的反抗并没有止息,在黄萧养起义军被镇压后不久,景泰二年(1451年)二月,原在黄萧养部下任过指挥千百户的莫饶斌等率顺德县农民再次起义,反抗明朝政府的统治④。

4. 大藤峡地区瑶、壮族人民的起义

大藤峡,在广西桂平县西北六十里,因"峡中大藤如斗,延亘两岸",所以称为大藤峡⑤。明代的大藤峡地区是泛指浔、柳两府之间,即今广西金秀瑶族自治县,以及武宣、象州、平南、桂平、贵港、藤县等周围几百里的山区。浔江流经其间,夹江诸山,层峦叠嶂,悬崖绝壁,形势十分险要。其中以藤峡最高,"登藤峡巅,数百里皆历历目前,军旅之聚散往来,可顾盼尽也"⑥。"广西瑶壮居多,盘万岭之中",明代时,在大藤峡地区聚居着瑶、壮族人民,他们勤劳勇敢地开发着这一山区。除了大藤峡地区以外,如桂林之古田,平乐之府江,梧州之岑溪等都是瑶、壮族人民的聚居地区⑦。明朝的封建统治者总是把这些瑶、壮族人民说成是"盗窃劫掠无所不至"的"盗贼",其实,他们和其他地区汉族

---

① 《明英宗实录》卷 193。

② 《明史》卷 172《杨信民传》。

③ 光绪《顺德县志》卷 1。

④ 《明英宗实录》卷 207。

⑤⑥ 《明史纪事本末》卷 39《平藤峡盗》。

⑦ 《明史》卷 317《广西土司传》。

人民一样,都是在受不了残酷的封建压迫剥削的情况下才奋起反抗的。史载"其性犹朴鲁,畏见官府,词讼稀简,钱粮亦肯完纳。惟守土者加意抚绥,行所无事,禁戢差役勿肆侵渔,而武职衙门亦无致多方需索骚扰,则庶乎可保百年无事也"。但明朝的官员总是向瑶、壮族人民加倍征收钱粮,并让他们"承应官府白米、老酒、鸡鹅鱼鸭"等。一些吏役又肆意敲诈,"畏见官府"的瑶、壮族人民"一涉词讼,差人执票拘提,匿不敢出,于是差人恣行鱼肉,饱其欲而归"①。所以瑶、壮族人民的生活十分艰苦,"逮春则縻啜以耕,借贷度日,少遇荒歉,则卖男鬻女,苟活一时"②。有压迫就有反抗,大藤峡地区的瑶、壮族人民,从明初洪武以来一直不断地进行着反抗斗争。永乐三年(1405年)浔、桂、柳三府瑶民起义,被征南将军韩观所率明军镇压③。宣德时,浔、柳、平乐、桂林、宜山、思恩等地瑶、壮族人民不断起义,明朝政府派山云充总兵官前往镇压。山云先后屠杀瑶、壮族人民一万二千二百六十人,在大藤峡地区"筑城堡十三,铺舍五百,陶砖凿石,增高益厚"④,以此来巩固对少数族人民的统治。

明朝中期,社会矛盾日趋激化,封建统治者为了支撑摇摇欲坠的明王朝,在广西也加强他们的专制统治,增设卫所和土司衙门,并派军队包围瑶族、壮族人民的聚居地区。还利用田州土兵"于近山屯种,分界耕守,断贼出入"⑤,把瑶族、壮族人民分割围困在荒山中。

但是压迫愈重,反抗愈烈。景泰七年(1456年)瑶人侯大苟率领瑶、壮族人民起义,聚众至万余人,修仁、荔浦、力山、平乐等地的各族贫民纷起响应,声势很盛。他们攻克郡县,出没山谷,

①② 《天下郡国利病书》卷106"广西"二"永宁州"。
③ 《明史》卷166《韩观传》。
④⑤ 《明史》卷166《山云传》。

"守吏不能制"①。明朝政府妄想用悬赏的办法来缉获侯大苟,"诏能捕大狗者,予千金,爵一级",但没有一个人贪图富贵出卖他,"竟不可得"②。到英宗天顺年间,起义势力发展到广东高、廉、雷诸州③。天顺七年(1463年),大藤峡起义军七百余人,乘夜攻入梧州城,总兵官泰宁侯陈泾率兵数千人驻城中,不敢动,"惟调兵自卫,随军器械并备赏银物",皆为起义军所有。起义军"劫库放囚",活捉副使周琦,杀死致仕布政使宋钦。第二天黎明,起义军"声言,官军若动,则杀周副使"。就这样,明军眼巴巴地看着起义军出城。消息传到英宗朱祁镇那里,他气得大骂总兵镇巡是一批废物,说"梧州蕞尔小城,总兵、镇巡、三司俱拥重兵驻城中,乃为小贼所蔑视,况遇大敌乎!尔兵部其即议处行"④。明朝统治者看到瑶、壮族人民起义势力急剧发展,十分恐惧,于成化元年(1465年)急忙派右佥都御史韩雍率军十六万,前往广西镇压瑶、壮人民。他分兵五路,首先扑向修仁、力山,残杀人民七千多。接着又分两路进军,一路从北面象州、武宣方向分五道进攻,另一路从南面桂平、平南分八道进攻。明军对瑶、壮族人民进行血腥屠杀,将抓获的起义群众全部杀死,并将被支解的尸体"分挂林菁中,累累相属"⑤。起义军英勇拒战,但众寡悬殊,侯大苟被俘牺牲。韩雍血洗大藤峡,"积尸如山血如川,诛锄只许留襁褓"⑥。韩雍满以为起义人民被镇压下去了,于是斩断峡藤,把大藤峡改名"断藤峡",洋洋得意地"勒石纪功而还"⑦。

但血腥镇压并不能吓住革命人民,就在侯大苟牺牲的第二年(成化二年),正当韩雍加官庆功的时候,侯郑昂又举起反抗的

---

① ② ③ 《明史纪事本末》卷39《平藤峡盗》。

④ 《明史》卷317《广西土司传》。

⑤ ⑦ 《明史》卷178《韩雍传》。

⑥ 《浔州府志》卷34。

大旗,率领大藤峡起义军的余部七百余人,乘夜攻入浔州府城及洛容(今广西鹿寨县)、北流两县。明朝政府又命韩雍继续镇压。但当时瑶、壮族人民起义"所在蜂起",思恩、浔、宾、柳城等地都有武装群众袭击明军,并发展到广东钦、化二州①。韩雍也不得不发出"终难靖乱"的哀叹②。这次起义断断续续一直延续到成化八年(1472年),才被暂时镇压下去。韩雍刚刚向皇帝报了功,第二年,柳、浔等地的起义群众就攻破了怀集县,"兵部劾雍奏报不实",被罢了官。③

武宗正德时,大藤峡瑶、壮族人民的革命势力又不断发展起来。他们同当时全国各地的农民起义互相呼应,沉重地打击了明王朝的统治,使明朝封建统治者坐卧不宁。正德十一年(1516年)两广总督陈金偕总兵官毛锐率十三万军队进攻大藤峡,屠杀了七千多人民,并把大藤峡改名为"永通峡",以为改成一个吉利的地名,大藤峡从此会太平无事。这当然是痴心妄想。当时人们编了一首歌谣对陈金进行了辛辣的讽刺:"永通不通,来葬江中;谁其作者,噫!陈公。"④

大藤峡人民的反抗斗争,到嘉靖时又蓬勃向前发展,他们"上连八寨,下通仙台、花相"诸处,"盘亘三百余里"⑤。"八寨"即思吉、周安、古卯、古蓬、古钵、都者、罗墨、剥丁八个村寨⑥。其地理位置,东连柳州,北连庆远、忻城,西连东兰,南接上林。"每寨有众千余,四山环合,同据一险","数千之众皆不纠而合",人多势大⑦。他们和大藤峡的起义群众互相支持,攻击郡县,严

---

①③ 《明史》卷178《韩雍传》。

② 《明史》卷317《广西土司传》。

④ 《明史》卷187《陈金传》。

⑤ 《明史》卷195《王守仁传》。

⑥ 《粤西丛载》卷29。

⑦ 《阳明全书》卷15《处理八寨断藤峡以图永安疏》。

重地威胁着明朝政府对广西的统治。而这时思恩、田州土酋卢苏、王受也反叛明朝。嘉靖六年(1527年)五月,明廷命王守仁以兵部尚书总制两广、江西、湖广军务。王守仁到达江西后,对卢、王主抚,而对瑶、壮族起义人民则主剿,其爱憎非常分明。卢、王投降了王守仁,王守仁就利用他们的部众七万人镇压起义人民。

但王守仁在表面上却宣传卢、王已降,"地方平靖",各处官军"放回休息,及时农种",并"故为遣散诸兵状"①,使得农民起义军"弛不为备"②,王守仁在暗地里却抓紧调兵遣将,向八寨及大藤峡合拢。于嘉靖七年四、五月间突然进击八寨和大藤峡,"乘夜衔枚袭之","四面夹攻"③。起义军被王守仁的假象蒙蔽,不作警备,吃了亏,八寨和大藤峡皆被明军攻破。但他们"突遇官兵四面攻围"时,仍"恃其骁悍,蜂拥来敌",打得"极其猛悍"④。王守仁得手后,接着就是一场血腥的大屠杀,"官兵追杀,遍搜山洞无遗",岩洞之中,林木之下,堆积大量死尸,"臭恶薰蒸,不可复前"⑤。仅据王守仁自己所开列的报功单,被屠杀的人民就达一万五千余人⑥。王守仁这个理学家,除了用武力镇压以外,还不断采取政治攻势。他认为"理学不明,人心陷溺"⑦,"安上治民莫善于礼"⑧;对少数族地区这些"边方远郡",如果"徒事刑驱势迫,是谓以火济火",那是无益于治的,而应该"教之以礼","小人学道则易使矣"⑨。于是他到处建讲堂、兴学校,在南宁府创办了一个敷文书院,教习孔孟之道的"圣贤之

---

① 《明史》卷317《广西土司传》;《阳明全书》卷18《放回各处官军牌》、《犒送湖兵》。

② 《明史》卷317《广西土司传》。

③ 《明史纪事本末》卷39《平藤峡盗》。

④⑤⑥ 《阳明全书》卷15《八寨断藤峡捷音疏》。

⑦ 《阳明全书》卷18《牌行灵山县延师设教》。

⑧⑨ 《阳明全书》卷18《牌行南宁府延师讲礼》。

学","以求圣贤身心之功"①。王守仁企图用军事镇压和思想麻醉的反动的两手,强使人民服服帖帖地服从地主阶级的统治。但瑶族、壮族人民并不上他的当,嘉靖十五年(1536 年)大藤峡瑶、壮族人民又在侯胜海、侯公丁的率领下举行起义。侯胜海被明军诱杀,侯公丁率众二千余人攻下了明军新建的城堡,杀守兵二百人。这次起义直到嘉靖十八年才被平定下去②。

明代时期,广西瑶、壮族人民不畏强暴,此伏彼起,持续不断地打击明王朝的统治。岑溪县瑶族人民把这种斗争概括为如下的十六个字:"官有万兵,我有万山;兵来我去,兵去我还。"③ 表示了他们坚强不屈的精神。

5．荆襄流民起义

洪武三年(1370 年)十一月,朱元璋要户部建立户帖制度时说:"民者,国之本也。"④ 其后他的继承者也都很重视户口,凡行祭天的"郊祀礼,中书省以户籍陈坛下,荐之天,祭毕而藏之"⑤。因此,明朝政府对人户的控制也特别严格,朱元璋时期花了不少力量来整顿户籍,编制黄册。明朝的法律规定,人民外出超过一百里的,要向政府领取"路引",否则就要以私度关津论罪,杖八十⑥。其目的就是要把人户束缚在土地上,以便进行赋税和徭役的剥削。明朝初期,政府对人户的控制比较有效,但到明中叶时,随着土地兼并的剧烈和赋役的苛重,"逃户"和"流民"日益增多⑦。洪武二十六年(1393 年)天下户一千六十五万二千

---

① 《阳明全书》卷 18《牌行灵山县延师设教》。

② 《明史》卷 317《广西土司传》。

③ 《广西通志》卷 201。

④⑤ 《续文献通考》卷 13《户口考》。

⑥ 《明会典》卷 139;《大明律集解附例》卷 15。

⑦ 《明史》卷 77《食货志》载:"其人户避徭役者曰逃户,年饥避兵他徙者曰流民。"其实逃户和流民往往是混杂在一起的,无法截然分开。

八百七十,口六千五十四万五千八百十二。弘治四年(1491年)户九百十一万三千四百四十六,口五千三百二十八万一千一百五十八①。经过百年生息之后的弘治时期,户口反而比洪武时减少了,其原因,除了"投倚豪门"以外,就是成了"逃户"和"流民"。史籍关于明中叶流民问题严重存在的记载比比皆是。正统时,"山东、陕西流民就食河南者二十余万"②。正统八年(1443年)监察御史彭勖在凤阳、颍川一带,"所见逃民,动以万计,扶老携幼,风栖露宿,询其所自,皆真定、保定、山东诸处之民"③。山西代州繁峙县"编民二千一百六十六户",正统三年逃亡者二分之一④。南直隶池州府所属六县,"洪武间户口二百七十余里","自宣德以来,户口止存三之一"⑤。洪武时,浙江"金华府七县户口二十五万六千有奇","台州四县,户口一十八万八千有奇","自宣德迄今(正统),户口,金华已耗五之二,台州止存三之一"⑥。正统十年(1445年)"陕西远近饥民求食者日有二千余人,饥死数百",高陵、渭南、富平等县居民"俱闭门塞户,逃窜趁食"⑦。成化时,山西代州等地"军民逃移道路者,无日无之"。⑧

　　明中叶"逃户"、"流民"问题的严重存在,使明朝政府的赋税徭役流失。同时逃户、流民的聚集,也容易引起武装暴动,直接威胁明王朝的封建统治,这成为明朝统治者的"腹心之疾"⑨。

---

① 《明史》卷77《食货志》。
② 《明史》卷170《于谦传》。
③ 《明英宗实录》卷102。
④ 《明英宗实录》卷45。
⑤ 《明英宗实录》卷46。
⑥ 《明英宗实录》卷85。
⑦ 《明英宗实录》卷127。
⑧ 《明宪宗实录》卷107。
⑨ 《明宪宗实录》卷78。

所以,明朝政府采取种种措施来加以遏止。正统元年(1436年)明政府曾造"逃户周知册",登记逃民乡里、姓名、男女口数,以及逃民遗下税粮有无着落等项,送报巡抚,以督令他们回籍复业,或在当地耕种土地纳税服役。第二年发布"挨勘流民令",登记流民男女大小丁口,门墙刷上标记,十家编为一甲,互相识保,由所在里长带管。如果不服招抚者,"正犯处死,户下编发边卫充军"。为了贯彻这些政策,明朝政府还于正统四年,在山东、山西、河南、陕西、湖广布政司所属并顺天等府州,添设抚治流民之官。景泰二年(1451年)又申"隐丁换户之禁",要原来隐瞒丁口及改换户籍的自首改正入籍。① 但这些措施,都没能使流民的巨流衰减下去。

当时流民聚集得最多的是荆襄地区。长期以来,许多破产农民流亡到这里垦荒开矿,到成化年间,聚集到这里的流民已达一百五十万人以上②。荆襄的郧阳地区,在湖广、河南、陕西、四川四省交界处,"延蔓数千里,山深地广"③,有大量空闲荒地,是流民屯聚开垦的理想地区。为了加强对这一带的控制,天顺八年(1464年)明朝政府特地添设湖广布政司参议一员,专门管理荆、襄、南阳三府流民事宜。

正当明朝政府一步步加强控制和压迫的时候,荆襄流民在刘通(又名刘千斤)、石龙(又名石和尚)领导下举行了起义。刘通,河南西华人,正统中流亡到湖广房县(今湖北房县)。成化元年(1465年),刘通与石龙、冯子龙等人于房县大石厂立黄旗聚众,据梅溪寺称汉王,年号德胜,任命了将军、元帅等官职。流民纷纷参加起义,众至四万人④。刘通在襄阳房县、豆沙河诸处万

---

① 《续文献通考》卷13《户口考》。
② 《罪惟录》"列传"卷11上《项忠传》。
③ 《明宪宗实录》卷93。
④ 《明史》卷172《白圭传》。

山之中,分作七屯①,且耕且战。明朝政府急忙派工部尚书白圭、湖广总兵李震前去镇压。在梅溪附近,起义军大败李震所部湖广军,杀都指挥以下军官三十八人②。白圭所率明军从南漳(今湖北南漳)、远安、房县、谷城四路向梅溪进逼。刘通转至寿阳,于古口山与明军血战二日,被俘牺牲。明军残酷地杀害了起义群众及家属一万余人,"男子十一岁以上者皆斩之"③。石龙一路起义军转至四川,攻下巫山、大昌,杀夔州通判王祯。石龙部下刘长子叛变,缚石龙投降明军,石龙不屈牺牲。刘长子还帮助明军诱杀了刘通妻连氏及其他起义军六百余人。最后,叛徒刘长子也被明廷所杀④。

刘通、石龙所领导的流民起义虽然失败了,但连续几年旱灾,流民仍源源不断地进入荆襄山区。到成化六年(1470年),李原和小王洪又举起反抗的大旗。李原,又称李胡子,河南新郑人,与小王洪原来都是刘通的部下。李原起义后,称太平王,活动于湖广南漳、河南内乡(今河南内乡)、陕西渭南三省交界地区,流民附和的达百万人。明朝政府即命都御史项忠总督河南、湖广、荆、襄军务,与湖广总兵官李震前往镇压。项忠到襄阳后,又增调永顺、保靖土兵,合共二十五万人,分八路进攻起义军⑤。同时遣人入山诱流民出山复业。流民多半是赤手空拳附和李原起义的,没有严密的组织,也没有武器,在项忠的骗诱下,有几十万流民出山,削弱了李原起义军的力量。成化七年(1471年)李原在竹山(今湖北竹山)遭到明军的袭击,战败被俘。小王洪率众五百转至均州(今湖北丹江口市),也被明军俘获。项忠对起义军和流民进行了血腥的大屠杀。有的自洪武以来即在这里世

①④ 《明史纪事本末》卷38《平郧阳盗》。
② 《明史》卷166《李震传》。
③ 《明宪宗实录》卷31。
⑤ 《明史》卷178《项忠传》。

代居住而且并未参加起义，"兵入，尽草剃之，死者枕藉山谷"①。一批被解去湖广、贵州充军的起义军，"舟行多疫死，弃尸江浒，臭不可闻"②。而被骗出山的流民，项忠强迫他们还乡，"适值溽暑，因饥渴而死。妻子被掠，瘟疫盛行，船夫递解者惧其相染，故覆舟于江"，大部分人因此丧命③。

项忠经过灭绝人性的大屠杀以后，在流民的累累白骨上树立起一块"平荆襄碑"纪"功"。人们管它叫"堕泪碑"，表示对屠夫项忠的无比愤怒，对被难流民的深情哀悼④。明朝政府把流民已垦种成熟的所谓"无税田亩"分配给各级军官。荆襄地区附近的藩王也纷纷以荒闲地名目乞请霸占。成化十年（1474年），明宪宗"以南阳府闲地一百四十顷赐唐王"⑤。同年又以"流民所遗"土地三十顷赐襄王第三子⑥。

明朝政府在杀逐流民以后，企图用严刑峻法和筑堡戍守的办法来隔绝郧阳地区，防止复有流民进入。当时明朝政府曾申明榜谕："若复有流入前禁山场者，执付巡按三司，枷号一月，于山口示众，全家谪戍边卫。"又在十二个通行要路"筑立营堡，分兵守之，堡二百人"，每两个营堡委指挥一员。还在八个要口，筑立巡检司⑦。

但饥寒交迫的农民"入山就食，势不可止"⑧。成化十二年（1476年），在荆襄地区的流民又集聚到几十万人。为了解决这一问题，祭酒周洪谟乃著《流民说》，他总结了东晋时用侨置郡县办法处置荆襄流民的历史经验说："此前代处置荆襄流民者，甚得其道。"他认为："若今听其近诸县者附籍，远诸县者设州县以抚之，置官吏，编里甲，宽徭役，使安生业，则流民皆齐民矣。"⑨

---

①④⑧⑨　《明史纪事本末》卷38《平郧阳盗》。

②⑤⑦　《明宪宗实录》卷98。

③　《续文献通考》卷13《户口考》。

⑥　《明宪宗实录》卷147。

昏庸的明朝君臣,面对无法压服流民的现实情况,就采取了周洪谟的提议,于成化十二年二月命都御史原杰经略郧阳,抚定流民。同年七月,北城兵马吏目文会又条上三事,其内容和周洪谟所说的相仿。于是有九万六千多户几十万流民于当地附籍,荆襄地区的流民问题,暂时得到解决。周洪谟和文会提出的这一处置流民的办法,虽然也是从明朝统治者的利益出发来考虑的,但它比昏庸的明朝君臣前此所用的斩尽杀绝的办法要好得多,有利于社会生产的发展。谷应泰评论说:"故一介之吏,贤于十万之师;耰耡之民,胜于组练之甲。"① 这个论断是颇有见地的。

6. 四川农民起义

明武宗正德三年(1508 年)冬,四川保宁人刘烈领导当地群众起义,进攻陕西汉中等地。第二年,刘烈在战斗中为乱兵所杀②。刘烈虽然牺牲了,但他发动的起义,却引发了四川各地人民的武装暴动,紧接着起来反抗明朝封建统治的是保宁人蓝廷瑞、鄢本恕和廖惠领导的起义。正德四年十二月,蓝廷瑞称"顺天王",鄢本恕称"刮地王",廖惠称"扫地王",四川人民纷纷参加起义军,众至十万,置四十八总管,势力扩展到陕西、湖广等地③。蓝廷瑞与廖惠主张在保宁建根据地,而鄢本恕主张以汉中为根据地,再取郧阳,由荆、襄东下④。廖惠率军攻克通江(今四川通江县),杀明参议黄瓒。明朝政府派刑部尚书洪钟总督川、陕、湖广、河南四省军务,会合四川巡抚林俊,并调用石柱等地少数民族土兵,镇压农民军。廖惠攻克通江后,在撤往龙滩河的战斗中被俘。蓝廷瑞和鄢本恕转至汉中,被陕西明军逼回四川。正德六年(1511 年),起义军在东乡被明军围困,想结交土

---

① 《明史纪事本末》卷 38《平郧阳盗》。
② 《明史纪事本末》卷 46《平蜀盗》。
③④ 《明史》卷 187《洪钟传》。

酋彭世麟,从其营地突围,彭世麟与洪钟定计,诱蓝、鄢等起义军首领二十八人同至彭营赴宴,将之全部俘虏,于是起义军大部瓦解,"四出奔逸山谷"①。余众在廖麻子领导下与曹甫、方四的起义军联合,继续战斗。

曹甫是四川江津人,方四是四川仁寿人。他们于正德六年(1511 年)正月起义②,围攻江津县城,杀佥事吴景。曹甫也称顺天王,四川巡抚林俊率兵前去镇压,曹甫战败被杀。其余部由方四、任胡子、麻六儿等率领转至綦江,进入贵州思南、石阡等府。方四称"总兵",任胡子称"御史",其他三十多个首领称"评事"。不久,方四所部起义军由贵州复入四川。八月,起义军攻东乡、永澄诸处,并声言要攻取江津、重庆、泸州、叙州以及成都,"远近震骇"。明军一面加强军事围剿,一面把起义军的族属从仁寿县找来,到起义军中去劝降。方四等杀了说客,拒不投降。于是明军分六哨猛攻起义军,战斗十分激烈,当起义军被明军包围时,许多战士跳悬崖沟壑,誓不投降。任胡子在这次战斗中牺牲,方四率二千余人突围进入贵州思南。到正德七年,起义军又从贵州进入四川,闰五月,自南川到綦江,战败,方四被地主武装所捕③。

当方四这支起义军被明军镇压时,廖麻子、喻思俸部以及内江骆松祥部、崇庆范藻部的起义军势力又发展起来,到处进攻州县,"众号二十万"④。这时,明朝四川巡抚高崇熙采取招抚政策,把开城临江市地方空出来让廖麻子部起义军居住和耕种,并答应三年不征赋役。廖麻子进驻临江市后不久又起兵反抗⑤。明朝政府以四川农民起义历久不能平服,罢了总督洪钟的官,巡抚高崇熙则被逮下狱,改派彭泽为总督,马昊为巡抚。彭泽等率

---

①②③④ 《明史纪事本末》卷 46《平蜀盗》。
⑤ 《明史》卷 187《马昊传》。

领苗兵围剿起义军,廖麻子于剑州战败被杀,起义军复推喻思俸为首领,坚持战斗,杀明都指挥姚震,转入巴山,不久又从巴山出击,打败陕西明军,进抵略阳(今陕西略阳),攻四川广元,为明军所堵,转至西乡(今陕西西乡)。正德八年(1513年)为彭泽、马昊所率明军包围,喻思俸战败被俘。接着,彭泽与马昊率兵镇压了内江骆松祥部,正德九年正月,又镇压了崇庆范藻部起义军①。

上述四川地区的农民起义,自正德三年刘烈起义,到九年范藻所部起义军最后被镇压,前后历时六年,转战于四川、贵州、陕西三省地区,给当地地主阶级和明王朝的统治以沉重的打击。明朝皇帝为镇压起义几次换将易帅,这反映了这次起义对明王朝的震动之大。

7．河北刘六刘七起义

河北地区是明朝的统治中心,明中叶时,皇室和勋贵在这里广占庄田,农民的土地大都被他们侵占。同时,河北农民还受明朝政府的马政之害。为了保证军用马匹的供应,明朝政府自明初以来金派今河北、河南、山东、江苏、安徽地区的农民充当养马户,为之喂养种马,缴纳马驹。明中叶以后,又将北京附近的若干州县改养寄养马(从喂养种马地区征取孳生的马匹,送到北京附近寄养,以备随时取用,这种马匹叫寄养马)。平时,养马户饲养种马和寄养马要付出很多劳动力,一匹马在家朝夕喂养,就不能抽出时间来进行其他生产。而且当所养马匹死亡或种马孳生不及额时,养马户还要赔纳。"孳牧种马一有倒失,随即买补,相因无穷。孳生马驹,今年印记,明年搭配,又明年算驹,相继不绝。算驹之中,有定驹而未成者,有显驹而坠胎者,总为亏欠,俱在赔偿。官吏畏责,未免追并。小民卖田产鬻男女以充其数,苦

---

① 《明史纪事本末》卷46《平蜀盗》。

不可言"①。那时河北地区养马之害尤重,当时人就说过:"江南之患粮为最,河北之患马为最。"②另外,河北密迩京师,还是厂、卫特务人员肆虐最厉害的地方。因此,这里社会矛盾非常尖锐,在统治阶级残酷的政治压迫和经济剥削下,人民生活极为痛苦,不断起来反抗。有些因失掉土地而无法生活的农民,团聚起来,劫富济贫,他们经常骑马驰骋在平原旷野,因被称为"响马盗"。到武宗正德时,人民的反抗越来越厉害,"聚党益炽"③。当时在两广、江西、湖广、四川、陕西等地区,农民起义接连爆发。明武宗朱厚照和宦官刘瑾为了安定京师这一根本重地,就于正德四年(1509年)九月派出了所谓的"捕盗御史","分遣御史宁杲于真定、殷毅于天津、薛凤鸣于淮扬,专事捕盗"④。宁杲"奏立什伍连坐法,盗贼捕获无虚日,每械盗贼入真定,用鼓吹前导,金鼓之声弥日不绝"⑤,弄得人心惶惶,一片恐怖气氛。而刽子手宁杲和殷毅则在血泊中爬上了金都御史的官位。人民更加仇恨明王朝的反动统治,终于在正德五年(1510年)十月由文安人刘六、刘七为首在霸州举行起义,"诸穷民响应之,旬日有众数千人,屡败官兵"⑥。明朝的"捕盗御史"不敢抵敌,起义军经过阜城、交河时,宁杲等到起义军走后,"遂掠杀二县义门等村居民王秉仁等百六十余人,斩首而去","又于景州逐田中耕者,所杀数十人,至有一家四、五人俱死者"⑦。所以"官军所过之地,即闭门逃遁"⑧。而农民起义军却深得人民的欢迎和拥护,"凡'贼'过之处,则乐于供给,粮草器械皆因于民,弃家从乱者比比而是"⑨。

---

① 《明经世文编》卷81 徐恪《宽民力以修马政疏》。
② 《天下郡国利病书》卷5《北直隶·大名府田赋志》。
③④⑤ 《明史纪事本末》卷45《平河北盗》。
⑥ 高岱:《鸿猷录》卷12《平河北寇》。
⑦ 《明武宗实录》卷90。
⑧⑨ 《明武宗实录》卷74。

文安生员赵镓,也与他的两个弟弟率五百人参加起义军①。

正德六年(1511年),起义军由河北攻入山东,以后又由山东回攻京畿。"自畿南达山东,倏忽来去,势如风雨"②。这时起义军的势力有了进一步的发展,已有众数万人,就分为两路:以刘六、刘七、齐彦名为一路,由刘六为首领;以杨虎、刘惠、赵镓、邢老虎为一路,由杨虎为首领③。他们"恃马力倏忽驰骤,栖野不占城郭,蹈虚不立方所"④。两路起义军时分时合,互相倚重,转战于河北、山东等地。

正德六年九月,杨虎一路起义军破兴济(河北沧县属镇)、沧州,进至山东蒙山,败副总兵李瑾所率的明军。过泰安时,赵镓题诗有"纵横六合谁敢捕"之句,可见当时起义军势力之盛。他们进军至济南、东昌、兖州、登州、莱州等地⑤。这时,由于山东诸郡县多为农民军所破,明朝政府把主张招抚起义军的右都御史马中锡逮捕下狱。命太监谷大用总督军务,兵部侍郎陆完提督军务,除加派京营军外,并增调宣府、大同、延绥边兵前来镇压起义军,企图把起义军围困消灭在山东⑥。杨虎突破明军的包围,南向进攻徐州,没有攻克,乃于正德六年(1511年)十一月至宿迁渡小黄河(黄河故道),杨虎在渡河战斗中落水牺牲,众推刘惠为首、赵镓为副。杨虎妻崔氏,勇敢善战,杨虎死后,她仍在起义军率部参战,号"杨寡妇军"⑦。刘惠率军进入南直隶的霍丘(今安徽霍丘),大败明军,杀都指挥王保,破鹿邑、新蔡。"当是时,河、淮南北官吏望风遁"⑧,人民纷纷参加起义军,势力日盛。刘惠等于是进一步整顿起义队伍,共推刘三(即刘惠)为奉天征讨大元帅,赵镓更名怀忠,称副元帅。小张永领前军,管四领后

①②④⑧ 《明史纪事本末》卷45《平河北盗》。
③⑤⑦ 高岱:《鸿猷录》卷12《平河北寇》。
⑥ 《明武宗实录》卷79。

军,刘资领左军,马虎领右军,邢老虎领中军,并称都督。陈翰为侍谋军国元帅长史。分二十八营,应二十八宿,各树大旗为号。"置金旗二,大书:'虎贲三千,直抵幽燕之地;龙飞九五,重开混沌之天。'"① 明朝统治者派人至赵镠军招抚,赵镠复书说:"群奸在朝,浊乱海内,诛杀谏臣,屏斥元老。乞皇上独断,枭群奸之首以谢天下,斩臣之首以谢群奸。"②赵镠虽然拒绝了明朝的招抚,但从这封复信的内容以及他改名怀忠的情况,可以看出赵镠反奸臣不反皇帝的思想局限性。不久起义军攻破河南裕州,杀明指挥詹济、同知郁采。正德七年(1512年)二月,邢老虎病死,赵镠并其众,"号十三万,骑五千",当时以赵镠所率领的一支起义军最为壮大。遂转攻襄阳、樊城、枣阳、随州、新野,破泌阳,火烧前大学士焦芳家。赵镠命"取芳衣冠被庭树,历数其恶",叫起义军战士斩之,说:"吾手诛此贼以谢天下。"③这时,明朝派遣都御史彭泽和咸宁伯仇钺率军全力围剿河南起义军,刘惠和赵镠退到固始、颍州、光山,又至六安。正德七年闰五月,起义军想摆脱明军的追剿,分其众为二:刘惠率众万余人北赴商城;赵镠向东北赴凤阳、泗州,最后转至湖广应山(今湖北应山)。这时,起义军首领张通、陈翰等投降明军,赵镠势孤,"遇僧真安,因削剃须发,藏度牒","欲渡江从江西'贼',再图大举",行至江夏,被明军擒获④。刘惠一路转至桐柏、南召,在战斗中刘惠被明军射中左目,自杀⑤。

刘六、刘七率领的那支起义军,于正德六年(1511年)秋自河北进入山东后,连破日照、海丰、寿张、阳谷、安丘、宁阳、曲阜、沂水、泗水、费十城。攻济宁,焚明政府漕舟千二百艘,俘虏了工部主事王宠⑥。正德七年四月,明军"十万人合围"起义军于登

<hr />

①②③ 《明史纪事本末》卷45《平河北盗》;《鸿猷录》卷12《平河北寇》。

④⑤ 《明史》卷175《仇钺传》;《明史纪事本末》卷45《平河北盗》。

⑥ 《明史纪事本末》卷45《平河北盗》。

州嵩浅坡、古县集等地,刘六、刘七率精骑突围,"其势无前,(明)诸军悉出,莫能御"①。他们再由山东攻入河北,进至香河、宝坻、玉田诸县,转攻武清,大败明军,杀明参政王杲,威胁明朝的统治中心北京,明朝政府慌忙派重兵堵截。起义军转至冠县、平原、邳州,渡河到固始。这时,河南刘惠、赵镫所统率的起义军已被明军打败,刘六等孤军奋战,势力衰弱。刘六、刘七率军走湖广,在黄州团风镇兵败,刘六与其子投水自杀②。刘七和齐彦名等夺得船只,从长江顺流而下直至南直隶南通(今江苏南通)。起义军活跃在九江、安庆直到南通的长江沿岸,"凡三过南京,往来如入无人之境"③。但刘七、齐彦名等起义军首领"不安舟居","欲自通、泰登岸趋淮安,复还山东,为扬州官军所拒"④。于是就以狼山为根据地,不断出击常州、江阴等地。这时,明朝会剿的军队已齐集到大江南、北,向南通进逼。而起义军内部不和,"以失地利相尤,多溃去"⑤。正德七年七月,明朝副总兵刘晖率辽东兵,千总任玺率大同兵,游击邰永率宣府兵,进攻狼山,起义军英勇迎战,不少战士不愿作俘虏,跳崖而死,刘七中箭投水自杀,齐彦名英勇战死⑥。几百名起义军战士几乎全部壮烈牺牲,起义失败。

刘六、刘七领导的这次起义,持续三年,转战南、北直隶和山东、河南、湖广等广大地区,所过之处,狠狠地打击了地主豪绅和贪官污吏。而对广大农民则予以赈济,深得人民拥护。他们失败的主要原因是两支起义军之间没有密切配合。如刘惠和赵镫率领的一支起义军,在挺进河南后,就与刘六、刘七失去联系;而且发展虽快,但长期流动作战,没有建立根据地,士兵疲于奔走,

---

① ③ ④ ⑤ 《明史纪事本末》卷45《平河北盗》。

② 《明史》卷187《陆完传》;《鸿猷录》卷12《平河北寇》。

⑥ 《明史》卷187《陆完传》。

兵员和军需都缺乏供应,以致为明军各个击破。

8．江西农民起义

正当刘六、刘七领导的起义军驰骋于北方广大地区,威胁明朝首都时,正德六年(1511年)前后,江西各地也爆发了多起农民起义。抚州东乡有王钰五、徐仰三、傅杰一等部,饶州姚源洞(今江西万年县境)有汪澄二、王浩八、殷勇十等部,瑞州华林山(今江西高安市境)有罗光权、陈福一等部,赣州大帽山(今江西寻乌县南)有何积钦部,靖安县(今江西靖安)越王岭玛瑙寨有胡雷二等部①。起义军于山谷间"据险立寨",各地"贫民多归之"。他们互相支援,声势甚盛②。赣州起义军进攻新淦,执明参政赵士贤。华林山起义军攻破瑞州府城(今江西高安),"江西大震"。当地地方官惊慌万状,纷纷告急。明朝政府于正德六年二月,派右都御史陈金总制军务,统率南直隶、浙江、福建、广东、湖广五省明军前往镇压。

陈金到江西后,先有南赣巡抚周南率军攻打大帽山。大帽山地当江西、广东、福建三省交界处,鸟道纡回,林木深阻。张番瓒等起义军首领聚众数千人,以此为根据地,不时出击,先后攻占建宁、宁化、石城、万安诸县。正德七年(1512年)正月,周南调动了江西、广东、福建三省明军分道攻入大帽山,张番瓒被捕牺牲③。

正德七年五月,陈金又派按察司副使周宪等分兵三路进攻华林。起义军凭高据险,杀败明军,活捉周宪,粉碎了围剿。陈金感到江西等地的"属郡兵不足用",就增调大同边兵和广西土兵。土兵凶狠,烧杀、奸淫、抢劫,无所不为,陈金为了镇压起义

---

① 《明史纪事本末》卷48《平南赣盗》;《明史》卷187《陈金传》。
② 高岱:《鸿猷录》卷12《平江西寇》。
③ 《明史》卷187《周南传》;《明史纪事本末》卷48《平南赣盗》。

军,丝毫不加禁止,甚至还有意怂恿土兵进行杀掠。"有巨族数百口阖门罹难者。所获妇女率指为贼属,载数千艘去"。所以民间谣曰:"土贼犹可,土兵杀我。"① 陈金又派南昌知府李承勋会合土兵进攻华林。同时出榜招降,凡投降的,"官给赀产",用为向导。李承勋还特意豢养了一个名叫黄奇的起义军叛徒,利用他到起义军中去诱降,"诱所与约降者来,既见,复纵之去,令为内应"。策划停当,明军就叫叛徒黄奇等作向导,夜袭起义军。华林军"自据险后,官军无一人敢近垒者"。这次,却在明军和内奸的夹击下吃了败仗,四千多起义军遭到屠杀,罗光权也英勇牺牲②。

　　陈金在镇压了华林军以后,就去围剿姚源起义军。明军从余干、安仁、贵溪、鄱阳、乐平等地包围起义军,陈金自己亲率大军直攻姚源。殷勇十负重伤牺牲③。粮长出身的王浩八率余众投降④,屯驻浙江开化。正德八年(1513 年)春,王浩八再次起义,打回贵溪裴源山,"余众复集,连营十里"⑤。于是在朝当官的江西人纷纷攻讦陈金"不能平贼,反多杀无辜"⑥。明朝政府遂以俞谏代陈金督江西、浙江、福建军务。俞谏命江西参政吴廷举等进攻起义军,吴廷举"欲用奇谋取胜",亲自到王浩八军中去说降,被王浩八拘留,但王浩八没有严加看管,吴廷举得以勾结起义军中的一些叛徒逃回。明军将领认为江西起义军已皆平定,只有这一处了,"不若乘胜扑灭之,遂尽杀来降者"⑦。姚源军余部就放弃营寨,突围到徽州、衢州等处,不久也被明军所消灭。

　　明朝政府平定了江西境内的上述几支农民起义军以后,封

---

　　①③　《明史》卷 187《陈金传》。
　　②④⑥⑦　《明史纪事本末》卷 48《平南赣盗》;《鸿猷录》卷 12《平江西寇》。
　　⑤　《明史》卷 187《俞谏传》。

建统治得到了稳定,地主阶级又加重了对农民的压榨。在农民起义时遭到打击的地主恶霸处处寻机报复,对被招抚的"新民"横加迫害。这又激起了农民的反抗,正德十二年(1517年)前后又爆发了数支农民起义。其中有在南安府横水、桶冈、左溪等地(今江西崇义境内)的谢志山、蓝天凤部,南安大余县的陈曰能部,占据浰头(今广东和平境内)的池仲容部,广东乐昌的高快马部等;另外,大帽山农民也在詹师富领导下重新起义。这些起义部队,活跃在福建、江西、湖广和广东方圆千里的广大地区,攻州县,杀官员,搅乱了封建秩序①。明朝政府派遣右佥都御史王守仁为南赣巡抚,前去镇压。王守仁到江西后,上疏说:巡抚权轻,无以令将士。明朝政府根据他的要求,加衔"提督军务,得便宜从事"②。于是王守仁立即对明朝的地方军队进行了整顿。他在四省兵备官所属军队中,挑选出一批精锐者,又选其中最优者"署为将领",随其作战。其余老弱者全部裁汰下来,专守关隘。他对兵制也作了改变:"以二十五人为伍,伍有小甲;二伍为队,队有总甲;四队为哨,哨有长,协哨二佐之;二哨为营,营有官,参谋二佐之;三营为阵,阵有偏将;二阵为军,军有副将。"各级军官"皆临事委,不命于朝;副将以下,得递相罚治"③。经过这番整顿,明朝的地方军队比原来大为精悍,而王守仁也因此在军队中建立起自己的权威。王守仁对战术也很讲究,特别重视出其不意地进行突然袭击,他要其部属,"专以相机剿袭为事,声东击西,务使踪迹靡定,倏聚复散,每念变态无常"④。对于采用镇压与招抚兼施的两手策略,及利用农民军的叛降分子,王守仁也极重视。如对龙川"新民"卢珂、郑志高、陈英三人,他就允许他们

---

① 《明史纪事本末》卷48《平南赣盗》;《鸿猷录》卷13《再平江西》。

②③ 《明史》卷195《王守仁传》。

④ 《阳明全书》卷30《批南安府请兵策应呈》。

· 348 ·

"仍领旧所部二千余众"。在王守仁的利用下,卢珂等"独抗'贼'",成为浰头起义军的死敌。后来王守仁就是在卢珂等的配合下,剿灭了浰头的起义军①。为了使农民军失去据险固守的条件,王守仁每搞掉一个农民军的据点,还在形势险要的地方建立营场,"先竖木栅,逐渐修筑土城"②。上述情况说明,王守仁是一个十分阴险狡猾的家伙,其封建统治经验极为丰富。由于王守仁这些政治措施的实行,到正德十三年(1518 年),南赣的几支农民起义军都次第被镇压下去了。

9. 农民起义的作用和意义

明代中期一百多年中,农民起义接连不断,其中以正统时叶宗留、邓茂七起义,成化时荆襄流民起义和正德时刘六、刘七起义,为三个高潮。这三个高潮之间的间隔都很短,明朝政府费了很大力量刚把前一个高潮平息下去,后一个高潮就紧接着涌来。正统至正德年间的农民起义不仅次数多,而且范围也很广,其中虽没有一次形成全国性的规模,但把各次起义活动的地域综合起来,则几乎遍及全国各个省区。参加起义的群众成分很复杂,有佃农、流民、矿工、水上居民、炉主、粮长和生员,以及少数民族的人民等。其中虽以贫苦农民为主体,但一些中小地主也卷进来了。正统至正德年间的农民起义次数如此多、范围如此大、参加的成分如此广泛,自然会在历史上发生深刻的影响和巨大的作用。

正统至正德年间的农民起义,没有提出明确的政治纲领。但有的农民起义军直接提出"奉天征讨","直捣幽燕之地",这说明他们要推翻明朝的反动统治。另外他们的称号和斗争中的若干言行,也反映了起义农民反对封建压迫和封建剥削,要求平等

---

① 高岱:《鸿猷录》卷 13《再平江西》。
② 《阳明全书》卷 30《横水建立营场牌》。

和平均的政治理想。如邓茂七起义称"铲平王",他起义的第二年贵州苗民虫富起义亦称"铲平王"①,李原称"太平王",也自称为"平王"等。这种思想,不始于正统至正德年间,明初已有起义者称"铲平王"的现象,明代以前(如唐末和宋代)也有相似情况发生,但正统至正德年间它再次出现,仍有特别指出的必要。列宁说过:"在反对旧专制制度的斗争中,特别是反对旧农奴主大土地占有制的斗争中,平等思想是最革命的思想。"他又说:"因为它反映了反对封建农奴制的不平等现象的斗争。"② 正统至正德年间农民要求平均平等的政治思想再一次表现出来,反映了农民坚决反对封建制度的不屈不挠的战斗意志。

正统至正德年间的农民起义,冲破了明朝政府的山禁和关津制度,开辟了山区,推动了社会生产力的发展。叶宗留、邓茂七起义后,明朝政府于景泰二年(1451 年)在浙江"析丽水、青田两县,置云和、宣平、景宁三县。福建置永安、寿宁二县"③。荆襄流民起义后,明朝政府被迫允许流民于当地附籍,"许各自占旷土","令开垦为永业"。并在成化十二年(1476 年),于"湖广割竹山地,分置竹溪县,割郧津地,分置郧西县;河南割南阳、汝州、唐县地,分置桐柏、南召、伊阳三县;陕西析商县地为商南、山阳二县,而以商县为商州。使流寓土著者参错以居。又即郧县城置郧阳府,以统郧、房、竹山、竹溪、郧西、上津六县"④。武宗时江西农民起义后,明朝政府于正德七年(1512 年)在姚源洞、横山地区置万年、东乡二县⑤。正德十四年在横水、桶冈地区置崇义县⑥。这些府县的设置,从明朝政府方面来说,固然是为了

---

① 《明史》卷 171《王骥传》;《明通鉴》卷 25。
② 《列宁全集》第 13 卷,第 217 页。
③ 《明史纪事本末》卷 31《平浙闽盗》。
④ 《明史纪事本末》卷 38《平郧阳盗》。
⑤⑥ 《明史纪事本末》卷 48《平南赣盗》,《明史》卷 43《地理志》。

控制劳动人民,从而进行奴役和剥削。但在另一方面,它标志着广大农民的英勇斗争,打破了明朝政府的种种封禁,将使这里的山区得以进一步开辟,生产得以进一步发展。

正统至正德年间的农民起义,教训了明朝的封建统治者,使一些较有远见的官员感到要继续维持明朝的统治就必须实行改革,以缓和当时尖锐的社会矛盾。如弘治"中兴"荆襄流民起义以后,孝宗朱祐樘的改良政治正是受了这些起义的推动。当然,这些改革都是有限度的,但总比不改革要好些,在一定程度上反映了农民起义的成果。

第九章　明中期的政治(下)

第一节　社会矛盾继续发展的嘉隆时期

一、嘉靖初年的锐意求治

正德十六年(1521年)三月十四日明武宗死后,因为无子可继皇位,皇太后张氏命太监张永、谷大用等到内阁与大学士们议所当立。首辅杨廷和早有准备,从袖中摸出《皇明祖训》说:"兄终弟及,谁能渎焉。兴献王长子,宪宗之孙,孝宗之从子,大行皇帝之从弟,序当立。"大学士梁储等也赞成这个意见。皇太后张氏听到汇报后,予以批准①。由杨廷和提议而取得皇位继承权的这个人物,名叫朱厚熜,其父为宪宗之子兴献王朱祐杬,封国在安陆。正德十四年(1519年)朱祐杬死,朱厚熜十三岁,以世子理国事,正德十六年未除服,特命袭封。四月二十二日朱厚熜至京师,在奉天殿即皇帝位,以翌年为嘉靖元年(1522年)。这便是在位长达四十五年的明世宗。②

在通常的情况下,新掌权的统治者为了笼络人心,总要做些兴利除弊的表示。而正统、景泰、成化、正德年间的多次农民起义,虽然都失败了,但也留给统治者一些教训,迫使其不得不讲求统治术。此外,正德末年统治者面临的形势相当严峻,正如杨

---

① 《明史》卷190《杨廷和传》。
② 《明史》卷17《世宗纪》1。

廷和所说:"各处地方,水旱相仍,灾异迭见,岁赋钱粮,小民拖欠。各边军士奏请饷需,殆无虚日,欲征之于民而脂膏已竭,欲取之于官而帑藏已空。其畿内州县及山东、河南、陕西等处'盗贼',千百成群,白昼劫掠。若不早图拯救,厚赐宽恤,则将来事势有大可忧者。"① 面对这种情况,新上台的统治者更不能不有所改良。因此,在世宗上台前后的一段时间里,明朝统治者在政治上采取了一些积极的措施。

自明武宗逝世到明世宗即位,杨廷和总揽朝政三十七天。在这段时间里,杨廷和用颁发明武宗遗诏、皇太后懿旨和明世宗登极诏书的办法,作了不少改革。其中有:各边兵入卫京师者,俱"重赉散归镇";革皇店;豹房番僧及少林僧、教坊乐人等诸非常例者,一切罢遣;放遣四方进献女子;停京师不急工务;收宣府行宫金宝归诸内库。并用皇太后懿旨名义收捕了作恶多端的江彬②,时在三月十八日。当时,因"坤宁宫安兽吻",遣江彬进宫行礼,"(江)彬礼服入,家人不得从",因传旨捕之。江彬作垂死挣扎,"亟走西安门",门已闭,又奔到北安门,守门人捉住他,"拔其须且尽"③。登极诏书解决的问题最多,"正德中蠹政厘抉且尽。所裁汰锦衣诸卫、内监局旗校工役为数十四万八千七百,减漕粮百五十三万二千余石。其中贵、义子传陞、乞陞一切恩幸得官者,大半皆斥去"。杨廷和的上述改革深得人心,史载,明武宗遗诏颁布后"中外大悦",明世宗登极诏书发表后,"中外称新天子圣人,且颂廷和功"。不满意者只有那些靠这种种弊政谋私利的人,"诸失职之徒衔廷和次骨,廷和入朝有挟白刃伺舆旁者。事闻,诏以营

---

① 《明通鉴》卷49。

② 《明史》卷190《杨廷和传》。

③ 《明史》卷307《江彬传》。

卒百人卫出入"。这些人的不满,从反面说明这些改革具有一定的进步性①。

明世宗至京即位后,求治之心甚切,史称"求治锐甚"②,"御极之初,力除一切弊政,天下翕然称治"③。在前此杨廷和改革的基础上,他继续推行了一系列善政。其中主要的,按照发布、推行的先后,计有:

第一,正德十六年(1521年)五月逮捕武宗年间为恶尤甚的宦官。其中包括张锐、张雄、张忠、于经、孙和、刘养等。明武宗在世时,张锐"居东厂",张雄"入司礼监,招权纳贿,势行中外,(朱)宸濠前后馈送各万计";张忠"屡以提督军务,冒功受赏";于经"首开皇店,又于张家湾、宣、大等处税商榷利,怨声载路,额进之外皆为己有";孙和"谋领团营,挟势取略";刘养"营造侵欺,公私蠹耗"。这些为害人民无异于洪水猛兽的家伙,被逮捕惩治,真是一件大快人心的好事④。

第二,正德十六年六月十五日,"纵内苑禽兽,令天下毋得进献"⑤。

第三,正德十六年六月二十二日,革传陞官⑥。

第四,正德十六年六月二十九日,停陕西织造绒服⑦。

第五,正德十六年十一月,罢广西贡香,并"谕各镇巡守备官,凡额外之征悉罢之"⑧。

第六,嘉靖元年(1522年)十月,刑科给事中张翀上疏:中官出镇不足恃,"时平则坐享尊荣,肆毒百姓,遇变则心怀顾望,不

---

① 《明史》卷190《杨廷和传》。
② 《明史》卷194《乔宇传》。
③ 《明史》卷18《世宗纪》2。
④⑦ 《明通鉴》卷49。
⑤⑥⑧ 《明史》卷17《世宗纪》1。

恤封疆,不可不亟罢之"。明世宗不久就尽罢"诸镇守内官"①,且"终四十余年不复设"。整个明中叶,宦官的势力一直很大,只有嘉靖朝少有降杀②。

第七,清理庄田。嘉靖元年,外戚邵喜乞庄田,户部左侍郎秦金"述祖制,请按治。帝宥(邵)喜,命都察院禁如制。中旨各宫仍置皇庄,遣官校分督"。秦金于是上言:"西汉盛时以苑囿赋贫民,今奈何剥民以益上!乞勘正德间额外侵占者,悉归其主,而尽撤管庄之人。"明世宗认为秦金的意见很好,"即从其请"③。嘉靖六年十一月,大学士杨一清等上疏:"窃见近畿八府土田,多为各监局及戚畹豪势之家乞讨,或作草场,或作皇庄。民既失其常产,非驱之死地,则去而为盗。既往无论已,愿陛下自今凡势家请乞,绝勿复许,小民控诉,亟赐审断。"明世宗遂下令户部推选出侍郎及科、道官"有风裁者"各一员,赐敕往勘。"不问皇亲势要,凡系冒滥请乞及额外多占者,悉还之民"。如有畏避权势、隐瞒真情者,从重惩处④。

第八,注意救荒。嘉靖元年七月,因为南直、浙江、江西、湖广、四川发生旱灾,明世宗下令"抚按官讲求荒政"⑤。庐州知府龙诰注意备荒赈济,实行了修义仓、置义田、行和籴贷赈等一系列办法,明世宗很赏识,嘉靖四年(1525年)五月特赐其"加秩一级",并号召各地抚按官"勘其便利者,通行各府州县仿(龙)诰所行,有成效者具奏如例"⑥。

第九,开放言路。嘉靖六年(1527年)正月,命群臣陈民间

① 《明通鉴》卷50。
② 《明史》卷304《宦官》1。
③ 《明史》卷194《秦金传》。
④ 《明通鉴》卷53。
⑤ 《明史》卷17《世宗纪》1。
⑥ 《明史》卷17《世宗纪》1;《明通鉴》卷52。

利病①。

　　明世宗的上述政令、措施，都是应该肯定的。但很可惜，它们没能长久执行，而是很快就被一一抛弃了。早在嘉靖元年（1522年）刑科给事中张逵就上疏说："陛下临御之初，国是大定。今举动渐乖，弊端旋复。"② 同年七月初四，御史汪珊疏陈十渐，指出："上初即位，天下忻然，庶几复见唐虞之治，迩乃渐不如初。初事每独断，今戚里左右或得潜移阴假，一渐也。初每事咨访大臣，今礼貌虽隆，而日疏远（《明史》卷二〇八此四字作"而实意日疏"），二渐也。初罢诸不经淫祠，今乃稍稍议复，三渐也。初屏绝玩好，今教坊诸司，或得以新声巧技进，四渐也。初日览章奏，今或忽而不亲，辄凭左右可否，五渐也。冗食冗费初诏痛革，今腾骧勇士不行核实，是谓冗食，御马实数不得稽察，是谓冗费，六渐也。初裁革锦衣冒滥，今大臣近侍以迎立，封爵锦衣世荫，藩邸旗校尽补亲军，冒滥如此，七渐也。初中官有罪，一切惩以正法，今一二犯法，举朝论之，卒贷死而罚金，何奖何惩，八渐也。中官有过者，初皆不得任用，今镇守守备稍稍营换，倖门复启，九渐也。初纳谏如流，今政事不便者，言官论之，直批曰'不准'，奸罪未正者，直答曰'有旨'，所谓迤迤拒人，十渐也。"③ 明世宗见到汪珊的这个奏疏后，似乎有所触动，史称"颇纳其说"④。但实际上并没引起足够的注意，以后他仍在沿着原来的路子滑下去。嘉靖二年（1523年）南京礼部尚书秦金上疏指出，明世宗有八不如初：诏令不能如初，任贤不能如初，听纳不能如初，慎名器不能如初，谨国法不能如初，恤民瘼不能如初，崇正道不能如初，啬精神不能如初⑤。

---

①　《明史》卷 17《世宗纪》1。
②　《明史》卷 206《张逵传》。
③　《明世宗嘉靖实录》卷 16。
④　《明史》卷 208《汪珊传》。
⑤　《明史》卷 194《秦金传》。

嘉靖四年(1525年)二月,四川副使余珊应诏谈时事,认为有"渐不克终者十",即:纪纲渐颓,风俗渐坏,国势渐轻,夷狄渐强,邦本渐摇,人才渐凋,言路渐塞,邪正渐淆,君臣渐暌,灾异渐臻等十个方面①。这些都说明,明世宗即位初的善政,在一天天丧失。

随着对善政的抛弃,明世宗的政治一天天腐败起来。他热衷于"议大礼"、改祀典,追求精神上的自我满足;迷信于方士巫术,妄想成仙长生,永享荣华富贵;对臣下则察察为明,刚愎自用,爱好虚荣,果于刑戮,从而培植了阿谀奉承的歪风,败坏了吏治,搞得朝政一团糟。这些腐朽的东西,早在其即位之初"锐意求治"时,即有存在,但其弥漫开来,则在"锐意求治"的"昙花"现过之后。

二、大 礼 议

明世宗是个很爱虚荣的人。他由藩王而入承皇位之后,由个人的虚荣,又发展到尊崇其生身父母,于是引起了嘉靖前期有名的"大礼议",吵吵嚷嚷地搞了很多年,对于当时的政局发生了很大影响。

明世宗在即位后的第五天,即正德十六年(1521年)四月二十七日,就下令礼官集议崇祀其父兴献王的典礼。礼部尚书毛澄向首辅杨廷和请示,杨廷和"出汉定陶王、宋濮王事授之,曰:此篇为据,异议者即奸谀当诛"②。于是,毛澄会公卿台谏等官六十余人上议:宜效法汉定陶王故事,以益王第二子崇仁王朱厚炫"主后兴国;其崇号则袭宋英故事,以孝宗为考,兴献王及妃为

---

① 《明世宗嘉靖实录》卷54;《明史》卷208《余珊传》。
② 《明史纪事本末》卷50。

皇叔父母,祭告上笺称侄,署名"①。这种"移易"父母的办法,对于虚荣心极强的明世宗来说,当然是不能接受的。他当即表示不满,要求另议。

正德十六年七月,观政进士张璁上《大礼疏》,提出了符合明世宗想法的主张,他说:"汉哀、宋英皆预立为皇嗣,而养之于宫中,是明为人后者也。故师丹、司马光之论,施于彼一时犹可。今武宗皇帝已嗣孝宗十有六年,比于崩殂,而廷臣遵祖训、奉遗诏,迎取皇上入继大统。遗诏直曰'兴献王长子伦序当立',初未尝明著为孝宗后,比之预立为嗣,养之宫中者,较然不同……今日之礼,宜别为兴献王立庙京师,使得隆尊亲之孝,且使母以子贵,尊与父同。则兴献王不失其为父,圣母不失其为母矣。"明世宗得此奏疏如获至宝,高兴地说:"此议实遵祖训,据古礼","此论一出,吾父子必终可完也"。当即召见杨廷和等,下令:"卿等所言俱有见,第朕罔极之恩无由报耳。今尊父为兴献皇帝,母兴献皇后,祖母为康寿皇太后。"可是,杨廷和等拒不从命。九月,明世宗的母亲兴献王妃蒋氏从安陆来到通州,得知朝廷大臣打算让明世宗以孝宗为考,大怒说:"安得以我子为人之子!"因留通州,不肯来北京。明世宗听说后,"涕泗不止,启慈寿皇太后(即孝宗后张氏),愿避位奉母归",事情搞得越来越僵。杨廷和见势不得已,乃草敕下礼部说:"圣母慈寿皇太后懿旨,以朕缵承大统,本生父兴献王宜称兴献帝,母宜称兴献后。"明世宗批准了这个敕草,蒋氏这才答应进京。而杨廷和在这个敕令中,拉出慈寿皇太后作招牌,目的是要表示它并不代表以他为首的朝廷大臣的意见②,事情至此并没完结。

杨廷和利用手中的权力,开始排斥在议礼中意见不同的人,提拔与己意见相同者。正德十六年(1521年)十二月,杨廷和授

---

①② 《明史纪事本末》卷50。

意吏部,把张璁安排为南京刑部主事,使之远离朝廷,并寄语说:
"子不应南官,第静处之,勿复为大礼说难我耳。"同时,巡抚云南
都御史何孟春和致仕家居都御史林俊,由于发表了"兴献王不宜
称考"的意见,分别被安排为吏部侍郎和工部尚书①。

　　明世宗也没停止活动。正德十六年(1521年)十二月他下
御札一道,令加兴献帝、后以"皇"字。杨廷和等反对,明世宗声
称这是慈寿皇太后的"懿旨","朕不敢辞,尔群臣其承后命"。嘉
靖元年(1522年)正月,郊祀刚完,清宁宫后殿灾,杨廷和等称这
大概是由于"兴献帝、后之加称,祖宗神灵容有未悦"所致。年少
的明世宗虽不怕杨廷和,但迷信神灵,因之为其说所动,"乃从廷
和议,称孝宗为皇考,慈寿皇太后为圣母,兴献帝、后为本生父
母,而皇字不复加矣"②。这一次杨廷和算是胜利了,但其屡持
异议,"先后封还御批者四,执奏几三十疏",终于引起明世宗的
不满。杨廷和发现了这一点,自知前景不妙,因而"累疏乞休"。
起初明世宗虽已"意内移",而表面上还装出执意挽留的样子,到
嘉靖三年(1524年)正月,终于亮出底牌,"听之去",并"责以因
辞归咎,非大臣道"③。

　　在杨廷和罢去之前,南京吏部主事桂萼经过与张璁长期讨
论,写给明世宗一个奏疏,继续发表与杨廷和相反的意见,明确
要求明世宗速下诏旨,"循名考实,称孝宗曰皇伯考,兴献帝曰皇
考,而别立庙于大内"。他还谈到,巡抚湖广都御史席书和吏部
员外郎方献夫各有与其相同的主张。明世宗见到这个奏疏,感
到很合口味,下令:"此关系天理纲常,仍会文武群臣集议可否。"
杨廷和罢官后,吏部尚书乔宇和新任礼部尚书汪俊率领百官继
续坚持杨廷和的主张。汪俊等统计了两种意见主张者的人数向

---

①②　《明史纪事本末》卷50。
③　《明史》卷190《杨廷和传》。

明世宗报告:前后章奏,惟张璁等少数人意见一致,其他八十余疏二百五十余人皆与之相反。给事中张翀等三十二人、御史郑本公等三十一人,"各抗章力论,以为当从众议"。明世宗"怒其朋言乱政,俱夺俸"。在皇帝的盛怒之下,汪俊等退了一步,更议"于兴献帝、兴国太后止各加一皇字,以备尊称"。但明世宗并不满足,他不正面答复这一意见之可否,下令调席书、桂萼、张璁等赴京集议。

嘉靖三年(1524年)三月,明世宗下令:本生父兴献帝、本生母兴国太后,今加称为"本生皇考恭穆献皇帝"、"本生母章圣皇太后"。又下令:"朕本生父母已有尊称,仍于奉先殿侧别立一室,尽朕追慕之情。"这时,张璁、桂萼已奉召赴京行至凤阳,从邸报上看到明世宗的上述命令,又写奏疏,极论两考之非,并且说:"臣知'本生'二字,决非皇上之心所自裁定,特出礼官之阴术。皇上不察,以为亲之之辞也,不知礼官正以此二字为外之之辞也。"六月,张璁、桂萼至京师,被任命为翰林学士。七月,"复列十三事以上",进一步征古援今系统地说明其主张,指斥"礼官欺罔之罪"。明世宗根据张璁等的意见,屡次派司礼监太监到内阁找大学士毛纪等,要去掉其生身父母"尊称"中的"本生"二字。毛纪等力言不可,明世宗把他们召来大发脾气:"此礼当速改,尔辈无君,欲使朕亦无父乎!"毛纪等听后惶惧而退。接着明世宗即召百官至左顺门,正式下令:"本生圣母章圣皇太后,今更定尊号曰'圣母章圣皇太后'。"①

明世宗去"本生"两字的命令,在当时引起了一场极大的风波,成为议大礼中两派斗争的最激烈的一幕。当时,詹事、翰林、给事、御史及六部诸司、大理、行人诸臣,各具疏反对,"并留中不下,群情益汹汹"。七月十五日,会朝方罢,吏部左侍郎何孟春对

---

① 《明史纪事本末》卷50。

百官说:"宪宗朝,百官哭文华门,争慈懿皇太后葬礼,宪宗从之,此国朝故事也。"修撰杨慎接着说:"国家养士百五十年,仗节死义,正在今日。"编修王元正、给事中张翀等遂遮留百官于金水桥南,声言今日不参加"力争者,必共击之"。于是九卿则尚书金献民、侍郎何孟春、都御史王时中、寺卿汪举、通政张瓒、少卿徐文华、府丞张仲贤、通政参议葛祫、寺丞袁宗儒等二十三人,翰林则掌詹事府侍郎贾咏、学士丰熙、侍讲张璧、修撰舒芬、编修许成名、王相、检讨金皋等二十二人,给事中则张翀等二十一人,御史则王柯、余翱等三十人,诸司郎官则户部郎中余宽、员外郎马理、主事应大猷、司务洪伊等十二人,户部郎中黄待显、员外郎申良、主事徐嵩、司务金中夫、检校丁律等三十六人,礼部郎中余才、员外郎翁磐、主事张镗等十二人,兵部郎中陶滋、员外郎刘漳、主事汪溱、司务李可登等二十人,刑部郎中相世芳、员外郎戴钦、主事祁敕等二十七人,工部郎中赵儒、员外郎金廷瑞、主事伍余福等十五人,大理之属则寺正毋德纯、寺副王昞、评事陈大纲共十一人,统统跪伏于左顺门。明世宗司礼监太监传旨劝退,众人齐声回答:"必得俞旨乃敢退。"自辰至午,先后传旨两次,皆跪伏不起。明世宗于是大怒,遣锦衣卫旗校逮捕为首者,于是丰熙、张翀等八人皆系诏狱。杨慎、王元正乃撼门大哭,百官皆哭,"声震阙廷"①。明世宗更加气恼,遂命逮捕一百三十四人下狱,另外命令何孟春等八十六人姑且待罪。七月十七日,锦衣卫请示处理在押百官的办法,明世宗下令拷讯丰熙等八人编伍,其余四品以上者俱夺俸,五品以下者杖之。于是编修王相等一百八十余人各杖有差,王相、王思等十七人俱病创,先后卒。就在这一片棒打声中,明世宗生身父亲的神主自安陆迎到北京,奉于观德殿(即奉先殿西室),"上册宝,尊号曰'皇考恭穆献皇帝',不复

---

① 《明史》卷191《何孟春传》;《明通鉴》卷51。

言'本生'"。①

左顺门事件是"议大礼"的转折点。此后，除了个别人之外，以前争大礼的各个大臣，多"依违顺旨"②，明世宗的主张从此比较顺利地一一付诸实现，而且由于大臣的奉承迎合，后来对明世宗生身父的尊崇典礼，连张璁等的初议也超过了。这年八月，席书奉召到京。"以孝宗考名未正，悉发诸议留中者，命礼部集议。"九月，改称孝宗为皇伯考，孝宗后昭圣皇太后为皇伯母。嘉靖四年（1525年）四月，光禄寺丞何渊请立世室，崇祀明世宗的生身父于太庙。席书、张璁、桂萼都不同意这个意见，他们认为朱祐杬没当过皇帝，不宜入太庙，入则干犯皇帝的统系。为了使明世宗便于接受，他们提议，另建一庙，使其规制优于观德殿，而后将朱祐杬的神主迁去，以便"尊尊亲亲，并行不悖"。明世宗同意这个建议。嘉靖五年（1526年），世庙建成于太庙之左。嘉靖十五年（1536年），明世宗认为"世庙"之名不妥，改称"献皇帝庙"。嘉靖十七年（1538年）七月，明世宗又让大臣讨论在太庙祭祀朱祐杬的问题。九月，尊朱祐杬为睿宗，祔于太庙。③

关于朱祐杬的尊崇典礼，明世宗君臣前前后后争论了一二十年。这件事情本身，意义并不重大，不过是礼文末节。但其背后，却隐藏着大臣们的争权夺利，对于明朝嘉靖年间的政治有不小的影响。杨廷和坚持让明世宗"考孝宗"的原因，史无明言，但分析当时的情势并不难寻觅。他是武宗临终的顾命大臣，尊崇孝宗、武宗系统的地位，对他显然大有好处。而相反，朱祐杬的地位抬高起来，对他来说则具有抵消或掩盖其顾命大臣作用的不利影响。可见，杨廷和与明世宗关于"大礼"的意见分歧，实包含有首辅与皇帝争权力的内容。明世宗之力主给予其父以最高

---

① ③ 《明史纪事本末》卷50。
② 《明史》卷191《徐文华传》。

的尊崇,除了人情的原因外,也是为了压一压杨廷和这个在当时身居首辅、居于顾命大臣地位、因而权力极大的人物。那些依附明世宗的意见、与杨廷和相抗的人物,都是一些地位不高的中下级官吏,有的甚至是被罢官或其他失职之徒。他们参与这场争论,大体说来,就是要乘机改变自己的地位。这在史书中有明确记载,《明史》称之为"诸希宠干进之徒,纷然而起"。①

正是由于"大礼议"的背后隐伏着大臣们的争权夺利,因而随着斗争形势的变化,明朝统治集团的内部也相应地发生了变化。反对抬高朱祐杬地位的一派,一天天丧失其地位和权力。杨廷和被罢免后,蒋冕为首辅,他与杨廷和一样反对明世宗尊崇朱祐杬的活动,因而"代廷和为首辅仅两阅月,卒龃龉以去"②。接替蒋冕为首辅的是毛纪。他与杨、蒋一样不顺从。"帝欲去本生之称,(毛)纪与(大学士)石珤合疏争之,帝召见平台,委曲谕意,(毛)纪终不从"。最后他也被罢官,"其代(蒋)冕亦仅三月"③。左顺门事件的处理,是对这一派官僚的一次大打击。到嘉靖七年(1528年),明世宗为肯定其在"议大礼"中的胜利,颁布了一部《明伦大典》,借这个机会,又对这一派官僚作了一次更大的打击,他发布命令逐个叙述这一派官僚的"罪过",并宣布处罚决定,其中说:"大学士杨廷和谬主"濮议"。尚书毛澄不能执经据礼。蒋冕、毛纪转相附和。林俊著论迎和。乔宇为六卿之首,乃与九卿等官,交章妄执。汪俊继为礼部,仍主邪议。吏部郎中夏良胜,胁持庶官,望遂邪志,何孟春以侍郎掌吏部,鼓舞朝臣,伏阙喧呼。朕不欲已甚,姑从轻处。杨廷和为罪之魁,以定策国老自居,门生天子视朕,法当戮市,特宽宥削籍为民。毛澄、

---

① 见《明史》卷197。
② 《明史》卷190《蒋冕传》。
③ 《明史》卷190《毛纪传》。

林俊俱已病故,各夺其生前官职。蒋冕、毛纪、乔宇、汪俊俱已致仕,各夺职闲住。何孟春情犯特重,夏良胜酿祸独深,俱发原籍为民。"① 反对尊崇朱祐杬的一派所空出的位置,逐渐被顺从明世宗、力主尊崇朱祐杬的一派官吏所占据。如张璁,嘉靖四年(1525年)冬进詹事兼翰林学士,五年升任兵部右侍郎、左侍郎,六年十月又拜礼部尚书,兼文渊阁大学士,入参机务。其从释褐到当大学士,仅仅经过六年②。再如桂萼,在嘉靖初只是一个地位不高的南京刑部主事,嘉靖三年(1524年)便被召为翰林学士,四年进詹事兼翰林学士,六年三月进礼部右侍郎,兼官如故,九月改吏部左侍郎,同月"拜礼部尚书,兼翰林学士。故事,尚书无兼学士者,自(桂)萼始。甫逾月,迁吏部尚书,赐银章二,曰'忠诚静慎',曰'绳愆匡违',令密封言事,与辅臣埒"。七年正月,加太子太保。《明伦大典》成,加少保兼太子太傅。八年二月,又"命以本官兼武英殿大学士,入参机务"③。

由于"议大礼"在心理上给明世宗留下了非常深刻的影响,有人为了打击异己,往往故意把不相干的事情与这场争论联系起来,借以达到其目的。嘉靖五年至六年的所谓李福达之狱,就是这类事件的一个典型。

李福达,山西代州崞县人,最初因参与王良以秘密宗教发动的起义而被充军,后来逃脱,居住陕西洛川,继续以弥勒教发动起义,事败,更姓名张寅,往来山西徐沟县,复入京师,混入匠籍,输粟得太原卫指挥使,"用黄白术干武定侯郭勋,(郭)勋大信幸"。久之,踪迹颇露,复还徐沟。其仇薛良向官府告发,出按山西的御史马录按问得实。郭勋给马录写信求情,马录不仅不答

---

① 《明史纪事本末》卷50。
② 《明史》卷196《张璁传》。
③ 《明史》卷196《桂萼传》。

应,反而告发他"庇奸乱法"。给事中王科、御史程启充、南京御史姚鸣凤、评事杜鸾、刑部郎中刘仕、主事唐枢等,亦纷纷上疏弹劾郭勋,"谓罪当连坐"。郭勋在"议大礼"中站在张璁等人一边,这时为了逃脱困境,遂"以议礼触众怒为言"。郭勋又请张璁、桂萼帮助。张、桂素恶廷臣因"议大礼"而攻击自己,"亦欲借是舒宿愤,乃谓诸臣内外交结,借端陷(郭)勋,将渐及诸议礼者"。明世宗听了郭、张、桂的话,深以为然,即命取李福达至京城,由三法司审讯,既而又命令文武大臣更讯。于是"反前狱,抵(薛)良诬告罪"。但明世宗因为"罪不及(马)录",仍不甘心,下令改组三法司,任命张璁、桂萼、方献夫分署三法司事,重新审讯。桂萼等用严刑逼取马录等人口供。马录"不胜刑,自诬故入人罪"。案件于是决定下来,"言(张)寅非福达,(马)录等恨(郭)勋,构成冤狱"。张璁、桂萼等憎恨的官员,被列上了罪名。明世宗"悉从其言","谪戍极边,遇赦不宥者五人","谪戍边卫者七人","为民者十一人","革职闲住者十七人","其他下巡按逮问革职者"复五人,薛良被判处死刑,张寅还职。马录"以故入人死未决,当徒。帝以为轻,欲坐以奸党律斩。(桂)萼等谓张寅未死,而(马)录代之死,恐天下不服,宜永戍烟瘴地,令缘及子孙。乃戍广西南丹卫,遇赦不宥"。"遂编《钦明大狱录》颁示天下",这时已是嘉靖六年(1527年)九月①。由此可见,"议大礼"在嘉靖年间的政治生活中所产生的影响,是极为深远、不可忽视的。

三、爱方术,好祥瑞

明世宗威福任情,锦衣玉食,迷信方士,幻想通过方术得到长生、成为神仙。《明史纪事本末》的作者谷应泰说:"世宗起自

---

① 《明史》卷206《马录传》。

藩服,入缵大统,累叶升平,兵革衰息,毋亦富贵吾所已极,所不知者寿耳。以故因寿考而慕长生,缘长生而冀䄂举。惟备福于箕畴,乃希心于方外也。"① 这正说中了明世宗热衷方术的原因所在。大概是纵欲过度的缘故,明世宗身体欠佳,早在嘉靖初年即有"帝数不豫"的记载,大理卿郑岳为此曾劝说他,"遵圣祖寡欲勤治之训,宫寝有制,进御以时,而退朝即御文华(殿),裁决章奏,日暮还宫,以养寿命之源"②。这样的身体状况,使他对于求长生、成神仙的方术比一般皇帝更为迷信。他在去世时发布的遗诏中曾说:"只缘多病,过求长生,遂至奸人诳惑。"③ 这当是他的由衷之言。

1.信方术,求长生成仙

即位不久,明世宗即在太监崔文等人的引诱下,好方术鬼神之事,日事斋醮。"乾清、坤宁诸宫,西天、西番、汉经诸厂,五花宫两暖阁、东次阁,莫不有之"。④ 嘉靖二年(1523年)闰四月,大学士杨廷和上言"慎始修德十二事",其中对于建斋醮一事"首力言之"⑤。其他大臣、言官也屡以为言。但明世宗都不肯听从。礼科给事中刘最"极言其非,且奏(崔)文耗帑金状",明世宗竟听从崔文的话,让刘最"自核侵耗数"。明代制度规定"帑银属内府,虽计臣不得稽赢缩",要刘最核查内帑银显然是故意对他进行刁难。刘最上疏自辩,却被"出为广德州判官"。明世宗之一意孤行,于此可见一斑⑥。

明世宗最初崇信的方术之士是邵元节。他是龙虎山上清宫

---

① 《明史纪事本末》卷52。
② 《明史》卷203《郑岳传》。
③ 《明通鉴》卷63。
④ 《明史》卷206《郑一鹏传》。
⑤ 《明通鉴》卷50。
⑥ 《明史》卷207《邓继曾传附刘最传》。

的道士。嘉靖三年(1524年)被征入京①,嘉靖五年二月被封为真人②。嘉靖九年,兵科给事中高金上疏,要求"削(邵)元节真人号",正欲从邵元节"受长生术"的明世宗阅后勃然大怒,"立下诏狱拷掠"③。此后,邵元节更步步高升,屡得赏赐,"敕建真人府于城西,以其孙启南为太常丞,曾孙时雍为太常博士。岁给元节禄百石,以校尉四十人供洒扫,赐庄田三十顷,蠲其租"④。嘉靖十五年闰十二月,邵元节又得到了礼部尚书的头衔⑤。

嘉靖初期便得到信任的方士还有陶仲文。他初名典真,黄冈人,"尝受符水诀于罗田万玉山,与邵元节善",由于邵元节的推荐,为明世宗所识。嘉靖十八年(1539年),明世宗到湖广谒显陵(其生身父朱祐杬的陵墓),邵元节有病不能从行,以陶仲文代。行至卫辉,有"旋风绕驾",陶仲文声言当发生火灾,那天晚上凑巧"行宫果火",明世宗于是对之备加尊崇,"授神霄保国宣教高士,寻封神霄保国弘烈宣教振法通真忠孝秉一真人"。"帝有疾,既而瘳,喜陶仲文祈祷功,特授少保、礼部尚书。久之,加少傅,仍兼少保"。陶仲文最初见到明世宗时,不过是"辽东库大使",至此,"不二岁登三孤,恩宠出元节上"⑥。

段朝用也是嘉靖初期受信任的一个方士。他看到"世宗好神仙",即"以所炼白金器百余,因郭勋以进",自称"所化银皆仙物,用为饮食器,当不死","以盛饮食物,供斋醮,即神仙可致"。明世宗"立召与语,大悦"。他又对明世宗鼓吹说:"帝深居无与外人接,则黄金可成,不死药可得。"明世宗听后竟向廷臣宣布:要令太子监国,自己"专事静摄"。举朝听后愕不敢言,惟有太仆

①④ 《明史》卷307《邵元节传》。

② 《明通鉴》卷52。

③ 《明史》卷209《杨最传附高金传》。

⑤ 《明世宗嘉靖实录》卷195。

⑥ 《明史》卷307《陶仲文传》。

卿杨最抗疏反对，明世宗怒不可遏，"立下诏狱，重杖之，杖未毕而死"[①]，时为嘉靖十九年（1540 年）八月[②]。从此，"廷臣震慑，大臣争诣媚取容，神仙祷祀日亟"[③]。

段朝用为了讨好明世宗，曾经献银万两，因而被封为紫府宣忠高士。他又"请岁进数万金以资国用，帝益喜"。但骗术终不能持久，"已而术不验，其徒王子岩攻发其诈，帝执子岩、朝用，付镇抚拷讯"，时为嘉靖二十年（1541 年）二月[④]。

明世宗信用方术，耗费了大量财物。嘉靖初户科左给事中郑一鹏说："臣巡视光禄，见一斋醮蔬食之费，为钱万有八千。"[⑤]大学士杨廷和说："修设斋醮，日费不资。"[⑥]《明书》卷八三记载："嘉靖中岁用黄蜡二十余万斤，白蜡十余万斤，香品数十万斤。"这些东西大部分为斋醮所用。为了进行斋醮活动，明世宗还搞了不少土木建筑，如陶仲文"请建雷坛于乡县，祝圣寿，以其徒臧宗仁为左至灵，驰驿往，督黄州同知郭显文监之。工稍稽，谪显文典史，遣工部郎何成代，督趋甚急，公私骚然"[⑦]。最可恶的是，为了炼出长生不老药，明世宗竟听信方士的话，通过虐待童女获得炼药的原料。这种炼药法称为"先天丹铅"。明人王世贞的词中，有"灵犀一点未曾通"和"只缘身作延年药"两句，说的就是这种惨无人道的炼药法[⑧]。嘉靖二十一年（1542 年），皇宫里发生了一起宫婢造反的事件，杨金英等十六名宫婢联合起来，趁明世宗熟睡的时候，意图勒死明世宗。她们有的用绳子系脖

---

① 《明史》卷 209《杨最传》，卷 307《段朝用传》。
② 《明史》卷 17《世宗纪》1。
③⑦ 《明史》卷 307《陶仲文传》。
④ 《明史》卷 307《段朝用传》；《明通鉴》卷 57。
⑤ 《明史》卷 206《郑一鹏传》。
⑥ 《明通鉴》卷 50。
⑧ 《万历野获编》补遗卷 1《宫闱·宫词》。

子,有的用抹布堵嘴,有的骑在身上用力勒绳子,明世宗被搞得几乎断气。可惜她们"不谙绾结之法,绳股缓不收"。声音传到门外,皇后方氏带人赶到,十六个造反的宫婢被处死①。这次造反的起因,史无明言,但从当时明世宗经常通过虐待童女而获得炼药原料来分析,这十六个弱女铤而走险,很可能与此有关。

宫婢造反为明世宗敲了一通警钟,但他并未觉悟,反而变本加厉。此后他移居西内,日求长生,郊庙不亲,朝讲尽废,不见大臣,独见陶仲文,而且"见辄赐坐,称之为师而不名"。以方术行骗的无锡人顾可学、饶平人端明、昆山人朱隆禧皆因之而进②。顾可学"自言能炼童男女溲为秋石,服之延年",被命为右通政,嘉靖二十四年(1545年)超拜工部尚书,寻改礼部,再加至太子太保③。端明"自言通晓药石,服之可长生",召为礼部右侍郎,后升工部尚书,改礼部,加太子太保,"皆与可学并命"④。朱隆禧进"长生秘术",因原系大计罢闲官,"例不复起","加太常卿致仕",不久"加礼部右侍郎"⑤。由于信任陶仲文,明世宗把许多顺心的事归功于他。如大同左卫指挥王铎之子王三叛降蒙古,不断帮助蒙古贵族向内地骚扰,嘉靖二十三年(1544年)十月被大同顺圣川卒刘玘擒获,明世宗便将之归功于陶仲文的祈祷,为他加少师头衔,"仍兼少傅少保。一人兼领三孤,终明世惟仲文而已"⑥。陶仲文受宠长达二十年,"士大夫或缘以进",直到嘉靖三十六年,才因"有疾"还山,三年后死去,年八十余。对于陶仲文以及其他方士的话,明世宗都是言听计从。一天,他在秘殿扶乩,乩语说:"服芝可延年。"他于是

① 《万历野获编》卷18《刑部》《宫婢肆逆》。

②⑥ 《明史》卷307《陶仲文传》。

③ 《明史》卷307《顾可学传》。

④ 《明史》卷307《顾可学传附端明传》。

⑤ 《明史》卷307《顾可学传附朱隆禧传》。

"使使采芝天下"①。宛平县民张巨佑得芝五本献上,被赏给"银币","自是臣民献芝者踵至"②。嘉靖三十七年十月,礼部把天下进献的"瑞芝"一齐报上,共达一千八百六十本之多,明世宗犹嫌不足,"诏广求径尺以上者"③。嘉靖四十年,礼部报告:"四方进芝共七百六十九本,其五色盈尺者尚不多得,请申谕明年加意取采。"明世宗当即"从之"④。有时明世宗还用乩语"决威福",一些大臣的进退,竟凭方士巫术的胡说八道⑤。为了表示对方术的虔诚,明世宗为其父母和自己都加了道号,其父号为"三天金阙无上玉堂都仙法主玄元道德哲慧圣尊开真仁化大帝",其母号为"三天金阙无上玉堂总仙法主玄元道德哲慧圣母天后掌仙妙化元君",其自号为"灵霄上清统雷元阳妙一飞玄真君",后加号"九天弘教普济生灵掌阴阳功过大道思仁紫极仙翁一阳真人元虚圆应开化伏魔忠孝帝君",再号"太上大罗天仙紫极长生圣智昭灵统元证应玉虚总掌五雷大真人玄都境万寿帝君"⑥。

　　一方面是封赏妖妄的方术之士,另方面则是严厉处罚反对斋醮的正直大臣。嘉靖三十一年(1552年)十二月,光禄少卿马从谦揭发提督中官杜泰贪污"岁钜万",但因奏疏中责及斋醮,杜泰乘之反诬马从谦诽谤,结果杜泰"以能发谤臣罪宥之",马从谦被判"廷杖八十,戍烟瘴。竟死杖下"⑦。嘉靖三十四年(1555年)冬,户科左给事中杨允绳弹劾光禄丞胡膏伪增物值,胡膏制造谎言辩解:"玄典隆重,所用品物,不敢徒取充数。允绳憎臣简

①　《明史》卷307《王金传》。
②　《明通鉴》卷61。
③　《明史》卷18《世宗纪》2。
④　《明通鉴》卷62。
⑤　《明史》卷197《熊浃传》。
⑥　《明史》卷307陶仲文传》。
⑦　《明史》卷209《杨允绳传附马从谦传》。

别太精,斥言醮斋之用取具可耳,何必精择,其欺谤玄修如此!"这番话正好触及明世宗最忌讳之处,遂大怒,把杨允绳逮入诏狱,"居五年,允绳竟死西市"①。

在斋醮仪式上,需用"青词",即写给"天神"的奏章表文,一般为骈俪体,因用朱笔写于青藤纸上,故称"青词"。明世宗崇方术,常搞斋醮,许多能文大臣因撰写青词而得宠。嘉靖前期礼部右侍郎顾鼎臣"进《步虚词》七章,且列上坛中应行事。帝优诏褒答,悉从之。词臣以青词结主知,由鼎臣倡也"②。嘉靖中年以后,"帝专事焚修,词臣率供奉青词。工者立超擢,卒至入阁"③。如袁炜"撰青词,最称旨",六年中由侍读"进宫保、尚书,前未有也"。嘉靖四十年(1561 年)冬,遂"以户部尚书兼武英殿大学士,入阁典机务"④。严讷,"所撰青词皆称旨",嘉靖四十四年(1565 年)由太子太保兼武英殿大学士,入阁参机务⑤。李春芳因在西内撰青词,大被帝宠,嘉靖四十四年"命兼武英殿大学士,与(严)讷并参机务",他自翰林学士升至大学士,凡六迁,皆出"特旨","未尝一由廷推"⑥。嘉靖四十五年,另一个善于撰青词的词臣郭朴,也被命"兼武英殿大学士,入参机务"⑦。上述袁、严、李、郭四人,时有"青词宰相"之称⑧。

词臣们写的青词,"皆谀妄不典之言"。如袁炜在青词中撰过这样一个对联:"洛水玄龟初献瑞,阴数九,阳数九,九九八十一数,数通乎道,道合元始天尊,一诚有感。"(上联)"岐山丹凤两呈祥,雄鸣六,雌鸣六,六六三十六声,声闻于天,天生嘉靖皇帝,

---

① 《明史》卷 209《杨允绳传》。
② 《明史》卷 193《顾鼎臣传》。
③④⑧ 《明史》卷 193《袁炜传》。
⑤ 《明史》卷 193《严讷传》。
⑥ 《明史》卷 193《李春芳传》。
⑦ 《明史》卷 213《郭朴传》。

万寿无疆。"(下联)① 有一次明世宗养的一只猫死去,"命儒臣撰词以醮,(袁)炜词有'化狮作龙'语",明世宗看后大喜。"其诡词媚上多类此"。② 斋醮本来是乌七八糟的东西,这便决定了作为其一部分的青词,必然也是胡言乱语,荒诞无稽。

明世宗在晚年"求方术益急"③,"时遣官求方士于四方,至者日众"。丰城人熊显进仙术六十六册,方士赵添寿进秘法三十二种,医士申世文亦进三种。明世宗"知其多妄,无殊锡"。陕西人王金"思所以动帝",乃与申世文等人伪造《诸品仙方》、《养老新书》、《七元天禽护国兵策》,与所制金石药一齐献上。"其方诡秘不可辨,性燥,非服食所宜",明世宗服用后,"稍稍火发不能愈"。嘉靖四十五年(1566年)十二月竟因此而丧命④。

2. 好祥瑞,文饰太平

早在嘉靖七年(1528年),明世宗就已有喜爱祥瑞的表现。史载这年三月"灵宝县黄河清",明世宗遣使祭河神,内阁大臣请庆贺,御史周相极力反对,上疏说:"河未清,不足亏陛下德。今好谀喜事之臣张大文饰之,佞风一开,献媚者将接踵。愿罢祭告,止称贺,诏天下臣民毋奏祥瑞,水旱蝗蝻即时以闻。"听了这样的实事求是的诤谏,明世宗竟"大怒",把周相下"诏狱拷掠之,复杖于廷,谪韶州经历"⑤。

不出周相所料,此后阿谀奉承之徒,投明世宗之好,踵至献瑞。

嘉靖九年(1530年),"河南、四川等处皆献瑞麦"⑥。嘉靖十

---

① 《万历野获编》卷二《列朝》《嘉靖青词》。
② 《明史》卷193《袁炜传》。
③ 《明通鉴》卷62。
④ 《明史》卷307。
⑤ 《明史》卷209《杨爵传》。
⑥ 《明通鉴》卷55。

年七月，"郑王厚烷献白雀，荐之宗庙"①。同年八月，总制三边王琼等奏甘露降于固原②。嘉靖十二年正月，河南巡抚都御史吴山献白鹿，"群臣表贺。自后，诸瑞异表贺以为常"③。

与祥瑞相对立的另一种迷信是相信"灾异"。按照历代王朝的惯例，遇到灾异之日，正是统治者"修省"、求直言之时。而明世宗在遇到这类情形时，表面上虽循例办事，实际上却千方百计掩盖灾异、宣扬祥瑞。如嘉靖十一年（1532年），"彗星连月不灭"，在当时这被认为是了不得的"灾异"，而明世宗"虽循故事敕群臣言时政，然实不乐闻谠言"，凡劝他黜虚文、崇实政者，皆受打击。于是四川巡抚都御史宋沧希旨献白兔，诡称祥瑞，明世宗因而大喜，大臣们也跟着"表贺"④。嘉靖二十年元旦微雪，内阁大臣等作颂称贺。而实际上头一年"自夏入秋，恒旸不雨，畿辅千里，已无秋禾，既而一冬无雪"，这一天"微雪即止"，旱情远未解除，"民失所望，忧旱之心，远近相同"。这样的时刻，正应"撤乐减膳，忧惧不宁"，而明世宗君臣却"以为符瑞"，加以称颂，真是"欺天欺人，不已甚乎！"⑤

嘉靖中年以后，明世宗更喜欢谈祥瑞，献祥瑞者因而更多。嘉靖二十五年（1546年）七月，明世宗说："鹿瑞龟祥，洊呈去岁。今朕辰日近，醴泉复出承华，虽圣贤不恃以怠也，而不可不敬谢。其自二十五日至八月望举谢。"⑥一谢就是二十天，其时间不可谓不长。嘉靖三十七年四月，总督浙直胡宗宪因平倭不见大效，又在上疏中违背实际称"贼可指日灭"，引起明世宗的不满，受到指斥，因而不安；恰好这时他得白鹿于舟山，"为自媚于上"，遂献

①③ 《明史》卷17《世宗纪》1。

② 《明通鉴》卷55。

④ 《明通鉴》卷55；《明史》卷17《世宗纪》1。

⑤ 《明史》卷209《杨爵传》。

⑥ 《明史纪事本末》卷52。

出①。这一招真灵,本来不高兴的明世宗,立刻转怒为喜,"行告庙礼,厚赍银币。未几,(胡宗宪)复以白鹿献。帝益大喜,告谢玄极宝殿及太庙,百官称贺,加(胡)宗宪秩"②。嘉靖三十九年八月,胡宗宪又"献白龟二,五色芝五"③,明世宗命名为"玉龟仙芝","赍宗宪银币加等,并赐金鹤衣一袭"④。不几天,白龟死去,他复穿凿附会地说:"天降灵物,朕固疑处尘寰不久也。"⑤献瑞既可讨好,编造祥瑞以迎合者自然就要出现。嘉靖四十三年(1564年)五月,太监们见明世宗年事已高,长生成仙无望,悒悒不乐,"因诈饰以娱之"。明世宗"夜坐庭中,获一桃御幄后,左右言自空中下",他于是大喜,说:"天赐也。"修迎恩醮五日。第二天复"降"一桃,其夜白兔生二子。明世宗更喜,为之"谢玄告庙"。不久,"寿鹿亦生二子,廷臣表贺"。明世宗"以奇祥三锡,天眷非常,手诏褒答"⑥。嘉靖四十四年八月,又有人在明世宗的坐位上偷偷放置"仙药",明世宗发现后,惊喜若狂地称之为"天赐也","亲奏谢于太极殿,遣官分告坛庙"⑦。

与好方术一样,明世宗之好祥瑞也是至死不悟。他喜欢祥瑞,目的是为了粉饰太平。这表明,明世宗不仅很迷信,而且是一个非常爱虚荣的人。

四、刚愎自用的明世宗和嘉靖朝的首辅

明世宗即位之初"求治锐甚"时,即"性刚,好自用"⑧,后来

---

① 《明通鉴》卷61。
②③ 《明史》卷205《胡宗宪传》。
④ 《明通鉴》卷62。
⑤ 《明史纪事本末》卷52。
⑥ 《明史纪事本末》卷52;《明史》卷307《王金传》。
⑦ 《明史》卷18《世宗纪》2;《明通鉴》卷63。
⑧ 《明史》卷194。

"虽修玄西内,而权纲总揽,夜分至五鼓,犹览决章奏"①。与此相联系,明世宗对于臣下的意见,不肯虚心采纳。刚即位时,虽曾"言路大开",但嘉靖二、三年以后即"厌薄言官,废黜相继,纳谏之风微矣"②。嘉靖四年(1525年)十一月,刑科给事中张逯在奏疏中指出:"近廷臣所上封事,陛下批答必曰'已有旨处置',是已行者不可言也。曰'尚议处未定',是未行者不可言也。二者不言,则是终无可言也。"③ 嘉靖中年,明世宗"益恶言者,中外相戒无敢触忌讳"④。嘉靖三十三年(1554年)元旦,为了摧抑言官,竟以贺表中失抬"万寿"字作借口,在朝廷上杖打六科给事中张思静等人,使节日大煞风景⑤。嘉靖末年,明世宗对言官深恶痛绝,"以廷杖遣戍未足遏其言,乃长系以困之。而日令狱卒奏其语言食息,谓之监帖。或无所得,虽谐语亦以闻"⑥。为了防止臣下危害其专制独裁,明世宗千方百计广其耳目、搞清百官情伪⑦,对于大臣的互相告讦,极力鼓励⑧。发现令其不满意的事情,即予严厉惩罚,即使事主是其原来信任的人,也不随便放过,当时人因而普遍感到他"恩威不测"⑨。

明世宗之所以如此对待政事和大臣,主观想法自然是要搞好朝政,巩固其朱家王朝。但实际效果却适得其反。嘉靖朝宦官势力不大,而明世宗的专制暴虐却使正直的大臣难以容身,只有那些谄媚逢迎之徒才能长久在位,另外也为谗佞者倾陷他人提供了机会。这样,嘉靖朝大臣之间的互相倾轧层出不穷,奸佞

① 《明史纪事本末》卷52。
② 《明史》卷207《邓继曾传》。
③ 《明史》卷206《张逯传》。
④ 《明史》卷209《杨爵传》。
⑤ 《明通鉴》卷60;《明史》卷18《世宗纪》2。
⑥ 《明史》卷209《沈束传》。
⑦⑨ 《明史》卷196《方献夫传》。
⑧ 《明史》卷202《李默传》。

在位经常出现。奸佞之臣窃权、营私,使当时的政治混乱不堪,与宦官掌权用事的时期无甚两样。当时大臣中,首辅的地位最高,因此是奸佞角逐争夺的最大目标,其对政治局势的影响也最大,看一看当时的首辅之争及其从政情形,即可了解在嘉靖皇帝的专制暴虐统治之下,吏治是一种什么样子。

　　杨廷和、蒋冕、毛纪相继任首辅之后,接替者是费宏。他是江西铅山人。世宗即位后他即"入辅政",与杨、蒋、毛等"同心协赞,数劝帝革武宗弊政"。他之所以能够接任首辅之位,乃是因为"大礼"之议,"诸臣力与帝争,帝不能堪",而费宏"颇揣知帝旨",只在集体上疏上署名,"未尝特谏",因此明世宗对他产生了好感。他任首辅后,对弊政也多所指斥,要求改革,然而明世宗只是"引咎褒答",并不采用。这时,真正受皇帝信用的是席书、张璁、桂萼等在议"大礼"中阿顺明世宗的人。费宏对他们"每示裁抑",他们对费宏"大怨"①,另外,他们更"欲夺其位而居之",因此"日击费宏不已"②。桂萼与张璁在明世宗面前说:"(费)宏纳郎中陈九川所盗天方贡玉,受尚书邓璋赇。"还攻击费宏在乡里的一些行事。费宏也上奏疏说:"(桂)萼、(张)璁挟私怨臣屡矣。不与经筵讲官则怨,不与修献皇帝实录则怨,不为两京乡试考官则怨,不为教习则又怨。"又说他们"日攘袂扼掔,觊觎臣位"。费宏最终没能斗过深受明世宗宠爱的张璁、桂萼等人,嘉靖六年(1527年)二月终于致仕而去③。与费宏一起致仕的还有大学士石珤。石珤"为人清介端亮,孜孜奉国",议"大礼"时,"帝欲援以自助,而珤据礼争,持论坚确,失帝意,(张)璁、(桂)萼辈亦不悦"。自费宏、石珤致仕,"政府日以权势相倾。或脂韦泄沓,持禄自固"。求如嘉靖初清忠鲠亮、敢言直谏一类的大学士

---

①③　《明史》卷193《费宏传》。
②　《明史》卷206《解一贯传》。

和首辅,已不可多得了①。

接替费宏任首辅的是杨一清。杨一清在正德年间做过大学士,后因江彬等的攻击而致仕。"大礼议"起,他正家居,见张璁疏,曾大加赞扬说:"张生此议,圣人复起,不能易也。"又劝席书早赴明世宗之召,"以定大议",张璁等"既骤显,颇引一清"②。在张璁等力排费宏的时候,杨一清再次入阁。杨一清对张璁、桂萼很感激,"倾心下二人",但后来还是与张璁等发生了矛盾③。杨一清做首辅后不久,张璁就做了内阁大学士,而且明世宗对他的信用超过了杨一清。不过,他毕竟不是首辅,"以压于一清,不获尽如意,遂相龃龉"④。锦衣聂能迁攻讦张璁,张璁欲置之死地,杨一清不答应,张璁大怒,"上疏阴诋一清","一清疏辨",明世宗为之调解,但并无效果。在张璁等人的排挤下,嘉靖八年(1529年)九月杨一清终于被命致仕。第二年张璁等又使人告发:故太监张永"勘事江西时,盗宸濠库金二千两,以其半馈(杨)一清",为其弟张容营求"世锦衣指挥"之职,后张容又给杨一清钱,求杨一清为张永"志墓"。杨一清遂因此被革职闲住。这使杨一清大恨,愤愤地说:"老矣,乃为孺子所卖!"疽发背而死⑤。

杨一清致仕后的首辅是张璁。明世宗虽宠信张璁,但又不许任何臣子权力过大,对他也不例外。早在张璁做首辅之前,明世宗在杨一清与张璁闹矛盾而进行调解时,曾对杨一清"极言(张)璁自伐其能,恃宠不让,良可叹息"⑥。嘉靖八年(1529年)八月工科给事中陆粲弹劾张璁"擅作威福,报复恩怨",明世宗看到奏疏后,"大感悟,立罢(张)璁"。只是因为接着即有其同党力

① 《明史》卷 190《石珤传》及该卷赞语。
② 《明史》卷 198《杨一清传》。
③④⑥ 《明史》卷 196《张璁传》。
⑤ 《明史》卷 198《杨一清传》;《明通鉴》卷 55。

为辩白,才复被召还,并代替杨一清做了首辅①。

张璁当首辅时,宦途之所以不顺利,还由于明世宗又有了新的更受赏识的人物夏言。夏言,江西贵溪人,嘉靖初以兵科给事中参加过清理畿辅庄田的活动②。明世宗自力排廷议决定尊崇生身父母的"大礼"后,"遂以制作礼乐自任"③,他"以天地合祀非礼,欲分建二郊,并日、月而四"。张璁对明世宗的这个主意"不敢决"。恰好夏言上疏,请明世宗"亲耕南郊",请皇后"亲蚕北郊","为天下倡";明世宗认为夏言的这个"南北郊之说",与自己的"分建二郊"的主意相合。遂令张璁向之"谕旨",而夏言乘势进一步"请分祀天地"。廷臣纷纷反对。明世宗把反对最力的詹事霍韬下狱,"降玺书奖(夏)言,赐四品服俸,卒从其请",时为嘉靖九年(1530年)④。后来夏言又"赞成二郊配飨议"、"赞帝更定文庙祀典及大禘礼"等,因而"大蒙帝眷",嘉靖十年三月遂擢少詹事,兼翰林学士⑤。张璁"颐指百僚,无敢与抗者",而夏言自以"受帝知",独不为下。张璁乃"大害(夏)言宠","两人遂有隙"⑥。嘉靖十年秋,行人司正薛侃上疏:"祖宗分封子弟,必留一人京师司香,有事居守,或代行祭飨"。"乞稽旧典,择亲藩贤者居京师","以待他日皇嗣之生"。当时明世宗"方祈嗣",忌讳谈这类事情,遂"震怒,立下狱廷鞫,究交通主使者"。薛侃上世宗的疏草事先曾让张璁的党羽太常卿彭泽看过,彭泽预计会因"触帝讳"而兴大狱,认为可利用来诬陷夏言、讨好张璁;遂又将疏草让张璁看,而后对薛侃说:"张公(指张璁)甚称善,此国家大事,当从中赞之。"并催促薛侃奏上。张璁在看疏草时,将之抄了下来,并交给明世宗,假称"出于(夏)言,请勿先发以待疏至"。

①③ 《明史》卷196《张璁传》。

②⑤⑥ 《明史》卷196《夏言传》。

④ 《明史纪事本末》卷51;《明史》卷196《夏言传》。

当薛侃下狱后，彭泽诱使"引（夏）言"，而薛侃不肯顺从，竟将真相和盘托出。明世宗得知大怒，斥责张璁"怼罔，令致仕"①。张璁本想除掉争宠的夏言，结果反而丢了首辅之位，第二次被罢官。嘉靖十一年（1532年）三月，张璁被召还朝任职，八月彗星见东井，嘉靖帝心疑大臣擅政，张璁求罢，得允而致仕。嘉靖十二年四月，再次还朝；嘉靖十四年春得疾，"屡疏乞骸骨，命行人御医护归"，嘉靖十八年二月死在家中。张璁在后来几次起用时，地位虽仍很高，但实权却远不如往昔了。张璁掌权时，曾做过一些好事，史称"若清勋戚庄田，罢天下镇守内臣，先后殆尽，皆其力也"，"持身特廉，痛恶赃吏，一时苞苴路绝"。这些说法不无夸张，但也反映了部分事实。不过，明世宗对他最欣赏的却不是这些，而是其在议"大礼"中迎合皇帝的心意。张璁为人"性狠愎"，对议"大礼"的对立面"报复相寻"，这也得到了明世宗的支持②。

张璁因薛侃事件丢掉首辅职位后，翟銮在内阁"独秉政者两月"，这个人小心谨慎，遇事唯唯诺诺，与世无争。从嘉靖六年（1527年）起就当了大学士，但对政事毫无建树，世宗"诘之，则顿首谢曰：'陛下明圣，臣将顺不暇，何献替之有！'"有一次明世宗向他征求处罚一个太监的意见，他最初认为太重，"不合三尺法"，明世宗反驳了一句，他立刻改口说："陛下即天也，春生秋杀，何所不可！"③嘉靖十年（1531年）九月，礼部尚书李时兼文渊阁大学士入参机务。与翟銮相比，李时入阁在后，但"以宫保官尊，反居（翟）銮上"。他与翟銮一样，也是一个不肯轻易出主意的人，"廷议不合，率具两端，待帝自择，终未尝显争"。"四方

① 《明史》卷207《薛侃传》。
② 《明史》卷196《张璁传》。
③ 《明史》卷193《翟銮传》。

上嘉瑞,辄拜疏请贺。帝谦让",他"必再请"。恭顺柔媚,正是翟
銮、李时得以身居高位的主要原因①。由于翟、李"两人皆谦逊,
无龃龉","政府稍宁"②。在李时入阁的同年同月,夏言被任命
为礼部尚书。明世宗"制礼作乐,多(夏)言为尚书时所议,阁臣
李时、翟銮取充位"而已③。从嘉靖十一年到嘉靖十四年,首辅
的人选曾多次改变,最后又落到李时身上,直至嘉靖十七年冬李
时死,一直未变。在此期间夏言于嘉靖十五年(1536 年)闰十二
月入阁参机务,"政多自(夏)言出"。李时死后,夏言任首辅④。

夏言作了首辅之后,宦途也由顺利转向波折。他遇到了强
有力的竞争对手严嵩。夏言被称为"善窥帝旨",每召见"谘政
事","有所傅会"⑤,但在见风使舵、讨好明世宗方面,他远逊于
严嵩。严嵩,江西分宜人。嘉靖七年(1528 年)严嵩任礼部右侍
郎,奉明世宗的命令去湖广安陆祭告世宗生父的陵墓。事毕,他
竟若有其事地献媚说:"臣恭上宝册及奉安神床,皆应时雨霁。
又石产枣阳,群鹤集绕。碑入汉江,河流骤涨。请命辅臣撰文刻
石,以纪天眷。"明世宗听了这番吹嘘,自然非常顺心,当即将之
升为吏部左侍郎。后来明世宗将在明堂祀其生父"以配上帝",
"已,又欲称宗入太庙。严嵩与群臣议沮之",明世宗不悦,"著
《明堂或问》示廷臣"。严嵩一看风头不对,马上"尽改前说,条划
礼仪甚备。礼成",被赐金币。"自是,益务为佞悦"⑥。嘉靖十
八年夏言与严嵩同随明世宗去湖广,"帝谒显陵毕,(严)嵩再请
表贺。(夏)言乞候还京。帝报罢,意大不怿。(严)嵩知帝指,固

---

① 《明史》卷 193《李时传》。

② 《明通鉴》卷 55;《明史》卷 193《李时传》。

③⑤ 《明史》卷 196《夏言传》。

④ 《明史》卷 196《夏言传》,卷 193《李时传》,卷 193《费宏传》,卷 110《宰辅年表》
2。

⑥ 《明史》卷 308《严嵩传》。

以请,帝乃曰:'礼乐自天子出可也。'令表贺。帝自是不悦(夏)言"①。严嵩与夏言是同乡,"科第(严嵩)先夏言,而位下之",但开始时对夏言表现得很恭敬。曾"置酒邀(夏)言,躬诣其第。(夏)言辞不见,(严)嵩布席,展所具启,跽读"。夏言认为严嵩"实下己,不疑也"②。而实际上严嵩时刻企图夺其位而代之。"(夏)言既失帝意","惧斥,呼(严)嵩与谋",则严嵩已潜赴明世宗所喜欢的方士陶仲文家中,"谋龁(夏)言,代其位"③。夏言"嘱所善者劾(严)嵩",但明世宗已信任严嵩,一点也听不进去。明世宗在西内斋居,许诸贵人得乘马,"(夏)言独用小腰舆以乘"。明世宗喜欢戴香叶巾,"命尚方仿之制沈水香为五冠,以赐(夏)言及(严)嵩等",夏言却推说"非人臣法服,不敢当"。而严嵩在召对之日,"故冠香叶,而冒轻纱于外,令上见之",明世宗越发恨夏言而爱严嵩④。

　　嘉靖二十一年(1542年)六月,"(严)嵩每燕见,顿首雨泣,诉(夏)言见凌状"。明世宗遂手敕礼部,"历数(夏)言罪",七月将之削职⑤。

　　嘉靖二十一年(1542年)八月,严嵩除武英殿大学士,入直文渊阁。这时严嵩已年过六十,但"精爽溢发,不异少壮。朝夕直西苑板房,未尝一归洗沐,帝益谓(严)嵩勤",越发信任⑥。但夏言削职后,翟銮以资序为首辅,严嵩虽权出其上,而"终恶(翟)銮,不能容"。"会(翟)銮子(翟)汝俭、(翟)汝孝与其师崔奇勋、所亲焦清同举二十三年(1544年)进士,(严)嵩遂属给事中王交、王尧日劾其有弊"。同年八月,翟銮被削职为民,严嵩终于取而代之⑦。不过,这次严嵩任首辅的时间并不长。当时吏部尚

　　①③⑤　《明史》卷196《夏言传》。
　　②⑥　《明史》卷308《严嵩传》。
　　④　《明史纪事本末》卷54。
　　⑦　《明史》卷193《翟銮传》。

书许瓒、礼部尚书张璧同在内阁辅政，但严嵩"事取独断，不相关白"。许瓒表示不满，严嵩才上言："独蒙宣召，于理未安……今诸阁臣凡有宣召，乞与臣同，如祖宗朝蹇、夏、三杨故事。"后来明世宗逐渐得知其专横情形，"厌之"①。夏言自被削职后，"遇元旦、圣寿必上表贺，称草土臣"。明世宗对他很有好感②。嘉靖二十四年（1545 年）十二月，夏言被召还内阁，"尽复其原官，且加少师，位在嵩上"，首辅之职由严嵩手里转给夏言③。

夏言复出，"直陵（严）嵩，出其上"，凡所批答，"略不顾嵩"，"嵩嗫不敢吐一语"。严嵩所引用的私人，夏言予以斥逐，严嵩也不敢救护，心里对夏言恨之入骨。当时官僚士夫方怨严嵩贪忮，"谓（夏）言能压（严）嵩，制其命，深以为快"。而夏言却因"废弃久，务张权"，处罚了不少官吏，其中除了严嵩党羽外，"所谴逐不尽当，朝士仄目"。后来御史陈其学"以盐法事"劾京山侯崔元及锦衣都督陆炳，夏言拟旨"令陈状"，"皆造言请死，炳长跪，乃得解"。崔、陆两人因与严嵩相勾结，谋划驱逐夏言，而夏言"未之悟也"④。明世宗派太监找夏言，夏言"恒仆视之"；找严嵩，严嵩"必执手延坐，持黄金置其袖中，故珰辈争好（严）嵩而恶（夏）言"。最初，夏言和严嵩"俱以青词得幸"，这时，明世宗使人"夜瞰（严）嵩、（夏）言"，"（夏）言多酣寝"，其青词多"令幕客具草，不复简阅，每多旧所进者"，明世宗见到后"辄抵之地，而左右无为报（夏）言"。而严嵩则有情报相通，"每夜视青词草"，"精其事，愈得幸"。夏言所面临的形势于是更加危险。这终于导致了他的第二次下台⑤。

夏言慷慨以经邦济世之才自许，思建立不世功。恰逢总督陕西三边军务曾铣主张驱逐"套寇"（详后），收复河套，得到明世

①③⑤ 《明史纪事本末》卷 54。
②④ 《明史》卷 196《夏言传》。

宗的欣赏,夏言也大力支持。但明世宗突然中途变计,严嵩遂与崔元、陆炳等乘机攻击夏言,极称河套"必不可复","向拟旨褒(曾)铣,臣皆不予闻"。明世宗下令逮捕曾铣,但并无意杀之。咸宁侯仇鸾镇甘肃时,以阻挠为曾铣所弹劾,被捕下狱。"(严)嵩故雅亲(仇)鸾。知(曾)铣所善同邑苏纲者,(夏)言继妻父,(苏)纲与(曾)铣、(夏)言尝交关传语。(严嵩)乃代(仇)鸾狱中草疏",诬曾铣掩败不奏,克扣军饷,派遣儿子曾淳"属所亲苏纲赂当途"。这本系无根据的诬蔑之辞,但明世宗却"深入其说,立下(曾)淳、(苏)纲诏狱"①。曾铣因此坐"交结近侍律斩",而夏言则于嘉靖二十七年(1548年)正月被"尽夺官阶,以尚书致仕",同年十月被杀②。曾铣有胆略,长于用兵。有一年除夕,"猝命诸将"出征,"时塞上无警,诸将方置酒不欲行,赂铃卒求缓于(曾)铣妾"。曾铣不答应,"斩铃卒以徇"。诸将不得已,"丙夜被甲行",果然与敌人相遇,大获全胜。第二天"入贺毕",诸将"前请故",曾铣笑着说:"见乌鹊非时噪,故知之耳。"众人皆服。"(曾)铣廉,既殁,家无余资"③。这样一个廉洁、智勇的大将,竟作了明朝首辅之争的牺牲品,甚为可惜。夏言致仕后,严嵩第二次成为首辅,并且连任十几年,成为嘉靖年间任期最长、影响最大的一个首辅。

《明史》说:"(严)嵩无他才略,惟一意媚上,窃权罔利。"④这可说是准确地概括了严嵩的一生,其第二次出任首辅后更是如此。

住在西苑的明世宗与外人很少接触,除了方术之士,大臣中惟严嵩"承顾问,御札一日或数下,虽同列不获闻"。但明世宗竭

①③ 《明史》卷204《曾铣传》。

② 《明史》卷196《夏言传》。

④ 《明史》卷308《严嵩传》。

力防止大权旁落，"虽其亲礼(严)嵩，亦不尽信其言，间一取独断，或故示异同，欲以杀离其势"。面对这种情况，严嵩却用非常狡猾的手段，将权力窃取到手。史称："(严)嵩父子独得帝窾要，欲有所救解，(严)嵩必顺帝意痛诋之，而婉曲解释以中帝所不忍。即欲排陷者，必先称其媺，而以微言中之，或触帝所耻与讳。以是移帝喜怒，往往不失。"于是朝臣争向严嵩靠拢，"时称文选郎中万寀、职方郎中方祥等为(严)嵩文武管家。尚书吴鹏、欧阳必进、高燿、许论辈，皆惴惴事(严)嵩"①。严嵩实已大权在握。

利用窃取到的权力，严嵩大搞卖官鬻爵、贪污受贿，积累起惊人的财富，过着极为奢侈的生活。嘉靖三十一年(1552 年)南京御史王宗茂上疏揭发：严嵩"久持国柄，作福作威。薄海内外，罔不怨恨。如吏、兵二部，每选请属二十人，人索贿数百金，任自择善地，致文武将吏尽出其门……往岁遭人论劾，潜输家资南返，辇载珍宝，不可胜计，金银人物，多高二、三尺者，下至溺器，亦金银为之……广市良田，遍于江西数郡。又于府第之后积石为大坎，实以金银珍玩，为子孙百世计……陛下所食大官之馔不数品，而嵩则穷极珍错。殊方异产，莫不毕致"②。嘉靖三十七年刑部主事张翀就边防、财赋、人才三方面对严嵩进行弹劾，其中"财赋"方面讲："户部岁发边饷，本以赡军，自(严)嵩辅政，朝出度支之门，暮入奸臣之府。输边者四，馈(严)嵩者六。臣每过长安街，见(严)嵩门下无非边镇使人。未见其父，先馈其子。未见其子，先馈家人。家人严年，富已逾数十万，(严)嵩家可知。私藏充溢，半属军储。边卒冻馁，不保朝夕。"③

严嵩极力打击异己势力，并且打击得很巧妙，不露痕迹。史

---

① 《明史》卷 308《严嵩传》。
② 《明史》卷 210《王宗茂传》。
③ 《明史》卷 210《张翀传》。

称"(明世宗)英察自信,果刑戮,颇护己短,(严)嵩以故得因事激帝怒,戕害人以成其私"。在严嵩当政时,谢瑜、叶经、童汉臣、赵锦、王宗茂、何维柏、王晔、陈垲、厉汝进、沈錬、徐学诗、杨继盛、周铁、吴时来、张翀、董传策等曾先后弹劾严嵩或其子严世蕃,严嵩对他们都进行了报复,有的还被置于死地①。沈錬于嘉靖三十年(1551年)弹劾严嵩十大罪,被谪佃保安。嘉靖三十六年,严嵩及其子严世蕃又指使其党羽宣大总督杨顺等,借"蔚州妖人阎浩"案,"窜(沈)錬名其中","斩(沈)錬宣府市"②。杨继盛于嘉靖三十二年揭发严嵩有十大罪和五大奸,严嵩操纵刑部将之判处绞杀罪。然而明世宗"犹未欲杀之也",将杨继盛在狱中关了二年,并不执行。为了不使"养虎遗患",嘉靖三十四年严嵩在一个估计皇帝必然批准处决的案件中,"附继盛名并奏",从而使之被"弃西市"③。除了上述数人之外,"他所不悦,(严嵩)假迁除考察以斥者甚众",而且也是"皆未尝有迹也"④。

严嵩的上述行为,对当时的朝政有极坏的影响,其中最值得注意的是败坏了边防。严嵩掌权的时候,正是明中叶"南倭北虏"最为严重的阶段,由于俺答的进攻,从嘉靖二十九年至嘉靖四十二年(1550—1563年),京师竟至三次戒严⑤。倭寇的骚扰则遍及东南沿海各省。这种严重局势的形成,虽然原因是多方面的,而严嵩的窃权乱政,则是重要原因。

嘉靖三十七年(1558年),刑科给事中吴时来在上疏中曾指出:"今边事不振,由于军困;军困由官邪;官邪由执政之好货。若不去(严)嵩父子,陛下虽宵旰忧劳,边事终不可为也。"⑥ 嘉

①④ 《明史》卷308《严嵩传》。

② 《明史》卷209《沈錬传》。

③ 《明史》卷209《杨继盛传》。

⑤ 《明史》卷18《世宗纪》2。

⑥ 《明史》卷210《吴时来传》。

靖三十四年九月户科左给事中杨允绳上疏谈倭患,认为"弊原"在于"近者督抚命令不行于有司",而所以如此,并非是因为"官不尊、权不重也。督抚莅任,例赂权要,名'谢礼'。有所奏请,佐以苞苴,名曰'候礼'。及俸满营迁,避难求去,犯罪欲弥缝,失事希芘覆,输贿载道,为数不赀。督抚取诸有司,有司取诸小民。有司德色以事上,督抚靦颜以接下。上下相蒙,风俗莫振"①。

　　严嵩虽然手段高、掌权时间长,但最后首辅之位仍被人夺去。

　　严嵩的对手是南直华亭人徐阶。他也善于撰青词,因此得到明世宗的信任。由于夏言生前曾推荐徐阶,"(严)嵩以是忌之"。"(徐)阶危甚,度未可与争,乃谨事(严)嵩,而益精治斋词迎帝意,左右亦多为地者",这样才渐渐摆脱了危险②,并于嘉靖三十一年(1552年)三月,以礼部尚书兼东阁大学士,"予机务"③。后来,由于严嵩"握权久,遍引私人居要地",明世宗遂"寖厌之,而渐亲徐阶"④。嘉靖三十七年三月,刑科给事中吴时来、刑部主事张翀、董传策"同日劾(严)嵩"。张、吴皆徐阶门生,董则徐阶的同乡后生,吴后来还在徐阶家乡做过地方官,严嵩于是怀疑徐阶是主使者⑤,因请下诏狱拷问,但无所引,明世宗"乃不问,而慰留(严)嵩"。不过,这不能不使明世宗对严嵩更加怀疑。此后,徐阶在与严嵩相争中,地位更有利了⑥。

　　这时严嵩之妻欧阳氏病死,严家父子遇到难题。以前,"严嵩在内阁,凡御札下问,辞旨深奥",严嵩"耄而智昏,多瞠目不能解"。而其子严世蕃却"一见跃然,揣摩曲中,据之奏答,悉当上

---

① 《明史》卷209《杨允绳传》。
② 《明史》卷213《徐阶传》。
③ 《明通鉴》卷60。
④⑥ 《明史》卷308《严嵩传》。
⑤ 《明史》卷210《吴时来传》。

意"。因此，明世宗不能"一日亡(严)嵩"，而严嵩不能一日"亡其子"。欧阳氏死后，严世蕃"当护葬归"，由于严嵩的请求，明世宗答应以严嵩的孙子严鹄代行。严世蕃虽仍留在京城，但已不能"入直房代议。间飞札走问，则(严)世蕃方拥诸姬狎客"，不能及时解决。中使守在值房催促，严嵩无可奈何，只好"自以意对"，"既至，追还复改，大抵故步皆失"。明世宗对严嵩的不满于是更为加深①。

嘉靖四十年(1561年)，明世宗所居永寿宫发生火灾，徙居玉熙殿，"隘甚，欲有所营建"，征求严嵩的意见②。严嵩请暂居"南城离宫。南城，英宗为太上皇时所居也"，明世宗因而甚不高兴。而征求徐阶的意见时，徐阶则请重修永寿宫。第二年工程完毕，改名万寿宫。从此明世宗"益亲(徐)阶，顾问多不及(严)嵩。即及(严)嵩，祠祀而已"③。不久，方士蓝道行"恶严嵩，假乩仙言(严)嵩奸罪"。明世宗问："果尔，上仙何不殛之？"蓝道行又假乩仙言："留待皇帝自殛。"迷信方术的明世宗听后不能不大为"心动"④。

这个消息被御史邹应龙得知，他在徐阶的支持下，"抗疏极论(严)嵩父子不法"，并说："臣言不实，乞斩臣首以谢(严)嵩、世蕃。"于是严嵩被令致仕，严世蕃被判处充军边远，而邹应龙则被擢为通政司参议，时为嘉靖四十一年(1562年)五月⑤。

严嵩致仕后，徐阶代为首辅。明世宗把严嵩值班所用的房子赐给徐阶，徐阶写了三句话挂在里面："以威福还主上，以政务还诸司，以用舍刑赏还公论。"徐阶以张璁、严嵩先后"导帝猜刻，力反之，务以宽大开帝意"。嘉靖中叶，"南北用兵，边镇大臣小

① 《明史纪事本末》卷54。
② 《明史》卷213《徐阶传》。
③⑤ 《明史》卷308《严嵩传》。
④ 《明史》卷307《陶仲文传附蓝道行传》。

不当帝指,辄逮下狱、诛窜,阁臣复窃颜色为威福"。而徐阶做了首辅后,"缇骑省减,诏狱渐虚,任事者亦得以功名终"。于是论者一致推之为"名相"①。徐阶担任首辅,直至嘉靖四十五年(1566年)明世宗死去,一直未变。

纵观嘉靖时期的首辅,正直者少,奸佞者多,好事干得少,互相倾轧多。在奸佞当道的情况下,嘉靖朝的吏治可见一斑。

五、严重的财政危机

嘉靖时期的腐朽政治,导致了地主阶级统治的严重危机。其主要表现是,财政拮据,人民的反抗斗争不断发生。

这一时期财政发生困难的原因之一,是军费开支增大。如前所述,明中叶军屯制度遭到严重破坏,边防军需要国家补助军费(即所谓"年例")。随着卫所军制的衰落,募兵制逐渐兴起;募兵要由国家派人招募,入伍后按月发饷,于是军费开支又增加了一笔。这些军制上的变化,再加上嘉靖年间"南倭北虏"交相进犯的军事形势,使军费开支急剧增长。而由于政治上的腐败,使得军费更为紧缺,因为除了严嵩等执政大臣通过受贿侵吞军饷外,军队中的将领还通过贪污变军饷为私财。嘉靖三十九年(1560年)六月,给事中罗嘉宾等查核倭寇猖獗以来督、抚诸臣侵吞军需的数字,发现高者"以十万四千计",其次也有三、五万,其他则"或以万计,或以数千计"②。当时的军费开支数字,现在可以看到一些片断:嘉靖三十年(1551年)"诸边费六百余万",自嘉靖二十九年(1550年)十月至嘉靖三十一年(1552年)正月,"自诸边年例二百八十万外,新增二百四十五万有奇,修边、振济

---

① 《明史》卷213《徐阶传》。
② 《明通鉴》卷62。

诸役又八百余万"。当时户部每年岁入只有二百万,两相对比,可知军费开支的数字确实大得惊人①。

官吏的数字日益增多,也消耗了大量的财力。历代设官,汉代七千五百员,唐一万八千员,宋极冗至三万四千员②。到了明代,洪武时全国武职人员约为二万八千余员③,宪宗成化时"武职已逾八万。合文职,盖十万余"④。嘉靖年间,又有许多人通过边功升授、勋贵传请、大臣恩荫等各种途径,进入官僚队伍,总数增加数倍⑤。官吏的增加,就需要支出大批银米以供应其俸禄。

皇室生活奢侈,是发生财政拮据的第三个原因。明世宗经常大兴土木营建宫殿,劳民伤财。《明史·食货志》说:"世宗营建最繁,(嘉靖)十五年(1536年)以前,名为汰省,而经费已六七百万。其后增十数倍,斋宫、秘殿并时而兴。工场二三十处,役匠数万人,军称之,岁费二三百万。其时宗庙、万寿宫灾,帝不之省,营缮益急,经费不敷,乃令臣民献助;献助不已,复行开纳。劳民耗财,视武宗过之。"仅《明史·世宗本纪》所记载的重大土木工程,就有"作仁寿宫","作玉德殿,景福、安喜二宫",作慈宁宫,作慈庆宫,"营雷殿",修太庙,修京师外城,重修三殿,重修万寿宫等十几个以上。

此外,"唐、宋宗亲或通仕版,或散处民间",明代"分封列爵,不农不仕,吸民膏髓";"周丰镐,汉西都,率有其名而无实",明代"留都之设,建官置卫,坐食公帑"⑥。这也都是明朝财政上的大漏洞。

上述远因、近因、主观原因和客观原因等加在一起,共同起

---

① 《明史》卷202《孙应奎传》;《明通鉴》卷60。

②④ 《明史》卷214《刘体乾传》。

③ 《明世宗实录》卷102。

⑤ 《涌幢小品》卷8《设官》。

⑥ 《明史》卷214《靳学颜传》。

作用,遂使嘉靖年间在财政上出现了大问题。

明世宗时期的财政危机起于其中期。嘉靖二十三年(1544年)八月,户部尚且报告"太仓积贮粮米有余"①。可是到嘉靖二十八年就变成了另一种景象。史载:"是时边供繁费,加以土木祷祀之役月无虚日,帑藏匮竭。司农百计生财,甚至变卖寺田,收赎军罪,犹不能给。乃遣部使者括逋赋。百姓嗷嗷,海内骚动。"户部向上级报告,"太仓银库岁入二百万两",以前"一年大约所出一百三十三万,常余六十七万",近岁"一年大约所出三百四十七万,视之岁入,常多一百四十七万。及今不为之所,年复一年,将至不可措手矣"②。嘉靖三十年,由于财政困难,户部尚书孙应奎没有办法解决,"乃建议加派,自北方诸府暨广西、贵州外,其他量地贫富,骤增银一百一十五万有奇"③。后来,京边岁用,多者过五百万,少者亦三百余万,岁入不能抵岁出之半。如嘉靖三十一年所发京边岁用之数为五百三十一万,三十二年为五百七十三万,三十三年为四百五十五万,三十四年为四百二十九万,三十五年为三百八十六万,三十六年为三百零二万。其中嘉靖三十二年竟超出当时"太仓岁入银二百万之额"三百七十三万。"由是度支为一切之法,箕敛财贿,题增派、括赃赎、算税契、折民壮、提编均徭、推广事例兴焉"。最初这些办法还能起点作用,后来则"诸所灌输益少"。又"四方有事,有司往往为地方奏留,且请免,如浙、直以被倭,川、贵以采木,山、陕、宣、大以兵荒。不惟诸军兴征发停格,即岁入二百万之额,且亏其三之一"。嘉靖三十七年二月,大同右卫告警,"帑储大较不及十万两,而边臣奏讨日棘"④。户部尚书等急得不知如何是好,"乃乘间具陈帑

---

① 《明通鉴》卷58。
② 《明世宗嘉靖实录》卷351。
③ 《明史》卷202《孙应奎传》。
④ 《明世宗嘉靖实录》卷456。

藏空虚状,因条上便宜七事以请"。接着,明世宗又让"群臣各条理财之策,议行者凡二十九事,益琐屑,非国体"①。

六、人民的反抗斗争和兵变

在叙述财政危机的时候,已可约略看出嘉靖时期封建国家加给人民的赋役负担是多么沉重。为了进一步了解其具体情况,再引几条材料加以说明:

嘉靖四十一年(1562年)九月户科都给事中何�}上疏"陈五事",其一"宽民力"说:"近来有司日事诛求,民不堪命。即以南直隶言之:军门有加派养兵银两矣,工部有坐派料价矣;而军门之外,复有操江之募兵,兵备道之壮丁,府州县之乡兵焉;料价之外,复有采木、颜料等费,预征、劝借等名焉。而当其事者,又或已停尚征,或指一科十。"②

嘉靖四十三年(1564年)七月,顺天府尹刘畿报告说:"(畿辅)近以吏不得人,差徭日繁,生理困瘁。臣阅本府所属州县,其夏秋常赋原额,折银不过十万九千六百两有奇,其额外加编银,反至十一万三千六百两有奇。况且密迩辇毂之下,采办加派之不常,添设借用之日至,是以宛、大二县有全里逃亡无一丁者,有余二、三户者。"③

嘉靖十一年(1532年)冬,御史郭弘化上言:"臣闻四川、湖广、贵州、江西、浙江、山西及真定诸府之采木者,劳苦万状。应天、苏、松、常、镇五府,方有造砖之役,民间耗费不赀,窑户逃亡过半。"④

---

① 《明史》卷78《食货志》2。
② 《明世宗嘉靖实录》卷513。
③ 《明世宗嘉靖实录》卷536。
④ 《明史》卷207《郭弘化传》。

嘉靖八年(1529年)八月提督两广林富上言:"(嘉靖)五年(广东采珠)之役,病死溺死者五十余人,而得珠仅八十两,天下谓'以人易珠'。"①

上面所引虽是片断的材料,但已说明,嘉靖年间全国各地赋役负担之沉重。繁重的赋役,再加上地主的榨取,当时的劳苦大众便只能在水深火热之中挣扎。嘉靖二十年(1541年)御史杨爵报告说:"臣巡视(京师)南城,一月中冻馁死八十人。五城共计,未知有几。"②山西右布政使王宗沐,"所部岁祲",因入觐而上疏说:"山西列郡俱荒,太原尤甚,三年于兹,百余里不闻鸡声。父子夫妇互易一饱,命曰'人市'。"③劳动人民有时连起码的生存条件都得不到,势必导致人民的武装起义。

人民的武装反抗斗争早在嘉靖初期即已发生,嘉靖中期以后更为频繁,总计不下于四五十次,涉及的地区很广,几乎所有的省份都有发生。有的规模很大,人数达数万,甚至达十来万。起义者的成分以农民为主,此外也有盐徒、矿工和散兵游勇等。有的起义以秘密宗教为组织手段,经过了长期的酝酿和准备。有的起义坚持十年以上,并"僭号称王",远远超过一般的聚众"劫掠"阶段。在这些起义中,规模较大者,有下列十次:

第一,嘉靖元年至三年(1522—1524年)的两广人民起义。起义发生于嘉靖元年七月。十一月广西起义被右都御史总督两广军务的张嵿所镇压。广东新宁恩平蔡猛三等领导的农民武装的队伍规模较大,"众至数万"。嘉靖三年(1524年)三月,明军杀猛三,同时杀害俘虏一万四千多人④。

第二,山东矿工起义。嘉靖元年(1522年)十一月,山东青

---

① 《明通鉴》卷54。
② 《明史》卷209《杨爵传》。
③ 《明史》卷223《王宗沐传》。
④ 《明通鉴》卷50、51;《明世宗实录》卷20、37。

州矿工王堂等起义于颜神镇,转战东、兖两府,并进入河南和北直隶地区①。嘉靖二年正月,在河南杀明官员指挥赵太等三十余员、官军八百余人②。这年二月,起义军被提督军务俞谏会河南、山东、保定三方军队所"平定",起义失败③。

第三,陈卿起义。嘉靖七年(1528年)二月,山西潞城县青羊山陈卿等造反,执知州,杀伤指挥、知县等明官。十月,由于山西、河南、山东、北直隶四省官军大举镇压,义军英勇抵抗,由于众寡悬殊,起义失败④。

第四,师尚诏起义。嘉靖三十二年(1553年)七月,河南柘城盐徒师尚诏聚众数千起义,攻克归德府及柘城、鹿邑等县。八月,攻围太康县。九月,师尚诏计划东下取凤阳,"取高墙罪宗奉之",兵败于五河县。十月,师尚诏在山东莘县被擒,遇害,起义失败。起义军前后攻克府一、州二、县八,震动三省⑤。

第五,陈以明起义。广东新宁、新会、新兴、恩平之间的山区,多有"亡命者窜入诸瑶中",众至万余,推陈以明为首领,号"承天霸王",数败官军,设有将军、指挥等官职。嘉靖三十五年(1556年)十一月,义军为广东巡抚谈恺所败,以明被杀⑥。

第六,张琏起义。张琏,广东饶平县人,最初参加郑八的起义队伍,后郑八死,与萧雪峰分领其众,转战汀、漳、延、建及宁都、瑞金等处。嘉靖四十年(1561年)九月,义军攻克福建南靖县。根据地设在饶平一带,明军不敢轻易进犯。嘉靖四十一年

---

① 《明史》卷208《汪应轸传》;《明通鉴》卷50。

② 《明通鉴》卷50。

③ 《明史》卷17《世宗纪》1。

④ 《明通鉴》卷54;《明世宗实录》卷85、92、94。

⑤ 《明史》卷18《世宗纪》2;《明通鉴》卷60;《明史》卷205《曹邦辅传》;《明世宗实录》卷401、402、403。

⑥ 《明通鉴》卷61;《明世宗实录》卷441。

二月,提督两广、侍郎张臬奏请调集狼兵十万,与福建、江西官军会同镇压。五月,张琏与萧雪峰都被官军俘获,起义失败,被遣散部众二万人①。

第七,蔡伯贯起义。四川大足蔡伯贯以白莲教发动起义,建号"大唐",旬月之间,连破七州县。嘉靖四十五年(1566年)正月,蔡伯贯战败为官军所俘,起义共持续三十六天②。

第八,浙赣矿工起义。嘉靖四十五年(1566年)二月,浙江开化、江西德兴矿工起义,转战徽、宁等处,遂入婺源县。后又转战江西玉山、浙江遂安,闰十月被官军所镇压③。

第九,李亚元起义。广东人李亚元聚众起义,活动于河源、和平等县,嘉靖四十五年(1566年)二月,官军出动十万,始将起义镇压下去。李亚元被俘,义军被俘杀一万零四百④。

第十,赖清规等起义。广东和平县岑冈李文彪、李珍父子,江西龙南县高沙保谢允樟,下历赖清规,自嘉靖三十五六年起聚众起义,号为"三巢"。嘉靖四十五年(1566年),三方"声势相倚,众且数万";赖清规一支,势力尤强,"僭号称王,四方群盗,悉依以为薮",广东和平、龙川、兴宁和江西龙南、信丰、安远六县被起义者"蚕食过半"。南赣巡抚吴百朋认为,要镇压这次起义,"兵非三十万、银非百万两不可"⑤。吴百朋派守备蔡汝兰"讨擒清规于苦竹嶂"⑥,义军失败。

嘉靖时期兵变屡见。其起因或由于月粮减少,或由于将官

① 《明史》卷212《俞大猷传》;《明通鉴》卷62;《明世宗实录》卷506。
② 《明史》卷206《马录传附王科传》;《明通鉴》卷63;《明世宗实录》卷554。
③ 《明史》卷18《世宗纪》2;《明通鉴》卷63。
④ 《明史》卷18《世宗纪》2,卷212《俞大猷传》;《明通鉴》卷63;《明世宗实录》卷561。
⑤ 《明通鉴》卷63;《明世宗实录》卷561。
⑥ 《明史》卷220《吴百朋传》。

督役严急,或由于政府剥削加重。一般说来,这时的兵变可看作人民反抗的一部分。其规模较大者,共有如下四次:

第一,嘉靖三年(1524年)大同兵变。巡抚都御史张文锦令镇卒于大同城北九十里筑五堡,并欲徙二千五百家镇卒往守。镇卒以无安全保障,不肯服从,遂在郭鉴等领导下发动兵变。七月二十二日杀参将贾鉴,二十七日杀张文锦。八月,明政府另派蔡天祐为巡抚,九月,命户部侍郎胡瓒、都督鲁纲帅师往讨。郭鉴被官府擒斩,其父郭疤子继起与官府作对。嘉靖四年,蔡天祐捕杀郭疤子等四十人,又因事捕杀数百人,这次兵变遂告结束①。

第二,嘉靖十二年(1533年)大同兵变。嘉靖十二年十月,大同总兵官李瑾,让镇卒挖濠沟,督促严急,役卒王福胜、王保等数十人鼓噪,杀李瑾。十一月,巡抚潘倣逮捕王保等七十余人,杖死十余人。嘉靖十三年大同城中管粮郎中詹荣等,分化兵变参加者,擒兵变首领黄镇等九人,兵变结束②。

第三,嘉靖十四年(1535年)辽东兵变。辽东诸卫所,最初每个军士,佐以余丁三,每一匹马给牧地五十亩。后来巡抚副都御史吕经减少余丁,编入均徭册,又尽收牧地入官,士卒深为怨恨。十四年三月,吕经巡视辽阳,令士卒增筑边墙,督役严急,诸军遂大噪,火烧均徭册,幽禁吕经。接着广宁、抚顺士卒亦发动兵变。巡按御史曾铣宣布废除吕经的新办法,参加兵变者才渐渐减少。七月,曾铣查清辽阳、广宁、抚顺兵变主要发动者的姓名,在同一天里捕捉数十人,全辽兵变至此结束③。

第四,振武营兵变。振武营是南京尚书张鏊为御倭而招募

---

① 《明史纪事本末》卷57。

② 《明史》卷17《世宗纪》1;《明通鉴》卷56。

③ 《明史》卷17《世宗纪》1,卷203《吕经传》,卷204《曾铣传》;《明通鉴》卷56。

的一支军队。嘉靖三十九年(1560年)二月,因减少月粮,发饷又逾期,遂发生兵变。兵变者杀死督储侍郎黄懋官,当局答应拿出十万两银子作犒赏,事乃稍定。后来南京兵部侍郎李遂为稳定局势,又答应恢复月粮原额①。

《明史·世宗纪》的赞语说:"世宗御极之初,力除一切弊政,天下翕然称治。顾迭议大礼,舆论沸腾,幸臣假托,寻兴大狱。"又说:"若其时纷纭多故,将疲于边,'贼'讧于内,而崇尚道教,享祀弗经,营建繁兴,府藏告匮。百余年富庶治平之业,因以渐替。"对世宗时期的这个估价,除否定农民起义一点外,应该说大体是允当的。进入中叶以来逐渐发展的社会矛盾这时更严重更尖锐了。

七、隆庆时期的政治

嘉靖四十五年(1566年)十二月十四日,明世宗死。二十六日,其第三子朱载垕继位,以翌年为隆庆元年(1567年),这就是明穆宗。明穆宗在位六年,这一期间,皇帝醉心于挥霍浪费,大臣争夺首辅的斗争仍在进行,财政危机依然存在,人民的反抗斗争继续发展。从这几点来看,隆庆时期的政治与嘉靖时期简直没有多大区别。

1. 喜游玩爱挥霍的明穆宗

《明史·穆宗纪》的赞语说:"穆宗在位六载,端拱寡营,躬行节俭。"这个评价并不完全符合实际。明穆宗没搞大规模的土木建筑,但他并不节俭,应该说他是一个怠于政事,对于游玩挥霍却很感兴趣的皇帝。

隆庆元年(1567年)正月,"初七日传示免朝,十五日复示"。

---

① 《明史》卷18《世宗纪》2,卷205《李遂传》;《明通鉴》卷62。

对于这种"初政而遽怠"的行为,给事中魏时亮上疏劝谏,但"疏入,留中",明穆宗并不理睬①。十月,"诏停日讲";魏时亮认为"天未沍寒,不宜遽辍",又上言劝谏,而明穆宗仍不予采纳,只不过"章下所司"了事②。隆庆二年(1568 年)春,御史周弘祖上言批评明穆宗:"嗣位二年,未尝接见大臣,咨访治道。"③ 如此等等,都说明明穆宗身为皇帝,对于政事却很少过问。

明穆宗所热心的,乃是游玩、挥霍。史载:"司礼诸阉滕祥、孟冲、陈洪方有宠,争饰奇技淫巧以悦帝意。"④ 明穆宗在后宫"游幸无时,嫔御相随,后车充斥"⑤。据内官监说,明穆宗下令从户部调取银两,全部用以"创鳌山、修宫苑、制秋千、造龙凤舰"⑥。明穆宗的"服御器用",也都是"镂金雕玉"⑦。为了供其享用,他"买玉市珠,传帖数下",购求珠宝比明世宗"益急"⑧。其他采办,数量也很大,隆庆五年(1571 年)夏,"诏江西烧造瓷器十二万有奇,陕西织造羊绒三万二千二百匹有奇,凡费一百数十万"⑨。为了供应采办费用,明穆宗"自即位以来,岁取太仓银入承运库","视嘉靖末征求愈急,而中官复趣之,库藏为之一竭"⑩。

凡是上疏批评明穆宗挥霍浪费的,都受到打击。隆庆二年(1568 年)九月,工部尚书雷礼弹劾诱惑明穆宗醉心晏游的太监滕祥,"传造采办器物及修补坛庙乐器,多自加征,糜费巨万。工厂存留大木,斩截任意"。明穆宗看到奏疏后,竟不处罚滕祥,而

①② 《明通鉴》卷 64;《明史》卷 221《魏时亮传》。

③ 《明史》卷 215《周弘祖传》。

④ 《明史》卷 305《李芳传》。

⑤ 《明史》卷 215《周弘祖传附邓洪震传》。

⑥ 《明史》卷 215《詹仰庇传》。

⑦ 《明史》卷 215《刘奋庸传》。

⑧ 《明史》卷 215《陈吾德传》,卷 82《食货志》6。

⑨⑩ 《明通鉴》卷 65。

令雷礼致仕①。太监李芳"能持正",对滕祥以游玩挥霍诱惑明穆宗很不满意,"切谏,帝不悦。(滕)祥等复媒孽之,帝遂怒,勒(李)芳闲住"。隆庆二年(1568年)十一月,又杖李芳八十,"下刑部监禁待决"②。隆庆三年(1569年)五月,御史詹仰庇批评宫廷中的浪费现象,惹恼了宦官和明穆宗。当时诸司文移往还,及地方官出教,用"照"字,言官上书不用这一术语,而詹仰庇的这个奏疏中,误用了"再照人主"四字,遂被当成处罚借口,明穆宗下诏说:"仰庇小臣,敢照及天子。"詹仰庇被廷杖一百,并被除名③。对于劝谏者的无情责罚,说明明穆宗坚持挥霍浪费的态度极为顽固。

2.首辅之争

嘉靖年间的首辅之争,在隆庆年间有增无已。明世宗死去时,徐阶任首辅之职,遗诏即是他的手笔。遗诏宣布:"凡斋醮、土木、珠宝、织作,悉罢,'大礼'大狱、言事得罪诸臣悉牵复之。"这个诏书曾使当时朝野上下许多人"号恸感激,比之杨廷和所拟登极诏书,为世宗始终盛事"④。但有两个人对这个诏书却大加诋毁,这便是欲夺徐阶首辅职位的高拱和他的同乡郭朴。

高拱,河南新郑人,嘉靖四十五年(1566年)与安阳人郭朴同时因徐阶的推荐而入阁。但郭朴与高拱"乡里相得,事(徐)阶稍倨",高拱尤其"负才自恣"⑤。明世宗居住西内,阁臣值庐在西内之中。高拱"未有子,移家近直庐,时窃出"。有一天,明世宗"不豫,误传非常,(高)拱遽移具出"。给事中胡应嘉,是徐阶的同乡,原已发现徐阶与高拱不合,这时"遂劾(高)拱不守直庐,

①② 《明史》卷305《李芳传》。
③ 《明史》卷215《詹仰庇传》。
④ 《明史》卷213《徐阶传》。
⑤ 《明史》卷213《郭朴传》。

移器用于外"。高拱怀疑是徐阶所指使,遂"大憾之"①。徐阶在明世宗死后草拟遗诏时,没有与高拱、郭朴商量,"旧恨新仇"促使他们对遗诏不能公正评价,竟发表了这样的意见:"徐公谤先帝,可斩也!"

隆庆元年(1567 年),胡应嘉以救考察被黜者而削籍,"言者谓(高)拱修旧郤",胁持徐阶斥去胡应嘉,于是对高拱纷纷弹劾。高拱也找人弹劾徐阶。双方斗争的结果,高拱遭到失败,不得不"引疾归",郭朴也因受到攻击而"乞身去"②。

但徐阶保有首辅位子的时间也不太长。徐阶对明穆宗多所劝谏,"所持诤多宫禁事,行者十八九,中官多侧目"。明穆宗对他也渐渐不满。隆庆二年(1568 年)七月,徐阶只好自请致仕③。

接替徐阶的是李春芳。他为人"恭慎,不以势凌人",其任首辅,"益务以安静称帝意"④。隆庆三年(1569 年)冬,明穆宗召高拱以大学士兼掌吏部事。这时,高拱"尽反(徐)阶所为","专与(徐)阶修郤","所论皆欲以中(徐)阶,重其罪"⑤;对李春芳则凌之以"出其上",李春芳不能与争,"谨自饬而已"。李春芳"尝从容为(徐)阶解",估计高拱最终不会容纳自己,只好连疏"请归养"父母。同时南京给事中王祯也仰承高拱的鼻息,上疏对李春芳进行攻击。隆庆五年五月,李春芳终于被批准退休回家⑥。至此,久欲当首辅的高拱如愿以偿。总计隆庆时期的六年,首辅先后由三个人担任,每人平均任职二年,于此可见当时大臣的互相倾轧是多么剧烈。

3."府库久虚"

隆庆初年,明朝的北部边境仍不安宁,战争时有发生,隆庆

---

① ⑤ 《明史》卷 213《高拱传》。

② ③ 《明史》卷 213《徐阶传》。

④ ⑥ 《明史》卷 193《李春芳传》。

元年(1567年)九月至十月,京师为此又戒严一次①,军费因此不能减少。明穆宗的挥霍浪费也增加了开支。这样,隆庆年间财政紧张仍然是严重的问题。隆庆元年(1567年)十二月,明穆宗让户部盘查内库太仓粮银出入数字,尚书马森报告:"太仓见存银一百三十五万四千五百六十二两。岁支官军银一百三十五万有奇,边饷二百三十六万有奇,补发年例一百八十二万有奇,通计所出须得银五百五十三万有奇。以今岁抵算,仅足三月。京仓见存粮六百七十八万三千一百五十一石,岁支官军月粮二百六十二万一千五百余石,遇闰又加二十二万余石,以今数抵算,仅足二年有余。窃惟积贮,天下大命,故无三年之蓄,则曰国非其国。命(今)帑藏所积似此,可谓匮乏之极矣。平居无事,尚难支持,万一有不虞灾变,供费浩繁,计将安出?今日催征急矣,搜刮穷矣,事例开矣,四方之民力竭矣,各处之库藏空矣。时势至此,即神运鬼谕(输)亦难为谋。"② 隆庆二年(1568年)六月,户科给事中魏时亮上疏论时事,指出:"今天下府库殚虚,百姓困瘁。"③ 隆庆三年,明穆宗下令取太仓银三十万两供内庭挥霍。新上任的户部尚书刘体乾很是为难,上疏说:"太仓银所存三百七十万耳。而九边年例二百七十六万有奇,在京军粮商价百有余万,蓟州、大同诸镇例外奏乞不与焉。若复取以上供,经费安办?"明穆宗不听,刘体乾又说:"今国计绌乏,大小臣工所共知。即存库之数,乃近遣御史所搜刮,明岁则无策矣。今尽以供无益费,万一变起仓卒,如国计何!"这时给事中李已、御史刘思问等也纷纷上疏劝谏,阁臣李春芳等人的意见与刘体乾等也完全一致。明穆宗无奈,只好批示说:"朕览卿等所奏,户部银两缺乏。

---

① 《明史》卷19《穆宗纪》。
② 《明穆宗隆庆实录》卷15。
③ 《明史》卷221《魏时亮传》。

内库亦缺银两,朕方取。既这等说,且取十万来。卿等传示,不必再来奏扰。"① 专制皇帝在客观形势的逼迫下,只好作出让步。隆庆四年五月,明穆宗听了太监崔敏的话,下令"市珍宝",户科都给事中李已和工科给事中陈吾德再次发出警告:"迩时府库久虚,民生困瘁,司度支者日夕忧危!"② 隆庆六年尚宝卿刘奋庸上疏陈五事,其中第三事是"慎俭德",要求皇帝"察内帑之空虚","不作无益"③。

反映当时明朝政府的财政紧张的记载,在隆庆六年中几乎年年都有,可以说,这时封建国家在财政问题上已是山穷水尽、走投无路了。

4. 广东和陕西等地的起义

隆庆年间的人民武装反抗斗争,主要发生在广东和陕西等地。

隆庆元年(1567年),广东起义大规模爆发④。其中势力最大的是以曾一本为首的一支。

曾一本在嘉靖年间参加过吴平的反明队伍(吴平在嘉靖末年曾组织队伍反明,并与倭寇有所勾结。活动地区是闽、粤两省。嘉靖四十五年被明政府平息,吴平下落不明),降而再起,执澄海知县,败官军,击毙守备李茂才⑤。隆庆二年六月,曾一本进攻广州,杀知县刘师颜,后转战福建⑥。明将周云翔杀参将耿宗元,投入起义军,屯平山大安峒,准备进攻海丰,隆庆三年五月为官军所败,周云翔被俘,部众一千三百余人被杀⑦。曾一本在

---

① 《张文忠公全集》奏疏 1《请停取银两疏》。
② 《明史》卷 215《陈吾德传》。
③ 《明史》卷 215《刘奋庸传》。
④⑥ 《明史》卷 19《穆宗纪》。
⑤ 《明史》卷 212《俞大猷传》。
⑦ 《明史》卷 212《刘显传附郭成传》。

福建败于柘林澳,转移至马耳澳。八月,在海战中失利被俘,部众被杀害者一万多人①。

肇庆恩平十三村陈金莺等,与邻邑苔村三巢罗织清等,以及藤洞、九径十寨黄飞莺等,各自发动起义,互通声气。旧例,两广"惟大征得叙功",总督殷正茂和总兵官张元勋改变办法,"令雕剿得论功"。依靠这种办法,官军才将三巢、十寨、十三村的起义者镇压下去,"其诸路雕剿者,效首功二千四百有奇",时为隆庆六年(1572年)②。

惠、潮一带,山险木深,蓝一清、赖元爵等率众起义,"各据险结寨,连地八百余里",起义人数达几万。隆庆六年(1572年),殷正茂在镇压了三巢、十寨、十三村的起义者后,征兵四万前来对付惠、潮一带的起义者。起义者奋起抵抗,直至穆宗死后,这次起义才告失败③。

隆庆三年(1569年)"陕西贼起",第二年转战四川④。

第二节 从嘉靖中期到万历初年的改革活动

嘉、隆年间日益严重的财政困难和日渐发展的人民反抗运动,表明明朝的统治虽说尚未走到崩溃的边缘,但已危机四伏。嘉靖中期以后,一方面是政治日趋腐败,另方面是在统治集团内部出现了一些头脑比较清醒的人物,不断地进行力所能及的改革,企图以此挽救封建王朝的颓势。这些改革具有不同的规模、深度和广度,持续的久暂也不相同,但都有一定的进步意义,对于挽救明王朝的危机也起了一定作用。随着时间的推移,这些

---

① 《明史》卷19《穆宗纪》,卷212《李锡传》。

②③ 《明史》卷212《张元勋传》。

④ 《明史》卷19《穆宗纪》。

改革活动越来越发展,最后在明神宗万历初年形成了规模大、影响深的张居正改革。从总的规模和影响看,嘉靖中期到万历初年的改革,远远超过了明中叶所发生的其他任何改革。

一、嘉靖中、后期的改革活动

嘉靖中、后期的改革活动,主要是围绕赋役制度进行的,其中最有名的人物是桂萼、欧阳铎、潘季驯和庞尚鹏等人。

桂萼因"议大礼"而被重用,做了大学士。他在嘉靖九年(1530年)十月就清图、清籍、攒造、军匠开户、新增田地、寺观田土、编审徭役等事项,提出了改革意见。经过户部讨论,最后由皇帝批准了其关于新增田地、寺观田土和编审徭役等三个事项的改革意见①。其中关于编审徭役的意见是:"将十甲丁粮总于一里,各里丁粮总于一州一县,各州县丁粮总于一府,各府丁粮总于一布政司。布政司通将一省丁粮,均派一省徭役。内量除优免之数;每粮一石,编银若干;每丁审银若干。勘(斟)酌繁简,通融科派。造定册籍,行令各府州县,永为遵守。"② 这个编派徭役的办法,在第二年被御史傅汉臣称为"一条编(鞭)"。这便是明代赋役史上关于"一条鞭"名称的最早记录③。这个办法,打破了原来的里甲界限,在一州县、一府甚至一省内通融科派徭役负担。若能实行,对明政府来说,有利于其徭役科派的落实,而对老百姓来讲,则有利于克服各甲因土地人丁"多寡不一"而形成的徭役不均现象,这不能不说有其一定的合理性④。不过,这个办法当时并未见执行;大概是因为在全省范围内进行徭役

---

① 《明世宗实录》卷118。

②④ 《古今图书集成·经济汇编·食货典·赋役部》。

③ 《明世宗实录》卷123。

负担的平均分配,不是一件一蹴而就的事情,因此它只能是说说而已。

欧阳铎,江西泰和人,正德时曾在福建延平府"毁淫祠",在福州府实行均徭,让"多田产"而又不负担徭役的士大夫承担一部分徭役。

嘉靖十六年(1537年),热心推行赋税改革的欧阳铎以右副都御史巡抚应天十府,发现"苏、松田不甚相悬,下者亩(税)五升,上者至二十倍"。乃实行"征一法","总征银米之凡,而计亩均输之"。"其科则最重与最轻者,稍以耗损益推移。重者不能尽损,惟递减耗米,派轻赍(折色)折除之,阴予以轻。轻者不能加益,为征本色,递增耗米加乘之,阴予以重"。为了防止诡寄等弊病,"诸推收田,从坵不从户"。对于徭役的编派等,他也提出了"民皆称便"的上百条建议①。

潘季驯,浙江乌程人。嘉靖三十八年(1559年)以御史巡按广东,整顿该省均平里甲法。此法在广东"始于成化、弘治中",但后来的官吏"多不能守","里甲大苦"②。潘季驯将之整顿再行,"其法:先计州县之冲僻,以为用之繁简,令民各随丁力输银于官,每遇供应过客及一切公费,官为发银,使吏胥里老承买。其里长止于在官勾摄公务,甲首悉放归农"。这个办法使部分里甲力役变为出钱代役,有利于农民自己掌握劳动时间,因此"广人便之"。嘉靖四十年(1561年)正月,潘季驯自以"报代在迩",恐后任不能继续执行,因而上疏要求朝廷下令肯定此法。朝廷批准了他的要求,"以其言行通省,如法遵守"③。

庞尚鹏,广东南海人,嘉靖四十年(1561年)至隆庆元年

---

① 《明史》卷78《食货》2,卷203《欧阳铎传》;参见梁方仲《释一条鞭法》,载《中国社会经济史集刊》第7卷1期,1944年6月出版。

② 《天下郡国利病书》原编第27册,第52页。

③ 《明世宗实录》卷492。

(1567 年)以御史巡按浙江,多次改革赋役制度,行过"十段锦法",最后又行"一条鞭法"①。其十段锦法,据其本人说,是"将十甲内丁粮,除四甲已经编过外,未编六甲,通融均作六段,分定六年",承担徭役。"凡官吏、举监生员、军灶匠丁,系例应优免者,即将应免之数,开列册前;如或各甲内俱有丁粮,止从一甲内优免,其余免剩者,挨造入册,与民一体编差"②。庞尚鹏所推行的一条鞭法,是仿自余姚、平湖两县原来实行的"均徭一条鞭之法",其基本内容是:"凡岁编徭役,俱于十甲内通融随粮带征"。这就是说,它改变了过去十年轮役的办法,实行十甲人户年年共同承应。原来"以十年之差,而责之一年","重而难";现在则以一年之役,而均之十年,"轻而易"。第二,它改变了过去粮、役分别征用的办法,实行两者统一征收。这便简化了手续,减少了经手吏胥舞弊害民的机会③。除了浙江之外,在此前后,庞尚鹏还在其家乡广东和福建推行过一条鞭法,"浙江、福建暨其乡广东皆以徭轻故"而感激他,为之"立祠祀"④。

　　除了上述四个人外,曾帮助欧阳铎"均田赋"的王仪⑤,嘉靖四十四年(1565 年)二月奏准在江南行十段锦册之法的巡按直隶御史温如璋等⑥,也是嘉靖中、后期致力于赋役改革的著名人物。有些人进行了赋役改革,后来其本人姓名湮没不传,只有其改革办法因为影响重大而被记载下来,如"一串铃法"就是其中之一。按照《明史·食货志》的记载,这是一种"夥收分解法",即各项钱粮一齐征收,而后分头输送,"收者不解,解者不收"。这

①　参见梁方仲《明代一条鞭法年表(初稿)》,载《岭南学报》第 12 卷 1 期。
②　《明经世文编》卷 357 庞尚鹏《厘宿弊以均赋役事》。
③　《明经世文编》卷 357 庞尚鹏《均徭役以杜偏累以纾民困事》。
④　《明史》卷 227《庞尚鹏传》。
⑤　《明史》卷 203《王仪传》。
⑥　《明世宗实录》卷 543。

种办法于嘉靖末年、隆庆初年实行于北直隶和山东等地①。从总的发展趋势看,嘉靖中、后期的改革活动,后期多于中期,南方多于北方。后期多于中期是因为当时社会矛盾日益发展、深化的缘故。南方多于北方,当是因为南方经济发达,统治者对这里的剥削特别繁重,从而使得这里弊端最多、急待解决;另外,那时的人民反抗运动,多半发生在南方各省,这也使当地的统治者受到了推动,其改革活动就比北方相对积极。

二、海瑞、高拱等人的改革活动

隆庆时期,围绕赋役制度的改革仍在继续发展。在明代经济史专家梁方仲先生所作的《明代一条鞭法年表》中,属于嘉靖一朝的共三十六条,而属于仅有六年的隆庆年间的却有五十五条之多②。此外,这一时期的改革活动,所涉及的范围也大大扩大,吏治、边防等都成了改革的重要对象。这一时期,最著名的改革人物应推海瑞、高拱、戚继光和王崇古(详后)等人,他们的改革活动反映了这一时期改革活动的基本特征。

海瑞,琼山人。为人正直,积极进行改革,是明代史上著名的"清官"。他的改革活动早在嘉靖年间已经开始。嘉靖三十七年(1558年),他被任命为浙江淳安知县,厉行整顿吏治,反对行贿受贿。当时"抚按出,例阴遗其吏书,谓无此则祸且至",而海瑞却说:"充军死罪宁甘受,安可为此穿窬举动耶?"③ 他自奉俭约,"布袍脱粟,令老仆艺蔬自给"。为了给母亲过生日而买肉二斤,竟成为轰动一时的新闻。他刚直不阿,不畏强暴。总督胡宗

---

① 《明穆宗隆庆实录》卷7。
② 梁方仲:《明代一条鞭法年表》,载《岭南学报》第12卷1期。
③ 《海忠介公年谱》,载《海瑞集》,1962年中华书局版。

宪之子路过淳安,耍贵公子的威风,"怒驿吏,倒悬之"。海瑞推说:从前胡公巡视,"令所过毋供张。今其行装盛,必非胡公子"。于是没收其橐金数千,纳之库,并驰告胡宗宪,使胡宗宪有苦说不出,"无以罪"①。嘉靖四十三年(1564年)海瑞升户部主事。当时明世宗深居西内,专事斋醮,不上朝理政,大臣们"争上符瑞",无敢劝谏者,海瑞却在嘉靖四十五年二月上疏谏诤。他毫不客气地批评明世宗"谓遥兴可得而一意玄修","侈兴土木","二十余年不视朝",这使"天下吏贪将弱,民不聊生,水旱靡时,'盗贼'滋炽",大家因之纷纷说:"嘉靖者,言家家皆净而无财用也。"② 海瑞在这个奏疏中还直言不讳地揭露了斋醮求长生的虚妄,说:"陛下之误多矣,大端在于斋醮。斋醮所以求长生也……尧、舜、禹、汤、文、武,圣之盛也,未能久世,下之亦未见方外士自汉、唐、宋至今存者。陛下受术于陶仲文以师称之,仲文则既死矣,彼不长生,而陛下何独求之?"海瑞又在奏疏中拆穿所谓仙桃天药的骗局,指责明世宗的失误,痛快淋漓,正气凛然。明世宗见到这个奏疏,大怒,扔在地上,对左右说:"趣执之,无使得遁。"时在身边的一个宦官说:"此人素有痴名。闻其上疏时,自知触忤当死,市一棺,诀妻子,待罪于朝,僮仆亦奔散无留者,是不遁也。"明世宗听后,无话可说。再读奏疏,深为感动,"留中者数月"。但还是把海瑞下了狱。不久,明世宗病死,明穆宗即位,海瑞获释。当他得知明世宗死去时,"大恸,尽呕出所饮食,陨绝于地,终夜哭不绝声"。看来,海瑞之敢言直谏,完全是从忠君出发的③。

隆庆三年(1569年)夏,海瑞以右金都御史巡抚应天十府。在这里,他进行了一系列改革活动。其中主要者有四项:

第一,摧豪强,抑兼并。他"素疾大户兼并,力摧豪强,抚穷

---

① ③ 《明史》卷226《海瑞传》。
② 《海瑞集》上册,第218页。

弱。贫民田入于富室者,率夺还之。徐阶罢相里居,按问其家无少贷"。他的作风"飙发凌厉,所司惴惴奉行,豪有力者至窜他郡以避"①。

第二,改革赋役制度。海瑞认为:"欲天下治安,必行井田,不得已而限田,又不得已而均税,尚可存古人遗意。"因此,他从做知县到任巡抚,所至"力行清丈,颁一条鞭法"②。海瑞在江南地区推行一条鞭法,是受了庞尚鹏在浙江实行一条鞭法的影响,系推广其成法③。

第三,实行节俭政治。史载,海瑞在巡抚应天十府任上,"裁节邮传冗费,士大夫出其境,率不得供顿"④。

第四,兴修水利。江南故有淞江,汇震泽(太湖)入海,沿江许多土地可得灌溉,后来"被潮啮,淤为陆,议濬者多,迄无就",民间因此流传"惟海龙王始能开得"的谣谚。海瑞在巡抚此地期间,竟办成了这件事。隆庆四年(1570年)正月初三,他奏请开吴淞江。工程开始后,他"乘轻舸往来江上,亲督畚锸,身不辞劳"。二月,即获告竣,仅用银六万八千三百九十七两。自二月九日又兴工濬常熟县白茆河,"因饥民云集,募充工役,兼行赈济",三月底完工,用银仅四万一千二百三十八两。对于当地的圩岸塘浦支河堰坝也遍加修筑,"由是旱涝有备","民赖其利"⑤。

海瑞的改革妨碍了豪绅大地主的利益,因而受到他们的攻击,被加上"迂滞不达政体","庇奸民,鱼肉搢绅,沽名乱政"的罪名,当应天巡抚刚半年即被免职。十几年后海瑞被召为南京右都御史,旧操不改,仍旧严以为政,"诸司素偷惰,(海)瑞以身矫之。有御史偶陈戏乐,(海瑞)欲遵(明)太祖法予之杖。百司惴

---

① ② ④　《明史》卷226《海瑞传》。

③　参见梁方仲《明代一条鞭法年表(初稿)》,载《岭南学报》第12卷1期。

⑤　《海忠介公年谱》,载《海瑞集》下册;《明史》卷226《海瑞传》。

恐,多患苦之"。这样,贪浊的官吏对他继续"丑诋"。不久,海瑞便死在任上。然而,从其改革中得到好处的老百姓却很欢迎他,被罢免应天巡抚之职时,"小民闻当去,号泣载道,家绘像祀之"。海瑞在南京去世时,"小民罢市,丧出江上,白衣冠送者夹岸,酹而哭者百里不绝"①。

高拱在隆庆年间,参与了大臣争夺首辅的角逐。但他也做了一些好事,进行了一些改革。特别值得提出的是,他对选拔官吏的办法进行了改革。隆庆三年(1569年)冬,他以大学士兼管吏部以后,为了遍识人才,"授诸司以籍,使署贤否,志爵里姓氏,月要而岁会之"。这使得选用"皆得其人"。他又以边防多事,请增置兵部侍郎,"以储总督之选",由侍郎而出任总督,又由总督而调回兵部任职,"中外更番,边材自裕"。他认为打仗是一种专门学问,"非素习不可应卒","储养本兵,当自兵部司属始",因而主张慎选兵部司属,"多得智谋才力、晓畅军旅者,久而任之,勿迁他曹","他日边方兵备督抚之选,皆于是取之";"更各取边地之人以备司属,如铨司分省故事",使"题覆情形可无扞格,并重其赏罚以鼓励之"。对于在边疆地区任职的官吏,他也非常重视,认为"其责颇重,不宜付杂流及迁谪者"。这些主张,都得到皇帝的认可,"著为令"。另外,高拱反对过分强调资格,"奏请科贡与进士并用";其考察官吏,不单凭文书,而是"多所参伍",也不拘人数多寡;罢黜者,一定要告诉缘由,"使众咸服"。高拱关于选拔官吏的上述措施,都是适宜的,因而被史家评为"练习政体,负经济才,所建白皆可行"②。

戚继光在隆庆年间的贡献是整顿蓟镇的防御。戚继光,字元敬,祖上世袭登州卫指挥佥事。嘉靖年间,他积极参加抗倭,

---

① 《明史》卷226《海瑞传》。
② 《明史》卷213《高拱传》。

是抗倭名将(详后)。隆庆初,以蓟镇多警,继光被召为神机营副将,训练边卒。隆庆二年(1568年)五月,命以都督同知总理蓟州、昌平、保定三镇练兵事,总兵官以下悉听节制。不久,因蓟镇既有总兵,又设总理,事权分散,互相掣肘,乃召回原任总兵,命戚继光为总兵官,镇守蓟州、永平、山海诸处。戚继光发现边军纪律废弛,便调浙兵为一军,"用倡勇敢"。"浙兵三千至,陈(阵)郊外。天大雨,自朝至日昃,植立不动。边军大骇,自是始知军令"。自嘉靖以来,明朝防御蒙古的"边墙虽修",而"墩台未建"。戚继光决定增筑空心敌台,以加强防御。这种空心敌台"高五丈,虚中为三层,台宿百人,铠仗糗粮具备"。戚继光奏请第一批先建一千二百座。隆庆五年(1571年)秋,"台功成",自居庸关至山海关,"二千里声势联接","精坚雄壮",边防大为加强。戚继光还创造了马、步、车相结合的战术。他"议立车营",车一辆用四人推挽,"战则结方阵,而马、步军处其中";又制造了体轻便利的拒马器,专门用来遏制敌骑的冲突。当敌人刚刚来到时,首先发火器对付;敌人稍近,则步军持拒马器排列而前,并间以长枪等;敌人逃跑,就用骑兵追袭。这种战术,"节制精明,器械犀利",于是"蓟门军容"超过其他所有边镇。自嘉靖二十九年(1550年)俺答"犯京师",蓟镇成为最重要的边镇,"增兵益饷,骚动天下","十七年间,易大将十人,率以罪去"。而戚继光整顿了这里的防御,在镇任职长达十六年,"边备修饬,蓟门宴然。继之者踵其成法,数十年得无事"。他之所以获得成功,一方面是由于他的措置适宜,另方面则是由于先后得到了内阁大学士徐阶、高拱、张居正等人的支持,张居正"尤事与商榷,欲为继光难者,辄徙之去"。督抚大臣谭纶等也大力协助,"动无掣肘"①。

---

① 《明史》卷212《戚继光传》。

三、张居正出任首辅

　　张居正,字叔大,号太岳,湖广江陵人。嘉靖二十六年(1547
年)进士,徐阶很器重他。严嵩任首辅,忌恨徐阶,"善(徐)阶者
皆避匿",而张居正照常与徐阶来往,严嵩于是也对他很器重。
徐阶代严嵩为首辅后,"倾心委居正",明世宗去世,徐阶"草遗
诏,引与共谋"①。隆庆元年(1567 年)二月,张居正任吏部左侍
部,兼东阁大学士,四月,晋礼部尚书,兼武英殿大学士②。嘉靖
年间,张居正与高拱曾一起任职国子监,因而关系密切;徐阶的
首辅职位被李春芳代替后,张居正与"故所善掌司礼者李芳"谋
划,召用高拱,使领吏部,而夺李春芳的首辅之职。后来,高拱终
于代替李春芳做了首辅。

　　起初,高拱与张居正合作得很好,但不久也发生了矛盾。徐
阶的三个儿子"事居正谨",而高拱因为深恨徐阶,"嗾言路追论
不已,(徐)阶诸子多坐罪"。张居正为徐家说情,而高拱的手下
人说张居正纳了徐家的贿赂,"二人交遂离"③。张居正积极谋
划夺首辅之职,恰在这时,发生了太监冯保和高拱的矛盾。

　　冯保在嘉靖中任司礼监秉笔太监,隆庆元年(1567 年)提督
东厂,兼掌御马监事。当时司礼监掌印缺员,冯保按资序应该递
补,但因为"不悦于穆宗",任大学士之职的高拱推荐御用监陈洪
代补,冯保因而不快。不久陈洪罢职,高拱又荐孟冲,冯保恨高
拱更深。于是冯保便与张居正结合起来,共同驱逐高拱④。

　　穆宗去世前夕,冯保密嘱张居正预草遗诏,高拱发现,很是

---

　　①③　《明史》卷 213《张居正传》。

　　②　《明史》卷 110《宰辅年表》2。

　　④　《明史》卷 305《冯保传》。

不满。穆宗于隆庆六年（1572年）五月死去，六月，其第三子朱翊钧即位，以翌年为万历元年（1573年），这就是在位四十八年的明神宗。这时明神宗方才十岁，政务由穆宗陈皇后及神宗生母李贵妃主持。穆宗去世之时，冯保"言于后、妃，斥孟冲而夺其位"；又矫遗诏，令自己与阁臣同受顾命。神宗即位后，冯保既掌司礼，又督东厂，兼总内外，势益张①。高拱想把权力夺回来，"条奏请诎司礼权，还之内阁"。又让给事中雒遵等上疏攻击冯保，准备自己"从中拟旨逐之"。高拱派人把消息通知张居正，张居正表面答应，暗地里却去报告了冯保。冯保"诉于太后，谓高拱擅权不可容，太后领之"。第二天，召见群臣，高拱以为必是驱逐冯保，快步上朝，然而诏书一宣布，却是数说他的罪过，要驱逐他自己②。于是，首辅的职位便落到张居正手里。

　　张居正任首辅后，对于穆宗陈皇后和神宗生母李贵妃极力巴结，终于受到信任，几乎独揽了朝政。史载："帝当尊崇两宫。故事，皇后与天子生母并称皇太后，而徽号有别。（冯）保欲媚帝生母李贵妃，风居正以并尊。居正不敢违，议尊皇后曰仁圣皇太后，皇贵妃曰慈圣皇太后，两宫遂无别。慈圣徙乾清宫，抚视帝，内任（冯）保，而大柄悉以委居正。"连皇帝对张居正都非常害怕，据说明神宗刚即位，由冯保"朝夕视起居"，"小扞格，即以闻慈圣。慈圣训帝严，每切责之，且曰：'使张先生闻，奈何！'于是帝甚惮居正"。大臣们对张居正更是不敢与比肩。吕调阳、张四维先后入阁为大学士，但吕调阳对张居正"莫敢异同"，张四维则"恂恂若属吏，不敢以僚自处"③。万历六年（1578年）三月，张居正乞归葬父，明神宗戒次辅吕调阳等："有大事毋得专决，驰骋之

---

　　① 《明史》卷305《冯保传》。
　　② 《明史》卷213《高拱传》。
　　③ 《明史》卷213《张居正传》。

江陵,听张先生处分。"张居正请增加内阁成员,明神宗让他推举,他推荐礼部尚书马自强和吏部右侍郎申时行入阁。"(马)自强素怨居正,不自意得之,颇德居正。而时行与四维皆自昵于居正,居正乃安意去"。万历十年,张居正生病,明神宗屡次"颁敕谕问疾,大出金帛为医药费";张居正之病历四个月不愈,"百官并斋醮为祈祷。南都、秦、晋、楚、豫诸大吏,亡不建醮"。明神宗让张四维等处理"阁中细务,大事即家令居正平章"。张居正最初还能勉强处理,后来疲乏过甚,"不能遍阅,然尚不使四维等参之。及病革,乞归,上复优诏慰留,称'太师张太岳先生'"①。就这样,直到万历十年张居正死去,他始终紧握权力不放,万历朝前十年,他是实际上的最高统治者。张居正是明代最有权威的一位首辅。

四、张居正改革

张居正在万历前十年迹似专擅,但他利用手中掌握的权力,雷厉风行地推进嘉、隆以来的改革活动,起了一定的进步作用。他有鲜明的变革思想,认为"天下之事,极则必变",对那些墨守陈规的人,他批评是"不达时变"的"腐儒"②。他讲求实效,"凡事务实,勿事虚文"③ 是他能进行改革的思想基础。张居正所进行的改革内容有:

1. 整顿吏治

张居正目睹嘉、隆时期的混乱政局,认为其症结在于吏治腐败,官僚们或"虚声窃誉",或"巧宦取容",或"爱恶交攻"④。他

---

① 《明史》卷 213《张居正传》。
② 《张文忠公全集》文集 11《杂著》。
③ 《张文忠公全集》奏疏 7《谢召见疏》。
④ 《张文忠公全集》奏疏 1《陈六事疏》。

对当时官场中因循敷衍的风气深恶痛绝,说:"近年以来,章奏繁多,各衙门题复,殆无虚日,然敷奏虽勤,而实效益赊。""顾上之督之者虽谆谆,而下之听之者恒藐藐。鄙谚曰:'姑口顽而妇耳顽。'今之从政者,殆类如此。"① 他把当时官场中的上下级比作婆媳,说做婆婆的尽管终日在嘴上唠叨,但媳妇却是充耳不闻。他还认为造成明中叶农民起义的原因,是明王朝政治腐朽,"吏治不清,贪官为害"②,"吏不恤民,驱民为盗"③。为此,张居正十分重视对吏治的整顿。万历元年(1573 年)他提出了"考成法"。他说:"盖天下之事,不难于立法,而难于法之必行;不难于听言,而难于言之必效。"④张居正的"考成法",就是要解决这一个问题,要求从中央到地方的各级官吏都要做到"法之必行","言之必效"。原来,明朝政府曾制定了对官员的考察制度,但行之不久,考察制度形同具文。这时,张居正就严格贯彻。他提出的考察标准是"惟以安静宜民者为最,其沿袭旧套虚心矫饰者,虽浮誉素隆,亦列下考"。其方法是逐级考核:"抚按以此核属官之贤否,吏部以此别抚按之品流,朝廷以此观吏部之藻鉴。若抚按官不能悉心甄别,而以旧套了事,则抚按官为不称职矣,吏部宜秉公汰黜之。吏部不能悉心精核,而以旧套了事,则吏部为不称职矣,朝廷宜秉公更置之。庶有司不敢以虚伪蒙上,而实惠旁孚,元元之大幸也。"⑤ 为了事事都有着落和交代,张居正又建立了随事考成的制度:"凡六部都察院,遇各章奏,或题奉明旨,或复奉钦依,转行各该衙门,俱先酌量道里远近,事情缓急,立定程期,置立文簿存照"。除了一般的例行公事以外,另立文册两本,一本送各科备注,实行一件,注销一件;一本送内阁查考,"必俟

---

①④ 《张文忠公全集》奏疏 3《请稽查章奏随事考成以修实政疏》。

② 《张文忠公全集》书牍 10《答两广刘凝斋经略海寇四事》。

③ 《张文忠公全集》书牍 1《答两广巡抚熊近湖论广寇》。

⑤ 《张文忠公全集》奏疏 5《请择有司蠲逋赋以安民生疏》。

销完乃已。若各该抚按官奏行事理有稽迟延阁者,该部举之;各部院注销文册有容隐欺蔽者,科臣举之;六科缴本具奏有容隐欺蔽者,臣等举之。如此,月有考,岁有稽,不惟使声必中实,事可责成。而参验综核之法严,即建言立法者亦将虑其终之罔效,而不敢不慎其始矣"①。以部院考察抚按,以六科监督部院,以内阁督察六科。这样,使得各级官吏对中央发布的政令,不敢敷衍塞责,同时使建言立法者也要考虑到事之可行与否,不敢随便行事。这就保证了政令的贯彻执行,提高了行政效率。

张居正在考察中裁撤了一批冗员,奖励了一批"廉能官员","自是,一切不敢饰非,政体为肃"。中央政令"虽万里外,朝下而夕奉行。黔国公沐朝弼数犯法,当逮,朝议难之。居正擢用其子,驰使缚之,不敢动"②。张居正整顿了吏治,就为他推行各项改革奠定了基础。

2．整饬边防

张居正进入内阁后,竭力整饬边防。他认为:"当今之事,其可虑者莫重于边防。庙堂之上,所当日夜图画者,亦莫急于边防。迩年以来,虏患日深,边事久废","今京城内外,守备单弱,臣常以为忧"。因此,张居正力主"赫然奋发",自治图强。他批驳了当时一般人所谓的"吾兵不多,食不足,将帅不得其人"的论调,指出"此三者,不足患也",只要"坚定必为之志","不出五年,虏可图也"③。

张居正重视边防,他支持戚继光整顿蓟镇防务;支持王崇古处理"俺答封贡";还用名将李成梁防守辽东,对于巩固边防也起

---

① 《张文忠公全集》奏疏 3《请稽查章奏随事考成以修实政疏》。
② 《明史》卷 213《张居正传》。
③ 《张文忠公全集》奏疏 1《陈六事疏》。

了很大作用。史载，万历时"俺答款塞，久不为害。独小王子部众十余万，东北直辽左，以不获通互市，数入寇。居正用李成梁镇辽，戚继光镇蓟门。成梁力战却敌，功多至封伯，而继光守备甚设。居正皆右之，边境晏然"①。

3. 整顿学校

张居正认为："养士之本，在于学校。贞教端范，在于督学之臣。"② 因此，万历三年(1575 年)张居正又整顿了府、州、县学。嘉靖以后，有的生员并无实学，但在地方上却形成了一种恶势力，"刁泼无耻"，"恣意非为"，被称为"学霸"③。张居正针对这一情况进行整顿，规定："今后岁考，务要严加校阅。如有荒疏庸毳，不堪作养者，即行黜退，不许姑息。""童生必择三场俱通者，始行入学，大府不得过二十人，大州县不得过十五人，如地方乏才，即四五名亦不为少。"④张居正除核减生员，黜革了一批"学霸"外，并大力整顿提学官和儒学教官。当时的一些提学官并"无卓行实学"，"务为虚谭贾誉"。由于明朝政府对学校不重视，担任儒学教官的往往是"士之衰老贫困者，始告授教职，精力既倦于鼓舞，学行又歉于模范，优游苟禄，潦倒穷途，是朝廷以造士育才之官，为养老济贫之地"⑤。鉴于这种情况，张居正"特敕吏部，慎选提学官，有不称者，令其奏请改黜"⑥。对于其中某些学业荒疏，但年力尚壮者，送监肄业深造；如年已老，则黜革回籍，"庶官无冗旷，业有师模"。张居正认为如此"十年之后，人才当不可胜用矣！"⑦

4. 量入为出，节省开支

张居正是在明朝财政面临崩溃情况时当政的，因此，理财就

---

① 《明史》卷 213《张居正传》。
②④⑤⑥⑦ 《张文忠公全集》奏疏 4《请申旧章饬学政以振兴人才疏》。
③ 《明会典》卷 78"学规"。

成为他改革的重点。为挽救当时的财政危机,维持国家财政收支的平衡,张居正主要从节流和开源两方面来进行。

张居正任首辅以后,在节流方面非常注意。他一方面裁减冗官冗费,同时对皇室的费用,力求撙节。神宗朱翊钧开馆纂修穆宗实录。旧例,先于礼部钦赐筵宴,监修等官于次日入馆。张居正上疏,请免予赐宴,说:"一宴之资,动至数百金,省此一事,亦未必非节财之道。"① 所以在张居正执政时期,没有太多滥赐滥费的现象。

解决财政危机,节流固然是一个方面,但更重要的是开源。在封建社会,国库的主要收入是田赋。明中叶以后,权豪势家"侵欺隐占"②,田赋逋欠甚多,形成"私家日富,公室日贫",如苏松地区,"豪家田至七万顷,粮至二万,又不以时纳"③。因此,张居正为了增加国家的田赋收入,就严加催征田赋和清理逋欠。万历初年,下令"自隆庆改元以前逋租,悉赐蠲除,四年以前免三征七"④。万历二年(1574 年)规定,拖欠七分之中,每年带征三分⑤。第二年又定"输不及额者,按抚听纠,郡县听调"⑥。张居正用考成法来严厉督促官员奉行,如他自己所说的,"考成一事,行之数年,自可不加赋而上用足"⑦。经过这番整顿后,明王朝的财政迅速有了好转,到万历四年,"京通储粟足支八年","太仆寺亦积金四百余万"⑧。万历五年,岁入四百三十五万九千四百余两,岁出三百四十九万四千二百余两,积余八十六万余两。但第二年的财政收支又出现了亏空的情况,计岁入三百五十五万

<hr>

① 《张文忠公全集》奏疏 2《辞免筵宴疏》。
②③ 《张文忠公全集》书牍 6《答应天巡抚宋阳山论均粮足民》。
④⑥ 《明史》卷 229《傅应桢传》。
⑤ 《张文忠公全集》奏疏 5《请择有司蠲逋负以安民生疏》。
⑦ 《张文忠公全集》书牍 7《答山东抚院李渐菴言吏治河漕》。
⑧ 《明史纪事本末》卷 61《江陵柄政》。

九千八百余两,岁出三百八十八万八千四百余两,亏空近三十三万两。这又引起了张居正的警惕,他向明神宗上疏,分析了财政出现亏空的情况后说:"量入以为出,计三年所入,必积有一年之余,而后可以待非常之事,无匮乏之虞。"① 因此,他要求朱翊钧"一切无益之费,可省者省之。无功之赏,可罢者罢之。务使岁入之数,常多于所出"②。

张居正的上述措施,对解决明朝政府的财政危机起了一定的作用,其"量入为出"的原则对于限制封建统治者的挥霍浪费,也有一定的积极意义,这些都是应该肯定的。不过,张居正用考成法来督责官吏催征钱粮、清理逋赋,按照他自己的说法是针对"权豪"、"奸民",而不是针对"细民"、"良民"的③。但实际上,有些官吏在催征钱粮时,对"势豪大户,侵欺积猾,皆畏纵而不敢问,反将下户贫民,责令包赔"④。可见,对张居正上述措施的作用也不可评价过高。

5.丈量土地

明中叶财政危机的产生,其根本原因之一是由于贵族、官僚和地主用隐瞒其所兼并的土地等办法,拒不纳税,使得"小民税存而产去,大户有田而无粮"⑤,赋税征收陷于严重的混乱和不均的状态之中。因此,要比较好地解决这一问题,就必须清丈土地和改革赋役制度。张居正对当时社会矛盾的激化和财政危机的根源,看得很清楚,他说:"夫民之亡且乱者,咸以贪吏剥下,而上不加恤;豪强兼并,而民贫失所故也。"⑥"豪民有田不赋,贫民曲输为累,民穷逃亡,故额顿减。"⑦ 所以张居正于万历五年

---

① ② 《张文忠公全集》奏疏8《看详户部进呈揭帖疏》。
③ ⑥ 《张文忠公全集》书牍6《答应天巡抚宋阳山论均粮足民》。
④ 《张文忠公全集》奏疏5《请择有司蠲逋负以安民生疏》。
⑤ 《明世宗实录》卷204。
⑦ 《明史纪事本末》卷61《江陵柄政》。

(1577年)提议清丈全国各种类型的土地。第二年,正式下令清丈,规定"所在强宗豪民,敢有挠法",要进行严厉惩处①。打算通过丈量,使土地"皆就疆理,无有隐奸。盖既不减额,亦不益赋,贫民不致独困,豪民不能并兼"②。这次清丈,正如张居正自己所说的:"在小民实被其惠,而于官豪之家,殊为未便。"③因此,必然会遭到权豪势家的反对,但张居正以"苟利社稷,死生以之"④的决心积极推行。到万历九年,土地丈量完竣,"总计田七百一万三千九百七十六顷,视弘治时赢三百万顷"⑤。虽然执行丈量的官吏有的改用小弓丈量以求田多,有的豪猾势家也千方百计进行抵制,致使这一数字不很确切,但毕竟把大地主豪强隐瞒的土地清查出一部分,对他们起了一定的抑制作用。原来垦田数字减少最多的湖广等地,经清丈后增额最多。

6.推行一条鞭法

明神宗万历九年(1581年),张居正在清丈土地的基础上,又在全国范围内推行了一条鞭法的赋役制度。

张居正在全国范围内推行的一条鞭法的内容,在《明史·食货志》中有概括的叙述:"一条鞭法者,总括一州县之赋役,量地计丁,丁粮毕输于官。一岁之役,官为金募。力差,则计其工食之费,量为增减;银差,则计其交纳之费,加以增耗。凡额办、派办、京库岁需与存留供亿诸费,以及土贡方物,悉并为一条,皆计亩征银,折办于官,故谓之一条鞭。"⑥《续通典》也记载有其内容:"一条鞭法,通计一省丁粮,均派一省徭役,于是均徭里甲与

---

① ② 《张文忠公全集》附录《文忠公行实》。
③ 《张文忠公全集》书牍13《答山东巡抚何来山》。
④ 《张文忠公全集》书牍11《答福建巡抚耿楚侗谈王霸之辩》。
⑤ 《明史》卷77《食货志》。
⑥ 《明史》卷78《食货志》。

两税为一。"①根据《明史·食货志》和《续通典》的记载,其内容可归纳为如下的几个方面:

(1)赋役合并,以丁田分担役银。在一条鞭法中,原来的赋(两税)役(里甲、均徭、杂泛)以及土贡方物等合并成了一项。徭役一律征银,取消力役,由政府雇人应役。役银也不像过去那样,根据户、丁来征收,而是由人丁和田地来分担。

(2)田赋一概征银。原来,明朝政府对田赋也有征收"折色银"的,但在这之前,田赋仍以"本色"为主。一条鞭法规定,除苏、松、杭、嘉、湖地区继续征收本色粮食,以供皇室官僚等食用外,其余一概征收折色银。

(3)计算赋役数额时,要以州县为单位,各州县原有的赋役额不得减少。

(4)赋役银由地方官直接征收。原先田赋交本色粮食等,极为笨重,交纳和管理都不方便,政府需要有里长、粮长来协助征收和管理。改为征银后,交纳、储存和运输都很方便,因此改为由地方官直接征收,这就是所谓"丁粮毕输于官"。

从上述内容来看,张居正在全国推行的一条鞭法,综合了嘉、隆时期各种赋役改革措施的内容,特别是吸纳了当时在一条鞭法名义下进行的赋役改革的内容,是对明初以来的赋役制度的大改革。它上承唐代两税法,下启清代"摊丁入亩",是中国赋役制度史上的一件大事。它统一了赋役,简化了征收项目和手续,在一定程度上抑制了豪强漏税和官吏贪污的弊端,有利于贫苦下户负担的减轻;役银由以户、丁作为征收对象改变为以丁、田分担,也使商人减轻了负担,赋役征银,既是商品经济发展的

---

① 《续通典》卷7。

必然产物,反转来又促进商品经济的进一步发展,这些都有利于资本主义萌芽的成长,并相对放松了对农民的人身控制,客观上有利于生产的发展。史称:一条鞭实行后,"有积镪堆困,权子母而出之,而其家无田,不名一差"①;"贾贩之流权千金之资、无垄亩之田者,征求不及焉"②;"吏无巧法,民鲜危役,阖境帖然,如就衽席"③。可见张居正在全国推行的一条鞭法,具有一定的进步意义。

如前所述,早在嘉靖九年以后到隆庆年间,已经有潘季驯、庞尚鹏、海瑞等人在广东、浙江、江南等地区推行过一条鞭法。除此之外,这一时期其他地方还有推行这一制度的,其中最值得称道的是江西地区。嘉靖三十五年(1556年)巡按蔡克廉始在江西倡议实行一条鞭法,不久提学副使王宗沐又在江西重倡此议,但这两次都因贵族、官绅的反对而没能付诸实践。嘉靖四十五年,巡抚周如斗第三次在江西提出此议,又因积劳成疾,其志未遂。临死前,他对同僚们不谈其他,惟讲此事。隆庆元年(1567年)刘光济任江西巡抚,第四次在江西推行一条鞭法,他于隆庆二年奏请,隆庆四年获户部正式批准。其所议办法,经过了博访周询,颇为详密,以后对各地曾发生过不小的影响④。从总体情况看,较早实行一条鞭法的省份,多属南方,但北方也非绝对没有,如早在嘉靖十年(1531年),地处豫北的新乡县就已经实行过,乾隆《新乡县志》载:"正德以来,飞诡日甚,地粮偏累不均。嘉靖十年,奏行丈地均粮,一条鞭分派。"据嘉庆《长垣县志》,地处豫北的长垣县,也在嘉靖年间开始实行过

---

① 《李文庄全集》卷5。
② 《天下郡国利病书》卷38。
③ 《天下郡国利病书》卷41。
④ 参见梁方仲:《明代江西一条鞭法推行之经过》,载《地方建设》第2卷第1、2期合刊。

一条鞭法①。据梁方仲先生的《明代一条鞭法年表》，除上述各省区外，嘉靖时期山东，湖广长沙府安化县，以及山西平阳、太原两府和泽、沁、汾三州等地，隆庆时期云南以及广西梧州府藤县等地，也都先后实行过一条鞭法。不过，嘉靖、隆庆时期各地对一条鞭法的实行，有时行时止的现象，各地发展也很不平衡。万历元年以后，各地实行一条鞭法转趋积极，在梁先生所作的"年表"中，从万历元年(1573年)至万历八年，各地实行一条鞭法的记事达九十件之多。万历九年张居正在全国推行一条鞭法以后，各地之实行一条鞭法再次掀起高潮，在梁先生所作的"年表"中，从万历九年到万历二十年各地实行一条鞭法的记事，又有六十二件。从万历元年到万历二十年，可说是一条鞭法在各地推行的高潮时期，梁先生所作的"年表"记事共有二百八十七件，而这一时期就有一百五十二件，占总数的一半以上。到万历二十年，连贵州、四川等偏远省份以及甘、肃两州卫都普遍实行了一条鞭法，全国各省普遍推行一条鞭法。在梁先生所作的"年表"中，万历二十年以后到崇祯十年的四五十年间关于一条鞭法的记事，总共只有四十七件，而且其内容多数是各地将原有办法加以推广，或加以改订、补苴，而非创行。从一条鞭法在各地推行的整个过程来看，张居正在万历九年之下令在全国推行一条鞭法，是有决定性意义的。

万历九年，张居正在全国推行一条鞭法的命令在各地并不是一帆风顺地被贯彻执行的。有些地方官吏由于不勤政务而拖延时日，有些地方的豪强势力为私利而抵制反对，设置种种障碍。如获嘉县实行一条鞭法后，即有当地的官僚地主岳凌霄出而反对，他宣称"条鞭之行，只宜于富县"，主张仍旧把差与粮(税粮)分开征收，实际上等于要把一条鞭法一笔勾销②。张居正在

---

①② 参见高敏：《从豫北地方史料来看有关一条鞭法的几个问题》，载《郑州大学学报》1962年第1期。

全国推行一条鞭法的命令,经过若干年之后,才在各地基本上贯彻执行,这种状况的出现,主要是因为上述原因造成的。但不管阻力多么大,这项改革终于还是基本上实行了,它说明适应历史发展的东西是不可阻挡的。

一条鞭法在万历九年以前各地就有不同的实行办法,万历九年张居正将一条鞭法推行全国后,各地在实行的具体内容上仍有所差异。如关于役银的丁、田分担比例,各地实行的办法就极不一致。有的地方以丁为主,以田地为辅,如采用"丁六粮(即田地)四"的分担比例;有的地方以田地为主,以丁为辅,如人丁承担四分之一,田地承担四分之三;也有的地方,丁田平均分配,各承担二分之一。即使在同一地区的不同州县,其负担比例也不一致。如凤阳府所属有泗州及盱眙、天长两县,其中泗州与盱眙在万历二十七年(1599年)所编的四差银(四差包括里甲、均徭、驿传和民壮),都是丁所出的总额,大于田粮所出的总额,而天长一县则相反。三州县每石地亩粮所带征的四差银数量,轻重也极悬殊,其中泗州和盱眙分别是一钱三分和四钱九分五厘三毫,而天长县却高达二两一钱多①。一条鞭法在各地实行情况之所以互不相同,是不难理解的。各地原有的各种条件不可能一致,这就很难不允许他们在实行一条鞭法时出现一些差异。张居正曾说:"条编(同"鞭")之法,有极言其便者,有极言其不便言,有言利害半者。仆思政以人举,法贵宜民,执此例彼,俱非通论。故近拟旨云:果宜于此,任从其便,如有不便,不必强行。朝廷之意,但欲爱养元元,使之省便耳,未尝为一切之政以困民也。"② 可见,张居正对各地是给予了一些因地制宜权的。不过,各地实行一条鞭法的实际情况尽管千差万别,而其基本趋势

---

① 参见梁方仲:《一条鞭法》,载《中国近代经济史研究集刊》第四卷第一期。
② 《张文忠公全集》"书牍"9《答少宰杨二山言条鞭》。

和特点则是一致的，《明史·食货志》和《续通典》对一条鞭法内容的记载，正是描述了它的基本趋势和特点。

张居正推行的一条鞭法虽有一定的进步性，但它毕竟是统治阶级进行的一项改革活动，不可避免地要带上阶级和时代的局限性。它规定一条鞭法实行后的赋役额以原有数额为准，这就把嘉靖以来的各种加派固定下来，并使之合法化，对劳动人民的剥削依然很重。关于田赋折银征收的规定，也有消极的一面。农民生产出来的东西是布帛菽粟，官府要求农民纳银，农民只好把自己的产品拿到市场上出售，商人乘机压价盘剥，这便加重了农民的负担。这正如万历十四年（1586年）礼部的一个报告所说："国初两税皆用本色，里甲均徭从民之便，未尝以菽帛钱谷相拘也。何也？五谷之产于地者，可随时而用，随时而足，而金币则易竭者也。曩自里甲改为会银，均徭改为条鞭，漕粮渐议折色，则银贵谷贱，而民有征输之困矣。"[①] 另外，一条鞭法取消了力役，但实行不久，新的力役重又添出，这也是在估价一条鞭法时应予注意的。《明史》卷七八《食货》载：一条鞭法实行后虽然由于役税合一，"小民得无扰，而事亦易集。然粮长、里长名罢实存，诸役卒至，复金农氓。条鞭法行十余年，规制顿紊，不能尽遵也"。

五、张居正改革的作用

张居正改革，是明朝封建统治者为了挽救明中叶以后积弱积贫的统治危机而搞的一场改良活动。张居正自己也曾申明，他改革是为了"富国强兵"，说他"自秉政以来"，"其播之命令者，实不外此二事"[②]。嘉、隆时期，明朝的财政年年亏空，经过张居

---

② 《张文忠公全集》书牍11《答福建巡抚耿楚侗谈王霸之辩》。

正的改革整顿后,变得绰有剩余。在军事上,张居正当政以前"虏患日深,边事久废"的局面,这时也大为改观。从这些方面来说,张居正的改革是达到了目的,他称得上我国封建社会后期不可多得的政治家。

张居正是从地主阶级长远利益来进行改革的,他以规劝的口吻要豪族大地主"出其百一之蓄,以完积年之逋",以便"终身乘坚策肥,泽流苗裔"①。这就表明,张居正改革并不想触动大官僚大地主阶级的根本利益,只是要他们依法完粮纳税,解决明朝政府的财政困难,从而维持和巩固地主阶级的长久统治。所以,他反对地主阶级改革派中比较激进的行动,如对海瑞夺还豪强大户兼并的土地归还农民的做法,他就持否定态度,认为是"过当",在他当政时期,对海瑞一直采取排斥的态度,摈之勿用②。

至于对农民起义,张居正更是站在地主阶级的反动立场上进行残酷镇压。当时,广东惠州、潮州、琼州等地人民不断举行起义。张居正要提督两广军务的凌云翼"大事芟除,见贼即杀,勿复问其向背"③。凌云翼在张居正指示下,于四个月内俘斩四万二千多起义农民④。

万历十年(1582年)六月,张居正病死,明神宗朱翊钧亲政。朱翊钧虽然一向对张居正的意见都很尊重,但随着年龄的增长,对张居正事事牵制他的不满情绪也逐渐滋长起来。张居正死后,朱翊钧在宦官导引下,生活日渐放荡,想到以往张居正对他的拘束,十分反感。在张居正当权时受到冷落和打击的官僚也纷纷上疏攻击张居正。隆庆时,被封于荆州的辽王宪炜被废为

---

① 《张文忠公全集》书牍9《答应天巡抚胡雅斋言严治为善爱》。
② 《明史》卷226《海瑞传》。
③ 《张文忠公全集》书牍5《与殷石汀经略广贼》。
④ 《张文忠公全集》附录1《文忠公行实》;《明史》卷222《凌云翼传》。

庶人,锢之高墙。至此,"庶人妃因上疏辩冤,且曰:'庶人金宝万计,悉入居正'"①。由于这几个原因,促使贪婪的朱翊钧在张居正死后九个月,即万历十一年(1583年)三月,下诏追夺张居正官秩,接着又查抄了张居正的家。张居正当政时引用的主要官员"斥削殆尽"②。张居正执政时所进行的改革也大多被取消。此后不久,朱翊钧就沉溺于奢侈腐朽的生活中,不理朝政,不见群臣,甚至连"庙祀皆遣代","太庙亦不亲祭矣"!③ 政治日益腐朽黑暗,社会矛盾日趋激烈,明朝一天天走向衰亡。

①② 《明史》卷213《张居正传》。
③ 赵翼:《陔余丛考》卷18《有明中叶天子不见群臣》。

第十章　明朝中期的民族关系
反对外来侵略的斗争

第一节　明朝中期的民族关系

一、明朝政府与蒙古族的关系

1. 蒙古族军事势力进入河套

自明英宗回到北京后,蒙古部脱脱不花与也先之间的矛盾越来越激烈,互相不断攻击。脱脱不花不愿继续受也先的挟制,要作事实上的蒙古可汗,为了得到明朝的支持,就与明朝政府加强联系。而明朝政府也想利用脱脱不花来削弱也先的势力,因此,对脱脱不花所贡马则厚酬其值,对其使臣"宴劳锡与,比也先使臣加厚"①,这就更加深了他们之间的矛盾。但也先力量强盛,景泰二年(1451 年)"脱脱不花败走,也先追杀之,执其妻子,以其人畜给诸部属"②。景泰四年,也先自立为可汗,以其次子为太师,给明朝政府的书信,自称"大元田盛大可汗,末曰添元元年。田盛,犹言天圣也"。明朝政府给他的复信则称"瓦剌可汗"③。也先恃强,日益骄横,荒于酒色。景泰六年,阿剌知院杀也先,鞑靼部首领孛来又杀阿剌知院。

自也先死后,瓦剌部落分散,逐渐衰落,而鞑靼部从此强盛

---

①　《明英宗实录》卷 204。
②③　《明史》卷 328《瓦剌传》。

起来。孛来拥立脱脱不花子麻儿可儿,号小王子(即可汗,因其年幼,称为小王子,自此,相沿成习,蒙古可汗常被称为小王子)。其后,麻儿可儿与孛来相仇杀。麻儿可儿死,马古可儿吉思继立,亦号"小王子"①。当时,鞑靼各部以孛来为最强。成化元年(1465年)孛来与小王子、毛里孩等先后进入河套地区,抄掠延绥、平凉、灵州、固原以及大同等地。河套,指今内蒙古自治区和宁夏回族自治区境内贺兰山以东、狼山和大青山南、黄河沿岸地区。河套周围三面阻黄河,土质肥饶,水草丰盛,耕牧兼宜。原先,鞑靼部落骚扰内地时,或在辽东、宣府、大同,或在宁夏、甘肃等地,"去来无常,为患不久"②。蒙古军事势力自占领河套地区以后,遂于当地驻扎下来,从此,河套就成为其骚扰内地的一个主要基地,而"套寇"也就成为明朝中期的主要边患。成化六年,又有乜加思兰、孛罗忽、满都鲁等部入据河套。他们"无岁不深入,杀掠人畜至数千百万"。成化九年,明朝政府曾派王越等率兵对其进行打击,但河套地区的蒙古各部"去辄复来,迄成化末无宁岁"③。明孝宗弘治时,又有称为小王子的崛起,"自称大元大可汗"(即达延汗),统一了蒙古各部,"渐往来套中,出没为寇"④。在明孝宗、武宗及世宗前期时,不断大肆进入内地骚扰。弘治十四年(1501年)"小王子以十万骑从花马池、盐池入,散掠固原、宁夏境,三辅震动,戕杀惨酷"。正德八年(1513年)小王子"以五万骑攻大同,趣朔州,掠马邑"。嘉靖六年(1527年)春,"小王子两寇宣府,参将王经、关山先后战死"⑤。

达延汗统一蒙古草原以后,为巩固自己的统治,便将其子孙分封在大漠南北的广阔地域。他的长子阿尔伦当达延汗在世时,在蒙古内部的战争中被太师亦卜剌所杀,因此就由阿尔伦的

---

①②④⑤　《明史》卷327《鞑靼传》。
③　《明史纪事本末》卷58《议复河套》;《明史》卷327《鞑靼传》。

长子卜赤继承蒙古可汗位,居于漠南东部,统治区即后来的察哈尔部。达延汗的次子阿著被封于鄂尔多斯、土默特地区。其余诸子,有的分封在外喀尔喀部(今蒙古国)等地。史载,达延汗死后,他分封于各地的子孙分裂成为四十多个部落。卜赤虽继为可汗,但诸部大多不听他的约束。当时蒙古的政治经济实权掌握在阿著之子吉囊和俺答手中,他们"据河套,雄黠喜兵,为诸部长"。到嘉靖二十一年(1542年)"吉囊死,诸子狼台吉等散处河西,势既分,俺答独盛"①,不断率其部众袭扰延绥诸边。嘉靖二十四年以前,明朝政府用于北方的军费达六百万两,但却没有收到什么效果,"战守无尺寸功"②,蒙古骑兵仍不断驰驱到山西、陕西直到京畿等地。因此,有的大臣认为要清除蒙古部军事力量的"内扰之患",必须"尽复套地"③。当时主张收复河套最力的要算三边总督曾铣,他于嘉靖二十五年上疏请复河套,说:"贼据河套,侵扰边鄙将百年。孝宗欲复而不能,武宗欲征而不果,使吉囊据为巢穴。"④"套贼不除,中国之祸未可量也。"⑤曾铣的主张和收复河套的活动得到了首辅夏言的支持,但昏庸的明世宗朱厚熜却听信了严嵩等的谗言,反以"交结近侍"、"罔上贪功"⑥的罪名杀了曾铣。后来俺答犯宣府,朱厚熜以为"寇以(夏)言、(曾)铣收河套,故报复",又杀了夏言⑦。从此,明朝政府内竟无一人议复河套的,边防更加废弛,蒙古贵族的军事势力向内地骚扰的次数越来越多,规模也越来越大。

2. "庚戌之变"

嘉靖二十九年(1550年)六月,俺答率军犯大同,总兵张达和副总兵林椿皆战死,因贿赂严嵩子严世蕃而任为宣府大同总

① 《明史》卷327《鞑靼传》。
②③⑤⑦ 《明史纪事本末》卷58《议复河套》。
④ 《明史》卷204《曾铣传》。
⑥ 《明史》卷204《曾铣传》;《明史纪事本末》卷58《议复河套》。

兵的仇鸾"惶惧无策"。在他的一班狐群狗党策划下,以"重赂赂俺答,令移寇他塞,勿犯大同"①。八月,俺答遂移兵东去,由蓟镇攻古北口入犯,明兵一触即溃,俺答长驱到通州,直抵北京城下,"大掠村落居民,焚烧庐舍,火日夜不绝"②。明朝的文武官员十分恐慌,兵部尚书丁汝夔急忙部署防守京城事宜,当点阅京军册籍时,发现"册籍皆虚数,禁军仅四五万,老弱半之,又半役内外提督大臣家不归伍,在伍者亦涕泣不敢前"③。于是征募居民及四方应武举诸生约四万人防守京城,并命各地派兵入援。仇鸾在贿赂俺答后,知其已移向东行,便假惺惺地向朱厚熜上奏说:侦察到俺答将"东犯蓟镇,诚恐京师震惊,请以便宜应援,或随贼搏战,或径趋居庸为防守"④。这时俺答果然从蓟镇、古北口来犯,朱厚熜就更信任仇鸾,命其率兵入援,并任命其为平虏大将军,统率各部援军。当时,明朝虽集合了五万援军,但皆"恇怯不敢战"⑤。明朝政府又缺少粮秣,当援军集结到京畿时,"犒师牛酒诸费皆不知所出。户部文移往复,越二三日,军士始得数饼"⑥。士卒都十分饥疲。仇鸾所率大同兵,"往往入村落,返辫发,诈称虏,劫掠民财","民苦之,甚于虏"⑦。当政的严嵩却认为俺答是抢食贼耳,"饱将自去"。他还告诫丁汝夔和仇鸾说:在边塞打仗,败了可以隐瞒;现在京郊打仗,败了无法隐瞒,最好是坚壁勿战,保持住自己的军队。完全是一副祸国殃民的奸贼嘴脸。朱厚熜则只要保住皇帝的宝座,根本不顾人民的死活,准备用"皮币珠玉"去向俺答乞和。就这样,任凭俺答在北京城外掳掠"男女骡畜金帛财物,既满志,捆载去"。仇鸾所率"凡十余万骑,相视莫敢前发一矢"⑧,最后俺答仍由古北口故道退去。这

---

① ② ④ ⑤ 《明史纪事本末》卷 59《庚戌之变》。
③ 《明史》卷 204《丁汝夔传》。
⑥ ⑦ 《鸿猷录》卷 16《追戮仇鸾》。
⑧ 《明史》卷 204《丁汝夔传》;《明史纪事本末》卷 59《庚戌之变》。

次俺答所率蒙古骑兵进围北京,骚扰京畿达八日之久,因为这年是庚戌年,明史上称为"庚戌之变"。

3."俺答封贡"

庚戌之变后,蒙古各部仍不断进犯明边境。嘉靖三十一年(1552年),俺答"凡四犯大同,三犯辽阳,一犯宁夏"。三十二年春,俺答犯宣府和延绥;夏,犯甘肃和大同;秋,俺答大举入犯,攻掠浑源、灵丘、广昌、插箭峪、浮图峪等地,会久雨而去;不久,又以万骑入大同,"纵掠至八角堡"。三十三年春,俺答入宣府柴沟堡;夏,犯宁夏;秋,攻蓟镇边墙,百道并进,明京城戒严。三十四年,俺答数犯宣、蓟,参将赵倾葵等战死。三十五年,俺答三万骑犯宣府。三十六年,俺答二万骑分掠大同边。三十八年,俺答入蓟镇潘家口。三十九年,"寇大同、延绥、蓟、辽诸边无虚日"。四十二年春,俺答入宣府滴水崖,大同总兵刘汉将之打退;冬,大掠顺义、三河,京师戒严。四十五年,俺答所部屡犯东西诸塞。隆庆元年(1567年),俺答数犯山西;秋,率众数万分三道入井坪、朔州、老营、偏头关诸处,明边军抵御不住,俺答遂长驱攻岢岚及汾州,破石州,复大掠孝义、介休、平遥、文水、交城、太谷、隰州间。同时又有土蛮部入犯蓟镇、昌黎、抚宁、乐亭、卢龙等地,游骑至滦河,"京师震动"①。

但到隆庆初年以后,形势逐渐发生转变。随着明朝改革活动的开展,边防日益加强,蒙古贵族的入犯往往遇到强有力的抵抗,俺答兵力损伤颇多。当时的宣、大、山西总督王崇古曾分析这时的形势说:"虏势既非昔强,我兵亦非昔怯。虽不能穷追以灭虏,时出捣剿以宣威。虏虽尝纠众而深入狂逞,天即降罚,而人畜死亡。即如隆庆元年(1567年),老把都、土蛮纠犯蓟东,则棒椎岩千骑一时落岩尽死;俺酋父子深犯石州,则人马道死万

---

① 《明史》卷327《鞑靼传》。

数。臣自抚夏督原凡七载，每督陕西、延、宁各镇官兵出边捣剿，节年共斩首千余级。其陕西四镇，五年之间，斩获虏首通计三千有余。套虏之披靡已甚，而老把都之被祸已深。即虏使自诉，彼近边驻牧，则分番夜守，日防我兵之赶马捣巢；远抢番夷，则留兵自守，时被我兵之远出扑杀。在虏既未遂安生，故游骑不时近边，扰我耕牧，大举每岁窥逞，劳我慎防，在我亦无时解备。华夷交困，兵连祸结。"①在客观情势发生如上变化的条件下，遂出现了"俺答封贡"。

直接导致"俺答封贡"的是把汉那吉事件。把汉那吉是俺答第三子铁背台吉的儿子，自幼丧父，由俺答妻抚养成人。长大后娶大成比吉为妻，感情不合，把汉那吉又自聘我儿都司之女，"号三娘子"，是俺答的外孙女。俺答见其貌美，夺为己妻。把汉那吉恚恨，遂于隆庆四年(1570年)十月率妻子等十余人降明。大同巡抚方逢时接受其投降，并报告总督王崇古。王崇古认为以此"制俺答，则赵全等可除也，留之大同，慰藉甚至"②。赵全，原是山西人，嘉靖年间背叛明朝投降俺答，居丰州，名曰板升，"板升，华言屋也"。以后又有百户张彦文等往从，聚众至数万人。赵全等尊俺答为帝，并经常诱导俺答进犯明朝③。这时，王崇古设想以交还把汉那吉为条件，让俺答交出赵全等。

王崇古安排了把汉那吉后，与方逢时共同上疏，报告朝廷："若俺答临边索取，则因与为市，责令缚送板升诸逆，还被掠人口，然后以礼遣归，策之上也。若遂桀骜称兵，不可理谕，则明示欲杀，以挠其志。彼望生还，必惧我制其死命，志夺气沮，不敢大逞，然后徐行吾计，策之中也。若遂弃而不求，则当厚加资养，结

---

① 《明经世文编》卷 317 王崇古《确议封贡事宜疏》。
② 《明史》卷 222《王崇古传》。
③ 《明史》卷 327《鞑靼传》；《明史纪事本末》卷 60。

以恩信……他日俺答死，子辛爱必有其众。因加把汉名号，令收集余众，自为一部。辛爱必忿争。彼两族相持，则两利俱存，若互相仇杀，则按兵称助。彼无暇侵陵，我遂得休息，又一策也。"这个奏疏在朝廷引起了争论，但大学士高拱、张居正却大力支持。王崇古的主张遂获批准，诏授把汉指挥使，赐绯衣一袭①。

俺答的妻子深恐明朝杀掉他的孙子，日夜责备俺答。"俺答寻亦悔"，遂拥十万众到明朝边境，索要把汉那吉甚急。王崇古派百户鲍崇德告诉他把汉那吉的现状，要他缚送赵全等。俺答派人到明朝探听情况，看到把汉那吉"方蟒衣貂帽，驰马从容"，果然受到优待②。俺答大喜，对鲍崇德说："我不为乱，乱由（赵）全等。今吾孙降汉，是天遣之合也。天子幸封我为王，永长北方，诸部孰敢为患！即不幸死，我孙当袭封，彼受朝廷厚恩，岂敢负邪！"遂遣使与崇德一齐到明朝，并请互市③。其他蒙古诸部一方面势力小，受俺答控制，另方面"亦贪中国财物"，故"咸从臾无间言"④。隆庆四年（1570年）十二月，赵全等被解到明朝，把汉那吉则遣返蒙古。把汉那吉临行恋恋不舍，激动得流下眼泪。"俺答迎于河上，祖孙呜呜相劳苦"，"南向拜者再"，派人到明朝致谢，表示"愿世为外臣，贡方物"⑤。

隆庆五年（1571年）二月，王崇古上《确议封贡事宜疏》，提出了具体处理封贡、互市事宜的八条建议，包括"锡封号官职，以臣服夷酋"，"定贡额，以均赏赉"，"议贡期贡道，以便防范"，"立互市，以利华夷"，"议抚赏之费，以求可继"，"议归降，以杜启衅"，"审经权，以严边备"，"戒狡饰，以训将略"⑥。朝廷大臣对

①③ 《明史》卷222《王崇古传》。
②④ 《明史纪事本末》卷60。
⑤ 《国榷》卷66。
⑥ 《明经世文编》卷317《确议封贡事宜疏》；《国榷》卷67。

这个奏疏仍有不同看法，"会帝御经筵，阁臣面请外示羁縻，内修守备"，最后才获通过①。于是，俺答被封给顺义王的称号，其余蒙古诸首领也被封给都督同知、指挥同知、指挥佥事、正千户、副千户、百户等职。又根据王崇古的建议，"定市令。秋市成，（明朝）凡得马五百余匹"。处于西部的俺答之侄吉能等"亦请市，诏予市红山墩暨清水营"。从此，四五十年以来不断南犯的俺答"事朝廷甚谨，部下卒有掠夺边氓者，必罚治之"，并"约束诸部无入犯"，"西塞以宁"。万历初年，明朝北方边境只有处于东部的蒙古土蛮部不断入犯辽东边塞，但名将李成梁屡次将之打败，"敌畏之，少戢，成梁遂以功封宁远伯"②。万历十年（1582年）俺答死，由其子黄台吉袭封顺义王，改名乞庆哈。万历十四年，黄台吉死，其子撦力克袭封。俺答妻三娘子，在俺答祖孙三世中"主兵柄，为中国守边保塞，众畏服之"③。明朝政府封她为"忠顺夫人"。从"俺答封贡"到三娘子掌权的数十年间，北方蒙古诸部一直服从明朝政府的管辖，这中间虽有过武装冲突，但没有发生大规模的战争，基本上保持着和平互市关系。

明王朝从建国开始就受到蒙古的骚扰，延续了两百多年。尤其是明宪宗成化初，蒙古族军事势力进入河套以后，蒙古骑兵动辄深入明朝内地，直至北京城下。这不仅给北方人民的生命财产造成严重的损失，对明王朝也是极大的威胁。"俺答封贡"，解除了明朝北方的祸患，从此，"东起延永，西抵嘉峪七镇，数千里军民乐业，不用兵革，岁省费什七"④。万历五年（1577年），山西、宣、大总督方逢时陈述"俺答封贡"以后的情况说："八年以来，九边生齿日繁，守备日固，田野日辟，商贾日通，边民始知有

<hr>

① 《明史》卷222《王崇古传》。
②③ 《明史》卷327《鞑靼传》。
④ 《明史》卷222《方逢时传》、《王崇古传》。

生之乐。"并说:"计三镇岁费二十七万,较之乡时户部客饷七十余万,太仆马价十数万,十才二三耳。"① 每年节省军费六十余万。明朝北方形势的安定和大量军费的节省,这对万历时期社会经济发展起着重大的作用。

4.蒙古族的社会生活及其与汉族的交往

元朝时,蒙古统治者在蒙古地区建筑了一些城郭,元朝军士也曾在蒙古地区垦种过屯田。但蒙古贵族从中原退回草原地区以后,因为不断的战争,城郭毁灭了,屯田也破坏了,蒙古族仍以畜牧业为主,"韦構毳幕以御风雪,膻肉酪浆以充饥渴"②。蒙古族牧养的牲畜有马、牛、羊、驼等。狩猎,在蒙古族的生活中也占有一定的比重,他们"颇知爱惜生长之道,故春不合围,夏不群蒐,惟三五为朋,十数为党,小小袭取,以充饥虚而已"。当秋天"弓劲马强,兽肥隼击"③ 时,各部的首领才统率所属大规模狩猎。与明朝沿边接近的地方,蒙古族人民也从事农业生产,尤其在蒙古族进入河套地区之后,农业有了进一步的发展。在汉人的影响下,他们也种植谷麦瓜果蔬菜等类,"春种秋敛","有臼为米,有磨为面"④,并饲养家禽家畜。明英宗正统时,东北地区的蒙古族贡使每当从北京回来,"道过边境,辄以所得彩币或弩马市耕牛及铜铁器皿"⑤。这说明当时蒙古族有更多的人民已经定居下来,从事农业生产或半耕半牧的生活;手工业限于和畜牧业有关的一些产品,以及供战争和狩猎用的弓矢等武器;其他生活和生产用的手工业品就主要依靠和内地互市时提供。蒙古族社会的阶级关系主要是贵族和各部的大小首领构成为封建主的统治阶级,另一方面是被统治的牧民阶级。封建主阶级用劳役

---

① 《明史》卷222《方逢时传》、《王崇古传》。

② 岷峨山人:《译语》。

③④　萧大亨:《夷俗记》。

⑤ 《明英宗实录》卷54。

和实物租税的形式对广大牧民进行残酷的剥削。蒙古贵族也拥有奴隶，主要是供家内使唤，一般不从事社会生产。

明朝中期，尽管蒙古贵族和明朝政府之间不断发生战争，但蒙汉两族人民之间的交往却一直没有中断。有不少蒙古族人民不满于蒙古地区的长期战乱，或因生活无着，就向内地迁徙。正统时，"达人来降，络绎不绝"，当时居留在北京的"达官"和"达民"有一万多人①。而在内地的汉人，因不堪地主阶级的压迫、剥削而逃向蒙古地区，有的则因经商而留居蒙古地区。嘉靖时，山西等地的汉人陆续到蒙古古丰州地方的达数万人。他们"屋居佃作，号曰板升（房屋）"②，教当地的蒙古人"火食屋居"③。在蒙汉两族人民共同开发的基础上，三娘子于万历时在古丰州地区建设了呼和浩特（蒙语为青色的城），在城内建有宫殿、住宅和佛寺，明朝政府赐名"归化"。从此，呼和浩特就成为蒙古地区手工业和商业的中心。

蒙古族人民和内地汉人的贸易交往也一直不断，尤其在和平时期，更为频繁。这种贸易有多种形式，在官方的有朝贡贸易，蒙古各部首领，每岁向明朝政府"进贡"马匹等，明朝政府则根据马匹的等级"给价有差"，贡使返回时，"听以马价市缯布诸物"④。明朝政府对贡使人数有一定的限制，瓦剌使臣不过五十人，但实际远远超过这一数字，正统时，"岁增至二千余人"，后来"更增至三千人"⑤。除了朝贡贸易以外，明朝政府又在靠近蒙古族居牧的地方开设互市市场。俺答封贡以后，就在陕西三边，大同威远堡，宣府万全、张家口，山西水泉营等地开设市场。这

---

① 《明英宗实录》卷 25。

② 《明史》卷 222《王崇古传》。

③ 《明史纪事本末》卷 60《俺答封贡》。

④ 《明史》卷 327《鞑靼传》。

⑤ 《明史》卷 328《瓦剌传》。

种市场称为官市,分大市和小市两种,大市每年举行一次,小市每月一次。蒙古族人民"以金银、牛马、皮张、马尾等物,商贩以缎绸、布匹、釜锅"①,以及茶和糖等。开市的日子,市场很热闹,"贾店鳞比,各有名称","南京罗缎铺、潞州绸铺、泽州帕铺、临清布帛铺、绒线铺、杂货铺,各行交易,铺沿长四五里许"②,商业交易繁盛。这种在固定地区有一定期限的市场贸易,还不能满足蒙汉两族人民的需要,因此还有各种形式的"私市"贸易,互相交换物品。

二、西藏与内地的茶马贸易及黄教的兴起

1. 西藏与内地的密切联系

随着明朝政府在西藏地方统治的建立和巩固,内地和西藏地区的经济交流也日益频繁。在朱元璋时期,明朝政府就与西藏地区进行广泛的贸易。当时秦州(今甘肃天水)、洮州(今甘肃临潭)、河州(今甘肃临夏)、松潘等地,都是汉藏两族进行贸易的重要地点。

藏族主要是用马来换内地的茶。朱元璋时,在一次贸易中,明朝政府就"运茶五十余万斤,获马万三千八百匹"③。明武宗朱厚照信奉佛教,喜欢学习藏语。一次命宦官刘允出使到乌斯藏往迎"活佛","所携茶盐以数十万计",装载船只运输,到临清时,漕运为之阻滞,"入峡江,舟大难进,易以艚艨,相连二百余里",刘允"率将校十人,士(兵)千人以行"④。可见当时运藏茶盐数量之巨。明朝政府为了与藏族进行茶马贸易,对天全地方

---

① 《明史》卷 327《鞑靼传》。
② 万历《宣府镇志》卷 20。
③ 《明史》卷 80《食货志》。
④ 《明史》卷 331《大宝法王传》。

的人民免除其他徭役，"专令蒸造乌茶,运至岩州,置仓收贮,以易番马"①。除茶马贸易以外,明朝政府还向藏族供给绸缎、布帛及食盐等,藏族还向内地供给氆氇、画佛、铜佛、铜塔、犀角等。但这种由官府主持的贸易不能满足藏汉两族人民生活的需求,因此,汉藏两族人民往往突破明朝政府的禁令进行民间贸易。明朝政府也曾开放禁令,"听商人交易及与西番市马"②。有些藏人"专务贸贩碉门乌茶、蜀之细布,博易羌货,以赡其生"③。明朝政府的官员到西藏去,也多私带茶和丝绸去进行交易,有的多达数万斤。

　　西藏地区与明朝政府还有一种"朝贡"贸易。西藏的僧俗官员定期到明朝政府来朝见皇帝,他们都随带马匹和其他地方特产,如画佛、铜佛、铜塔、珊瑚、犀角、氆氇、刀剑等,贡献给皇帝,明朝政府则以绸缎、布帛、茶、钞等回赐。这种"贡"、"赐"关系,实际上也是一种贸易。有的贡使回去时,就"以赐物易茶"④。明朝皇帝为了夸耀自己,回赐物品的价值往往超过进贡的物品,所以明朝政府虽然对贡期和贡使有一定的限制,"三岁一贡,贡使百五十人"⑤。但"番人素以入贡为利,虽屡申约束,而来者日众"⑥。有的年年都来朝贡,甚至一岁再至,朝贡的人数也越来越多。

　　阐化王,宣德、正统间入贡的不过三四十人,景泰时起数渐多,至三百人,天顺间达二三千人,到成化时人数更多,往来于道路,络绎不绝⑦。成化十八年(1482年)礼官言:"近赞善王连贡

　　①③　《明史》卷331《长河西鱼通宁远宣慰司传》。

　　②　《明太祖实录》卷257。

　　④⑥　《明史》卷331《阐化王传》。

　　⑤　《明史》卷331《赞善王传》。

　　⑦　《明宪宗实录》卷21。

者再,已遣四百十三人,今请封请袭,又遣千五百五十人"①。弘治十二年(1499年)辅教等四王入贡,"使者至二千八百余人"②。嘉靖十五年(1536年)大乘法王"偕辅教、阐教诸王来贡,使者至四千余人"③。这些情况,说明当时西藏地方与明朝政府往来的密切和贸易的繁盛。

明朝二百多年中,西藏地方一直服从明朝政府的管辖,使明朝"西陲宴然"④,人民之间往来频繁,茶马等贸易也始终不断。茶马贸易成为汉藏两族人民经济生活中不可缺少的一环。

2．宗喀巴和黄教的兴起

明初,宗喀巴在西藏创立了新噶当教派(又称格鲁派)。宗喀巴出生在青海西宁地区,洪武五年(1372年)到西藏求佛法。在那里,他认真钻研了各种佛教经典,形成了自己的思想体系,积极参与宗教活动,成为一个很有声望的人。当时,西藏喇嘛教僧侣与封建领主勾结,垄断寺院,生活腐化,公开娶妻生子,酗酒耽食,贪婪成性,淫荡自恣,有的甚至借口修密需要女人,强取民间处女,有的借口法事需要,挖取活人心肝作供品。这对统治阶级利用宗教控制人民的思想,是极为不利的。宗喀巴看到这种情形,决心进行宗教改革。这时,统治西藏地区的是阐化王扎巴坚参,他对宗喀巴的主张极力支持。1409年藏历正月初一日至十五日,在扎巴坚参的支持下,宗喀巴在拉萨大昭寺主持了历史上罕见的大祈愿会,从各地赶来参加的僧众超过一万,观光的俗人达几万。这个大会的召开,使宗喀巴成为西藏喇嘛教界最有地位的人。会后宗喀巴在拉萨之东五十里旺古尔山旁创建甘丹寺,从此逐渐创建了一个以他为中心的新教派。这个新教派即

---

① 《明史》卷331《赞善王传》。
② 《明史》卷331《辅教王传》。
③ 《明史》卷331《大乘法王传》。
④ 《明史》卷331《朵甘乌斯藏行都指挥使司传》。

新噶当教派。它禁止僧侣娶妻生子,崇尚苦行;对于佛经的研究极为重视,建立有系统的、规模很大的教学组织;要求僧侣穿黄衣戴黄帽,因此又称为黄教①。宗喀巴死后,按照宗教的说法,他的两个大弟子世世转生,叫"呼毕勒罕"(藏语意为化生),传其衣钵,这两个弟子即为后来的达赖喇嘛和班禅额尔德尼。

宗喀巴刚建立黄教时,在西藏的影响不大,但他和明朝政府建立了密切的联系,得到明朝政府的有力支持。永乐十二年(1414年)宗喀巴派他的弟子释迦也失进京朝见,明朝政府封授他为"大慈法王"②。到万历时,传到达赖三世锁南坚错,黄教势力日益扩大,当时蒙古族的俺答汗也崇信黄教,他把锁南坚错请去传教,这就使黄教在蒙古地区也广为传播。而在西藏本地信仰黄教的人也越来越多,称锁南坚错为"活佛",形成"诸番莫不从其教,即大宝法王及阐化诸王亦皆俯首称弟子"③。俺答汗尊锁南坚错为"圣识一切瓦尔齐达赖喇嘛",这是达赖喇嘛称呼的由来(以前两世达赖并无达赖喇嘛的称呼,是以后追加的。"达赖"为蒙古语,意为大海,表示尊敬)。俺答汗还劝锁南坚错向明朝政府请求敕封,于是锁南坚错就写信给当时明朝政府的内阁首辅张居正,得到了明朝政府的赏赐和封授。

三、西南地区的土司制度和"改土归流"

云南、贵州、两广、湖广以及四川等地,聚居着我国苗、瑶、彝、傣等少数民族。他们和汉族人民一起,为开发祖国的西南边疆作出贡献。在明代,西南少数民族的社会状况,由于居住地区

---

① 参见王森:《宗喀巴传论》,载《民族研究》1979年第1期。
② 《明史》卷331《大慈法王传》。
③ 《明史》卷331《乌斯藏大宝法王传》。

的不同,呈现出明显的差别。西南地区和汉族人民相杂处、或和汉族贴邻居住的少数族,其社会经济生活基本上已进入封建社会,而有的地方则滞留在奴隶制时代,盛行掠夺和买卖奴隶,残酷地役使奴隶劳动。至于居住在高山偏僻地区的少数族,他们鲜与外界往来,甚至还处在原始社会时期。

明朝建立后,承袭元朝政府对这些地区的统治制度,设立土司进行管理。土司的官职有宣慰使、宣抚使、安抚使、土知府、土知州、土知县以及土判官等职。这些土司的官员,大多是各族的大小首领世袭的,如思南宣慰使田氏,从宋宣和中即"世有其地"①,播州宣慰使杨氏,从唐代时就世袭下来②。其他如水西安氏,水东宋氏,也莫不如此③。明朝建立后,这些土官就投向明朝政府,"领原职世袭"④。这些土职,原来都称为"土官",并无土司的名称,到明代中叶以后,史籍中才逐渐有"土司"这一名称的记载。土司即是土官,土司制度即是土官制度。到清朝,土司成为对少数民族地区土职的普遍称呼,因此,在修撰《明史》时,就以《土司传》来记载湖广、四川、云南、贵州、广西等地少数族的情况。

关于土司的隶属关系,万历《明会典》卷六有这样的记载:"土官承袭,原俱属验封司掌行。洪武末年,以宣慰、宣抚、安抚长官等官皆领土兵,改隶兵部,其余守土者,仍隶验封司。"验封司为吏部四清吏司之一,"掌封爵、袭荫、褒赠、吏算之事"⑤。由此可见这些土官原来皆属于吏部管理,到洪武末年时,明朝政府因宣慰、宣抚、安抚皆领土兵,才划归兵部管辖。但明朝政府的这一规定,并没有全部贯彻,到明中叶以后,宣慰、宣抚、安抚司等还有属于户部管辖的。

---

① ③ ④ 《明史》卷 316《贵州土司传》。
② 《明史》卷 312《四川土司传》。
⑤ 《明史》卷 72《职官志》。

这些土官因为是世袭的,他们的割据性就特别强,常常因争夺财产和土地而互相仇杀火并,或者起兵叛乱,反抗明朝政府。明朝政府在平定这些战乱后,在条件成熟的地方就裁撤土司,改设可以调迁的"流官",这种办法称为"改土归流"。如永乐十一年(1413年)思南宣慰使田宗鼎与思州宣慰使田琛因争夺土地而互相率兵攻杀,明朝政府命镇远侯顾成统兵五万平定了这次战乱,"乃分其地为八府四州,设贵州布政使司"①。从此,贵州成为省一级的行政单位。但当时改土归流政策的推行并不彻底,府以下的官员仍"参用土官"②。同时,明朝政府在推行改土归流政策时,因少数族上层分子的反抗,不断出现反复。明孝宗弘治八年(1495年),"改马湖府为流官知府"③。但以后迫于少数族上层分子的捣乱,重又任用土官。世宗嘉靖三年(1524年),马湖府两次改流,但结果是"流官再设而土夷随叛,杀人夺地比昔更甚"④,使得明朝政府只好改任土官陇姓为知府,恢复土司制度。"改土归流"政策比较彻底和大规模的推行,则是在清朝时期。

第二节　中国人民反抗倭寇、葡萄牙殖民者的斗争

一、倭寇的侵扰及抗倭战争的胜利

1. 倭寇的侵扰

十四世纪初叶,日本进入南北朝分裂时期,封建诸侯割据,

---

① 《明史》卷316《贵州土司传》,卷144《顾成传》。
② 《明史》卷316《贵州土司传》。
③ 《明史》卷311《四川土司传》。
④ 顾炎武:《天下郡国利病书》卷69《四川》。

互相攻战,争权夺利。在战争中失败了的一些南朝封建主,就组织武士、商人和浪人到中国沿海地区进行武装走私和抢劫烧杀的海盗活动。历史上称为"倭寇"。

明朝初年,倭寇就对中国沿海地区进行侵扰,从辽东经山东到广东漫长的海岸线上,"岛寇倭夷,在在出没"①,"乘间辄傅岸剽掠,沿海居民患苦之"②。洪武二年(1369年),倭寇"数侵掠苏州、崇明,杀掠居民,劫夺货财"。太仓卫指挥佥事翁德率领卫所士兵给予有力的打击,"斩获不可胜计,生擒数百人"。但倭寇并不因此敛迹,仍"时出剽掠,扰濒海之民"③。为此,明太祖朱元璋曾数次派遣使者到日本,劝告日本国王阻止倭寇的劫掠活动,但"不得要领"④。于是明朝政府便大力加强海防,筑城列寨,增置卫所,添造战船,增派戍兵。洪武四年,命靖海侯吴祯籍兵十一万增强沿海卫所。洪武五年,"命浙江、福建造海舟防倭"。第二年,又命沿海卫所"增置多橹快船"以便追击⑤。洪武十七年,"命信国公汤和巡视海上。筑山东、江南、北,浙东、西海上五十九城"。洪武二十年,"命江夏侯周德兴往福建福、兴、漳、泉四郡视要害,筑海上十六城,籍民为兵,以防倭寇"⑥。当时从辽东到广东沿海共设置了五十多卫,计有士兵二十余万。战船的配备也很齐全,沿海卫所,每百户设船一,每千户所船十,每卫五所,共船五十,每船旗军五十名⑦。

洪武时期,由于明朝政府加强海防,所以倭寇未酿成大患。永乐时,明太宗朱棣一方面允许日本政府和商人来中国进行贸易,同时仍加强沿海防御。永乐九年(1411年)正月,命丰城侯李彬、平江伯陈瑄等率浙江、福建舟师剿捕海寇。十四年,命都

---

① ⑤　《明史》卷91《兵志》。

② ④　《明史》卷130《张赫传》。

③ ⑥　《明史纪事本末》卷55《沿海倭乱》。

⑦　《续文献通考》卷132《兵考》;《明会要》卷62。

督同知蔡福等率兵万人，于山东沿海巡捕倭寇。十七年，总兵刘荣(即刘江)又于辽东望海埚进行了一次大规模的抗倭战役。望海埚，位于金州卫金线岛西北，距金州城七十余里，是辽东沿海的要塞，"凡寇至，必先经此"，而且地势高广，可驻兵千余。刘荣任辽东总兵后，巡视至此，发现其军事价值，遂上疏以石垒堡，置烟墩瞭望。有一天，守候烟墩的士兵报告："东南夜举火有光。"刘荣判断定是倭寇将至，马上派遣马、步官军开赴望海埚的城堡备战。第二天，果有二千倭寇乘船前来。刘荣让都指挥徐刚伏兵于山下，又派百户江隆帅壮士"潜绕贼船，截其归路"。他与大家约定："旗举伏起，鸣炮奋击。"不久，倭寇来到埚下，刘荣举旗鸣炮，伏兵遂大起，奋勇杀敌。倭寇大败，死者横仆草莽，余众奔樱桃园空堡。官军追上前去将之包围，纷纷请求入堡剿杀。而刘荣为了避免敌人作困兽之斗，不答应士兵的要求，采用了"围师必缺"的战术，"特开西壁以待其奔"，并分两翼夹击，结果歼灭了大部敌人。少数倭寇走脱找船，又被江隆所部擒拿。战斗结束，全歼了入侵者，"生擒数百，斩首千余"。望海埚之役是明初对倭作战的第一个大胜仗，从此，倭寇就不敢进行大规模的侵扰[①]。

倭寇对中国沿海的侵扰，到明世宗嘉靖时又猖獗起来。日本南北朝的战乱，最后以南朝的失败而告终。十四世纪末，就由北朝的足利义满建立了室町幕府的统一政权。但到十五世纪后期，日本的封建藩侯又纷纷割据称雄，足利氏的政权"名存实亡"，"虽号统于一君，近来君弱臣强，不过徒存名号而已。其国尚有六十六国，互相雄长"[②]。这一时期，日本历史上称之为"战国"时代。这些众多的日本诸侯国，都争着要与明朝通商，但又

——————

① 《明史》卷155《刘荣传》；《明史纪事本末》卷55。
② 朱九德：《倭变事略》。

受到"朝贡"贸易的限制,于是就用武装在中国沿海抢掠,形成了比明朝初期更为严重的倭患。而明朝自明英宗正统十四年(1449年)"土木之败"以后,国势日益衰弱,尤其到了明世宗嘉靖时,海防废坏,浙、闽沿海卫所,"战船、哨船,十存一二",士兵也只剩十分之四,倭寇"剽掠辄得志,益无所忌,来者接踵"[1],倭患日益严重起来。嘉靖二年(1523年)五月,"日本诸道争贡",争着与中国进行通商贸易,"左京兆大夫内艺兴遣僧宗设,右京兆大夫高贡遣僧瑞佐及宋素卿先后至宁波"。宋素卿原是宁波人,后来投奔日本。"故事,番货至,市舶司阅货及宴坐,并以先后为序"。瑞佐后于宗设,但宋素卿很狡猾,他贿赂市舶太监,先阅瑞佐的货物,设宴时又使瑞佐上坐。宗设不平,遂杀瑞佐,一直追宋素卿到绍兴城下,还杀了明朝备倭都指挥刘锦、千户张镗等,大掠宁波沿海诸郡邑。这次争贡事件,暴露了明朝海防的废弛、将佐的无能和吏治的腐败,使日本封建主、武士、商人更加轻视中国。市舶司是明朝政府专管海外贸易的机构,争贡事件的起因不在市舶,而在于掌管市舶内官贪受贿赂,应该裁撤内官,整顿加强市舶管理。但明朝的一些官员却认为"倭患起于市舶",于是罢市舶不设[2]。自罢市舶之后,日本船舶到中国就投托沿海的豪绅奸商。这些豪绅奸商有的乘机侵没商货,日本人就用抢掠来进行报复;有的则与之互相勾结,于沿海地区进行劫掠,使得倭患更加严重。

在巡按浙江御史陈九德的提议下,嘉靖二十六年(1547年)明朝政府任命朱纨为浙江巡抚,提督浙闽海防军务。朱纨到任后,着力整顿了海防,"日夜练兵甲,严纠察",捕杀了与倭寇、佛郎机(葡萄牙)有勾结的豪绅奸商海盗头领李光头等九十六人。

---

① 《明史》卷205《朱纨传》。
② 《明史纪事本末》卷55《沿海倭乱》;《明史》卷322《日本传》。

这就触犯了闽浙豪绅地主的利益,他们指使在朝的闽浙官员"劾(朱)纨擅杀",朱纨被逼自杀。于是"海寇大作"。①

2.倭寇与中国海盗的勾结

嘉靖时期倭患严重的主要原因之一,是中国海盗与倭寇相勾结。明朝中叶时,我国沿海的商品经济有着比较迅速的发展。海外贸易可以牟取厚利,"输中华之产,驰异域之邦,易方物,利可十倍"②。因此,沿海"海商大贾"、"浙闽大姓"为了牟取厚利,就大规模地进行走私贸易。明朝政府虽严加禁止,但闽浙沿海豪民仍"多造巨舶,向外洋交易","法不能止"③。他们起初大多是"各船各认所主,承揽货物,装载而还,各自买卖,未尝为群"④,后因海上"强弱相凌,互相劫夺,因各结综,依附一雄强者,以为船头",于是形成"或五十只,或一百只,成群分党,分泊各港"的情形⑤。这种成群分党的结综,成为当时武装走私集团的主要组织形式,其中的首领称为"舶主"。这种海商,起初主要是走私贸易,后来发展成为亦商亦盗,"于沿海兼行劫掠"⑥。这些海盗船只,停泊于浙江的双屿、福建的月港、广东琼州各港等沿海地区,在海外,如满剌加、吕宋和日本等地都有他们的行踪。

当时著名的海盗有汪直(王直),徽州歙县人,出身商人家庭。嘉靖十九年(1540年),汪直和他的同伴叶宗满到广东打造了海船,"置硝黄丝绵等违禁货物,抵日本暹罗西洋诸国往来贸易"⑦。起先,汪直加入许栋的海盗集团,许栋死,汪直就成了这一集团的首领,建造了更大的海船,"巨舰联舫,方一百二十步,

---

① 《明史》卷205《朱纨传》。
② 《海澄县志》卷15"风土"。
③ 《海澄县志》卷7"兵防"。
④⑤⑥ 范表:《海寇议前》,见《玄览堂丛书续集》。
⑦ 严从简:《殊域周咨录》卷2《日本国》。

容二千人,木为城,为楼橹四门,其上可驰马往来"①。船上武装齐备,不仅有刀枪弓矢之类,并且有当时的新式武器如佛郎机(炮)、鸟铳等。当时"海上之寇,非受直节制者,不得存"②。徐海是另一个有名的海盗,南直徽州人,当过和尚,自称"天差平海大将军"。许栋也是一个大海盗,饶平黄岗人,或曰歙人,嘉靖十九年(1540年),与李光头等百余人入海进行走私贸易,"私招沿海无赖之徒,往来海中贩鬻番货"③。其他有名的海盗还有陈东、叶明、许朝光等。海盗李光头等人与葡萄牙殖民者相勾结,在我国沿海地区进行剽掠。汪直、徐海、陈东、叶明等,把日本作为他们海盗活动的大本营。嘉靖时在中国沿海进行侵扰的倭寇,往往是和他们勾结在一起的。如徐海于嘉靖三十四年(1555年)正月"率和泉、萨摩、肥前、肥后、津州、对马诸倭入寇",先后抢掠崇德、湖州、嘉兴、苏州、常熟、崇明等地。同年,陈东"率肥前、筑后、丰后、和泉、博多、纪伊诸倭入寇",先后剽掠南汇、金山、崇明、上海等地。第二年,叶明"率筑前、和泉、肥前、萨摩、纪伊、博多、丰后诸倭入寇",先后抢掠川沙、乍浦等地④。汪直则更为猖獗,据日本"萨摩洲之松浦津,僭号曰京,自称徽王。部署官属,咸有名号。控制要害,而三十六岛之夷,皆听其指使"⑤。他经常派遣徐海、陈东、萧显、麻叶等勾结倭寇入掠。嘉靖三十二年(1553年)三月,"汪直勾诸倭大举入寇,连舰数百,蔽海而至。浙东、西,江南、北,滨海数千里,同时告警"⑥。由于中国海盗与倭寇相勾结,所以嘉靖时的倭寇才敢于深入到中国内地。

① 《海寇议后》,见《玄览堂丛书续集》。

② 《虔台倭纂》卷上,见《玄览堂丛书续集》。

③ 《明世宗实录》卷363。

④ 胡宗宪:《筹海图编》卷8、9。

⑤ 《殊域周咨录》卷2。

⑥ 《明史》卷322《日本传》。

他们熟悉当地的情况,侵掠漳州时,"凡有名士大夫及巨室,悉素知之。拘系一大寺中,命以金帛赎身,各限以数。不如数者,腰斩锯解之"①。倭寇对我国东南地区大肆烧杀抢掠,使中国人民的生命财产遭受巨大的损失。嘉靖三十三年(1554年),倭寇在昆山"分掠村镇,杀人万计","烧房屋二万余间","各乡村落凡三百五十里,境内房屋十去八九,男妇十失四五"②。

3．王江泾大捷

由于倭寇猖獗,明朝政府于嘉靖三十一年(1552年)复设巡视重臣,以佥都御史王忬提督军务,巡视浙江及福、兴、漳、泉四府。王忬到任后,曾于浙、闽沿海地区对倭寇及汪直、毛海峰等予以打击。"复广为侦刺,凡沿海大猾为倭内主者,悉系之,按覆其家。"从此倭寇如同瞎子聋子,"不复知中国虚实与所从向往"。其在海中的船只,也得不到菽粟火药等的接济,"往往食尽自遁"。王忬又巡视诸未筑城墙的府、州、县,"计寇缓急,次第城之",建城三十余处。但不久他便被调任大同巡抚,"忬去,而浙复不宁矣"③。

嘉靖三十三年(1554年)五月,明朝任命南京兵部尚书张经御倭,"不解部务,总督江南、江北、浙江、山东、福建、湖广诸军,便宜行事"④。同年秋,又改为右都御史,兼兵部右侍郎,专总督军务剿倭,解兵部事⑤。张经是福建侯官人,曾总督两广军务,为当地少数民族所拥戴;这时朝廷决定征用狼、土兵剿倭,所以有对他的如上任命。张经受此重任,"亦慷慨自负。中外忻然,谓倭寇不足平"⑥。

---

① 《殊域周咨录》卷3《日本国》。

② 归有光:《昆山县倭寇始末》。

③⑥ 《明史纪事本末》卷55。

④ 《明史》卷205《张经传》。

⑤ 《国榷》卷61。

当时，倭寇二万盘踞在南直华亭(松江)柘林川沙洼，"其党方踵至"。张经每天忙于选将练兵，筹划捣毁倭寇的巢穴。第二年，两广土司兵陆续调到，张经把他们分别分配给总兵官俞大猷、参将汤克宽和游击邹继芳等，准备一俟永顺、保靖苗兵到达后即展开决战。可是，这时却来了个工部右侍郎赵文华，使问题变得复杂起来①。

赵文华，浙江慈溪人，在国子监读书时，严嵩任祭酒，对他很看重。后来做了官，严嵩也日益贵幸，遂相与结为父子。严嵩自知坏事做得多，免不了受弹劾，"得私人在通政，劾疏至，可预为计"；所以保荐赵文华做了通政使。后赵文华又以建议筑京师外城，加工部右侍郎。因东南沿海倭患严重，赵文华提出七条建议，其第一条是"请遣官望祭于江阴、常熟"，企图以祭祀海神，解决倭寇的侵扰。对于这种荒唐的建议，昏庸迷信的明世宗竟予批准，"即遣(赵)文华祭告海神"。赵文华来到东南地区，适逢张经正筹划彻底歼灭倭寇的事宜。张经自以地位比赵文华高，"心轻之"②。赵文华与浙江巡按胡宗宪相亲昵，屡次催促张经出兵，张经一直"守便宜不听"。赵文华极不满意，即写密疏诬告张经"糜饷殃民，畏贼失机，欲俟倭饱飏，剿余寇报功"，应该马上采取措施处理张经，以免东南地区蒙受大祸殃。明世宗征求严嵩的意见，严嵩完全同意赵文华的主意。明世宗在他们的挑唆下，下令逮捕张经，这时已到嘉靖三十四年(1555年)五月③。

就在赵文华诬告张经而明世宗决定逮捕张经的时候，张经指挥军民取得了一次抗倭大胜仗。

当时，永顺、保靖苗兵已到，倭寇自柘林侵犯嘉兴，张经派参将卢镗督狼、土兵从水陆两路向敌人进攻，大败倭寇于石塘湾。

①③ 《明史》卷205《张经传》。

② 《明史》卷308《严嵩传附赵文华传》。

倭寇北走平望,张经令俞大猷邀击。倭寇行至王江泾,永顺宣慰使彭翼南攻其前,保靖宣慰使彭荩臣蹑其后,遂大败之,斩首二千级,其余溺水而死者无数。残余奔窜柘林,纵火焚其巢,驾舟二百余艘出海而逃。自有倭患以来,王江泾之捷"为战功第一"①。

王江泾大捷后,给事中李用敬等上言:"王师大捷,倭夺气,不宜易帅。"可是,昏庸的明世宗竟认为张经"欺诞不忠,闻文华劾,方一战",李用敬等为张经求情,乃是"党奸",因而把李用敬等杖打五十,并削职为民。不久,张经便被解到京城。张经详细报告了战斗经过,陈述了自己的功劳,要求恕罪。明世宗不答应,同年十月,张经被斩首。有功不赏而反被处以死刑,黑白颠倒可谓达到极点②。

赵文华在王江泾大捷后上疏冒功,说是由于他和巡按胡宗宪的"督师",方才取得这次胜利。他还推荐胡宗宪升任浙江巡抚。明世宗"益以(赵)文华为贤,命铸督察军务关防,即军中赐之"。赵文华自此"出总督上,益恣行无忌"。文武将吏"争输货其门,颠倒功罪,牵制兵机,纪律大乖,将吏人人解体,征兵半天下,贼寇愈炽"③。后来胡宗宪又因赵文华的推荐做了总督。嘉靖三十五年(1556年)、三十六年,胡宗宪虽然诱杀了徐海、陈东、叶麻和汪直等人,倭寇的凶焰有所减煞,但"新倭复大至",对闽、浙沿海地区侵扰如故④。

4.戚继光练兵和抗倭斗争的胜利

正当倭患长期不得平定的时候,明朝军队中出了个抗倭名将戚继光。他和另外一些抗倭将领精心组织抗倭斗争,在广大

---

①④ 《明史纪事本末》卷55。

② 《明史》卷205《张经传》。

③ 《明史》卷308《严嵩传附赵文华传》。

军民的支持下,终于将猖獗的倭寇彻底平定。

　　戚继光于嘉靖二十三年(1544年)父亲去世后袭官登州卫指挥佥事,嘉靖三十二年升任署都指挥佥事,管理三营二十五所,专门负责防御侵犯山东一带的倭寇。嘉靖三十四年秋天,调任浙江都司佥书,司屯局事;第二年,被推荐为参将,"分部宁(波)、绍(兴)、台(州)三郡",不久又"改守台(州)、金(华)、严(州)三郡"①。戚继光到浙江后,为了克服"卫所军不习战"的弱点,决定在"俗称慓悍"的义乌招募农民和矿夫,组织、训练一支新军②。他之所以选定义乌作招募地点,那是因为当时这里发生了规模巨大的械斗,引起了他的注意。嘉靖三十七年,处州山区的矿夫流动到义乌城南八保山开矿。当地大族陈大成、宋廿六为首的陈、宋两家人多势大,不允许外县人在这里开矿,双方于是发生冲突。大规模的武装械斗自夏至冬发生了三次,死伤数千人。最后由于天寒雪大,械斗才告停止③。这一械斗事件,风闻远近,戚继光对其自相残杀极为痛心,但也因此而发现了当地的慓悍风俗,于是他向上司要求到义乌募兵。他的要求被批准,嘉靖三十八年(1559年)秋,他亲自来到义乌,招募了三千人,组成一支以农民和矿夫为主要成分的军队。

　　对于招募来的新军,戚继光进行了精心的训练。在训练中他注意引导士兵认清自己的职责是"杀贼"(即抵御倭寇),不许扰害百姓。戚继光严肃军法军纪,他训导士兵说:"古人驭军,曾有兵因天雨,取民间一笠,以遮铠(即甲也)者,亦斩首示众。况砍伐人树株,作践人田产,烧毁人房屋,奸淫作盗,割取亡兵的死

---

　　① 《明史》卷212《戚继光传》;参见谢承仁《戚继光》,上海人民出版社1978年版。

　　② 《明史》卷212《戚继光传》。

　　③ 嘉庆重修《义乌县志》卷四;参见李光璧《明代御倭战争》,上海人民出版社1957年版。

头,杀被掳的男子,污被掳的妇人,甚至妄杀平民,假充贼级,天理不容,王法不宥者,有犯决以军法从事抵命。"① 戚继光要求士兵绝对服从命令。对于武艺的训练,戚继光尤为注意,他所要求士兵学习的武艺,是使用藤牌、狼筅、叉、钯、棍、刀等杀敌防身的真实本领,而不是花枪、花刀之类装门面的玩艺。他认为"花法不惟无益,且学熟误人"②。戚继光还创造了被称为"鸳鸯阵"的战术,用以操练士兵。这种战术将盾牌、狼筅、长枪、叉、钯、棍、刀等长短武器联合使用,各尽所能,密切配合。打起仗来,挨牌手在前面"低头执牌前进",其余兵仗"紧随牌进","筅以救牌","长枪救筅","短兵救长枪"。倘情况有变,鸳鸯阵还可变为"三才阵"、"两仪阵",调整队形排列③。经过两个月的训练,戚继光招募的这支军队成为战斗力很强的精锐部队,开赴抗倭战场。由于它英勇善战,屡立战功,被誉为"戚家军"。

嘉靖四十年(1561 年),倭寇大掠浙东的桃渚、圻头。戚继光率部急趋宁海,"扼桃渚",在龙山大败倭寇,追击至雁门岭。倭寇逃遁,乘虚袭击台州。戚继光回军与战,"手歼其魁",尽驱其残余至瓜陵江,将之全部歼灭。进犯桃渚的倭寇刚被消灭,圻头的倭寇又向台州进犯,戚继光在仙居截击,使倭寇"道无脱者"。戚继光先后九战皆捷,"俘馘一千有奇,焚溺死者无算"。此后,总兵官卢镗、参将牛天锡又在宁波、温州一带大败倭寇,于是浙东的倭寇遂告平定④。

嘉靖四十一年(1562 年),福建成为倭患的中心。自温州而来的倭寇,汇合福宁、连江的倭寇,攻陷寿宁、政和、宁德;自广东南澳转来的倭寇,与福清、长乐的倭寇相会,攻陷玄钟所,延及龙

① 《纪效新书》卷 4《禁令》。
② 《纪效新书》卷首《或问》。
③ 《纪效新书》卷 2《号令》。
④ 《明史》卷 212《戚继光传》。

岩、松溪、大田、古田、莆田。当时，宁德附近海中有一小岛，名横屿，倭寇在此结下大营，明军不敢攻，"相守逾年"。新到的倭寇营于福清的牛田，而其"酋长"营于兴化东南，互为声援。福建明军对付不了，连连告急，于是戚继光被调入闽剿倭。戚继光先攻横屿，他让士兵每人拿一束草，填濠而进，结果大破倭寇的巢穴，斩首二千六百级。乘胜至福清，打败牛田的倭寇，倭巢被端掉，余寇逃向兴化。戚继光紧追不舍，"夜四鼓抵贼栅"，连克六十营，杀死倭寇一千多人。第二天黎明，戚家军开入兴化城，兴化人才知形势大变，"牛酒劳不绝"，戚继光于是班师回浙①。与戚继光同时被调援闽的还有广东总兵官刘显，他也屡破倭寇，"闽宿寇几尽"②。

戚继光还浙后，又有大批新倭来到福建，围兴化城一个月，继之攻占两个月，"破平海卫，据之"。平海卫在莆田县东九十里，此时成为倭寇的巢穴。为了解决福建的倭患，明廷调俞大猷做福建总兵官，以戚继光为副。嘉靖四十二年（1563年）四月，戚继光至闽，与刘显、俞大猷分三路进攻平海，戚继光所率戚家军首先登上敌垒，刘、俞的部队相继突入，"斩级二千二百"。戚继光因功升都督同知，世荫千户，并代俞大猷为总兵官。第二年春，戚继光相继败倭于仙游城下、同安王仓坪、漳浦蔡丕岭等地，斩获颇多，余倭"掠渔舟出海去"。福建倭患至此亦被平定③。

福建倭寇平定后，广东东部还有倭寇二万多人为害人民。明廷任命吴桂芳提督两广兼理巡抚，又命俞大猷为广东总兵，负责对付倭寇。在吴桂芳的支持下，嘉靖四十三年（1564年）俞大猷与其他将领先后击败倭寇于海丰等地，将之擒斩殆尽。于是广东倭患也得解除。至此，中国人民长期以来所进行的抗倭斗

---

① ③　《明史》卷212《戚继光传》。
②　《明史》卷212《刘显传》。

争取得了最后胜利。

抗倭战争的胜利,是中国广大爱国军民与戚继光为代表的抗倭将领共同奋斗的结果。特别应该注意的是广大群众的贡献。他们积极支持爱国将领的抗倭斗争,有的还自发地主动地进行了英勇斗争。嘉靖三十三年(1554年),倭寇围攻嘉定,城内丁千斤、马八百两人慷慨激昂地对人说:"天既惠吾勇力,义当杀贼为地方死,宁忍倭寇跳梁,中原沦陷,以使嘉邑生灵涂炭耶!"于是,他们就组织人民守城。在一次战斗中,他们冲入敌群,击杀倭寇数十人,保卫了嘉定城,丁千斤在这次战斗中壮烈牺牲。后来,倭寇又来侵犯嘉定,一天晚上,守卫的人都睡着了,一个十多岁的少年在城上瞭望,发现敌人前来偷袭,就大喊:倭寇攻城来了!人们立即起来应战,打退了敌人的偷袭,而这个少年却在战斗中英勇牺牲了。人们为了纪念他,为他雕了一尊石像,坐于城东①。嘉靖三十七年(1558年),倭寇侵犯福建长乐,数千居民"列栅拒战","少壮守城,老稚妇女运砖石"②,由于众志成城,共同奋战,终于击败了来犯的倭寇。潮阳人庄淑礼和胡世和应募守城,倭寇以云梯攻城,"二人奋斩数十贼,身被重创,犹跃城下追击。中炮死,淑礼父抚而哭之曰:'儿死城完复何憾!'命少子登城击贼"③。当时淮北地区的人民也组织起来抗击倭寇,有一个姓彭的铁匠,把平时所锻造的刀枪拿出来武装群众,一次倭寇窜犯到他们的村庄,彭铁匠率领村民与敌人进行了英勇的搏斗,击退了残暴的倭寇④。真正的最雄厚的力量存在于广大人民群众之中,抗倭斗争的胜利,是中国人民反对外来侵略史上的光辉一章。

---

①④ 《明代轶闻》卷2。

② 《虔台倭纂》卷上,见《玄览堂丛书续集》。

③ 《潮州府志》卷28。

5."海禁"的解除

明朝初期与日本之间虽有通商贸易和文化交往,但当时采取的基本是"闭关政策",除官方进行的"朝贡贸易"外,却不许民间出海贸易。到了明中叶嘉靖时,因倭寇猖獗,明朝政府更推行严厉的海禁政策。

嘉靖二年(1523年)发生"争贡之役",明朝政府便加强海禁。嘉靖三年四月严定律例,凡"番夷贡舡官未报视,而先迎贩私货者",或"私代番夷收买禁物者",或"揽造违式海舡,私鬻番夷者",都要从重论罪①。嘉靖四年八月,又下令"海舡,但双桅者,即捕之,所载即非番物,以番物论,俱发戍边卫"②。嘉靖八年十二月,又"出给榜文,禁沿海居民毋得私充牙行,居积番货,以为窝主,势豪违禁大船,悉报官拆毁,以杜后患,违者一体重治"③。嘉靖十二年九月,又下令"一切违禁大船,尽数毁之,自后沿海军民私与贼市,其邻舍不举者连坐"④。嘉靖二十六年,朱纨任浙江巡抚兼提督浙闽海防军务。他为了清海道防倭寇,"于是革渡船,严保甲,搜捕奸民"⑤,不但禁止民间出海贸易,连下海捕鱼等活动和沿海之间的交通也都被阻断。

明朝政府原想用这种严厉的"海禁"政策来防止倭寇的侵扰,但推行的结果,却适得其反。因"商道不通,商人失其生理,于是转而为寇"⑥。而东南沿海的农民、渔民"资衣食于海",因"海禁太严,渔樵不通",生活艰难,有的也就投向倭寇。所以,嘉靖二十年(1541年)后"海禁愈严,贼伙愈盛"⑦。这样,就造成

---

①《明世宗实录》卷38。

②《明世宗实录》卷54。

③《明世宗实录》卷108。

④《明世宗实录》卷154。

⑤《明史》卷205《朱纨传》。

⑥⑦ 唐枢:《复胡梅林论处王直》;《明经世文编》卷270。

"江南海惊,倭居十三,而中国叛逆居十七"的情形。①

嘉靖时期的倭寇事件,使明朝政府的一些官员认识到,"海禁"既不能限制私人海上贸易,也不能防止倭寇。"片板不许下海,艨艟巨舰反蔽江而来;寸货不许入番,子女玉帛恒满载而去"。② 因此,明朝政府中比较有远见的人士主张开放海禁,发展海上贸易。认为"华夷同体,有无相通,实理势之所必然。中国与夷,各擅土产,故贸易难绝,利之所在,人必趋之"③。所以,到明穆宗隆庆时,明朝政府就开始取消"海禁",这就促进了海上贸易的繁荣和东南沿海商品经济的进一步发展。

二、抗击葡萄牙殖民者的斗争

明孝宗弘治十一年(1498 年)新航路发现之后,欧洲一些处在资本原始积累时期的国家实行血腥的海外掠夺政策。正如马克思在《资本论》中所指出的那样:"占主要统治地位的商业资本,到处都代表着一种掠夺制度,它在古代和新时代的商业民族中的发展,是和暴力掠夺、海盗行径、绑架奴隶、征服殖民地直接结合在一起的;在迦太基、罗马,后来在威尼斯人、葡萄牙人、荷兰人等等那里,情形都是这样。"④ 最早来到东方的殖民者是葡萄牙。明武宗正德六年(1511 年)葡萄牙殖民者侵入满剌加(马六甲),逐走了国王,阻断了中国与南洋各国的交往与贸易。满剌加"自为佛郎机(明朝称葡萄牙为佛郎机)所破,其风顿殊。商舶稀至,多直诣苏门答剌。然必取道其国,率被邀劫,海路几断"⑤。接

---

① 《嘉靖东南平倭通录》。
② 《虔台倭纂》上卷《倭原》,见《玄览堂丛书续集》。
③ 唐枢:《复胡梅林论处王直》,《明经世文编》卷 270。
④ 《资本论》第三卷第二十章《关于商人资本的历史考察》,第 370 页。
⑤ 《明史》卷 325《满剌加传》。

着,葡萄牙殖民者以满剌加为基地,进一步侵掠中国。正德十一年(1516年)葡萄牙马六甲总督佐治(Jorge d'Alboquerque)派裴来斯特罗(Rafael Perestrello)来中国。第二年,葡萄牙派皮来资(Thomas Pirez)以国王名义充任大使和安特拉德(Fernao Perez d'Andrade)率舰队来到中国。皮来资和安特拉德所率领的葡萄牙舰队到屯门岛后,想进入广东,遭到中国地方政府的拒绝,葡萄牙舰队就强行驶入内河,开向广州①,气焰嚣张,沿途"铳炮之声,震动城廓"②。皮来资到达广州后,即要求到京师去见明朝皇帝。明朝在广东的守臣以"其国素不列于《王会》,羁其使以闻"。明朝政府命令广东地方官"予方物之直遣归"③。但葡萄牙殖民者却赖着不走,后来买通镇守太监,始允许进京。当皮来资及其通事火者亚三到北京的时候,留在广东的葡萄牙殖民者就开始进行抢掠活动,强占广东东莞县的屯门岛④。

葡萄牙殖民者"所到之处,硝磺刃铁,子女玉帛,公然搬运,沿海乡村,被其杀掠,莫敢谁何"⑤。他们"剽劫行旅","掠买良民,筑室立寨,为久居计"⑥,完全暴露了海盗嘴脸。当满剌加的求援信送到时,明朝政府才知道满剌加已为葡萄牙所侵占,再看他们在广东的海盗行径,感到"听其往来贸易,势必争斗杀伤,南方之祸,殆无纪极"⑦。这时明武宗朱厚照已死,明世宗朱厚熜嗣位。明朝政府于嘉靖元年(1522年)杀了火者亚三,并把在广东的葡萄牙殖民者驱逐出境,"敕责佛郎机,令还其(满剌加)故土"⑧。

---

① 张星烺:《中西交通史料汇篇》第六章《明代中国与欧洲之交通》十四"葡人巴罗斯之记载"。

② 《明武宗实录》卷194。

③ 《明史》卷325《满剌加传》。

④ 《广州府志》卷38。

⑤ 《广州府志》卷122。

⑥⑦ 《明史》卷325《佛郎机传》。

⑧ 《明史》卷325《满剌加传》;卷325《佛郎机传》。

葡萄牙殖民者妄图用武力夺回屯门岛,第二年又寇广东新会县,被指挥柯荣、百户王应恩率领的明军所击败。明军夺获其战船两艘及火炮等军械,"官军得其炮,即名为佛郎机"①。

　　葡萄牙殖民者在广东被当地军民驱逐出境以后,就转向浙江、福建沿海地区。嘉靖十九年(1540年)前后,葡萄牙殖民者和中国海盗李光头、许栋以及倭寇相勾结,在宁波的双屿建立据点,进行走私贸易,在"货尽将去之时,每每肆行劫掠"②。嘉靖二十七年,副都御史朱纨调遣都指挥卢镗、副使魏一恭等率兵进攻双屿,把他们全部驱逐出境,烧毁了他们所建的营房,并且"聚木石,筑塞港口"③。被赶出双屿的葡萄牙殖民者又转移到了福建泉州府的浯屿(今金门),与原来在那里的海盗会合,继续进行走私贸易和海盗活动,不断骚扰漳、泉地区。嘉靖二十八年,朱纨和福建巡海道副使柯乔合兵进击浯屿,葡萄牙侵略者的战舰逃向诏安县,朱纨和柯乔率领明军堵截于走马溪,爱国军民奋勇进击,使得葡萄牙殖民者的精良兵械起不了作用,"大铳不及灼火","死者胥溺,生者就擒"④。长期勾结葡萄牙殖民者的中国奸商、海盗头目李光头等九十六人,就是在这次战斗中被擒获处死的⑤。这样,经过我国爱国军民的英勇抗击,葡萄牙殖民者在广东、浙江和福建沿海建立的据点,先后都被拔除,葡萄牙殖民者狼狈溃逃。

　　葡萄牙殖民者在武装强占中国沿海领土的同时,又用卑鄙的贿赂手段来达到他们的侵略目的。原来,明朝政府在广州设市舶司,管理暹罗、占城、爪哇、琉球、浡泥诸国的互市。正德时,

---

① 《明史》卷325《佛郎机传》。

② 俞大猷:《正气堂集》卷7《论海势宜知海防宜密书》。

③ 《筹海图编》卷5《浙江倭变记》。

④ 俞大猷:《正气堂集》卷5《议王直不可招》。

⑤ 《明史》卷205《朱纨传》。

· 458 ·

市舶司移到高州的电白县。嘉靖十四年(1535年),葡萄牙侵略者买通明朝指挥黄庆,把市舶司移到壕镜(澳门),乘机混入,开始阴谋占领澳门。嘉靖三十二年,葡萄牙殖民者谎言商船遇到风暴,愿借澳门曝晒货物,并向明朝海运副使汪柏行贿,出租金,遂上岸定居。嘉靖三十六年,葡葡牙殖民者竟于澳门私自扩充居地,筑炮台,设官管理,强行租占[①]。由于明朝政府吏治腐败和个别官吏的受贿卖国行为,使中国部分领土被西方殖民者租占窃据。但澳门的领土主权仍属明朝,万历时,明朝政府派官吏管理澳门,每年向葡萄牙殖民者征收地租税金。

---

① 《殊域周咨录》卷9《佛郎机》;《明史》卷325《佛郎机传》。

第十一章　明代中、后期社会经济的发展

明代中、后期,农业和手工业都发展到前所未有的水平。农业中各种经济作物迅速发展;手工业部门日益增多,生产规模更加扩大。随着社会生产力的提高,商品经济空前繁荣起来,工商业城镇不断兴起。封建社会内这种商品经济的发展,为产生新的生产关系奠定了基础,它标志着中国封建社会从此发展到一个新阶段。

第一节　农业生产的继续发展

一、注意综合经营

充分利用地力,注意综合经营,是明代中后期农业生产得到发展的一个重要表现。这在南方尤为突出。万历时人谢肇淛曾说:"吴之新安、闽之福唐,地狭而人众,四民之业,无远不届,即遐陬穷发人迹不到之处,往往有之……闽中自高山至平地,截截为田,远望如梯,真昔人所云'水无涓滴不为用,山到崔嵬尽力耕'者,可谓无遗地也。"① 他还说:"湖(按指湖州)民力本射利,计无不悉。尺寸之堤,必树之桑,环堵之隙,必课以蔬,富者田连阡陌,桑麻万顷,而别墅山庄求竹木之胜

---

① 《五杂俎》卷4。

无有也。"① 明中叶常熟有谭晓、谭照两兄弟,"俱精心计",其经营方式,可称为当时农业综合经营的典型。据记载,他们居住在湖乡,田多低洼荒芜,不少居民弃农就渔,于是"田之弃弗治者以万计"。谭晓和谭照乘机低价买进,用供给伙食的代价雇佣乡民百余人加以改造。最低的,凿以为池;其余则"围以高塍,辟而耕之",每岁得到的收入,相当于平原地带的三倍。开凿出的池塘有上百个,都用来养鱼,池塘之上又架木为窝圈,喂养鸡和猪,它们的粪便遗落水中,恰好成为池鱼的食物。围田的高塍遍植梅桃等果树,汙泽地带则种植菰芘菱芡,能够作畦的地方又用以种植各种蔬菜。此外,举凡鸟凫昆虫之类,"悉罗取而售之"。种种收入,备有收贮专柜数十个,每天分别投进;柜满则打开;每月要打开好几次,这些杂项收入与土地相较,又当其三倍。谭氏兄弟把低洼荒芜土地进行改造以进行综合经营,总计所得收入,竟达一般平原土地的六倍;这充分反映了当时进行综合经营促进生产发展的惊人成果。史料记载中说,谭氏兄弟"其取利也穷天极地而尽人"②。这是对谭氏兄弟的热烈赞颂,也是对明代中、后期充分利用地力、大搞综合经营的整个事业的高度评价。

二、兴修水利工程

明代中、后期兴修水利的活动相当活跃,直接或间接地促进了农业生产的发展。

1. 治理黄河

治理黄河是这个时期最引人注目的兴修水利活动。明政府

---

① 《西吴枝乘》,《浙江通志》卷99《风俗》上引。
② 《昭常合志稿》卷48《轶闻》。

在成化七年任命王恕为工部侍郎,总理河道。总河之设,即以王恕为始。这表明明政府对治河比前代更为重视。明政府的重视,是明代中、后期治河成绩显著的原因之一。

当时在治理黄河中,出现了很多著名的治河组织者和专家,他们的名字与这个时期的治河活动紧紧联系在一起。其中第一个是徐有贞,第二个是刘大夏,而最有贡献的是潘季驯。

潘季驯一生共办河务四次:第一次在嘉靖四十四年(1565年),翌年因丁忧离职;第二次在隆庆四年(1570年),翌年受弹劾落职;第三次在万历六年(1578年),至八年秋擢南京兵部尚书而离职;第四次在万历十六年,至二十年罢去。四次当中以第三次成绩最突出。当时河决崔镇(在泗阳县西北),"宿(宿迁)、沛(沛县)、清(清河县,即今淮阴)、桃(桃源,即今泗阳)两岸多坏,黄河日淤垫,淮水为河所迫,徙而南"①,"高堰(即高家堰,在淮阴县西南四十里)湖堤大坏,淮、扬、高邮、宝应间皆为巨浸。大学士张居正深以为忧"②。在这种情况下,潘季驯被任命为右都御史兼工部左侍郎,挑起了治河的重担。那时,朝廷上关于治河的方案议论纷纷,有的"请多浚海口,以导众水之归",有的"请塞崔镇决口,筑桃、宿长堤,修理高家堰,开复老黄河"③。潘季驯没被朝廷上的各种议论所束缚,他与督漕侍郎江一麟详细观察了水势,最后得出结论:"故道久湮,虽浚复,其深广必不能如今河",应"筑崔镇以塞决口,筑遥堤以防溃决";"淮清河浊,淮弱河强,河水一斗,沙居其六,伏秋则居其八,非极湍急,必至停滞,当藉淮之清以刷河之浊,筑高堰(高家堰)束淮入清口,以敌河之强,使二水并流,则海口自浚"④。于是,他便上疏神宗,提出了治河的六条办法:"塞决口以挽正河";"筑堤防以杜溃决";"复闸

————————

①③ 《明史》卷84《河渠志》2。
②④ 《明史》卷223《潘季驯传》。

坝以防外河”;“创滚水坝以固堤岸”;“止浚海工程以省糜费”;“寝开老黄河之议以仍利涉”①。他的报告获得明廷批准,于是按照这个计划治理黄河。自万历六年夏至第二年十月工程结束。共“筑高家堰堤六十余里,归仁集堤四十余里,柳浦湾堤东西七十余里,塞崔镇等决口百三十,筑徐、睢、邳、宿、桃、清两岸遥堤五万六千余丈,砀、丰大坝各一道,徐、沛、丰、砀缕堤百四十余里,建崔镇、徐昇、季泰、三义减水石坝四座,迁通济闸于甘罗城南,淮、扬间堤坝无不修筑”。自此“连数年,河道无大患”②。万历八年春,潘季驯因功加太子太保,进工部尚书兼左副都御史,同年秋又升南京兵部尚书。

潘季驯不仅实地组织领导了成绩卓著的治河工程,而且很注意对治河的经验进行总结,写出了《河防一览》、《宸断两河大工录》等许多著作,提出了许多有价值的治河方法。他的治河方法以束水攻沙为基本原则,即“缮治堤防,俾无旁决”,从而使水由地中,沙随水去③。他的这个治河原则是合乎科学道理的,因为黄河之水“合则流急,急则荡涤而河深,分则流缓,缓则停滞而沙积”④。为了贯彻这一基本原则,潘季驯提出的治河方法中,非常重视河堤的修建。他提出的修堤方法有很多个,其中主要有三个:“缕堤以束其流”,“遥堤以宽其势”,“滚水坝以泄其怒”。缕堤筑于接近河滨的地段,这是平时用来约束河水使之奔流于河床之中的。洪水到来之后,流量太大,河床往往不能容纳,因而须事先离河二三里另外筑堤一道以防洪水侵及陆地,这便是“遥堤”的用途。至于滚水坝,那是选择地势低洼而又地基坚实的地段,用石头建成,当洪水涨到一定高度时,洪水会通过减水坝宣泄一部分,贮于低洼地带,以分水势。由于减水坝用石头筑

---

① 《明史》卷84《河渠志》2;《明神宗实录》卷76。
②③④ 《明史》卷84《河渠志》2。

成,因而不会被水冲溃造成灾害。为了使缕堤遥堤等坚固不坏,潘季驯对于筑堤所用的泥土等也非常注意,他说,必真土而勿杂浮沙,高厚而勿惜巨费,让远而勿与争地,则堤乃可固也①。潘季驯总结的这些治河经验,是一份宝贵的历史遗产,对于今天治理黄河,仍有一定的参考价值。

2.修治运河

明代中、后期对运河的修筑主要有两大工程:一是开凿南阳新河,一是开凿伽河运河。

经过明初宋礼、陈瑄等人的治理,大运河全线通航,全长三千余里。当时淮、扬至京口以南之河,通谓之转运河;而由瓜、仪达淮安者,又谓之南河;由淮安至徐沛,借用黄河作运道,"曰中河";"由山东达天津曰北河,由天津达张家湾曰通济河,而总名曰漕河"。山东境内的北河即"会通河","北至临清,与卫河会,南出茶城口(在徐州北),与黄河会"②。所谓开凿南阳新河的工程,是对会通河南段的一次改造。这里的南阳是今山东鱼台县境内的一个镇子,会通河从此通过。明中叶以前,会通河由南阳镇起沿着昭阳湖的西岸经沛县西北而南下。这里地势很低并且靠近黄河,这就给运河带来两大威胁:一是黄河在单、丰、沛一带极易决口,一旦发生决口,河水就会冲坏运河的河堤;二是"泥沙易集,以故累浚累塞"③。这是引发开凿南阳新河的原因所在。嘉靖六年(1527年),黄河水溢入漕渠,沛县北庙道口淤数十里,粮艘为阻,吴江人盛应期被任命为右都御史前往治理。他提议在昭阳湖东,"北进江家口(应作'汪家口'④),南出留城口(留城今已沦入微山湖),开浚百四十余里",并认为开这条新河比疏浚

---

① 《明史》卷84《河渠志》2。
② 《明史》卷85《河渠志》3。
③ 《明世宗实录》卷84。
④ 《明史》卷85《河渠志》3;《明世宗实录》卷84;《行水金鉴》卷113。

原来的河道"力省而利永"①。当时规定开凿新河的期限为六个月，但进行了四个月之后，"工未成，会旱灾修省，言者多谓开河非计，帝遽令罢役"②，盛应期也被免了官。这一下，工程被耽误近四十年。嘉靖四十四年秋，"河决沛县飞云桥，东注昭阳湖，运道淤塞百余里"，改南京刑部尚书朱衡为工部尚书兼右副都御史，总理河漕。朱衡来到决口处，发现"旧渠已成陆，而故都御史盛应期所开新河，自南阳以南东至夏村，又东南至留城，故址尚在。其地高，河决至昭阳湖止，不能复东，可以通运"，于是定议"循新河遗迹成之"③。第二年，新河开凿成功，运粮船得以通行。隆庆元年，"山水骤溢，决新河"，朱衡又根据给事中吴时来的建议，开四条支河，"泄其水入赤山湖"④。至此，南阳新河的开凿工程最后完成。新河与旧道相比，向东移了三十里，旧河自留城向北，中经沛县等地而至南阳，新河则自留城而北，经由夏镇等地到南阳，与旧河合。南阳运河的开凿成功，使此段运河航行通畅。

明代大运河的中河一段是利用黄河作运道的。黄河多变易决，漕运常常被阻，因此为了保证运道的畅通，应当避开对黄河的依赖。这导致了泇河运河的开凿。"其议始于翁大立，继之者傅希挚，而成于李化龙、曹时聘。"⑤ 时在隆庆至万历年间。泇河运河自夏镇(微山)向南经韩庄(山东枣庄西南六十里)、台庄，到邳州直河口，入黄河，长二百余里，代替了原来自夏镇经徐州到达直河口的长三百三十里的黄河运道。此后，继续作运道的黄河河床只剩下了邳州直河口以南至清河一段，运船的来往安全多了。

3．各省的其他水利工程

除了治理黄河和运河之外，明代中后期还兴建了不少其他

① ② ③ ④ 《明史》卷223《盛应期传》、《朱衡传》。
⑤ 《明史》卷87《河渠志》5。

水利工程,这些工程遍布各个省份,而且陆续兴建于各朝,《明史·河渠志》因此称"终明世水政屡修"。

江浙地区是当时的重要经济区,而且江湖浦港交错,地势很低,一旦水利失修便会造成严重灾害。因此历代都很重视这里的水利事业,明代中后期也未放松。弘治七年(1494 年)至八年,工部侍郎徐贯和右副都御史何鉴因江南发生水灾而前往治理。他们在主事祝萃的协助下,进行调查研究,"究悉源委",从而确定了比较完善的治水方案。"是役也,修浚河、港、泾、渎、湖、塘、陡门、堤岸百三十五道"①,从而使洪水通过"吴淞、白茆诸渠"泄入海中,"水患以除"②。嘉靖元年(1522 年),巡抚李克嗣用华、上海、嘉、昆四县民力,"开吴淞江四十余丈",此后"十余年无水旱之忧"③。隆庆三年(1569 年),巡抚都御史海瑞疏浚"吴淞江下流上海淤地万四千丈有奇。江面旧三十丈,增开十五丈",起于黄渡,"至宋家桥长八十里"④。这项工程不仅使积水"通流入海,民赖其利"⑤,而且因为当时"岁大饥,畚锸云集,不两月而河工告成,民得仰食"工银,收到了以工代赈的效果⑥。明末朱国桢在《涌幢小品》卷上《堤利》中谈到:"堤之功,莫利于下乡之田……明农者因势利导,大者堤,小者塘,界以埂,分为塍,久之皆成沃壤。今吴江人往往如此法,力耕以致富厚,余目所经见二十里内,有起白手致万金者两家。"朱国桢所叙述的吴江县的情形,反映了明末江南地区水利事业的继续开展。

北直隶地区在明代中、后期兴修水利的活动很多。万历十三年(1585 年)江西贵溪人徐贞明因给事中王敬民的推荐,起用为尚宝少卿,"赐之敕令,往会抚按诸臣"⑦ 兴办北方水利。

---

①②④ 《明史》卷 88《河渠志》6。

③⑥ 《明史纪事本末》卷 25《治水江南》。

⑤ 《明史》卷 226《海瑞传》。

⑦ 《明史》卷 223《徐贞明传》。

不久又令徐贞明兼监察御史，领垦田使，有司阻挠者有权劾治。徐贞明于是首先在京东诸州县组织群众开办起水田，总数达到三万九千余亩，历时不到一年①。而后，徐贞明又欲治理真定府的滹沱河河边地，但妨碍了"贵势有力家"的利益，遭到反对，被迫停止。万历二十九年，朱国桢从磁州路过，发现遍野皆有水沟，深不过二三寸，阔有一尺，纵横曲折，随地各因其便，过往的行人、马匹可跨而过，在它的浇溉下禾黍蔚然，生机勃勃。他感到很惊奇，就问轿夫水从何处引来，轿夫遥指西山回答：它就是源泉。朱国桢又问："泉水哪得平流？"得到的回答是：知州刘徽国组织人们在泉下筑堤丈许，泉水被障，与堤一起升高，这样便可引向地势与泉眼高度相似的地方了。大约水位被提高一尺，就可灌溉十里方圆的土地。依靠这种办法，"一州遂为乐土"②。朱国桢在《涌幢小品》中的这一记载，反映了当时磁州地区水利事业的兴盛。万历三十年，保定巡抚都御史汪应蛟建议在北直隶中、南部"设坝建闸，通渠筑堤"，"用南方水田法"，兴办水田。朝廷批准了他的建议，他便于"天津葛沽、何家圈、双沟、白塘，令防海军丁屯种，人授田四亩，共种五千余亩"③，"为水田者十之四，亩收至四、五石，田利大兴"④。同一年，真定知府郭勉组织当地群众疏浚大鸣泉、小鸣泉等四十余穴，"溉田千顷"；"邢台达活、野狐二泉流为牛尾河，百泉流为澧河，建二十一闸二堤，灌田五百余顷"⑤。天启年间，太仆卿董应举"管天津至山海屯田，规划数年，开田十八万亩，积谷无算"⑥。在屯田的过程中，"浚渠筑防"⑦，水利工程也得到了

---

① 《明史》卷88《河渠志》6、卷223；《明神宗实录》卷172。
② 朱国桢：《涌幢小品》卷上《堤利》。
③⑤⑥ 《明史》卷88《河渠志》6。
④ 《明史》卷241《汪应蛟传》。
⑦ 《明史》卷242《董应举传》。

发展。

江南和北直隶之外,其他省区在明代中后期也兴修了一些水利工程。其中著名者有:景泰五年(1454年),疏浚河南"灵宝黎园庄渠,通鸿泸涧,溉田万顷"①;天顺二年(1458年),修筑四川"彭县万工堰,灌田千余顷"②;成化十八年(1482年)"浚云南东西二沟,自松华坝黑龙潭抵西南柳坝南村,灌田数万顷"③;明朝末年汉中"筑堤亘十里,灌田万顷"④。

4. 灌溉工具的新发明

明代中、后期还出现了一些新的灌溉工具,如王征设计了"虹吸"和"鹤饮"。虹吸是用木材做成弯曲的长筒,用它可以将水引向高处⑤。鹤饮是用巨竹或木材做成的长槽,并配备有戽斗等装置,也是将低处水引到地势较高的土地的灌溉工具,虽然要用人力操作,但"视他水器则犹力省而功倍焉"⑥。虹吸和鹤饮都制作简单,使用方便,虽然未见推广,但却从中可以看出当时灌溉工具的革新和发展。

三、改革工具提高技术

明代中、后期的农业工具和技术,有不少发明和改进。

"代耕"是当时新设计的一种耕地用具,也叫"木牛"。它由人字形的两个支架,架起安有十字木橛的辘轳。耕地时两个"代耕"距离三丈,相向而放;辘轳中缠上六丈长的绳索,绳索的两端各系一辘轳,其中间则安一个小铁环,小铁环上挂着耕犁的曳钩;人手搬动辘轳上的木橛,耕犁就移动起来。每次工作,共用

---

① ② ③ 《明史》卷88《河渠志》。

④ 朱国桢:《涌幢小品》卷上《堤利》。

⑤ 王征:《新制诸器图说》《虹吸图说》及《引水之器二图说引》。

⑥ 王征:《新制诸器图说》《鹤饮图说》及《引水器二图说引》。

三人,两个辘轳各用一人,扶犁用一人。两个搬辘轳的人"递相挽,亦递相歇"①,"此转则犁来,彼转则犁去,一手而有两牛之力,耕具之最善者也"②。

这一时期,农肥及施肥技术也有了相当发展。《天工开物》卷一《乃粒》在讲到"榨油枯饼"(油饼肥)时,一下子就列举了脂麻籽饼、萝卜籽饼、油菜籽饼、油桐籽饼、樟树籽饼、乌桕籽饼和棉籽饼等七种,并认为脂麻籽饼、萝卜籽饼最好,油菜籽饼差些,油桐籽饼又差些,而樟树籽饼、乌桕籽饼和棉籽饼最差。这种分析跟现代科学分析的结论相比,大致相符。这反映了当时对饼肥的使用和认识,比以前有了发展。当时人们还知道"土性带冷浆者(按指土温低而含水多的稻田),宜骨灰蘸秧根(飞禽、走兽的骨灰皆可),石灰淹苗足(指在秧根撒石灰)"③,这是我国农业施用磷肥的最早记载。土温低而含水多的土地,一般是酸性土壤,施用磷肥,正好符合其需要;撒上石灰,可以中和土壤酸性,促进土壤形成团粒结构,改进其理化性质。当时劳动人民的施肥知识已如此丰富,如此合乎科学道理,后人不能不为之赞叹。

明代中、后期劳动人民已经懂得用砒霜拌种防虫:"陕、洛之间,(小麦播种后)忧虫蚀者,或以砒霜拌种子"④,这种杀虫防害技术,以前的农书没有记载。

四、粮食作物品种增多

明代中、后期粮食作物的品种很多,这是当时农业生产得到发展的一个表现。

---

① 王征:《新制诸器图说》《代耕图说》。
② 屈大均:《广东新语》卷16《木牛》。
③④ 宋应星:《天工开物》卷1《乃粒》。

稻子历来是中国人民的重要食粮,据嘉靖《吴江县志》卷九《物产》载,吴江一县的粳和糯稻米就有一百零七种之多,其中粳有七十种,糯三十七种。其他州县当时所种植的稻子品种也相当多,如南直六合县有四十六种①,泰州有三十五种②,天长县有二十二种③。一个州县所种稻子品种,动辄几十种甚至上百种,这反映出当时稻子的品种不仅总数多,而且各个品种种植的地区都很广。

中国人民的另一重要食粮粟,在明代中、后期也有很多品种。如河南鄢陵,"五谷惟粟类最夥,其色有青、白、红、黄,其名有六月先、七里香、八百光、钱坝齿者,皆嘉,他如鸡肠、兔蹄、龙爪、猴尾,随象立名,动以百计焉"④。再如河南尉氏县,其所种植的粟有青、白、红、黄、黑、大青、小青、六月先、独觉旱、龙爪、七里香、搭过梁、瓦屋里、驴驮糙、箭簳糙、京里糙等十六种⑤。

从文献记载看,豆子和麦子的品种也不少。如麦子,吴江县种有十四种⑥,颍州种植豆子共二十二个品种⑦。尉氏、泰州、江阴和内黄所种植的豆子,分别为二十一种、十八种、十六种和十二种⑧。

此外,当时还从域外传进了一些粮食作物,品种主要有甘薯和玉米。

甘薯在明代的文献中称为"白蓣"、"红蓣"、"紫蓣"、"红薯"、

---

① 顺治《六合县志》。
② 见抄本崇祯《泰州志》卷1《职方志》。
③ 嘉靖戊申《天长县志》卷4《物产》。
④ 嘉靖《鄢陵志》卷3《田赋志·土产》。
⑤ 嘉靖《尉氏县志》卷1《风土类》。
⑥ 嘉靖《吴江县志》卷9《物产》。
⑦ 嘉靖《颍州志·物产·土产》。
⑧ 嘉靖《尉氏县志》卷1,抄本崇祯《泰州志》卷1,嘉靖《江阴县志》卷6,嘉靖《内黄志》卷2。

"金薯"、"番茹"、"白薯"、"番薯"、"红山药"等。它产量高,并且极易栽种,"不与五谷争地,凡瘠卤沙冈皆可以长",对于水旱的适应性也很强①。甘薯原产地是美洲墨西哥、哥伦比亚一带,自十五世纪末和十六世纪初葡萄牙人把它传到非洲沿海地区、印度和印尼等地,而西班牙人则将它传到包括菲律宾的西太平洋区。在此基础上,甘薯便从陆、海两路传进了中国。陆路的传播路线是自印度、缅甸而云南,时间约在十六世纪最初的三四十年代。海路的传播路线是由菲律宾到福建,时当十六世纪七八十年代。通过海路传进甘薯的还有广东地区,其时间与福建相差不多。南直和浙江在明代也传进了甘薯,其中南直是从福建引进的,而浙江则不详其是直接从海外输入的,还是经由其他省份引进。甘薯的传入,对于中国山地和瘠土的利用,对于杂粮种植的多样化,发生了深刻的影响。

玉米的原产地也是美洲,在明代文献中有"御麦"、"玉麦"、"番麦"、"西番麦"、"玉蜀黍"、"玉高粱"等名称。它传入中国的时间在十六世纪,一由滇缅陆路传到云南,一从东南沿海传到浙江、福建和广东。玉米传入中国后,直到明朝灭亡之前,在中国内地的种植尚不广泛,所以李时珍的《本草纲目》卷二三称它:"种出西土,种者亦罕。"但已有了一定程度的传播。据道光《遵义府志》卷一六《农桑》记载,在明代的贵州北部玉米早已是山地的杂粮之一。明亡以前,玉米也在四川四周丘陵、高山的边缘扎下了根②。特别值得指出的是,明代河南已有不少县种上了玉米,嘉靖十四年《鄢陵志》卷三、嘉靖二十七年《尉氏县志》卷一、嘉靖三十年《襄城县志》卷一、嘉靖三十四年《巩县志》卷三,都将

---

① 周亮工:《闽小记》。

② 见何炳棣:《美洲作物的引进、传播及其对中国粮食生产的影响》,载《大公报在港复刊三十周年纪念论文集》。

玉米列入了该县物产项目之中。何炳棣曾撰文指出:巩县是云南土司向京师进贡的必经之地,这里的玉米大概就是云南土司进贡时带来的;由巩县种植玉米的开始时间,可以推测,云南种植玉米的时间不会晚于十六世纪的上半叶①。

除了上述地区外,明代已种植玉米的地区还有广西、南直、甘肃、山东、陕西、河北等地,其文献记载的年代分别是嘉靖十年(1531 年)、嘉靖三十八年、嘉靖三十九年、万历十八年(1590年)、万历二十五年、天启二年(1622 年)。这些年代,不代表实际引种的先后,因为文献记载有漏载,有的所记并非开始栽种的时间②。玉米的产量较一般粮食作物要高,并且可在山地种植,它的传入对于中国人民的经济生活和生产的发展,无疑也有积极的影响。

明代中、后期粮食作物不仅品种多,产量也比较高。松江西乡地区,"田低水平,易于车戽,夫妻二人可种二十五亩,稍勤者可至三十亩,且土肥获多,每亩收三石者不论,只说收二石五斗,每岁可得米七八十石"③。南通州一带"每田一亩,丰年得谷三石,次则二石,又次之则一石"④。"河内之田……上田岁收亩不下两石,多或至三、四石,下田岁收亩不及一石,少或至三、四斗,大抵上田一亩之收,抵下田五亩"⑤。万历年间汪应蛟在天津葛沽、白塘一带"募民垦田五千亩,为水田者十之四,亩收至四、五石"。后来他又建议在天津搞军屯,认为这里"荒土连封,蒿莱弥望,若开渠置堰,规以为田,可七千顷,顷得谷三百石(以此计,亩

---

① 见何炳棣:《美洲作物的引进、传播及其对中国粮食生产的影响》,载《大公报在港复刊三十周年纪念论文集》。
② 参见万国鼎:《五谷史话》。
③ 《四友斋丛说摘抄》。
④ 万历《通州志》卷 2《疆域志》。
⑤ 《天下郡国利病书》原编第十三册第 112 页。

产为三石。上面所讲亩收至四、五石当为个别高产田的产量,而三石则应为大面积土地的平均亩产)①。综观上述几个地区的材料可知,明代中后期尽管各地情况不一,但产量高的土地亩产均在三石以上,高者甚至达到四、五石。这样的单位面积产量,不能不说是相当高的。

五、经济作物广泛种植

经济作物种植广泛,是明代中、后期农业生产得到发展的又一重要表现。

宋元以来、特别是明初以来得到推广的植棉业,在明代中、后期继续发展兴盛,"种遍天下"②,"率土仰其利"③。有的地方"种植之广,与秔稻等"④,有的地方"独托命于木棉"⑤,有的地方"郊原四望,遍地皆棉"⑥。由于种植广泛,品种也多起来,《农政全书》卷三五说:"中国所传木棉,亦有多种。"它所列举出来的品种,达到八个,包括产于楚中的"江花"、"出畿辅山东"的"北花"、出自余姚的"浙花"、"蒂有黄色"的"黄蒂穰"、"核青色、细于他种"的"青核"棉、"核细、纯黑"的"黑核"棉、"核白而穰浮"的"宽大衣"、"浮细而核大"的"紫花"棉等。

由于棉布代替丝织品充当一般人衣料这一变化,明代中、后期植桑业有衰落下去的趋势。但丝绸之类仍是上层社会和对外贸易不可缺少的商品,植桑业在某些地区非常发达。当时浙江

---

① 《明史》卷 241《汪应蛟传》。
② 《开工天物》卷 2《乃服》。
③ 《农政全书》卷 35。
④ 《阅世编》卷 7。
⑤ 《天下郡国利病书》卷 20 江南 8。
⑥ 崇祯《太仓州志》卷 14。

的湖州和四川的阆中是植桑业的中心，从这两个地区经过的人，都可以看到各种桑树"参差墙下"①。湖州有的一家植桑达万株，茅氏即一例，唐顺之《荆川集》所载《茅处士妻李孺人合葬墓志铭》说："湖俗以桑为业，而（茅）处士治生喜种桑"，"种桑万余唐家村上"。浙江的嘉兴、严州、绍兴、台州等地种桑树的也很多②。

烟草是明代后期传入中国的一种经济作物。清人阮葵生《茶余客话》卷二〇说："烟，一名相思草，满文曰淡巴菰，初出吕宋，明神宗时始入中国。"重纂《福建通志》卷五九也称："（烟草）万历间始有种者。"最早传入的地区是福建，清人王士禛《香祖笔记》卷3记载："吕宋国有草，名淡巴菰……初漳州人自海外携来，莆田亦种之，反多于吕宋。"广东也是较早传入烟草的地区，崇祯七年（1634年）广东《恩平县志》卷7《地理志·物产》说："（烟草）出自交趾，今所在有之。"

当烟草刚刚传入中国时，人们认为可以用它"辟瘴气"③，"边上人寒疾，非此不治，关外至以一马易一斤"④。因此，向各地传播很快。

崇祯皇帝对此曾下令禁止，"民间私种者问徒"。然利重法轻，民种植如故，"寻下令犯者皆斩"⑤。崇祯皇帝之所以作出这种规定，相传他"以'烟'为'燕'，人言'吃烟'，故恶之也"⑥。可是，这种主观臆想的害处抵不住现实需要的冲击，"不久因军中病寒不治，遂弛其禁"⑦。

---

① 徐光启：《农政全书》卷31引郭子章《蚕论》。

② 《浙江通志》卷99《风俗》上引弘治《嘉兴府志》，卷102《物产》2引万历《嘉善县志》，《纪录汇编》卷185陆容《菽园杂记摘抄》卷6。

③ 《香祖笔记》卷3。

④⑤⑦ 赵翼：《陔余丛考》卷33《烟草》。

⑥ 杨士聪：《玉堂荟记》卷下。

到了崇祯末年,烟草的种植已发展到许多地区。如嘉兴地区这时"遍处栽种,虽二尺童子,莫不食烟"①。上海地区在崇祯末年有彭姓从外地搞来了种子,"种之于本地"②。苏州地区,乾隆《苏州府志》《物产》云:"(烟草)向无此种,明季始种。"北方也有种植,杨士聪《玉堂荟记》卷下记载:"烟酒(即烟草)古不经见,辽左有事,调用广兵,乃渐有之。自天启年中始也。二十年来,北土亦多种之,一亩之收,可以敌田十亩,乃至无人不用。"

甘蔗种植在南方,共有果蔗和糖蔗两大类。果蔗似竹而大,"截断生啖,取汁适口,不可以造糖"。糖蔗似荻而小,"口啖即棘伤唇舌,人不敢食",白糖和红砂糖都是用它榨成的③。福建和广东是最主要的出产地,福建南部"其地为稻利薄,庶(蔗)利厚,往往有改稻田种蔗者"④。广东的番禺、东莞、增城一带,据明末清初人屈大均说:"蔗田几与禾田等"⑤。四川也是重要的甘蔗产地,"今蜀中种盛"⑥。浙江出甘蔗的地方也不少,如弘治《绍兴府志》载:"山阴县灵芝乡出蔗。"⑦

染料作物的种植中引人注意的是蓝和红花。《天工开物》卷三《彰施》中所记蓝有五种:茶蓝、蓼蓝、马蓝、吴蓝和苋蓝。其中苋蓝是新出现的一种品种,是"蓼蓝小叶者","种更佳"。该书还记载了种植茶蓝的方法,这在古代文献中是第一次,反映了种蓝业的发展。当时种蓝最多的是福建和江西。红花可以染出猩红等色,明代中、后期有的地方种植相当多,如《二刻拍案惊奇》卷4描写:四川新都县,"杨金宪(按察使司兵备金事)有所红花

① 王逋:《蚓菴琐语》。
② 《阅世编》卷7。
③⑥ 《天工开物》卷6《甘嗜》。
④ 《泉南杂志》卷上。
⑤ 《广东新语》卷27《草语》。
⑦ 《浙江通志》卷104《物产》所引。

场庄子,满地种着红花,广衍有一千余亩,每年卖那红花有八九百两出息"。嘉靖《鄢陵志》记载:红花在成化以前"种者多","鄢陵尤盛"。万历《温州府志》记载:温州地区所种红花,大量运销外地①。

落花生的输入,是这一时期油料作物种植中的一件大事。落花生起源于南美洲的巴西。在中国文献中也称为"地豆"、"番豆"、"白果"、"长生果"、"万寿果"、"人参果"等。嘉靖《常熟县志》的物产中,已经列有落花生②;苏州十六世纪初的学者黄省曾在他所著的《种芋法》中,也提到了"引蔓开花,花落即生,名之曰落花生","嘉定有之"③。这说明,早在十六世纪初期落花生已经传到江南地区了。除了江南以外,福建沿海地区也是当时落花生输入的主要地区。葡萄牙人在嘉靖元年(1522年)被驱逐出广州后便在漳州、泉州等港非法通商,除了交换其他物资之外,落花生也随着输入,并且进而由福建传到浙江。万历年间的《仙居县志》记载说:"落花生原出福建,近得其种植之。"④ 万历三十七年《钱塘县志》也著录了落花生⑤。清初上海人叶梦珠说:"万寿果,一名长生果,向出徽州。"⑥ 这说明徽州在明代一定早就种植落花生;由于徽商遍布各地,可能徽州的落花生就是经由这些商人之手而传过来的。落花生的传入,为人们提供了很好的食品和油料;而且它适于在沙地生长,对于利用沿海、沿河及其他沙滩地带,具有很大意义。

---

① 《浙江通志》卷107《物产》所引。
② 参见何炳棣:《美洲作物的引进、传播及其对中国粮食生产的影响》,载《大公报在港复刊三十周年纪念文集》。
③ 《种芋法》(百陵学山本)第2页。
④ 转引自谢国桢:《明代社会经济史料选编》上,第35页。
⑤ 见《纪疆·物产》。
⑥ 《阅世编》卷7。

第二节　手工业生产的空前提高

一、棉纺织业继续前进

明政府在明代中、后期，继续提倡纺纱织布，万历时许守恩在山东邹县做知县，发现"邹民不织而资布于邻，枣土宜也，民又不树枣"，于是"令有地百亩者，树枣百，种木绵十一，又教以种法。至秋而绵成，又限以纺期，稽其匹丈，亲下闾阎视勤惰而赏罚之。明年，邻不来鬻布，又明年有鬻布于邻者"①。再如万历年间，吕坤做山西巡抚，也曾大力提倡妇女纺纱织布②。明政府提倡纺纱织布，其目的自然是为了巩固封建秩序，但对于棉织业的发展，无疑是有积极作用的。

明代中、后期，在原棉的加工工具上，除并条外，都有明显的进步，这是当时棉织业发展的一个重要表现。在去籽方面，明末仍用元代的搅车，但有改进。元代的搅车用两个人操作，明末"止用一人"，其效率据徐光启指出"今之搅车，以一人当三人矣，所见句容式，一人可当四人，太仓式两人可当八人"。在弹松方面，元代用"弹弓"，明末仍用弹弓，但明末的弹弓易竹为木，其弦易绳为蜡丝，这样，振动力得以加大，工效随之提高。在纺纱方面，元代用手摇纺车，明末也同样用它，但明末的这种纺车，"间有容四维者，江西乐安至容五维"，比元代的仅"容三维"有所提高③。用手摇纺车纺纱时，棉纱的牵伸由人手挟持棉条来进行，一个棉条牵伸出一条线；纺车容四维或五维，操作者就需同时挟

---

① 《实政录·风宪约》卷6。
② 《实政录·民务》卷2。
③ 《农政全书》卷35。

持四个或五个棉条、牵伸出四条或五条线,这显然是极不容易办到的;而当时有的地区办到了,这不能不令人赞叹其纺纱技术的高超。

明代中、后期棉纺织业不仅技术有提高,工具有进步,而且分布广泛。所谓"凡棉布寸土皆有"、"织机十室必有"等记载①,说明棉纺织业已成为当时普及各地的手工业。松江府地区是棉纺织业最发达的地方,史载其"家纺户织,远近流通"②,"以棉布衣被天下"③。松江府的上海县产有一种"上阔尖细"称为"标布"的棉布,极为盛行,"富商巨贾操重资而来市者,白银动以数万计,多或数十万两,少亦以万计"④。苏州府也是"诸县皆有"木棉布,"而嘉定、常熟为盛"⑤,有一些地方,如昆山县的三区,"田土高仰、物产瘠薄,不宜五谷,多种木棉,土人专事纺绩"⑥。浙江的嘉善县纺纱织布都很发达,纺纱尤甚,当时有"买不尽松江布,收不尽魏塘纱"之谣⑦。由于北方"风气高燥,绵毳断续,不得成缕,纵能作布",亦质量不佳,所以"不便纺织";但聪明智慧的劳动人民却想出了克服困难的办法。如明末北直隶"肃宁人乃多穿地窖,深数尺,作屋其上,檐高于平地仅二尺许,作窗棂以通日光。人居其中,就湿气纺织",因而提高了质量。肃宁所出布匹"初犹莽莽",后来其细密几与松江的中品相类⑧。

棉纺织业的发展,还引发了与之相关联的一些手工业的发展。清人顾公燮记载:"前明数百家布号,皆在松江枫泾、洙泾乐

---

① 《天工开物》卷2《乃服》。

②⑧ 《农政全书》卷35。

③ 嘉庆《松江府志》卷6引《梧浔杂佩》。

④ 《阅世编》卷7。

⑤ 正德《姑苏志》卷14《土产》。

⑥ 《震川集》卷8《论三区赋役水利书》。

⑦ 《浙江通志》卷102《物产》2引万历《嘉善县志》;魏塘为嘉善县城所在地。

业,而染坊、踹坊商贾悉从之。"① 踹坊是将染过棉布用大石块压平整光的作坊。上引材料说明,伴随棉纺织业的发展,棉布染整业兴盛起来。芜湖是当时棉布染整业的中心。汪道昆《太函集》卷35记载了一个在芜湖染布贩卖的徽商,说其产品"转毂遍于吴、越、荆、梁、燕、鲁、齐、豫之间",另外还在其他的交通方便处设立了"分局"。从这一个大徽商所经营的规模,可以想见当时棉布染整业是如何的兴盛。棉布染整业的兴盛是伴随棉纺织业的发展而来的,由其兴盛也就可以反过来想见当时棉纺织业的发达。

二、丝织业达到新高度

具有悠久历史的丝织业,在明朝中、后期发展到了新的高度。

丝织业从缫丝算起,要经过络丝、牵经、治纬和开织等许多工序。明代中、后期这些工序在工具或操作技术上,多有不同程度的提高。缫丝工序,当时注意了"出水干",从茧锅中抽出的丝上车时,要用适度炭火烘干。这个"出水干"与结茧时的"出口干"(蚕吐丝时用炭火将之烘干)成为当时治丝的"六字"诀窍。按照这六字诀窍办理,缫出的丝洁净光莹,并且坚韧有力。牵经工序这时所用工具包括溜眼、掌扇、经耙、经牙等装置,其完善程度远远超过了以前的任何朝代。治纬的工具主要是纺车,这时的纺车运用了曲柄和轮轴的机械原理,构造简单,操作方便,纺车的铤(即锭)上套有粉笔大小的竹管(䇭管),"摇车转铤",篗丝便可层层绩于䇭管之上。当时所用的织机有两种:一是织平面纹的腰机,这是小机,"织匠以熟皮一方置坐下,其力全在腰尻之

---

① 《消夏闲记摘抄》中,第13页。

上,故名腰机"。另一种是花机,机长达一丈六尺,其构造包括有楼门、涩木、老鸦翅、铁铃、花楼、衢盘、衢脚、叠助、眠木牛、的杠、称庄等多种部件,十分复杂。工作时要有两人协作,一人司织,一人"坐立花楼架木上"负责提花。综观前此所有关于织机的记载,可知这时的花机确是达到了前所未有的水平。由于它构造完备,再加上织者技术高超,可以织出画师所绘任何花纹和图案。明人宋应星记载说:"凡工匠结花本(织花的样稿)者,心计最精巧";画师先画某种花色于纸上,结花本者用丝线按着画面量度,计算得十分精细,而后编结成花样,"张悬花楼之上";这样的花本,即使织者也看不出"成何花色",但依法织去,"梭过之后,居然花现";"天孙(牛郎织女神话中的织女)机杼,人巧备矣!"①

江南地区是当时丝织业的中心。苏州集中了数量很大的丝织业工人。江南有许多村镇成了丝织业发达的地方。如嘉兴的王江泾镇,"多织绸收丝缟之利,居者可七千余家,不务耕绩"②。嘉兴的濮院镇,"机杼声札札相闻,日出锦帛千计"③。湖州的双林镇,"俗皆织绢"④。

山西潞安府是当时丝织业的又一中心。这里出产的潞绸很有名,质量高,当时有"西北之机,潞最工"之称⑤。潞安丝织业之盛起自明初,最盛时"其登机鸣杼者,奚啻数千家","贡筐互市外,舟车辐辏者转输于省直,流衍于外夷,号利薮。其机则九千余张,分为六班七十二号"。即使有时政府征取,但"如捐碎璧于宝山,分零玑(不圆的碎珠)于瑶海,易易耳"。后来潞安丝织业由于"兵火凶荒"逐渐走下坡路,规模变小,但织机直至"明末尚

---

① 《天工开物》卷2《乃服》。

② 《明神宗实录》卷361;光绪《嘉兴府志》卷4引万历《秀水县志》。

③ 《濮川所闻记》卷4引李培《翔云观碑记》。

④ 民国《双林镇志》卷12碑碣(明)《重建化城桥碑铭》。

⑤ 《农政全书》卷31引郭子章《蚕论》。

有二千余张"①。

三、陶瓷业产品精美,名家辈出

瓷器的装饰艺术,在明代以前已有相当发展,诸如魏晋南北朝的雕贴,宋元的印花、划花、凸雕和剔花等,都达到相当高的工艺水平。到了明代,在继承和发扬这些优良传统之外,大量兴起用笔画彩的方法,这种用彩料画出花纹后烧制的瓷器,叫做"彩瓷"。彩瓷有"釉下彩"和"釉上彩"之分。在胎坯上先画花纹而后上釉入窑烧制的是"釉下彩";先上釉烧制而后加画花纹、并再经炉火烘烧的,叫做"釉上彩"。明初已经烧得十分精美的青花瓷,就属于釉下彩。明代中、后期,青花瓷的烧造形成了独特的风格,由此还发展出著名的斗彩和五彩。

所谓斗彩,是先在釉下用细线描好青花图样,入窑烧制,然后再在釉上就青料勾画的轮廓用彩填绘。由于釉上和釉下的色料互相争妍媲美,所以称为斗彩。斗彩创始于成化年间,现在收藏于故宫博物院的斗彩葡萄纹杯,就是当时烧制的斗彩精品之一。杯上的纹饰以红彩为枝,红中闪紫,极为粗壮;绿彩为叶,绿油油的叶子透视出青花的叶茎,非常逼真;黄彩为蔓,娇嫩的蔓须似正在生长;紫彩为实,正如熟透了的紫葡萄悬挂枝头。这件瓷器上的纹饰如此形象逼真,充分反映出"斗彩"技法的高超②。

嘉靖万历时期的五彩瓷器富有盛名,它是在斗彩的基础上发展起来的。所谓五彩,并非实指五种颜色,而是指多种颜色。其彩绘方法与斗彩基本相同,不过五彩虽有釉下青花,但它不仅是用以勾画轮廓,多数还绘成完整或部分图案,并常用褐黑或褐

---

① 乾隆《潞安府志》卷 8《物产》。
② 参见李辉炳:《略谈明清的"彩瓷"》,载《文物》1974 年第 8 期。

赤色代替青花作为图案的线描,甚至还有的不用青花作为线描,而直接在上了釉的白瓷上加彩。这是两者的主要区别。故宫博物院收藏有一个万历五彩鸳鸯莲花纹瓶,青花上加绿、黄、茄紫、矾红各种色彩,并用褐黑或褐赤色作为图案的线描。整个纹饰秾艳可爱,自然生动,由此可以窥见当时五彩瓷器之一斑①。

这时瓷器的装饰艺术不仅技法有所提高,而且图案花样也很丰富。有龙、虎、象、麒麟、鹿、鹤等各种动物,有莲、桃、石榴、葡萄、西瓜等各种花果,有仕女、儿童、仙道等各种人物,此外还有山水、八卦等各种图案。

明代中、后期瓷器的品种也极为繁多,在万历时期尤为突出。当时除了普通用品诸如碗、盘、碟、盅、瓯、盏、盒、杯等之外,还有酒海、炉、瓶、罐、坛、花缸、渣斗、醋注、烛台、花尊、笔筒、笔架、凉墩、扇匣等各式各样的用品。清人朱琰评价说:"明瓷至隆万,制作日巧,无物不有。"②

明代中、后期制瓷业的规模很大,中心地仍是景德镇。万历时萧近高曾说:景德镇的佣工,"每日不下数万人"③。《景德镇陶录》引黄墨舫《杂志》记载,景德镇"列市受廛延袤十三里许,烟火逾十万家,陶户与市肆当十之七八"。两者说法大体一致,由此可以推知当时景德镇制瓷业规模之大。规模宏大的制瓷业使景德镇成为繁富之区。明人王世懋记述其亲身经历说:景德镇"天下窑器所聚,其民繁富,甲于一省。余尝以分守督运至其地,万杵之声殷地,光火烛天,夜令人不能寝,戏目之曰'四时雷电镇'"④。景德镇之外,浙江处州、福建德化县、河南禹州、北直隶曲阳县、南直隶宜兴等地,制瓷业也有相当的规模。

---

① 参见李辉炳:《略谈明清的"彩瓷"》,载《文物》1974 年第 8 期。
② 《陶说》卷 3。
③ 光绪《江西通志》卷 49《舆地略》。
④ 《二酉委谭摘录》。

明代瓷窑有官办的官窑和民办的民窑两大类。官窑财力雄厚，集中了大量技术工匠，不惜成本，因此制品特别讲究，体现了当时的瓷器最高水平。但民窑的经营者"窑户"为了谋得生存，也努力提高质量。明代中、后期有不少窑户因为制品优良，得以成名起家，产品被争相购买，这也是当时制瓷业空前发展的一个表现。著名的民窑有崔公窑、周窑、壶公窑等。崔公窑的主人是崔国楙，"嘉(靖)、隆(庆)间人，善治陶，多仿宣(德)、成(化)窑遗法制器，当时以为胜，号其器曰'崔公窑瓷'，四方争售"。周窑的主人是周丹泉，"隆(庆)、万(历)中人"，"(制瓷)为当时名手，尤精仿古器，每一名品出，四方竞重(价)购之，周(丹泉)亦居奇自喜，恒携至苏松常镇间，售于博古家，虽善鉴别者，亦为所惑"①。有一次他路过毘陵拜访朋友，看到朋友的一个古定鼎，"以手度其分寸，仍将片楮摹鼎纹袖之"，回家后比照仿做，"半载而旋"，拿着那个仿制品让朋友看，朋友"大骇，以所藏古鼎较之，无纤毫疑"。其友遂以为又得一古定鼎，"询何所自来"。周丹泉讲明真情，朋友始悟，"售以四十金，蓄为副本，并藏于家"。万历末年，有一淮安人又用千金的代价，从其友的孙子手中将周丹泉所仿造的古定鼎买去②。壶公窑的主人是吴十九，万历时人，"号壶隐道人"，其制品"色料精美，诸器皆佳，有流霞盏、卵幕杯两种最著。盏色明如朱砂，杯极莹白可爱，一枚才重半铢，四方不惜重价求之"③。上述民窑都在景德镇，此外在其他地区也有不少著名民窑匠人，如宜兴龚春、董翰、赵梁、元畅、时朋、时大彬、李仲芳、徐友泉、陈仲美等就是有名的制造陶器的匠人。龚春出身家僮，在宜兴县东南四十里金沙寺伺候主人读书，从寺僧处学到烧

---

①　以上两段引文见《景德镇陶录》卷5第9页。
②　《景德镇陶录》卷8。
③　《景德镇陶录》卷5。

制技术,所制茶壶,款式不一,虽属瓷器,海内珍之,用以盛茶,不失原味,故名公巨卿、高人墨士,恒不惜重价购之①。董翰、赵梁、元畅、时朋号为"四名家,并万历间人,乃龚春之后劲也。董文巧,而三家多古拙"②。时大彬是时朋的儿子,李仲芳、徐友泉是时朋的高足,他们都善于制壶,故"陶肆谣云'壶家妙手称三大'",所谓三大,就是指"时大彬及李大仲芳、徐大友泉"③。陈仲美,婺源人,最初在景德镇造瓷,后"以业之者多,不足成其名",遂迁至宜兴,所烧造的香盒花杯等,"重镂迭刻,细极鬼工。壶象花果,缀以草虫。或龙戏海涛,伸爪出目。至塑大士像,庄严慈悯,神采欲生,璎珞花鬘,不可思议"④。

四、造纸业的进步

造纸业在明代中、后期有一定的进步。明代以前的史籍中少有关于造纸技术的记录,偶有记载者也多是语焉不详,谈不上完整系统。但明代中、后期却出现了两个比较详细地记载造纸工艺的书籍。一是王宗沐《江西省大志》,一是宋应星的《天工开物》。这两本书籍的出现应该说是明代中、后期造纸业发达的一种反映。

由《天工开物》卷一三《杀青》的记载看,造纸业当时广泛地存在于南方和北方。其具体叙述到的造纸地区就有福建、江西、浙江、河南、四川等省份。有的地方规模还很大,如陈九韶《封禁条议》载:万历二十八年时,江西铅山石塘镇有"纸厂槽户不下三十余槽,各槽帮工不下一二千人"⑤。依照上述记载推算,这时

---

① 《阳羡名陶录》卷下引《重修宜兴县志》(《美术丛书》本)。
②③④ 《阳羡名陶录》卷上(《美术丛书》本)。
⑤ 康熙《上饶县志》卷10《要害志》。

石塘镇的纸工当有五六万人之谱。当时纸张的品种也很多:"近世(用竹新制)阔幅者,名大四连";在制作工序上,"不用烘焙",仅"压水去湿、日晒成干"者,叫"火纸"、"糙纸";"其最粗而厚者,名曰包裹纸,则竹麻和宿田(没种庄稼的隔年田)晚稻稿所为也";若"柬纸则全用细竹料厚质荡成","最上者曰官柬",富贵之家用它作名片,倘将它用白矾水浸过,再染上红花汁,就成为办喜事的"吉柬";用楮皮和绝嫩竹麻等制成的纸是皮纸;坚固的皮纸,"纵文扯断如绵丝,故曰绵纸";"其最上一等"供皇宫"糊窗格","长过七尺,阔过四尺",名叫"棂纱纸";"其次曰连四纸,连四中最白者曰红上纸";名叫皮纸而实际上为"竹与稻秆参和而成料者,曰揭帖呈文纸";"芙蓉等皮造者统曰小皮纸";"桑皮造者曰桑穰纸";"永嘉蠲糨纸,亦桑穰造";四川薛涛笺,"亦芙蓉皮为料",煮烂后加入芙蓉花汁,"其美在色,不在质料"。各种不同名目的纸张,或原料不同,或制法各异,或尺寸不等,或品格相殊,品种繁多,丰富了人们的文化生活。

在蒸煮纸浆时,明代中、后期已知道应用石灰,《江西省大志》在叙述江西省生产楮纸的情况时说:"(将制纸原料)甑火蒸烂,剥去其骨,扯碎成丝,用刀锉断,搅以石灰,存性月余,仍入甑蒸。"[1] 这实际就是现代造纸工艺中所用的化学处理法,对于提高纸的质量很有好处。福建顺昌等地,造纸时以水碓为动力,这便大大提高了效率[2]。

五、印刷工艺的改进

通观中国印刷史,明代中、后期是作出一定贡献的重要

① 光绪《江西通志》卷49《舆地略》。

② 《闽部疏》。

阶段。

铜活字的开始流行,是在明代中、后期。无锡富人华珵、华燧、华坚曾用铜活字印了许多种书。华珵印过陆游的《剑南续稿》和《渭南文集》等书。华燧印过《宋诸臣奏议》、《容斋五笔》、《君臣政要》、《文苑英华纂要》等书,他印的书,板心下方注有"会通馆活字铜板印"字样,其《宋诸臣奏议》印于弘治三年(1490年),这是现在所知道的我国最早的一部铜活字印本。华坚印过《白氏长庆集》、《元氏长庆集》和《蔡中郎文集》等书,他印的书都有"锡山兰雪堂华坚允刚活字铜版印行"的刊语。与华家同县的另一个富人安国,也用铜活字印了很多书,他印的《正德东光县志》,是我国惟一用铜活字印的一部方志。

福建也是当时利用铜活字印书的一个地区。嘉靖年间这里印出了最出名的蓝色印本"芝城(建宁的别名)铜版"《墨子》。万历年间福建人饶氏又用铜活字印行了卷帙浩繁的《太平御览》。

与无锡相距不远的常州、苏州和南京,当时也都有铜活字印书。这里特别值得提出的是常州,成书于弘治、正德间的《金台纪闻》(作者陆深)说:"近日毗陵(常州)人用铜、铅为活字,视板印尤巧便。"这说明当时除用铜活字印书外,还应用了铅活字。可惜的是,常州的铅活字印本今已无遗存,而且当时铅活字也未见推广①。

套印和饾版、拱花技巧的发明也在明代中、后期。套印是将同一版面分成几块同样大小的版,各着一色,依次加印在同一张纸上。现存最古的套印书《闺范》,刊于万历中期。万历末年以后,浙江吴兴的闵齐伋、凌濛初、凌瀛初、茅兆河等人用套版印刷了很多种书籍。套版经常用来印制文字书籍,而饾版则用以复制美术图画。饾版是把同一个版面分成若干个大小不同的版,

---

① 以上参见张秀民:《铜活字的发明与发展》,载《光明日报》1954 年 3 月 6 日。

每块版只是整个版面的一部分,将它们分别刷上不同的颜色,逐个印在同一张纸上,就可拼集成完整的具有复杂色彩的画面。这时出现的饾版代表作是胡正言的《十竹斋画谱》(胡正言是安徽休宁人,侨居南京,斋前种竹十余竿,故称其斋为"十竹斋"),完成于天启七年(1627年),印有翎毛、兰、竹、梅、石、果等。胡正言还印了《十竹斋笺谱》,完成于明清之际,上面印有商鼎周彝、古陶汉玉、山水、人物、花卉羽虫等,它除了使用饾板印刷法,还兼用拱花技法。拱花是把雕板压印在纸上,使纸被压出凸出的花纹,这种花纹多是白云、流水、花叶的脉纹,与其他画面相映衬,素雅大方,极为精彩。饾板和拱花技巧的结合,使彩色印刷更上一层楼,广泛开辟了利用木版来复制艺术图画的领域,无论色彩多么复杂的图画,都可以照原作复制出来①。

明代中、后期的印书作坊,有的规模相当大,这也反映出当时印刷业的发展。如天启崇祯时常熟虞山富翁毛子晋就开办了一个很大的印书作坊。据清人钱泳说:为了藏书和刻书,毛子晋"大为营造,凡三所:汲古阁在湖南七星桥载德堂西,以延文士;又有双莲阁在问渔庄,以延缁流;又一阁在曹溪口,以延道流。汲古阁后有楼九间,多藏书板,楼下、两廊及前后,俱为刻书匠所居"②。他的儿子毛扆后来曾追叙说:"吾家当日有印书作,聚印匠二十人,刷印经籍。扆一日往观之,先君适至,呼扆曰:吾缩衣节食,遑遑然以刊书为务,今版逾十万,亦云多矣。"仅印匠就有二十人,倘再加上刻字匠、装订匠等,数目相当可观。毛子晋所刻印的书籍,范围很广,数量极多,清末叶德辉说:"明季藏书家,以常熟之毛晋汲古阁为最著,当时遍刻十三经、十七史、《津逮秘

---

① 参见王伯敏:《中国版画史》;刘国钧:《中国的印刷》;张秀民:《中国印刷术的发明及其影响》。

② 《履园丛话》卷22《梦幻·汲古阁》。

书》、唐宋元人别集,以至道藏、词曲,无不搜刻传之……诚前代所未有矣。"①

六、矿冶业成就突出

明代中、后期矿冶业的发展极为显著,在采煤业和钢铁业等部门尤为突出。

中国是世界上用煤最早的国家之一。到了明代中、后期,煤被作为燃料更广泛地应用在日常生活和许多手工业部门之中。当时人李时珍曾说:"石炭,南、北诸山产处亦多。昔人不用,故识之者少,今则人以代薪炊爨,煅炼铁石,大为民利。"② 其所谓"古人不用"虽不正确,但明代中、后期广泛应用"大为民利"的叙述,则确实反映了当时的实情。应用的广泛,促进了采煤业的发展,各地采煤的记载比比皆是,如《读史方舆纪要》卷二九载:含山县城北三十里有牛头山,"山产煤,明正德中,居民采以为业"。《明会典》卷一九四载:"嘉靖七年(1528年),以居庸关官军无处樵采,白羊口镇煤窑准照旧开取。"很多地方采煤业相当兴盛,山西尤其突出。方以智说:"(山西)平定所产(煤)尤胜,坚黑而光,极有火力。"③

随着采煤规模的扩大,采煤的知识和技术空前提高。由于地质的变化,煤层往往有露头,这是勘察煤藏的有利条件。当时经验丰富的采煤工匠,能从土面辨别有无之色,然后挖掘,已经熟练地掌握了利用露头找煤的方法。煤炭在生成过程中,伴随产生以沼气(即甲烷)为主要成分的瓦斯,无味、易燃,对人体有

---

① 《书林清话》卷7《明毛晋汲古阁刻书之一》。
② 《本草纲目》卷9。
③ 《通雅》卷48《金石》。

毒害作用。为了安全生产,采煤之先,必须设法将之排出。明代中、后期已经发明了排除瓦斯的方法,"初见煤端时,毒气灼人。有将巨竹凿去中节,尖锐其末,插入炭中,其毒烟从竹中透上,人从其下施钁"①,这是一个很合乎科学道理的方法。瓦斯的比重比空气轻,倘含有瓦斯的空洞直接和地势较高的空间接通,瓦斯就会立刻上升。由于排除了瓦斯,当时在采煤的巷道里已经能够用灯照明而不怕引起瓦斯燃烧爆炸。在李时珍《本草纲目》中附有采煤图一幅,画面偏右部位画一高于人体顶有横担的竿子,上悬烛灯两个,人在灯下采煤②。这与当时的欧洲煤矿相比,显得相当先进。直到十六、十七世纪时,欧洲的煤矿因为没能解决瓦斯问题,采煤工人还只好在暗中摸索着工作,没有任何照明设备③。支撑巷道顶部预防发生事故的办法,在明代中、后期也已应用。当时采煤工人在井下掘进时,其上支板,以防压崩④,这就为扩大采煤面和加深井下巷道提供了保证。据顾炎武《日知录》卷三二《石炭》注引崔铣修弘治《彰德府志》,当时安阳县龙山煤矿的巷道长度,已经"深数百丈"。这也是当时欧洲煤矿远不能及的⑤。这时中国的工匠已经懂得把煤炼成焦炭,方以智《物理小识》卷七说:"煤则各处有之,臭者烧熔而闭之,成石,再凿而入炉,曰礁,可五日不绝火,煎矿煮石,殊为省力。"欧洲最早炼焦炭的,是十八世纪后的德国斯陀夫(Stauf),比中国至少晚了两百年⑥。

明代中、后期钢铁业的兴盛表现在许多方面。首先是产量的增加。当时的全国总产量数字没有留下记录,但可找到部分地区的数字。如山西从《明会典》卷一九四《冶课》可知,明初所

①④　《天工开物》卷11《燔石》。

②　见1963年人民卫生出版社影印光绪十一年张氏味古斋刻本。

③⑤⑥　赵承泽:《由明嘉靖后期至清顺治末中国的煤炭科学知识(约由1555年到1661年)》,载《科学史集刊》第四期,1962年8月出版。

定铁课为一百一十四万六千九百一十七斤。当时,私营铁冶未获批准,这个官矿产量,可看作全省的总产铁量。《明英宗实录》卷三二九记载,天顺五年(1461)六月,陕西总兵官保定侯梁瑶报告:"山西阳城县铁冶甚多,每年课铁不下五六十万斤。"这时阳城县的铁冶已是私营铁冶,其课税率是十五分之一。由此推算,天顺年间山西阳城一县的铁产量已达七百五十万至九百万斤,相当于明初山西全省产量的七八倍。

其次是炼铁炉具宏大,用人很多。正统三年(1438年),官营遵化铁冶,"凡烧炭人匠七十一户,该木炭一十四万三千七十斤,淘沙人匠六十三户,该铁沙四百四十七石三斗。铸铁等匠六十户。附近州县民夫六百八十三名,军夫四百六十二名"。"又有顺天、永平轮班人匠,原额六百三十名,岁分为四班,按季办柴炭铁沙。又有法司送到炒炼囚人"①。可见遵化铁冶使用人力是十分庞大的,有烧炭、淘沙、铸铁、炒炼等不同的专业分工。当时,不仅官营铁冶如此,民办矿冶的规模也很可观,如福建蒲城的"坊长大户,招集四方无赖之徒,来彼间冶铁,每一炉多至五七百人"②。

再次是兴起了不少以制铁著称的城镇。如广东南海县佛山镇,据景泰二年陈赟《祖庙灵应祠碑记》说:"民庐栉比,屋瓦鳞次,几万余家","工擅炉冶之巧,四远商贩辐辏焉"③。檀丘市,据乾隆《震泽县志》卷四称:成化中"居民四五十家,多以铁冶为业"。

第四是出现了许多靠铁冶致富的商人。如正德时海阳"詹安以铁冶起富",嘉靖时歙州(今歙县)"郑次公少服贾,以铁冶起家"④。在文艺作品中,铁冶起富的商人形象也被塑造出来。

---

① 《明会典》卷194。

② 载张萱《西园闻见录》卷40第14页《蠲赈》。

③ 道光《佛山忠义乡志》卷12,《金石志》上。

④ 汪道昆《太函集》卷28、46。

《古今小说》卷三九描写遂安人汪革由于"因山作炭,卖炭买铁",铸造铁器,"出市发卖","数年之间,发个大家事起来"。文艺是现实生活的反映,铁冶致富商人形象的出现,反映了当时这类商人的广泛存在。

第五是钢铁生产技术的进步。这是最重要的一个表现。明代中、后期钢铁业中所用的鼓风装置,已是装有活塞、活门的木风箱,这在宋应星《天工开物》卷八《冶铸》所附图谱上可以普遍看到。它的形式和解放初铁匠铺工匠所用者相同。这种装置,结构巧妙,供风充足,是冶铁史上的一大改进。在欧洲,使用靠活塞推动和压缩空气的鼓风装置开始于十八世纪后期,比中国至少晚一百年以上①。

在冶炼生铁时,明代中、后期已实现了操作过程的半连续性,当炼铁炉出铁孔流完铁水后,用泥塞住出铁孔,马上可以加料,鼓风再炼。这比当时欧洲的办法——等炉冷却后才把炼成的铁取出来,要先进得多②。

炼铁炉与炒铁塘串联使用,是明代中、后期钢铁生产中又一种先进技术。《天工开物》卷一四《五金》载:"若造熟铁,则生铁(自炼铁炉腰孔)流出时,相连数尺内低下数寸筑一方塘,短墙抵之。其铁流入塘内,数人执持柳木棍排立墙上,先以污潮泥晒干,舂筛细罗如面,一人疾手撒椟,众人柳棍疾搅,即时炒成熟铁。"这种串联工艺减少了炒炼熟铁时再熔化的过程,可以节约时间,降低成本,是现代冶金技术上的一个重要起点。用撒入污潮泥干粉和柳木棍疾搅冶炼熟铁,也很值得注意。污潮泥干粉在这里起熔剂作用,其中含有硅酸铁和氧化铁,撒进它能促使碳氧化成二氧化碳飞走,从而减少碳含量,使生铁变成熟铁。其中

① 参见杨宽:《中国古代冶铁技术的发明和发展》。
② 参见钟广言注本《天工开物》卷14《五金》的说明。

的硅,能与氧化铁化合而形成易熔氧化物渣,这种渣的形成可以促使熟铁凝成大块。柳木棍的疾搅,能扩大生铁水和空气的接触面积,从而促进氧化作用,加速熟铁的形成。由此可见当时钢铁生产技术的先进程度。

中国钢铁生产发展史上,有一种引以自豪的创造,即灌钢冶炼法的发明。它是利用生铁的铁液灌入未经锻打的熟铁,这样不但可以产生强烈的氧化作用,较快除去渣滓,而且能较快渗入碳分,炼成硬度极高的灌钢。明代中、后期继续沿用这种炼钢法,而且加以发展,其中之一是将它应用在工具锋刃的锻制上,创造出"生铁淋口"的方法。就是先用熟铁制成坯件,然后熔化生铁,在坯件的刃口淋上一层生铁水,这实际上是用灌钢炼铁法的原理,将刃口加工硬化。这种炼制工具钢刃的办法,既不需要夹进炼好的钢条,又不需要把工具加以熔化,简便易行。

采煤业和钢铁业之外,铜、银、锡、铅、锌等的采炼,在明代中、后期也有不同程度的发展。

第三节　商品经济的繁荣

一、商品生产的扩大

在明代中、后期的农业和手工业生产高度发展的基础上,明代中、后期的商品生产也得到空前的发展。这是当时社会经济发展的一个极为突出的特点。

河南是当时的重要植棉区之一,据钟化民《救荒图说》记载:"中州沃壤,半植木棉,乃棉花尽归商贩。"所谓"尽归商贩",就是说产品全部投入了市场,这表明河南的植棉业已属于商品生产。[1]

---

① 《荒政丛书》卷5《鍾忠惠公赈豫纪略·救荒图说·劝课纺绩》。

《锡金识小录》卷七载有这样一个故事:明末书画家董其昌按其家馆先生朱宾龙的建议,穿了一件用松江产的紫花布缝制的道袍。这种质料的衣服本为"送终之服",但由于他是名人,竟被争相模仿,"布价骤高",织布的机户从而大得好处。"诸机户以始自朱君,馈以数金。"这个故事中提到的"机户"显然是织棉布的商品生产者,它的存在反映出当时棉布生产中心地的松江,其棉布的生产主要是以出卖为目的的。

棉纺织业的另一个发达地区嘉善,为出卖而生产的情形也有明确记载。李卫等修的《浙江通志》卷一○二《物产》二引《涌幢小品》说:嘉善"地产木棉花甚少,而纺之为纱,织之为布者,家户习为恒业,不止乡落,虽城中亦然"。为此,商人们往往从旁郡贩来棉花,在此设店出卖。"小民以纺织所成,或纱或布,侵晨入市,易绵(棉)花以归,仍治而纺织之。明旦复持以易,无顷刻间。纺者日可得纱四、五两,织者日成布一匹。燃脂夜作,男妇或通宵不寐。田家收获输官偿债外,卒岁室庐已空,其衣食全赖此"。这里的"田家"、"小民",虽然只是把纺纱织布当做副业,但其产品既不是自给自足,也不是首先满足自身需用,而后有余出卖,它是全部当作商品出卖。这种生产,显然是地地道道的商品生产。

湖州是蚕桑业的两个中心之一。据明末当地人朱国桢所述,其经营情况是:"畜蚕者多自栽桑,不则予租别姓之桑,俗曰秒桑(光绪《嘉兴府志》卷三二《农桑》引作"梢叶")。凡蚕一勔,用叶百六十勔,秒者先期约用银四钱。既收而偿者,约用五钱。再加杂费五分。蚕佳者用二十日辛苦,收丝可售银一两余……本地叶不足,又贩于桐乡、洞庭,价随时高下,倏忽悬绝。谚云:仙人难断叶价。故栽与秒最为稳当,不者谓之看空头蚕。"[①] 这里的蚕桑业,从秒桑和看空头蚕者来说,所用桑叶靠买进,其最

---

① 《涌幢小品》卷上《蚕报》。

后产品丝则卖出,这说明它也是商品生产。特别要提出的是,这里的秒桑和丝价都有相对稳定的价格,这只能在商品生产相当发达时才能出现;而"看空头蚕"者,所遇到的桑叶"价随时高下,倏忽悬绝"的问题,是商品流通中供求规律发生作用的反映,这从另一个角度说明了湖州蚕桑业的商品生产性质。

苏州丝织业的商品生产性质极为明显。正德《姑苏志》卷一三《风俗》载:苏州一带居民,"工纂组,故男藉专业,家传户绩,不止自给而已"。所谓"不止自给而已",就是说,产品的一部分甚至大部分(从"男藉专业"推知)是用于出卖的。《醒世恒言》卷一八《施润泽滩阙遇友》还具体描述了苏州附近盛泽镇居民出卖丝织品的情形:"这镇上都是温饱之家,织下绸匹,必积至十来匹,最少也有五六匹,方才上市。那大户人家积得多的便不上市,都是牙行引客商上门来买。"这一描述,使我们看到了不同规模的丝织业商品生产。

瓷器制造业中的官窑,其产品为封建国家所控制,而兴起于各地的民窑,却是完全为出卖而生产。景德镇周窑、崔公窑的产品"四方争售"。宜兴时大彬、陈仲美、徐友泉等人的作品"四方皆争购之"①。这些记载都清楚地说明了这一点。

除上述行业外,在造纸、印刷、矿冶等许多行业中都有类似的情形。商品生产的发达,增加了投入市场的商品数量;再加上以自给为主要目的的生产,也将多余产品投入市场,这便使得明代中、后期的商业,出现了空前繁荣的局面。

二、各地的商业往来和商业中心区的广泛出现

明代中、后期全国各地的商业往来,道路畅通,交换频繁。

---

① 《美术丛书》本《阳羡名陶录》卷下引重修《常州府志》。

宋应星说:"幸生圣明极盛之世,滇南车马,纵贯辽阳;岭徼宦商,衡游蓟北。"① 所谓"圣明极盛之世"的说法,当然不无粉饰,但其所描述的东西南北互通商业的情形却是真实的。其他许多记载可以印证他的这段描述。徐光启说:"今北土之吉贝(棉花)贱而布贵,南方反是。吉贝则泛舟而鬻诸南,布则泛舟而鬻诸北。"② 郭子章说:东南之机,三吴越闽最夥,取给于湖茧;西北之机,潞最工,取给于阆茧③。王宗沐说:景德镇的瓷器,"自燕云而北,南交趾,东际海,西被蜀,无所不至","而商贾往往以是牟大利"④。嘉靖《河间府志》卷七《风土志》载:"河间行货之商,皆贩缯、贩粟、贩盐铁木植之人。贩缯者至自南京、苏州、临清。贩粟者至自卫辉、磁州……贩铁者农器居多,至自临清、泊头,皆驾小车而来。贩盐者至自沧州、天津。贩木植者至自真定。其诸贩磁器、漆器之类,至自饶州、徽州。"如此等等,充分反映出当时全国各地商品流通的盛况。

由于各地商业往来的加强,在物产丰富和交通方便的地方便形成了大大小小的商业中心区。

长江下游的江南地区和地处东南沿海的福建,是物产最丰富、商业最发达的地方,在这里商业中心区最多,也最繁华。这里有许多著名的城镇。全国各地的许多货物汇聚在这里的商业中心区,如联贯苏浙闽广的交通枢纽江西省广信府铅山县就有来自四面八方的各种货物在此出售⑤。这些地区的产品向外输出的也很多,如浙东地区,"桑麻遍野,茧丝绵苎之所出,四方咸取给焉,虽秦晋燕周大贾,不远数千里而求罗绮缯币者,必走浙

① 《天工开物》序。
② 《农政全书》卷35。
③ 《农政全书》卷31引《蚕论》。
④ 乾隆《浮梁县志》卷5《物产志》,1960年江西图书馆油印本。
⑤ 万历《铅书》卷一《食货》。

之东也"①。

其他地方也有相当多的商业中心区。如华北地区,"河间、保定,商贾多出其途","蒲坂一州,富庶尤甚,商贾争趋"②。河南地区,"武安最多商贾,厢房村墟,罔不居货"③。"开封其都会也,北下卫彰,达京圻,东沿汴泗,转江汉,车马之交,达于四方,商贾乐聚"④。齐鲁地区,"川陆孔道,并会德州、临清、济宁之间"⑤,"临清十九皆徽商占籍"⑥。江淮地区,"庐凤以北,接三楚之旧,苞举淮阳,其民皆呰窳轻诋,多游手游食,煮海之贾,操巨万资以奔走其间,其利甚巨"⑦。西北地区,"(三原)俗十七服贾"⑧。

岭南、滇中与内地远隔千山万水,而且不习其水土者,往往有"性命之虞"⑨,但在明代中、后期,其中某些地方商业也有一定的发展。广东"高、廉、处、琼,滨海诸夷往来其间,志在贸易"⑩,云南"会城之中,土沃饶食,不待贾而贾恒集"⑪。正因为岭南滇中某些地方的商业有了一定的发展,这个新发展起来的地域遂成为商人谋利的主要所在,谢肇淛曾说:"钱福则岭南、滇中,贾可倍蓰。"⑫

三、城市的繁荣和市镇的兴起

明代中、后期,全国各地有很多商业发达的城市,而且兴起了很多市镇。这是当时商业发展的重要表现。

南北两京极为繁荣。北京"因帝都所在,万国梯航,鳞次

---

① ② ④ ⑤ ⑦ ⑩ ⑪　《松窗梦语》卷 4《商贾纪》。

③　《天下郡国利病书》原编 13 册。

⑥　《五杂俎》卷 14。

⑧　《温恭毅公文集》卷 11。

⑨ ⑫　《五杂俎》卷 4。

毕集"①。"彼其车载肩负、列肆贸易者,匪仅田亩之获,布帛之需","凡山海宝藏,非中国所有",皆经中外商人之手,运到这里,"以故畜聚为天下饶"②。作于嘉靖末万历初的《皇都积胜图》,对当时北京的繁荣有形象的描绘。画面上,在北京的郊区有络绎不绝的马驮、车载、肩挑、手提的运输线,在正阳门和大明门之间的"朝前市"上,出现了布棚高张、纵横夹道的情景,出卖货物的摊子一个挨着一个,冠巾靴袜、衣裳布匹、绸缎、皮毛、折扇、雨伞、木梳、蒲席、刀剪锤头、陶瓷器皿、灯台、铜锁、马镫、马鞍、书籍、字画、纸墨、笔砚、彝鼎、佛像、雕漆、珠宝、象牙、草药、线香、纸花、玩物等等应有尽有,数不尽,看不完③。南京是朱元璋"开基之地。北跨中原,瓜连数省,五方辐辏,万国灌输。三服之官,内给尚方,衣履天下,南北商贾争赴"④。据正德《江宁县志》,南京的商业铺行有一百多种,每种行业还不止一户。本来这里"街道极宽广,虽九轨可容",但由于明中叶以后"生齿渐蕃,民居日密,稍稍侵官道以为廛肆"⑤。传世的图画中也有反映当时南京盛况的《南都繁会景物图卷》,现藏北京中国历史博物馆。从这个图卷看,这里不仅有靴鞋、帽巾、纱罗、粮食、糕点等各种生活用品的制作或出卖,而且还有许多来自外地甚至来自国外的商品,其招牌中有的是"东西两洋货物俱全",有的是"川广杂货",有的是"福广海味",有的是"西北两口皮货发客",还有的是"南北果品",等等。

两京之外,繁华的城市还有很多。如苏州,"每漏下十余刻,犹有市"⑥。其阊门一带最为繁盛,《警世通言》卷二六《唐解元一

---

① ⑤ 《五杂俎》卷3。

② ④ 《松窗梦语》卷4《商贾纪》。

③ 参见王宏钧:《反映明代北京社会生活的〈皇都积胜图〉》,载《历史教学》1962年第七期。

⑥ 正德《姑苏志》卷13《风俗》。

笑姻缘》描写说:阊门一带"乃舟车辐辏之所,真个是:'翠袖三千楼上下,黄金百万水东西;五更市贩何曾绝,四远方言总不齐。'"如杭州,"北湖州市,南浙江驿,咸延袤十里,井屋鳞次,烟火数十万家,非独城中居民"①。上海在这时也日趋发达,当地人陆楫记载说:"(上海)谚号为小苏州,游贾之仰给于邑中者,无虑数十万人。"② 地处运河沿岸的临清,规模相当大,总计"城周匝逾三十里","一城之中,无论南北货财,即绅士商民,近百万口"③。其他诸如德州、济宁、徐州、淮安、扬州、嘉兴、湖州、宁波、福州、泉州、漳州、广州、饶州、九江、芜湖、徽州、武昌、开封、潞安、太原、西安、成都等,也都是商业繁荣或比较繁荣的城市。这种情况的形成或者是因为其有发达的手工业作基础,或者是因为其地处水陆交通的要道,或者是因为其具有某一地区政治、经济和文化中心的地位,或者因为其地处沿海,有通商海外的便利。

当时的市镇全国各地都有,而经济发达的江南地区数量尤多。正德《姑苏志》所载该府市镇竟达七十三个之多,万历《湖州府志》所载该府市镇也有二十多个。这些市镇都有发达的商业。太仓州双凤镇,"居民稠密,市物旁午"④。湖州府乌程县乌镇,"实为浙西垄断之所,商贾走集于四方,市井数盈于万户"⑤。德清县塘栖镇,"在县治东三十五里,与仁和县接境,官道舟车之冲,丝缕粟米皆聚贸于此"⑥。嘉兴府崇德县石门镇,"饶米菽丝纩,商贾辐辏,浮于邑"⑦。桐乡县皂林镇,"居民夹运河,成一雄

① 《广志绎》卷4。
② 《纪录汇编》卷204《兼葭堂杂著摘抄》。
③ 《明清史料》甲编第10本,第923页。
④ 正德《姑苏志》卷18。
⑤ 万历《湖州府志》卷3。
⑥ 万历《湖州府志》卷3。
⑦ 康熙《石门县志》卷7。

市"，"明(天)启、(崇)祯间尤为蕃庶，薄暮四方舟楫云集，张灯夜市，成河路之要津"①。秀水县王江泾镇，"千家巨市"②。"北通苏(州)、松(江)、常(州)、镇(江)，南通杭(州)、绍(兴)、金(华)、衢(州)、宁(波)、台(州)、温(州)、处(州)，西南即福建两广，南北往来，无有不从此经过，近镇村坊都种桑养蚕织绸为业，四方商贾俱至此收货，所以镇上做买做卖的挨挤不开，十分热闹"③。嘉善县干家窑镇，"民多业陶，廛居联络，三吴贸迁弗绝"④。嘉兴府嘉善县与松江府华亭县交界处的枫泾镇，"物阜民殷，商贾辐辏"⑤。

　　江南的这些市镇除了昔已有之而在明代中、后期继续有所发展者外，其中不少的是新发展起来的。如苏州府吴江县，据乾隆《震泽县志》卷四《镇市村》记载，成化时所修吴江县志载有市镇仅七个，嘉靖时所修吴江县志则恰好增加了一倍，达到十四个。乾隆《震泽县志》卷四还记载了吴江县在明代中、后期所兴起的若干市镇的具体情形。如震泽镇"元时村市萧条"，居民只有几十家，到成化时则增至三四百家，"嘉靖间倍之而又过焉"。平望镇，"明初居民千百家，百货贸易如小邑"，然而自弘治以后至清初，"居民日增，货物益备"，"米及豆麦尤多，千艘万舸，远近毕集"。双杨市，明初居民只数十户，"以村名"，至"嘉靖间始称市，民至三百余家，自成市井"。严墓市"明初以村名"，居民只有一百多家，而"嘉靖间倍之，货物颇多，始称为市"。檀邱市在成化年间居民仅有四五十家，到嘉靖时"数倍于昔，凡铜、铁、木、圬、乐艺诸工皆备"。梅堰市"明初以村名，嘉靖间居民五百余家，自成市井，乃称为市"。江南地区的其他府县也在明代中、后

① 光绪《嘉兴府志》卷4引康熙《桐乡县志》。
② 《客越志》卷上。
③ 天然痴叟：《石点头》卷4。
④⑤ 光绪《嘉兴府志》卷4引万历《嘉善县志》。

期兴起了一些市镇,如嘉兴府的濮院镇和梅里镇就是两例。濮院镇在元代至正年间仅濮氏一姓,后来他姓"卜居者渐繁",到万历时居民"可万余家","务织丝绸,亦业农贾,商旅辐辏,与王江泾相亚"①。梅里镇"始辟于石晋",但至明中叶才"渐盛,民物殷阜","成一巨镇"②。这种大批市镇纷纷兴起的情景,只有在商业繁荣的条件下才能出现。

四、集市庙会贸易

除了城镇里的店铺摊贩经常出卖商品之外,集市庙会贸易也是明代中、后期商品交换的重要形式。这是定期举行贸易的场合,从首都到州县乡镇都有举行,从北方到南方到处都有其存在。"岭南之市谓之虚,言满时少,虚时多也。西蜀谓之亥;亥者,痎也;痎者,疟也,言间日一作也。山东人谓之集"③。到集市上贸易,"江南谓之上市,河北谓之赶集"④,"岭南谓之趁虚"⑤。各地集市庙会的日期不同,但届时都"百货俱陈,四远竞凑"⑥,非常热闹。如河间府,"日中为市,人皆依期而集。在州县者,一月期日五、六集;在乡镇者,一月期日二、三集;府城日一集"⑦。该府郑州有药王庙会(此药王庙专祀扁鹊),每年四月初,"河淮以北,秦晋以东,宣大蓟辽诸边,各方商贾辇运珍异并布帛菽粟之属,入城为市","贸易游览,阅两旬方渐散"。神宗万历年间,皇帝出钱,重修药王祠,这里的"药王之会于是弥加辐辏"⑧。首都北京,据记载:"朔望及二十五,俱于城隍庙为市,它

---

① 光绪《嘉兴府志》卷4引万历《秀水县志》。
② 光绪《梅里志》载《梅里志》道光序。
③⑤⑥ 《五杂俎》卷3。
④⑦ 嘉靖《河间府志》卷7。
⑧ 《万历野获编》卷24。

时散于各方,而至此日皆合为一市者,亦甚便之"①。市中"陈设甚夥,人生日用所需,精粗毕备,但持阿堵入市,顷刻富有完美"②。每月初四、十四、二十四等日,又在东皇城之北设集,"谓之内市,多是内人赢余之物"。"至每年正月十一日起至十八日止,则在东华门外迤逦极东,陈设十余里,谓之灯市,凡天下瑰奇巨丽之观,毕集于是,视庙中又盛矣"③。这类集市庙会贸易在明代中期以前早已存在,但这时不仅更加繁荣,而且数目也有所增加。山东武城县,嘉靖以前只有城里"四街,商贾以日之五与十集,河西以四与九集",嘉靖年间鉴于"集日寡而旷多",不能满足需要,县令金守谅"下令民集于学宫之左右。先期示谕,届期分遣隶快、地方人等,持牌号召"。结果"每当集日,粟米丝麻布帛,禽而鸡鹜,兽而牛羊,食而鱼肉果蓏,与夫南北水陆之产,可以供民生所需者,错然填街溢巷"。金守谅又组织"歌舞剧戏之徒,各呈其技于要街,众且观且市,远近毕至,喧声沸腾","人无有不喜者"。此外,金守谅还了解到县城西北瓦子庄原有新兴集,"久废,乃加意兴之,鼓舞招徕之方,一如学宫之集。而商贾之至,亦不少减也"④。集市庙会的增加和繁荣,既为商品交换提供了更广阔的场所,也成为当时商业空前发展的一个标志。

五、商业资本的活跃

明代中、后期商业资本非常活跃。许多省区有大批富人挟其财富投入商业活动,其中不少商人,资本雄厚,声势烜赫,还有的结帮成伙,具有一定的组织性。

---

①③ 《五杂俎》卷3。

② 《万历野获编》卷24。

④ 乾隆《武城县志》卷14《艺文》下张君锡《兴集记》。

当时经营商业的人,各个省区都有,而其中安(安庆府)、太(太平府)、宣(宁国府)、徽(徽州府)、江西、山西、江浙、闽广、关陕、荆楚等地所出商人尤多。史料中记载安太宣徽,"其民多仰机利,舍本逐末,唱棹转毂以游帝王之所都,而握其奇赢,休歙尤夥,故贾人几遍天下"①。江西"其土窄,逐末不务稼穑,至有弃妻子经营四方,老死不归者"②。其抚州的居民为商者达"三之一"③。山西"善殖利于外"④,"多玩好事末"⑤。浙江"富厚者多以盐起家"⑥。苏州"商贾之获利三而劳轻,心计之民为之,贩盐之获利五而无劳,豪猾之民为之"⑦。福建"民多仰机利而食,俗杂好事,多贾"。陕西"地多驴马牛羊旃裘筋骨,自昔多贾,西入陇蜀,东走齐鲁,往来交易,莫不得其所欲"。荆楚"多行贾四方"⑧。由于许多省区出现了大批商人,全国的商人总数估计相当多。由于封建王朝没有留下统计数字,其总数不得而知,但有两个材料可以使我们推想其大概。万历年间吕坤曾说:"今天下盐商不止数万家,天下盐店不止数万处。"他还说:"天下苍生,富者十无二三,贫者十常八九,饥肠瘦面,破帽烂衣,或给帖充斗秤牙行,或纳谷作枭籴经纪,皆投身市井间,日求升合之利,以养妻孥,此等贫民天下不知几百万矣。"⑨ 仅盐商就有几万家,仅作买卖中间人的牙行、经纪就有几百万,吕坤的估计虽不精确,但由此来推测,当时全国的商人总数决不会少于几百万。

资本雄厚的富商大贾史不绝书,其中徽商和晋商尤多。史称:"富室之称雄者,江南则推新安,江北则推山右。新安大贾,

---

①⑤⑥⑧ 《松窗梦语》卷 4《商贾纪》。

② 光绪《江西通志》卷 48《舆地略》引郑晓《地理述》。

③ 光绪《江西通志》卷 48《舆地略》引嘉靖《抚州志》。

④ 沈思孝:《晋录》。

⑦ 《天下郡国利病书》原编第 4 册。

⑨ 《去伪斋集》卷 2《奏疏·辩洪主事参疏公本》。

鱼盐为业,藏镪有至百万者,其它二三十万,则中贾耳。山右或盐,或丝,或转贩,或窖粟,其富甚于新安"。"三晋富室,藏粟数百万石,皆窖而封之,及开则市者坌至,如赶集然,常有藏十数年不腐者"。①"平阳、泽、潞,豪商大贾甲天下,非数十万不称富"。②

商人的结帮成伙,一般以一个大商人为中心。有的是大商人出资本,伙计出力,共同经营,有的是各操己资,相互间仅是搭伴经营。晋商多采用第一种方式,《晋录》记载说:平阳、泽、潞的商人,"以行止相高,其合伙而商者,名曰伙计,一人出本,众伙共而商之,虽不誓而无私藏"。闽广海商多采用第二种方式,周玄暐《泾林续记》记载说:"闽广奸商,惯习通番,每一舶推豪富者为主,中载重货,余各以己资市物往,牟利恒百余倍。"还有的商人在结帮成伙时,并非以某个大商人为中心,而是采用合本经营的形式,如万历年间祁门人郑元祜、郑逢旸、郑逢春、郑师尹、郑大前等即采用这种形式,"合伙拼买杉木,至饶造梱,往瓜发卖"。后因"不期节遇风潮,漂散梱木,又遇行情迟迤,耽误利息,以致蚀本",于是"照原合伙议定分殳(股),以作十二殳(股)均赔",其中"逢旸名下赔十二殳(股)之五","大前名下赔十二殳(股)之四","元祜名下赔十二殳(股)之一","逢春名下赔十二殳(股)之一","师尹名下赔十二殳(股)之一"③。明代数学家程大位在《算法纂要》一书中为采用合本经商者如何计算利润出了一些例题,如其中一题是:"今有元、亨、利、贞四人合本经营。元出本银二十两,亨出本银三十两,利出本银四十两,贞出本银五十两,共本一百四十两。至年终共得利银七十两。问各该利若干?答

---

① 《五杂俎》卷4。

② 沈思孝:《晋录》。

③ 王钰欣、周绍泉主编《徽州千年契约文书》第3卷《万历四十一年祁门郑元祜等立清单合同文约》。花山文艺出版社出版第438页。

曰:元该利一十两,亨该利一十五两,利该利二十两,贞该利二十五两。"① 这类例题的出现,反映了现实生活中商人们采用合本经营形式的存在。不管利用哪一种方式,商人们联合起来,其经营规模就会扩大;它的存在,显然反映着当时商业资本的发展。

明代中、后期的商人,尤其是徽商,足迹遍天下,他们明物情、识时势,信义自持,公道待人,从而获得良好的信誉,生意越做越红火。如婺源商人李大昌,曾"传教于受承者曰:财自道生,利缘义取"②。休宁商人汪坦,"出游吴楚,虽托游于货利之场,然非义弗取"③。休宁商人汪玎,受父命"商于菊邑双河口,交易以公道自持"④。歙县盐商黄崇敬,"治鹾能择人任时,取与有义,不效世俗,沾沾然竞锥刀微末利,义入而俭出,赀大饶裕"⑤。休宁商人汪忠富,"北游淮泗间,能明物情、识时势,获自然之利,而以深刻取赢羡、机巧趋便利者","弗有也","然以是日丰裕"。"尝命长子商曰:职虽为利,非义不可取也。"⑥ 歙县商人许文才,"贸迁货居,市不二价。人之适市有不愿之他而愿之公者"⑦。商人职业道德的提高,标志着正常商业秩序的逐渐形成,是商品经济发达到一定程度、商业资本有了相当水平的发展之后,必然出现的一种现象,因此,明代中后期商人职业道德的提高,也是这一时期商业资本活跃的一个重要反映。

---

① 程大位著、李培业校释《算法纂要校释》卷2《差分》,安徽教育出版社。

② 婺源《三田李氏统宗谱·环田明处士李公行状》,转引自《明清徽商资料选编》,黄山书社1985年版,第273页。

③ 《汪氏统宗谱》卷168,转引自《明清徽商资料选编》,第445页。

④ 《汪氏统宗谱》卷37,转引自《明清徽商资料选编》,第445页。

⑤ 歙县《竦塘黄氏宗谱》卷5《明处士竹窗黄公崇敬行状》,转引自《明清徽商资料选编》第111页。

⑥ 《汪氏统宗谱》卷3《行状》,转引自《明清徽商资料选编》,第294页。

⑦ 《新安歙北许氏东支世谱》卷8,转引自《明清徽商资料选编》,第278页。

六、商品种类众多

《明会典》卷三五载,景泰二年(1451年),大兴、宛平两县按照上司的指令,召集各行,根据当时的市场价格订出了一个"收税则例";它详列了各种物品的收税金额,如其中规定"上等罗缎每匹税钞、牙钱钞、塌房钞,各二十五贯;中等罗缎每匹税钞、牙钱钞、塌房钞,各一十五贯;下等罗缎每匹税钞、牙钱钞、塌房钞,各一十贯"。因为这是一个收税的章程,而且对每一种物品所订的收税金额,都以市场价格为根据;所以,上面所列物品,都是当时已经进入流通领域的商品。据统计,这个"收税则例"所载物品,共有二百三十种以上。由此可见,明代中期以后,市场上的商品,种类极为繁多。

值得指出的是,这高达二百三十种以上的统计数字,还远远不能反映当时实际投入市场的商品数字。《明会典》所载的这个"收税则例"的末尾,就附有这样一句话:"其余估计未尽物货,但照价值相等则例收纳。"稍微翻阅一下当时的记载,就会发现,它确实有"估计未尽物货"。比如粮食是明代中、后期在市场上广为流通的一种商品,万历《龙游县志》载:"白壳糯、红壳糯、铁浆糯、白芒糯、草鞋糯、胭脂糯、鸟嘴糯,俱晚熟,用之酿酒,有余则贩易他县。"[1] 嘉靖《河间府志》卷七《风俗》载:"其有售粟于京师者,青县、沧州、故城、兴济、东光、交河、景州、献县等处皆漕挽,河间、肃宁、阜城、任丘等处皆陆运,间亦以舟运之。"可是在景泰二年(1451年)的这个"收税则例"中,竟然没有列入任何一种粮食。在统计不完全的情况下,所列商品还在二百三十种以上,这更有力地反映出明代中、后期市场的商品种类十分繁多。

---

[1] 见李卫:《浙江通志》卷106《物产》所引。

这个"收税则例"中所列的商品,大体可划分为十三类:一、罗缎布绢丝棉(各种罗缎,各种纱绫锦、官绢、棉絮、棉花、青三梭布、麻布等);二、巾帽衣服(手帕、手巾、毡帽、小靴、毡袜等);三、陶瓷制品(各种青碗、青盘、青碟,各种白碗、白盘、白碟,各种茶盅等);四、文具纸张(五色纸、连五纸、连七纸、南丰大篓纸、毛边纸、中夹纸等);五、矿冶业产品(生熟铜、生熟铁、铁锅、钢等);六、制糖业产品(各种砂糖等);七、日用杂货(扇骨、松香、肥皂、竹箸、竹椅等);八、农产品(甘蔗等);九、干鲜蔬果(金橘、橄榄、栗子、核桃、雪梨、红枣、荔枝、圆眼、葡萄、生姜、冬瓜、菠菜、萝卜等);十、农副业产品(鸡、鸭、猪等);十一、畜产品(杂色小皮等);十二、水产品(螃蟹、蛤蜊、藕、莲肉、鲜干鱼等);十三、香药(苏木、胡椒、速香、药材等)。总观十三类商品,除个别的可以划入奢侈品者外,绝大部分属于各个手工业部门和农林牧副渔各业所提供的生活用品。这反映了当时商业中很值得注意的一个特点:虽不能由此断定手工业部门和农林牧副渔各业所提供的这些生活用品已成为当时商品流通中的主要货物,但可以肯定地说,它们已是当时商品行列的重要组成者。《松窗梦语》卷四《商贾纪》的记载也证明了这一点,它虽然说过贩卖奢侈品可获厚利,但它又说过:"然茶盐之利尤巨","余尝总览市利,大都东南之利,莫大于罗绮绢纻……西北之利,莫大于绒褐毡裘"。它对于手工业部门和农林牧副渔各部门所提供的生活用品在当时商品流通中的重要地位,是充分肯定的。明代中、后期商品种类上的这种特点,反映了当时商业的繁荣。它是社会经济发展的产物。

七、对外贸易的发展

明代的对外贸易,有官府控制的朝贡贸易,以及私人进行的贸易。明朝初年,官府控制的朝贡贸易占主要地位,但明代中、后期以后,由于西方殖民主义者东来,再加上其他因素,导致了官府控制的朝贡贸易的衰落,南洋各国等甚至与中国陆续中止了这种贸易。惟日本以及撒马儿罕、天方等中亚、西南亚的若干国家和地区,在某些时候仍然与明政府保持有"通贡"关系。如史载,日本于景泰、成化、弘治、正德、嘉靖年间曾来明朝"通贡"[1],撒马儿罕(今乌兹别克斯坦境内)于景泰、成化、弘治、正德、嘉靖、万历年间曾来明朝"通贡"[2],失剌思(今伊朗境内)于成化、嘉靖年间曾来明朝"通贡"[3],亦思弗罕(今伊朗境内)于成化十九年(1483年)曾来明朝"通贡"[4],天方(在今阿拉伯半岛)于弘治、嘉靖、万历年间曾来明朝"通贡"[5]。上述"通贡",除日本外,多经由中亚细亚至我国甘肃的自古沿用的大商道。这类贸易,属于与明朝政府进行的官方货物交换,其对象是对方的官府,但其中也有外国商人冒充官府的。如撒马儿罕,其文献中没有十五世纪以后(明孝宗后)与中国有外交来往的记载,而《明史》则记载,撒马儿罕至万历时仍朝贡不绝,这一定都是商人冒充国使,前来渔利[6]。另外,明政府规定,在各国"贡物"到达之日,"边臣验上其籍,礼官为按籍给赐。籍所不载,许自行贸易"[7]。可见,在与明朝官府交易之外,外国使臣或商人还与民间交易。因此,所谓"通贡"贸易,不仅仅包括官方贸易,也有私人贸易伴随其间。据《野获编》记载,沈德符于万历年间曾在北京见到"天方诸国贡夷"归国时的车辆,货物装至三丈多高,"他物

---

① 《明史》卷322《日本传》。

② 《明史》卷332《撒马儿罕传》。

③ 《明史》卷332《失剌思传》。

④ 《明史》卷332《亦思弗罕传》。

⑤⑦ 《明史》卷332《天方传》。

⑥ 《中西交通史料汇编》第5册,中华书局1978年版,第206页。

不论,即瓷器一项,多至数十车"。他最初不了解极易破碎的瓷器"何以陆行万里",经询问装车的夫役,得知:初买时,每一器内放土和豆子麦粒少许,然后每几十个叠在一起,缚紧,置于潮湿之处,并不断洒水。"久之则豆麦生芽,缠绕胶固。试投之荦确之地,不损破者",方装车起运。这种装运办法,是装车夫役所自创,"无所承受"①。沈德符所见到的"即瓷器一项,多至数十车"说明,明代中、后期朝贡贸易虽然衰落了,但仍有一定的规模;其装运办法的巧妙,在一定意义上也反映着这种贸易的发展水平。

明代中、后期占主要地位的是私人海外贸易。明初,明政府实行"寸板片帆不许下海"的海禁政策②,因此当时这种贸易不甚发达,但后来在明朝政府控制的朝贡贸易日趋衰落的同时,它却逐渐发展起来。如在成化、弘治年间,福建的私人海外贸易还是"豪门巨室,间有乘巨舰,贸易海外者"③。而到嘉靖年间,已是"漳闽之人,与番舶夷商贸贩方物,往来络绎于海上"④。"虽重以充军处死之条,尚犹结党成风,造舡出海,私相贸易,恬无畏忌"⑤。据《明世宗实录》卷三二一记载,嘉靖时福建人往日本贸易者,往往遇风漂到朝鲜,嘉靖二十六年(1547年),朝鲜国王一次遣人送还者,即有三百四十一人。在私人海外贸易日益发展的情况下,引起了明朝统治集团内部的派别斗争。保守的官僚主张维护明初以来的海禁政策,而与私人海外贸易有联系的官僚则主张解除海禁。嘉靖年间的朱纨事件,就是两派斗争的一个突出表现。朱纨之严行海禁,一方面有抵御倭寇的作用,但另方面也妨碍了对外贸易,他之失败自杀说明了与海外私人贸易

---

① 《野获篇》卷30《外国·夷人市瓷器》。

② 《明经世文编》卷283 王忬《条处海防事宜仰祈速赐施行疏》。

③ 《东西洋考》卷7《饷税考》。

④ 《明经世文编》卷243 张时彻:《招宝山重建宁波府知府凤峰沈公祠碑》。

⑤ 《明经世文编》卷280 冯璋《通番舶议》。

有关的人数目众多,力量相当大,可在一定程度上左右朝政。由此也反映出当时海外私人贸易的发达。

自朱纨死后,"罢巡视大臣不设,中外摇手不敢言海禁事"①。不过,由于倭寇的骚扰等原因,当时并没有马上明令取消海禁。海禁的正式取消,时在隆庆年间。《东西洋考》卷七《饷税考》载:"隆庆改元,福建巡抚都御史涂泽民请开海禁,準(准)贩东西二洋。"这次开放海禁,并非敞开大门,毫无限制。商人下海贸易要申请引票,在船只数目、贸易地点等方面都有规定。但不管怎样,海禁的取消有利于海上私人贸易的发展,它是从事海上贸易的私商长期斗争的结果。

隆庆以后,海外私人贸易得到空前的发展。《东西洋考》卷七《饷税考》说:"大率夷人之入市中国,中国而商于夷,未有今日之夥者也。"当时海外私人贸易最活跃的地方,是福建的漳州。万历四年(1576年),这里的海关税"至万金";十一年(1583年),"累增至二万有余";二十二年(1594年),又"骤溢至二万九千有奇"②。除了福建人大量从事海外私人贸易外,其他沿海省份也踵起效法。《云间杂志》载:"近来(指明末)中国人都从海外商贩至吕宋,获利不赀。松(江)人亦往往从之。"万历时丁元荐在《西山日记》中说:"今之通海者十倍于昔矣。浙以西造海船,市丝枲之利于诸岛,子母大约数倍。"

隆庆废除海禁后,中国私人贸易海上者,主要是前往菲律宾等南洋的东部地区,即所谓东洋。据统计,往马尼拉贸易的中国商船,从万历十一年(1583年)以后一般都在二十只以上,而且往往超过三十只,到万历二十七年(1599年)左右有时达到五十只③。

① 《明史》卷205《朱纨传》。
② 《东西洋考》卷7《饷税考》。
③ 王士鹤:《明代后期中国—马尼拉—墨西哥贸易的发展》,载《地理集刊》第7号,1964年科学出版社出版。

由于"倭患"不断发生，隆庆元年（1567年）解除海禁时，"惟日本倭奴""仍旧禁绝"①，"终明之世，通倭之禁甚严"②。然而实际上当时中国商人到日本贸易的也很多③。

明代中、后期来华贸易的外商船只，多停泊在广州一带。早在正德时这里已是"番舶不绝于海澨，蛮人杂遝于州城"④。广东掌管外商的市舶司，最初设在广州，正德时移于高州电白县，嘉靖十四年（1535年）再迁壕镜（澳门），"岁输课二万金"⑤。来华的外商得到中国走私商人的协助，有的还兼干海盗勾当，西方殖民者尤其如此；但其商业活动，却不能说全无积极意义。

随着中外贸易的发展，许多种物品成为商人陆贩海运的对象。明代中、后期的进出口商品究竟有多少种，当时缺少完整的记录。但片断的不完整的记载留下了不少，从这些记载中可以了解当时中外贸易商品种类的大概情形。

明朝末年傅元初说："是两夷者（指东洋和西洋），皆好中国绫缎杂缯，其土不蚕，惟藉中国之丝，到彼能织精好缎匹，服之以为华好……而江西磁器，福建糖品果品诸物，皆所嗜好。"⑥ 这段话说明，丝、丝织品和瓷器是当时的主要输出品。此外，当时还有许多输出品；如摩尔加《菲律宾史》记载，万历三十一年（1603年）以前，中国商船输入马尼拉的商品，除了丝和丝织品，还有各色棉布、麻手绢、麝香、绣花天鹅绒被单、长袍、金属脸盆、铜壶、铁锅、钉子、锡、铅、硝、火药、小麦面粉、柑橘、桃、梨，各种中国果品的蜜饯、各种咸肉、鸡、床、桌、椅、水牛、马、骡、驴、珠子串、宝石串等。科洛涅尔的《菲律宾备忘录和报告》里记载，天启

① 《明经世文编》卷 400 许孚远《疏通海禁疏》。
② 《明史》卷 322《日本传》。
③ 《五杂俎》卷 4；《明经世文编》卷 400《疏通海禁疏》。
④⑤ 《明史》卷 325《佛郎机传》。
⑥ 《春明梦余录》卷 42《论开洋禁疏》。

元年(1621年)以前,中国商船输入马尼拉的商品有大量冰糖和白糖①。上述材料,当然远远没有将当时中国的输出品全部包括,但仅仅这些记载,就已可分为衣料、衣服、食品、家具、金属、家畜、珠宝等许多类别。而且值得指出的是,棉布和冰糖,都是从这个时期才开始大量输出的。

关于输入品的文献资料,有两个记载比较集中,一为王世贞的《凤洲杂编》,一为《东西洋考》。前者抄录了《明会典》所载"番货价值",其中记载的"番货"共有八十多种②。后者在卷七《饷税考》中记载了万历年间漳州海关对进口货物收税的现行则例,其中谈到的货物达到一百一十多种。不言而喻,这两个记载之外,当时的进口物资一定还有一些。但上百种的商品货单,也不能不说数量繁多了。

八、以银为主、铜币为辅的货币制度的形成

明朝初年使用的货币有钱和钞两种,钱为铜币"洪武通宝"等,钞为纸币"大明通行宝钞"。至于金银,则严为禁止。进入明中叶以后,原被禁用的白银异军突起,成为主要的货币,而纸币宝钞却渐被废弃,铜币虽然保存下来,但只是当作一种辅助性的货币而起作用。

明代中期以后货币材料发生上述变化的原因,是"钞太虚",这使掌握制造纸币权而又贪得无厌的明朝统治者可以随意滥发,从而造成通货膨胀,引起人民的反对;"钱贱而不便大用",这使大宗交易中不得不丢开它而另找适用者③。如前所述,早在

---

① 参见王士鹤:《明代后期中国—马尼拉—墨西哥贸易的发展》,载《地理集刊》第7号,1964年科学出版社出版。

② 见《纪录汇编》卷154。

③ 《弇州史料后集》卷37《笔记》上。

洪武年间纸币已经信誉极低,为了维持宝钞制度,当时统治者屡颁禁止使用白银的命令。朱棣即位后,继续颁布这种命令,规定"犯者以奸恶论"。宣德初又决定"凡以金银交易及匿货增值者罚钞"。但终归无用,宣德时户部报告,"民间交易,惟用金银,钞滞不行"。人民的坚决抵制,迫使明朝统治者不得不让步,"英宗即位,收赋有米麦折银之令",于是"弛用银之令"。从此"朝野率皆用银,其小者乃用钱,惟折官俸用钞,钞壅不行"。进入明中期以后,白银在货币中的主要地位更加巩固。天顺中,明政府重申解除不许用银的禁令,"弘治元年(1488年),京城税课司,顺天、山东、河南户口食盐俱收钞,各钞关俱钱钞兼收,其后乃皆改折用银"。正德三年(1508年),"以太仓积钱给官俸,十分为率,钱一银九"。在天启、崇祯年间,虽曾有人复请"造行"久已废弃的"钞法",但"终不可行而止"①。万历年间给事中郝敬说:"今海内行钱,惟北地一隅。自大江以南,强半用银。即北地,惟民间贸易,而官帑出纳仍用银。则钱之所行无几耳。"② 这段记述,清楚地反映了当时白银为主、铜币为辅的货币制度实况。马克思说:"商品交换日益突破地方的限制,从而商品价值日益发展成为一般人类劳动的化身,货币形式也就日益转到那些天然适于执行一般等价物这种社会职能的商品身上,即转到贵金属身上。"③ 明代中、后期白银之得以确立主要货币的地位,是当时商业空前发展的标志之一。

由于白银的广泛应用,对其需要量随之增加。除了继承前代遗存和在国内继续开采银矿以供应用之外,还从国外大量输入,输入的重要地点是菲律宾。十六世纪以后,菲律宾沦为西班

---

① 以上引文俱见《明史》卷 81《食货》5《钱钞》。

② 孙承泽:《春明梦余录》卷 47《钱法议》。

③ 《资本论》第 1 卷上,第 107 页。

牙的殖民地,西班牙把大量的白银从其在美洲的殖民地运到这里。前往菲律宾经商的中国商人,又把这些银钱带到中国,葡萄牙人和西班牙人也进行了这种活动,明朝统治者为此还专门在漳州加征称为"加增饷"的海关税收,《东西洋考》卷七《饷税考》说:"加增饷者,东洋吕宋地无他产,夷人悉用银钱易货。故归船自银钱外,无他携来,即有货亦无几。故商人回澳,征水陆二饷(水饷是按照船只大小而征收的船税,陆饷是按入口货物的价值而向货主征收的货物税)外,属吕宋船者,每船更追银百五十两,谓之加征。"据国外资料记载,"最古之西班牙银货,一五七一年以后,发现于广东、宁波、厦门等处"。1586 年有人自马尼拉写信说:"此处以大量之银及银货交换中国商品,此项银及银货,除一小部分残留本岛外,其余大部分,均由华人运回中国。"1590年又有人说:"自西印度(指西班牙在美洲的殖民地)运来之银,几全流入中国,其故则系中国以多量之商品,而易银货以去。"①据统计,明后期每年从菲律宾输入中国的白银常达一百万比索以上(一比索等于一西班牙银元)。从隆庆五年(1571 年)至崇祯十七年(1644 年)的七十四年间,从马尼拉输入中国的白银,经由中国商人之手的,约为二千八百七十万至二千九百四十二万比索。经由葡萄牙人之手的,约为二千零二十五万比索;经由西班牙人之手的,约为四百万比索;总共约五千三百万比索之多②。明朝末年,日本、暹罗、安南也向中国输出了不少白银。其中日本自十六世纪、十七世纪之交石见、佐渡、秋田等矿山产银甚多,因而存银非常丰富。一些来长崎贸易的中国商人,遂用生丝等交换白银而归。另外,荷兰商人也将中国商品转运长崎,

---

① 见傅镜冰:《明清两代外银流入中国考》,载《中行月刊》7 卷 6 期,1933 年 12月出版。

② 王士鹤:《明代后期中国—马尼拉—墨西哥贸易的发展》,载《地理集刊》第 7号,科学出版社 1964 年版。

交换白银,所得白银被运到澳门,重新购买中国商品贩往日本。这样,当时日本外流的白银,大半输至中国。据调查,自1601年至1647年的四十六年中,自日本输出的白银约为七千四百八十余万两,由此可以推知,当时日本白银输入中国,是一个相当可观的数字①。输入中国的外国银币,流通于中国的市场上,在东南沿海尤多。《天下郡国利病书》原编26册第100页载:"(西班牙)钱用银铸造,字用番文,九六成色,漳人今多用之。"这对于中国商业的发展具有一定的积极意义。

铜币在当时虽处辅助地位,但所需数量也很大。史料中没留下当时流通的铜币确切数字,但从某些记载可以得其轮廓。据《明史》卷八一《食货》五《钱钞》条说:明初官府已铸了"洪武钱"、"永乐钱"、"宣德钱",进入明中叶又大量铸钱,"弘治十六年以后铸弘治钱。至世宗嘉靖六年(1527年),大铸嘉靖钱,每文重一钱三分,且补铸累朝未铸者。三十二年(1553年)铸洪武至正德九号钱,每号百万锭,嘉靖钱千万锭,一锭五千文","又令通行历代钱(指"开元"、"祥符"、"太平"、"淳化"等钱)","而民间竞私铸嘉靖通宝钱,与官钱并行焉"。在隆庆以后,官府又铸过"隆庆钱"、"万历通宝"、"泰昌钱"等。铸造和通行的铜钱种类如此之多,其总额自当不少。仅处辅助地位的铜币数量如此之大,足见当时商业繁荣之一斑。

九、商品经济发达对社会生活的影响

由于商品生产的扩大和商业的繁荣,明代中、后期的社会生活受到很大影响。有些地区居民的生活对市场的依赖越来越

---

① 傅镜冰:《明清两代外银流入中国考》,载《中行月刊》7卷6期,1933年12月出版。

大,金钱的地位越来越高,奢侈的风气越来越浓。

　　商业的繁荣,为城镇居民的生活提供了丰富的物资供应,并提供了很多方便,但同时也使其生活与市场息息相关。这样,明代中后期某些地区的居民具有了对市场的空前的依赖性。史载北京城"贫民不减百万,九门一闭,则煤米不通;一日无煤米,则烟火即绝"①。留都南京,"薪粲而下,百物皆仰给于贸居"②。苏州,大抵"好费乐便,多无宿储,悉资于市"③。杭州"米珠取于湖,薪桂取于严,本地止以商贾为业,人无担石之储"④。"托命于木棉"的嘉定县,"不产米,仰食四方。夏麦方熟,秋禾既登,商人载米而来者,舳舻相衔也。中人之家,朝炊夕爨负米而入者,项背相望也"⑤。福建的产糖区,由于许多稻田改种甘蔗,"故稻米益乏,皆仰给于浙直海贩"⑥。

　　因为生活依赖市场,金钱成为人们必不可少的东西,崇拜金钱、追求金钱之风盛行。万历时黄省曾在《五岳山人集》中感慨地说:"金钱之神,莫甚于今之时矣。"《歙志·风土论》的作者也说:明末的情形是"金令司天,钱神卓地"⑦。

　　在组织商品生产或经营商业中,富商大贾积累了巨额财富,过着挥金如土的豪华生活。在其刺激下,地主阶级的各阶层也更加奢侈腐化。于是在明代中、后期奢侈豪华的风气越来越厉害,经济发达的东南地区尤为突出。如吴江县,"在明初风尚诚朴,非世家不架高堂,衣饰器皿不敢奢侈。若小民咸以茅为屋,

---

① 《去伪斋集》卷1《忧危疏》。
② 《客座赘语》卷2《民利》。
③ 正德《姑苏志》卷13《风俗》。
④ 《广志绎》卷4。
⑤ 《天下郡国利病书》原编第6册《苏松》。
⑥ 《泉南杂志》卷上。
⑦ 《天下郡国利病书》原编第9册《凤宁徽》第76页下。

裾布荆钗而已。即中产之家,前房必土墙茅盖,后房始用砖瓦,恐官府见之以为殷富也。其嫁娶止以银为饰,外衣亦止用绢。至嘉靖中,庶人之妻多用命服,富民之室亦缀兽头,循分者叹其不能顿革。万历以后,迄于天(启)、崇(祯),民贫世富,其奢侈乃日甚一日焉"[1]。松江在"嘉靖时四门绝无游船,自隆庆初年,仅数航入郡,而松人用以设酒者无虚日,自是游船渐增","夏秋间泛集龙潭,颇与(苏州)虎丘河争盛"。"细木家伙,如书棹禅椅之类",原来"曾不一见","隆(庆)万(历)以来,虽奴隶快甲之家,皆用细器,而徽之小木匠争列肆于郡治中,即嫁装杂器俱属之矣。纨绔豪奢,又以椐木不足贵,凡床厨几棹,皆用花梨瘿木、乌木、相思木与黄杨木,极其贵巧,动费万钱"[2]。

明代中、后期不仅出现了日甚一日的奢侈风气,而且产生了为这种风气辩解的理论。上海人陆楫就有一段很典型的论述。他将富商大贾和豪家巨族的挥霍浪费视为劳苦大众的衣食之源,称为"通功易事,羡补不足",他鼓吹"市易者正起于奢,使其相率而为俭,则逐末者归农矣"[3]。这种理论显然具有一定的片面性,甚至是本末倒置的,但它具有时代意义,反映了当时社会经济发展的独特情况,应给予足够的重视。

① 光绪重刊乾隆十一年《震泽县志》卷 25《崇尚》。
② 《云间据目钞》卷 2《记风俗》。
③ 《纪录汇编》卷 204《蒹葭堂杂著摘抄》。

第十二章　资本主义萌芽的产生

一、资本主义萌芽的含义及其出现的标志

封建社会内商品经济的发展,必然导致资本主义萌芽的出现。明代中、后期就是中国封建社会内产生资本主义萌芽的历史时期。关于中国封建社会内资本主义萌芽出现的时间问题,史学界意见不一,聚讼纷纭,断断续续的讨论历时二三十年,但到今天还不能说已经有了一致的看法。这里只就我们的理解,作简单的论述。本章首先就资本主义萌芽的含义及其出现的标志,作简单的叙述,而后再具体探讨明代中、后期资本主义萌芽出现的情形。

所谓资本主义萌芽,就是资本主义生产关系的产生,资本主义萌芽时期就是资本主义生产关系开始出现但尚未在全部生产关系中占据主导地位的历史阶段。在资本主义生产关系下,一方是占有生产资料和货币的有产者,另一方是一无所有但人身自由的无产者,前者用货币购买后者的劳动力,进行商品生产;而后将商品出卖,获得高于投资额(购买原料、生产工具和劳动力等的费用)的货币,从而实现剩余价值的剥削,不断增殖自己的资本。这种生产关系的基本特征,简单地说,就是雇佣剥削或使用雇佣劳动。马克思说:"资本主义生产方式——它的基础是雇佣劳动"①,就是这个意思。但是,这并不是说,凡使用雇佣劳

---

① 《资本论》第 2 卷,第 381 页。

动的都是资本主义生产关系。

　　雇佣劳动的使用比资本主义生产关系的历史要早得多。
"包含着整个资本主义生产方式的萌芽的雇佣劳动是很古老的；
它个别地和分散地同奴隶制度并存了几百年。但是只有在历史
前提已经具备时，这一萌芽才能发展成资本主义生产方式"①。
可见，不能见到使用雇佣劳动，就说是产生了资本主义，要注意
属于资本主义生产关系范畴的雇佣劳动与前资本主义的雇佣劳
动的区别。两者的区别何在？从马克思主义经典作家的论述
看，主要在数量的多少上。恩格斯曾论述过雇佣劳动在资本主
义产生前后的变化，他说："最初的资本家就已经遇到了现成的
雇佣劳动形式。但是，那时雇佣劳动是一种例外，一种副业，一
种救急办法，一种暂时措施……生产资料一旦变为社会化的生
产资料并集中于资本家手中，情形就改变了。个体小生产者的
生产资料和产品变得愈来愈没有价值；他们除了受雇于资本家
就没有别的出路。雇佣劳动以前是一种例外和救急办法，现在
成了整个生产的通例和基本形式；以前是一种副业，现在成了工
人的唯一职业。暂时的雇佣劳动者变成了终身的雇佣劳动者。
此外，由于同时发生的封建制度的崩溃，由于封建主扈从人员被
解散，农民被逐出自己的家园等等，终身的雇佣劳动者大量增加
了。"② 恩格斯在这里所谈到的资本主义生产关系产生前后雇
佣劳动的变化，显然只涉及到数量方面，其他方面的内容则没有
提及。因此，要判断资本主义生产关系是否已经出现，必须从数
量上着眼，使用雇佣劳动达到了一定的数量，才能说产生了资本
主义生产关系。对此，马克思和列宁都曾有过明确的论断。马

---

　　① 恩格斯：《社会主义从空想到科学的发展》，载《马克思恩格斯选集》第 3 卷，
第 428 页注。
　　② 恩格斯：《社会主义从空想到科学的发展》，载《马克思恩格斯选集》第 3 卷，
第 428—429 页。

克思说:"资本主义生产实际上是在同一个资本同时雇用较多的工人,因而劳动过程扩大了自己的规模并提供了较大量的产品的时候才开始的。较多的工人在同一时间、同一空间(或者说同一劳动场所),为了生产同种商品,在同一资本家的指挥下工作,这在历史上和逻辑上都是资本主义生产的起点。"① 列宁说:"资本主义作坊同小手工业者作坊的差别,最初只表现在同时雇用的工人人数上。"② 列宁在论述这个问题时,还引用过一个关于莫斯科家具业的统计材料,更清楚地说明了它,这个统计材料说:"'2—3个工人给业主挣的盈余很少,以致业主要同工人一起工作……5个工人给业主挣的盈余已经能使业主在一定程度上摆脱手工劳动,偷点懒,主要是扮演业主的两个最根本的角色。'(即购买原料和销售商品)'只要雇佣工人的数量达到10人或者超过这个数字,业主就不但不从事手工劳动,而且几乎不再亲自监督工人,因为他添设了一个监视工人的工头……这时他已经成为小资本家。'"③ 体会马克思和列宁的上述论述可知资本主义生产关系产生即资本主义萌芽产生的标志,应该是出现了较多的雇佣劳动者,具体说就是,老板所使用的雇佣劳动数量,要达到使之可以完全脱离劳动的程度。

二、明中叶以前偶发的资本主义性质的生产单位

在中国封建社会里,资本主义萌芽产生的时期虽然是明代中、后期,但在此以前,资本主义性质的生产单位并非绝无存在。起码在元朝末年就可以看到关于资本主义性质的生产单位的记

---

① 《资本论》第1卷上,第358页。
② 《列宁全集》第3卷,第317页。
③ 《列宁全集》第3卷,第318页。

载。著名的《织工对》就是一例。据徐一夔《始丰稿》卷一记载："余僦居钱塘之相安里，有饶于财者，率居工以织，每夜至二鼓，一唱众和，其声欢然，盖织工也。余叹曰：'乐哉！'且过其处，见老屋将压，杼机四、五具，南北向列，工十数人，手提足蹴，皆苍然无神色。进工问之曰：'以余观若所为，其劳也亦甚矣，而乐，何也？'工对曰：'此在人心，心苟无贪，虽贫，乐也。苟贪，虽日进千金，只戚戚尔。吾业虽贱，日佣为钱二百缗，吾衣食于主人，而以日之所入，养吾父母妻子，虽食无甘美，而亦不甚饥寒。余自度以为常，以故无他思。于凡织作，咸极精致，为时所尚，故主之聚易以售，而佣之直亦易以入。所图如此，是以发乎情者，出口而成声，同然而一音，不自知其为劳也。顷见有业同吾者，佣于他家，受值略相似，久之乃曰：吾艺固过于人，而受直与众工等，当求倍值者而为之佣。已而他家果倍其直佣之，主者阅其织，果异于人，他工见其艺精，亦颇推之。主者退自喜曰：得一工，胜十工，倍其直不吝也。久之，又以吾业织且若此，舍此而他业，当亦不在人下，去事大官，善其逢迎之术，竭其奔走之力，富贵可得也，奈之何终为织家佣！其后果事大官。"《织工对》的作者徐一夔是元末明初人，这一篇所记为元末杭州丝织业的情况。从上引记载看，这里的织工为主人做工，得到的是"佣之直"，"日佣为钱二百缗"，技术高超的可以"倍其直佣之"，对主人所给的佣直不满意者，可以另找主人，甚至改行转业，这种织工显然是"自由"的雇佣劳动者。雇佣这种织工的主人家，有"杼机四、五具"，工人"十数人"，其雇佣的工人人数不能算少。这样的主人，显然是进行资本主义剥削的资本家。如此看来，在元朝末年，资本主义性质的生产单位是存在的。

明中叶以前虽然已经出现有资本主义性质的生产单位，但数量极少，处偶发状态，就社会经济结构变革的意义上讲，似还难以将之视为划阶段的标志。因此，资本主义萌芽产生的时期，还应划在资本主义性质的生产单位较多出现的明代中、后期。

三、明代中、后期产生资本主义萌芽的条件

明代中、后期之所以可以称为资本主义萌芽产生的时期,主要原因在于这时较多地出现了资本主义性质的生产单位;而资本主义性质的生产单位之所以在这时较多地出现,乃是由于这时具备了出现这种新因素的比较充分的条件。

关于资本主义生产关系产生的条件,经典作家讲过许多个,其中主要有如下几个:

第一,"产业资本循环过程从而资本主义生产的最明显的特征之一就是:一方面,生产资本的形成要素必须来自商品市场,并且不断从这个市场得到更新,作为商品买进来;另一方面,劳动过程的产品则作为商品从劳动过程产生出来,并且必须不断作为商品重新卖出去"①。所以,"作为商人资本的职能的商业,是资本主义生产的前提"②。"要使广大的直接生产者,广大的雇佣工人能完成 A—G—W(指工人出卖劳动力得到货币工资,然后用这些货币去购买生活资料的周转过程——引者注)行为,必须不断有必要的生活资料以可买形式即商品形式和他们相对立。因此,这种情况要求产品作为商品的流通已经有了高度的发展,从而商品生产也已经有了广泛的规模"③。上述论述归结起来就是要有发达的商品生产和商业交换。

第二,"一般说来,世界市场是资本主义生产方式的基础和生活条件。"④

---

① 《资本论》第2卷,第132页。
② 《资本论》第2卷,第128页。
③ 《资本论》第2卷,第43页。
④ 《资本论》第3卷上,第126—127页。

第三,"资本主义生产方式——它的基础是雇佣劳动,工人的报酬是用货币支付的,并且实物报酬一般已转化为货币报酬——只有在国内现有的货币量足以适应流通和由流通决定的货币贮藏(准备金等)的需要的地方,才能够得到较大规模的、比较深入和充分的发展。这是历史的前提,虽然我们不能把这一点理解为,必须先有充足的贮藏货币,然后才开始有资本主义生产。应当说,资本主义生产是和它的条件同时发展的,其中条件之一就是贵金属有足够的供给"。①

第四,"起初,为了有足够的同时被剥削的工人人数,从而有足够的生产出来的剩余价值数量,以便使雇主本身摆脱体力劳动,由小业主变成资本家,从而使资本关系在形式上建立起来,需要有一定的最低限额的单个资本"②。"单个商品生产者手中一定程度的资本积累,是特殊的资本主义的生产方式的前提"③。这一个条件简单说,就是要出现掌握大量资本从而有资格充当资本家的人。

第五,"有了商品流通和货币流通,决不是就具备了资本存在的历史条件。只有当生产资料和生活资料的所有者在市场上找到出卖自己劳动力的自由工人的时候,资本才产生"④。"货币所有者要把货币转化为资本,就必须在商品市场上找到自由的工人。这里所说的自由,具有双重意义:一方面,工人是自由人,能够把自己的劳动力当作自己的商品来支配,另一方面,他没有别的商品可以出卖,自由得一无所有,没有任何实现自己的劳动力所必需的东西"⑤。上述论述归结起来是指要出现人身

---

① 《资本论》第2卷,第381—382页。
② 《资本论》第1卷上,第367页。
③ 《资本论》第1卷下,第684—685页。
④ 《资本论》第1卷上,第193页。
⑤ 《资本论》第1卷上,第192页。

自由但一无所有的人。

上述五个条件，在明代中、后期，可以说，都不同程度地具备着，有的还比较充分。发达的商品生产和商品交换一条，无庸置疑，这时是存在的，在前一章已有详细的论列。开辟"世界市场"一条，严格地说，明代中、后期并不具备，但如前一章中所述，这时已经有了一定规模的对外贸易。充当货币的贵金属足够供给一条，明代中、后期还谈不上"足够"。但前一章中已经谈到，这时为了满足商品交换的需要，除了国内大力开采白银以外，又从菲律宾等地进口了不少银元，使白银的拥有量增加了不少。因此，贵金属货币在当时社会上，尤其是东南沿海地区已经广泛地流通了。出现掌握大量财富从而有资格充当资本家的人一条，可以毫不含糊地说，明代中、后期充分具备，在前一章中所述大量富商巨贾的存在，就是例证之一。最后，关于出现人身自由但一无所有的人一条，从明代中、后期的历史实际来看，也应该说充分地具备着。这在前面未曾论及，这里有必要加以叙述。

明代中、后期之所以大量存在着人身自由但一无所有的人，很重要的一个原因是，当时农民和匠户对封建国家的人身依附关系有所松弛。

明朝初年，农民向封建国家负担的赋役以实物和力役为主，但后来逐渐变化，特别是进入明中叶以后，实物税向货币税演变，力役向赋税归并，从而货币的交纳成为农民对封建国家所负担的赋役的主要形态。这在前面的章节中已经述及。

在匠户方面，也有类似的情形。如前所述明代的匠户分轮班、住坐两种，其中绝大部分是轮班匠。住坐匠一般附籍于京师及其附近，就地为封建统治者服役。而轮班匠则住在原籍，按其远近，排定班次轮流到指定地点(多为京师)服役。成化二十一年(1485年)，轮班匠的服役办法有所改变，规定："轮班工匠有愿出银价者，每名每月南匠出银九钱"，"北匠出银六钱"，"随即批放。不愿者,仍旧当班"①。到嘉靖四十一年(1562年)又进一步规定:"自本年春季为始,将该年班匠通行征价类解,不许私自赴部投当。仍备将各司、府人匠总数查出,某州县额设若干名,以旧规四年一班,每班征银一两八钱,分为四年,每名每年征银四钱五分,算计某州县每年该银若干,抚按官督各州县官,各年征完类解,不许拖欠,年终造册类缴,分别已、未完等第参究。"当时全国班匠共有十四万多名,每年征银六万四千多两②。至此,匠户对封建国家承担的力役,完全变成了代役金制。

与明朝初年实行实物税制和亲服劳役制的情况相比,明朝政府对农民和匠户的控制在明中叶以后显然是松弛得多了,农民和匠户逐渐变得不必亲自前往服役,只要缴纳了代役金和税金,一般情况下就可随意支配自己的时间,这样,他们前往市场出卖劳动力已成了不受阻拦的事情。加上明中叶以后,大量破产农民流入城市,当时自由劳动力的数量是相当多的。从严格意义上讲,这时的农民和匠户当然还不是完全的"自由人";但经典作家在论述资本主义生产关系产生前提时所讲的被雇佣者的人身"自由",只是为了使被雇佣者"能够把自己的劳动力当作自己的商品"拿到市场上去出卖而提出来的,此外未提更严格的要求。因此,明代中、后期的一般农民和匠户,就其对封建国家的关系看,虽然并非严格意义上的"自由人",但从资本主义生产关系对被雇佣者所要求的自由程度讲,已经可以算作"自由人"了;这种不用严格意义要求的"自由人",当时数目显然是很多的。

四、明代中、后期各部门的资本主义萌芽

明代中、后期,有不少部门出现了资本主义性质的生产单

---

① ② 《明会典》卷189。

位,其中丝织业、棉布袜制造业、榨油业、矿冶业等最为明显,在农业中也有表现。这些资本主义性质的生产单位,主要出现在江南及东南沿海地区。

1.丝织业

丝织业的生产,当推苏州为首。据《明神宗实录》卷三六一记载,当时苏州"生齿最繁,恒产绝少,家杼轴而户纂组,机户出资,机工出力,相依为命久矣"。这就是说,存在着"机户"雇佣"机工"从事丝织生产的情形。时人蒋以化也记载说:"我吴市民罔籍田业,大户张机为生,小户趁织为活。每晨起,小户百数人,嗷嗷相聚玄庙口,听大户呼织,日取分金为饔飧计。大户一日之机不织则束手,小户一日不就人织则腹枵,两者相资为生久矣。"① 蒋以化在这里所说的"大户"和"小户",从文义看,就是《明神宗实录》卷三六一所说的"机户"和"机工"。他不仅记叙了两者的雇佣关系,而且还记叙了机工出卖劳动力的专门市场。

《明神宗实录》卷三六一对出卖劳动力的机工的身分也有记叙,它说:这些人是"浮食奇民,朝不谋夕,得业则生,失业则死","皆自食其力之良民"。所谓"朝不谋夕,得业则生,失业则死",就是说,他们丧失了一切生产资料,完全靠出卖劳动力为生(上引蒋以化所记"日取分金为饔飧计"、"一日不就人织则腹枵",也反映这种情况);所谓"浮食奇民",是指随处流动为生、不系户籍的人,也就是说,他们在一定程度上摆脱了封建政府的控制,是可以随意出卖劳动力的"自由人",所谓"皆自食其力之良民"一语,更肯定了他们这种"自由人"身分。可见,这种机工完全具备着从事符合科学含义的雇佣劳动的条件,他们与机户的关系是符合科学含义的双方自愿的雇佣劳动。

如前所述,在一个生产单位中(即在一个雇佣者名下),要雇

---

① 《西台漫记》卷4。

佣数量较多的工人，从而使主人得以完全脱离生产，这个生产单位才能算是达到了资本主义生产关系的标准。由此来衡量当时的苏州丝织业，某些生产单位完全符合条件。如万历时苏州府长洲人陆粲写道："里人郑灝……其家有织帛工、挽丝佣各数十人。"① 挽丝的佣工达数十人，数目不可谓不多，如此之多的佣工，主人依靠剥削其剩余价值，一定可以完全脱离生产劳动。由此看来，郑灝经营的丝织生产不能不说是资本主义性质的。

小商品生产者的两极分化，是资本主义生产单位产生的一种途径。由于某种原因，条件较好的小商品生产者逐渐富裕起来，掌握的货币和生产资料越来越多，使用的雇佣劳动也越来越多，于是，这种人就上升为资本家。明代中后期江南丝织业中，小商品生产者的这种分化现象屡见于记载，如《松窗梦语》作者杭州人张瀚的祖上，就是由小商品生产者逐渐发展成雇佣较多工人的作坊主的。张瀚记载道：其毅庵祖，"家道中微，以酤酒为业。成化末年值水灾"，因居住傍河，"水溢入室，所酿酒尽败"，于是停罢酤酒业，购买织机一张，织各种丝织品。由于"备极精工，每一下机，人争鬻之"，获利甚多。"积两旬，复增一机，后增至二十余"。"自是家业大饶"②。张瀚的祖上在只有一张织机时，可以自己操作，但增加到二十多张以后，则必须雇用其他织工，可见这时他已是使用较多工人的作坊主或工场主了。

2．棉布袜制造业

明代棉纺织业已相当发达，与此相应，棉布的加工整理业也相当发达。当时的棉纺织业和棉布加工业，多数是个体生产的家庭手工业；但也有个别地方已明显地出现了资本主义性质的

---

① 《纪录汇编》卷167《庚巳编》卷4。
② 《松窗梦语》卷6《异闻纪》。

经营。其中最突出的是松江的棉布袜制造业。据《古今图书集成·职方典》卷六九六《松江府部》记载："郊西尤墩布,轻细洁白,市肆取以造袜,诸商收鬻,称于四方,号尤墩暑袜。妇女不能织者,多受市值,为之缝纫焉。"范濂的《云间据目抄》卷二《记风俗》也记有这一情况,可与《古今图书集成》所记相参照:"松江旧无暑袜店,暑月间穿毡袜者甚众。万历以来,用尤墩布为单暑袜,极轻美,远方争来购之,故郡治西郊,广开暑袜店百余家。合郡男妇皆以做袜为生,从店中给筹取值,亦便民新务。"列宁说:"在商业资本的最高形式下,包买主把材料直接分配给'手工业者'使其为一定的报酬而生产。手工业者(defacto)成了在自己家中为资本家工作的雇佣工人,包买主的商业资本在这里就变成了工业资本。"① 松江的暑袜店把做暑袜的原料尤墩布分发给在自己家中生产的当地"男妇",使之缝纫成尤墩暑袜;而这些在家中生产的当地"男妇",因之得以"从店中给筹取值",且以此"为生"。可见松江暑袜店的店主就是由商业资本转变为工业资本的包买主,而为店主缝纫尤墩暑袜的当地"男妇",就是"在自己家中为资本家工作的雇佣工人",这种尤墩暑袜制造业已是资本主义的经营性质了。

3．榨油业

万历年间,浙江崇德县石门镇的榨油业中,已采用资本主义的经营方式。据记载,该镇"油坊可二十家,榨油须壮有力者,夜作晓罢,即丁夫不能日操杆。坊须数十人,间日而作。镇民少,辄募旁邑民为佣。其就募者,类赤身亡赖,或故髡钳而匿名避罪者。二十家合之,八百余人。一夕作,佣直二铢而赢。番休之日,挟其赢,或群而饮,或群而博,或群而宿娼家,恃勇好斗,擎拳攘臂,良民畏之。稍与之角,一呼响应,哄然而讧。或白昼攫于

_____

① 《列宁全集》第3卷,第328—329页。

市,莫敢谁何。千百为群,即坊主亦畏之"①。榨油的工人,都是招募来的;"一夕作,佣直二铢而赢",说明他们是出卖劳动力的人;"类赤身亡赖,或故凭钳而匿名避罪者",说明他们一无所有,并且不在封建政府的户籍之内,是有出卖劳动力自由的人;"番休之日,挟其赢,或群而饮……莫敢谁何。千百为群,即坊主亦畏之"一段记载,虽然对这些榨油的工人大加诬蔑,但从中也可看出他们进入油坊之后,与坊主没有形成人身上的依附关系;"二十家合之,八百余人",说明每个油坊平均有这种雇佣工人在四十个以上,人数相当多,油坊的主人完全可以脱离劳动。综合上述情况,石门镇的这些油坊大致上是属于资本主义性质的生产单位。

4. 矿冶业

在欧洲中世纪形成的"产业资本的萌芽",存在于三个部门,采矿业是其中之一②。中国明代中、后期的矿冶业,同样也出现了资本主义性质的生产单位。

当时的铁冶业中有关于资本主义性质的生产单位的明确记录。嘉靖《广东通志初稿》载:广东"凡韶惠等处系无主官山,产生铁矿,先年节被本土射利奸民号山主矿主名色,招引福建上杭等县无籍流徒,每年于秋收之际,纠集凶徒,百千成群,越境前来,分布各处山峒,创寮住札。每山起炉,少则五、六座,多则一二十座。每炉聚集二三百人,在山掘矿,煽铁取利。山主矿主利其租税,地鬼总小甲利其常例,土脚小民利其雇募"③。这里的"土脚小民"是因为"利其雇募"而参加铁冶生产的,而且其雇主是从福建上杭来的"无籍流徒",只于每年"秋收之际"前来组织

---

① 光绪《嘉兴府志》卷 14《古迹》I 贺灿然《彰宪亭碑记》。

② 恩格斯:《〈资本论〉第 3 卷增补》,载《资本论》第 3 卷下,第 1024 页。

③ 《广东通志初稿》卷 30,第 6 页;转引自《中国资本主义萌芽讨论集》续编第 225 页。

生产,大概是利用冬天的农闲季节进行短期经营,所以"土脚小民"与其雇主不会形成牢固的依附关系,可见这是一种符合科学含义的"自由"雇佣劳动。每炉所聚工人达"二三百"个,这表明在一个生产单位中雇佣劳动力的数目不小,不应属于封建的小规模的雇佣劳动。很清楚,这里的"山主矿主"类似于欧洲十六七世纪的土地所有者,充当雇主组织"在山掘矿、煽铁取利"活动的"福建上杭等县无籍流徒",相当于欧洲的租地农业家,而"土脚小民"则是被剥削剩余价值的雇佣工人。这种经营方式自然是属于资本主义性质的。

明朝人王士性记载了云南铜矿业中资本主义性质的经营情形:"采矿事惟滇为善……其未成硐者,细民自挖……其成硐者,某处出矿苗,其硐头领之,陈之官而准焉。则视硐大小召义夫若干人。义夫者,即采矿之人,惟硐头约束者也。择某日入采。其先未成硐,则一切工作公私用度之费,皆硐头任之,硐大或用至千百金者。及硐已成矿可煎验矣,有司验之。每日义夫若干人入硐,至暮尽出硐中矿为堆,画其中为四聚瓜分之:一聚为官课,则监官领煎之,以解藩司者也;一聚为公费,则一切公私经费,硐头领之以入簿支销者也;一聚为硐头自得之;一聚为义夫平分之,其煎也皆任其积聚而自为焉。"[1] 根据这个记载,硐头在"未成硐"之前,"一切工作公私用度之费"都需负担,这说明他是拥有开发矿山资本的人;而被召来的"采矿之人"即"义夫",却是一无所有的人。矿山的所有权属于国家,因而采出矿石以后,要有四分之一上缴,以充"官课"。可见,这里的硐头也跟欧洲的租地农业家地位相似,"义夫"就是硐头雇佣的工人。有的史学家认为:"在这里是以对分产品的方式以代替货币付酬的,而且义夫要受到硐头和封建官吏重重的剥削,并且受到硐头的'约束'",

---

① 《广志绎》卷5。

所以这里不是资本主义性质的经营①。这是应予商榷的。恩格斯曾说,雇佣工人和资本家的雇佣关系,"可能被参加分红的组合形式所掩盖"②。这就是说,分红的组合形式,不妨碍资本主义经营的实质,以对分产品的方式处理硐头与"义夫"的关系,就是一种参加分红的组合形式,可见它不应当成为否认这里实行资本主义性质经营的理由。至于受硐头的"约束",也不应用来作这种否定的根据。马克思说过:对于资本主义生产关系下的"直接生产者大众来说,他们的生产的社会性质是以实行严格管理的权威的形式,并且是以劳动过程的完全按等级安排的社会机构的形式出现的,——这种权威的执掌者,只是作为同劳动相对立的劳动条件的人格化,而不是像在以前的各种生产形式中那样,以政治的统治者或神权的统治者的资格得到这种权威的"③。可见,在资本主义生产关系中,并不是不要"严格管理的权威",即不是不允许资本家"约束"工人,只是这种"严格管理的权威"即"约束",不许扎根于政治的统治权或神权,而要依靠其掌握"劳动条件"的地位;这正是资本家对雇佣工人的权威与奴隶主、封建主对奴隶、农民的权威的重大区别之一。当然,资本家对工人的这种"严格管理的权威"即"约束",也不能发展到人身的依附或隶属的程度,这也是它与奴隶主、封建主对奴隶、农民的权威的重大区别。云南铜矿业中"硐头"之得以"约束""义夫",正是由于"一切工作公私用度之费,皆硐头任之",即由于"硐头"是"劳动条件"的掌握者;另外,从史料来看,也并没有发现"硐头"得以占有或半占有"义夫"的人身。所以硐头与义夫的关系,应看作是雇佣关系。

---

① 《中国资本主义萌芽问题讨论集》下,第 931 页。
② 《资本论》第 3 卷增补,载《资本论》第 3 卷下,第 1024 页。
③ 《资本论》第 3 卷下,第 996 页。

5．农业

明代中、后期农业中出现的资本主义生产关系，主要存在于太湖流域。

太湖地区的农村中，当时普遍出现农业雇佣劳动。明朝末年湖州涟川沈氏所作《沈氏农书》，叙述了当时浙江湖州、嘉兴地区的农业生产状况，其中提到的雇佣劳动者名称，就有"长年"、"忙月人工"、"忙月工"、"月工"、"短工"、"工人"、"工"等许多种，其中讲到的雇佣劳动者被使用的方面，遍及了"剪桑"、"捉桑虫"、"和牛壅"、"箍泥"、"种田"（插秧）、"斫草"、"种瓜菜"等农业生产及其副业生产的各个领域①。这种农业上使用雇佣劳动者的情况，在地方志中也有记载。万历《秀水县志》卷一《风俗》载："富农倩佣耕，或长工，或短工。"嘉靖《吴江县志》记载："若无产者，赴逐雇倩，抑心殚力，计岁而受直者曰长工，计时而受直者曰短工，计日而受直者曰忙工。"正德《松江府志》记载："农无田者，为人佣耕，曰长工，农月暂佣者，曰忙工。"②

这些雇佣劳动者，史学界有不同的看法，我们认为他们已具有资本主义的自由雇佣劳动的性质。"自由的劳动者"，如前所说，包含有两重意义，一方面是"无产者"；另一方面是人身的"自由"，摆脱了封建的隶属关系。从上面所引材料中所说的"农无田者"受人雇佣而去充当长工、短工的情况，完全可以说明这些雇佣劳动者丧失了生产资料，是"无产者"。至于这些雇佣劳动者是否摆脱了封建隶属关系，而取得了人身的自由呢？明朝政府对短期雇佣者曾作过明确的法律规定，《明律集解附例》记载："万历十六年（1588 年）正月内题奉钦依，今后官民之家凡倩工

---

① 参见陈恒力：《补农书研究》下编，《〈补农书〉校释》上卷，《沈书校释》。以下所引《沈氏农书》均见此本。

② 嘉庆《松江府志》卷5引正德《松江府志》。

作之人,立有文券,议有年限者,以雇工人论,止是短雇月日,受值不多,依凡(人)论。"① 所谓依凡人论,就是看作具有一般"编户齐民"身分的人,这样,对于短期雇佣者,法律上就肯定了其"自由"身分。现在剩下的是长工。按照上引"立有文券,议有年限者,以雇工人论"的法律规定,他们要"以雇工人论"。所谓"雇工人",在明朝的法律规定上,是一种地位介于"凡人"与"奴婢"之间的人。这样说来,"长工"就不能算摆脱人身依附的人了。然而实际情况往往并非如此。法律上的条文规定,往往落后于现实生活。《沈氏农书》记载:"做工之法,旧规:每工种田一亩,锄、荡、芸每工二亩。当时人习攻苦,戴星出入,俗柔顺而主令尊;今人骄惰成风,非酒食不能劝,比百年前大不同矣"。"供给之法,亦宜优厚,炎天日长,午后必饥;冬月严寒,空腹难早出。夏必加下点心,冬必与以早粥。若冬月雨天,簥泥必早与热酒,饱其饮食,然后责其工程。彼既无词谢我,我亦有颜诘之"。"古云:善使长年恶使牛。又云:当得穷,六月里骂长工。主人不可不知"。从这些记载来看,对于湖州、嘉兴一带的"长年"即长工,到了明朝后期,主人已不能靠其地位、通过超经济的强制来任意役使了;除了用"酒食"之类的经济手段之外,就不能使之尽力干活;只有供给"优厚",才能"责其工程",使之"无词谢我(拒绝)",主人也才"有颜诘之"。这样的长工,显然不能说仍是中世纪的依附者,应该说他们已基本上摆脱了人身依附。由此我们可以得出结论:明代中后期,特别是后期,农业上的某些雇佣劳动者,不仅短工,而且长工,已经具备了人身自由。

进行商品生产,是资本主义经营的主要特征,上面所说的地主或"富农"雇工进行的生产,是既有商品性的生产,又有自给性的生产。《沈氏农书》的作者所记载的农业经营就是如此。如该

---

① 《明律集解附例》光绪戊申重刊本第1册,第14页下。

书中说:"遇(桑)叶贱之年,喂蚕实少,便四分、五分一个(指四分或五分银子买桑叶一个,桑叶一个为桑叶二十斤——引者注),只该采卖。"这说明其种植桑树是用于出卖的。该书还说:"长工每一名工银五两,吃米五石五斗,平价五两五钱,盘费一两,农具三钱,柴、酒一两二钱,通计十三两。计管地四亩,包价值四两。种田八亩,除租额外(此处租额当指税额——引者注),上好盈米八石,平价算银八两。此外又有田壅(肥料)、短工之费,以春花、稻草抵之。"从当时的各种记载看,四亩地的桑叶,平常年景可卖三十二两至四十两银子,叶贱的年份也可卖十二两至二十两(参见陈恒力《补农书研究》)。可见这里所记的经营农业生产的收入数字,有失实之处。但其所述一切收获皆按市价折银,以及"田壅、短工之费,以春花、稻草抵之"等情况,都反映了商品生产存在于其中的事实。可见太湖地区的地主雇工生产的产品是被作为商品投入市场的。他们是具有资本主义性质的经营地主。当时这种经营地主,其生产有的规模相当大,如《沈氏农书》在谈到为雇佣劳动者提供酿酒用米时,提出了"顿发(一次总发)于领袖做工之人"的办法。既然雇佣劳动者当中有"领袖",这就说明雇佣劳动者不在少数。文艺作品中也反映出当时一个主人可以雇佣许多劳动者的情况。《醒世恒言》卷二九《卢太学诗酒傲公侯》中就曾描写了大名府濬县富豪卢柟家的雇工情形,说他"田产广多,除了家人,雇工也有整百",每到腊月,预发来年工银,届时,"众长工一齐进去领银。卢柟恐家人们作弊,短少了众人的",亲自唱名分发。

　　从上述太湖地区农业生产的情况来看,长工、短工等这些农村雇佣劳动者,基本上已具有自由无产者的身分;雇工生产的经营地主也已具备农村资产者的社会地位;经营地主和雇佣劳动者之间,基本上是一种货币雇佣关系。这就是明代中、后期农村资本主义生产关系萌芽的状况。

综上所述，明代中、后期资本主义性质的生产单位已经较多地出现了。如果说在此以前，中国的资本主义性质的生产单位仅仅是一种偶发的散见的现象，那末到了这时，这种新事物则已经是稀疏地存在于以江南地区为主的中国大地上的若干经济部门了。因此，明朝中、后期是中国资本主义萌芽产生的历史阶段。

五、明代中、后期资本主义萌芽的
局限性及其发展缓慢的根源

明代中、后期虽然产生了资本主义萌芽，但这个时期的资本主义萌芽具有很大的局限性。

第一，其产生的重要前提即商品经济虽与以前相比堪称发达，但当时自给自足的自然经济仍占主导地位，各地商业的发展很不平衡。当时北方的商业虽有一定的发展，但从其规模和繁荣的情况来看，则比江南和东南地区要逊色得多。明末时人，曾把杭州和河北地区作了一个比较："杭州北湖州市，南浙江驿，延袤十里，井屋鳞次，烟火数十万家，非独城市居民也……不知何以生齿繁多如此？而河北郡邑，乃有数十里无聚落，即一邑之众，尚不及杭城南北市驿之半者。"[1] 有些北方州县，不但人口稀少，而且不通商贾，处于自给自足的经济状态。如北直隶永平府"行货仅自临清转至，尚不能尽售"[2]。而陕西韩城更是"五谷财富无所售"[3]。不仅南北方商业状况有巨大的差异，即使同属江南地区的偏僻州县，也是不习工商的。如浙江省东阳县"俗居岩谷，不轻去其乡，以耕种为生，不习工商"[4]。龙泉县"民力耕

---

① 《肇域志》第九册《浙江》。

② 康熙《永平府志》卷5《风俗》，第17页上。

③ 《肇域志》第十九册《陕西》。

④ 李卫：《浙江通志》卷100《风俗》下，引隆庆《东阳县志》。

种,尚俭啬,商旅惮于远出,贸迁不越邻封"①。庆元县"地僻民朴,舟楫不通,市无商贾,耕读之外无余事"②。景宁县"山谷遐阻,商贾罕集,人惟力田务穑"③。江西省兴国县"地界深山长谷,民鲜商贩,惟务农力产,以田多寡为优劣"④。

上述例子充分说明当时全国绝大部分州县自然经济占统治地位,许多地方尚未卷入商品经济之中。商品经济是资本主义生产关系的根基,根基既然不厚,枝叶自然不能十分繁茂。

第二,封建的生产关系仍是占主要地位的生产方式。农业上,除了自耕农民的个体经济之外,其余的大部分属于地主役使佃户或奴仆的封建地主经济。如《日知录》卷十载:"吴中之民,有田者什一,为人佃作者十九。"《蕲黄四十八寨纪事》载:"楚士大夫家,仆隶之盛甲天下,麻城尤盛。梅、刘、田、李强宗右姓家僮不下三四千人。"在手工业方面,占优势的是农民的副业生产、各种类型的小商品生产和封建政府的官办工场生产等,即在当时属于封建经济范畴的各种生产。

如棉纺织业,当时虽然如前所述分布极广泛,"织机十室必有",但绝大部分是农民的家庭副业或专以棉纺织为业的个体劳动者和小作坊主的小商品生产。

再如丝织业,其中农民副业和各种类型的小商品生产也广泛存在。苏州府震泽镇及其近镇各村的绫绸业,据记载,成化、弘治以后,"有力者雇人织挽,贫者皆自织,而令其童稚挽花。女红不事纺绩,日夕治丝,故儿女自十岁以外,皆蚤暮拮据,以糊其口。而丝之丰歉,绫绸价之低昂,即小民有岁无岁之分也"⑤。有力者"雇人织挽"的绫绸生产,固然有的可能因雇人较多而具有

---

①②③　李卫:《浙江通志》卷100《风俗》下,引崇祯《处州府志》。
④　光绪《江西通志》卷48《舆地略》,引弘治《兴国志》。
⑤　(光绪重刊)乾隆《震泽县志》卷25《生业》。

了资本主义经营的性质,但雇人数字较少者则仍应算入农民的副业或其他小商品生产之列。至于依靠自己的力量生产、"令其童稚挽花"以及以"绫绸价之低昂"分其"有岁无岁"的"贫者"和"小民",则更应属于兼搞绫绸业的农民或其他小商品生产者之数。

　　明代中后期的丝织业中,官营的工场也有一定的数量。为了制造丝织品等,以供给皇帝、贵族服用以及用于赏赐等,明朝政府设立了许多官营的织染工场,称"局"或"堂"等,或由中央或由地方官府分别经营。各局"每岁造解有定数"①。属于中央的有南京的内织染局、神帛堂、供应机坊,北京的外织染局。属于地方的,据《明会典》卷二〇一《各处织染局》载,包括浙江杭州府、绍兴府、严州府、金华府、衢州府、台州府、温州府、宁波府、湖州府、嘉兴府,江西布政司,福建福州府、泉州府,四川布政司,河南布政司,山东济南府,南直隶镇江府、苏州府、松江府、徽州府、宁国府、广德州等二十二处织染局。明中叶以后,随着商品经济的发展和工匠的反抗,这种封建强制性很强的官办织染工场逐渐走向衰落,有的被取消,有的规模在减小,但总的说来留下的还有相当数量和相当的规模。如南京的内织染局,原来"额设机三百余张,军民人匠三千余名"②。后来规模逐渐减小,但到嘉靖十年(1531年),尚存留工匠一千三百一十七名,嘉靖四十年(1561年),又稍有上升,有"官匠一千四百六十一员名";隆庆元年(1567年)稍有下降,有"匠官八十七员,军民匠一千三百四十三名",仍旧接近原额的二分之一③。南京的神帛堂原来"额设机四十张,食粮人匠一千二百余名",到了万历年间,工匠仍存八百余名,相当于原额的三分之二④。上述明朝政府直属或地方

---

① 《明会典》卷201《织造》。

② ④ 《明会典》卷208。

③ 《明会典》卷189。

经营的官办织染工场的制品并非丝织品一类,如苎布也是其产品之一,但丝织品是其最主要的产品。官办织染工场的数量多、规模大,说明官办丝织工场的发达。

在明代中、后期的丝织业中,农民副业和各种类型的小商品生产,数量已经相当大了,如果再算上官办的丝织工场,属于封建主义经济的成分就更多了,它远远地超过了资本主义性质的生产单位。

第三,在进行资本主义经营的生产单位里,封建残余大量存在。这些单位里的手工业作坊主或工场主,除了进行资本主义性质的经营外,有的还同时利用前资本主义的生产方式。《醒世恒言》卷一八中所记的施复就是一例,他在"开起三四十张绸机"成为资本主义性质的作坊主或工场主后,"又讨几房家人小厮"供其剥削。明代中后期的"家人小厮"对主人有很强的人身依附关系,是最粗暴的农奴制之下的依附民,施复役使了这种人,就说明他兼有封建主的身分。在农业上进行资本主义经营的人,也有类似情形。他们一方面雇有大量长工和短工,另一方面还出租土地,剥削佃户,甚至使用奴婢,《沈氏农书》中在讲到雇用众多长工的同时,还讲到"要宽恤租户、不敢退佃"[1],"妇女丫鬟(属于奴婢——引者注)虽不甚攻苦,亦须略与滋味",就是例证。

在明代中、后期进行资本主义经营的生产单位里,有的还进行一些非商品性的自给生产,或者进行一些商品性不完全的生产,这也是封建残余存在的一种表现。前者可以举《沈氏农书》的例子,后者可以从丝织业的"领织制"中进行观察。

《沈氏农书》载:"人家若养(鸭)六只,一年得蛋千枚,日逐取给殊便。"该书还载:"不可不治圃……园中苹果瓜蒲,惟其所值。每地一亩,十口之家,四时之蔬,不出户而皆给。"这类地主饲养

---

[1]　陈恒力:《补农书研究》,第240页。

鸡鸭和种植蔬菜，都是为了"日逐取给"、"不出户而皆给"，纯属自给性的生产。上述种种表明，在《沈氏农书》所叙述的具有资本主义性质的农业生产单位里，自给自足的封建性生产仍占一定的地位。

丝织业的"领织制"，是各地官办织染局为完成岁造缎匹的贡纳任务，而对部分民间匠户实行的一种办法。这种办法是，织染局或者将织造缎匹的丝料分发给机户加工，然后缴回缎匹，或者将织造缎匹的价银发给机户，由机户包织，然后上缴缎匹。机户通过承包这种织造任务，可以取得一定的报酬。从这点看，领织制有商品生产的性质。但是，这种领织制是由封建国家严密控制的，承领者要由官府签派，"所司籍机户之贫富，分为上中二等，编排甲头，分派领织，勿使贪猾者蠹其间"①。由于是被签派，所以在这里谈不上等价交换，而且官府随意压价，经手官吏还从中需索，机户所得甚微，嘉靖十四年(1535年)二月，刑科给事中王征奉命往苏杭督查织造缎匹事宜返京后，曾说："奸黠吏"对织造缎匹的银两"扣除需索无所不至，故机匠仅得其半，而织造滥恶"②。《明神宗实录》卷三八〇载：万历三十一年(1603年)正月，承运库太监孙顺，"请将常州、徽州、宁国、扬州、广德五处，选殷实机户先纳后领，每匹扣羡余四钱，随缎解进"，"因荐附近内监鲁保兼管浙直等处。有旨从之"。可见，这种领织制除了商品生产的性质外，还有浓厚的封建徭役性质。因此，领织制下的机户，时人称之为"织役"③。

当时从事资本主义经营的丝织业作坊主或工场主与其他机户相比，不会是居于下等的贫者，因此，在实行领织制时他们不会不被签派。他们一旦被签派，就会在进行资本主义性质的商品生产之外，被迫进行这种带有浓厚的封建徭役性质的商品性

---

①②③ 《明世宗实录》卷172。

不完全的生产。

在进行资本主义经营的生产单位里,封建残余的存在,还表现在长年雇佣工人尚未取得法定的自由人身分。如前所述,按照明朝的法律规定,官民之家所"倩工作之人","立有文券、议有年限者,以雇工人论"。所谓"雇工人"就是地位介于奴婢与"凡人"之间的一种人,这说明长年被雇佣的工人,不管是农业生产中的,还是手工业生产中的,在法律上尚未取得完全的自由身分。固然由于这些雇佣工人实际身分已基本上摆脱了人身依附关系,可以不妨碍他们被视作资本主义性质的雇佣劳动者,但法律上的不自由毕竟标志着他们身上存在着封建生产关系的痕迹,在一定程度上反映了当时资本主义萌芽的局限性。

明代中、后期的资本主义萌芽之所以存在很大的局限性,原因可以找到很多,但其中最值得注意的一条,是封建统治者对工商业的摧残。马克思说:"资本在它的萌芽时期,由于刚刚出世,不能单纯依靠经济关系的力量,还要依靠国家政权的帮助才能确保自己榨取足够的剩余劳动的权利"①,"原始积累的不同因素,多少是按时间顺序特别分配在西班牙、葡萄牙、荷兰、法国和英国。在英国,这些因素在十七世纪末系统地综合为殖民制度、国债制度、现代税收制度和保护关税制度。这些方法一部分是以最残酷的暴力为基础,例如殖民制度就是这样。但所有这些方法都利用国家权力,也就是利用集中的有组织的社会暴力,来大力促进从封建生产方式向资本主义生产方式的转变过程,缩短过渡时间。暴力是每一个孕育着新社会的旧社会的助产婆。暴力本身就是一种经济力"②。可见,资本主义萌芽要发展起来,非有国家政权的帮助不可。西欧资本主义萌芽的时期,正是

---

① 《资本论》第1卷上,第300页。
② 《资本论》第1卷下,第819页。

中央集权形成的时期,代表中央集权的王权需要得到新产生的资产阶级的支持,以彻底战胜与中央集权相对抗的封建领主;而新产生的资产阶级,也需要依靠王权的保护,以谋求自己的发展。于是王权与资产阶级结合起来,刚产生的资本主义萌芽在王权的保护下,最终实现了迅速的发展。然而中国的情况与此大不相同。中国的专制主义中央集权早在封建社会的早期就已经形成,它不用争取直至封建社会后期才出世的资产阶级的帮助,相反,为了自己的利益,对包括新产生的资产阶级在内的工商业者进行了疯狂的掠夺。这便是中国封建社会里虽然孕育了资本主义萌芽,但始终没有发展成熟的基本原因,也是明代中、后期资本主义萌芽具有局限性的基本原因。

明代中、后期封建统治者摧残工商业的表现之一是用重征叠税进行残酷的经济掠夺。关于这方面的情况,史不绝书。《古今图书集成》载:成化、弘治时,明朝钞关税吏往往"以增课为能事,以严划为风力,筹算至骨,不遗锱铢。常法之外,又行巧立名色,肆意诛求。船只往返过期者指为罪状,辄加科罚。商客资本稍多者称为殷富,又行劝借。有本课该银十两,科罚、劝借至二十两者。少有不从,轻则痛行笞责,重则坐以他事,连船拆毁。客商狼藉,号哭水次,见者兴怜"。以致"客商畏惮征求,多致卖船弃业"[1]。《明世宗实录》载:正德后期,"凡桥梁道路关津有利处所,私自添设无名抽取数多,甚为民害"。"(嘉靖时北京)九门守视内官每门增至十余人,轮收钱钞,竞为浚(朘——引者注)削,行旅苦之"[2]。万历初肖彦的《商税议》载:"河西务大小货船,船户有船料矣,商人又有船银;进店有商税矣,出店又有正税。张家湾发卖货物,河西务有四外正条船矣,到湾又有商税,

---

① 《古今图书集成》《食货典》卷 230《杂税部》《艺文》2,倪岳《钞关疏》。
② 《明世宗实录》卷 1、50。

百里之内辖者三官,一货之来,榷者数税。所利几何而可堪此!"①《松窗梦语》载:"各处商人所过关津,或勒令卸车泊舟,搜检囊匣者有之;或高估价值,多索钞贯者有之。所至关津既已税矣,而市易之处,又复税之。夫以一货物当一税课,有羡余,有常例,巡拦之需索,吏胥之干没,不胜其扰,复两税之,贾人安得不重困乎?"② 崇祯《蠡县志》载:该县集市,除一般的课程钞之外,还有"月税"、"义兵钱"之类的杂税,其中义兵钱一项就达"四十万"③。

明代中、后期封建统治者还用低价收购、借用、任意派索等办法剥削工商业者,这也是他们摧残工商业的一种表现。

景德镇陶瓷业的官搭民烧制度,就是低价收购的一种形式。封建统治者为了满足其贪欲,在景德镇设置了"御窑厂",建立官窑烧造瓷器;但他们并不满足于此,又将一部分烧造任务交民窑承担,这就是所谓官搭民烧。在实行官搭民烧时,官府付给窑户的价钱很低,如"大样瓷缸每口估价银五十八两八钱,二样瓷缸每口估价银五十两",但实际上"大样缸每口给银五十两,二样缸每口给银十八两"。非惟如此,分派给民窑烧制的品种,多是"细腻脆薄,最为难成"者;"不能成器者,责以必办,不能办则官窑悬高价以市之"。因此民窑"历年赔贩,习以为常","贫苦难以赔造"④。不难看出,官搭民烧对民窑窑户来说是一种强制履行的义务,是依靠封建特权对其产品的强制性低价收购。

强迫铺行供应物品,是当时封建统治者利用低价收购、借用、任意派索等办法剥削工商业者的又一种形式。如苏州府常熟县的油麻杂货铺行,向被本县吏胥"索诈,辄办卖物当行。凡

① 《古今图书集成》《食货典》卷231《杂税部》《艺文》3。
② 《松窗梦语》卷4《商贾纪》。
③ 《蠡县志》卷1《方舆志》《乡社》附《市集》。
④ 以上均见乾隆《浮梁县志》卷5《陶政》,1960年江西图书馆翻印抄本。

遇上司按临,及发号船修造、概县修葺衙门公所、春秋祭祀交际节礼,一应金票,或取或借"。"一经借办,而票取之时,衙役有费用矣。盖当其票取之时,急于星火,吏书明(当为"非"之误——引者注)得钱,则偏以肆中所无之物件开入程单,勒其办应。及于既办应矣,差役非得钱,则又美者指之为恶,多者指之为少,潜禀加刑,无所不至。及于发还之时,物多朽坏,犹且十不得五"。除非使经手人饱其所欲,"径有有借无还者"。至于答应给价者,"较之时价,既已十少三四矣,乃有经承之扣除,又有差役之需索,又有领价之守候,是明少者十之三四,暗少者又十之五六,其与白取也无异"①。

形形色色的禁令,是明代中、后期封建统治者摧残工商者的又一种表现,也是最为厉害的一手。

矿禁是当时各种禁令中的一种。封建统治者认为"开矿必当聚众,众聚必当妨乱"②,有时还认为开矿会妨碍"风水",因此往往禁止开矿。如成化元年(1465年)"令都察院申明浑河大峪山煤窑禁约",并令锦衣卫时常差人巡视,遇有私自开掘者,"重罪不宥";正德元年(1506年)决定,"浑河山场与皇陵京师相近,恐伤风水,申严禁约,不许勋戚势要之家凿石取煤"③。嘉靖二十九年(1550年)规定,"西山一带地方,内外官豪之家,私自开窑卖煤、凿山卖石、立厂烧灰者",处以充军之罪④。据《天下郡国利病书》所载,明代中、后期"封塞完固"并派旗军和保甲人等巡逻看守的各种矿洞,山东济南府有锡矿洞两处;兖州府有银矿洞八处,铅矿洞一处;青州府有银矿洞十一处,铅矿洞七处;登州府有银矿洞四十五处,铅矿洞一处,金矿洞六处。四府合计:锡

---

① 《江苏省明清以来碑刻资料选集》,第583—584页。
② 《西园闻见录》卷92《坑冶》。
③ 《明会典》卷194《窑冶》。
④ 《明会典》卷175《罪名》3《充军》。

矿洞二处,银矿洞六十四处,铅矿洞九处,金矿洞六处。这是多么广泛的封禁呀![1]

关于禁止盐、茶自由贸易的规定,也是严重束缚工商业者的禁令。茶、盐都有广阔的市场,本可为工商业者提供大显身手的舞台,可是对这两种东西的买卖,明政府都有严格的控制。商人必须按照明政府规定的条件(如出钱、输米等)换取引票,才能进行贩运。对贩运的地点、数量等,明政府都有严格的规定,不许违犯。不按规定办,就算私贩,要受到严格的惩罚,关于"私盐",洪武年间规定犯者"罪至死",成化以后又重申"私贩、窝隐俱论死,家属徙边卫,夹带越境者充军"[2]。关于"私茶",洪武年间规定,犯者"与私盐同罪。私茶出境,与关隘不讥者,并论死罪"[3]。嘉靖年间,又宣布"私茶兴贩,夹带五百斤者",即予以终身充军的处分[4]。

封建统治者的上述摧残,简直使工商业者走投无路,而资本主义萌芽无法顺利发展,是必然的结果。但新生事物是不可战胜的,刚刚出现的资本主义萌芽虽然不完善,极微弱,而它毕竟代表了新社会的曙光,它的出现,是中国历史的一个转折点,从此古老的中国封建社会开始逐步走上缓慢解体的道路。

---

① 《天下郡国利病书》原编第 15 册,《山东》上,第 137—140 页。
②③ 《明史》卷 80《食货志》4。
④ 《明会典》卷 175《罪名》3《充军》。

第十三章 明代中、后期的
阶级状况(上)

　　明代中、后期仍是完整的封建社会，其阶级构成及各阶级的状况，与以前的各封建王朝并无根本区别，但由于商品经济的发展和资本主义生产关系的萌芽，毕竟又有不少值得注意的变化。

第一节 皇 室

一、全国最大的一家地主

　　皇室包括皇帝、后妃、太子、未之藩的诸王和没有出嫁的公主等，这是全国最大的一家地主。封建地主家庭无一不是实行多妻制，皇室在这一点上更为突出。明代皇帝的祖母和母亲，与历代一样，分别称为太皇太后和皇太后；他的正妻也与历代一样，称为皇后。至于位于皇后之下的各个皇帝小老婆，其封号则与历代有同又有异。地位仅次于皇后的是皇贵妃，这一封号之开始使用，是在明宣宗时期①。皇贵妃之下有贵妃、妃、嫔等。妃的位号，多称"贤"、"淑"、"庄"、"敬"、"惠"、"顺"、"康"、"宁"等②。

---

　　① 沈德符:《万历野获编》卷3《封妃异典》。
　　② 《明史》卷113《后妃传》序说:"诸妃位号亦惟取贤、淑、庄、敬、惠、顺、康、宁为称。"此说不确。如毛奇龄《彤史拾遗记》卷3即载，成化十二年册邵氏为"宸妃"。

明初没有九嫔之名,"自后妃下,杂置诸宫嫔,而间以婕妤、昭仪、贵人、美人诸位号"①。嘉靖十年(1531年)三月,始置九嫔,张氏、郑氏、王氏、阎氏、韦氏、沈氏、卢氏、沈氏、杜氏被分别册封为德嫔、贤嫔、庄嫔、丽嫔、惠嫔、安嫔、和嫔、僖嫔、康嫔②。后来在万历年间也曾册封九嫔。在明代诸皇帝中册封妃嫔最多的是明世宗,见于记载的就有三十多个妃,二十多个嫔。

明代中、后期皇室的政治经济状况,与以前的历代皇室相比大体相仿,但也带有时代的特色。

二、皇帝的专制独裁空前加强

皇帝的专制独裁空前加强,这是明代中、后期皇室的一个显著特点。

"在封建国家中,皇帝有至高无上的权力,在各地方分设官职以掌兵、刑、钱、谷等事,并依靠地主绅士作为全部封建统治的基础"。③ 皇帝是地主阶级的总首领,是封建国家的总代表,拥有最高的权力,这是封建社会各个阶段的共同点;明代中、后期亦不例外,但这时的封建皇帝,权力极度膨胀,其专制统治,超过前此一切朝代。这突出地表现在内阁制之代替丞相制上。

如前所述,为了解决丞相权力"震主"的问题,明太祖朱元璋自洪武十三年(1380年)罢丞相,"析中书省之政归六部,以尚书任天下事,侍郎贰之"。并设立殿阁大学士"侍左右,备顾问","以翰林、春坊详看诸司奏启,兼司平驳"。最初,各种政务,皇帝"自操威柄,学士鲜所参决"④。但后来,阁权渐重,特别是首辅,

①② 《明会要》卷2。
③ 毛泽东:《中国革命与中国共产党》,见《毛泽东选集》第二卷,第587页。
④ 以上均见《明史》卷72《职官》一。

权力极大,有"偃然汉、唐宰辅"之称。

　　然而,明代中、后期的内阁毕竟不同于汉唐的宰相。汉唐的宰相是法定的最高行政长官,拥有法定的权力。而内阁则否,究其职掌,并没有超出翰林的职责以外,万历时刘台说"阁臣衔列翰林,止备顾问,从容论思而已"①,就说明了这一情形。这种"止备顾问"的地位,使内阁权力的大小,要视皇帝信任的程度来决定。内阁的最大权力是"票拟",而"票拟"是否算数,须看皇帝的"批朱",可见大权仍在皇帝掌握之中(当皇帝倦政、宦官窃权时,大权就在宦官掌握之中)。明人范守己说,他在大学士徐阶处见到了嘉靖皇帝的谕札和改定的旨草,发现大学士所票拟者,皆由嘉靖皇帝"一一省览窜定,有不留数字者"。即使所拟完全符合皇帝的心意,"亦必更易数字",以表示自己的"明断"。"有不符意,则驳使再拟。再不符意,则谯让随之矣。故阁臣无不惴惴惧者"。由此范守己得出结论:人们"谓辅臣拟旨,几乎擅国柄,乃大不然"②。

　　由于内阁权力处于皇帝的绝对控制之下,所以明代阁臣大多对皇帝唯唯诺诺。万历四十三年(1615 年),皇帝召见大学士方德清、吴崇仁,"方惟叩首唯唯,不能措他语。吴则口噤不复出声。及上怒御史刘光复越次进言,厉声命拿下,群阉哄聚殴之;事出仓卒,崇仁惊怖,宛转僵卧,乃至便液并下。上回宫,数隶扶之出,如一土木偶,数日而视听始复"③。吴崇仁的极端胆怯,自属其尤甚者,但以之说明当时内阁大臣之慑于专制皇帝权威的一般表现,则是具有代表性的。

　　明代的阁臣中,也有勇于任事、敢言直谏者。但数目很少,

---

① 《明史》卷 229《刘台传》。
② 《国榷》卷 64 嘉靖四十五年十二月。
③ 《万历野获编》卷 1《召对》。

而且因为不合规定,最后总要受到惩罚。有名的首辅张居正,生前未免被攻击,死后又被抄家,"诏尽削居正官秩","以罪状示天下,谓当剖棺戮尸而姑免之",就是一例①。

从上述可知,内阁制代替丞相制,是君权对相权的胜利,标志着封建君主独裁专制的进一步发展。明代中、后期继承了明初的这一变革,接续了明初以来皇帝权力极度膨胀的情形。

关于明代中、后期的封建皇帝接续明初以来的情形、权力极度膨胀的表现,还可以从廷杖制度中看出来。"梃杖之刑",创于明太祖朱元璋,至正统中,"殿陛行杖习为故事"。武宗正德十四年(1519年),因谏止南巡,廷杖舒芬、黄巩等上百人,有的还被打死。世宗嘉靖三年(1524年),因群臣争大礼,又廷杖丰熙等上百人,死者十几人。嘉靖中叶以后刑法益峻,"宣大总督翟鹏、蓟州巡抚朱方以撤防早,宣大总督郭宗皋、大同巡抚陈燿以寇入大同,刑部侍郎彭黯、左都御史屠侨、大理卿沈良才以议丁汝夔狱缓,戎政侍郎蒋应奎、左通政唐国相以子弟冒功,皆逮杖之。方、燿毙于杖下,而黯、侨、良才等杖毕,趣治事"。又有六科给事中张思静等,因正旦朝贺,惹皇帝发怒,"皆朝服予杖,天下莫不骇然"。以后万历年间仍有被廷杖者。身为国家大臣,但动辄即被皇帝在殿陛行杖,而且杖毕还"趣治事",真个是"公卿之辱,前此未有"②。明代君臣关系,竟至如此地步,君主的淫威,真可谓登峰造极。廷杖在明中期以后尤多,这说明君主独裁专制在这时尤烈。

三、宫女和宦官

继续使用大量宫女和宦官,是考察明代中、后期皇室政治经

---

① 《明史》卷 213《张居正传》。
② 以上均见《明史》卷 95《刑法》3。

济状况时应予注意的又一个重要方面。

历代皇室都使用大量宫女和宦官，以充当家奴，操办衣食住行各种事务，进而使之在处理政务时充当帮手。明代中、后期也是如此。早在建国初期，明朝皇室就使用了大量宫女。为了管理这些宫女，组织她们为皇室服役，又设立了女官机构——六局一司。六局包括尚宫局、尚仪局、尚服局、尚食局、尚寝局和尚功局。一司是宫正司。六局一司共设置各种女官和女史二百多人，"各宫女使，皆分隶六尚及宫正"①。永乐以后，女官机构大部分被宦官衙门所取代，剩下的"惟有尚宝四司"（尚宝四司原属尚服局）②。明代中、后期，皇室仍旧不断从民间选用宫女，而且一次就选几百人，如隆庆三年（1569年）曾下令"选民间淑女年十一岁至十六岁者三百人"③。有时皇宫里的宫女总数可达数千余人④。宫女们被迫从事繁重的劳动，毫无人身自由，皇帝可以任意蹂躏她们。如明世宗"一日诵经，运手击磬，偶误槌他处，诸侍女皆俯首不敢仰，惟一幼女失声大笑"，明世宗回头看她，在场的人都认为她"命在顷刻矣"，十分担心。而明世宗念经完毕，却没有杀她，而是使之"承更衣之宠"。当时她年仅十三，明世宗则已"将耳顺（六十）矣"。此后她虽"贵宠震天下"，并被"册拜为寿妃"⑤，而实际上却是被剥夺了选择称心配偶的权力。民间把入宫当宫女看作是落入陷阱，千方百计逃避挑选，有时发生挑选宫女的谣传，也会在民间引起极大的波动。如《云间杂志》卷中记载："隆庆二年，讹传京中点淑女，一时男女尽皆配合，不论长幼良贱，有垂髫即笄者，有乳臭为夫者，孀妇亦皆再醮礼人，乐工

---

① 傅维麟：《明书》卷21《宫闱纪》附《宫闱女官》。
② 《明史》卷74《职官》3。
③ 《明会要》卷2。
④ 《明经世文编》卷311高仪《议放宫女疏》。
⑤ 沈德符：《万历野获编》卷3《封妃异典》。

昼夜不息,肴果之价腾涌,月余方息。后因婚娶不伦,往往成讼,已无及矣。"

宦官的任务与宫女一样,是为皇室服役的。他们中的大多数整年辛苦劳作,所得甚微,处于水深火热之中。但其中的少数上层宦官却具有很高的地位,特别是在明代中、后期,有时他们大权在握,俨然二皇帝。究其原因乃在于明代君主专制高度发展,废丞相,建内阁,一切大权集中于皇帝手中。皇帝精力旺盛且乐于躬亲政务之时,尚可大权独揽;而一旦皇帝年幼或昏庸无能、倦于从政,就会把处理政务的权力交给朝夕伴随身边因而得到信任的太监手中。

随着上层宦官权势的增长,其财富也迅速增殖。特别是明中期以后,有权势的宦官的富有达到骇人听闻的地步。其财富的积累主要靠三个途径,一纳贿,二经营庄田,三开设私店从事商业活动。

英宗时的王振,已开明代上层宦官大量纳贿的先例。"每朝觐官来见者,以百金为率,千金者始得醉饱而出"①。土木之变后,"籍其家,得金银六十余库,玉盘百,珊瑚高六七尺者二十余株,他珍玩无算"②。这样多的家财,主要是其收受贿赂所得。弘治时太监李广自杀,孝宗怀疑他"有异书",派人至其家索取,"得赂籍以进,多文武大臣名,馈黄白米各千百石"。孝宗阅后很吃惊,说:"广食几何,乃受米如许?"左右解释道:"隐语耳,黄者金,白者银也。"③ 这是太监受贿赂的典型事例。武宗时的刘瑾勒索贿赂更为苛刻,"要索天下三司官贿,人千金,甚有至五千金者,不与则贬斥,与之则迁擢"④。兵科给事中周钥勘事淮安,知

① 《廿二史劄记》卷 35。
② 《明史》卷 304《王振传》。
③ 《明史》卷 304《李广传》。
④ 《明史》卷 188《蒋钦传》。

府赵俊善"许贷千金,既而不与。时奉使还者,(刘)瑾皆索重贿,钥计无所出,舟行至桃源,自刎"①。刘瑾被籍没时,其家产有"大玉带八十束,黄金二百五十万两,银五千万余两,他珍宝无算"②。

　　太监占田自正统年间"尹奉、喜宁始"③,其后越来越多。其取得土地的主要方式是受赐和奏乞。天顺元年(1457年)五月,太监刘家林被赐予"真定府深州田一百顷"④。天顺三年(1459年)三月,太监张辉被赐予"直隶保定府新城县空地一百五十余顷"⑤。成化十七年三月,上层宦官陈昱被赐予"定兴田二百九十余顷"⑥。这些都是宦官接受赐田的例子。正德七年(1512年)十一月,镇守宣府的太监王刚"奏乞前镇守者地百二十一顷","诏特与之"⑦。这是上层宦官奏乞土地的一例。仗势侵占官民土地,也是上层宦官取得土地的重要方式。史载正统至天顺间的太监曹吉祥原有土地十顷十三亩,后"占过军民地二十四顷八十七亩",组成了三十五顷大小的田庄⑧。"正德中,奄人多夺民业为庄田"⑨。上层宦官也有购买土地的,如正德年间御用监太监丘聚在良乡购买土地四顷⑩,万历年间太监张诚"买邵皇亲等庄田不下数百余所"⑪。不过,利用这种取得土地的方式,在上层宦官来说,远不如前述三种多。

　　① 《明史》卷188《周钥传》。

　　② 《廿二史劄记》卷35。

　　③ 《明史》卷77《食货》。

　　④ 《明英宗实录》卷278。

　　⑤ 《明英宗实录》卷300。

　　⑥ 《国榷》卷39。

　　⑦ 《明武宗实录》卷94。

　　⑧ 《明经世文编》卷202夏言《勘报皇庄疏》。

　　⑨ 《明史》卷208《郑自璧传》。

　　⑩ 《明武宗实录》卷106,正德八年十一月丙戌条。

　　⑪ 《明神宗实录》卷293,万历二十四年正月。

上层宦官利用封建特权从事商业活动的相当多。正德年间"山海关、广宁、辽阳等处俱有镇守太监店房,擅自抽分"①。万历时太监张诚"市店遍于都市"②。他们有的店铺还是皇帝赐与的,成化时太监梁芳被赐给和远官店③。有的是上层宦官私自设立的,如正统年间,"太监僧保、金英等,恃势私创塌店十一处,各令无赖子弟霸集商货,甚为时害"④。有的是将官店据为己有,正德元年(1506年)五月,吏科给事中吉时"劾镇守辽东太监朱秀,于山海关外八里铺,奏立官店,以驻往来车辆,初欲取其税,以补犒夷之费耳,而乃私之。凡一车必银一两,过者皆不免焉,实未尝用之于公"⑤。上层宦官利用特权分享食盐专卖权谋取私利的也不少。正德元年(1506年),户科左给事中尚衡曾为此而向皇帝报告说:"近来皇亲、驸马、公侯、太监家人开中引盐,诡名包占,凭借声势,强中强支,商人聚守,资本折阅,是以近日各边报中者视昔甚少。"⑥ 在贩卖食盐中,有的上层宦官还搞大规模的走私,如《明史》卷三〇四《汪直传》载:"南京镇监覃力朋进贡还,以百艘载私盐,骚扰州县。"将资本投向采矿业的上层宦官,在史料中也可偶见记载,如《续文献通考》卷二三载:"明末有芮四者献策中官",在江南开采银矿,"中官以己资率百人开采,恣扰乡民,得不偿失"。

上层宦官由于政治势力极大,财富甚多,其身分地位就处于很特殊的状态之中。一方面他们是皇室的家奴,另一方面又是统治集团的重要成员。在皇室成员、特别是皇帝面前,他们称仆

---

① 《明世宗实录》卷5,正德十六年八月。
② 《明神宗实录》卷293。
③ 《明孝宗实录》卷4,成化二十三年十月壬申条。
④ 《明英宗实录》卷29,正统二年四月壬申条。
⑤ 《明武宗实录》卷13,正德元年五月戊戌条。
⑥ 《明武宗实录》卷9,正德元年正月己亥条。

服役,在皇室成员以外的人面前,则完全是另外一副面孔,耀武扬威,不可一世。他们使有"私臣":"掌家"为之"掌一家之事","管家"为之"办理食物、出纳银两","上房"为之管理"箱柜锁钥","司房"为之掌理一应文书。另外管帽、管衣靴、茶房、厨房、看庄宅等,也无不有专人役使①。他们本身没有子女,但可"荫弟、荫侄,封伯、封公"②。其门庭气势显赫,令人侧目。

四、生活糜烂荒淫

在明代中后期皇室的政治经济状况中,第三个应注意的方面,是它继承和发展了历代皇室生活糜烂荒淫的腐朽性。

明初的皇室,特别是洪武时期的皇室,生活上注意节俭,颇有开国气象,而明代中、后期的皇室则挥霍浪费者极多,注意节俭者甚少。据记载,主管皇帝的伙食事宜的光禄寺,每年"额设银二十四万,先时止用十二万余,至正(德)、嘉(靖)时用至三十六万,犹称不足"③。"正统间,鸡鹅羊豕岁费三四万,天顺以来增四倍","天顺八年光禄果品物料凡百二十六万八千余斤,增旧额四之一"。厨役之额,当明仁宗之时有六千三百余名之多,数字不算小了,可是到了明宪宗时期又"增四之一"④。崇祯时期,在明代中、后期之中是属于皇室比较注意节俭的时期,但这时皇帝一人的膳费,每日也有三十六两银子,还不算厨料以及"药房灵露饮用粳米老米黍米"等;皇后膳费每天高达十一两五钱,厨料也不包括在内,其他的妃嫔、太子、诸王等比帝后所用稍少,但相差并不太多⑤。

---

① 刘若愚:《明宫史》木集《内府职掌》。
② 《明史》卷74《职官》3。
③⑤ 孙承泽:《天府广记》卷10《光禄寺》。
④ 《明史》卷82《食货》6。

皇室对其居住的宫殿非常讲究。早在明初，皇宫已经基本建妥。朱元璋在南京建过宫殿，朱棣迁都北京时，又仿照南京宫殿的规制，在北京建了新宫殿。明代中、后期，皇室继续修整他们的安乐窝。每逢发生火灾宫殿被毁，不管财政多么紧张，他们都是马上重新修起。如嘉靖三十六年（1557 年），奉天等殿火灾，延烧至午门，"楼廊俱尽"，嘉靖四十一年三大殿就重修完毕，并"改奉先殿曰皇极殿，门曰皇极门，华盖殿为中极，谨身殿为建极"。万历二十四年（1596 年），乾清宫和坤宁宫遇灾，第二年即予重建。这些重建重修工程，要动用许多人夫，耗资甚多。如正德九年（1514 年）重建乾清、坤宁两宫，"起用军校力士十万"①；天启五年（1625 年）至七年修三大殿，"共用银五百九十五万七千五百十九两余"②。皇室居住处所的附近还修了豪华的宫苑。天顺年间曾大力营建西苑，修整了太液池附近地带，又建了大石桥金鳌玉蝀，把太液池拦腰截为两段，其北段称北海，南段称中海，再加上明初在太液池南端开凿的小湖，于是形成自北而南联属排列的三个湖，这就是至今犹存的所谓"三海"。这些工程，为皇室提供了如同金碧山水长卷式的美丽风景，但劳动人民却因此而付出了巨大的代价。

皇室成员吃饱喝足之后的主要活动是玩。为了玩好，他们像修建富丽堂皇的宫殿那样不惜动用大量人力物力。如明神宗为"孝养圣母，设有四斋近侍二百余员，以习宫戏外戏"③。明代中、后期的皇帝有喜爱戏猫者，明末宦官刘若愚记载说："近侍三、四人专饲御前有名分之猫。凡圣心所钟爱者，亦加升管事职衔。牡者曰'某小厮'，骟者曰'某老爹'，牝者曰'某丫头'。

---

① 《大明会典》卷 181。
② 孙承泽：《天府广记》卷 5《宫殿》。
③ 刘若愚：《明宫史》木集《内府职掌》。

候有名封则曰'某管事'，或直曰'猫管事'，亦随中官数内关赏。"①

以皇帝为首的皇室成员不仅生前骄奢淫佚，而且还想死后继续享受这种生活。他们对陵墓的修建极为重视。明初朱元璋死后葬在南京，其坟墓便是今天尚存的孝陵。朱棣迁都北京后，把葬身之地定在北京昌平县的天寿山(本名黄土山，朱棣改名天寿山)，此后明代的皇帝除了景泰帝之外，都随同埋在这里，这就是中外闻名的北京十三陵。其具体陵名如下表：

长陵　明成祖

献陵　明仁宗

景陵　明宣宗

裕陵　明英宗

茂陵　明宪宗

泰陵　明孝宗

康陵　明武宗

永陵　明世宗

昭陵　明穆宗

定陵　明神宗

庆陵　明光宗

德陵　明熹宗

思陵　明思宗

明成祖以后的皇室成员坟墓，除去十三陵外，还有金山墓区。金山在今北京市西北三十里，约当颐和园以西青龙桥西北二里一带地方。这里埋葬的是夭殇的诸王公主、没有葬到十三陵的妃嫔，还有死时已被哥哥夺去帝位的景泰帝。到明朝灭亡后，这里总共有明朝皇室的陵墓五十多座。

① 刘若愚：《明宫史》木集《内府职掌》。

在皇室的坟墓中,规模最大、耗费人力物力最多的是皇帝的陵墓。十三陵以朱棣的长陵为中心,南北向神道自陵区门户大宫门延伸到长陵,长达七公里,把陵区分成了东西两部分,其余各陵相继建立在长陵和神道的两侧。十三座陵合在一起是一个整体,而各陵又自成独立体系。各陵规制大体相同,包括宝城、明楼、棱恩殿、圣迹碑亭、神库、神厨等部分。但其建筑规模却各不一致。一般说帝王生前亲自经营的,规模较大,死后由继位者营建的,规模就小一些。除了长陵外,明世宗的永陵是最大的,其宝城达"径八十一丈",比长陵之一百零一丈八尺,只小二十丈,其棱恩殿重檐七间、左右配殿各九间,比长陵的棱恩殿重檐九间、左右配殿各十五间也只小一级①。无论哪一座皇陵,耗费的财力都是惊人的。如天启元年(1621年)春为明光宗修庆陵,这是一座规模较小的皇陵,但"御前所发帑银"也高达五十万两②。皇帝死后,除了把大量金银珠宝等带进坟墓作殉葬品外,明初还搞人殉。明太祖死在南京时让宫人殉葬,后来给予殉葬者的父兄以抚恤,称"朝天女户"。明成祖、明仁宗、明宣宗死时也都有宫女和妃子从殉。进入明中期后,这种制度仍在实行,景泰帝死时就有唐妃殉葬。直到英宗死时,这种残酷的制度才被废除。③

明代中、后期皇室生活的挥霍浪费,必然导致对人民剥削的加重。为了满足无限的欲求,他们绞尽脑汁对人民进行搜刮。其各项搜刮名目中,对人民危害最大的是采木、织造、烧造、采珠和金商采办。

"采木之役自成祖缮治北京宫殿始"④。明代中、后期继续

① 《明史》卷60《礼志》14。
② 刘若愚:《明宫史》木集《内府职掌》。
③ 《明史》卷113《后妃》1。
④ 《明史》卷82《食货》6。

进行,有时搞得非常急迫,给人民带来极大痛苦。如正德九年(1514年)至十三年,接连派侍郎刘丙等到各地采木,"十四年,有永顺宣慰司进大木五百余,有围丈四尺、长数丈者",当时天津一带运河缺水,只好征发附近的老百姓陆运至京,"用八轮车,每车费数百金,人畜死者无算"①。嘉靖二十年(1541年),"宗庙灾,遣工部侍郎潘鉴、副都御史戴金于湖广、四川采办大木"重建。二十六年,又派工部侍郎刘伯跃采于四川、湖广和贵州,仅湖广一省即"费至三百三十九万余"。又派人"核诸处遗留大木,郡县有司以迟误大工逮治褫黜不一,并河州县尤苦之"②。

明代在两京和各省设有织染局等官营作坊,为皇室和贵族官僚们织造各种丝织品、羊绒和葛布等,"每岁造解有定额"。但随着皇室的日益腐化,原来的定额渐不敷需要,于是"于岁造之外,奉命题派,曰坐派,缺而买者,曰召买"③。"坐派"始于天顺年间,史载:"天顺四年遣中官于苏、松、杭、嘉、湖五府,于常额外增造彩缎七千匹……增造坐派于此始。"④以后,增造坐派之事经常发生。正德元年(1506年),尚衣监报告内库缺乏各种纻丝、纱罗、织金、闪色等,"乞令应天、苏、杭诸府依式织造",明武宗当即批准,"乃造万七千余匹"。明世宗上台不久,马上派宦官到南京、苏、杭、陕西"监织"。明穆宗即位后曾下诏撤回监织宦官,而不久又再次派出。万历十年(1582年)张居正去世后,明神宗"添织"尤多,苏、杭、松、嘉、湖五府岁造以外,又让浙江、福建及常、镇、徽、宁、扬、广德诸府州分造,"增万余匹";令"陕西织造羊绒七万四千有奇";"南直、浙江纻丝、纱罗、绢帛,山西潞绸,皆视旧制加丈尺"。于是"二、三年间,费至百万"⑤。

---

①③　傅维麟:《明书》卷82《食货》2。
②④⑤　《明史》卷82《食货》6。

"烧造"即指派某些地区烧制砖瓦瓷器等。"在外临清砖厂，京师琉璃、黑窑厂，皆造砖瓦，以供营缮"。宣德年间，开始派宦官到江西饶州等地监造瓷器。成化时，"遣中官之浮梁景德镇烧造御用瓷器，最多且久，费不资"。以后下达的烧造任务仍旧不小。嘉靖三十七年（1558年），"遣官之江西，造内殿醮坛瓷器三万"，隆庆时，"诏江西烧造瓷器十余万。万历十九年（1591年）命造十五万九千，既而复增八万"，直到万历三十八年，所派任务也未能完成①。

　　洪武时期皇室比较俭省，再加上攻破元朝都城时"所获珠宝无算，分封、婚娶、尚主皆足用"，因而"不假采取"，到明成祖即位后，才开始派宦官到广东"起取蜒户采珠"。进入明代中叶，皇室对珍珠的追求日甚一日。天顺年间开始"专敕内官守珠池"，以垄断采珠利益②。明武宗、明世宗以后，由于采珠太频繁，所得甚微，如嘉靖五年（1526年）"采珠之役，死者五十余人，而得珠仅八十两，天下谓以人易珠"。然而即使遇到这种情况，贪婪的皇室仍不肯罢休，过了三年，就又再次颁发了采珠的诏旨③。明穆宗即位后，搜求珍珠更为急迫，仅隆庆六年（1572年）就命令"广东采珠八千两"。明神宗刚即位时虽曾取消了这一命令，但不久又借口"太后进奉，诸王、皇子、公主册立、分封、婚礼"，又"令岁办金珠宝石"④。直到天启、崇祯时，由于军兴旁午，他们才无暇顾及此事。

　　明代皇室的许多用品，是按照"任土作贡"的原则让产区供应，这叫做"岁办"；倘满足不了需求，就由官府出钱购买，这叫做"采办"。明中期以后，由于"本折兼收，采办愈繁，于是召商置买"。但由于官府所给价钱太低，再加上经手人员的勒索，

<hr>

　　①③④　《明史》卷82《食货》6。
　　②　　傅维麟：《明书》卷82《食货》2。

商人赔累不堪，谁也不肯承担这一任务，有钱有势的富商规避而去，"应役者皆贫弱下户"，事情往往不能办成。为此，嘉靖二十七年（1548年）以后明政府开始对北京的商人实行"编审"，而后按编定名单摊派采办的任务，这便是金商采办。万历年间，被编金采办的商人因苦累过甚，"相率避匿"，明政府又"金京师富户为商"，不管是否为商人，只要有财力承担这一任务，就按商人编金，"被金者如赴死，重贿求免，官司密钩，若缉奸盗"①。

五、皇庄和皇店

在明代中后期皇室的政治经济状况中，第四个应注意的方面，是他们在经济上的贪婪，还表现于效法私人地主，大量占有土地，并开设皇店，用以搜刮民脂民膏。

明代中、后期皇室占有的土地称为皇庄，它早在明初就已经存在。如《宛署杂记》载：洪武初，燕王朱棣北征，"至山后小兴村，得张福等若干人降之，徙入内地，散处宛平黄垡、东庄营等地，听用力开垦为业。每出征，张福等为亲军，累迁指挥、千百户等官。有旨，以其地为王庄，量征子粒银两，即令建仓黄垡等处，盖成祖龙潜时私庄也。永乐改元，有司请庄所属改称皇庄"②。一部分皇庄的收入是专供某宫后妃或未就藩的亲王太子支用的，因而有些皇庄又叫宫庄。《明史》记载："洪熙时，有仁寿宫庄。"③ 这是关于宫庄的最早记录。仁寿宫庄是皇太后的庄田，属于皇太后庄田的还有清宁宫庄和未央宫庄。做太子时拥有庄

① 《明史》卷82《食货》6。
② 《宛署杂记》，北京出版社1961年版，第53页。
③ 《明史》卷77《食货》1。

田(称"东宫庄田")的明代皇帝共有三人,即明宪宗、明孝宗和明武宗。未就藩的亲王所拥有的庄田,在就藩的时候要交出来。如《明史》卷一八五《李敏传》载:"(正统年间)诸王未封,相闲地立庄。王之藩,地仍归官。"通过兼并军民土地,皇庄的规模日益扩大,如林俊《传奉敕谕查勘畿内田地疏》载:天顺八年,曾以顺义县安乐里板桥村太监曹吉祥抄没地一处,拨为宫中庄田,面积为三十五顷;嘉靖初,又侵占了民地四十顷,总数达到七十五顷,比原额扩大一倍多①。皇庄的大量出现,时在明中叶,据嘉靖初年夏言等人统计,自天顺八年(1464年)至正德九年(1514年),所建皇庄有三十六处之多,占地达三万七千五百九十五顷四十六亩,其设立状况如下表②:

设立时间	皇庄名	备注
天顺八年		以顺义县安乐里板桥村太监曹吉祥抄没地一处,拨为宫中庄田,具体名称不详。
成化间	宝坻县王甫营庄田	
弘治间	丰润庄田	
弘治间	新城庄田	
弘治间	雄县庄田	
弘治十八年	大兴县十里铺皇庄	
弘治十八年	大兴县大王庄皇庄	
弘治十八年	大兴县深沟儿皇庄	
弘治十八年	大兴县高密店皇庄	
弘治十八年	大兴县石婆婆营皇庄	

---

① 《明经世文编》卷88。
② 此表据《明经世文编》卷202夏言《勘报皇庄疏》作成。

弘治十八年　　大兴县六里屯皇庄

弘治十八年　　大兴县土城庄皇庄

正德元年　　　昌平州苏家口皇庄

正德元年　　　三河县白塔皇庄

正德元年　　　真定府宁晋县铺头村皇庄

正德元年　　　真定府宁晋县大刘村皇庄

正德元年　　　隆平县大灰窑皇庄

正德元年　　　新河县仙汪庄皇庄

正德元年　　　南宫县南庄村皇庄

正德二年　　　东安县南葛里皇庄

正德二年　　　宝坻县李子沽皇庄

正德二年　　　通州神树皇庄

正德二年　　　武清县灰蜗口皇庄

正德二年　　　武清县王庆陀皇庄

正德二年　　　静海县四当口皇庄

正德四年　　　大兴县三里河皇庄　　　　有两处

正德五年　　　六里屯皇庄

正德七年　　　武清县尹儿湾皇庄

正德七年　　　武清县大直沽皇庄

正德八年　　　昌平州楼子村皇庄

正德八年　　　静海县卫河两岸皇庄

正德八年　　　青县孙儿庄皇庄

正德八年　　　保定府安州骟马庙皇庄

正德八年　　　清苑县阎庄社皇庄

正德九年　　　安肃县龙花社皇庄

夏言等人的上述统计并不完全，如天顺时昌平县汤山庄皇庄、京师朝阳门外三号厂皇庄、衡水县皇庄、成化年间的永清县皇庄、弘治年间的大名府皇庄、正德年间的天津城南皇庄等，就没被统计进去①。但仅就夏言等人的统计来看,皇庄的数字已经相当不少了。皇庄主要分布在北直隶的顺天等八府,其中顺天府、保定府和河间府数量尤多。南方的皇庄在文献中也有记载,但总的来看,数量甚微。

皇庄的设立,给人民带来了很大痛苦。皇庄的管理人员以太监为首,包括"奏带之旗校"和"跟随之名下","每处动至三四十人"。他们在京师与皇庄之间往返时,"有符验之请,关文之给,经过州县,有廪饩之供,有车辆之取,有夫马之索。其分外生事,巧取财物,又有语言不能尽者"。一旦到达"所辖庄田处所","则不免擅作威福,肆行武断。其甚不靖者,则起盖房屋","驾搭桥梁","擅立关隘","凡民间撑驾舟车,牧放牛马,采捕鱼虾螺蚌莞蒲之利,靡不刮取"。对于"邻近地土",则千方侵占②。皇庄的经营方式,一般是出租给佃户,收取苛重的皇庄子粒(即地租)。管庄人员还往往额外勒索,逼得佃户被迫逃亡。一些当地地痞流氓常把军民土地假称荒闲土地或官田,投献皇室,这成为皇庄的重要来源之一。而这些地痞流氓投靠了皇室以后,则有恃无恐,更进一步为非作歹,有的还当上了皇庄的庄头,"拨置生事",助纣为虐。

劳动人民的苦难加深了,这些地痞流氓却大发横财,皇庄所得收益"输入宫闱者"不过"什之一二",而进入太监、庄头等人私囊者,"不啻什八九"③。这种状况,显然是不利于封建秩序的巩固的,也不符合地主阶级的长远利益。因此,不断有头脑较为清醒的官吏提出取消皇庄。如明宪宗时,给事中齐庄曾提出:"天子以四海为家,何必置立庄田,与贫民较利!"但其得到的回答却是"弗听"而已④。直至嘉靖初,给事中夏言等才被指派"清核皇

① 参见郑克晟:《关于明代皇庄的几个问题》,载《文史》第十辑。
②③ 《明经世文编》卷202夏言《勘报皇庄疏》。
④ 《明史》卷77《食货》1。

庄田"。夏言极称"皇庄为厉于民"。自是,"正德以来投献、侵牟之地,颇有给还民者"①。但终明之世,皇庄制度未曾废除。

皇店由官店演变而来。有的官店又叫塌房,是供客商住宿和存放货物的地方;早在明初就已设立。《明史·食货志五》说:"初,京师军民居室皆官所给,比舍无隙地。商货至,或止于舟,或贮城外,驵侩上下其价,商人病之。帝乃命于三山诸门外,濒水为屋,名塌房,以贮商货。"永乐年间,又在北京"准南京例",置"官店塌房"。明中叶以后,官店继续存在,《明会典》卷三五载:"景泰二年,令大典(兴)、宛平二县,于和远店等塌房,每塌房佥殷实大户二名或四名看管。"这种官店塌房,既然是因"驵侩上下其价、商人病之"而设立的,可见它是将驵侩的业务收归政府经营的一种措施,含有政府亲自干涉和控制交易的性质。另外,政府也是为了靠它征收商税、得到经手交易的经纪费以及货物存放费;在《明会典》卷三五所载和远店等塌房的收税则例中,每种货物都规定收取一定数量的"税钞、牙钱钞、塌房钞",就是很好的说明。

正德年间,官店纷纷改为皇店。徐学聚《国朝典汇》载:"(正德)八年四月,诏设开皇店。"② 这是关于皇店设立年代的最早记载。官店改为皇店后,其收入便完全成为皇帝私有,国家的营业机构变成了皇帝私人的店铺。在明武宗正德年间,皇店的分布相当广泛,自京师以至通州张家湾、芦沟桥、河西务、临清、大宁等处,均见记载③。皇店给人民带来的骚扰极为严重,所在之处,"拦截商贾,横敛多科"④,即使"负贩小物",也"无不索钱"⑤,

---

① 《明史》卷 77《食货》1。
② 《国朝典汇》卷 19《庄田》。
③ 《明武宗实录》卷 108,《明世宗实录》卷 2。
④ 《明武宗实录》卷 108 正德九年正月丙戌。
⑤ 《明武宗实录》卷 108 正德九年正月丁亥。

因而"中外怨之"①。为了缓和矛盾，明世宗即位后曾裁掉一些皇店。但并没有根本解决问题，嘉靖以后，皇店仍然存在。明朝太监刘若愚所记北京戎政府街宝和等店，就是明后期长期存在的皇店。这些皇店的任务是"经管各处客商贩来杂货"，店有六，为宝和、和远、顺宁、福德、福吉、宝延。据说它们"起自嘉靖年间，裕邸(穆宗)差官征收。神庙(神宗)时，属慈宁宫圣母李老娘娘宫中收用。管事张隆、齐栋等总其事"。熹宗即位后，魏忠贤做了提督，委掌家王朝用经管。天启以前，"每年贩来貂皮约一万余张，狐皮约六万余张，平机布约八十万匹，粗布约四十万匹，棉花约六千包，定油、河油约四万五千篓，荆油约三万五千篓，烧酒约四万篓(京师之自烧者，不在此数内)，芝麻约三万石，草油约二千篓，南丝约五百驮，榆皮约三千驮(供各香铺做香所用也)，北丝约三万斤，串布约十万筒，江米约三万五千石，夏布约二十万匹，瓜子约一万石，腌肉约二百车，绍兴茶约一万箱，松萝茶约二千驮，杂皮约三万余张，大曲约五十万块，中曲约三十万块，面曲约六十万块(京城自造细曲约八十万块，而勋戚内臣自制之曲，不在此数内也)，四直河油五千篓、四直大曲二十万块，玉约五千斤，猪约五十万口，羊约三十万只，俱各有税，而马牛骡驴不与也。如滇粤之宝石、金珠、铅铜、砂汞、犀象、药材，吴、楚、闽、越、山、陕之币帛绒货，又不与也。凡一年所征之银，约数万两，按季类进"。"除正项进御前外，余者皆提督内臣公用"②。从刘若愚所述看来，皇店的规模着实不小，充分说明了明后期皇店的兴盛。

明代中、后期皇室的上述政治经济状况，有不少新的特点，这些特点的形成一方面是封建统治者政治经验越来越丰富的反

---

① 《明武宗实录》卷116正德九年九月甲子。
② 《明宫史》木集《内府职掌》。

映,另一方面也与当时商品经济的发展和资本主义生产关系的萌芽密切相关。大量商品的投入市场,刺激了皇室的贪欲,使其固有的腐朽、贪婪本性恶性发展,因而生活更加荒淫,搜刮更加厉害。其某些剥削手段的采用,也与当时的条件有关,如皇店的设立,是由于商人的增多和商业交换活动的频繁,使经营塌房、抽取商税、分取商人的利益,成为谋得大量财富的重要手段,从而引起了皇室的注意。不难看出,明代中、后期皇室所具有的政治经济特点是时代的产物,并非出于偶然。

第二节 贵 族

一、诸 王 和 公 主

诸王和公主是皇帝的儿子和女儿。明代皇帝的嫡长子立为太子,其余诸子皆封为王,年长建藩就国,称为藩王或亲王。亲王嫡长子立为王世子,长孙立为世孙,诸子封郡王。郡王之嫡长子为郡王世子,嫡长孙授长孙,诸子授镇国将军,孙授辅国将军,曾孙授奉国将军,四世孙授镇国中尉,五世孙授辅国中尉,六世以下皆授奉国中尉[1]。皇姑称大长公主,皇姊妹称长公主,皇女称公主,其婿为驸马都尉。亲王女称郡主,郡王女称县主,孙女称郡君,曾孙女称县君,玄孙女称乡君;其婿皆为仪宾。[2]

如前所述,明初,藩王曾在政治上发挥很大的作用,其手中的兵权使之形成尾大不掉之势,终于引起了靖难之役。靠武力夺得皇位的朱棣,深知藩王掌兵权的危险,即位后狠抓解除诸王兵权的问题,到他离开人世之前,洪武时期掌握兵权的十三个亲

---

① 《明会要》卷 4《帝系》4《诸王》。
② 《明会要》卷 5《帝系》5《公主》。

王有六个被他削去护卫;宣德年间继续加紧这项工作,迫使绝大部分洪武、永乐两朝所封诸王交出护卫,并且从各方面加强了对诸王的控制和防范,"出城省墓,请而后许,二王不得相见"。从此,诸王"分封而不锡土,列爵而不临民,食禄而不治事",在政治上"徒拥虚名",而无所作为,"贤才不克自见,知勇无所设施"①。这样,明中期以后的诸王跟公主一起,完全变成了一群寄生虫。

不过,明中期以后的诸王公主,虽然在政治上不再发生影响,而在经济上却不可忽视他们的存在。他们坐享厚禄,造成了国家日益严重的财政困难;他们大量建立庄田,夺去了农民的衣食之源;他们广设店肆,妨碍了工商业者的切身利益。

洪武九年(1376年)二月,明太祖朱元璋规定了诸王公主的岁供之数:"亲王岁支米五万石,钞二万五千贯,锦四十匹,纻丝三百匹,纱罗各一百匹,绢五百匹,冬夏布各一千匹,绵二千两,盐二百引,茶一千斤,马匹草料月支五十匹,其缎匹岁给匠料,付王府自造。靖江王岁赐米二万石,钞一万贯,余物比亲王减半,马匹草料月支二十匹。公主未受封每岁支纻丝一十匹,纱一十匹,罗一十匹,绢三十匹,夏布三十匹,木绵布三十匹,绵二百两;已受封赐田庄一所,岁收粮一千五百石,钞二千贯。亲王子,男未受封,每岁支拨纻丝一十匹,纱一十匹,罗一十匹,绢三十匹,夏布三十匹,木绵布三十匹,绵二百两;女未受封,比男未受封减半给赐;男已受封郡王者,每岁支拨米六千石,钞二千八百贯,锦一十匹,纻丝五十匹,罗二十五匹,纱二十五匹,绢一百匹,夏布一百匹,木棉布一百匹,绵五百两,盐五十引,茶三百引,马匹草料每月支一十匹;女已受封及已嫁者,每岁支拨米一千石,钞一千四百贯,其缎匹于所在亲王国带造给付。皇太子次嫡子并庶子既封郡王之后,必俟出阁,每岁拨赐与亲王子已受封郡王者

① 《明史》卷120《诸王传》。

同,女俟及嫁,每岁拨赐与亲王女已嫁者同。凡亲王世子岁赐与已封郡王同,郡王嫡长子袭封郡王者,其岁赐比始封郡王减半支给。郡王女已封县主及已嫁者,岁支米五百石,钞五百贯,其余缎匹等物,比亲王女已受封者并减半支给。郡王诸子年及十五,每位拨赐田六十顷,以为永业,并除租税。诸子所生之子,唯世守永业。"① 洪武二十八年(1395年)重新改定岁赐禄米标准,其内容《明太祖实录》记为:"亲王岁给禄米万石,郡王二千石,镇国将军一千石,辅国将军八百石,奉国将军六百石,镇国中尉四百石,辅国中尉三百石,奉国中尉二百石,公主及驸马二千石,郡王(主)及仪宾八百石,县主及仪宾六百石,郡君及仪宾四百石,县君及仪宾三百石,乡君及仪宾二百石,皇太子次嫡子并庶子既封郡王,必俟出阁然后岁赐与亲王子已封郡王者同,女俟及嫁然后岁赐与亲王女已嫁者同,郡王嫡长子袭封郡王者,岁赐比始封郡王减半支给。"②

上述标准可说相当之高,但这还不是诸王公主从朝廷得到的全部待遇。上述待遇之外,举凡婚礼、丧事、造宫、营圹,以至于供给仪仗、校尉、王府官员等,也全部由朝廷按标准支给。难怪史称朱元璋"亲亲之谊笃矣"③。

对诸王公主的优厚待遇,明朝初年朝廷还可以供得起,原因是当时诸王公主的人数不多。但由于无所事事的明朝诸王,无不以声色醇酒为乐,孩子生得特多,如弘治时晋府朱钟镒子女竟达九十四人④。这样,宗室人数增长极快。万历时徐光启说:"洪武中亲郡王以下男女五十八位耳,至永乐而为位者百二十七,是三十年余一倍矣。隆庆初丽属籍者四万五千,而见存者二

① 《明太祖实录》卷104。
② 《明太祖实录》卷242。
③ 《明会要》卷4《帝系》4《诸王》。
④ 《春明梦余录》卷29《宗例》。

万八千。万历甲午(二十二年)丽属籍者十万三千,而见存者六万二千。即又三十年余一倍也。顷岁甲辰(三十二年)丽属籍者十三万,而见存者不下八万。是十年而增三分之一,即又三十年余一倍也。"① 三十年左右宗室的人数就增加一倍,洪武中只有几十人,明中期以后现存者竟至二万到八万人;这么大的数字,朝廷为此该承担多么大的开支啊!嘉靖时礼部尚书梁材曾叙述过晋、周、鲁、楚四府自明初以来禄米总数的增加情况,他说:"洪武年间,如山西初封晋府一王,岁支禄米一万石,今增郡王,镇、辅、奉国将军,中尉,郡县等主君,并仪宾等,至一千八百五十一位员,共岁支禄米八十七万二千三百六石零。河南初封周府一王,岁支禄米一万石,今增郡王,镇、辅、奉国等将军,中尉,郡县等主君,并仪宾等,至一千四百四十位员,共岁支禄米六十九万二百五十石。山东初封鲁府一王,岁支禄米一万石,今增郡王,镇、辅、奉国等将军,中尉,郡县等主君,并仪宾等,至三百六十一位员,共岁支禄米一十三万九千二百三十七石零。湖广初封楚府一王,岁支禄米一万石,今增郡王,镇、辅、奉国等将军,中尉,郡县等主君,并仪宾等,至五百八十七位员,共岁支禄米二十五万九千八百三十石。""举此五(四)府,则天下王府可知也。"② 宗室禄米数额增加如此之多,致使明中期以后政府不堪负担。嘉靖年间,巡按直隶监察御史林润曾上疏皇帝,深刻描述了宗室禄米对国家财政的严重影响。他说:"今天下之事极弊而大可虑者,莫甚于宗藩……天下财赋岁供京师粮四百万石,而各处王府禄米凡八百五十三万石,不啻倍之。即如山西,存留米一百五十二万石,而禄米三百一十二万石;河南,存留米八十四万三千石,而禄米一百九十二万石,是二省之粮借令全输,已不足供禄米之

---

① 《明经世文编》卷491《处置宗禄查核边饷议》。
② 《明经世文编》卷103《会议王禄军粮及内府收纳疏》。

半,况吏禄、军饷皆出其中乎!"①

面对日益严重的宗室廪禄问题,为缓和矛盾,当时明政府不得不采取一些改革措施。这些措施包括限制宗室人数的激增、减少廪禄数额、甚至允许部分宗室从事士农工商各业。但由于宗室和其他守旧势力的从中作梗,这些改革措施不能顺利贯彻,因此问题只好日甚一日地发展积累下去。地疏势小的宗室,有的长期得不到禄米,生活无着,如灵丘等王竟"有缺五十季(年)不支"②。只有地亲势大者才能享受真正的极尽奢华的贵族生活。

诸王公主的庄田自明初就已产生。《明会要》卷四载:"(洪武)八年诏:郡王诸子年十五,人赐田十六顷为永业,除其租。"《明史》卷七七载:"太祖赐勋臣公侯丞相以下庄田,多者百顷,亲王庄田千顷。"洪武九年二月定制:"公主未受封者,岁给纻丝纱绢布线;已封,赐庄田一区,岁征租一千五百石,钞二千贯。(寿春公)主为太祖所爱,赐吴江县田一百二十余顷,皆上腴,岁入八千石,逾他主数倍。"③

明中叶以后,诸王公主的庄田更加发展,通过皇帝赏赐、本人乞请、奸民投献以及强占官民土地等办法,将他们拥有的庄田数字扩大到上千顷甚至上万顷的惊人程度。史料中关于诸王公主扩大庄田的记载比比皆是,《明宪宗实录》卷七六记载,成化六年吏部尚书姚夔等报告:"河南、山东、北直隶土田,洪武、永乐年间许民开种,永不起科,高阜低洼处所,听其采柴草〔鱼〕虾以自给。比来王府及势家多谓空地弃闲,请为己业,民无田者仍佃种之,每亩纳谷二斗或三斗者,人多怨咨!"《明史·食货志》记载,弘

① 《明世宗实录》卷 514"嘉靖四十一年十月乙亥"。
② 《明经世文编》卷 415《终止砂锅潞绸疏》。
③ 《明史》卷 121《公主传》。

治时"敕诸王辅导官导王奏请者罪之,然当日奏献不绝,乞请亦愈繁";正德年间"诸王、外戚求请及夺民田者无算"。史料中所记占有上千顷上万顷土地的诸王公主有很多个,如世宗第四子景王朱载圳,嘉靖四十年就藩德安,"多请庄田","土田湖陂侵入者数万顷"①。景王死后无子国除,穆宗第四子潞王朱翊镠万历年间就藩卫辉,"得景(王)故籍田,多至四万顷"②。神宗第三子福王朱常洵,于万历四十二年就藩洛阳,"下诏赐庄田四万顷。所司力争,常洵亦奏辞,得减半。中州腴土不足,取山东、湖广田益之"③。熹宗时,神宗第五子瑞王朱常浩、第六子惠王朱常润、第七子桂王朱常瀛以及光宗之女遂平、宁德两公主,"庄田动以万计"④。

由于诸王公主庄田的发展,使许多地区的土地有很大部分被他们霸占。如河南,史载:"汴城即有七十二家王子,田产子女尽入公室,民怨已极……莫中江先生尝云:'中州地半入藩府'。惟李于麟《送客河南》诗云:'惟余芳草王孙路,不入朱门帝子家',可谓诗史。"⑤成都平原,四川巡按孔贞一于万历三十四年五月乙酉报告:"蜀昔有沃野之说,然惟成都府属自权(灌)抵彭十一州县开堰灌田,故名焉,为王府有者什七,军屯十二,民间仅十一而已。"⑥

诸王公主的庄田不仅多,而且在剥削压迫农民上,依仗封建特权,极为狠毒。明人蒋以化的《言楚事疏》说:"楚民所不堪命者,又有潞府庄田一事。夫一岁惟正之供,民所乐输,即被灾伤,皇上亦加赈恤。独潞府之租以养赡为名,虽大荒极灾,原额不减一粒。且官校相临,额外加耗,征收之时比并苦楚,较官府之刑

---

① ② ③　《明史》卷120《诸王传》。
④　《明史》卷77《食货志》。
⑤　《中州杂俎》卷一《中州地半入藩府》条。
⑥　《明神宗实录》卷421。

特甚。民不胜痛楚,且揭竿思逞。"①《明史》卷七七描写福王朱常洵建立庄田后的情形说:"王府官及诸阉丈地征税,旁午于道,扈养厮役廪食以万计,渔敛惨毒不忍闻。驾帖捕民,格杀庄佃,所在骚然。"

明代中、后期诸王把设立店肆当成增加收入的手段之一,这种活动虽属商业范畴,但跟设置庄田一样,带有很强的封建性。《明史》卷一二〇载,穆宗第四子潞王朱翊镠,"以帝(指神宗)母弟居京邸,王店、王庄遍畿内。比之藩,悉以还官,遂以内臣司之"。既说是"悉以还官",可见原来本为"官店";潞王在就藩以前得以将官店据为私有,显然是由于依靠封建特权而拨来的。《明世宗实录》卷三九六载:"韩王兼并山田市肆,虐杀无辜。"这种"兼并""市肆"的行为,靠的是封建权势,它也是封建性的一种表现。《明史》卷一二〇载,神宗第三子福王朱常洵在就藩洛阳后曾设置盐店,"请淮盐千三百引,设店洛阳与民市。中使至淮、扬支盐,干没要求辄数倍。而中州旧食河东盐,以改食淮盐故,禁非王肆所出不得鬻,河东引遏不行"。明朝政府对食盐的买卖控制极严,福王之设立盐店,分享了食盐专卖权和封建垄断利益,这更是一种地地道道的封建性经营。

二、功臣和外戚

功臣和外戚在史籍上多并称为勋贵。

功臣因对朱明王朝有功,被封有公、侯、伯等爵位。明初所封功臣最多,洪武三年(1370年)十一月十一日大封功臣,封公者有韩国公李善长等六人,封侯者有中山侯汤和等二十八人,洪武十二年(1379年)十二月封征西功臣蓝玉等十二人为侯。明

---

① 光绪《孝感县志》卷21。

成祖即位后，"论靖难功"，又封邱福等几十人为公、侯、伯等。明中叶以后，分封功臣的规模远不及明初，但也有举行，如天顺元年"录夺门功"，"封石亨，忠国公；张轨，太平侯；张锐，文安伯；杨善，兴济伯"。徐有贞最初只提拔为兵部尚书，不久因其多次请求，封"武功伯"。嘉靖年间，王守仁也"论功封新建伯"①。功臣在受封时，一般都颁给铁券，上边有"河山之誓"，使之"生著号而殁袭封"②，"与国咸休"，然而实际上没能全部兑现。如朱元璋所封功臣，到洪武末期"党狱蔓延，刬削芟殊，存者不及三四"。明世宗时期"开册府之旧藏，修继绝之坠典"，将前此被削爵的功臣后裔"复列彻侯，延其世绪"，但仍有不少功臣"终于剿绝"，没能"兴亡继绝"③。不过，功臣虽未能始终全部保有其地位，而其总数则始终是相当可观的。在政治上，功臣是明朝统治集团的重要组成部分，《明史》说他们"奕叶貂蝉，保守禄位，典宿卫，领京营，镇陪京，督漕运，寄隆方岳，阶进公孤"④。这充分说明了其在明朝统治集团中的重要性。

外戚是皇亲国舅，是后妃的娘家人。他们因为有椒房之亲，而得以获得封爵，成为贵族的一部分。不过，明朝统治者吸取了历史上"外戚骄佚致祸"的教训，"远抑外氏"，"毋骄畜外家"⑤。后妃一般选自"儒族单门"，"后父初秩不过指挥，侯伯保傅以渐而进，优者厚田宅，列僮奴"，使之"虽拥侈富之资，曾无凭借之势"⑥。因此，明代的外戚除个别人曾"参议国是"外，一般没有"军国之权，宾客朋党之势"，与其他各代相比，在政治上"有明一代，外戚最为屠弱"⑦。

---

① 《明会要》卷 43。

②④ 《明史》卷 105《功臣世表序》。

③ 《明史》卷 105《功臣世表序》；《明会要》卷 43。

⑤⑦ 《明史》卷 300《外戚传》。

⑥ 《明史》卷 108《外戚恩泽侯表序》。

功臣和外戚虽然在政治上所起作用不同,在经济上却没有什么差别。他们都跟朱姓贵族以及皇帝的家奴宦官一样,除了坐享优厚的禄廪之外,又疯狂地霸占土地,建立庄田,经营店铺,剥削工商业者,分割封建国家的税收利益和对食盐买卖等的垄断权。

功臣和外戚被封成公、侯、伯以后,所得廪禄甚多。最初"勋戚皆赐官田以代常禄"①,"多者百顷"。洪武二十五年(1392年),因"勋臣庄佃,多倚威扞禁","复岁禄,归赐田于官",当时所定标准是:"公,五千石至二千五百石;侯,千五百石至千石;伯,千石至七百石。"②

功臣和外戚虽然在明朝建国之初所得充当"常禄"的土地数量并不太大,而且不久又被收回,但此后其占有的庄田却一天天增多。这一方面是因为某些勋臣出于"特恩",仍得"给赐庄宅,垂及后裔"③,另方面是由于"皇亲侯伯,凭借宠昵,奏讨无厌,而朝廷眷顾优隆,赐予无节"④。与诸王公主宦官一样,功臣和外戚获得庄田的方式,除了赏赐和奏乞外,还有强占,有时也通过买卖的手段达到目的。《明史》卷三〇〇载:嘉靖中外戚陈万言"乞武清、东安地各千顷为庄田",给事中张汉卿反对,但世宗"竟以八百顷给之"。这是通过乞请和赏赐获得庄田的一个例子。《明史》卷三〇〇还载:"外戚例有赐田",成化时皇亲王源"家奴怙势,多侵静海县民业",给事中王垣等弹劾他"赐田初止二十七顷,乃令其家奴别立四至,占夺民产至二千二百余顷"。这是通过强占获得庄田的一个例子。《世宗实录》卷二一一记载:嘉靖十七年(1538年)四月,外戚张鹤龄、张延龄因犯罪被革爵,户部提出了一个处理其庄田的方案,其内容是:"原系节年钦赏者二

---

① 《明史》卷 82《食货志》。
② 《明史》卷 77、82《食货志》;《明会要》卷 43。
③ 萧良榦:《拙斋十议》。
④ 《明经世文编》卷 202 夏言《查勘功臣田土疏》。

十四处,共三千八百八十余顷,责令原佃人户照旧承种,征子粒银解部,许每年一次关领,以为家口食费;原系奏讨者九处,计一千四百余顷,查数追没入官;其自买顺义县庄田一处,计四十七顷,许令变卖。"这个方案所提到的张氏庄田的来源,除了赏赐、乞请之外,还有"自买"者,这是通过买卖得到土地的一个例证。功臣和外戚庄田的规模有的相当大,嘉靖八年(1529 年)户部左侍郎王轼说:"臣奉命清查各处庄田,见勋戚之家,多者数百千顷,占据膏腴,跨连郡邑。"[1] 王轼所说的数字虽不算小,可是并没有充分反映出功臣和外戚庄田的规模。史载,景泰时外戚汪泉"所占官民地共一万六千三百二十余顷"[2]。弘治年间外戚会昌伯孙忠、庆云侯周寿、建昌侯张延龄为庄田打官司,经过调解判处,张延龄"得地一万六千七百五顷有奇"[3]。可见,这些勋戚之家所占庄田,多者不止"数百千顷",而是上万顷。

功臣和外戚对其庄田的经管一般有两种方式:一为通过政府招佃收租,庄田主从政府领取子粒银两;一为庄田主直接交佃户耕种。其第二种方式扰民更甚。在其直接经营的情形下,所用佃户主要有两类,一为政府拨赐的佃户,一为招募的佃户。《凤州杂编》卷六《洪武三年大封功臣》条载:功臣李善长、徐达、常遇春、汤和等,被赏"佃户及守坟、仪仗户各有差"[4]。《明太祖实录》卷六八更具体地记载,这次赏给功臣的佃户"凡三万八千一百九十四户"。这是勋贵拥有钦赐佃户的证据。其招募的佃户,有的为失去土地的"流民"[5],有的则为这些土地成为庄田之前的原所有者。如康熙《束鹿县志》卷五载明代"功臣外戚利民

① 《明世宗实录》卷 100。
② 《明英宗实录》卷 204。
③ 《明孝宗实录》卷 210。
④ 《纪录汇编》卷 159。
⑤ 《明宪宗实录》卷 86。

间膏腴之地,巧言奏请,乞为庄田,朝廷夺民地予之,而即以地主为佃户"。功臣和外戚对这些佃户征收极重的地租,而且遇灾荒往往"不得比军民田地量免征税"①,其"管庄人征租害民,打死人命"的事情,也常有发生②。

功臣和外戚经营店铺者极多。弘治九年(1496年)九月,尚书屠滽等人向皇帝报告说:"勋戚诸臣不能恪守先诏,纵家人列肆通衢,邀截商货,都城内外,所在有之。"③ 正德年间,南京给事中陈江上言三事,其中之一就是"言通州张家湾密切京畿,当商贾之辏,而皇亲贵戚之家,列肆其间,尽笼天下货物,令商贾无所牟利"④。嘉靖二十年(1541年),"勋戚权豪家"因为"置店房,科私税",曾遭言官的弹劾⑤。《宛署杂记》卷七载,万历时期北京"各廊店房类属勋戚家及中常侍,脱时有转售,总之不出阀阅主人"。有的功臣或外戚,一家就可设置多处店铺,嘉靖时翊国公郭勋,"南京、淮、扬、临清、徐、德州财赋之地,皆置有私店"⑥。功臣和外戚的店铺有的也是来自钦赐,有的为其私设。弘治年间,寿宁侯张鹤龄曾得到赏赐的"宝源店后房七十六间"⑦;皇亲夫人金氏,被赐给"宝源店房六十七间"⑧。这都是钦赐的例子。正德元年(1506年),户科左给事中尚衡在给皇帝的报告中说:"今之勋戚往往求讨庄田,置买店房。"⑨ 所谓"置买店房",就是说,勋戚的店铺是其个人私设的。功臣和外戚经营店铺时,不仅像当时的官店一样抽取税钱,分割国家的税收,而且恃势强取豪

① 《明孝宗实录》卷85。
② 《明孝宗实录》卷157。
③⑤ 《明史》卷300《外戚传》。
④ 《明世宗实录》卷4。
⑥ 《明世宗实录》卷253。
⑦ 《明孝宗实录》卷74。
⑧ 《明孝宗实录》卷116。
⑨ 《明武宗实录》卷9。

夺,所谓"邀截货物,不容客便,甚至欺诈银两,打死人命,靡所不为"等记载①,史不绝书。

对于封建国家严格控制的利润极大的食盐买卖,功臣和外戚也积极染指。《明史》卷三〇〇载,外戚庆云侯周寿"数挠盐法,侵公家利,有司厌苦之"。② 其他有巨利可图的由封建国家严格控制的商业,他们也极力钻营,嘉靖时期翊国公郭勋,"令家人往朵颜边郡贩鬻盐茶,市易马匹,恬无忌讳"③。

从上面关于功臣和外戚以及诸王和公主的叙述中,可以看出,它们大体具有如下共同特点:有世袭的封爵、禄廪,可以通过赏赐等途径分割封建国家的部分土地、收税权和其他一些经济利益。这些政治、经济特权是其他阶级或阶层所不能享有的。这说明,它们是利益和地位最接近的一部分人,是当时社会的最上层。这部分人共同形成了明代地主阶级中的一个特殊阶层,这个阶层如果用一个名词来表达,可以称为贵族。

第三节 地 主

一、缙绅地主

缙绅地主,包括各级官吏和国立学校国子监、府州县学的生员等享受优免特权的一些人。唐以后各代设官,皆分九品,每品有正有从,总共十八级。明代沿用了这种制度。但十八级之外,又设"未入流"一级。这是明代在官制上的一个变化④。其官吏的选拔办法,如前所述主要有三种:一为科举考试,二为直接授

---

① 《明经世文编》卷 59。
② 《明孝宗实录》卷 222。
③ 《明世宗实录》卷 253。
④ 《明会要》卷 43《职官》15。

给国子监监生官职(举贡),三为荐举。明初虽行科举,"而监生与荐举人才参用者居多,故其时布列中外者,太学生最盛"①,由荐举而入仕者也不少。"建文、永乐间,荐举起家犹有内授翰林、外授藩司者"②。明中叶以后,"科举日重,荐举日益轻,能文之士率由场屋进以为荣,有司虽数奉求贤之诏,而人才既衰,第应故事而已"③。举贡也越来越不被重视。

国立学校国子监和府州县学的学员即监生和生员。永乐元年(1403年)除南京国子监外,又在北京设国子监,从此国子监有了南监、北监之分。洪武时期规定,府州县学的生员每人月廪食米六斗,宣德中增加生员名额,"于是初设食廪者谓之廪膳生员,增广者谓之增广生员"。后来,"又于额外增取,附于诸生之末,谓之附学生员"④。国子监的监生有四类,包括举监、贡监、荫监和例监。举监是会试下第的举人入监读者。荫监分官生和恩生,是官吏的一种特权,"明初因前代任子之制,文官一品至七品,皆得荫一子"入监,"后乃渐为限制,在京三品以上方得请荫,谓之官生;出自特恩者,不限官品,谓之恩生"⑤。例监是捐贾入监者,始于景泰元年(1450年),"以边事孔棘,令天下纳粟纳马者入监读书,限千人"。后来"或遇岁荒,或因边警,或大兴工作,率援往例行之"⑥。贡监分岁贡、选贡、恩贡和纳贡。都是来自府州县学的生员。最初"各学岁贡一人,故谓之岁贡",刚行岁贡时,"必考学行端庄、文理优长者以充之。其后但取食廪年深者"⑦。选贡始于弘治中,"于常贡外","不分廪膳、增广生员,通行考选,务求学行兼优、年富力强、累试优等者,乃以充贡"⑧。所谓恩贡,是遇到"国家有庆典或登极诏书"时,"以当贡者充之,而其次即为岁贡"。"纳贡视例监稍优,其实相仿也。"⑨

---

①④⑤⑥⑦⑧⑨　《明史》卷69《选举志》。
②③　《明史》卷71《选举志》。

上述府学、州学、县学的各种生员以及国子监的各种监生，都是封建国家官吏的后备军，因此可称为候补官吏。他们的这些身分一旦获得以后，除犯重大罪过，不能取消，是一种永久性的资格。

由于缙绅地主的构成比较复杂，地位相差较大。不仅官员高于候补官员，品级高的大官高于地位低的小官；而且同样品级的官员倘得官的途径不同，其地位也不一样，这种情况在明中叶以后尤其严重。进士出身的就比举贡出身的高许多。《警世通言》卷一八《老门生三世报恩》有一段话说得很深刻："做官里头还有多少不平处，进士官就是个铜打铁铸的，撒漫做去，没人敢说他不字；科贡官（即举贡——引者注）兢兢业业，捧了卵子过桥，上司还要寻趁他。比及按院复命，参论的但是进士官，凭你叙得极贪极酷，公道看来，拿问也还透头，说到结末，生怕断绝了贪酷种子，道：'此一臣者，官箴虽玷，但或念初任，或念年青，尚可望其自新，策其末路，姑照浮躁或不及例降调。'不勾几年工夫，依旧做起。倘拚得些银子央要道挽回，不过对调个地方，全然没事。科贡的官一分不是，就当做十分；晦气遇着别人有势有力，没处下手，随你清廉贤宰，少不得借重他替进士顶缸。有这许多不平处，所以不中进士，再做不得官。"缙绅地主内部虽有这样大的区别，但他们毕竟属于地主阶级内部的同一个阶层，具有相同的若干特征，其共同点远比相异处为多。他们的共同点主要是：

第一，封建统治的重要支柱。各级官吏是封建国家机器的重要组成部分，在中央和地方按照皇帝的指令分掌"兵、刑、钱、谷等事"，即在经济上对人民进行剥削，在政治上实施封建压迫，离开了他们，封建统治就无法进行。尚未正式获得官职的生员、监生、举人等，即候补官吏，为维护封建统治起了重大的作用。他们平时是封建地主阶级意识形态的宣传者，一旦遇到变故，还会挺身而出，协助官府镇压妨碍封建秩序的群众。翻开史书，凡是发生农民起义的地方，经常可以看到这些人捐钱捐谷支持政府、帮助地方官组织守御、甚至亲自组织反动武装对付起义者的现象。不难看出,这些生员、监生、举人等候补官吏跟正式官吏一起,共同组成了封建统治的高城深池,是其重要支柱。

第二,享有优厚的待遇和特权。缙绅地主地位赶不上贵族地主,但其待遇也相当优厚,而且享有不少特权。各级官吏都有数量很多的俸禄。洪武十三年(1380年)规定禄米、俸钞标准,其中官员每年"正从一二三四品官,自千石至三百石,每阶递减百石,皆给俸钞三百贯,正五品二百二十石,从减五十石,钞皆百五十贯,正六品百二十石,从减十石,钞皆九十贯。正从七品视从六品递减十石,钞皆六十贯。正八品七十五石,从减五石,钞皆四十五贯。正从九品视从八品递减五石,钞皆三十贯"。吏员月俸,"一二品官司提控、都吏二石五斗,掾史、令史二石五斗,知印、承差、吏、典一石二斗;三四品官司令史、书吏、司吏二石,承差、吏、典半之;五品官司司吏一石二斗,吏、典八斗;六品以下司吏一石;光禄寺等吏、典六斗"。洪武二十五年(1392年)更定标准,"正一品月俸米八十七石,从一品至正三品,递减十三石至三十五石,从三品二十六石,正四品二十四石,从四品二十一石,正五品十六石,从五品十四石,正六品十石,从六品八石,正七品至从九品递减五斗,至五石而止。自后为永制"[1]。生员、监生没有俸禄,但供给生活费,《明史·食货志》记载:"天下学校师生廪膳米人日一升,鱼肉盐醯之属官给之。"

除了俸禄和生活费以外,缙绅地主还可以得到优免赋役的待遇。嘉靖二十四年规定:京官一品免粮三十石,人丁三十丁,二品免粮二十四石,人丁二十四丁,以下递减,至九品免粮六石,人丁六丁。地方官比京官减一半。"以礼致仕者免其十分之七,闲住者免其一半。"举人、监生、生员各免粮二石、人丁

---

① 《明史》卷82《食货志》。

二丁①。官府对缙绅地主所定的优免标准已经相当高了，但他们并不满足，实际上往往连应该承当的赋役也不肯负担。《烈皇小识》卷七载：进士出身的顺天府丞戴澳，原籍浙江奉化人，奉化是个小县，"钱粮共二万余，戴氏居其半"。由于戴澳恃势不缴，"历任知县，皆以钱粮拖欠罢官"。缙绅地主不仅自己逃避赋役，而且还往往揽纳侵吞，《消夏闲记摘抄》中《明季生员》条载："贫生无力完粮，奏销豁免，诸生中不安分者，每日（月）朔望赴县恳准词十张，名曰乞恩。又揽富户钱粮，立于自名下侵吞，故生员有坐一百走三百之语。"

在诉讼案件中，缙绅地主往往能逍遥法外，犯罪而不受惩罚或少受惩罚，这也是其享有特权的一种表现。正德年间，大学士梁储之子百户次摅与富民杨端因土地发生纠纷，梁次摅派林闰等人攻杀杨端，"凡屠灭居民三十余家，烧毁二百余人，村社为墟"，但由于当地官吏及派去处理此事的官员，"怵于权势，无有为冤民力争者"，"止坐以杀一家非死罪三人律"，"次摅辈竟免于死"，其主要攻杀者林闰仅判"籍没其家"，梁次摅只判"发边卫立功，五年还职，带俸差操"。这样的处理，连《武宗实录》的作者也感到"可慨也已！"② 甚至缙绅地主的学生也能在其庇护下享有诉讼特权，史书中说："明季缙绅，威权赫奕。""尤重师生年谊，平昔稍有睚眦，即嘱抚按访拿。甚至门下之人遇有司对簿，将刑，豪奴上禀主人呼唤，立即扶出，有司无可如何。其他细事，虽理曲者亦可以一帖弭之"③。

第三，横行乡里。缙绅地主手中有权，有串通地方官的便利，因而恃势横行乡里，恣肆无忌，鱼肉百姓。如正德时大学士

---

①　《明世宗实录》卷300。
②　《明武宗实录》卷106。
③　《消夏闲记摘抄》上《明季绅衿之横》。

焦芳,在家乡河南泌阳"居第宏丽,劳作数郡"①。督学御史霍丘胡明善"居乡豪横,强夺人妻女为妾,役邻人为工。复假先年被劫,妄执平民为盗,家制刑具,极其惨酷。时邑无正官,势凌其簿,夺狱中锁钥掌之,令仆人迫殴赵姓父子三人致死"②。崇祯年间,四川巴县人大学士王应熊,有弟王应熙,依仗兄长的势力"横于乡,乡人诣阙击登闻鼓;列状至四百八十余条,赃一百七十余万,词连应熊"③。由于缙绅地主的豪横,逼得乡里的老百姓往往投身为奴。《消夏闲记摘抄》上《明季缙绅田园之盛》条说:"(缙绅的)豪奴悍仆,倚势横行,里党不能安居,而市井小民计惟投身门下,得与此辈水乳交融,且可凭为城狐社鼠。由是一邑一乡之地,挂名童仆者,什有二三。"缙绅地主在家乡甚至可以决定地方官的去留,如万历时何廷魁任泾县知县,"以与邑大绅忤,改令宁晋"④。天启时,刘铎守扬州,以不便于邑绅倪文焕,被搞得矫旨逮问⑤。崇祯时邓藩锡知龙岩县,"以失权绅意,左调浙江嵊县"⑥。地方官如果与缙绅地主发生矛盾,缙绅地主往往结党对抗,地方官一般不得不低头。如《豫变纪略》卷四载:崇祯时,归德"有胥吏与青衿殴,太守大怒,左袒吏胥,一日而褫六青衿,阖郡之士遂大哗,数十百人哭于庙,群奉先师之主号咷而置诸府署,声彻数里,推官王世琇婉解之,太守不得已,大创其吏胥,乃得释"。

第四,大量兼并土地,并经营工商业牟利。缙绅地主千方百计兼并土地,这是明代中、后期土地高度集中的原因之一。谢肇淛记述福建情况说:"仕宦富室,相竞畜田,贪官势族,有畛隰遍于邻境者。至于连疆之产,罗而取之,无主之业,嘱而丐之,寺观

---

① 《明史》卷 306《阉党·焦芳传》。
② 《松窗梦语》卷一《宦游记》。
③ 《明史》卷 253《王应熊传》。
④⑥ 《启祯野乘》卷 8。
⑤ 《启祯野乘》卷 5。

香火之奉,强而寇之。黄云遍野,玉粒盈艘,十九皆大姓之物。故富者日富,而贫者日贫矣。"① 官应震在万历四十六年(1618年)的一个奏疏中说:有的士大夫"因官致富,金穴铜山,田连州郡"②。《桂阳直隶州志》卷二○记载说:"邓仁心者,崇祯时诸生,弟仁恩为国朝(清朝)诸生,亦居(直隶)州北,兄弟田数百顷,以富雄一方,至用担石程田契,乘马不牧,游食田野,数十里不犯人禾。"有时不用缙绅地主亲自动手,土地就可进入其手中。《消夏闲记摘抄》上《明季缙绅田园之盛》条说:"前明缙绅,虽素负清名者,其华屋园舍,佳城南亩,无不揽名胜,连阡陌。推原其故,皆系门生故吏代为经营,非尽出己资也。"这里的"皆"字过于武断,但其有些土地由门生故吏代为经营则为事实。

在商品经济发展的情况下,缙绅地主也把经营工商业当作牟利的重要途径,黄省曾说:"吴中缙绅士夫,多以货殖为利。"③归有光说:徽州地区"虽士大夫之家,皆以畜贾游于四方"④。顾炎武说:"自万历以后,天下水利、碾硙、场渡、市集,无不属之豪绅,相沿以为常事矣。"⑤

第五、生活奢华。权势在手、待遇优厚、土地极多的缙绅地主,无不过着极为奢华的生活。鄢懋卿仗恃严嵩的势力,总理两浙、两淮、长芦、河东盐政,"其按部尝与妻偕行,制五彩舆,令十二女子舁之"。张居正奉旨归葬,封疆大吏"皆跪迎","真定守钱普,创为坐舆,前轩后室,旁有两庑,各立一童子给使令,凡用舁夫三十二人。所过牙盘上食,味逾百品,犹以为无下箸处"⑥。

① 《五杂俎》卷4。
② 《神庙留中奏疏汇要》第六册《户部》卷六。
③ 《吴风录》。
④ 归有光《震川先生集》卷13《白庵程翁八十寿序》。
⑤ 《日知录》卷13《贵廉》。
⑥ 《廿二史劄记》卷34《明仕宦僭越之甚》。

上述两例都是在位的官吏,没有乌纱帽的举监生员,生活也很讲究。《醒世恒言》卷二九《卢太学诗酒傲公侯》描写的监生卢柟的生活状况,可作代表:他"世代簪缨,家赀巨富,日常供奉,拟于王侯。所居在(大名府濬县)城外浮邱山下,第宅壮丽,高耸云汉。后房粉黛,一个个声色兼妙,又选小奚秀美者十人,教成吹弹歌曲,日以自娱。至于僮仆厮养,不计其数。宅后又构一园,大可两三顷;凿池引水,叠石为山,制度极其精巧,名曰啸园……不惜重价,差人四处构取名花异卉,怪石奇峰,落成这园,遂为一邑之胜……卢柟日夕吟花课鸟,笑傲其间,虽南面至乐,亦不过是!"

上述五个共同点说明,缙绅地主是明代地主阶级的上层,其地位仅次于贵族地主,是统治和奴役劳动人民的反动势力之一。

二、寺院地主

寺院地主是地主阶级内部的一个特殊阶层,为了说明其政治经济状况,必须先从当时佛、道两教的发展情形谈起。佛、道两教的徒众历来享有一定的特权,明代也是如此,其中重要的一点是他们得以免除或部分免除对封建国家的赋役负担。如洪武时,南京灵谷寺等名刹六七处,朱元璋赐给它们许多土地,而且"蠲一切徭税,有司弗得问"[①]。建文时,在土地占有数量受限制的前提下,"僧道悉免其赋役"[②]。有的寺观虽不免税,但免差徭,龙虎山上清宫并真人张国祥本户,"正粮五百八十八石五斗,自万历三十七年为始,准令优免差徭,其南粮依例自运"[③]。因而,倘佛、道的徒众过多,封建国家的利益就会受到影响。为此

---

① 《金陵梵刹志》卷16《八大寺定租碑记》。
② 《明太宗实录》卷12。
③ 《龙虎山志》卷9。

早在明初官府就对它有所限制。洪武二十四年,明政府清理释、道两教,曾"限僧三年一度给牒。凡各府州县寺观,但存宽大者一所,并居之。凡僧道,府不得过四十人,州三十人,县二十人。民年非四十以上,女年非五十以上者,不得出家"。洪武二十八年(1395年)又命令天下僧道赴南京参加考试,合格者"给牒,不通经典者黜之"①。不过,这种限制并没取到多大效果。一是因为繁重赋役压榨下的劳动人民"多由避徭役而托于此"②。二是因为佛老之"神道设教",可补封建礼教法制之不及。对于统治阶级诬蔑为"愚夫愚妇"的劳动人民,用封建之"理喻之不可",用地主阶级之"法禁之不可","不有鬼神轮回之说驱而诱"之,其不危害封建统治秩序者"几希"③。最后还因为统治阶级需要通过出卖度牒搜刮财富。明朝政府在明中期以后出卖度牒的事情经常发生。景泰三年(1452年)五月总督贵州湖广军务右都御史王来说:"近贵州、湖广用兵,急用粮饷,朝廷权一时之宜,行鬻爵鬻僧等例,如僧道纳米五石,遂给度牒。"④ 成化二年(1466年)三月,根据监察御史焦显等人的要求,宪宗"命礼部给度牒鬻僧,以赈济饥民。巡抚淮安都御史林聪处一万,每名纳米一十石,南京礼部五千,每名纳米十五石。其各处僧见在京师者,每名纳银五两"⑤。这样,一方面是政府不断议论限制僧道徒众一事,而且还不断公布这种命令,另一方面僧道人数却与日俱增。据统计,洪武五年(1372年)"天下僧尼道士女冠凡五万七千二百余人"⑥。而明中期以后却达到了几十万。景泰四年(1453年)四

① 《明史》卷74《职官志》。

② 《明经世文编》卷12王叔英《资治策疏》。

③ 《宛署杂记》,北京出版社1961年版,第206页。

④ 《明英宗实录》卷216。

⑤ 《明宪宗实录》卷27。

⑥ 《明太祖实录》卷77。

月十三道监察御史左鼎报告说："今天下僧数十万计。"① 成化
年间倪岳的《止给度疏》说："今天下一百四十七府，二百七十七
州，一千一百四十五县，共该额设三万七千九十名。成化十二年
度僧一十万，成化二十二年度僧二十余万，以前各年所度僧道不
下二十万，共该五十余万……其军民壮丁私自披剃而隐于寺观
者，不知其几何。"② 弘治九年（1496 年）五月，工科都给事中柴
升说："祖宗朝僧道各有额数，迄年增至三十七万有余。今之僧
道几与军民相半。"③ 佛、道两教的寺观"莫盛于两都，莫极盛于
北都，而宛平西山，实尤其极盛者"④。据记载："成化十七年以
前，京城内外敕赐寺观至六百三十九所，后复增建，以至西山等
处，相望不绝，自古佛寺之多，未有过于此时者。"⑤《宛署杂记》
的作者在万历年间统计，仅北京的宛平一县，"二氏之居已五百
七十余所，此五百七十余所之中，其徒凡几万千"⑥。南京一带，
据《金陵梵刹志》记载，仅佛寺就有"大寺三、次大寺五、中寺三十
二、小寺一百二十，其最小不入志者百余"⑦。两京之外，各省州
县寺观数字也相当可观，如弘治时易州有"寺凡一百十四，观十
七"⑧。正德时，大名府有寺观六十七所⑨。嘉靖时，广平府有寺
观五十二所⑩。万历时，通州有寺观庵堂三十七所⑪。

　　佛、道两教在明中叶以后不仅徒众很多，而且有不小的经济

　　①　《明英宗实录》卷 228。
　　②　《明经世文编》卷 77。
　　③　《明孝宗实录》卷 113。
　　④　《宛署杂记》，北京出版社 1961 年版，第 207 页。
　　⑤　《明宪宗实录》卷 260。
　　⑥　见该书第 207 页。
　　⑦　见该书"凡例"。
　　⑧　弘治《易州志》卷 5。
　　⑨　正德《大名府志》卷 4。
　　⑩　嘉靖《广平府志》卷 7。
　　⑪　万历《通州志》卷 5。

力量。嘉靖时有人描写其经济实力说："今公署或圮陋不支，而仙宫佛殿乃蔽日造云；士人无百亩之入，而僧道之田遍天下。"①其经济来源一部分靠施主捐赠。向僧道施舍财产的有处于不同地位的各阶级各阶层人士。北京弘慈广济寺在创建过程中曾得到尚衣监太监廖屏的大力资助，万安为该寺所撰的碑铭记载，他"累捐己资为费，凡上所赐白金"，辄以付予该寺僧人②。成化时，宣城伯卫颖曾与主僧德广"捐赀重建"南京清凉寺③。明人王士性说：杭州昭庆寺，"每岁上巳，律僧登坛说法，云水缁流托钵来受戒者，何啻千百，巨室富贾施金钱，计亦称是"④。还有普通劳动人民，因受迷信思想的毒害，节衣缩食进行"施舍"，成化年间句容县崇明寺修葺寺塔，在各位施主之中有个叫谢原兴的工匠，他曾"发心舍工"⑤。

佛、道两教的第二个经济来源是经营土地。明政府为了保证税收，明初以来不断颁布限制寺院土地数额的办法。如建文时期曾规定"天下僧道"每人只许拥有五亩土地，"无田者官给之，余有常住田，悉归官"⑥。景泰三年(1452年)规定，天下各寺观"量存六十亩为业，其余拨与小民佃纳税粮"⑦。然而这些限制僧道土地的规定并不起作用，因为除了寺院本身为了自己的利益在千方百计强占或购买官民土地之外，明朝官府自己也常常由于某种原因而破坏有关规定。明中叶以后，朝廷赐给寺院土地的记载并不罕见，而且数量也不小。成化四年(1468年)三

① 嘉靖《太平县志》卷8。
② 《敕建弘慈广济寺新志》"建置"上。
③ 《金陵梵刹志》卷19。
④ 《大昭庆律寺志》卷2。
⑤ 弘治《句容县志》卷10。
⑥ 《明太宗实录》卷12下。
⑦ 《明会典》卷17。

月,户科左给事中丘弘等上言,不久前"西天佛子剳实巴奏求静海县地及宛平县佃户",结果得以"特赐俞允"①。《明史》卷三〇〇记载,宪宗即位后为自己的舅舅周吉祥在都城宣武门外"建大慈仁寺,赐庄田数百顷"。《明孝宗实录》记载,弘治十年(1497年)九月,皇帝"命以良乡县庄地赐大慈仁寺凡一百十二顷,昌平县庄地赐大慈延福宫,凡一百五十顷"②。在寺院兼并和官府的给赐之下,明中叶以后寺院拥有相当多的土地。如福建省成化时"僧寺田有多至万亩者,而当差良民或无寸土"③。嘉靖时"僧道在四民之中,百分未有其一,而僧道所得产业,十分乃有其二"④。宣府隆福、清泉、时恩三个佛寺,所占土地达三千三百余顷⑤。

从上述史料看来,寺院在明代中期以后力量相当雄厚,既人多势众,又有不小的经济力。不过,在寺院中并非一切僧尼道冠地位平等,共同占有其财富,而是分有上层(即寺院地主)和一般徒众,权力和财富都掌握在上层手中,一般僧众要接受其指挥,受其奴役。佛寺中的大住持、住持、首僧、堂主,道观中的提点、提举、住持等,都是高踞于一般徒众之上的僧道上层。这些僧道之下,还有许多"执事"僧道,如佛寺中有管事僧、书记僧、直库僧、直日僧、殿堂僧、管庄僧、堂司僧、净发僧、施茶僧、音乐僧等,其中有的执事僧职权很大,"力薄才短"者不许担任,他们也属于僧道上层⑥。寺院地主对一般劳动人民也进行剥削和奴役。其所掌管的寺院土地,除了让寺院下层徒众耕种一部分外,其余的

---

① 《明宪宗实录》卷52。
② 《明孝宗实录》卷129。
③ 《明宪宗实录》卷210。
④ 《明经世文编》卷222聂豹《应诏陈言以弭灾异疏》。
⑤ 《明世宗实录》卷25。
⑥ 《金陵梵刹志》卷50。

则出租给一般农民,收取地租。有的还收流民为依附者,形成了"以一人住持,而为之服役者,常有数十人"的情形①。与每个寺庙的掌管者同属于僧道上层的还有各级僧道官员。在中央掌管佛教的是僧录司,其中设左、右善世,左、右阐教,左、右讲经,左、右觉义等僧官;掌管道教的是道录司,其中设有左、右正一,左、右演法,左、右至灵,左、右玄义等道官。在地方,掌管佛教的,府有僧纲司,设都纲和副都纲,州有僧正司,设僧正,县有僧会司,设僧会。掌管道教的,府有道纪司,设都纪和副都纪,州设道正司,设道正,县有道会司,设道会(以上参见《明史·职官志》)。

　　寺院地主不仅支配着寺院的公共财产,而且还利用职权积攒个人的私产。如景泰年间僧录司右善世南浦等,曾因天下僧童"赴京请度"的机会,"逼取银万余两",因而受到弹劾②。有些寺院地主还放高利贷。《醒世恒言》卷二二《张淑儿巧智脱杨生》描写,张淑儿的哥哥张小乙"在外面做些小经纪。他的本钱也是宝华寺悟石和尚的",到一定时候须到"寺里交纳利钱"。这是现实生活在文艺作品中的反映,说明当时寺庙地主向小工商业者放高利贷的情形。寺院地主可以领取大大高于一般僧众的俸粮或口粮,这是其积累私产的一个重要途径。明末南京灵谷寺大住持,每年俸银十八两,米二十四石。当时米"每石约变价四钱二分";这样,十八两俸银约折米四十二石八斗多;大住持全年的俸禄约为六十六石八斗多。而当时该寺一般僧众的全年口粮每人只有银七钱六分、米三石八斗;折算之后,总共为米五石五斗多。可见,其大住持每年的俸禄相当于一般僧众口粮的十二倍之多③。寺院地主还大肆侵吞寺院集体财产,这更是他们积累

---

① 《西园闻见录》卷 104。

② 《明英宗实录》卷 243。

③ 《金陵梵刹志》卷 51。

私产的重要办法。僧人如昇,本系高座寺僧,为希图南京衡阳寺利益,设法搞到了该寺住持之职,到任后"将荫寺古木尽数盗砍,打造桌椅家火,发回原出家高座寺私用,仍又盗卖得价入己",该寺所收地租二百余石,除去三个僧人消费外,其余全被他与管事僧兴楷、僧真晓等"侵匿入己"①。剥削信徒,也是寺院地主积累私产的手段之一。明清之际杭州灵隐寺的具和尚,曾对其族兄张岱说:"明年六月,为弟六十,法子万人,人馈十金,可得十万。"② 过一次生日,便可从其信徒的身上刮取十万两银子,这是多大的一笔收入啊!

通过各种办法,寺院地主手中积累了大量的私人财产。正统年间广州光孝寺住持广源,曾"出谷二千石,入官赈济"③。可以想见,他的全部私产一定远远超过这个数字。正统年间五台山显通寺僧从铃,史书中也记载他有"巨万"私财④。凭借其优裕的经济条件,也依恃其权位,寺院地主过着身"居大厦、坐食烦人"的豪华生活⑤。他们或者"买田筑圃,栽花种木",经营安乐窝,或者每逢"良辰,召集朋知,为山水之乐",或者未死即"自营寿藏",极尽奢侈⑥。嘉靖年间,僧人雪浪被官府驱逐后,仍旧"有侍者数人",并且"皆韶年丽质,被服纨绮,即袒衣亦必红紫,几同烟粉之饰"⑦。崇祯年间,天童寺有个金粟老和尚,当有人前来相访时,过了很长时间他才出来相见,并且"二侍者执杖、执如意先导之",真个是威风十足⑧。万历年间,《宛署杂记》的作

---

① 《金陵梵刹志》卷 50。
② 《西湖梦寻》卷 2《灵隐寺》。
③ 《光孝寺志》卷 2、10。
④ 《明英宗实录》卷 166。
⑤ 《金陵梵刹志》卷 33。
⑥ 《元妙观志》卷 9。
⑦ 《万历野获编》卷 27。
⑧ 《陶庵梦忆》卷 6。

者曾将一般劳动人民的生活与寺院地主作了一番比较,对其豪华生活揭露更深,他说:"顾今天下之民,负犁挥锄,汗血皲骨,糠秕曾不得餍腹,而彼或择粒以食;(天下之民)瞸指破肘,鹑结芒披,完衣曾不获蔽体,而彼更集锦以衣;(天下之民)几能茸草编篱,而坐卧且不御风雨,彼则重门华屋,比之王者。"①

寺院地主的生活作风,往往与世俗地主一样道德沦丧、腐败不堪,所谓清规戒律对他们并不起作用。景泰年间六科给事中、十三道御史等劾奏僧录司右善世南浦等说:"(南浦等)不耕不蚕而衣食,实四体之不勤","饮酒茹荤,全无忌惮,贪财纵欲,略不惭惶"②。《明经世文编》卷一六二所载林希元《荒政丛言疏》就寺院地主的一般情形说:"富僧淫逸,多玷清规,污人妻女,大伤王化。"

除了在经济上贪得无厌、生活上腐朽不堪外,在政治上寺院地主也与世俗地主一样极力钻营。上面提到的五台山显通寺僧从铃,靠其赀富巨万结纳权贵,因而得以成为"僧录司右觉义,住本寺,提督五台一等(带)寺宇"③。成化年间,巡按福建监察御史徐镛曾向皇帝报告:"福建僧人,多以田投献势豪之家,谋为主持。亦有已经问罪还俗,仍复赴京请求僧录司给劄住持者。"④有的寺院地主还参与了世俗地主的钻营活动,明人陆容的《菽园杂记摘抄》说:"京师巨刹大兴隆、大隆福二寺,为朝廷香火院。余有赐额者,皆中官所建,寺必有僧官主之,中官公出,必于其寺休憩。巧宦者率预结僧官,俟其出则往见之。有所请托结纳,皆僧官为之关节。近时大臣多与僧官交欢者以此。"

不难看出,寺院地主具备世俗地主的一般特征,其所不同之

---

① 《宛署杂记》,北京出版社 1961 年版,第 207 页。

② 《明英宗实录》卷 243。

③ 《明英宗实录》卷 166。

④ 《明宪宗实录》卷 210。

处,主要是多了一副袈裟,这使它起着一般地主所不能起的作用,也因此而享有一般地主所不能享有的某些特权。这便是它属于地主阶级,但又不同于一般世俗地主,而是地主阶级中一个特殊阶层的原因所在。

三、庶　民　地　主

庶民地主是没有官爵或其他特殊政治身分的地主。在史籍中,他们往往与自耕农等编户齐民同称"农"、"百姓"、"庶民"等;因为他们毕竟与自耕农等不同,史籍中有时也用"大户"、"上户"、"豪民"、"富室"等称呼他们。

崇祯中,武生李琏上书说:"缙绅豪右之家,大者土地千百万(亩),中者百十万,以万计者不能枚举。"大学士钱士升反对这一估计,说:"不知其所指何地,就江南论之,富家数亩以对,百计者什六七,千计者什三四,万计者千百中一二耳。"① 这两个人对"缙绅豪右"、"富室"拥有土地的数量虽然看法差别很大,但不管哪一种估计,都说明其拥有的土地数量相当多。他们说的"缙绅豪右"和"富家",指的是整个地主阶级,其中包括着庶民地主;可见庶民地主在当时拥有的土地颇多,这是庶民地主之所以被称为地主的首要原因。关于这方面的记载史不绝书,如《西园闻见录》卷四〇就记载,苏州"甚有乡间富户,田连阡陌,合一二里饥饿之民皆其佃户"。占有大量土地的庶民地主的实例,史籍中也留有不少记载。《熙朝莆靖小纪》载:明末福建莆田县"惠洋庶民方南川租亦一万二千石"②。从这个记载推算,庶民地主方南川所有的土地当不下万亩。《桂阳直隶州志》卷二〇载,桂阳地区

---

① 《明史》卷251《钱士升传》。
② 《清史资料》第一辑,中华书局1980年8月版,第120页。

"稻田于山地十不及一,而邓氏、傅氏皆用力田富。邓文盛者,居上田坊,明万历时农人也,有七子,列宅分地数十里,田舍相望。邓士义亦州北车江源农民也,明崇祯时以富称"。

庶民地主没有缙绅地主所享有的减免赋役的特权,因此有的被繁重赋役搞得倾家荡产。《醒世恒言》卷二〇《张廷秀逃生救父》中描写,万历时"江西南昌进贤县,有一人姓张名权,其祖上原是富家,报充了个粮长。那知就这粮长役内坏了人家,把房屋陆续弄完。传到张权父亲,已是寸土不存"。这是当时庶民地主因赋役而破产在文学作品中的反映。不过,一般说,庶民地主往往借其财力,用贿赂官府办事人员等办法将赋役转嫁给贫苦农民,自己逃之夭夭。嘉靖时礼部尚书顾鼎臣说:"苏、松、常、镇、嘉、湖、杭七府,财富甲天下,而里书豪强欺隐洒派之弊,在今日为尤多,以致小民税存而产去,大户有田而无粮。"① 万历时朱国桢的均田"揭帖"说:湖州府乌程县,势家"田产,悉据膏腴,亩数不啻万倍,影射挪移,飞诡变幻,三十年来无一手一足应公家之役,无一钱一粒克应役之劳"②。有的庶民地主为了躲避赋役,甚至采用了投靠享有减免赋役特权的缙绅地主的办法,光绪《应城县志》载:"主仆名分,令甲昭然。明季缙绅之家,呈身服役、希图假威者颇众,或多带田土,冒充官户,冀避徭役。"这里"多带田土"投靠缙绅之家者,显然就是庶民地主③。明代部分地区存在着同一块土地同时有小税主、大租主等几个主人,甚至佃户也称主人的现象,除去佃户之称主人是由于其他原因外,这种一田数主的存在,也与庶民地主之按照规定应该承担赋役但却千方百计进行逃避有关。许多文献记载只客观记述了小税

① 《明世宗实录》卷204。
② 《涌幢小品》卷14《揭帖》条。
③ 光绪《应城县志》卷1《风俗》,转引自傅衣凌《明清农村社会经济》101页。

主、大租主的身分,而对其出现原因未加说明,《天下郡国利病书》的一段记载则对两者均有说明,兹引录如下:

> 漳民受田者,往往惮输赋税,而潜割本户米配租若干石,以贱售之,其买者亦利以贱得之,当大造(赋役册籍)年,辄收米人(入)户,一切粮差,皆其出办。于是得田者坐食租税,于粮差概无所与,曰小税主;其得租者,但有租无田,曰大租主(民间卖田契券,大率计田若干亩,岁带某户大租谷若干石而已)。民间仿效成习,久之租与税遂分为二。而佃户又以粪土银私授受其间,而一田三主之名起焉(按:佃户出力□耕,如佣雇取值,岂得称其田主?缘得田之家,见目前小利,得受粪土银若干,名田(曰)佃头银。田入佃手,其狡黠者逋租负税,莫可谁何。业经转移,佃乃虎踞。故有久佃成业之谣。皆一田三主之名阶之为厉)。甚者大租之家,于粮差不自办纳,岁所得租,留强半以自赡,以其余租,带米兑与积惯揽纳户,代为办纳。虽有契券,而无贸(资)本交易,号曰白兑。往往逋负官赋,构词讼无已时。①

"小税主"是因为"惮输赋税"而以贱价出卖部分收租权的;"大租主"将买来的收租权自留"强半"外,又把其剩余部分,"带米兑与积惯揽纳户",显然也是为了把赋役负担推出去。这些情况充分反映了当时庶民地主与赋役剥削的关系。

在商品经济发展的条件下,明代中、后期庶民地主兼营工商业或放高利贷的也很多。明末周之夔《弃草文集》记载说:福建的"田主及有力家城居者,仓廒既设外乡,或设他县,每年不过计家口所食谷几何,量运入城,余尽就庄所变粜,即乡居大户亦然。盖米谷重滞,且多折耗,而出谷入银,轻便易贮,故凡稍知心计之人,皆相率积银逐末生息,决不作积谷

---

① 见该书卷93。

迁缓之务"①。从这段记载看,"积银逐末生息"已是福建"凡稍知心计"之庶民地主的共同行动,可见其兼营工商业和放高利贷是何等广泛。吴应箕《楼山堂集》记载了安徽庶民地主进行这些活动的情况:"富民取田租而闭之,必乘贩之适缺,伺价之极昂,民之至无告,然后开粜籴。"② 明代小说中也描写有许多兼营工商业、放高利贷的庶民地主形象。如《醒世恒言》卷二〇《张廷秀逃生救父》中描写,万历时苏州人王宪"积祖大富,家中有几十万家私。传到他手里,却又开了一个玉器铺儿,愈加饶裕。人见他有钱,都称做'王员外'"。"因田产广多,点了个白粮解户。欲要包与人去,恐不了事,只得亲往。随便带些玉器,到京发卖,一举两得"。这个王员外既"田产广多","又开了一个玉器铺儿",显然是一个兼营商业的庶民地主。《警世通言》卷二二《宋小官团圆破毡笠》描写正德时昆山人宋金拾到了许多金玉珍宝,于是在"南京仪凤门内买下一所大宅,改造厅堂园亭,制办日用家火,极其华美。门前开张典铺,又置买田庄数处,家僮数十房,出色管事者千人。又畜美童四人,随身答应。满京城都称他为钱员外,出乘舆马,入拥金赀"。"住在南京一年零八个月,把家业挣得十全了,径至昆山来访(岳父)刘翁刘妪。邻舍人家说道:三日前往仪真去了。宋金将银两贩了布匹,转至仪真"。这个宋金,既有"田庄数处",又"开张典铺","将银两贩了布匹",显然又是个兼营商业和放高利贷的庶民地主。

庶民地主的生活也相当豪华。不仅"兼百室之产"、被称为"富家豪民"的庶民地主"役财骄溢,妇女玉帛甲第田园音乐,拟于王侯"③,即使"父子三丁以上,田粮十石以上"的一般庶民地

---

① 周之夔:《弃草文集》卷5《广积谷以固闽圉议》,转引自傅衣凌《明清农村社会经济》第65页。

② 吴应箕:《楼山堂集》卷13《与田令公论乡中粜谷事书》。

③ 归有光:《震川先生集》卷11《送昆山县令朱侯序》。

主,也是"衣食丰裕,以仆马出入"①。

庶民地主的地位比缙绅地主低一级,但其跻身缙绅地主的可能性很大。江南庶民地主归椿,"初为农,已乃延礼师儒,教训诸孙,彬彬向文学矣",其孙"谏,县学生","谟、训皆国学生"②。另有一江南地主陈端,供养诸子皆成监生;而其"诸子既游太学",他亦"挟其赀之京师,遇例授苏州卫千户所正千户"③。还有一江南地主钱晔,因"入赀得授浙江都司都事,豪压一邑(指常熟)"④。这些例子说明,庶民地主之所以易于跻身缙绅地主之列,主要原因在于其财力雄厚。他们有条件供养子弟攻读诗书,考取功名;甚至可以径直花钱买官。

庶民地主的土地,主要是用于出租。《漳州府志》说:"大凡天下土田,民得租而输赋税于官者为租主,富民不耕作而贫无业者代之耕,岁输租于户主,而收其余以自赡给为佃户,所在皆然。"⑤ 这里说的"租主"就包括着以出租方式经营土地的庶民地主。此外庶民地主也使用奴仆和雇工进行生产。《醒世恒言》卷三四《一文钱小隙造奇冤》描写说,景德镇有个大户朱常,"因与一个隔县姓赵的人家争田",一清早就"同着十来个家人,拿了许多扁挑索子镰刀",到有争议的"田头去割稻"。这里的"家人"就是奴仆,而"大户朱常"则是一个使用奴仆进行农业生产的庶民地主。吕坤的《实政录》记载:"梁宋间百亩之田,不亲力作,必有佣佃。佣佃者,主家之手足也。夜警资为救护,兴修赖其筋力,杂忙赖其使令。"这里的"佣",就是雇工。

在庶民地主中,有一些亲自经营农业生产的所谓"经营地

① 《明经世文编》卷 134 胡世宁《为定籍册以均赋役疏》。
② 《震川先生集》卷 19《归府君墓志铭》。
③ 《震川先生集》卷 18《明故例授苏州卫千户所正千户陈君墓志铭》。
④ 乾隆《苏州府志》卷 78《杂记》1。
⑤ 《天下郡国利病书》原编第二十六册《福建》引。

主"。他们一般都同时使用佃农,与一般庶民地主有许多相同处,但他们还有比一般地主进步的若干方面,值得注意。他们亲自参与组织和管理生产,有的还参加一部分劳动,不像一般地主那样具有严重的寄生性;他们注意兴修水利、改良生产条件和集约经营等,生产效率较高;在耕作中较多地使用雇工。江南庶民地主归椿,"夫妇晨夜力作,(常熟)白茆在江海之墟,高仰瘠卤,浦水时浚时淤,无善田,府君(指归椿——引者注)相水远近,通溪置闸,用以灌溉。其始居民鲜少,茅舍历落数家而已。府君长身古貌,为人倜傥好施舍,田又日垦。人稍稍就居之,遂为庐舍市肆如邑居云。晚年,诸子悉用其法,其治数千亩如数十亩,役属百人如数人。吴中多利水田,府君家独以旱田;诸富室争逐肥美,府君选取其硗者,曰:顾吾力可不可,田无不可耕者。人以此服府君之精"①。江南庶民地主陈端,与其兄弟继承遗产"田千亩","一人往役于县,一人居乡课农",其田"岁多浸没",便"为沟塍陂池甚备","又浚杨林、凤塘、五界诸水",用以改良生产条件②。上述两个庶民地主,显然都是经营地主,他们的活动,反映了经营地主组织和管理生产以及兴修水利、改良生产条件的情形。明代中、后期农业方面资本主义生产关系的萌芽,往往产生在经营地主之中(参见前一章《资本主义萌芽的产生》)。

---

① 《震川先生集》卷19《归府君墓志铭》。
② 《震川先生集》卷18《明故例授苏州卫千户所正千户陈君墓志铭》。

第十四章 明代中、后期的 阶级状况(下)

第一节 工商业者

一、大 商 人

明代中、后期大商人极多。前面在叙述"商业资本的活跃"时,已经谈及这种情况。这里再补叙一些具体例证,并就这一阶层的基本特点作些分析。

据王世贞《弇州史料后集》卷三六记载,严世蕃曾与所厚数说"天下富家",其"积赀满五十万以上,方居首等",结果有十七家被列入首等,商人"山西三姓、徽州二姓"等,就在十七家之中。《无锡县志》卷二二记载:"(无锡人)安国,字民泰","居积诸货,人弃我取,行二十年,富几敌国"。《花村谈往》记载:无锡富商邹望,"会计簿编号至六百,米谷数汇储至百万,钱不索而廒,银不匮以室,至柜藏于床前阿堵,零剩物也"。他曾与"顾尚书荣僖公构讼",借其财力,"郡城内外十里,悉令罢市",搞得顾荣僖"几无菜腐鱼肉以为飧"[①]。上述记载,有力地说明了当时大商人财力的雄厚。

明代中、后期的大商人,一般说是属于封建统治阶级的一个

---

① 以上几段引文分别据傅衣凌《明清时代商人及商业资本》第 23、24、25 页转引。

阶层。这主要表现在如下方面：

第一，与封建官府关系密切。食盐买卖是明政府严格控制下的一个商业部门，只有与封建官府关系密切的人才能经营。而当时最大的商人，正是这种盐商。仅此一点，即可见大商人与封建官府的关系非同一般。大商人之与封建官府有密切关系，还表现在他们常常设法挤进官僚的队伍中去。有的让儿子读书，走"学而优则仕"的道路；有的不肯读书，就花钱买官。《醒世恒言》卷七描写太湖西洞庭山商人高赞，经商致富后请了个"积年老教授在家馆谷"，教其子读书。《警世通言》卷三二描写，"纳粟入监的，有几般便宜：好读书，好科举，好中，结末来又有个小小前程结果。以此宦家公子，富室子弟，到不愿做秀才，都去援例做太学生。自开了这例，两京太学生，各添至千人之外"。新安盐商孙富，"家资巨万，积祖扬州种盐。年方二十，也是南雍中朋友"。这些描写，反映了当时大商人子弟利用读书挤进官僚队伍的情形。成化至嘉靖间歙县大贾江才，有子四人，他令二子"北贾维扬"，二子"读书学文为举子"，"每自言曰：吾先世奕华衣冠，今久易业为商贾，不可"。后来读书的两个儿子都"入学为诸生"，其中一子还先后中举、中进士①。这是当时大商人子弟利用读书挤进官僚队伍的一个实例。据统计，明代两淮考中进士者共137人，其中流寓于此的徽州、陕西和山西的盐商子弟高达106人，土著仅31人；考中举人者286人，其中流寓于此的徽州、陕西和山西的盐商子弟高达213人，土著仅73人②。这充分反映了当时大商人子弟对读书做官的热衷。《征信录·货殖传》记载：万历年间"国有大

---

① 歙县《溪南江氏族谱·处士终慕江翁行状》，转引自《明清徽商资料选编》，第387页。

② 张海鹏等主编《中国十大商帮》，黄山书社1993年版，第66页。

役",豪商吴养春以"三十万缗佐工",因而得到"一日而五中书之爵下"的报答①。这是当时大商人靠捐输而得到官爵的一个实例。有的大商人,自己无计挤进官僚队伍,便千方百计与官员结为亲朋,这也反映了大商人与封建官府的密切关系。《二刻拍案惊奇》中描写了一个徽州大商人,在扬州开当铺经营盐业,曾收太仓州人江爱娘为义女,"等待寻个好姻缘配着,图个往来",后来果然遇到"要娶个偏房"的韩侍郎。这个商人于是"不争财物,反赔嫁妆,只贪个纱帽往来",立刻将江爱娘嫁给他②。这个故事,反映了大商人千方百计与官员结为亲朋的社会现实。

第二,与土地关系密切。许多商人致富以后,将其金钱用来购买土地。凤阳一带原来有不少勋戚和卫所官舍的土地,后来"渐为外方行商有之"③。休宁的商人足迹遍各地,其所得利润的重要用项之一,就是"营良田好宅"④。这里所提到的商人,其中大商人自当不少。史料中也有关于大商人拥有大量土地的记载,前面讲到的无锡富商邹望,据记载,土地达三十万余亩⑤。大商人拥有大量土地的情形也在文学作品中有所反映,《醒世恒言》卷三五描写:淳安徐氏靠奴仆阿寄经商十年后,"家私巨富",于是将同村大户晏家的"田宅"尽数买来。

第三,多兼营高利贷。万历年间河南巡抚沈季文说:"今徽商开当,遍于江北","见在河南者,计汪克等二百十三家"⑥。《醒世恒言》卷七所描写的太湖西洞庭山商人高赞的情况,也反

---

① 转引自叶显恩:《试论徽州商人资本的形成与发展》,载1980年第3期《中国史研究》。
② 《二刻拍案惊奇》卷15,上海古籍出版社1983年版。
③ 《天下郡国利病书》原编第九册,《凤宁徽》。
④ 《王遵岩家居集》卷7《黄梅源翁传》。
⑤ 《锡金识小录》卷10《前鉴》。
⑥ 《明神宗实录》卷434。

映了当时大商人兼营高利贷的风气:"(高赞)少年惯走湖广,贩卖粮食。后来家道殷实了,开起两个解库,托着四个伙计掌管,自己只在家中受用。"这些经营高利贷的大商人心狠手辣,剥削极为残酷,《警世通言》卷一五描写:"(苏州)有个矫大户家,积年开典获利",为"感谢天地","建一坛斋醮酬答"。他请来道士张皮雀主持此事。在斋醮过程中,张皮雀借"附体"的办法揭露其罪恶说:"你自开解库,为富不仁,轻兑出,重兑入,水丝(成色低的银子)出,足纹(成色高的银子)入,兼将解下的珠宝,但拣好的都换了自用。又凡质物值钱者,才足了年数,就假托变卖过了,不准赎取。如此刻剥贫户,以致肥饶。"这一段说辞痛快、淋漓尽致地揭发了当时高利贷者残忍贪婪的本性。

第四,大量役使佃户和奴婢。休宁《汪氏统宗谱》载:休宁人汪忠富经商致富后,"造华堂广厦、拓置田薮,饬聚器具",而"家法周洽严肃,门内雍睦,僮仆男女,殆四十人,咸恩逮无不得所"①。《三鱼堂文集》卷一一载:宝山县罗店镇富商施于德,"佃户有负租者,夷然不较","尝出手书一册焚之,皆田产积逋也,计九千有奇。越数年,又出一册焚之,倍于前"。明朝灭亡时,"邑有奴变,群仆隶结党横行,以索券为名,焚掠无虚日"。施于德"从容呼其众仆,检契还之,仆皆流涕不肯去"。透过上述记载对大商人汪忠富和施于德的赞美可以得知,他们不仅奴役有佃户、奴婢,而且数量还很大。

第五,具有浓厚的宗族性。大商人在经商时,常常得到宗族在人力、资金等方面的支持,甚至与同族共同经营。歙县《济阳江氏族谱》记载:明末歙县人江国政"业贾淮阴,亲友见公谨厚,附本数千金于公"②。《金忠节公文集》记载:歙、休两县的商人,

---

① 见该谱卷3《行状》,转引自《明清徽商资料选编》第294页。
② 见该谱卷9《清故处士国政公传》,转引自《明清徽商资料选编》第64页。

"挈其亲戚知交而与共事,以故一家得业,不独一家得食焉而已,其大者能活千家百家,下亦至数十家数家"①。大商人经商获得的利润,或与同族共有,或拿出其中一部分用于助族人、修宗祠、建祠田等方面。《名山藏·货殖记》记载:汤阴郑家,代不分家,"多田饶财","诸农贾所入,皆困之,有婚嫁,族长主其费,寸布斗粟无私者。成化间岁凶,其家郑五老者","行贾于临清,每归,倒橐囊,钱帛委地,公之一家,其妻子不睨也"。《岩镇志草》记载:富贾佘文义,"置义田以养族之不给者,义屋以居(族)之无庐者,义塾以教族之知学者。又市隙地数十亩为义冢,以安乡人之不克葬者,所费不啻万缗"②。由于大商人具有浓厚的宗族性,其时出现了同一地出身的商人往往经营同一类商业的现象,如徽商中休宁人多典商,歙县人多盐商,婺源人多茶商和木商,绩溪人多从事饮食业,祁、黟两县人则以经营南北货、瓷业为多③。

以上五点说明,这时的大商人与以前的商业资本具有相同的基本特征,与封建统治阶级的关系密切,仍是维护封建秩序的一种力量。但是,值得注意的是,大商人还有与此相反的方面:

首先,在一般大商人与土地有密切关系的同时,也有一部分大商人具备了脱离农业生产的倾向。《明世宗实录》卷五四五说:"齐民困于征求,顾视田地为陷阱,是以富者缩资而趋末,贫者货产而儌庸。"《五杂俎》卷四说:"江南大贾,强半无田,盖利息薄而赋役重也。"《天下郡国利病书》原编第九册说:"其弊孔之开,由一二大贾积贮于外,有殷富名,致使部曹监司议赋,视他郡往往加重,其实商贾虽余贮,多不置田业。"这些记载都说明了当时有些商业资本是脱离了土地而独立发展的。

① 《金忠节公文集》卷4《与歙令君书》。
② 转引自《明清徽商资料选编》第304页。
③ 参见翟屯建《虬村黄氏刻工考述》,载周绍泉、赵华富主编《'95国际徽学学术讨论会论文集》,安徽大学出版社1997年版。

其次,投资于生产事业的大商人在史料中常有发现。《天下郡国利病书》记载:嘉靖三十七年(1558年)永康盐商施文六经过义乌县南八宝山,发现"土色照耀产矿,辄起盗心,乃构党方希六等九十余人",前往挖掘①。《闽部疏》记载:福建商人"货湖丝者,往往染翠红而归织之"。②

第三,投资于生产事业的大商人,往往使用大量的佣工。徽州朱天泽,"从兄贾闽,盖课铁冶山中,诸佣人率多处士(指朱天泽——引者注)长者,争力作以称,处士业大饶。会岁不登,处士贷诸佣人钱百万"③。从其贷给"佣人"的钱可达"百万"来看,说明接受其贷款的"佣人"数目一定很多,他的全部佣工当更多。

以上三点表现了大商人促进社会发展的积极方面。其脱离农业生产的倾向,有助于商业资本的集中,这便壮大了封建自给自足经济的对立物,并增强了商业资本对封建自给自足经济进一步分解腐蚀的力量,这在当时的历史状况下,显然是为资本主义萌芽的产生创造了条件。这时大商人之投资生产部门,并使用大量佣工,不仅促进了商品生产的发展,为资本主义萌芽的产生创造了条件,而且有些使用大量佣工的大商人,对佣工的剥削采用的是资本主义方式④。因此,这个时期的大商人,还直接培植了资本主义的萌芽,是原始的资本家。

总之,明代中、后期的大商人阶层是一个复杂的矛盾体,具有明显的两重性。一方面,它具有浓重的封建性,与统治阶级有密切的联系,其中有相当一部分是集官、商,或集商人、地主身分于一体者,这些大商人本身也就是封建统治阶级营垒的一员,也

①　《天下郡国利病书》原编第22册浙江下引《义乌县志·矿防书》。
②　《纪录汇编》第207卷。
③　《太函集》卷43《海阳新溪朱处士墓志铭》。
④　参见本书"明代中、后期各部门的资本主义萌芽"部分的叙述。

是封建统治秩序的维护者;另一方面,其自身的发展及其在经济领域所产生的影响——有利于商品经济活跃和发展,就不可避免地对封建社会制度起到一种冲击、破坏、瓦解的作用,从而导致资本主义萌芽的产生。

二、小　商　人

明代中、后期小商人的数量很多,经营方式不尽一致,有的提篮挑担串街走巷,吆喝叫卖;有的"出外经纪",进行短途、长途甚至海外贩运;还有的开个小店铺,招客住宿,"杀猪卖酒"或出卖各种日用杂货等。他们资本不多,但活跃经济、互通有无的功劳极大,是社会生活中不可缺少的一个阶层。

小商人大多数来自破产农民。由于种种原因,他们丧失了土地或者无法得到土地,不得不靠小本生意谋其衣食。因此其资本多是借自大户富家。明末金声叙述徽州人经营商业的情形说:"郡邑(徽州)处万山,如鼠在穴,土瘠田狭,能以生业著于地者,什不获一。苟而家食,则立而视其死,其势不得不散而求衣食于四方,于是乎移民而出,非生而善贾也。而顾恋宗族坟墓,不能举家迁徙,复运所求于四方之食,食其父母妻子,于是乎移粟而入,非贩而求利也。虽挟赀行贾,实非己赀,皆称贷于四方之大家,而偿其什二三之息。"① 不难看出,这里所述正是小商人的一般情形。

小商人的生活多数很贫困。如明中叶歙县溪南里人江才,"生三岁而父卒,依兄奉母吴以居。时家祚中落,茕然无以生也"。"年十二三即从兄屠酤里中,稍长从兄如钱塘。其在钱塘,

---

① 《金忠节公文集》卷4《与徐按台书》。

日坐阛阓售米盐杂物,兄弟服勤茹粗,而母甘旨常苦不克。"①小商人中也有稍微富裕一些的。《醒世恒言》卷一八描写了一个名叫薄有寿的小商人,说他家中只有老两口,"门首开个糕饼粉面茶食点心铺子,日常用度有余,积至三月,便倾成一个锭儿"。积了几年,"共得八锭,以为老夫妻身后之用,尽有余了"。薄有寿这个艺术形象,真实地反映了当时过着小康有余生活的小商人的情况。

　　小商人辛苦经营,本小利微,但所受盘剥却不少。封建国家向他们征收很重的捐税,万历年间河南巡抚沈季文曾向皇帝报告说:担负小商"市饼卖浆,豨毛牛骨,终日经营,(所得)不过铢两,反以输纳而得重(税)"②。牙行经纪也纷纷向小商人伸手,有些"无赖"甚至私立牙店,对小商人横加欺凌,如崇祯《太仓州志》记载该州的情形说:"州为小民害者,旧时棍徒,赤手私立牙店,曰行霸,平民持物入市,如花布米麦之类,不许自交易,横主价值,肆意勒索,曰佣钱。今则离市镇几里外,令群不逞要诸路,曰白赖,乡人持物,不论货卖与否,辄攫去,曰至某店领价,乡民且奈何,则随往,有俟至日暮半价者,有徒手哭归者,有饥馁嗟怨被殴伤者。"这里所说的被欺侮的"平民"、"乡民",是连小商人包括在内的。在结伙行商并以某个豪商为主的时候,小商人还会遭到主商的欺凌。如《东西洋考》卷七叙述进行海外贸易的商人的情况说:"夫一船,商以数百计,皆四方萍聚雾散之宾,而听命于商主,受压于船主。彼操颐指之柄,先从外洋派敛众商,从一科十,从十科百,动称使费,代为打点。"这里所讲的被商主派敛的"众商",就是小商人。

　　①　歙县《溪南江氏族谱·处士终慕江翁行状》,转引自《明清徽商资料选编》,第387页。
　　②　《明神宗实录》卷434。

小商人由于本钱很小,经受不住波折。据明末金声说:他在家乡休宁居住时,曾"与父老总计四乡之民",从前出外经商、后来因挫折"不能复出、而不得不坐于其家者",十家中有七家;"既坐于其家"、"无所借资收养、而相率立而视其死者",则十家中"无一幸免"①。

小商人中也有经营顺利,终至起家者。如陕西三原师从政,"自舞象之年操钱千市布,崛起","久之,用盐笑贾淮扬三十年,累数万金"②。同县员伯子,起初"小贾邑市。已贾吴,鬻布。有天幸,家日起。已贾淮扬,治盐笑。扬俗侈,他贾日高会,醵饮声妓间;伯子独淡泊自守,即众嗤,听焉。铢累寸积,不数载赀起万"③。同县王峨东,"早年家徒四壁立,意气轩轩若缠十万缗,常佐(兄)长君化居吴越间,为布贾。已稍赢,则又转而鬻贩江淮间,为盐贾。家遂大起"④。不过,这类得以致富的小商人,在全部小商人中只是少数,不能代表整个小商人阶层的基本趋向。

三、小手工业者

明代中、后期的小手工业者,是独立经营某种手工业生产的人。其所经营的项目,从榨油、作豆腐等农副产品的加工,到漆器、名陶等工艺品的制造;从皮匠、铁匠、木匠、纺织匠等制造、加工各种日用品和生产工具,到银匠、古董仿造匠等提供某些高档奢侈品,无所不包,无所不有。可以说,除农产品以及某些必须由大作坊才能制造的产品外,几乎所有的一切人类劳动产品,都

① 《金忠节公文集》卷4《与徐按台书》。
② 温纯《温恭毅集》卷11《明寿官师君墓志铭》,台湾商务印书馆影印《文渊阁四库全书》本。
③ 《温恭毅集》卷11《明员伯子墓志铭》。
④ 《温恭毅集》卷11《明寿官峨东王君墓志铭》。

有小手工业者在制造。他们为满足人们的多方面需要,作出了巨大贡献。

　　小手工业者不同于官府户籍簿上的匠户。有匠户籍的人可以是小手工业者,但有的只是空有其匠籍身分,实际并不进行手工业生产。有的没有匠籍,但却是地地道道进行手工业生产的小手工业者。明末李诩说:江阴的匠户,"子孙不为匠者多矣"①。王夫之《噩梦》说:"班匠之制,一以开国之初所定为额,阅数百载后,其子孙或耕、或商、或读、或吏,不复知有先世之业,而犹使之供班,或令折银,徒为无穷之累。若彼操技术以食于民者,曾不供一王之役。此政之大不平者也。"这两段文字极清楚地说明了小手工业者不同于匠户的情况。

　　小手工业者一般是开个小店铺、小作坊,自己带领家属一起从事劳动。前述乾隆《震泽县志》所载,明中叶以后苏州震泽镇及近镇各村居民,在织造绫绸中,"贫者皆自织,而令其童稚挽花,女红不事纺绩,日夕治丝,故儿女自十岁以外,皆夙暮拮据,以餬其口"②,是当时小手工业者带领家属共同劳动的实例。少数小手工业者,除了自己亲自劳动之外,尚雇有少量帮工或雇佣工人。某些小手工业者,自己并不开设作坊店铺,只是自带工具串街走巷,或应顾客之呼唤,上门服务。他们的产品一般是自产自销,因此还兼有小商人的身分;也有的只为顾客加工来料,仅靠加工费为生。

　　具有不同户籍的小手工业者,要按照规定向封建政府履行不同的封建义务。原是民户的,要承担有关民户的各项赋役;原是匠户的,则要承担有关匠户对封建政府的各种负担,这在当时主要是班匠银。万历时有些地方将班匠银合并在"一条鞭"之

---

① 《天下郡国利病书》原编第7册,第64页。
② 乾隆《震泽县志》卷25《生业》。

中,匠户的负担才有所减轻。不过,这仅是指轮班匠,至于大部分时间被束缚在官府手工业中服役的住坐匠,直到明末,对封建国家的力役负担仍未解除。各类小手工业者被迫对封建国家承担封建义务的情形说明,封建国家对他们存在某种程度的人身占有关系。

小手工业者进行的是小商品生产,因而和市场有紧密联系,相互间存在出售产品的竞争。为了在竞争中获胜,保守技术机密的情况时有发生,在某些技术性较强的行业,尤其突出。如松江"有胡文明者,按古式制彝、鼎、尊、卣之类,极精,价亦甚高,誓不传他姓"[①]。这使得某些行业,世世代代控制在某个家族之内。如景德镇制瓷业中,"窑之高卑阔狭,大小浅深,暨夫火堂、火拭、火眼、火尾之规制,种种不一。精其工而供其役者为景镇魏氏,专其业而得其传,元明以来无异也。故砂土无常工,而群窑之结砌补葺,则业有专属,他族无与也"[②]。这种隐瞒技术机密的做法,不利于生产的发展,妨碍技术的提高,甚至可能使某些"绝招"失传,反映了小手工业者阶层保守的一面。

技术的保密,再加上其他许多因素,使小手工业者的生产极不平衡。《蓬轩吴记》卷下载:"陆花靴,居吴趋坊。吴人与商于吴者,制屦焉必之陆。陆值视他工倍,人趣之者,制之良也。"这便是反映了小手工业者生产不平衡的一例。因此,小手工业者处在不断的分化过程中,少数人由于条件较好,成名成家,发家致富,地位上升。明人袁宏道曾说:"古今好尚不同,薄技小器皆得著名","近日小技著名者尤多","扇面称何得之,锡器称赵良璧"[③]。明末张岱《陶庵梦忆》卷五《诸工》所述地位上升的小手

---

① 《云间杂志》卷中。
② 1960 年江西图书馆根据抄本翻印乾隆四十八年《浮梁县志》卷 5《物产志》。
③ 《瓶花斋杂录》。

工业者尤多:"竹与漆与铜与窑,贱工也。嘉兴之腊竹,王二之漆竹,苏州姜华雨之篝箓竹,嘉兴洪漆之漆,张铜之铜,徽州吴明官之窑,皆以竹与漆与铜与窑名家、起家,而其人且与缙绅先生列坐抗礼焉。"地位上升的小手工业者,有的扩大了经营规模,使用大量雇佣工人,从而成为资本主义性质的作坊主或工场主(如《醒世恒言》卷一八《施润泽滩阙遇友》中的施复形象)。可见,地位上升的小手工业者,是当时培植资本主义萌芽的力量之一。不过,这时的小手工业者对于发财致富后的憧憬,多以广拥田产的大地主为目标,如《醒世恒言》卷一八中的小手工业者施复拾到两锭银子之后,所想到的是:"如今家中见开这张机,尽勾日用了。有了这银子,再添上一张机,一月出得多少绸,有许多利息。这项银子,譬如没得,再不要动他。积上一年,共该若干,到来年再添上一张。一年又有多少利息。算到十年之外,便有千金之富。那时造什么房子,买多少田产。"这正是现实生活中的小手工业者的一般思想逻辑在文学作品中的反映。

大多数小手工业者在两极分化中,以地位下降为其归宿。他们平时生活极为简陋贫苦,稍遇风波,便走上破产流亡的道路,有的人只好以佣工谋食,这成为资本主义萌芽过程中所需雇佣工人的来源之一。

第二节　农　　民

一、自　耕　农

明代中、后期的自耕农是小土地所有者,依靠自己的劳动为生。《古今图书集成》的《职方典·常州府部·风俗考·江阴县》记载:"次农自足产业,不仰给于人。"这里所讲的"次农",就是自耕农。

自耕农可以分成上、中、下三等,即比较富裕的自耕农、一般自耕农和半自耕农。大体说来半自耕农只有三、五亩土地,比较富裕的自耕农在二十亩以上,一般自耕农则介乎两者之间①。但是,由于各地情况不尽一致,各种自耕农在各地所占有的土地数量互有不同②。在生活水平方面,比较富裕的自耕农"父子躬耕","足勾(够)衣食",一般自耕农"力耕衣食不缺,辛苦度日"③,而半自耕农则"幸无水旱之厄,所获亦不能充数月之食",倘"复旱涝乘之",就难免忍受"饥寒"④。从总体上说,自耕农由于经济实力不大,无论哪个阶层都对突然变故缺乏足够的抵抗能力,卖地破产之事经常发生。传世的明代卖地文契数量很多,其中很大一部分即属于自耕农的卖地文契。

明政府派下来的赋税徭役,由于贵族地主和缙绅地主有减免特权,而庶民地主又往往设法转嫁,所以最后大部分落在农民头上,其中各类自耕农更是首当其冲。为了应付这一重压,自耕农只好一方面加紧农业生产,另一方面搞些手工副业。《浙江通志》卷一〇二《物产》引《涌幢小品》说:浙江的一些地方,"田家收获输官偿债外,卒岁室庐已空"。其衣食全赖纺纱织布出卖。这更增加了他们的辛劳,也使之陷入了对商业资本的依赖。明人

---

① 参见《震川先生别集》卷9《乞休申文》,《明经世文编》卷23刘斌《复仇疏》等。

② 吕景琳《明代自耕农简论》一文(载张中政主编《明史论文集》,黄山书社1994年版)指出:"大约在(明代)早期耕作比较粗放、土地占有宽松的情况下,北方自耕农多能占据十几亩到四五十亩。南方一般要少得多。在苏松地区,有水田十亩已足称小康之家。""这个数字后来应该是逐渐降低的趋势,但幅度也不是很大。"栾成显《明代黄册研究》(中国社会科学出版社1998年版)第十二章"明清农村经济结构"第435页指出:"明清时代江南地区,一个农夫所能耕种的土地,一般是在10亩左右。明中期以前,则要高于这一数字;明后期至清代,人耕10亩的情况较为普遍。而在北方,一个农夫所能耕种的土地,一般在20亩左右。""上述数字也是当时一般自耕农占有土地的最低标准。"

③ 《明经世文编》卷134胡世宁《为定籍册以均赋役疏》。

④ 《明经世文编》卷23刘斌《复仇疏》。

徐献忠描写,江南"土人"为了稍济"农疺之困"而搞起棉纺织副业时,生产情况是"含愁入机,凝寒弄杼","借光焚膏,继夜并日,心急忘寐,力疲彊发","长夜凄然,得尺望咫,寒鸡喔喔,解轴趋市"。其上市出卖产品的情况是:"织妇拖冻龟手不顾,匹夫怀饥,奔走长路,持卤莽者以入市,恐精粗之不中数。饰粉傅脂,护持风露,摩肩臂以授人,腾口说而售我。思得金之如攫,媚贾师以如父。幸而入选,如脱重负,坐守风檐,平明返顾。"① 为了摆脱赋役重担,有的自耕农不得不出卖自己赖以生存的土地,如万历四年(1576年)祁门县十一都吴阿汪,就是因为"该欠里长,无银完官",只好将一块一亩五分的民地和一块一分五厘的民地,以白纹银七两七钱的价格卖给吴明俊为业②。有的自耕农为摆脱繁重的徭役赋税,甚至将土地主动贱售给地主。《闽清县志》卷八《杂录》记载:"闽清农民之佃人田者,每呼业主曰势头。相传明季辽饷迫逼,一年两纳,民间有田者,半多贱售于贵显,愿为之耕作,故呼业主为势头。"③ 这里的"民间有田者",不难想见主要指的是自耕农,其"贱售于贵显",实质上就是把土地送给有势力的地主。

有的自耕农在失掉土地后仍不能摆脱封建赋役剥削,被逼无奈,只好离开家乡,到外地流浪。江西新淦地区,"小民被狡鸷者霸占田地而不收粮,或卖以与人而收粮不尽。间有诉告,又因依山负固,官府不能一一拘理,甚至物料、夫差,百端催迫,至不能存,而窜徙于他乡,或商贩于别省,或投入势要,为家奴佃仆。民之逃亡,此其故也"④。

由于自耕农的破产流亡,使明代中、后期的自耕农数量急剧

---

① 《古今图书集成·食货典》卷313《布部》引徐献忠《布赋(并序)》。
② 张传玺主编《中国历代契约会编考释》下,第876—877页,北京大学出版社1995年版。
③ 转引自傅衣凌《明清农村社会经济》第49页。
④ 《明经世文编》卷226钱琦《设县事宜》。

减少。在明朝初年，众所周知，自耕农是农民中的大多数，但到了明朝的末年，佣工佃种者却成了农民的主体，顾炎武曾指出：江南地区"有田者什一，为人佃作者十九"。①

自耕农的破产流亡，也严重影响了农业劳动力的数量。明人何良俊在叙述松江的情况时说："余谓正德以前，百姓十一在官，十九在田。盖因四民各有定业，百姓安于农亩，无有他志；官府亦驱之就农，不加烦扰，故家家丰足，人乐于为农。自四五十年来，赋税日增，徭役日重，民命不堪，遂皆迁业。昔日乡官家人亦不甚多，今去农而为乡官家人者，已十倍于前矣。昔日官府之人有限，今去农而蚕食于官府者，五倍于前矣。昔日逐末之人尚少，今去农而改业为工商者，三倍于前矣。昔日原无游手之人，今去农而游手趁食者，又十之二三矣。大抵以十分百姓言之，已六七分去农。"②

自耕农中也有人逃脱了破产的命运，而地位升上去。他们或者靠苦读诗书，考中秀才、举人等而成为缙绅地主，或者通过辛苦经营，发财致富，成为占田广多的庶民地主或累资巨万的工商业者。不过这种人是极少数，如同得以致富的小商人不能代表整个小商人阶层的基本趋向一样，他们也不能代表自耕农的基本趋向。

二、佃　农

佃农在明代中、后期一般称佃户，也称"承佃户"，是自己没有土地而"为人耕佃者"③。佃户的数量很大，江南地区的富家大族"佃户苍头有至千百者"。④

---

① 《日知录》卷 10。
② 《四友斋丛说》卷 13。
③ 《明经世文编》卷 72 丘濬《江右民迁荆湖议》。
④ 于慎行：《谷山笔麈》卷 12。

佃农与地主相比,处于低贱的地位,对地主有人身依附关系。海瑞曾说:"佃人之田,有田人且得而贱之。"①《实政录》所载农村基层组织乡约保甲的"会规"中曾明确规定,佃户不能像一般的编户齐民那样"收入乡甲",而是要像乐户、家奴、佣工那样,"各属房主地主挨查管束"。②

佃户比地主的地位究竟低贱到什么程度?洪武五年,明太祖朱元璋曾规定:"佃见田主,不论齿序,并如少事长之礼。"③这一规定在明中、后期未见废除,可见佃户对地主的法定地位仍是以少者的身分出现。这种少者的身分,表明佃户不同于一般编户齐民,但也没有低到"贱民"的身分,与地主不存在主仆关系。万历年间耿桔在常熟县督办水利,"令各业户(即地主)出备工食,给付佃户佣工",并发放"佃户支领工食票"。"如业户某人应浚河一丈,应给佃户某人工食米若干,筑岸一丈,应给佃户某人工食米若干",即令有关当事人"公正填注票尾。佃户执票对支领讫,方付业户执照"。倘地主借口"赖租宿债",不肯支付工食米,"凌虐佃户",佃户可以把工食票缴给官府,"至纳租日,许令佃户加倍算除"④。这个办法的实行,说明当时地主已不能随意奴役佃户,而必须付出一些报酬。这正反映了一般佃户与地主不存在主仆关系的情形。

明代中后期的佃户所受压榨,主要表现在经济上。地主的地租剥削极为沉重,佃户的生活极为痛苦。顾炎武说:江南地区,"一亩之收不能至三石,少者不过一石有余。而私租之重者,至一石二三斗,少亦八九斗。佃人竭一岁之力,粪壅工作一亩之费,可一缗,而收成之日,所得不过数斗。至有今日完租,而明日

---

① 《海瑞集》上编,中华书局 1962 年版,第 252 页。
② 《实政录》卷 5。
③ 《明太祖实录》卷 73。
④ 《农政全书》卷 15《水利》。

乞贷者"①。据此,地租率高者可达百分之八十。

佃户所纳地租多为实物租。现存的明代地契所载地租多为实物,弘治八年(1495年)祁门县康荣得从洪某名下租到一块土地的租契中,就写明"每年议还硬租豆壹官斗"②。南开大学图书馆所藏崇祯十四年(1641年)十二月五日敏道将土地卖给弟光祥的一个卖地契中,也将其中三块土地分别写明收租"早租十一斤"、"早租十伍斤捌两","早租叁斤"。有的实物地租可折纳白银,如太仓州的学田租,就规定租米一石,"折银五钱"③。有的规定可缴纳实物,也可缴纳白银,如嘉靖九年(1530年)七月祁门县胡三乞等租种洪某名下一块土地的契约中,就写着"其田每年议还硬租早谷五秤,若交银,每年交文(纹)银贰钱伍分"④。直接规定缴纳白银的情形也间有存在,如万历四十年(1612年),歙县吴承魁立下一个租种休宁程义顺坟山、土地的佃约,其中就规定"递年议租谷交纳文(纹)银陆钱伍分正,其银约至八月初一日风雨不阻,上门交纳"⑤。货币地租是封建地租的最后一个形态,其存在是一种进步现象。但佃户因此也增加了商业资本的一层剥削。

佃户除了忍受地主的额定正租剥削外,还遭受其形形色色鬼花招和附加租的剥削。

大秤大斛是地主的鬼花招之一。安徽贵池县兴孝乡的地主,每亩征收田租二石,"而收之者用租秤。租秤者,每石一百二十斤也。出粜则用发秤。发秤者,每石九十斤也"⑥。崇祯中,

---

① 《日知录》卷10《苏松二府田赋之重》。
② 张传玺主编《中国历代契约会编考释》下,第1031页。
③ 民国《太仓州志》卷8《学校》上。
④ 张传玺主编《中国历代契约会编考释》下,第1034页。
⑤ 原件藏社会科学院历史研究所;转引自傅衣凌《明清农村社会经济》第83、84页。
⑥ 《楼山堂集》卷13《与田令公论乡中粜谷事书》。

江西建昌府的富家，"租税之入，或用大斛收，小斛粜，小民压于强力，莫敢忤"①。

附加租包括桶面、淋尖、冬牲、租膳等。"桶面"存在于江西石城县等地。乾隆《石城县志》卷七载："本邑旧例，每租一石收耗折一斗，名为桶面。""淋尖"存在于福建泉州等地。乾隆《泉州府志》卷一三载："泉属斗栳无定，催租仆役于栳外横征，加以淋尖。""冬牲"是一种带封建贡献性质的附加租，存在于福建北部等地，一般缴纳鸡鸭等，数量有一定规定。在租约上和田地出卖的契约上冬牲的数量一般都明文写出，如嘉靖三十一年（1552年）六月永安县魏佛清出卖苗田给邓法富的契约上载有："计开田段，一段坐落凹头，计收租谷二石正，冬牲乙（一）只。"在安徽的徽州等地"冬牲"叫"信鸡"。除了缴鸡之外，有的可折成实物或白银，如万历四十六年（1618年）正月，祁门孙大勋立有契约一件，其中所载信鸡就有各种不同的缴纳办法，其中："土名元帅坵田一坵，计晚租贰拾贰秤，信鸡壹只"，这是直接缴鸡；"土名上高坵田一坵，计晚租肆拾肆秤，信鸡银陆分"，这是折成了白银；"土名李坑孙家门前田叁坵，监晚租肆拾伍秤，鸡谷贰拾肆斤"，这是折成了实物。租膳存在于福建泉州等地，如《泉州府志》卷二〇引《温陵旧事》说："每春冬征租，旧皆由田主亲履田亩，以丰歉为完欠。田丁例供一饭，田主上坐，田丁之老傍坐，举壶觞田主，共饭毕乃退。"

在一些地区，佃户拥有了永佃权，与地主一起成为同一块土地的主人，这就是前文所说的一田数主现象。在这种现象中，地主的土地所有权和佃户的经营使用权，固定化地两相分离。佃户永久使用土地的权利，有的被称为佃皮（田皮），与之相对，地

---

① 同治《建昌府志》卷10；转引自傅衣凌《明清农村社会经济》第89页（本目以下材料，多转引自该书，不再一一注明）。

主拥有的土地所有权则被称为田骨。由于佃户有了永佃权,所以佃户可以将佃权转卖出去。现存的文书中多有此种实例,如景泰六年(1455年)二月二十二日休宁人吴凯所立的转佃山契即是一例,其中说:"十二都十保住人吴凯,今将本户承佃到蜜多院官山一号,坐落九保,系乙字一千一百七号,山二分九厘二毫,本家合得壹半……今来缺银纳粮用度,自情愿将前项四至内取山一半,尽行立契出转佃与本图人汪士熙名下,三面议价银二钱,前去用度。"① 崇祯十五年(1642年)五月初二日,休宁人李奇付所立的转佃田约,又是一例,其中说:"立佃约人李奇付,原佃得李三付田一备,坐落土名树坑桥头,计田一亩五分……先年得价银一两佃与同春堂……崇祯十四年十一月,是身凑价银二两六分,佃来耕种……今因欠江三孙会银,将前田转佃与房东李名下为业,得受价银并酒食银二两八钱。"② 由于佃户有了永佃权,而地主所拥有的只剩下土地所有权,这使地主在出卖土地时不再能涉及土地的经营使用权,因而出卖土地的文契,有的就径直写明所出卖者为田骨,如嘉靖三十八年(1559年)六月十七日祁门人李仙得所立的一份文契即是如此,其中说:"十西都李仙得,今有承祖摽(标)分荒田乙备……其田本兄弟三人相共,计田三分,本身合得摽(标)分贰分,计早谷租乙秤。今因无钱支用,自情愿将前摽(标)分田骨二分,立契出卖与同都谢 名下收租管业,凭中面议时值价文(纹)银伍钱正……其田原额系是荒田,未曾升科,无税可推。"③

明代部分地区佃户之在一田数主现象中得以成为主人之一,这主要是由两种原因形成的:一是由于佃户出了佃头银,取

---

① 安徽省博物馆《明清徽州社会经济资料丛编》第一集第452页,中国社会科学出版社1988年版。

② 《明清徽州社会经济资料丛编》第一集第424页。

③ 张传玺主编《中国历代契约会编考释》下,第838—839页。

得了永佃权。《天下郡国利病书》引《漳州府志》说:"佃户出力代耕,如佣雇取值,岂得称其田主? 缘得田之家,见目前小利,得受粪土银若干,名田(曰)佃头银。田入佃手,其狡黠者逋租负税,莫可谁何。业经转移,佃仍虎踞,故有久佃成业之谣。"① 二是因为佃户在开垦耕作之时用了工力,提高了土地的肥力和收获量。这种超过昔日的效益,属于佃户所有,地主也予以承认,于是佃户对于土地也就有了部分所有权。这种所有权,当时称为"赔头谷田"或"耕作赔田",简称"赔田",有的叫"力垄"②。这种佃户成为土地主人之一的现象,集中地反映了当时的主佃关系状况。赔田的出现,说明佃户虽对地主有人身依附,但已相当松弛,这使得地主已无权无偿占有佃户改良土壤等所取得的收益。而"佃头银"的出现,则说明地主在采用经济手段加强剥削佃户上,比以前大大注重了,因为"佃头银"是一种预缴的"押租",这是以前所没有的新的剥削方式。

明代中、后期的佃户,还身受高利贷之害。向他们放高利贷的,有租给其土地的地主,也有其他专门以放高利贷谋利的人,这更加深了佃户的痛苦。吕坤《实政录》记载了租给其土地的地主向佃户放高利贷的情形:"近见佃户缺食,便向主家称贷,轻则加三,重则加五,谷花始收,当场扣取。勤动一年,依然冻馁。"③明末周之夔的《弃草文集》卷五描写了专门放高利贷的人危害佃

---

① 《天下郡国利病书》卷93。

② 傅衣凌:《明清农村社会经济》,第10页。在买卖文书中,对于力垄的出卖往往有所限制,如万历四十六年(1618年)七月三十日汪子华所立的佃山约中规定:"日后力垄先尽山(主),无得变卖他人。"(转引自张中政主编《明史论文集》第157页。原件藏中国社会科学院历史研究所图书馆)崇祯十年(1637年)二月十一日,祁门县人洪仰等所立的租山文约中规定:"日后(栽插松杉苗木)成材,主力两半均分,倘力垄出卖,先尽山主,毋得变卖他人。"(《明清徽州社会经济资料丛刊》第一集第457页)但力垄之归佃户所有、佃户有权将之出卖,并未因这些限制而有所改变。

③ 《实政录》卷2《小民生计》。

户的情况："每岁未(末)及春杪,各村农佃早已无耕本,无日食,不得不向放生谷之人借生作活。及至冬熟时,先须将田中所收新谷加息完债。谷债未了,租债又起。又须预指余粒,借银财主,以还田主租钱。其极贫者,生谷债本,竟莫能偿,只随冬收加息,子什其母。甚有宁负田主租,不敢负谷主债,恐塞下年揭借之路者。如是而收成甫毕,贫佃家已无寸储矣。"

三、佃仆及钦赐佃户

佃仆是与主人有严格隶属关系的一种依附民。典型的佃仆存在于安徽南部以及江西、浙江等的一些地区。除了"佃仆"一名外,还被称为地仆、庄仆、庄人等。

佃仆有自己的独立经济。他们佃种主人的土地之后,由于花费了工本而形成的"力坌"就是其财产之一。佃仆对于力坌,可以出卖和转佃。如万历四十五年(1617 年),庄婢(佃仆遗孀)洪阿旺曾将其先夫的力坌卖给山主,其所立出卖力坌文约现存中国社会科学院经济研究所[①]。有的佃仆甚至还拥有自己的土地。万历四十五年七月,胡社禄的一个卖地契说:"立卖契庄仆胡社禄,原买马民水田陆号,坐落土名塘坞等处,共计早晚租陆拾伍秤伍勆,与兄社龙、弟夏龙共,本身合得叁分之一……今因乏用,自情愿托中将前陆号田本身分籍合得早晚租贰拾壹秤拾叁勆陆两,尽数立契,出卖与洪主寿公名下为祀业,三面议还时值价纹银拾肆两五钱整。"庄仆胡社禄能卖出土地,说明前此他是拥有土地的。

佃仆对于主人,在佃种其土地时,要缴纳地租,这与一般佃

---

① 参见《中山大学学报》1979 年第 2 期叶显恩《明清徽州佃仆制试探》。本目所引契约除注明者外,多转引自该文及傅衣凌《明清农村社会经济》。

农没有区别。但佃仆比佃户身分低得多，其与主人有主仆名分，必须听从主人的驱使，担负许多杂役，正像嘉靖时成书的《窦山公家议》所说："前人置立庄佃，不惟耕种田地，且以备预役使。"佃仆负担的杂役包括主人婚娶丧葬、祭祀、应考时听从呼唤，以及平时看守坟墓、山场等。如万历三十三年十二月，佃仆胡胜保、胡住保、胡迟保、胡寄四大房子孙为其洪姓主人出具的立还文书中规定，"凡主家婚姻丧祭，理宜应付"，"每年清明时着二人上门听用祭扫。如遇入学纳监科贡公用呼唤，四房子孙每房各着一人听用一日"，"其主家本处坟山各要小心看守无违"①。佃仆如果不按规定承担杂役，主人可以责打处罚，如休宁程氏年会簿内规定："鸣锣三通，（应该服役的佃仆）各要齐至共事，如隐壮丁，故将老幼搪抵，及点名不到者，重责十板，以警将来。"佃仆对主人承担的义务是世代不变的，父死子继。为了保证这种义务的履行，佃仆不许随便迁移。这些，在当时所立契约中都有明确规定。隆庆五年（1571年）祁门县庄仆胡初等住屋佃田应役文约载明："自后身秩下子孙永远应付洪主婚姻、丧祭使唤，毋敢背义抵拒等情，子孙亦不敢私自逃居他处。"②天启六年（1626年）九月佃仆胡社龙、胡夏龙二房人等为其洪姓主人出具的一个立还文书写明："所有洪主坟茔山场，子孙永远炤旧用心看守，凡遇唤役，悉炤文应付，不得违文抵抗及另迁移等情，倘有违抗，听主理治。"同年佃仆陈社魁为其洪姓主人所具的立还文书也明确保证，所应承担的义务"世代应付，遵守无异"。佃仆所承担的义务，使主人获得很大利益，因此主人不肯轻易放弃，在分家时，要将之作相应的分配。万历十一年（1583年）的《胡法给十四房主立还租约》，就是反映这种分配的一个文件，其中记载："十三都

① 张传玺主编《中国历代契约会编考释》下，第1057页。
② 张传玺主编《中国历代契约会编考释》下，第1054页。

住佃胡法,向住(祁门)板石胡村源(原)房东康名下柴保土名新丈二百玖拾七号,胡法住基计成地七分二厘二毛三丝。今因房东各分买受分籍,多寡不均,应付不便;自情愿托凭本都里长陈汝忠,请至会议,将身住基议交晚租一秤十六斤,秋熟之时,送租上门,照依分籍交纳,以准递年应付。有分房东婚姻丧葬竖造,听主差使一日。"据该立还租约最后所列十四家房东所应得的租数,多者为十二斤一两半,少者只有四两八钱。

列宁说:"在奴隶占有制社会中,奴隶完全没有权力,根本不是人;在农奴制社会中,农民被束缚在土地上。农奴制的基本特征,就是农民(当时农民占大多数,城市人口极少)被束缚在土地上,由此就有农奴制这一概念。"[①] 而明代中、后期佃仆对地主有很强的依附关系,不许随便迁移,要世代为之服役,可见是典型的农奴。

明代中、后期的佃仆,除去来自佃仆的自然繁殖外,还通过多种途径得到补充。其中最主要的途径是"佃主田"。清代的一个安徽按察使曾说:"安徽省徽州、宁国、池州府属地方,自宋、元、明以来,缙绅有力之家,召募贫民,佃种田亩,给予工本,遇有婚丧等事,呼之应役,其初尚不能附于豪强奴仆之列,累世相承,称为佃仆,遂不得自齿于齐民。"[②] 这段话,清楚地说明了"佃主田"和沦为佃仆的关系。

"住主屋"也是补充佃仆队伍的途径之一。隆庆六年(1572年)四月汪什给张姓地主的立还文书就说明了这种情形,该文书说:"今因本身无房住歇,(汪什)父子商议,自愿投东主张名下、土名社屋巷口房屋一所拚披攘,是身父子住歇。日后递年上工

① 《列宁选集》第二版第4卷,第50页。
② 中央档案馆藏军机处录副,乾隆三十四年暴善奏折;转引自魏金玉《明清时代佃农的农奴地位》(载《历史研究》1963年第5期)。

五日,且遇婚姻丧祭,听从叫唤使用,毋得拦阻,每年新正贺庆无失。"

"葬主山"是佃仆队伍得到补充的又一个途径。如天启六年(1626年)七月庄仆胡社龙、胡夏龙等二房人等为其洪姓主人所具立还文书说:"蒙赐山安葬身等祖棺,递还文书,凡遇洪主冠婚丧祭及科举赴京等事,听唤应役,历传遵守无异。"这里说得很明确,胡社龙等沦为洪家的佃仆、为其承担杂役,原因乃是"祖棺"葬在了主人洪家的山上。

因为入赘婚配关系而成为佃仆的也不少。万历年间,黄胜因婚配洪姓地主病故庄人汪臭之妻,从而沦为庄仆,是典型的一例。他在万历三十二年十一月初一日所立的投主文书中写道:"立还投主文书仆人黄胜,今因竹山下汪臭病故,妻桂花、子应豸年幼,洪主要行招人上庄应付,身单身无妻,自愿投主上庄婚配桂花为妻,其汪臭庄田家业,尽是本家承管,其汪臭应付洪主分笈,俱系身自承当,永远应付无词。"[1] 文书中写的是"立还投主文书仆人",而从文书所载具体内容来看,这里的"仆人"不可理解为一般的"奴仆"。因为他在"投主上庄婚配桂花为妻"之后,一方面承继了桂花前夫对主人洪姓地主应负的负担,另方面也承继了桂花前夫的"庄田家业",换言之,拥有了自己的独立经济,可见,这里的"仆人"实为"佃仆"。佃仆与主人有主仆名分,所以这里将"佃仆"称为"仆人"并非不可。天启年间张积也是因为入赘婚配关系而成为佃仆的。他在天启三年(1623年)十一月十八日所立的投主文约写道:"港口庄人张积,今空身投到十五都奇岭郑老爹家浮梁锁埠坟下,招赘原庄人天寿妇为妻,自情愿托中立还文约,前去看守坟墓,耕种田地,照管山场,小心伏

① 原件藏安徽省博物馆。转引自中国明史学会主办《明史研究》第1辑,第67页。

侍,永远应付,不敢私自逃回,侵犯抵触等情。"①

因贫困卖身而成为佃仆的情况也存在着。万历三十七年(1609 年)十月的一个卖身契约说:"洪三元同妻李氏,男国胜,今因欠少食用,自愿浼中出卖与洪相公名下为仆,得受财礼银一十五两正,住居潭渡祠屋,看守坟墓。每年正月初二日上门叩岁,清明拜扫、中元节及送寒衣,主人上坟,务要在祠伺候。所种田园纳租,每年麦豆粟各一石三斗,干洁送纳,不致短少。以上如有违失,听凭责治无辞。"② 契约中写的是卖身"为仆",但从契约所载具体内容来看,这个"仆"就像上文所述万历年间黄胜所立投主文书中的"仆人"一样,不能理解为一般的"奴仆",而实为"佃仆"。因为洪三元虽名为"仆",但有自己的独立经济("种田园纳租")。洪三元卖身为佃仆的事实说明,当时佃仆队伍的扩大,也靠卖身这一途径。

钦赐佃户与佃仆一样,也是处于典型农奴地位的人。它是皇帝拨赐给某些贵族的佃户。前面已经谈过贵族中的功臣受赐佃户的事实。曲阜衍圣公府是另一种类型的贵族,它也从明朝政府得到了钦赐佃户。孔继汾《阙里文献考》卷二六《户田》说:"明太祖洪武元年赐(衍圣公府)祭田二千大顷。分为五屯、四厂、十八官庄,拨佃户承种,供庙祭及属官廪给,余者为衍圣公俸禄。七年,以岁久田荒,诏添拨佃户承种。成祖永乐五年二月又赐赡庙田七十三大顷。英宗正统四年秋八月,户部奏准存佃户五百户,凑人二千丁,专以办纳籽粒,以供祭祀。"明初拨赐给衍圣公府的佃户,到明代中、后期仍旧存在,直至清代还沿用其制。贵族的这些钦赐佃户免除了对封建政府的负担,专门接受贵族的役使,因而是贵族的私属。为了避免官府对他们误派赋役,其

① 张传玺主编《中国历代契约会编考释》下,第 1062 页。
② 《明清徽州社会经济资料丛编》第一集,第 553—554 页。

主人还可以为之开具执照。万历年间,衍圣公府就曾给在北直隶武清县作买卖的该府佃户王鸿儒等开具了这样一个执照,其中说:"袭封衍圣公府为祭祀事:据本府巨野屯佃户王鸿儒、吴宇等告称,原拨地土窄狭,不敷耕种,各带家小往北直隶武清县地方丁字沽居住买卖,递年营办祭祀钱粮。缘无文凭,告乞执照便益。据此合行批付本告收执,每年纳粮换批。如有彼处地方火甲人等攀当民差庄头地夫杂役,不许擅派,许执此赴官陈告验免。"① 如果钦赐佃户不肯承担其对主人的封建义务,贵族可以拘拿处罚。如孔府档案中有一个万历十八年(1590 年)的文件说:"查得佃户张朴拖欠万历十六年分粮银子粒,共该银九两,经久未纳,显是奸猾延捱,拟合提催。为此,票仰屯长李炯即将该屯佃户张朴等所欠银两,查照数目,火速比并完解。如再迟慢,就将张朴锁来追处。"② 钦赐佃户对主人的隶属关系是世袭的,甚至一般农民取得贵族的同意而投充在贵族门下、向政府谎报为钦赐佃户之后,也被世世代代束缚在这种地位中,不能摆脱。如邹人刘大伦在明代投入与衍圣公府同一类型的贵族孟府中充当佃户,此后便世世代代相沿这一身分。到清朝康熙年间,其曾孙刘来溥企图恢复民籍,摆脱孟府佃户的地位,向官府报告原委,于是与孟府发生诉讼。但结果刘来溥并没达到目的③。钦赐佃户对贵族有如此严格的人身依附关系,不难看出,完全是典型的农奴。

除了贵族拥有钦赐佃户外,某些寺院道观也有这种依附者,其地位与贵族的钦赐佃户没有区别。

明代中、后期,除了佃仆、钦赐佃户之外,还有一些处于典型

① 曲阜故衍圣公府档案,《本府处理公务稿簿》,60/65,中国社会科学院历史研究所抄存,据《文史》第 5 辑王毓铨《明代勋贵地主的佃户》转引。

② 转引《文史》第 5 辑王毓铨《明代勋贵地主的佃户》。

③ 见杨尚奎:《中国古代社会与古代思想研究》,第 596—598 页。

农奴地位的人。如某些地方的一般佃户，实际地位并非像官府命令中所规定的那样，与地主处于少长关系，而是与佃仆、钦赐佃户地位相同，他们也应归于典型农奴之列。这些具有不同名称而实际上同属典型农奴的人，作为一个阶层来讲，乃是早期和中期封建社会的遗存物；他们的绝对数字虽然不少，但与人身依附关系比较松弛的大多数一般佃户相比，毕竟数量小得多，这是应予注意的。

第三节　佣工和奴婢

一、佣　　工

佣工是指以出卖劳动力为生的人，这种人在明代中、后期极多。前面已有多处涉及佣工的情况，这里再作些补充说明。

佣工之多，可以从以下两方面考察：一为使用地区广泛。都城有佣工，《蓬轩别记》载："京师西郊多贫民，每晨入佣，取直资养，迄暮归。"[①] 经济发达的地区也有佣工，正德《姑苏志》载，苏州地区"无产者赴逐雇倩，受直而赋事，抑心殚力，谓之忙工，又少隙则去捕鱼虾、采薪、埏埴、佣作、担荷，不肯少自偷惰"[②]。在偏僻的山区，仍有佣工，明人丘濬说：江西流民来到荆襄山区后，有的"专于贩易佣作"，应称为"营生户"[③]。二为使用的部门多。手工业、农业、商业等都有佣工在活动。关于手工业、农业方面使用佣工的情况前面已经述及，这里再举例说明商业中佣工的

---

① 《蓬轩别记》卷下，第 5 页，《古今说部丛书》本。
② 正德《姑苏志》卷 13《风俗》。
③ 《明经世文编》卷 72。

存在。《东西洋考》卷七说:"海滨一带,田尽斥卤,耕者无所望岁,只有视渊若陵,久成习惯,富家征货,固得稛载归来,贫者为佣,亦博升米自给。"这是商业中使用佣工的例证。

明代中、后期佣工的身分地位比较复杂。如前所述,从法律上讲,短工是依"凡人论"的自由人,但"立有文券,议有年限"的佣工,却被定为地位介于"凡人"与"奴婢"之间的"雇工人"。这种"雇工人"之所以说地位介于"凡人"与"奴婢"之间,主要体现在下列两点:第一,在明律中,"雇工人"被编入了雇主的家族体系之内。当他触犯雇主及其亲属时,要比照子孙或卑幼者触犯其父母、尊长的行为进行处罚,因而比一般"凡人"犯同类罪行要加重若干等。相反,当雇主及其亲属侵犯"雇工人"时,其处罚都比"凡人"相互侵犯轻许多。如"凡人"斗殴,没有成伤时,只笞二十至三十,而"雇工人殴家长及家长之期亲若外祖父者",在不成伤的情况下,却要"杖一百,徒三年"①。至于家长及家长之期亲若外祖父母殴雇工人,非折伤勿论,至折伤以上亦"减凡人三等"。由此可见,"雇工人"对雇主及其亲属的法律地位,低于一般"凡人"的地位。第二,在明律中,有些犯罪的处罚办法,"雇工人"与奴婢相同,如谋杀雇主及其亲属罪、奸雇主妻女罪等;但更多的规定是,雇工人触犯雇主比奴婢触犯主人判罪要轻,如"奴婢殴家长者皆斩"。这与上述雇工人殴家长的处罚相比,显然要重许多。这说明,雇工人的法律地位,较之奴婢略高一些。

明代中、后期佣工身分地位的复杂性,还表现在其法律地位与实际地位不尽一致。这主要表现在"雇工人"方面。明律对"雇工人"所规定的介于奴婢与凡人之间的地位,在现实生活中是存在的。《醒世恒言》卷二九描写溏县知县陆光祖在处理监生卢柟案件时,所下的判词是:"雇工人死,无家翁偿命之理。"这正

---

① 以上见《大明律集解附例》卷20《斗殴》。

是反映了雇工人低于"凡人"的这种法律地位在现实生活中是被承认的。然而，现实生活中，"雇工人"也有地位不低于"凡人"的情况。前面论述资本主义萌芽的产生时，对此已有说明。

法律上具有自由身分的短工及在现实生活中已具有自由身分的"雇工人"，和其他一般佣工有很大的差别。后者乃是封建社会的旧物；前者则为新的生产关系的组成者，当时资本主义萌芽的出现，正是由于他们以较多的数量聚集在某些生产部门之中。

既有封建社会的旧物，又有自由身分的雇佣劳动者，这便是明代中后期佣工的基本特征。

二、奴 婢

奴婢是社会地位最低的一个阶层。它的名称很多，在当时的文献中，诸如婢仆、奴仆、仆从、家人、奴、家奴、仆者、仆人、厮养、童仆、家童、小奚、婢、养娘、丫鬟、侍儿、侍婢等，都是指奴婢。明朝政府从保证国家的财政收入出发，对什么人可以拥有奴婢及其可以拥有的奴婢数量，都有一定的限制和规定。《明神宗实录》卷一九一记载："律称庶人之家，不许存养奴婢，盖谓功臣家方给赏奴婢，庶民当自服勤劳，故不得存养。"《明会要》卷五二说："（洪武）二十四年定：役使奴婢，公侯家不过二十人，一品不过十二人，二品不过十人，三品不过八人。"然而，事实上这类规定并没有彻底实行，甚至可说是完全等于一纸空文。

明代中、后期奴婢的数量极多，"大家童仆多至万指"的记载[1]，比比皆是。固然按照法律规定可以役使奴婢的贵族官僚使用奴婢者极为普遍，顾炎武说，江南"仕宦之家（役使奴婢）有

---

[1] 《天下郡国利病书》卷 20《江南》8。

至一二千人者"①;那些按法律无权役使奴婢的各种庶人,也在大量使用奴婢。钟祥县庶民地主李钦,"居介钟、荆之间,家僮千人"②。凤阳商人葛容菴,"僮婢三百余指"③。有的家境不过是比较富裕的自耕农,但也使用着奴仆,《明史》卷二九七《阿寄传》所记载的分家前的淳安徐氏,就是这种情况。明代小说中对这种情形也有反映,就《醒世恒言》等书统计,其中所写役使奴婢之人,有文官(上起尚书、学士,下至太守、知县),武将(卫指挥和千户等),一般吏员(如县令史),世代簪缨之族,刚刚拾到钱的暴发户,田广业大的大地主,薄有土地的小地主,丝织业等作坊的主人,贩卖粮、布、马、盐的商人,开设当铺的高利贷者,专在河湖搞"私商"的水盗、青楼的妓女等,真是形形色色,应有尽有。

奴婢使用的部门和领域很广泛。农业中有使用的,当时人徐显卿的"勤箴"反映了这种情况,它说:"厥躬克勤,倡率家人,妇女缫织,僮仆耕耘,惟勤有获,垂裕子孙。"④ 手工业中也有使用的,大学士徐阶"多蓄织妇,岁计所积,与市为贾"⑤。这里的"织妇",就是一种奴婢。商业活动中也使用奴婢,《明史》卷二九七所叙述的淳安徐氏的奴仆阿寄,主人分家后就是为主人经商的。《云间杂志》卷中也记载,万历三十七年(1609 年),松江人焦慎君曾"偕一仆"至吕宋经商。官僚富户的各种家内杂役,更是多半由奴婢来承担。

奴仆的来源主要有三种:一为买卖。如嘉靖时官僚杨继盛有个奴仆名叫曲钺,他"原是四两银子买的"⑥。万历四十三年,

---

① 《日知录》卷 13《奴仆》。
② 《震泽先生别集》附《郫事纪略》。
③ 《唐荆川先生文集》卷 11《葛母传》。
④ 《西园闻见录》卷 15。
⑤ 于慎行:《谷山笔麈》卷 4。
⑥ 《杨忠愍公遗笔》。

汪某即用三两三钱银子买得王成祖的第三个儿子王有礼为仆，其时王成祖出具的卖子婚书写道："立婚书父王成祖，今因无钱支用，自情愿将三男王有礼，己酉年十二月廿九日辰时(生)，托弟社文，出卖与房东汪　名下，三面得受礼银叁两叁钱整。其人随即过门听主使用，日后成人长大，无得私自回家，并无生情异说。所有家下门户一应等情，尽是兄弟成当，不累房东之事。倘有风烛不常，天知命也。倘有私自逃外，听主闻公理治，依律背主之论。"① 二为掠卖。明代法律中规定有关于掠卖编户齐民为奴婢的禁令，《明会典》卷一六八说："凡设方略而诱取良人，及略卖良人为奴婢者，皆杖一百，流三千里。"法律上的禁令是针对现实生活中存在的事物而规定的，所以关于掠卖编户齐民为奴婢的禁令的规定，即反映出当时"掠卖"是奴婢的来源之一。三为投靠。顾炎武说："今日江南士大夫，多有此风，一登仕籍，此辈竞来门下，谓之投靠。多者亦至千人。"②

奴婢在人身上是属于主人的。主人分家时要把他们与其他财产一起分配，主人可以将他们随意出卖和转让。《明史》卷二九七《阿寄传》说："阿寄者，淳安徐氏仆也。徐氏昆弟析产而居，伯得一马，仲得一牛，季寡妇得阿寄。"这是关于弟兄分家时要分奴婢的明确记载。

在身分地位上，奴婢不仅对主人中的家长，而且对其全家，以至其同族中的其他亲属，也都低其一等或几等。这种情形，在明代法律有关主奴互相触犯的处罚条文上有明确的反映。明律规定，"(奴婢)若殴家长之期亲及外祖父母者绞，伤者皆斩"，但"家长之期亲，若外祖父母"，对奴婢"无罪而杀者"，仅"杖六十，

① 王钰欣、周绍泉主编《徽州千年契约文书》第 3 卷，花山文艺出版社版，第453 页。
② 《日知录》卷 13《奴仆》。

徒一年,(奴婢的)当房人口悉放从良"①。这样的规定显然是不平等的,处罚的不平等说明了身分的高低差异。奴婢对于主人宗族以外的其他编户齐民,地位也是不平等的,这在明代法律中也有明显的反映。《明会典》卷一七〇载:"凡奴奸良人妇女者,加凡奸罪一等,良人奸他人婢者,减一等。"同书卷一六九又载:"凡奴婢殴良人者,加凡人一等,至笃疾者绞,死者斩。其良人殴伤他人奴婢者,减凡人一等,若死及故杀者绞。"

奴婢没有自己的独立经济。他们进行生产所需要的生产资料,经商所需要的本钱全是主人的,其生产收益和经商所得,统统归主人所有。如前面提到的淳安徐家的仆人阿寄,被身为寡妇的主人派去贩漆,其本钱靠的是"寡妇尽脱簪珥,得白金十二两"。他入山贩漆一年"而三倍其息","历二十年,积资巨万",这些利润全归了主人,"自是寡妇财雄一邑"。当他去世之后,"或疑其有私,窃启其箧,无一金蓄。所遗一妪一儿,仅敝缊掩体而已"②。奴婢的生活资料,从实质上看自然全是奴婢自己创造的,但奴婢却不具有所有权,其表现形式是主人掏腰包来养活奴婢。因此,在史籍中多有"仆之婚配衣食皆仰给于主家"的记载"③。

为了保证"奴婢的再生产",主人允许奴婢结婚。这反映在明代的小说中,便是所描写的奴仆多数拥有自己的家眷,因此"一房人"、"两房家人"、"几房家人小厮"、"家僮数十房"④ 之类的说法,屡见不鲜。这些家眷同样属于主人,主人可以随意役使。《醒世恒言》卷三四描写:景德镇地主朱常带着十来个家人去割稻,后来又让家人卜才回家将"媳妇子"(指家人的妻子)"叫

---

① 《明会典》卷 169。
② 《明史》卷 297《阿寄传》。
③ 乾隆《宝山县志》,转引自傅衣凌《明清农村社会经济》第 95 页。
④ 《醒世恒言》卷 20、36、10、18;《警世通言》卷 22。

五、六个来"。这便是当时奴仆的家眷可被主人随意役使的一个反映。奴婢的子女也要听从主人的役使,其奴婢地位是世袭的。松江地区,"男子入富家为奴,即立身契,终身不敢雁行立。有役呼之,不敢失尺寸。而子孙累世不得脱籍"①。中国历史博物馆收藏有万历八年(1580年)十二月七日的一个"招亲婚书",这个契约提供了当时奴婢地位世代相承的一个具体例证,其中说:"立招亲婚书仆人余又什","因家贫,自幼将身出卖十二都三图渠口家主汪名下为仆,今年十八岁,无妻,求媒张瑞、朱卑切招到老仆胡昭法寡媳为妻,以遂终身大事。自招之后,夫妻二人在家主地屋住歇,小心供使。生育子孙,永远服役,一遵家主法度,不得生奸逃拐背逆等情"。这里的"生育子孙,永远服役",明确地规定了世代为奴的身分地位。

为了诱使奴婢老实为主人服役,主人有时对个别称心的奴婢给予奖赏,甚至改变其奴婢身分。奴婢倘有厚资,也可赎身。嘉靖时官僚杨继盛在写给儿子的遗书中说:"(奴仆)麴铖他若守分,到日后与他地二十亩,村宅一小所。若是生事,心里要回去,你就合你两个丈人商议,告着他。原是四两银子买的他,放债一年,银一两得利六钱,按着年问他要,不可饶他。恐怕小厮们照样儿行,你就难管。"② 这里所说给予村宅和土地,就是说要改变其没有独立经济的情况,即准备改变其奴婢身分;所说当其"心里要回去"时,按高利贷办法要债,就是准备在索取高额赎金的情况下,答应其脱离主奴关系。不过,主人主动改变奴婢身分的情况是极个别的;奴婢用金钱赎身的办法也是不易行通的,因为很清楚,一般的奴婢是难于积累起那样多的金钱。所以,一般说来,当时劳动人民一旦陷于奴婢地位,那就休想脱身,只能

---

① 《研堂见闻杂录》。
② 《杨忠愍公遗笔》,见《学海类编》第四函。

世世代代在这种低贱痛苦的地位中呻吟。

上述种种，说明明代的奴婢同奴隶社会的奴隶在许多方面是相同的，但他们并不是奴隶社会的奴隶。从严格的科学意义讲，他们的阶级属性，也应该是封建社会的一种依附民。

家主虽与奴婢有主仆名分，但已不能随便杀死他们，一些较重的惩罚，一般也要禀官处理。明律规定，"若奴婢有罪，其家长及家长之期亲，若外祖父母，不告官司而殴杀者，杖一百"①。前引万历八年十二月七日的"招亲婚书"中也写着，仆人余又什倘对主人不履行契约上规定的义务，"听从家主呈官究治"。由此可见，明代中、后期的奴婢已不像奴隶社会的奴隶那样只是会说话的工具，而是已被当成了人。

当时奴婢和主人的关系，虽有占有和被占有的性质，但带有浓厚的封建宗法色彩，其中一个突出的表现是，在奴婢对主人有所触犯时，法律上往往像对待"雇工人"那样，把奴婢比照家族中的子孙辈来处罚。《大明律集解附例》卷一九《刑律·人命·谋杀祖父母、父母》条纂注说："若奴婢及雇工人谋杀家长之期亲、外祖父母若缌麻以上亲者，罪与子孙同……盖奴婢、雇工人虽无伦理，而名分之重，与子孙不异故也。"

将奴婢与前面谈到的佃农、佃仆和钦赐佃户等的地位作一比较，可以看出，他们有相同之点，这就是都属于封建依附民。但还有不同之处，这就是佃农、佃仆和钦赐佃户等都有自己的独立经济，可是佃农的人身依附较小；佃仆和钦赐佃户等与奴婢都有很强的人身依附性，但佃仆和钦赐佃户等有自己的独立经济，而奴婢则没有；另外，在人身依附性上，奴婢比佃仆和钦赐佃户等也更强一些。列宁曾说：最粗暴的农奴制，"同奴隶制并没有

---

① 《明会典》卷169。

什么区别"①。明代中、后期的奴婢,就是最粗暴的农奴制之下那种类型的依附民。如果依照地位的高低,将奴婢等依附民排列顺序,其自高至低应为:佃农、佃仆、钦赐佃户、奴婢。

上面所述是当时奴婢的一般情况。而实际生活是十分复杂的。有的奴婢是主人的心腹,被主人安排在重要的位置上,担任比较特殊的任务,对其他奴婢和主人的其他役使对象有管理、指挥之权,过着优裕的生活。在土豪劣绅鱼肉小民时,这些特殊奴婢是为虎作伥、助纣为虐者,他们还乘机狗仗人势,大施淫威,谋取个人的私利,有的因而成为大富豪。这正如《研堂见闻杂录》所说:"其人任事,即得因缘上下,累累起家为富翁,最下者,亦足免饥寒。更借托(主人)声势,外人不得轻相呵。即有犯者,主人必极力卫扞。"史料中有不少关于这种特殊奴婢为非作歹的实例。严嵩的仆人永年,"号曰鹤坡",张居正的仆人游守礼,"号曰楚滨",他们"不但招权纳贿,而朝中多赠之诗文,俨然与搢绅为宾主"②。常熟某势宦的家奴黄元,为主收租任阳乡,"恃主威,禾未登场",即来骚扰,"叫嚣乡里,鸡犬不宁,农人苦之",在其逼迫下,农民们"每亩出斗粟劳之,名曰脚步钱"。其子黄洪,"尤凶暴,恃其拳勇,酗酒渔色,乡人目为黄二伤司,谓触之祸即立至也"③。从这些特殊奴婢的地位和所作所为看,他们已不能算依附民,实际上是主人的帮凶、走狗,是地主阶级的一部分。

由于佃仆与主人有主仆名分,因此有些人实际上身分是佃仆,而其名义却称仆、奴等。这在前面谈佃仆时已经涉及。这种情形也是当时奴婢问题中的复杂情况之一。

总之,当时的奴婢一般说是最粗暴的农奴制之下那种类型

---

① 《论国家》,见《列宁选集》第2版第4卷,第46页。
② 《日知录》卷13《奴仆》。
③ 《过墟志感》卷上。

的依附民,而有些人情况比较特殊,他们有奴婢之名,实际上并不属于奴婢阶层。

综观明代中、后期的阶级状况,可以看出,这时的阶级构成基本上仍是封建统治阶级和被其压迫、剥削的劳动人民两大阶级,前者包括皇室、诸王和公主、功臣和外戚、缙绅地主、寺院地主、庶民地主、大商人等阶层和集团,后者包括小商人、小手工业者、自耕农、佣工、佃农、佃仆及钦赐佃户,奴婢等阶层和集团。两大阶级中的各个阶层和集团,又各具有不同的特点和地位,形成不同的等级。这些情况反映出当时的社会形态仍是完整的封建制度。这时的各阶级虽然基本上仍像以往那样从事各项政治、经济活动,但又有一些新情况。他们大都与商品生产和商业交换发生了密切的关系,以不同的方式投入了这些活动之中。在此基础上,与商品生产和商业交换关系最密切的某些大商人、庶民地主、小手工业者和佣工等,共同促进了资本主义生产关系的萌芽,从而使原有的封建社会生产关系发生了缓慢的演变。这些情况,是当时社会经济新发展在阶级关系上的反映。

图书在版编目(CIP)数据

明史/南炳文,汤纲著. —2 版. —上海:上海
人民出版社,2014
ISBN 978 - 7 - 208 - 12480 - 6

Ⅰ. ①明… Ⅱ. ①南… ②汤… Ⅲ. ①中国历史-研
究-明代 Ⅳ. ①K248.07

中国版本图书馆 CIP 数据核字(2014)第 166192 号

责任编辑　苏贻鸣　张晓玲　秦　堃
美术编辑　杨德鸿
封面装帧　袁银昌平面设计有限公司

明史

南炳文　汤　纲　著

出　　版　上海人民出版社
　　　　　(201101　上海市闵行区号景路 159 弄 C 座)
发　　行　上海人民出版社发行中心
印　　刷　江阴市机关印刷服务有限公司
开　　本　850×1168　1/32
印　　张　48.75
插　　页　21
字　　数　1,157,000
版　　次　2014 年 12 月第 2 版
印　　次　2024 年 5 月第 8 次印刷
ISBN 978 - 7 - 208 - 12480 - 6/K · 2267
定　　价　168.00 元(全二册)

明史

下

汤纲 南炳文著

上海人民出版社

明朝皇帝金冠

万历孝靖皇后嵌珠宝
点翠凤冠

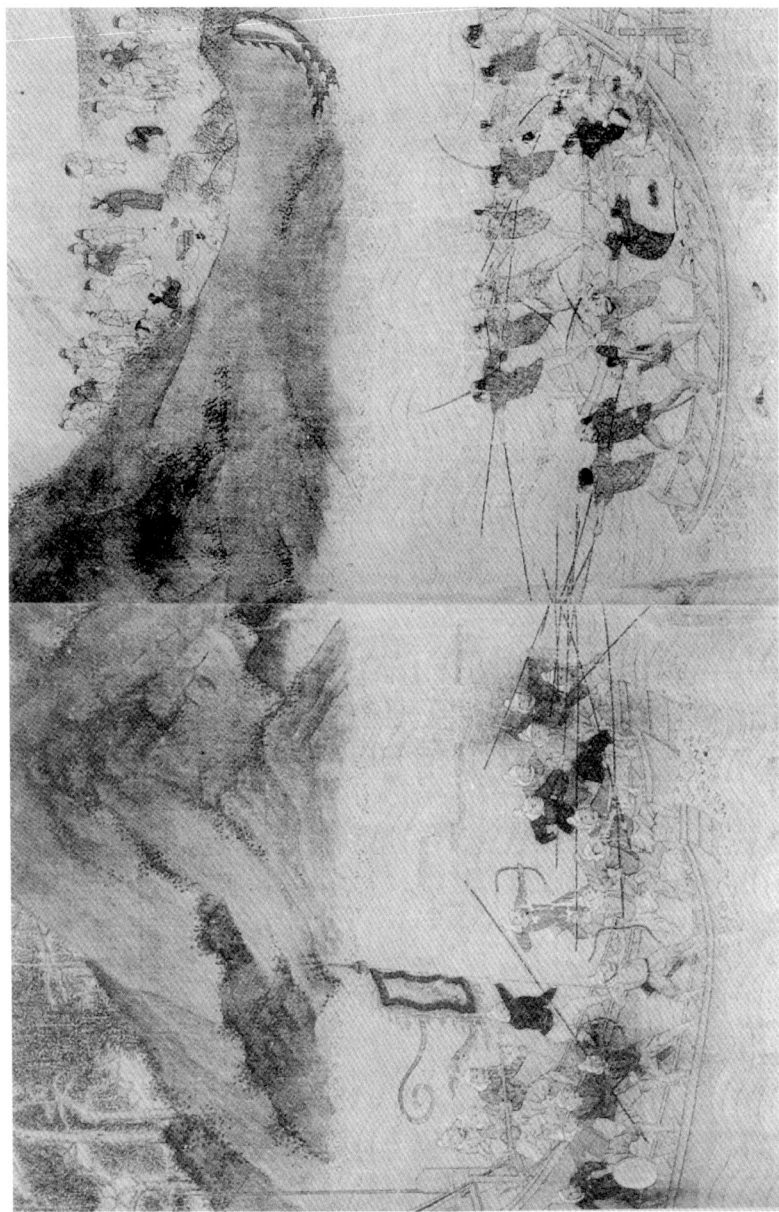

倭寇图卷（明末人绘）

德化窑何朝宗款观音像

成化斗彩婴戏杯

嘉靖五彩鱼藻瓷罐

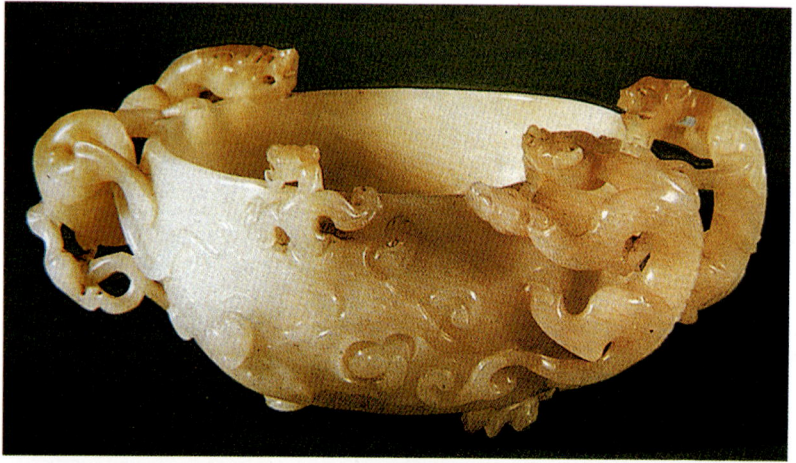

白玉螭龙杯

韩希孟 刺绣弥勒像(局部)

宣德款红釉盘

刺绣芙蓉鸳鸯图

沈士鲠 采桑图轴

善和坊裏李端端信是
能行白牡丹誰信揚州金
滿市臙脂價到屬駿
唐寅畫並題

唐寅　李端端图轴

文徵明　松石高士图轴

仇英　桃源仙境图轴

沈周 落花诗意图卷

陈洪绶　蕉林酌酒图轴

曾鲸　王时敏小像轴

目　录

第十五章　明朝后期的政治(上)

第一节　长期怠政与官曹空虚

一、名副其实的专制君主

明朝是君主专制制度高度发展的时期,但在这种制度下,皇帝本人并不是在任何时候都能够威福自操的,由于种种原因,大权可能旁落,有时大权被首辅掌握,有时又落入宦官之手。皇帝本人要想真正实现大权在握,必须根据主客观条件,采取适宜的措施,才能达到目的。如前所述,在明神宗在位的前十年中,朝廷大权被张居正掌握,明神宗可说是形同傀儡,这种状况,直到张居正死后,才发生了根本变化。

张居正任首辅期间,进行了卓有成效的改革,其历史功绩是不可抹煞的。但是,当大权在握时,他作为一个地主阶级的政治家,也难免存在这样那样的缺点。为了讨好他,文武官吏多有"极意卑谄"之举,对此,他都不加考虑地予以接受了。如他曾接受一个官吏馈赠的以黄金制成的对联,其词句是:"日月并明,万国仰大明天子;丘山为岳,四方颂太岳相公。"① 这竟把张居正与万历皇帝相提并论了。当时也有一些官吏不肯对之奴颜婢膝、曲意逢迎。遇到这种情况,张居正便滥用权力,肆意打击。万历五年(1577 年)张居正之父死去,按照当时的丁忧制度,张

---

① 《明朝小史》卷 14"万历纪·黄金对联";《定陵注略》卷 1《江陵覆车》。

居正应该解职二十七个月,在家"守制",期满后再出来做官。但是,当时朝廷的政务在张居正的主持下刚刚走上轨道,客观情况使他不便丢下政务不管;另外,如果他丢下了经过长期争夺才得以到手的首辅之位,以后能否再保有此官位则将是未知数,这也不能不引起他的顾虑。因此,倘能突破丁忧旧制,由皇上特别决定继续任职(此即所谓"夺情"),将是他非常乐于接受的事情。而这种事情当时确实发生了:所善同年户部侍郎李幼孜,"欲媚居正,首倡夺情议",张居正在政治上的伙伴、太监冯保对此大力支持,于是"中旨"传出,"谕吏部尚书张瀚留之"。不过,此事遭到了若干官吏的反对,于是张居正大怒,反对者纷纷遭受打击。首当其冲的是吏部尚书张瀚。当留张居正的中旨传出后,张居正表面上上疏"请守制",暗地里却"以牍风瀚覆旨"。而张瀚认为孝道关系封建秩序的根本原则,不应随意抛弃,对张居正此举甚不以为然,所以在奉到中旨及张居正的书信后,即以假装糊涂的办法加以抵制,史载:"瀚佯不喻,谓:'政府奔丧,宜予殊典,礼部事也,何关吏部?'居正复令客说之,不为动。"由于张瀚不赞成夺情,在张居正的操纵下,斥责张瀚的圣旨传了下来,说:"瀚久不奉诏,无人臣礼。"不久,张居正又嗾使给事中王道成等"擿他事劾之,勒致仕归"[①]。张瀚被处罚后不久,编修吴中行继起抗疏批评张居正,认为"夺情"之事关系"万古纲常",不合"圣贤义理、祖宗法度"。第二天,检讨赵用贤又上疏相和。"又明日"刑部员外郎艾穆、刑部主事沈思孝更联名上疏,发表了内容相同的意见。这一连串上疏使张居正火气更大起来,"谋于冯保,欲廷杖之"。学士王锡爵等向张居正反复求情,张居正皆不答应,终于对四人施以廷杖之刑,吴中行、赵用贤杖六十,艾穆和沈思孝杖八十。之所以杖数不同,乃因为吴、赵"请令居正奔

---

① 《明通鉴》卷66;《明史》卷225《张瀚传》。

丧,葬毕还朝",而艾、沈"直请令终制,故居正尤怒之"。在四人受杖的时候,刑部观政进士邹元标正怀揣反对张居正夺情的奏疏来到朝廷,等待行刑完毕,邹元标从怀中取出奏疏交给太监,假骗说:"此乞假疏也。"及奏疏递入,张居正大怒,"亦廷杖八十"①。顺我者昌,逆我者亡,这时的张居正真是飞扬跋扈、不可一世。

万历初的十年中,张居正是实际上的最高统治者,他擅用职权,甚至连当时由于年龄偏小而名居最高统治者之位、实无最高统治者之权的明神宗,也时常遭受他的训斥。如史载:"初,上在讲筵,读《论语》'色勃如也',误读为'背',居正遽厉声曰:'当读作勃!'上悚然惊起,同列皆失色,由此上益心惮居正。时比之霍氏骖乘云。"② 冯保对待明神宗也是这种态度,而且与张居正联合起来,一致行动。《明史·宦官传》记载:"慈圣太后(明神宗生母李氏)遇帝(指明神宗)严。(冯)保倚太后势,数挟持帝,帝甚畏之。时与小内竖戏,见保人,辄正襟危坐曰:'大伴来矣。'所昵孙海、客用为乾清宫管事牌子,屡诱帝夜游别宫,小衣窄袖,走马持刀,又数进奇巧之物,帝深宠幸。保白太后,召帝切责。帝长跪受教,惶惧甚。保属居正草帝罪己手诏,令颁示阁臣。词过挹损,帝年已十八,览之内惭,然迫于太后,不得不下。"上引张居正、冯保对待明神宗的事例,皆属对年幼者严加管束之列,似与前述张居正对待官吏们喜谀厌忤者有所不同,而实际上有相通之处,这个相通之处便是对人的居高临下、盛气凌人的态度。如果说,在张居正担任首辅期间,明神宗由于年龄偏小,不得不忍受张居正以及冯保的这种居高临下的态度的话,那么当张居正

---

① 《明通鉴》卷66;《明史》卷229《吴中行传》、《赵用贤传》、《艾穆传》、《沈思孝传》,卷243《邹元标传》。

② 《明通鉴》卷67。

去世后,年已二十岁的明神宗,就不可能继续忍受这种状况。这时,张居正已死,冯保势孤,明神宗起而发难。

冯保在张居正死后,"犹肆横如故"。太监张鲸,"素害保宠,谋去之","其同事张诚,向为保所恶,斥于外,至是复入"。两人乃伺间向明神宗"陈保过恶","并发其与张居正交结状,请令保闲住"。对冯保"积不能堪"的明神宗,听到弹劾冯保,无疑是正中下怀。然而慑于其向来的骄横,一时间不能不有些犹豫,当时便说:"若大伴(指冯保)上殿来,朕奈何?"张鲸回答:"既有旨,安敢复入!"明神宗这才放了心。恰好这时御史江东之首劾冯保的同党锦衣卫指挥同知徐爵,诏下徐爵于狱,论死。于是,御史李植又参冯保"当诛十二罪"。明神宗遂下令:"保欺君蠹国,本当显戮,念系皇考付托,效劳日久,姑从宽降奉御,发南京闲住。伊弟侄冯佑等,都革职发原籍为民。"时为万历十年(1582年)十二月上旬,距张居正病逝才半年。①

已经死去的张居正继冯保之后,也不免受到日甚一日的攻击和清算。万历十年(1582年)十二月十四日,御史杨四知论张居正十四罪,"大略言其欺君蔽主,僭奢专权,树党忘亲"。明神宗传旨:"居正朕虚心委任,宠待甚隆,不思尽忠报国,顾乃怙宠行私,殊负恩眷。念系皇考付托,侍朕冲龄,有十年辅理之功,今已殁,姑贷不究,以全始终。"② 万历十一年三月,明神宗看了有关狱词,又夺张居正上柱国、太师兼太子太师,斥其子锦衣卫指挥张简修为民③。同年八月,再追夺张居正之谥④。九月,御史羊可立奏言:"已故大学士张居正隐占废辽府第田土,乞严行查勘。"⑤ 第二

---

① 《明通鉴》卷 67;《明史》卷 305《宦官传》;《明神宗实录》卷 131。

② 《明神宗实录》卷 131。

③ 《明神宗实录》卷 135。

④ 《明神宗实录》卷 140。

⑤ 《明神宗实录》卷 141。

年四月,辽庄王府次妃王氏复上疏讼冤,神宗乘机命司礼张诚及侍郎丘橓偕锦衣指挥、给事中,前往湖广荆州抄张居正的家。张诚等将至,荆州守令先期"录人口,锢其门,子女多遁避空室中"。及把门打开,饿死者已"十余辈"。张诚等"尽发其诸子兄弟藏,得黄金万两,白金十余万两"。张居正之长子"礼部主事敬修","不胜刑",自缢而死。后经多人说情,明神宗方下诏"留空宅一所、田十顷,赡其母"。此后"言者复攻居正不已"。明神宗在万历十二年八月终于尽削张居正之官秩,下令将其罪状榜示天下,谓"当剖棺戮尸而姑免之",其弟都指挥居易,子编修、嗣修,俱发戍烟瘴地。①

忘乎所以使张居正死后不保生前之荣耀,而冯保则晚景凄凉。但明神宗打击张居正和冯保的主要影响不在这里。总结历史是为了未来。除了出出昔日受约束的窝囊气之外,明神宗发动此举的主要目的,在于此后要大权亲掌,不再允许太阿倒持的现象继续存在。这个目的,他是完全达到了。明神宗在张居正死后不久进行的这场打击张、冯的活动,其给历史留下的重要影响之一,就在于此。

明神宗打击张、冯之后,首辅们从张居正的下场中汲取了深刻的教训,再也不敢越权专擅了。万历十八年(1590年)正月元旦,明神宗接见首辅申时行等时,有这样一段对话:

上曰:"先生们尚知尊卑上下,他每小臣却这等放肆,近来只见议论纷纷,以正为邪,以邪为正……这等殊不成个朝纲。先生们为朕股肱也,要做个主张。"时行等对曰:"臣等才薄望轻,因鉴前人覆辙,一应事体,上则禀皇上之独断,下则副外廷之公论,所以不敢擅自主张。"②

① 《明神宗实录》卷148、卷149、卷152;《明史》卷213《张居正传》。
② 《明神宗实录》卷219。

所谓"前人覆辙",无疑是指张居正之死后遭受惩罚。从这段对话来看,明神宗之打击张、冯,确实使最易于窃弄其威权的首辅大受震惊。

从当时的政治实践看,张居正之后,阁权明显地大为降低。这表现在如下三个方面:

第一,直到明神宗去世,历任首辅对于皇帝基本上是仰其鼻息,不敢自作主张。

自张、冯被打击后,终万历之世,先后担任首辅者(包括虽名义上不是首辅,而实际上掌其职权者),有申时行、王家屏、王锡爵、赵志皋、张位、沈一贯、朱赓、叶向高及方从哲等人,其中大部分人对明神宗不肯立异,绝无张居正时对皇帝居高临下的姿态。如史称申时行,"在阁九年,政令务承上指,不能有所匡正"①;王锡爵自我评论,"猥承张居正擅权之后,侍皇上久御练事至圣至神之主,兢惕万倍,纵胆智包身、奸雄盖世,安能颐指皇上之手口、借以处人"②;赵志皋与张位,"遇事依违"③;沈一贯"(对皇帝)虽小有救正,大率依违其间"④;方从哲"性柔懦,不能任大事,凡所疏论,以有内援,名争而已,实将顺帝意,无所匡正"⑤。上述诸人之外的首辅,在对待皇帝的态度上,不同于前者的看皇帝脸色行事,但其主张因不合乎皇帝的心意,多半不被皇帝采纳,甚至不能久居其位。如王家屏由于反对皇帝滥施权力、处罚违背圣旨的礼科都给事中李献可,封还了御批,因而跟皇帝发生了矛盾,被迫"引疾乞罢","柄政止半载",即"以戆直去国"⑥;叶

---

①　《明通鉴》卷 69;《明史》卷 218《申时行传》。

②　《明神宗实录》卷 268。

③　《明通鉴》卷 71。

④　《明史》卷 218《沈一贯传》。

⑤　《明通鉴》卷 76。

⑥　《明通鉴》卷 69。

向高"志不行,无日不求去"。①

第二,文武官吏对于阁臣的弹劾远比张居正担任首辅时期胆大而频繁。

张居正担任首辅时,文武官吏也有对他进行弹劾的,但远不如这一时期为多。如赵志皋任首辅时曾愤愤地说:"同一阁臣也,往日势重而权有所归,则相率附之以媒进。今日势轻而权有所分,则相率击之以博名。"② 有些情况完全相同的事情,在张居正时期,首辅干了,没人或很少有人敢于出来说三道四,而在这一时期,却招来许多议论。如张居正的儿子在万历二年参加会试不第,"居正不悦,遂不选庶吉士。至五年,其子嗣修遂以一甲第二人及第"。至八年,更同时有两子中进士;第三子懋修得一甲第一人,长子敬修名在二甲。据说,二人"试义",皆他人"代笔"。此事当时虽不得人心,但只有很小的反应。据载,万历八年(1580年)"传胪之日,江陵(张居正)自阁中归,饮酒欢甚,忽传兵部送紧急塘报至,开函,内有柬云:'侍生公论拜贺,老年舐犊,爱子常情,野鸟为鸾,欺君太甚。'江陵大怒,急索其人,已亡去矣。"这个匿名"贺"柬,自是说明了舆论对张居正的不满,但表现不满的行动也仅仅限于这种程度,直到张居正死前,并未见一人上疏弹劾③。张居正死后,情况大变。万历十一年(1583年)会试,首辅张四维子甲征、大学士申时行子用懋,皆被取中,御史魏允贞即上疏反对,提出:"自居正三子连登制科,流弊迄今未已。请自今辅臣子弟中式,俟致政之后,始许廷对,庶幸门稍杜。"他的这个主张,当时虽未被采纳,并且他本人还因此而被贬秩调外,但其对首辅子弟中进士表示反对的行动,

---

① 《明通鉴》卷74。
② 《明史》卷219《赵志皋传》。
③ 《明史》卷70《选举》2;《定陵注略》卷1《江陵擅政》。

比张居正时期已激烈许多了,而且"自是辅臣居位,其子无复登第者"①。更有甚者,万历十六年乡试,首辅申时行婿李鸿予选,大学士王锡爵子衡为举首,也遭人指责。礼部郎中高桂"疏参李鸿","摘中式可疑者八人,并及衡,请复试",刑部主事饶伸"复抗疏论之"。在高、饶等人的弹劾下,申时行、王锡爵被迫"杜门求去";万历十七年春会试之时,由于另一个大学士许国典试入场,内阁中遂空无一人。面对此情,明神宗只好"慰留时行等,而下伸诏狱"。但"伸既斥,朝士多咎锡爵。锡爵不自安,屡请叙用",饶伸遂得复起为南京工部主事。②

第三,吏部尚书不再对首辅俯首贴耳。

明代六部尚书中,地位最高的是吏部尚书,文官的任命之权为其所掌握,因此,首辅能否控制住吏部尚书,是其权力大小的重要标志。张居正为首辅时期,吏部尚书是绝对受其控制的。张居正死后几年,这种情况就发生了变化。宋纁于万历十八年(1590年)三月出任吏部尚书,第二年四月离任,在此期间,他"绝请寄,奖廉抑贪,罪黜吏百余人,于执政一无所关白"③。继任吏部尚书者为陆光祖,他于万历十九年(1591年)四月至二十年三月担任此职,史载他继承了宋纁不向阁臣屈服的态度,"尝以事与大学士申时行迕,时行不悦,光祖卒无所徇"④。"故事,冢宰(即吏部尚书)与阁臣遇,不避道,后率引避。光祖争之,乃复故"⑤。而后在万历二十年三月至二十一年七月任吏部尚书的是孙鑨,他对吏部争回来的权力,"守益坚"。陆光祖任吏部尚

① 《定陵注略》卷 1《科场夤缘》;《明通鉴》卷 68。
② 《明史》卷 70《选举》2,卷 230《饶伸传》;《明通鉴》卷 69;《定陵注略》卷 1《科场夤缘》。
③ 《明史》卷 224《宋纁传》。
④ 《明史》卷 224《陆光祖传》。
⑤ 《明史》卷 224《孙鑨传》。

书职时,虽争来了道遇阁臣"不避道"的体面,但每逢遇到这种情况,"阴戒骒人异道行";而孙钺则"径直"而前,毫不相让[1]。宋缤以来吏部尚书不再听命于首辅的情况,一直到万历末年没有改变。[2]

打击张、冯之后,阁权的降低是一个逐渐加深的过程。《明史》卷二一九《赵志皋传》说:"张居正柄国,权震主。申时行继之,势犹盛。王锡爵性刚负气,人亦畏之。志皋为首辅,年七十余,耄矣,柔而懦,为朝士所轻,诟诼四起。"便是这一现象的反映。朱赓在其所写《茶史》一书中说,万历三十年(1602年)四月,他应召至京,看到"阁权日轻,大非十五年前景象"[3]。这段记述也反映了这种现象。阁权的日趋降低,反映了皇权的上升,说明明神宗越来越成为大权在握的皇帝。

明代有可能妨碍皇权的因素,除去内阁首辅之外,还有宦官。自张、冯被打击后,直到明神宗死去,其间只有被明神宗派到各地充当矿监税使的宦官较有权势,其余的都没有多大势力,而充当矿监税使的宦官也脱不开神宗的控制。所以从总体来看,这一时期的宦官势力,也比以前大为削弱。关于矿监税使的情况,后面将有专节详述,这里只讲这时期一般宦官的情况。

张、冯被处罚以前,冯保对明神宗管束极严;冯保被处罚以后,情况反了过来,明神宗对宦官控制很紧。张诚和张鲸是帮助明神宗打击冯保的宦官,但不久便先后获罪。打击了冯保后,张

---

① 《明史》卷224《孙钺传》。

② 万历十八年以后,吏部尚书虽然不再听命首辅,但争来的权力很快被削夺。六部首脑等所谓"大僚"缺人之时,改为九卿及科道掌印者,咸得自举,最后听皇帝裁决;吏部诸曹郎缺人时,改为由九卿推举,吏部尚书从此连自己的属官也不能自由选择;至于地方上的府佐及州县正佐官等有缺时,则创用掣签法,使吏部尚书亦不能操纵。可见吏部尚书并没有因为不再听命内阁而使自己成为新的威胁皇权的势力。

③ 《殷礼在斯堂丛书》本第4页下。

诚先掌司礼监,后又兼掌东厂。万历二十四年,张诚以"联姻武清侯,擅作威福,降奉御,司香孝陵",被抄家,"弟侄皆削职治罪"①。张鲸在冯保被罚后掌过一段东厂,万历十六年,因被奏"赃罪",加之"近年四方灾伤,民间疾苦",奉令"访奏,不以实闻",受到"私家闲住"的处分。后虽一度被召入宫,但"宠遂衰"②。张诚等继冯保之后相继获罪,使宦官们受到很大惩戒,此后即"不敢大肆"。有一个太监,"能书",明神宗欲升之为秉笔,可是,他所宠爱的郑贵妃对这个太监从旁赞扬了几句,使他产生了疑云,"疑其从贵妃处钻刺",竟因此取消原来的计划,将之"借他事降谪南京"。只要有哪个太监受到外臣的弹劾,这个太监即会被明神宗叫来跪在地上看那篇弹劾他的奏疏,"经年不命起,大珰尽籍其家以献,方准释放"③。此外,为了不使太监的势力过大,明神宗还采取了"有缺不补"的措施。到万历后期,宦官"用事者寥寥,东厂狱中至生青草"。明神宗"常膳旧以司礼轮供,后司礼无人,乾清宫管事牌子常云独办"④。宦官权势的降低与阁权的降低一样,反映了皇权的提高。

明神宗自打击了张、冯后,一直到离开人世,可以说是一个名副其实的专制君主,一切朝政的最后决定权都实实在在地操于其手。关于这一点,明神宗及其手下的大小臣工都公开承认,毫不忌讳。南京御史孟一脉曾说:"今乃不任臣工,专取宸断,明旨一出,臣下莫敢犯颜。"⑤ 大学士王锡爵曾说:"皇上天纵神明,近者事事惩张居正专权之辙,章奏亲览,处分亲断。"⑥ 明神

---

① 《明史》卷305《宦官》2。
② 《明史》卷305《宦官》2;《明神宗实录》卷206。
③ 《定陵注略》卷1《圣明天纵》。
④ 《明史》卷305《宦官传》2。
⑤ 《明史》卷235《孟一脉传》。
⑥ 《明神宗实录》卷267。

宗自己则曾说:"朕虽静摄,一应本章,无不省览独断,次第举行"①,"朕总万几,悉由独断"。②

明神宗紧紧掌握国家大权,但他却是个喜欢安逸、贪婪无比、任性使气、爱弄权术的人,这便严重影响了这一时期的政治状况,使之混乱不堪,以致埋伏了明朝中央政府崩溃的危机。

二、昙花一现的励精图治

张、冯被打击后的万历政治,从总体上看是很糟糕的,但前后也有所不同。万历二十四年(1596年),大学士赵志皋在一个奏疏里说:"皇上临御以来,日视朝讲,万几亲总,五夜夙兴,又且留心民瘼,加意人才,召对辅臣,咨访部院,开诚纳谏,虚己受言。惟上而圣心忧勤,故下而臣工惕厉,大臣师师,小臣济济,称太平极盛矣。迩年以来,玩愒起于治平,忧勤怠于安逸,纪纲之不振,未有甚于此时者。"③ 明神宗自己对此也作过类似的评论。万历二十五年,他在一个诏书里说:"追惟嗣服之初,盖亦无时豫怠。第缘岁积,颇恃政成,兼以多病侵寻,犹须深居静摄,郊庙缺躬承之礼,朝讲希临御之时,喜怒有失其平,用舍未归于当,章奏每滞,官曹半虚,忠言寡闻,民隐莫达,方隅多故,兵食之征调日繁,营造又兴,开采之征求四出,加之旱干水溢,析民室家,污吏贪官,朘民膏血。丛此人怨,屡干天和。"④ 万历四十八年,以其名义颁发的遗诏写道:"念朕嗣服之初,兢兢化理,期无负先帝付托。比缘多病,静摄有年,郊庙弗躬,朝讲希御,封章多滞,寮寀半空。加以矿税繁兴,征调四出,民生日蹙,边衅渐开。夙夜思

---

① 《明神宗实录》卷421。
② 《明神宗实录》卷448。
③ 《明神宗实录》卷301。
④ 《明神宗实录》卷312。

维,不胜追悔。"①

　　明神宗时期的政治究竟自何时起变得糟糕起来？关于这一点,时人意见不一。有的认为起于万历十五年(1587年)②,有的认为起于万历十六年③,还有的认为起于万历二十年④。而全面考察当时的政治实况,可以认为,其由好变坏,实是一个渐进过程,大约万历十四年以前政治状况基本良好,而十四年下半年起开始发生比较明显的变化,至万历二十四年基本变坏。万历十四年以前的政治状况之所以基本良好,与这一时期明神宗之注意励精图治紧密相连⑤。由此看来,万历十一年(即开始打击张、冯之后)至万历十四年,可以称为明神宗的励精图治时期。新官上任三把火,明神宗这个年轻的皇帝,在刚刚掌握政权时,出于一时的热情,为了表现自己的才干,也曾烧了几把火。这一时期明神宗的励精图治,主要表现在如下五个方面:

　　第一,勤于政事。为了履行皇帝的职责,颇有些不怕辛劳的气象。如北京地区自万历十二年(1584年)八月至第二年四月,一直没有降雨降雪,旱象严重,为了求雨,明神宗决定"步行亲诣南郊祭祷"。预定的祭祀日期一到,他便"昧爽"出发,"躬御布素,步出大明门",在百官的"前导"下,直至南郊。祭祀典礼完毕将要归还之时,"近侍请进法驾",他又当即"挥却",坚持步行归宫。这次南郊之行,"往返几二十里",这对于一个平日恃辇而行的皇帝来说,确非易事,当时目睹此事的百官和百姓,不由得颂不绝口⑥。再如万历十三年五月十九日,明神宗于"视朝"之后,

---

① 《明神宗实录》卷596。

② 《明神宗实录》卷429。

③ 《明史》卷243《冯从吾传》。

④ 《明神宗实录》卷470、卷477、卷563。

⑤ 《明神宗实录》卷129。

⑥ 《明神宗实录》卷160;《明通鉴》卷68。

又"召见辅臣于平台",磋商政务。这次"辅臣召对之典",乃是有中兴之名的明孝宗以来停废近百年后的第一次。①

第二,关心民事。以正直不阿著称的海瑞,在万历十四年(1586年)二月曾称颂明神宗:"自张居正刑犯而后,乾纲独断,无一时一事不惟小民之念。"② 万历十四年三月礼部陈言之时,也说明神宗"爱民之念,靡日不切;勤民之诏,无岁不下"③。这些臣僚对于皇帝的颂扬,自不能认为毫无粉饰,但由此判定这时明神宗对于民事确实比较关心,则是完全可以肯定的。

第三,重视生产。徐贞明之被委派兴治京畿水田,为其例证之一。徐贞明,字孺东,贵溪人,主张开发北方水利,著有《潞水客谈》,阐发自己的意见。经给事中王敬民等人的推荐,万历十三年(1585年),明神宗将其由尚宝司丞进为少卿,并兼监察御史,领垦田使,令专督京畿水田的治理。"贞明先诣永平,募南人为倡"。至第二年二月,即"已垦至三万九千余亩。又遍历诸河,穷源竟委,将大行疏浚"。遗憾的是,"奄人、勋戚之占闲田为业者,恐水田兴而己失其利,争言不便",制造流言,动摇明神宗的决心,而明神宗终于为其所惑,于万历十四年三月下令:"水田事务着遵旨停罢,贞明即便回京。"④ 徐贞明督治京畿水田之事半途而废,反映出明神宗自始即不是一个英明有为之君,但此事之曾经倡行,毕竟说明在明神宗的心目中,生产还是占据一定位置的。

第四,讲求选用有实际才能的人担任文官武将。万历十一年(1583年)九月,吏部升任宣大总督郑雒为协理京营戎政,升

① 《明神宗实录》卷161。
② 《明神宗实录》卷171。
③ 《明神宗实录》卷172。
④ 《明史》卷223《徐贞明传》;《明通鉴》卷68;《明神宗实录》卷159、卷165、卷172。

任四川巡抚孙光裕为南京大理寺卿。明神宗认为郑雒在边镇任职期间,能"节省钱粮,是好官,边上该用他",而"推他京营",反而是"放在闲散"之地,不能尽其才能;此外,孙光裕任职时间不久,提升的根据不充分,所以对这两件推升提出质疑。大学士申时行等见状,对明神宗解释说:"(郑)雒在边九年,劳绩已久;孙光裕先任应天巡抚三年,又任四川一年,资俸应及。"明神宗听后说:"既卿等所奏,朕已点用,今后但凡各处要紧事情重大的,不必以资格历俸为则,必须推其堪任的用。"① 万历十三年(1585年)九月,有人建议让朝廷大臣举荐堪任将帅的人才,兵部认为可行,但明神宗却不同意,他认为"将才甚难,非经战阵,何缘识别",因此主张不用廷臣荐举,而责令在地方任职、接触实际的总督和抚按加以"访求","果有异才,许于例荐外,特举推用"②。上述两例,反映了这时的明神宗,对于文官武将的任用原则,是有切合实际的好见解的。实践出真知,这时的明神宗之所以能有这种好见解,显然与其亲自慎重处理这类事情有关。

第五,能在一定程度上接受臣下的批评。力图把朝政搞好的皇帝,必然欢迎臣下批评自己的缺点。明神宗新掌皇权、处于励精图治的时期,一度是能接受臣下批评的。如万历十四年(1586年)三月,礼部在论述时局时提出,"太平未洽",乃是由于额外之征过多,"今日加一赋而曰为某项,明日加一赋而曰为某项,因事而益者,事已而其赋不休,随时而增者,时过而其额如故"。也是由于不时之役过繁,"大都以一家计,其服役在官者,十常六七;以一岁计,其服役在官者,亦常六七"。此外还有赎锾日增等原因。要想改变形势,使百姓安居乐业,就必须解决上述问题。而"为探本之论,则愿我皇上以节俭先之"。这一番议论,

<hr />

① 《明神宗实录》卷141。
② 《明神宗实录》卷165。

实是将皇帝的不节俭当成了太平未洽的根源。而明神宗看到这个奏疏后,不仅不生气,反而"嘉纳之",并令有关部门对礼部所论一一研究,提出处理意见。①

上述万历十四年以前明神宗励精图治的表现,都是值得肯定的。只是持续时间太短,仅可称为昙花一现。

三、万历十四年以后的长期怠政

明神宗之怠政现象,最早发生在万历十四年(1586 年)秋末冬初。这年九月十六日以后,明神宗"连日免朝";同月二十八日,明神宗谕内阁:"朕前御门,已于卯初起,一时头晕眼黑,力乏不兴,已谕暂免朝讲数日,静摄服药。兹当孟冬时享太庙,暂遣公徐文璧恭代。"十月五日,由于礼部主事卢洪春上疏,对明神宗之不亲行孟冬庙享是否真正出于有病提出怀疑,致明神宗大怒,下诏:"朕躬为祖宗托委、圣母(即其母亲)属倚,若有疾不慎,或贻后忧,孝乎? 否乎? 卢洪春肆言沽名,诬上惑众,好生悖逆狂妄。廷杖六十,革职为民,永不叙用。"② 上述明神宗的第一次怠政,最晚至同年十一月即告停止,因为该月十三日史书已有明神宗"祀天于南郊,还御皇极殿受贺"的记载③。这次怠政,虽持续时间并不太长,而且很可能身体确实欠安,似乎不必深究。但从此之后,其怠政现象便间或发生,而且越来越严重,以致发展到基本上不理政事的程度。这次怠政还廷杖谏官,实是一个不可忽视的坏开端。

明神宗之怠政,突出表现是不肯上朝、接见大学士及面见大

---

① 《明神宗实录》卷 172。

② 《明神宗实录》卷 178、卷 179;《定陵注略》卷 2《建言诸臣》。

③ 《明通鉴》卷 68。

臣商讨国事,不亲行时享太庙,不搞经筵日讲,不及时处理大臣的奏疏等。下面将这几方面的情况,分别作一简单叙述。

关于不见大臣。明神宗在万历十四年(1586年)下半年以后不面见大臣的情况,史书中多有过分夸张的说法,如有的说,到万历四十年(1612年),明神宗已"深居二十余年,未尝一接见大臣"①;有的说,到万历四十三年,明神宗"不见廷臣,已二十五年"②;有的说,到万历四十六年,明神宗"不视朝已三十载"③。按诸史实,这些说法不甚可信。如万历二十五年五月十九日,据《明神宗实录》卷三一〇记载,明神宗就曾为"宣奏延(绥)镇捷音"而"御朝"。由这一年算起,到万历四十年不到"二十余年",到万历四十三年也不到"二十五年",到万历四十六年更不到"三十载"。然而万历十四年下半年以后,明神宗确确实实很少面见大臣。当时明神宗面见大臣的方式有元旦朝贺、平时上朝(即所谓"常朝")以及专门接见大学士等形式。当时无论哪一种形式,都使用得很少。在元旦朝贺方面,于万历十七年元旦,因发生日食,免朝贺,"自是,每元旦皆不视朝矣"④。在常朝方面,万历十六年三月,已有"多从传免"的记载⑤。万历十七年三月,由于"久不视朝",大学士申时行建议,将升授官于视朝时面见皇帝谢恩的制度,改为"如免朝三次",即可不必等候,仅"具疏奏知"了事。这一改变,既方便了等候面见皇帝而不得的官吏,也使明神宗减轻了不上朝而面临的压力。明神宗当即予以批准,而其上朝议事之举,从此也便"益稀矣"⑥。在专门接见大学士方面,万

---

① 《明通鉴》卷40。
② 《明通鉴》卷75。
③ 《明史》卷240《何宗彦传》。
④ 《明通鉴》卷69。
⑤ 《明神宗实录》卷196。
⑥ 《明神宗实录》卷209。

历十六年闰六月,御史潘士藻批评明神宗"召对之典久旷",并认为这是当时"莫大"之患①,后来这种旷而不举的情况虽不能说一点也没有改变,但举行者甚少。如万历二十八年(1600 年)十二月,大学士沈一贯因长期未能面见明神宗,而本月明神宗"以征播功成",将"御楼受俘",因而要求援万历三年"献俘"时大学士"扈从登楼之例",届时"扈从登楼,一申起居",与明神宗进行交谈,但明神宗却推说"朕近日偶感风寒","不耐劳烦",加以拒绝②。总起来看,明神宗之不见大臣,以万历十七年后尤为严重。这时,明神宗"益深居不出"③,甚至发生紧急军情,他也无动于衷,吾行吾素。如万历二十年七月,大学士赵志皋等上疏指出:自哱拜发动叛乱以来,"台省诸臣"要求明神宗"御朝"商议对策之奏章"满公车",但"未奉俞旨";赵志皋等还建议"兹际中秋令节"之机,"临朝受贺,从此面议大政",以振国威。而明神宗对赵志皋等人的回答,只是"不报"两字④。再如万历二十四年四月,大学士赵志皋因抗倭援朝之役事属重大,提出面见明神宗,商议有关事宜,这一次明神宗没有不加理睬,但借口"近来动火,不时眩晕,连日服药,须当静摄",不肯与他相见,只要他将"备御事机",与有关部门"详议"。⑤

关于不亲行时享太庙。时享太庙是指古代皇帝在春夏秋冬四季按时到祖庙进行祭祀的一种制度。中国古代历来重视孝道,重视宗庙祭祀,所以,这个制度被视为皇帝应当亲自参与的一项重要活动,而皇帝是否亲自进行,也便成了其勤政或怠政的一个标志。自万历十四年(1586 年)十月孟冬时享太庙遣徐文

① 《明神宗实录》卷 200。
② 《明神宗实录》卷 354。
③ 《明通鉴》卷 69。
④ 《明神宗实录》卷 250。
⑤ 《明神宗实录》卷 296。

璧代行起,一直到明神宗死去,在各种史料记载中,只发现明神宗于万历十七年春有一次亲行其事①,其余全是遣官代行的记录。《明通鉴》说:万历十九年四月"享太庙,遣官摄行,自后以为常"②。《明史》说:到万历四十一年五月,对于时享太庙,明神宗已"二十余年不躬亲"③。这些综合性的记述,看来是符合实际的。

　　关于不搞经筵日讲。经筵日讲是古代帝王为研读经史而特设的御前讲席,讲席之上,除对经史进行研读外,还经常联系朝政的实践,互相讨论。因此,这一活动既是皇帝接受历史经验、研讨治国原则的学习机会,也是从理论角度研究朝政实际的专门会议。它对于皇帝之勤政与否,又是一个考察标准。明神宗自万历十四年(1586年)下半年开始借口有病而停止经筵日讲之后,一直对此事不感兴趣,多从传免。万历十五年十二月,大学士申时行说:"今岁自开讲一次之后,未蒙再御。"④ 万历十六年二月和四月,史书记载各进行过一次⑤,这是万历十六年以后仅有的两次。万历十六年闰六月,明神宗札谕大学士申时行等:"朕自入春以来,心肝二经之火屡动,头眩目烦,支持不及,非朕安逸,废于讲习。既卿等奏进讲章(指讲稿),可不拘日期,每日写进,以备温览,待秋凉朕疾稍愈,仍赴讲筵。"⑥ 实际上当年秋凉之后,他并未恢复经筵日讲。当时人朱赓在自撰年谱《茶史》中写道:"(万历)十六年四月,回吏部管事,兼日讲如故。九月,

　　① 《明神宗实录》卷210万历十七年四月壬寅条:"大学士王锡爵上疏曰:'臣窃见今年二月以来,皇上仅一出朝送潞王殿下,再出行太庙时享……'"
　　② 见《明通鉴》卷69。
　　③ 见《明史》卷243《孙慎行传》。
　　④ 《明神宗实录》卷193。
　　⑤ 《明书》卷16《神宗显皇帝本纪》;《明神宗实录》卷195、卷197。
　　⑥ 《明神宗实录》卷200。

升礼部尚书,兼翰林院学士;至是,始以部务繁重,免日讲……自余罢日讲,上亦不复御讲筵,止日进一讲章充故事矣。"① 善于迎合皇帝意旨的申时行,为明神宗想出了以进呈讲稿的办法代替君臣当面讲习的主意,明神宗也便以此办法而永远停止了经筵日讲。②

关于不及时处理大臣的奏疏。对臣下的奏疏进行批答,是皇帝处理政务的重要形式。明神宗因怠于政事,常常对送来的奏疏不加批答,让它们躺在宫中睡大觉,当时称之为"留中"。"留中"问题之成为不可忽视的现象,始于万历十五年(1587 年)十月,这时大学士曾为此而专门奏请明神宗"将御前见在章奏,即赐裁发"③。后来,这个问题日趋严重,万历十七年四月,大学士王锡爵说:"今留中诸疏,动至经时。"④ 同时南京兵部主事周弘禴也说:"迩者远近喧传,谓上奏之疏,十留六七。"⑤ 万历十七年底,大理寺评事雒于仁上四箴疏,批评明神宗"嗜酒"、"恋色"、"贪财"和"尚气"。明神宗读后非常生气,于万历十八年元旦召见大学士申时行等于毓德宫,声言要严厉处罚雒于仁。而申时行认为"此疏不可发外,恐外人信以为真",建议由他传谕大理寺卿,"令(雒)于仁去位"。明神宗感到他的意见很好,当即接受。几天后,雒于仁即"引疾"辞官。在处理此事时,申时行的原意大概是为了帮助雒于仁,使之免受过重的惩罚,但他提出留疏不发的主张,客观上是对当时已很严重的留中现象的承认和纵

---

① 见《殷礼在斯堂丛书》本第 3 页下。

② 参见《明通鉴》卷 69;《明神宗实录》卷 220;《明史》卷 210《申时行传》。据《明神宗实录》卷 283 记载,当时所撰讲稿有关于《诗经》与《易经》的;卷 292、453、465、478、527、540 记载,有关于《通鉴纂要》的;卷 354、379 记载,有关于《大学衍义》的;卷 416、481 记载,有关于《春秋》的。

③ 《明神宗实录》卷 191;《明通鉴》卷 68。

④ 《明神宗实录》卷 210。

⑤ 《明神宗实录》卷 210;《明史》卷 234《李沂传附周弘禴传》。

容,所以此后留中现象进一步发展,成了不可克服的问题①。有的史书中说,明神宗时之"章奏留中"即自申时行处理雒于仁四箴疏始②,这是不符合实际的,而申时行之蒙受此冤,亦实是事出有因。万历十八年以后,大臣上疏批评留中现象者史不绝书,这里仅举数例以见一斑:万历二十三年十月,大学士赵志皋等在奏疏中说:"迩年以来,章奏有留中不下者,而近日为甚。"③ 万历二十五年四月,刑部侍郎吕坤在著名的《忧危疏》中指出:"今章奏半停。"④ 万历三十二年五月,大学士沈一贯等提出:"顷来御前本章发票者既少,及至拟票,批行者又少。"⑤ 万历三十七年(1609年)大学士叶向高慨叹:"一事之请,难于拔山,一疏之行,旷然经岁"⑥,"御前之奏牍,其积如山,列署之封章,其沉如海"⑦。万历四十三年九月,大学士方从哲和吴道南抱怨:"日行本章,全无票发。"⑧

明神宗怠政的口实,绝大部分是推说有病。如万历十五年(1587年)二月十一日,明神宗派文书官李兴"传免经筵",大学士申时行等"恭问起居",则被告以"圣体连日动火,时作眩晕"⑨。万历二十二年三月三十日,明神宗声称"痰火怔忡",命文书官李文"传示辅臣,(孟夏)庙享暂遣官代"⑩。万历二十四年三月十七日,由于大学士要求明神宗"视朝以发诏敕",明神宗

---

① 《明史》卷234《雒于仁传》;《明神宗实录》卷219;《明通鉴》卷69。
② 《明史》卷218《申时行传》。
③ 《明神宗实录》卷290。
④ 《明经世文编》卷415;《去伪斋集》卷1。
⑤ 《明神宗实录》卷396。
⑥ 《明神宗实录》卷458。
⑦ 《明神宗实录》卷461。
⑧ 《明神宗实录》卷537。
⑨ 《明神宗实录》卷183。
⑩ 《明神宗实录》卷271。

乃回答:"圣体不安,因灾惊惧,目眩体颤,不能站立升殿",加以拒绝①。万历十四年下半年以后,明神宗之怠于政事,确实是因为身体有病吗?如果细加考察,就会发现,除去明神宗去世前的几年外,从基本状况讲,并非如此。在这一时期,明神宗诚然生过病。万历十八年五月十六日明神宗上过一次朝,《明神宗实录》记载此事时写道:"时圣体初安,步履尚艰,因各处灾伤,勉出。"② 但他怠于政事的原因,主要的还是贪图安逸,小病大养,无病也养。万历十七年八月,大学士王家屏上疏说:"臣往年窃睹宵衣听政,日昃横经,无时少懈,乃今久辍不御,原其初,偶以圣躬静摄,暂时传免耳,及其安恬之久,遂至郊庙奏祭册封遣官,亦皆传免而不亲。"③ 万历二十一年七月,由于明神宗借口身体需要"调摄",不肯亲行庙享,礼科都给事中张贞观上疏反对,揭露他实则在深宫中贪酒恋色,"俾昼作夜"④。此外,在明神宗频频以身体欠安为借口而怠政之时,史书中常有大臣见到他"圣容充晬"的记载,他也自称"不老,又无重疾","迩岁静摄深居,盖周慎于保身"⑤。万历十八年元旦接见大学士申时行等时,他还抱怨朝臣们"议论纷纷","一本论的还未及览,又有一本辩的,使朕应接不暇。如今张灯后看字不甚分明,如何能一一遍览!"⑥ 如此等等,都雄辩地说明了明神宗怠政的真正原因。

万历四十六年(1618年)以后,努尔哈赤的部队连克抚顺、开原、铁岭等城(详后),辽东战事日益紧张。这时,怠政几十年的明神宗,曾经有些转变,如万历四十六年十一月大学士方从哲

---

① 《明神宗实录》卷295。
② 《明神宗实录》卷223。
③ 《明神宗实录》卷214。
④ 《明神宗实录》卷262。
⑤ 《明神宗实录》卷266、267、279、295。
⑥ 《明神宗实录》卷219。

曾说:"臣近窥皇上留心莅事,加意用人,其机已动。但能扩而充之,由一事以至事事,由一人以至人人,太平之治可致,何但灾变足弭哉!"① 万历四十七年六月方从哲又说:"顷三月间辽帅失机,警报初闻,圣心不无少动,凡用人发帑诸事,俯从廷议,多见施行。"② 万历四十八年五月方从哲还说:"近日章奏渐通,民情胥悦。"③ 辽东战事的严重失利,对明朝的存在是个不可忽视的威胁,这使明神宗不能不关心,这时他的怠政作风出现一些改变是可以理解的。但是,其改变并不太大,可以说基本如故,勤政的表现只是偶而出现的火花,瞬间即逝。《明史》记载:"(万历)四十六年四月,大清兵克抚顺,朝野震惊,帝初颇忧惧,章奏时下,不数月泄泄如故";第二年"大清兵连克开原、铁岭。廷臣于文华门拜疏,立请批发,又候旨思善门,皆不报。从哲乃叩首仁德门,跪俟俞旨,帝终不报。俄请帝出御文华殿,召见群臣,面商战守方略,亦不报。请补阁臣疏十上,情极哀,始命廷推;及推上,又不用。从哲复连请,乃简用史继偕、沈㴶,疏仍留中,终帝世寝不下"④。为什么这时怠政情形基本未变呢? 除了明神宗本人贪图安逸的积习难改之外,这时他确实重病缠身而难以勤于政事了。当时,许多大臣见到他称说有病的上谕,往往表示怀疑。万历四十七年十二月,御史彭鲲化上疏说:"圣躬万福,托疾非真,圣谕累篇,虚套近戏。"⑤ 而这些怀疑,实际上是没有根据的。万历四十八年二月十日,方从哲批评明神宗:"屡蒙传示,皆云圣躬不安,见在调摄,若唯恐臣下有所祈请,故先为是以阻止之。"⑥ 而

① 《明通鉴》卷 75。
② 《明神宗实录》卷 583。
③ 《明神宗实录》卷 594。
④ 见《明史》卷 218《方从哲传》。
⑤ 《明神宗实录》卷 589。
⑥ 《明神宗实录》卷 591。

两个月后，明神宗将之召到病榻前，他"仰视圣颜"，发现"果然清减"，甚至病得听力极低，"闻从哲对语，每回顾左右，令其复奏"①。万历四十八年（1620年）七月十一日，病了几年的明神宗终于离开了人世。

四、人滞于官与官曹空虚

万历十四年（1586年）下半年之后明神宗的长期怠政，使明朝的政治一天天坏下去，其中的一个重要表现，是官吏的任免处于半停顿状态之中，在职的官吏不能正常升迁，空缺的职位不能及时得到补充，于是，一方面是"人滞于官"，另方面是"官曹空虚"。

万历二十四年七月，吏部尚书孙丕扬说："数月以来，廷推阁矣，行取停矣，年例废矣。"② 所谓廷推，是指内阁大学士、尚书、侍郎、总督、巡抚等重要职位出现空缺时，由朝内大臣推举人选，而后由皇帝点用的制度。所谓行取，是指从地方上选取推官、知县到朝内担任给事中、御史（即科道官）的制度。所谓年例，是指科道官（另外还包括吏部的一些官吏）每年有一部分人按规定推转到地方或京城其他部门任职的制度。由此可见，孙丕扬的话反映的是当时官吏任免不能正常进行的情况。孙丕扬的话，讲得不无过分，不可全部相信，但从中得出结论说当时官吏的任免极为稽缓，则是完全可以的。此后类似的记载不断出现，《明神宗实录》记载说：对科道的考选，原来是"每年一举，或间岁一行。自戊戌（万历二十六年）以来，取（指行取）不以时，考不以时，命下复不以时"，主管其事的吏部无可奈何，只好将行取改为入觐题留之法，即当地方官每隔三年到京城朝觐、接受审查时，将其

---

① 《明神宗实录》卷593。
② 《明神宗实录》卷299。

中够资格的推官、知县全部用题本上报皇帝留在京城,使之与够资格的中书、行人等"通行咨访"于有关官员,而后选择合格者任命为科道官。题留之法代替行取之初,科道的考选曾比较顺利,"随留随考,随考随下",但不久就发生阻格,"既已留矣,需之岁月而后考,迟之数年而始下","丁未(万历三十五年)一咨,拜命于戊申(万历三十六年),庚戌(万历三十八年)一咨,拜命于壬子(万历四十年),始犹匝岁,既逾二载"。至于万历四十一年之"题留",直至万历四十七年,已过七年而"不结",真是"岁复一岁,茫无授职之期"①。再如,万历四十七年九月大学士方从哲在一个题本中写道:"吏部会推阁员,蒙皇上点用史继偕、沈漼二员,今已一月矣。缺两年而后允推,允推三月而后钦点,慎之又慎,迟之又迟,无论皇上御极以来无此异事,稽之故事,国朝二百余年从未有推补阁臣如此之难者也……乃既点之后,又复留中,催请频频,坚持如故。"②

万历二十六年(1598年)七月,御史毕三才说:"内而中(书)行(人)博士,官曹闲冷,外而推官、知县,政务烦劳,其人类皆争自砥砺,不愧台省之擢。先是,俸及三年,即在取列;近例非四年半以上者不与;今则历俸五六年者有之,七八年者有之。"③ 这是朝臣论述"人滞于官"的较早的一个,以后朝臣为此事而大声疾呼者经常发生。万历三十一年(1603年)六月,吏科都给事中项应祥谈时政"条列八极",其中之一极即"职官滞壅之极"。他说:"自行取途迟,在外推官、知县有积俸八九年不迁者,自推升④ 疏留,

---

① 见《明神宗实录》卷541、卷548、卷558、卷586。

② 《明神宗实录》卷586。

③ 《明神宗实录》卷324。

④ 明代对官员的考核有考满制度,任职三年进行"初考",六年"再考",九年"通考",通过考核,确定称职与否,再据之决定升降。当时官吏的升迁,必待满考,"若员缺应补不待满者,曰推升"。见《明史》卷71《选举》3。

在内御史郎官有积俸十余年不迁者。"① 万历三十二年(1604
年)正月,大学士沈一贯等上言:"科道官向无满三考者,今逾九
载而不迁……曹郎日壅……人滞于官,或十年不调。"② 万历三
十八年(1610 年)三月,吏部尚书孙丕扬又说:"向来州县官历任
三四年即与升转……顷年仕途壅滞,州县官至有八九年不得
转。"③

官曹空虚现象之比较明显的出现,引起了朝臣的注意。开
始于万历二十四年(1596 年)年初,当时许多大臣在章奏中发出
"员缺数多"之类的警告④。此后这种现象日趋严重,朝臣论及
者也随之增加,几乎年年、月月都有这类奏疏。兹将时人论及或
史籍中叙及的万历二十四年(1596 年)夏季之后到万历末年的
缺官情况,选其重要者列表如下:

时　　间	缺官情况	资料出处
万历二十四年四月	"六科中见在止有掌科一人,署印五人","十三道中并无一人主印"。	《明神宗实录》卷 296
万历二十四年十月	"五科都给事中久虚不补","西台东省,列署半空"。	《明神宗实录》卷 303
万历二十四年十一月	"南北六卿缺久未补","卿贰各部属官及外方面,缺以百数"。	《明神宗实录》卷 304
万历二十五年	"台省新旧人数,不足当额设之半"。	《明史》卷 71
万历二十六年正月	两京额设尚书、都御史十四员,"而今缺其八";侍郎寺卿等"今虚其半";"河南巡抚缺且逾半年"。	《明神宗实录》卷 318

----

① 《明神宗实录》卷 385。
② 《明神宗实录》卷 392。
③ 《明通鉴》卷 74。
④ 见《明神宗实录》卷 281、卷 295。

时　间	缺官情况	资料出处
万历二十六年五月	"两京六卿之长,缺者凡九"。	《明神宗实录》卷322
万历二十六年七月	"故事,省中六科,每科设都给事中、左右给事中各一员,给事中三员,总之不下四十人;治中十三道,每道多者十员,少者七八员,总之不下百人。今尽台省新旧人数,尚未足常额之半"。	《明神宗实录》卷324
万历二十七年二月	"南道御史额设三十九员,今见任只有二员"。	《明神宗实录》卷331
万历二十七年八月	"今各科臣缺员数多,见在办事者仅十人"。	《明神宗实录》卷338
万历二十八年二月	"额设南北科臣五十七人,今止八人;道臣百四十人,今止五十二人"。	《明神宗实录》卷344
万历二十九年四月	"天下两司(按:指布政使司及提刑按察使司)共缺七十余员,知府共缺二十二员",加之"迁转未到"及"奉差未还","天下见任之官与缺官而未任者"正好各半。	《明神宗实录》卷358
万历三十年六月	"两京缺尚书三、侍郎十、科道九十四;天下缺巡抚三、布按监司六十六、知府二十五"。	《明史》卷237;参见《明神宗实录》卷373
万历三十年九月	"两司方面共缺六十四员"。	《明神宗实录》卷376
万历三十年十一月	蓟辽总督已缺两月,延绥、陕西、河南、浙江、凤阳等五巡抚"官缺事废";又"天下两司方面官缺至六十员,未经补足"。	《明神宗实录》卷378
万历三十年十二月	"天下御史巡行差务凡十有三处,今缺其九"。	《明通鉴》卷72
万历三十一年三月	天下知府缺员几乎至二分之一。	《明神宗实录》卷382
万历三十一年六月	"两京部院大臣,缺至二十余员;各省直司道府等官,缺至九十余员"。	《明神宗实录》卷385

时　间	缺　官　情　况	资料出处
万历三十二年正月	礼、吏尚书缺员，"六部侍郎止四五人"，"南京部院尤缺"，河南巡抚久缺，"方面半虚，官不得人，或阖署皆空"。	《明神宗实录》卷392
万历三十二年二月	"天下司道官缺至七十九员，知府缺至七十五员"。	《明神宗实录》卷393
万历三十三年五月	"南北大僚强半空署；督抚重臣，经年虚席；藩臬缺至五六十员，郡守缺至四五十员"。	《明神宗实录》卷409
万历三十四年三月	"总计部院堂上官共三十一员，见缺二十四员"。	《明神宗实录》卷419
万历三十四年四月	"六部都察院堂官见止五人，内四人被言杜门，独一沈应文拮据刑、工之间"。	《明神宗实录》卷420
万历三十五年正月	"南京御史"额凡三十九员，"裁后犹三十员"，而这时惟有二人。	《明神宗实录》卷429
万历三十六年四月	"计见在科臣寥寥数人，台臣仅二人。南科臣以一人摄九篆已经二年，南台臣亦止一人"。"内台既空，无复可差，外差多缺，积至十余，如淮扬、苏松、江西、陕西、广东、广西、宣大、甘肃、辽东及陕西之茶马，河东之盐课，地方半天下"，缺巡按御史"至数年"。	《明神宗实录》卷445；《明史》卷71
万历三十七年二月	"大僚多缺，吏、礼二部既无尚书，也无侍郎；兵部止一尚书，养疴不出，户、刑、工三部暨都察院堂上官，俱以人言注籍，通政、大理亦无见官……九卿俱旷"。	《明史》卷234
万历三十七年六月	"南中九衙门，仅有五人，惟吏部侍郎赵士登、户部侍郎赵钦汤、兵部侍郎张鸣冈、都察院金都御史丁宾、通政使王国，余咸空署焉"。	《明神宗实录》卷459
万历三十八年闰三月	部院大僚"阙其大半"，"甚至刑部衙门悬印半载，谳决无人"。	《明通鉴》卷74
万历三十八年十月	"向时阁臣皆有三四人，多至六七人"，此时已仅"一人供事三载"。	《明神宗实录》卷476

时　间	缺官情况	资料出处
万历三十九年四月	"朝端空虚已极"，九卿中五人"杜门不出"，"见供事者"只一都御史、二侍郎；而内阁中仅一人支撑之局面，已达"三年有余"。	《明神宗实录》卷482
万历三十九年六月	"自阁臣至九卿台省曹署皆空，南都九卿亦止存其二"。	《明通鉴》卷74
万历四十年正月	"各部院（额设）十四正卿，今两京止四员；部院左右该二十一员，今两京止九员"；都察院之"无正官"已达八年。	《明神宗实录》卷491
万历四十年五月	阁臣叶向高"杜门三月"，内阁"烟锁尘封，阒无人迹"。"吏部全空；兵部虽点尚书而未至，犹然空也"。刑部仅一尚书，"并无侍郎"；"户礼工三部各侍郎一人，并无尚书"；"都察院止一副都，左都左金俱久悬缺"。"六科除册封、典试外，仅四五人"；"御史在内者一人数差，分身无术，在外者一差数年，候代无期，若浙江、湖广、贵州各省，尚无人可差"。	《明神宗实录》卷494；《明史》卷225
万历四十年九月	都察院仅有四御史。	《明神宗实录》卷499
万历四十年十二月	"两京九卿堂上大小共缺二十六员"，"各省直司道共缺十五员"。	《明神宗实录》卷503
万历四十一年十一月	"为两京尚书者缺其五，为掌都察院者缺其二，为左右侍郎者缺其九，为副金都御史者缺其二，为仓场、戎政及卿寺京堂者缺其十余，为总督巡抚者缺其四。其间已点而未到、承命而疏辞者不与焉。一时公卿大夫，比于晨星"。	《明神宗实录》卷514
万历四十三年正月	科道官"见任及在差者"，仅及额定之半。	《明神宗实录》卷528
万历四十三年四月	尚书仅一人；侍郎仅五人，其中"杜门者三"，一人因"不得其职抗疏"而去，进部办事者一人而已。	《明神宗实录》卷531
万历四十三年六月	"各省司道官缺至四十九员"。	《明神宗实录》卷533

时　间	缺　官　情　况	资料出处
万历四十三年七月	"南道右都御史，八九年来无人，十三道御史不过三人耳"。	《明神宗实录》卷534
万历四十五年四月	"见在科臣只八九员，台臣只六七员"。	《明神宗实录》卷556
万历四十五年十月	"南京大僚多缺，科一人，道三人，篆务需人甚急"。	《明神宗实录》卷562
万历四十五年十一月	"部寺大僚十缺六七，风宪重地空署数年，六科只存四人，十三道止存五人"。	《明神宗实录》卷563
万历四十六年十一月	北京现任科臣五员，缺四十五员，现任道臣十员，共缺一百员；南京科臣现任一员，缺六员，道臣现任四员，缺二十二员。	《明神宗实录》卷576
万历四十七年正月	部院堂官总该二十余员，而"见任不过十员"；又"科印虚悬"，"巡方多缺"。	《明神宗实录》卷578
万历四十七年六月	"六科全无都（按：指掌印之都给事中）"，"刑科全无人"。	《明神宗实录》卷583
万历四十七年七月	内阁只一大学士；"部院堂官止八九人，科道止十数人，各处巡抚、巡按久缺不补"。	《明神宗实录》卷584
万历四十七年十一月	九卿衙门中，只有户部、通政司系"正官掌印"，若刑、工二部则"别衙门署掌"，都察院与大理寺"则并官与印而俱无"，吏、礼、兵三部之印则皆虚悬尘封。	《明神宗实录》卷588
万历四十八年七月	神宗去世时，阁臣只有一人，尚书仅吏、户、兵三部不缺，刑、工、礼三部皆由人署掌。	《明神宗实录》卷596

　　从表中可以看出，当时的缺官现象，委实十分严重，从中央政府到地方，从高级大僚到中下级官吏，概莫能外，而且几十年中一直存在，政府机构几同瘫痪。这种状况不能不严重地影响政务的处理，从而使这时的政治更为腐败。关于缺官误事的记载，史籍中俯拾即是，这里仅举数例：万历二十四年(1596年)闰

八月,吏部尚书孙丕扬离职,明神宗迟迟不任用新人,致使"部事尽弛,其年十二月,竟废大选"①。万历三十七年(1609年)六月,由于吏科都给事中久缺,无人经手发放官吏上任的凭证,致使"候凭者"积至七八百人,其中无财无势的"教官候凭日久,多有穷死者"②。万历三十八年(1610年)五月,由于刑部长期缺掌印官,"狱囚积至千人,莫为问断"③。万历四十五年(1617年)三月六日,大学士方从哲早晨上朝,在长安门外遇到一百余人,向之"环跪号诉",问之,知为镇抚司监狱中囚犯的家属,他们讲:"本司理刑缺官,无人问断,以致无辜之众,监禁日久,死亡相继。"因而希望方从哲代向皇帝陈诉,要求早日任命有关官员④。在缺官严重的情况下,为了处理有关政务,常常采用责成其他官吏兼摄代理的办法。这种办法虽能处理一些政务,但由于缺乏责任心,或由于才力不足等原因,往往效果不佳,弊多利少;对此,时人多有论述者。御史王以时曾说:

> 藩司、臬司等官职掌,各有攸司。每遇员缺,则抚按必择近便者一人,使之摄理,职钱谷而摄军屯,职兵戎而摄盐马。夙昔未能娴习,旦夕岂能旁通?颠末未暇究心,晷刻难于判发。聪明少有未遍,宁免乖违?才力稍有不同,辄形愆谬。舞文者乘此弄其机械,玩法者借以恣其侵渔。文移之往来,狱讼之听断,近者数十里,远者数百里,又远者千有余里;道路奔走,岁月牵缠,费用不支,劳苦勿恤;或鬻卖其妻子而事尚未完,或转死于沟洫而冤莫可诉。司道缺官,废事病民。⑤

---

① 《明史》卷224《蔡国珍传》。
② 《明神宗实录》卷459。
③ 《明通鉴》卷74。
④ 《明神宗实录》卷555;《明通鉴》卷75。
⑤ 《明通鉴》卷71;《明神宗实录》卷299。

吏部尚书李戴曾说：

> 自知府以下佐贰署印者，必多要钱，彼以其民非己之民
> 也；自佥事以上司道带管者，必多废事，彼以其事非己之事
> 也。①

大学士沈一贯曾说：

> 司道有缺，各道带管，而带管者或遥制千里，或兼摄数
> 道。知府有缺，佐贰官署印，而佐贰官率多举贡监生出身，
> 日暮途穷，既无为民之念，又乏治民之才，抚理乖方，贪秽不
> 治。民生日蹙，"盗贼"多起。②

这一时期不及时任用官吏、政府机构残缺瘫痪，主要是明神宗怠政造成的，因而史书中谈及此事，每每将两者联系在一起。缺少官员，行政机构半瘫痪，严重削弱了国家机器，后果严重。当时人有的说："时(明)神宗怠于政事，曹署多空。"③ 有的说："时上(指明神宗)怠荒益甚，久不御政，曹署多空。"④ 但是，当时缺官现象的出现，不仅仅是明神宗不勤政事所造成的客观结局；此外，它还是明神宗的故意所致。当时明神宗故意制造和加重缺官情况，有以下三方面的原因：

第一，他认为承平时期，官不必齐。《明通鉴》评论说："帝(指明神宗)自以海宇承平，官不必备，有意减损。"⑤ 当时人也有相同的看法，如万历三十五年(1607年)二月，阁臣朱赓上疏说："今皇上见眼前承平无事，谓守印有人，事亦寻办，何以为多！"⑥ 第二年二月，阁臣叶向高在分析明神宗对官吏"缺者不

---

① 《明神宗实录》卷 358。
② 《明神宗实录》卷 396。
③ 《明史》卷 225《赵焕传》。
④ 《明通鉴》卷 74。
⑤ 见《明通鉴》卷 76。
⑥ 《明神宗实录》卷 430。

补"、"选者不下"、"废者不录"的原因时，也说："必谓官不必备，年来悬缺许多，亦未至废事。"①

第二，对官吏不信任。明神宗是个好猜疑的人，万历二十五年(1597年)六月，右副都御史张养蒙曾批评他"遇人疑人，遇事疑事"②。如此好疑之君，势必对官吏不能推心置腹，而是怀疑丛生。他一怀疑"除授一官，则推举、铨选、催请者，皆得假以市恩"；二怀疑"诸臣皆希图荣宠，自为身谋，甚者相争相讦，此辈一用，必复多事"③。因此，他宁可政府机构缺人，也不肯轻易任用官吏。这正如万历四十七年(1619年)十一月礼部左侍郎何宗彦在奏疏中所说："皇上每意人之重于得官，而故示之以靳，意人之急于示恩，而故持之以缓。"④

第三，讨厌官吏经常上疏议论国政。明神宗在打击张居正、冯保之时及其后的短暂的励精图治时期，曾鼓励过臣下议论国事以及批评他的缺点；而他从基本作风讲，是不喜欢臣下多发议论的。因而即使在其励精图治时期，其压制臣下议论国政的事情也经常发生。万历十二年正月，御史范僎就因向他提了十点修身为政的建议，打扰了他的"静摄"，而被斥责为"全无爱君之心"，受到革职为民的处罚⑤。此后不久，他又颁发命令，只许有言责的科道官议论国政，其他官吏不许随便言事，各部司属上言，要先经堂官批准，尚未正式授官的"办事进士"更不许随便上奏，倘违背规定，就会被视为"出位言事"，将受到严厉处罚。科道官虽被允许议论国事，但也必须看皇帝的脸色行事，否则违忤了皇帝，就被称为"好名"，受到斥责⑥。明神宗这

---

① ③ 《明神宗实录》卷443。

② 《明神宗实录》卷311。

④ 《明神宗实录》卷588。

⑤ 《定陵注略》卷2《建言诸臣》。

⑥ 《明神宗实录》卷157、卷176；《定陵注略》卷2《大臣党比》。

种厌烦臣下上言的专制作风，后来越来越严重，万历二十二年（1594 年）八月御史许闻造曾批评他说："论救忠良，则愈甚其罪，谏止贡献，则愈增其额"；"今欲摘陈一事，则虑陛下益甚其事；欲摘救一人，则虑陛下益罪其人。陛下执此以拒建言之臣，诸臣因此而塞进言之路"①。由于讨厌官吏上疏言事，明神宗便经常借故把在职官吏罢官，而对补充官吏则有意拖延。万历二十二年十月，大学士赵志皋在题催行取各官时说："皇上所以不即允部院考选之请者，岂因近日诸臣好为议论，欲于稽迟之中默寓裁抑之意？"② 万历二十三年正月，吏部尚书孙丕扬等在一个奏章中说："迩者议论烦多，致厌圣心，诸臣罪谴沦落，盖以百计。"③《明通鉴》记载，由于言官为明神宗所讨厌，动辄被罪，万历二十三年冬至二十四年春，当兵部考选军政（按：明代武官的考察称军政）之时，明神宗即借口"中有副千户者，不宜擅署四品职"，"责部臣徇私，兵科不纠发"，斥逐科道三十余人④。万历四十五年十一月，礼部的一个奏章说："道路之口，妄相猜忖，以为皇上非忌拜其官也，忌其拜官之后言或激切逆耳，遂排抑至此。"⑤ 上述议论和记载，用语或委婉，或率直，微有不同，但都反映了当时缺官现象与明神宗厌烦群臣议论国政之间的相互联系。

综上所述，明神宗统治时期的缺官现象，诚然不仅是明神宗怠政的客观结局，而且也是其有意制造的后果。

① 《明史》卷 233《何选传》；参见《明神宗实录》卷 276。
② 《明神宗实录》卷 278。
③ 《明神宗实录》卷 281。
④ 见《明通鉴》卷 70、卷 71；参见《明史》卷 234《马经纶传》。
⑤ 《明神宗实录》卷 563。

第二节　压抑不住的谏诤风气
及官吏中的党派纷争

一、基　本　情　况

　　除了明神宗怠政与缺官严重之外,明神宗掌权后朝政的另一个引人注目的现象,是明神宗往往不顾封建统治规范任意行事,从而遭到敢言直谏的朝臣的反对,朝臣之间由于皇帝怠政,缺少一个强有力的权力中心,而自成派别,争斗不已。

　　张居正当政时权力很大,表面上看来大部分官吏对之唯命是从,只有少数官吏敢于与之相争,而在官员们的内心里,则对其专擅不满的情绪日积月累,所以那些敢于与之相争的官吏,虽然遭到了严厉的惩罚,但声望反因之大大增长。这种情况使讲气节、敢诤谏越来越成为受人推崇赞赏的品德。明神宗打击张居正、冯保时,鉴于任职的上层官吏多是张居正所提拔起来的,"阴相庇"①,只有一些低级官吏,如李植、江东之、羊可立等肯挺身而出,"发其奸"②,因此,明神宗对这些敢言的低级官吏,大加提拔。同时,张居正当权时因反对张居正而被处罚的官吏,也纷纷得到重用。这样,言路大受鼓励,"争砺锋锐",敢言直谏的风气更为高涨③。不久,明神宗大权在握,不仅不再需要矛头向上的谏诤,相反,对之深感厌烦,于是又转过来压制群臣的上言,这成为他当政时期对臣下上言的基本态度。然而,群臣谏诤的风气既已形成,明神宗的压制并不能奏效,反而是越压越谏,特别是比较正直的官吏尤其如此。当时明神宗对一般政事懒于过

_____

①② 《明史》卷236。
③ 《明通鉴》卷68。

问,而对适合其心意的事情却是十分积极的,这些事情又往往与一般的封建统治规范相冲突,不利于封建统治秩序的稳定,所以,这种事情一出,就会招致许多臣僚的反对,谏诤纷纭而起。

以上所说明神宗掌权后臣下谏诤风气甚盛的情形,是这时的主流。同时还有支流。随着张、冯之遭到严厉打击,以大多数首辅为代表的高级官吏被明神宗镇服了,他们对于明神宗的旨意,一般是委曲顺从的,当明神宗执意要干违背封建统治规范的事情时,他们虽然有时也说些劝阻的话(其中有时是迫于舆论的压力),但斗争极不得力,经常动摇,常常以向明神宗屈服而告终。这使真心谏诤的官吏与他们产生了矛盾,两者不断发生磨擦。久而久之,朝中形成了以顺从明神宗的高级官吏为代表的和以敢言直谏的官吏为代表的两大派别。两大派别的斗争,除了围绕着明神宗的某些作为展开以外,也往往围绕其他问题(其中有的不仅仅是是非之争,各自的利益也夹杂在其中)而进行。以气节自负、敢言直谏一派所主张者,有时难免过于激烈,门户之见也不无影响,但大体上说,是比较进步的,较为符合社会发展的需要。这一派中也难免有投机分子或立身行事不太端正者加入其中,但其中的大多数比较正直,关心封建国家的长远利益和根本利益。因此,这一派可称为正直派。另一派所主张者,不能说没有合理的部分,但其中谋私的成分占相当的比重;这一派官吏,也不能说没有人品较好者,但其中邪恶势力相当多。所以,这一派历来有"邪党"之称。两派的阶级属性,史学界说法不一,比较稳妥的说法,应是分别称为地主阶级中的比较进步的势力和地主阶级中的腐朽势力。

从基本倾向看,明神宗对阿顺其意的一派是比较支持的。但也不尽然,为了不让臣下权力过大,以免影响其对大权的独揽,他有时故意给阿顺自己的一派找点麻烦,而对其对立面给点支持,使两大派的势力互有消长,谁也不易彻底战胜对手。另外,由于明神宗怠于政事,两派互相弹劾的奏章往往不经明神宗过目就被存放起来,两派的争论得不到及时的裁决,这也使两者在斗争中难分胜负,长期处于混战状态之中。不过,不平衡是世间一切事物的共同规律,上述两派的斗争尽管难分胜负,但不可能永远势均力敌。从大体趋势看,最初占上风的是以气节自负、敢言直谏的正直派;而到了万历后期,则逐渐变成了另一派占优势的局面。另外,明代大臣被科道官弹劾后,为了表示自己不贪恋官位,一般会自动离职,而万历后期,明神宗不理朝政的情况空前严重,从而使这种自动离职的事情出现后,得不到制止,而愈演愈烈。因此,当时科道官的气焰极盛,朝中高级官吏反而为他们所摆布,这导致这一时期在政争中占优势的邪派势力并非以首辅为主,而是以该派的科道官为主导。还有,相互斗争的两大派,因为籍贯地域等缘故,内部又各自分成若干集团,这便出现了若干不同名目的党,两大派的斗争也便多被称为党争。

以下按时间顺序,以几件大事为中心,将明神宗违背封建统治规范的作为、群臣的谏诤,以及官吏中两派角逐的具体情形,作一简略的叙述。

二、万历二十九年以前的争国本及两派斗争

1. 从皇三子出生到三王并封之争——争国本的第一阶段

万历时期政争上的一件大事是所谓“争国本”,即朝臣们要求明神宗早日确定皇长子太子地位的谏诤。这是朝臣们与明神宗不顾封建统治规范任意行事作斗争的一项活动。这一活动持续时间很长,对当时的政局发生了很大影响。“争国本”活动产生的原因,是明神宗不喜欢为他生下第一个儿子的妃子王氏,而宠爱为他生下第三个儿子的郑贵妃,有意在继承人问题上废长立幼。

王妃原为慈宁宫宫人，一次明神宗来到慈宁宫，"索水盥手"，王妃"奉匜以进"，明神宗乘一时高兴，"私幸之"，使怀身孕。但他并不真正喜欢这个宫女，事后只字不提。有一次，他侍生母慈圣李太后宴，李太后言及此事，他以"无之"相答。李太后命取内起居注相示——明朝制度，皇帝对宫女"有私幸，必有赐赏"，随侍之文书房宦官即在内起居注上记录下来，以备需要时查核。李太后此举，使明神宗"不能复隐"，只好老老实实承认。李太后也便对之好言相慰："吾年老矣，犹未及弄孙，倘生男，宗社福也，何必相讳。"① 万历十年(1582年)六月，明神宗将这位正怀身孕的宫女封为恭妃；同年八月十一日，恭妃产下一子，这便是明神宗的长子朱常洛②。明神宗迫于母命承认了他与王恭妃的关系。明神宗幼年丧父，其生母慈圣李太后集慈母严父之职于一身，所以明神宗对母命则往往唯命是从。此后在整个争国本的过程中以及其他若干朝政的处理中，皆可看出这一母命的作用。但他毕竟对王恭妃缺乏感情，尽管王恭妃为他生下了第一个儿子，却长期不为其进封位号；由不喜王恭妃，进而不爱其所生子，朱常洛诞生后，"一应恩礼俱从薄"③。当时，明神宗之情另有所钟———个姓郑的妃子，深得他的宠爱。

郑氏，大兴人，万历初入宫。万历十一年(1583年)八月被封为德妃，第二年八月进封贵妃，十四年正月五日，为明神宗生下一个儿子，取名朱常洵。这个儿子排行老三，但因老二已于一年前死去，所以实际地位是皇二子④。郑氏生子后，明神宗即酝酿将其位号再进皇贵妃。郑氏"身负盛宠，福王生"，即向明神宗

① 《明史》卷114；文秉：《先拨志始》卷上。
② 《国榷》卷71；《明通鉴》卷67；《万历起居注》第2本第229页，北京大学出版社版。王妃封为恭妃的时间，一作万历十年四月，见《明史》卷114《孝靖王太后传》。
③ 《先拨志始》卷上。
④ 《明史》卷114；《国榷》卷72、卷73；《明神宗实录》卷140、卷170。

"乞怜"，"欲立为太子"。传说北上西门(紫禁城西北门)之西，"有大高元殿,供有真武香火,颇著灵异",当时郑氏与明神宗曾"特诣殿行香",在殿中设下将来要立朱常洵为太子的"密誓",并"御书一纸,封缄玉盒中",由郑氏保存"为信"①。明神宗这种感情用事的做法,不符合封建王朝传统的长子继承制,不利于封建统治秩序的稳定,于是,朝臣中遂掀起了长达十几年的争国本活动。

鉴于明神宗的这一行为过分出格,在事情刚刚发生时,连"务承上指"的首辅申时行一时间也不能接受,他竟成了提出反对意见、要求早定皇长子太子地位的第一人。万历十四年(1586年)二月三日,他与有关臣僚上疏神宗,要求"册立东宫",说:

> 早建太子,所以尊宗庙、重社稷也。自元子诞生,五年于兹矣,即今麟趾螽斯,方兴未艾,正名定分,宜在于兹。祖宗朝立皇太子,英宗以二岁,孝宗以六岁,武宗以一岁,成宪具在。②

明神宗接到奏疏,批道:"元子婴弱,少俟二三年举行。"③

明神宗的拖延战术,没能平息群臣的不满。他的批示传出后,引来的是"科道交章请册立东宫"④。其中最激烈的要数户科给事中姜应麟,他在奏疏中写道:

> 礼贵别嫌,事当慎始。贵妃所生陛下第三子,犹亚位中宫,恭妃诞育元嗣,翻令居下。揆之伦理则不顺,质之人心则不安,传之天下万世则不正,非所以重储贰,定众志也。伏请俯察舆情,收还成命。其或情不容已,请先封恭妃为皇贵妃,而后及于郑妃,则礼既不违,情亦不废。然臣所议者

---

① 《先拨志始》。
② 《明史纪事本末》卷67《争国本》;《明神宗实录》卷171。
③ 《明史纪事本末》卷67《争国本》。
④ 《明神宗实录》卷171。

末,未及其本也。陛下诚欲正名定分,别嫌明微,莫若俯从阁臣之请,册立元嗣为东宫,以定天下之本,则臣民之望慰,宗社之庆长矣。

这个奏疏,不仅正面提及立皇长子为太子的请求,而且还对进封郑贵妃为皇贵妃的酝酿也提出了指责,这无疑是对明神宗在这个问题上发动了全面进攻,使明神宗大为恼火。史载:"疏入,帝震怒,抵之地,遍召大珰谕曰:'册封贵妃,初非为东宫起见,科臣奈何讪朕!'手击案者再。诸珰环跪叩首,怒稍解,遂降旨:'贵妃敬奉勤劳,特加殊封。立储自有长幼,姜应麟疑君卖直,可降极边杂职。'于是得大同广昌典史。吏部员外郎沈璟、刑部主事孙如法继言之,并得罪。两京申救者疏数十上,皆不省。"①

从明神宗批驳姜应麟的话可以看出,他虽然有意立幼废长,但并不敢明白道出,在口头上还不得不标榜"立储自有长幼"。这反映出他由于违背了封建统治的传统规范,处在理不直而气不壮的窘境之中,在这场争论中,他要想取胜将是极端困难的。此外,值得注意的是,他的生母李太后此时在这一问题上的态度仍与他相左,这更使他难以应付,野史记载:

(姜)应麟既奉旨降谪,慈圣闻之,弗善也。神庙(即明神宗)入侍,慈圣故问曰:"外廷诸臣多说该早定长哥(明代宫中呼太子为长哥),如何打发他?"神庙对曰:"道他是都人的儿子(明代宫中呼宫人为都人)。"慈圣正色曰:"母以子贵,宁分差等? 你也是都人的儿子!"盖慈圣亦由宫人进御也。神庙惶恐伏地,无以自容。自是立长之议始定,实凛慈圣谕耳。②

李太后的态度在这个问题上所起的作用,未必完全如上引野史

①　《明史》卷233《姜应麟传》。
②　《先拨志始》卷上。

所说,但她起了相当作用却是不可否认的。种种因素使得明神宗难以在这个问题上遂其所愿,而他作为一个专制君主,而且是一个极为"好胜"的君主①,又不肯轻易善罢甘休,加之有些朝臣时或出而助他一把,这便使这场关于国本的争论,持续了十几年。它共经历了两个阶段,万历二十一年(1593年)以前,是其第一个阶段。

在第一阶段里,朝臣们不断上疏要求早日确定皇长子的太子地位,另外还要求让皇长子出阁讲学,接受教育,而明神宗一直不肯在实际上作出任何妥协退让,他想出了一个又一个花招,顽固地与朝臣们相对抗。万历十四年(1586年)三月二日,郑贵妃被正式封为皇贵妃②,这是明神宗不肯退让的重要一招。十五年(1587年)正月,礼科都给事中王三余等奏请"建储",明神宗以"不报"处之;大学士申时行等提出此事,明神宗稍给礼遇,但也仅是"令候旨行"而已③。万历十八年(1590年)正月初一,大学士申时行等乘被明神宗召见于毓德宫之机,再次提出"册立东宫"之事,明神宗仍借口"长子犹弱,欲俟其壮大使出",加以拒绝④。同年十月,廷臣以储位未定,交章请册立,"阁臣至合疏以去就争",申时行等"杜门乞去",内阁中只剩下王家屏一人。明神宗遇到如此大的压力,只好"遣内侍传语:'期以明年春夏廷臣无所奏扰,即于冬间议行,否则待(皇长子)逾十五岁。'"不久,又谕:"二十年春举行。"明神宗的诺言仅是缓兵之计,当王家屏将他的谕旨向廷臣们传达后,他就心中大为不满,"传谕诘责,时行等合词谢,乃已"。⑤

① 《明史》卷235《张养蒙传》。
② 《明神宗实录》卷172。
③ 《明史纪事本末》卷67《争国本》;《明神宗实录》卷67。
④ 《明史纪事本末》卷67《争国本》;《明神宗实录》卷219。
⑤ 《明通鉴》卷69;《明神宗实录》卷228。

万历十九年(1591年)八月,因为明神宗答应过的册立东宫的日期已经接近,工部主事张有德上疏要求"预备仪物"。明神宗读后不仅不允许,反而发起怒来,命册立东宫之事"展期一年",并且夺张有德"俸三月"。时首辅申时行"方在告,次辅许国乃曰:'小臣尚以建储请,吾辈不一言可乎!'仓卒具疏,首列时行名以上"。明神宗见状更怒。申时行得到消息"大愕",马上另写一个密揭递上去,为自己洗刷,说:"臣已在告,同官疏列臣名,臣不知也。"按照惯例,阁臣的密揭"皆留中"不发,而这次竟被发了下来。礼科给事中罗大纮见后甚不以为然,于九月递上奏疏一封,弹劾申时行"阳附廷臣请立之议,而阴缓其事,以为自交宫掖之谋"。歙人黄正宾,以赀为中书舍人,思树奇节,见大纮疏,亦"抗疏力诋时行"。罗、黄之举深为明神宗所不满,遂皆被斥为民。而申时行之以密揭求谅于明神宗,说明这时他背离了自己原来坚持的正确立场,这自然是不得人心的,当罗、黄因为弹劾他而遭到处罚后,他就更为公论所不容了,因而"遂不能安于其位",不几天即被迫离职归家。①

万历二十年(1592年)正月,礼科都给事中李献可同六科诸臣疏请豫教,认为皇长子"年十有一矣,豫教之典当及首春举行"。明神宗看到这个不合心意的奏疏,责以"小臣烦激,违旨侮君",并"摘疏中误书弘治年号",贬李献可一秩调外,其余共同上疏者,"夺俸半岁"。时"性忠谠、好直谏"的王家屏担任首辅,他不肯听任明神宗的这一专制裁断,"封还御批力谏"。明神宗更加生气,又接连处罚了上疏申救李献可的科道官等十余人,或削籍,或降调,科臣孟养浩疏最后上,加杖一百。御史钱一本的奏疏"最戆直",所以明神宗对之恨入骨髓。当孟养浩被杖之后,明

① 《明史》卷233《罗大纮传》,卷218《申时行传》;《明通鉴》卷69;《明史纪事本末》卷67《争国本》;《明神宗实录》卷239、卷240。

神宗即声称"养浩所逞之词,根托一本,造言诬君,摇乱大典",遂将之一并斥逐为民。王家屏看到国事日坏,其言不行,只好"引疾求罢",同年三月致仕。王家屏是这一时期少有的敢于对明神宗强诤的一个首辅,担任此职仅仅半年就被迫离职,史称"以戆直去国,朝野惜焉"。①

万历二十一年(1593年)正月,原来做过大学士的王锡爵被召回朝中,出任首辅。他虽也属阿谀之徒,但在册立东宫问题上所持的立场,与一般朝臣是一致的。这次回朝时,正值明神宗处罚张有德时所允诺的册立东宫日期已至,而"廷臣鉴张有德事,咸默默",于是他便密疏请求"建储以践大信"。明神宗这时不便于再以皇长子年幼或廷臣"激扰"等为理由加以拒绝了,但又提出了新借口,他派文书官李文辅将手札一纸送到王锡爵家中,上面写着:"昨读《皇明祖训》",内有"立嫡不立庶之训","况今皇后(按:明神宗的正宫皇后为王氏,无子)年尚少,倘后有出,册东宫乎? 封王乎?""故朕迟疑未决。既卿奏来,朕今欲将三王子俱暂一并封王"(按:时明神宗已得五子,除第二子已殇外,第四子亦殇于万历十六年七月,存活的除皇长子、皇三子外,还有皇五子朱常浩,所说三王子,即指存活的这三个儿子),"少待数年,皇后无出,再行册立"。王锡爵见到明神宗决心继续拖延,其阿顺君主的处世态度立即表现出来,史载:"锡爵惧失上指,立奉诏拟谕旨。"但他又"外虑公论,因言'汉明帝马后、唐明皇王后、宋真宗刘后,皆养诸妃子为子,请令(王)皇后抚育元子,则元子即嫡子,而生母不必崇位号以上压皇贵妃'",并拟了第二个谕旨草稿呈上。明神宗决定采用第一个草稿,将之发给"礼官,令即具仪"。这一三王并封的决定传达下来,当即引起"举朝大哗"。光禄丞

① 《明史》卷110《宰辅年表》2,卷217《王家屏传》,卷231《钱一本传》,卷233《李献可传》及《孟养浩传》;《明史纪事本末》卷67《争国本》;《明神宗实录》卷244。

朱维京首先上疏反对,指出:"少迟册立以待中宫正嫡之生"的办法,本朝"实无此制","予计将来,坐格成命,是欲愚天下,而实以天下为戏也"。他还批评王锡爵不能诤谏,而"若胥史之承行,惟恐或后",实是"患得患失之心胜"。刑科给事中王如坚也上疏反对,警告:若皇长子与其他二王"并封而并号,得无有并大之嫌、逼长之患乎?"明神宗将朱、王二人皆流放到极边充军(后改为罢官为民)。"未几,维京同官涂杰、王学曾"继起反对,"亦斥为民"。于是吏部员外郎顾宪成等先后疏谏;并给王锡爵写信,与之"反复辨论",或"诣锡爵邸力争",或"遮锡爵于朝,面折之"。首辅王锡爵惶恐万分,乃自劾失误,"乞罢斥"。明神宗亦迫于公议,于本年二月收回三王并封之命,下令"少俟二三年,若中宫无出,再行册立"。①

2. 从皇长子出阁讲学到储位之定——争国本的第二阶段

万历二十一年(1593 年)八月,彗星进入紫微垣,这在当时被视为极不吉利的星变。趁此机会,首辅王锡爵密奏:"天以皇上为子,皇上以太子为子,天子之象帝星,太子之象前星,方今禳彗第一义,莫如册立。"② 同年十一月,皇太后生辰,王锡爵在明神宗"御门受贺毕",被单独召见,于是又乘机"力请早定国本"。明神宗问:"中宫有出,奈何!"王锡爵回答:"此说在十年前犹可,今元子已十三岁(按:应为十二岁),尚何待? 况自古至今,岂有子弟十三岁犹不读书者!"明神宗听后"颇感动"。王锡爵退出后,又上疏力请,且说:"外廷以固宠阴谋,归之皇贵妃,恐郑氏举族不得安,惟陛下深省。"明神宗见疏,"心益动"③。上述万历二十一年下半年王锡爵的几次行动,表明他这个本来喜欢逢迎皇

① 《明史》卷218《王锡爵传》,卷233《朱维京传》及《王如坚传》;《明通鉴》卷70;《明神宗实录》卷256、卷257;《国榷》卷74。

② 《明神宗实录》卷263;《明史纪事本末》卷67《争国本》。

③ 《明史》卷218《王锡爵传》。

帝的首辅,这时在国本问题上也不再逢迎了,不难看出,这是由于他接受了以前的教训而改变了态度;而这一改变,反映了当时关于国本争论的形势的变化,要求早立太子的意见更占上风了。这种变化,不能不引起明神宗的考虑,上文所叙明神宗对王锡爵的劝说"颇感动"、"心益动"云云,其中除了包含着为王锡爵劝说而心动外,实际上也应包含着对当时的形势变化的震动。在这种情况下,明神宗的态度就不得不有所更改。据史书记载,同年闰十一月二日,他就下达了第二年春天皇长子"出阁讲学"的命令,要礼部"传谕各衙门,如敕奉行"①。万历二十二年(1594年)二月四日,皇长子正式出阁讲学②。

上述一系列变化,表明这时的"国本"争议,已进入了其发展途程的第二个阶段。这个阶段止于万历二十九年(1601年),其基本特点是:廷臣们要求早日确定皇长子太子地位的呼声越来越高;在强大舆论压力下,平日里对皇帝多抱顺从态度的首辅,都像王锡爵那样,在这个问题上,不敢再顺从皇帝,而是与广大廷臣站在了一边;至于明神宗本人,则迫于形势,虽一方面不能轻易放弃初衷,但另一方面又不得不步步后退。

万历二十四年(1596年)二月,礼部以皇长子年已十五,"正合行冠礼之年","过此则愆期",上奏皇帝,请安排其事③。按,皇长子冠礼之行,涉及服用何等冠服之事,若用亲王冠服则不妥当,而倘用太子冠服则需先册立为太子才可。礼部此奏,实是催促明神宗马上册立皇长子为太子。明神宗接到礼部这个奏疏后,因尚不肯马上册立,仅以"报闻"处之④。万历二十五年,大臣们提出此请者更多,几乎是月月不断,明神宗的态度仍是不肯

① 《明神宗实录》卷267。
② 《明神宗实录》卷270。
③ 《明神宗实录》卷294。
④ 《明神宗实录》卷294。

答应,接到奏疏后多是"不报"了事①。惟有三月四日首辅赵志皋等请求当年行冠礼、第二年行婚礼,明神宗作了回答,要礼部"择日具仪以闻"②。但"议上,不果行"。万历二十六年三月,首辅赵志皋又为此而率文武群臣至文华门,集体上疏要求,表示"必得命乃敢退"。这时明神宗依然不肯答应,他派司礼监太监田义传旨申斥,最后群臣只好"顿首而退"③。万历二十六年十一月,明神宗终于有所让步,他谕礼部:以前由于"皇长子禀质清弱,气体未充,况皇后年在妙冲,又屡遭不讳大难",所以册立大典"迟缓少俟";今"皇长子龄已过期,体已充足,尔该部便具选婚旧仪来看。其册立、加冠礼少俟二宫落成之日行"④。十二月十三日,又以"皇长子选婚"而"祭告奉先殿,诏内臣于京城内外及里八府刷选淑女"。⑤

　　明神宗虽然有所让步,但问题并没解决,他仍在设法拖延对皇长子的册封。这时,首辅赵志皋已离职养病,实际起首辅作用的是大学士沈一贯。沈一贯与廷臣一起多次劝谏,最终使明神宗答应了册封之事。《明史·沈一贯传》记载如下:

　　　　时国本未定,廷臣争十余年不决。皇长子年十八,诸请册立冠婚者益迫。帝责户部进银二千四百万,为册立、分封诸典礼费以困之。一贯再疏争,不听。(万历)二十八年,命营慈庆宫居皇长子。工竣,谕一贯草敕传示礼官,上册立、冠婚及诸王分封仪。敕既上,帝复留不下。一贯疏趣,则言:"朕因小臣谢廷赞乘机邀功,故中辍。俟皇长子移居后行之。"既而不举行。明年,贵妃弟郑国泰迫群议,请册立、

　① 见《明神宗实录》。
　② 《明神宗实录》卷308。
　③ 《明通鉴》卷71;《明神宗实录》卷320。
　④ 《明神宗实录》卷328。
　⑤ 《明神宗实录》卷329。

冠婚并行。一贯因再草敕,请下礼官具仪,不报。廷议有欲
先冠婚后册立者,一贯不可,曰:"不正名而苟成事,是降储
君为诸王也。"会帝意亦颇悟,命即日举行。九月十有八日
漏下二鼓,诏下。既而帝复悔,令改期。一贯封还诏书,言
"万死不敢奉诏",帝乃止。十月望,册立礼成,时论颇称之。
在册立太子的同时,三子常洵、五子常浩、六子常润、七子常瀛分
别被封为福王、瑞王、惠王和桂王。①

　　明神宗之最终答应册立皇长子为太子,除了前面提及的诸
种原因外,还有一个不可忽视的因素:万历二十九年(1601 年)
明神宗曾与郑贵妃产生矛盾,明神宗一时感情冲动,当即下了册
封的决心,史载:

　　　　神庙(指神明宗)始专宠郑贵妃而疏孝端(指中宫王
　　氏),辛丑年(万历二十九年),圣躬抱病甚笃,瞑眩逾时而
　　醒,则所枕者孝端手肱也,且面有戚容,泪痕犹湿。及侦郑
　　贵妃,则窃密有所指挥……神庙由此蕴怒贵妃。神庙曾与
　　诸王子宴,各有小赐,光庙(即皇长子)赐一玉碗,命贵妃代
　　为收藏。至是,突索所赐玉碗,年月已久,司帑者遗忘,屡索
　　不应。既而索福王所赐,随手而进。神庙震怒……明日,遂
　　传旨礼部:"速议册立仪制来看。"光庙遂于是冬正东宫之
　　位。②

3. 癸巳京察

　　明代对官吏的考核有京察和外察制度。负责其事者为吏部
尚书和都察院的都御史,另由吏部考功司的郎中及都察院的河
南道监察御史协助进行。京察考核京官,六年一次,以巳、亥之
岁举行,"四品以上自陈以取上裁",五品以下由主管考核的官吏

---

　　① 《明神宗实录》卷 364;《明史》卷 21《神宗本纪》2。
　　② 《先拨志始》卷上。

确定"致仕、降调、闲住为民者有差,具册奏请"。"大臣自陈去留既定,而居官有遗行者,给事、御史纠劾,谓之拾遗"。外察考核地方官吏,三年一次,每逢辰、戌、丑、未之年,外官要赴京朝觐,即趁机加以考察①。由于考核后最终要确定升迁,因而官吏们都很重视,正直的官吏将之当作提拔贤能、降黜邪恶的一个机会,而邪恶的官吏则将之当作结党营私、在政治斗争中打击对手、扶植同党的重要手段,于是考核往往成为官僚间互相斗争的一个重要场合,其中京察尤其如此。万历二十一年(1593年)的京察(即癸巳京察)就是斗争十分激烈的一次。

主持万历二十一年京察的是吏部尚书孙铖、考功郎中赵南星和左都御史李世达。他们都是比较正直的官吏,其中赵南星尤其著名。在这次京察中,他们"秉公澄汰,无所徇私"。文选员外郎吕胤昌是孙铖之甥,都给事中王三余是赵南星的亲戚,而两人因有不妥之处,皆被斥黜。此外,"一时公论所不予者,贬黜殆尽,大学士赵志皋弟预焉"。当时"王锡爵方以首辅还朝,欲有所庇,比至而察疏已上",庇者即在"黜中"。这使王锡爵等阁臣及其若干追随者"皆不悦"。恰好这时有言官拾遗庶僚,吏部稽勋员外郎虞淳熙、兵部职方郎中杨于廷及主事袁黄被劾,而孙铖认为虞淳熙"安贫好学",杨于廷有才且立有功劳,主张只黜袁黄,保留虞淳熙及杨于廷。于是"附权献谄"的刑科给事中刘道隆,遂按照王锡爵等人的意图,上疏攻击吏部诸臣,"攻南星不当复留淳熙等,并攻铖不当调淳熙于吏部"。王锡爵见到刘道隆的奏疏,如获至宝,"遂票旨切责吏部专权结党"。孙铖上疏相争,不肯认罪。在王锡爵等人的操纵下,明神宗下令孙铖"罚俸,南星降三级,调外任用"。左都御史李世达、礼部郎中于孔兼、员外郎陈泰来等相继讼言,为赵南星鸣冤,并攻王锡爵。王锡爵即激明

① 《明史》卷71《选举》3,卷72《职官》1,卷73《职官》2。

神宗发怒,使"孙钺罢,南星、淳熙等皆削籍,泰来、孔兼皆降调"。①

万历二十一年(1593 年)京察是明神宗在位时邪正两派斗争过程中的重要一幕,影响颇大,史称:"门户之祸坚固而不可拔,自此始也。"②

三、首辅沈一贯对正直官吏的打击与乙巳京察

万历二十九年(1601 年)九月,长期养病的首辅赵志皋死去,沈一贯正式成为首辅,直至万历三十四年③。赵志皋死后,内阁中只剩下一个大学士,新增阁臣必不可缓,而明神宗"素虑大臣植党,欲用林居及久废者",于是在家闲居各十余年的归德人、原礼部尚书沈鲤及山阴人、原礼部尚书朱赓,同时被命以故官兼东阁大学士入参机务。第二年四月朱赓到职,七月沈鲤到职④。朱赓与沈一贯"同乡相比",其入阁对沈一贯影响不大。而沈鲤为人耿直,"遇事秉正不挠",颇有威望,他原来做过明神宗的讲官,也颇受明神宗的重视,入阁后遂与沈一贯发生冲突。沈一贯虽在皇长子册立一事上,所作所为与众意一致,但其一贯的立场,却是对皇帝"依违其间"、多有不满人意之处。沈鲤入阁后,沈一贯"深忌"其为"士心"所附,沈鲤"亦自以讲筵受主眷,非由一贯进,不为下,二人渐不相能"。此外,"以文章气节著"的礼部侍郎郭正域、"清白奉公"的左都御史温纯等官吏与沈鲤站在了一边,沈一贯则拉拢了另一批官吏做自己的心腹。于是,在沈一贯担任首辅的几年中,朝臣中邪正两派斗争的基本内容,是沈一

---

① 《定陵注略》卷 3《癸巳大计》;《明史》卷 220《李世达传》,卷 224《孙钺传》,卷 243《赵南星传》;《明神宗实录》卷 258;蒋平阶《东林始末》。

② 《定陵注略》卷 3《癸巳大计》。

③ 《明史》卷 110《宰辅年表》2。

④ 《明史》卷 217《沈鲤传》,卷 219《朱赓传》;《殷礼在斯堂丛书》本《茶史》。

贯及其追随者千方百计打击沈鲤等正直官吏,而沈鲤等正直官吏则针锋相对,与之相抗[1]。这一时期,主要发生了"楚宗案"、"《续忧危竑议》妖书案"及"乙巳京察"三件大的派争事件。

1. 楚宗案

楚恭王朱英㷿(朱元璋第六子楚昭王朱桢之后)生前有"废疾",隆庆五年(1571年)死,遗腹宫人胡氏,双生二子华奎、华壁。有人说华奎为王妃兄(一说王妃弟)王如言之妾尤金梅所生,华壁为王妃族人王如绹之奴王玉所生(一说为王如绹所生),"盖妃密令承奉郭伦潜匿以入以为子"。仪宾汪若泉曾予揭发,"事下抚按","王妃持甚坚,得寝"。万历八年(1580年),华奎嗣楚王位,华壁亦封宣化王。楚府中有宗人朱华越,其妻为王如言之女。华越"素强御,忤王",万历三十一年(1603年),遂盟宗人二十九人,上疏告状,称:华奎,异姓子也,不当立。以其妻为证。沈一贯受华奎贿,嘱其心腹通政使沈子木,"格其疏勿上"。过了一段时间,华越劾宗人疏亦至,双方的争论才得以报到明神宗那里,明神宗令"部院看议"。时郭正域以侍郎署礼部事,主张"敕抚按公勘";而沈一贯为了保护华奎,提出"亲王不当勘,但当体访"。明神宗采纳了郭正域的意见,下令"公勘"。华奎惧,"奉百金为正域寿","且属毋竟楚事",若能听从,当以馈一贯者"馈公"。郭正域对此严辞拒绝,其态度得到大学士沈鲤的大力支持。沈一贯本来对沈鲤和郭正域就有所不满,见此情况,遂决定向他们发起一场规模较大的攻击,而这次进攻的矛头,主要是指向郭正域。[2]

明神宗"公勘"之令下达后不久,抚按公勘的结果便送到了

---

[1] 《明史》卷217《沈鲤传》,卷218《沈一贯传》,卷219《朱赓传》,卷220《温纯传》。

[2] 《明史》卷116《诸王》1,卷226《郭正域传》;《定陵注略》卷6《楚狱始末》;《东林始末》。

京城："皆言无左验。"但华越妻"持伪王说甚坚"。明神宗让公卿"集议"处理办法。"议者三十七人，各具一单，言人人殊。李廷机以礼部左侍郎代正域署部事，正域欲尽录诸人议，廷机以辞太繁，先撮其要以上"。沈一贯遂嗾使心腹给事中杨应文、御史康丕扬，"劾礼部壅阏群议，不以实闻"。他们弹劾的虽是礼部，而其真正目标实指向郭正域。郭正域上疏自辩，并揭发沈子木匿疏、沈一贯阻止公勘及受华奎贿赂等情状。"一贯益恚"，造谣说，郭正域"遣家人导华越上疏，议令楚王避位听勘，私庇华越"。在沈一贯的授意下，其心腹给事中钱梦皋、杨应文等又先后上疏攻击郭正域，诬称郭正域之父曾"笞辱于楚恭王，故正域因事陷之"。在双方争论正烈之时，明神宗传出旨意："罢楚事勿按。"这是因为明神宗认为楚王"嗣位二十余年，何至今始发？且夫讦妻证，不足凭"。于是华越"坐诬告，降庶人，锢凤阳"。郭正域只好"四疏乞休"。华奎"既得安，遂奏劾正域"，大略如杨应文等所言，且讦其有"不法数事，请褫正域官"。幸亏这时有给事中张向达出来上奏，"谓藩王欲进退大臣，不可训"，郭正域才得以暂时不被加罪，而仅"令巡按御史勘王所讦以闻"。至此，楚宗案基本上告一段落，沈一贯一派暂时取得了胜利。①

2.《续忧危竑议》妖书案

万历三十一年（1603年）发生的"《续忧危竑议》妖书案"，是一起匿名编刻散发一种名叫《续忧危竑议》的书，从而散布政治流言的案件。这一案件的发生，除去与当时政治斗争形势复杂激烈有关之外，还由于这一时期盛行以匿名印刷品进行政治斗争的风气。万历十七年八月，明政府曾不得不为这种风气的盛行而"严匿名揭帖之禁"②。早在万历二十六年，曾发生了著名

---

① 《明通鉴》卷73；《明史》卷116《诸王》1，卷226《郭正域传》。
② 《明通鉴》卷69；《明史》卷20《神宗本纪》1。

的《忧危竑议》妖书案"。万历十六年,河南人吕坤任山西按察使,选择历代列女事迹,刊刻了《闺范》一书。此书刻出后,流传渐广,嘉兴、苏州、南京、徽州等地相继翻刻。不久传入宫中,明神宗"赐皇贵妃"郑氏,郑氏嘱伯父郑承恩重刻之,改名《闺范图说》,时在万历二十三年(1595 年)①。不久,吏科给事中戴士衡弹劾吕坤,谓其"潜进《闺范图说》,结纳宫闱"。吕坤上疏自辩,明神宗不问②。万历二十六年秋,又有人撰《闺范图说》跋,题《忧危竑议》,匿其名,盛传京师。此书称:吕坤的《闺范图说》"首载汉明德马后由宫人进位中宫",客观上适应了郑贵妃的需要,而皇贵妃郑氏之重刻此书,"实借此为立己子之据"。此书的行文,"托朱东吉为问答",其所谓"东吉",乃意为东宫大吉。此书书名中有"忧危"字样,是因为吕坤不久前曾上过一个奏疏,论述朝政,疏尾有"敬上忧危之疏"之语,故"借其名以讽"。《忧危竑议》所说,皆是无根据的流言蜚语,其真相已无法搞清,大概是怀有某种政治目的的人,为了实现自己的意志,而结合当时国本之争十分激烈的客观形势,伪造出来的③。郑承恩见到此书,十分恐惧,想起戴士衡曾弹劾吕坤,又想起全椒知县樊玉衡不久前在请求册立太子的奏疏中,曾指责"皇贵妃不智",遂怀疑"士衡实为之,玉衡与其谋"。明神宗得到郑承恩的揭发,怒不可遏,加之皇贵妃郑氏"复泣诉不已",即于"夜半传旨",逮二人"下诏狱拷讯"。"比明,命永戍士衡廉州,玉衡雷州"④。《忧危竑议》妖书案是当时影响较大的一起利用匿名书籍散布政治流言的案件,

---

① 吕坤《去伪斋集》卷 2《辩明心迹疏》、《辩〈忧危竑议〉疏》及跋;《野获编》"补遗"卷 3《戊戌谤书》、《重刊闺范序》。

② 《国榷》卷 78;《明史》卷 234《戴士衡传》。

③ 《明史》卷 114《后妃》2;《野获编》"补遗"卷 3《戊戌谤书》。

④ 《明史》卷 233《樊玉衡传》,卷 234《戴士衡传》;《明史纪事本末》卷 67《争国本》;《先拨志始》卷上。

而《续忧危竑议》妖书案则是继之出现的类似案件。《续忧危竑议》之所以在书名中有"续"字,乃该书的匿名作者要以之表明,其书系续前书而来。

《续忧危竑议》妖书案发生在万历三十一年(1603年)十一月。这一月的十一日早晨,自朝房至勋戚大臣门前,各有匿名书一帙,封面题名为"国本攸关"四字,而第一页第一行为"续忧危竑议"五字。"书托'郑福成'为问答",其"郑福成"的含义,殆指"郑之福王当成也"。书中大意是:明神宗于万历二十九年(1601年)册封皇长子为太子,乃是出于不得已,他日必改封福王,其任用朱赓为大学士,即"所以寓他日更易之意","盖朱名赓,赓者,更也"。书中还罗列了一长串文武官吏的名字,说他们即是将来朱赓帮助皇贵妃郑氏争立福王的附从者。又批评首辅沈一贯"为人阴贼","欲右郑而左王"(此处之"王"实指太子朱常洛)。提督东厂司礼监太监陈矩获得此书,即以报告明神宗,大学士朱赓也马上入奏。明神宗大怒,令陈矩及锦衣卫"大索,必得造妖书者"。①

随着《续忧危竑议》妖书案的出现,一场大逮捕在京城里发生了,"数日间银铛旁午",搞得人人自危,先后入狱的有锦衣都督周嘉庆、"妖人"暖生光、僧人达观、医者沈令誉、仆人毛尚文等。此外,前汉中府同知荆门人胡化还揭发新选四川渠县训导、刑科给事中钱梦皋的女婿阮明卿,为这本"妖书"的编造者。周嘉庆"旋以治无验",令革任回籍,阮明卿不久得以解除怀疑。其余的人则经过了较多的曲折,这是因为他们与当时的邪、正两派党争联系在了一起。此案一出,沈一贯认为是诬陷沈鲤、郭正域的好机会,"因是陷之,则两人必得重祸",因而想方设法把它往

---

① 《明史》卷114《后妃》2,卷305《宦官传》2;《野获编》"补遗"卷3《癸卯妖书》及所附《续忧危竑议》原文。

684

沈鲤和郭正域身上牵扯。僧人达观、医者沈令誉、仆人毛尚文皆是与郭正域有某种关系而被沈一贯的心腹捕捉的，其中达观"时时游贵人门，尝为正域所搒逐"，"令誉故尝往来正域家"，毛尚文"则正域仆也"，沈一贯及其心腹之捕捉他们，乃是"欲自数人口引正域"。沈一贯及其心腹在这一时期，或利用上疏，或利用审讯，极尽其陷害沈鲤和郭正域的能事。沈一贯的心腹钱梦皋曾上疏公开攻击郭正域，说："妖书刊播，不先不后，适在楚王疏入之时。盖正域乃沈鲤门徒，而沈令誉者，正域食客，胡化又其同乡同年，群奸结为死党。乞穷治根本，定正域乱楚首恶之罪，勒鲤闲住。"明神宗受此疏所惑，乃令"正域还籍听勘"，又令"急严讯诸所捕者。达观拷死，令誉亦几死，皆不承"。沈一贯控制的"法司迫(胡)化引正域及归德(即沈鲤)"，胡化不肯答应，大声呼叫说："(阮)明卿，我仇也，故讦之。正域举进士二十年不通问，何由同作妖书？我亦不知谁为归德者。"沈一贯的爪牙也曾对毛尚文以利相诱，对皦生光以严刑相逼，前者昧心答应，但终因所供出于编造，漏洞百出，致诬陷郭正域的目的没能达到；后者则不肯屈从，他对逼供的钱梦皋及沈一贯另一心腹康丕扬当面大骂："死则死耳，奈何教我迎相公(指沈一贯)指、妄引郭侍郎乎！"这时，沈一贯还派人"大索(沈)鲤私第三日"，发兵到杨村，包围由京返乡的郭正域所乘座舟。"又声言正域且逮，迫使自裁"，郭正域心中无鬼，不怕威胁，坚决拒绝，说："大臣有罪，当伏尸都市，安能自屏野外。"①

　　沈鲤和郭正域在这场斗争中，到最后结束也没有被沈一贯等压倒。这除了因为对方虽绞尽脑汁也没能找到他们参与这一案件的证据外，还由于他们得到许多正直大臣的保护，已被立为太子的朱常洛也竭力支持他们。郭正域在朱常洛出阁讲学后，担任过讲官，而且对朱常洛很注意照顾。万历二十八年（1600年）十一月的一次进讲，遇上大风，天气甚寒，朱常洛难以忍受，郭正域即"大言天寒如此，殿下当珍重"，并喝令"班役取火御寒"。"时中官围炉密室，闻正域言，出之"，"始克竣讲"，"正域以此受眷于"朱常洛。所以，当《续忧危竑议》妖书事起，朱常洛极为关心，多次对身边的员役说："何为欲杀我好讲官？"并"传语东厂：'饶得我，即饶郭先生罢。'"朱常洛的这些表态，对沈一贯等不能不起作用，史载"诸人闻之皆惧"，"狱益解"。①

《续忧危竑议》妖书案的结局，是以"妖人"𣘤生光被杀而糊涂了事。𣘤生光原系顺天府生员，惯于"以刊刻打诈为事"，曾伪造外戚郑氏的亲戚、富商包继志诗，中有"定知郑主乘黄屋，愿献金钱寿御前"之句，以向郑国泰及包继志胁诈金钱，因此成为此案的嫌疑犯，其被捕下狱，即由于此。在狱中，他遭到酷刑审讯，但不肯承认，"妻妾子弟皆掠治无完肤"。提督东厂司礼太监陈矩"屡会法司拷讯"，看到一时不易结案，而"心念生光即冤，然前罪已当死"；"且狱无主名"，明神宗必然发怒，不肯放过，"恐辗转攀累无已"，遂在案情并未真正弄清的情况下，"归狱生光"。万历三十二年（1604年）四月，明神宗下令将𣘤生光"凌迟处死"。这一结局，使沈鲤、郭正域等彻底解除了嫌疑，郭正域得以顺利回到原籍，沈一贯及其心腹通过《续忧危竑议》妖书案向正直官吏发起的进攻遭到失败。②

3. 乙巳京察

主持这次京察的是吏部侍郎杨时乔和左都御史温纯等正直

---

① 《先拨志始》卷上；《明史纪事本末》卷67《争国本》；《明史》卷226《郭正域传》。

② 《明史》卷305《宦官传》2；《先拨志始》卷上；《明神宗实录》卷391、卷395；《明通鉴》卷73。

官吏。在此以前,他们与沈一贯等邪派朝臣已有过冲突。如温纯即曾因揭发沈一贯的心腹陕西巡按御史于永清及都给事中姚文蔚的贪秽劣迹,在奏疏中"颇侵"身为首辅的沈一贯。"及妖书事起",温纯又曾"力为沈鲤、郭正域辨诬",使"一贯怨益深"①。当这次京察开始以前,出于"庇其所私"的目的,沈一贯曾试图不让为人"方正"、署理吏部事的杨时乔主持其事,而改用兵部尚书萧大亨主之。但此议遭到大学士沈鲤的反对,没能行通。②

这次京察始于万历三十三年(1605 年)正月。时杨时乔与温纯"力锄"沈一贯的心腹,在他们所上的关于京察的奏疏中,被察的给事中评为"浮躁"者二人,评为"不及"者二人;御史评为"浮躁"者三人,评为"不及"者三人,评为"不谨"者一人;另有大臣三人遭到"拾遗",给事中一人定为"例转"(以年例转为地方官)。在这些"被察"、被转的官员之中,沈一贯的心腹给事中钱梦皋、钟兆斗及御史张似渠、于永清等,都包括在内③。面对这种打击,沈一贯及其心腹不肯示弱,极力活动,进行抵抗。二月,广东巡按御史林秉汉上疏条陈时事,对于明神宗已经处理过的楚宗案提出意见,称:"假王之说,未必全无影响,不一严勘,何以服诸宗之心?"钱梦皋认为这给他提供了讨好明神宗、摆脱被察困境并攻击政敌的好机会,当即递上奏章,"力驳秉汉",且把林秉汉"指为侍郎郭正域私人,而己之被察,乃当事大臣代为正域""驱除建白楚事之人,以为反覆楚事之地"。他的这一招收到预期的效果,明神宗为其所动,下令:"秉汉降五级,调极边方用","钱梦皋尽职建言,忠义可嘉,着照旧供职"④。钱梦皋这一招之得以奏效,除了因为所抓之事能够拨动明神宗的心弦外,还由于

---

① 《明史》卷 220《温纯传》。
② 《明史》卷 224《杨时乔传》。
③ 《定陵注略》卷 3《乙巳大计》;《明史》卷 224《杨时乔传》。
④ 《明神宗实录》卷 406;《定陵注略》卷 3《乙巳大计》,卷 6《楚狱始末》。

它得到了沈一贯的从中"力为手援"。沈一贯除了为钱梦皋这一心腹活动外,也大力援助其他被察心腹。在沈一贯的活动下,明神宗扣住杨时乔、温纯等呈上的关于京察的奏疏,不予批示下发,并于三月里以科道乏人为借口,传旨其"浮躁、不及的姑留用",批评主持这次京察者将科道官定为"不称职的甚繁","内必有徇私之弊"。杨时乔和温纯接旨后,上疏列举历次京察中被察科道官的数目,证明这次所察并不为多,但迫于压力,也不得不表示"圣谕严切,臣等无状",要求罢免自己的官职①。四月,邪派势力继续向正直派官吏进攻,"考察留用给事中钱梦皋复以楚宗事,欲追褫侍郎郭正域职",且对温纯"极口攻诋";方以年例外转候命的给事中钟兆斗,"继梦皋出疏",并以"多赃"诬蔑温纯。温纯被迫"连疏求退"。明神宗为邪派势力所惑,竟让温纯"致仕",时在当年七月。②

邪派官吏的上述活动,激起正直人士的不满,纷纷起来与之相争。同年五月,无锡人、候补南京兵部职方司郎中刘元珍抗疏上言:"一贯自秉政以来,比昵憸人,丛集奸慝,假至尊之权以售私,窃朝廷之恩以市德,罔上不忠,孰大于是! 近见梦皋有疏,每以党加人。从古小人未有不以朋党之说先空善类者,所关治乱安危之机,非细故也。"六月,南京御史朱吾弼上疏论察典,继续批评沈一贯。七月,兵部主事庞时雍更"直攻一贯欺罔者十,误国者十"。明神宗听不进正直人士的这些论议,刘元珍、庞时雍皆被革职为民,朱吾弼也受到了罚俸的处理。这些正直人士的起而相争,虽给他们本人带来了损失,而对于朝政却不无裨益,在他们的奋斗下,察疏最后终于发下,"诸被留者皆自免去"③。

---

① 《定陵注略》卷3《乙巳大计》;《明神宗实录》卷407;《东林始末》。
② 《明神宗实录》卷408;《明史纪事本末》卷66《东林党议》。
③ 《明史》卷231《刘元珍传》;《明神宗实录》卷409、卷411。

此后,沈一贯也"自知公论不容",杜门求去。万历三十四年(1606年)六月,南京吏科给事中陈嘉训及南京御史孙居相交章劾其奸贪;七月,他被迫再次辞官,明神宗答应了他的要求。他在离任之前,担心沈鲤不去,"贻己后忧,欲与俱去,密倾之"。明神宗也不喜欢沈鲤的"方鲠",恰好这时沈鲤也提出辞官,于是明神宗让沈鲤与沈一贯一起退隐。①

沈一贯与沈鲤一同罢官,宣告了大臣中正直与邪恶两派势力斗争的一个阶段的结束。但两派之间的斗争以后仍未停止。沈一贯在位时,"浙中颇有附丽之者"②,这些人在沈一贯去位时并未全部离职,他们与沈一贯留下的其他支持者,以及后来新参加到这一派中的许多官吏,在新的条件下,继续跟正直人士进行了一系列争斗。

四、东林党与宣昆齐楚浙诸党的斗争

大约自万历三十五年(1607年)前后起,朝臣中的两派斗争进一步激化,其重要标志是各自逐渐形成了不同名目的党。另外,还有越来越多的被罢免的官吏卷进来,这也是当时双方斗争较前更为激烈的一个反映。

1. 东林党名称的出现及宣昆齐楚浙各党的形成

东林党是正直派的名称,这一名称的取得与顾宪成有密切关系。

顾宪成,字叔时,无锡人,嘉靖二十九年(1550年)生。万历四年(1576年),中应天乡试第一名;八年成进士,被吏部分送本部办事。他一进入仕途,即表现出了对朝政极为关心的积极态

---

① 《定陵注略》卷3《乙巳大计》;《明史》卷217《沈鲤传》;《明神宗实录》卷423。

② 叶向高:《蘧编》卷9。

度。时,同榜进士魏允中、刘廷兰也在以前的乡试中获得了第一名,三人号"榜中三解元",相互"以名相期许,慷慨论列","日评隲时事,居然华衮斧钺一世",被称为"三元会"①。顾宪成不仅关心朝政,而且为人正直,敢言直谏,对于权贵超出规范任意行事之举不肯容忍。万历九年(1581年)六月,首辅张居正病,"举朝为醮金祷于东岳","宪成不可","同官危之,代为署名",顾宪成闻之,"驰骑醮坛,手抹去之"。当三王并封诏下,他上疏力谏,认为"耦尊钧大,逼所由生"。他又给首辅王锡爵写信,"反复辨论"。此诏之后来被迫收回,顾宪成的努力是原因之一。万历二十一年(1593年)京察,吏部尚书孙鑨、考功郎中赵南星"尽黜执政私人",顾宪成当时任吏部考功员外郎,在其中也起了一定的作用。②

顾宪成不阿权贵,因而仕途很不顺利。万历十五年(1587年),曾由署稽勋司员外郎被谪为桂阳州判官。万历二十二年(1594年)更由吏部文选郎中降杂职,"寻革职为民"。其第二次被降谪,是因推举阁臣得罪了明神宗所致。当时首辅王锡爵将谢政,廷推阁臣,顾宪成与吏部尚书陈有年、侍郎赵参鲁、盛讷等商议,列"故大学士王家屏"等"七人名上"。而王家屏前"以争国本去位",深为明神宗所厌,明神宗之意"雅不欲用",加之明神宗对名单中的其他一些人也有看法,因而"严旨责让",下令:"前吏部尝两推阁臣,可具录姓名以上。"于是吏部另将有关人员写入名单推上。明神宗看后仍不满意,特别是发现王家屏仍然列名其中,更为生气。顾宪成之被降为杂职,就是这样发生的。接着又被削职为民,则是因为当降为杂职的圣旨传下后,有人具疏相救而引起的。③

---

① 《顾端文公年谱》卷上。
② 《明史》卷231《顾宪成传》;《顾端文公年谱》卷上。
③ 《定陵注略》卷3《锡山谴逐》;《顾端文公年谱》卷上;《明史》卷224《陈有年传》,卷231《顾宪成传》。

顾宪成罢官后家居。家乡原有东林书院,乃宋朝"杨时讲道处也","宪成与弟允成倡修之,常州知府欧阳东凤与无锡知县林宰为之营构"。万历三十二年(1604 年)"落成"。于是,顾宪成"偕同志高攀龙、钱一本、薛敷教、史孟麟、于孔兼辈讲学其中"。他们都是为人正直、因遭当权的邪恶势力的打击排挤而被罢官的人。其他为数甚多的"抱道忤时"、"退处林野"的"士大夫",也纷纷"闻风响附,学舍至不能容"。顾宪成及其共同"讲学"者虽处逆境,但不忘关心朝政大事,这个书院里的一副对联是:"风声、雨声、读书声,声声入耳;家事、国事、天下事,事事关心。"顾宪成曾说:"官辇毂,志不在君父;官封疆,志不在民生;居水边林下,志不在世道,君子无取焉。"所以,他们在"讲习之余,往往讽议朝政,裁量人物"。这样一来,东林书院形成了一个舆论中心,对朝臣发生不小的影响,"朝士慕其风者,多遥相应和"。由此,"东林名大著",朝廷内外正直的一派士大夫,便逐渐被政敌称为东林党。①

在正直派逐渐被称为东林党的同时,邪派势力则形成了宣、昆、齐、楚、浙等党。这是以沈一贯的追随者为基础,逐步扩大而成的。宣党首领为汤宾尹,宣城人,字嘉宾,万历二十二年(1594年)中举,万历二十三年(1595 年)中进士,授翰林院编修,善于写作,"内外制书诏令,多出其手",万历三十四年(1606 年)十二月晋中允,后官至庶子、祭酒②。昆党首领为顾天峻,昆山人,字升伯,万历二十年(1592 年)中进士,授编修,累迁左谕德③。汤宾尹和顾天峻皆"险诐无行",喜谈"天下安危大计",他们"各收召朋徒,干预时政",其政治集团因此根据首领的籍贯而被分别

① 《明史》卷 231《顾宪成传》;《顾端文公年谱》卷下;赵浩如:《历代楹联选注》,上海古籍出版社 1985 年版。
② 清朝鲁铨修:《宁国府志》卷 29《人物志》;《明神宗实录》卷 428。
③ 清朝金吴澜修:《昆新两县续修合志》卷 30《人物志》。

称为宣党和昆党①。齐、楚、浙三党是科道官按籍贯形成的集团，"齐则亓诗教、周永春、韩浚、张延登为之魁，而燕人赵兴邦辈附之；楚则官应震、吴亮嗣、田生金为之魁，而蜀人田一甲、徐绍吉辈附之；浙则姚宗文、刘廷元为之魁，而商周祚、毛一鹭、过庭训等附之"。三党与"宾尹、天峻声势相倚，并以攻东林、排异己为事"。②

两派形成不同名目的集团之后，相互间以空前的激烈程度进行了一系列斗争，截止于万历四十二年（1614 年），其中重要的有王元翰案、淮抚李三才之争、辛亥京察、荆熊相争、韩敬科场案、李朴上言等。

2．王元翰案

王元翰，字伯举，云南宁州人。万历二十九年（1601 年）进士，万历三十四年（1606 年）改吏科给事中，寻进工科右给事中。在谏垣四年，力持清议，摩主阙，挂贵近，世服其敢言，是属于正直派的官吏。他曾直言不讳地向明神宗指出："近更有二大变。大小臣工志期得官，不顾嗤笑，此一变也；陛下不恤人言，甚至天地谴告，亦悍然弗顾，此又一变也。有君心之变，然后臣工之变因之。在今日，挽天地洪水寇贼之变易，挽君心与臣工之变难。"又说："陛下三十年培养之人才，半扫除于申时行、王锡爵，半禁锢于沈一贯、朱赓。"还推荐顾宪成等十余个被罢官的正直人士，要求起用。邪恶派朝臣对他很不满意，必欲去之而后快。万历三十七年（1609 年）二月，遂有御史郑继芳出来，上疏弹劾王元翰"盗库金，克商人赀，奸赃数十万"。郑继芳之所以出而发难，还有两个具体原因：一是受了浙江余姚人、沈一贯党、吏科都给

---

　　① 清朝鲁铨修：《宁国府志》卷 29《人物志》；《明史》卷 216《李腾芳传》，卷 224《孙丕扬传》。

　　② 《明通鉴》卷 74。

事中陈治则的嗾使,他是陈的门人,而陈"与元翰不相能";二是受了同党给事中王绍徽的嗾使。王绍徽是汤宾尹的门生,与之相善,急于为之营求入阁,他曾对王元翰说:"公语言妙天下,即一札扬汤君,汤君且为公死,世间如汤君可恃也。"王元翰不肯答应,王绍徽大为不满,因而也挑动郑继芳攻击王元翰。王元翰见到弹疏,愤甚,上疏自辩,并对郑继芳进行反击。于是郑继芳的同党刘文炳、王绍徽、刘国缙等"十余疏并攻"王元翰,而南京给事中金士衡、御史刘兰等"乃合词为之申救"。大学士叶向高请"尽下诸疏,敕部院评曲直,罪其论议颠倒者一二人,以警其余"。明神宗不予理睬。当郑继芳刚刚上疏之时,不俟明神宗下令,"即潜遣人围守元翰家"。王元翰不堪忍受,"乃尽出其筐箧,异置国门,纵吏士简括,恸哭辞朝而去"。同年六月,王元翰因擅离职守,吏部降之为刑部检校。在处理此案中,明神宗对两派"无所可否"的态度,使诸臣"无所见得失",于是此后便"益树党相攻"。①

3. 淮抚李三才之争

李三才,字道甫,顺天通州人。万历二年(1574 年)进士,曾任山东司道,颇有政绩。万历二十七年(1599 年),以右佥都御史总督漕运,巡抚凤阳诸府。时矿监税使横行恣睢,李三才与之作斗争,"甚有保障功,内珰辈惮之,不敢肆,淮民赖之"。官衔屡加至户部尚书。另外,当沈一贯当权之时,他还经常上疏"攻其短";"冠盖往来淮上者",他必与之谈论"时政得失,无所讳避"。因此,朝中的邪派官僚对他"恨之刺骨",而比较正直的士大夫对他多起好感。不过,比较正直的士大夫之所以对他多起好感,还因为他常玩弄政治手腕所致,史称"三才才大而好用机权,善笼

---

① 《明神宗实录》卷 455、卷 459;《东林始末》;《明史》卷 216《王图传》,卷 236《王元翰传》,卷 240《叶向高传》。

络朝士,抚淮十三年,结交遍天下"。创办东林书院的顾宪成与李三才交往颇多。万历三十二年(1604年)八月,顾宪成曾专程赴淮安,找李三才商讨政事;万历三十五年(1607年)七月,李三才曾上疏建议"用废弃",其意图就是为了给顾宪成等人创造东山再起的机会。李三才为什么能得到顾宪成的信任呢?其原因之一即在于他善于玩弄手腕,史载:"其用财如流水。尝宴顾宪成,止蔬三四色;厥明,盛陈百味。宪成讶而问之,三才曰:'昨偶乏,即寥寥;今偶有,故罗列。'宪成以此不疑其绮靡。"①

关于李三才的争论,发生在万历三十七年(1609年)至三十八年(1610年)。当时李三才在淮任职已久,屡次被提名出任都御史掌管都察院,又"内阁缺人,建议者谓不当专用词臣,宜与外僚参用,意在三才"。这使邪恶派的官僚甚为不快,而且他们推测倘对李三才加以攻击,"则东林必救,可布一网打尽之局",于是便上疏弹劾李三才,挑起了一场争论。首先发难的是浙江定海人、沈一贯的亲戚、工部郎中邵辅忠。万历三十七年(1609年)十二月,他参论李三才"大奸似忠,大诈似直,而为贪险假横之人"。万历三十八年(1610年)正月,其同伙浙江道御史徐兆魁上疏继之。李三才"四疏力辨,且乞休"。给事中马从龙、御史董兆舒等相继上疏为李三才辨。大学士叶向高上言:李三才已"杜门待罪",为漕政计,应速定去留。对于上述奏疏,明神宗皆不作答。不久,邪恶派御史刘国缙、乔应甲,给事中王绍徽、徐绍吉、周永春、姚宗文等,又连章弹劾李三才;而与之相对立的给事中胡忻、曹于汴等,则"交章论救","朝端聚讼,迄数月未已"。在这朝中争论不下的时候,身居家乡的顾宪成也参加了进来。他写信给大学士叶向高,"力称三才廉直",又写信给吏部尚书孙丕

---

① 《定陵注略》卷9《淮抚始末》;《蓬编》卷3;《明史》卷232《李三才传》;《顾端文公年谱》卷下;《明神宗实录》卷436;《明通鉴》卷74。

扬,为李三才"力辨"。御史吴亮素善李三才,即将顾宪成的来信"附传邸报中",由是攻击李三才的人"益哗",乔应甲"复两疏力讦,至列其十贪五奸"。李三才"亦力请罢,疏至十五上。久不得命,遂自引去"。其免官命令的正式获得,一直拖到了第二年的二月。①

关于李三才的争论,加深了士大夫中两派党争的对立情绪,有人评论说:"从此南北党论,不可复解。"②

4. 辛亥京察

这次京察发生在万历三十九年(1611年),主持其事者为吏部尚书孙丕扬、侍郎萧云举及副都御史许弘纲,协助进行的是考功郎中王宗贤、吏科都给事中曹于汴,河南道御史汤兆京及协理御史乔允升。这些人大部分是比较正直的官吏。早在京察开始之前,邪恶派官吏为了使自己在政争中处于有利地位,就已经开始施展手腕。如"恶东林及李三才、王元翰者,设词惑(孙)丕扬,令发单咨是非,将阴为钩党计"。幸亏其阴谋被耀州人、掌翰林院吏部右侍郎王图发觉,"急言于丕扬止之",事方得解。又如时已为祭酒的汤宾尹,"其先历翰林,京察当(王)图注考",担心王图不给他写好评语,"思先发倾之",乃与门人给事中王绍徽相商,"令御史金明时劾(王)图子宝坻知县(王)淑扞赃私钜万";又造谣离间王图与其兄保定巡抚王国的关系,制造混乱,后经王图兄弟"抗章力辩","乃已"③。这年三月,京察正式进行,孙丕扬等人不顾邪恶势力的阻挠,将许多邪恶官僚列入察疏,"故御史康丕扬、徐大化,故给事中钟兆斗、陈治则、宋一韩、姚文蔚,主事郑振先、张嘉言及(汤)宾尹、(顾)天峻、(御史刘)国缙咸被察,又

---

① 《明史》卷232《李三才传》;《明神宗实录》卷465、卷466、卷467、卷470、卷480;《顾端文公年谱》下;《东林本末》上。

② 《定陵注略》卷9《淮抚始末》。

③ 《明史》卷216《王图传》,卷224《孙丕扬传》;《定陵注略》卷9《辛亥大计》。

以年例出(给事中王)绍徽、(御史乔)应甲于外"。邪恶派官吏大为恼火,"议论汹汹"。许弘纲"闻而畏之","累请发察疏,亦若以(孙)丕扬为过当者"。邪恶官僚"藉其言,益思撼(孙)丕扬"。时长兴人、为人正直的礼部主事丁元荐,"甫抵官","虑察疏终寝,抗章责(许)弘纲,因尽发昆、宣党构谋状"。邪恶官吏朱一桂、郑继芳、周永春、徐兆魁、姚宗文等于是"争击(丁)元荐",丁元荐"竟不安其身"而归乡。但同年五月,察疏终于发下,正直官吏取得了这一回合的胜利。当时,大学士叶向高一人在内阁,无首辅之名而有首辅之实,这次察疏之最终发下,多赖其从中"调护",他是明神宗实际掌权后的万历时期少有的比较正直的掌握首辅职权的人。①

5.荆熊相争

汤宾尹最初曾在家乡夺生员施天德之妻徐氏为妾,徐氏不从,投缳而死。合县为之不平,致激民变。生员冯应祥、芮永缙等讼于官,为徐氏建祠致祭,汤宾尹甚以为耻。后来又有诸生梅某淫人之媳,为芮永缙等所揭发,巡按应天御史荆养乔"以梅生蔽罪"。时湖广江夏人熊廷弼以御史督学南畿,出巡至宣城,竟尽反其案,出梅生于狱,"又以所司报永缙及应祥行劣,杖杀永缙",其爰书云:"今之公举,皆施、汤故智。"原来熊廷弼与汤宾尹素相交欢,其如此处理,乃是"借梅生以洒宾尹"之耻。这使荆养乔非常气愤,遂劾熊廷弼"杀人媚人","疏上,径自引归",时在万历四十年(1612年)十一月。熊廷弼接着上疏辩解。都御史、渭南人孙玮认为"二御史相争,必行勘,乃足服其心",主张"镌养乔秩,令廷弼解职候勘"。孙玮奏疏一出,在科道官中引起尖锐的争论,正直的一派,如给事中孙振基等持勘议甚力;而邪恶的一

---

① 《明史》卷224《孙丕扬传》,卷236《丁元荐传》;《黄宗羲全集·子刘子行状》卷上;《明神宗实录》卷483。

派,如给事中官应震、吴亮嗣、亓诗教、赵兴邦等则接连上疏相驳。经过一段争论,最后明神宗以孙玮所主张者为是,"令廷弼解职"(此时熊廷弼的政治立场属楚党,站在了邪恶派一边,万历末再出投身辽事后,则发生了根本转变,见后)。[①]

6.韩敬科场案

韩敬,浙江归安人(今浙江湖州)。当汤宾尹因施天德妻徐氏事激起民变时,曾独身躲避到浙江,这时对他"莫有过而问者",独有韩敬"慕其科名","以太学生具五十金为贽,执业请正"。此后二人"往来问候不绝"。万历三十七年(1609年),韩敬中乡试,万历三十八年(1610年)参加会试,其卷本在其他考官的房中,已被点落,而汤宾尹恰巧也任考官,即越房搜出,取为本房第一。榜发,舆论大哗。知贡举礼部右侍郎吴道南打算揭发,因故未遂。及廷对,汤宾尹又为之"夤缘得第一人"。后汤宾尹因京察褫官,韩敬亦称病而去。万历四十年(1612年)十一月,御史孙居相上"直发科场大弊事"一疏,弹劾汤宾尹与韩敬。不久,明神宗下令廷臣议处。许多正直的官吏以确凿的证据证明其事,对汤、韩极为不利。但汤宾尹虽罢官家居,朝中"多其党","护之者众"。其同党想尽各种方法为之脱罪。如当汤宾尹越房录取韩敬时,还越房录取了另外四人,"他考官效之,竞相搜取",越房录取的总数达十八人。这时,汤宾尹的同党为了保护汤宾尹和韩敬,即"欲藉是宽敬"。再如当有关廷臣提议"坐(韩)敬不谨,落职闲住"时,汤宾尹的同党御史刘廷元、董元儒、过庭训等人,却谓"(韩)敬关节果真,罪非止不谨,执不署名",其真正的意图并非是要加重处罚,其意不过是"欲迁延为(韩)敬地"。在其同党的保护下,最后韩敬"仅谪行人司副",处罚极轻,而且

---

① 《明史》卷236《孙振基传》;《黄宗羲全集·子刘子行状》卷上;《定陵注略》卷9《荆熊分祖》;《蓬编》卷6;《明神宗实录》卷505。

拖了"七年而事始竣"。①

7. 李朴上言

李朴，字继白，朝邑人，万历二十九年(1601年)进士，后由彰德推官入为户部主事，万历四十一年(1613年)迁郎中。为人戆直，万历四十一年十二月，曾经给明神宗上了一个有名的奏疏，猛烈抨击邪派官僚。②

从上面的叙述来看，万历三十九年(1611年)以来，邪派官僚似乎处境不妙：辛亥京察中吃了亏，荆熊相争和韩敬科场案中也处在被弹劾的位置。而实际上却不是这样，局势反而是朝着有利于他们的方向发展着。他们尽管在若干政争中最初处在被动的地位，但由于他们的拼死搏斗，最后的结局反而是转向了有利于他们的方面。前述韩敬科场案中韩敬只受到很轻的处罚，即是明显的一例。辛亥京察的结果，实际上也是对邪派官僚有利的。万历三十九年五月察疏之下，使正直派取得了胜利，而这个胜利只是暂时的。察疏下后，主持其事的吏部尚书孙丕扬仍旧不断遭受邪恶派官僚的攻讦。另外，他起用被废的正直官吏沈鲤、郭正域、顾宪成等人的要求，也因明神宗"雅意不用旧人"，不能实现。这使他极不舒心，只好"屡疏求去"，"疏二十余上，既不得请"，即于万历四十年(1612年)二月，"拜疏径归"③。继孙丕扬主持吏部的是山东掖县人赵焕(同年二月署职，八月正式任吏部尚书)。此人"雅不善东林，诸攻东林者乘间入之，所举措往往不协清议"。"明年春，以年例出(给事中孙)振基及御史王时熙、魏云中于外"，三人乃是尝力攻汤宾尹、熊廷弼者④。由于每次政争后形势是越来越对邪派官僚有利，因此邪派官僚的势力

---

① 《明史》卷236《孙振基传》；《蕙编》卷5；《定陵注略》卷9《庚戌科场》。
② 《明史》卷236《李朴传》。
③ 《明史》卷224《孙丕扬传》。
④ 《明史》卷225《赵焕传》。

与日俱增,气焰甚盛,其中的齐、楚、浙三党科道官尤其如此,有谁稍持异议,即"群噪逐之",李朴即是在这种背景下,出于对邪派官僚的积愤不平而上疏的。①

在奏疏中,李朴揭露齐、楚、浙三党,"深结戚畹近侍,威制大僚;日事请寄,广纳赂遗;褻衣小车,遨游市肆,狎比娼优;或就饮商贾之家,流连山人之室;身则鬼蜮,反诬他人";"百人合为一心,以挤排善类"。他还为东林被攻击大抱不平,说:"乃攻东林者,今日指为乱政,明日目为擅权,不知东林居何官?操何柄?在朝列言路者,反谓无权,而林下投闲杜门乐道者,反谓有权,此不可欺三尺竖子,而乃以欺陛下哉!"最后,李朴又坚决地表示:"望俯察臣言,立赐威断,先斩臣以谢诸奸,然后斩诸奸以谢天下。"②

当时,"雅不喜言官"的明神宗得朴此疏,"心善之"。但齐、楚、浙三党恨之入骨,"排击无虚日"。在他们的攻击下,第二年六月,李朴竟被谪为州同知。李朴的遭遇,反映了邪派官僚的势力此时确实已相当大了。此后齐、楚、浙三党"益用事"。万历四十一年(1613年)九月,赵焕离吏部尚书之职,四十二年(1614年)二月襄阳人郑继之继任,他"故楚产,习楚人议论,且年八十余,耄而愦,遂一听党人意指"。万历四十三年(1615年)起,缙云李铉以吏部侍郎兼署都察院,他则为"浙党所推毂"。万历四十二年八月,比较正直的首辅叶向高离职而归,方从哲成为首辅。而齐党亓诗教为方从哲的门生,当方从哲家居时,亓诗教"推毂甚力",因而方从哲秉政后,诸事多听亓诗教的意旨。到这时,邪派官僚的势力可说是已经彻底压倒正直派的官僚了。③

---

① ② 《明史》卷236《李朴传》。
③ 《明史》卷112《七卿年表》2,卷225《赵焕传》,卷225《郑继之传》,卷236《李朴传》;《蓬编》卷12。

五、梃击案与丁巳京察

万历四十三年(1615 年)以后,由于邪派官僚的势力压倒了正直派,朝廷上出现了邪派官僚肆意打击正直派官僚的局面,其最有代表性的事件是丁巳京察。这种局势使宫廷内与邪派官僚有一定联系的拥戴福王的势力受到鼓励,当时以福王代替朱常洛做皇位继承人的可能性虽然已经基本上不复存在,而他们还是作了一次挣扎性的努力,这就是所谓梃击案。

1. 梃击案

梃击案发生在万历四十三年(1615 年)。在此以前,以福王代替朱常洛做皇位继承人的可能性之所以已经基本上不复存在,主要因为两点:其一,万历二十九年(1601 年)朱常洛已被正式册立为太子,而福王的亲王身分也被正式确定,这在前面已经述及;其二,福王已经被迫移驻封地,离开京城。

万历二十九年(1601 年)朱常洛之得立为太子,福王亲王身分之得以正式确定,其原因之一虽是郑贵妃与明神宗发生矛盾,可是,此后明神宗对郑贵妃及其子福王的宠爱并未彻底消失,对朱常洛及其生母王恭妃的不甚亲近也未真正改变。王恭妃的位号,迟迟不予进封,直至万历三十三年(1605 年)十一月朱常洛之选侍王氏为之生下皇长孙朱由校,才于第二年进封为贵妃①。万历三十九年九月,这位皇太子生母死去,按照旧制,"发引安厝皆在百日之内举行",而实则是一拖再拖,直至第二年六月才予发引,七月方安葬毕事②。朱常洛身为皇太子,本应经常"出阁讲学"以增长见识,培养从政能力,但明神宗对之极不重视,自万

---

① 《明通鉴》卷 73;《明神宗实录》卷 418~420。
② 《明史纪事本末》卷 67《争国本》;《明神宗实录》卷 487、卷 495~497。

历二十八年之后,在"隆冬盛暑"季节,"时有辍讲"。自三十二年之后,"一辍遂成旷典",大臣多次请复,明神宗皆置若罔闻(直到万历四十四年八月四日,才得恢复,但"开讲一次"即告停止)。①

与对待朱常洛及其生母王氏的冷漠态度形成鲜明对照的,是明神宗对福王、郑贵妃方面百般照顾。万历三十四年(1606年),命令在分封地洛阳为福王建造王府,数年方竣工,用银"至二十八万,十倍常制"②。按照明朝的制度,亲王受封之后,即应到封地居住,而且"就藩后,不得入觐",郑贵妃不愿忍受这种"母子永绝"的痛苦,不肯让福王按制度"就藩",明神宗对此则竭力迁就③。万历四十年(1612年)夏,为福王建造的洛阳王府竣工,朝臣上疏,要求福王就藩。神宗先是不理,后不得已"报明春举行"。届时,却不执行。万历四十一年四月,兵部尚书王象乾再请,他又声称"亲王之国,祖制在春,今已逾期,明春举行"。不几天,又由于福王的疏请,传旨:要在福王就藩时拨给他庄田四万顷,否则"不行","廷臣大骇"。首辅叶向高上疏力谏,一针见血地指出:"田四万顷,必不能足,之国且无日,明旨又不信于天下矣。"明神宗见疏后,无动于衷,只是狡辩④。不过,这年六月发生了王曰乾案,这使他不得不改变态度。王曰乾是锦衣百户,"京师奸人",与孔学、赵宗舜、赵思圣等相讦告,"刑官谳未竟","曰乾乃入皇城放炮上疏",讦奏孔学与皇贵妃郑氏宫中内侍姜严山诸人,"请妖人王子诏(一作王三诏)诅咒皇太子,刊木像圣母(即明神宗生母李太后)、皇上,钉其木","又约赵思圣在东宫侍卫,带刀行刺"。见疏,明神宗愤怒不堪,"绕案而行者半日,左

---

① 《明神宗实录》卷413、442、450、473、485、499、524、548~549。

② 《明史》卷120;《明神宗实录》卷423、467、476。

③ 《蓬编》卷8。

④ 《明史》卷240《叶向高传》;《明史纪事本末》卷67《争国本》;《明神宗实录》卷494、502、507、508。

右俱辟易,莫敢近"。此时大学士叶向高递上了密揭,说:"曰乾、孔学皆京师无赖,诪张至此。此大类往年妖书,但妖书匿名难诘,今两造俱在法司,(一讯)其情立见。皇上第静候,勿为所动,动则滋扰。"第二天,叶向高又上密揭,提出:"曰乾疏不宜发,发则上惊圣母,下惊东宫,贵妃、福王皆不安。宜留中,而别谕法司治诸奸人罪;且速定明春之国期,以息群喙,则天下帖然无事。"当时,由于王曰乾的上疏,无疑使明朝宫廷内外形势紧张,出现了一场政治危机,而叶向高的密揭则为度过这场危机提出了最佳处理方案,明神宗自然乐于接受。史载,明神宗见到叶向高的密揭后,"怒始霁,既而怡然曰:'我父子兄弟得安矣。'明日,下曰乾于法司,毙之狱,而谕礼部择福王之国吉期以闻"。①

事态的这一发展,对郑贵妃等人来说极为不利,她"终不欲福王之国",因而又设法阻挠。在她的活动下,万历四十一年(1613年)十月明神宗提出:明年冬生母李太后七十寿,福王宜留庆贺,"庆贺礼成,于次岁春三月内,着钦天监择吉之国"。叶向高不同意这一将原计划拖后一年的方案,"留上谕弗宣,请今冬预行庆寿礼,如期之国"。明神宗派太监至叶向高私邸传谕,"必欲下前谕"。叶向高回答:"外廷喧传陛下欲假贺寿名留福王,约千人伏阙请。今果有此谕,人情益疑骇,将信王曰乾妖言,朝端必不静。圣母闻之,亦必不乐。且潞王,圣母爱子,亦居外藩,何惓惓福王为?"并封还明神宗的手谕。叶向高的坚决态度,以及对于朝廷上政治动荡的恐惧,迫使明神宗最终只好不顾爱妃郑氏的愿望,在同年十二月决定让福王于次年三月二十四日就藩。此外,李太后的态度对此也有促进作用,史载李太后得到郑贵妃"以祝太后七十诞"为词欲留福王的消息后,不满地说:

---

① 《明史》卷240《叶向高传》;《先拨志始》卷上;《明史纪事本末》卷67《争国本》;《蓬编》卷6。

"吾潞王亦可来上寿乎?""贵妃乃不敢留福王"。福王在万历四十二年(1614年)三月正式离开京城,五月到达封地洛阳的藩邸。争论多年的这场就藩案至此最后解决。[①]

福王之就藩洛阳,在客观上进一步肯定了朱常洛的太子地位,减少了以福王取代朱常洛作皇位继承人的可能,至此可以说这种可能已基本上不复存在了。然而宫廷内与朝廷上邪派官僚有一定联系的拥戴福王的势力,不肯死心,利用当时朝廷上邪派官僚占上风的局势,在万历四十三年(1615年)策划了梃击一案,企图击杀朱常洛,以实现他们的愿望。

史书中关于梃击案始末的记载极多,综合起来,简况如下:

万历四十三年五月初四日酉刻(下午五至七点),有一中年男子,手持枣木棍一根,闯入太子朱常洛所居慈庆宫的大门,击伤守门太监李鉴。继至前殿檐下,被太监韩本用等擒拿,交付东华门守卫指挥朱雄等看押起来。第二天,朱常洛报告明神宗,明神宗下令法司审问。巡皇城御史、浙党刘廷元审过后报告:"犯名张差,蓟州人。止称吃斋讨封,语无伦次。按其迹,若涉疯癫,稽其貌,实系黠猾。请下法司严讯。"接着,主治京师事的刑部山东司郎中、浙人、刘廷元儿女亲家胡士相,与员外郎赵会桢、劳永嘉共讯,"一如廷元指",在审后报告中进一步坐实疯癫说,称:"差积柴草,为人所烧,气愤发癫。于四月内诉冤入京,遇不知名男子二人,给令执梃作冤状。乃由东华门入,直至慈庆宫门。按律当斩,加等立决。"

时,福王虽已离京就藩,而明神宗对待朱常洛的态度仍很冷淡,"中外疑郑贵妃与其弟国泰谋危太子,顾未得事端",张差之事一出,"举朝惊骇"。与宫廷中拥戴福王派联系密切的浙党御

———————————

① 《明史》卷114《后妃》2,卷240《叶向高传》;《明神宗实录》卷513、515、520;《定陵注略》卷1《慈圣壶范》,卷6《福王之国》;《蓬编》卷8。

史刘廷元等人的审讯报告,将张差梃击太子宫一事与拥戴福王事判为绝无关系,很难令人心服。于是引起王之寀私审张差之举。王之寀,字心一,朝邑人,时任刑部主事。五月十一日,他值提牢散饭狱中,最后一个到张差,"私诘其实"。张差"初言告状,复言掠死罢,已无用"。王之寀令人端饭至张差之前,说:"吐实与饭,否则饿死。"末了张差始言:"小名张五儿。有马三舅、李外父令随不知姓名一老公(即太监),说事成与汝地几亩。比至京,入不知街道大宅子。一老公饭我,云:'汝先冲一遭,遇人辄打死,死了我们救汝。'畀我枣木棍,导我由后宰门直至宫门上。击门者堕地。老公多,遂被执。"王之寀于是将其供词报告皇帝,并称:张差"不癫不狂,有心有胆"。要求"缚凶犯于文华殿前朝审,或敕九卿科道三法司会问"。王之寀的这一报告,使形势骤然紧张。朝臣们纷纷上疏,要求明神宗早日批下王之寀的报告,以便尽早审出事情的真相。浙党人物则一面随在其他朝臣之后,疏请尽早批下有关报告,一面由御史过庭训出面,"移文蓟州踪迹之"。不久知州戚延龄为其"疯癫说"送来了根据,说是"(郑)贵妃遣珰(在蓟州境内)建佛寺,珰置陶造甓,居民多鬻薪获利者。(张)差卖田贸薪往市于珰,土人忌之,焚其薪。差讼于珰,为所责,不胜愤,持梃欲告御状"。但是,五月二十一日刑部会十三司司官胡士相、劳永嘉、王之寀等再审,张差供出了使浙党进一步陷于被动的材料,他说:"马三舅名三道,李外父名守才,不知姓名老公乃(在蓟州黄花山)修铁瓦殿之庞保,不知街道宅子乃住朝外大宅之刘成。二人令我打上宫门,打得小爷(太监对皇太子称小爷),吃有、著有。"又说:"有姊夫孔道同谋,凡五人。"于是刑部行文蓟州道,提马三道等,疏请法司"提庞保、刘成对鞫"。按,庞保和刘成皆是郑贵妃宫中的太监,早在王曰乾案件中,狱词即已连及刘成,这时刘成复被涉及,这显然不仅对浙党的关于梃击案的判断极为不利,而且使宫廷中的拥戴福王派处境困难起来。

自王之寀私审之后，"中外籍籍，语多侵(郑)国泰"，郑国泰急忙出揭自白，自称"狂悖乱逆，非惟心不敢萌，即口亦不敢言，耳亦不忍听"，倘与张差等"曾一识面，即甘寸斩"。刑部十三司司官会审后，何士晋复疏攻郑国泰，说他"张皇自疑"，"人益不能无疑"，若他"欲释人疑，惟明告贵妃，力求陛下速执(庞)保、(刘)成下吏"。

事态的发展使郑贵妃渐被牵连，明神宗再也不能稳坐一旁了。他"谕贵妃善为计。贵妃窘，乞哀皇太子，自明无他"。明神宗又亲自出马，对太子"数慰谕，俾太子白之廷臣"。朱常洛碍于郑贵妃的求情和父亲的谕告，因"缘帝及贵妃意，期速结"。

二十八日，明神宗与朱常洛一起在慈宁宫召见了大学士及文武诸臣。这是明神宗在多年不见群臣之后的一次特别安排。大臣们到来后，明神宗责备群臣在梃击事件的处理中"离间"其父子，"谕令磔张差、庞保、刘成，无他及"，并手拉太子之手说："此儿极孝，我极爱惜。"又"手约太子体，谕曰：'自襁褓养成丈夫，使我有别意，何不早更置。且福王已之国，去此数千里，自非宣召，能翼而至乎？'"最后他让皇太子对群臣发表谈话，太子乃说："疯癫之人宜速决，毋株连。"并学着明神宗的腔调责备群臣："我父子何等亲爱，而外廷议论纷如，尔等为无君之臣，使我为不孝之子。"

二十九日，张差被磔于市。"又明日，司礼监会廷臣鞫(庞)保、(刘)成于文华门。时已无左证，保、成展转不承。"正在审问之时，朱常洛派人传来处理意见，说："张差情实疯癫，误入宫门，击伤内侍，罪不赦。后招保、成，系内官。欲谋害本宫，彼何益？当以仇诬，从轻拟罪。"廷臣乃散去。署刑部事刑部右侍郎张向达等以"鞫审未尽"，上疏要求再审，说："今(张)差已死，二囚易抵饰。文华门尊严之地，臣等不敢刑讯，何由得情？二囚偏词，何足为据？(张)差虽死，所供词故在，其同谋马三道等亦皆有词在案,孰得而灭之? 况慈宁召对,面谕并决,煌煌天语,通国共闻。若不付之外庭,会官严鞫,安肯输情? 既不输情,安从正法? 祖宗二百年来,未有罪囚不付法司,辄令拟罪者。"而明神宗终以"二囚涉郑氏,付外庭,议益滋,乃潜毙之于内,言皆以创重身死。而马三道等五人,命予轻比坐流配。其事遂止"。时已至这年六月。①

梃击案的真相究竟如何,后来的史书说法不一,令人不易判断。但由于所存资料相当多,经过仔细分析,今天仍可窥其底蕴。我们有充分的理由可以说明,这个事件是由宫廷中拥戴福王的势力策划的。不言而喻,宫廷中拥戴福王的势力是以郑贵妃及其母家为核心的。上文述及,梃击案中涉及的郑贵妃宫中太监刘成,早在王曰乾案件中就已被牵涉进去,应该说,这提供了可以认定梃击案是以郑贵妃及其母家为核心的宫廷中拥戴福王的势力有意挑起的重要线索。另外,张差作为一个没进过皇宫的平民百姓,其在皇宫中持梃进击,在千室万殿的情况下,毫无偏斜,恰好对准了皇太子居住的慈庆宫,这也不大可能是偶然的,更不大可能是一个疯癫之人所能办到的,只有解释为受到宫廷中拥戴福王势力的指引,才合逻辑。对于这一点,当时就已有人指出,如王之寀私审后不久,大理寺署事右寺丞王士昌即上疏说:"据称张差风魔癫痫,类失心者。夫至失心,如躩兽然,遇物则击,岂能择地而施、待人而殴、待时而发邪? 方其执棍于街市之中,从容于后宰之入,何竟无一人觉察、直至宫前乃始逞技邪? 种种可疑,不待提牢之疏已寒心矣。"② 此后不久,叶向高在其所著《蘧编》一书中也说过:"禁中千门万户,他处不入,而独闯于

① 《明史》卷 241《张问达传》,卷 244《王之寀传》;《三朝会典》卷 1 ~ 3《梃击》,卷 7《梃击》;《明史纪事本末》卷 68《三案》;《先拨志始》卷上;《明神宗实录》卷 533。

② 《明神宗实录》卷 532;《三朝要典》卷 1《梃击》。

东宫乎?"① 疯癫说之在情理上讲不通,除了表现在这一点之外,还表现在这个说法矛盾重重,不能自圆。如它既把张差描绘成不能自主心志的疯癫之人,但又把张差供词中涉及庞保、刘成说成是他有意对之"仇诬"。既然不能自主心志,怎么可能对仇人有意加以诬陷?显然这是不能同时并存的矛盾现象。拥戴福王的势力挑起这一事件后,很快就露出了狐狸尾巴,但除了失掉处于第一线的两个得力太监外,其核心力量竟未受到制裁,事情得以含糊了结,这无疑主要是归因于明神宗的大力保护;而除此之外,与之有一定联系的浙党等邪派朝臣为之极力掩盖,也起了不小作用。正是他们提出的疯癫说,使明神宗在包庇拥戴福王派的核心力量时找到了口实;正是由于他们势焰炽盛,在朝廷上占有优势,才使明神宗的这一包庇指令得到了能够推行的客观环境。这些判断,只要对梃击案处理过程中的情况稍加分析,都是不难得出的。邪派朝臣在梃击案中保护宫廷内拥戴福王势力蒙混过关的活动,再一次反映了两者的息息相关及互相呼应。由此看来,我们在上文中将梃击案发生的原因之一,归结为当时邪派朝臣压倒了正直派官吏这种客观形势,使宫廷内拥戴福王的势力受到了鼓励,这一说法应当说是有根据的。

2.丁巳京察

万历四十五年(1617年)之干支为丁巳,所以这年的大计京朝官被称为"丁巳京察"。这次京察,由"习楚人议论"、"一听党人意指"的吏部尚书郑继之及"浙党所推毂"的刑部尚书兼署都察院事李鋕主持,佐其事者为考功郎中赵士谔,依附楚党的四川人、给事中徐绍吉,及楚党、御史韩浚。一切问题,皆由徐绍吉等出主意②。由于大权握于邪派官僚之手,在这次京察中正直的

---

① 见《蓬编》卷15。
② 《明史》卷225《郑继之传》。

官僚纷纷被斥黜。如万历三十九年(1611 年)京察时因揭发昆党宣党"构谋状"而遭邪党攻击、被迫家居的礼部主事丁元荐,这时"复以不谨削籍"①。万历四十一年(1613 年)十二月上疏猛烈抨击邪派官僚的原户部郎中李朴,这时也被定为"不谨","落其职"②。曾经力攻汤宾尹的御史王时熙这时被察为"浮躁",因汤宾尹处分问题而与熊廷弼争论过的御史荆养乔这时被列入"不及"的名单③。王之寀在梃击案中得罪了邪派官僚,这时徐绍吉与韩浚皆以拾遗劾之,并被裁以"任性淫刑、杖毙多命","赃私甚是狼籍"的罪名,"照贪酷例"削籍④。"负气敢言"的沁水人、御史孙居相,先后弹劾过沈一贯、汤宾尹,三党势盛之时,仍"挺身与抗,气不少沮",因而被邪党视为眼中钉,邪党即以年例将之外转⑤。通过这次京察,正直派官僚的势力更加削弱,邪派势力则更为嚣张。史称:"凡抗论国本、系籍正人者,莫不巧加罗织"⑥,"正人君子""靡有孑遗焉"⑦。所谓"靡有孑遗",并非一个不剩,事实上还是有个别正直官僚由于种种原因留了下来。如南昌人刘一燝,在万历三十三年(1605 年)的京察中,其兄刘一焜以考功郎中佐侍郎杨时乔参与其事,大学士沈一贯欲庇其私人钱梦皋、钟兆斗等,"属一燝为请",而"一燝谢不可"(时任检讨),"由是忤一贯意"。他是地地道道的正直派官僚,后来在光、熹之际起过相当大的作用。在这次京察中,他就没有受到触动,甚至还保护过其他人⑧。不过,当时幸免的正直派官僚仅仅是极个别

---

① 《明史》卷 236《丁元荐传》。
② 《明史》卷 236《李朴传》;《定陵注略》卷 10《丁巳大计》。
③ 《定陵注略》卷 10《丁巳大计》。
④ 《明史》卷 244《王之寀传》;《定陵注略》卷 10《丁巳大计》。
⑤ 《明史》卷 254《孙居相传》。
⑥ 《明史》卷 235《蒋允仪传》。
⑦ 《东林本末》上。
⑧ 《明史》卷 240《刘一燝传》。

的，"靡有孑遗"四字应该说大体上反映了当时正直派官僚受到严重打击的情形。

万历四十五年（1617 年）以后，直至明神宗死去，朝中邪派官僚占优势的总局势一直未变，但情况也有一些变动，其中主要的是邪派官僚内部发生了分裂。武进人邹之麟，属于浙党的派系，"先坐事谪上林典簿"，后为工部主事，"附（亓）诗教、（韩）浚，求吏部，不得，大恨"，于是对齐党加以攻击，"扬言齐人张凤翔为文选"，必以年例斥浙党给事中姚宗文、御史刘廷元。于是，"齐、浙之党大离"。亓诗教对邹之麟恨极，使吏部尚书赵焕黜之（前任吏部尚书郑继之于万历四十六年二月致仕，亓诗教以赵焕为山东人，且老而易制，力引代之。同年六月到任，一听亓诗教指挥。第二年十一月卒于官）。由于华亭人、礼部主事夏嘉遇与邹之麟相善，亓诗教也连带对之相抑，使之心怀怨恨。万历四十七年（1619年），夏嘉遇因事而连疏力攻亓诗教等，"诗教辈亦窘"。浙江人、御史唐世济和董元儒更助"嘉遇排击"，齐党之势自是顿衰。①

当时齐、浙两党之出现分裂，除了由于他们相互间的争权夺利外，与依附于东林派的布衣汪文言的活动也很有关系。汪是徽州人，字士克，初名守泰。"智巧任术，负侠气"，曾为县吏，"非其好也"。后与东林人士于玉立等相识，受遣"入京刺事，输赀为监生"。时在万历四十一年（1613 年）到四十二年之间，"正人渐被排击，日以销烁"。他"游诸贤豪间，恂恂若无所为者。蹑足屏语，时见端绪"。察知东宫伴读宦官王安"乃心储贰，且端谨知书，谓其可以济国事，遂倾心纳交焉"，"与谈当世流品"，王安听之"亹亹不怠"。丁巳京察后，汪文言分析了形势，认为"浙人者，主兵也；齐楚者，客兵也。成功之后，主欲逐客矣；然柄素在客，

---

① 《明史》卷 225《赵焕传》，卷 236《夏嘉遇传》；《明史纪事本末》卷 66《东林党议》。

未易逐,此可构也"。"遂多方设奇用间,离之合之,喜之怒之,沉之漆之"。他的这些活动,对于加速齐、浙两党的内讧,起了很大作用①。齐党、浙党的分裂,对于朝局来说,有利于正直派官僚的重新崛起;而王安这个朱常洛身边的太监因汪文言的关系,对东林派颇有好感,相互间建立了密切的关系,这也大大有利于朱常洛继位后东林派的得受重用。后来,明神宗一死,朱常洛一上台,朝中两派的格局便立刻发生了根本性的变化。

第三节　明神宗的大肆挥霍和流毒全国的矿监税使

万历时期,地主阶级的铺张浪费形成风气,当时人说:"今贵臣大众(家),争为奢侈,众庶仿效,沿习成风,服食器用,逾僭凌逼。"② 这不是偶然的。这时商品经济空前发展,拥有社会财富绝大部分的地主阶级,不可能不为所刺激,从而在生活上日趋奢侈。明神宗是地主阶级的总首领,既然这时整个地主阶级奢侈成风,他自己也便很容易地染上了这一恶习。早在万历初年,他的"宫闱"已有"用度汰侈"之评③,万历十一年(1583年),一个御史曾上疏指出:"数年以来,御用不给,今日取之光禄,明日取之太仆。浮梁之磁,南海之珠,玩好之奇,器用之巧,日新月异。遇圣节则有寿服,元宵则有灯服,端阳则有五毒吉服,年例则有岁进龙服。以至覃恩锡赍,大小毕霑;谒陵犒赐,耗费巨万。锱铢取之,泥沙用之。"④ 万历十年以后,明神宗牢牢地掌握了政权,

---

① 《汪文言传》,载《黄忠端公遗集》卷 3;《明史》卷 236《夏嘉遇传》及《于玉立传》,卷 244《魏大中传》。

② 《明神宗实录》卷 172。

③ 《明史》卷 222《张学颜传》。

④ 《明史》卷 235《孟一脉传》;《定陵注略》卷 2《建言诸臣》;《明神宗实录》卷 143。

更有了为所欲为的条件,他便越发地挥金如土了,而且挥霍的程度随着时间的推移而加深,对财贿的搜求也随之而加急。于是,他成了历史上一个有名的浪费、贪财的皇帝。

一、挥霍浪费的主要表现

明神宗的挥霍浪费表现在许多方面,其中主要的是膳食开支,对金珠宝石、各种物料和生活用品的需求,以及各项典礼的用费,不断增加;织造、烧造和营建频繁进行,远溢"经制";另外,所役使的匠役、宦官,数量甚多。

嘉靖末年,经过"严加查刷",主管皇帝伙食的光禄寺开支,每年减至十七万两,比额设银二十四万两节余约七万两;穆宗即位后,又"改原额为二十二万";神宗即位初的二三年里,更节缩至"岁用十三四万"。但后来不久,光禄寺的开支就"岁增至二十六七万","视之初年",增加近一倍。万历三十九年(1611年),光禄寺卿赵健谈及,每年所费已至二十九万余两。由于开支日增,光禄寺的经费渐趋紧张,万历三十二年十二月,光禄寺卿王守素报告"寺帑殚竭",明神宗只好下令"借户部银三万两,太仆寺银二万两"。万历三十七年(1609年)五月,巡视光禄寺给事中韩光祐报告,应支给为光禄寺服务的各行户的价银,"自上年十一月到今,欠至二万七千未给"。①

明神宗对金珠宝石的需求量与日俱增,万历年间,云南岁贡金子大量增加,召买珍珠宝石所费剧增。云南贡金始于嘉靖初年,每年一千两,自嘉靖十三年(1534年)开始被确定每年贡金二千两,到万历二十年(1592年)又加三千两,总数达五千两。云南产金甚少,所贡皆远市于川陕,"计盘费、铺垫、杂用,每金一

---

① 《明书》卷83《食货》3;《明神宗实录》卷365、卷404、卷458、卷481。

两几费银十两"，给云南人民带来很大痛苦，地方官屡次请求减少贡额，而明神宗总是借口"系年例成造各项典礼及各节宫分钱粮所需"，加以拒绝①。关于召买珍珠宝石，据南京工科给事中孙世祯等人在万历十四年七月所上的一个奏疏中所说，前不久，因"收买金珠宝石"，银子"用至十九万有奇"②。而到万历二十六年七月，买珠之价已至四十万，吏科给事中吴文灿上疏批评："买珠之价，动至四十万，及户部执奏，仅姑缓进其半，而尤严续进之旨，非所以明俭德也。"③ 万历二十七年，由于召买珠宝数字太多，严重地影响了北京市场的供求关系，"鬻少用多"，"各商操赢乘急，挟取重赀"，户部"急于上供"，只好"曲徇增价"，"比旧价有增五六倍"者，甚至有增至二十倍者。④

明朝于宫廷之中设有许多内库，"专受四方任土之贡"，以满足宫廷对丝、绵、香、蜡、铜、锡、油、漆等各种物料的需求。这些土贡，"岁有定数"，本来基本上可以满足宫廷的需要，万历以前，"或有召买，数亦不多"。但明神宗在位时期，各地所贡已远不能满足其大大增长了的需要，对各种物料的召买空前增多。据统计，仅万历元年（1573 年）至十三年，这类召买用银即达七十多万两。此后，召买数量仍旧很大，臣下劝谏，往往被斥。⑤

关于明神宗对生活用品需求量的不断增加，可举蜀扇为例。万历二十三年（1595 年）五月，御史周希圣指出："蜀地传造扇柄，倍溢往额"，鉴于"以午夏所用一物，穷极雕饰，殚竭膏脂，恐为圣德之累"，因而在奏疏中要求明神宗将之"罢免"。而明神宗却认为他是"沽直要名"，将他"罚俸一年"，并传令四川扇柄"进

---

① 《明神宗实录》卷 250、卷 460、卷 539、卷 573、卷 575；《明经世文编》卷 363。
② 《明神宗实录》卷 176。
③ 《明神宗实录》卷 324。
④ 《明神宗实录》卷 335、卷 336。
⑤ 《明神宗实录》卷 171、卷 172、卷 173、卷 191。

解"如故。以后记载中不见停止或减少四川扇柄之事,见到的只是严厉督求,如万历四十七年三月,明神宗认为所"进上用扇柄"质量"粗恶不堪",且"样数短少",四川的地方官员或被"夺俸三月",或被追究"赃罪"。①

明神宗时期宫廷中凡举行婚、丧、册封等各种典礼,皆耗费大量资财。万历十年(1582年),为了准备明神宗同母弟潞王朱翊镠的婚礼,内监"款开各色金三千八百六十九两,青红宝石八千七百块,各样珍珠八万五千余颗,珊瑚珍珠二万四千八百余颗"。户部官员认为太多,要求裁减,明神宗不从。这次婚礼开支达八万八千多两银子,比万历六年明神宗本人婚礼费七万还多②。万历十三年,为举行明神宗同母妹瑞安公主的婚礼,内监索用"各色金至二千三百余两,珠宝称是",比嘉靖三十三年(1554年)和三十五年的公主下嫁所索用金两"不过三百两"超出七八倍。户部和户科的官员皆奏请裁减,明神宗仅答应"减三之一"③。万历二十三年,为举行长公主的婚礼,明神宗下令户部"照数买进""合用金两珠石",其数目甚大。户部官员以"帑金既竭,珠宝难市"为由,要求比照瑞安公主例,加以裁减。明神宗不得已而从之,"减三之一"。但即使如此,这次婚礼所费也达银子十二万两④。万历三十二年(1604年)福王结婚,所费三十万金有奇,创了当时结婚用银的最高纪录⑤。万历三十三年十一月,皇太子生子,为此于第二年春给明神宗之生母李太后加徽号曰"恭熹"。而举行这一典礼,所费也很惊人,据载,户部为此而

---

① 《明神宗实录》卷285、卷580。

② 《明神宗实录》卷130、卷462;《蓬编》卷3。

③ 《明神宗实录》卷161;《明史》卷121《公主》。

④ 《明神宗实录》卷283;《明史》卷220《赵世卿传》。

⑤ 《国榷》卷79;一说用十九万余两银子,参见《明神宗实录》卷462、卷487及《明史》卷235《何士晋传》。

"办送"足色金一千四百零三两八钱,七成五色金一千两,银一千七百两;猫睛二块,重一钱八分;祖母绿六块,重四钱二分;青宝石四百六十八块,重二百七十四两五钱;红宝石五百四十七块,重一百六十四两一钱;黄宝石十二块,重一两八钱;各样圆珍珠、大珠各一颗,头样珠一百二十七颗,大样珠三百三十六颗,一样至十样珠共一万二千八百一十一颗;白玉料十一斤,水晶料一斤,珊瑚料一斤三两,玛瑙料一斤,金星石料一斤,碧甸子一斤,翠毛一千零六个①。万历三十六年(1608年),七公主下嫁,内监"宣索至数十万",户部尚书赵世卿"引故事力争","诏减三之一"。赵世卿再争,说:"陛下大婚止七万,长公主下嫁止十二万,乞陛下再裁损,一仿长公主例。"明神宗"不得已"才"从之"②。万历四十三年,又有瑞王举行婚礼,筹备其事的宦官将用费"估至二十万,而仪仗锦绮不与焉"。工科给事中何士晋、户科给事中韩光祐等先后请减,明神宗皆不理睬。瑞王的婚礼前后用银达十八万两,仅略少于福王③。而后不久,惠王和桂王结婚年龄亦到,由于辽东战事紧张,财力过分匮乏,明神宗操办其婚礼的铺张行为受到一定的限制而不得不"减杀成礼",但他仍是尽量多花钱,时大臣们"酌议惠王、桂王婚礼,各计七万金",而他却拍板定案:"每王办进十四万金。"④

为了满足御用、宫廷典礼和各节赏赐所需,明神宗将很大的织造任务加在劳动人民头上。万历二十二年(1594年)十二月,应天巡抚朱鸿谟上疏说:"织造一事,凡二十年于兹,袍服之进于上供者,何翅数万,而料价之取办于穷民者,又何翅百万!"⑤ 两

① 《国榷》卷80;《明神宗实录》卷417。
② 《明史》卷220《赵世卿传》;《明神宗实录》卷441、卷442。
③ 《国榷》卷82;《明史》卷235《何士晋传》;《明神宗实录》卷462、卷487、卷561。
④ 《明神宗实录》卷545、卷547、卷561、卷578;《明史》卷120《诸王传》5。
⑤ 《明神宗实录》卷280。

年后大学士赵志皋等也上言指出："段匹器用,皆上供所需,岂能一概减省！但近年增派数目日多一日,费至巨万。"① 出于对统治阶级长远利益的关心,许多地方官和朝廷上的有关官吏,经常就这一点对明神宗提出劝谏,希望他有所节制,而他往往听不进去,有时对这些劝谏不予理睬;有时火气上来,即对劝谏者加以处罚。于是,在他整个在位时期,这一问题一直没有解决。下面,对明神宗增派苏杭地区丝织品、陕西羊绒袍服和山西潞绸的情况,作一简单叙述,以见这一时期织造增派的概略。

苏杭地区丝织品增派情况:万历四年(1576 年),因明神宗结婚,增派一次。万历九年,又增派一次,数量为十五万套匹。至万历二十七年,"前数将完,又派四万一千九百余匹。三十二年复传补二万六千余匹"。万历三十八年,"幸将竣事",内织染局佥书杨进昇复"题织上用龙袍、纻丝、纱罗等四万套匹"。由于工科给事中马从龙、工部侍郎刘元霖及大学士叶向高等"相继以停止减额为言",明神宗才"准于新派四万匹中减三之一",但同时又下令,"其余并先年传织未完者,都着陆续接织,分运解进,不得违误"。②

陕西羊绒袍服增派情况:万历二十三年(1595 年),令陕西织造羊绒袍服七万四千七百匹有奇,估价一百六十余万两,规定"每岁解进一运,以四千(匹)为率"③。万历二十九年七月,令陕西羊绒袍服另织新样,难度大增,但一年解进四千匹之额未改④。第二年七月,工部尚书姚继可以"已解绒服等物,充斥内库,积久易蛀,不无可惜",而"陕西累年土瘠民贫","民不堪命",请求将陕西织造羊绒袍服之事暂予停止;明神宗不肯答应这一

① 《明神宗实录》卷 295。
② 《明神宗实录》卷 475。
③ 《明神宗实录》卷 282。
④ 《明神宗实录》卷 361。

要求,但不得不决定每年"姑准织进三千匹,以示宽省民力"①。万历三十四年二月,李太后加徽号之典礼举行之后,为了"施恩"于民,明神宗又下令,陕西羊绒袍服"前岁已有旨每年织进三千匹,今于每岁再减一千匹,以苏民困"。②

山西潞绸增派情况:潞绸之坐派始于万历三年(1575年),其数量为二千八百四十四,用银一万九千三百三十四两。万历十年,再派四千七百三十匹,用银二万四千六百七十余两。明神宗亲握大权后,于万历十五年派二千四百三十匹,用银一万二千余两;万历十八年,又派五千匹,用银二万八千六十两,时万历十五年所派者尚有一千六百余匹未曾织解。最后这次增派,曾引起工部尚书石星、工科都给事中张养蒙等人的强烈反对,但未能奏效。万历二十三年十月,工部"请停罢山西应解潞绸,以宽民力",明神宗仍旧不允。万历二十五年九月,还因织造"违式违限",将山西抚按等夺俸半年,潞安知府等降一级。③

万历时期的烧造以江西瓷器最引人注目。万历十年(1582年)秋七月,令江西饶州造瓷器九万六千六百多件。这些瓷器不仅数量大,而且多有"无益之器"或"不急之物",此外"龙凤花草各肖其形容,而五彩玲珑,务极其华丽",多有难以制造者,令人"骇目而惊心"。万历十二年三月,经过工科都给事中王敬民"极言磁器烧造之苦,与玲珑奇巧之难",才得旨:将其中的烛台、屏风、笔管等减半烧造④。万历十三年四月,又因御史邓炼等的请求,决定将烧造难成的屏风、烛台、棋盘、花瓶、新样大缸等,"已

---

① 《明神宗实录》卷374。

② 《明神宗实录》卷418。

③ 《明经世文编》卷415;《明史》卷235《张养蒙传》;《明神宗实录》卷217、卷290、卷314。

④ 《明神宗实录》卷147;清程廷济修:《浮梁县志》卷5,1960年江西图书馆据抄本翻印。

造成者采进,未造者可停止"①。后来,江西巡抚陈有年等再加请求,明神宗勉强同意第三次减轻了一些江西的烧造任务②。然而万历十九年,明神宗再次将"磁器十五万九千余件"的烧造任务加派给江西,接着又"续派八万余件"。只是到了万历后期,江西的烧造任务才有所减轻。③

江西以外的省区虽然在承担烧造任务上不如江西繁重,但负担也相当大。如山西潞安自嘉靖年间开始坐派砂器,嘉靖三十九年(1560年)为五千个,四十年为一万五千个。到万历年间,继续坐派,如万历十八年(1590年)为一万五千个。从表面上看,这项坐派并不是太重的负担,因为"砂器一万五千,并备余共一万九千五百个",价值不过银子一百一十余两。但这一万多个砂器需要运往京城,按规定,要"用红柜装封,铜锁钥,黄绳扛",这需费银二百余两;"用夫一千三百名,费银一千八百余两;打点使用费银二百五十余两";以上几项合起来,"共用银二千三百六十七两九钱";此外,装在红柜中的砂器还规定须"用净棉塞垫","潞安不出棉花",只好到外地采买,"费银近二百两";加上为此而用去的打点使用三百五十余两,于是将一万多件砂器运往京城共需运载诸费达银子二千八百三十三两六钱,比砂器本身的价值多出近三十倍。④

明神宗所进行的土木建筑之多,在当时人的言论中多有反映。万历十八年(1590年)八月,礼部右侍郎兼翰林院侍读学士黄凤翔在奏疏中说:"窃睹都城内外祠庙寺观金碧荧煌,堂宇壮丽,询诸道路,皆曰内帑所捐金也。"⑤ 万历二十九年五月,工

---

① 《明经世文编》卷379陈有年《为钦奉圣旨事疏》;《明神宗实录》卷160。
② 《明史》卷224《陈有年传》;《明神宗实录》卷177、卷178、卷193。
③ 《明神宗实录》卷434。
④ 《明经世文编》卷415吕坤《停止砂锅潞绸疏》。
⑤ 《明神宗实录》卷226。

部尚书杨一魁等说:"陛下久疏明廷,厌居禁内,耽乐之事日闻于外,西筑之土木频兴……离宫别院,所在一新。"[1] 同年十二月,礼科右给事中白瑜尖锐地批评明神宗:"今露台月榭,上薄云霄,不伤于筑愁乎?"[2] 万历三十一年六月,吏科都给事中项应祥条列"八极",其中一极为"土木繁兴之极",对明神宗大兴土木的批评更为激烈,他说:"自乙未(万历二十三年)祝融之后,工役渐繁,清、宁两宫鼎建不待言矣,他如乾德阁、紫光阁、万寿阁、寿星殿、景德殿、永寿殿、四配殿、崇德殿等处,陆续传造,源源未厌,昭和殿、清虚殿、显阳殿、拥翠亭、浮玉亭、飞香亭、金海亭、小南城船坞等处,随工带造者,靡费且十百焉。尾闾不塞,漏卮难继,将有无穷之忧,应亟罢土木。"[3] 搜集有关文献中的资料,对明神宗大搞土木建筑的情况,可以用下表进行较为具体的反映:

万历十一年至四十八年土木工程简表

时　　　间	兴　工　情　况	资　料　出　处
十一年	明神宗亲自到天寿山陵区,为自己选择寿宫(即陵墓)建造地点,九月"点用大峪山"。此后不久,工程即告开始。万历十八年完工。其地下宫殿距地面二十七米,总面积一千一百九十五平方米,由前、中、后、左、右五个高大宽敞的殿堂组成,全部以石料构筑,采取拱券式,不用梁柱,极为华丽。这一工程共用白银高达"八百余万两"。	《定陵注略》卷1《寿宫始末》;《明神宗实录》卷132、卷134、卷147、卷164、卷165、卷175、卷191、卷193、卷224;《明史》卷58、卷236;沈榜《宛署杂记》卷14;定陵博物馆编《定陵——地下宫殿》,1975年4月出版。
十二年二月	谕修慈宁宫,次年六月竣工,用银十五万两。	《明神宗实录》卷162;《国榷》卷72、卷73。

---

① 《明神宗实录》卷359。

② 《明神宗实录》卷366。

③ 《明神宗实录》卷385。

时　　间	兴　工　情　况	资　料　出　处
十三年三月	以河北道左参政戴光启驻卫辉,督修潞王府第。万历十六年五月竣工,用银三十万两。"规模宏丽,足壮维藩"。	《明神宗实录》卷159、卷198。
十三年七月	时寿宫工程外,同时进行者尚有乾光殿、金海亭及西安门等工程。	《明神宗实录》卷163;《国榷》卷73。
二十二年十一月	命修葺养心殿、神怡殿、永宁宫、隆德门。工科给事中张涛谏,被降一级,调外任用。	《定陵注略》卷2《建言诸臣》;《明神宗实录》卷279。
二十四年	仁圣皇太后祔葬昭陵,修理该陵殿庑楼亭厨库房廊等。	《明神宗实录》卷519。
二十四年三月	乾清宫、坤宁宫发生火灾,"一时俱烬"。同年四月即筹划再建。第二年正月,正式兴工,九月迎梁。	《明通鉴》卷71;《明神宗实录》卷296、卷297、卷299、卷306、卷314。
二十四年八月	西华门楼建成。	《国榷》卷77。
二十六年十一月	隆宗门兴工。	《明神宗实录》卷328。
二十七年二月	慈庆宫修理兴工,次年八月竣工。	《明神宗实录》卷331、卷350。
二十七年四月	建端敬殿(一作端敬门)。	《明神宗实录》卷333,《国榷》卷78。
二十八年	有大高玄殿见新工程及修理龙舟、桥梁、亭轩、景陵和裕陵殿宇工程。	《明神宗实录》卷347~350、卷352。
二十八年三月	修南城清和阁	《国榷》卷78。
二十九年六月	新筑大内乾德殿,设计台高八丈一尺,广十七丈,台上建殿,以御史林道楠董其工。次年四月,林道楠上言:屈指兴工将及一年,日役夫匠二千多,班军二千多,仅筑成一丈三尺;仅造成台基八丈一尺,再加三年,亦未必能实现。	《明神宗实录》卷360;《国榷》卷79。

时　　间	兴　工　情　况	资　料　出　处
三十年二月	乾清、坤宁宫兴工，十月完成。三十一年正月复建，至三十二年三月，乾清宫工程结束。	《明神宗实录》卷 368、卷 377、卷 380、卷 394；《明通鉴》卷 72~73。
三十年闰二月	工科署科事给事中胡忻等疏请竣两宫工程，其他大高玄殿、昭和、景仁等工，及诸花园、果园、亭、轩、台、榭等役，皆属不急，一切报罢。对这一要求，神宗不加理睬。	《明神宗实录》卷 369。
三十年八月	奉先殿西川堂等处兴工。第二年九月竣工。	《明神宗实录》卷 375、卷 388。
三十一年正月	二十六日，天寿山长陵等处兴工修葺。	《明神宗实录》卷 381。
三十一年四月	慈宁宫花园等处工完。	《明神宗实录》卷 383。
三十一年六月	户科右给事中梁有年等，请停止新传崇德、两配、四斋等殿工程；明神宗不予理睬。七月，工科右给事中宋一韩再请，仍不理睬。	《明神宗实录》卷 385、卷 386。
三十一年十一月	钦天监择本月十六日三殿经始清基(按三殿指皇极殿、中极殿及建极殿，万历二十五年六月被火烧毁)。	《明神宗实录》卷 311、卷 390；《明通鉴》卷 71。
三十一年十一月	二十一日朝门兴工。	《明神宗实录》卷 390。
三十二年闰九月	工部因经费紧张，营建任务繁重，请求暂缓南海子御苑工程，明神宗认为"御苑墙垣济塌数多，久之恐修筑愈难，所费愈大"，下令"还着遵旨量修外围，余俟工程完日再议"。	《明神宗实录》卷 401。
三十三年	本年开始大修都城重城，至次年十一月竣工。	《明神宗实录》卷 427。
三十三年正月	定河南开福王府，内监孔一龙与工部主事房楠监工。	《国榷》卷 80。
三十三年二月	修建孝陵工完。	《明神宗实录》卷 406；《国榷》卷 80。

时　间	兴　工　情　况	资　料　出　处
三十三年 四月	感恩殿兴工。	《明神宗实录》卷408； 《国榷》卷80。
三十三年 五月	湖广显陵祾恩殿完工。	《明神宗实录》卷409。
三十三年 五月	本月二十七日长陵明楼合龙门，安吻兽。	《明神宗实录》卷409。
三十三年 七月	命修理显陵配殿。	《明神宗实录》卷411。
三十三年 十一月	因财政紧张，决定一方面继续进行"切近保障"之城工，而"鼎建殿门"则"不妨次第行之"。	《明神宗实录》卷415。
三十四年 三月	修杨璋桥梁。此工程与感恩殿工程，合计用银十余万两。	《明神宗实录》卷432。
三十四年 十二月	重修南海普陀寺竣工。	《明神宗实录》卷428。
三十六年 九月	会极、归极二门竖柱并上梁。	《明神宗实录》卷450。
三十八年 二月	应真人张国祥之请，拨银三万两修贵溪县龙虎山宫殿。	《明神宗实录》卷467； 《国榷》卷81。
三十九年 八月	修懋勤宫、端凝宫、寿安殿，内官监所提预算，不包括夫匠，仅"合用物料，数万金"。	《明神宗实录》卷487； 《国榷》卷81。
四十年正 月	工部以营造太子朱常洛生母皇贵妃王氏坟园，请留事例银两，明神宗批准留用十五万两。	《明神宗实录》卷491。
四十一年 五月	蜀府失火，门殿皆毁，命抚按官修造。	《明神宗实录》卷508。
四十二年 四月	内官监太监张宣等在奏本中列：昭陵殿庑楼亭厨库房廊等处损坏修理，"合用物料约数十万计"。	《明神宗实录》卷519。
四十三年 二月	先是，为建福府从官房屋，河南抚按已凑二万两，解府自行盖造。至是因"复以添盖为请"，明神宗下令再拨银二万两，"作速送府"应用。	《明神宗实录》卷529。

时　间	兴　工　情　况	资　料　出　处
四十三年三月	明神宗谕工部建畿南胡良、巨马二河桥，本年六月兴工。	《明神宗实录》卷 530、卷 533；《国榷》卷 82。
四十三年闰八月	初六日，三殿及正阳门箭楼开工。	《明神宗实录》卷 536；《明通鉴》卷 75。
四十四年七月	明神宗传旨修咸安宫。	《明神宗实录》卷 547；《明通鉴》卷 75。
四十六年五月	作德昌王府。	《国榷》卷 83。
四十六年五月	命修惠、桂二王府第。	《明神宗实录》卷 570。
四十六年九月	修船坞、乾光殿、玉蝀牌坊。	《明神宗实录》卷 574。
四十八年四月	因寿宫香殿金柱稍有朽蠹，下令工部作速更换修理。	《明神宗实录》卷 593。

从上表可知，明神宗在位时期所营建的工程确实连年不断。这些工程之耗用大量金钱，在上表中也可约略看出；不过，表中对这一方面反映得极不充分。为了进一步了解这些营建工程耗费金钱的情况，不妨将当时为了营建工程而采运木料的用费情况特别加以叙述。

明神宗在进行土木建筑中，非常讲究木料的质量和名贵度，因此多从遥远的四川、贵州和湖广地区采办楠杉大木。当时采办木料的用费总数，现在已经无法得知了，但存有若干片断资料，可供研究：如万历十三年（1585 年），从御史龚樊贤之请，明神宗下令"增发南京户部银二十万两于四川采木"①。再如万历三十一年开始筹划三殿工程后，贵州被坐派"采办楠杉大木板枋一万二千二百九十八根块，共该木价银一百零七万七千二百七

---

① 《明神宗实录》卷 160。

十一两"有奇,运价约需银二万零二百二十两;湖广所派楠杉等费"约银四百二十万两,比嘉靖年间多百万有奇";湖广、贵州、四川三省合计"所派三殿木植大工钱粮至九百三十余万",几及千万[①]。至万历四十四年,湖广又被增派"金柱三百八十根,各长六丈四尺,围一丈四尺;明梁等一百六十余根,各长五丈五尺,高三尺五寸。皆异常巨材,而又责限于一年之内"完成[②]。上述资料虽只是零星的几条,但由此已不难推测出当时采木之费是何等之大。而值得提出的还有,这些统计出来的数字与实际花费相比,要少出许多,因为这些统计数字是以官定价格为依据的,而实际的费用远远高出当时的官定价格。万历二十五年,刑部侍郎吕坤就曾指出这一现象,他说:"以采木言之,丈八之围,非百年之物,或孤生仞崖,或丛长千里,毒雾常浓,人烟绝少。寒暑饥渴、瘟疫瘴疠而死者无论矣,乃一木砍卧,千夫难移,每行不过数步,遭险跌伤死者常至百人。至于磕撞之处,岂无伤痕!官责谓不合式,依然重伐。每木一根,官价虽云千两,比来都下,费不止万金。"[③]

这一时期土木建筑开支之多,除了与所搞工程项目太多有关外,还受当时政治败坏的影响。时人沈德符曾指出:"天家营建,比民间(用费)加数百倍。曾闻乾清宫窗槅一扇,稍损欲修,估价至五千金,而内珰犹未满志也。盖内府之侵削、部吏之扣除、与夫匠头之破冒,及至实充经费,所余亦无多矣。"[④] 这一现象的提出,似乎可以使明神宗在当时土木建筑开支过多上推卸一些责任,但稍一推敲,就会得出相反的结论,因为第一,他

---

① 《明神宗实录》卷 443、卷 456、卷 457、卷 462;《明史》卷 82《食货志》6,卷 241《张问达传》。

② 《明神宗实录》卷 544。

③ 《明神宗实录》卷 309;参见《明经世文编》卷 415《忧危疏》。

④ 《野获编》卷 19"京师营建"。

不断下令进行土木建筑，才给借机贪污者找到了机会；第二，当时的政治败坏、贪污盛行，也与明神宗的腐朽怠政有密切关系。

由于生活日益腐化，明神宗对匠役、宦官之类供其役使的人员的需求，也日益增多。隆庆元年(1567年)，曾规定内官监局的匠役额数为一万五千八百八十四人，至隆庆三年减为一万三千三百六十七人。而万历时期的实际役使数字，比上述定额超出许多，如万历十四年(1586年)三月，有人指出"诸监局之匠役，不啻一万六千四百"。万历十九年七月，科臣杨其休认为这些匠役"诈冒多端，蠹耗为甚"，主张于隆庆三年所定数额之外，"有缺勿补"，但明神宗不肯批准，下令"只照旧行，不必议减"①。明神宗所使用的宦官数字，据记载"增至万余人"②。其每次录用的新宦官数往往超过千人，如万历十六年十一月，"命选收净身男子二千人"；万历二十九年四月竟连收两次，第一次"收用净身男子三千名"，第二次"添收一千五百名"③。

宦官、匠役的增设，不仅反映了明神宗挥霍浪费程度的严重，而且也增加了明神宗的财政开支，因为宦官、匠役除了正常的消费外，还往往中饱私囊。这以宦官为最突出。如万历四十年(1612年)二月，工科给事中马从龙曾在一个奏疏中说过："臣每见朝廷有重大典礼，中人群小视为金穴，实用百无一二，余尽耗蠹于若辈之手。"④ 关于宦官利用土木建筑工程贪污的情况，本节前面叙述营建的部分已经提及，这里仅补充两例于下：万历二十八年三月工部尚书杨一魁揭发，景陵"插补桃梅，所需不过(银子)千数上下，而内官监揭开物料数内，约费二万有奇，夫匠

---

① 《明神宗实录》卷238、卷172。
② 《明神宗实录》卷183。
③ 《明神宗实录》卷205、卷358。
④ 《明神宗实录》卷492。

工食之费犹不与焉"①。万历三十八年,太监与工部官吏预算重建被火焚毁的正阳门箭楼的用费,太监提出"当用银十三万"。参与其事的工部营缮司郎中张嘉言,"素以负气称",听后大怒,"厉声云:'此楼在民间,当费三千金,今天家举事,不可同众,宜加倍为六千。'"在场的诸太监于是忿极,不过"气满口重,不能辨诘,但奋拳欲殴之"。第二年正遇京察,张嘉言"竟以不谨被斥",被斥的"理由"虽不止一个,而这次与太监作对,"亦其一端"。几年后,箭楼竣工,据了解其事的工部官吏说,所用工银为三万两。"盖初估为张所诎,其后终不能满内珰之欲也"②。这一事例,说的虽是宦官贪污受阻,而它对当时宦官利用土木建筑工程贪污中饱的现象却是充分的反映。

二、传索帑金

明神宗无节制地挥霍浪费,必然导致其对于金钱的渴求,因而他极力搜刮金钱。万历十七年(1589年)十二月,大理寺评事雒于仁进四箴疏,疏中批评了明神宗四种疾病,其中之一即为"贪财"③。明神宗搜刮金钱的办法主要是两个:一是向各衙门管理的国库索要,变国库的金钱为宫廷内库的金钱,此即所谓"传索帑金";二是派出矿监税使,向各地人民直接征取。明神宗传索帑金的主要对象有三:户部所属太仓库、太仆寺库和光禄寺库。

明初以来,宫廷中一直有金花银一百万两的收入,万历六年(1578年),因明神宗"大婚,买办珠宝",令户部太仓库增进二十

---

① 《明神宗实录》卷345。

② 《野获编》卷6"箭楼"。

③ 《明史》卷234《雒于仁传》;《国榷》卷75。

万两给宫廷内库。从此以后,明神宗视为定额,令太仓库每年照例进上。这成为户部的一大负担,因为这项银两"原无额派",户部只能"那移他项钱粮以供命"。户部为了释去重负,经常上疏明神宗,要求将之取消,而明神宗总是推三阻四,不肯答应。有时碍于此项银两之索取没有充分的理由,当户部要求停免的奏疏上来之后,他便批上"稍待积剩,自然停止"几个字,以作应付;而更多的时候,则是强调宫中急需金钱,以"见解到的着便交纳,其余还着严限催解进用"批出。直至万历三十七年,由于大学士叶向高坚决要求,力言:"部帑已竭,即严旨督促,终不得其分毫之入,徒亵王言,且使天下人传之不雅,不如缓之,足以章圣德耳。"明神宗才不得不答应停免,下令"俟库藏充实再进"。至此,户部太仓库每年向宫廷内库增进二十万买办银两延续了三十年,所进总数达六百余万。①

除了上述银两外,明神宗还经常不定时地向户部太仓库索要银两。如万历十二年(1584年)正月,明神宗"以宫中赏赉,内库缺乏,命取太仓银二十万两",后来经过大学士为户部诉苦,减为十五万两②。万历十六年八月,明神宗令太监传令:"圣节阅陵,赐赏繁多,内库不给,于太仓取银二十万两进用。"户部尚书宋纁以"帑银缺乏",要求免进,明神宗不听。③

明神宗还向太仆寺库支取银两。明初以来,南北二直隶及山东、河南两省的一些民户,被规定为政府养马。官府将官马交给这些民户喂养,这些民户要负责按定额孳生马驹,马驹长大后上交官府。后来,由于货币关系发达以及其他一些因素的影响,上交马匹实物的制度演变为上交银两(马价),于是明政府主管

---

① 《明神宗实录》卷153、卷214、卷373、卷394、卷415;《明经世文编》卷411《停买办疏》;《蓬编》卷3。

② 《明神宗实录》卷170。

③ 《明神宗实录》卷202。

其事的太仆寺,便在库房中积累了很多银两,而且越来越多。这些银两本是预备将来需要时用以购买马匹供军队骑用的,而明神宗为了满足其对金钱的需求,便把手伸到了这里。明神宗动用太仆寺库银的一项重要用途是用以转嫁"边赏首功"的开支。按明初以来的制度,各边给赏首功银两,皆由"内库关领"。这一办法的用意,一以表示内廷"藏富之不私",一以表示此项赏赐非同一般,"俾将士感激特恩,奋身血战"。但自万历九年(1581年)以后,此项赏赐用银,"间或取于太仆寺"。万历十四年四月,"钦赏辽东开原地方获功、阵亡、被伤官旗家丁",该银四万一千余两,明神宗令即从太仆寺马价银两中"照数给发",而且规定此后即为定例,凡遇类似事情,"再不必奏请内库"。有关官员对这一旨意提出劝谏,明神宗回答:"大捷原不常有,这赏功银数多,内库支给不敷,故于该寺取用。今后万两以下仍于内库关领;万两以上,遵近旨行。"他虽然作出了些微让步,但从基本方面讲,可说是坚持了自己的意见。① 明神宗也向太仆寺库不定时地索取银两。如万历十二年八月,因"秋祭山陵,赏赐各项人等",谕兵部取"太仆寺马价银十万两应用"。兵部反对,"不听"。②

嘉靖末至万历初,由于皇帝的伙食开支曾有所减少,因而光禄寺的库房内在万历初年有些积蓄,这使光禄寺库在明神宗掌握大权后的一段时间里也成为传索帑金的一个对象。万历十五年(1587年)九月,明神宗即"取光禄寺银二十万两"③。不过,后来明神宗的伙食费增加了很多,光禄寺库不但积蓄全无,而且亏空很大,这使他不能再把该库当作搜刮的对象。总计"万历中(光禄寺库被)屡传进宫银一百一十万"。④

---

① 《明史》卷 79《食货志》3;《明神宗实录》卷 173。

② 《明神宗实录》卷 152。

③ 《明神宗实录》卷 190。

④ 《明书》卷 83《食货志》3。

三、矿监税使的派出

所谓矿监，是明神宗派到各地督领金银等矿的开采的宦官；所谓税使，是明神宗派到各地征收商税的宦官。明神宗之派出矿监税使，是要他们将开矿或抽税的所得，进献给自己。

首先派出的是矿监。隆庆年间，由于看到嘉靖时广泛开矿，造成"公私交骜矿利，而浙江、江西盗矿者且劫徽、宁，天下渐多事"，所以，"罢蓟镇开采，南中诸矿山，亦勒石禁止"①。明神宗掌握大权后，不断有人献计再事开矿，如"万历十二年，房山县民史锦奏请开矿"，"十六年，中使祠五台山，还言紫荆关外广昌、灵丘有矿砂，可作银冶"，"十八年，易州民周言、张世才复言阜平、房山各产矿砂，请遣官开矿"②。这些奏请正中贪财如命的明神宗的心意，但是，大学士申时行等许多大臣执意不从，认为"开矿必当集众，集众必当防乱"，"恐'奸民'乘机争利，隐忧愈不可测"；此外，还认为"计差官诸费，得不偿失"③，这使明神宗暂时放弃了开矿的打算。然而，他始终未死心。当他即位二十年之后，机会终于来临。万历二十年（1592年），宁夏发生叛乱（详后），为平叛而"费帑金二百余万"。这年冬天，又有"朝鲜用兵"之事（详后），这场战争前后持续八年，"费帑金七百余万"。万历二十七年，播州战事继起（详后），"又费帑金二三百万"。"三大征踵接，国用大匮"。此外，万历"二十四年，乾清、坤宁两宫灾；二十五年，皇极、建极、中极三殿灾，营建乏资，计臣束手"。在这

---

① 《明史》卷81《食货》5。
② 《明史》卷305《宦官传》；《明史纪事本末》卷65《矿税之弊》。
③ 《明神宗实录》卷227～228。

种情况下，明神宗遂以"连年征讨，库藏匮竭，且殿工典礼方殷，若非设处财用，安忍加派小民"为借口，不顾许多大臣的反对，刚愎自用地派出了矿监①。第一个矿监之派出，发生在万历二十四年。这年六月，"府军前卫千户仲春等奏开采以济大工"，明神宗决定"差户部、锦衣卫官各一员，押同原奏官赴彼开采"；七月二十日，这个决定具体落实为"差承运库太监王虎同户部郎中戴绍科、锦衣卫金书张懋忠于真、保、蓟、永等处开采样砂进览"②。随着第一个矿监的派出，大批矿监接踵赴任，史载："开采之端启，废弁白望献矿峒者日至，于是无地不开。中使四出：昌平则王忠，真、保、蓟、永、房山、蔚州则王虎，昌黎则田进，河南之开封、彰德、卫辉、怀庆、叶县、信阳则鲁坤，山东之济南、青州、济宁、沂州、滕、费、蓬莱、福山、栖霞、招远、文登则陈增，山西之太原、平阳、潞安则张忠，南直之宁国、池州则郝隆、刘朝用，湖广之德安则陈奉，浙江之杭、严、金、衢、孝丰、诸暨则曹金，后代以刘忠，陕西之西安则赵鉴、赵钦，四川则丘乘云，辽东则高淮，广东则李敬，广西则沈永寿，江西则潘相，福建则高寀，云南则杨荣。"③

　　税使继矿监之后被派遣出去，税使一般派往"通都大邑"④。第一个税使派出于万历二十四年(1596年)十月，史载：二十二日，"始命中官张晔征税通州张家湾，寻命中官王朝督征天津店租。自是二三年间，税使四出"⑤。各地所派税使的具体人员，《明史·食货志》记载为："高寀于京口，暨禄于仪真，刘成于浙，李凤于广州，陈奉于荆州，马堂于临清，陈增于东昌，孙隆于苏、杭，

　　① 《明史》卷305《宦官传》；《明神宗实录》卷330。
　　② 《明神宗实录》卷298～299。
　　③ 《明史》卷81《食货志》5。
　　④ 《明史》卷305《宦官传》。
　　⑤ 《明通鉴》卷71；参见《明神宗实录》卷303。

鲁坤于河南,孙朝于山西,丘乘云于四川,梁永于陕西,李道于湖口,王忠于密云,张晔于卢沟桥,沈永寿于广西。"将这个名单与前文所述各地矿监的名单相对比,可以发现两者多有重复者,这是因为矿监和税使有的是"专遣",有的则为"兼摄"的缘故。①

关于各地矿监税使派出的具体时间,根据有关史料,表列如下:

万历年间矿监税使派出表[1]

时　间	派　出　情　况	资　料　出　处
二十四年七月	差承运库太监王虎同户部郎中戴绍科、锦衣卫金书张懋忠于真、保、蓟、永等处开采样砂进览。	《明神宗实录》卷299;《明通鉴》卷71;参见《明史》卷20。
二十四年七月	差镇抚司金书杨宗吾往汝南(一作"河南")开矿,领以宦官鲁坤。	《明神宗实录》卷299;《国榷》卷77;《明通鉴》卷71。
二十四年闰八月	命太监陈增往山东青州等府开矿。	《明神宗实录》卷301;《国榷》卷77。
二十四年九月	差太监田进开昌黎矿[2]。	《明神宗实录》卷302;《国榷》卷77;《定陵注略》卷4。
二十四年十月	命御马监左监丞张晔征税通州张家湾。	《明通鉴》卷71;《明神宗实录》卷303;参见《明史》卷20。
二十四年十二月	遣太监张忠往山西开矿。	《明史纪事本末》卷65。
二十四年十二月	差太监曹金开采浙江孝丰、诸暨等处矿洞。	《明神宗实录》卷305;《明史纪事本末》卷65;《国榷》卷77。
二十四年十二月	差太监赵钦往陕西开矿。	《明史纪事本末》卷65。
二十四年[3]	差承运库太监王忠往横岭开矿。	《定陵注略》卷4。

---

① 《明史》卷305《宦官传》。

时　　间	派　出　情　况	资　料　出　处
二十五年二月	差御马监太监王朝用往天津征收商税[4]。	《定陵注略》卷4。
二十六年五月	撤回浙江开矿太监曹金,以刘忠代之。	《定陵注略》卷4。
二十六年六月	差太监李敬采珠广东。	《明神宗实录》卷323;《明史纪事本末》卷65;《国榷》卷78。
二十六年七月	派太监李道征税湖口。	《明神宗实录》卷324;《明史纪事本末》卷65;《国榷》卷78。
二十六年七月	派太监鲁保经理淮盐。	《明神宗实录》卷324;《明史纪事本末》卷65;《国榷》卷78。
二十七年正月	遣太监暨禄征税于仪真。	《明神宗实录》卷330;《明史纪事本末》卷65;《国榷》卷78。
二十七年二月	复置浙江市舶,遣内官刘成征收税课。	《明神宗实录》卷331;《明史纪事本末》卷65;《国榷》卷78。
二十七年二月	命内官李凤采珠廉州,兼征市舶司税课。	《国榷》卷78。
二十七年二月	设市舶于福建,遣内监高寀,带管矿务。	《明神宗实录》卷331;《明史纪事本末》卷65;《国榷》卷78。
二十七年二月	遣内监杨荣开矿云南。	同上。
二十七年二月	遣内监陈奉征荆州店税。	同上。
二十七年二月	命内监孙隆带征苏松等处税课。	同上。
二十七年二月	命内监孙朝征税山西。	同上。
二十七年二月	遣内监丘乘云征税于四川,兼矿务。	同上。

时　间	派　出　情　况	资　料　出　处
二十七年二月	遣内监梁永征税于陕西。	同上。
二十七年二月	遣御马监奉御潘相督理江西瓷厂。	同上。
二十七年三月	遣内官高淮往辽东开矿征税。	《明神宗实录》卷332;《国榷》卷78。
二十七年六月	遣御马监监丞沈永寿往广西(原文作"广东",误)开矿征税。	《明神宗实录》卷336;《国榷》卷78。
二十七年七月	命南京守备太监邢隆(原文作"郝隆",误)、刘朝用开矿宁国、池州等处。	《明神宗实录》卷337;《明史纪事本末》卷65;《国榷》卷78。

注:[1] 表中对每个矿监税使只记开始派出的时间,以后职权的变化等不备载。又,限于资料不完备,个别矿监税使派出的时间已不可知,未能列入。

[2] 田进因与直隶开矿太监王虎相争,万历二十五年二月,被撤回京,原奏矿洞归王虎并采。见《明神宗实录》卷307及《定陵注略》卷4《矿税诸使》。

[3] 本条月份不详,故附于本年之末。

[4]《明通鉴》卷71记万历二十四年十月"始命御马监左监丞张晔征税通州张家湾"后,紧接着记"寻命中官王朝督征天津店租",此盖与本条所记为同一事件。两者所记人名,一为王朝,一为王朝用,所误者盖为"王朝用"。《明神宗实录》卷307记有万历二十五年二月"铸给督征天津等处店租内官关防",《明史纪事本末》卷65《矿税之弊》亦记此事,殆此即为王朝而铸。据《明神宗实录》卷326,万历二十六年九月二十四日"天津征收店税内使王朝死,巡抚汪应蛟、给事中包见捷各疏请罢勿补,上切责之"。但所补者谁,并未记明。而《明神宗实录》卷327记,万历二十六年十月"辛酉(九日)逮天津土虎张子和等二十二人至京究问,以天津税监马堂论其曲蔽征租也"。由此推测,马堂殆为代替王朝者,其派出时间当为万历二十六年九月二十四日至十月九日之间。

　　从上表来看,几乎遍及全国各地的矿监税使,仅用三年的时间就全部派出了。由此可以看出,明神宗对于通过矿监税使搜刮钱财是怎样的迫不及待。时人描述他在这类事情上的所作所为,是"随奏随准,星火促行"[①],这可说是一点也不夸大。由于明神宗之派出矿监税使目的在于搜刮钱财;也由于其所派出的

---

① 《明神宗实录》卷331。

矿监税使,大多数是"一人专敕行事,惟意所为,凭藉宠灵,擅作威福,以势凌抚按,使不敢一问其出入,以刑劫有司,使不得一加调停",即"所谓虎而翼者"①;再加上矿监税使所使用的委官、参随,都是纳贿相投的"奸民"、"亡命贱流"、"罪谴官吏"②,他们之投靠矿监税使,大多是为了"借开采以肆饕餮,倚公役以拓私囊"③;这样,矿监税使派出后,很自然地便形成了对全国各地的一场"群虎百出,逢人咆哮,寸寸张罗,层层设阱"式的大肆掠夺。

四、矿监税使的搜刮手法

矿监税使及其爪牙之对各地进行搜刮,是奉旨行事的,即是以封建皇权为根据的,因而其搜刮手法带着明显的超经济性质,其基本特征是赤裸裸的强制刮取。但由于时间地点和条件的差异,矿监税使及其爪牙在明神宗的指挥、纵容下,在具体实施强制刮取时,不可能只采取一种方式。归纳起来,其具体的搜刮手法有如下数种:

1.督民开采,坐地分成

矿监派出后,对于开矿事宜,一般是"只督百姓自行采取,不得支费公帑",地方上的抚按负责"调兵防护"④。矿夫多是"招集平日'盗'矿居民"来充当,因为他们"熟惯采取";"开采之费"则"金富户供办,约以洞成偿之";矿头"择富民"担任⑤。开矿所得,规定为"官民匀(均)分",以一半归矿监为代表的官方,另一半"与民,以为开凿运送之费"。也有的"官四民六",分成比例略

---

① 《明神宗实录》卷331。
② 《明史》卷81《食货》5;《明书》卷83《食货志》3。
③ 《明神宗实录》卷302。
④ 《明神宗实录》卷298。
⑤ 《明神宗实录》卷300、卷372。

有不同。①

2．包矿

由于当时报矿的"原奏官"多是为了谋求自己的私利而迎合明神宗的意旨去报矿，对于矿藏实际蕴藏情况等并无真正的了解，因而因原奏官报告而决定开采的矿洞，多数属于贫矿，加之开采技术不高，开采者亦无积极性，所以矿监督领的开矿，收获甚少，常常是"得不偿失"，甚至"全无所得"。在这种情况下，"包矿"的掠夺手法逐渐盛行起来，矿监把官方应得（或希望得到）的开矿收入，"散民间而坐数纳银"，或"掊克于大户"、令"富户包赔"，或科派"小民"，"巧取于条鞭"，或"括（地方官府之）库银而充矿代解"②。史料中有许多关于某地实行包矿的具体记载。如万历三十一年（1603 年）七月，明神宗明确下令批准易州、阜平等十一州县派包赔矿银一千七百两③。万历三十三年八月，又批准"南直隶等处矿务银两听该府州包纳解进"④。包矿的实行，使得矿监所搜刮者，已"非地之遗利"；所谓督民"开矿"，其"开矿"只剩下一个空名义，究其实质，乃是借名掠取。开始派遣矿监时，明神宗说的是为了不"加派小民"，而"巧取于条鞭"之对"小民"的科派，实际上正是不折不扣的加派。

3．重征叠税

此指同一商品在运输过程中被税使多次征税。税使及其爪牙，"水陆行数十里，即树旗建厂"以收税，这必然形成严重的重征迭税的状况⑤。南直隶长江沿岸，万历二十九年（1601 年）五月巡按刘曰梧在一个奏疏里痛切指出："以臣所属，上有湖口，中

---

① 《明神宗实录》卷 301、卷 333、卷 379。

② 《去伪斋集》卷 1；《明神宗实录》卷 309、卷 328、卷 333。

③ 《明神宗实录》卷 386。

④ 《明神宗实录》卷 412。

⑤ 《明史》卷 81《食货》5。

有芜湖,下有仪扬。旧设有部臣,新设有税监,亦云密矣。湖口不二百里为安庆,安庆不百里为池口,池口不百里为荻港,荻港不百里为芜湖,芜湖不数十里为采石,采石不百里为金陵,金陵不数十里为瓜埠,瓜埠不数十里为仪真,处处收税。长江顺流扬帆,日可三四百里,今三四百里间五六委官拦江把截,是一日而经五六税地,谓非重征迭税可乎?"① 再如北直隶通州一带,万历四十年十二月巡按汤兆京也曾上疏痛陈:"通州为畿东首冲,水陆要会,重征迭税,几至数十!"②

4. 增加征税的对象和名目

这类史实数量颇多,仅举数例。如《明史·食货志》载:税使"立土商名目,穷乡僻坞,米盐鸡豕,皆令输税"。再如,《明神宗实录》载:顺天府所属各州县,新增了"过路"、"落地"两种名目的税银③。又如,宝坻产银鱼著名,明朝皇帝定为贡品。永乐时在宝坻设银鱼厂,隆庆二年(1568年)停革,"止令估直备庙祀上供"。但自万历二十八年(1600年)起,"始以中官坐采,又征其税,后并税武清等县非产鱼之处"。④

5. 包税

这种搜刮手法与包矿相似,因此史书中常常是"包矿"、"包税"连文并提⑤。史料中记有一种"行户""包收"的包税办法,如宣府地区税使到来后,"加税增额"造成"商贩渐稀",所收税金不能及额,遂"递年佥报行户,责以包收",被佥报者"大者破产,小者倾囊,每一践更,合镇骚然"⑥。这种包税形式,大体上相当于

---

① 《明神宗实录》卷359。
② 《明神宗实录》卷503。
③ 《明神宗实录》卷553。
④ 乾隆《宝坻县志》卷7;《明神宗实录》卷419~420;《明史》卷81《食货》5。
⑤ 《定陵注略》卷4《内库进奉》。
⑥ 《明神宗实录》卷468。

包矿中的"掊克大户"。实行包税的最后结果,与包矿一样,使原来的征取名目,完全失掉了本来的含义,而成为一种藉名掠夺,成为不用加派名义的加派。万历四十五年(1617年)大学士吴道南等在谈到税使征税情形时曾说:"自榷税之政行,而貂珰盈于远迩,网罗遍于间阎。始犹取之商旅,既则取之市廛矣;始犹算及舟车,既则算及间架矣;始犹征之货物,既则征之地亩、征之人丁矣。穷天际地,搜刮靡遗,由公逮私,那移殆遍,或借之赎锾,或扣之各役工食,上下交征,官民并困。"① 这段话虽未提出"榷税"演变为"加派"的断语,但这一事实却是叙述得十分清楚的。

6. 攘夺和敲诈

时人言论中揭露矿监税使依靠这种手法掠取钱财者比比皆是。万历二十九年(1601年)五月,吏部尚书李戴有一个关于旱灾的上疏,其中就指出:"矿税之议频兴,貂珰之使四出……指其屋而挟之曰'彼有矿'则家立破矣,'彼漏税'则橐立倾矣。"对于颇有"油水"的富户或较为懦弱便于榨取的人,矿监税使及其爪牙更将之列为攘夺、敲诈的重点,史称:税使"视商贾懦者肆为攘夺,没其全赀,负戴行李,亦被搜索";矿监遇"富家巨族则诬以盗矿,良田美宅则指以为下有矿脉,率役围捕,辱及妇女,甚至断人手足投之江,其酷虐如此"。②

如太监陈增名下参随程守训,"徽人也,首建矿税之议,自京师从增以出,增唯所提掇,认为侄婿。又不屑与诸参随为伍,自纳银助大工,特授中书舍人,直武英殿。自是愈益骄恣"。自署其衔为"钦差总理山东直隶矿税事务,兼查工饷"。又"伪称勘究江淮不法大户及私藏珍宝之家,出巡太平、安庆等府,许人不时

---

② 《明史》卷81《食货》5。

告密问理"。所至"旌盖车马,填塞街衢。首有朱红金字'钦命'牌两面,继有两牌,一书'凡告富商巨室违法致富者随此牌进',一书'凡告官民人等怀藏珍宝者随此牌进',四介胄骑士执之。其他戈矛剑戟,拥卫如卤簿"。"每日放告,专令四方积猾揭首匿名鬼状,平空架影。今日械一人,曰'尔富而违法';明日系一人,曰'尔家藏珍宝'"。"凡稍殷实者,即罗而织之"。其刚刚逮捕,并不马上审讯,而是"铁索锁项,三木曳身,令过都历市,遍使观者股栗",而后才"就讯舟次,设水牢于舟中,昼夜浸之,绝其饮食"。过了一段时间,再"诡出之岸,令舆皂厮养竞谇而迭殴之,非法刑阱,备极惨毒",使"其人求死不得"。在这种惨酷迫害下,其人无可奈何,只好"倾家鬻产,跪献乞命,多则万金,少亦不下数千"。据统计,仅扬州仪真地区受其"抄产毒刑"者,即达"数百余家"①。再如陈增又有一参随,史失其名,有一次他来到吴江,"执四人送府,谓其曾劫皇杠"。但经过有关官吏审讯发现,四人乃是当地的无赖,参随之以劫皇杠为名送之入狱,是互相串通一气,企图诬扳当地的一些富户以取利。"因并参随讯之,简其身,得一小摺,内开富民五十三家"。②

7. 盗掘古墓

以上几种搜刮手法虽互有不同,但都没有丢开开矿或榷税的名义。而在矿监税使所采用的搜刮手法中,还有一部分是根本不用开矿或榷税的名义的。如其中一种是发掘古墓。万历二十七年(1599年)十月,兴国州奸人漆有光,"讦居民徐鼎等掘唐相李林甫妻杨氏墓,得黄金巨万",腾骧卫百户仇世享将之报告明神宗,明神宗命太监陈奉"括进内库"。但实际上此墓墓主乃是元卫国公昌文德之夫人程氏,掘墓所得也"较原奏所开,百不

---

① 《野获编》卷6"陈增之死"条;《明神宗实录》卷345、卷347。
② 《定陵注略》卷5《忤奄诸臣》。

及一"。而陈奉"执原奏,必欲取盈","百般毒拷,闻者酸鼻"。此外,他还悉发湖广境内诸墓;湖广巡按王立贤请求明神宗下令制止,明神宗不予理睬①。湖广陈奉之外,陕西梁永也大干发掘古墓的勾当,史称:他"尽发历代陵寝,搜摸金玉,旁行劫掠"。②

五、矿监税使搜刮的经济后果

矿监税使对各地进行搜括的后果,从经济方面着眼,概略地讲,是饱了明神宗及矿监税使等人的私囊,危害了社会和人民大众的利益。具体说来有如下六个方面:

1. 肥了皇室

矿监税使来到各地后,为了讨明神宗的欢心,将搜刮所得,源源不绝地送往宫廷内库。史载:万历二十四年(1596 年)十一月,"户部郎中戴绍科进矿砂银,自后进者踵至"③。其所进有各种名目,除矿监的"矿金"、"矿银"等之外,在税使方面,"或称遗税,或称节省银,或称罚赎,或称额外赢余";其次,"又假买办、孝顺之名,金珠宝玩、貂皮、名马,杂然进奉"④。明人文秉所撰《定陵注略》卷四《内库进奉》逐年逐月逐人记下了万历二十五年(1597 年)至三十四年(1606 年)矿监税使(包括个别其他身分的矿监)向宫廷内库进献银两、黄金及包括名马、珍珠在内的其他物品的详细情况,共二百七十余笔,兹按人按年度加以归并,仅取其银两、黄金两项,列为下表:

---

① 《明史》卷 305《宦官传》;《明神宗实录》卷 340、卷 345。
② 《明史》卷 305《宦官传》。
③ 《明史纪事本末》卷 65《矿税之弊》。
④ 《明史》卷 81《食货》5。

矿监税使进奉内库金银数量表(万历二十五年至三十四年)[1]

进奉者[2] \ 进奉种类 / 进奉时间	二十五年 银[3](两)	二十六年 银(两)	金[4](两)	二十七年 银(两)	金(两)
内官监陈永寿					
西山煤监王朝		3000			
蓟永矿务郎中戴绍科	810			554	
蓟永开矿指挥张懋忠					
蓟永矿监王亮		5000			
横岭矿监王忠		9618		3200	
真保矿监王虎		8500	81.1	7700	66
通湾税监张晔		2400		10920	
天津税监马堂		11880		14400	
山东矿监陈增	530	14464	3397	12300	642
辽东矿监高淮				150	16
山西矿监张忠		30639	38.8	15000	
山西税监孙朝				10600	
河南矿监鲁坤	8450	8719		20972	
河南开矿指挥杨宗吾		3658		3300	
河南税监胡滨					
陕西矿监赵钦				1100	47
陕西税监梁永				2300	
两淮盐监鲁保		50400		113200	
仪真税监暨禄				500	
南京守备太监邢隆					
南京太监刘朝					
苏杭织造监孙隆					
杭嘉税监刘成				10200	
浙江矿监刘忠		1400		1800	
福建税监高寀					
江西矿监潘相				514	
湖口税监李道		307		13480	
湖广税监陈奉				500	
承天守备太监杜茂					
四川税监丘乘云				5000	4
云南税监杨荣					
广东珠监李敬					
广东税监李凤				1500	
广西税监沈永寿					
合　计	9790	149985	3516.9	249190	775

进奉者＼进奉种类＼进奉时间	二十八年		二十九年		三十年	
	银(两)	金(两)	银(两)	金(两)	银(两)	金(两)
内官监陈永寿						
西山煤监王朝						
蓟永矿务郎中戴绍科						
蓟永开矿指挥张懋忠			3300		2200	
蓟永矿监王亮			3100	10		
横岭矿监王忠						
真保矿监王虎	13700	29			2825	10
通湾税监张晔	72055		37945		16000	
天津税监马堂			138906		1600	
山东矿监陈增	9160		113142	514	51126	310
辽东矿监高淮	702		10702		11180	
山西矿监张忠	54160	21.6	144109			
山西税监孙朝	37100		1150		200	
河南矿监鲁坤						
河南开矿指挥杨宗吾			6740			
河南税监胡滨					42320	4
陕西矿监赵钦			137	429	29300	1123
陕西税监梁永					40000	
两淮盐监鲁保			163689		75334	
仪真税监暨禄	20200		62804.6		33860	
南京守备太监邢隆	6000				10000	
南京太监刘朝					7700	
苏杭织造监孙隆	30000		31000		63000	
杭嘉税监刘成	20000					
浙江矿监刘忠			20733		8060	12
福建税监高寀	60000		1640		51540	
江西矿监潘相	41660	0.23	38110	2	7100	5
湖口税监李道			39609		37408	
湖广税监陈奉	5000		3275	12.5		
承天守备太监杜茂			73405			
四川税监丘乘云	15300	43.5	40006	89.3	44180	40
云南税监杨荣	431		48117	50		
广东珠监李敬	13600	82	27093	715	8100	308
广东税监李凤	60400		27870		94760	
广西税监沈永寿			4111	105	102380	215.5
合　计	459468	176.33	1040693.6	1926.8	740173	2027.5

进奉时间\进奉种类\进奉者	三十一年		三十二年		三十三年	
	银(两)	金(两)	银(两)	金(两)	银(两)	金(两)
内官监陈永寿			5140			
西山煤监王朝						
蓟永矿务郎中戴绍科						
蓟永开矿指挥张懋忠	1500					
蓟永矿监王亮						
横岭矿监王忠	2200	10	1130			
真保矿监王虎	2150	10	8574	10		
通湾税监张晔	9741				146860	
天津税监马堂	4305		67730			
山东矿监陈增	16199	130	135414	179.6		
辽东矿监高淮	25300	60				
山西矿监张忠	248023	56	69000	83		
山西税监孙朝	45200		3300			
河南矿监鲁坤						
河南开矿指挥杨宗吾	5052					
河南税监胡滨	103830	41	46500	38		
陕西矿监赵钦	36000	1260	48700	980.9	19200	757.3
陕西税监梁永	63300		63620		21490	
两淮盐监鲁保	98900		28400		88490	
仪真税监暨禄	64130		19950		10000	
南京守备太监邢隆	4800					
南京太监刘朝						
苏杭织造监孙隆	13000					
杭嘉税监刘成	13000		86000			
浙江矿监刘忠	14250		16623	137		
福建税监高寀	51490		49900			
江西矿监潘相	40550	54.7			50724	
湖口税监李道	2942				57870	
湖广税监陈奉						
承天守备太监杜茂	66800		12000		55500	
四川税监丘乘云					29050	80
云南税监杨荣	13900					
广东珠监李敬	11600	70	2000	20		
广东税监李凤	53272		54090			
广西税监沈永寿	68660	12.5	28320			
合　　计	1080094	1704.2	746391	1448.5	479184	837.3

进奉时间 进奉者　　　种类	三十四年		合　计		注
	银(两)	金(两)	银(两)	金(两)	
内官监陈永寿			5140		[1] 本表所据《定陵注略》为影印北京大学图书馆藏善本版及台湾伟文图书出版社有限公司印行《明季史料集珍》版。
西山煤监王朝			3000		
蓟永矿务郎中戴绍科			1364		
蓟永开矿指挥张懋忠			7000		
蓟永矿监王亮			8100	10	
横岭矿监王忠			16148	10	
真保矿监王虎			43449	206.1	
通湾税监张晔	21000		316921		
天津税监马堂	48570		287391		[2] 表内进奉者的职衔只列入一种，以免烦琐。
山东矿监陈增			352335	5172.6	
辽东矿监高淮			48034	76	
山西矿监张忠	27650		588581	199.4	
山西税监孙朝			97550		
河南矿监鲁坤			38141		
河南开矿指挥杨宗吾			18750		[3] 表内银两一栏，包括税银、样银、煤价银、船料银、罪赎银、盐课银、无碍银、绝产银、进献助工银、子粒银等多种。
河南税监胡滨	35800		228450	83	
陕西矿监赵钦			134437	4597.2	
陕西税监梁永	17530		208240		
两淮盐监鲁保			618413		
仪真税监暨禄	205600		417044.6		
南京守备太监邢隆			20800		
南京太监刘朝			7700		
苏杭织造监孙隆	12600		149600		
杭嘉税监刘成	21000		150200		
浙江矿监刘忠			62866	149	[4] 表内金两一栏，包括样金、矿金等。
福建税监高寀	32670		247240		
江西矿监潘相	69330		247988	61.93	
湖口税监李道	24670		176286		
湖广税监陈奉			8775	12.5	
承天守备太监杜茂	94000		301705		
四川税监丘乘云	39700	25	173236	281.8	
云南税监杨荣			62448	50	
广东珠监李敬			62393	1195	
广东税监李凤	68000		359892		
广西税监沈永寿	17000		220471	333	
合　计	735120	25	5690088.6	12437.53	

《明神宗实录》中对矿监税使向宫廷内库进奉白银和黄金及其他物品的情况，也有逐人逐月的具体记载，只是所记不全，只有五十多笔。其中四十多笔与《定陵注略》所记在时间及数额上大体相符①，这说明《定陵注略》所记当是有所依据、确实可信的。《明神宗实录》所记的另外十余笔，《定陵注略》中失载了。它们的进奉者是户部郎中戴绍科、河南矿监鲁坤、横岭矿监王忠、昌黎矿监田进、山东税监陈增、辽东矿监高淮、四川税监丘乘云、湖口税监李道、天津税监马堂、河南税监胡滨、广西税监沈永寿等，其进奉年限起于万历二十四年（1596 年）十一月，止于万历三十四年六月，除去其中一笔因记载用语含糊不计外，其进奉总数（只计金、银两项）为银七万八千多两、金二百余两②。《定陵注略》之失载以上十余笔进奉，说明它关于矿监税使向宫廷内库进奉的记载虽然较详，但并不完全。这样，上文根据它作出的"矿监税使进奉内库金银数量表"关于金银进奉总数的统计，也就成为不完全统计了。

那么，矿监税使向宫廷内库进奉的金银数量，究竟多么大呢？由于史料记载的不完全，对于这个问题，不能不遗憾地说，已经无法确切回答了。不过，通过对有关记载加以分析，可以推知其概略。

《明神宗实录》卷四一七记载，自万历二十四年（1596 年）闰八月至三十二年正月，真保矿监王虎共进过金五百五十七两、银九万二千六百四十二两。而《定陵注略》卷四《内库进奉》所记同期王虎所进为金一百九十六点一两、银三万四千八百七十五两。前者所记是王虎在奏疏中的统计数字，当是可靠的；由此计算，这一时期王虎实际进奉内库的黄金数量，是《定陵注略》所记的二点八倍多，实际进奉内库的白银数量，是《定陵注略》所记的二

① 见《明神宗实录》卷 347、355 至 361、363、365、366、385、389 至 391、419、422、424。
② 《明神宗实录》卷 304、305、335、342、350、381、387、389、419、422。

点六倍多。又《明神宗实录》卷五三八记载，广东"自榷税以来"（即自万历二十七年以来），至万历四十三年十月，共解过白银三百万两以上。即平均一年进奉约十八点七五万两。而《定陵注略》卷四《内库进奉》所记万历二十七年至三十四年广东所进（包括李凤与李敬两人所进）白银总数约为四十二点二万两，平均每年约进五点三万。《明神宗实录》卷五三八所记是刑科给事中郭尚宾在奏疏中所谈，当也是可靠的。由此推算，广东珠监税使实际进奉内库的白银数量，约为《定陵注略》所记的三点五倍。从上引王虎与广东珠监税使的例子来看，《定陵注略》卷四《内库进奉》所记矿监税使进奉内库金银的数量，其与实际所进数量的比例，虽因人而有所差别，但基本上在1:3上下波动。因此，可以将这个比例看做适用于一切矿监税使。查上表可知，《定陵注略》卷四《内库进奉》所记自万历二十五年至三十四年矿监税使向宫廷内库共进奉白银五百六十九万零八十八点六两、黄金一万二千四百三十七点五三两。将之平均到每一年度，则白银为五十六万九千零八点八六两、黄金为一千二百四十三点七五三两；略去细数，约略计之，可说是白银五十七万两、黄金零点一二万两。如果将这两个数字分别乘以3，白银得一百七十一万两、黄金得零点三六万两——这两个得数，大概就是当时矿监税使每年向宫廷内库实际进奉的白银和黄金的约略数量。不计黄金，也不计名马、珍玩等其他物品，仅白银一项，矿监税使每年向宫廷内库的进奉，就已远远超过了宫廷内库原有的每年金花银一百二十万两的进项。矿监税使之派，确实使皇室大捞了一把。

2．饱了税使及其爪牙

矿监税使及其爪牙除了将搜刮所得进献给明神宗之外，将更大的部分留归自己，饱其私囊。这种贪污中饱现象，史书中记载极多。《明史》卷三○五《宦官传》记载，湖广税监陈奉曾被人揭发"水沮商舟，陆截贩贾，征三解一，病国剥民"。《定陵注略》

卷四《内库进奉》记载,万历三十一年(1603年)十月山西巡抚白希绣上疏揭发:"山西每年额解正税银四万五千二百两余,俱已尽数解纳,乃税监孙朝止进银一万五千八百两,余银侵匿不进,假称拖欠。"《明神宗实录》卷四一六记载,万历三十三年十二月,山东巡抚黄克缵上疏揭发:"税监马堂每年抽取各项税银不下二十五六万两,而一岁所进才七万八千两耳,约计七年之内所隐匿税银一百三十余万。"以上三例所提供的情况,倘加计算,可以发现,大体上都是矿监税使及其爪牙贪污所征税金的三分之二左右,进奉给皇帝的约占三分之一。这大概是当时矿监税使及其爪牙贪污中饱的一般状况。不过,这只是就额定税金而言的。而实际上,矿监税使及其爪牙在向人民搜刮时,不仅取于额之内,还要取于额之外,因此,其所贪污中饱的钱财在其所征取的全部税金中所占的比例,要远远高于三分之二这一比例。这种情况在当时人的言论中比比皆是。如万历二十七年四月,大学士赵志皋谈及,矿监税使"挟官剥民,欺公肥己,所得进上者什之一二,暗入私囊者什之八九"①。万历二十八年正月,山西巡按赵文炳谈及,矿监税使的爪牙"竞攫,如肉入饿虎之吻,民输十倍,无一二入官者"②。万历二十九年五月,吏部尚书李戴揭露:矿监税使及其爪牙所征取者,"大约以十分为率,入于内帑者一,克于中使者二,瓜分于参随者三,指骗于土棍者四"③。万历三十一年冬,户部尚书赵世卿揭露:"中使所取于民者十,而群小之侵渔者不啻千也。其献于皇上者百,而诸人所攘夺者又不啻万也。"④ 上引诸说,互有差异,但多数认为矿监税使及其爪牙将所掠取的全部钱财的十分之九归了自己,将十分之一进奉给了

---

① 《明神宗实录》卷333。
② 《明神宗实录》卷343。
③ 《定陵注略》卷5《军民激变》;《明神宗实录》卷359。
④ 《定陵注略》卷4《内库进奉》。

明神宗,这大概是当时的一般现象。

通过贪污中饱,矿监税使大都积累下惊人的财富。广东税使李凤"征多解少,(白银)入己者至五十一万七千有奇",又积下价值与此相当的夜明珠等珍宝,财富拥有总量"不下百万"①。陕西矿监赵钦因"掊克无厌",白银"积数十万","复命之日,驿递申报,除牛负马驮外,箱九十六抬,每抬用夫四名,尚颠踣不起"②。山东矿监陈增的参随程守训,因"虐害多人,赃私山积",后被搜出"违禁珍宝及赇银四十余万"。③

3. 苦了人民大众

矿监税使及其爪牙的经济掠夺,对人民大众是一场浩劫,民众除去人格受侮辱、政治上遭迫害外,经济上所受损失,极其严重。万历三十年(1602 年)九月,大学士沈鲤指出,矿监税使造成的后果是:"天下之势,如沸鼎同煎,无一片安乐之地,贫富尽倾,商农交困,流离迁徙,卖子抛妻,哭泣道途,萧条巷陌。"④ 在矿监税使及其爪牙的残酷掠夺中,受害尤深者无疑是一般的劳苦大众。如万历二十九年五月,直隶巡按刘曰梧说:凤号殷富的徽州,由于"各监互出,诸棍云从,投匦告密,敲骨吸髓",致使"民间之皮毛穿、脂膏竭矣"⑤。万历三十四年五月,四川巡按孔贞一说:"大都巴蜀皮毛为税使所尽"⑥。万历三十五年正月,辽东巡按萧淳说:"(辽东)自有税使以来,生命戕于鞭敲,脂膏竭于咀吮,十室九空。"⑦ 万历四十三年十月,陕西

---

① 《定陵注略》卷5《忤奄诸臣》。按《明史》卷 305《宦官传》说:李凤"干没(白银)五千余万,他珍宝称是"。其"五千余万"之说,数量过大,当为"五十余万"之误。

② 《明神宗实录》卷 418。

③ 《明史》卷 305《宦官传》;《明神宗实录》卷 348、卷 400。

④ 《明神宗实录》卷 376。

⑤ 《明神宗实录》卷 359。

⑥ 《明神宗实录》卷 421。

⑦ 《明神宗实录》卷 429。

巡按龙遇奇说:"秦自榷税以来,坐括民脂一百四十余万,民间皮肉俱尽。"①

　　以上关于人民大众遭受矿监税使及其爪牙经济掠夺之害的叙述,基本上是抽象的介绍,至于全国人民大众受害的具体数目,没有谈及。这个数目,史料中没有现成的记载,但可以推算其概略。如前所述,当时矿监税使每年向宫廷内库进奉的白银约为一百七十一万两,而矿监税使向宫廷内库进奉者大约占他们及其爪牙对各地实际掠夺的钱财总数的十分之一,由此看来,矿监税使及其爪牙每年向各地实际掠夺的钱财总数中,白银约为一千七百一十万两。那时,矿监税使及其爪牙向各地掠夺的钱财中白银是占主要地位的。这样,约每年白银一千七百一十万两——便基本上可以视为当时全国人民大众因矿监税使及其爪牙的掠夺而在经济上实际所遭受的损失的具体数字。据史书记载,万历年间全国缴到京城的赋税的总数,每年本折通计为白银一千四百六十一万两②,以此对比,可以看出,由于矿监税使及其爪牙的掠夺,当时各地人民大众所遭受的经济损失实在是太大了。

4．浪费了社会财富

　　矿监税使之出,皆少不了一大批参随、委官及其他爪牙的帮助,于是就不得不拿出一定数量的社会财富供其消费,这便形成了很大的浪费。万历二十七年(1599年),大学士沈一贯曾专门为此而算过一笔账,他说:"中使衙门皆创设,并无旧绪可因。大抵中使一员,其从可百人;分遣官不下十人,此十人又各须百人,则千人矣。此千人每家十口为率,则万人矣。万人日给千金,岁须四十余万……今分遣二十处,岁糜八百万。"③

----

① 《明神宗实录》卷538。

② 《明神宗实录》卷584。

③ 《明通鉴》卷72。

5. 妨碍了商业和手工业的正常发展

矿监税使疯狂的经济掠夺,加速了各阶层的贫困化,这不能不造成各项生产和经济事业的萎缩,而其中受影响最大的是商业和手工业。苛重的税收使大小商贾、手工作坊主及小手工业者纷纷破产,从城镇到乡村商业活动日趋萧条,手工业生产越来越不景气。

万历三十年(1602 年)九月,户部尚书赵世卿在一个奏疏里叙述了河西务等钞关商业衰落的情况,这是反映矿监税使严重妨碍商业发展的典型材料,他说:

> 臣莅任以来,备查崇文门、河西务、临清、九江、浒墅钞关、扬州、北新关、淮安等钞关会计录,载原额每年本折约共征银三十二万五千五百余两,于万历二十五年增银八万二千两,此定额也。查万历二十七年以后,一岁减缩一岁,至二十九年,各关解到本折约征银止共二十六万六千八百两三钱,比原额过缩。臣不胜惊讶,随查各关监督预呈文案,在河西务关则称:税使征敛,以致商少,如先年布店计一百六十余名,今止三十余家矣。在临清关则称:往年夥商三十八人,皆为沿途税使抽罚折本,独存两人矣。又称:临清向来段店三十二座,今闭门二十一家;布店七十三座,今闭门四十五家;杂货店今闭门四十一家,辽左布商绝无矣。在淮安关则称:河南一带货物,多为仪真、徐州税监差人挨捉,商畏缩不来矣。其他各关告穷告急之人,无日不至,不敢一一陈渎。[①]

钞关之外,其他城市由于矿监税使的苛敛而严重影响商业的情况,也屡见记载。如荆州,《明史》卷二三七《华钰传》载:"(陈)奉所受敕止江税,乃故移之市,又倍莅征之,稍与辨,辄殴

---

① 《明神宗实录》卷 376;参见《明史》卷 81《食货》5。

击破面。商贾怖匿,负担者不敢出其途。"徐州,《明神宗实录》卷五七九记载:"徐州为自北入南之津梁,商贾辐辏,夙号殷阜。自利玛四出榷税以来,非借事重罚,以倾其囊,则逞威严刑,以毙其命,流亡展转,负贩稀踪。"

原本商业不甚发达的乡村或小市镇,矿监税使肆虐之后,其商业就更加不易发展了,甚至有的根本不复存在。万历二十八年(1600年)六月,礼科给事中王士昌曾说:"御题黄纛遍布关津,圣旨朱牌委褻部屋,遂使三家之村,鸡犬咸空;五都之市,布丝莫贸。"①

矿监税使肆虐破坏手工业生产在苏州表现得最为明显,万历二十九年(1601年)七月,巡抚应天右佥都御史曹时聘上疏指出:在苏州,税使及其爪牙"以榷征为奇货",致使"吴中之转贩日稀,织户之机张日减"。他在同一个奏疏中还说到:"臣所睹记,染坊罢而染工散者数千人,机房罢而织工散者又数千人。"②

6.国库亏损

矿监税成为皇帝搜刮钱财的财源,名义上是开矿以采取天地自然之利和抽税以征取商贾之羡余,而实际上主要是靠肆意榨取、巧取豪夺。这样,在社会生产总量不可能增加的前提下,矿监税的苛欲,就不能不是通过减少其他社会成员或集团对社会财富的占有量来实现的。上文已经谈及其对人民大众经济利益的严重侵害。除此之外,它也严重损害了封建国家的正常国库收入。这主要是通过三个途径发生的。一是矿监税使的掠夺,妨碍了商业的发展,从而使正常国库收入中的商税部分受到影响。这种状况前文已经述及。这里仅补充一个实例。据统

---

① 《明神宗实录》卷348;参见《明史》卷223《王宗沐传》。
② 《明神宗实录》卷361。

计,河西务等七钞关在万历二十九年(1601年)以后,税收继续完不成原定额,自万历三十年至三十二年,三年间"计七钞关所亏共三十余万(两白银)"①。二是矿监税使的掠夺,使人民大众仅有的一点钱财被尽数榨走,因而无力完纳官府征收的赋税,从而影响了正常的国库收入。万历四十四年八月,陕西巡按龙遇奇在一个奏疏里所说的一段话,就反映了这一点,他说:"民止此财,官司既督民以赔税(按:指税使派出后所定之税),小民自不能并力以输边(按:指完纳属于正常赋税的边饷)。计秦民十八年来(按:陕西税监梁永派出于万历二十七年二月,至万历四十四年恰好十八年),已输过税额一百五十万,而坐逋边饷民运则已至二百四万。"② 三是为了保证矿监税使完成征收任务,地方官被迫将地方库藏中原备他用的"正项钱粮"挪借给矿监税使,或将原属国库正常收入的某项赋税拨给矿监税使征收。例如河南即有"因税监催督紧急而那借正项钱粮以解者"③。万历二十七年,太监沈永寿到广西榷税后,当年冬天和第二年春天,共征得白银一万五千二百两有奇,与定额二万两相比尚差四千多两。而"各府锱铢商税,悉已征收",无法再收,沈永寿又"必欲取盈"。在这种情况下,广西的地方官就是将属于国库正常收入的盐税四千多两拨给沈永寿,以了结事端的④。万历三十一年五月三十日,户部尚书赵世卿有奏疏一道,详细叙述了矿监税使派出后对国库正常收入的影响,兹摘录有关部分于下:

> 国家钱粮征收有额,曰税粮、曰马草、曰农桑、曰盐钞者为正课。各运司者为盐课。各钞关者为关课。税契、赎锾、

---

① 《定陵注略》卷4《内库进奉》。
② 《明神宗实录》卷548。
③ 《明神宗实录》卷486。
④ 《明神宗实录》349。

香商、鱼茶、屯折、富户等项为杂课。内除径解边腹（"腹"或作"镇"）外，大约三百七十余万两。此外则开纳、撙省、军兴、搜刮等银，为非时额外之课，大约五十六万（"五十六万"或作"五六十万"）不等。合此四项，方是四百余万之数，以当一岁之出。年（"年"或作"近"）来权宜开采之命一下，各处抚按司道有司皆仰体皇上不忍加派小民之意，遂将一切杂课，如每年山东之香商等税一万五千五百余两，福建之屯折等银三万四千八百余两，南直隶徽宁等府之税契银六万两，江西之商税、盐课等银二万六千七百余两，改归内使，而臣部之杂课失矣。其间杂课不敷，诛求无艺，百姓不得不以应征之银钱（"银钱"二字或作"正银"），暂免箠楚，有司不得不以现完之正税，量为挪移，为上官者亦量其爱民万不得已之衷，而曲为弥缝，以致三年之间，省直拖欠一百九十九万有奇，而臣部之正课亏矣。山东运司每年分割去一万五千余两，两淮运司别立超单八万引，而臣部之盐课壅矣。原额关课三十三万五千余两，二十五年新增银八万二千两，今则行旅萧条，商贾裹足，止解完二十六万二千余两，而臣部之关课夺矣。高淮开纳中书，李敬开授指挥，而臣部事例之课分矣。关中军兴、撙省等银每年七万余两，尽抵矿税，各省援请，而臣部额外之课虚矣。[①]

赵世卿的这个奏疏，将矿监税使的搜刮损害国库正常收入的具体程度及其三个途径都清楚地反映了出来。

六、群臣的劝谏

矿监税使之派出，不仅给人民大众带来巨大痛苦，而且严重

---

① 《神庙留中奏疏汇要》"户部"卷3；参见《定陵注略》卷4《内库进奉》。

威胁着统治阶级的长远利益，因而自其开始，就遭到大多数官吏和人民大众的反对。许多官吏上疏明神宗，慷慨陈辞，劝阻其事；许多地方官在自己管辖的范围内，裁抑矿监税使的横暴行为；各地人民群众的行动更为激烈，他们与有正义感的乡绅和军官等相配合，掀起了一次又一次反对矿监税使的"民变"和"兵变"。

为矿监税使事而上疏明神宗进行劝谏的官吏，其数目多得无法统计，而其中最有名的是户科给事中程绍、山西巡抚魏允贞、吏科给事中戴士衡、河南巡按姚思仁、户科都给事中包见捷、凤阳巡抚李三才、户科给事中田大益、吏部尚书李戴、大学士沈鲤及户部尚书赵世卿等。他们的奏疏，或者反映矿监税使掠夺下人民的痛苦生活；或者引据事实，核算本利，指出采矿之举得不偿失；或者单刀直入，不顾忌讳，痛批明神宗的贪婪；或者条分缕析，讲论形势，指明在矿监税使问题上怙恶不悛将导致的严重后果；或者掂量情理，考虑条件，提出种种可供参考的纠正方案。这些奏疏的用语，多半诚恳、痛切，表现了上奏者的鲜明态度和刚直不阿的精神；此外，所讲的内容，也多半入情入理，分析透彻。有的为了便于明神宗阅读，引起明神宗的注意，还把奏疏搞成图说的形式，"以巡历所睹记，付之画工"，拟出标题，附以"贴说"。如此等等，充分表现了劝谏者对国家的满怀忠诚，也充分表现了他们深远的政治眼光。[①]

为矿监税使事上疏劝谏的官吏，都不是文学家，但由于情真意切，他们所写的这类奏疏多半生动自然、脍炙人口。兹摘引两篇，以见一斑。万历二十八年五月，凤阳巡抚李三才"请停矿税"疏说：

---

① 参见《明神宗实录》卷 299、302、309、321、343、348、354、359、376、387；《明史纪事本末》卷 65；《明书》卷 82；《明史》卷 81、232、237。

自矿税繁兴，万民失业，朝野嚣然，莫知为计。皇上为斯民主，不惟不衣之，且并其衣而夺之；不惟不食之，且并其食而夺之。征榷之使，急于星火；搜刮之令，密如牛毛。今日某矿得银若干，明日又加银若干。今日某处税若干，明日又加税若干。今日某官阻挠矿税拿解，明日某官怠玩矿税罢职。上下相争，惟利是闻。如臣境内，抽税徐州则陈增，仪真则暨禄，理盐扬州则鲁保，芦政沿江则邢隆。千里之区，中使四布。加以无赖亡命，附翼虎狼，如中书程守训，尤为无忌，假旨诈财，动以万数。昨运同陶允明自楚来云，彼中内使，沿途掘坟，得财方止。圣心安乎，不安乎？且一人之心，千万人之心也。皇上爱珠玉，人亦爱温饱；皇上忧万世，人亦恋妻孥，奈何皇上欲黄金高于北斗，而不使百姓有糠粃斗升之储？皇上欲为子孙千万年，而不使百姓有一朝一夕之安？试观往籍，朝廷有如此政令，天下有如此景象，而有不乱者哉！[①]

同年十二月，户科给事中田大益"极陈矿税六害"疏说：

内臣务为劫夺，以应上求。矿不必穴，而税不必商；民间丘陇阡陌，皆矿也；官吏农工，皆入税之人也。公私骚然，脂膏殚竭。向所谓军国正供，反致缺损。即令有司威以刀锯，只足驱民而速之乱耳。此所谓敛巧必蹶也。

陛下尝以矿税之役为裕国爱民。然内库日进不已，未尝少佐军国之需。四海之人，方反唇切齿，而冀以计智甘言掩天下耳目，其可得乎？此所谓名伪必败也。

财积而不用，崇将随之。脱巾不已，至于揭竿，适为奸雄睥睨之资。此时虽家给人予，亦且蹴之覆之而不可及矣。此所谓贿聚必散也。

① 《国榷》卷78；参见《明神宗实录》卷348。

夫众心不可伤也。今天下上自簪缨,下至耕夫贩妇,茹苦含辛,扼腕侧目,而无所控诉者,盖已久矣。一旦土崩势成,家为仇,人为敌,众心齐倡,而海内因以大溃。此所谓怨极必乱也。

国家全盛二百三十余年,已属阳九,而东征西讨以求快意。上之荡主心,下之耗国脉。二竖固而良医走,死气索而大命倾。此所谓祸迟必大也。

陛下矜奋自贤,沈迷不返。以豪珰奸弁为腹心,以金钱珠玉为命脉。药石之言,褒如充耳。即令逢、干剖心,皋、夔进谏,亦安能解其惑哉! 此所谓意迷难救也。

此六者,今之大患,臣畏死不言则负陛下,陛下拒谏不纳则危宗社。愿深察而力反之。①

李三才、田大益等所写的奏疏真可说是字字血泪,发人深思,是及时的警钟。然而当时它们并没有起到作用。明神宗财迷心窍,对这些逆耳的忠言根本听不进去。他见到矿监税使及其爪牙的上言,总是"朝入朝批,夕上夕发,应之如响"②,而见到大臣的这些劝谏矿税的奏疏,则往往是"即束高阁",不屑一顾③。史载:田大益"数进危言,卒获免祸。盖时帝倦勤,上章者虽千万言,大率屏置勿阅故也"④。看来明神宗的倦勤还有其不罪谏者的"积极作用"呢!

在全面分析劝谏矿税的官吏的政治倾向时可以发现,不管是前文所说的正直派官吏,还是前文所说的邪恶派的官吏,都在这一问题上采取了基本相同的立场。这大概是由于派出矿监税使之举,在掠夺钱财上,做得太过分了、太赤裸裸了、太影响社会

---

① 《明史》卷 237《田大益传》;参见《明神宗实录》卷 354。
② 《明神宗实录》卷 343。
③ 《明史纪事本末》卷 65《矿税之弊》。
④ 《明史》卷 237《田大益传》。

秩序的安定了,这使得绝大部分官吏无法为明神宗进行辩护,无法接受这一现实。但是,两派的态度仍有一些差别,简单地说,正直派态度更坚决,而邪恶派则比较软弱,常常发生动摇。万历三十年(1602年)初,属于邪恶一派的大学士沈一贯就曾在这个问题上发生过一次影响很大的动摇事件。

这年二月,明神宗得了病,自以为将离开人世,十六日巳时,忽然急召诸大臣至皇宫仁德门,接着又召时任首辅的大学士沈一贯独自到启祥宫后殿西暖阁——明神宗卧病之处。沈一贯来到后,明神宗对他说:"朕病日笃矣,享国已久,何憾! 佳儿佳妇付与先生,惟辅之为贤君。矿税事,朕因殿工未竣,权宜采取,今可与江南织造、江西陶器俱止勿行,所遣内监皆令还京。"当时皇太子受册封不久,且"婚礼甫成",明神宗所说的"佳儿佳妇"即指皇太子及其妃子。明神宗在自己的话中,没有明确说出忽然决定停止矿税的原因,大概是不便于明说。究其真相,当是他深知矿税之十分不得人心,担心倘不停止此事,自己死后刚刚即位的小皇帝将对付不了由此而带来的麻烦局面。沈一贯听完明神宗的指示后,退出皇宫,来到内阁,把皇帝谈话的内容整理成谕旨草稿,而后呈进皇宫,等候审阅。这天夜间,他即与各部院大臣等"直宿朝房",以备不测。"漏三鼓",太监送出了明神宗审阅过的正式谕旨,其内容皆与白天明神宗向沈一贯所谈者相一致,"诸大臣皆喜"。但是,第二天,明神宗之病痊愈,立刻反悔起来。在他的指令下,"中使二十辈至阁中取前谕,言矿税不可罢"。沈一贯起先不肯交出,"中使辄搏颡几流血",于是最后"惶遽缴入"。当明神宗"欲追还成命",司礼太监田义曾坚决反对,明神宗怒,"欲手刃之",田义"言愈力,而中使已持一贯所缴前谕至"。后来田义见到沈一贯,鄙夷地唾骂说:"相公稍持之,矿税撤矣。何怯也!"沈一贯的这次动摇,使撤除矿监税使的一个难得的机会被放过。从此以后,"大臣言官疏请者日相继,(明神宗)皆不复听。矿税之害遂终神宗世"。①

七、地方官与矿监税使的冲突

关心封建社会秩序之安定的地方官吏,对矿监税使的活动多所裁抑,而矿监税使自恃钦派可以不受其约束,肆意反扑,甚至施以诬陷,加以凌辱,于是双方的冲突不断发生。明神宗以为"不从中使之言,不足厚集其利"②,所以在双方冲突中,总是站在矿监税使一边,许多裁抑矿监税使的官吏遭到逮捕和处罚。史称:"自矿税兴,中使四出,跆藉有司。谤书一闻,驾帖立下。(万历)二十四年,则辽东参将梁心;二十五年,则山东福山知县韦国贤;二十六年,则山东益都知县吴宗尧;二十七年,则江西南康知府吴宝秀、星子知县吴一元、山东临清守备王炀;二十八年,则广东新会在籍通判吴应鸿,举人劳养魁、锺声朝、梁斗辉,云南寻甸知府蔡如川,赵州知州甘学书及(陕西富平知县王)正志;二十九年,则湖广按察佥事冯应京、襄阳通判邸宅、推官何栋如、枣阳知县王之翰、武昌同知卞孔时、江西饶州通判陈奇可;三十年,则凤阳临淮知县林锭;三十四年,则陕西咸阳知县宋时际;三十五年,则陕西咸宁知县满朝荐;三十六年,则辽东海防同知王邦才、参将李获阳;皆幽系诏狱,久者至十余年。(王)炀、(吴)应鸿、(李)获阳毙狱中,其他削籍、贬官有差。"③ 据万历二十九年(1601年)四月刑科都给事中杨应文统计,"自税珰开钳结之祸,而缇骑四出,为藩司、为守令、为推官经历举人生员、为武弁齐民,被逮者不下百五十余人"④。面对严厉的打击,各地若干地

---

①《明史》卷218《沈一贯传》,卷225《李戴传》;《明神宗实录》卷368。

②《明神宗实录》卷349。

③《明史》卷237。

④《明神宗实录》卷358。

方官裁抑矿监税使的行动始终未停,他们的作为堪称"威武不能屈"。正因为如此,他们获得了人民的敬仰,许多"素著名称"的因裁抑矿监税使而遭受打击的地方官,被"地方尸祝而祀之"。①

各地地方官与矿监税使冲突的主要事迹如下:

1. 北直隶和山西

万历二十四年(1596 年)九月,太监王虎与保定巡抚李盛春发生冲突,王虎参奏李盛春"阻挠开采",明神宗当即对李"严旨切责";李盛春参奏王虎"骄横受贿",明神宗不予理睬,"疏入,留中"②。二十八年(1600 年)六月,通州同知邵光庭、香河知县焦元卿(一作焦光卿),不肯以"厚馈"奉迎太监王虎,焦元卿还率领千余"生员士民","喧嚷、执枪棍、抛砖石",与太监作对;王虎即上奏参劾,邵、焦"遂为所陷",各降一级、"调外任"。③

太监张忠和孙朝先后来到山西担任矿监、税使后,"诛求百方",山西巡抚魏允贞"素刚果,清操绝俗",对其行为不甘容忍,"每事裁抑"。万历二十八年(1600 年)春,太平县典史武三杰因张忠经过本县,知县失于迎接,被张忠迁怒杖死;建雄县丞李逢春因张忠、孙朝"索钱不遂",受孙朝爪牙"凌辱"而致毙命。于是魏允贞越发愤恨,遂上疏揭发。孙朝闻讯大怒,也递上了奏疏,弹劾魏允贞"首倡阻挠,抗违钦命"。明神宗留魏允贞之疏不下,仅下孙朝之疏于部院。吏部尚书李戴、都御史温纯等力称魏允贞之贤,请并下其疏,以便大臣从公评议,明神宗不答应。六月,山西军民数千,恐魏允贞被诬离任,"相率诣阙诉冤",加之"两京言官亦连章论救",明神宗才对魏允贞与孙朝两方皆置不问,但

---

① 《明神宗实录》卷 400。

② 《明神宗实录》卷 302。

③ 《明神宗实录》卷 348、卷 349;《明史纪事本末》卷 65。

魏允贞此后一直不受重用。二十九年五月,明神宗以魏允贞连年请求归乡为由,令其解职。①

2. 山东和江西

万历二十五年(1597年)九月,因山东福山知县韦国贤"阻挠开采",山东巡抚万象春"党庇",太监陈增上疏参劾,明神宗下令逮捕韦国贤,夺万象春"俸一年"。次年七月,韦国贤被革职为民。②

韦国贤遭受打击后,山东守令慑于陈增的淫威,"多屈节如属吏",而益都知县、歙县人吴宗尧不肯低头,与之相见时只具宾主之礼。陈增的爪牙程守训,与吴宗尧是同乡,吴宗尧"恶其奸,不与通"。驿丞金子登说陈增开孟垢山矿,"日征千人凿山,多捶死",且"诬富民盗矿,三日捕系五百人"。吴宗尧愤不可遏,遂于万历二十六年(1598年)九月上疏揭发陈增的各项罪状。明神宗得疏,意有所动。但给事中包见捷、郝敬相继上疏,"论增之罪","帝乃不悦",责备吴宗尧"狂逞要名"。接着,山东巡抚尹应元弹劾陈增"背旨虐民二十罪",明神宗于是大发雷霆,"切责应元,削宗尧籍"。不久,陈增乘机"劾宗尧阻挠矿务,且令守训诬讦之",明神宗即下令逮捕吴宗尧。吴宗尧在狱被囚经年,二十七年(1599年)十二月获释,但仍"褫职为民,不许推用"。③

太监李道到湖口征税不久,平阳人吴宝秀受命出任南康知府。"李道横甚,宝秀不与通"。有一次,漕舟南还,乘风扬帆入湖口。李道"欲榷其货",遣卒驾舟急追,"舟覆,有死者"。于是"遣吏捕漕卒";吴宝秀保护漕卒,"拒不发"。李道遂大怒,劾吴

---

① 《明神宗实录》卷344~卷348、卷359;《明史》卷232《魏允贞传》;《定陵注略》卷5《忤奄诸臣》。

② 《明神宗实录》卷314、卷324;《国榷》卷77。

③ 《明神宗实录》卷326、卷327、卷330、卷335、卷342;《明史》卷237《吴宗尧传》;《定陵注略》卷5《忤奄诸臣》;《国榷》卷78。

宝秀及星子知县吴一元等"阻挠税务",明神宗下令将吴宝秀、吴一元等逮捕解京治罪。时为万历二十七年二月。后经许多大臣上疏求情,于同年九月"并释为民"。①

太监潘相在江西,曾檄上饶县查勘矿洞,当时该县知县吴人李鸿,为人"强直",不肯顺从潘相之意。当潘相亲自带人到县后,李鸿"昧爽饱餐",与之同往查勘;并预先下令境内,"有敢以食物市者,死"。结果,搞得潘相及其随从"竟日饥渴甚,欲觅一茶一脯亦不可得,不堪困惫而归"。后来,李鸿被潘相借故参奏,"罢其官"。时为万历三十年(1602年)五月。②

3.湖广

太监陈奉到湖广后,"恣行威虐",荆州府推官华钰对其多所裁抑。陈奉的爪牙曾"直驰府署中,(华)钰笞之";陈奉恣意扩大在荆州的征税范围,远远超出所受敕书的规定,华钰即"白御史严戢";这都使陈奉怀恨在心。后来,陈奉"欲榷沙市税,沙市人群起逐之",陈奉怀疑此乃华钰"所使",遂上疏对他进行弹劾。万历二十七年(1599年)八月,明神宗根据陈奉的奏疏,下令逮捕华钰。同时因陈奉的弹劾而被捕的,还有黄州经历车任重,另有襄阳知府李商耕、黄州知府赵文焕("焕"一作"炜",一作"炳")及荆门知州高则巽三人,各降官一级。当时,陈奉"欲榷黄州团风镇税",为镇民所逐,疑系车任重所鼓动;陈奉"税课襄阳,商人聚徒鼓噪,知府李商耕治其参随;(陈奉)开镇荆门,增设税课,而荆门故非巨镇,往来商船颇少",因疑知州高则巽"阻挠";这是车任重、李商耕和高则巽被弹劾的缘由。以前,因得罪矿监税使而被逮捕者,"皆不久即释",而这时明神宗"欲痛折辱以惧

①《明神宗实录》卷331、卷333;《明史》卷237《吴宝秀传》。
②《定陵注略》卷5《忤奄诸臣》;《明史》卷227《吴达可传》,卷305《宦官传》;《国榷》卷79。

之",于是华钰与车任重皆久囚不释,直至万历三十二年才获释为民。[①]

继华钰等人之后,与陈奉相抗的湖广地方官,有冯应京、何栋如、邸宅、王之翰及卞孔时等。冯应京,盱眙人,任湖广佥事,对陈奉的不法行为多方抵制。他曾捕治陈奉的爪牙,并曾抗疏弹劾陈奉九大罪(或作十大罪)。陈奉惭恨至极,亦上疏反扑,给冯应京加上了"故违明旨,阻挠税务"的罪状。明神宗听信陈奉的一面之词,下令将冯应京"降杂职,调边方用"。给事中田大益等"交章劾奉,乞宥应京",明神宗更怒,反而下令加重处罚为"革职为民"。时在万历二十九年(1601年)二月。紧接在冯应京之后因与陈奉相抗而受到处罚的是襄阳府推官何栋如,襄阳府通判邸宅,枣阳知县王之翰。他们"抗违推诿"陈奉进行的"清查库藏积余银两"活动,王之翰还力阻陈奉在枣阳开矿,何栋如一见陈奉所遣员役少有过犯,"即缚而投之江"。其中何栋如尤为陈奉所痛恨,因而所受处罚最重:一开始即被明神宗下令"着锦衣卫差的当官旗,星夜扭解来京"。其余二人则被"革职为民"。以上处罚也发生在万历二十九年二月。三月六日,刑科都给事中杨应文等上疏援救何栋如等三人,三月七日传下圣旨,除了何栋如的处罚不变外,又把冯应京、邸宅、王之翰三人的处罚加重为"着锦衣卫差的当官旗,扭解来京究问"。卞孔时任武昌府同知,当"兴国州奸民"为讨好陈奉,"捏称郡民吴良裘有田若干未丈",陈奉要他丈田时,他"极口与辨"。万历二十九年三月十日,遭到陈奉的弹劾,被明神宗下令"降一级调用",三月二十一日改为逮捕来京。上述被逮捕来京的五人,王之翰于当年十一月瘐死于狱中,其余四人与华钰等一样,遭到长期囚禁。其中冯应京、邸

---

① 《明神宗实录》卷338;《明史》卷237《华钰传》,卷305《宦官传》;《明史纪事本末》卷65。

宅与何栋如于万历三十二年始得出狱,卞孔时一直到万历四十一年才结束了铁窗生活。[1]

4. 三个边远地区——陕西、辽东和云南

陕西地方官中与矿监税使冲突最激烈的应数王正志、满朝荐及余懋衡等人。王正志,祥符人,任富平知县。万历二十八年(1600年),太监梁永、赵钦在陕西肆虐,王正志捕其党李英杖杀之,因上疏弹劾梁、赵二太监“虐杀职官、诈害良民、误国欺君”三大罪。赵钦亦以李英事相讦奏。明神宗下令逮捕王正志。科道官陈惟春等救援,皆不报。不久,梁永又对王正志进行攻讦,明神宗进一步下令:除王正志“已有旨扭解”外,地方官“凡抗违欺隐的,即指名参来重治”。这更使宦官的气焰大张。王正志被囚四年,万历三十一年夏,瘐死于狱中。[2]

满朝荐,麻阳人,陕西咸宁知县。余懋衡,婺源人,陕西巡按。太监梁永纵其下道劫咸宁县生员邹顾等,满朝荐捕治之。梁永怒,劾满朝荐“擅刑税役”,明神宗下令降其一级。时在万历三十四年(1606年)正月。大学士沈鲤等论救,不听。二月,陕西巡抚顾其志“极论”梁永“贪残状”,明神宗不得已,只好于三月为满朝荐复官,但仍“夺俸一岁”。五月,梁永“辇私物于畿辅,役人马甚众”,余懋衡“奏之”。梁永大恨,使爪牙乐纲贿膳夫毒害余懋衡。余懋衡两次中毒,“取方下之,得不死”;三十五年正月,遂上疏极论梁永之罪,科道官也争先恐后地上疏弹劾,但明神宗皆不理睬。不久,满朝荐捕获下毒者,梁永惧,率诸参随擐甲趋县廷,幸好县中吏卒早有准备,梁永等无所掠而去。此后,梁永“虑军民为难”,常“蓄数百人,以介胄自卫”。满朝荐等“持永益

---

① 《明神宗实录》卷356、卷357、卷427、卷511;《明史》卷237《冯应京传》,卷305《宦官传》;《定陵注略》卷5《忤奄诸臣》;《国榷》卷79。

② 《明神宗实录》卷347至349;《明史》卷237《王正志传》;《明史纪事本末》卷65。

急"。梁永党王九功辈多私装,"恐为有司所迹,托言永遣,乘马结阵驰去",咸宁县隶追及于华阴,将之尽数擒获,余懋衡即以"反逆闻"。梁永甚窘,使使系书发中,至京城诬告满朝荐"劫上供物"。明神宗见状震怒,立即下令逮捕满朝荐来京,并决定将梁永撤离陕西,时为万历三十五年七月。余懋衡不久也以丁忧离任。满朝荐到京城后,"下诏狱榜掠,遂长系"。到万历四十一年(1613年)秋,用大学士叶向高请,获释归里。①

辽东与太监相抗的官吏有总兵马林。万历二十九年(1601年)二月因太监高淮劾其"凌辱钦使、抗阻违玩",奉旨"革职闲住",三月因有朝臣疏救,加重处罚为"发于烟瘴边卫充军"②。又有同知王邦才和山海参将李获阳,万历三十六年六月,因太监高淮诬奏他们"逐杀税使,劫抢钱粮",被下令逮捕解京。四十年三月,李获阳病死于锦衣卫狱中;四十一年秋,王邦才从锦衣卫狱获释。③

云南与太监相抗的官吏有寻甸知府蔡如川、赵州知州甘学书等,蔡、甘二人于万历二十八年(1600年)四月被太监杨荣弹劾"抗扰开采",皆下诏狱。④

八、各地反对矿监税使的民变和兵变

各地反对矿监税使的民变和兵变,自矿监税使派出后不久就开始了,而且此伏彼起,连绵不断。由于各地政治、经济状况

---

① 《明神宗实录》卷417、卷418、卷419、卷421、卷429、卷433、卷436、卷511;《明史》卷232《余懋衡传》,卷246《满朝荐传》,卷305《宦官传》;《定陵注略》卷5《忤奄诸臣》。

② 《明神宗实录》卷356、卷357;《定陵注略》卷5《忤奄诸臣》。

③ 《明神宗实录》卷447、卷493、卷551;《国榷》卷80、卷82。

④ 《明神宗实录》卷346、卷351;《明史》卷305《宦官传》。

诸因素有所不同,其所发生的民变和兵变也各带上了自己的特色。

1.临清反对太监马堂的民变

马堂是天津税监,但兼辖临清。他来到临清后,"诸亡命从者数百人"。这些爪牙不遵守马堂宣布的"杂粮十石以下及小本生意不行抽税"的规定,大白天"手银铛通衢",见"富有力者",即"籍其业之伴(半)",见"佣夫里妇负斗粟尺布贸易者",亦加抢夺,若被抢夺者稍加争论,"即以违禁论,髡为城旦,没其田产"。"僮有首告者,以十之三畀之"。于是"中家以上破者大半","近远罢市","贩卖俱不进城,小民度日不支"。临清州人王朝佐,"以负贩为业","不胜其愤",于万历二十七年(1599年)四月的一天凌晨,"杖马箠挝马堂门请见",州民欢呼随者万余人。马堂不敢出,令爪牙从内向外放箭,"伤数人"。众益怒,"朝佐攘臂大呼,破户而入",纵火焚其衙署。本州守备王炀冒火将马堂救出。马堂爪牙被毙者三十余人(一作三十四,一作三十七),他们皆是"郡邑诸偷",人们发现其"臂上黥墨犹新"。事情传到京城,明神宗下诏逮捕"首恶",株连甚众。王朝佐不愿让多人受累,挺身而出,说:"首难者我也,请独当之。"七月,"狱具",王朝佐被杀,"临刑,引颈受刃,神色不变"。于是"株连者俱得免"。王朝佐无子,"有母及妻,郡守厚恤之。临清诸大贾心德朝佐,岁时馈贻不绝"。而马堂的气焰因此也受到了打击,"州民益思朝佐不置,为立祠以祀焉"。①

2.湖广反对太监陈奉的民变

陈奉在湖广兼领数使,征税之外,还负责采矿及钱厂鼓铸等事,为害甚大,因而当地不断掀起反对他的民变。

① 《明神宗实录》卷334、卷337;《定陵注略》卷5《军民激变》;《明史》卷21《神宗纪》2,卷305《宦官传》。

万历二十八年(1600年)二月,大学士沈一贯在一个题本中说:"陈奉入楚,始而武昌一变,继之汉口,继之黄州,继之襄阳,继之光化县,又青山镇、阳逻镇,又武昌县仙桃镇,又宝庆,又德安,又湘潭,又巴河镇,变经十起,几成大乱。"[①] 按,陈奉之奉派来湖广,是万历二十七年(1599年)二月之事,由沈一贯的这一个题本来看,陈奉在湖广不过一年,民变即已发生了十起。然而,沈一贯的这段话还没将当时发生的反对陈奉的民变包括完全。据史书记载,至少有如下两次民变是沈一贯所遗漏者:第一,万历二十七年,陈奉"欲榷沙市税,沙市人群起逐之"[②];第二,同年,陈奉"自武昌抵荆州",对之"恨刺骨"的商民数千人聚在一起,"噪于涂,竞掷瓦石击之",陈奉"走免"。[③]

湖广最激烈的一次民变是万历二十七年(1599年)十二月至第二年正月的武昌、汉阳民变。当时陈奉在湖广与爪牙韦千户等"指称搜税,诈骗官民之家,武、汉二府尤甚"。"如常乡官、周乡官等家",陈奉令人传意,"僭称千岁爷爷要行奏请抄没","各勒千余金方得解免";对于生儒之家,则由"韦千户等往",对于商贾之家,则由"委官刘之良等往",皆如前恐吓,各勒数千百金。遇到贫不能厌其求之家,便"直搜入卧房",见妇女有姿色,即"佯称藏带金银,逼捉脱衣,肆行奸辱,或掠入税监府内"。这使"士民怨入骨髓"。后"王生之女,沈生之妻,皆被逼辱",众生员公愤不平,遂于这年十二月初二日齐赴抚按衙门,"击鼓控诉","素所受害士民,涌至万余,放声大哭,一时奋不顾身,甘与陈奉同死"。接着打入税府,抛砖放火,打伤了陈奉。只是由于抚按司府各级地方官马上来到,"陈奉左挽抚臣,右挽按臣,声求

① 《明神宗实录》卷344。
② 《明史》卷237《华钰传》。
③ 《明史》卷305《宦官传》。

救命,抚按曲为解谕,众势稍缓",他才免于送命。后来,为了保证陈奉的安全,"按臣陪陈奉于卧内,抚臣坐二门,三司坐于头门",并调兵加以防守。数日之后,愤怒的士民才渐渐散去。不过,事情并未结束。第二年正月,陈奉"置酒邀诸司,以甲士千人自卫,遂举火箭焚民居"。士民们被迫再次起事,"群拥奉门",陈奉"遣人击之,多死,碎其尸,掷诸途"。①

万历二十八年(1600年)七月,蕲州知州郑梦祯为了反对开矿,曾"倡民噪呼",因而遭到陈奉的弹劾,受到降三级的处分②。同年十二月,陈奉派荆州卫指挥王某开矿谷城,"不获,责贷主簿,胁库金若干"。本县之人"大惧,群击之"。王某"走免",其帮凶多落江中溺死。③

万历二十九年(1601年),湖广民变达到高潮。这年三月,因反对陈奉而在湖广士民中威望甚高的湖广佥事冯应京,被明神宗下令逮捕。缇骑至武昌,士民"相率痛哭"。而陈奉却大出告示,数冯应京的所谓过恶,"夸张得意"。这如同火上加油,"士民益愤,聚数万人"围住陈奉的衙门。陈奉见势危急,逃匿于楚王府中。士民们捉住了陈奉的爪牙耿文登等十六人(一作六人),"投之江","并伤缇骑",又因恨巡抚支可大"曲护陈奉","焚其府门"。陈奉潜遣参随三百人,引兵追逐起事的士民,"射杀数人,伤者不可胜计","日已晡,犹纷拿"。冯应京"囚服坐槛车","晓以"封建的纲常"大义",士民们"乃稍稍解散"。当省城武昌民变发生之时,整个湖广地区都行动起来,时人指出:"通省无不怨奉,故道途皆梗,消息不通,众怒如水火不可犯也。"这次民变,

---

① 《定陵注略》卷5《军民激变》;《明通鉴》卷72;《明神宗实录》卷343;《明史》卷21《神宗纪》2。又《明史》卷237《冯应京传》及卷305《宦官传》2皆记此次民变,但时间有误。

② 《明神宗实录》卷349。

③ 《明史纪事本末》卷65《矿税之弊》;《国榷》卷78。

吓坏了陈奉，事后"匿楚府，逾月不敢出，亟请还京"。大学士沈一贯及言官们亦纷纷请求将他撤回。明神宗不许。但不久，江西税监李道亦弹劾陈奉"水沮商舟，陆截贩贾，征三解一，病国剥民"，明神宗不得已，只好于这年四月决定召陈奉还京，其原管事宜交承天守备太监杜茂兼理。同月，又决定以工部左侍郎赵可怀代替支可大担任湖广巡抚。赵可怀到达湖广荆州时，当地士民"拥车诉陈奉之恶，哭声如雷"，他宣布了关于陈奉"取回治罪"的决定，"众方色喜，叩头呼万岁，旋散去"。据赵可怀在六月里呈给明神宗的一个奏疏称，"方数万众汹汹时"，他"惶悚"得直"流汗"。①

3. 苏州民变

苏州民变共有两次，第一次在万历二十九年（1601年）。当时，苏杭织造太监孙隆，兼管税务，苏州积棍，"多纳贿给札，营充委官"，帮助孙隆为害人民。他们除了"分别水陆要冲，乘轩张盖，遇贩遇商，公行攫取"，"只鸡束菜"皆不能免税，使"民不堪命"外，又对当地的"机户牙行，广派税额"，"妄议每机一张，税银三钱"，致使"人情汹汹"，"机户皆杜门罢织"，靠佣工为生的织工"无所趁食"。于是"以织缯赁工"为生的葛成，遂被"自分饿死"的两千多织工推为首领，发动了民变。发动民变之时，葛成在机户和织工经常集会的元妙观内，首先集众"誓神"，要求大家的行动皆视其"手中芭蕉扇所指"。这次民变是极富组织性的行动。民变发动起来之后，参加者分成了六队，"每队一人前行，摇蕉扇为号，后执绞棍随之"，很有秩序。斗争的矛头集中指向了孙隆及其爪牙。孙隆的参随黄建节被毙于"乱石之下"，充当税官的本地积棍之家，皆毁于烈焰之中，并有"六七人"被"投之于河"。

---

① 《明史》卷21《神宗纪》2，卷237《冯应京传》，卷305《宦官传》2；《国榷》卷79；《明神宗实录》卷357、358、卷360。

民变队伍逼近了孙隆的衙门,孙隆"乘夜急走杭州以避"。民变的参加者保护其他居民的利益,也不反对官府,纪律十分严格。史载,他们"不挟寸刃,不掠一物,予告乡里,防其延烧。殴死窃取之人,抛弃买免之财。有司往谕,则伏地请罪曰:若辈害民已甚,愿得而甘心焉,不敢有他也"。有一次,民变的队伍误入了一个老百姓家中,为首者"即率诸人罗拜",向主人谢罪。这次民变自六月六日起,共持续三天。在第四日因"诸税官皆次第芟尽",城中便出现了民变者贴出的榜文:"税官肆虐,民不堪命,我等倡义为民除害。今事已大定,四方居民各安生理,无得藉口生乱。"第五天,"道府始下令捕诸为'乱'者",葛成挺身而出,说:"倡义者我也,以我正法足矣。若无株连平民。株连则必生乱。"官府当局同情民变参加者的举动,最后,听取了葛成的意见。葛成先被判处死刑,"后遇赦得出"。苏州人"嘉葛成义",为之改名为"葛贤"。①

　　苏州的第二次民变发生在万历三十年(1602 年)五月。时,苏州的税务已由孙隆改为太监刘成掌管。民变的领导者为"土人管久"。据记载,这次民变发生前,刚刚发生了这年年初明神宗因病"传罢"矿税、第二天病愈又收回成命之事,所以这次民变虽为刘成所激,而发动者的意图,在于对明神宗的反覆无常"雪憾","其帖有'天子无戏言,税监可杀'"等语。由于地方官采取了"擒治'首恶',解散余党"的措施,这次民变很快就遭到了失败。②

4. 江西反对太监潘相的民变

　　潘相在江西激变之事,史书中主要记有四次。

　　① 《明神宗实录》卷 360、卷 361;《定陵注略》卷 5《军民激变》;《元妙观志》卷 12;徐元灏《吴門杂咏》卷 12。

　　② 《明神宗实录》卷 372;《明史纪事本末》卷 65《矿税之弊》。

万历二十九年(1601 年)三月,江西巡抚夏良心上言:"税使潘相欲开(广信之)铜塘禁山,遣陆泰等召商于上饶。上饶民群聚,欲杀(陆)泰,知县李鸿佯言收(陆)泰于禁,泰乃得免。"①

万历二十九年九月,由于潘相的爪牙王四等"横恣"而行,浮梁县景德镇冤民万余为变,焚烧了御器厂的厂房,欲杀潘相。署浮梁县印、饶州府通判陈奇可"力行晓谕",才得散去。②

万历三十年(1602 年)三月,江西巡抚夏良心上疏,请求停止广信铜塘山潘相所主持的采木之事,明神宗不予理睬。"未几",潘相的爪牙陆泰等即"为上饶民噪殴几毙,潘相殊愤悒"。③

当年五月,"素为众所忿"的潘相,某日乘舆而出,"会岁试诸生童指目之",心中大怒,擒四人而归。其中之一为江西乐安王府辅国将军(一作"奉国将军")朱谋垙(一作"朱谋𡊟",一作"朱谋圯"),潘相将之殴折了肢体。"各宗大哄",毁门而入,潘相被迫外逃。④

5. 辽东反对太监高淮的民变和兵变

高淮于万历二十七年(1599 年)派往辽东开矿征税,当年即有激变之事:"比至开原,严刑激变"⑤。第二年又有类似事件发生:其"委官廖国泰虐民激变",高淮为此而"诬系诸生数十人"⑥。而辽东反对太监高淮的最引人注目的事件是万历三十六年的两次兵变。第一次在四月,前屯卫军由于受到高淮扣除月粮及其他勒索,加之身受"鞭打凌虐","俱各穿戴盔甲,齐赴教

---

① 《明神宗实录》卷 357。

② 《定陵注略》卷 5《军民激变》、《忤奄诸臣》;《明史》卷 305《宦官传》2;《明神宗实录》卷 368、卷 369;1960 年江西图书馆翻印乾隆重修本《浮梁县志》卷 5、卷 12。

③ 《明神宗实录》卷 370。

④ 《明神宗实录》卷 372、卷 373、卷 393;《明通鉴》卷 72;《国榷》卷 79。

⑤ 《明神宗实录》卷 336。

⑥ 《明神宗实录》卷 348;《明史》卷 305《宦官传》2。

场,放炮软(歃)血"起事。参与起事者有"合营男妇数万人"(一作"数千人"),"声言只要杀死高淮除害","欲北走投'虏'"。后来由于一个参将的"再四泣留,方始还营"①。第二次在六月。由于高淮及其爪牙的迫害、敲诈勒索,锦州、松山军继前屯卫军之后复变。②

6. 云南反对太监杨荣的民变和兵变

杨荣于万历二十七年(1599 年)奉派来滇开矿收税,万历三十年三月有腾越州民变,不堪遭受杨荣肆虐的当地居民,"相率燔税厂,杀委官张安民"③。此后,杨荣仍不接受教训,继续"恣行威福,府第僭拟,人称之曰'千岁',杖毙数千人",使"滇人侧目"。万历三十四年正月,"怒操捕指挥樊明高(一作"樊高明")后期,捕至私第,榜掠数十,至于筋绝,仍囊三木示众",不久,"又从管堡指挥贺瑞凤取马四十匹,怒其不敷",将之"捕系"。此外,他的亲信还"宣言当尽捕六卫印操诸员"。于是搞得"人人自危",指挥贺世勋、韩光大等,遂与"军民数千人"(一作"冤民万人")拥集杨荣的住处,纵火将之焚毁,并"执荣杀之,投尸烈焰中","其党二百余人"也被杀死。明神宗得知此事,"为不食者数日",起初欲逮问地方官,而由于大学士沈鲤上揭相争,又"密属太监陈矩剖示",后来才答应"止诛(贺)世勋等"。至于杨荣原来负责的收税事宜,则悉交四川税使丘乘云兼摄。④

7. 福建反对太监高寀的民变

高寀自万历二十七年(1599 年)奉派到福建后,"居闽十余

---

① 《明史》卷 305《宦官传》2;《定陵注略》卷 5《军民激变》;《明神宗实录》卷 445。

② 《明史》卷 305《宦官传》2;《定陵注略》卷 5《军民激变》。

③ 《明史》卷 305《宦官传》2;《明史纪事本末》卷 65《矿税之弊》;《明神宗实录》卷 370、卷 384。

④ 《明史》卷 305《宦官传》2;《明神宗实录》卷 419;《定陵注略》卷 5《军民激变》。

年,广肆毒害"。他"市民间货物,多不给价,民往索取,皆遭鞭笞"。万历四十二年四月中旬,遂激起了一次声势浩大的民变。时"各铺行匠作人等","万众不谋而合","齐往税监告讨欠价"。高寀"闭门逞凶,令家丁操利刃、挟劲弩,恣射行砍",又"从内将火箭射出,延烧民居",后来,高寀率甲士二百余人进入巡抚袁一骥署,"露刃劫之,令谕众退"。"复挟副使李思诚、佥事吕纯如等至私署要盟,始释(袁)一骥"。此外,他还"拘同知陈豸"于署中,过了很长时间。"事闻",明神宗召高寀还京,原管事宜令江西税监潘相兼摄,时为同年七月。①

上述民变和兵变,属于规模较大者,此外还有一些规模稍小者。如在南直隶,万历二十七年(1599 年),仪真税监暨禄的委官马承恩因抽税而激变②。在广东,万历二十八年,太监李凤及其爪牙激起了新会县的民变,在这次民变中,乡官、原任通判吴应鸿与举人劳养魁等乡绅充当了主谋③。在山西,万历二十八年,蔚州民毕铲等殴伤太监王虎的参随王守富等④。万历三十一年,广昌县民烧毁了太监王虎的生祠,并延烧银厂⑤。在北直隶,万历三十一年有北京西山窑户之变⑥;万历三十二年有易州矿徒之变。⑦

综观万历时期各地反对矿监税使的民变和兵变可知,参加这些民变和兵变的人员,包括了城镇中的工商业者、手工工人、小商贩,由诸生、举人、乡官组成的乡绅,以及其他城市居民,甚

---

① 《定陵注略》卷 5《军民激变》;《明史》卷 305《宦官传》2;叶向高:《蘧编》卷 9;《明神宗实录》卷 520;《东西洋考》卷 8。

②④ 《明神宗实录》卷 334、344。

③ 《定陵注略》卷 5;《明神宗实录》卷 346、358;《明史纪事本末》卷 65。

⑤ 《定陵注略》卷 5。

⑥ 《明神宗实录》卷 380、394;《明史》卷 237《田大益传》;《国榷》卷 79。

⑦ 《定陵注略》卷 5;《明神宗实录》卷 394。

至还包括了一些宗室成员,此外还有士兵和军官。地方官公开、直接参加民变者不多,但常有以某种方式对民变加以支持者;有的民变还与支持地方官的反对矿监税使的活动有关。参加者如此广泛,表明这些民变和兵变是许多阶级和阶层的联合行动。比较各次兵变和民变,可以看出,有些民变是以手工工人或小商贩为主发起的,工商业者在许多次民变中起了相当的作用,这类情况的存在,当是这时商品经济已经相当发展,资本主义萌芽的产生给政治生活带来的影响。除了少数兵变外,这时的反对矿监税使的大部分兵变和所有民变,其斗争矛头都仅仅指向矿监税使及其爪牙,对于明朝政府则不加反对,更没有从社会制度的高度上提出变革要求;那些以手工工人或小商贩为主要发起者,或者工商业者起了相当作用的民变,也不例外。这种现象反映了当时工商业者以及手工工人、小商贩在政治上的幼稚,这当是这时的资本主义萌芽仅是刚刚产生的时代特点所决定的。这些兵变和民变在政治要求上的低水平,有利于吸引广泛的阶级和阶层投身其中,这是其积极方面。但这也局限了其自身的发展,使之不可能取得较大的成果,一旦官府出面要求其停止活动,它们便会立刻偃旗息鼓;一旦官府要把它们的参加者当作罪犯加以处罚,那些参加者就会毫无怨言地出而承受。这些情况,在前面的叙述中,可说是已经多次见到了。所以,我们不可忽视上述兵变和民变的作用,但对其估计也不可太高。

九、万历三十三年后开矿榷税政策的变化

明神宗虽然刚愎自用,但其派遣太监开矿榷税之举遭到从中央到地方许多官吏的强烈反对,此伏彼起的兵变和民变也对其触动颇大,这使之不能不对自己的这一举动有所考虑。从总体看,他虽至死没有停止这一活动,但其有关政策在执行近十年后还是有所松动的。万历三十三年(1605年)其有关政策的调整最为明显,这一年及其后的调整主要有六点。

第一,停矿。万历三十三年十二月,明神宗下达了停止开矿的谕旨,当时他对户工两部说:"朕以频年天象示警,心常兢惕,责己省衍,不遑宁处……其开矿抽税,原为济助大工,不忍加派小民,采征天地自然之利。今开矿年久,各差内官俱奏出砂微细,朕念得不偿费,都着停免。若有见在矿银,就着矿差内外官员一并解进,驰驿回京,原衙门应役。凡有矿洞,悉令各该地方官封闭培筑,不许私自擅开,务完地脉灵气。"① 据史书记载,这次停止开矿决定的作出,正直的大学士沈鲤与司礼太监陈矩起了推动作用,自矿监派出到开矿停止,"诸珰所进矿银,几三百万两"。②

第二,分税。明神宗在万历三十三年(1605年)十二月下达停止开矿谕旨的同时,还决定实行"分税",即将榷税所得,分成两份,一归宫廷内库,一归户、工两部主管的国库。他说:"其各省直税课,俱着本处有司照旧征,解税监一半,并土产解进内库,以济进赐供应之用;一半解送该部(按指户、工两部),以助各项工费之资,有余以济京边之用。"③

第三,有司征税,税监分解。从前文关于分税的叙述中,可以看出,万历三十三年十二月规定"分税"之时,规定征收税务由地方有司负责,而税银的解送,进内府者由税监负责,进国库者由地方有司掌管。但这只是最初的规定,后来在实行中,解送税银的办法有所更改。《明史》中记载了这一更改过程,它说:"(万

① 《明神宗实录》卷416。
② 《明通鉴》卷73。
③ 《明神宗实录》卷416;参见《国榷》卷80。

历三十三年十二月)诏四方税务尽领于有司,以其半输税监,进内府,半输户部(按:当为户、工两部)。独江西(税监)潘相勒有司悉由己输。(南赣巡抚李)汝华极论(潘)相违诏。帝竟如相议,且推行之四方。"① 由此看来,后来地方有司征收来的税银,被改成了由税监分别解送给内库和国库。另外,"有司征税"的办法虽在各地基本上实行了下来,但实际上个别地区仍有税监继续把持征收事务的现象。如湖口即是如此。史载:"时江西税监李道,诡称(湖口)归税有司,而有司固辞,愿不干预,请照旧管理。(明神宗)遽从之。"② 万历四十三年李道被撤回京,湖口税务改由潘相兼摄,潘相继续坚持由税监负责此处税务的征收事宜,而有关官吏多次上疏反对,双方争论不休,直到万历四十六年二月,明神宗才严令潘相撤回自己派在这里的委官,"着抚按查照李道事例,照数按季征解"③。综观万历三十三年以后税务征收、解送办法的变化,其最主要的一点在于税务之征收大体上改由地方官负责。如所周知,由于官吏在履行职务时,比太监要受到多许多的监督和制约,再加上其他一些原因,官吏们掌握财权时,与太监相比,贪污现象一般说要少一些。因此,万历三十三年以后税务征收、解送办法的变化,多少有利于人民负担的减轻。

第四,减轻税额。由于地方官的请求,万历三十三年(1605年)之后,一些省份的税额有所减轻。如万历三十四年二月,山东巡抚黄克缵要求将山东六府之税由六万两减至五万五千两,明神宗批准了这一请求④。万历四十二年三月,明神宗下令:"各省额进税课,准以每年所征三分,量减一分……其二分照旧

① 见该书卷220《李汝华传》;参见《明神宗实录》卷424。
② 《明神宗实录》卷419、卷520;《明史》卷81《食货》5。
③ 《明神宗实录》卷533、卷537、卷566。
④ 《明神宗实录》卷418。

征收分解进用,接济急需。"① 这一决定虽在个别地区的贯彻中被打了折扣,如芜湖税监推迟执行此决定近半年之久②,但大部分地区未见类似情况,可见它是基本上推行下去了。这是当时减轻税额的最大一次举动。

第五,留税银用于赈济等方面。万历三十三年(1605年)以后,明神宗把税银用于赈济灾荒的事情间或发生。如"(万历)三十六年准留仪真税银,三十七年准留北直、河南、山陕税银,三十八年准留福建、四川税银,多寡各有差",以赈灾荒③。万历四十五年,"以江西水灾,准留二监额税银二万两赈济"④。万历四十六年,"以广东水涝灾伤,准将四十五年解部税银留赈"⑤。万历三十三年以后,明神宗也间或把税银用于军费。如万历三十七年,他曾下令将辽东"税银准留充本镇饷"⑥,万历四十七年下令:"其以天津、通州、江西、四川、广西一年税银尽充军费。"⑦ 明神宗派税使征税,本是为了增加宫廷内库的收入,而有时间或将之用于赈济、军费等方面,显然是一个值得注意的变化。

第六,税使亡故或撤回北京之后,一般不再新派太监接替其职务,而只将其原管事宜交附近税监代管。这种现象早在万历二十九年撤回湖广税监陈奉之时就已发生,万历三十三年(1605年)以后更加普遍。前文已叙及许多这种事例,如陈奉与杜茂,杨荣与丘乘云,高寀与潘相,李道与潘相等。下面仅将万历三十

① 《明神宗实录》卷518、卷519。
② 《明神宗实录》卷544。
③ 《明神宗实录》卷517、卷470。
④ 《明神宗实录》卷555。
⑤ 《明神宗实录》卷566。
⑥ 《明神宗实录》卷457。
⑦ 《明通鉴》卷76。

三年十二月之后发生的事例叙述于下:这年六月,仪真税监暨禄病故,原管税务令理盐太监鲁保兼摄①。三十五年七月,陕西税监梁永撤回北京,陕西税务令河南税监胡滨带管②。万历三十六年六月,辽东税监高淮撤回北京,辽东额税由通湾税务太监张晔兼管③。万历四十年九月,以盐监鲁保死,其原管盐课税务归并太监马堂带管④。万历四十三年正月,山西税监张忠病故,原管税课事宜,归并太监张烨兼摄⑤。万历四十三年八月,因太监刘成死去,所遗税务令提督苏杭织造太监吕贵"一并兼摄督理"⑥。由于税使亡故或撤走后,多不再新补,使得各地的税使总数呈现了日渐减少之势。

万历三十三年(1605 年)之后,明神宗对开矿榷税政策的调整是有减轻剥削意义的。但是,调整的步子迈得不大,税使流毒全国的基本情况终万历之世没有发生根本性的变化。

第四节　社会矛盾的日趋激化
和人民的反抗斗争

明神宗的怠于政事而勤于搜刮,政府机构的瘫痪及党争的激烈,必然造成这一时期政治上黑暗、腐朽,对人民的剥削越来越重,张居正改革后一度出现的政治较好、财政较宽裕的局面全部改观,劳动人民的生活每况愈下,为了生存,不得不经常掀起反对封建统治和剥削的武装斗争。

---

① 《明神宗实录》卷 434。
② 《定陵注略》卷 5;《明史纪事本末》卷 65;《明神宗实录》卷 436。
③ 《明神宗实录》卷 447;《明史纪事本末》卷 65。
④ 《明神宗实录》卷 499。
⑤ 《明神宗实录》卷 528。
⑥ 《明神宗实录》卷 535、卷 541。

一、吏治败坏

明神宗当政时期的官吏,其所关心者只是自己的升迁,因而汲汲而为者,乃在沽名钓誉、拉拢关系、寻找靠山,至于应当完成的职责,反而对之极为消极。万历二十二年(1594 年)正月,明神宗曾抱怨说:"目今四方吏治,全不务讲求荒政、牧养小民,止以搏击风力为名声,交际趋承为职业。费用侈于公庭,追呼遍于闾里。嚣讼者不能禁止,流亡者不能招徕。遇有盗贼生发,则互相隐匿,故意纵舍,以避地方失事之咎。其各该抚按官亦只知请赈请蠲,姑了目前之事,不知汰一苛吏、革一弊法、痛裁冗费、务省虚文,乃永远便民之本。如此上下相蒙,酿成大乱,朕甚忧之。"①

明神宗当政时期官吏贪污现象的存在,前文已有涉及,而为了充分说明这一时期吏治的败坏,这里有必要进一步加以论列。官吏贪污的对象极多,诸如"赈饥银两"、工程用银、赃赎银等等,皆在贪污之列②。而史籍中关于贪污赃赎银的记载,数量尤多。如《明史·曹学程传》载:"御史王麟趾劾湖广巡抚秦燿结政府状,谪徐沟丞。(御史郭)实复劾(秦)燿,燿乃罢。比去任,侵赃赎银巨万,为衡州同知沈铁所发,下吏戍边③。故事,抚按赃赎率贮州县为公费,自(秦)燿及都御史李采菲④、御史沈汝梁、祝大舟咸以自润败⑤,自是率预灭其籍,无可稽矣。"

---

① 《明神宗实录》卷 269。

② 参见《明神宗实录》卷 283 等。

③ 按:时在万历十八年。参见《明督抚年表》卷 5。

④ 按:李采菲于万历十七年至十九年以右副都御史巡抚山西,贪污事即发生在此时,去任后不久被劾。参见《明督抚年表》卷 2 及《明史》卷 233《张贞观传》。

⑤ 沈汝梁为巡视下江御史,万历十四年因赃被劾;祝大舟为江西巡按,万历十九年因赃被劾。皆参见《野获编》补遗卷 3"御史墨败"条。

官吏受贿也是常见的现象,并且受贿的数字有时甚大。万历四十二年(1614年)五月,两淮巡盐御史徐缙芳被人弹劾纳贿,"赃私计数十万"①。科举考试是当时选用人才的主要途径,能否正常进行对王朝的影响甚大,而在这里行贿受贿的现象同样十分严重。万历四十年十二月"御史凌汉翀疏称:举人刘琛钻买房考行人李一公,中二十五名;朱良材贿买司经曹煃,中四十一名;富监王廷鼎、乔之申等,或三千金,或五百金,贿买进士王象春"。"科臣李奇珍亦参顺天乡试四十七名举人张世伟,买象春倖中本房"。②

通过贪污和受贿,官吏们积蓄下许多财富,不少人成为暴发户,史称:"有历官四月而扛至三十九抬者,有历官旬日而积羡过一千者。"③

万历二十五年(1597年)七月,明神宗在一个诏书里对地方上的吏治状况作过一番分析,说:"抚按官专制一方,朝廷重托。乃有地方利弊通不究心,官吏贤否偏信耳目。供张僭侈,费用浩繁,岁时庆贺之仪,不胜奔走,廪饩常供之外,复多馈遗。司道官又借视听于窝访,取私费于官库。以致贪官污吏,有恃无恐。收征则增加火耗,更添劝借名色。听断则无端株连,惟求赃罚充盈。仍复多揽浮薄生徒,曲媚奸顽里老,受贺仪,纳旗帐,收门生,结通家,建生祠,立政碑。官箴既已废隳,惠泽何能及下!"④明神宗的这段议论,将地方吏治败坏的原因,完全推在抚按等高级地方官吏身上,不能不说有相当的片面性,但它把地方上各级官吏吏治败坏的情形都描绘到了,不失为当时地方吏治状况的一个生动的写照。

---

① 《明神宗实录》卷520。
② 《明神宗实录》卷503。
③ 《明神宗实录》卷318。
④ 《明神宗实录》卷312。

二、军队腐朽

明神宗当政时期军队的腐朽程度比吏治的败坏有过之而无不及。它主要表现在如下六方面:

首先,虚报战功现象十分严重。万历十一年(1583年),御史魏允贞曾在一个奏疏中揭露辽东地区的这种现象,说:"辽左战功,尤可骇异。军声则日振于前,生齿则日减于旧。奏报失真,迁叙逾格,赏罚无章,何以能国哉!"① 万历二十六年,吏科给事中刘道亨又在一个奏疏中揭露了北方边防军的虚报战功现象,说:"款贡之始,边官畏'虏'甚于畏法,久之习'虏',若不尽畏,每年抚赏成而官不加进,喜事者又多敢战之说,故边官往往务以捣巢见奇。捣巢获首功,一则报十,十者报百。秋高马肥,'虏'来报怨,抢一月走二千里不报也,堕三四十墩台不报也,杀一堡人民不报也。朝廷之上宣捷布恩,焉知边民之苦屠戮耶!"② 由于虚报战功的现象十分严重,导致军官数字大增,万历十九年(1591)闰三月户部统计说:"辽东近日用兵以来,假称捷报、冒功授官者甚多,在蓟镇一边分为四镇,一镇又分三路,设官比原额几二十倍。"③

其次,军官冒领粮饷相当普遍。万历三十二年(1604年)十月,明神宗曾在户部关于查核九边兵饷的一个奏疏上批示说:"九边费用甚大,区处极难,今当承平无事,尚不能循守经制,增加溢额,其为混冒侵克可知。"④ 军官之冒领粮饷,往往是集体作案、大小军官相配合,如庄浪参将杨定国,任职九年,即与其手

---

① 《明史》卷232《魏允贞传》。
② 《明神宗实录》卷318。
③ 《明神宗实录》卷234。
④ 《明神宗实录》卷402。

下的中军千把总等下级军官串通一起,共同"冒支军粮,每年约二千石"①。军官冒领粮饷的重要手段是吃空额,当士兵逃亡或死去后,不及时上报,"擅支月粮而瓜分之"②。据史书记载,当时"将弁率以空名支饷"③。万历时人沈德符在其名著《野获编》中记下了他自己亲眼见到的"解军"(往充军地点解送被罚充军的罪人的一种差遣)之役的变化,这一变化正好反映了万历时期军官吃空额十分盛行的情况:

> 解军一役,以本图里长充长解。先为(被解的人)娶妻,备赍装,事之如严父,防之如大敌,尚恐中途逃逸相累。其贱更得此遣者,举家震怖哀号,至有因而抵罪破家者。近年则稍不然。曾记幼年侍先人邸之(按,"先人邸之"当为"先人之邸",指其父在京师的住宅),有吴江一叟,号丁大伯者,家温而喜啖饮,久往来予家。一日忽至邸舍,问之,则解军来。其人乃捕役,妄指平民为盗,发遣辽东三万卫充军,亦随在门外。先人语之曰:"慎勿再来,倘此犯逸去奈何?"丁不顾,令之入,叩头自言姓王,受丁恩不逸也。去甫一月,则王姓者独至邸求见。先人骇,问之。云:"已讫事,丁大伯亦旦夕至矣。"先人细诘其故,第笑而不言。又匝月而丁来,则批回在手。其人到伍,先从间道遁归,不由山海关,故反早还。因与丁作伴南旋。近闻中途亦有逃者,则长解自充军犯,雇一二男女,一为军妻,一为解人,投批到卫收管,领批报命时,竟还桑梓。彼处戍长,以入伍脱逃,罪当及己,不敢声言,且利其遗下口粮,潜入囊橐。而荷戈之人,优游闾里,更无谁何之者。④

---

① 《明神宗实录》卷502。
② 《明神宗实录》卷281。
③ 《明通鉴》卷73。
④ 《野获编》"补遗"卷3"解军"条。

再次,各级军官盛行受贿。万历三十七年(1609年)十一月,明神宗批评这种现象说:"近来交际恣滥,岂但大将受偏裨赆馈,即文官亦受将领赆馈。"① 下级军官跟高级将领一样接受贿赂。如万历十九年(1591年)正月,府军前卫左千户李鸾、燕山右卫左千户胡志,皆因受贿而受到处罚②。行贿受贿的盛行,严重影响着军法号令的执行。万历三十七年十一月,兵部指出:"将之号令而不能行于偏裨,则国之赏罚亦渐不能行于将帅也,皆缘寡廉债帅责问赆馈,以致节制之陵夷,文吏亦得因而掣肘之。"③

第四,军官对士兵恣意剥削。当时军官对士兵之恣意剥削,有"视如仇敌"之说④。其剥削的手法很多,诸如克扣军饷、侵占屯田、差遣役使等皆是。其中擅自差遣役使为害尤大。万历十九年(1591年)正月,羽林前卫指挥同知夏恺被告发"擅役军人二十名"⑤。万历四十年十二月,御史刘廷元指出,京营的三大营,"自副参游佐,下至千把总,共五百八十八员,即一把总月役军四十八名矣,其他侵占当不下三四万人"⑥。万历四十七年正月,兵部尚书黄嘉善又指出,边境上的"镇臣路将有占(役士兵)数百名,少亦不下百名者"⑦。军官们除了自己役使士兵外,为了向他人讨好,还经常把士兵借给他人役使。如蓟镇经常有过往官员,当地军官为了向这些官员讨好,即将部下士兵与马匹一起借给他们役使,形成了"马供递送,军役扛抬"的局面,"以致应付日烦,军疲马瘦"⑧。在京城,太监取得了对某些士兵的"提督"权,他们占役士兵的现象也极为严重。万历二十年九月,礼

---

① ③ 《明神宗实录》卷464。
② ⑤ 《明神宗实录》卷231。
④ 《明神宗实录》卷262。
⑥ 《明神宗实录》卷503。
⑦ 《明神宗实录》卷578。
⑧ 《明神宗实录》卷378。

科给事中马邦良等揭露:"东安等门官军四百余名,中珰占役不啻什九。"① 万历四十六年闰四月,戎政尚书薛三才谈及,京城"十六门原额军六千八百余名,每门分上下二班,领以指挥、千百户,而总隶于后府、兵部。不知起自何年,此外添差内监提督,逐门占役至四千三百三十二名"。②

第五,京营与边军毫无战斗力。明朝军队的主力是京营和边军,而在明神宗当政时期,无论京营,还是边军,都极端缺乏战斗力。万历三十四年(1606年),工科给事中王元翰"极陈时事可痛哭者八",其中之一是京营缺乏战斗力,他说:"京师十余万兵,岁糜饷二百余万,大都市井负贩游手而已,一旦有急,能驱使赴敌哉?"③ 万历三十七年六月,明神宗自己曾承认,边境各军镇"兵数虽多,堪战者少"④。这时军队缺乏战斗力的原因主要有三:一是训练不及时。万历四十三年二月,巡视京营礼科给事中姚永济等曾上疏指出京营训练不及时的状况,他们说:"国家设三大营军马,以卫宸居,其间训练稽察,莫肃于二、八月开操之候。今春光入暮,开操无期,将不习军,军不习阵。弱者矢无镞、枪无头,刀剑尽成斑锈,志气日就委靡。间得强有力者,又以桀骜不肖之心,用之酗酒行泼,劫杀为邪……一旦有事,岂能以不教之军战哉!"⑤ 二是军官贪利,私放买免的士兵。如"中都、河南、山东各有京操班军",用以保卫京城,而实际上"具其名而无其人"。"本户(指士兵)酿金包折于领班之官,军便于家居,官便于厚利,稍出其金,以为雇点之资,上下各以文具相欺"⑥。三是

---

① 《明神宗实录》卷252。
② 《明神宗实录》卷569。
③ 《明通鉴》卷73;参见《明神宗实录》卷428。
④ 《明神宗实录》卷459。
⑤ 《明神宗实录》卷529。
⑥ 《明神宗实录》卷496。

士兵在各种剥削下贫困不堪。万历三十八年宣府巡抚都御史薛三才在分析宣镇士兵情况时曾说:"诸军粮饷,月不过数钱,八口之家,率皆仰给。饷不时至,未免称贷而食。又不足,则草料、布花质钱于债家,银未入手,子钱已去其大半。欲冀士饱马腾,容可得乎!"① 由于军队的战斗力太低,张居正改革时出现的边防巩固的局面逐渐消失,境外势力武装入犯的威胁日甚,朝廷对周边特别是北方和东北少数族聚居地区的控制能力日益减弱。万历三十七年正月,京城里竟传开了"寇至"的讹言,"民争避匿,边民逃入都门者亦数万,九门昼闭"②。在明神宗当政的时期里,努尔哈赤兴起于东北,并于万历四十六年四月占抚顺,七月占清河堡,于万历四十七年大败明经略杨镐所率四路大军,逐渐成为严重威胁明朝存在的力量(详后)。导致这种情况出现的原因是多方面的,而明朝军队战斗力之过于低下,也是其中之一。

第六,军饷日增。明神宗当政时期的军饷比以前增加了很多,其原因虽然不止一端,但主要的是因为军官的侵冒。万历三十六年(1608)四月,大学士朱赓等曾说:"各边一有事端,辄求增兵增饷。不知隆庆以前,虏未款贡,饷何以少? 今日安宁,饷何以多? 有饷有兵,及至有事,何以又不足用?"诚宜"严责边臣,稽查兵饷,痛革冒滥克剥之弊"③。在此前不久,明神宗也指责武将们说:"将官才说振饬,便请增粮;及至粮增,依旧不曾振饬。一番振饬,一番增粮,各镇习以成风,有何纪极!"④ 这都反映了当时军饷增多与军官侵冒的关系。可以说,这一时期军饷的日益增加,是当时军队腐朽的一个表现。

---

① 《明神宗实录》卷476。
② 《明史》卷228《李化龙传》;《明神宗实录》卷454。
③ 《明神宗实录》卷445。
④ 《明神宗实录》卷345。

九边年例是这时军饷的主要组成部分。《明神宗实录》中记载有这一时期若干年份九边年例的大体数额,将之列成下表,即可大体了解当时军饷数额增加的情况:

明神宗当政时期九边年例表

时　　间	数额(单位:两白银)	资料出处[1]
万历十五年	"增至"三百一十五万余	卷186
万历十八年	"至三百余万"	卷224
万历十九年	三百四十三万五千余	卷234
万历二十三年	"乃至三百余万"	卷282
万历二十九年	"逾四百万"	卷355
万历三十二年	"该三百七十二万"	卷399
万历三十五年	"加至四百一十余万"	卷437
万历三十六年	"四百九十余万"	卷449
万历三十八年	"且四百余万"	卷468
万历四十年	"三百八十九万有奇"	卷502
万历四十六年	"增至"三百八十一万九千有余	卷571
万历四十七年	"溢至四百万"	卷587

[1] 本表资料皆出于《明神宗实录》一书,表中只列卷数,省去书名。

据有关记载,自明中叶九边年例开始出现后,各时期每年的数字大体是:成化、弘治至正德年间约四十至五十万两白银,嘉靖初年到末年由六十万两增至二百五十万两,隆庆年间为二百多万两,万历初年为三百一十万两①。而从上表来看,万历二十九年(1601年)以前的一二十年中,大体是每年三百万两略多,

---

① 参见《明神宗实录》卷437、卷445、卷449、卷468、卷502、卷571、卷587;《明史》卷235《王德完传》。

万历二十九年以后的二十年中,大体是每年四百万两左右。由此可见,万历二十九年以前一二十年的每年九边年例数额虽约略与万历初年相当,而万历二十九年以后的二十年中,则每年增加了百万两左右,相当于万历初年的三分之一,倘用万历二十九年以后的总额与成化、弘治、正德年间相比,则前者相当于后者的近十倍。这中间虽有物价上涨的因素,但主要是军队腐败所造成的。

九边年例虽是明神宗当政时期军饷的主要组成部分,但并不是其全部。驻守京城以及其他非九边地区的军队,也需一定数量的军饷。即使九边地区的军队,也并不是唯需九边年例一项军饷,诸如"民运"(自邻边省份就近输边的军饷)等项军饷也是不可缺少的。另外,遇有大规模的战事发生,尚需另拨军饷。万历年间的宁夏之役、抗倭援朝之役以及平播之役,都消耗了大量军饷,它们都是额外另拨的。万历末年吃紧起来的与努尔哈赤的战争,所需军费尤多,它也需在军费常额外另外专门筹措。据万历四十七年(1619年)八月吏科等科给事中张延登、官应震等人上疏说:"自有辽事(指与努尔哈赤的战争),迄今一年有奇,而解发该镇者已四百余万(白银),各边腹征调所用过安家行粮、衣甲器械、马匹等费,又不啻百余万。"[1] 以上种种,不难看出,庞大的军饷开支,确实是这一时期压在明政府身上的一个沉重的不堪负荷的大包袱。

三、财 政 吃 紧

明神宗的大肆挥霍,官吏的贪污盛行,加之军费的日益增加等,不能不造成国家财政支出越来越多,而矿监税使之侵吞正常

---

① 《明神宗实录》卷585。

税收、官吏之不能尽职尽责、加之水旱灾害等的影响,又不能不使国家的财政收入受到很大妨碍。这样,明神宗当政时期的财政状况,日益恶化成为基本趋势,张居正改革后形成的财政绰有剩余的局面一去而不复返。

万历十六年(1588年)正月,户科都给事中田畴上奏说:"国家之财赋,谨积贮、严出纳、而以台省官巡视者有四:光禄,膳羞之储也;太仆,马价之储也;节慎库,工部料价之储也;太仓银库,百官之廪禄、九边之军需所取给也。然衡其数之多寡,太仓岁入约三百七十万有奇,出称之;节慎四之一,太仆十之一,光禄则十之毫厘耳。"① 可见,反映当时封建朝廷财政状况的,主要是户部所属太仓库、工部所属节慎库、太仆寺库及光禄寺库的库藏盈乏。而从这四个库的库藏情况看,皆说明明神宗当政时期,财政日益吃紧。

1.太仓库

张居正刚死、明神宗刚当政之时,太仓所贮堪称"充牣",除了万历以前积蓄下来的老库银二百万两、窖房银四百万两外,还有万历初十余年的积累三百余万两,收藏在维持日常出纳的外库中②,总量可供两年支出③。可是此后长期入不敷出,原来的积蓄逐渐用尽。首先是万历初十年积累的三百余万两白银被用尽:万历十四年(1586年)八月,太仓库贮银除老库、窖房外,外库余银只有四十六万略多④;同年九月,外库所余又减至三十万⑤;到万历十五年三月,"除老库、窖房外,止余银九万两"⑥。外库余银用尽,解决入不敷出的办法是支用窖房积存,因而其次

---

① 《明神宗实录》卷194。

② 《明神宗实录》卷144、卷178、卷218、卷335、卷570;《明史》卷220《王遴传》。

③ 《明神宗实录》卷156。

④⑤ 《明神宗实录》卷178。

⑥ 《明神宗实录》卷184。

是窖房所贮银两被用尽:万历十六年至十七年年底前,在"外库无余"的情况下,窖房银被"动支过一百七十五万有奇",所贮由四百万两减至二百二十四万略多①;万历十七年十二月,为了应军饷之急需,窖房银又被"动支一百零六万有奇"②;此后,窖房银仍不断被动用,万历二十七年十月十八日,山东道御史李柄在一个奏疏中报告:"环视(太仓)库房,一空如洗,所仅存者老库二百万耳。"③ 这表明,这时窖房的存银已被动支一空了。紧接窖房之后,老库的积存也被陆续用光。万历二十八年四月,因各边镇额饷"逾时历年不能给发",决定借老库银"五十万分发各边"④。万历三十二年九月,由于屡次动支,老库存银只剩下了"五十万"⑤。一年又两个月后,减至"不过三十万"⑥。万历三十四年三月,更减至"十八万九千"⑦。万历三十六年,再减至八万两⑧。此后,老库的这个贮量虽一直保持下去⑨,但数量太少,已无济于事。明神宗及其大臣之所以没再继续动支这仅存的八万两,大概是以此象征库存并未竭尽,图个表面上的吉利。随着各项积蓄的日益减少以至被用尽,靠太仓拨付的支出逐渐处于无着落的境况,这成为万历中期以后的严重财政问题。靠太仓拨付的支出中,最大的一项是九边年例,万历中期以后,它便经常无法解决。摘引有关史料,取其典型者,可作出万历中后期九边缺饷简表如下:

---

① 《明神宗实录》卷 196、卷 211、卷 218。
② 《明神宗实录》卷 218。
③ 《神庙留中奏疏汇要》"户部"卷 1。
④ 《明神宗实录》卷 346。
⑤ 《明神宗实录》卷 400。
⑥ 《明神宗实录》卷 415。
⑦ 《明神宗实录》卷 419。
⑧ 《明史》卷 230《汪若霖传》。
⑨ 《明神宗实录》卷 458、卷 530、卷 570。

万历中后期九边缺饷情况表

时　间 （"万历"二字略）	缺　饷　情　况	资　料　出　处
二十七年闰四月	"近日各镇年例，虽奉旨给发，悉皆空文"，"军士乏粮，有自去年至今未给者"。	《明神宗实录》卷334
二十七年十月	"九边年例尚欠三百余万"。	《神庙留中奏疏汇要》户部卷1
二十八年七月	"九边年例已题准发一百四十二万，乃今或逾一年，或逾半年，太仓已竭，转运全无"。	《明神宗实录》卷349
二十九年十月	"目前太仓如洗，各边年例尚有一百三十余万未发"。	《明神宗实录》卷364
三十年十月	"通计未发边银，尚欠八十五万，转盼春交，又题新饷"。	《明神宗实录》卷377
三十二年八月	"今年边饷该三百七十二万，而仅发一百八十四万，尚欠一百八十七万"。	《明神宗实录》卷399
三十二年闰九月	"各镇下半年年例通该发银一百五十七万"，而太仓库"见在各项止四千五百六十五两另，无凭发给"。	《明神宗实录》卷401
三十四年十二月	"今九边缺饷至八十余万"。	《明神宗实录》卷428
三十五年八月	"户部日苦边饷，时逾秋矣，尚少春夏额百四十余万，而见贮库者仅数千"。	《明神宗实录》卷437
三十六年二月	"九边岁额，今岁少百二十万"。	《明神宗实录》卷443
四十年正月	"旧岁所欠各边额饷至二百五十万，束手无措"。	《明神宗实录》卷491
四十年闰十一月	"顷九边共欠至二百九十三万六百两"。	《明神宗实录》卷502
四十四年七月	"九边按年缺饷，总计五百余万"。	《明神宗实录》卷547

从上表来看，万历中后期，九边缺饷的问题一直没有好转过，其"太仓之匮，可知也"。①

---

① 《明神宗实录》卷502。

2．节慎库

用以贮存工部料价的节慎库自万历中期起也处于匮乏状态。万历二十八年（1600年）二月，工部尚书杨一魁上疏说："今见贮节慎库者，合四司（按：工部所属，有营缮、虞衡、都水、屯田四清吏司）止七、八万两，而浩大未竟之工程，急切应需之造办，监局年例之钱粮，又若库房、若城垣、若坟工，种种并集，一时之费约用八十余万两，即罄竭积贮，未当十分之一。"① 万历三十三年十一月，大学士朱赓慨叹："两宫经始（按：指万历三十年二月乾清、坤宁二宫兴工），节慎库尚百十万金，今罄然无分毫之蓄。"② 万历四十五年，为了争夺事例（卖官）权，工部与户部发生争执，这也反映了节慎库过分匮乏不能满足需要的状况。③

3．太仆寺库

太仆寺库岁入马价、草料、籽粒等银约六十万两，岁出各边年例约四十万，赏赉修筑诸费约二三万，每年可"剩银二十万，备买马之用"④。因此，如无特殊情况，太仆寺库的贮银量应越来越多。但万历中期以后，明政府的支出增多，太仓库、节慎库所贮不敷应用，经常挪借太仆寺库的存银，而且挪借数量极大，致使太仆寺库的存银量越来越少。万历三十年（1602年）九月，太仆寺署印少卿连标上疏指出：嘉、隆年间太仆寺库存银达一千万两，"迩来国家多事，借讨纷纷，户工二部动去八百七十余万，见存库者仅一百万有奇"⑤。万历三十五年八月，太仆寺少卿李思孝也上疏向明神宗叫苦说："臣稽往牒，在嘉、隆间旧库积至一千余万，盛矣。迨万历十八年，西征哱刘，借一百六十万；东征倭，

---

① 《明神宗实录》卷344。
② 《明神宗实录》卷415。
③ 《明神宗实录》卷56。
④ 《明神宗实录》卷572。
⑤ 《明神宗实录》卷376。

借五百六十余万。二十七年,为边饷借五十万,又为征播借三十三万。三十一年,又为边饷动老库二十一万、马价三十万。三十二年,又以年例借三十万余。先是二十九年,以边饷不给,顿借百万。前后所借在计部者已九百八十三万矣。而二十九年,工部以大婚大礼借三十五万;三十一年,光禄寺以年例借二万,又借三十七万。今老库见存者二十七万耳。而东西两库每年所解,仅可以供各边年例之用,况重以各边功次赏赉,亦取于此。皇上以闇寺之乏宁复减于计部也乎!"① 据兵部左侍郎崔景荣报告,到万历四十五年(1617 年)十一月,太仆寺库老库之积,"仅余八万"②。太仆寺库的存银,本是预备一旦需要即用以购买马匹以供军队骑用的,是重要的军费储备。而万历中期之后,连这种银两都无力保存了,这充分表现出了当时国家财政的极端困难。

4. 光禄寺库

明神宗即位之初,光禄寺库贮有节余银两一百一十多万③。但张居正死后,光禄寺库存银渐减,万历十五年(1587 年)十二月统计,仅剩下四万四千余两④。第二年三月,更至"库藏匮乏,内供取用不敷"的程度⑤。万历二十九年,光禄寺为供应皇帝的膳馐,已不得不借用其他部门的银两,据记载,这一年"两次共借户部银约三万余两"⑥。光禄寺库的盈亏,主要决定于皇帝的奢俭,但与国家财政状况也有密切关系。

5. 京通仓储

以上太仓库等四库所贮都是白银,而京、通两仓所储乃为米

---

① 《明神宗实录》卷 437。

② 《明神宗实录》卷 563。

③⑥ 《神庙留中奏疏汇要》"户部"卷 8。

④ 《明神宗实录》卷 193。

⑤ 《明神宗实录》卷 196。

粟。当时北京的"军匠在官人等"所赖以食用者,即此两仓所储米粟,它们都是通过大运河由东南地区运送而来的。太仓库等四库所贮白银之多少,固然反映着国家财政的宽裕或紧张,而京通两仓所储米粟的多少,也表现着国家的经济状况。从史料记载看,京通两仓的储米量,与太仓库等四库的贮银量十分相似:在张居正刚刚死去、明神宗刚刚掌握大权之时,其贮量甚大,而此后则大幅度减少。如万历十一年(1583年)十二月统计,京通两仓"实在粮共一千八百一十八万五千四百石有奇,每年军匠在官人等实支本色米二百二十万石","京仓积米足支八九年"①。而到万历三十年(1602年)九月,"京仓实在之数四百四十八万余石,仅足二年之支"②。此后,京通两仓所储再也没有高出万历三十年九月的水平,"仓庾匮乏日甚"的记载不断出现于史书之中。③

四、赋 税 加 重

在支出日增、财政亏空的情况下,明政府把加重赋税剥削当成摆脱困难的主要途径,因而这一时期全国缴纳赋税者肩上的负荷与日俱增。

明政府搞了许多加派。早在万历十四年(1586年),大学士申时行就忧心忡忡地大声疾呼:"比年以来,渐有加派。有因事而增者,若户部草料之类是也;有用不足而增者,若二部(按当为"工部")大炭之类是也。方今财诎民劳,惟正之供尚不能继,额外之派又何以堪!"④ 后来,加派仍在继续,抗倭援朝之役发生

---

① 《明神宗实录》卷144。
② 《明神宗实录》卷376;《明书》卷83《食货志》3。
③ 《明神宗实录》卷414、卷419、卷563、卷570。
④ 《明神宗实录》卷172。

后有加派,播州之役爆发后又有加派①。最大的加派是万历四十六年至万历四十八年为对付努尔哈赤的辽饷三次加派。第一次在万历四十六年九月,除贵州地硗、"有苗患"不派外,浙江等十二省、南北二直隶照万历六年会计录所定田亩七百余万顷,每亩加赋三厘五毫,总计加派白银二百万两有奇,其中浙江约十六万两,江西约十四万两,湖广约三十三万两,福建约四万六千两,山东约二十一万两,山西约十二万八千两,河南约二十五万九千两,陕西约十万两,四川约四万七千两,广东约八万九千两,广西约三万两,云南约六千两,南直隶约二十五万九千两,北直隶约十七万两②。第二次在万历四十七年十二月,应阅视辽东士马吏科给事中姚宗文之请,"再于直省田地按亩加派",每亩"复加三厘五毫",共"增二百万有奇"③。第三次在万历四十八年三月,"命各直省田地每亩再加派二厘",总数"为银百二十万"。以上三次合在一起,"凡五百二十万有奇"④。加派的不断进行,导致全国赋税总额连续上升。万历二十七年,已经有人指出:"比来天下赋额,视二十年以前十增其四"⑤。万历二十九年五月,更有人惊呼:"频直四夷之警,连兴倾国之师,车殆马烦,行赍居送,按丁增调,践亩加租,此时税赋之额,比二十年前,不啻倍矣。"⑥

上述关于全国赋税总额的叙述,数字虽已相当惊人,但仍远远没有反映出实际情况,实际数字应该比这还大许多。因为另有若干实际存在的赋税项目,没有包括在其中。如前面谈到过

---

① 《明神宗实录》卷 340、卷 345;《明通鉴》卷 72。
② 《明神宗实录》卷 574;《明通鉴》卷 75。
③ 《明神宗实录》卷 589;《明通鉴》卷 76。
④ 《明史》卷 220《李汝华传》;《明神宗实录》卷 592;《明通鉴》卷 76。
⑤ 《明史》卷 216《冯琦传》;《明神宗实录》卷 340。
⑥ 《明神宗实录》卷 359;《明史》卷 225《李戴传》。

的数额很大的矿监税使的搜刮,由于其所得不归国库而入皇帝的私藏,所以即不统计在内。另外还有两个重要的项目没有统计在内:一是地方官的份外科派,二是赋税经手人员的勒索。

地方官的份外科派主要有二:条鞭外多取和加收耗羡。张居正改革时期推行的一条鞭法,这一时期仍在继续实行,而且连张居正生前尚未来得及实行的州县,这时也陆续实行起来①。但是,地方官往往在一条鞭法所核定的赋税定额外,另外多收。有的是将已经归并到一条鞭中的某种赋役,于一条鞭外重复征收,万历十五年(1587年)明神宗就承认:"各处编审粮差,于条鞭之外,重派里甲,系有司任情扰害小民。"② 再如万历二十九年,广东巡按李时华揭露广东的情形说:"禁网常疏,吏奸法弊。条鞭之后,仍用甲首,均平所编,尽入私橐。上下相蒙,恬不为怪。"③ 有的是一条鞭外,再"立小条鞭"的名目,增加刮取。万历三十三年十二月颁发的"诞育元孙诏"中,就透露了这种情形。④

加收耗羡,是指征收白银或粮食等时借口保管、运送、加工等过程中有损耗而向纳税者多收一些。这不仅是当时的"通弊"⑤,而且收取甚多。万历四十一年(1613年)正月,考察朝觐官员,"有言北直隶、河南、山东等处州县粮羡至十取二三者,面质司府各官,亦不为讳"⑥。万历四十六年十一月,御史房壮丽指出:"自条鞭法行,州县派征钱粮,俱令花户自行纳柜,吏书排年无所容其奸,法至善也。遵行日久,官府借口验封,加收火耗,

---

① 参见《明神宗实录》卷200、卷207、卷296、卷383。
② 《明神宗实录》卷187。
③ 《明神宗实录》卷363。
④ 《明神宗实录》卷416。
⑤ 《明神宗实录》卷577。
⑥ 《明神宗实录》卷504。

至一钱二钱,屡经严禁不遵。"①

赋税经手人员的勒索,是指具体办事人员在经手赋税的收纳时,在官府规定的数额之外,对纳税者敲诈金钱财物。这种现象也是非常普遍地存在着的。这里仅引录万历十七年(1589年)御史林道楠揭露太监等对白粮解役进行勒索的一段话,以见当时这种勒索的沉重不堪之一斑。他说:"供用库、酒醋局、内官监,乃苏松常嘉湖五府解纳白粮,额派二十万石有奇;虽不属臣监收,而兼管挂号,查核奸弊,臣有责焉。乃正耗之外,又要加耗,铺垫(按:包装费)之外,又要加银,每一斛淋尖则多至斗余,每一石折罚则多至三斗;买御道有钱,遮拦门官有钱,大小呈样巡路探筒旗尉书办之勒取,家人兵番之吓诈,种种难以枚举⋯⋯此白粮也,自彼处运至京师,率三石而至一石,至京上纳而复遭此无端之需索,若不设法禁止,受累何穷!"②

没有被统计在全国赋税总额之中的实际存在的赋税项目,并不限于上述矿监税使的刮取、地方官的份外科派和赋税经手人员的勒索三种,而仅此三种其数量就已相当可观了。由此推想,这一时期全国缴纳赋税者所实际承受的赋税负担,该是多么的沉重啊!

五、势 豪 骄 横

在封建社会里,当政治状况较好之时,各类势豪一般比较收敛,因为这时的当政者较有政治眼光,为了社会秩序的安定,他们对势豪的不法行为能够采取若干措施,加以抑制;而当政治混乱之时,由于势豪不再受到相当的抑制,就往往为所欲为起来,

① 《明神宗实录》卷576。
② 《明神宗实录》卷213。

从而使得社会状况更加黑暗。明神宗当政时期,是政治非常腐败的时期,与此相应,便出现了势豪骄横的局面,从王公勋贵到缙绅地主,再到一般富豪地主,无不贪婪地剥削劳动人民,残忍地欺压下层群众,横行霸道,不可一世,其中的王公勋贵和缙绅地主,尤其如此。综合起来,这时势豪的骄横,在如下六方面特别突出:

第一,大量兼并土地。除了依靠自己的经济实力、通过收买来兼并土地外,"招纳投献"和依势夺取是势豪们经常采取的两种兼并方法。如驸马都尉侯拱宸和浙江乡绅吴遵晦、陶幼学、戴凤翔,都于万历十六年因"招纳投献"、"事迹彰著",受到了弹劾①。万历二十二年(1594年),当浙江巡按御史彭应参出巡至乌程时,由于当地乡绅范应期依势强占乡民土地,民愤极大,向彭应参"遮道陈牒"、告发范应期的"怨家",竟达千人②。对于势豪疯狂扩大自己占有的土地的行为,明神宗不仅很少加以抑制,而且对于其中的王公贵族的这类行为还常常加以支持。他支持的重要手段是通过赏赐,帮助他们扩大对土地的占有。前面曾谈到过,潞王朱翊镠就藩卫辉时及福王朱常洵就藩洛阳时,皆曾得到大量赐田,就是典型的事例③。其他事例也有很多,虽然数字赶不上上述两例,但也不能算少。如万历十九年(1591年)四月,"准给寿阳公主护坟地土一千五百顷"④。万历三十七年(1609年)六月,"给寿宁公主庄田顺天属地二千五百九十顷"⑤。万历四十六年(1618年)三月,因永平伯王朝辅奏请赡地,准给

---

① 《明神宗实录》卷195、卷202。
② 《明史》卷235《王汝训传》;《明神宗实录》卷275、卷283。
③ 除参看本书前文外,参见《明史》卷227《郭惟贤传》;《明神宗实录》卷202、卷219、卷515、卷525、卷545、卷550、卷563及《定陵注略》卷6《福王之国》。
④ 《明神宗实录》卷235。
⑤ 《明神宗实录》卷459。

五百顷①。势豪的大量兼并,使这一时期里大土地所有制比以前更有所发展,占有上千顷甚至上万顷的大地主比比皆是。这从上文的叙述中,已经可以看出,而为了说明问题,不妨再举两例:据《明神宗实录》记载,道教真人张国祥,"计田将二万余亩","几罄一县之境";黔国公沐昌祚所占土地,"自钦赐外,多至八千余顷"。②

第二,残酷剥削佃户。势豪的土地,绝大部分出租给佃户耕种,而他们对佃户的剥削非常残酷,其表现有二:一是收租量大,二是收租时往往伴随着恣意欺凌和摧残,甚至夺人性命。如西宁侯宋世恩,在凉州卫地方有"钦赐庄田"七十余顷,"额征粮九百一十石五斗六升,每年差人收租,份外科扰,甚为地方之害"③。兼并了大量民地的黔国公沐昌祚,纵容"管庄诸役勒索佃人,一亩至租数石,佃人无以应,往往假剽掠为资,滇人苦之"④。福王就藩后,"诏许自遣使督租,所在驿骚",承奉门正率百余人至山东丈田,"所在扰害","田边之田,业外之业,可以恣行包占,而一切殷实之家,可诬以隐漏抗违,惟其所渔食",伴读阎时往汝州等处"丈地征租,每钱加收五分,偶因勒索不遂,将佃户周化、鲁国臣毒打",致使毙命。⑤

第三,千方百计转嫁赋役。势豪兼并了大量土地,理应承担这些土地应该承担的赋役,但实际上,他们却绞尽脑汁逃避负担,将之转嫁到无财无势的劳动群众身上。其手法之一是勾结官府,滥行优免。万历四十年(1612年)正月,南京御史王万祚曾说:"祖制,在京随朝官员,税粮外,杂泛差徭尽免。嘉靖间议

---

① 《明神宗实录》卷567。
② 分别见该书卷353及卷480;又参见《明史》卷241《周嘉谟传》。
③ 《明神宗实录》卷177。
④ 《蓬编》卷4;《明神宗实录》卷480、卷485。
⑤ 《明史》卷220《李汝华传》;《明神宗实录》卷527~528。

定,官一品免粮三十石、丁三十丁,下至八品外官,莫不有则。隆庆元年(1567 年),又有量加从宽之议。胡不令户部厘为定则,州县画一遵守?乃今南北混乱,全无规制,有司得率意为之,有免田二三千者,有近万者。"① 在这里,王王祚没有说明,为什么有的"有司"将优免"率意"扩大到"免田二三千"、甚至"近万";显然,其原因就在于当地势豪中的缙绅地主与之勾结起来的缘故。势豪转嫁赋役的手法之二是诡推。按照当时的制度,土地所有权发生转移时,应该在有关册籍上加以登记,有推有收,以使这些土地所应承担的赋役相应地由一方转向另一方。而势豪不肯遵守这一制度,往往假称自己的土地已经转给他人,在并无收方接受的情况下,从册籍中将自己的土地注销,从而使这些土地逃脱赋役负担,这些负担于是被转嫁给其他纳税者共同包赔。《明神宗实录》记下了一个诡推的实例:万历九年(1581 年)丈田时,嘉善豪户朱灼等"贿购总书李畴",隐田三万三千五百亩,将之"诡推与嘉兴秀水,全不输粮,以致概县摊赔",此事后经发现,但因"奸豪百计阻挠",直至万历四十三年也没纠正过来②。势豪转嫁赋役的手法之三是洒派,也叫洒粮,是将自己的土地所应负担的赋役分成细数,偷偷加在若干其他纳税者身上。万历四十三年,灵宝县乡宦焦衍丰即因"占地洒粮,致激民变,为河南巡抚梁祖龄所劾"③。势豪转嫁赋役的手法之四是依势拖欠。他们拖欠的数字往往很大,如南直乡官凌云翼"倚势蔑法,积拖正赋二千余两"④。这些拖欠,一方面归根结底将被转嫁到一般劳动群众身上,因为封建国家在拖欠发生后,由于不敷支用,势必以另立名目、刮取群众作为解决问题、满足支用的重要办法之一;

---

① 《明神宗实录》卷 491。
② 见该书卷 537。
③ 《明神宗实录》卷 533、卷 555。
④ 《明神宗实录》卷 259。

另方面,对于封建国家的财政盈亏,也产生一定的影响。万历三十八年(1610年)三月,明神宗就曾说过,当时九边军饷之所以十分紧张,除了将吏的"虚费"之外,"豪强积负"也是重要原因。①

第四,违法取利。如有的私造铜钱。万历二十二年(1594年)四月,御史张蒲指出:"钱法之壅,由王府私造,官法难加。"② 再如有的贩私盐。万历三十七年(1609年)七月,江西参政胡瓒贩私盐,在淮上被查获盐船七艘③。第二年二月,浙江举人闵于径,因"故纵亲族挟带私盐",发觉后被"罚停两科会试"。④

第五,以私利妨害公益事业。典型的一例是前述徐贞明督治京畿水田受挫之事。徐贞明已取得很大成果的督治京畿水田事业,之所以于万历十四年(1586年)被明神宗下令停止,就在于"奄人、勋戚之占闲田为业者"出于个人私利,在明神宗等前散布流言蜚语所致。在开治水田前,他们占据"闲田","不待耕作"即可"坐收其芦苇薪刍之利",而水田开治之时,他们担心"开垦成田,必归民间,必隶有司",自己将坐失既得利益。⑤

第六,把持官府,武断乡曲。这一点,缙绅地主表现得最突出。万历十七年(1589年)十月,吏部文选司员外郎赵南星把乡官之把持官府当成了四个"当今大害"中的一个,他说:"吏于土者,不过守令,乡官多大于守令者,往往肆行吞噬。有司稍稍禁戢,则明夺暗害,无所不至。如原任渭南知县张栋,治行无双,以裁抑乡官,竟被谗毁,不得行取。"⑥ 缙绅地主中的生员,社会地

---

① 《明神宗实录》卷468。

② 《明神宗实录》卷272。

③ 《明神宗实录》卷460。

④ 《明神宗实录》卷467。

⑤ 《明通鉴》卷68;《明史》卷223《徐贞明传》;《明神宗实录》卷159、卷165、卷170、卷172。

⑥ 《明神宗实录》卷216。

位虽不甚高,但往往结为群体,以便为所欲为。如万历三十三年八月,江西巡按徐元正感慨地说:江西的读书人,"一厕子衿",即"沦为市渠,有志者固不乏人,而呼群引类、规利干纪者亦自不少"。"一切以挟持官长为业,小大之讼,多以庠衿列名,亦多以庠衿为证。稍不如意,辄率数十人争于府县之庭。争之不得,辄刊数十款揭于藩臬之堂"①。万历四十二年九月,礼部署部事右侍郎何宗彦等也指出:"迩年士风日颓,法纪陵夷。以猖狂为气节,以结党为豪举。事关一人,乃倡通学而聚蚊雷之声;事关本学,乃联各学而成鸱张之势。把持官府,武断乡曲。"②

六、人民群众痛苦不堪

不管是皇帝加紧搜刮,还是封建官府加紧掠夺,抑或是各种势豪加紧剥削,其最终的受害者,都是人民群众。张居正改革时期,人民群众的生活本来就无大改善,而在明神宗当政的这一时期,其状况就越发恶化了。这时,由于国家仍处于大体和平的环境里,统治阶级仍然"奢靡成风,僭分违制"③,维持着歌舞升平的虚假繁荣局面,而人民群众则缺吃少穿,过着牛马不如的生活,倘遇上水旱灾荒,其痛苦就更加不堪忍受了。

史书中关于这一时期人民群众生活十分痛苦的记载,多如牛毛。这里仅将大臣奏疏中所叙及者,略摘几条,以见概貌。万历十六年(1588年)四月,大学士申时行上疏说:

> 顷者天鸣地动,水涝旱干,岁屡不登,人至相食。④

万历二十年(1592年)三月,陕西巡按李本固上疏说:

①　《明神宗实录》卷412。
②　《明神宗实录》卷524。
③　《明神宗实录》卷263。
④　《明神宗实录》卷197。

秦自洮河中虏,民困已极,况频年荒旱,流亡十七。有司奉征求近例,参罚既严,鞭笞益酷。袁袁茕独,何能堪此![1]

万历二十一年(1593年)七月,河南巡抚赵世卿上疏说:

卫辉府获嘉县,路居冲要,差役浩繁,兼自万历七年以来灾沴频仍,瘟疫盛作,人户逃亡过半。[2]

万历二十一年八月,大学士王锡爵等上疏说:

今春臣锡爵母之北来,至天津等处,亲见道上累累卖男女之民,有索银五七分弃子而去者。[3]

万历二十五年(1597年)四月,刑部左侍郎吕坤上"忧危疏"说:

乃万历十年之后,无岁不告灾伤,一灾动连数省。近日抚按以赈济不可屡求,存留不可终免,起运不可缺乏,军国不可匮诎,故灾伤之报遂稀,催科之严如故,岂不哀民,势不可已也。臣久为外吏,熟知民艰。自饥馑以来,官仓空而库竭,民十室而九空。陛下赤子,冻骨皴肌,冬无破絮者居其半;饥肠饿腹,日不再食者居其半。流民未复乡井,弃地尚多荒芜。存者代去者赔粮,生者为死者顶役。破屋颓墙,风雨不蔽;单衣湿地,苫藁不完。儿女啼饥号寒,父母吞声饮泣。君门万里,谁复垂怜![4]

万历二十九年(1601年)五月,直隶巡按何尔健上疏说:

阜平县民张世成以饿甚,手杀其六岁儿,烹而食之。[5]

万历二十九年五月,吏部尚书李戴等上疏说:

臣等伏见自去年六月不雨,至于今日,三辅嗷嗷,民不

---

① 《明神宗实录》卷246。
② 《明神宗实录》卷262。
③ 《明经世文编》卷395;《明神宗实录》卷263。
④ 《去伪斋集》卷1;参见《国榷》卷77。
⑤ 《明神宗实录》卷359。

聊生。草茅既尽,剥及树皮,夜窃成群,兼以昼劫,道殣相望,村突无烟。据巡抚汪应蛟揭称,坐而待赈者十八万人……数年以来,灾徵荐至,秦晋先被之,民食土矣;河洛继之,民食雁粪矣;齐鲁继之,吴越荆楚又继之,三辅又继之,老弱填委沟壑,壮者展转就食,东西顾而不知所往。①

万历三十七年(1609年)八月,大学士叶向高上疏说:

今间阎竭于征税,边戍困于饥寒。②

万历四十三年(1615年)十一月,工科给事中徐绍吉上疏说:

今天下有(应作"由")畿辅迫要荒,旱涝频仍,民穷盗起。③

以上所引数条,所说或欠具体,有的甚至难免失于文学性的渲染,但它们无疑大体可信,共同反映出了当时劳动人民生活在水深火热之中的基本事实。

七、反封建斗争经常发生

明神宗当政时期,遭受沉重剥削和压迫的劳动人民,以及军队中的一般士兵,为了争取生存和改善自己的处境,不断发动英勇的反封建斗争。万历三十四年(1606年)九月,大学士朱赓在一个奏疏里说:由于"内有(起义者)啸集之患,外有(边境少数族武装)闯入之虞,兼之官属星稀,府库告竭,一旦有事",手足无措,所以"每接邮筒,惟恐边腹告急,至不敢启视"④。朱赓这番惶惶不可终日的自白,正反映了这一时期人民群众反封建斗争经常发生的客观状况。这些经常发生的反封建斗争,主要有四

① 《明经世文编》卷440;《明神宗实录》卷359。
② 《明神宗实录》卷461。
③ 《明神宗实录》卷539。
④ 《明神宗实录》卷425。

类:各地反对矿监税使的民变和兵变、士兵和低级军官发动的其他兵变、各地一般劳动群众发动的起义、秘密宗教组织发动的起义。各地反对矿监税使的民变和兵变,前文已经述及,这里仅叙述其他三种。

1. 兵变

其规模和影响较大者有如下十几次:

东安兵变。万历十一年(1583年)春,参将陈璘于广东罗定州东安县役营兵三百人建关王庙、长春寺。除服役外,又让营兵"出金钱二百两",营兵甚为不快。此外,陈璘还动辄对营兵用刑。于是,在黄玉领导下,营兵们发动了兵变。不久,黄玉牺牲,兵变结束。①

平乐兵变。万历十二年(1584年)八月,广西平乐府营兵,因"稽迟粮饷",在徐凯领导下发动兵变,"杀伤四十余人,执掳乡官王佩瑶等"。不久被镇压。②

郧阳兵变。金都御史抚治郧阳李材,"好讲学",诸生从学者数百人,行李往来皆令营兵供役,营兵皆怨。万历十五年(1587年)十月二日,又应诸生胡东昭、徐登高等人之请,动工"改参将公署为书院"。是日,参将方印以解任离去,于城外六十里与接任者米万春相遇。方印大出"愤言",米万春因激军士梅林、王所等入城,"毁学坊","围逼"李材,"凡诸不便事宜文卷,逼取军门外烧毁,又勒饷银四千二百两充赏"。两日后,米万春入城,勒李材"上疏",把事件之起"归罪道府生员",并"收城门锁钥"。李材逃避樊城。后来,裴应章前来接替了李材的职务,"好言慰米,仍杀梅林、王所,事乃得定"。此次兵变的发生,虽与文官武将的矛盾有关,但士兵平日之不堪"供役",也是原因之一,因而其性质

---

① 《万历武功录》卷3《罗定东山叛兵列传》;《明通鉴》卷68。
② 《明神宗实录》卷152、卷154。

也有反封建的一面。①

陕西兵变。陕西神木、孤山两地，万历十六年(1588 年)"三月内，营军以月粮久虚，相继鼓噪"。②

陈州兵变。万历二十年(1592 年)四月，陈州卫军以新行条鞭，条银为指挥李承教所侵渔，因于本州署印同知赵贞明阅兵时，"纠众鼓噪"。③

蓟镇兵变。万历二十年(1592 年)五月，蓟镇三屯勇壮千余，以行粮过期未给，"聚哄讨粮"。④

蓟镇南营兵变。万历二十三年(1595 年)，原戚继光所募蓟三协南营兵，"调攻朝鲜，撤还，道石门"，以要求增加月饷，群起"鼓噪"。署都督同知、蓟镇总兵官王保，为"邀赏"，而"张大其事"，诱令参加"鼓噪"的南营兵，"赴演武场，击之，杀数百人"，并以造反上报。未杀者，"尽驱南还"。⑤

广兵鼓噪山海关。万历二十六年(1598 年)四月，总兵陈璘统领广兵至山海关，各兵"挟粮鼓噪，殴辱旗鼓官"。⑥

福府军校鼓噪。万历四十三年(1615 年)四月十四日夜，洛阳福王府随封军校七八百名，在千户龚孟春的鼓动下，"齐至东门，挟赏鼓噪，震动地方"。⑦

贵州兵变。万历四十六年(1618 年)，因"缺饷多年"，贵州铜仁坡西等营兵"鼓噪"。⑧

---

① 《涌幢小品》卷下"郧阳兵变"；《定陵注略》卷 7《郧阳兵变》；《明史》卷 227《李材传》；《万历武功录》卷 2；《明神宗实录》卷 192、卷 198。

② 《明神宗实录》卷 198。

③ 《明神宗实录》卷 247。

④ 《明神宗实录》卷 248～249。

⑤ 《明史》卷 239《王保传》；《明神宗实录》卷 290～291。

⑥ 《明神宗实录》卷 321。

⑦ 《明神宗实录》卷 532。

⑧ 《明神宗实录》卷 574；《国榷》卷 83。

宣镇兵变。万历四十七年(1619年)三月,部分宣镇边兵被派援辽,在梁国忠等倡导下,"攘臂噪呼","勒领月粮",宣府巡抚赵士谔"见势危急,随示每军各给马价银二两",事方得解。①

大同兵哗变怀安城。万历四十七年(1619年)十月,大同游击焦垣领兵八百名援辽,"沿途淫虐",为众兵所怨。行至怀安城,焦垣"复用酷刑",众兵遂变,"欲刃垣,垣乘夜缒城以遁"。因变起仓卒,城中汹汹。后经该城守备张承宪威胁利诱,"哗始定"。②

清河兵溃。万历四十七年(1619年)十二月,新募来防守辽东清河的士兵,有近两千人"一时逃散"。后"闻家中差役烦苦","赶回复去"。③

延绥兵溃于昌平。万历四十八年(1620年)五月,援辽延绥将官袁大有,领兵一千名至昌平,逃去者约七八百名。④

2．劳动群众发动的反封建起义

这类起义,次数比兵变多得多,这里也择其规模和影响较大者略作叙述。

车宗孔起义。万历十四年(1586年)七月,滑人车宗孔与王安等,因岁旱,"糟糠不厌",聚众称贷于拥有麦子数万斛的商人赵国英、张学书等,赵等拒绝。于是车等进一步招致饥民达千人,欲强夺其麦。他们在淇县、汲县一带,与官兵发生激战,王安被生擒,车宗孔最初逃脱,不久亦遭逮捕,起义失败。⑤

陕甘宁回民起义。万历十四年(1586年),居住于陕甘宁交界处的回民约五百人,发动了起义。起义者流动作战于泾州、灵

---

① 《明神宗实录》卷581、卷582、卷589。
② 《明神宗实录》卷587。
③ 《明神宗实录》卷590。
④ 《明神宗实录》卷594。
⑤ 《万历武功录》卷1《饥民车宗孔列传》;《明神宗实录》卷176。

台、麟游、永寿、三水、淳化、耀州、白水等地，表现十分英勇。沿途并有不少汉人参加到起义队伍中来。他们曾给官军以沉重打击，但因寡不敌众，于第二年被镇压下去①。后来陕甘宁回民又曾多次发动起义。

太湖起义。万历十六年（1588年），殷应采等利用太湖“港渎纵横，芦苇翁翳”的条件，起义于太湖。起义者略取附近富室的财产，多次与前来镇压的官军相鏖战，使“三吴戒严”。后来，由于遭到官军的残酷镇压而失败。②

梅堂、刘汝国起义。万历十六年（1588年），梅堂起义于蕲、黄，不久，曾作“匠人”的刘汝国（又名刘少溪）前来投奔，共同斗争。后来，梅堂不幸在宿松古车岭被官府逮捕，刘汝国逃脱，继续斗争。刘汝国称“顺天安民王”，治旗帜，“大书铲富济贫替天元帅”字样。其队伍出没于英山、潜山、太湖、宿松、蕲州、黄梅、广济之间，“地界二省”，到处没收富豪谷米财产，“招徕饥民就食之，饥民随者数万人”。官府派人招降，刘汝国反回信说：“豪家不法，吾取其财以济贫，此替天行道。而违之，是逆天也。”起义者多次打败前来镇压的官军，安庆指挥陈越及蕲州州判陈策，皆在与义军作战中毙命。安庆、宿松诸府县的地方官，慑于起义军的压力，纷纷借故离任而去。万历十七年（1589年）二月，因起义烈火越燃越旺，明神宗慌忙责令应天巡抚周继、湖广巡抚邵陛、江西巡抚庄国祯、提督操江王用汲等大员，“督率所属，协力剿捕”。同年，起义遭到失败，刘汝国被俘，牺牲于安庆。③

柯守岳起义。福建莆田广业里，方圆一百二十里，重冈叠阜，深峻迂回，颇便于起义者活动。万历十七年，在此“开山而

① 《万历武功录》卷1《回夷列传》；《明神宗实录》卷176。
② 《明神宗实录》卷199、卷201；《万历武功录》卷2《湖盗殷应采列传》。
③ 《万历武功录》卷2《山贼刘汝国列传》；《涌幢小品》下“黄梅盗”；民国杨承禧等纂修：《湖北通志》卷68；《西河合集·后鉴录》4；《明神宗实录》卷206～208、卷222。

耕"的柯守岳,因"岁饥民流",发动起义。他自号"游天王",设队长、中将军、东方将、旗首等职。多次与官军作战,使"莆田几动摇"。同年起义失败。[①]

卢氏矿徒的"盗矿"斗争。万历十八年(1590年)春,卢氏县矿徒不顾政府禁令,偷偷开矿,遭官兵攻击,二十四人被杀,二十一人被捕,其余被迫解散。[②]

王自简起义。万历二十二年(1594年),河南、山东、淮扬等处,"岁荒'盗'起,而河南更甚"。在河南的起义队伍中,王自简所领导的一支影响尤大。其部成员"以千百数",活动在新蔡、沈丘、息县一带。最后,颖州兵备副使李骥千等用招抚的办法,使其部众逐渐散去,王自简也于颖州城西"微行诇事"时被擒,不久被杀,时为当年四月。[③]

裕叶舞泌饥民起义。万历二十三年(1595年),河南裕州、叶县、舞阳、泌阳一带,"饥民倡乱大噪"。汝南守道刘卿调兵镇压,并兼行招抚,使之"不浃旬"而告结束。[④]

郴州矿徒的"盗矿"斗争。万历三十六年(1608年)七月,郴州被封闭的矿硐,忽有"群盗"千余前来"肆行劫取";"盗矿"者旋因官军之前来,而被擒捕驱散。[⑤]

淮扬流民起义。万历三十七年(1609年),因"各处洊饥",惟淮扬一带稍有收成,故流民甚多。在这里,流民们"千百成群,在在行劫"。[⑥]

河间"强贼"。万历三十九年(1611年)正月,河间一带,"强

---

① 《万历武功录》卷2《平莆田游天王柯守岳列传》;《明神宗实录》卷211。

② 《明神宗实录》卷224。

③ 《万历武功录》卷1《王自简列传》;《明神宗实录》卷270、卷271、卷274。

④ 《明神宗实录》卷283、卷285。

⑤ 《明神宗实录》卷448;《明史》卷21《神宗纪》2。

⑥ 《明神宗实录》卷465。

贼啸聚,至八千余人"。①

刘应第起义。万历三十九年(1611年)二月,保定等处"大盗刘应第、董世耀聚众称王,剽劫远近",被保定巡抚王国镇压下去。②

京东饥民起义。万历四十三年(1615年)七月,畿辅久旱,通州、三河等处饥民啸聚,"劫掠蜂起"。③

山东起义。万历四十三年(1615年),山东省自正月至六月,"雨无涓滴,田禾枯槁,千里如焚",于是引起"耕叟贩夫,蜂起抢夺"。在安丘县,有千余起义者攻入城内,"劫库焚狱";在蒙阴县,起义者"竖旗称王",杀死官兵;在沂州,约七百个起义者"骑马弯弓,抢劫粮畜";在费县、济阳,起义者"白昼打劫";在昌乐县,起义者达三百人,"抢掠啸聚,声势充斥"。这些起义者虽都很快失败,但沉重教训了封建统治者。为了防止事态扩大,恢复封建秩序,明神宗不得不指令有关官吏,"破格区处"。同年十二月决定发太仆寺马价银十六万两,在山东进行赈济④。此后不久,山东起义再起。"大盗"周尧德、张计绪等乘岁荒"倡乱","纠聚亡命,各立头目,于泰山、历城、章丘、莱芜等处,出没行劫"。周尧德被称为"红竿大王",复改"平师王"。起义者所在"截杀官兵",统治者惶惶不安。后因官兵镇压,各支起义军先后失败,"余党溃散",时已在万历四十五年春。⑤

灵宝矿徒起义。万历四十四年(1616年)三月,河南灵宝县矿"贼"突起"倡乱",入城"劫掠",旋因首领高二被官府擒获,余部解散。⑥

_____

① 《明神宗实录》卷479。
② 《明史》卷232《王国传》;《明神宗实录》卷480。
③ 《明神宗实录》卷534;《明通鉴》卷75。
④ 《明神宗实录》卷534、卷536、卷540;《明通鉴》卷75。
⑤ 《明神宗实录》卷554;《明通鉴》卷75。
⑥ 《明神宗实录》卷543、卷555。

舞泌西遂起义。万历四十四年（1616年）四月，河南舞阳、泌阳、西平、遂平等县"盗贼"数百人，"白昼啸聚"，数月后被官府镇压下去。①

田峨起义。万历四十五年（1617年）四月，巨野田峨发动起义，称"仁义王"，"纠众数千"，"强夺狱犯"，"谋杀县官"。②

3．秘密宗教组织的起义

明代屡次下令禁止秘密宗教，但禁而不止，万历年间更得到进一步发展，"天下处处盛行"③，"河南、山东、湖广、南北畿辅等处尤甚"④。这些起义与上述劳动群众发动的起义在本质上没有区别，但表现了较强的组织性，事前的酝酿比较充分，与外地的联络比较广泛，在要求建立新政权上也往往比较明确。此外，这一时期此类起义也比较多，因而这里将之从一般劳动群众发动的起义中特别分离出来，单独加以叙述。这一时期，此类起义影响大者主要有如下五次：

李圆朗起义。李圆朗，广东始兴人，习先天演禽，自云能剪纸为人马及飞剑斩人头，有起死回生之术，与翁源人王子龙相结。王自称黄巢之后，并称有黄巢遗金十二窖，愿从者可与分享。王又称弥勒降生，"子丑年天有大灾，鬼将啖人，捐资自投者，给朱符可免"。于是聚众数百人。万历十七年（1589年），"龙南岁凶，禾黍不入，民易动摇"，李圆朗、王子龙等遂乘机带众在龙南东桃隘择日鸣鼓祭旗，正式起义。不久，转战南雄，为官军所败，王子龙牺牲于战场，李圆朗被俘，遭杀害于龙南，起义结束。⑤

---

① 《明神宗实录》卷544、卷546。

② 《明神宗实录》卷556。

③ 《明神宗实录》卷533。

④ 《明神宗实录》卷581。

⑤ 《明神宗实录》卷210；《野获编》卷27"王子龙"，卷29"妖人王子龙"；乾隆《南雄府志》卷17；《万历武功录》卷2《李圆朗列传》。

赵古元起义。万历二十八年(1600年),两畿及各省出现灾荒,又苦于矿监税使的骚扰,"兵民多起为盗"。浙江山阴人赵一平,"惯习妖妄",与其妻王氏"造为指南经等妖书",派人"投散各省会,以及两京",准备起义。而"其事渐彰","惧祸及","乃走杭州",又赴徐州。在此改名赵古元,自称宋朝之后,"与其党孟化鲸等招集亡命",徐州及丰、沛人多有从之者。于是约定"明年二月诸方并起",先取淮扬,次取徐州,再取金陵与北京。未及发,计划泄露,遭到徐州兵备徐光复等人的镇压,主要首领陆续被捕;赵古元逃到宝坻被获,同年十一月,被杀于北京。①

吴建起义。万历三十二年(1604年)三月,福建瓯宁县谢屯乡民吴建,奉"白莲道教",假称"世界将乱",并"令人照水,现出富贵冠服"以"动其心",借以吸引群众。集众达数千人,"遂谋不轨","剽掠各村"。知县亲自诱降,遭到拒绝。但起义军中不幸混进奸细,吴建为其缢杀。部下失去首领,人心慌乱,兵备道刘毅乘机檄乡兵发动进攻,起义失败。一说乡兵进攻时,吴建自杀。②

刘天绪起义。刘天绪,本河南永城人,流寓凤阳府临淮县朱龙桥,崇奉无为教主,当地人王宗、张名等"信而从之"。久之,信徒更多,"南北千余人",遂产生发动起义的念头,自称"辟地定夺乾坤李王"。万历三十四年(1606年)十一月定谋,于本月二十三日长至节,乘南京百官出城谒陵的机会,在南京正式发动起义。刘天绪复自号龙华帝主,王宗、张名等被封为国公侯伯将军指挥等有差。但因出现叛徒,"先期告变",南京兵部尚书孙𬭳等

---

① 《国榷》卷78;《明神宗实录》卷344~346、卷348~349、卷351、卷353;《明史》卷232《李三才传》;乾隆《徐州府志》卷29;《野获编》卷29"妖人赵古元";《明通鉴》卷72。

② 民国《建瓯县志》卷3《大事志》;《涌幢小品》卷下"吴建";《明神宗实录》卷396。

发兵捕获四十九人,刘天绪即在其中。因审讯时用刑残酷,刘天绪死去,其余被捕者或杀或戍,起义遂告流产。①

李文起义。万历四十六年(1618年)九月,白莲教首李文于庆阳府聚众数百人,酝酿起义,自号"弥天一字王",改年号"天真混元","自称李老君真达磨下生,赐有天书飞剑"。本拟于十月十二日正式发动起义,不幸为人告发而被捕,第二年遭杀害,起义流产。②

将上述各次兵变和各种起义一并算在一起,次数可谓繁多。如果再算上各地反对矿监税使的民变和兵变,那就次数更多了。另外,其所涉及的地区也非常广泛,遍及了全国各省份。这些充分反映了当时反封建斗争的激烈和劳动人民不屈不挠的斗争意志。不过,由于各种条件的影响,这些兵变和起义规模都不算大,而且每次兵变和起义,都是孤立进行的,加上当时的明政府还有相当的力量,因而最终它们都失败了。这些起义和兵变,迫使封建统治者在一定的时间和范围,作了一定程度的让步,对改善下层群众的生活条件,发挥了一定的作用。但由于从总体上讲,它们都被镇压下去了,因而这使得当时统治者不可能作出较大的让步。通观明神宗当政的整个时期,其总趋势是政治状况在变坏,社会矛盾在发展,下层群众的生活在恶化,这种衰败的趋势迄明末一直没有改观。

---

① 《明通鉴》卷73;《野获编》卷29"妖人刘天绪";《涌幢小品》卷下"长至警报";《明神宗实录》卷428～429、卷432～434、卷438;《定陵注略》卷7;《客座赘语》卷2"妖人"。

② 《明神宗实录》卷577～578、卷589;《国榷》卷83。

第十六章　明朝后期的政治(下)

第一节　泰昌、天启年间的政争和
魏忠贤专权

明神宗病死于万历四十八年(1620 年)七月,太子朱常洛继位,是为光宗。光宗执政月余死去,其子朱由校继位,是为熹宗,在位七年。光、熹时期,大臣的门户之争仍在继续。其前半段,正直派即东林党在政争中占据相当的优势,后半段则邪恶派与受熹宗宠爱的大宦官魏忠贤相结合,战胜了东林派,出现了魏忠贤专权的局面。东林党占据优势时,曾给社会带来一线改良政治的希望,而实际上其所做的有益于社会的好事并不太多,激烈的政争牵制了其大部分心力;魏忠贤专权时期,邪恶当道,贤良受压,政治更加败坏。人民大众在两派的政争中,把同情和支持给予了正直的东林派,但其政治上的更主要的作为,乃是继续进行了万历年间即已相当频繁的反封建起义。

一、光宗在位和红丸案

万历四十八年七月二十一日,久病不起的明神宗离开了人世,遗命皇位由太子朱常洛继承。八月初一,朱常洛正式即位,宣布以翌年为泰昌元年(一个月后朱常洛又死去,经过大臣商议,改翌年为熹宗的年号天启的元年,而以万历四十八年之八月至十二月为泰昌元年,同年正月至七月则为万历四十八年)。①

在这次新老皇帝交替中,属于正直派的给事中、应山人杨涟和御史、桐城人左光斗,曾积极地加以干预。史载:

> (万历)四十八年,神宗疾,不食且半月,皇太子未得见。(杨)涟偕诸给事、御史走谒大学士方从哲。御史左光斗趣从哲问安。从哲曰:"帝讳疾。即问,左右不敢传。"(杨)涟曰:"昔文潞公问宋仁宗疾,内侍不肯言,潞公曰:'天子起居,汝曹不令宰相知,将毋有他志? 速下中书行法。'公诚日三问,不必见,亦不必上知,第令宫中知廷臣在,事自济。公更当宿阁中。"曰:"无故事。"(杨)涟曰:"潞公不诃史志聪,此何时,尚问故事耶?"越二日,从哲始率廷臣入问。及帝疾亟,太子尚踌躇宫门外。(杨)涟、(左)光斗遣人语东宫伴读王安:"帝疾甚,不召太子,非帝意。当力请入侍,尝药视膳,薄暮始还。"太子深纳之。无何,神宗崩。②

万历年间,围绕皇位继承权的政争,断断续续进行了几十年,而在最后的新老皇帝交替时,却没有出现一星半点曲折。这种情况的出现,当然不能完全归功于杨、左等正直派官吏的积极干预,但他们在其中起了有益的作用,则应说是毫无疑义的。

明神宗在弥留之际,照例留下了遗诏,遗诏中除了宣布传位皇太子朱常洛,要求"大小臣工,务协恭和衷,辅理嗣君,保乂王室"外,对万历时期的朝政作了检讨,批评自己"比缘多病,静摄有年,郊庙弗躬,朝讲希御,封章多滞,寮寀半空,加以矿税烦兴,征调四出,民生日蹙,边衅渐开,夙夜思维,不胜追悔"。同时,还提出了纠正的具体措施,决定"内阁辅臣亟为简任,卿贰大僚尽

---

① 《明神宗实录》卷596;《明光宗实录》卷3。
② 《明史》卷244《杨涟传》;参见《三朝野纪》卷1及《明史纪事本末》卷67《争国本》。

行推补,两次考选并散馆科道官俱令授职,建言废弃及矿税违误诸臣酌量起用,一切榷税并新增织造烧造等项悉皆停止;各衙门见监人犯俱送法司查审,应释放者释放;东师缺饷,宜多发内帑以助军需;阵亡将士,速加恤录"①。明神宗在遗诏中所作的自我批评,就一个封建帝王来说,态度是诚恳的,内容是深刻的,其所提出的纠正措施也是正确可取的。几十年中不顾后果、为所欲为的明神宗,何以忽然"立地成佛"、"改恶从善"了呢? 这当与他于万历三十年(1602 年)二月重病时忽然决定停止矿税之事同出一因:为了使自己的后继人不因形势险恶而倒台。对于明神宗的遗诏,朱常洛继位后是将它尽量付诸实践了。

如关于矿税。在明神宗死去的第二天,朱常洛"即传令旨,命矿税尽行停止",税监张晔、马堂、胡滨、潘相、丘乘云等,"即行撤回"。当时被矿税搞得"涂炭已极"的小民,闻讯"欢声雷动,若更生云"。②

关于发内帑犒赏士兵。明神宗去世前,由于军饷严重缺乏,大臣曾多次要求发内帑,而明神宗"频以不足为辞",由于大臣要求不已,才于万历四十四年"发三十万",于万历四十七年(1619年)三月"复令搜刮太后宫累年积累备赏银三十六万两给边",两次合计在一起仅六十余万。但在明神宗死后,朱常洛马上念及"辽东阙饷,军士劳苦可悯,遵照遗旨,特发内帑银一百万两,解赴(辽东)经略熊廷弼,犒赏军士";又下令"发内帑银一百万两,解赴九边抚按官,酌量犒赏";"并谕两项共给解银五千两,沿途支费,不得骚扰驿递"。③

关于补阁臣。泰昌元年(1620 年)八月二日,大学士方从哲

---

① 《明神宗实录》卷 596;参见《国榷》卷 83。
② 《先拨志始》卷上;《三朝野纪》卷 1。
③ 《明通鉴》卷 76;《先拨志始》卷上;《三朝野纪》卷 1。

请求批准任用明神宗生前已钦点的两个大学士——吏部侍郎史继偕和南京礼部侍郎沈㴶；四日，朱常洛批准了这一要求，命两人"并为礼部尚书兼东阁大学士，直文渊阁"。十八日，他再任命前礼部左侍郎何宗彦、礼部右侍郎刘一燝、韩爌，"并进礼部尚书，兼东阁大学士，直文渊阁"；二十日，又任命南京礼部尚书朱国祚"为礼部尚书，兼东阁大学士，直文渊阁"；并"召前大学士叶向高入阁"。这时，合计新任命和召用旧人，共增大学士七人，除其中五人不在京城，暂时不能正式入阁、开始工作外，马上入阁办事的只有刘一燝和韩爌两人。虽然如此，神宗末年方从哲一人独相数年的局面毕竟从此被打破了。①

关于起用建言诸臣。朱常洛之"奉遗旨"起用明神宗时因建言被废诸臣，始于万历四十八年（1620年）七月二十三日，即明神宗死后的第三天。而其较多地进行这项事情，则在他正式登上帝位的泰昌元年（1620年）八月。在这一月里，他根据吏部尚书周嘉谟的奏请，曾下令"召建言诸臣邹元标、冯从吾、王德完、孟养浩、钟羽正、满朝荐等"②。由于建言诸臣的被召用，许多在明神宗万历年间被赶出朝廷的正直派大臣，这时得以重新返回朝廷之上，从而壮大了朝臣中正直派的阵线。

从上述情况来看，朱常洛执政后，朝政已扭转了明神宗时期日趋混乱的局面，开始朝清明的方面发展。这种转变的出现，与太监王安很有关系。时人叶向高曾评论说："光皇居东宫二十余年，处危疑之地，杌陧不安，惟（王）安悉心拥翼，有失必规正，光皇亦推心委信。登极不浃月，悉行诸善政，（王）安殊有力。"③《明史》也记载说："光宗即位，擢（王安）司礼秉笔太监，遇之甚厚。（王）安用其客中书舍人汪文言言，劝帝行诸善政，发帑金济

---

① ② 《国榷》卷84；《明通鉴》卷76。

③ 《蓬编》卷11。

边,起用直臣邹元标、王德完等,中外翕然称贤。大学士刘一燝、给事中杨涟、御史左光斗等皆重之。"① 自然,与朱常洛的关系更大。在实行封建君主专制制度的当时,作为说一不二的专制君主的朱常洛,其意旨无疑对朝政的好坏起着相当大的作用。在他执政的时期,朝政由混乱转向清明,他的贡献是不应忽视的,当时人说他是"一月太平天子,万年有道圣人"②,此说诚为过誉,但确实应该说他是一个相当有作为的皇帝。不过,他也存在有相当严重的缺点,这一缺点,加之其他一些因素,导致他执政月余即抱病身亡,并对当时的朝政产生了很大的影响。

朱常洛登上皇位后,因身处顺境,未能严格地自我克制,犯了贪恋女色的错误。他素来身体羸弱,"虽正位东宫,供奉淡薄"。"登极后,日亲万几,精神劳瘁",身体状况更差。这时,郑贵妃"以前福王故",担心朱常洛记仇,"欲邀欢心",即饰美女八人以进(一说四人)。有一天"退朝内晏",朱常洛竟耐不住美女的诱惑,"以女乐承应","是夜连幸数人",于是导致"病体""大剧","圣容顿减"。接着,原郑贵妃宫中内侍、朱常洛即位后升司礼秉笔、掌御药房的崔文昇,让朱常洛吃大黄药,更使之加重了病情,"一夜数十起,支离床褥间"③。这时,郑贵妃尚住在乾清宫中,与朱常洛所宠李选侍相结,"贵妃为选侍请皇后封,选侍亦请封贵妃为皇太后"。于是朱常洛的"外家王、郭二戚畹,遍谒朝士,泣诉宫禁危状,谓'帝疾必不起,文昇药,故也,非误也。郑、李交甚固,包藏祸心'"。"廷臣闻其语,忧甚",杨涟和左光斗"乃倡言于朝,共诘责郑养性,令贵妃移宫,贵妃即移慈宁(宫)"。杨涟又上疏弹劾崔文昇"用药无状,请推问之"④。后来,朱常洛的

---

① 《明史》卷 305《宦官》2。
② 《三朝要典》卷 13。
③ 《先拨志始》卷上;《三朝野纪》卷 1;《明史》卷 218《方从哲传》,卷 305《宦官》2。
④ 《明史》卷 244《杨涟传》。

病情一直没有好转,而且不久又出现了鸿胪寺丞李可灼进红丸药一事,朱常洛服过两丸遂一命归西。两年后,大学士韩爌曾在一个奏疏里详述了这一事件的具体过程,所述也比较客观、符合实际,兹据《明史》所载摘引如下:

> 先帝(指朱常洛)以去年八月朔践阼。臣及(刘)一爌以二十四日入阁。适鸿胪寺官李可灼云有仙丹欲进。(大学士方)从哲愕然,出所具问安揭,有"进药十分宜慎"语,臣等深以为然,即谕之去。二十七日,召见群臣,先帝自言不用药已二十余日。至二十九日,遇两内臣,言帝疾已大渐,有鸿胪寺官李可灼来思善门进药;从哲及臣等皆言:彼称仙丹,便不敢信。是日,仍召见。诸臣问安毕,先帝即顾皇上(指明熹宗朱由校),命臣等辅佐为尧舜;又语及寿宫,臣等以先帝山陵对,则云"是朕寿宫"。因问有鸿胪官进药,从哲奏云:"李可灼自谓仙丹,臣等未敢信。"先帝即命传宣。臣等出,移时可灼至,同入诊视,言病源及治法甚合。先帝喜,命速进。臣等复出,令与诸医商榷。一爌语臣,其乡两人用此,损益参半。诸臣相视,实未敢明言宜否。须臾,先帝趣和药,臣等复同入,可灼调以进,先帝喜曰:"忠臣,忠臣。"臣等出,少顷,中使传圣体服药后暖润舒畅,思进饮膳,诸臣欢跃而退。比申末,可灼出云:"圣上恐药力不继,欲再进一丸。"诸医言不宜骤。乃传趣益急,因再进讫。臣等问再服复何状?答言平善如初。此本日情事也。次日,臣等趋朝,而先帝已于卯刻上宾矣。[①]

由于泰昌元年(1620年)八月是小月,仅有二十九天,朱常洛死时已为九月初一日早晨。李可灼所进的药丸,即所谓"红丸",其名"三元丹,是红铅、秋石、人乳、辰砂所制",其方据说出自《万病

---

① 《明史》卷240《韩爌传》;参见《三朝要典》卷12《红丸》。

回春书》①。朱常洛之死，是否以李可灼的红丸药为最后致命的因素，是无法说清的，但时任首辅、一贯倾向于邪恶派的方从哲却在朱常洛死去的当天，"拟遗旨赉可灼银币"，这不能不引起人们的反对和怀疑。于是两天后就有御史王安舜弹劾方从哲"轻荐狂医"，"又赏之以自掩"；御史郭如楚批评"进药不效，白云遽升，可灼当席稾待罪，而煌煌金币滥施如此"。方从哲在众人攻击下，只好另"拟太子令旨，罚可灼俸一年"。同一天，御史郑宗周还弹劾投药错误的崔文昇，说他是"包藏祸心"，要求将之"下法司严鞫"；对此，方从哲则"拟令旨司礼察处"②。此后，关于朱常洛致死原因，正直派和邪恶派的官吏又进行了长期的争论，将之当成了互相攻击的一个题目，这便是有名的"红丸案"。

二、熹宗即位和移宫案

光宗朱常洛死时，其长子朱由校年已十六，而且朱常洛已经于死前向大臣明确表示由他继位，要求大臣们"辅他为尧舜"③，因而，这时由他继任皇帝，是没有任何争论的。但是，李选侍"偃然以母后自处"④、有干预朝政的野心，所以极力制造障碍，于是与正直派官吏发生了激烈的冲突，使得朱由校的即位过程充满了斗争，明代历史上的又一著名案件——移宫案由此而发生。

李选侍恃宠骄横，早在万历年间即曾欺凌朱由校的生母王氏，致使王氏于万历四十七年（1619年）三月含愤死去⑤。她对地位权力极为热衷，在光宗在世时，为急于得到皇后的身分，竟

---

① 《三朝要典》卷 15、卷 10。
② 《明史》卷 218《方从哲传》；《国榷》卷 84；《三朝要典》卷 9。
③ 《三朝野纪》卷 1。
④ 《蓬编》卷 13。
⑤ 《明史》卷 114、卷 305；《三朝野纪》卷 2（上）。

不择手段。泰昌元年(1620年)八月,光宗于重病中召见阁部大臣,口谕"册封李选侍为皇贵妃";躲在门幔后的李选侍甚为不满,当即"从门幔中"将陪同接见大臣的朱由校"手挽""而入",嘀咕了一阵之后,"复推之"出,使之不得不按其要求向光宗说:"要封皇后。"见此情景,被接见的大臣"相顾错愕",连光宗也为之"色变"①。光宗死时,李选侍不仅皇后位号未曾到手,连皇贵妃的册封也未及进行,但她对地位权力的追求不减既往,经过与心腹宦官李进忠等相谋,企图"挟皇长子自重",从而给即将进行的朱由校继位登极一事,抹上了一层令人担忧的阴影。②

　　李选侍"挟皇长子自重"的阴谋如果得逞,对于封建秩序的稳定是极为不利的。这使正直派官吏无法接受;另外,李选侍与郑贵妃的密切关系,也决定了正直派官吏不可能容许李选侍染指朝廷大权。与正直派官吏关系密切的太监王安,及时地将李选侍的这一阴谋通报给外廷,正直派官吏杨涟、左光斗、刘一燝及周嘉谟(吏部尚书)等立即作出对策③。泰昌元年(1620年)九月一日,光宗死后时间不长,杨涟等人就来到了紫禁城中,杨涟鉴于李选侍尚据乾清宫,与其他大臣约好:到达乾清宫后,先"亟见"朱由校,"即呼万岁,拥出乾清(宫),暂居慈庆(宫)",以使朱由校摆脱李选侍的控制。当诸位大臣一齐来到乾清宫门前时,守门太监"持梃不容人",杨涟厉声相责,乃得入。在对死去的光宗行过入临礼之后,刘一燝诘问旁边的太监们:"皇长子当枢前即位,今不在,何也?"太监们"东西走"而"不对"。这时,朱由校正被李选侍藏在本宫暖阁,不得出,王安即上前报告:"为李选侍所匿耳。"接着,王安入内见选侍,骗她说:"第出即返。"遂挟朱由

　　① 《三朝要典》卷18;《三朝野纪》卷1;《明通鉴》卷76。
　　② 《明史》卷305。
　　③ 《明史》卷305;《先拨志始》卷上。

校"趋出","及门,中官数辈追及,揽衣请还",杨涟将之斥退。刘一燝等因掖朱由校"升辇,至文华殿",举行了"即东宫位"的典礼(前此尚未正式举行过这一典礼)。"事稍定,选侍犹趣(朱由校)还乾清(宫)"。刘一燝对朱由校说:"乾清不可居,殿下宜暂居慈庆(宫)。"朱由校"心惮选侍,然之",遂去了慈庆宫。时议定于本月六日正式即皇帝位。周嘉谟奏请朱由校:"今日殿下之身,是社稷神人托重之身,不可轻易;即诣乾清宫哭临,须臣等到乃发。"朱由校很赞同。①

为了使朱由校在正式即帝位时能住进皇帝应住的乾清宫,也为了使李选侍彻底丧失干政的可能,自九月二日起,左光斗等开始采取措施,逼迫李选侍搬出乾清宫。九月二日,左光斗、周嘉谟各上疏请选侍移宫。左光斗的奏疏说:"内廷有乾清宫,犹外廷有皇极殿,惟天子御天得居之,惟皇后配天得共居之";"选侍既非嫡母,又非生母,俨然尊居正宫","名分谓何?""及今不早断决,将借抚养之名,行专制之实,武氏之祸,再见于今,将来有不忍言者"。这几天的廷臣奏章,是先经乾清宫,而后才能到慈庆宫。李选侍一见左光斗的奏疏,勃然大怒,"将加严谴","数遣使宣召光斗",而左光斗不听其令,说:"我,天子法官也,非天子召不赴。若辈何为者?"李选侍更怒,邀朱由校到乾清宫商议,朱由校也不肯往,"使使取其笺视之,心以为善",并反过来催选侍"择日移宫"②。初五日,传闻欲缓移宫期,杨涟及诸大臣毕集慈庆宫门外,非常着急,因为次日即到朱由校即皇帝位的日期了。杨涟"语(方)从哲趣之",方从哲却答以"迟亦无害"。杨涟当即反驳说:"昨以皇长子就太子宫犹可,明日为天子,乃反居太子宫

——

———————

① 《明史》卷240《刘一燝传》,卷244《杨涟传》;《明通鉴》卷76;《明史纪事本末》卷68《三案》;《三朝要典》卷18。

② 《明史》卷244《左光斗传》。

以避宫人乎？即两宫圣母(指光宗后郭氏及朱由校生母王氏)如在，夫死亦当从子。选侍何人，敢欺藐如此！"当时太监来来往往者甚多，有的说"选侍亦顾命中人"。杨涟斥之，说："诸臣受顾命于先帝，先帝自欲先顾其子，何尝先顾其嬖媵？请选侍于九庙前质之，若曹岂食李家禄者？能杀我则已，否则，今日不移，死不去。"刘一燝、周嘉谟帮助他说话，"词色俱厉，声彻御前"。后"皇长子使使宣谕，乃退"。但杨涟又抗疏说："选侍阳托保护之名，阴图专擅之实，宫必不可移，臣言之在今日，殿下行之在今日，诸大臣赞决之，亦惟今日。"由于杨涟等人理直气壮，态度坚决，朱由校也下了"即日移宫"的旨意，加之王安在内"恐吓"，李选侍无计可施，只好于当天移出乾清宫，改居仁寿殿①。第二天，朱由校正式即帝位。不久，诏改次年为天启元年。自光宗死到朱由校即位，其间共六天，史载杨涟为定这次"宫府危疑"，与刘一燝等共同奋斗，费尽心力，事情过后，累得"须发为之尽白"。②

在李选侍移出乾清宫之时，杨涟曾对诸大臣说："选侍不移宫非所以尊天子。既移宫，又当有以安选侍。是在诸公调护，无使中官取快私仇。"这是很周到、很正确的想法，它符合当时的道德规范，有利于政治上的稳定。但由于形势的复杂，他们担心的事情还是发生了。当李选侍由乾清宫搬出时，太监刘逊、刘朝、田诏等乘机"盗内府秘藏"，经过乾清门，"金宝坠地"，被发现，明熹宗大怒，"下法司按治"，"词连(李)选侍父"。"诸奄计无所出"，即散布流言，说被逼移出乾清宫的李选侍上吊自杀、其女"皇八妹入井"，用以"荧惑朝士"。在政治上喜好投机的御史贾继春，遂上书内阁，"谓不当于新君御极之初，首劝主上以违忤先

---

① 《明史》卷244《杨涟传》；《三朝野纪》卷2(上)。

② 《明通鉴》卷76。

帝,逼逐庶母,表里交搆,罗织不休,俾先帝玉体未寒,遂不能保一姬女"①。于是左光斗"上疏述移宫事",明熹宗也传谕内阁,指斥"选侍气殴圣母,及要挟传封皇后与即日欲垂帘听政"的种种罪状,又明白宣布,目前李选侍已得到"奉养","尊敬不敢怠"。大学士方从哲接到此谕,以"皇上既仰体先帝遗爱,不宜暴其过恶,传之外廷"为由,将之封还。明熹宗不肯接受方从哲的意见,坚持将这道谕旨发抄出去。接着,给事中周朝瑞与贾继春辩驳起来,周朝瑞谓贾"喜树旌旗,妄生题目",贾继春则谓"保全选侍,盖亦人伦天理、布帛菽粟之言",并说"主上父子相继,宗社何尝不安,而必待倾选侍以安之"?又称"伶仃之皇八妹入井谁怜?孀寡之未亡人雉经莫诉"。杨涟恐贾继春之说传播开来,"使今日之疑端,成他时之实事",亦上"敬述移宫始末疏",叙述了移宫前后的详细情况。明熹宗见疏大喜,"优诏"表扬他"志安社稷"。不过,贾继春及其同党对之更加恼火,"诋涟结王安,图封拜"。杨涟不胜其愤,"抗章乞去",明熹宗"褒其忠直","许之归",时在泰昌元年(1620年)的十二月。第二年春,贾继春出按江西,便道还里,"见帝诸谕",乃上疏"自明上书之故",自称是为了"效忠规劝",并"惶恐引罪",将自己所谈说是"得之传闻"。但将最关键"雉经"、"入井"两语隐下不讲。明熹宗对之进行了严厉的批评,并"除名永锢",时为天启元年(1621年)四月。②

上述杨涟、左光斗等逼迫李选侍移出乾清宫一事及关于此事的争论,就是所谓的移宫案。它与万历年间的梃击案、前此不久发生的红丸案,合称三案。自杨涟、贾继春相继离开朝廷后,关于移宫案的争论暂时停息,但不久又重新开展起来。

---

① 《明史》卷244《杨涟传》;《明通鉴》卷76。
② 《明史纪事本末》卷68《三案》;《明史》卷244《杨涟传》,卷306《阉党》;《明通鉴》卷76~77;《三朝要典》卷18。

三、"众正盈朝"

1．"东林方盛"局面的出现和改良政治的努力

明熹宗之顺利登上皇帝宝座，与杨涟、左光斗、刘一燝、周嘉谟等正直派官吏的支持以及跟正直派官吏联系密切的太监王安的支持，关系极大。这使他在一定的时期内，对他们信任而依靠之。如史称"熹宗心德(王)安，言无不纳"①。因此，天启前期，正直派官吏的势力呈日益增长之势。许多在万历时期被排斥出朝廷的正直派官吏，这时应召陆续返回朝廷。如以"方严"著称，万历年间曾任吏科给事中、南京刑部照磨、吏部员外郎等职，后"家食垂三十年"的邹元标，"光宗立，召拜大理卿，未至，进刑部右侍郎。天启元年四月还朝"②。因万历二十一年(1593年)京察中，以考功郎中身分佐吏部尚书孙钺"秉公澄汰"而被削籍为民的赵南星，于天启元年(1621年)三月被起升为"太常寺添注少卿"③。万历中曾任行人、揭阳添注典史等职，对大学士王锡爵排斥"正人"曾大胆上疏指斥，后来也"家居垂三十年"的著名东林党人无锡人高攀龙，"熹宗立，起光禄丞，天启元年进少卿"④。因万历四十三年梃击案发生后，通过私审张差而使真相得白于世，从而得罪邪恶派官僚，于万历四十五年京察中被其削籍的原刑部主事王之寀，"天启初，廷臣多为之讼冤，召复故官"，不久，又升尚宝少卿、太仆少卿、太仆寺卿、刑部右侍郎等职⑤。万历三十九年京察中，"协理河南道，力锄匪类"，后因"齐、楚、浙

---

① 《明史》卷305。
② 《明史》卷243《邹元标传》。
③ 《明史》卷243《赵南星传》；《明熹宗实录》卷8。
④ 《明史》卷243《高攀龙传》；《明熹宗实录》卷8。
⑤ 《明史》卷244《王之寀传》。

三党用事，移疾"而归的洛阳人乔允升，"天启初，起历刑部左、右侍郎，三年，进尚书"①。万历年间少有的比较正直的首辅、万历四十二年离职还乡的叶向高，"光宗立，特诏召还，未几，熹宗立，复赐敕趣之"，天启元年（1621年）十月二十一日返回京城，二十五日入阁办事，"复为首辅"②。前面提及的杨涟，虽于泰昌元年（1620年）十二月离职归家，但于天启二年就被起为礼科都给事中，"旋擢太常少卿。明年冬，拜左佥都御史。又明年春，进左副都御史"③。天启初年，正直派官吏不仅陆续返回朝廷，在朝势力日增，而且掌握了其中的许多关键性的职位。如内阁首辅之职，天启元年上半年是刘一燝，天启元年十月至四年七月是叶向高④。吏部尚书之职，起初是周嘉谟，而后天启元年十二月至三年九月是张问达（他也是"悬悬奉公"的正直派人物），天启三年十月至四年十月则为赵南星⑤。左都御史之职，起初是张问达，而后天启元年十二月至二年十月是邹元标，天启二年十一月至三年十月是赵南星，天启三年闰十月至四年八月是孙玮（他于万历年间曾以兵部尚书掌左都御史事，"素负时望"，也属正直派人物之列），天启四年八月至十月是高攀龙⑥。此外，随着正直派官吏势力的增长，一些邪恶派官僚也被迫引退，史称"向称三党之魁及朋奸乱政者，亦渐自引去"⑦。这样，天启初年遂形成了正直派官吏掌握相当一部分朝政、"东林方盛"的局面⑧，在赵南星担任吏部尚书的天启三年下半年至天启四年上半年，尤其如

---

① 《明史》卷254《乔允升传》。
② 《明史》卷240《叶向高传》；《蓬编》卷11。
③ 《明史》卷244《杨涟传》。
④ 《明史》卷110《宰辅年表》2。
⑤ 《明史》卷112《七卿年表》2；《明史》卷241《张问达传》。
⑥ 《明史》卷112《七卿年表》2；《明史》卷241《孙玮传》。
⑦ 《明史》卷241《周嘉谟传》。
⑧ 《明史》卷246《王允成传》。

此。史称:是时"东林势盛,众正盈朝。南星益搜举遗佚,布之庶位。高攀龙、杨涟、左光斗秉宪;李腾芳、陈于廷佐铨;魏大中、袁化中长科道;郑三俊、李邦华、孙居相、饶伸、王之寀辈悉置卿贰。而四司之属,邹维琏、夏嘉遇、张光前、程国祥、刘廷谏,亦皆民誉。中外忻忻望治"。①

天启前期,由于正直派官吏掌握了相当一部分朝政,这便使这时的政治继泰昌元年(1620 年)之后朝清明方向进一步发展。这一时期的政治清明主要表现在如下三方面:

整顿吏治、澄清铨政。周嘉谟担任吏部尚书时,"极陈吏治敝坏,请责成抚、按、监司"。时"上官注考,率用四六俪语,多失实",他"请以六事定官评:一曰守,二曰才,三曰心,四曰政,五曰年,六曰貌。各注其实,毋饰虚词"。明熹宗"称善,行之"②。天启二年和三年张问达担任吏部尚书时,将外察和京察当成了逐邪留贤的好机会。史载,天启二年(1622 年)他与左都御史邹元标共同主持的外察,"去留惟公"③;天启三年他与左都御史赵南星等主持京察,将"先朝结党乱政"、"时目为四凶"的亓诗教、赵兴邦、官应震、吴亮嗣等邪派人物,置于"不谨",其他"有议者,亦俱从褫斥,不稍假借",甚合"公论"④。这时赵南星鉴于巡按御史因"务于市恩而莫肯任怨","举劾"多不符合实际,甚至"贪者"被说成"廉于伯夷","酷者"被说成"惠于子产",还特地上疏要求"申明宪职",以后凡是巡按御史"差满",要"将所举劾",令河南道御史"发单细访","必举劾允当而后为称职,否则即以不称职论",以求巡按御史们"惕然猛省,共图百姓之安"。明熹宗接到他的这个奏疏,甚为称赞⑤。

---

① 《明史》卷 243《赵南星传》。
② 《明史》卷 241《周嘉谟传》。
③ 《明史》卷 241《张问达传》,卷 243《邹元标传》。
④ 《明史》卷 241《张问达传》,卷 243《赵南星传》;《先拨志始》卷上。
⑤ 《国榷》卷 85。

天启三年底,赵南星接任吏部尚书后,更是竭力改良铨政,《明史》记载说:"当是时,人务奔竞,苟且恣行,言路横尤甚。每文选郎出,辄邀之半道,为人求官,不得则加以恶声,或逐之去。选郎即公正无如何,尚书亦太息而已。南星素疾其弊,锐意澄清,独行己志,政府及中贵亦不得有所干请,诸人惮其刚严不敢犯。有给事为赀郎求盐运司,即注赀郎王府,而出给事于外。知县石三畏素贪,黣缘将行取,南星亦置之王府。时进士无为王官者,南星不恤也。"①

发内帑充兵饷犒赏士兵。这类事情,既有利于解决士兵的困难,也有利于减轻一般群众的赋税负担。这时,每次发内帑往往数量相当大。如泰昌元年(1620年)十月三十日,为"劳边"而发内帑一百八十万金②;天启元年(1621年)正月七日,因辽事"告急,饷库一空,军士枵腹",复发内帑五十万金解往充饷③;三月,再次发内帑金"以佐"边饷之"急需",数达一百万④;十月二十六日,应新到京城的首辅叶向高之要求,又一次发内帑金充兵饷,其数为二百万⑤。以上四次,合计发内帑金五百三十万。天启元年十月二十六日发内帑时,明熹宗曾谕户兵工三部说:"内帑所发已多。"⑥ 这话说得完全符合事实。

减轻人民的赋役负担。天启元年七月十三日,"以军兴告诎,准免织造新颁袍式三分之一"⑦。天启二年(1622年)二月十

① 《明史》卷243《赵南星传》。
② 《明熹宗实录》卷2;《明通鉴》卷76。
③ 《明熹宗实录》卷5;《明通鉴》卷77。
④ 《明熹宗实录》卷8;《明通鉴》卷77。
⑤ 《明熹宗实录》卷15;《明通鉴》卷77。
⑥ 《明熹宗实录》卷15。
⑦ 《明熹宗实录》卷12;《明通鉴》卷77。

二日,下令免天下带征钱粮二年,"北直隶地方频年骚扰,苦累尤甚,并免加派"。①

上述措施虽然都是积极的,但所触及的社会问题的深度极其有限,因而从总体看,当时的政治改良,收效甚微。造成这种状况的原因,非止一端,而从正直派官吏本身讲,其中重要的一点乃在于,当时他们的精力主要被牵涉到无休止的党派之争中去了。

2.对邪恶派官僚的穷追不舍

万历以来的正直派与邪恶派的党派之争,到明熹宗即位时,已经持续了几十年。明熹宗即位之后的天启前期,这种纷争仍在继续。这时双方纷争的焦点,是对梃击、红丸、移宫三案中的是非进行辩论。由于正直派在朝廷中占有优势,因而正直派处在攻势,一次次上疏弹劾邪恶派,要严厉追究其责任;而邪恶派则处在守势,在猛烈的进攻面前,层层设防。下面,将天启前期(包括泰昌元年九月至十二月)正直派官吏围绕三案对邪恶派官僚的弹劾及后者的答辩,择其主要者,叙述于下:

惠世扬劾方从哲十罪三可杀。自红丸、移宫两案发生后不久,方从哲便不断遭到弹劾,御史郭如楚、冯三元,给事中魏应嘉等,先后上疏说:"(李)可灼罪不容诛,从哲庇之,国法安在!"而给事中惠世扬更"直纠从哲十罪、三可杀",除了将其担任大学士的几年间所犯种种罪状加以揭露外,更突出地指斥了他在梃击案中"庇护奸党"、红丸案中袒护崔文昇和李可灼、移宫案中听任李选侍"久据乾清"的罪状,可说是对方从哲的全面指责,时在泰昌元年(1620年)九月八日。此后,又有御史张泼等连续对方从哲进行弹劾。方从哲被迫上疏求去,凡上六疏,于是年十二月十八日获准致仕。②

---

① 《明熹宗实录》卷19;《明史》卷22《熹宗纪》。
② 《明史》卷218《方从哲传》;《国榷》卷84;《明熹宗实录》卷4。

王之寀的《复仇疏》。王之寀于天启初被召回朝廷后,在天启二年(1622年)二月上《复仇疏》,主张对与三案有关的邪恶派官僚,严加惩罚。关于"红丸"案,他说:"乃先帝(指光宗)一生遭逢多难,弥留之际,饮恨以崩。试问:李可灼之误用药,引进者谁? 崔文昇之故用药,主使者谁? 恐方从哲之罪不在可灼、文昇下。此先帝大仇未复者一也。"关于梃击案,他揭露了刘廷元等人"以疯癫具狱"、"曲盖奸谋"的具体活动,并认为外戚郑国泰是案件的中心人物,其人虽死,"罪不容诛",应当"开棺戮尸,夷其族,赭其宫",但"至今犹未议及,此先帝大仇未复者二也"。他还把梃击案和红丸案联系在一起加以分析,提出:"用药之术,即梃击之谋。击不中而促之药,是文昇之药惨于张差之梃也。"王之寀的这个奏疏杀气腾腾,对于与梃击案有关的邪恶派官僚讲得尤多,也很具体,因而使邪恶派官僚、尤其是其中与梃击案有关者,对之极为不满,史载:"疏入……先主疯癫者恨次骨。"[①]

孙慎行就红丸等事追论方从哲。孙慎行,武进人,万历二十三年(1595年)进士。家居时,"素讲学东林",为邪党所忌。当朝中争论韩敬科场案时,他任礼部右侍郎,署部事,"拟黜敬",更为邪党所不满。万历末因受邪党排挤而乞归。熹宗立,召拜礼部尚书,天启二年(1622年)四月十四日遂上疏以红丸事为重点,对方从哲进行了全面的弹劾。在讲到红丸案时,奏疏说:"先帝(指光宗)骤崩,虽云凤疾,实缘医人用药不审。阅邸报,知李可灼红丸乃首辅方从哲所进。夫可灼官非太医,红丸不知何药,乃敢突然以进。昔许悼公饮世子药而卒,世子即自杀,《春秋》犹书之为弑。然则从哲宜何居? 速引剑自裁以谢先帝,义之上也;合门席稾以待司寇,义之次也。乃悍然不顾。至举朝共攻可灼,仅令回籍调理,岂不以己实荐之,恐与同罪欤? 臣以为从哲纵无

<hr>

① 《明史》卷244《王之寀传》。

弑之心,却有弑之事;欲辞弑之名,难免弑之实。"在讲到方从哲的其他罪状时,奏疏说:"先是则有皇贵妃欲为皇后事。古未有天子既崩而立后者。倘非礼官执奏,言路力持,几何不遗祸宗社哉!"又说:"后此则有选侍垂帘听政事……若非九卿台谏力请移宫,选侍一日得志,陛下几无驻足所。闻尔时从哲濡迟不进,科臣趣之,则云迟数日无害。任妇寺之纵横,忍君父之杌陧,为大臣者宜尔乎?"最后,奏疏提出要严惩方从哲,说:"陛下宜急讨此贼,雪不共之仇。"还要求"并急诛李可灼,以泄神人之愤"。①

孙慎行疏上,奉旨百官"会议具奏"。左都御史邹元标首先上疏支持。方从哲急忙上疏自辩。后九卿科道之疏陆续奏上,"时朝野方恶从哲,慎行论虽过刻,然争骓其言","议者一百十有余人,纷纷俱罪从哲,独刑部尚书黄克缵及给事中汪庆百等数人右之"。于是孙慎行再疏批驳,说:"由前则过信可灼,有轻进药之罪;由后则曲庇可灼,有不讨贼之罪。两者均无辞乎弑也。从哲谓移宫有揭。但诸臣之请在(九月)初二,从哲之请在初五,尔时章疏入乾清不入慈庆者已三日,国政几于中断,非他辅臣访知,与群臣力请,其害可胜言哉!"在争议中,有的还强调崔文昇的罪状,如六月二十九日吏部尚书张问达与户部尚书汪应蛟等合奏说:"(崔文昇)当皇考(按指光宗)哀伤感寒之时,闻进大黄凉药,罪亦当诛。可灼轻进红丸,文昇何不详察此药与皇考疾合否、应进否?臣等谓进药何等慎重,文昇在左右,乃寂无一言议药具奏,身膺提督太监谓何?文昇之罪又在可灼上矣。"最后双方争论的结果,是李可灼被遣戍,崔文昇发遣南京,至于方从哲则"置不问"。②

① 《明史》卷243《孙慎行传》;参见《三朝要典》卷10。
② 《明史纪事本末》卷68《三案》;《三朝要典》卷12;《明史》卷218《方从哲传》,卷243《孙慎行传》;《明通鉴》卷78。

从上面的叙述看,这时正直派围绕三案对邪恶派官僚的弹劾,从其基本内容讲,基本符合实际,但也有一些人的一些说法存在渲染夸张之处,将一些无法落实的罪状说成确凿的事实。另外,其态度也显得过分激烈,许多人是抱着除恶务尽、与对手誓不两立的严厉态度。正直派官吏的这些表现,无疑有些感情用事。这是可以理解的。双方几十年的争斗,相互间形成了严重的仇恨情绪,万历末年正直派官吏受到残酷打击,现在一旦翻过身来,便很易于怀着百倍的仇恨,向对方发泄胸中积存已久的怒火。然而权衡当时的大局,正直派官吏的这些做法是存在严重的问题的。如果这时他们不把自己的相当多的精力用在对历史问题的追究,或少用一些精力办这件事,而且态度宽恕一些,那么,他们就会有更多的精力去改良当时的政治,与对立面的紧张关系就会得到缓和,这对巩固其政治上的优势地位极有帮助。但他们实际上却是没能克制住自己的情绪,用了相当多的精力去追论三案,追究宿敌。这便使之无精力在改良政治上较多地有所作为,也使邪恶派与之仇恨更深,易于促使他们与之周旋到底,党派之争不仅不能停歇,反而愈演愈烈。这对正直派官吏发展自己的势力无疑是十分不利的。当时腐朽的宦官魏忠贤集团恰好正在兴起,于是到天启四年(1624 年)后,它终于取代正直派官吏,而在朝廷中占据了优势地位,将朝政掌握在自己手中。

四、魏忠贤集团的形成

魏忠贤,肃宁人。万历年间自宫入宫,隶太监孙暹,夤缘入甲字库;又求为皇长孙朱由校母王才人典膳。通过巴结王安名下魏朝,使魏朝多次在王安面前夸赞他,"安亦善遇之"。朱由校的乳母客氏是定兴人侯二之妻,十八岁入宫,两年后丧夫,与魏朝私下相好。及魏忠贤入宫,又与相通,"客氏遂薄朝而爱忠贤,两人深相结"。朱由校即位后,魏忠贤与客氏皆受宠,客氏尤甚。"未逾月,封客氏奉圣夫人,荫其子侯国兴、弟客光先及忠贤兄钊俱锦衣千户。忠贤寻自惜薪司迁司礼秉笔太监,兼提督宝和三店。忠贤不识字,例不当入司礼,以客氏故得之"。朱由校即位后数月的一个晚上,"忠贤与(魏)朝争拥客氏于乾清宫暖阁,醉詈而嚣,声达御前",接着"俱跪御榻前"听朱由校裁决。朱由校知客氏心向魏忠贤,"乃退朝而与忠贤。忠贤卒矫旨发朝凤阳,缢杀之",从此魏忠贤"得专客氏"。"王安不平其事,深加诮责",于是客氏与魏忠贤"大恨(王)安"。遂决定对之加以打击,以至杀害①。王安在朱由校即位时帮了忙,也受朱由校的重用,但不如客氏、魏忠贤更得宠爱,这决定王安在客、魏欲加谋害之时,无法逃脱厄运。在客、魏的活动下,天启元年(1621年)七月十二日,王安被"降作净军,发去南海子,看守墙铺"②。魏忠贤又以太监刘朝任南海子提督,使找机会杀掉王安。刘朝,是李选侍的"私阉",在李选侍移宫时曾因"盗库"而下狱,后被"宥出",对王安不满,因而被派担任此事。刘朝到任后,"绝安食。安取篱落中芦菔啖之,三日犹不死,乃扑杀之"。时为是年九月二十四日③。此后,客氏与魏忠贤"尽斥(王)安名下诸阉",朱由校对他们更加深信不疑,"两人势益张,用司礼监王体乾及李永贞、石元雅、涂文辅等为羽翼,宫中人莫敢忤"。天启三年十二月,魏忠贤又受命"总督东厂",势更烜赫。④

  客氏与魏忠贤之受重用和得到特别优厚的待遇,不是由于

---

① 《明史》卷305《宦官》2;《三朝野纪》卷2(上);《明史纪事本末》卷71《魏忠贤乱政》。

② 《三朝要典》卷20。

③ 《明史》卷305《宦官》2;《国榷》卷84。

④ 《明史》卷22《熹宗纪》,卷305《宦官》2。

立过战功,也不是因为具有治国才能,完全是由于宠幸所致,因此,当时的正直派官吏对此不予支持,相反,一有机会即加反对,绝不与他们拉拢关系。如天启元年(1621年)四月,朱由校正式举行婚礼,立张氏为皇后,刘一燝即借机上言,"请遣客氏"出皇宫。时朱由校"恋不忍舍",说:"皇后幼,赖姆保护,俟皇考(指光宗)大葬后议之。"九月,光宗"大葬毕",刘一燝马上"请遵前诏"行事,朱由校不得已,"始遣之"。只是由于客氏出宫后,朱由校"思念流涕,至日旰不御食",才不久"宣谕复入"①。再如魏忠贤为了与赵南星拉关系,"一日,遣娣子傅应星介一中书赍见",赵南星却拒绝接受,"麾之去"②。与正直派官吏不同,喜爱投机的邪恶派官僚对于客氏、魏忠贤的态度,则往往是尽量投其所好,以便寻求靠山,走升官发财的终南捷径。如"性恄邪"的东光人、给事中霍维华就是如此,魏忠贤之谋杀王安,就是得到了他的主动帮助。史载:时"(王)安循例告病,拟邀温旨即出,有阉陆荩臣者,霍维华戚也,通信维华,谓(王)安与(魏)忠贤适当水火,有隙可乘。(霍维)华遂出疏参安……(魏忠贤)遂矫旨允告,随降谪南海子,缢杀之"③。再如"庸劣无耻"的昆山人、礼部尚书掌詹事府事顾秉谦,与"阴狡"的南乐人南京礼部侍郎魏广微,也皆在这时"谄附"魏忠贤,遂于天启三年春当上了大学士。④

由于正直派官吏及邪恶派官僚对客氏及魏忠贤的态度截然相反,再加上其他一些因素,造成魏忠贤一开始就与邪恶派官僚勾结在一起,而且相互关系越来越密切,投靠魏忠贤的邪恶派官僚越来越多,逐渐形成一个腐朽的政治集团。由于这个集团的首脑魏忠贤是个太监,所以投靠在他周围的邪恶派官僚被称为

① 《明通鉴》卷77。
② 《明史》卷243《赵南星传》。
③ 《先拨志始》卷上。
④ 《明史》卷306《阉党》;《明熹宗实录》卷30。

阉党。为了巩固和发展自己的政治地位、谋取私利,魏忠贤集团从其形成之日起,就不断找机会向正直派官吏发动或大或小的进攻。截止到天启四年(1624 年)上半年,这种进攻主要有如下两次:一次是天启元年冬到二年春,由于大学士刘一燝、吏部尚书周嘉谟咸恶霍维华奸邪,"用年例"出之为陕西佥事,霍维华的同党给事中孙杰即弹劾他们,说:"维华三月兵垣无过失,一燝、嘉谟仰王安鼻息,故摈于外。"魏忠贤见疏大喜,"立逐两人"①。一次是天启四年四月制造了汪文言下狱之案。在光、熹之际,汪文言通过与王安的关系,继万历末年之后,继续在朝政中发挥积极作用,史称"(是时)外倚刘一燝,而(王)安居中,以次行诸善政,(汪)文言交关力为多",这使"正人颂其功",而邪恶势力心甚恨。及"客、魏既杀王安",时任顺天府丞的邪恶派官僚邵辅忠"遂劾文言,褫其监生。既出都,复逮下吏,得末减"。汪文言不因此而退缩,此后"益游公卿间,门外之辙愈众";大学士叶向高用之为内阁中书;魏大中(嘉善人,曾从高攀龙受业,万历四十四年进士,天启元年擢工科给事中,天启二年议红丸之时,力请诛方从哲、崔文昇、李可灼,且追论郑国泰倾害东宫罪,后迁礼科左给事中,是著名的东林人物)、韩爌、赵南星、杨涟、左光斗等皆与往还②。天启四年(1624 年)四月的这一案件,完全是魏忠贤集团为了打击汪文言及与之有广泛联系的其他正直派官吏而蓄意制造的。制造这一案件的主要当事人是怀宁人阮大铖和天启时任给事中、与傅应星及东厂理刑太监傅继教以兄弟相称、先于阮大铖投身于魏忠贤集团的傅櫆。阮大铖"机敏猾贼,有才藻。天启初,由行人擢给事中,以忧归"。时因老乡左光斗"为御史,有声",即倚之为重。天启四年春,吏科都给事中缺,"大铖次当迁,

----

① 《明史》卷 306《阉党》;《明通鉴》卷 77。
② 《明史》卷 244《魏大中传》;《黄忠端公遗集》卷 3《汪文言传》;《蓬编》卷 16。

光斗招之。而赵南星、高攀龙、杨涟等以察典近,大铖轻躁不可任,欲用魏大中。大铖至,使补工科。"于是阮大铖心中怨恨,即通过傅櫆与傅继教等挂上线,加入魏忠贤集团,并通过"中珰寝推大中疏"。"吏部不得已,更上大铖名,即得请","然(大铖)畏东林攻己,未一月遽请急归",史科都给事中之职终于落到魏大中头上,时为是年四月十八日①。对这一结果,阮大铖是难以接受的,他怀疑是左光斗和魏大中暗中捣鬼,遂由他"主谋",由傅櫆出面,于同月二十二日递上了奏疏加以弹劾;由于抓不住确凿的证据,即在奏疏中以二人与汪文言相"交通"、"肆为奸利"为借口而发难。时魏忠贤见疏大喜,认为是广泛打击正直派官吏的好机会,"立下文言诏狱"。但魏大中、左光斗当即上疏力驳,武定人御史袁化中等正直派官吏纷纷上疏为左、魏辩白。大学士叶向高也上疏说:"文言内阁办事,实臣具题。光斗等交文言事暧昧,臣用文言显然。乞陛下止罪臣,而稍宽其他,以消缙绅之祸。"并力求速罢其官。面对这些辩驳,魏忠贤难以应付,更"惮向高旧臣",不便深究,遂"并光斗等不罪,止罪文言"。最后,汪文言也没有受到过甚的处罚。因为当时魏大中曾请余姚人、正直派官吏御史黄尊素加以营救。黄尊素与掌北镇抚司事指挥刘侨"颇善",黄受魏大中托后,对刘侨说:"文言不足惜,使缙绅之祸由文言,不可。""侨领之",因而从轻发落,汪文言只被"廷杖褫职"而已②。魏忠贤集团在这个案件中虽然没有达到最终目的,但已经显露出其广泛罗织、打击正直派官吏的狠毒意图,这反映出这时它已是严重威胁正直派官吏的一支力量。

---

　　① 《明史》卷308《奸臣》;《国榷》卷86;《三朝野纪》卷2(上);《黄忠端公遗集》卷3《汪文言传》。

　　② 《明史》卷240《叶向高传》,卷244《魏大中传》;《黄忠端公遗集》卷3《汪文言传》;《国榷》卷86;《三朝要典》卷23。

五、杨涟怒上二十四罪疏和魏忠贤的反击

面对魏忠贤集团的日益强大，正直派官吏为了解除威胁，很需要发动一次强大的攻势。于是，在天启四年六月一日，杨涟上了有名的二十四罪疏，对魏忠贤进行愤怒的弹劾。这个奏疏，以大量事实为依据，无情地揭露了魏忠贤二十四方面的"大罪"。其中包括"亲乱贼而仇忠义"；"颠倒铨政，掉弄机权"；横行宫内，谋害妃嫔；滥邀恩荫，"要挟无穷"；操纵东厂，"快私仇，行倾陷"；"恩多成怨"，对皇帝"进有傲色，退有怨言，朝夕隄防，介介不释"等。最后，奏疏又用简洁而富有鼓动性的语言，指出了魏忠贤权大震主的势焰，坚决要求对之加以严惩，其中说："凡此逆迹，昭然在人耳目。乃内廷畏祸而不敢言，外廷结舌而莫敢奏。间或奸状败露，则又有奉圣夫人为之弥缝。甚至无耻之徒，攀附枝叶，依托门墙，更相表里，迭为呼应。积威所劫，致掖廷之中，但知有忠贤，不知有陛下；都城之内，亦但知有忠贤，不知有陛下。即如前日，忠贤已往涿州，一切政务必星夜驰请，待其既旋，诏旨始下。天颜咫尺，忽慢至此，陛下之威灵尚尊于忠贤否耶？陛下春秋鼎盛，生杀予夺，岂不可以自主？何为受制么麽小丑，令中外大小惴惴莫必其命？伏乞大奋雷霆，集文武勋戚，敕刑部严讯，以正国法，并出奉圣夫人于外，用消隐忧，臣死且不朽。"①

杨涟此疏，可说火力相当猛烈，史称："疏上，忠贤惧，求解于韩爌。爌不应，遂趋帝前泣诉，且辞东厂。"② 但魏忠贤很快就摆脱了危机，因为深受熹宗喜欢的客氏，在事情发生后，急忙"从旁剖析"，与他紧密勾结的司礼监太监王体乾等也在熹宗身边千

---

① 《明史》卷 244《杨涟传》；《国榷》卷 86。
② 《明史》卷 305《宦官》2。

方百计地为之开脱,从而使得熹宗"懵然不辨"好坏,遂"温谕留忠贤;而于次日下涟疏,严旨切责",说他"借端沽直","凭臆结祸,是欲屏逐左右,使朕孤立"①。杨涟的这次上疏,可说是正直派官吏对魏忠贤集团的一次决战,杨涟败下阵来之后,双方的斗争局势发生了重大变化:正直派官吏开始丧失自己在朝廷上的优势地位,而魏忠贤集团则开始进一步招收朝野的邪恶派人物,逐渐走上垄断朝政的阶段。在这次决战中,明熹宗站在了魏忠贤一边,并发生了决定性的影响。这说明明熹宗是一个昏庸的皇帝,明代历史一再表明:在君主专制制度高度发展的时代,在一定的范围内,君主的意旨及其昏庸与否对历史的发展面貌常常是决定的因素。

杨涟上疏后,又有御史黄尊素、李应昇、袁化中,吏科都给事中魏大中,南京兵部尚书陈道亨,抚宁侯朱国弼等,先后上疏继之,总数不下百余(一说数十),"或专或合,无不危悚激切","论忠贤不法",但结果都是被"传旨切责"。大学士叶向高及礼部尚书翁正春"请遣忠贤归私第以塞谤",得到的圣旨也只是"不许"②。这时,魏忠贤已经站稳了脚跟,正直派官吏想要动摇其地位,已不再可能了。非惟如此,魏忠贤本来就对正直派官吏不满,一有机会便向之发动进攻;现在站稳了脚跟,正直派官吏的交章相劾,必然要招致其更大的仇恨,从而以百倍的疯狂进行反扑。从这年六月中旬起,一直到这年年底,这种反扑一次接着一次,其中主要的有如下几次:

杖死万燝。万燝,南昌人,"少好学,砥砺名行",举万历四十四年(1616年)进士。天启初,历任工部营缮主事、虞衡员外郎、

① 《明史》卷305《宦官》2;《国榷》卷86。
② 《明史纪事本末》卷71《魏忠贤乱政》;《明通鉴》卷79;《明史》卷305《宦官》2。

屯田郎中。当杨涟等弹劾魏忠贤、"率被严旨"后,他十分愤怒,即"抗章极论",揭露魏忠贤不肯拿出内官监的废铜器以助光宗的陵工,而在香山碧云寺为自己营造的坟墓,却"规制弘敞,拟于陵寝"。疏入,被廷臣交章弹劾搞得怒火中烧而"无所发忿"的魏忠贤,遂决定"借爆立威"。在他的操纵下,万爆被下令午门前杖一百,斥为民,时为六月十七日。"已刻旨下,随有内侍数十辈蜂拥爆寓,将爆捽发牵衣而去。自寓至午门三四里,一路拳踢棍殴。至午门,已气息奄奄矣。及行杖,又痛加箠楚",至七月七日即"殴毒并作"而卒。①

逮杖林汝翥,逼走叶向高。叶向高于天启年间第二次出任首辅后,已经"不能謇直如神宗时",但毕竟是正直派官吏,因而仍"数有匡救",经常引起魏忠贤集团的不满,魏忠贤"时毛举细故,责向高以困之"。天启四年(1624 年)六月魏忠贤杖过万爆后不久,又为了"倾向高",制造了逮杖林汝翥事件。林汝翥是叶向高的同乡,时任巡城御史。不久前曾因事杖责过两个太监。及万爆被杖后,魏忠贤忽"矫旨杖之"。林汝翥闻讯秘密逃出京城,投奔遵化巡抚邓渼处。于是有"阉人缇骑百余"声称林汝翥藏于叶向高寓邸,直入寻找,"辱及妇女,嫚骂坐索"。"向高奏之",方才撤走。后来邓渼把林汝翥的行踪报告朝廷,林汝翥最终仍被逮捕行杖。在这一事件中,叶向高作为一个当朝首辅,竟被"阉人缇骑"骚扰私宅,太失"阁臣体面",因而坚持要求解职。七月初旬得到批准,中旬离开京城。叶向高之解职,实质上也是被魏忠贤玩弄花招、逼逐而去。②

罢黜赵南星、高攀龙、魏大中等。天启四年(1624 年)秋冬

---

① 《明史》卷 245《万爆传》;《国榷》卷 86;《三朝野纪》卷 2(下)。

② 《明史》卷 240《叶向高传》;《蓬编》卷 17;《明史纪事本末》卷 71《魏忠贤乱政》;《国榷》卷 86;《三朝野纪》卷 2(下)。

之交,山西缺巡抚,河南布政使郭尚友欲出任此职,而吏部尚书赵南星认为太常卿谢应祥"有清望,首列以请"。"既得旨",魏广微的心腹御史陈九畴,受魏广微的指唆,诬称谢应祥曾任嘉善知县,吏科都给事中魏大中"出其门","大中以师故,谋于文选郎(夏)嘉遇","言于南星""而用之",此系"徇私","当斥"。魏大中、夏嘉遇疏辩,"语侵九畴。九畴再疏力诋,并下部议"。赵南星及时任左都御史的高攀龙"极言应祥以人望推举,大中、嘉遇无私,九畴妄言不可听"。魏忠贤见状大怒,"矫旨黜大中、嘉遇,并黜九畴",各降三级调外(到这年十二月又令魏大中"回籍听勘");另外,还斥责赵南星、高攀龙等"朋谋结党"。赵南星"遽引罪求去","忠贤复矫旨切责,放归"。第二天,高攀龙"亦引去"。时为这年十月中旬。不久,高攀龙又被削籍。①

削陈于廷、杨涟、左光斗之籍。吏部尚书赵南星既罢,左侍郎陈于廷署部事。大学士魏广微传魏忠贤意,"欲用其私人代南星,且许擢(陈)于廷总宪"。但陈于廷不肯服从,及会推,他与有关大臣以正直派官吏"乔允升、冯从吾、汪应蛟名上"。魏忠贤大怒,谓会推受到陈于廷及左副都御史杨涟、左佥都御史左光斗的把持,所推"仍南星遗党";时杨涟"注籍不与",乃谓其为"佯为不知","注籍躲闪"。于是矫旨斥责三人"恣肆欺瞒,大不敬,无人臣礼,都着革了职为民,仍追夺杨涟、左光斗诰命"。时为天启四年(1624年)十月二十八日。②

斥逐韩爌、朱国祯。叶向高第二次解除首辅之职后,韩爌为首辅,"每事持正,为善类所倚",深为魏忠贤集团所厌。按照旧例,"阁中秉笔止首辅一人",而深结魏忠贤的大学士魏广微"欲

---

① 《明史》卷243《赵南星传》、《高攀龙传》,卷244《魏大中传》;《国榷》卷86;《三朝要典》卷23;《启祯两朝剥复录》卷上。

② 《明史》卷244《杨涟传》、《左光斗传》,卷254《陈于廷传》;《三朝要典》卷23;《国榷》卷86。

分其柄"。于是,魏忠贤于天启四年十一月四日为之传旨,"责辅臣票拟失当","复谕次辅,勿坐视依违"。韩爌见状,知道自己已为魏忠贤集团所不容,即"抗疏乞休",毫不客气地批评魏忠贤干政造成的混乱。疏上,魏忠贤矫旨斥其"归非于上"、"悻悻求去",要他"驰驿还籍"。其他大学士请"加以体貌",魏忠贤不予理睬。时为十一月十九日。"爌去",乌程人朱国祯依资为首辅。他也是正直派人物,魏忠贤集团仍不相容。十二月,由于"逆党李蕃"的弹劾,"引疾"而去。当时因为魏忠贤"谓其党'此老亦邪人,但不作恶,可令善去'",因而朱国祯之去,得到较为体面的待遇:"加少傅,赐银币","遣行人送归,月廪、舆夫皆如制"。朱国祯离任后,首辅之位落到魏忠贤集团的顾秉谦手中。①

天启四年(1624年)下半年,魏忠贤除对正直派官吏进行反扑外,还大力提拔任用邪恶派官僚,以壮大自己的集团。如同年十一月矫旨,令同党"被察徐大化、年例外转孙杰,俱擢京卿",原给事中霍维华等,"俱起复原官"②。十二月,起徐兆魁为吏部左侍郎,以占据陈于廷空下的职位;以乔应甲为副都御史,以占据杨涟空下的职位;以王绍徽为佥都御史,以占据左光斗空下的职位③。另外,这一月,阮大铖也得到了"准即与推用"的圣旨。为了使提拔邪恶派官僚事宜不受阻拦,这时的圣旨,多不通过内阁票拟等正常手续,而由宫中直接发出,被称"中旨"。这种不正常的做法,令"朝端以为忧"。于是党附魏忠贤的给事中李鲁生上疏称:"执中者帝,用中者王,旨不从中出而谁出?"这一诡辩,使"举朝大骇",而魏忠贤得此疏解嘲,从此利用"中旨"更加肆无忌惮。④

① 《明史》卷240《韩爌传》、《朱国祯传》;《启祯两朝剥复录》卷上;《国榷》卷86。
② 《明史》卷306《阉党》;《启祯两朝剥复录》卷上;《国榷》卷86。
③ 《启祯两朝剥复录》卷上;《明通鉴》卷79。
④ 《启祯两朝剥复录》卷上;《明史》卷306《阉党》。

天启四年年底之后，首辅落入魏忠贤集团之手，"公卿庶僚"也多其"私人"，"天下大柄"可说是"尽归忠贤"①。

六、魏忠贤集团的黑暗统治

天启五年（1625 年）至天启七年明熹宗去世前的二三年间，大权在握的魏忠贤，为所欲为，使政治出现少有的黑暗局面，充分表现了以其为首的政治集团的腐朽性。他进一步起用邪恶奸佞之徒，广树私人，扩大其政治集团的势力；肆无忌惮地残酷打击异己势力，迫害正直派官吏，实行恐怖统治；贪婪地冒功滥赏，大捞个人私利；厚颜无耻地接受奸邪献媚，广建生祠，挥霍民脂民膏。

1．遍置死党

天启五年（1625 年）之后，魏忠贤仍以相当精力，进一步培植个人的势力。如崔呈秀，蓟州人，天启初任御史，巡按淮扬，"赃私狼籍"。天启四年九月还朝，为都御史高攀龙揭发，"吏部尚书赵南星议戍之，诏革职候勘。呈秀大窘，夜走魏忠贤所，叩头乞哀，言攀龙、南星皆东林，挟私排陷，复叩头涕泣，乞为养子"，遂被魏忠贤当作"腹心"。天启五年正月，"中旨""复其官"，后"累擢工部右侍郎并兼御史"，寻改"兼佥都御史"。天启六年七月进工部尚书，十月，"加太子太保兼左都御史"；七年八月，迁兵部尚书，仍兼左都御史，"并绾两篆，握兵权宪纪，出入烜赫"②。再如刘志选，慈溪人，万历中曾任刑部主事、合肥知县等职，"以大计罢归，家居三十年"。天启初，"用为南京工部主事，进郎中"。"时已七十余，嗜进弥锐，上疏追论红丸，极诋孙慎

---

① 《明史》卷 240《韩爌传》，卷 243《赵南星传》，卷 306《阉党》。
② 《明史》卷 306《阉党》；《国榷》卷 87～88。

行",于是得到魏忠贤的欢心,"天启五年九月,召为尚宝少卿",不久"擢顺天府丞"①。又如邵辅忠和姚宗文,于天启五年二月由于徐大化的推荐,"俱准原官起用"②。同年九月,起邵辅忠为顺天府丞,姚宗文为太常寺少卿。后邵辅忠又进至兵部尚书,"视侍郎事",姚宗文则迁佥都御史,巡抚湖广③。此外,商周祚于天启五年五月官至兵部右侍郎兼右佥都御史,总督两广军务④;刘廷元于天启五年五月官至太仆少卿⑤,于天启六年十月得到左都御史的官衔⑥;亓诗教于天启五年九月起用为吏科给事中⑦;过庭训于天启六年十二月任应天府丞,第二年正月升该府府尹⑧。如此等等,魏忠贤将旧有的邪恶派官僚及新产生的奸佞之徒,一个个吸收进自己的政治集团之中,编织出一个几乎垄断所有主要官位的大网,而自己紧紧地握住了操纵大网的总纲绳,从而进一步巩固了自己的权势。史书中叙述这时的形势说:"当此之时,内外大权一归忠贤。内竖自王体乾等外,又有李朝钦、王朝辅、孙进、王国泰、梁栋等三十余人,为左右拥护。外廷文臣则崔呈秀、田吉、吴淳夫、李夔龙、倪文焕主谋议,号'五虎';武臣则田尔耕、许显纯、孙云鹤、杨寰、崔应元主杀僇,号'五彪'。又吏部尚书周应秋、太仆少卿曹钦程等,号'十狗'。又有'十孩儿'、'四十孙'之号。而为呈秀辈门下者,又不可数计。自内阁、六部,至四方总督、巡抚,遍置死党。"魏忠贤"岁数出,辄坐文轩,羽幢青盖,四马若飞,铙鼓鸣镝之声,轰

---

① 《明史》卷 306《阉党》。

② 《启祯两朝剥复录》卷上。

③ 《启祯两朝剥复录》卷上、卷中;《明史》卷 306《阉党》;《国榷》卷 87~88。

④ 《明熹宗实录》卷 59。

⑤ 《明熹宗实录》卷 59;《国榷》卷 87。

⑥ 《国榷》卷 87。

⑦ 《启祯两朝剥复录》卷上;《国榷》卷 87。

⑧ 《国榷》卷 87~88。

隐黄埃中。锦衣玉带靴袴握刀者,夹左右驰。厨传、优伶、百戏、舆隶相随属,以万数。百司章奏,置急足驰白乃下。所过,士大夫遮道拜伏,至呼九千岁,忠贤顾盼未尝及也。客氏居宫中,胁持皇后,残虐宫嫔。偶出归私第,驺从赫奕照衢路,望若卤簿"。①

2. 迫害东林

天启五年(1625年)后权势极大的魏忠贤,脾气相当大,不容许有任何异己势力并存于世,顺我者昌,逆我者亡。戚臣李承恩,是明世宗女儿宁安公主的儿子,"魏忠贤利其宅,不应,即将其家藏公主赐器"诬为"盗乘舆服御物,论死"②。中书吴怀贤"读杨涟疏,击节称叹。奴告之,毙怀贤,籍其家"。以致"民间偶语,或触忠贤",亦"辄被擒僇,甚至剥皮、刲舌,所杀不可胜数,道路以目"。③

这一时期受魏忠贤及其帮凶迫害最多最重的,是正直的东林派官吏。这一方面是由于魏忠贤本来就与他们不和睦;另方面也是因为这时投靠魏忠贤的新、老邪恶派官僚,都把攻击东林当成了讨好魏忠贤的重要手段;此外,新、老邪恶派官僚,特别是其中的老牌邪恶派官僚,与东林角斗几十年,积怨甚深,在东林势衰之时,他们不会放过机会不加报复。于是,新、老邪恶派官僚与魏忠贤勾结在一起,展开了对东林派的大围剿。为了明确打击目标,邪恶派官僚还搞了许多黑名单,献给魏忠贤。如魏广微与顾秉谦,"点《缙绅便览》一册",将叶向高、韩爌、赵南星、高攀龙、杨涟、左光斗等百余人,"目为邪党",而以贾继春、霍维华、徐大化等"六十余人为正人",由太监王朝用"进之,俾据是为黜陟"。崔呈秀向魏忠贤进《同志录》,所列皆"东林党人","又进

---

① ③ 《明史》卷305《宦官》2。

② 《国榷》卷87;《明史》卷305《宦官》2。

《天鉴录》,皆不附东林者";"令忠贤凭以黜陟"。王绍徽"仿民间《水浒传》,编东林一百八人为《点将录》",献给魏忠贤,"令按名黜汰"①。这些黑名单,有的编造和献出可能略早于天启五年,但它们都在天启末年发挥着作用,则是可以肯定的②。由于这场大围剿,魏忠贤虽是总指挥,而出主意、当打手的是邪恶派官僚,这使它在一定意义上讲,实为万历以来正直与邪恶两派官僚相互角斗的续篇。这场围剿,出击频繁,而规模最大的事件有三:六君子之狱、七君子之狱及《三朝要典》之炮制。

六君子之狱。这是以再次逮捕汪文言、炮制假供词为手段,以迫害六个正直派官吏(即所谓"六君子")为主,同时迫害另一批正直派官吏的案件。六君子包括杨涟、左光斗、魏大中、袁化中、周朝瑞和顾大章。袁化中于泰昌元年(1620年)擢御史,如前所述,杨涟二十四罪疏写出后,他曾继之上疏,这是他遭魏忠贤集团忌恨的一个原因。另外,高攀龙于天启四年(1624年)揭发崔呈秀贪污罪状时,他参与其事,这也为魏忠贤集团所不能容忍。同年推举谢应祥出任山西巡抚时,"化中与其事",崔呈秀乘此机会,已唆魏忠贤贬其秩,"调之外"。这次六君子之狱将之牵涉进去,乃是对他的进一步迫害③。周朝瑞,临清人。万历三十五年(1607年)进士。"贾继春之请安李选侍也",时任吏科给事中的周朝瑞曾力加驳斥,"与继春往复者数四"。天启二年(1622年),由于辽东经略熊廷弼与广宁巡抚王化贞在对后金的作战中主张不同、造成广宁失守时,邪恶派官僚徐大化请"立诛"属于正

---

① 《明史》卷306《阉党传》。

② 关于上述各名单的名称与作者,各书记载颇有差异,这里仅采一说,详细情况可参阅《明史纪事本末》卷71《魏忠贤乱政》、《启祯两朝剥复录》卷上、《先拨志始》卷上、《三朝野纪》卷3(上)、《明史》卷305《宦官》2、《东林别乘》、《四库全书总目》卷62、《东林列传》卷首《凡例》等。

③ 《明史》卷244《袁化中传》。

直派官吏的熊廷弼,而当时周朝瑞担任礼科左给事中,他"以廷弼才可用,请令带罪守山海。疏四上,并抑不行"。徐大化遂"力诋朝瑞,朝瑞愤,亦丑诋大化。所司为两解之"。由上述看来,在这次六君子之狱中,周朝瑞之被牵入其中,也非偶然,是他与邪恶派官僚多次冲突的结果①。顾大章,常熟人,万历三十五年进士,万历四十六年迁刑部主事,天启元年进员外郎。天启二年广宁失守后,熊廷弼与王化贞俱下狱,"法司诸属二十八人共谳,多有议宽廷弼者",顾大章"因援议能、议劳例,言化贞宜诛,廷弼宜论戍。然二人卒坐死。大章亦迁兵部去,无异议也"。但不久,顾大章即受到魏忠贤集团的攻击,"(徐)大化令所亲御史杨维垣讦"之"妄倡八议,鬻大狱"。"大章疏辨"。"维垣四疏力攻,言纳廷弼贿四万,且列其鬻狱数事,反复诋讦不休。"他之所以突受攻击,主要是因为当时的刑部尚书王纪"劾罢徐大化,又疏刺客氏。其党疑(王)纪疏出大章手,恨之"。这一攻击,使顾大章处境甚险,赖叶向高等的保护,第二年夏,方"得白,告归"。天启四年秋调礼部,寻改陕西副使,接着就被牵入这次六君子之狱。回顾顾大章的经历,可以清楚地看出,他之牵入此狱,也是邪恶派与其冲突的继续。②

六君子之狱发生在天启五年(1625年),而其酝酿早在天启四年十二月即已开始。时邪恶派官僚御史梁梦环,知前此不久汪文言之下狱仅以"廷杖褫职"结案,使魏忠贤"恨未已";因而复上疏弹劾汪文言,迎合其意。魏忠贤当即矫旨"着锦衣卫差的当官旗扭解来京穷究",以实现广泛打击迫害正直派官吏的目的。天启五年三月五日,汪文言被逮至。这时魏忠贤已将掌北镇抚

① 《明史》卷244《周朝瑞传》,卷259《熊廷弼传》。时周朝瑞已改任太仆少卿。熊廷弼与王化贞不和造成广宁失守的详情见后。
② 《明史》卷244《顾大章传》;《碧血录·顾尘客先生自叙》。

司事指挥刘侨削籍，以爪牙许显纯代其职。许显纯按魏忠贤的意图办事，进行严刑逼供，词连杨涟等二十多人。许显纯欲坐以移宫罪(指处理李选侍移宫事不当)，徐大化认为不妥，献策于魏忠贤说："彼但坐移宫罪，则无赃可指，若坐纳杨镐、熊廷弼贿(指杨镐于万历四十七年、熊廷弼于天启二年先后因处理辽事受挫下狱后，为图脱罪而行贿，杨涟等接受之。此系诬陷。杨、熊事皆详后)，则封疆事重，杀之有名。"魏忠贤"大悦"，乃令许显纯再审汪文言。审讯中，"五毒备至，使引涟纳廷弼贿，文言仰天大呼曰：'世岂有贪赃之杨大洪哉！'大洪者，涟别字也。复及(左)光斗等，文言蹶然起曰：'以此蔑清廉之士，有死不承。'显纯乃手作文言供状，文言复张目曰：'任汝巧为之，异时吾当与面质。'显纯遂即日毙之，而具狱辞以上"。时已至此年四月上旬①。许显纯伪造的供状中，坐杨涟、左光斗各受杨镐、熊廷弼贿二万、周朝瑞一万、袁化中六千、魏大中三千、顾大章四万。狱辞上报之后，魏忠贤马上矫旨令将"六君子""俱着锦衣卫差的当官旗扭解来京"，"究问追赃"。另外，狱辞中还罗织赵南星、邓渼、毛士龙、王之寀、李若星、邹维琏、惠世扬、缪昌期、施天德、黄龙光、徐良彦、钱士晋、熊明遇、黄正宾、卢化鳌等十五个正直派人物有"受赃"等罪状。②

五月，周朝瑞、袁化中和顾大章先后被逮至北镇抚司。六月，魏大中、杨涟和左光斗先后继至。六月二十八日开始拷讯。杨涟等"不肯承，而(许)显纯箠楚甚酷，无生理"。于是左光斗说："彼杀我有两法：乘我之不服而亟鞫以毙之；又或阴害于狱中，徐以病闻耳。若初鞫辄服，即送法司，或无死理。"众人于是俱自诬服。

---

① 《明史》卷 306《阉党》；《明通鉴》卷 79；《三朝要典》卷 23；《蓬编》卷 18。

② 《三朝要典》卷 23；《启祯两朝剥复录》卷上；《明通鉴》卷 79；《明史》卷 244《杨涟传》、《左光斗传》、《周朝瑞传》、《袁化中传》、《魏大中传》、《顾大章传》。

但魏忠贤并没有将之转送法司，而是矫旨留在北镇抚司"严刑追比，五日一回奏"，"待追赃完日"再"送刑部拟罪"。此后，他们所受刑罚更加残酷，"比时累累跪阶前，诃诟百出，裸体辱之"，夹、椸、棍交替使用，"后讯时皆不能跪起，荷桎梏平卧堂下"。折磨多日之后，七月二十四日夜，狱卒奉令杀害了杨涟、左光斗和魏大中。杨涟之死也，"土囊压身，铁钉贯耳"，惨不忍睹。八月十九日，袁化中被狱卒杀害；同月二十八日，周朝瑞继之。五人既死，"群小聚谋，谓诸人潜毙于狱，无以厌人心，宜付法司定罪，明诏天下"。乃移顾大章于刑部狱。刑部审讯之时，不顾事实，"一如镇抚原词，以移宫事牵合封疆，坐六人大辟"。"爰书既上"，魏忠贤即"矫诏布告四方，仍移大章镇抚"。顾大章不肯再去那里受苦，饮药自杀，未遂，"投缳而卒"，时在同年九月中旬。①

七君子之狱。这是通过以苏杭织造太监李实名义上疏的方式，迫害七个正直派官吏的一个事件。这七个正直派官吏为高攀龙、周宗建、缪昌期、李应昇、周顺昌、黄尊素和周起元。魏忠贤之所以采取以苏杭织造太监李实的名义上疏的方式，与当时黄尊素的行踪有关。如前所述，黄尊素，余姚人，天启初任御史，是属于正直派的人物。天启四年（1624 年）四月，汪文言下狱之案中，曾救助汪文言；同年六月，杨涟弹劾魏忠贤的二十四罪疏写出后，他又跟着上疏助威。这都使魏忠贤集团对之甚为仇恨。天启五年春，"遣视陕西茶马"，"甫出都"，魏忠贤的爪牙曹钦程即"劾其专击善类，助高攀龙、魏大中虐焰，遂削籍"。黄回到老家后，他与虽"龌龊不识字、然非忠贤党"的苏杭织造太监李实互有"往来"，于是传出流言，"尊素欲效杨一清诛刘瑾，用李实为张永，授以秘计"。魏忠贤得知，甚为怀疑。李实的司房孙昇"知其

---

① 《碧血录》附录《天人合征纪实》；《蘧编》卷 18；《三朝要典》卷 24；《明史纪事本末》卷 71《魏忠贤乱政》；《明史》卷 244《顾大章传》；《明通鉴》卷 79。

事,大惧",求解于魏忠贤的心腹太监李永贞;李永贞即为之起草了上述以李实具名的奏疏,疏中除弹劾黄尊素外,还弹劾了另外六个人。"司房(孙昇)出(李)实空头本上之"。①

　　所谓的李实奏疏,上于天启六年(1626年)二月②。乃是魏忠贤集团要进一步迫害这七个原已遭到过其迫害的政敌。上述黄尊素、高攀龙的经历已可看出这一点,下面简述其余五个人的经历,也可看出这一点。如周起元,海澄人,万历中曾任御史,常与邪恶派官僚"牴牾",甚为所忌,并"卒以东林故,出为广西参议"。天启三年,始任太仆少卿,"旋擢右佥都御史,巡抚苏松十府"。时苏杭织造太监李实"素贪横,妄增定额,恣诛求",恨苏州同知署府事杨姜不附己,多次找借口加以打击。周起元即极力保护杨姜,多次上疏为杨姜辨冤,且"语多侵(李)实"。魏忠贤"庇实",要求周起元改变立场,周起元坚决不肯。"忠贤遂衔起元不置",终于将之削籍,并将之入于李实奏疏之中③。缪昌期,江阴人。万历时即有"东林之目"之称,曾任检讨等职。天启中,任左赞善,进谕德。杨涟二十四罪疏写出后,传言此疏"乃昌期代草",魏忠贤"遂深怒不可解"。"及向高去,韩爌秉政,忠贤逐赵南星、高攀龙、魏大中及涟、光斗,爌皆具揭恳留;忠贤及其党谓昌期实左右之。而昌期于诸人去国,率送之郊外,执手太息,由是忠贤益恨。昌期知势不可留,具疏乞假,遂落职闲住"。天启五年春,"以汪文言狱词连及,削职提问"。至此,魏忠贤仍不解恨,天启六年春,复责其"已削籍,犹冠盖延宾,令缇骑逮问",接着又将之入于李实奏疏④。周顺昌,吴县人。万历中任福州推官。天启中,"历(吏部)文选员外郎,署选事",后"乞假归"。

---

① 《明史》卷245《黄尊素传》;《先拨志始》卷下。
② 《明熹宗实录》卷68。
③ 《明史》卷245《周起元传》。
④ 《明史》卷245《缪昌期传》。

为人"刚方贞介,疾恶如仇"。周起元因忤魏忠贤被削籍时,他"为文送之,指斥无所讳"。魏大中之被逮,途经吴县,他热情招待,"许以女聘大中孙"。"旗尉屡趣行",他即瞪眼发怒:"若不知世间有不畏死男子耶?归语忠贤,我故吏部郎周顺昌也。""因戟手呼忠贤名,骂不绝口"。"旗尉归,以告忠贤",不久即被魏忠贤"矫旨削夺",后被入名李实奏疏,正是继此而来①。周宗建,吴江人。天启时任御史。天启元年冬,客氏"既出宫复入",他"首抗疏极谏"。天启二年五月,京师久旱之后"雨雹",他"谓阴盛阳衰之征",上疏"历陈四事",其一专攻魏忠贤,骂他"目不识一丁"。天启三年二月,又"抗疏直攻忠贤"。魏忠贤恨之入骨,遂于天启五年"矫诏"将之"削籍,下抚按追赃"——这时他正丁忧归家。天启六年春,又以"所司具狱缓,遣缇骑逮治",旋即"入之李实疏中"②。李应昇,江阴人。万历中任南康推官。天启中任御史。天启四年"知忠贤必祸国,密草疏列其十六罪。将上,为兄所知,攘其疏毁之,怏怏而止"。不久,杨涟二十四罪疏奏上,"得严旨,应昇愤,即抗疏继之"。天启五年三月,魏忠贤的爪牙曹钦程劾之"护法东林,遂削籍"。第二年,魏忠贤集团于李实奏疏中入其名,乃是由于时"忠贤恨未已"所致。③

李实奏疏加给"七君子"的罪名是:"起元为巡抚时,干没帑金十余万,日与高攀龙辈往来讲学,因行居间。"④奏疏递上,当即得到批示:"除周宗建、缪昌期已经逮解外,其周起元等五人,都着锦衣卫差的当官旗扭解来京究问。"时为天启六年(1626年)二月二十五日⑤。接着,一场大逮捕即进行起来。

———————

① 《明史》卷245《周顺昌传》。
② 《明史》卷245《周宗建传》。
③ 《明史》卷245《李应昇传》。
④ 《明史》卷245《周起元传》。
⑤ 《明熹宗实录》卷68。

同年三月十六日,高攀龙在无锡家中得到将被逮捕的消息,"作字二纸",一为遗表,一为别友人书,而后赴水自杀。其遗表说:"臣虽削夺,旧系大臣。大臣受辱则辱国,故北向叩头,从屈平之遗则。君恩未报,愿结来生。"① 明熹宗是个地地道道的昏君,而高攀龙至死对其忠贞无二,这无疑是一种封建的愚忠表现,反映了高攀龙作为一个封建士大夫的阶级局限性;但他宁死不肯受辱的行为,表现了坚决不与腐朽的邪恶势力妥协的鲜明立场和斗争意志。

"七君子"中除去高攀龙外,其余六人皆遭到了逮捕,并死于狱中。其中缪昌期于四月十一日逮下诏狱②。审讯中"慷慨对簿,词气不挠,竟坐赃三千,五毒备至"。"内传"于"手上另加一扭,盖媚珰者谓杨涟疏二十四罪为昌期代草"的缘故。"四月晦,毙于狱"③。周宗建与缪昌期同一天下诏狱。审讯中,许显纯厉声相斥:"复能詈魏上公(按指魏忠贤)一丁不识乎?"竟坐赃一万三千,被人以沙囊压死于狱中。时为六月十八日(一作六月十七日)④。李应昇于四月二十三日下诏狱⑤。"酷掠,坐赃三千",至闰六月二日,毙之于狱中⑥。周顺昌于四月二十八日下诏狱⑦。许显纯将之"坐赃三千,五日一酷掠"。每次用刑,周顺昌"必大骂忠贤"。一次"显纯椎落其齿,自起问曰:'复能骂魏上公否?'

---

① 《启祯野乘》卷5《高忠宪传》;《皇明通纪直解》卷13《高攀龙》;《明史》卷243《高攀龙传》。

② 《明熹宗实录》卷70;《国榷》卷87。

③ 《明史》卷245《缪昌期传》;《熹朝忠节死臣传·缪昌期传》;《启祯野乘》卷5《缪文贞传》。

④ 《国榷》卷87;《明史》卷245《周宗建传》;《明通鉴》卷80;《三朝野纪》卷3(下)。

⑤ 《明熹宗实录》卷70;《国榷》卷87。

⑥ 《明史》卷245《李应昇传》。

⑦ 《明熹宗实录》卷70;《明通鉴》卷80。

顺昌噀血唾其面,骂益厉"。六月十七日夜,被暗害于狱中①。黄尊素于五月二十日下诏狱②。许显纯将之坐赃二千八百,"五日一追比"。面对酷刑,他"慷慨谈笑,抵死不屈"。最后,"知狱卒将害己,叩首谢君父,赋诗一章",遂死,时为闰六月一日③。周起元于闰六月中旬下诏狱④。这时,其余同案入狱的人早已死于狱中。许显纯"酷搒掠,竟如(李)实疏,悬赃十万"。"九月,毙之狱中"⑤。

由于正直派官吏是地主阶级中比较进步的势力,因此,他们与魏忠贤集团作斗争时,常常得到一般群众的支持。在这次魏忠贤集团迫害"七君子"的过程中,甚至引发了民变。较大的一次发生在苏州。另一次规模较小,发生在常州。苏州民变是由逮捕周顺昌引起的。周顺昌"好为德于乡。有冤抑及郡中大利害,辄为所司陈说",因此,当地群众对他颇怀感激之情。天启六年(1626年)三月,逮捕周顺昌的旗尉来到苏州,士民闻讯,"咸愤怒,号冤者塞道"。数日后,该行"开读"(正式宣读捕人的圣旨)仪式,士民"不期而集者数万人,咸执香为周吏部乞命"。诸生文震亨等请巡抚毛一鹭"以民情上闻",心向魏忠贤的毛一鹭拒不答应,而旗尉竟厉声喊道:"今日事与秀才何与?"并"各举械将击"。众情益愤,人丛中跳出"市人"颜佩韦、马杰、沈扬、杨念如及舆夫周文元五人,"五人持问尉:'此旨何出?'尉曰:'实是魏上公命我来。'于是五人大呼:'共击杀伪旨者。'"顷刻间众人齐上殴击,"势如山崩",一旗尉毙命,"余负重伤",逾垣而逃。后因素得民心的知府、知县"曲为解谕,众始散"。而后"顺昌乃自诣

---

① 《明史》卷245《周顺昌传》。
② 《国榷》卷87。
③ 《明史》卷245《黄尊素传》;《启祯野乘》卷5《黄忠端传》。
④ 《国榷》卷87;《明通鉴》卷80。
⑤ 《明史》卷245《周起元传》。

吏,又三日北行"赴狱。魏忠贤得知消息,令毛一鹭等惩办民变参与者。颜佩韦等五人"挺身自投",说:"渠魁、胁从,皆我也,无波及。"最后,五人被"论大辟",临刑,"颜色不改"。"吴人感其义",及魏忠贤倒台后,特地将五人合葬于"虎丘傍,题曰:五人之墓"。①

支援周顺昌的民变发生在苏州城里,而同一天苏州城外也发生了民变,这是支援黄尊素的事件。当时逮捕黄尊素的"使者至苏州,适城中击杀逮周顺昌旗尉,其城外人并击"之,使之因此而失去了驾帖(捕人的凭证),不敢继续前往。后来黄尊素听到消息,也是"囚服诣吏自投诏狱"的。②

常州民变是由逮捕李应昇引起的,它也发生在天启六年(1626年)三月。史称:"李公(指李应昇)被逮之日,未开读先,常民一时集者数千人,与苏州不约而同,欲击官旗。知府曾樱再三晓谕抚慰,始得解散。"③

《三朝要典》之炮制。这是邪恶派官僚在取得对正直派官吏的绝对优势后,通过编写史书,对当时两派斗争最激烈的梃击、红丸、移宫三案按照有利于他们的观点进行解释,以巩固本派的优势地位,并为进一步迫害正直派提供依据的一个活动。

天启初年,由于正直派官吏在朝廷上占据优势,因而关于三案的官方结论,是依据正直派官吏的观点作出的。天启五年(1625年)之后,随着邪恶派官僚的东山再起,他们极力进行翻案。天启五年二月二十六日,邪恶派御史杨维垣首先上疏翻梃击一案,大谈"张差疯癫之真",攻击王之寀在此案中"不但无功,

---

① 《明史》卷245《周顺昌传》;《碧血录》附录《人变述略》。

② 《明史》卷245《黄尊素传》。

③ 《先拨志始》卷下;参见《三朝野纪》卷3(上)。又《碧血录》附录《人变述略》也记有这次民变的经过,其所记与此略有不同。

而且有罪","碎其首不足赎其罪"。时王之寀正任刑部侍郎之职,杨疏一上,即被"革职为民当差"①。同年四月八日,邪恶派给事中霍维华又上疏全面翻案,他说:"梃击、红丸、移宫三案,迄无定论。臣以为选侍之请封也,请封妃也;妃尚未封,而况于后!请之不得,况于自后!不妃不后,而况于垂帘!前此宫不难移也,王安等故难之也;难之者,所以重选侍之罪,而张翙戴之功也。神祖册立东宫稍迟,而笃爱先帝,始终不渝;果有废立之谋,则九阍邃密,乃藉一疯癫之张差乎?神祖升遐,先帝哀毁,遽发痿疾;而悠悠之口,致疑宫掖,岂臣子所忍言!孙慎行借题红丸,诬先帝为受鸩,加从哲以弑逆;邹元标、钟羽正从而和之。两人立名非真,晚节不振,委身门户,败坏生平。"他的这番话,基本上是不符合事实的。疏入,受魏忠贤集团操纵的明熹宗,竟称之为"这本条议,一字不差"。②

在翻三案的同时,邪恶派官僚还要将翻过来的新官方结论写进史书中。天启三年(1623年)七月曾修成以叶向高为总裁的《光宗实录》③;当霍维华全面翻三案的奏疏递上后,魏忠贤即传旨将之"更撰"④,以修改其中关于三案的不符合其需要的记载。同年五月,礼科给事中杨所修又建议专门收集三案奏疏,仿明世宗时编写《明伦大典》的样子,编辑专书,"颁示天下"⑤。这个建议虽很符合邪恶派官僚的需要,但并没有马上执行。究其原因,乃是由于当时又有人"欲编诸党人(指正直派官吏)籍榜于朝堂",这一手可更严厉地打击正直派官吏,因而使得杨所修的建议不再为人重视。但后来又觉得"编诸党人籍榜于朝堂"的做

---

① 《启祯两朝剥复录》卷上;《三朝要典》卷8;《明史纪事本末》卷68《三案》。
② 《三朝要典》卷8;《启祯两朝剥复录》卷上;《明通鉴》卷79。
③ 《国榷》卷85。
④ 《明史》卷306《阉党传》。
⑤ 《明通鉴》卷79;《国榷》卷87。

法不太妥当,于是又转而采纳杨所修的建议。①

天启六年(1626 年)正月十四日,以颁布圣旨的方式,批准了采纳杨所修建议后有关人员拟出的"纂书谕稿",并提出成书后定名为《三朝要典》。二十三日决定,二十六日"开馆编纂"。该书之编纂,以顾秉谦等为总裁,至晚在同年五月即已完成了初稿,写出了副本,六月十九日最后定稿进呈。全书共二十四卷,前有御制序文。它完全体现了邪恶派官僚关于三案的观点,对东林"极意诋诬"。"其论梃击,以'王之寀开衅骨肉,为诬皇祖(指神宗),负先帝(指光宗)';论红丸,以'孙慎行创不尝药之说,妄疑先帝不得正其终,更附不讨贼之论,轻诋皇上不得正其始,为罔上不道';论移宫,以'杨涟等内结王安,故重选侍之罪,以张翊戴之功'。于是遂以之寀、慎行、涟为三案罪首"。当时正在重修《光宗实录》,"凡事关三案,命即据《要典》改正"。②

_____

① 《蓬编》卷19。按所谓"欲编诸党人籍榜于朝堂",具体说,是天启五年十二月中旬,邪恶派御史卢承钦上疏说:东林中"自顾宪成、李三才、赵南星渠魁而外,其间如王图、孙慎行、高攀龙等谓之副帅,如曹于汴、冯嘉京、史记事、魏大中、袁化中等谓之前锋,如李朴、贺烺、沈正宗、丁元荐等谓之敢死军人,如孙丕扬、邹元标者谓之土木魔神。之数臣者,或身已退矣而不严锢其退,无以杜进者之隙;或人已死矣而不追论其死,无以褫生者之魄"。于是魏忠贤矫旨下令:"其一切党人,不拘曾否处分,俱着该部院会同九卿科道从公查确,集议奏请,将姓名罪状并节次明旨刊刻成书,榜示海内"。上述具体情节,记载于《明熹宗实录》卷 66 及《熹宗七年都察院实录》天启五年十二月十四日条。从上述记载来看,所谓"刊刻成书,榜示海内",仅是一个决定,以后曾否具体执行,难以确定。《明史》卷 22《熹宗本纪》,将上述记载概括为一句话:"榜东林党人姓名,颁示天下。"这是不准确的。《明通鉴》卷 79,也犯了相同的错误。《蓬编》卷 19 说:"初,朝论欲编诸党人籍榜于朝堂,既乃觉其非,徙而为此(按指改而听从杨所修编纂三案事成专书的建议)。"由此看来,天启五年十二月的那个"刊刻成书,榜示海内"的决定后来实际上并未执行。笔者认为此说可靠,兹从之。但清人陈鼎撰《东林列传》,于卷首载有天启五年十二月一日"颁示天下"的"逆珰魏忠贤东林党人榜",共列三百零九人,后人或认为此即是执行这一决定的产物,见李桢《东林党籍考》目录后作者识语。此说待考。

② 《明通鉴》卷80;《三朝要典》卷首;《明史纪事本末》卷 71《魏忠贤乱政》;《熹宗七年都察院实录》天启六年正月十四日条;《明熹宗实录》卷 67、卷 70;《国榷》卷 87。

随着三案的翻案和《三朝要典》的编辑，邪正两派的有关三案的人物，受到了或奖或罚的不同处理。天启五年(1625年)四月"免李可灼戍"①。天启七年正月，以崔文昇提督漕运、河道②。王之寀于天启五年上半年被革职为民后，随着时间的推移，所受处罚日益加重。《三朝要典》修成不久，他又为刘志选所劾，被逮下诏狱，"坐赃八千"，于天启七年四月"竟瘐死"③。孙慎行在编辑《三朝要典》时，早已告病在家，《三朝要典》修成后，他遭到刘志选的追劾，从而被判"遣戍宁夏"，只是由于未及出发，熹宗死，新皇帝即位，他才得以"赦免"。④

综上所述，天启五年至七年魏忠贤集团对异己势力的打击确属十分残酷。据统计，自天启四年十月至天启七年八月明熹宗死，被魏忠贤集团"毙诏狱者十余人，下狱谪戍者数十人，削夺者三百余人，他革职贬黜者不可胜计"⑤。于是朝中几乎"善类为一空"。⑥

3．冒功滥赏

魏忠贤自明熹宗即位开始，即不断得到以皇帝名义给予的赏赐。在天启五年(1625年)至七年，他依靠大权在握，更加频繁地以这种赏赐的名义攫取好处。除了土地和府第之外，他更多的是给自己的家属和亲戚弄到爵位、官衔，其戚属中不仅成年人取得了高位，甚至连襁褓中的婴儿也得到封爵，真如俗语所说：一人得道，鸡犬升天。

据史籍记载，这几年魏忠贤得到赏赐的主要情况如下：

---

① 《国榷》卷87；《明史》卷306《阉党》。
② 《国榷》卷88；《明史》卷305《宦官》2。
③ 《明史》卷244《王之寀传》；《国榷》卷88。
④ 《明史》卷243《孙慎行传》。
⑤ 《明史》卷306《阉党》。
⑥ 《明史》卷240《叶向高传》。

天启五年(1625 年)正月,"以庆陵工成,予魏忠贤世荫都督同知"。九月,"以门工",荫其弟侄,"一人锦衣指挥佥事,一人都督同知"。十二月,"以缉获功",荫其甥傅应星左都督。①

天启六年(1626 年)二月,以"卤簿大驾成,荫都督佥事"。三月,"辽阳男子武长春游妓家,有妄言",被东厂擒拿。许显纯"掠治,故张其辞云:'长春敌间,不获且为乱,赖厂臣(按指魏忠贤)忠智立奇勋。'"于是"诏封忠贤侄良卿为肃宁伯,赐宅第、庄田,颁铁券"。不久,"再叙功",荫都督同知及世袭锦衣卫指挥使,各一人。"其冬,三殿(指皇极、中极及建极三殿)成,李永贞、周应秋奏忠贤功,遂进上公,加恩三等",其侄魏良卿已于不久前晋封肃宁侯,这时更"晋宁国公"。"已而太监陶文奏筑喜峰隘口成","督师王之臣奏筑山海城","南京修孝陵工竣","甘镇奏捷","并言忠贤区划方略",从而使之又大获其赏。②

天启七年(1627 年),"自春及秋,忠贤冒款汪烧饼、擒阿班歹罗锁等功,积荫锦衣指挥使至十有七人。其族孙希孔、希孟、希尧、希舜、鹏程,姻戚董芳名、王选、杨六奇、杨祚昌,皆至左右都督及都督同知、佥事等官"。魏抚民,本优童,善盘舞,被魏忠贤收养为孙,"乞官",且"愿文不愿武",于是即"荫尚宝司丞"。对于上述赏赐,魏忠贤仍不满足,"会袁崇焕奏宁远捷",他又"令周应秋奏封其从孙鹏翼为安平伯。再叙三大工功,封从子良栋为东安侯,加良卿太师,鹏翼少师,良栋太子太保"。"时鹏翼、良栋皆在襁褓中"。③

4. 广建生祠

天启五年到七年,朝中形成了从上到下争着向魏忠贤献媚

---

① 《明通鉴》卷 79。

② 《明史》卷 305《宦官》2;《国榷》卷 87。

③ 《明史》卷 305《宦官》2;《国榷》卷 88。

的丑恶风气。如顾秉谦和魏广微掌握内阁的大权,"朝廷有一举动",顾秉谦就"拟旨归美忠贤,褒赞不已"。而魏广微"以札通忠贤,签其函曰'内阁家报'",因而被时人讽刺地称为"外魏公"。天启后期黄立极、施凤来、张瑞图等在内阁掌权,亦对魏忠贤"依媚取容"。当时,邪恶派官僚的奏疏提及魏忠贤,"咸称'厂臣'不名",而黄、施、张票旨,"亦必曰'朕与厂臣'",避用忠贤之名。"山东产麒麟,巡抚李精白图象以闻,立极等票旨云:'厂臣修德,故仁兽至'";其肆意吹捧,确是达到令人肉麻的程度。①

　　生祠之建,始于浙江巡抚潘汝祯(一作潘汝桢)。他"徇机户请",建祠于杭州西湖,并于天启六年(1626年)六月"疏闻于朝,诏赐名'普德'"②。从此,各处效尤,几遍天下,属于邪恶派的"督抚大吏阎鸣泰、刘诏、李精白、姚宗文等,争颂德立祠,汹汹若不及。下及武夫、贾竖、诸无赖子,亦各建祠"③。据《明史·阉党》记载,除潘汝祯建于杭州西湖者外,当时所建生祠还有:"(天启六年)十月,孝陵卫指挥李之才建之南京。七年正月,宣大总督张朴、宣府巡抚秦士文、宣大巡按张素养建之宣府、大同,应天巡抚毛一鹭、巡按王珙建之虎丘。二月,(蓟辽总督阎)鸣泰与顺天巡抚刘诏、巡按倪文焕建之景忠山,宣大总督(张)朴、大同巡抚王点、巡按(张)素养又建之大同。三月(阎)鸣泰与(刘)诏、(倪)文焕、巡按御史梁梦环建之西协密云丫髻山,又建之昌平、通州,太仆寺卿何宗圣建之房山。四月,(阎)鸣泰与巡抚袁崇焕又建之宁前,宣大总督(张)朴、山西巡抚曹尔祯、巡按刘弘光又建之五台山,庶吉士李若琳建之蕃育署,工部郎中曾国祯建之卢沟桥。五月,通政司经历孙如洌、顺天府尹李春茂建之宣武门

①　《明史》卷305《宦官》2,卷306《阉党》;《国榷》卷87。
②　《先拨志始》卷下;《明史》卷306《阉党》。
③　《明史》卷305《宦官》2。

外,巡抚朱童蒙建之延绥,巡视五城御史黄宪卿、王大年、汪若极、张枢、智铤等建之顺天,户部主事张化愚建之崇文门,武清侯李诚铭建之药王庙,保定侯梁世勋建之五军营大教场,登莱巡抚李嵩、山东巡抚李精白建之蓬莱阁、宁海院,督饷尚书黄运泰、保定巡抚张凤翼、提督学政李蕃、顺天巡按(倪)文焕建之河间、天津,河南巡抚郭增光、巡按鲍奇谟建之开封,上林监丞张永祚建之良牧、嘉蔬、林衡三署,博平侯郭振明等建之都督府、锦衣卫。六月,总漕尚书郭尚友建之淮安。是月,顺天巡按卢承钦、山东巡按黄宪卿、顺天巡按卓迈;七月,长芦巡盐龚萃肃、淮扬巡盐许其孝、应天巡按宋祯汉、陕西巡按庄谦,各建之所部。八月,总河李从心,总漕(郭)尚友,山东巡抚(李)精白、巡按黄宪卿、巡漕何可及建之济宁;湖广巡抚姚宗文、郧阳抚治梁应泽、湖广巡按温皋谟 建之武昌、承天、均州;三边总督史永安,陕西巡抚胡廷晏,巡按(庄)谦、袁鲸建之固原太白山;楚王华奎建之高观山;山西巡抚牟志夔,巡按李灿然、刘弘光建之河东"。总数超过四十个。①

生祠之建,不仅数量多,而且极为豪华。史称"各曲意献媚,务穷工作之巧"。祠内之像"以沈香木为之,眼耳口鼻手足宛转一如生人。腹中肺肠皆以金玉珠宝为之。衣服奇丽。髻上穴空其一,以簪四时香花。一祠木像头稍大,小竖上冠不能容;匠人恐,急削而小之,以称冠焉;小竖抱头恸哭,责匠人"②。"每一祠之费,多者数十万,少者数万,剥民财,侵公帑,伐树木无算。开封之建祠也,至毁民舍二千余间,创宫殿九楹,仪如帝者"。③

在建祠过程中,建祠者对魏忠贤表现了吹捧拍马屁的能事。

---

① 按:对建祠一事记载其详的《先拨志始》卷下曾说"总计建祠殆四十所",此殆举其约数而言。

② 《明史纪事本末》卷71《魏忠贤乱政》。

③ 《明史》卷306《阉党》。

"凡疏词揄扬,一如颂圣,称以'尧天帝德,至圣至神'"。监生陆万龄在请求建祠的奏疏中,甚至说:"孔子作《春秋》,忠贤作《要典》。孔子诛少正卯,忠贤诛东林。宜建祠国学西,与先圣并尊。"① 黄运泰在天津,亲迎魏忠贤像于郊外,"五拜三叩头,乘马前导,如迎诏仪"。"及像至祠所安置讫",又"列拜丹墀,率文武诸官俱五拜三叩头"。然后,他又到像前,一面口称"某名某年某事,蒙九千岁扶植",一面"叩头谢";礼毕,再次一面口称"某年月,蒙九千岁升拔",一面"叩头谢"。"致辞毕,就班,仍五拜三叩头"。旁观者皆为之羞愧得"汗下浃踵",而他自己却"扬扬甚得意",简直不知人间尚有羞耻事!②

对于邪恶奸佞之徒的建祠献媚之举,若干有正义感的官吏曾经出来抵制或表示其不满,对此,魏忠贤进行了残酷的打击。北京城数十里间,到处是魏忠贤的生祠,其中有的建于"内城东街",工部郎中叶宪祖见后,叹息说:"此天子幸辟雍道也,土偶能起立乎?"魏忠贤听说后,"即削其籍"③。再如"遵化道耿如杞入祠不拜"、蓟州参议胡士容"不具建祠文",此皆"下狱论死"④。有些官吏并不反对建祠,只是态度稍欠积极,对此,魏忠贤也不能容忍。如"潘汝祯首上疏,御史刘之待会藁迟一日",即被削籍⑤。魏忠贤妄图以建生祠的方式来树立自己的声望,以长期巩固自己的权位。然而,实际上到天启七年(1627 年)秋季,他便从权势的巅峰一下子跌进了万丈深渊,落了个粉身碎骨的下场。

---

① 《明史》卷 306《阉党》。陆万龄奏疏详细摘要见《先拨志始》卷下。他的奏请得到了批准,但后因时局马上发生变故,未能最终实现。

② 《先拨志始》卷下。

③ 《明史》卷 306《阉党》。

④ 《明史》卷 248《耿如杞传》,卷 305《宦官》2;《国榷》卷 88。

⑤ 《明史》卷 305《宦官》2。

七、熹宗之死和魏忠贤自杀

魏忠贤政治生涯的陡变,归根结底是由其时高度发展的君主专制制度决定的。在这一制度下,皇帝的权力是至高无上的。魏忠贤苦心经营了一个以他为首的集团,权势可谓不小,但他的权势的根源,主要还是来自明熹宗的宠信,明熹宗掌握着政务的最后决定权。史书中有如下一段记载:明熹宗"性好走马,又好小戏,好盖房屋,自操斧锯凿削,巧匠不能及。又好油漆匠"。"日与亲近之臣涂文辅、葛九思辈朝夕营造。造成而喜,不久而弃;弃而又成,不厌倦也。当其斤斫刀削,解衣盘礴,非素昵近者不得窥视。王体乾等每伺其经营鄙事时,即从旁传奏文书。奏听毕,即曰:'尔们用心行去,我知道了!'所以太阿下移,忠贤辈操纵如意"①。这一段记载,可说是生动地反映了魏忠贤的权力从根本上说是来自皇帝、而政权的最后掌握者仍是明熹宗的客观事实。既然魏忠贤的权力来源于皇帝,那么一旦皇帝停止赋予他权力,他就将失去权势。这是一个浅显的道理。天启七年(1627年)秋,魏忠贤之丧失权力,即是由于皇帝不肯再赋予他权力的缘故。不过,这个不肯再赋予他权力的皇帝,不是明熹宗,而是明熹宗的继任者朱由检。当时发生了皇位的交替。

天启六年(1626年)八月,喜欢戏耍的明熹宗来到西苑,"与小阉泛舟为戏。适在水最深处,忽风起舟覆",他与同船的两个小太监"俱覆水中"。两个小太监皆溺死,他"幸而获救",但"御体由是成疾"。至七年(1627年)夏,病情加剧,八月二十二日去世,年二十三②。

---

① 《三朝野纪》卷2(下)。

② 《先拨志始》卷下;《三朝野纪》卷3(下);《国榷》卷87~88;《明史纪事本末》卷71。《国榷》与《明史纪事本末》记明熹宗落水在天启五年五月,与此说不同。

遗诏以皇第五弟、信王朱由检嗣皇帝位。朱由检生于万历三十八年(1610 年),天启二年封信王,六年十一月出居信邸。明熹宗死去的当天晚上,他即来到皇宫。第二天天亮,群臣始至。"既哭大行皇帝,司礼太监王体乾及忠贤在丧次,独体乾语礼部备丧礼,忠贤目且肿,无所言"。群臣出外后不久,魏忠贤独呼兵部尚书崔呈秀入内,"屏人语移时","秘不得闻","或云:忠贤欲自篡,而呈秀以事未可为止之也"。八月二十四日,朱由检正式即皇帝位,以翌年为崇祯元年,此即明思宗①。

朱由检即位后,不再宠任魏忠贤。这当是他"素稔"其恶的缘故②。此外,大概与明熹宗的皇后张氏也有一定关系。张氏,祥符人,天启元年(1621 年)四月册为皇后。"性严正",数于明熹宗面前讲客、魏的过失。"尝召客氏至,欲绳以法"。"客、魏交恨",遂诬其非其父张国纪之女,乃"重犯孙止孝之女","几惑帝听"。天启三年(1623 年),张皇后怀孕,"客、魏尽逐宫人异己者,而以其私人承奉",竟使流产。后来,有在宫门张匿名榜、"列忠贤逆状者","忠贤疑出(张)国纪及被逐(正直派)诸臣手",于是与其爪牙欲兴大狱,"尽杀东林诸臣,而借(张)国纪以动摇张皇后的地位,"冀事成则立魏良卿女为后"。时任顺天府丞的邪恶派官僚刘志选"侦知之","首上疏劾(张)国纪"(天启六年十月),御史梁梦环继之上疏(天启七年二月)。只是由于关系皇后,事体太大,且"有沮者",他们的目的才没有最后达到,但张国纪还是被勒令"还籍"。当天启七年(1627 年)秋明熹宗病重时,张皇后与魏忠贤作了坚决的斗争,从而保证了皇位得以传给朱由检,史称:"及熹宗大渐,折忠贤逆谋、传位信王者,后力也。"③

---

① 《明史》卷 22《熹宗纪》,卷 23《庄烈帝纪》;《明史纪事本末》卷 71《魏忠贤乱政》;《国榷》卷 88。

② 《明史》卷 305《宦官》2。

③ 《明史》卷 114《后妃》2,卷 300《外戚》,卷 306《阉党》;《国榷》卷 84。

既然张皇后在使朱由检取得皇位上出了力,而她又是与魏忠贤互相对立的,这便不能不影响朱由检对待魏忠贤的态度。

明熹宗之死和朱由检即位,标志着魏忠贤专权的结束。但朱由检并未马上下手惩罚他,这殆是由于进行如此大的朝政变动,需要进行若干准备,等待条件的成熟。这年九月,魏忠贤乞辞东厂之职,朱由检没有批准;他"乞止建祠",朱由检亦"优答之,其前赐额许如故",仅止"其余"。十月以后,形势发生了变化,魏忠贤的同党甚感"自危",为了个人的前程,开始分化,"杨所修、杨维垣先攻崔呈秀以尝帝,主事陆澄原、钱元悫,员外郎史躬盛遂交章论忠贤",接着,又有"嘉兴贡生钱嘉征劾忠贤十大罪"。于是,魏忠贤处在了过街老鼠、人人喊打的局面之下。朱由检感到条件成熟了,当即决定向魏忠贤开刀。钱嘉征之疏奏上后,他召来了魏忠贤,让人读给他听。"忠贤大惧,急以重宝啖信邸太监徐应元求解。应元,故忠贤博徒也"。朱由检得知消息,"斥应元"。十一月初一,他下达了将魏忠贤安置于凤阳的命令;初四日,又下令逮捕。初七日,正向凤阳赶路的魏忠贤在阜城得到逮捕令已下的消息,"知必不免",夜间自缢而死。"诏磔其尸,悬首河间"。同月十七日,客氏也被笞杀于浣衣局①。做尽坏事的魏忠贤和客氏得到如此下场,乃罪有应得。

八、人民群众的反封建起义和兵变

1.封建压榨日益加重

泰昌至天启年间的政治,基本上是混乱的,其后半段更达到极其黑暗的程度。在这种情况下,在万历年间即已十分严重的

---

① 《明史》卷305《宦官》2;《国榷》卷88。

各种社会矛盾,这时便继续存在并得到进一步发展,人民群众仍旧遭受着日甚一日的封建压榨。

如大土地所有制在继续发展着。最突出的表现,是诸王、公主、太监等贵族地主通过受赐的形式,疯狂地兼并土地。天启七年(1627年),明神宗的第五子瑞王朱常浩、第六子惠王朱常润、第七子桂王朱常瀛分别之藩汉中、荆州和衡州,所请"赡田"各达三万顷。在陕西,因"地不加拓,分藩至瑞府而五","瑞藩赡田三万之数,委是难敷",于是为了体现明熹宗的"亲亲之仁",满足瑞王的要求,将这三万"赡田","分作三分",让"秦任其二,蜀、晋、中州共任其一"。在湖广,当地地方官报告:全省仅搞到一万顷,请将之均分给惠、桂二王,"如欲再加,必于邻壤协济"。经过廷臣讨论,明熹宗下令,除湖广地方应"再行搜刮"外,福建、广西、江西等省也要协济,要"酌量赡额,务足二王经费"①。天启六年八月,决定照明光宗之女宁德公主之例,赐给明光宗另一女遂平公主庄田"二千五百九十五顷八十二亩"②;同年十一月,又决定"赐宁德、遂平二公主庄田五千一百九十一顷"③。同年十月十六日,"赐魏忠贤田千顷"④。同月二十七日,赐魏忠贤之侄宁国公魏良卿庄田一千顷,它加上魏良卿以前为肃宁伯时所得七百顷及为肃宁侯时所得三百顷,总数已达二千顷之多⑤。天启七年七月,魏忠贤之从孙魏鹏翼因封为安平伯而得到赐田七百顷。同年八月,魏忠贤之从子魏良栋被封为东安侯,又得到了赐田整千顷⑥。《明史·食货志》说,明

① 《明熹宗实录》卷81、卷82。
② 《明熹宗实录》卷75。
③ 《明熹宗实录》卷78。
④ 《国榷》卷87。
⑤ 《明熹宗七年都察院实录》第741页(下)。
⑥ 《国榷》卷88。

熹宗时对"魏忠贤一门"的庄田赏赐,"横赐尤甚"。这诚非夸张。

再如官吏贪污、势豪转嫁赋役负担等情况,与以前相比有增无减。赵南星于天启三年(1623年)担任吏部尚书时曾痛心疾首地指出:当时的官吏,"贪已成风"①。天启四年二月,户科左给事中周之纲在一个奏疏中,将"奸书飞洒民粮"、"有司火耗太重",看作当时"恤民当除三蠹"中的两蠹。②

又如,封建政府加在人民头上的辽饷加派,在万历末年的基础上,又有所增多。泰昌、天启年间的官僚之间的门派之争,使当时十分紧张的对后金的战争得不到足够的重视。另外,为了门派的利益,两派在处理对后金战争的有关事宜中,往往互相掣肘,这一点在邪恶派官僚身上表现尤为突出:有"盖世之材"之称的熊廷弼,在对后金战争的处理上颇有谋略,也作出过不少贡献,但终被邪恶派官僚诬蔑为向杨涟、左光斗等行贿,且最后于天启五年(1625年)八月被杀害,使之无法继续在对后金作战上发挥作用,这便是典型的一例③。这种情况,无疑也对明朝的对后金作战产生十分不利的影响。上述两点使得天启年间明朝对后金的作战,处境越来越糟。为了应付对后金的作战,明政府不得不拿出越来越多的人力和物力,当时辽饷加派比万历末年又有所增多,其原因即在于此。除了万历时开始的加派于田赋的辽饷外,自天启元年起,又决定用搜刮杂项银(包括督抚军饷、巡按公费等)和加征关税、盐课及其他税收等办法,增收辽饷。据统计,天启年间每年的辽饷加派数额惊人(见下表)。

---

① 《三朝野纪》卷2(下)。
② 《国榷》卷86。
③ 《明史》卷259;《国榷》卷87。

天启年间辽饷加派表

单位:两

项目＼时间	天启元年	天启二年	天启三年	天启四年	天启五年
杂项银	1160006	660413	2292000	2292000	2292000
盐课银	59425	363716	322720	547993	547993
关税银	65240	65240	65240	65240	200240
其他银		28970	28970	28970	28970
田赋银	4958411	4508794	4528648	4644918	4644918
合　计	6243082	5627133	7237578	7579121	7714121

前文述及,万历四十八年(1620年)辽饷加派全年为"五百二十万有奇";将这个数字与"天启年间辽饷加派表"中所列每年的辽饷加派合计数相比,可以看出,天启时任何一年都高出万历四十八年的数字,其中天启五年高出者几及万历四十八年的二分之一。[①]

天启年间人民群众遭受的封建压榨既然在日甚一日地加重着,其生活之痛苦是可以想象的。这逼迫他们继万历年间之后,依然不断发动各种形式的武装反封建斗争,兵变和以农民为主的反封建起义此伏彼起,而其中规模最大的是白莲教组织的一次起义。

2. 徐鸿儒、于弘志领导的白莲教起义

天启年间秘密宗教继续组织反对明朝政府的起义,其中规模较大、影响较深的是天启二年(1622年)徐鸿儒、于弘志领导的山东、北直隶地区的白莲教起义。

天启前数十年,蓟州人王森倡白莲教,自称闻香教主。其徒

---

① 天启年间辽饷加派增加的情况,郭松义《明末三饷加派》一文述之甚详,此处所述即参考该文而成。该文载《明史研究论丛》第2辑,江苏人民出版社1983年6月版。

有大小传头及会主诸号,"蔓延"北直隶、山东、山西、河南、陕西、四川六省。他居住在滦州石佛庄,"徒党输金钱称朝贡,飞竹筹报机事,一日数百里"。万历二十三年(1595年),王森曾被官府逮捕入狱,不久获释。万历四十二年,再次入狱,四十七年死于狱中①。此后,其子王好贤与巨野徐鸿儒、武邑于弘志等继行其教,信徒益众,不下二百万。天启二年(1622年),王好贤见明朝对后金的战争连连受挫,下层群众盼望起义,遂与徐鸿儒等相约,决定当年中秋各处一齐起兵。但因计划泄露,徐鸿儒于五月先期而动,自号中兴福烈帝,改年号为大乘兴胜元年(一作大成兴胜元年)。五月十一日攻克郓城,几天后,其信徒宿州人张东白、邹县人侯五攻下邹县,兰陵人沈智攻下滕县。当起义军进攻滕县时,当地居民"什九"参加,新上任刚三天的知县姬文胤驱仅剩无几的"吏卒登陴"相抗,他问参加攻城的当地居民"何故从贼",众人回答:"祸由董二。"这个董二,是本地的一个乡绅子弟,他"居乡贪暴",使"民不聊生",众人的这一回答,从一个侧面反映出这次起义的反封建压榨的基本性质。邹、滕既下,峄县接着落入起义者之手。起义队伍"众至数万"。②

当时,由于内地长期以来处于和平的环境之下,"郡县无守备",因此山东"不置重兵"。这是起义军初起发展顺利的一个客观原因。起义发展起来,山东巡抚赵彦急忙"檄所部练民兵,增诸要地守卒",并"请留京操班军及广东援辽军,以备征调","荐起故大同总兵官杨肇基为山东总兵官",负责镇压起义事宜。起义军乘杨肇基未至,袭击兖州,未克。又曾"扰及韩庄、夏镇,掠漕艘四十余",使运道一度受阻,并曾围曲阜及郯城。但遭到官

① 《明史》卷257《赵彦传》;《明代农民起义史料选编》引黄尊素《说略》。
② 《明史》卷22《熹宗纪》,卷257《赵彦传》,卷290《姬文胤传》;光绪《峄县志》卷25《杂记》;道光《滕县志》卷14《轶事》。

军的抵抗和反扑,郓城及峄县皆失。后来,起义大军集聚于邹、滕一带,明朝的各路援军也纷纷开来,双方展开决战。赵彦与杨肇基令游兵在邹县牵制住一部分起义军,后以主力于邹、滕之间的峄山一带消灭了起义军的精锐,又令天津佥事来斯行带来的援军等乘间下滕县。最后,明军筑长围,将起义军困在邹县。徐鸿儒带领起义者据守三月,至十月十九日,因食尽,守城者"尽出降",徐鸿儒"单骑走,被擒"。时城内起义者共有近五万人(一说七万余),统计籍贯,多达五十余处。十一月,徐鸿儒被押至京城杀害,起义至此遭到失败①。就起义军与明朝政府的力量对比来说,前者实处于劣势,这是起义失败的一个重要原因。但起义后期,起义军困守孤城,战术呆板,坐以待毙,这也是导致起义失败的一个重要原因。

徐鸿儒起义军活动之地,正是封建社会的圣人孔子及亚圣孟子的故乡。在这里,他们对孔孟表现了相当的不尊重。滕县及峄县的文庙都被捣毁,滕县的亚圣府(即孟府)也被夷为平地,孟子的嫡系后代、世荫五经博士孟承光与起义军作对被杀死。这在思想意识领域中,对于封建社会的正统思想孔孟之道,无疑是一个冲击。不过,他们这样做的出发点,大概主要还是基于其所信奉的宗教思想与儒家思想的门派差异,不可不顾事实将之任意拔高、给予过分的评价。②

天启二年(1622年)六月,于弘志曾在武邑白家屯起兵,响应徐鸿儒。准备进攻景州,"众号数万"。当时恰有天津佥事来斯行奉调领军支援山东的官军,经过河间;景州乡绅曹思诚与知州宗万化飞书向之求援,来即许之。来军"直薄白家屯",于弘志

---

① 《明史》卷257《赵彦传》;《国榷》卷85;《明史纪事本末》卷70《平徐鸿儒》;《明通鉴》卷78;道光《滕县志》卷14《轶事》。
② 《明史》卷259《姬文胤传附孟承光传》;光绪《峄县志》卷9《学校》。参见黄清源《明末山东徐鸿儒起义》,载《破与立》1979年4期。

突围,"为诸生叶廷珍所获"。举事共七日而失败。①

徐鸿儒、于弘志领导的起义失败后,其余部遭到明朝官府的歧视和欺侮。如滕县参加起义的数千人,于起义失败后回到故乡,而"有司犹苛求于既往,多毙之杖下;而胥吏利于变价田土,概不许照旧"②。再如王好贤于起义失败后,过上了流浪生活,于天启四年(1624年)正月被官府捕杀③。因而,他们只好继续进行斗争。被"苛求"欺凌的滕县数千起义军余部,不甘压迫,"攘臂而去"④。同年三月,明廷曾接到过徐鸿儒"遗党"在江淮间活动的报告⑤。另外,长兴县于天启四年还发生了一次白莲教起义。该县居民吴野樵,先匿于广德、长兴之交界处为"盗",知县石有恒"缉捕不得"。这年元旦,吴野樵突然率领起义队伍,进入县城,杀石有恒,放狱囚。但不幸为官府捕获而牺牲⑥。《三朝野纪》卷二(下)记这次起义说:"时白莲余党未尽,有司捕之急,遂于元旦五鼓乘县令拜牌,执而杀之。"可见这是一次秘密宗教组织的起义,只是似与徐鸿儒余部无关。由上所述,徐鸿儒起义失败后,仍有秘密宗教组织的反封建起义。但从总体看,徐鸿儒起义的失败,使秘密宗教组织起义的能力受到很大摧残,以后相当时期内,这类起义不太活跃。在不久到来的明末农民大起义中,这类起义少到几乎没有发生,其原因之一即在于此。

3. 以农民为主的劳动群众的反封建起义

这类起义,主要有如下五次:

两当民变。发生于天启四年(1624年)十二月,起义者杀死

---

① 《明史》卷257《赵彦传》;同治《武邑县志》卷10《杂事》;《景县新志》卷14《故实志》。

① 《明史》卷257《赵彦传》;同治《武邑县志》卷10《杂事》;《景县新志》卷14《故实志》。

②④ 《明熹宗实录》卷42。

③ 光绪《永平府志》卷71《志余》上;《国榷》卷86。

⑤ 《国榷》卷86。

⑥ 《明通鉴》卷79;《明史》卷22《熹宗纪》。

了知县牛得用。①

以流动为特色的陕西起义。天启六年(1626年)八月,陕西起义者由保宁入川,活动于广元神宣之间,明神宣指挥吴三桂与之相抗,杀起义者三人,其中一名是首领人物。同年十二月,起义者又由眉林沟"入犯"四川,明守备王虎率兵镇压,杀起义首领纪守恩等十二人,并追击至陕西宁羌州界。②

胡扶纪起义。天启六年(1626年)十二月,广西浔州民胡扶纪等领导起义,明守备蔡人龙、把总邓养统兵镇压,"倦寝,夜被歼焉"。③

桃源起义。天启七年(1627年)正月,桃源县发生起义,起义者进入县城,"劫库开狱,杀知县管九功家属三人、典史林天相家属一人",管、林"仅以身免"。④

澄城民变。天启七年(1627年)三月,澄城知县张斗耀"催征峻急",饥民忍无可忍,发动起义。起义者郑彦夫杀死了张斗耀。但除领导者未遭逮捕之外,其余参加者渐被官府捉拿。⑤

4. 兵变

规模较大者有如下几次:

台州兵噪。台州水陆营把总、哨官单道亨、杨思勋等"贪渔腾谤",备倭把总陈泰阶"听谗淫刑",遂于泰昌元年(1620年)八月引起士兵"群噪",怒不可遏的士兵们冲入陈泰阶的衙署,毁其公座,良久始散。⑥

援辽兵溃。天启元年(1621年)五月二十日,陕西都司陈愚

---

① 《明通鉴》卷79;《明史》卷22《熹宗纪》;《国榷》卷86。

② 《明熹宗实录》卷81;《国榷》卷88。

③ 《明熹宗实录》卷79。

④ 《明熹宗实录》卷80。

⑤ 《明熹宗实录》卷82;《明通鉴》卷80;《明史》卷22《熹宗纪》。

⑥ 《明通鉴》卷76。

· 866 ·

直以固原兵入援,溃散于临洮。未几,宁夏援辽骑兵复溃散于三河①。同年十二月,浙江参将袁应兆领兵七千援辽,贿逃二千名。至天津,招补新兵凑数,每名许给安家银五两,但并不发给。行至玉田,新兵索要,袁应兆不仅不发,反而以屠杀、捆打割耳相威胁,新兵遂尽数逃散。②

杭州兵变。天启四年(1624年)春,杭州士兵乘某诸生家"张灯,火起,延烧房屋之机",发动兵变。有杨把总者,企图阻止,被士兵们"悬之高竿,欲以弓矢毙之"。后经两游击安抚,才被平息下去。③

福宁兵变。天启四年五月,因仓官林廷桂"干没军储",军饷不按时发放,士兵张天锡等发动兵变,与流民相结合,关闭城门,"辱官殴吏"。经过十几天,事方得解。④

天启年间人民群众进行的各种形式的武装反封建斗争,若仅从这一时期的角度看,其历史意义是有限的。各次斗争的规模仍不算大,而且各自孤立进行,最后皆被明政府镇压下去,或被明政府用欺骗手法平息下去,其直接的效果并不太显著。但若放开视野,从更长的历史时期的角度来观察,就会马上发现其承上启下的历史地位。它是万历年间人民群众反封建斗争的继续,又是轰轰烈烈的明末农民大起义的前奏。

第二节　明思宗挽救明朝的努力及其失败

明思宗继承皇位并将魏忠贤处死之后,将朝中大权直接掌握在自己手中。《烈皇小识》记载,崇祯元年(1628年)十月,御

①　《明熹宗实录》卷10;《明史》卷22《熹宗纪》。
②　《明熹宗实录》卷17;《明通鉴》卷77。
③④　《明通鉴》卷79;《明史》卷22《熹宗纪》。

史吴玉在一个奏疏中写有"时局"两字,明思宗看后问他:"何为时局?"吴玉回答:"如当初是魏忠贤的局面,而今是皇上的局面。"明思宗听罢大怒,斥责说:"如何将魏忠贤比朕?"① 这个小故事正好说明了当时明思宗大权在握的情形。这种状况一直持续到崇祯十七年(1644 年)明思宗死去。明思宗继承的明朝,是一个充满矛盾和危机、行将灭亡的烂摊子。朝内政治黑暗、混乱;社会上阶级矛盾十分尖锐,断续发生的地区性的人民起义发展到连续性的波及全国大部分地区的大起义;在东北地区,对后金的作战每况愈下。面对这种严峻的形势,明思宗利用自己掌握的政权,作出了最大努力,企图挽救明朝的颓运,但由于主客观条件的限制未能奏效,最后以彻底失败而告终。

一、锐意求治的皇帝

为了力挽狂澜,挽救行将倾覆的明王朝,明思宗自即位起,一直是勤奋从政,不知疲倦,为了国事费尽心血,从这方面讲,可以说他是明代历史上少有的"好皇帝"。其主要表现如下:

1. 勤于政事

自崇祯初年起,明思宗即经常召见大臣,"面决庶政"②,这种做法,他一直坚持下去,翻开关于崇祯时期的历史书籍,此类记载俯拾即是。除了白天处理政务,晚上也经常干到深夜。当时的一个朝臣曾在自己的笔记中写道:"凡下科疏,类朱批日时,以防壅遏,多有子、丑时者,盖批阅至丙夜不休也。勤哉!"③ 一

---

① 《烈皇小识》卷 1。
② 《明史》卷 251《李标传》。
③ 《三垣笔记》附识上。

次,思宗去慈宁宫见明神宗的昭妃刘氏,礼毕"就便坐,俄欠身偃别榻",刘氏"戒勿惊,命尚衣谨覆之,左右植立以俟"。片刻之后,思宗醒来,"摄衣冠起谢曰:'神祖时海内少事。今苦多难,两夜省文书,未尝交睫,在太妃前困不自持如此!'"刘氏听后"为之泣下"①。每当遇有军机急事,明思宗更是废寝忘食。崇祯二年(1629年)冬,因京师受到后金军队的威胁,他"忧劳国事,旨中夜数发"②。后来,有一次畿辅地区受到后金兵的入犯,他下诏求言,"官民陈事者,报名会极门,即日召对"③。崇祯四年四月,"京师大旱",他"苎袍步祷"④。崇祯六年夏,"大旱",他又"步祷南郊。回銮大雨,畿内沾足"⑤。"步祷"虽是迷信,但此亦反映了明思宗励精图治的精神。

2.重实才,改革用人制度

面对复杂的局面、成堆的难题,明思宗除了自己励精图治之外,甚需得力的人才,因此,他很重视任用有实际才能的人。在当时的局势下,他甚至提出"济变之日,先才后守"的主张⑥。早在崇祯二年(1629年)年底,他就已经用实际行动表明了自己不拘资格提拔人才的施政方针。当时,后金兵"逼都城",有人推荐"草泽义士曰申甫"者,"有将才";而这个申甫仅是个游方僧,"好谈兵,方私制战车火器"。明思宗听到推荐,立刻"取其车入览,授都司金书";"即日召见,奏对称旨",又"超擢副总兵,敕募新军,便宜从事"。可惜的是事出仓猝,申甫所募"皆市井游手,所需军装戎器又不时给",他受命不久便在作战中死去,其新军被

① 《崇祯遗录》第14页;《明史》卷114《后妃》2。
② 《明史》卷256《毕自严传》。
③ 《明史》卷258《熊开元传》。
④ 《烈皇小识》卷3。
⑤ 《崇祯遗录》第15页。
⑥ 《明史》卷255《刘宗周传》。

"歼戮殆尽"①。与此同时,明思宗还根据推荐,将四川人刘之伦,由庶吉士一下子提拔为兵部右侍郎,"副尚书闵梦德协理京营戎政"。其情况大体与申甫相类②。这一时期,妨碍有实际才能的人被提拔任用的绊脚石,是很久以来即已形成的过分看重进士出身的用人制度。为了任用有真才实学的人,明思宗很想踢开这块绊脚石,对之加以改革。崇祯三年(1630年),御史王道纯"疏陈破资格之说,言铨除、举劾、考选,甲乙科太低昂,宜变通,则贤才日广",明思宗见疏后马上下令:"所司即行。"③ 崇祯九年(1636年),山阳武举陈启新上书言:"天下三大病。士子作文,高谈孝悌仁义,及服官,恣行奸慝,此科目之病也;国初典史授都御史,贡士授布政,秀才授尚书,嘉靖时犹三途并用,今惟一途,举贡不得至显官,一举进士,横行放诞,此资格之病也;旧制,给事、御史,教官得为之,其后途稍隘,而举人、推官、知县犹与其列,今惟以进士选,彼受任时,先以给事、御史自待,监司郡守承奉不暇,剥下虐民,恣其所为,此行取考选之病也。请停科目以绌虚文,举孝廉以崇实行,罢行取考选以除积横之习。"陈启新的上言,正与明思宗改革用人制度、打破过分看重进士资格积习的想法相合,因而明思宗看后大喜,"立擢吏科给事中"。④

由于明思宗用人不限于进士,致使他在位期间出任地方大吏巡抚的举人出身者,数量远远超过明代以前的任何皇帝在位之时,史载:"明世举于乡而仕至巡抚者,隆庆朝止海瑞,万历朝张守中、艾穆。庄烈帝(即明思宗)破格求才,得十人。"⑤ 为了

① 《国榷》卷90;《明史》卷277《金声传》;《烈皇小识》卷2;《怀宗崇祯实录》卷2。
② 《明史》卷261《刘之伦传》;《烈皇小识》卷2;《怀宗崇祯实录》卷2、卷3。
③ 《明史》卷264《王道纯传》。
④ 《明史》卷258《姜埰传》;《崇祯遗录》第18页;《怀宗崇祯实录》卷9。
⑤ 《明史》卷261《丘禾嘉传》。

打破用人唯重进士的局面,明思宗还"重保举","令两京文职三品以下、五品以上,各举堪任知府一人,亡论科第贡监",令"翰林科道"官及"抚按司道知府","各举州县官一人",也不论资格;"行换授",允许宗室参加科举,"还许以将军、中尉"等衔,"换授文官"①;"特设裕国足民科、奇谋异勇科",大力"访求征辟","破格旁求"。②

明代的内阁大学士虽无丞相之名,实权也不如其他朝代的丞相为大,但毕竟是皇帝的重要助手,在明代中期以后,是皇帝之下地位最高、权力最大、对政局影响最深的大臣,因此明思宗将内阁大学士的选用作为改革的重点。明代内阁大学士的任用,一般限于从翰林中选拔,明思宗打破了这一惯例。是时,翰林出身的大学士郑以伟虽"文章奥博,而票拟非其所长"。崇祯五年(1632 年)五月,他以礼部尚书兼东阁大学士的身分入阁参与机务。有一次遇到一个章疏,其中有"何况"两字,他误以为是人名,乃"拟旨提问",后经明思宗"驳改始悟","自是词臣"为明思宗所轻,产生了"阁臣不专用翰林"的念头③。明思宗之任用翰林以外的人担任大学士,始于山东人张至发。史载:"崇祯五年(1632 年),(张至发)起顺天府丞,进光禄卿。精核积弊,多所釐正,遂受帝知。八年春,迁刑部右侍郎。六月,帝将增置阁臣,以翰林不习世务,思用他官参之,召廷臣数十人,各授一疏,令拟旨。遂擢(张)至发礼部左侍郎兼东阁大学士,与文震孟同入直。自世宗朝许赞后,外僚入阁,自(张)至发始。"④ 后来,又有很多非翰林的外僚被任命为大学士,入阁参机务。崇祯十一年六月,一次任命了五人入阁,除了其中方逢年一人系翰林外,其余程国

---

① 《皇明通纪直解》卷 15《怀宗皇帝》;《怀宗崇祯实录》卷 8。
② 《国榷》卷 97。
③ 《明史》卷 110,卷 251《郑以伟传》。
④ 《明史》卷 253《张至发传》;参《国榷》卷 94。

祥、杨嗣昌、蔡国用、范复粹四人均由外僚。后来,又有谢陞等人由外僚而入阁①。明思宗任用"外僚"入阁,打破仅从翰林中选拔的旧例,乃是为了服从政务的需要,选拔干才。这些被任用的人,大都是明思宗认为有才干的人。如蔡国用在这次选用中,最初廷推时,因"望轻"而"不获与";但在不久前的一次督修都城城墙时,他想办法解决了急需解决的石料难题,给明思宗留下了很好的印象,早欲加以"大用";这时,明思宗就将之"特旨擢礼部尚书",终得"入阁办事"②。阁臣专从翰林中选拔的旧例虽被打破了,但翰林仍是阁臣的重要来源,因此,为了保证阁臣的质量,明思宗又决定"择知(县)、推(官)治行卓绝者入翰林",以克服其"儒缓不习吏事,无以理纷御变"的缺陷。这一决定,在实践中得到了贯彻。如休宁人汪伟,崇祯十一年由慈溪知县行取,即被擢为翰林院检讨。③

3. 不贪女色,崇尚节俭

明思宗在生活上自我要求甚严。他不贪恋女色。刚即位不久,有一次在便殿批阅奏章,忽然飘来一阵香烟,竟引发了性欲之感。他甚感疑惑,走出宫殿,避开了香烟,那种感觉当即消失。原来有宦官在暗处焚香,发出迷人的香气。于是他便询问太监:"此自何至?"太监回答:本是"宫中旧方"。他把太监斥责了一番,下令"毁之勿复进",并深有感慨地说:"皇考、皇兄皆为此误也!"这时,明思宗十七岁,正是在两性关系方面易于失控的青年时期,而他身为至高无上的皇帝,完全有为所欲为的条件,但却能在这方面如此自我控制,诚为难得④。崇祯十五年(1642 年)

---

① 《明史》卷 110,卷 253《范复粹传》;《三垣笔记》附识上。
② 《明史》卷 253《蔡国用传》。
③ 《明史》卷 266《汪伟传》。
④ 《明史纪事本末》卷 72《崇祯治乱》;《崇祯遗录》第 3 页;《明季北略》卷 3《闻香心动》。

九月,原计划"采良家妇女充九嫔",而"刑科给事中光时亨请缓之,俟'寇'平举行",明思宗马上接受了这一建议。①

在衣食日用方面,明思宗相当节俭。《崇祯遗录》说:

> 上恭勤节俭,励精图治。自神宗以来,膳羞日费万余金,上命尽减,但存百分之一。旧制,冠袍靴履日一易,上命月一易。②

《烈皇小识》说:

> 上禁诸臣服饰袖长不得过一尺。宫中尽撤金银等器,俱用陶器。并谕诫诸臣,不得擅用金银。③

以上所叙的明思宗三个方面的表现,都是可贵的,它们对于挽救明朝的危机无疑发挥着积极的作用。但是,明思宗在处理政务中,也有严重的缺陷,它们对明朝的统治危机又产生着推波助澜的影响。他的缺陷主要有三个,一是急于求成,导致了"功令太严,吏苦束湿"④;二是虚荣而刚愎自用,给奸佞之徒钻了空子;三是不信任百官,寄希望于宦官,加深了政治的混乱。

二、急于求成和重典绳下

明思宗继承皇位时,年仅十七;崇祯十七年(1644年)去世时,也才三十四岁。他可说是一个名副其实的青年皇帝。但他面临的局势却极为复杂。这使之极易产生急躁情绪。明思宗急于求治,他曾说:"慎重即因循,何益?"这充分反映了他的迫不及待的心境。而世上的事物,往往是欲速则不达。处理国家政务也是如此,操之过急,只能把事情搞得更糟。明思宗由于性急,

① 《国榷》卷98。
② 《崇祯遗录》第2页。
③ 《烈皇小识》卷8。
④ 《皇明通纪直解》卷15《怀宗皇帝》。

在处理棘手的政务时,采用了急功近利的头痛医头、脚痛医脚的办法,结果不仅难题解决不了,反而越搞越大,于是迁怒于文武百官,责备他们不能尽职尽责,从而形成以严厉惩处文武百官为特征的"重典绳下"局面。这正如崇祯二年(1629年)九月顺天府尹刘宗周所上奏疏中所说:"陛下求治之心,操之太急。酝酿而为功利,功利不已,转为刑名。"①

　　早在崇祯二年(1629年)十一月,河南府推官汤开远即已批评了当时对官吏处罚过多的现象。他在奏疏中说:"皇上急于求治,诸臣救过不给。临御以来,明罚敕法,自小臣以至大臣,与众推举或自简拔,亡论为故为误,俱褫夺戍配不少贷,甚则下狱拷追,几于刑乱国用重典矣。"② 崇祯三年(1630年),刘宗周又一次上疏尖锐批评:"陛下以重典绳下,逆党有诛,封疆失事有诛。一切讹误,重者杖死,轻者谪去,朝署中半染赭衣。而最伤国体者,无如诏狱。"③由于明思宗一意重典绳下,且不可能接受别人的意见而稍为宽容,使得有关部门在评议处罚事宜时,不敢为受冤屈的官吏说公道话。崇祯八年(1635年)汤开远在奏疏中指出这种情形说:"臣读明旨,谓诸事皆经确核,以议处有铨部,议罪有法司,稽核纠举有按臣也。不知诏旨一下,铨部即议降议革,有肯执奏曰'此不当处'者乎? 一下法司,即拟配拟戍,有肯执奏曰'此不当罪'者乎? 至查核失事,按臣不过据事上闻,有原功中之罪、罪中之功,乞贷于朝廷者乎? 是非诸臣不肯分别也,知陛下一意重创,言之必不听,或反以甚其罪也。"④ 有的执法官吏为了不受明思宗的批驳,甚至故意轻罪重判,如甄淑于崇祯十二年至十三年任刑部尚书,经常指令刑部所属的司官说:"但

　　①③　《明史》卷255《刘宗周传》。
　　②　《国榷》卷90;《明史纪事本末》卷72《崇祯治乱》。
　　④　《明史》卷258《汤开远传》。

将应拟杖者拟徒,应拟徒者拟戍,应拟戍者拟辟,则可不驳。"于是"一时诸司官无不以残刻为事"①。据统计,明思宗所诛总督竟达七人,包括郑崇俭、袁崇焕、刘策、杨一鹏、熊文灿、范志完、赵光抃②。"终崇祯世,巡抚被戮者十有一人:蓟镇王应豸,山西耿如杞,宣府李养冲,登莱孙元化,大同张翼明,顺天陈祖苞,保定张其平,山东颜继祖,四川邵捷春,永平马成名,顺天潘永图,而河南李仙风被逮自缢,不与焉。"③ 明朝阁臣,因"贵极人臣",甚受尊礼,因罪被杀者极少,而崇祯时却连杀两人。"辅臣戮死,自世庙夏言后,此再见也"。④ 其中之一为薛国观,被"赐"自尽。当他奉命自杀后,"准取殓"的圣旨迟迟不予发出,尸体被吊两昼夜,史书称之为"真从来未有之惨"⑤。由于罪废相踵,使得官员的更换十分频繁。如蓟镇总督曾经半年中换了五人⑥;崇祯十七个年头中,兵部尚书换了十四人⑦,"刑部易尚书十七人"⑧。内阁大学士也多不得久任,十七年中所用至五十人,其中先后担任首辅的即达十几人(包括黄立极、施凤来、李标、韩爌、成基命、周延儒、温体仁、张至发、孔贞运、刘宇亮、薛国观、范复粹、陈演、魏藻德等,其中李标和周延儒还各先后两次出任)。⑨

明思宗对百官严峻刑法,目的在于"逼人趋事赴功",但结果却适得其反,因为百官为了"躲得法去","一齐委曲规避","不做事"⑩。

---

① 《三垣笔记》上。
② 《明史》卷260《郑崇俭传》。
③ 《明史》卷248《颜继祖传》。
④ 《国榷》卷99;《明史》卷253《薛国观传》。
⑤ 《烈皇小识》卷6。
⑥ 《明史》卷251《蒋德璟传》。
⑦ 《明史》卷257《张凤翼传》。
⑧ 《明史》卷254《乔允升传》。
⑨ 《崇祯遗录》第2页;《明史》卷110、卷251、卷253、卷306、卷308。
⑩ 《皇明通纪直解》卷15《怀宗皇帝》。

时人对此多有议论,如刘宗周曾说:"陛下求治太急,用法太严,布令太烦,进退天下士太轻。诸臣畏罪饰非,不肯尽职业,故有人而无人之用,有饷而无饷之用,有将不能治兵,有兵不能杀贼。"[①] 大学士魏藻德也说:"边臣任事少,畏事多,固是时势艰难,人多掣肘,亦因功令太严,恩威莫测,恐一干圣怒,则无功有罪,是以畏首畏尾,俱不敢做,即举用一人,亦恐有受人营求、为人复官之嫌,所以蓄缩耳。"[②]

三、虚荣、刚愎自用与奸佞之进

世上常常有这样一些人,他们很有独立意识,但误于过分,演变而为主观,过于相信自己,不能虚心听取别人的意见,遇事刚愎自用。由于他们十分自信,因而自尊心往往很强,以至演变而为虚荣,只能听表扬,听不得批评。青年皇帝明思宗正是这样一个人。崇祯二年(1629 年)九月,刘宗周曾毫不客气地说他:有所"擘画,动出诸臣意表,不免有自用之心"[③]。后来,大学士谢陞也曾批评他:"惟自用聪明,察察为务。"[④] 明思宗即位后不久,由于大学士刘鸿训曾说过"主上毕竟是冲主",对他流露出了轻视的情绪,因此尽管刘是一个"锐意任事"的人,他也深为衔恨,"欲置之死"。崇祯二年(1629 年)春天,明思宗终于借故将刘充军代州;之所以没有杀死而仅充军,则是多亏了"诸大臣力救"的缘故[⑤]。对刘鸿训的处罚,充分反映了明思宗的极强的虚荣心。刚愎自用加虚荣,使明思宗只对合乎自己想法的意见感兴趣。如崇祯元年(1628 年)冬,锦州兵哗,督师袁崇焕请给饷,

①③ 《明史》卷 255《刘宗周传》。
② 《三垣笔记》附识中。
④ 《怀宗崇祯实录》卷 15。
⑤ 《明史》卷 251《刘鸿训传》。

明思宗"召问诸大臣,皆请发内帑",而"性警敏、善伺意指"的礼部右侍郎周延儒,揣知他不以此议为然,即独自进言:"关门昔防敌,今且防兵。宁远哗,饷之;锦州哗,复饷之,各边且效尤。"明思宗对其所说马上注意起来,进一步追问说:"卿谓何如?"周延儒答以:"事迫,不得不发。但当求经久之策。"明思宗听后连连点头,且"降旨责群臣"。几天后,又一次召问周延儒,周延儒提出:"饷莫如粟,山海粟不缺,缺银耳。何故哗?哗必有隐情,安知非骄弁构煽以胁崇焕耶?"当时,明思宗正"疑边将要挟,闻延儒言大悦,由此属意延儒",第二年,即"特旨"任命为"礼部尚书兼东阁大学士,参机务"①。再如崇祯四年(1631 年)冬,明思宗不顾舆论的反对,派遣宦官出守边镇,礼部右侍郎王应熊在上言中为明思宗此举极力辩护,"语皆迎帝意",于是明思宗对之大加"眷注",第二年进左侍郎,再过一年更"特旨擢礼部尚书兼东阁大学士","入参机务"。②

刚愎自用加虚荣,还使明思宗不能容忍逆耳之言。如嘉善人钱士升,崇祯六年(1633 年)九月被任命为大学士,九年(1636年)三月,鉴于明思宗为政操切,"因撰《四箴》以献,大指谓宽以御众,简以临下,虚以宅心,平以出政"。"其言深中时病",但不合明思宗的心意,使明思宗甚为不快。一个月后,明思宗就在他所上的另一个奏疏中写下令其极为难堪的批语:"即欲沽名,前疏已足致之,毋庸汲汲。"这里所说的"前疏",即指《四箴》疏而言。钱士升见后,惶恐至极,连忙"引罪乞休",明思宗当即批准。③

明思宗喜听相同的意见,厌恶逆耳之辞,这便给善于逢迎的

① 《明史》卷 308《奸臣传》。
② 《明史》卷 253《王应熊传》。
③ 《明史》卷 251《钱士升传》;《国榷》卷 95;《明史纪事本末》卷 72《崇祯治乱》。

大大小小奸佞之徒窃取官位大开了方便之门。前述周延儒、王应熊之被任为阁臣，即是明显的例子。而这一时期靠逢迎窃取高位的最典型的人物，乃是温体仁。温体仁是乌程人，"为人曲谨而中猛鸷，机深刺骨"，对于皇帝善于揣测意旨，先事奉迎，是地道的奸佞之徒。如前所述，崇祯元年（1628年）冬周延儒因督师袁崇焕请饷事而召对称旨，第二年被特旨任为阁臣；而在召对之后、被任命为阁臣之前，曾发生过一场会推阁臣的争论。时在崇祯元年（1628年）十一月，"大学士刘鸿训罢，命会推，廷臣以（周）延儒望轻置之，列成基命、钱谦益、郑以伟、李腾芳、孙慎行、何如宠、薛三省、盛以弘、罗喻义、王永光、曹于汴十一人名上"，明思宗以周延儒"不预，大疑"。当时官居礼部尚书、"协理詹事府事"的温体仁，揣测到这一情况，即借口钱谦益在天启二年（1622年）主试浙江时曾"关节受贿"，说这次会推有结党营私的情况，挑起论争。明思宗本来就"久疑廷臣植党"，这次会推没有列入周延儒，更疑心大增，因而"闻体仁言，辄称善"。从此，温体仁大得明思宗的信任。崇祯三年（1630年）六月，他以礼部尚书兼东阁大学士，崇祯六年（1633年）更升任首辅，直至崇祯十年（1637年）六月方解职回乡。当时的阁臣像走马灯似的，皆不能久于其位，而温体仁却居位长达八年，实为罕见①。奸佞之徒的窃取官位，对于明朝的政治，起着加速走向黑暗深渊的影响，因为他们对明思宗的缺点，只会文过饰非，使之不但得不到克服，反而会越来越大。例如，明思宗主张"重典绳下"，温体仁便"专务刻核，迎合帝意"，结果搞得"上下嚣然"②。温体仁等奸佞之徒给社会带来了危害，因而甚为人们所痛恨，《烈皇小识》的一段记载，生动地反映了这一状况：

---

① 《明史》卷308《奸臣传》。

② 《明史》卷251《钱士升传》，卷308《奸臣传》。

温体仁,乌程籍,归安人;王应熊,巴县人,同恶相济。吴宗达奉行两人意旨,毫无短长,时目为"簏片"。适礼部尚书黄士俊,丁未状元;左右侍郎孔贞运、陈子壮,己未榜眼、探花。京师为之语曰:"礼部重开天榜,状元、榜眼、探花,有些惶(黄,指黄士俊)恐(孔,指孔贞运);内阁翻成妓馆,乌归(乌程、归安,指温体仁)、王巴(巴县王应熊)、簏片(吴宗达),总是遭瘟(温,指温体仁)。"(按:时温、王、吴三人均在内阁任职)一时传以为笑。①

四、疑心重重,重用宦官

明思宗为人多疑,这一性格表现在政治上,是对文武百官不信任。时人李清在其《三垣笔记》一书中记载说:"上(指明思宗)每阅章疏,必召皇太子同观,且语之曰:'凡阅科道疏,须观其立意,或荐剡市恩,或救解任德,此立意处。若铺张题面,娓娓纸上者,借耳,无为所欺也。'"② 明思宗对官吏的看法既是如此之糟,那就不可能对之全心信用,于是,便转而重用身边的家奴——宦官。他自己曾经公开承认:"文武各臣,朕未尝不用,因其蒙狗,勉用内臣耳。"③

明思宗在刚刚登上皇帝宝座时,对于宦官曾经大加约束,不予重用。天启年间,许多边镇派有宦官,这时他下令将之撤回。天启七年(1627年)十一月,尽撤各边宦官的决定正式作出,他对兵部说:"先帝于宣、云、关、蓟、宁远、东江等处,督抚而外,分遣内臣协同镇守,一柄两操,浸寻滋弊。比来内外督臣,意见参

---

① 《烈皇小识》卷4。
② 《三垣笔记》上。
③ 《国榷》卷92,《怀宗崇祯实录》卷6。

商,嫌隙阴构,得且相蒙,失且相卸。封疆事岂能堪此？宦官观兵,古来有戒。朕今于各处镇守内臣,一概撤回,一切相度机宜,约束吏士,无事修备,有事却敌,俱听督抚便宜调度……各内臣都着回京。"① 接着,明思宗又对宦官干政作了种种限制。如崇祯元年(1628年)正月,"命内臣俱入直,非受命不许出禁门";二月,"谕戒廷臣结交近侍"②。明思宗在这一时期约束宦官,不加重用,当是出于政治斗争的需要;他刚刚从宦官魏忠贤手中夺取了政权,为了取得朝廷大臣的支持,巩固自己的地位,便不能不反天启年间重用宦官之道而行之。但是由于他内心里不信任朝廷大臣,这种约束宦官、不加重用的局面,是不可能持久的。

崇祯二年(1629年)冬,后金兵进入内地骚扰,京师戒严。至此,明思宗遂因不信任百官,认为他们"不称任使",而重新起用了宦官。十一月十日,"遣乾清宫太监王应朝监视行营"。十七日,"遣太监冯元升核军,毕,诏下户部发饷。又命太监吕直劳诸军"。十二月,以"司礼太监沈良佐、内官太监吕直(提)督九门及皇城门,司礼太监李凤翔总督忠勇营,提督京营"③。此后,宦官"衔宪四出",越派越多。崇祯四年九月,命太监"唐文征提督京营戎政,王坤往宣府,刘文忠往大同,刘允中往山西,各监视兵饷"。十月"命太监监军,王应朝往关、宁,张国元往蓟镇东协,王之心中协,邵希诏西协"。十一月,以太监吴直监视登岛兵饷④。崇祯六年五月,明思宗谕兵部:"流贼蔓延,各路兵将云集,一切功罪勤惰,应有监纪。特命内中军陈大金、阎思印、谢文举,与山西内中军陈茂霖,会同各抚道,分入曹文诏、张应昌、左良玉、邓

① 台湾中央研究院历史语言研究所校印本明实录附录之四《崇祯长编》卷3。
② 《明史纪事本末》卷74《宦侍误国》。
③ 《怀宗崇祯实录》卷2;《明史纪事本末》卷74《宦侍误国》。
④ 《明史纪事本末》卷74《宦侍误国》;《明史》卷258《李日辅传》。

环军中,监纪功过,督催粮草。"① 除去监军督饷之外,宦官们还被派去督察钱粮税务、茶马、司法等政务。如崇祯四年九月,以太监张彝宪"有心计,令钩校户、工两部出入","为之建署,名曰户工总理"②。同年十一月,"以太监李奇茂监视陕西茶马"③。崇祯六年四月,"命司礼监太监张其鉴、郝纯仁、高养性、韩汝贵、魏伯绶等赴各仓,同提督诸臣盘验收放"④。崇祯九年(1636年)六月,"命司礼监太监曹化淳同法司录囚"⑤。崇祯十二年二月,以司礼太监崔琳清理两浙盐课及各项赋税⑥。崇祯十四年八月,明思宗临太学,"先期"令司礼监太监王德化"率群臣习仪于太学"。⑦

宦官之出,侵夺了官吏将领的职权,也不利于统治集团内部正常秩序的维持,因而遭到朝臣的反对。而明思宗却坚决不改,凡与宦官发生冲突者,明思宗在处理中总是偏向宦官一方。如崇祯七年(1634年)二月,监视登岛太监魏朝,因给事中庄鳌献所上"太平十二策"内有撤监视的内容,于是要求将自己罢免;而明思宗却驳回魏朝的申请,将庄鳌献谪为浙江布政司照磨,不久,"复下刑部狱"⑧。但明思宗对宦官也不是信而不疑,其性格既然多疑,对宦官也不可能例外。然而,他在实践上对宦官的确是大加重用。其故安在?原来是他以为宦官易于对付,不足为虑。时人杨士聪在明思宗死后曾就此评论说:"先帝(指明思宗)既以独断诛魏忠贤,收倒持之柄而自操之,遂谓此辈由我操纵,故厌薄朝臣,则以中官参之。"⑨ 同时

---

① 《国榷》卷92,《怀宗崇祯实录》卷6。

② 《明史》卷305《宦官》2;《怀宗崇祯实录》卷4。

③⑤⑦ 《明史纪事本末》卷74《宦侍误国》。

④ 《怀宗崇祯实录》卷6;《国榷》卷92。

⑥ 《国榷》卷97。

⑧ 《国榷》卷93。

⑨ 《国榷》卷100。

人谈迁也曾指出:"(明思宗)直谓三尺在我,此曹(指宦官)亦何能为!"明思宗既然对宦官并不是彻底信任,这就使之在重用之中,也自然不可避免地要加以防范。这防范的重要手段之一,是加以监视。当时人曾说:"上性多疑,有监视,又有视监视者。"①

另一个重要手段,是间或将任用在外的宦官突然大规模地予以撤回,"以明驾驭之在我",使之不致气焰过于嚣张。他之大规模地撤回任用在外的宦官共有两次:一次在崇祯七年(1634年),这年六月撤回了总理、监视各道太监,其撤退令说:"朕御极之初,撤还内镇,举天下事悉以委之大小臣工。比者多营私,罔恤民艰,廉谨者又迂疏无通论,己巳(崇祯二年)之冬,京都被兵,宗社震恐,此士大夫负国家也。朕不得已用成祖监理之例,分遣各镇监视,添设两部总理,虽一时权宜,亦欲诸臣自引罪。今经制粗立,兵饷稍清,诸臣应亦知省,其将总理、监视等官尽行撤回,以信朕之初心。张彝宪俟漕竣即回监供职。惟关、宁密迩外境,高起潜兼监两镇,暨(京营)内臣提督如故。"② 这个撤退令没有谈及作出这一决定的真正目的,但他重用宦官与不信任百官的关系,却从中暴露无遗。因为明思宗之撤回宦官,仅是他控制、防范宦官的一个手段,而不是他要放弃重用宦官的方针,因而撤回后还要重新派出。崇祯九年(1636年)秋,借口清兵(即后金兵,时后金已改国号为清,详后)进犯内地,明思宗首先"命太监李国辅守紫荆关,许进忠守倒马关,张元亨守龙门关,崔良用守固关"。接着,命太监"邓希诏监视中、西二协,杜勋监视东

---

① 《国榷》卷 96。
② 《明史纪事本末》卷 74《宦侍误国》。按:这次裁撤总理、监视宦官的时间,史料记载不一。《国榷》卷 93、《怀宗崇祯实录》卷 7 皆系于崇祯七年八月;《明史》卷 23、卷 305,《明通鉴》卷 84,《烈皇小识》卷 4 皆系于崇祯八年八月。兹从《明史纪事本末》。

协"。后来，"又命太监卢维宁总督通(州)、(天)津、临(清)、德(州)军务,兼理漕运河道"。从此,太监监视又大量出现①。明思宗第二次撤回任用在外的宦官,开始于崇祯十三年(1640年)三月,其对宦官干政的限制要比上一次广泛得多。崇祯十三年三月的"撤回各镇内臣诏"规定:"将总监高起潜、陈贵、马云程、卢维宁,分守边永清、许进忠、谢文举、魏邦典、牛文炳、武进、陈镇夷、崔进、杨显名,俱撤回京另用……凡边务都着督抚镇道一意肩承。"②崇祯十四年(1641年)十二月,明思宗更下令"内臣神宫等监及各司局库等,毋干外政","并申戒廷臣毋交通近侍"③。崇祯十五年(1642年)正月,他又决定"罢提督京营内臣"④。此后,宦官的再度派出,最晚不迟于崇祯十五年(1642年)秋。同年的七月,太监王承恩被派遣提督勇卫营;同年冬,太监方正化受命"总监保定军务"⑤。此后,宦官的派出,一直没有中断,到崇祯十七年(1644年)春明朝的北京政权覆灭前夕,达到更为广泛的程度。

综上所述,明思宗虽然有间或撤回在外任职太监之举,但其在位期间,从总体上看,太监是受到重用的。这种状况对当时的政治发生了什么影响呢? 按之当时的实际,其影响可以说是甚为消极,这表现在如下三点:

第一,引起了宦官与文官武将的矛盾。文官武将与宦官的冲突,当时时常发生。如当太监张彝宪"总理户工两部"时,"建专署,檄诸曹谒见,礼视堂官"。工部主事金铉耻不肯为,"再疏争",明思宗不听;"乃约两部诸僚:私谒者众唾其面"。张彝宪得

① 《烈皇小识》卷4;《国榷》卷95;《明通鉴》卷85;《明史》卷254《金光辰传》。
② 《国榷》卷97。
③ 《明史纪事本末》卷74《宦侍误国》。
④ 《国榷》卷98;《怀宗崇祯实录》卷15。
⑤ 《明史纪事本末》卷74《宦侍误国》;《明史》卷305《宦官》2。

知,甚为恼火,即寻找事端,对之加以弹劾,金铉因之"落职"而去。①

第二,严重影响了文官武将的积极性。《烈皇小识》所载崇祯十二年(1639年)发生的一件事情颇能说明这一问题:明思宗为了铸钱,把内库的许多铜器发到宝源局,其中有的是三代及宣德年间的文物,"制造精巧绝伦"。一些商人听到消息,提出以铜二千斤交换一千斤铜器,以使这些文物免遭"毁弃"。但负责此事的主事某却不肯答应,说:"古器虽毁弃可惜,我何敢私为轻重?"商人继续交涉:"宣铜下炉,尚存其质;至三代间物,则质清轻之极,下炉后,唯有青烟一缕尔。此则谁认其咎?"主事某仍不答应,说:"圣性猜疑甚重,若如公言,必增圣疑。如三代物不便下炉,则有监督内官,共同验视,罪不在我。"于是,这批古器最终"毁弃殆尽"②。商人所讲的话,未必全部正确,但他们的主张却无疑是正确的,对封建国家及商人都有利益。而那个主事虽然明白这一点,却不负责任地拒绝了商人的主张,置封建国家的利益于不顾。其所以如此,乃是因为他想到自己生事致疑,说不定会大祸临头,而稀里糊涂地执行命令,出了差错,可有皇帝信任的"监督内官"承担责任。明思宗重用宦官严重影响外廷官吏积极性的情形,在此不是表现得一清二楚吗!

第三,败坏了军政事务。宦官多半缺乏必要的修养和教育,一旦奉派而出,大权在手,便往往肆意妄为,这对军政事务的危害非常严重。当时就有人说过:"若辈多市井庸愚,冥然无觉,妄自尊大,故天下事日坏。"③ 崇祯十一年(1638年),真定巡按李模曾上"监臣贪肆非常"一疏,揭露真定分守太监陈镇夷"贪婪暴

---

① 《明史》卷266《金铉传》。
② 《烈皇小识》卷6。
③ 《崇祯遗录》第8页。

虐",败坏政务的情况,为后人了解这类问题提供了一个典型。据这个奏疏说:陈镇夷上任时,"旧知识郭名扬先往保定迎接,馈银三百两",因而"一到任,即(将郭名扬)题充旗鼓,关通赂贿,倚为腹心"。"营兵每月饷银二两二钱,乃每名扣除四钱、七钱不等"。"领兵上关,每名该行粮升半,正(止)给一升。草每束折银四分入己,马多饿倒,以致兵士愤恨。槐树铺逃去马兵三百余名,镇城又逃去二百名,俵付不知,支粮如旧"。"令郭旗鼓向每营将官索要(献馈)三千两"。"火功(攻)营将王震仲素负气骨,不肯应承","即终日提营中官役呵责"。王震仲无奈,"央郭旗鼓解说,送银炉、银如意各一件,罗缎、潞绸各十匹,马二匹,骡一头,尚嫌不足"。对待地方官,则"箕踞漫骂,稍不遂意,开口提参。逼致生日馈献,银铸寿星、炉爵杯盘及绣段等件,充斥衙署"。其实,当时派出的宦官,"在在播恶,不独一陈镇夷"。只是"他处抚按不敢直陈",惟有李模"能据实入告"而已①。《明史》在叙及这时的太监监军时曾评论说:"诸监多侵克军资,临敌辄拥精兵先遁,诸将亦耻为之下,缘是皆无功。"② 这段话,可说是对明思宗重用宦官之恶果的一个简明扼要的总结。

五、士大夫的门户纠纷继续存在

明思宗既有勤政、改革思变的优点,又有急躁、主观、多疑的缺陷,两方面综合起来发生影响,使其无能力把政务搞好,加之其时的明朝已是各种弊病积重难返,无药可医,因而明思宗所继承的充满矛盾和危机的局面,在崇祯时期不可能有所改变,而只能向更加危险的路上滑去。这一时期的政治、社会状况,可说是

① 《烈皇小识》卷5。
② 《明史》卷305《宦官》2。

糟到了极点,其最突出的表现有四:第一,士大夫的门户纠纷继续存在;第二,吏治严重败坏,文官武将大肆贪污;第三,赋税加派重到极点;第四,两极分化空前加深。

1. 崇祯初年的门户之争和明思宗的态度

崇祯时期的门户之争继天启年间而来,而启、祯之际的权力转移,改变了天启时的门户力量的对比。

明思宗从魏忠贤手中收回朝政大权,并将之处死后,在一段时期内,其遗党大部分仍在朝中,其势犹盛。为了巩固自己的地位,他对阉党一派又进行了进一步的打击。崇祯元年(1628年)上半年,在大学士刘鸿训的帮助下,阉党人物杨维垣、李恒茂、杨所修、田景新、孙之獬、阮大铖、徐绍吉、张讷、李蕃、贾继春、霍维华等先后被斥①。接着,"钦定逆案",给阉党以致命的一击。这一举动原由御史吴甡等倡议而开其端。崇祯元年十二月,吴甡上疏说:"京察在迩,恐遗奸未尽,借察以掩其奸。若辈非考功之法所载也……此辈若溷入察典,非法之平。宜命部院科道汇叙前罪、职名,各注事实,合疏请旨,特赐处分。"明思宗认为其言可行②。于是指令大学士韩爌、李标、钱龙锡等确定从逆名单。韩爌等为人宽厚,不欲广搜树怨,仅以四五十人报上。明思宗嫌少,令再议。韩爌等"又以数十人上",明思宗仍嫌太少,"令以赞导、拥戴、颂美、谄附为目",重新拟定,且指出:"忠贤一人在内,苟非外廷逢迎,何遽至此!其内臣同恶,亦当入之。"韩爌等表示"外廷不知内事",明思宗当即驳回,说:"岂皆不知,特畏任怨耳。"一天后,明思宗再召韩爌等"入便殿。案有布囊,盛章疏甚夥",告之"此皆奸党颂疏,可案名悉入"。由于明思宗态度相当坚决,一个包括了绝大部分阉党成员的逆案名单,终于在崇祯二

---

① 《明史》卷251《刘鸿训传》。
② 《怀宗崇祯实录》卷1;《国榷》卷89。

年三月被确定下来,并以诏书的形式公布于全国。列入这个名单的有:首逆凌迟者魏忠贤、客氏二人,首逆同谋决不待时者崔呈秀等六人,交结近侍秋后处决者刘志选等十九人,结交近侍次等充军者魏广微等十一人,交结近侍又次等论徒三年输赎为民者顾秉谦等一百二十九人,交结近侍减等革职闲住者黄立极等四十四人。此外,还有"忠贤亲属及内官党附者"五十余人。"逆案"之定,极为沉重地打击了朝中阉党的势力,使整个崇祯一朝中,阉党一直没能重新恢复元气。①

明思宗打击阉党的举动,使得与阉党紧密相关而又绝对对立的东林派,自然而然地成为被肯定的势力,从而东山再起。崇祯元年(1628 年)春,编修倪元璐首先上疏,称颂"东林,天下才薮也,而或树高明之帜,绳人过刻,持论太深,谓之非中行则可,谓之非狂狷不可",从而打破了魏忠贤专权以来,东林派被官方诬为"邪党"的局面。随着东林派的昭雪,东林人士得以渐渐重返官府,史载:"自元璐疏出,清议渐明,而善类亦稍登进矣。"②同年四月,倪元璐又上疏请求焚毁以攻击东林党人为能事的《三朝会典》;五月,明思宗下令执行。这更为东林人士的再起创造了有益的环境③。不久,"东林大盛"的局面得以继天启初年之后再次出现。④

截止到崇祯二年(1629 年)春"定逆案",东林派的势力远远压倒了阉党。不过,这并不是说阉党一派从此不复存在了。当时,由于种种原因,一些阉党分子在定逆案时漏了网,有的甚至还留在官府之中。如右庶子杨世芳即是一个漏网的阉

---

① 《明史》卷 306《阉党》;《怀宗崇祯实录》卷 2;《崇祯遗录》第 5～8 页;《崇祯长编》卷 17;《国榷》卷 90。各书所列名单数字间有小异,兹从《明史》。

② 《明史》卷 265《倪元璐传》。

③ 《明史》卷 265《倪元璐传》;《崇祯长编》卷 9。

④ 《明史》卷 258《毛羽健传》。

党,他是韩爌的"姻家",因而得到了包庇①。另外,"素附珰,仇东林"的吏部尚书王永光及由阉党杨维垣等引进的御史史䂮、高捷等②,都是著名的漏网阉党。那些正式列名逆案的阉党分子,一般说来,对于自己的失败也并不甘心。这样,两派的斗争势必还要进行下去。两派斗争的前途如何?倘若没有外力干涉,其结果当是出现东林派专权、阉党趋于消灭的局面。但实际并非如此。因为当时出现了外力干涉,这个外力便是明思宗。

　　明思宗不同于对政务不感兴趣的明熹宗,他对政务很关心,大权一直握在自己手中不肯些许放松。于是当时的门户之争就深深地受到了他的态度的影响。为了巩固自己乾纲独断的政治地位,对于士大夫的门户之争,他采取了两点方针:一是已经颁示天下的"钦定逆案",始终坚持不动,不许翻案;二是禁止臣下互相党附、分门别派。崇祯元年(1628年)春天,倪元璐的一个奏疏中曾说:"陛下明旨曰'分别门户,已非治征',曰'化异为同',曰'天下为公'。"③ 这便反映了明思宗不喜士大夫分立门户的立场。崇祯二年(1629年)三月二十五日,"钦定逆案"颁布后不过十天,发生了户科都给事中解学龙弹劾蓟抚王应豸一事,劾疏中除"克饷激变"的内容外,还有指责王系"魏珰私人"之语。明思宗阅后说:"应豸克饷虐兵,罪在不赦。何必又引魏党所私!"④ 在这里,明思宗对劾疏中指责王系"魏珰私人"表示不满,也表现出了他对统治集团内部分别门派的反感。明思宗对待统治集团内部门派之争的这两条方针,虽然无法达到根本消灭这种争斗的目标(政界一旦出现门户,不经过相当长的时间,其对立情绪是不可能靠强迫命令而消除的,这是一般规律),但

①　《烈皇小识》卷2。
②　《明史》卷258《许誉卿传》,卷251《刘鸿训传》。
③　《明史》卷265《倪元璐传》。
④　《崇祯长编》卷19。

限制了阉党势力的迅速恢复,也使得东林派无法无限扩展自己的力量,使之不可能像天启年间的阉党那样垄断朝廷大权;此外,两者争斗的规模,也不可能发展得太大。这样,崇祯年间的阉党和东林派的门户之争,便处在了长期的或明或暗的断断续续状态之中。从总体上看,阉党处于劣势,但对手并不能将之消灭。另外,如前所述,由于明思宗刚愎自用而好虚荣,给奸佞之徒窃取官位创造了条件;而这些奸佞之徒因其有为人奸佞的坏毛病,便往往与较为正直的东林派格格不入,对于邪恶的阉党分子则经常是一拍即合,同气相求。于是,这一时期统治集团内部的门派之争又具备了如下一个特点:旧有的阉党分子在对东林派的斗争中,常常得到新进入政权的奸佞之徒的支持,甚或形成新的邪恶集团。

2.门户之争的主要事件

阉党诬陷钱龙锡。钱龙锡,松江华亭人,东林党的重要人物。崇祯初定逆案时,他以大学士的身分主持其事,因而被阉党恨入骨髓;加之阉党认为,他是"东林党魁",以他为引线"兴大狱,可尽倾东林",因而处心积虑要对他加以陷害。崇祯二年(1629年)冬,后金兵侵入内地,"都城戒严",袁崇焕时以兵部尚书兼右副都御史,督师蓟辽,兼督登莱天津军务,见状急引兵入护京城,而明思宗中后金反间计,误认为他已降后金,因将之逮捕入狱。在此之前,袁崇焕曾擅作主张杀死皮岛守将毛文龙,还曾欲与后金达成和议。而对这两件事情,钱龙锡虽不是袁崇焕的支持者,但都曾与闻。于是,当袁崇焕下狱之事发生后,阉党分子遂认为找到了诬陷钱龙锡的机会,开始对他弹劾。御史高捷首先"上章",不顾事实,"指通款、杀将为龙锡罪",必欲置钱龙锡于死地而后快。最初,明思宗尚对钱龙锡加以"慰谕",而当高捷第二疏继上后,他就为所动摇,"龙锡再辩,引疾,遂放归"。第二年八月,御史史𡎺再次发动攻击,说钱龙锡"主张

（袁）崇焕斩帅致兵，倡为款议"，"卖国欺君，其罪莫逭"，又说"龙锡出都，以崇焕所界重贿数万，转寄姻家，巧为营干，致国法不伸"，极尽诬蔑之能事。明思宗不予详辨，误信其说，即"遣使逮之"。同年十二月，"逮至，下狱"。钱龙锡为了辨诬，在狱中将与袁崇焕的来往信件一齐呈进，而明思宗竟毫无所省。为了进一步打击东林，当时"丽名逆案者，聚谋指崇焕为逆首，龙锡等为逆党，更立一逆案"，以与原来的"钦定逆案""相抵"。"谋既定，欲自兵部发之"，幸亏"（兵部）尚书梁廷栋惮帝英明，不敢任"，这个阴谋才未得逞。后来钱龙锡被判处充军，直至南明时，方"复官归里"。①

文震孟疏劾阉党。崇祯三年（1630年）春，参与定逆案的辅臣相继离职，阉党分子、吏部尚书王永光及名入逆案的吕纯如等人认为有机可乘，大肆活动，为自己翻案，并向东林派进行报复。如吕纯如否认自己颂扬魏忠贤的事实，上疏"讼冤"，因王永光为之"奥主"，"气焰甚张，言路俱喑"。时著名的东林党人、吴县文震孟，任左中允，充日讲官，挺身而出，抗疏弹劾王永光等。但"帝方眷永光，不报"。"震孟寻进左谕德，掌司经局，直讲如故"，于五月八日再次上疏，对阉党分子进行了更猛烈的弹劾，指出："一音杂，众音皆乱；一小人进，而众君子皆废。今有平生无耻、惨杀名贤之吕纯如，且借奥援而必辨雪矣"。"吏部尚书王永光，身为六卿之长"，"伪窃威福，擅行私臆"；"以年例大典，而变乱祖制；考选公典，而摈斥清才"。明思宗见疏后，要文震孟将所揭发的各项罪状，一一"指实再奏"。于是文震孟又进一疏，说："所谓吕纯如惨杀名贤"，乃"指故吏部员外郎周顺昌也"。万历时吕、周同任职福建，吕"日以谄媚税珰高寀为事"，周则"剪除税棍，抚

① 《明史》卷240《韩爌传》，卷251《钱龙锡传》，卷259《袁崇焕传》；《明通鉴》卷81、82；《烈皇小识》卷2。

定人心",吕心忌于周,"屡肆下石";后来致周于死地之李实奏疏,与吕甚有关系。疏中还说:所谓王永光年例、考选事,"年例则抑吏科都给事中陈良训,考选则摈中书舍人陈士奇、潘有功是也"。疏出,王永光窘甚,上疏狡辩,又密结大宦官王永祚,令其帮助度过难关。王永祚即在明思宗面前吹风,说:陈士奇出于庶子姚希圣之门;文震孟系姚希圣之舅。考选中,姚曾"力为把持,既考后复耸成此疏"。明思宗听后大疑,于是,"永光辩疏得温旨",而文震孟反被斥为"任情牵诋"。不过,文震孟的这次上疏弹劾阉党,并不是毫无作用。当时吕纯如等阉党分子并未得以翻案,史称:此"虽由(明思宗)圣断",而文震孟之疏劾"亦不无小补"。①

温体仁阴使荐"逆党"。温体仁之得宠于明思宗,乃是靠了弹劾钱谦益、迎合明思宗不喜百官结党的心思而开端。而钱谦益是著名的东林党人,加之温体仁为人奸佞,也不可能为东林党所欢迎,所以,温体仁很自然地便站在了东林党的对立面,与阉党分子勾结在一起。上述阉党诬蔑钱龙锡的活动,背后实有温体仁的支持。崇祯六年(1633年)六月,首辅周延儒被他排挤去职,他出任了首辅,此后,便与阉党分子进一步勾结起来,反对东林派。由于这时"逆案"未翻,对阉党分子极为不利,所以温体仁千方百计地创造机会,帮助列入逆案的阉党分子重返官场,以求在事实上将逆案逐渐翻过来。如在崇祯七年(1634年)推荐吕纯如,在崇祯九年(1636年)又推荐另一名列逆案的阉党分子霍维华。由于他知道进行这类活动,在政治上是一种冒险行动,为了不连累自己,他两次都没有直接出面,而是暗中指使别人到前台打头阵。史载:"时魏忠贤遗党日望体仁翻逆案,攻东林。会吏部尚书、左都御史缺,体仁阴使侍郎张捷举逆案吕纯如以尝帝。言

---

① 《明史》卷251《文震孟传》;《烈皇小识》卷2;《国榷》卷91。

者大哗,帝亦甚恶之,捷气沮,体仁不敢言,乃荐谢陞、唐世济为之。世济寻以荐逆案霍维华得罪去。维华之荐,亦体仁主之也。"① 两次推荐阉党遭到失败后,温体仁认识到此路不通,"自是不敢讼言用逆党"②。但阉党的翻案活动并没停止,后来名列逆案的冯铨等人都曾有人推荐过,但终崇祯之世,皆没有成功。③

3. 复社与门户之争

明朝后期,名士、秀才往往结成社团,以文会友,研究学问。如万历初,诸生袁宏道于公安城南结文社,"为之长";万历后期,南京兵部官员昆山人王志坚,在南京"要同舍郎为读史社,撰《读史商语》"④。进入天启、崇祯年间,这种社团数目更多,它们的主要活动,是研究时艺,揣摩风气,为参加科举考试作准备,有的还积极参加政治活动。这时,著名的文人社团有松江幾社、浙西闻社、江北南社、历亭席社、吴门羽朋社及匡社、武林读书社、江西豫章大社、合社等。而其中影响最大的,是崇祯初成立的以张溥为首的复社。

张溥,字天如,号西铭,太仓人。崇祯四年(1631 年)进士,除庶吉士⑤。复社成立于崇祯二年⑥,是联合了许多小文社而形成的,史载:"是时江北匡社、中洲(州)端社、松江幾社、莱阳邑社、浙东超社、浙西庄社、黄州质社与江南应社,各分坛坫。天如乃合诸社为一,而为之立规条、定课程曰:'自世教衰,士子不通经术,但剽耳绘目,几幸弋获于有司。登明堂不能致君,长郡

---

① 《明史》卷 308《奸臣传》。参见《怀宗崇祯实录》卷 7、卷 9;《国榷》卷 93、卷 95;《三垣笔记》附识上;《烈皇小识》卷 3、卷 5。
② 《明史》卷 308《奸臣传》。
③ 《国榷》卷 97、卷 98、卷 99。
④ 《明史》卷 288《袁宏道传》、《王志坚传》。
⑤ 《启祯野乘》卷 7《张庶常传》。
⑥ 杜登春:《社事始末》,《艺海珠尘》本。

邑不知泽民，人材日下，吏治日偷，皆由于此。溥不度德、不量力，期与四方多士共兴复古学，将使异日者务为有用，因名曰复社。'"① 参加复社的各文社，对外都用复社的名义，在内部则各不相谋。参加复社的人数甚多，"举天下文武将吏及朝列大夫、雍庠子弟，称门下士从之游者，几万余人"②。复社经常通过参加到其中的各文社征集各地的文章，汇为选集，题名《国表》，以通各处的风气，扩大该社的影响。还通过召开大会的形式，开展活动。自崇祯二年到崇祯十四年，大会搞过三次，一为崇祯二年的尹山大会，二为崇祯三年的金陵大会，三为崇祯五年的虎丘大会③。虎丘大会的规模最大，据记载："（张溥）约社长为虎邱大会。先期传单四出，至日，山左、江右、晋、楚、闽、浙以舟车至者数千余人，大雄宝殿不能容，生公台、千人石鳞次布席皆满，往来丝织。游于市者争以复社会命名，刻之碑额。观者甚众，无不诧叹，以为三百年来，从未一有此也。"④ 张溥死后，复社大会又举行过一次，时为崇祯十五年春，地点仍为虎丘，主盟者为维扬郑元勋及松江李雯。"嗣后，复社之大会无复再举矣"。⑤

由于复社人多势众，活动积极，其影响便越来越大。读书人只要进了复社，科举得中就很有希望。《明史》说，张溥"声气通朝右，所品题甲乙，颇能为荣辱"⑥。这不能不引起一些人的忌恨。另外，复社人士除了研讨文章学问之外，对于政治生活也很关心，他们的立场是，拥护当时的东林派，"辄自矜曰：'吾以嗣东林也。'"⑦这样，他们便不可避免地卷入了当时的士大夫门户之

---

① 陆世仪（眉史氏）《复社纪略》卷1。

②⑤ 《社事始末》。

③ 《复社纪略·复社提纲》。同书卷2记第三次大会举行于癸酉年即崇祯六年，待考。

④ 《复社纪略》卷2。

⑥⑦ 《明史》卷288《张溥传》。

争中去。官府中与东林有关的人，一般与复社相亲相助；而与阉党有关的人，则与复社作对。

在与复社有关的士大夫门户之争中，很著名的事件是陆文声、周之夔弹劾复社案。陆文声与张溥同乡，"输赀为监生"，求入复社而遭拒绝，加之张溥的好友、复社的另一重要领导者张采，又曾于崇祯九年（1636年）三月"以事抶之"，会首辅温体仁"亦憾（张）溥，方募人劾溥"，陆文声知之，遂于崇祯十年三月赴京上言对复社进行弹劾，他说："风俗之弊，皆原于士子。溥、采为主盟，倡复社，乱天下。"温体仁即欲乘机兴大狱，"拟严旨究治"，而提学御史倪元珙、兵备参议冯元飏"不承风旨"，被处以降谪。周之夔是福建人，曾任苏州推官，"坐事罢去，疑溥为之，恨甚"，这时他听说陆文声攻击张溥，也上书相攻，说张溥等"把持计典，己罢职实其所为"，并大讲"复社恣横状"。"章下，巡抚张国维等言之夔去官，无预溥事"，温体仁对张国维不满，拟旨加以"谯让"。此后张溥的问题很久没有解决，直至崇祯十四年他死去，"事犹未竟"。①

复社人士在遭受政敌攻击的过程中，渐渐感到朝中大臣特别是担任首辅的人，倘非支持复社者，本社即"终成孤立之势"，处境十分困难，因而决定拥戴本社的支持者出任首辅②。张溥在世时，这一活动即已开始。他与伙伴等拥戴的人选是周延儒。周原与东林不合，崇祯二年（1629年）入阁后，第二年升任首辅，崇祯六年被温体仁夺去首辅之位而引归。但他与东林—复社也有一定的旧关系："始延儒里居，颇从东林游"，后来主持会试时，又曾将张溥等人取中。另外，周在担任阁臣及首辅期间，虽与东

---

① 《明史》卷288《张溥传》；《明通鉴》卷85；《复社纪略》卷3；《复社纪事》卷161；《烈皇小识》卷5；《明史纪事本末》卷66《东林党议》。

② 《社事始末》。

林—复社站在对立面,而被温体仁搞下台后,颇有悔过之心,对过去的作为心有所惭。周延儒的上述条件,使之可以成为复社的争取对象;并且,他原来做过首辅,有相当高的资历,将之作为首辅拥戴对象的话,成功的可能也比较大。当将周延儒确定为拥戴对象后,张溥等"说延儒曰:'公若再相,易前辙,可重得贤声。'延儒以为然"。谈判于是成功,复社人士遂投入具体活动。崇祯十四年二月,起复周延儒的诏书发出,九月周延儒至京,再次当上了首辅。而张溥于这年四月暴病身亡,"闻其信而不及见其事"①。周延儒再次出任首辅后,复社的处境有所好转,张溥被弹劾后至死"未竟"的遗留问题,马上得到解决,皇帝不再追究。崇祯十五年,由于御史刘熙祚等人的推荐,皇帝还让进呈张溥的著作,以备御览②。

周延儒之再次出任首辅,对于当时的朝政也起了一定的积极作用,革除了一些弊政,一些属于东林的人物或其他正直之士,得以重用。史称:"延儒被召,溥等以数事要之。延儒慨然曰:'吾当锐意行之,以谢诸公。'既入朝,悉反体仁辈弊政。首请释漕粮白粮欠户,蠲民间积逋,凡兵残岁荒地,减见年两税。苏、松、常、嘉、湖诸府大水,许以明年夏麦代漕粮。宥戍罪以下,皆得还家。复诖误举人,广取士额,及召还言事迁谪诸臣李清等。帝皆忻然从之。延儒又言:'老成名德,不可轻弃。'于是郑三俊长吏部,刘宗周掌都察院,范景文长工部,倪元璐佐兵部,皆起自废籍。其他李邦华、张国维、徐石麒、张玮、金光辰等,布满九列。释在狱傅宗龙等,赠已故文震孟、姚希圣等官。中外翕然称善。"不过,周延儒毕竟是一个"庸驽无材略、且性贪"的人物,他所起的积极作用是有限的,崇祯十六年,他被明思宗再次解除了首辅

---

① 《明史》卷 308《奸臣传》;《社事始末》。
② 《明史》卷 288《张溥传》;《怀宗崇祯实录》卷 15。

之职。①

在与复社有关的士大夫门户之争中，还有一个很著名的事件值得一提：《留都防乱公揭》之作。此事发生在崇祯十一年（1638年），时名列逆案的阮大铖流寓南京，"颇招纳游侠"，谈兵说剑，觊以边才复得出仕。而这时的南京，复社人士甚多，诸如无锡顾杲（顾宪成之孙）、吴县杨廷枢、芜湖沈士柱、余姚黄宗羲（黄尊素之子）、鄞县万泰、贵池吴应箕、桐城左国材、宜兴陈贞慧等复社名士，皆聚讲南京。他们"恶大铖"至极，于是由吴应箕起草，写出了一篇宣布阮大铖罪恶的文字，对之加以驱逐。这便是《留都防乱公揭》，在其上签名者，凡一百四十余人，"皆复社诸生"。公揭之出，使阮大铖大为恐惧，从此迁居南门外的牛首山，"闭门谢客"，气焰大消。②

崇祯时期的士大夫门户之争，包括与复社有关系的及无关系的，不能说毫无是非，一般说，东林—复社一派是比较进步的，但是，双方皆属门户之见的状况也经常存在。因此，这一时期的士大夫门户之争，往往产生加深统治阶级内部矛盾、加速政治腐败的不良影响，在这个意义上讲，它也应当列入当时的政治混乱、黑暗的诸种表现之中。

六、文官武将大肆贪污

官吏贪污，是封建官僚政治体制下的痼疾之一。整个明代这一现象一直存在，且日益发展。到万历至天启时期它已十分严重，进入崇祯年间，则更加厉害。官吏升迁，全凭贿赂。时人

---

① 《明史》卷308《奸臣传》。
② 《明史》卷277《吴应箕传》，卷308《奸臣传》；谢国桢：《明清之际党社运动考》第八节《复社始末》下。

李清在论说崇祯十五年(1642年)的"货贿之风"严重状况时举例说:"一监司以五千金营边抚,疑其俸浅,又益二千金,卒得之。一部郎谋浙海道,议者云'须五千',作事者靳之,仅许三千金;虽先献半,竟得一守而去。令之俸足者,得礼曹亦必二千,兵曹亦必千金。有营之铨曹,为出一缺,而大力复攫去,绝无无翼而飞者。"① 办理其他公务,也离不开贿赂。如部队到京城"请饷,须常例,凡发万金,例扣三千,故长安有饷不出京之谣"。"其他外官常例",同样不可少,其名目"不胜枚举"②。部队里的军官,靠"虚冒"来贪污。"虚冒者,无其人,诸将及勋戚、奄寺、豪强,以苍头冒选锋壮丁,月支厚饷"③。据记载,崇祯末年,京营的名簿上有士兵十一万多,而实际上,"半死者,余冒伍"④。"吃空额"仍是军官贪污的重要办法。崇祯十六年三月,翰林院检讨汪伟上言:"臣按南京营兵,旧称十万有余,今大教场存者只六千三百,小教场存兵九千一百,新江口五千六百,总不过三万……乃兵亏而饷不减。"⑤兵数减少了三分之二以上,但军饷却维持原额不变,很清楚,多出的部分都被军官中饱私囊了。崇祯年间出了不少大贪污犯,如崇祯十七年二月,"御史李瑞和劾两淮巡盐御史冯垣登匿课七万八千金有奇"⑥。在官吏的影响下,经办公务的吏役也都寻找机会,贪污中饱。崇祯十四年十一月,丰城侯李开先的一段话就揭露了这种状况,他说:"赋役全书设,而往往拖欠,何也? 浙直之弊,半在奸胥。问百姓则年纳一年,少分毫犹加鞭扑,奸胥侵渔,任其影射,重累百姓。一遇赦除,则百姓不沾,奸胥饱腹。虽计部参罚,司牧降谪,犹不能穷。盖头绪多

---

① 《三垣笔记》附识上。
②⑤ 《国榷》卷99,
③ 《明史》卷265《李邦华传》。
④ 《明史》卷266《王章传》。
⑥ 《国榷》卷100。

端,条鞭外有辽饷,辽饷外有练饷(按:练饷情况详下)。至各省修城置器,并无他出,亦不过派之田亩。一限不宽,二限继行。吏书借为生涯,差役因之营活。"①

因为贪风太盛,使得某些个人企图独自成为清廉君子,竟无可能。崇祯元年,吏科给事中韩一良所上奏疏说:"皇上平台召对,有文官不爱钱一语。然今之世局,何处非用钱之地;今之世人,又何官非爱钱之人。皇上亦知文官不得不爱钱乎?何者?彼原以钱进,安得不以钱偿?臣所闻见,一督抚也,非五六千金不得;道府之美缺,非二三千金不得;以至州县并佐贰之求缺,各有定价;举监及吏承之优选,俱以贿成……诸臣言蠹民者,俱归咎守令之不廉。然州县亦安得廉?俸薪几何?上司票取,不曰无碍官银,则曰未完抵赎。冲途过客,动有书仪,多则十金以上,少则十金以下。欲结心知,不在此例,岁送不知几许。至巡按荐谢每百金,旁荐五十金,其例也。近且浮于例。遇考满朝觐,或费至三四千金。夫此金非天降,非地出,而欲守令之廉得乎!科道人号为开市,臣两月内辞书仪可五百余金,臣寡交犹然,余可推矣。今日之势,欲求人之独为君子,已必不能!"②崇祯年间贪污受贿的问题发展到如此程度,真可以说是病入膏肓了。

七、赋税加派重到极点

崇祯时期加重对人民赋税剥削的借口,主要是筹措军费,而实际上,军费多被军官们贪污去了。军官的贪污是个无底洞,明政府每次设法筹集到的军饷,都被这个无底洞所吞噬,结果是军

---

① 《国榷》卷97。
② 《国榷》卷89;《怀宗崇祯实录》卷1;《崇祯长编》卷1。

队依然无饷可用,战斗力依然不能提高。但足饷强兵是当时的形势下明政府必须解决的当务之急,因而只好继续筹措,于是军官就进一步贪污。这样,筹措与贪污就成了不断的再循环,而人民的负担随着这个循环的不断重复便一天天加重起来。《国榷》记载,崇祯十二年(1639年)三月,明思宗召见维扬道参议郑二阳,要他谈谈应如何"练兵措饷",他回答说:"臣初到扬州,各营设有官兵,向来相沿虚冒。臣刻意简练,有一额即求足一兵,随练之。故历五年,防寇不请一兵一饷。"明思宗听后说:"此一方事。谓天下何?"他又回答:"大抵额设之兵,原有额饷,但求实练堪用,则兵不虚冒、饷自足用。是核兵即足饷也。若兵不实练,虽措饷何益?"① 郑二阳的"核兵即足饷",实即指去除军官虚冒、吃空额的弊病,来保证军饷的充足不乏,这正是反映出了当时军费增加与军官贪污的密切关系。

军费增加与军官贪污的密切关系,当时人是看得很清楚的,但一直解决不了。其原因,一为明思宗没有解决的决心。崇祯十一年(1638年)十一月八日,因清兵到内地骚扰,明思宗召见大臣商议办法,而其"意在忧饷"。工科都给事中范淑泰说:"兵事要在行法,今法不行而忧饷,即天雨粟、地涌金,何益于事?"明思宗听后说:"朝廷何尝不欲行法!"不过,"微窥"其意,"若有所踌躇而不能决者"②。这里的"行法",虽不全指惩治军官贪污,但惩治军官贪污在当时确是其中应包括的一项极重要的内容。所谓"有所踌躇而不能决",在这个意义上讲,就是没有解决军官贪污问题的决心。事实上,明思宗在位十七年,一直没有为此采取过坚决的措施。何以如此?原来,在天下用兵之际,他不敢得罪于武将。他为政严急,对文官处治极严厉,而对武将却极力讨

---

① 《国榷》卷97;又参见《怀宗崇祯实录》卷12。

② 《烈皇小识》卷6;《国榷》卷96。

好①。从前,武臣地位很低,科举中文场有廷试、有传胪,武场则无;崇祯四年,明思宗特为武场创廷试、传胪②。明思宗既然如此"有意重武"、"欲倚武臣"③,他不能采取坚决措施来解决军官贪污问题,那就是自然而然的了。崇祯时期军官贪污问题之不能得到解决,还由于财政部门的管理混乱所致。据记载,这一时期,"各边兵马数目报户部甚多,报兵部甚少,户部只据边册给发(各边兵马钱粮)。又各边原有屯田、盐引、民运本折,少者数十万,多者百余万,自为支销,并不提起,即岁终一奏报,竟不经目也"。"又天津从海运蓟辽诸镇另有本色米豆可三百万,惟仓场督臣及津抚司出入,部中不问,而米豆半委泥沙"④。作为财政主管部门的户部,在军饷管理上如此马虎从事,那就必然给军官贪污大开了方便之门。

军费支出增加,势必加重人民的赋税负担。崇祯二年(1629年)九月,刘宗周批评:"一时所讲求者,皆掊克聚敛之政。"⑤ 崇祯八年二月,右庶子倪元璐提出:"今民最苦,无若催科。"⑥ 崇祯十一年,由于明思宗一意搜刮,搞得"怨声沸京城",人们竟"呼'崇祯'为'重征'"⑦。具体说来,崇祯年间因军费支出增加而增加的赋税共有三大项:一为辽饷之续增。崇祯三年九月,因"兵食不足",兵部尚书梁廷栋请再增田赋,户部尚书毕自严阿其意,策划于原来的辽饷每亩银九厘外,再增银三厘,于是共增银一百六十五万有奇。这一续增始于崇祯四年,于是该年辽饷的田赋

---

① 《明史》卷258《汤开远传》。
② 《烈皇小识》卷3;《崇祯遗录》第12页;《明史》卷269《姜名武传附王来聘传》。
③ 《崇祯遗录》第12页;《明史》卷254《陈于廷传》。
④ 《三垣笔记》附识中;参见《明史》卷251《蒋德璟传》。
⑤ 《明史》卷255《刘宗周传》。
⑥ 《怀宗崇祯实录》卷8;并参见《国榷》卷94。
⑦ 《三垣笔记》上;并参见《国榷》卷96。

部分总数达到了银六百六十七万九千二百零八两;这一数字再加上该年的辽饷的杂项、盐课、关税等项银两,该年辽饷总数高至一千零二十九万九千六百零二两①。第二大项为剿饷之开征。这是崇祯十年兵部尚书杨嗣昌为镇压日益发展的农民起义而建议开征的。其总数为银二百八十万两,而筹措的办法有四:"曰因粮,曰溢地、曰事例、曰驿递。因粮者,因旧额之粮,量为加派,亩输粮六合,石折银八钱,伤地不与,岁得银百九十二万九千有奇。溢地者,民间土田溢原额者,核实输赋,岁得银四十万六千有奇。事例者,富民输资为监生,一岁而止。驿递者,前此邮驿裁省之银,以二十万充饷。"明思宗在批准这一新增军饷开征时,下令改"因粮"之名为"均输",并宣布剿饷只征一次,"暂累吾民一年"。但实际上第一次征来的"剿饷"用尽之后,起义仍在继续,明思宗又下令再征②。直到崇祯十三年,这种军饷才停止征收③。第三大项为练饷之开征。此饷开始于崇祯十二年六月,总数为银七百三十万两。其规定用途,为抽练各镇边兵及各地民兵。其征收对象,主要是土地,另外,也包括量增关税、裁减站银及节省公费等项目④。以上三项加起来,该是多大的数字呀!如前所述,万历年间明朝政府的各种搜括,已经重得使人民群众无力负荷,天启年间,这些剥削进一步加重,而崇祯时期又加甚,这就不能不使人民群众深深地陷入绝境。

为了保证赋税按额征收到手,明思宗对官吏征收赋税的情况进行严格的考察,将其完成征收任务的好坏列为升迁的重要

---

① 《崇祯长编》卷38;《明史》卷256《毕自严传》,卷257《梁廷栋传》;郭松义《明末三饷加派》,载《明史研究论丛》第2辑。

② 《明史》卷252《杨嗣昌传》。

③ 《明史》卷275《左懋第传》。

④ 《明史》卷24《庄烈帝纪》2,卷252《杨嗣昌传》;《三垣笔记》附识中;参见郭松义前揭文。

依据。史载,"上(指明思宗)初即位,便严于钱粮,部议知府非完钱粮不得升司道,推(官)、知(县)非完钱粮不得与考选。于是松江方郡伯岳贡、苏州陈郡伯洪谧,有住俸数十次,降至八十余级者"①。崇祯五年(1632 年),兴化人解学龙由太仆卿"改右佥都御史,巡抚江西",发现"所部州县七十八,而坐逋赋降罚者至九十人"②。对于遭受兵灾或发生自然灾害的地方,明思宗间或亦有蠲免钱粮之举,但多数是不肯减免。如崇祯六年五月,"巡抚山西许鼎臣以'流寇'恣掠,请蠲积逋,并预免数年额赋",明思宗即不肯批准③。崇祯八年三月,"候补给事中刘含辉乞蠲陕西八年以上逋租",明思宗也是"不许"④。凡拥护加派钱粮的,明思宗就赏识、提拔。如崇祯十一年四月,他召见"考选诸臣","问足兵足食之计",知县曾就义说:"百姓之困,皆由吏之不廉,使守令俱廉,即稍从加派以济军需,未为不可。"他即拔之为第一⑤。凡对加派钱粮持反对态度的,明思宗就讨厌、处罚。如傅宗龙于崇祯十二年五月被任为兵部尚书,及"入见",大谈"民穷财尽"、"饷不可加"、"兵不可增"。明思宗对他就极为不悦,对他说:"卿但当料理寇敌耳。"当他退下后,明思宗又不满地对阁臣说:"宗龙所言,半言官唾余,何也?"从此之后,"兵部诸疏无一俞者",且半年后即将傅宗龙革职下狱⑥。明思宗如此重视赋税征收,不是偶然的。他面临的局势既然是不能避免战争,而军官的贪污他又不能从根本上加以制止,这就使之不能不设法筹措数额巨大的军费。严格赋税的征收,正是他借以解决军费问题的办法。

---

① 《三垣笔记》上。
② 《明史》卷 275《解学龙传》。
③ 《怀宗崇祯实录》卷 6。
④ 《怀宗崇祯实录》卷 8。
⑤ 《国榷》卷 96。
⑥ 《三垣笔记》上;《明史》卷 112。

但是,这是一种饮鸩止渴的办法,他强迫人民负担不堪负担的重税,只能激化社会矛盾,不利于其统治的巩固。

明思宗并非昏庸之君,他知道这一办法的危害,因而也曾试图利用其他办法取代这一劣招。如屯田即曾为他所注意。崇祯十五年九月,他下令"设屯田官,以金之俊为右佥都御史,总理京东山永天津宣大屯务"。同年十一月,又以袁继咸为右佥都御史,"总理河北山陕屯务"①。但被任命做屯田官的人,往往是"借此求官"的墨吏;主管其事的兵部,对于屯田也只是虚应故事,不求实效②。所以屯田的结果很不理想,根本谈不上能替代赋税的加派、严征。这一事实说明,明思宗之采用加重赋税剥削的下策,实与当时整个国家机器的腐败有一定的关系。

八、两极分化空前加深

崇祯十七年(1644年)春,李自成起义军在揭露明朝黑暗统治的一个檄文中指出:这时的社会状况是"利擅宗绅,闾左之脂膏殆尽"。深刻地反映了地主阶级和农民阶级两极分化空前加深的客观现实。当时,不仅起义军痛切地指斥这一社会弊病,连地主阶级中一些有政治眼光的人,也从巩固封建统治秩序出发,大声疾呼地反映这一问题,希望引起有关方面的注意,采取相应的对策。如崇祯十七年(1644年)正月,兵科都给事中曾应遴曾在一个奏疏中写道:"臣闻有国家者,不患寡而患不均,不患贫而患不安。今天下不安甚矣,察其故,原于不均耳。何以言之? 今之绅富,率皆衣租食税,安坐而吸百姓之髓,平日操奇赢以役愚民,而独拥其利。有事欲其与绅富出气力、同休戚,得乎? 故富

---

① 《国榷》卷98。

② 《国榷》卷99。

者极其富,而每至于剥民;贫者极其贫,而甚至于不能聊生。以相极之数,成相恶之刑,不均之甚也。"① 这一时期,社会财富急剧地集中到地主阶级手中,特别是集中到皇亲国戚、勋贵、太监、官僚、乡官等特权地主手中,史料中可以找到许多具体的例证。如西安的秦王,其"富甲天下","府库不下千百万"②。再如,明清之际人郑廉在《豫变纪略》一书中记载说:"是时中州鼎盛,缙绅之家率以田庐仆从相雄长,田之多者千余顷,即少亦不下五七百顷";"巡按御史高名衡上疏",弹劾乡宦"南阳曹某、睢州褚太初、宁陵苗思顺、虞城范良彦等,各畜健仆数千人,横行州府,嬉戏之间恒杀人。其平居夺人田宅,掠人妇女,不可胜数……籍其家,足以供九边十年之饷"③。地主阶级手中巨量财富的集中,意味着农民阶级的极端贫困化,因为地主阶级聚集社会财富的惟一手段,就是血腥地向农民进行掠夺。关于这一时期农民群众的贫困状况,上文已有所反映,下文更多有涉及,为避免重复,这里不再具体引述。

由于崇祯时期政治、社会状况越来越糟,明朝对后金(清)的战争及对农民起义的镇压,就无法取得胜利。最后终于导致了崇祯十七年(1644年)三月的农民起义军攻下京城,明朝中央政权归于崩溃。

---

① 《痛史》本《崇祯长编》卷2。
② 《国榷》卷100。
③ 《豫变纪略》卷3,浙江古籍出版社《明末清初史料选刊》本。

第十七章 明后期中央政府与
边疆各族的关系

第一节 蒙古族

明朝后期,蒙古分为三大部,以瀚海(戈壁大沙漠)为界,其南部为漠南蒙古,即内蒙古;北部为漠北蒙古,也称喀尔喀蒙古,即外蒙古;西部为漠西额鲁特蒙古,驻牧于蒙古草原以西直至新疆准噶尔盆地。这时,由于满族的崛起,蒙古就成为明朝与后金的主要争夺对象。西藏喇嘛教的格鲁派(黄教)势力也于这时扩展至蒙古。

一、黄教在蒙古地区的传播

蒙古封建主对西藏喇嘛教向来极为推崇,在元代,有不少西藏喇嘛教首领被封为国师、法王等,有很高的政治地位。明代,蒙古封建主仍然信奉喇嘛教,在明穆宗隆庆以前,主要信奉的是喇嘛教中的萨迦教派(即花教),但当时蒙古族的广大牧民却信奉萨满教。万历六年(1578年)俺答汗(阿勒坦汗)邀请黄教(格鲁派)领袖人物锁南坚错到青海地区传教。当时俺答汗亲自主持有几万人参加的察卜齐勒庙大会,并尊称锁南坚错为"达赖喇嘛"(即达赖三世)。在俺答汗的大力倡导下,黄教便在蒙古各部盛行起来,并且普及到蒙古族广大牧民中间。

察卜齐勒庙大会,影响非常深远,它标志着蒙古僧俗封建主联合统治制度的确立。从此以后,蒙古三部都纷纷派人邀请达赖喇嘛去传法讲经,并且都希望获得他赠赐的封号,形成了谁能控制黄教,谁就能在蒙古地区扩展势力的局面。

万历十一年(1583年),俺答汗死后,蒙古土默特部的封建主再次邀请达赖三世来土默特传法讲经,并参加俺答汗的葬礼。万历十四年,达赖三世锁南坚错到达土默特,翌年参加了俺答汗的葬礼后,又接受明朝政府的邀请前往北京。万历十六年三月,他在赴京途中,在吉尔玛台(又称卡欧吐密)地方圆寂。锁南坚错去世后,根据他的遗愿,宣布俺答汗新生的族孙为转世"灵童"①。这就是达赖四世云丹嘉措。在历世达赖中唯有云丹嘉措是蒙古族人,其他都是藏族人。黄教最高法王竟然在俺答汗家族中"转世",这充分说明蒙古世俗封建主和黄教僧侣封建主之间关系的密切,黄教更加普遍地在蒙古社会中传播。云丹嘉措一直到万历三十年,在西藏三大寺(哲蚌寺、色拉寺和甘丹寺)派来迎接的专使和蒙古军队护送下进入西藏。第二年到达拉萨。万历四十四年云丹嘉措圆寂于哲蚌寺。

二、察哈尔部林丹汗的兴亡
和喀尔喀部归附后金

林丹汗是漠南蒙古察哈尔部的首领。他自万历三十二年(1604年)即察哈尔汗位后,就竭力标榜自己属于成吉思汗的嫡系后裔,并宣称掌有大元传国玺,雄心勃勃要恢复其祖宗的伟业。自称"统四十万众蒙古国主巴图鲁成吉思汗",嘲笑努尔哈赤为"水滨三万人满洲国主"。从蒙古皇室的血统来讲,林丹汗

---

① 喇嘛教的活佛死后,找寻到的转世幼童称为"灵童"。喇嘛教认为一个活佛圆寂后,他的灵魂会"投胎转世",继承为下一世的活佛。

确实是蒙古汗位的正统继承人。但从黄教传入蒙古以后,"大元后裔"这一正统观念已失去号召力,蒙古族多少年来的这种传统信念已经改变。当时蒙古各部很多汗位的称号都是从达赖喇嘛那里接受来的,如漠北的土谢图汗、车臣汗、札萨克图汗、赛音诺颜汗,漠南喀喇沁部的坤都伦汗等。当时察哈尔部还是花教掌握着宗教大权,这在黄教势力日盛的情况下,对林丹汗自然是不利的,因此,他也主动向黄教靠拢。

自从达赖四世进藏以后,漠南蒙古西部的土默特和鄂尔多斯等部失去了政治上和宗教上的领袖人物,原来松散的联合体很快分裂了。林丹汗便乘机向西部进军,击破了喀喇沁部,控制了土默特和鄂尔多斯部。察哈尔部势力得到了扩张,"东起辽西,西尽洮河,皆受插(察哈尔)要约,威行河套以西"①。但林丹汗重振蒙古汗权的好景不长,不久就被后金努尔哈赤所征服。

漠南蒙古处于后金与明朝之间,东界后金,西南与明朝相连,成为明朝与后金争夺的重点。如果蒙古与明朝联合起来,则后金就会腹背受敌;蒙古倒向后金,则明朝北面门户洞开,京师就会受到威胁。林丹汗选择了与明朝合作共同抵御后金的道路。明朝"思用东部插汗小王子(林丹汗)欲以敌大清"②,便把原来给漠南蒙古诸部的岁币,转给了林丹汗,而林丹汗则每每"扬言助中国,邀索无厌"③。察哈尔部在林丹汗的统治下,一度兵马强盛,在漠南蒙古中没有敢与之抗争的。但由于林丹汗在征服战争中"兴兵掠夺","服从者收之,拒敌者被杀"④,又"昏于酒色"⑤,因而激起漠南蒙古诸部对他的强烈不满。

---

① 彭孙贻:《山中闻见录》卷 8《西人志》。
② 魏源:《圣武记》卷 3《绥服蒙古记》1。
③ 《明史》卷 327《鞑靼传》。
④ 《皇朝开国方略》卷 11。
⑤ 《明史纪事本末》卷 3《西人封页》。

这时,后金势力日益强大,努尔哈赤及其后继者皇太极都清楚地看到,林丹汗是他们征服蒙古的主要对手,只有摧垮林丹汗的势力,才能使漠南蒙古听命。因此,后金便利用蒙古各部对林丹汗的不满情绪逐个争取,对率部来归的首领,厚给赏赐,并授以官爵。于是科尔沁、翁牛特、郭尔罗斯、杜尔伯特、札赉特以及克什克腾等部先后来归。崇祯元年(天聪二年,1628年)七月,喀喇沁等部派代表来沈阳"乞盟",与后金结成了共同进攻林丹汗的军事同盟,皇太极亲率满蒙联军进攻林丹汗,一直追击到西喇木伦河流域。十月,皇太极返回沈阳。

崇祯五年(天聪六年,1632年)三月,皇太极下令征集蒙古诸部兵,再次出征林丹汗,在昭乌达会齐后直趋林丹汗的巢穴。到五月二十七日,攻下了归化城(今呼和浩特)。林丹汗狼狈逃到西土默特部,后又逃到青海大草滩,出痘病死。

崇祯八年(天聪九年,1635年),皇太极又派遣多尔衮、岳托、萨哈廉及豪格率兵西征,直到河套地区,招抚了林丹汗的残部。林丹汗的妻子囊囊太后率一千五百户投降,林丹汗的儿子额哲携带传国玉玺率部民一千户归降。皇太极三次用兵察哈尔,终于征服了整个漠南蒙古,使得漠南蒙古诸部在后金的管辖下统一起来。

漠北蒙古,当时主要有三个封建主集团统治着,他们是土谢图汗、札萨克图汗和车臣汗,称为喀尔喀三部。

后金征服了漠南蒙古以后,对漠北蒙古产生了巨大的影响。皇太极乘这一有利形势,积极与漠北蒙古进行联系。崇祯九年(天聪十年,1636年)二月,皇太极派使臣去喀尔喀三部,劝他们前来归附。同年十一月,车臣汗首先派遣卫征喇嘛等"赍书来朝,贡驼马貂皮等物"①。崇祯十一年(崇德三年,1638年)三月,

---

① 《皇朝开国方略》卷22。

喀尔喀三部遣使来朝,皇太极规定他们每年向清朝行"九白之贡",即贡"白驼一、白马八"①。从此,喀尔喀三部表文贡使络绎不绝,正式与清朝建立了臣属关系,辽阔的外蒙古就归入清朝的版图。

三、漠西额鲁特蒙古和《卫拉特法典》

漠西额鲁特蒙古,分为准噶尔、杜尔伯特、土尔扈特、和硕特等部。其中以准噶尔部军事势力最为强盛,其首领哈喇忽喇极力从事扩张,要合并其他各部。崇祯三年(1630年)土尔扈特部因受其威胁,率部西迁至额济勒河(今伏尔加河)流域游牧。和硕特部的顾实汗(又译固始汗),原在天山北麓驻牧,也因受准噶尔部的威胁,率部向东南方向的天山南麓、青海方面迁移,后又进入西藏。

准噶尔部首领哈喇忽喇于崇祯七年死去,由其子呼图霍庆继为准噶尔部首领,称为巴图尔浑台吉。起初巴图尔浑台吉也继承他父亲的遗志,想统一漠西蒙古四部。但当时沙皇俄国的侵略势力已开始伸入我国北部和西部边疆。他们采用各种手段侵占了我国喀尔喀和额鲁特蒙古的一些辖地。我国蒙古族人民奋起抵抗沙俄的侵略,但由于各部之间处于分裂状态,无法组织起强有力的武装。各部封建领主深切感到要加强团结,才能共同对付外敌的入侵和控制属下的部民,巩固其封建秩序。于是巴图尔浑台吉便和喀尔喀的札萨克图汗共同努力,联合喀尔喀和额鲁特蒙古各部封建主会盟于塔尔巴哈台(今新疆塔城),组成同盟,并制定了一部"法典",称为《卫拉特法典》。

《卫拉特法典》是当时喀尔喀和额鲁特蒙古所共同遵守的一

---

① 《蒙古游牧记》卷7。

部根本大法。它从宗教、政治、经济、军事以及社会风俗等各个方面订立法规。它规定喇嘛教为蒙古族共同信仰的宗教,任何人不得用言语或行动侮辱僧侣;规定喀尔喀和额鲁特蒙古各部都要联合起来,共同对付外敌的入侵;规定牧民不准擅自离开所属的封建领主,以保证封建领主对牧民的剥削和奴役,并用严惩盗窃的办法来维护封建领主的一切财产;还规定了王公和高级僧侣的各种特权、贵族与平民之间的等级区分以及婚姻嫁娶和私有财产的继承等方面的权利和义务。

《卫拉特法典》在相当长的时期内,对蒙古族社会发生了较大的影响。它是研究明清之际蒙古族社会制度、风俗习惯、宗教信仰等方面的重要史料。[①]

四、和硕特部顾实汗进入西藏

漠西蒙古四部之一的和硕特部,在其首领顾实汗的率领下,迁移到天山南麓以后,就有进据青海、西藏的企图。

这时,在西藏、青海的黄教势力虽然不断扩大,但却引来了多种势力的反对和攻击,所以达赖五世罗桑嘉措的地位很不稳固。西藏第悉藏巴地方封建势力联络在青海信奉噶玛噶举派的喀尔喀部首领却图汗,处心积虑要消灭黄教势力,于是达赖五世便乞求和硕特部顾实汗的支援。

额鲁特四部是信奉黄教的,因此,达赖五世与顾实汗很自然地联合起来。崇祯九年(1636 年)顾实汗率兵进入青海袭击喀尔喀部,杀却图汗。崇祯十五年(1642 年)顾实汗进入西藏,消灭了第悉藏巴地方势力,统治了西藏大部地区,黄教也掌握了西

---

① 参见罗致平、白翠琴:《试论〈卫拉特法典〉》,载《蒙古史研究论文集》,中国社会科学出版社 1981 年版。

藏的宗教大权。

顾实汗在进入西藏之前，于崇祯九年已派使者到盛京与皇太极联系。进入西藏后，又派使者到盛京朝贡，受到皇太极的隆重接待，建立了隶属关系。清朝政府入关后，顺治十年（1653年）封顾实汗为"遵行文义敏慧顾实汗"，并赐给金册印。①

第二节　宁夏哱拜的叛乱

一、哱拜的身世及叛乱经过

万历二十年（1592 年）二月，宁夏哱拜起兵叛乱。

哱拜，原是蒙古鞑靼人。嘉靖时，鞑靼上层集团发生矛盾，哱拜父兄皆被杀，"（哱）拜伏水草中得免"②，投向明朝的边将郑印。由于他"骁勇屡立战功"，逐步被提升为参将，独自统率一军。万历十七年（1589 年）哱拜年老，明朝政府提升其为副总兵致仕，职位由其子承恩承袭，"益慓悍，沿边皆慴伏之"③。哱拜虽然致仕，但"平居恒多蓄苍头军"。④

万历十八年（1590 年）驻牧于青海的蒙古火落赤、真相部骑兵进攻洮州（今甘肃临潭西），副总兵李联芳战死。接着蒙古骑兵又进入临洮、河州、渭源地区，总兵官刘承嗣失利。这时顺义王撦力克以赴青海礼佛为名，进至仰华，"火落赤、真相益挟为重，关中大震"⑤。河套地区的卜失兔也率部"欲趋青海"，与火落赤等相呼应。

---

① 《清世祖实录》卷 74。

② 《明史纪事本末》卷 63《平哱拜》。

③ 《万历三大征考·哱氏》。

④ 《明史纪事本末》卷 63《平哱拜》。

⑤ 《明史》卷 222《郑洛传》。

明朝政府得知洮河警报,即派郑洛为七镇经略,并停撦力克贡市。万历十九年(1591 年)二月,郑洛要宁夏调兵去甘肃,巡抚党馨派土文秀"率千骑西援"。哱拜认为"文秀虽经战阵,恐不能独将"。于是他到经略郑洛处请求,"愿以所部三千人与子承恩从征,(郑)洛壮而许之"①。但巡抚党馨却对哱拜的自荐行为十分不满,故意刁难,哱拜部众所骑的羸弱衰老的军马不准调换,宁夏镇多余的军马也不给他。哱拜无可奈何地怏怏西行。

哱拜率部至金城(今甘肃兰州市),看到各镇明军都不及自己。洮河战事结束,哱拜率部取道塞外还宁夏,沿途蒙古骑兵都不敢逼近他。哱拜"遂有轻中外心,恣睢骄横"。对此,党馨每事"裁抑":土文秀和哱拜的义子哱云等升授未能如愿;承恩又因强娶民女为妾,被笞之二十;哱拜自西援甘肃还宁夏后,不仅没有叙功,还被追究"冒粮罪"②。这更使之大增反叛之心。正于这时,宁夏镇冬季的衣粮长久不发,引起了士兵的怨恨。于是哱拜等人"遂乘间激众作乱"③,唆使军锋刘东旸起事。

万历二十年(1592 年)二月,刘东旸率其同党杀巡抚党馨及副使石继芳,逼总兵官张维忠自缢死。哱云和土文秀又杀游击梁琦和守备马承光。刘东旸自称总兵,承恩、许朝为副总兵,哱云、土文秀为左右参将,共奉哱拜为谋主。承恩率兵攻占玉泉营、中卫、广武等地,占领了河西四十七堡,"将趋河东,全陕震动"。哱拜、刘东旸等意欲割据宁夏地区,当明朝政府派人前去谕降时,他们说:"必欲我降,依我所自署,授官世守宁夏。不者,与套骑驰潼关也。"④

---

① 《明通鉴》卷 69。
② 《明史纪事本末》卷 63《平哱拜》。
③ 《万历三大征考·哱氏》。
④ 《明史纪事本末》卷 63《平哱拜》。

二、叛乱的平定

总督魏学曾根据叛军的动向,命副总兵李昫率军于沿河堵截,不使叛军南渡。魏学曾自己率部驻花马池(今宁夏盐池县东北部),使套部与宁夏叛军无法联合。明军逐渐收复了河西四十七堡,哱拜等退入宁夏镇。河套地区的蒙古贵族著力兔率骑兵三千前来接应哱拜,声言自己"与哱王子为一家"。哱拜与土文秀合攻玉泉营,哱云则引著力兔攻平虏堡。明朝平虏守将萧如薰,伏兵射杀哱云。著力兔看到明军力量尚强,便撤兵出塞。万历二十年(1592年)三月底,明军六路进军,包围了宁夏。

明朝政府恐怕宁夏叛军与套部合兵,急于要平定这一叛乱,从各地征调大批军队和火器。六月,都御史叶梦熊从甘州携神炮火器四百车前来宁夏。御史梅国桢、提督李如松统辽东、宣大、山西兵集宁夏。明军在宁夏城下屯兵月余,未能攻破。七月,给事中许子伟劾总督魏学曾"惑于招抚",于是明朝政府改任叶梦熊为总督。

叶梦熊担任总督后,一面决黄河水淹城,一面又派人离间哱氏与刘东旸、许朝之间的关系,引使叛乱集团内部互相残杀。刘东旸、许朝诱杀土文秀。哱承恩与他的同党周国柱诱杀了刘东旸和许朝,并把他们的首级悬挂在城上,开城门向明军投降。哱拜自缢死。总督叶梦熊"下令尽诛拜党及降人二千"。哱承恩等缚送京师,皆被处死。[①]

明军自万历二十年(1592年)三月包围宁夏镇,直到九月才攻下,前后围城达六月之久。当时"城中乏谷,士尽食马,民食树

---

① 《万历三大征考·哱氏》;《明史》卷228《魏学曾传附叶梦熊传》。

皮、败靴"①,死亡累累。叶梦熊决河堤灌城,宁夏"城外水深八九尺"。破城后,叶梦熊残酷地屠杀降人。这次哮拜的叛乱和平定,人民生命财产遭到极大损害。

平定哮拜叛乱和下文将详述的平定播州杨应龙之叛、抗倭援朝战争,在明史上称为"万历三大征",它们都耗费了巨量的军饷,是造成当时财政紧张的重要原因,对明朝之走向衰亡,影响甚大。

第三节　播州土司杨应龙的反叛和平定

一、播州的土司制度

播州(今贵州遵义地区)从唐朝起就由杨氏世代盘踞着,到明初时已传至二十一世。元末时为农民起义军明玉珍所占,成为夏政权的辖地。

朱元璋建立明朝后,洪武四年(1371年)派大军平定明氏的夏政权,播州就归属明朝。明廷袭用元朝的土司制度,仍任土官杨铿为播州宣慰使。洪武七年中书省奏:"播州土地既入版图,当收其贡赋,岁纳粮二千五百石,为军储。"但朱元璋"以其率先来归,田税随所入,不必以额"②。洪武十五年,明朝政府为了加强对播州地区的统治,建筑了播州城,"以官兵一千人、土兵二千人戍守之"③。为了使这些土官能够很好地服从明朝中央政府的管理,懂得"守土保身之道",每当他们来京"朝贡"时,明朝政府都要进行训谕,还要宣慰使及其以下的各级土官,派遣他们的子弟到京师国子监学习封建伦理道德和明律等。

---

① 《明通鉴》卷69。
②③ 《明史》卷312《四川土司传》。

依据当时的土司制度,播州的土官宣慰使、宣抚使、安抚使等都是世袭的,在其统辖地区,不但管理民政,而且掌握兵权,有自己的军队。如杨氏长期以来,抽调"土丁子弟",在他们的手上刺字染黑,称为"涅手军"。这些土官掌有不受明朝政府约束的司法权,所谓"人皆世禄,自用其法"。他们的意志就是法律,可以随意逮捕、审讯甚至残杀民众。他们掌握着上述种种特权,成为当地的土皇帝。他们任意压迫和剥削统治区内的各族人民,兼并土地,搜刮钱财,无所不为。如宪宗成化时,播州安宁宣抚使杨辉占有"庄田一百四十五所,茶园二十六处,蜡崖二十八处,猎场十一处,渔场十三处,奴役佃户以千百计"。①

二、杨应龙的叛乱

播州宣慰司辖有草塘、黄平两个安抚司,真州、播州、余庆、白泥、容山、重安六个长官司等,地域广袤,有田、张、袁、卢、谭、罗、吴七姓,世袭各级土官。这七姓大多是杨氏姻亲或是其他地区的土酋进入播州的。如张姓与杨氏联姻,杨应龙(隆庆五年袭为播州宣慰使)祖父杨相的嫡妻即张姓。田姓,原是思州宣慰的后裔,永乐时,思州改土归流,田氏的一些族人就到播州依靠杨氏。②

杨应龙刚袭任宣慰使时,多次帮助明朝统治者镇压其他少数族人民的反抗,并向明朝进贡大木,获得明朝政府的信任,被授以都指挥使衔。杨应龙对播州各族人民的统治极为残酷,"在州专酷杀树威,有小睚眦即杀害,人人慑恐"③。随着势力的日益增长,杨应龙"渐骄蹇,轻汉法",对明廷不大服从了,公开声称"例得生杀其属"。④

---

① 何乔远:《勘处播州军情疏》。
②③④ 《万历三大征考·播州》。

杨应龙的跋扈情况,引起近邻贵州省地方长官的警惕。万历十八年(1590年),巡抚"叶梦熊疏论应龙凶暴诸事,巡按陈效历数应龙二十四大罪"①。但管辖播州的四川省的官吏对之采取另一种态度。这时,明朝政府为防御松潘地区少数族人民的反抗,调播州土兵去协守。四川巡按李化龙即上疏朝廷要求"暂免勘问,俾应龙戴罪图功"②。正当黔蜀双方剿抚主张相持不下时,杨应龙妻妾之间爆发矛盾。杨应龙宠爱其妾田雌凤,杀了嫡妻张氏,"妻叔张时照与所部何恩、宋世臣等上飞文告龙反"。贵州巡抚叶梦熊主张立即派兵征剿;但四川方面的地主士大夫纷纷为其说情,认为"蜀三面邻播,属裔以十百数,皆其弹压,且兵骁勇,数赴征调有功,翦除未为长策"③。四川巡抚、巡按皆主抚。朝廷命黔蜀两省会同查问。杨应龙知道四川袒护他,"愿赴蜀,不赴黔"。万历二十年(1592年),杨应龙到重庆接受审讯。正于这时日本侵略朝鲜,明廷向全国征兵援朝,杨应龙立即上奏,"愿自将五千兵征倭报效"④。明朝政府释放了杨应龙,不久,朝廷又令其不要出兵。

万历二十一年(1593年)正月,巡抚都御史王继光到重庆,主张"严提勘结",杨应龙"抗不复出"。王继光一意主剿,遂与总兵刘承嗣、参将郭成等"议分三军,各道并进"。在娄山关一带地方,明军大败,都司王之翰所部军队"杀伤大半","委弃辎重略尽"⑤,明军只得撤兵。

万历二十二年(1594年)三月,明廷以兵部侍郎邢玠总督贵州。第二年邢玠到四川进行招抚,准杨应龙"输四万金助采木"赎罪,并以重庆太守王士琦为川东兵备使,防备杨应龙。当时明廷正忙于援朝抗倭,无力兼顾播州,同意了邢玠的处置。

①② 《明史》卷312《四川土司传》。
③④⑤ 《明史纪事本末》卷64《平杨应龙》。

杨应龙表面上对明廷输金"赎罪"，暗中拼命积蓄力量，一心想割据称王。"所居饰以龙凤，僭拟至尊，令州人称己为千岁，子朝栋为后主。"① "分遣土目置关据险，僭立巡警，搜戮仇民，劫掠屯堡，殆无虚日。厚抚诸苗，用以摧锋，名'硬手'。州人稍殷厚者，没其家以养苗，由是诸苗人愿为之出死力矣。"②

杨应龙经过几年准备，势力日益强大，起兵攻城略地。万历二十五年（1597年）"大掠贵州洪头、高坪、新村诸屯"。"又侵湖广四十八屯，阻塞驿站"③。万历二十七年（1599年）二月，杨应龙大败贵州巡抚江东之所率的明军，杀都指挥使杨国柱。明廷闻讯大惊，任都御史李化龙兼兵部侍郎节制川、湖、贵三省兵事，决意进剿。这时，朝鲜战事已结束，就调东征诸将南征，命刘綎率部先发，并增调浙江、福建、云南、广东等地部队前去会剿。

万历二十七年六月，杨应龙乘明兵尚未会集的时候，率军攻陷綦江。綦江是川东重镇，重庆的南大门。杨应龙的军师孙时泰劝其"直取重庆，捣成都，劫蜀王为质"④。杨应龙不进袭重庆、成都，只是想把他的势力范围从遵义扩展到綦江地区。他退屯三溪，以綦江之三溪、母渡，南川之东乡坝，立石为播界，号"宣慰官庄"。⑤

三、叛乱的平定及播州地区"改土归流"

明神宗朱翊钧听到綦江失守，十分震惊，怪罪于原四川、贵州巡抚谭希思、江东之，削夺了他们的官职。同时加重总督李化龙的职权，"便宜讨贼"。李化龙刚到四川时，因各路军队未集，

① 李化龙：《平播全书》卷4。
②⑤ 《明史纪事本末》卷64《平杨应龙》。
③ 《明史》卷312《四川土司传》。
④ 《明史》卷228《李化龙传》。

对杨应龙作出招抚的姿态,使杨应龙存有"冀曲赦如曩时"的错觉,不再进攻明军,延缓了军事行动,使局势渐趋稳定。

万历二十八年(1600年)春,明朝各路军队陆续抵达川贵两省,李化龙急速部署出剿,分八道进兵。从四川方面进攻的分四路,总兵官刘綎由綦江,总兵官马孔英由南川,总兵官吴广由合江,副将曹希彬由永宁。从贵州方面进攻的分三路,总兵官童元镇由乌江,参将朱鹤龄由沙溪,总兵官李应祥由兴隆。从湖广方面进攻的一路,分两翼,总兵官陈璘由偏桥,副总兵陈良玭由龙泉。"每路兵三万,官兵三之,土司七之"。①

杨应龙认为八路明军,以刘綎所部最精锐,想先挫其锋,于是派他的儿子朝栋率劲兵去迎击,说:"尔破綦江,驰南川,尽焚积余,余无能为也。"② 结果被刘綎打得大败,"朝栋仅以身免"。各路明军乘势猛攻,四川方面的明军从北面攻下了形势险要的娄山关。贵州、湖广出发的明军,很快攻下了乌江一线,逐渐缩小了包围圈。到五月十八日,八路明军会集于遵义北的海龙囤下,分批猛攻。海龙囤是杨应龙的老巢,地势险峻,直到六月五日才被攻下。杨应龙自缢死。其子朝栋、弟兆龙等被俘,后解至京师处死。

这次明军自出师到平定杨应龙,前后历时一百十四天。在战争中,许多被杨应龙裹胁的当地人民也被明军所残杀。据记载,八路明军"共斩级二万余"。③

明朝政府平定杨应龙的叛乱以后,就在播州地区"改土归流",直接派遣"流官"管理。播州原属四川省管辖,但明廷认为"黔瘠壤也,若乘此时,而割播地以附黔,则于蜀无损,于黔有裨"。"但尽属之黔,则地方千里,诸凡缔造,劳费尚多,亦黔所不

---

① 《明史》卷228《李化龙传》。
②③ 《明史纪事本末》卷64《平杨应龙》。

能堪.”于是将播州地区设置二府二州八县,"分属黔蜀"。遵义府属四川,下辖真安州及遵义、桐梓、绥阳、仁怀四县①。平越府属贵州,下辖黄州及余庆、瓮安、湄潭三县②。从此,结束了杨氏在播州长达二十九世七百余年的世袭统治,促进了播州与内地的联系,这对播州地区经济文化的发展起了推进作用。清世宗雍正五年(1727 年),清朝政府又把四川的遵义府及其所属的州县,改由贵州省管辖。

第四节 "奢 安 之 乱"

明末天启年间,在西南地区又爆发了四川永宁(今叙永)宣抚司奢崇明、贵州水西(今大方一带)宣慰司安位叔父安邦彦的叛乱。这就是明史上有名的"奢安之乱"。奢崇明于天启元年(1621 年)九月于重庆起事,进围成都达一百多天。安邦彦于天启二年二月起兵反叛,进围贵阳达二百多天。后来成都和贵阳虽都解围,但战争却延续到崇祯三年(1630 年),前后历时九年。这次叛乱极大地消耗了明朝本来已经日趋衰弱的国力,加速了明朝的灭亡。

四川永宁宣抚司和贵州水西宣慰司在川黔两省交界地区,这里主要为我国彝、苗等少数族人民所居住。

一、奢崇明的叛乱

1.永宁宣抚司的设置及其内讧

明朝建立后,朱元璋于洪武四年(1371 年)派遣汤和、傅友

---

① 《明史》卷 43《地理志》4。
② 《明史》卷 46《地理志》7。

德平蜀,永宁内附,便沿续元朝制度,于其地置永宁安抚司,后升为宣抚使司。

永宁宣抚使是彝族奢姓世袭的。他们定期向明朝政府贡马及输送税粮。洪武十八年(1385年)永宁宣抚使"禄照遣弟阿居来朝,言比年赋马皆已输,惟粮不能如数"①。明朝政府就蠲除了永宁这一年的税粮。

万历时,永宁宣抚司奢效忠的妻妾之间发生了一场争袭土司职位的斗争,对西南地区有较大的影响。万历初,永宁宣抚使奢效忠死,其妻世统无子,其妾世续有幼子崇周。按照彝族的习惯,妻、子皆可承袭。世统"以嫡欲夺印相仇杀"②。明贵州总兵郭成、参将马呈文"利其所有,遽发兵千余",深入世统居地落红,把"奢氏九世所积,搜掠一空"③。郭成等"邀利起衅",被巡按所弹劾罢官。明廷议定,世统、世续分地管辖。"其宣抚司印俟崇周成立,赴袭理事"。④

世统反对这一决定,派人带"白金三千两,黄金二百两,锦绣一百纯,往水西安国亨乞兵"。世续也派人携带金银锦绣并"送奉幼子崇周,往播州杨应龙乞兵"。安国亨和杨应龙各派兵支持一方,加剧了矛盾。水西安国亨所部提二十二营兵进入永宁地区,"因执世续,夺其印而去"。播州杨应龙所派的军队,则帮世续所部"纵火烧缉麻李博崖、孔水南二坝亭,直击破姚家埠七十余寨,杀罗汉耀五百五十六人,卤男妇李仁等五百三十九人,畜产什物亡算"。⑤

万历十八年(1590年)明朝政府正式命令奢崇周就宣抚使职。世统不服,双方不断斗争。万历二十三年世统派人毒死崇

---

①②④　《明史》卷312《四川土司传》。

③　《明史》卷312《四川土司传》;《明神宗实录》卷135。

⑤　瞿九思:《万历武功录》卷5《土妇奢世统奢世续列传》。

周。明朝政府命由世统抚养长大的奢效忠的侄儿奢崇明袭宣抚使职。但世续一派的头目阎宗传等，"自以昔从世续逐世统，杀沙卜（效忠弟），惧崇明立，必复前恨，遂附水西，立阿利以自固"①。阿利是贵州宣慰使安疆臣的内弟。世续把宣抚司的印交给了阿利。万历二十五年（1597年）明朝派都指挥使张神武带兵去永宁逮捕了世续，向其索印，"尽掠其积聚子女，擒世续以归"。②

阎宗传等因世续被捕，不断"焚掠永宁、赤水二卫，普（市）、摩（尼）二所甚惨"③。而贵州宣慰使安疆臣等也不断派兵进入永宁地区，"四出焚劫屯堡"，使得"叙泸以南，毕节以东，据（掳）掠生口，日不绝警"。④

这次在永宁宣抚司奢效忠的妻妾之间发生的一场争夺土司职位的斗争，实际上演变成永宁土司两方分别勾结贵州、播州土司反对明朝政府的斗争，时间延续了二三十年之久，明朝政府根本无法解决，直到万历三十五年（1607年），"朝廷一意休兵"，命释放世续，"赦阎宗传等罪"⑤，才不了了之。

2．奢崇明部于重庆反叛

奢崇明在明朝政府的支持下，承袭了永宁宣抚使的职位后，和其子奢寅"久蓄异志"，图谋反叛。这时，后金已占领辽阳、沈阳。明朝政府为了加强辽东的军事力量，向四方征兵，奢崇明乘机上疏："请提兵三万赴援，遣其将樊龙、樊虎以兵至重庆。"⑥樊龙等要求每一士兵发给安家费二十两，明廷"减定十七两，计兵三万，需饷五十四万"⑦。当时明朝政府财政极度困难，这五

---

① ⑤ 《明史》卷312《四川土司传》。

② 《明史》卷271《周敦吉传》。

③ 《国榷》卷75。

④ 《明神宗实录》卷440。

⑥ 《明史纪事本末》卷69《平奢安》。

⑦ 《明经世文编》卷486朱燮元《会剿催兵科道疏》。

十四万两饷金,自然无法筹措,结果仅付四万两。

天启元年(1621年)九月十七日,樊龙等以安家费不足为藉口,发动叛乱,"杀巡抚、道府、总兵等官二十余员,遂据重庆"①。重庆被樊龙占领后,奢崇明建号"大梁","设丞相五府等官,统所部及徼外杂蛮数万",和樊龙"分道趋成都"②,先后攻陷了遵义、泸州、新都、内江等几十个州县卫所。

天启元年十月,奢崇明所部进逼成都。布政使朱燮元、周著等看到奢崇明"锋甚锐",于夜间"赴四门各敛兵入城"固守。奢崇明"进薄城下,悬旌僭号,四面夹攻"。当时城内守军只有二千多人,在朱燮元等人的周密部署下,击退奢崇明几次攻城。明廷急调各处援兵,其中以石砫宣抚司掌印女官秦良玉最卖力。秦良玉得知奢崇明叛乱,就遣其弟民屏、侄翼明率兵四千直趋重庆,营于南屏关,"自统精兵六千,沿江上趋成都"。这时,"诸道援兵相继至",收复了安岳、乐至等县。"然贼亦日益增,无退意"。到十二月底"贼围城八十余日"③,双方仍相持不下。

天启二年(1622年)正月,奢崇明的部将罗乾象与明军勾通为内应,正月二十八日夜在营内纵火,朱燮元即率明军夹攻。"崇明父子遁走泸州,乾象遂以众来归。"④成都围解,被围共一百零二天。

二、安邦彦的叛乱和进围贵阳

1. 贵州宣慰司的设置

明代贵州宣慰司水西管辖地区,东自威清(今清镇)、西至乌撒(威宁)、南抵安顺、北达赤水(毕节),因其大部地区是在鸭池

---

① ② ④ 《明史》卷312《四川土司传》;《明史》卷249《朱燮元传》。
③ 《明史纪事本末》卷69《平奢安》;《明史》卷312《四川土司传》。

河以西,所以称为水西。据史籍记载,早在三国时,其地就在蜀汉政权所封罗殿国王的统治下。唐朝时仍称"罗殿王",属黔州都督府管辖。宋朝时称"罗氏鬼主"①。元初设亦溪不薜宣抚司,后改属顺元路宣抚司。明朝洪武初,顺元路宣抚使霭翠与宋蒙古歹皆来归顺。明朝政府改为贵州宣抚司,"俱令领原职世袭",宋蒙古歹赐名钦,霭翠赐姓安,"安氏领水西,宋氏领水东"(水东的范围约当今贵州开阳县,在水西之东)。洪武六年(1373年)升为贵州宣慰司,并规定"霭翠位各宣慰之上"。②

洪武十四年(1381年)水东宋钦死,妻刘淑贞代职,"时霭翠亦死,妻奢香代袭"③。这年朱元璋派傅友德、蓝玉和沐英率大军平定了云南元宗室梁王势力。乌蒙(今云南昭通)、乌撒的农奴主贵族煽动叛乱。乌蒙、乌撒紧邻水西,且世为婚姻,水西安氏所统辖的四十八目,"有欲挟之为乱者"。"都督马晔欲尽灭诸罗,代以流官,故以事挞(奢)香,激为兵端。"④果然激起了水西各个土目的愤怒,欲反。水东刘淑贞听到这一消息后,立即去劝阻,并"走诉京师",向朱元璋反映了水西的情况。

洪武十七年(1384年)奢香亲去京师,向朱元璋报告马晔有意激变的情况。朱元璋听后说:"汝等诚苦马都督,吾将为汝除之,然何以报我?""香叩头曰:'若蒙圣恩,当令子孙世戢罗夷不敢生事。'太祖曰:'此汝常职,何云报也。'香曰:'贵州东北间道可入蜀,梗塞久矣,愿为陛下刊山开驿传,以通往来。'太祖许之。"⑤ 奢香回去后,"遂开偏桥、水东,以达乌蒙、乌撒及容山、草塘诸境,立龙场九驿"。⑥

朱元璋是一个老谋深算的皇帝,他不希罕奢香"当令子孙世

---

① 《新唐书》卷222《南蛮传》;《宋史》卷496《蛮夷传》。
②③④⑥ 《明史》卷316《贵州土司传》。
⑤ 《贵州通志》卷8《前事志》。

戡罗夷不敢生事"的空头保证。他要奢香开通连接四川、贵州和云南的驿道,这对他管辖和经营西南地区确实能起巨大的作用。奢香为了维护国家的统一,阻止了农奴主贵族的叛乱活动,并组织人力开通川、黔、滇三省之间的通道,便利了各族人民的交往,促进了西南地区经济文化的发展。明朝政府为了表彰奢香,封其为顺德夫人。

2. 安邦彦发动叛乱

水西在奢香统治时期,每年向明廷贡马与其他地方土产。洪武二十年(1387年)奢香之子安的袭职。其后水西安氏世代均受明朝册封。明神宗万历二十六年(1598年),安疆臣承袭为宣慰使,因出兵协助明朝政府平定了播州土司杨应龙的叛乱,得"增官进秩"。万历三十六年疆臣死,弟尧臣袭职。安尧臣非常跋扈,万历四十一年竟"领兵数万长驱入滇,直薄霑益州,所过焚掠,备极惨毒"①。明王朝这时国力衰弱,对他毫无办法。

万历末年,安尧臣死,其子安位袭职。安位年幼,由安尧臣妻奢社辉代管。但实权掌握在安位的叔父安邦彦之手。安邦彦野心勃勃,一心想割据称王。奢崇明在重庆起事后,安邦彦就积极筹划叛乱。

天启二年(1622年)二月,传说奢崇明已攻陷成都,"(安)邦彦遂挟安位反,自称罗甸王"②。四十八土目蜂起和之。安邦彦首先攻陷毕节,接着分兵攻陷安顺。洪边土司宋万化纠合苗仲九股攻陷龙里。安邦彦自统十余万之众,渡陆广河直趋贵阳,二月七日包围了贵阳城。据当时防守贵阳城的提学道刘锡玄记载说:"(天启二年)正月二十七日,罗鬼、苗仲合十余万,渡广河,逼龙场……伪称罗甸国王,传檄招摇入城。而二月初七日,果从城

---

① 《明史》卷316《贵州土司传》。
② 《明史》卷249《李橒传》。

楼见尘飞蚁集,数万倮兵,数万仲苗,铁骑金戈,环五门外山头,于辰时扎营,午时战北门,转战东门矣。"①

贵阳守城兵"不及三千","募兵四千",围城后,又增加了总兵官张彦芳所率的援军,共约二万余人。安邦彦在瓮城河一带击败了明朝副总兵徐时逢、参将范仲仁的援军。围城军队"日夜攻城,长梯蚁附,城几陷者数矣"②。守城明军在巡抚李橒的指挥下,屡次击退安邦彦的攻击。这时贵阳城内的粮食非常紧张,仓库所储米只二万石,而自战斗开始后,城外的居民纷纷逃入城内,贵阳人口猛增,"米升直二十金,食糠核草木败革皆尽"。③

天启二年(1622年)十二月七日,新任巡抚王三善所率二万明军进抵贵阳城下。安邦彦怀疑王三善"有众数十万,乃潜遁"④,向北渡陆广河撤退。贵阳从二月被围,至此已达十月,原来"城中户十万,围困三百日,仅存者千余人"。⑤

三、奢安联兵及其被平定

朱燮元自击退奢崇明围攻成都以后,以守城功擢升为总督,兼巡抚四川。朱燮元乘势恢复了资阳、内江、简州(今简阳)等四十余处。天启二年(1622年),朱燮元率军进逼重庆。奢崇明部属樊龙盘踞重庆已经九个月了。其地三面临江,一面通陆,易守难攻。副使徐如珂与石砫宣抚使秦良玉率兵绕出佛图关后,攻克重庆,杀樊龙等。

天启三年(1623年),朱燮元召集诸将商议,欲直取奢崇明巢穴永宁(今四川叙永)。他说:"我久不得志于贼,我以分,贼以合也。"⑥

---

① 刘锡玄:《黔南十集》"围城日录"。

②③⑤ 《明史》卷249《李橒传》。

④ 《明史》卷249《王三善传》。

⑥ 《明史》卷249《朱燮元传》。

便改变战略,佯攻他处,密令诸军于长宁集中而后出击,败奢寅于土地坎,攻克永宁。"抚定红潦四十八寨",接着又攻克旧蔺州城(今四川古蔺)。奢崇明、奢寅父子"率余众走水西龙场客仲坝,倚其女弟奢社辉以守"。"(朱)燮元以蜀已无贼,遂不穷追"①。奢崇明得在贵州安顿下来,与安邦彦合兵在一起。

贵州方面,王三善"以二万人破贼十万,有轻敌心"。天启三年(1623年)正月,王三善命总兵官刘超"渡陆广,趋大方,捣安位巢";令"总兵官张彦芳渡鸭池,捣邦彦巢"②。两路明军共有汉土兵六万人,结果皆被击败,几乎全军覆没。王三善仍不接受教训,还要会师进讨。其他将领认为"泽溪以西,渡陆广河,皆鸟道,深林丛箐",不可冒进。"(王)三善排群议,以闰十月,自将六万人渡乌江"。"师抵大方(贵州今县),入居安位第"。王三善孤军深入,后援不继,"屯大方久,食尽"③。不得已,天启四年正月,明军尽焚大方庐舍后退兵。安邦彦派兵紧跟明军进行袭击,中军参将王建中、副总兵秦民屏皆战死;王三善也在诈降将领陈其愚的诱骗下,遭到安邦彦的伏击,被俘杀害,接着,奢、安联兵又败明总督蔡复一及总理鲁钦的明军。继任的总督张鹤鸣,则龟缩在城内不敢出兵,"视师年余,未尝一战,贼得养其锐"④。奢、安势力又扩张起来,安邦彦自称"四裔大长老,号崇明大梁王"。⑤

明朝政府感到王三善等的败死,奢、安势力重又猖獗,这是四川和贵州两省的军事不协调所造成的。为了统一指挥,崇祯元年(1628年)六月,任朱燮元总督贵、湖、云、川、广五省军务,兼巡抚贵州。朱燮元作了统一部署,"云南兵下乌撒,四川兵出永宁、下毕节,而亲率大军驻陆广,逼大方"⑥。崇祯二年八月,

①④⑤⑥ 《明史》卷249《朱燮元传》。
②③ 《明史》卷249《王三善传》。

安邦彦和奢崇明合兵十余万,进犯赤水迎敌北路四川兵。朱燮元命令赤水守将许成名佯败诱敌深入。估计敌人已抵永宁,急令明军从三岔、陆广、遵义分头进军,"合倾其巢"。安邦彦"分兵四应,力不支",奢、安联兵被彻底击溃,安邦彦和奢崇明皆在战场上被杀。

朱燮元以奢、安叛军已基本剿灭,不想再用兵,便招抚安位,但安位在其部属的挟持下继续抗拒。朱燮元召集诸将说:"水西多山险,丛箐篁,蛮烟瘴雨,莫辨昼夜,深入难出,以此多败。当与诸君扼其要害,四面迭攻,渐次荡除,使贼乏粮,将自毙。"①明军经过一百多天的围困,使得水西粮食奇缺。崇祯三年(1630年)春,贵州宣慰使安位终于向明军投降,奢、安之乱最后被平定。

四、奢安之乱的性质

从熹宗天启元年(1621 年)九月奢崇明部在重庆叛变,到崇祯三年(1630 年)春安位投降,"奢安之乱"前后经历了八年多时间。这是一次由彝、苗族农奴主发动的叛乱性的战争。它之所以能鼓动如此众多的人们参加,这和明朝政府的腐朽统治有关。明朝政府的所谓"流官"和明军官兵,不仅对当地少数族人民的剥削压迫"既极残酷",甚至对彝、苗各族上层人物的"土司"也肆意"脧削"。《黔南十集》记载了这种状况:

> 官兵渔肉黔人,既极残酷,有过苗仲寨者,苗仲具鸡黍,称主人甚谨,临行,辄动算器,加楚折焉……贼未反时,流官之脧削土司,真可痛恨……流官之纵衙隶脧土司者十人而九,弱怒色,强怒言之矣。②

---

① 《明史纪事本末》卷 69《平奢安》。
② 刘锡玄:《黔南十集》"围城杂录"、"围城日录"。

明朝政府除了对彝、苗各族人民压迫剥削以外，又因当时东北战场吃紧，不断征调"土兵"去抵敌，这对少数族人民来说，自然是极大的灾难。天启元年(1621年)明朝征调奢崇明属下的土兵，"头目以下，皆不欲行"①。奢崇明利用了这种不满情绪反对明朝政府。

"奢安之乱"迟迟不能平定，延续达八年之久，又和明朝军队的腐朽作风有关。"时蜀中兵十六万，土汉各半。汉兵不任战，而土兵骄淫不肯尽力。成都围解，不即取重庆；重庆复，不即捣永宁。及永宁、蔺州并下，贼失巢穴，又纵使远窜。大抵土官利养寇，官军效之，贼得展转为计。"②

奢、安发动叛乱的目的，是要割据西南部地区称王称霸，以及劫掠奴隶和财物。天启三年(1623年)五月，明军在对奢崇明部队的一次战斗中，"当阵夺回男女五千五百五十三名口"③。

奢、安等土司头目对当地彝苗少数族人民的剥削和压迫也是极其残酷的。"水西有四十八土目，安氏而外，沙、杨、潘、陆，皆倮罗裔也。其次为黑种。又其次仲家、仡佬、花苗、白苗、蔡家子、龙家子、六额子。皆役于土目，佃其田者皆曰佃户"④。上面所称的四十八土目及黑种属于农奴主阶级，其余大都是被压迫被剥削的农奴阶级，他们是"皆役于土目，佃其田者"的佃户。他们向农奴主领种土地，忍受沉重的剥削，除了交纳地租外，还有所谓"年例年租"，"岁上牛羊猪鸡"。遇到农奴主家有婚丧时，"又是纳银钱食物，俗谓之红白扯手"。农奴"不堪其累"。⑤

大小土司头目又是当地各级政权的统治者。他们掌握有军队及监狱，不受明朝政府法律的约束，他们可以随意强占土地，

① 乾隆《毕节县志》卷8。
② 《明史》卷249《朱燮元传》。
③ 《天启实录》卷53。
④⑤ 《大定县志》卷21《艺文志》。

也可以随意杀人。天启时,奢崇明的儿子奢寅"素性凶淫,附近夷人妻女有姿色者强奸之,富于财者勒索其锱,不遂辄死"①。这些少数族聚居的地区,还盛行抢掠和买卖奴隶。当地的土司头目,往往掳掠汉人和其他族人民作为奴隶来使用。史载"(贵州)通省恶苗时肆抢掠,凡与苗邻者,子孙妻女辄虏归巢",致使"老幼失其骨肉,哀号震于村墟"②。这里所说的"恶苗",实即土司头目。土司头目在出嫁女儿时,还往往用"仆马数十"陪嫁③。这种与牲畜同等地位的"仆",其实就是奴隶。

在叛乱战争中被强迫征集的少数族人民也不肯替奢安卖命。如安邦彦在围攻贵阳时,最后城内只剩下千余士兵,力量悬殊,但却一直没能攻下。安邦彦每次攻城,以"苗仲龙蔡先之"④。这些被驱逼来的少数族人民"心离逃散","至夏秋后,无不愁以思归"。后来甚至发展到与守军约定,等援军到后,"从内倒戈,必无诳言"。⑤

这次战争,奢、安是为了农奴主集团的利益,想割据称王,其目的当然是反动的。而明王朝的腐朽统治,也是不得人心的。所以这一次战争属于统治阶级内部的权利争夺。战争的结果,给人民带来了深重的灾难,使得"城郭所伍,军屯村舍,寥落无行人"⑥。贵阳地区"二百里间,万里烟火,鞠为一片沙场"⑦。"二十年间,生聚招徕"也无法"恢复百分中之一"。⑧

明朝政府平定奢安之乱以后,把永宁地区"改土归流",把原

---

① 《明史纪事本末》卷 69《平奢安》。

② 《天启实录》七年八月。

③ 光绪《毕节县志》卷 7"风教"。

④ 《黔南十集》"黔南军政"。

⑤ 《黔南十集》"围城杂录"。

⑥ 道光《大定府志》卷 54《威宁风土记》。

⑦ 《黔南十集》"归途杂记"。

⑧ 光绪《普安直隶厅志》卷 20。

来属永宁宣抚司的膏腴土地划归永宁卫,把其他的土地分为四十八屯,分给有功将士,隶于叙州府。明朝政府还于其地增设同知一人进行管理,又把叙州兵备道移到永宁卫。

水西地区虽仍以安位为贵州宣慰使,但"削水外六目地归之朝廷";并在"鸭池、安庄傍河可屯之土,不下二千顷",开办军屯;又在沿河要害处,筑城三十六所,以加强这一地区的管理①。崇祯九年(1636年),"又通上下六卫并清(平)、平(越)、偏(桥)、镇(远)四卫道路,凡一千六百余里"②。这些措施的推行,对当地社会生产的发展起了有益的作用。但明朝政府平定奢安之乱不久,就被李自成领导的农民军推翻了。

---

① 《明史》卷249《朱燮元传》。
② 《明史纪事本末》卷69《平奢安》。

第十八章　满族的兴起和
后金的扩展（上）

第一节　满族的兴起

一、满族的先世

满族虽是在明朝后期才出现的,但追溯其渊源,却有悠久的历史。它的先世肃慎、挹娄、勿吉、靺鞨、女真,一脉相承,世代和汉族及其他少数民族共同居住在东北地区。他们和各兄弟民族一起共同缔造了我国多民族的统一国家,共同创造着中华民族的灿烂文化。

满族的祖先从石器时代开始就已居住在我国东北的"白山黑水"之间,并与中原地区有着密切的联系。1975 年,我国科学工作者在黑龙江省呼玛县十八站鄂伦春族人民公社境内,发现了旧石器时代晚期的遗址,地质年代为更新世晚期,约距今一万年。遗址中出土的刮削器、尖状器、雕刻器等一千零七十件石器,其类型和加工技术与华北地区的石器遗址出土的石器,有许多相似和相同之处。这表明黑龙江流域和华北地区的古代文化有着密切的联系①。我国东北的广大地域,还分布着大量新石器时代的原始文化遗址,在这些文化遗址中出土的尖状器、刮削器、石锛、石镰以及半月形石刀等,和中原、华北地区出土的石器

---

① 《黑龙江日报》1977 年 1 月 22 日《黑龙江右岸首次发现旧石器时代遗址》。

极为相似①。又如乌苏里江流域古代文化遗存中出土的玉璧等装饰品，其形制、风格更是中原黄河流域古代文化遗址中所常见的②。商周以后，中原和东北地区的经济文化联系更加密切，这在考古发掘中也可得到充分的反映。如嫩江下游黑龙江省肇源县白金宝文化遗址，约相当中原西周晚期，其中出土的陶鬲，仿金属的骨镞，陶器上仿商周青铜器的纹饰，如回纹、蝉纹等，表明了中原地区商周青铜文化对这一地区影响之大。③

从文献记载看，最先出现在我国东北地区的少数民族是肃慎。肃慎又称息慎，公元前二世纪我国著名历史著作《史记》的《五帝本纪》和《周本纪》，还有更早的文献《尚书》都提到肃慎和息慎。公元前六世纪春秋时，《国语·鲁语》也有这一方面的记载："仲尼在陈，有隼集于陈侯之庭而死，楛矢贯之，石砮，其长尺有咫。陈惠公使人以隼如仲尼之馆问之。仲尼曰：'隼之来也远矣，此肃慎氏之矢也。昔武王克商，通道于九夷百蛮，使其各以方物来贡，于是肃慎氏贡楛矢石砮，其长尺有咫。'"孔子关于这一段历史的追述，与上述记载是相符合的，说明当时肃慎族与周王朝已有长期交往。所以周朝的官吏都把肃慎族的居地作为周王朝北边的疆土。他们说："肃慎燕亳，吾北土也。"④ 上面所说的"楛矢石砮"，是古代肃慎族创制的武器。"楛矢"是用楛木（类似荆条的木条）作的箭杆；石砮是用当地的青石制成的石镞。这种武器的创造是肃慎族对古代文明的贡献。

① 黑龙江省博物馆、黑龙江省文物考古工作队：《黑龙江文物考古三十年主要收获》；吉林省考古研究室、吉林省文物工作队：《统一的多民族国家的历史见证》，载《文物考古工作三十年》，文物出版社1979年版。

② 黑龙江省博物馆：《乌苏里江流域发现的古代文化遗存》，载《文化大革命期间出土文物》，人民出版社1972年版。

③ 《黑龙江文物考古三十年主要收获》。

④ 《左传·昭公九年》。

我国从春秋战国时期进入封建社会以后,至公元前221年秦灭齐,成为一个统一的多民族的封建国家。处在东北地区的满族祖先,从秦汉以后,与各个王朝中央政府的联系更加密切。根据史籍记载,居住在我国东北的少数民族,两汉(前206~220年)出现了鲜卑、乌桓、挹娄。两晋(265~420年)南北朝(420~581年)出现了勿吉。隋(581~618年)唐(618~907年)出现了靺鞨、渤海、扶余、室韦等。这些少数民族中的挹娄、勿吉、靺鞨等,都属于古肃慎族。《后汉书·东夷传》说:"挹娄,古肃慎之国也。"《魏书·勿吉传》说:"勿吉国在高丽北,旧肃慎国也。"《旧唐书·北狄传》说:"黑水靺鞨居肃慎地,亦曰靺鞨,元魏时曰勿吉。"九世纪初,唐代名著《通典》总结说:"详考传记,挹娄、勿吉、靺鞨,俱肃慎之后裔。"① 他们一直居住在松花江、黑龙江流域,直到黑龙江下游入海口的滨海地区。楛矢石砮之外,貂皮这一东北地区的特产,也成为这一时期其输入中原的重要物资。

　　隋唐时期,居于东北地区的满族祖先称为"靺鞨",他们与唐朝中央政府的关系进入到了新的时期。北魏时,靺鞨内部分为七部:粟末、伯咄、安车骨、拂涅、号室、白山、黑水。到唐初,黑水靺鞨和粟末靺鞨两部最著名,其他五部就不大听说了②。"黑水靺鞨"最处北方,"尤称劲健"③,分为十六部,居住地域在黑龙江中下游两岸,东抵海滨,北达鄂霍次克海。唐武德(618~626年)初,唐朝政府以黑水靺鞨的部落设置燕州,以其首领突地稽作总管,后来以战功封他为蓍国公。突地稽死后,他的儿子谨行承袭其职,并累任镇军大将军行右卫大将军,封燕国公。唐高宗永淳元年(682年)死,"赠幽州都督,陪葬乾陵"④。唐玄宗开元十年

---

①　《通典》卷286《边防典》2《东夷下》。

②　《金史》卷1。

③④　《旧唐书》卷199(下)《靺鞨传》。

(722年)唐朝政府在黑龙江和乌苏里江会合处,今俄罗斯哈巴罗夫斯克(伯力)地区设置勃利州,任命当地黑水靺鞨首领倪属利稽为该州刺史①。开元十四年(726年)唐朝政府又于其地置黑水都督府,"仍以其首领为都督,诸部刺史隶属焉"。唐王朝委派中央官吏前去作长史,"就其部落监领之",直接参与黑水靺鞨地方的行政管理。②

粟末靺鞨"依粟末水以居"③。粟末水即松花江上游。唐高宗总章元年(668年)粟末靺鞨首领乞乞仲象和乞四比羽率领部众到了营州(今辽宁朝阳),接受唐朝营州都督管辖。武则天执政时期,封乞乞仲象为震国公。乞乞仲象死后,其子大祚荣统领部属,合并乞四比羽等部众,以忽汗河(牡丹江)流域为中心建立震国,自称震国王。"地方五千里,户十余万,胜兵数万"。唐玄宗开元元年(713年)唐朝以震国辖地设立忽汗州,任命大祚荣为忽汗州都督,又封他为渤海郡王。《旧唐书·渤海传》载:"睿宗先天二年(即开元元年)遣郎将崔䜣往册封大祚荣为左骁卫员外大将军,渤海郡王,仍以所统为忽汗州,加授忽汗州都督。"崔䜣于归途在金州黄山凿井刻石以为纪验。《辽东志》记载:"鸿□井二,在金州旅顺口黄山之麓,井上石刻,有'敕持节宣劳靺鞨使鸿胪卿崔䜣凿井两口,永为纪验,开元二年五月十八日造',凡三十一字。"④

粟末靺鞨在大祚荣被封渤海郡王之后,即"去靺鞨号,专称渤海"⑤。后来它日益强大,建立了少数族的地方政权渤海国。渤海国王仍由唐朝政府册封,服属唐朝中央政府管辖。在唐朝时期,渤海经常派遣王子和使臣到唐朝的首都长安去朝贡和述

①③⑤ 《新唐书》卷219《北狄传》。

② 《旧唐书》卷199(下)《靺鞨传》。

④ 《辽东志》卷1《地理》。

职,唐朝政府也常派官员到渤海地区去巡视。渤海地区与中原的经济文化交往十分频繁。当时,唐朝在青州设有一个专管与渤海贸易的"渤海馆"①。渤海以其貂皮、人参、鹰、马等特产与中原交换绢、帛、金银器皿等。渤海还派学生"诣京师太学,习识古今制度"②。渤海的通行文字,"大抵汉字居十之八九"③。当时渤海到中原来的王子、学者和中原地区的不少文人交了朋友。如唐朝著名诗人温庭筠有《送渤海王子归国》诗作一首:"疆理虽重海,诗书本一家。盛勋归旧国,佳句留中华。"④ 渤海计持续二百二十九年,传十五王。

五代十国时期,渤海势力渐趋衰弱,居住在东北地区的契丹族,在其领袖阿保机的率领下,统一了契丹各部,于916年建契丹国,即皇帝位。后经过十多年战争,灭掉了渤海政权。辽大同元年(947年)阿保机改契丹为辽,原属渤海政权管辖的地区转归辽统治。五代时,靺鞨改称为女真。《三朝北盟会编》、《文献通考》和《大金国志》,俱对女真族的渊源作了考证,指出:"女真,古肃慎国也,本名朱理真,番语讹为女真,或以为黑水靺鞨之种,而渤海之别族。"后来因辽兴宗叫耶律宗真,为了避讳,把女真改称为女直。

辽朝把女真分为两部进行管理,开原以南为"熟女真",其居地在辽东和内蒙古地区,归辽朝南枢密院所属的东京道管辖;开原以北为"生女真",其居地在松花江、黑龙江和乌苏里江一带,归辽朝北枢密院所属的东北路统军司等官署管辖。

到十二世纪初,生女真的完颜部在其首领阿骨打的领导下,逐渐强盛起来,辽天庆四年(1114年)阿骨打兴兵大败辽军。第

---

① 《册府元龟》卷971《朝贡》4。
② 《新唐书》卷219《北狄传》。
③ 金毓黻:《渤海国志长编》卷16《族俗考》。
④ 《全唐诗》卷583。

二年,阿骨打称帝,国号大金,建都于上京(今黑龙江阿城)。金天辅四年(1120年)金军攻下了辽的都城监潢(今内蒙古昭盟巴林左旗)。金太宗天会三年、辽天祚帝保大五年(1125年)辽天祚帝被金军俘获,辽朝灭亡。宋钦宗靖康二年(1127年)金灭北宋。从此,金朝占有淮河和大散关以北地区,成为与南宋并立的政权。

金朝建立后,它的主要敌对方是南宋与西夏,这样,战略重点必然需要南移。因此,金朝便于金熙宗皇统元年(1141年)把都城从上京(今黑龙江阿城南白城)迁到燕京(今北京),而在他们的故地设置了上京路、蒲与路、合懒路、恤品路、胡里改路等。据《金史·地理志序》载:"金之壤地封疆,东极吉列迷、兀的改诸野人之境,北自蒲与路之北三千里,火鲁火疃谋克地为边。"[1]这里所说的吉列迷、兀的改,在黑龙江下游及乌苏里江以东直至库页岛,这是金朝东极的疆域。金朝北部边疆在火鲁火疃谋克(谋克是金朝基层行政单位,一谋克约管辖三百户),它在蒲与路(路是金朝最高一级的地方行政区域,相当元代以后的省)之北三千里。蒲与路治所在今黑龙江克东县[2]。从此再向北三千里,当在外兴安岭一带。

十二世纪末叶,我国北方草原地区的蒙古族兴起。蒙古原受金朝的管辖。金朝统治者把蒙古族人民编为"萌骨乣军"[3],派"小龙虎大王镇守蒙古"[4];对蒙古族上层人物则封赠官爵,加以笼络。金朝后期,国势日趋衰微,蒙古族在其首领铁木真领导下乘机崛起。金章宗泰和六年(1206年)铁木真大会蒙古各部

① 《金史》卷24《地理志》。
② 黑龙江省文物考古工作队:《黑龙江流域历史的新见证》,载1977年2月9日《光明日报》。
③ 《金史》卷44《兵志》。
④ 《三朝北盟会编》卷343引《炀王江上录》。

首领于斡难河源,被推为大汗,称"成吉思汗"。元太祖十年(1215年)蒙古军队进入东北地区。这时,金咸平招讨使蒲鲜万奴割据自立,称东夏国。他于1218年东迁至南京(吉林省延吉市)建都。1227年7月,成吉思汗病死,子窝阔台继汗位。这时东北大部分地区尚为蒲鲜万奴所占据。直到1233年,蒙古军队攻占南京,俘虏了蒲鲜万奴,灭"东夏国",统一了东北地区。元中统元年(1260年)忽必烈于开平继汗位,是为元世祖。1271年改国号为大元。元至元十六年(1279年)灭南宋,从此,结束了我国自唐末五代以后宋、辽、夏、金长期分裂的局面。

元朝把全国分为十二个行省,东北地区设置了辽阳行中书省(简称辽阳行省)。辽阳行省管辖辽阳、广宁、大宁、东宁、沈阳、开元、水达达七路。开元路和水达达路管辖着黑龙江中下游及乌苏里江以东地区,这里正是当时女真族的分布地区。元朝政府对女真族采用"设官牧民,随俗而治"① 的办法,除征调女真族人从军以外,对"不出征者,令隶民籍输赋"②,向元朝政府缴纳貂皮、海东青等特产。这些隶于民籍的"钱粮户数二万九百六"③。元朝还在黑龙江入海口奴儿干设置了征东元帅府,对特林地区和库页岛进行管理。元朝政府为了加强对黑龙江流域的管理,密切内地与东北地区的联系,建立了驿站制度,从辽东地区一直通往奴儿干地方。

二、建州三卫的设置和海西四部

1. 建州三卫的设置

从先秦的肃慎到辽金元的女真,他们和满族有着密切的历

---

① ③ 《元史》卷59《地理志》。

② 《元史》卷10《世祖本纪》。

史渊源,是满族的先世,但并非其后裔后来全部成为满族的成员。满族是在明朝时期清帝国的奠基人努尔哈赤所属爱新觉罗氏这个部落发展壮大统一各部女真中逐渐形成的。明代女真分为建州女真、海西女真和东海女真(明人称"野人女真")三大部。努尔哈赤所属爱新觉罗氏属于建州女真这个系统。后来的满洲贵族在追述他们的祖先时,曾流传着这样一段神话传说:

> 满洲原起于长白山之东北的布库里山下,一泊名布尔湖里。初,天降三仙女,浴于泊。长名恩古伦,次名正古伦,三名佛古伦。浴毕上岸,有神鹊衔一朱果,置佛古伦衣上,色甚鲜妍。佛古伦爱之,不忍释手,遂衔口中。甫着衣,其果入腹中,即感而成孕。告二姊曰:"吾觉腹重,不能同升,奈何?"二姊曰:"吾等曾服丹药,谅无死理,此乃天意,俟尔身轻上升未晚。"遂别去。[①]

后来佛古伦生一男孩,姓爱新觉罗,名布库里雍顺。长大后,乘舟至牡丹江与松花江汇合处的斡朵里(今黑龙江依兰南),正遇到"三姓夷酋争长,终日互相杀伤",布库里雍顺对他们说:"天降我定汝等之乱。""众皆惊异","三酋长息争",共推他为主,成为满族的始祖。

神话故事是"通过人民的幻想用一种不自觉的艺术方式加工过的自然和社会形式本身"[②]。佛古伦吞朱果成孕生布库里雍顺的满族神话,与简狄吞玄鸟卵"因孕生契"[③]的商族神话非常相似,它反映了满族祖先同样地经过了只知其母不知其父的母系原始社会。

努尔哈赤的直系祖先,最早见于文献记载的是其六世祖猛

---

① 《清太祖武皇帝实录》卷1。
② 《马克思恩格斯全集》第12卷第761页。
③ 《史记》卷3《殷本纪》。

哥帖木儿。猛哥帖木儿是元末女真三万户之一。原来元朝在东北辽阳行省所辖的合兰府水达达路之下,设置了"军民万户府五,抚镇北边"①,并由女真各部的首领世袭万户。这五个万户府中间的斡朵怜、火儿阿、桃温三万户为元朝北边的重镇,习称"移阑豆漫"。"移阑"意为三,"豆漫"意为万,即三个万户。《龙飞御天歌》记载:"如女真,则斡朵里豆漫夹温猛哥帖木儿,火儿阿豆漫古伦阿哈出,托温豆漫高卜儿阔。"这三个万户中的火儿阿(即胡里改)万户阿哈出和斡朵里(即斡朵怜)万户猛哥帖木儿,居住于现在的松花江和牡丹江汇流处的依兰县境内。元末明初时,他们因不堪"野人女真"的侵扰而向南迁移。

胡里改部在万户阿哈出的率领下,约在明朝洪武时期迁徙到了绥芬河流域的凤州地区②。永乐元年(1403年)阿哈出到明廷朝贡,刚登上皇位的明成祖朱棣,以胡里改部设置建州卫,以阿哈出为该卫指挥使,赐姓名李诚善③。阿哈出可能在永乐七年(1409年)死去。第二年,朱棣率兵北击鞑靼时,已由其子释家奴承袭为建州卫指挥使,因"从征有功",升为(都)指挥佥事,"赐姓名李显忠"④。释家奴死后,其子李满住承袭为建州卫都指挥佥事。⑤

建州卫在凤州地区设置二三十年后,由于遭到鞑靼骑兵的侵扰,于永乐二十一年(1423年)迁徙到婆猪江(今浑江)流域⑥,即至与"鸭绿江相距一日程的瓮村等处"。建州卫迁到婆猪江后,和明朝的关系十分密切,李满住于洪熙元年(1425年)和宣

---

① 《元史》卷59《地理志》。
② 《辽东志》卷7;朝鲜《李朝世宗实录》卷24。
③ 《明太宗实录》卷25。
④ 《明太宗实录》卷71。
⑤ 《明宣宗实录》卷15。
⑥ 朝鲜《李朝世宗实录》卷24。

德五年(1430年)先后两次亲自到北京朝贡,并派人贡献马和其他土特产。但当时朝鲜对建州卫贴近他们居住,十分反感,多次向明朝政府要求准许"备兵追捕"。宣德八年(1433年)四月,朝鲜军队越过鸭绿江袭击了建州卫。李满住乃于正统三年(1438年)率部众"移住灶突山浑河上"。建州卫在迁到灶突山后,李满住即派人向明朝政府报告迁徙经过。史载:"建州卫掌卫事都指挥李满住,遣指挥赵歹因哈奏:'旧住婆猪江,屡被朝鲜国军马抢杀,不得安稳。今移住灶突山东南浑河上,仍旧与朝廷效力,不敢有违。'"明朝政府认为"浑河水草便利,不近边城,可令居住"①。灶突山,即今辽宁省新宾县境内的烟突山。

斡朵怜部万户猛哥帖木儿,也因受"故元遗兵"及"野人女真"等势力的挤压,于洪武五年(1372年)率领部众迁徙到斡木河(即阿木河今朝鲜境内会宁)一带居住。阿哈出在接受明朝政府授为建州卫指挥使后,曾向明廷举荐猛哥帖木儿。永乐三年(1405年),猛哥帖木儿到南京朝见,明朝政府"授猛哥帖木(儿)建州卫都指挥使,赐印信"②。猛哥帖木儿害怕朝鲜军队的袭击,于永乐九年(1411年)四月,率部迁徙到建州卫李显忠的居地凤州。第二年,明朝政府于其居地增设建州左卫,封猛哥帖木儿为建州左卫指挥使③。建州左卫和建州卫一起在凤州设置了十二年,到永乐二十一年(1423年),因遭受鞑靼和兀良哈部的骚扰,猛哥帖木儿"率正军一千名,妇女小儿共六千二百五十名",重返斡木河"旧居耕农"④。猛哥帖木儿回到斡木河后,仍和明朝保持着密切的关系,先后三次亲自到北京朝贡。宣德八

---

① 《明英宗实录》卷43。

② 朝鲜《李朝太宗实录》卷11。

③ 建州左卫设置的年代有不同的记载,这里根据《明会典》卷125;《满洲源流考》卷7。

④ 朝鲜《李朝世宗实录》卷20。

年(1433年)猛哥帖木儿协助辽东都指挥佥事裴俊招谕杨木答兀儿的军丁。杨木答兀儿本是鞑靼人,后在明朝开原三万卫任千户,当鞑靼和兀良哈骑兵在辽东地区扰乱时,杨木答兀儿乘乱肆行抢掠。明廷几次招谕他,杨木答兀儿都拒不从命。这次裴俊前来收编,途中也遭到杨木答兀儿的袭击,幸有猛哥帖木儿率军救援,才得脱险。猛哥帖木儿为明朝立了大功。于是,杨木答兀儿"纠合各处野人,约有八百余名人马"①,袭击建州左卫的驻地,猛哥帖木儿及其长子权豆(阿古)被杀,次子董山(董仓)被俘,弟凡察脱逃。这次,建州左卫遭到了极惨重的打击。第二年,明廷任命凡察为都督佥事,仍掌建州左卫事②,因旧印失落,重新颁给新印。后来,董山被"毛怜卫指挥哈儿秃等赎回"③。正统五年(1440年)六月,凡察和董山经呈请明朝政府的允许,率所部迁徙到苏子河流域与建州卫李满住同住。

董山是猛哥帖木儿的次子,凡察是猛哥帖木儿的同父异母弟,两人为争袭建州左卫指挥使的官职纷争不已。董山藏有明朝政府颁赐的建州左卫的旧印,凡察则持有后来明廷所重颁的新印。一卫新旧两印,叔侄两人争袭指挥使的官职,一直闹到明朝中央政府。明廷感到"一卫二印,于法非宜"④。正统七年(1442年)明朝政府分建州左卫,增设建州右卫。《明英宗实录》载:

> 分建州左卫,设建州右卫。升都督佥事董山为都督同知,掌左卫事;都督佥事凡察为都督同知,掌右卫事。董山收掌旧印,凡察给新印收掌。⑤

---

① 朝鲜《李朝世宗实录》卷62。
② 《明宣宗实录》卷108。
③ 朝鲜《李朝世宗实录》卷80。
④ 《明英宗实录》卷38。
⑤ 《明英宗实录》卷89。

从此,建州女真先后设置了建州卫、建州左卫和建州右卫,合称为"建州三卫"。他们在一起居住,互相联姻,成为后来满族的主体部分。苏子河流域"土质沃饶,水草丰美,适于耕牧"。他们在这一带"累岁住居,营建家舍,耕牧自在"①。这里就成为以后清朝统治者的发祥地。

2. 海西四部

海西女真原来住在松花江中下游两岸及牡丹江流域,和建州女真一样,因遭受"野人女真"和蒙古骑兵的侵扰而不断南移。根据他们迁徙的地点,形成了叶赫、辉发、哈达和乌拉四部,称为海西四部,或叫扈伦四部。

叶赫部原来住在松花江北岸的塔鲁木卫,明武宗正德时(1506～1521年)该部首领祝孔革率众迁徙到开原东北的叶赫河而得名。因靠近明朝所设的马市北关,因此明人也称叶赫部为北关。

辉发部原先居住在牡丹江流域,嘉靖时迁徙到松花江上游辉发河(又称灰扒江)流域,因地得名,称辉发部。其首领王机砮合并邻近的一些小部落,在辉发河畔扈尔奇山上筑城以居。②

哈达部原居松花江北岸呼兰河以东之塔山左卫,后由其首领王忠率领部众迁徙到静安堡广顺关外小清河流域居住,小清河又名哈达河,因以为名。它的治所在哈达河北岸的哈达城③,在开原南边,到明朝京师去朝贡,由广顺关进,所以又称南关。

乌拉与哈达同祖,当哈达部南迁时,乌拉部也迁徙到乌拉河流域。它的治所在乌拉城,与金州城隔河相望。④

---

① 朝鲜《李朝世宗实录》卷82。
② 《吉林通志》卷12。
③ 《吉林通志》卷18《盛京吉林黑龙江等处标注战迹舆图》。
④ 《满文老档》"太祖"卷2。

3．明朝政府采用"分而治之"的政策

建州女真的南徙,在英宗正统时已稳定下来,他们分布在抚顺以东苏子河流域。海西女真的南徙,大约在嘉靖时期也已稳定,他们分布在开原以东以北地区。建州女真和海西女真向南迁徙后,更加接近汉族地区,吸收了汉族先进的生产技术和生产工具,使得本部经济加快发展,军事势力也不断壮大。这对明朝自然是一种威胁。因此,明朝政府除了加强东北地区的军事力量加以控制外,同时采用分而治之、互相牵制、互相削弱力量的办法:"分其枝","离其势,互令争长仇杀,以贻中国之安"。① 女真各部"各自雄长,不相归一"②。当其中的一个部落强盛起来时,明王朝就采用军事袭击加以牵制和平衡。

建州三卫于明英宗正统时在苏子河一带定居下来以后,由于居地环境比较安定,三卫又都聚居在一起,加强了联系,势力逐渐壮大。这时李满住、凡察皆衰老,而董山正值壮年,他起而兼管三卫,成为当时建州女真的首领。于是明朝政府采取遏制措施,削减建州女真的朝贡人数,"旧时入贡人数以数百,天顺中裁之无过五十"③,并大幅度减少入贡赏赐。这就引起建州三卫的不满,"皆忿怨思乱"④。董山乘机侵犯辽东地区进行抢掠。明宪宗成化三年(1467年)四月,明廷借朝贡为名诱骗董山到北京,在他返回途中拘留杀害。同年九月,明朝派李秉、赵辅统率五万军队进攻建州,俘斩建州一千一百五十七人,并"焚其巢寨房屋一空"⑤。李满住等退到婆猪江畔,朝鲜受明朝的胁迫,派

---

① 《神庙留中奏疏汇要·兵部类》卷1。

② 《明经世文编》卷453杨宗伯奏疏《海建夷贡补至南北部落未明谨遵例奏请乞赐诘问以折狂谋事》。

③ 何乔远:《名山藏》"王亨纪"。

④ 马文升:《抚安东夷记》。

⑤ 《明宪宗实录》卷47。

兵一万,自满浦攻入婆猪江,斩李满住等①,建州三卫部落残破,遭到了一场浩劫。

明朝到世宗嘉靖时,政治腐朽,边防废弛。而建州三卫经过一百多年的休养生息,隆庆时,建州右卫王杲在浑河上游,建州卫王兀堂在婆猪江,重又壮大起来。"(王)杲为人聪慧,有才辩,能解番汉语言字义,尤精通日者术,舞智而慓悍,建州诸夷悉听杲调度。杲乃视杀汉官如艾草菅,弗为意。"② 此时,辽东形势十分危急,嘉靖隆庆之际,"十年之间,殷尚质、杨照、王治道三大将皆战死"③。"辽人大恐"。

同时,海西四部的势力也日益强大起来。叶赫部在其首领逞加奴、仰加奴的领导下,在北关建东西两城,附近的一些部落都"望风归附,拓地益广,军声所至,四境益加畏服"。哈达部在海西四部中最为强大,在其首领王忠的领导下,"部众强盛,凡建州、海西、毛怜等一百八十二卫二十所五十六站皆畏其兵威"④。王忠死后,由其侄王台袭职,海西各部"尽服从台"。

隆庆四年(1570年)明朝政府擢名将李成梁镇守辽东。李成梁"乃大修戒备,甄拔将校","军声始振"。辽东的危急情况趋于稳定,李成梁对女真各部又进行了大规模的压制。

万历二年(1574年)建州右卫王杲因明绝贡市,"大会八家儿五千余骑"犯辽沈。李成梁分部诸军直捣王杲驻地,毁其寨落,斩首一千余级⑤。第二年,王杲准备再次聚众犯辽沈,又被明军所败。于是王杲投奔海西哈达部王台。当时明朝正在利用王台控制女真各部,"(王)台素忠顺",执缚王杲,"槛车致阙下,

---

① 朝鲜《李朝世祖实录》卷44。
② 瞿九思:《万历武功录》卷11《王杲传》。
③ 《明史》卷238《李成梁传》。
④ 《三朝辽事实录》"总略"、"北关"。
⑤ 《万历武功录》卷11《王杲列传》。

磔于市"①。王杲死后,由其子阿台袭职。阿台一直想报父仇,时常袭击明军。万历十一年(1583年)阿台率部众深入浑河两岸,李成梁亲自率领军队直驱阿台驻地古勒寨,"寨陡峻,三面壁立,壕堑甚固"②,久攻不下,后以计赚杀阿台,并"诱城内人出,不分男女老幼,尽屠之"③。建州右卫遭到了毁灭性的打击。

明朝对海西女真同样采取镇压手段。万历十一年(1583年)十二月,总兵李成梁等设"市圈计",诱骗叶赫部首领清佳努、杨吉努进入圈定的市场内,杀害了清佳努、杨吉努以下一千五百余人④。叶赫部族蒙受了空前的灾难。

明朝政府利用哈达部王台,达到"北收二奴,南制建州"的目的⑤。但明朝政府也不会放任王台势力坐大,所以在王台死后,由其子孟格布禄袭职时,万历十五年(1588年),明辽东巡抚顾养谦领兵突袭其驻地,"拔其二栅,斩首五百余级"⑥,并革除了孟格布禄承袭的"龙虎将军衔"。

明朝政府采取"分其枝,离其势"的民族歧视政策,使得没有一个女真部落的力量能强大到统一各部,反而被割裂成为更多的部落,造成"各部蜂起,皆称王争长,互相残杀,甚且骨肉相残,强凌弱,众暴寡"的局面⑦。这种分裂割据、互相厮杀的局面,破坏了社会生产,给女真各部和东北地区各族人民带来了深重的灾难。因此,女真族的广大人民希望有一个统一安定的局面。而明朝到万历十年(1582年)张居正病死,明神宗朱翊钧荒淫腐朽,一度出现的振兴局面迅即消失,明王朝从此一蹶不振。万历

---

① 《万历武功录》卷11《阿台阿海来力红列传》。

②⑥ 《明史纪事本末》"补遗"卷1《辽左兵端》。

③ 《满洲实录》卷1。

④ 《明神宗实录》卷117。

⑤ 《明神宗实录》卷203。

⑦ 《清太祖武皇帝实录》卷1。

十九年(1591 年)，镇辽二十二年的李成梁被罢职，明朝在辽东的军事力量大为削弱，史载：东北地区自李成梁解任后，"十年之间，更易八帅，边备益弛"①。就在这样的情况下，建州部的努尔哈赤崛起，完成了统一女真各部的历史任务。

第二节　努尔哈赤统一建州、海西女真和后金政权的建立

一、建州左卫努尔哈赤的崛起

1. 努尔哈赤的身世

努尔哈赤于明嘉靖三十八年(1559 年)出生在一个女真族奴隶主的家庭，是建州左卫都督猛哥帖木儿的六世孙，姓爱新觉罗。爱新，满语为"金"；觉罗，满语为"族"。努尔哈赤的父亲叫塔克世，有五子一女。塔克世的正妻喜塔拉氏，生育了三子一女，长子努尔哈赤，三子舒尔哈齐，四子雅尔哈齐。塔克世的继妻纳喇氏，生育了一个儿子(第五子巴雅喇)。塔克世的姜孛佳氏，也生育了一个儿子(第二子穆尔哈齐)。

努尔哈赤的家庭，原是女真奴隶主中的显赫世家，到他父亲塔克世时家道中落，降为一个中产之家。家中畜养着包衣阿哈(奴隶)从事耕牧。其时女真人的习俗，男子辫发，穿袍褂，束腰带；妇女天足，着长衫，俗称旗袍。男女幼习弓箭，稍长则驰射平地山林。努尔哈赤是在这种尚武精神培育下成长起来的。他体格健壮，英勇机智。

努尔哈赤十岁时母亲去世，他与继母相处不好，十九岁时和父母分居。据《满洲实录》记载：

①《明史》卷 238《李成梁传》。

> 汗十岁时丧母,继母妒之,父惑于继母言,遂分居,年已
> 十九矣,家产所予独薄。①

为了维持生计,努尔哈赤每于采集季节(三月至五月和七月至十月),与伙伴们一起,到莽莽林海中去挖人参,采松子,捡拾榛子、蘑菇等,晚上三、四个人一伙住宿在自己搭的窝棚中。

努尔哈赤常把采集来的物品,去赶抚顺的"马市"。"马市"就是汉人与女真、蒙古族人民的集市贸易。当时有一定的地点,计有镇北关(开原东北七十里)、清河关(开原西南六十里)、广顺关(开原城东六十里静安堡)、新安关(开原城西六十里庆云堡)和抚顺关(城东三十里)等地。这些集市市场,都筑有"市圈"②。"每月初一至初五日,十六日至二十二日开二次。各夷止将马匹并土产货物,赴彼处委官验放入市,许赍有货物者,与彼两平交易"③。每于开市日期,女真人牵着马匹,带着人参、松子、貂皮等土特产货物来进行贸易,在集市上从汉人那里买回耕牛、铧子等生产工具和布匹、铁锅等生活用品。通过集市贸易,汉族和少数族人民之间加强了经济文化交流,密切了相互之间的友好关系,促进了社会经济的发展。

努尔哈赤在抚顺关马市进行的贸易活动中,广交汉人,了解汉族的社会经济情况,深受汉族文化的熏陶。他懂汉语,识汉字,"好看《三国》、《水浒》","自谓有谋略"④。后来,努尔哈赤又投到明朝辽东总兵官李成梁部下。《山中闻见录》载:

> 太祖既长,身长八尺,智力过人,隶成梁标下。每战必先登,屡立功,成梁厚待之。⑤

---

① 《满洲实录》卷1。
② 《清史稿》卷222《杨吉砮传》。
③ 《明会典》卷129。
④ 黄道周:《博物典汇·四夷附奴酋》卷20。
⑤ 彭孙贻:《山中闻见录》卷1。

努尔哈赤青少年时期的劳动生活,使他接触到部民,了解底层社会;从"马市"贸易中,了解了社会经济和政治;在李成梁部下的军队生活,学得了军事知识。这一切锻炼了他的才能和胆识,开阔了他的眼界和胸怀,对他以后的政治生涯有着很大的影响。

2. "十三副遗甲"起兵

万历十一年(1583年)明军袭击古勒寨阿台驻地时,努尔哈赤的祖父觉昌安及父亲塔克世皆遭冤杀。事情的经过是这样的,当时明朝政府积极扶植苏克苏浒河部图伦城主尼堪外兰,企图通过他来控制建州女真各部。尼堪外兰引导明军去攻击古勒寨阿台。阿台之妻系努尔哈赤伯父礼敦之女。觉昌安闻古勒寨被围,同子塔克世进入古勒寨往救之,觉昌安"欲携孙女以归,阿台不从"[①]。明军攻破古勒寨,在混乱中,觉昌安和塔克世也被明军所杀。

努尔哈赤知道祖父和父亲被害后,十分悲痛,责问明朝的官员说:"我祖、父何故被害? 汝等乃我不共戴天之仇也! 汝何辞?"[②] 明朝派遣使臣向努尔哈赤表示谢过:"非有意也,误耳!"并归还觉昌安和塔克世的遗体,还给了他"敕书三十道,马三十匹,复给都督敕书"[③],任命努尔哈赤为建州左卫指挥使。

明廷虽然对努尔哈赤进行了安抚,但仍积极扶植尼堪外兰,所以当时建州女真各部,大都投向尼堪外兰。努尔哈赤对明廷的这种做法非常不满,但又无力与明廷抗衡,只得将他父、祖的死归罪于尼堪外兰。

万历十一年(1583年)五月,努尔哈赤以父亲塔克世"遗甲十三副",率领近百人的士兵,进攻尼堪外兰驻地图伦城。尼堪

---

①③ 《满洲实录》卷1。

② 《清太祖武皇帝实录》卷1。

外兰预先知道努尔哈赤的军事行动,已携妻子逃到甲板(嘉班)。努尔哈赤攻克图伦城,首战获胜,声势大振,从此开始了对女真各部的统一战争。

3．统一建州各部

努尔哈赤家族所在苏克苏浒河部,居住在苏克苏浒河(苏子河)下游一带地方。因此,努尔哈赤的统一事业是从苏克苏浒部开始的。当时努尔哈赤并不一味依赖武力,他采取"恩威并行,顺者以德报,逆者以兵临"的策略①。当时苏克苏浒部内萨尔浒部长卦喇,曾被尼堪外兰谮于明朝边将,遭到"责治"。卦喇弟诺米纳、嘉木湖寨主噶哈善、沾河寨主常书,都忿恨尼堪外兰,商议后,一起投向努尔哈赤,说:"念吾等先众来归,毋视为编氓,望待之如骨肉手足。"② 努尔哈赤和他们杀牛祭天,并"以此言对天盟誓"。对那些不肯归附的部落,努尔哈赤则率兵一个个地加以平服:万历十二年(1584 年),以兵四百攻克了栋鄂部的玛尔墩城,同年又攻克了翁鄂洛城;次年,攻界藩城(哲陈部),败托漠河、章佳、巴尔达、萨尔浒、界藩五城联军八百人③。努尔哈赤自起兵后,经过三年的征战,统一了苏克苏浒河部、栋鄂部和哲陈部,兵势日盛。

万历十四年(1586 年),努尔哈赤知道了仇人尼堪外兰住在浑河部的鄂勒珲城,亲自率兵攻入鄂勒珲城内。尼堪外兰已逃奔明军军营,努尔哈赤愤怒已极,杀了鄂勒珲城内汉人十九名,又捉中箭伤者六人,把箭重新插入伤口,"令带箭往南朝传信,可将仇人尼堪外兰送来"。这时,明朝政府看到努尔哈赤势力日益强大,感到再扶植尼堪外兰已成为赘疣,就派人对努尔哈赤说:

---

① 《清太祖武皇帝实录》卷 1。
② 《满洲实录》卷 1。
③ 《满洲实录》卷 2。

"尼堪外兰既入中国,岂有送出之理,尔可自来杀之。"于是,努尔哈赤"令斋萨带四十人往索之,及至,尼堪外兰一见即欲登台趋避,而台上人已去其梯。尼堪外兰遂被斋萨斩之而回"①。从此,努尔哈赤威势大振,不少建州女真的部落前来归附。

努尔哈赤原是建州女真中的弱小部落的没落贵族,不仅外部有许多强大势力,在他本部落的家族中也有欲加害于他的。"同族宁古塔五祖之子孙② 至堂子立誓,亦欲害上(努尔哈赤)以归尼堪外兰"③。但努尔哈赤从万历十一年(1583 年)起兵到万历十六年(1588 年),经过五年艰苦奋斗,把原来分散居住、互相厮杀的建州女真各部苏克苏浒部、浑河部、哲陈部、栋鄂部、完颜部等统一了起来,"环满洲而居者,皆为削平"。④

努尔哈赤取得的成功,是与他的勇敢顽强精神和在统一战争中运用正确的策略有关。努尔哈赤从小养成了坚强刚毅的性格,作战勇敢,冲锋在前,退却殿后。万历十三年(1585 年)伐哲陈部,他身先士卒,以八十人击败了界凡等五城联军八百多人。第二年攻鄂勒珲城,努尔哈赤单身直入四十余人的敌阵中,射死八人,斩一人,而他自己也负伤三十处。努尔哈赤说:"吾自幼于千百军中孤身突入,弓矢相交,兵刃相接,不知几经鏖战。"⑤这种勇敢顽强的精神,使他常能以少击众,屡摧强敌。

努尔哈赤善于用人,在战争中不记仇,不妄杀人,这也是他取得成功的重要原因。额亦都和安费扬古是跟随努尔哈赤起事

---

① 《满洲实录》卷 2。

② 宁古塔五祖之子孙——努尔哈赤曾祖福满,生六子,长子德世库,次子瑠阐,三子索长阿,四子觉昌安(叫场),五子宝郎阿,六子宝实。后来称他们兄弟六人为宁古塔贝勒,其后世子孙则称他们为"六祖"。这里所谓的"宁古塔五祖之子孙",即除努尔哈赤祖父觉昌安以外五人的子孙。

③⑤ 《清太祖武皇帝实录》卷 1。

④ 《满洲实录》卷 2。

的亲信,成为他的左右臂。他们在跟随努尔哈赤的四十余年中,骁勇善战,屡建殊功。《清史列传·额亦都传》载:

> (额亦都)督兵取巴尔达城,至浑河,河涨不能涉,以绳联军士,鱼贯而渡。夜薄其城,率骁卒先登,城中兵猝惊起拒,跨堞而战,飞矢贯股着于堞,挥刀断矢,战益力,被五十余创,不退,卒拔其城。

万历十一年(1583年)努尔哈赤除掉了萨尔浒城主诺米纳后,对"其弃城逃散之众,有来归者","尽还其妻孥遣之",仍修萨尔浒城居之①。这对稳定被平服的各部居民起了很大的作用。

战争中俘获的敌方勇士,归降后更是识拔重用。万历十二年(1584年)努尔哈赤进攻瓮郭落城时,被鄂尔果尼及罗科射成重伤,后来攻下瓮郭落城,俘获了鄂尔果尼和罗科,诸将要用乱箭穿胸的酷刑来雪恨,努尔哈赤却宽容大度地说:"两敌交锋,志在取胜,彼为其主乃射我,今为我用,不又为我射敌耶!如此勇敢之人,若临阵死于锋镝犹将惜之,奈何以射我故而杀之乎!"遂擢为牛录额真,统辖三百人②。这种宽大的襟怀,对瓦解敌人,加强本集团内部的团结都起着巨大的作用。

努尔哈赤在发展势力时,遇到最严峻的问题是如何处理同明朝中央政府的关系,这是他事业成败的关键。努尔哈赤目睹建州女真有影响的两个首领的结局:前有王杲因反抗明廷侵犯辽东而被捕杀;后有尼堪外兰,一味依赖明廷最后被抛弃。努尔哈赤不仅有一夫之勇,而且足智多谋,在冷静地分析周围形势的基础上,制定正确的策略。他对明朝虽怀有杀父之仇,但不感情用事。他明白对明廷不可明显背叛,否则无异以卵击石,自取败亡;同时也不能一味依赖明廷,不发展自己的势力,这样,最后的

---

① 《满洲实录》卷2。
② 《清太祖武皇帝实录》卷1。

结局也只能是像尼堪外兰那样被抛弃。因此,努尔哈赤对明廷,表面上十分恭顺,"与明国通好,遣使往来"①,他自己也多次到北京去朝贡,又曾在当时明朝辽东总兵官李成梁属下服役过,所以比较容易获得明廷的信任,这使得他在对建州各部用兵时没有受到什么牵制和干涉。当他统一建州各部后,明朝政府于万历十七年(1589年)授他为都督佥事,万历十九年(1591年)提升为左都督,万历二十三年(1595年)以"保塞功"晋封为龙虎将军。当时明朝政府把他看成为"忠顺学好,看边效力"的有功之臣。

努尔哈赤在恭顺的外表遮掩下,积极发展势力,努力整顿内部。他"定国政,凡作乱窃盗欺诈,悉行严禁"②。他辟抚顺、清河、宽甸、瑷阳四处关口互市交易以通商贾。因此,"满洲民殷国富"。③

努尔哈赤的抱负,当时人们已有察觉,如万历二十三年(1595年)正当明朝政府把努尔哈赤看成"忠顺学好,看边效力"的时候,朝鲜兵曹判书李德馨向其国王启曰:"其(努尔哈赤)志不在于小,助成声势者李成亮(梁)也。渠多刷还人口于抚顺所,故成亮(梁)奏闻奖许,驯致桀骜云耳。"④

4.统一海西女真

努尔哈赤统一建州女真以后,兵势日益强盛,使紧邻的海西四部深为不安。他们想用联姻办法来拉拢牵制努尔哈赤,万历十六年(1588年)哈达贝勒扈尔汉送女给努尔哈赤为妃。同年叶赫贝勒纳林布禄又亲送胞妹给努尔哈赤为妻。⑤

万历十九年(1591年)叶赫贝勒纳林布禄想进一步试探努尔哈赤的志向,派遣使者到费阿拉,对努尔哈赤说:

---

①②③⑤　《满洲实录》卷2。
④　朝鲜《李朝宣祖实录》卷70。

> 乌拉、哈达、叶赫、辉发、满洲,总一国也,岂有五王之理,
> 尔国人众,我国人寡,可将额勒敏、扎库木二处择一让我。

努尔哈赤回答说:

> 我乃满洲,尔乃呼伦。尔国虽大,我不得取;我国虽大,
> 尔亦不得取。况国非牲畜可比,焉有分给之理。尔等皆执
> 政之臣,不能竭力谏主,奈何靦颜来相告耶?

说完后就叫叶赫的使臣回去了。

纳林布禄碰壁后心犹未甘,便与哈达、辉发共同会议,决定各派遣使臣到努尔哈赤处,对之施加压力。努尔哈赤以礼相待,宴请三部使臣。席间,叶赫使臣图尔德说:"我主有命,遣我来言,欲言又恐触怒见责。"努尔哈赤说:"尔主之言与尔无干,何为责汝,如彼以恶言来,我亦以恶言往。"图尔德说:"昔索地不与,令投顺不从,两国若成仇隙,只有我兵能践尔境,谅尔兵敢履我地耶!"努尔哈赤听后大怒,掣刀断案说:

> 尔主弟兄,何尝亲与人交马接刃、碎烂甲胄、经此一战
> 耶!昔蒙格布禄、代善叔侄,自相扰乱,如二童争骨(满洲儿
> 童每掷骨为戏,故云云),尔等乘乱袭取,何故视我如彼之易
> 也。尔地四周果有边垣之阻耶?吾即昼不能往,夜亦能至
> 彼处,尔其奈我何!徒张大言胡为乎?昔我父被明国误杀,
> 与我敕书三十道、马三十匹,送还灵榇,受左都督敕书,续封
> 龙虎将军大敕一道,每年输银八百两、蟒段十五匹。汝父亦
> 被明国所杀,其尸骸汝得收取否?①

宴会后,努尔哈赤叫人根据他在席间所说的写成回帖,派阿林察送到叶赫贝勒布斋和纳林布禄,当面诵读。

这样,努尔哈赤和海西四部之间已剑拔弩张,没有调和的余地。万历二十一年(1593年)海西的叶赫、哈达、辉发、乌拉四部

---

① 《满洲实录》卷2。

采取先发制人的办法，和蒙古的科尔沁、锡伯、卦勒察三部，以及长白山的珠舍里、纳殷二部，共同联合起来，以九部之师，合兵三万，杀奔建州，驻营于浑河北岸。面对着九部联军的浩大声势，建州内部人心浮动，非常惊惧。努尔哈赤冷静地分析了九部联军的弱点，指出："彼部长甚多，兵皆乌合，势将观望不前"①，"伤其一二头目，彼兵自走"②。努尔哈赤怀着必胜的信心，鼓励他的将士们说："我兵虽少，并力一战，可必胜矣。"③于是率领部众立阵于古勒山险要之处。当时海西联军正在攻赫济格城，努尔哈赤便派额亦都领兵一百，前去挑战，诱他们到古勒山厮杀。叶赫贝勒布斋和科尔沁贝勒明安，自恃兵多势众，率军进入古勒山。努尔哈赤集中优势兵力，重点袭击联军先头部队，阵斩布斋，明安逃遁，俘虏乌拉部首领满泰的弟弟布占泰。"叶赫贝勒等见布斋被杀，皆痛哭。其同来贝勒等大惧，并皆丧胆，各不顾其兵，四散而走"。④努尔哈赤"乘胜逐北，斩级四千，获马三千，铠胄千"，"军威大震"。⑤

海西四部在这次战争中虽遭到了挫折，但仍有一定力量，努尔哈赤认为和他们是"相等之国"，也就是双方还处于势均力敌的地位。但经古勒山大战后，海西四部已不敢主动进攻建州，而是建州筹划着如何去平服海西了。努尔哈赤从实际情况出发，感到不可能一举平服海西四部，于是决定逐个加以消灭。

平服哈达和辉发。叶赫、乌拉、哈达、辉发海西四部，自知不是建州的对手，万历二十五年(1597年)一同派遣使臣到建州对努尔哈赤说："因吾等不道，以至败兵损名，今以后，吾等更守好，互相结亲。"⑥这样，海西四部与建州之间暂时处于和平状

---

① 《清太祖武皇帝实录》卷2。
②③④⑥ 《满洲实录》卷2。
⑤ 《圣武记》卷1《开国龙兴记》1。

态,努尔哈赤却在等待时机。

万历二十六年(1598年),叶赫贝勒想统一扈伦出兵哈达,哈达贝勒孟格布禄"力不能敌",把三个儿子送到努尔哈赤处作人质乞援。努尔哈赤就命费英东和噶盖两人领兵二千往助。叶赫贝勒纳林布禄听到这个消息,感到哈达倒向建州,对自己的威胁更大,拼命离间哈达与建州的关系,写信给孟格布禄说:"尔若执满洲来援二将,赎所质三子,尽歼其兵二千人,我妻汝以所求之女,修前好焉!"①孟格布禄依言,约叶赫人于开原商议。但密议漏泄,努尔哈赤怒哈达背信,于这年九月统兵征哈达。经过几天激烈的战斗,攻陷哈达城,俘虏了孟格布禄,招服哈达所属之城,"其军士器械、民间财物、父母妻子俱秋毫无犯,尽收其国而回"②。后来努尔哈赤杀了孟格布禄,又把他的儿子武尔古代囚禁起来。

万历二十九年(1601年),明廷感到建州力量日趋强大,威胁辽东,派使臣去建州,责备对哈达的征伐:"汝何故破哈达,掳其人民,今可令武尔古代复国。"③当时努尔哈赤还不敢公然与明廷对抗,只得送武尔古代回哈达,立为首领,暗中则加强对哈达部的控制。同年,哈达饥荒,"人皆无食,向明之开原城祈粮,不与,各以妻子奴仆牲畜易而食之"④。努尔哈赤趁机灭哈达,并其部众,"自此益强,遂不可制"⑤。接着,努尔哈赤把进攻的矛头指向了辉发。

辉发部在扈尔奇山上筑有城廓,十分险峻。城廓的东面和南面与建州接界,西面是哈达,北面是乌拉。哈达灭亡后,辉发三面被建州包围。当时辉发的首领是拜音达里,他在其祖父

---

① 《清太祖武皇帝实录》卷3。
②③④ 《满洲实录》卷3。
⑤ 《明神宗实录》卷366。

王机努死后，杀了他的七个叔父夺得辉发贝勒的地位。因此，他的堂兄弟们叛逃到叶赫，他则使七臣之子至建州，乞求援兵。

叶赫贝勒纳林布禄看到辉发靠向建州，就派人对拜音达里说："尔若撤回所质之人，吾即反尔投来族众。"① 拜音达里信其言，遂撤回质于建州的七臣之子，并把自己的儿子与纳林布禄为质，但纳林布禄竟不反其族众。拜音达里又派遣使臣对努尔哈赤说："曩者纳林布禄赚言，今仍欲倚汗为生。"拜音达里就这样摇摆于建州与叶赫之间。

万历三十五年（1607 年）九月，努尔哈赤亲自率兵进攻辉发，城陷，"杀拜音达里父子，屠其兵，招服其民，遂班师"②。至此，海西四部已平服了两部。

攻灭乌拉。乌拉部居住在乌拉河（今松花江上游），海西四部中它离建州最远。在古勒山战斗中，乌拉贝勒满泰的弟弟布占泰被擒来见努尔哈赤，说："今被擒，生死只在贝勒。"努尔哈赤说："今既来见，岂肯杀汝。语云：'生人之名胜于杀，与人之名胜于取。'"③ 努尔哈赤将布占泰留养了三年，于万历二十四年（1596 年）派人护送回乌拉。当时乌拉贝勒满泰父子刚被人杀害，满泰叔父兴宜雅想谋杀布占泰而夺取其位。幸有努尔哈赤护送使臣的防范未能得逞，兴宜雅失败，投奔叶赫。于是布占泰登上了乌拉贝勒的位子。当时，努尔哈赤把主要力量用于哈达和辉发，对布占泰则尽量拉拢，五次联姻，七次盟誓，稳住了乌拉。

努尔哈赤灭亡了哈达和辉发后，把注意力转向了乌拉和叶赫。布占泰则联络叶赫对抗建州。

---

①② 《满洲实录》卷3。
③ 《清太祖武皇帝实录》卷1。

万历三十五年（1607年）东海女真瓦尔喀部裴优城主策穆特赫不堪布占泰的苦虐，派人到建州表示愿意归附。努尔哈赤派遣其弟舒尔哈齐及子褚英、次子代善与大将费英东、扈尔汉率兵三千前去接应。当舒尔哈齐等护送五百户瓦尔喀部众越乌拉境来归时，布占泰率兵万人于图们江堵截，双方军队在乌碣岩大战，建州军队"缘山奋击，乌拉兵大败"，"斩三千级，获马五千匹，甲三千副"①。乌碣岩战斗削弱了乌拉的力量，从此，乌拉不敢阻遏建州军队的去留，但乌拉尚保存着一定的力量，努尔哈赤不能一举把它灭亡。

努尔哈赤把征服乌拉，比喻为砍伐大木。他说："欲伐大木，岂能骤折，必以斧斤伐之，渐至细微，然后能折。"② 因此，乌碣岩战斗以后，又经过六年时间对乌拉所属地区的蚕食，直到万历四十一年（1613年），努尔哈赤亲自统率大军进攻乌拉城。布占泰率兵三万迎战，两军相距百步，皆下马拼杀，乌拉兵大败，"十损六七，抛戈弃甲，四散而逃，满洲兵乘势飞奔夺门"，遂攻入乌拉城。布占泰"仅以身免，投叶赫国去"③。乌拉灭亡。努尔哈赤把注意力转到了海西四部的最后一个据点叶赫。

并吞叶赫。明朝对待女真的政策，原先是支持哈达以控制女真各部，但哈达被建州所灭，明廷失去了南关，便支持北关（叶赫）。礼部左侍郎何宗彦说："有北关在，可牵奴酋（努尔哈赤）之后，辽沈或可恃以无恙。"④ 努尔哈赤几次发兵进攻叶赫，都因明朝出兵协助叶赫而退兵。

万历四十七年（1619年）八月，努尔哈赤在萨尔浒大败明军之后，乘胜进攻叶赫。叶赫筑有东西两城，叶赫贝勒金台石住东

---

① 《清太祖实录》卷3。
② 《满洲实录》卷3。
③ 《满洲实录》卷3；《清太祖武皇帝实录》卷4。
④ 《明神宗实录》卷586。

城,贝勒布扬古住西城,两城相距约三里。努尔哈赤令代善、阿敏、莽古尔泰及皇太极四贝勒率军西向围布扬古西城,努尔哈赤亲率八固山额真东向取金台石东城。经过激烈的战斗,东西两城被攻陷,金台石和布扬古被努尔哈赤俘获缢杀。明朝派来帮助叶赫守城的游击马时楠及其所率明军一千人也全军覆没。于是叶赫诸城皆降,其部民被迁徙到建州。

努尔哈赤从万历二十一年(1593年)打败海西的九部联军,到万历四十七年(1619年)征服叶赫,前后历时二十七年,统一了海西诸部。

5.征服"东海"诸部

努尔哈赤在统一海西女真的同时,积极征服东海诸部。东海女真主要有瓦尔喀部、渥集部、萨哈连部等。他们尚处于较低的社会发展阶段,明人称之为"野人女真"。东海女真散居于黑龙江两岸,东滨海,北达外兴安岭的广大地区,是建州女真和海西女真扩展势力时争夺的对象。

努尔哈赤统一东海女真,是从征讨邻近的瓦尔喀部开始的。万历二十四年(1596年),费英东"初征瓦尔喀,取噶嘉路"[1]。从此,努尔哈赤不断派兵征讨东海诸部。万历二十七年(1599年)正月,"东海渥集部之虎尔哈路长王格、张格率百人朝谒,贡黑白红三色狐皮,黑白两色貂皮"[2]。以后,虎尔哈路每岁朝谒,其路长博济里等六人乞婚,努尔哈赤以六大臣之女配之,用婚姻来巩固与渥集部的关系。万历三十七年(1609年)努尔哈赤派扈尔汉率兵千人征东海渥集部所属溥野路(今兴凯湖附近),收二千户而还[3]。万历三十八年(1610年)征渥集部的那木都鲁、绥分、宁古塔、尼马察四路,并转攻雅揽路(今俄罗斯滨海地区的雅兰

① 《清史列传》卷4《费英东传》。
②③ 《清太祖武皇帝实录》卷3。

河流域),"俘万余人而还"①。万历四十七年(1619 年)努尔哈赤命穆哈连率兵千人"尽收东海虎尔哈部散处遗民"。②

万历四十四年(1616 年)七月,努尔哈赤命扈尔汉、安费扬古率兵二千人征黑龙江中游两岸的萨哈连部,"行至兀儿简河,剜舟二百,水陆并进,取河南北诸寨,凡三十有六"。八月,从黑龙江南岸的佛多罗衮寨横渡冰河,"取萨哈连部内十一寨"。③

努尔哈赤所派遣的军队,出征萨哈连部后,接着又向使犬部进军。使犬部包括赫哲人、鄂伦春人、鄂温克人、费雅喀人等,主要分布在黑龙江下游地区。他们用犬行猎、拉船以及拖拉扒犁等,每户畜犬几十只甚至几百只。万历四十四年(1616 年)九月,扈尔汉等所率领的军队"招服使犬路、诺洛路、石拉忻路路长四十人"。④

万历四十五年(1617 年)二月,"时东海沿边散居各部,多来归附",努尔哈赤"遣兵四百往取之,悉收其散处之民";并向库页岛及其附近小岛出征,"其岛居负险不服者,乘小舟尽取而还"。⑤

努尔哈赤从万历二十四年(1596 年)初征瓦尔喀,先后经过约三十年的时间,以"征抚并用,以抚为主"的策略,统一了东海女真的主要部落。

二、军政机构建设与后金政权的建立

努尔哈赤一生,戎马倥偬,驰骋战场四十余年,以十三副遗甲起兵,逐渐发展到拥有几万精锐之师;从局处于建州左卫一隅

---

① 《清太祖武皇帝实录》卷 3。
② 《清太祖武皇帝实录》卷 6。
③④⑤ 《清太祖武皇帝实录》卷 5。

之地,扩大到统一女真各部。"自东海至辽边,北自蒙古嫩江,南至朝鲜鸭绿江,同一语言俱征服",使"诸部始合为一"①。努尔哈赤顺应社会历史的发展,结束了女真族的分裂状态,也结束了当时我国东北地区动荡不安的局面。努尔哈赤对满族的形成、中华民族的发展和当时我国东北边防的巩固,都起了积极作用。

随着女真各部的统一、部众的增多和疆域的扩大,努尔哈赤为了加强统治,相应地建立了各种制度和军政机构。

1.八旗制度的建立

努尔哈赤在发展军事势力的过程中,建立了"八旗"制度。八旗制度是满族"兵民合一"的特殊社会组织形式。它既统兵,又统民;既是军事组织,又是行政组织。

八旗制度的起源和演变,有一个漫长的发展过程。它最初起源于女真族社会的狩猎生产组织。《满洲实录》载:

> 前此,凡遇行师出猎,不论人之多寡,照依族寨而行。满洲人出猎开围之际,各出箭一枝,十人中立一总领,属九人而行,各照方向,不许错乱。此总领呼为牛录(意为大箭)额真(意为主),于是以牛录额真为官名。②

牛录额真就是大箭主,原是狩猎时十人的首领。后来随着女真社会的发展,逐渐演变成官名。所统领的人数也增加了。前文述及,万历十二年(1584年),努尔哈赤起兵的第二年,他率兵攻克瓮郭落城时,俘获了曾在战场上射伤过他的鄂尔果尼和罗科两人,为了嘉奖他们的勇敢精神,"乃擢鄂尔果尼、罗科为牛录额真,统辖三百人"③。可见当时努尔哈赤已有以三百人为一牛录的军事组织,而牛录额真也已成为一种官职名。

---

① 《清太祖武皇帝实录》卷3。
② 《满洲实录》卷3。
③ 《清太祖武皇帝实录》卷1。

其后,努尔哈赤的军事力量日益扩展,于是便在牛录组织的基础上又有了"旗"(固山)的建制。《清太祖武皇帝实录》在叙述万历二十一年(1593年)古勒山战役时,已有这方面的记载:"上至古勒山,对黑济格城据险结阵。令各旗贝勒大臣,整兵以待。"① 努尔哈赤先是创建四旗,《清会典则例》有比较详细的记载:"太祖高皇帝辛丑年(万历二十九年),满洲生齿日繁,诸国归服人众,设四旗以统之,以纯色为辨,曰黄旗、曰白旗、曰红旗、曰蓝旗。"② 到了万历四十三年(1615年),努尔哈赤除已统一了建州女真外,又征服了海西女真的哈达、辉发和乌拉三部,以"归服日众,乃析为八"③。除原来的黄、白、红、蓝四旗外,再增设镶黄、镶白、镶红、镶蓝四旗,黄、白、蓝旗镶红边,红旗镶白边,共为八旗。《清太祖武皇帝实录》载:

> 上既削平诸国,每三百人设一牛录额真,五牛录设一甲喇额真,五甲喇额真设一固山额真,每固山额真左右设两梅勒额真。初设有四旗,旗以纯色为别,曰黄、曰红、曰蓝、曰白。至是添设四旗,参用其色镶之,共为八旗④。

从上述编制推算,一个"固山"拥有部众七千五百人。固山额真即为"旗主",由满洲贵族担任。努尔哈赤为八旗的共主(最高统帅),并亲领两黄旗,次子代善领两红旗,第五子莽古尔泰领正蓝旗,第八子皇太极领镶白旗,长孙杜度领正白旗,侄阿敏领镶蓝旗。努尔哈赤除亲领两黄旗以外,还有卫队巴牙喇(也称拜哈罗)五千余骑。《建州闻见录》载:"胡语呼拜哈罗者,奴酋之手下兵也,五千余骑,极精勇。"各旗旗主也有"巴牙喇"的卫队组织。八旗之间是同等的平行关系,他们各自向努尔哈赤负责。

---

① 《清太祖武皇帝实录》卷2。
② 乾隆《清会典则例》卷171。
③ 《啸亭杂录》卷10《八旗之制》。
④ 《清太祖武皇帝实录》卷4。

固山额真、甲喇额真、牛录额真,既是各级军事首领,又是各级行政长官。编入八旗的人户,称为"旗人"。努尔哈赤通过各级额真,对他的部民进行统治。

> 凡有杂物收合之用,战斗力役之事,奴酋令于八将,八将令于所属柳累将,柳累将令于所属军卒,令出不少迟缓①。

战争中抢夺得来的土地人畜财物,要按八旗来分配,"令八家之中,遇有所获,即衣食之类必均分,毋私取焉。故豫立规制,俾八家各得其平"②。

这种八旗制度,是与满族的社会经济情况相适应的,因它原是狩猎畜牧民族,兵民是不分的,在这一基础上建立起来的八旗制度,也就成为既统民又统兵的"兵民合一"的社会组织形式。"其制以旗统人,即以旗统兵"③。出则备战,入则务农。各级贵族,分别担任牛录、甲喇、固山"额真",成为上下各级管兵、民的官员。努尔哈赤以这种形式把分散的女真各部严密地组织起来,从事生产和战争,既使军需物资不致匮乏,又有充足的兵源,保证了统一战争的顺利进行。

八旗组织,除了满洲八旗之外,天启元年(1621年)开始设置蒙古牛录④,第二年设蒙古旗,到崇祯八年(1635年)扩充为蒙古八旗⑤。崇祯四年清太宗皇太极把满洲八旗中的汉人调出,另编一旗。崇祯十年增设汉军为二旗。崇祯十二年(1639年)增设汉军为四旗⑥。崇祯十五年由于汉军人数增加,增设汉军

---

① 李民寏:《建州闻见录》。
② 《清太祖武皇帝实录》卷10。
③ 《清朝文献通考》卷1。
④ 《满洲实录》卷7。
⑤ 《清太宗文皇帝实录》卷22。
⑥ 《清朝文献通考》卷179。

为八旗①。这样,八旗制度中有满洲八旗、蒙古八旗、汉军八旗,共为二十四旗。但习惯上仍称为八旗。

2.理政大臣的设置

由于统一战争的顺利进行,辖地不断扩大,人口日益增多,原来各种军政事务都由旗主裁定的方式,已不能适应新的形势。为了对臣民进行有效的统治,努尔哈赤于万历四十三年(1615年)"置理政听讼大臣五人,札尔固齐(断事官)十人,佐理国事"②。努尔哈赤挑选理政大臣和断事官的标准是"公正处理国事","不贪酒,不索金银"和"公平地审断事之是非"。努尔哈赤规定的审断程序是:

> (国人)凡有听断之事,先经札尔固齐十人审问,然后言于五臣,五臣再加审问,然后言于诸贝勒。众议既定,奏明三复审之事。犹恐尚有冤抑,令讼者跪上前,更详问之,明核是非。③

理事大臣和八旗贝勒(贵族)平时每五日视朝一次,协议国政。军国大事,均于此决定,成为后金政权的最高决策机构。

努尔哈赤很重视法制,曾命令臣下翻译《刑部会典》和《明会典》,采取适用于他们的各种法规律令。建州原有的刑法是很残酷的,有刺耳鼻、踏火炭、顶热锅等。随着女真社会的进步,以及明朝刑法的影响,随意施加的酷刑逐渐废止,天启二年(1622年)正式宣布"废除刺耳鼻之刑"。④

努尔哈赤在加强政治统治的同时,也注意对他的臣民实行思想统治。原来女真族人民信奉萨满教。萨满,又称珊蛮、萨莫等,是巫的意思。萨满教是一种原始宗教,认为世界有天堂、地

---

① 《清太宗文皇帝实录》卷61。
② 《清太祖武皇帝实录》卷4。《满文老档》卷4作"八大臣和四十名断事官"。
③ 《清太祖武皇帝实录》卷4。
④ 《满文老档》"太祖"卷42。

面和地狱这样三层。神居于天堂，人类居于地面，而魔鬼则居于地狱。女真族崇信祭天，在他们住房院落的东南角，立一根一丈多高的木杆，称为"索罗杆子"，用以祭天祭神。萨满的祭祀，就是与设杆祭天结合起来的，后来发展为"祭堂子"。努尔哈赤在赫图阿拉"'立一堂子'，绕以垣墙，为礼天之所，凡于战斗往来，奴酋及诸将胡必往礼之"[①]。满族社会的迅速发展，使萨满教渐不能适应统治者的需要。后来努尔哈赤在征抚漠南蒙古时，就把当地流行的喇嘛教推行到了满族社会。

喇嘛教是我国佛教的一个支派，内部有不少派别，当时黄教成为最有势力的教派，它由西藏、青海传入蒙古。喇嘛教劝说人们要安分守己，忍受苦难，以求得来世的幸福。这种说教十分符合努尔哈赤的需要，所以他也以此来劝谕人们，说：

> 所谓福，就是成佛。在今世苦其身，尽其心，那么在来世能生在一个好地方，福便得到了。[②]

努尔哈赤在赫图阿拉城东修建喇嘛寺，万历四十三年(1615年)"始建佛寺及玉皇诸庙于城东之阜，凡七大庙，三年乃成"[③]。努尔哈赤用隆重的礼节，遣使聘请蒙古大喇嘛来其辖区传教。这样，喇嘛教和萨满教便在这里并行传播，成为努尔哈赤对人们实行思想统治的工具。

3．创制满文

努尔哈赤在统一女真各部的过程中，创制了满文。这是他对满族发展的又一大贡献。

满族的祖先女真人，在十二世纪初叶金太祖时，曾参照汉字创制了女真文，有女真大字和女真小字两种。它是模仿汉字创

---

① 《建州闻见录》。
② 《满文老档》"太祖"卷4。
③ 《清太祖武皇帝实录》卷4。

制的,也是一种方块字。金亡元兴,蒙古族统治了女真地区,先是蒙古文和女真文并行,后来仿依汉字的女真文就渐渐地衰落了。到明代中叶,女真人已经不懂得女真文了。《明英宗实录》载:

> 玄城卫指挥撒升哈、脱脱木答鲁等奏:"臣等四十卫无识女真字者,乞自后敕文之类,第用达达(蒙古)字。"从之。[1]

努尔哈赤崛起时,"满洲未有文字,文移往来,必须习蒙古书,译蒙古语通之"[2]。女真人讲的是女真语,却要写蒙古文字来表达,这种语言与文字完全脱节的现象,阻碍着满族社会的发展。努尔哈赤曾深有感触地说:"今我国之语,必译为蒙古语读之,则未习蒙古语者,不能知也。"[3] 为此,努尔哈赤于万历二十七年(1599年)命额尔德尼和噶盖创制满文。额尔德尼和噶盖辞曰:"蒙古文字,臣等习而知之,相传久矣,未能更制也!"努尔哈赤说:

> 无难也,但以蒙古字合我国之语音,联缀成句,即可因文见义矣。吾筹此已悉,尔等试书之,何为不可? 于是上独断,将蒙古字制为国语,创立满文,颁行国中。满文传布自此始[4]。

从这一文献记载明显地看出,努尔哈赤创制满文的用意是使口头表达的语言和书面的文字一致起来。额尔德尼和噶盖便根据这一原则,以蒙文字母拼成女真语言,创制了满文。这种满文没有圈点,人们称它为"无圈点满文"或"老满文"。

老满文在努尔哈赤统辖的女真地区通行了三十多年。因它

---

① 《明英宗实录》卷113。
② 《满洲实录》卷3。
③④ 《清太祖武皇帝实录》卷3。

是初创,存在着字母数量不够、字形不统一等缺点。崇祯五年(1632年)皇太极命巴克什达海对老满文加以改进。达海对老满文的改进工作,主要有以下几点:第一,编制十二字头。"达海治国书,补额尔德尼、噶盖所未备,增为十二字头"。第二,于老满文旁"酌加圈点"。第三,增制特定字母。"国书与汉字对音,补所未备","新补为外字"①,就是于十二字头之外增加了专为拼写汉语等外来语的特定字母,以便拼写人名和地名。经达海改进后的满文,人们称之为"有圈点满文"或"新满文"。

满文的创制和推行,是满族发展史上的丰碑。从此,满族人民有了自己的文字,用它来表达思想,记载史事,传播知识。这对满族社会的发展以及满汉文化的交流,都起了巨大的推进作用。

4.城池的建筑和后金政权的建立

万历十五年(1587年),努尔哈赤起兵后经过艰苦的征战,先后平服了苏克苏浒河部、栋鄂部和哲陈部,擒杀了尼堪外兰,成为当时女真族中最强大的势力。为了继续扩展,努尔哈赤在呼兰哈达山下"筑城三层,启建楼台",建费阿拉城。"呼兰"满语意为烟筒,"哈达"满语意为山峰,呼兰哈达即烟筒山。当时朝鲜南部主簿申忠一出使建州,对费阿拉城的情况有如下记载:

一、外城周仅十里,内城周二马场许。

一、外城先以石筑,上数三尺许,次布椽木;又以石筑,上数三尺,又布椽木,如是而终,高可十余尺。内外皆以粘泥糊之,无雉堞、射台、隔台、壕子。

一、内城之筑,亦同外城,而有雉堞与隔台。

一、内城内,又设木栅,栅内奴酋居之。

一、内城中,胡家百余;外城中,胡家才三百余;外城外

---

① 《清史稿》卷228《达海传》。

四面,胡家四百余。

一、内城中,亲近族类居之;外城中,诸将及族党居之;外城外居生者,皆军人云。①

费阿拉城既是努尔哈赤居住的地方,又是他行使权力的处所。

努尔哈赤统一建州女真各部之后,又打败了叶赫等九部联军,并吞了海西哈达部,设置了四旗。为了适应形势的发展,努尔哈赤于万历三十一年(1603年)"自虎栏哈达南冈,移于祖居苏克苏浒河、加哈河之间赫图阿喇地,筑城居之"②。城"周四里,南一门、东二门、北一门"③。是为赫图阿拉城,俗称老城。"赫图阿拉"满语是"横冈"的意思,后来称之为"兴京",即今辽宁新宾老城。万历三十三年(1605年),又加筑外城。这次兴建的城池,规模比费阿拉城要大得多。

城高七丈,杂筑土石,或用木石横筑之。城上环置射箭穴窦,状若女墙,门皆用木板。内城居其亲戚,外城居其精悍卒伍,内外见居人家约二万余户。北门外则铁匠居之,专治铠甲。南门外则弓人箭人居之,专造弧矢。东门外则有仓厩一区,共计一十八照,每照各七八间,乃是贮谷之所。④

从这一段记载,可以看到赫图阿拉的规模庞大。从建筑规格看,也完全具备城池的条件:有高达七丈的城墙,城墙上有射箭用的女墙,有木制的城门;有严格的布局,内城居住努尔哈赤和他的亲戚贵族,也就是建州女真的统治集团;精悍部队居于外城,城外则居住从事各种军事手工业的工匠。赫图阿拉城成了努尔哈赤辖地内的政治、军事、经济和文化中心。努尔哈赤自称"建州等处地方国王",蒙古喀尔喀部尊称他为"昆都仑汗"。

---

① 申忠一:《建州纪程图记》。
② 《清太祖武皇帝实录》卷3。
③ 嘉庆《大清一统志》卷58"兴京"。
④ 《筹辽硕画》卷1。

努尔哈赤自迁至赫图阿拉以后,又合并了海西女真的辉发和乌拉,顺利地招抚了东海诸部,并建仓积谷,定八旗制等。这时的努尔哈赤已有"射天之志",要夺取明朝的天下了。万历四十四年(1616年)正月,努尔哈赤在其部臣的拥戴下,登上了汗位,建立"大金"政权,史称后金,都赫图阿拉。努尔哈赤自称"英明汗"①,建元天命。

三、努尔哈赤起兵反明和萨尔浒之战

明朝政府在努尔哈赤发展壮大中,采取惯用的手法来进行压制,"分其部落以弱之,别其种类以间之,使之人自为雄,而不使之势统于一"②。明朝政府不断地挑拨海西女真和建州女真之间的关系,制造矛盾。当建州女真强大起来时,明廷就支持叶赫去进攻建州。明朝政府还对建州女真实行经济封锁政策,万历三十六年(1608年)停止建州朝贡,第二年又关闭了马市,使得建州在经济上受到极大的损失,仅人参就腐烂了十余万斤。万历四十三年明廷向建州强索"柴河、抚安、三岔三处所种之田",这是建州女真"世世祖居耕种之地,今令弃之",不许收获已种的庄稼③。但是,明朝政府所实施的这些政策,并没能抑制女真族的统一和壮大,相反,激起了女真族广大人民的愤恨,努尔哈赤恰好利用这种情绪掀起反明战争。

1. "七大恨"告天誓师

随着势力的日渐强大,努尔哈赤欲望也越来越大。他早就雄心勃勃,要向辽河地区进军,一直打到山海关。但他非常注意

---

① 《满文老档》"太祖"卷5。
② 《明经世文编》卷480熊廷弼《答友人》。
③ 《满洲实录》卷4。

选择时机,时机不成熟,则绝不肯轻举妄动。在建立后金政权的前一年即万历四十三年(1615年),贝勒大臣们提出要进攻明朝,当时努尔哈赤认为没有粮库,军需物资还没有准备好,他要贝勒大臣们"不要急躁","要争取时间,我们先收揽国人,巩固领土,修建边关,种田积谷,充实库藏"①,然后攻明。

明廷有识之士,对建州女真的隐患早已有所察觉,万历三十七年(1609年)大学士叶向高在他的奏疏中就已明确指出:

> 窃念今日边疆之事,惟以建夷最为可忧,度其事势必至叛乱。而今日九边空虚,亦惟辽左最甚。昨李化龙告臣谓:"此酋一动,势必不支,辽左一镇,将拱手而授之虏,即使发兵救援,亦无所及。且该镇粮食罄竭,救援之兵,何所仰给。非反戈内向,必相率投虏,天下事将大坏不可收拾矣。"臣闻其言,寝不安席,食不下咽。②

事势的发展,正如叶向高、李化龙所预料的那样。

万历四十六年(1618年)正月,努尔哈赤准备工作就绪以后,对诸王大臣说:"我计已决,今岁必征明矣。"三月初一,努尔哈赤"传谕将士治甲胄,修军器,豫畜牧"。四月十二日颁对敌用兵之书于统兵贝勒:

> 凡安居太平,贵于守正。用兵则以不劳己、不顿兵、智巧谋略为贵焉。若我众敌寡,我兵潜伏幽邃之地,毋令敌见,少遣兵诱之。诱之而来,是中吾计也;诱而不来,即详察其城堡远近。远则尽力追击,近则直薄其城,使壅集于门而掩击之。倘敌众我寡,勿遽近前,宜预退以待大军。俟大军既集,然后求敌所在,审机宜,决进退,此遇敌野战之法也。至于城郭,当视其地之可拔则进攻之,否则勿攻。倘攻之不

---

① 《满文老档》"太祖"卷4。
② 叶向高:《纶扉奏草》卷7。

克而退,反损名矣。夫不劳兵力而克敌者,乃足称智巧谋略之良将也。若劳兵力,则胜何益?盖制敌行师之道,自居于不可胜,以待敌之可胜,斯善之善者也。[1]

上述智巧谋略、诱敌之计,以及野战中我众敌寡和敌众我寡等不同情况的战术,城郭攻坚战的战术等,都是努尔哈赤在长期战争实践中总结出来的宝贵经验。出兵之前,他颁给各统兵贝勒,目的是要大家在征明战争中运用他的战略战术,去夺取胜利。

四月十三日,努尔哈赤率步骑兵二万征明。临行书"七大恨"告天:

我之祖、父,未尝损明边一草寸土也,明无端起衅边陲,害我祖、父,恨一也。

明虽起衅,我尚欲修好,设碑勒誓:"凡满、汉人等,毋越疆圉,敢有越者,见即诛之,见而故纵,殃及纵者。"讵明复渝誓言,逞兵越界,卫助叶赫,恨二也。

明人于清河以南、江岸以北,每岁窃逾疆场,肆其攘夺,我遵誓行诛;明负前盟,责我擅杀,拘我广宁使臣网古里、方吉纳,挟取十人,杀之边境,恨三也。

明越境以兵助叶赫,俾我已聘之女,改适蒙古,恨四也。

柴河、三岔、抚安三路,我累世分守疆土之众耕田艺谷,明不容刈获,遣兵驱逐,恨五也。

边外叶赫,获罪于天,明乃偏信其言,特遣使臣,遗书诟詈,肆行陵侮,恨六也。

昔哈达助叶赫二次来侵,我自报之,天既授我哈达之人矣,明又党之,挟我以还其国。已而哈达之人,数被叶赫侵掠。夫列国之相征伐也,顺天心者胜而存,逆天意者败而亡。何能使死于兵者更生,得其人者更还乎?天建大国之

---

① 《清太祖武皇帝实录》卷5。

君即为天下共主,何独构怨于我国也。初扈伦诸国,合兵侵我,故天厌扈伦启衅,惟我是眷。今明助天谴之叶赫,抗天意,倒置是非,妄为剖断,恨七也。

　　欺陵实甚,情所难堪。因此七大恨之故,是以征之。①

"七大恨"强烈地表现了建州女真反民族压迫的愤懑情绪,所以努尔哈赤以此作为讨明的檄文。从努尔哈赤统治集团来说,是借以鼓动女真人的民族仇恨,掀起反明战争,来实现他们女真贵族掠夺明朝财富和土地的目的。

2. 袭取抚顺

努尔哈赤以"七大恨"告天誓师后,分兵两路出击:他亲率正黄、正红、镶红、镶蓝右翼四旗直奔抚顺;令镶黄、正白、镶白、正蓝左翼四旗攻击东州、马根丹。

抚顺地处浑河南岸,努尔哈赤年轻时常来抚顺马市贸易,对这里的山川形势十分熟悉。他于四月十四日派人潜入抚顺市,扬言明日三千达子来赴市。第二天扮成商民的后金先遣队"果来叩市,诱哄商人、军民出城贸易",又"潜以精兵踵后,突执游击李永芳",抚顺遂被后金所攻陷②。同一天,后金军左翼四旗兵也攻占了东州、马根丹两地。两路后金军还攻占了五百个屯堡,"所得人畜三十万,散给众军,其降民编为一千户"③。明朝辽东巡抚李维翰急忙派总兵张承荫率军一万前去攻打,遇到后金军的袭击,"主将兵马,一时俱没"。④

七月,努尔哈赤统率八旗军"入鸦鹘关,环攻清河",明将"邹储贤领兵一万固守",结果城破,明军将士俱被杀⑤。接着又攻

---

①　《清太祖武皇帝实录》卷5。

②　《满洲实录》卷4;《明神宗实录》卷568。

③　《满洲实录》卷4。

④　《明神宗实录》卷568。

⑤　《满洲实录》卷5。

占了一堵墙、咸场两地。辽左接连失城丧将，明廷"举朝震骇"，"万事不理"的万历皇帝惊慌失措地说："辽左覆军陨将，虏势益张，边事十分危急。"①

努尔哈赤因辽东战事的节节胜利，气势益张。他自起兵三十五年以来，对明朝一直采取避让的策略，不与明军正面冲突。抚顺战役是他第一次碰了明朝这个庞然大物，他命将出师时还十分谨慎小心地告诫部下，要"自居于不可胜，以待敌之可胜"。但第一次较量，努尔哈赤就感到明朝这座巍巍大厦已经十分腐朽了。九月二十五日，努尔哈赤攻占会安堡时，把当地的一个汉民割去双耳，送信给明朝的官员说：

> 若以我为非理，可约定战期出边，或十日或半月，攻城决战；若以我为合理，可纳金帛以图息事②。

努尔哈赤在抚顺战役中掂出了明廷的分量，因此信中口气十分强硬。

3. 萨尔浒之战

辽东是京师的屏障，辽东失则京师危。明朝政府为了安定辽东，决定发动一次大规模的剿灭后金的战争，从各方面进行了战争准备。明朝政府以兵部侍郎杨镐曾任辽东巡抚，"熟谙辽事"，任他为辽东经略。当时驻守辽东的明军，虽说有八万余，但精壮能战的只有一万多人，又分散在各地防守。而且"其步军皆不习弓马"，"一切器械皆朽钝"。又由于明朝政府的腐败，政府官员和将领肆意刻剥士兵，各仓军粮"被官吏掺和沙土糠秕等物"，使得士兵"终岁嗷嗷，日见逃窜"③。这样的军队自然无法作战，明朝政府只得征调福建、浙

---

① 《明神宗实录》卷568。
② 《满洲实录》卷5。
③ 《筹辽硕画》卷1《辽东巡抚熊廷弼务求战守长策疏》。

江、四川、山东、山西、陕西、甘肃等地军队赴辽。又加派辽饷，以资军用。①

经过近十个月的准备，万历四十七年（1619 年）二月，明朝各路援辽兵马抵达集结地点。"主客出塞官军共八万八千五十余名"，连同胁迫来的一万三千余名朝鲜兵，共约十万余人②，"号大兵四十七万"③。杨镐与诸将议定，分四路进军：

东南路，总兵官刘綎率军出宽甸，会合朝鲜军一万三千余人，从东南面向赫图阿拉进攻。

南路，辽东总兵官李如柏率军由清河出鸦鹘关，从南面向赫图阿拉进攻。

西路，山海关总兵杜松率军由沈阳出抚顺关，沿浑河从西面向赫图阿拉进攻。

北路，总兵马林率军由靖安堡趋开原、铁岭，从北面向赫图阿拉进攻。

经略杨镐为四路军总指挥，坐镇沈阳。明廷对这次军事行动抱着盲目乐观的态度，认为"数路齐捣，旬日毕事耳"④。大学士方从哲、兵科赵兴邦，既不懂军事也不了解后金的情况，"发红旗催战，从哲复遗镐书促之"⑤。杨镐则庸懦昏聩。明师原定二十一日先后出师，因连日大雪，改为二十五日。杜松和刘綎都是久经战阵的宿将，也了解后金的情况，认为"敌未可乘"，不可轻易出师。杨镐怒曰："国家养士，正为今日，若复临机推阻，有军法从事耳！"并悬挂一剑于军门⑥。杜松和刘綎也就不敢再有异议了。

① 《明神宗实录》卷 574。
② 王民晋：《三朝辽事实录》卷 1。
③ 《明史》卷 259《杨镐传》。
④ 朝鲜《李朝实录》"光海君日记"卷 129。
⑤⑥ 《明史纪事本末》"补遗"卷 1《辽左兵端》。

明军尚未出师,但各路军事行动的秘密早已泄漏。其军"进剿,出揭发抄,略无秘密",皆为努尔哈赤所知。"不但辽左事机,尽为窥瞰,而长安邸报,亦用厚赀抄往,盖奸细广布,则传递何难"。①

努尔哈赤探知明军出师的日期和战略部署后,根据地形条件正确地分析敌情,说:"南北二路皆山险且远,敌不能即至,宜先败其中路(西路)之兵。"② "明使我先见南路有兵者,诱我兵而南也,其由抚顺所西来者,必大兵也,急宜拒战,破此,则他路兵不足患矣。"③ 努尔哈赤采取集中优势兵力各个击破的办法来对付明军,并把这一战略计划,用简要的语言加以概括:"凭尔几路来,我只一路去。"④ 使八旗官兵上下对这点都有深切的体会,达到思想行动的一致。接着,努尔哈赤率领八旗主力,"全军向西进发",去迎击明军⑤;南路的防守任务交给了原来在那里的五百名守军,说:"吾南方已有兵五百,即将此兵捍御之。"⑥

明军杜松一路进军道路比较平坦。三月初一,杜松率军出抚顺,沿浑河岸前进,第二天到了萨尔浒(今辽宁抚顺东浑河南岸)。杜松莽勇轻敌,平素以久经战阵、身多创伤夸耀于人。这次他急急乎想立头功,当得知后金在界凡筑城时,便亲自率领明军二万余渡过苏子河进抵吉林崖攻打界凡城,留一部分驻扎萨尔浒。

这时,努尔哈赤率领的八旗军队已至界凡之东,他们侦察到明军分兵的情况后,抓住战机,部署战斗,实行各个击破。努尔

① 《明神宗实录》卷 582。
② 《圣武记》卷 1。
③ 《清太祖武皇帝实录》卷 6。
④ 《明史纪事本末》"补遗"卷 1《辽左兵端》。
⑤ 《满文老档》"太祖"卷 8。
⑥ 《满洲实录》卷 5。

哈赤说:"先破萨尔浒山所驻兵,此兵破,则界凡之众,自丧胆矣。"① 努尔哈赤立即令大贝勒代善、四贝勒皇太极率两旗兵援界凡,自己亲率六旗精锐攻萨尔浒。萨尔浒的明军遭到多于自己几倍的后金兵的凶猛袭击,又不熟悉周围形势,后金兵则谙于地形,所以接战不久,后金兵就"逾堑拔栅",冲破了明军的阵营,全歼明军。杜松接到萨尔浒的败报,十分震惊,当他还没有清醒过来的时候,努尔哈赤乘胜直扑界凡,与代善、皇太极两军会合,原在山上的守军也从山上驰下,四面围攻,把明军切割成数块,加以歼灭,杜松战死。明军"死者漫山遍野,血流成渠,军器与尸冲于浑河者,如解冰旋转而下"②。明朝的西路军全军覆没。

马林率领的北路明军,出三岔口,于三月二日进至富勒哈山的尚间崖(萨尔浒西北三十余里),听到杜松战败的消息,就扎营在尚间崖,派监军潘宗颜率部分明军驻于斐芬山,游击龚念遂率部分明军驻于斡辉鄂模,各相距数里之间,为犄角之势,互为声援。"环营三壕,火器列濠外,而骑兵继后"③。马林无将才,临出师时,潘宗颜曾上书杨镐说:"马林庸懦,不堪一面之寄,乞易别帅,而以林遥作后应。"④ 杨镐没有接受这一建议。这时,马林只想在尚间崖驻守,避免被歼灭的命运。他把本来就不多的明军又分作三处扎营,正好为后金军各个歼灭提供条件。努尔哈赤在消灭杜松的西路军之后。乘战胜的余威,率八旗士兵全力扑向北路明军。后金兵先破斡辉鄂模的龚念遂部,继破尚间崖马林的北路军大本营,再破斐芬山的潘宗颜部。三处明军几乎全部被歼,龚念遂和潘宗颜英勇战死,怯懦的马林在战斗正激烈时,率残军逃回开原。前来协助明军的叶赫兵,听说明军战败

---

① 《清太祖武皇帝实录》卷6。
② 《满洲实录》卷5。
③ 《圣武记》卷1"开国龙兴记"2。
④ 《明史纪事本末》"补遗"卷1《辽左兵端》。

的消息,于中途撤回。

刘綎率领的东南路明军,出宽甸后,与姜弘立率领的朝鲜军会师,继续向赫图阿拉前进。刘綎所率明军,出师较早,于二月二十五日出宽甸,但因道路险远,"重冈叠岭,马不成列"①,加之后金多处设置路障,故行军迟缓。三月四日才过栋鄂河,到阿布达里冈附近,距赫图阿拉约五十里。朝鲜军到富察,离刘綎军约十里。这时,西、北两路明军已经败没,刘綎却毫无所知。努尔哈赤对刘綎所率东南路明军的行进情况了如指掌,他在结束尚间崖、斐芬山战斗后,立即部署迎战东南、南两路明军,亲自率兵四千留守赫图阿拉,防备李如柏、贺世贤的南路明军。命令代善、皇太极等率八旗精锐兼程赶往东线。当刘綎企图抢登阿布达里冈制高点时,后金军"亦登冈,出其上",先明军抢登冈上,"自高驰下,奋击綎军"。另一路后金军自明军西边"从旁夹击",明军大溃,刘綎战死。②

消灭了阿布达里冈的明军以后,代善和皇太极等便移师富察,四面包围朝鲜军。朝鲜军装备极差,纸甲柳胄,军粮短缺,士卒饥馁。都元帅姜弘立在"欲走则归路断绝,欲战则士心崩溃"的情况下投降后金③。明监军乔一琦投崖牺牲。

明军三路丧师后,经略杨镐急檄李如柏所率领的南路明军退师。李如柏庸懦怯弱,行军缓慢,刚到虎拦路,接到杨镐的退师命令,不作部署,急忙传命回师,后金"哨兵二十人见之,登山鸣螺,作大军追击状,如柏军大惊,奔走相蹱死者千余人"。④

萨尔浒战役,前后只有四天时间,明朝的四路大军,除李如柏所率南路军不见后金兵全师撤还以外,其他三路皆被后金军

---

①② 《明史》卷247《刘綎传》。

③ 李民寏:《栅中日录》。

④ 《明史》卷238《李如柏传》。

各个击破,损失惨重。据王在晋《三朝辽事实录》统计:这次战斗,明廷共投入兵力八万八千五百五十余员(朝鲜军除外),从总兵官到把总各级军官阵亡三百十余员,军丁阵亡共四万五千八百七十余名,阵失马、骡、驼共二万八千六百余匹。①

　　萨尔浒战役开始时,明朝有军队十万余人,后金的总兵力约为六万人,几乎相差一倍,明朝的军事力量占着明显的优势,但战争的结局,明朝失败得那么快,那么惨。这固然有政治、经济和军事等方面的原因,但直接导致战争胜败的主要原因,则是双方统帅的军事才能和主观指导的正确与否。明军指挥失误是重要的原因。

　　明朝原来想用分进合击的战略,以四路进军直捣后金的根据地赫图阿拉,从而四面包围,聚而歼之。但这一战略是建立在既不知己又不知彼、一厢情愿的盲目的基础之上的。明军数量虽多,但素质不佳,战斗力弱;分兵四路,则力量分散,相互不能呼应,更不能协同作战;各路统兵将领之间又不协调、不团结。同时,对后金军事实力毫无了解。这样,明军就由优势变为劣势,主动变为被动。从后金方面看,努尔哈赤的战略则建立在知彼知己的坚实基础之上,探明了明军的战略部署,不受明军制造的假象所迷惑,正确分析明朝的西路军为其主力;又从地形险夷正确判断明军行军速度;对自己的八旗兵行动迅速善于野战的特点也了解得很清楚。努尔哈赤在这一知彼知己的基础上,制定了"凭尔几路来,我只一路去"的正确战略。这样后金在作战中就由劣势变为优势,被动变为主动。所以兵力总数上后金虽然少于明军,但具体到每次战斗,则集中了几倍于敌的绝对优势兵力,达到速战速决的目的,在四天中间逐个歼灭三路明军。萨尔浒战役是我国历史上以少胜多、以弱胜强的典型战例之一。

---

　　① 《三朝辽事实录》卷1。

努尔哈赤是我国历史上著名的军事家。

萨尔浒之战,是明朝与后金力量消长的关键一役。从此,明朝控制女真族的政策彻底破产,不得不从进攻转为防御;而后金力量猛增,由防御转为进攻。

四、熊廷弼经略辽东和辽沈失陷

1. 熊廷弼出任辽东经略

杨镐三路丧师的败报传到京师,明廷"举朝震骇",感到辽东事态严重,于是派熊廷弼为辽东经略;将杨镐逮捕下狱,后于崇祯二年(1629年)处死。

努尔哈赤自萨尔浒之战以后,乘胜向开原、铁岭进军。万历四十七年(天命四年,1619年)六月,努尔哈赤率兵四万从靖安堡攻陷开原。七月又攻陷了铁岭。开原,东邻建州,西接蒙古,它是当时明朝对抗蒙古和后金的前沿阵地。铁岭则是屏蔽沈阳的北大门。开原、铁岭失陷,沈阳陷于孤立。

努尔哈赤攻下开原、铁岭以后,便准备进攻辽沈,进而袭取中原。明朝的一些官员,对这种形势的严重性是有所认识的,如吏部尚书赵焕曾指出:

> 奴自攻没开原以来,筑城住牧,休其兵力。而胁朝鲜纠西虏,使之乘隙扰边。十方堡克矣,鲍家冈陷矣。仍自打造战舡,谋截运粮,广布奸细,谋行内应。此等着数,意在迫京师、危社稷,大非往年也先俺答之比。①

熊廷弼对当时辽东的形势也看得很清楚,他说:

> 自逆贼降抚顺,克清河,败三路,已骄锐不可言,时犹恐关西大发援兵,未敢轻自出巢。及开原、铁岭不战自下,懿

① 《明神宗实录》卷584。

蒲、辽沈不攻自逃,而谋夺辽沈之计决矣。①

熊廷弼于八月进抵辽阳。当时在辽东的明朝军队,惨败之余,士气颓丧,呈现一片混乱。士兵"闻风而逃,望阵而逃,惧战而逃","人人要逃,营营要逃","各营逃者日以千百计"②。人民也多纷纷离乡,躲避战乱,"沈阳及诸城堡军民一时尽窜,辽阳汹汹","数百里无人迹"。③

面对这一形势,熊廷弼决计采取"坚守渐逼"之策。他向朝廷上奏说:"今日制敌,曰恢复,曰进剿,曰固守。而此时语恢复,语进剿,未敢草草。不如分布险要,守正所以为战也。"他提出"集兵十八万,分布瑷阳、清河、抚顺、柴河、三岔儿、镇江诸要口",布为防线,"首尾相应,小警自为堵御,大敌互为应援"④。当时一批明朝官僚,胆小怕死,龟缩在后方城堡内,不敢接近前线。熊廷弼刚到辽东,"令佥事韩原善往抚沈阳,惮不肯行。继命佥事阎鸣泰,至虎皮驿恸哭而返"。熊廷弼为了稳定人心、鼓励士气,就亲自到前线去巡视,"自虎皮驿抵沈阳,复乘雪夜赴抚顺"⑤。他大力整顿军纪,斩逃将,督军士造战车,治火器,浚壕缮城,令严法行。经熊廷弼的一番整顿以后,守备大固,人心稳定,后金不敢贸然进犯。

熊廷弼根据敌我形势,主张积极持久的防御方针,这是完全正确的。他任辽东经略十多个月,使得"辽阳之颓城如新,丧胆之人复定,至奉集、沈阳二空城,今且俨然重镇矣。迄于今,而民安于居,贾安于市,商旅纷纷于途,而后之人因之以为进战退守之地"。⑥

---

① 《明神宗实录》卷585。

② 《熊襄愍公集》卷1《辽左大势久去疏》。

③④ 《明史》卷259《熊廷弼传》;《明史纪事本末》"补遗"卷2《熊王功罪》。

⑤ 《明史》卷259《熊廷弼传》。

⑥ 王在晋:《三朝辽事实录》卷3。

2. 辽沈失陷

正当辽东形势有所好转之时,明朝最高统治集团发生了重大变化,明神宗朱翊钧于万历四十八年(1620年)七月二十一日死去。其长子朱常洛于八月初一日继位,是为光宗。到九月初一日,光宗又在吞服红丸后死去。一月之内,死去了两个皇帝。光宗长子朱由校继位,是为熹宗。时梃击、红丸、移宫"三案构争,党祸益炽"①。熊廷弼性情刚直,拒援引,不徇私,得罪了一些人。给事中浙党姚宗文以熊廷弼不替他代请升官,心怀怨恨,联络同党御史顾慥、张修德等,攻讦"廷弼出关逾年,漫无定画"。"军马不训练,将领不部署,人心不亲附。刑威有时穷,工作无时止"。甚至说不罢熊廷弼"辽必不保"②。昏聩的明朝当局,竟听信了他们的谗言,罢免熊廷弼,任袁应泰为辽东经略,薛国用为巡抚。

袁应泰"历官精敏强毅,用兵非所长"③。他担任辽东经略以后,认为熊廷弼持法太严,便"以宽矫之,多所更易"④,把原来行之有效的军事措置加以改变。履任伊始,对敌我双方的情况不作深入侦察了解,便要"三路出师"进攻后金⑤。并且毫无警惕地招降蒙古饥民,当时有人指出:"收降过多,或阴为敌用,或敌杂间谍其中为内应,祸且叵测。"袁应泰却认为:"我不急救,则彼必归敌,是益之兵也。"于是下令招降,把投降的众多蒙古人"处之辽沈二城,优其月廪,与民杂居"。⑥

这时,后金正厉兵秣马,积极准备夺取辽沈。当明朝皇帝更替、辽东经略易人之时,努尔哈赤抓住了这一有利战机,以倾国之师向辽沈进军。明熹宗天启元年(1621年)二月,努尔哈赤率

---

① 《明史》卷21《光宗纪》。

② 《明史》卷259《熊廷弼传》。

③④⑥ 《明史》卷259《袁应泰传》。

⑤ 《明史》卷271《贺世贤传附尤世功传》。

八旗军士攻陷了沈阳的屏藩奉集堡和虎皮驿。三月十二日,八旗士兵进逼沈阳城下。沈阳是明朝在辽东的重镇,有总兵贺世贤和尤世功驻守着,称为"坚城"。但贺世贤勇而寡谋,出城迎战败死。尤世功领兵往援,亦战死。袁应泰原先招降的蒙古人起来为后金内应,城遂破。

沈阳被围时,总兵官童仲揆、陈策率军由辽阳前去救援,行至浑河,沈阳已陷。"诸将皆愤曰:'我辈不能救沈,在此三年何为!'"纷纷请战。于是游击周敦吉"与石砫都司秦邦屏先渡河营桥北,(童)仲揆、(陈)策及副将戚金、参将张名世统浙兵三千营桥南"①。周敦吉部营阵尚未稳定,后金兵已紧逼上来,"四面扑攻"。"诸将奋勇迎击,败白标兵,又败黄标兵,击斩落马者二三千人,却而复前,如是者三"。明军"饥疲无后继,遂被冲杀",存留下来的退入桥南浙兵营继续战斗。"后金兵追围之数重,浙兵用火器拒战,击死甚众,后火器尽,复接战良久乃败"②。明朝将领全部壮烈牺牲。当时明朝总兵官朱万良、姜弼拥兵至浑河,观望不救,坐视浙兵之败没。"自辽左用兵,将士率望风奔溃,独此以万余人当数万众。虽力绌而覆,时咸壮之。"③

后金兵攻占沈阳以后,努尔哈赤在城内休整五天,整顿兵马器械,于三月十八日攻辽阳。辽阳是辽东首府,是明朝在东北的政治、经济和文化中心,辽东经略都驻节于此。但辽阳恃沈阳、奉集堡和虎皮驿为藩屏,明朝的精锐部队大多在这三个地方驻防,辽阳驻兵只一万余人。袁应泰听到沈、奉失陷,才下令调援军守辽阳。三月十九日,后金兵直逼辽阳城下,守卫辽阳的明军虽只一万余人,却顽强抵抗。经过三天激烈的战斗,终因寡不敌众,辽阳失陷。袁应泰自杀,巡按御史张铨被俘不降被杀。

---

①③ 《明史》卷271《童仲揆传》。

② 《明史纪事本末》"补遗"卷2《熊王功罪》。

辽阳既陷,辽河以东其他地区的明朝守军都纷纷投降,数日之间,后金就占领了三河、静远、镇江、海州、复州、金州等大小七十余城①。努尔哈赤为了进一步向河西进军,便把后金的都城迁到沈阳。

3. 经抚不和与广宁之役

辽沈被后金占领以后,河西军民十分惊恐,纷纷逃亡,"自塔山至闾阳二百余里,烟火断绝"。② 得知辽、沈失陷,京师大震,九门昼闭,实行戒严。这时,明朝的当权者又想起了熊廷弼,大学士刘一燝说:"使廷弼在辽,当不至此。"③明熹宗朱由校也说:"熊廷弼守辽一载,未有大失,袁应泰一战而败,将祖宗百战封疆袖手与人。"④ 天启元年(1621 年)七月,明朝政府又重新起用熊廷弼为辽东经略,以王化贞为辽东巡抚。

王化贞"为人骄而愎,素不习兵,轻视大敌,好谩语"⑤。他不顾敌我双方的军事力量,一味主张进攻后金,收复辽沈。熊廷弼仍主张积极防御,"议三方布置,增登、莱、津门兵,而重兵屯山海关,待各镇兵马大集,登、莱策应齐备,然后三方大举并进"⑥。这样便出现了"经抚不和","化贞欲战,廷弼欲守"⑦,"二人议论,遂成水火"⑧。适于其时,王化贞部将毛文龙收复了镇江(今辽宁丹东)。"化贞自谓发踪奇功",即向朝廷奏捷。明朝的昏聩君臣,不吸取萨尔浒和辽沈战役的教训,"举朝大喜,亟命登、莱、天津发水师二万应文龙,化贞督广宁兵四万进据河上,合蒙古军乘机进取,而廷弼居中节制"⑨。但因经抚不和,互相观望而未曾进兵。

---

① 《清太祖武皇帝实录》卷 3。
②③⑨ 《明史》卷 259《熊廷弼传》。
④⑥⑦ 《明史纪事本末》"补遗"卷 2《熊王功罪》。
⑤ 《明史》卷 259《熊廷弼传附王化贞传》。
⑧ 《明季北略》卷 2《广宁溃败》。

当时,投靠阉党的兵部尚书张鹤鸣与王化贞沆瀣一气,偏袒巡抚。王化贞"所奏请无不从,令无受廷弼节度"。而熊廷弼所奏请则"事多龃龉"①。熊廷弼虽名为经略,实权却掌握在王化贞手中。王化贞驻于广宁拥兵十四万,而熊廷弼出关后屯驻于右屯,只有士兵五千人②。王化贞因得张鹤鸣的奥援,气焰十分嚣张,一意孤行,钻入后金所设的圈套。他轻信原来投降后金的李永芳会作内应,还以为蒙古部的虎墩兔会发援兵四十万帮助明朝进攻后金,"遂欲以不战取全胜","一切士马、甲仗、糗粮、营垒俱不问,务为大言罔中朝"。天启二年(1622年)正月,王化贞上疏说:

> 愿以六万兵进战,一举荡平。臣不敢贪天功,但愿从征将士厚加赏赉,辽民赐复十年,海内除去加饷,而臣归老山林,于愿足矣。即有不称,亦必杀伤相当,敌不复振,保不为河西忧也。稍需时日,经臣以三路蹙之,歼敌必矣。臣又愿与经臣约,怒蛙可式,无摧战士之气,劳薪可念,无灰任事之心。③

在王化贞这篇堂堂皇皇的大话的蛊惑下,明廷一班大臣不禁喜形于色,认为歼灭后金,指日可待,便专任王化贞"便宜行事"。王化贞即部署诸将,准备渡河。

正当明朝内部经抚矛盾日益激烈的时候,努尔哈赤则加紧训练士卒,准备进兵河西。天启二年(1622年)正月,八旗士兵已集结在柳河东岸。二十日,后金兵五万渡河,直逼西平堡。王化贞派总兵官刘渠、祁秉忠率军前去救援,并以心腹骁将孙得功率广宁兵为前锋。孙得功已蓄意投降后金,二十二日,明军在平阳桥遇后金兵,刚接战,孙得功就"率众先奔,呼曰'兵败矣'"。

---

① 《明史》卷257《张鹤鸣传》。
②③ 《明史纪事本末》"补遗"卷2《熊王功罪》。

明兵不战而溃,孙得功率众奔还广宁,大呼后金兵已至城下,"军民宜早剃发归顺,因命其党封府库以待,一城哄然,争夺门走"。王化贞刚起床看文书,其部将江朝栋直入卧室急呼曰:"事急矣,速走可免!"王化贞便在江朝栋的保护下仓皇西逃。其实,这时后金顿兵沙岭,在王化贞逃后两日,孙得功才引后金兵进入广宁。王化贞逃到闾阳驿遇到熊廷弼。化贞向廷弼而哭,廷弼讥笑道:"六万众一举荡平辽阳,今竟如何?"① 王化贞自感惭愧,"议守宁远及前屯"。熊廷弼说:"嘻,已晚,惟护溃民入关可耳。"② 熊廷弼以自己所率五千人交给化贞断后,尽焚积余,先后退入关内。熊廷弼弃宁远前屯不守是错误的,但主要的责任在王化贞,这是很明显的。

广宁之败以后,熊廷弼与王化贞俱被逮下狱。当时,宦官魏忠贤专权,向熊廷弼勒索贿赂不遂,"誓速斩廷弼",并借机倾陷在朝的正直官员,诬杨涟等受廷弼贿,以加重其罪。阉党门克新、冯铨、顾秉谦竞相附和。天启五年(1625年)八月,熊廷弼被斩,"传首九边"。熊廷弼自任辽东经略,"不取一金钱,不通一馈问,焦唇敝舌,争言大计"③。熊廷弼的死,使明朝失去了一位优秀的将领,自坏长城,使得辽东防务更加不可收拾。王化贞延至崇祯五年(1632年)才被处死。

五、袁崇焕和宁远保卫战

广宁溃败以后,明廷举朝汹汹,一班官僚纷纷主张退守山海关。当时任兵部职方主事的袁崇焕,一个人骑马去察看关内外形势,对山海关一带山川地形作了细致调查,还朝后说:"予我军

---

① 《明史纪事本末》"补遗"卷2《熊王功罪》。
②③ 《明史》卷259《熊廷弼传》。

· 984 ·

马钱谷,我一人足守此。"① 明朝政府即提升他为金事,派他去关外监军。

袁崇焕,字元素,广西藤县(一说广东东莞)人,万历四十七年(1619年)进士。他有谋略胆识,好研究军事。熊廷弼和王化贞逮捕下狱后,明朝政府另派王在晋任辽东经略。袁崇焕到任后,王在晋令其"赴前屯安置辽人之失业者。崇焕即夜行荆棘虎豹中,以四鼓入城,将士莫不壮其胆"②。王在晋怯弱无远略,主张退守山海关,议于"山海关外八里铺筑重关,用四万人守之"③。遭到袁崇焕和其他几个中低级将佐沈棨、孙元化等人的反对。他们把不同意王在晋退守山海关的意见寄给了内阁首辅叶向高,叶向高因未经实地勘察而犹豫不决。大学士孙承宗自告奋勇,愿亲去前线裁决。孙承宗察看了关内外形势后,完全同意袁崇焕等人的主张,并向明熹宗朱由校"面奏在晋不足任",改调南京兵部尚书。

天启四年(1624年)八月,孙承宗自请出关督师,继任为辽东经略。孙承宗到山海关后,大力整顿防务:定军制、建营舍、练火器、治军储、缮甲仗、练骑卒等;又采纳袁崇焕等人的建议,重点加强宁远的防御,派袁崇焕及总兵满桂前往守备。袁崇焕到宁远后,首先兴筑宁远城,"定规制:高三丈二尺,雉高六尺,址广三丈,上二丈四尺。(祖)大寿与参将高见、贺谦分督之。明年迄工,遂为关外重镇"④。孙承宗为进一步加强关外防线,从宁远向东推进二百余里,在锦州、大小凌河、松山、杏山、右屯兴筑要塞,派将守御。"承宗在关四年,前后修复大城九、堡四十五,练兵十一万,立车营十二、水营五、火营二、前锋后劲营八,造甲胄、器械、弓矢、炮石、渠答、卤楯之具合数百万,拓地四百里,开屯五

① ② ④ 《明史》卷259《袁崇焕传》。
③ 《明史》卷250《孙承宗传》。

985

千顷,岁入十五万"①。这样,在山海关以外,筑起了坚固的防线,使努尔哈赤无隙可乘,不敢西进。

天启五年(天命十年,1625年)十月,孙承宗因不断遭到魏忠贤及其党羽的攻击,辞职回家。明朝政府即派兵部尚书高第为辽东经略。高第到任后,"大反承宗政务",认为"关外必不可守,令尽撤锦(州)、右(屯)诸城守具,移其将士于关内"。袁崇焕说:"兵法有进无退",锦州、右屯、大凌河"三城已复,安可轻撤。锦、右动摇,则宁、前震惊,关门亦失保障。今但择良将守之,必无他虑"。但高第一意孤行,听不进袁崇焕的劝告,而且要"并撤宁(远)、前(屯)二城"。崇焕愤然说:"我宁前道也,官此,当死此,我必不去。"高第"乃撤锦州、右屯、大小凌河及松山、杏山、塔山守具,尽驱屯兵入关,委弃米粟十余万。而死亡载途,哭声震野,民怨而军益不振"②。袁崇焕坚守孤悬于山海关外的宁远城。

努尔哈赤得悉高第撤退关外守军,知道明朝新任经略庸懦无能,乘机西进。天启六年(天命十一年,1626年)正月,努尔哈赤率大军十三万西渡辽河,一路上如入无人之境,长驱直入,二十三日抵宁远。当时龟缩在山海关的高第拥兵不救,坐视宁远孤城被围。袁崇焕就和总兵满桂,副将左辅、朱梅,参将祖大寿,守备何可刚等集将士誓死守城。袁崇焕"刺血为书,激以忠义,为之下拜,将士咸请效死"③。并将城外居民尽撤入城,帮助守城。在城内由同知程维模负责稽查奸细,所以"宁远独无夺门之叛民、内应之奸细"④。努尔哈赤释放被捉获的汉人进宁远城,劝守将投降。袁崇焕严词拒绝。《清太祖武皇帝实录》载:

① 《明史》卷250《孙承宗传》。
②③ 《明史》卷259《袁崇焕传》。
④ 《明熹宗实录》卷68。

（努尔哈赤）放捉获汉人，入宁远往告："吾以二十万兵攻此城，破之必矣！尔众官若降，即封以高爵。"宁远道袁崇焕答曰："汗何故遽加兵耶？宁、锦二城，乃汗所弃之地，吾恢复之，义当死守，岂有降理！乃谓来兵二十万，虚也，吾已知十三万，岂其以尔为寡乎！"①

袁崇焕拒绝了后金的招降，首次用西洋大炮轰击后金兵营，"遂一炮，歼虏数百"。努尔哈赤督率后金军倾力攻城，战争打得十分激烈。宁远城防坚固，军民齐心协力，后金兵轮番攻城，俱被城上守军击退，死伤累累。努尔哈赤下决心要攻下宁远城，命令八旗士兵冒死凿城，宁远城被凿开高二丈余者三四处，城上守军用"火毬、火把争乱发下，更以铁索垂火烧之，牌始焚，穴城之人始毙，贼稍却"②。原先，努尔哈赤认为宁远城孤且小，且夕可破，但经三天急攻未下，反遭受不少伤亡，只得撤围，焚烧宁远东觉华岛的积储，杀死该岛明朝军民后，退回沈阳。

宁远之役，是明朝对后金作战以来的第一次重大胜利，《清太祖武皇帝实录》记载宁远之败时说："帝自二十五岁征伐以来，战无不胜，攻无不克，唯宁远一城不下，遂大怀忿恨而回。"③《明史·袁崇焕传》载，后金自举兵以来，"所向无不摧破，诸将罔敢议战守。议战守，自崇焕始"。努尔哈赤自宁远撤回后郁郁不乐，于当年八月病死。④

---

①③ 《清太祖武皇帝实录》卷4。

② 《明熹宗实录》卷70。

④ 《燃藜室记述》卷25载，努尔哈赤于宁远之役中负"重伤"后死去。但孟森遗著《清太祖死于宁远之战不确》及商鸿逵附《赘言》（见《中国历史文献丛刊》1980年第1期）、《社会科学战线》1980年第2期载李鸿宾《努尔哈赤之死》等文，均对努尔哈赤在宁远城下负伤持异议。

第三节　满族社会的发展

后金政权进入辽沈地区以后,社会经济迅猛发展。

一、以农业为主的社会经济

努尔哈赤时期的满族,是以农业为主的社会。当时,在他们所居住的地区,农业生产已有很大发展。万历二十四年(1596年),朝鲜使臣申忠一见到努尔哈赤的居地"无墅不垦,至于山上,亦多开垦"。"田地品膏,则粟一斗落种,可获八九石",瘠则收一石[1]。万历四十七年(天命四年,1619年)另一朝鲜人李民寏描述当地农业繁盛的情况说:"土地肥饶,禾谷甚茂,旱田诸种,无不有之。"[2] 农业生产技术也有很大提高,已普遍使用牛耕和铁制农具。生产工具有犁、锄、铧子、斧、镰等[3]。

畜牧业,在满族社会经济中仍占有一定地位。满族的祖先女真族原以畜牧为主,后来虽转向农业经济,但并未放弃畜牧业生产。这时的满族"家家皆畜鸡、鹅、鸭、羔羊、犬、猫之属"。李民寏的《建州闻见录》记载了满族的畜牧业情况:"六畜惟马最盛,将胡之家,千百为群,卒胡也不下十数匹。"

采集和狩猎,在满族社会经济中也占有一定的比重。人参、貂皮、东珠等是他们居地的特产。采集和狩猎的部分产品作为他们的生活资料,大部分用以与明朝和朝鲜交换物品。《清太祖武皇帝实录》载:"本地所产有明珠、人参、黑狐、玄狐、貂鼠、猞狸

---

① 朝鲜《李朝宣祖实录》卷71。
② 李民寏:《建州闻见录》。
③ 《明元清系通纪》卷14。

狐、虎、豹、海獭、水獭、青鼠、黄鼠等皮,以备国用。抚顺、清河、宽奠、暖阳四处关口互市交易,照例取赏。因此满洲民殷国富。"①

满族社会的手工业生产也较前发展。这时,手工业已有分工,"银、铁、革、木皆有其工,而惟铁匠极巧"②。在后金都城赫图阿拉,这些手工业工人有一定的居住区域。手工业中,冶铁为主要部门,这是因为生产上需要铁制工具,频繁的战争更需要大量的铁来制作兵器,所以努尔哈赤很重视冶铁业,优待铁匠。

满族纺织手工业原是比较落后的,主要依靠明朝和朝鲜的输入。"不以织布为意","向以取资他国之物为生"③。努尔哈赤时,开始注意到了纺织业方面的培植。万历四十四年(天命元年,1616年)努尔哈赤"布告国中,开始养蚕以织绸缎,种棉以织布帛"④。但纺织技术仍较低下,当时"女工所织,只有麻布,织锦、刺绣则唐人(汉人)为也"。⑤

在农业、采猎经济和手工业发展的基础上,商业也比以往发达。满族以牲畜、兽皮、人参等土特产品,向明朝和朝鲜换取生产资料和生活用品。当时大宗贸易掌握在满族贵族之手,努尔哈赤每年控制着明朝政府颁给的"五百道敕书"(通市贸易凭证)。同时,满族和汉人、朝鲜人之间的民间贸易也很频繁,在满族中已有脱离农牧业而专门从事商业经营的商人。他们往来贸易于建州、明朝与朝鲜之间,朝鲜人称之为"商胡"。当时满族和明朝之间的贸易额是很可观的,如人参是满族向明朝输出的主要物品,原来的人参加工方法是"以水浸润",明朝方面有意压价,"大明人嫌湿推延,国人恐水参难以耐久,急售之,价又甚

---

① 《清太祖武皇帝实录》卷1。

②⑤ 《建州闻见录》。

③ 《清太宗实录》卷15。

④ 《满文老档》"太祖"卷5。

廉"。努尔哈赤便把原先以水浸润人参的加工方法,改成为"煮熟晒干",防止腐烂,"徐徐发卖,果得价倍常"①。为了适应商品交换的需要,努尔哈赤于万历四十四年(天命元年,1616年)铸造货币"天命通宝",又称"天命汗钱"②。金属货币的发行,更促进了商业的发展。

二、努尔哈赤时期满族的阶级关系

努尔哈赤时期的满族社会基本上实行奴隶制度。当时满族社会除了森林和荒地尚属公共所有以外,其他如耕地、牲畜、生产工具等皆已确立了家族和个人私有制。在这种生产资料私有制基础上建立起来的社会制度,主要是奴隶主阶级支配着生产资料,役使奴隶进行生产劳动,全部占有他们的剩余劳动产品。但同时也包含有一些其他成分。

1. 奴隶主

奴隶主阶级计有贝勒、勋臣、额真及归降将领等几部分人。

"贝勒",汉译为"王"。他们是努尔哈赤的家族成员,其中所谓八固山贝勒,即八旗旗主,有极高的权势。他们与努尔哈赤"共议国政,各置官属",决定后金政权的基本国策。后金在战争中抢得的人口、牲畜及财物,由他们"八家均分之"③。因此,他们拥有大量的土地、牲畜和奴隶,是满族的奴隶主贵族集团。如努尔哈赤于万历四十年(1612年)给长子褚英和次子代善各"部众五千户,牲畜八百群,银一万两,敕书八十道"。④

后金的勋臣,大都是早年归附努尔哈赤,随后跟着努尔哈赤

---

① 《清太祖武皇帝实录》卷2。
② 《清文献通考》卷13。
③ 《清太祖武皇帝实录》卷4。
④ 《满文老档》"太祖"卷3。

东征西讨,在建立后金政权中立有殊勋的。《清太祖武皇帝实录》载:

> 戊子年(万历十六年,1588 年)四月时,有苏完部长索尔果率本部军民归太祖,以其子费英东为一等大臣;又董鄂部部长克辙孙何和里,亦率本部军民归太祖,以长公主嫩哲妻之,授以大臣之职;又雅尔古部长扈拉瑚杀兄弟族众率军民来归,将其子扈尔汉赐姓觉罗为养子,亦授大臣之职。

如上述费英东、何和里、扈尔汉等人就成为后金的勋臣。努尔哈赤则根据他们的功勋,授以不同的官职和爵位,赐予奴隶和财产。

"额真",汉译作"家主"或"主人",有固山额真、梅勒额真、甲喇额真和牛录额真,是满族的各级军事将领,同时也是各级地方行政长官。对各级额真,努尔哈赤根据他们的职位高低和功劳大小,赏给奴隶、土地和牲畜。

归降的将领是除建州各部以外其他各族归降来的上层人物,包括投降后金的蒙古、朝鲜和汉族的将领、官僚。努尔哈赤为了扩张势力,对他们给以优待,也赏给奴隶、牲畜、土地等。如蒙古族的思格德尔归顺后,努尔哈赤就把"平虏堡民四百三十男丁"赏赐给他。[①]

上述几部分人构成为当时满族社会中的奴隶主阶级,他们占有大量土地、牲畜和生产工具,并拥有大量可以买卖、屠杀的阿哈(奴隶)和不同程度地占有诸申(自由民)。这些奴隶主阶级,"但砺刀剑,无事于农亩"[②]。他们不参加劳动生产,依靠从战争中抢掠财物和剥削奴隶及自由民为生。

---

① 《满文老档》"太祖"卷 45。
② 《建州闻见录》。

2．奴隶

满族社会直接参加生产劳动的是奴隶。奴隶，满语称为"阿哈"，也叫包衣，汉语译为"家里的"，或全称为"包衣阿哈"，意为"家里的奴隶"。从这一称谓的含义，可以看出"包衣阿哈"最初指的是家内奴仆，但随着满族奴隶制的发展，到努尔哈赤时期，"包衣阿哈"被役使的领域发生了变化。

阿哈的来源主要有如下三种。

最主要的是战争中的俘虏。努尔哈赤对战争中的俘虏，不论是汉族人或是女真族人，都"散给众军"为奴。如万历四十六年(天命三年，1618年)努尔哈赤攻下抚顺，即"将所得人畜三十万散给众军"。

阿哈的第二个来源是"家生子"。阿哈结婚后所生的子女称"家生子"，他们世代为奴，不能离开主人。满文里有"一辈奴"、"二辈奴"、"三辈奴"等字样①，就是指世代为奴的阿哈。

阿哈的再一个来源是诸申这一自由民因欠债或其他原因降为奴隶的。当时满族社会中，诸申这一自由民阶层的地位很不稳定，不断发生分化，其中一部分人上升为奴隶主，另一部分则因穷困而沦为阿哈，或因犯罪而被贬为阿哈。如女真族的一些诸申到朝鲜境内采挖人参，努尔哈赤"令各部刷出"，每名罚牛一只或银十八两，"以偿其私自越江之罪。其中，贫不能措价银与牛者，则并家口拿去使唤"②，降为阿哈。

阿哈毫无人身自由，各级奴隶主把他们和牛马牲畜一样看待，可以任意买卖和赠送，也可以像财产一样分给子孙。奴隶主可以任意打骂，甚至残杀阿哈。阿哈不能离主外逃，如果阿哈外

---

① 《清文鉴》卷10。

② 申忠一：《建州图录》。

逃被捕获,就要被处死。

阿哈要承担各种劳动,包括担水做饭、放牧牛马、采参狩猎、随主出征等,而最大量的是从事农业生产劳动。万历四十六年(天命三年,1618年)三月,努尔哈赤命纳林、音德二人管领从各贝勒的拖克索抽调来的八百名包衣,在浑河两岸打场①。可见当时阿哈从事农业生产劳动的众多。他们的劳动产品,全部被奴隶主占有,"奴婢耕作,以输其主"②。他们没有自己的财产,没有人身自由。这说明当时满族社会生产关系的基础是奴隶主占有生产资料和占有生产劳动者,这生产劳动者阿哈,便是奴隶主所能当作牲畜来买卖、屠杀的奴隶。

3. 自由民

满族社会,除了上述奴隶主和奴隶两大阶级外,还有自由民。

"诸申",汉语译为"满洲",或译为"编氓"、"部属"、"民间",即系女真人中的自由民。原先女真族内部互相之间"不相为奴"。努尔哈赤时期,随着满族社会的发展,诸申这一阶层也就发生变化。满族成员大都是八旗士兵,诸申也不例外。他们每当"出兵之时,无不欢跃,其妻子亦皆喜乐,惟以多得财物为愿"③。他们对贝勒、额真等贵族、奴隶主来说,则处于部属、臣仆的地位,人身依附关系是很强的。所以满洲贵族往往把诸申与奴仆并提:"若无奴仆,主人何以为生;若无诸申,贝勒何以为生。"

诸申自己往往拥有奴婢和农庄,据《建州闻见录》记载:"自奴酋及诸子,下至卒胡,皆有奴婢、农庄。"在不断的战争中,诸申承受着繁重的差役,包括当兵出征、耕种、烧盐、供应"使臣驿

---

① 《满文老档》"太祖"卷7。
②③ 《建州闻见录》。

马"、"巡视边疆"、"运送薪米"等等,多达三十余项①。因此,诸申就起了分化,有的上升为奴隶主,有的下降为奴隶。但诸申毕竟是努尔哈赤崛起时的依靠力量,所以对他们还是比较关心,皇太极曾追述说:旧满洲"凡贫穷者,则又给予妻室、奴仆、庄田、牛马、衣食赡养"②。

三、满族社会的封建化

努尔哈赤的势力进入汉族居住的辽河平原以后,满族社会就开始迅速地由奴隶制向封建制过渡。满族社会自身原在逐渐向前发展着,而当它以一个统治民族的身分进入已是高度封建化的辽沈地区以后,就加速了前进的步伐。马克思和恩格斯在《德意志意识形态》中说:"定居下来的征服者所采纳的社会制度形式,应当适应于他们面临的生产力发展水平,如果起初没有这种适应,那末社会制度形式就应当按照生产力而发生变化。"③但这种"适应"与"变化",是经过激烈的斗争与痛苦的过程而实现的,满族封建化的情况就是这样。

1. 编户为民和"计丁授田"

后金在进入辽沈地区以后,它所施行的政策,新旧混杂,既有顺应当地封建生产方式的措施,也有沿袭满族社会奴隶制的法令。如努尔哈赤对战争中的俘虏和投降的人是区别对待的。俘虏分给八旗官兵为奴,而投降的百姓和士兵,则编为民户,分给土地、牲畜和生产工具等。万历四十一年(1613年),"乌拉兵败来归者,悉还其妻子仆从,编户万家。其余俘获,分给众军"④。万

---

① ② 《清太宗实录》卷17。
③ 《马克思恩格斯全集》第3卷第83页。
④ 《清太祖武皇帝实录》卷2。

历四十六年(天命三年,1618 年)努尔哈赤对抚顺等地俘虏的
"人畜三十万散给众军。其降民编为一千户"。对这一千户降
民,努尔哈赤特别下了命令进行安插:"所降民千户,父子兄弟夫
妇毋令失所,其亲戚奴仆自阵中失散者,尽察出给之,并全给以
田庐、牛马、衣粮、畜产、器皿,仍依明制设大小官属,令李永芳统
辖。"① 可见努尔哈赤对这一千户降民的安置,完全没有改变当
地汉人原来的封建制生产关系。

后金在强制推行奴隶制方面,又表现在如下的情况。努尔
哈赤在占领辽沈地区以后,命令迁移来的"诸申(女真人)合住于
辽东尼堪(汉人)之家,共同吃粮,分给田地耕作"②。并且命令
"与诸申同住的尼堪等","勿匿粮食,家有几斛几升要如实报告。
报告后,按诸申的人口计算,一个月每人给四升粮,给到九月份。
剩下的粮,给那粮的主人。我们诸申远离本地搬家来,辛苦了。
收容诸申合住的尼堪,将住的房、种的粮、耕的田给诸申,也辛苦
了"③。这种为安置移居来的女真人的措施,实质是强迫被征服
的汉人充当满人的奴隶,任凭掠夺与压迫。

后金在辽沈地区,对满、汉人民分别采取了不同的统治方
式。这是后金进入辽沈地区以后所面临的复杂的社会状况所决
定的。以奴隶制为主的满族贵族政权进入高度封建化的辽沈地
区以后,既不可能一下子改变自己原有的生产方式,又不可能以
落后的奴隶制来统治辽沈地区的高度封建化的汉族人民,在这
种情况下,努尔哈赤采取了分而治之的权宜之计。有时即使是
颁布同一项法令,但在满、汉社会中的施行也有实质的区别。如
所谓"计丁授田"令即是如此。天启元年(天命六年,1621 年)即

---

① 《清太祖武皇帝实录》卷 5。
② 《满文老档》"太祖"卷 47。
③ 《满文老档》"太祖"卷 30。

后金进入辽沈地区这一年,努尔哈赤颁布了"计丁授田"令:"海州一带有田十万日①,辽阳一带有田二十万日,共三十万日,宜分给驻扎该处之军士,以免闲废。其该处人民之田,仍令其就地耕耘。"如不敷分派,可以自松山堡及铁岭、懿路、蒲河、范河、沈阳、抚顺、东州、马根丹、清河、孤山等处之田补之。若仍不敷,可令至边外开垦。分授的办法规定:

> 今年耕种的庄稼,各自收获。吾今计田,每一男丁,种粮田五日,种棉田一日,均平分给。你们不要隐匿男丁;如隐匿男丁,便得不到田。原来的乞丐,不得再讨饭。乞丐、和尚都分田。要勤劳耕种各自的田地。每三男丁种官田一日。每二十男丁中,征一丁当兵,以一丁应公差。②

同年十月,努尔哈赤又下令"辽东五卫的人,应交出要耕种的无主田地二十万日;海州、盖州、复州四卫的人,同样应交出要耕种的无主的田地十万日"。③

努尔哈赤实行"计丁授田",其目的是为了安置迁移到辽沈地区来的满族统治者及士兵。主要是为了提供八旗士兵的给养,如他在第二个命令中所说的,要解决"明年征收兵吃的粮食,马吃的草料,耕种的田"。后金政府用国家权力把原来属于明朝地主、官吏及汉族人民的土地收为国有,再分配给满族贵族、奴隶主、士兵以及其他满汉人民。满族贵族和奴隶主所分得的土地,是按照他们所拥有的奴隶的多少来决定的。而奴隶仍依附于奴隶主,无权分得土地;奴隶所创造的劳动产品仍然全部被奴隶主所占有,过着原来那种"奴婢耕作,以输其主"的生活。后金政府所规定的每男丁三人合耕官田一日,每男丁二十人以一人

---

① "日"即"晌"。杨宾:《柳边纪略》卷3"宁古塔地,不计亩而计晌,晌者尽一日所种之谓也"。一晌约合六亩。
②③ 《满文老档》"太祖"卷24、27。

充兵、一人应役的纳赋之法,与奴隶无关,只是体现了奴隶主与后金政府之间的一种赋税关系,它并没有改变原来奴隶制的生产方式。满族迁来辽沈地区的自由民,按"计丁授田"规定所得到的"份地",自耕自种,按照后金政府规定的"纳赋之法",缴纳租赋和应差当役。他们就成为后金国家的农奴,体现了封建制的生产关系。"计丁授田"令中所说的"其该处人民之田,仍令其就地耕种",应是对当地汉民来说的,他们依然维持着原来封建制生产方式。

2. 辽沈地区人民的反抗

后金进入辽沈地区以后,尽管采取了不同的统治方式,但其基本的方面是对汉族人民进行掠夺和压迫。因而,当时辽沈地区的汉族人民接连发动武装暴动。

天启元年(天命六年,1621 年),辽阳地区人民暴动,"杀数十人,诸夷仓皇逃走"。武装反抗的人民"五六百人结队南行,建人不敢逼"[1]。同年,镇江(今丹东市东北)暴动民众配合明将毛文龙军队与城内陈中军相呼应,攻破该城,抓获后金游击佟养真父子及其家丁六十人。汤站堡和险山堡暴动群众,也攻破了这两处城堡,捕捉了后金驻守该地的官员[2]。当时在古河、马家寨、镇江、长山岛、双山、岫岩、平顶山等地的人民,连绵不断地举行武装暴动,袭击后金官兵。汉族人民的反抗斗争,使得满族统治者胆颤心惊,因此,后金规定满人行路,"不许人数过单,务集十人以上结伙同行"。[3]

辽沈地区人民还用投毒的办法来反抗满族统治者。为此,努尔哈赤于天启元年(天命六年,1621 年)专门颁发了《查禁奸

---

① 彭孙贻:《山中闻见录》卷 3。
② 《满文老档》"太祖"卷 24。
③ 《满洲老档秘录》上编《谕禁单身行路》。

徒投毒谕》:"近闻有奸徒投毒于饮水食盐中,并有以毒饲猪而出售者"。"此外园蔬家禽等物亦宜细加检视,免被其害"。但这一告谕并不能禁绝投毒行为。第二年,努尔哈赤又下令"谕各肆主刻姓名于肆前",规定"凡设立店肆者,务将肆主之姓名刻于石木之上,立于肆前。若不号记肆主之姓名则治以罪。无店肆之记号而携物出售者,概行禁止"。"务按户晓谕我满洲妇女人等,凡买食物,务记肆主姓名"。这样,如有投毒事件,便于追查。可见辽沈人民的反抗活动,使满族统治者草木皆兵,不得安宁。

逃亡也是辽沈地区人民反抗满族统治者的重要斗争形式。很多满洲贵族的奴隶往往结伴逃走。有的汉民整村、甚至串联几个村庄集体逃亡。《满文老档》等史籍有关这方面记载很多。仅天启三年(天命八年,1623 年)就载有"硕水、善山峪、修由里、占扎水色四村的男丁二千人,带领子女叛逃南方去了"①。夹山河村十二家的人逃走②。红草岛附近"刘齐屯五村汉人,用高粱秆编成筏子渡过辽河去了"等等③。有的汉人,把后金驻守台堡的满人官兵诱骗到家里去杀死,或灌醉后杀死,或用毒酒毒死,然后自己"弃家逃走"。在萨尔浒战役中,后金俘获的朝鲜士兵,大多被分给满洲贵族充当奴隶,但半年多的时间就有一千四百余人逃回朝鲜。天启五年(天命十年,1625 年),因粮荒"叛逃的人多,秩序很乱"。努尔哈赤下令:"若有逃人逃出城内的消息,要敲铜锣"报警④,以便派遣军队去追捕。

满族统治者企图用血腥的镇压来平息辽沈人民的反抗活动。天启元年(天命六年,1621 年)努尔哈赤攻克沈阳,"复杀辽

---

① 《满文老档》"太祖"卷 48。
② 《满文老档》"太祖"卷 52。
③ 《满文老档》"太祖"卷 55。
④ 《满文老档》"太祖"卷 65。

人状貌可疑者,以一帅坐西门,点而杀之"①。努尔哈赤还下令对汉人详加甄别,将有反抗嫌疑者和汉族知识分子尽行处死。"太祖令察出明绅衿尽行处死,谓种种罪恶尽在此辈,遂悉诛之"。② 努尔哈赤在镇压镇江人民的暴动时大肆屠杀,仅杀害俘虏就达一万二千人。上述硕水等四村男丁二千人逃亡后,被后金官兵追到,"所有男丁,俘虏子女等人"全被杀死。

后金所采取的这种野蛮的残酷的镇压手段,并不能使汉人的暴动平息下去,反而使社会秩序更加混乱,生产急剧下降。而满族进入了辽沈地区以后,随着占领地区的扩大和军需供应的浩繁,必须依赖汉族人民提供粮草。后金统治者面对这一现实,对它所推行的政策不得不有所改变。这主要表现在"拖克索"田制的演变上。

3．"拖克索"田制的演变

"拖克索"是满族农业生产的一种组织形式。"拖克索"汉译为"庄子"、"屯里",又译为"屯庄"、"庄屯"。《清文鉴》对"拖克索"作这样的解释:"田耕的人所住的地方叫做拖克索。"③ 可见"拖克索"即为庄屯或农庄。满族这种"拖克索"农庄,最初采用的是奴隶制生产方式。当后金占领辽沈地区以后,开始时,其生产方式仍如既往,未加变化。但奴隶的大量逃亡反抗,以及辽沈地区封建经济的影响,使之后来不得不发生变化。天启五年(天命十年,1625 年)努尔哈赤发布的编庄谕,就是这一重大转变的反映,谕中规定:

> 男丁十三人,牛七头,编成一庄。将庄头的兄弟列入于十三丁之数。庄头自己到沈阳,住在牛录额真家的邻近。

---

① 《明史纪事本末》"补遗"卷 2《熊王功罪》。
② 《清太宗实录》卷 5。
③ 《清文鉴》卷 19。

使二庄头住在一处。如逢役使,该二庄头轮流前往督催。诸申不要参与。把庄头之名,庄中十二男丁之名,牛、驴之毛色,都写上交给村领催,由去的大臣书写带来。

若收养的人,置于公中,会被诸申侵害,全部编入汗、诸贝勒田庄。一庄男丁十三人,牛七头,田百日。其中二十日纳官粮,八十日供自己食用。①

从这一编庄情况看,显然已是封建制的生产关系,每庄十三个男丁用自己的劳力和农具耕种百日土地,其中二十日的产品以劳役地租的形式提供给封建主,其余八十日的产品留供自己食用。可能在汗谕之前,已经实行了这种劳役制形式,但汗谕用行政命令加以规定,自然起到积极的推进作用。"拖克索"内部生产方式的这一变化,反映了满族社会由奴隶制向封建制的过渡。

---

① 《满文老档》"太祖"卷66。

第十九章　满族的兴起和后金的扩展(下)

第一节　汗位之争和皇太极即位

一、汗 位 之 争

随着统一女真各部和对明战争的节节胜利,努尔哈赤所控制与管辖的户口和土地迅速增加,他的子弟的权势也日益膨胀起来。这就引起了他们内部争权夺利的激烈矛盾,首先表现在努尔哈赤和其弟舒尔哈齐之间的权力之争。

舒尔哈齐也叫速尔哈赤,或小乙可赤。努尔哈赤起兵时,舒尔哈齐是他的助手。他英勇善战,努尔哈赤曾赐他为"达尔汉巴图鲁"[①],意为"勇士"。舒尔哈齐曾以建州卫都督等身分,于万历二十三年、二十六年、三十四年、三十六年多次到明廷"朝贡",可见他与明朝关系密切。朝鲜《李朝实录》所载情况,更可看出舒尔哈齐地位的尊显。朝鲜通事河世国出使到费阿拉时看到:

> 老乙可赤(努尔哈赤)常时所住之家,麾下四千余名,佩剑环立,而设坐交椅。唐官家丁先为请入拜辞而罢,然后世国亦为请入,揖礼而出。小乙可赤处一样行礼矣。老乙可赤屠牛设宴,小乙可赤屠猪设宴,各有赏给。[②]

---

① 《清太祖武皇帝实录》卷2。
② 朝鲜《李朝宣祖实录》卷69。

当时在爱新觉罗家族内,舒尔哈齐的地位仅次于努尔哈赤。万历二十三年(1595年),朝鲜使臣申忠一出使费阿拉,见到舒尔哈齐家的器具不及其兄,舒尔哈齐对申忠一说:"日后你金使若有送礼,则不可高下于我兄弟。"① 舒尔哈齐公然在朝鲜使臣面前与其兄分庭抗礼,可见这时舒尔哈齐与努尔哈赤之间已在争权夺利。"猜厉威暴"的努尔哈赤自然不容舒尔哈齐攫夺他的权力。万历三十五年,努尔哈赤以舒尔哈齐在乌碣岩之役不力,削夺了他的兵权,从此以后"不遣舒尔哈齐将兵"②。万历三十七年,努尔哈赤又没收了舒尔哈齐的财产和阿哈。万历三十九年,舒尔哈齐死。据《三朝辽事实录》载:舒尔哈齐是被努尔哈赤杀害的,"奴酋忌其弟速尔哈赤兵强,计杀之"。③

舒尔哈齐死后,努尔哈赤家族的内部矛盾便转移到努尔哈赤诸子之间。努尔哈赤的长子褚英,历来从征有功,又因居长,努尔哈赤有意让他管理政务。但褚英心胸狭窄,不能宽厚待人。他执政以后,急于扩大自己的权势,想趁努尔哈赤在世时削夺诸贝勒和大臣的财产和权力。这就促使代善、阿敏、莽古尔泰、皇太极"四贝勒"和费英东、额亦都、扈尔汉、何和里、安费扬古"五大臣"联合起来,向努尔哈赤控告褚英的罪状:一、"心术不正",使"四贝勒"和"五大臣""互不和睦"。二、背着父汗,要诸弟立誓,忠于自己。三、扬言父汗死后,要索取诸弟的财物。四、曾说,我即位后,要诛杀和我不好的诸弟和诸大臣④。努尔哈赤在权衡褚英和"四贝勒"、"五大臣"之间的利害轻重后,就决定疏远褚英,以后不再派他带兵出征,让他留居家中。"褚英意不自得,

---

① 申忠一:《建州纪程图记》。
② 《清史稿》卷15《舒尔哈齐传》。
③ 王在晋:《三朝辽事实录》"总略"。
④ 《满文老档》"太祖"卷3。

焚表告天自诉,乃坐咀咒"之罪①。万历四十一年(1613年),被
"监禁在高墙之中"。万历四十三年,努尔哈赤"顾虑长子的存
在,会败坏国家",下令将褚英处死。②

褚英被处死后,后金争夺汗位的斗争仍然十分剧烈。这主
要表现在四大贝勒中代善和皇太极之间的斗争。四大贝勒为代
善、阿敏、莽古尔泰和皇太极。其中代善和皇太极跟随努尔哈赤
削平诸部,夺取辽沈,战功最高,最具备继承汗位的条件。尤其
是代善,自褚英死后,在兄弟中居长,称大阿哥或大贝勒,且独自
拥有两旗兵力。努尔哈赤曾说:"我本人死后,把我的小儿子们
和大福晋给大阿哥优厚收养。"③ 平时,努尔哈赤有意培养锻炼
代善,凡努尔哈赤不在时,军政事务全由代善处理。

大福晋看到大贝勒代善将继承汗位,便倾心于他,几次到代
善那里卖弄风情。代善和大福晋的暧昧关系,后来被小福晋德
因泽所告发。努尔哈赤十分愤怒,离弃了大福晋,并疏远了代
善。

二、八和硕贝勒共议国政

后金统治集团为继承汗位不断发生斗争,努尔哈赤两次选
定继承人的计划都失败了。努尔哈赤接受教训,决定改革政治
制度,实行八大贝勒共理国政的体制。

天启二年(天命七年,1622年)三月三日,众贝勒问努尔哈
赤怎样保存后金的基业和维持满洲贵族的福禄:"基业,天所予
也,何以宁辑? 休命,天所锡也,何以凝承?"努尔哈赤回答他们

---

① 《清史稿》卷216《褚英传》。
② 《满文老档》"太祖"卷3。
③ 《满文老档》"太祖"卷14。

说：

> 继朕而嗣大位者，毋令强梁有力者为也。以若人为君，惧其尚力自恣，获罪于天也。且一人纵有知识，终不及众人之谋。今命尔八子，为八和硕贝勒，同心谋国，庶几无失。尔八和硕贝勒内，择其能受谏而有德者，嗣朕登大位。若不能受谏，所行非善，更择善者立焉。择立之时，若不乐从众议，艴然变色，岂遂使不贤之人任其所为耶！至于八和硕贝勒，共理国政，或一人心有所得，言之有益于国，七人宜共赞成之。如己既无才，又不能赞成人善，而缄默坐视者，即当易此贝勒，更于子弟中择贤者为之。易置之时，若不乐从众议艴然变色，岂遂使不贤之人任其所耶！若八和硕贝勒中，或以他事出，告于众，勿私往。若入以见君，勿一二人见，其众人毕集，同谋议以治国政。务期斥奸佞、举忠直可也。[①]

努尔哈赤这一上谕，把原来的君主集权，改成为八和硕贝勒共议国政的制度。这就是说，八和硕贝勒组成的贵族会议，成为后金的最高权力机构。这种情况的产生，是和八旗制度密切相关的。因为八旗的每一个旗都是庞大的政治、经济、军事集团，而旗主贝勒则是本旗最大财富拥有者和最高的军事统帅。这样，每旗旗主，必然要求在后金政权分享与其军事经济力量相应的执政权力。而当时除了八旗的共主努尔哈赤可以统辖以外，其他八旗的旗主贝勒都还没有力量和权威来统率八旗，因此，只得采用共议国政的折衷办法。努尔哈赤想以此来维护其家族对后金的长久统治。共议国政的作用，主要表现在如下几个方面。

首先是八和硕贝勒共同决定军国大事，互相牵制。努尔哈赤说："一人纵有知识，终不及众人之谋"，要八和硕贝勒"同心谋

---

① 《清太祖武皇帝实录》卷8。

国,庶几无失"。这就赋予八和硕贝勒有决定后金军国大事的最高决策权,限制了新汗的独断专行。

其次是推举和罢免新汗。努尔哈赤在上谕中规定,在他身后,新汗需在"八和硕贝勒内,择其能受谏而有德者,嗣朕登大位"。这就是新汗的继立,是由八和硕贝勒共同推举出来的,而推举出来的新汗也不是终身不变的,"若不能受谏,所行非善,更择善者立焉"。

再是禁私议,杜奸谋。努尔哈赤规定:"若八和硕贝勒中,或以他事出,告于众,勿私往。若人以见君,勿一二人见,其众人毕集,同谋议以治国政。"这是努尔哈赤接受以往的教训,不许新汗与八和硕贝勒之间私下密议奸谋,军国大事需公开共同商议解决。

八和硕贝勒,是后金最大的女真贵族,但他们之间的权位是不均衡的,有四大贝勒和四小贝勒之分。当时后金政权主要掌握在四大贝勒之手。努尔哈赤共议国政的措施,主要是对四大贝勒之间的权力加以平衡,这自然只能是暂时的,不能持久。

三、皇太极即位

努尔哈赤于天启六年(天命十一年,1626年)八月十一日由清河返回,到离沈阳四十里的瑷鸡堡疽发死去。据《明熹宗实录》载:"奴酋耻宁远之败,遂蓄愠患疽死"。[①]

努尔哈赤的尸骨未寒,争夺汗位的斗争就展开了。当时四大贝勒为大贝勒代善,二贝勒阿敏,三贝勒莽古尔泰和四贝勒皇太极。四小贝勒是,阿济格、多尔衮、多铎和济尔哈朗。阿敏和济尔哈朗是舒尔哈齐之子,自然难以争位。主要争夺汗位者为

---

① 《明熹宗实录》卷76。

代善、皇太极和多尔衮。但代善因原来与大福晋的暧昧关系被揭发,声誉受到影响,这时已难与皇太极抗争。多尔衮为大福晋纳喇氏所出。纳喇氏为努尔哈赤晚年的宠妃,是阿济格、多尔衮和多铎的生母。当时多尔衮十五岁,多铎十三岁,因得努尔哈赤的宠爱,他们领有正白、镶白两旗,很有势力。皇太极自然对他们加以防范。因此努尔哈赤一死,诸王就以"遗言"为理由,强迫纳喇氏殉葬,这使得尚未成年的多尔衮与多铎更添丧母之痛,没有了依凭,无法与皇太极抗争。汗位的继承人自然地落到了皇太极身上。

皇太极那时三十五岁,正当年富力强、精力充沛之际,又经过长期战争的锻炼,智勇俱全,而且领有镶黄、正黄两旗,势力强盛。满族贵族都看到了这一趋向,代善的儿子岳托和萨哈廉向他们父亲提议:"国不可一日无君,宜早定大计。四贝勒才德冠世,深契先帝圣心,众皆悦服,当速继大位。"代善也感到自己难与皇太极抗衡,表示赞同,说:"此吾素志也,天人允协,其谁不从!"[①] 就这样,皇太极被八和硕贝勒推举为后金汗。

四、后金政权的进一步封建化

皇太极登上汗位以后,在政治上推行了一系列的变革措施,促使后金政权进一步封建化。

1. 削弱八旗贝勒权力,提高汗权

皇太极继承汗位之初,遵照努尔哈赤"共议国政"的规定,和代善、阿敏、莽古尔泰三大贝勒共同当政,"按月分值,国中一切机务,俱令值月贝勒掌理"[②],形成四大贝勒轮流执政的局面。

---

① 王先谦:《东华录》天聪1。
② 《清太宗实录》卷5。

获得的人口、财产也由八家均分,"有人则八家分养之,地土必八家分据之,即一人尺土,贝勒不容于皇上,皇上亦不容贝勒"。这样,皇太极"虽有一汗之虚名,实无异整黄旗一贝勒也"①。

皇太极对这种情况不能忍受,就采取各种措施,削弱八旗贝勒的权势来提高汗权。天启六年(天命十一年,1626年)十月,皇太极继承汗位不久,就在每旗设总管旗务大臣一名,规定他们"凡议国政,与诸贝勒偕坐共议之,出猎行师,各领本旗兵行,一切事务皆听稽察"②,以此分夺各旗贝勒之权。接着每旗又设佐管大臣两名,"佐理本旗事务,审断狱讼"。每旗还设调遣大臣两名,其职责是"出兵驻防,以时调遣"③。皇太极采取这些措施的目的,在于分散旗主贝勒的权力。新任命的总管大臣和佐管大臣,因感恩皇太极而向他靠拢,从而扩大了自己的统治基础。

崇祯二年(天聪三年,1629年),皇太极以三大贝勒过于劳累为借口,免去他们按月分值政事的大权。他说:"向因值月之故,一切机务辄烦诸兄经理,多有未便,嗣后,可令弟侄辈代之。"④ 崇祯五年(天聪六年,1632年)皇太极为了突出后金汗的独尊地位,把"上与三大贝勒,俱南面坐"的制度,改为只有自己"南面独坐"⑤。形成汗位独尊的局面。

皇太极除了改革制度来削减三大贝勒的权力外,还对三大贝勒加以种种罪名来直接消除他们的权势。崇祯三年(天聪四年,1630年)七月,皇太极追究大贝勒阿敏丢弃永平等四城及肆杀降民等罪状,将其幽禁。不久阿敏病死。第二年八月,在围攻大凌河城时,大贝勒莽古尔泰为了维护自己部属的利益,与皇太极当面争吵,甚至要拔刀相向。事后,皇太极以"御前拔刀"罪,

---

① 《天聪朝臣工奏议》卷上。
②③ 《东华录》天聪1。
④ 《东华录》天聪4;《清太宗实录》卷5。
⑤ 《清太宗实录》卷11。

革去莽古尔泰大贝勒衔,将其降为一般贝勒并罚银一万两。不久,莽古尔泰也气愤而死。阿敏、莽古尔泰既死,三大贝勒只剩下代善一人。崇祯八年(天聪九年,1635年)皇太极以大贝勒代善擅自率本旗人员行猎,以及款待跟皇太极关系不好的哈达公主,对其进行严厉的谴责。结果,罚鞍马甲胄等物及银万两。经此打击后,代善就唯命是从,不敢再有违抗。从此,三大贝勒势力被制服,皇太极直接控制了正黄、镶黄、正蓝三旗,汗权得以加强和巩固。皇太极削除三大贝勒的权势、加强汗权的过程,也就是加强封建中央集权的过程,促进后金政权封建化的过程。

2.仿照明制,改革国家机构

皇太极即位后,仿照明朝的封建制度,对后金政权机构进行了一系列改革。他规定"凡事都照《大明会典》行,极为得策"。①

崇祯二年(天聪三年,1629年)四月,皇太极设置文馆,"命儒臣分为两直,榜式达海及刚林等,翻译汉字书籍;榜式库尔缠及吴巴什等,记注本朝得失"②。皇太极规定文馆儒臣的两项职能皆有目的:翻译汉字书籍,是为了借鉴中原各个王朝尤其是明朝的统治经验;记注本朝得失,是为了总结后金政权统治的经验教训。这些都是为皇太极继续进行改革提供依据。

崇祯九年(天聪十年,1636年)三月,皇太极改文馆为内三院:内国史院,掌记注起居,撰拟诏令及编纂史书等;内秘书院,掌撰拟对外文书及敕谕等;内弘文院,掌注释古今政事得失,讲解经史、颁布制度等。接着,更定内三院官制:内国史院大学士一人,学士二人;内秘书院大学士二人,学士一人;内弘文院大学士一人,学士二人③。内三院的大学士和学士,分别由满人、汉

---

① 《天聪臣工奏议》卷上。
② 《东华录》天聪4。
③ 《东华录》天聪11。

人、蒙古人担任。他们参预国家机密,议定后金军政大计,实际上已取代了八和硕贝勒"共议国政"的体制。

崇祯四年(天聪五年,1631年)八月,皇太极完全按照中国历代封建王朝的行政组织,建立了吏、户、礼、兵、刑、工六部。各部以贝勒一人总理部务,其下设满承政二员,蒙古承政一员,汉承政一员。承政之下各设参政八员,惟有工部参政设满人八员、蒙古二员、汉人二员。各部均设启心郎一员。不久,皇太极下令"停王贝勒领部院事"①。这样,就把贝勒排斥在国家行政机构之外,由皇太极独掌后金政务。

崇祯九年(崇德元年,1636年)六月,皇太极又设置了都察院,独立行使监察之权。皇太极规定都察院的职责,上自汗、贝勒,以及各部臣都可以劝谏、弹劾、纠察。他对都察院的官员说:

朕或奢侈无度,误杀功臣;或逸乐畋猎,荒耽酒色,不理政事;或弃忠良,任奸宄,陟黜未当,尔其直谏无隐。

诸贝勒若废职业,黩货偷安;或朝会轻慢,而部臣容隐者,尔其指参。

明国陋习,尔衙门亦贿赂之薮也,务当互相防检。除挟私仇,诬劾人者加罪外,其余章奏,所言是,朕即允行;所言非,朕亦不加罪,必不令被劾者与尔面质。至小民微过,不必指奏,教而释之可也。②

崇祯十一年(崇德三年,1638年)改蒙古衙门为理藩院,负责管理内外蒙古事务。

皇太极对政权机构大力改革,建成了内三院、六部和都察院以及理藩院一套比较完整的官制,合称三院八衙门。它是在汉官们的建议和帮助下,仿照明制建立起来的。当时八旗制度虽

---

① 阮葵生:《茶余客话》卷1。
② 《东华录》天聪11。

还存在着,但实际上后金的国家权力已转向三院八衙门。皇太极就是通过这套政权机构,来加强汗权的。这也标志着后金政权通过这一系列改革,完成了向封建制的过渡。

五、满族社会的进一步封建化

满族进入辽沈地区以后社会生活的封建化,到皇太极时期,更加速地发展着。如"拖克索"田制,在努尔哈赤后期虽已转变为封建的农奴制,但与仍"以明制"编为民户的情况相比,封建化的程度就不及后者。皇太极即位后,对后金辖区的土地进行了丈量,把"各处余地"分给民户耕种。并缩小庄屯范围,把原来的十三名壮丁减少到八名壮丁编为一庄,"其余汉人,分屯别居,编为民户"①。这就提高了封建化的程度。

崇祯四年(天聪五年,1631 年)皇太极制订了《离主条例》。所谓"离主",就是奴仆可以讦告主人,经审实后,讦告的奴仆准许离开其主人。这自然是削弱奴隶制的一种措施。《离主条例》规定:

一、除八分外,有被人讦告私行采猎者,其所取得之物入官,讦告者离主。

一、除八分外,出征所获,被人讦告私行隐匿者,以应分之物分给众人,讦告者准其离主。

一、擅杀人命者,原告准其离主,被害人近支兄弟,并准离主,仍罚银千两。

一、诸贝勒有奸属下妇女者,原告准其离主,本夫近支兄弟,并准离主,仍罚银六百两。

一、诸贝勒有将属下从征效力战士隐匿不报,乃以并

---

① 《清太宗实录》卷 1。

未效力之私人冒功滥荐者,许效力之人讦告,准其离主,仍罚银四百两。

一、本旗人欲讦告其该管之主,而贝勒以威钳制,不许申诉,有告发者,准其离主,仍罚银三百两。

此外,凡以佃者讦诉者,不准离主,但视事之轻重审理。①

第二年,皇太极又作了补充:"如告数款,轻重相等,审实一款,亦免坐诬告之罪。如所告多实及虚实相等,原告准其离主。"②

崇祯十一年(崇德三年,1638年)皇太极下令直接解放部分奴婢:"前得辽东时,其民人抗拒者被戮,俘取者为奴。朕顾念此良民,在平常人家为奴仆者甚多,殊为可悯。故命诸王等以下及民人,有以良民为奴者,俱著察出,编为民户。"③

皇太极即位以后,继承了努尔哈赤所开创的事业,顺应满族社会经济的发展趋势,日益深入地采取种种措施,削弱奴隶制,加强和扩大封建生产关系(其中有的已是社会的现实状况,皇太极则通过制定、颁布条令的办法,对之从法令上加以承认)。这便使满族的社会生活在皇太极时期基本上完成了由奴隶制向封建制的转化。

第二节　明清间的和战与清兵进关

一、明清间的相持和议和

袁崇焕在宁远打败努尔哈赤的进攻以后,为了争取时间,在

---

① 《清太宗实录》卷9。
② 《清太宗实录》卷11。
③ 《清太宗实录》卷40。

山海关外四百里的锦州、中左、大凌三城构筑防线,并派遣使者与后金进行和谈。努尔哈赤去世后,袁崇焕派人到后金去吊丧,"以觇虚实"。①

在后金方面,皇太极虽然决心要继承父志,入主中原,但并无马上实行的可能。当时后金在新占领辽沈地区以后,社会尚处于动荡之中,当地的汉族人民"每被侵扰,多致逃亡"②,甚至发动武装反抗;更因连年战争,荒芜了田地,形成"无粮之家甚多"的局面③。对外关系上,东有朝鲜,西有蒙古,南有明朝,处于三面受敌的境地。皇太极认识到,要入主中原,必须解决上述问题,因此他也希望与明朝议和来赢得时间,等待时机成熟再向关内进军。当袁崇焕所派使者来到后金时,皇太极就以礼相待,表示愿意和好。这样,双方不断有使者和书信往还,谈判议和条件,但始终达不成协议。皇太极要求明朝给予大批财物,并划分国界,山海关内归明,辽河以东归金,辽河以西地方则不许明朝修建城堡。袁崇焕则要后金退出辽东地区,并归还被俘人民。这些条款,距离太大,双方自然都不会接受。其实,所谓议和,都不过是缓兵之计。

开始,袁崇焕致书皇太极议和,事先没有向朝廷请示,只是借此刺探后金虚实。当明熹宗朱由校知道这一事件后,"以为非计,频旨戒谕"。一些官僚则乘机攻击袁崇焕:"朝鲜及文龙被兵",都是"和议所致"。袁崇焕上疏解释说:言和是为了争取时间加紧战备,修复山海关外锦州、中左、大凌等城堡;当敌人明白这一意图时,"则三城已完,战守又在关门四百里外,金汤益固矣"④。这样,朱由校才放下心来。

---

① ④ 《明史》卷 259《袁崇焕传》。
② 《清太宗实录》卷 3。
③ 《天聪朝臣工奏议》卷中。

二、宁 锦 之 役

天启七年(天聪元年,1627年)春,皇太极出征朝鲜,返回沈阳后得到袁崇焕正在修筑关外诸城的消息。皇太极认为朝鲜的后顾之忧这时已解除,正好抓紧时机抢在辽西诸要塞修竣之前向明军进攻。于是,他亲自率领八旗大军,于五月六日从沈阳出发到广宁,分三路前进,迅速攻占了大小凌河、右屯卫等城堡,会师于锦州城下,四面合围。当时锦州城防工事已修缮完毕,由总兵赵率教,太监纪用,副将左辅、朱梅等率明军三万驻守。后金集中力量攻击城西一隅,眼看就要攻破,赵率教急调三面守城兵前来堵击,击退了后金兵。战斗打得十分激烈,城上明军用炮火轰击,矢石雨下,后金兵损失极重。皇太极几次派人劝降,赵率教挺立城上说:"城可攻,不可说也。"① 后金兵连攻十四天,锦州岿然不动。

锦州久攻不下,皇太极便亲率大军去进攻宁远。这里有袁崇焕及满桂、尤世禄、祖大寿等几员猛将驻守,城防十分坚固。当时明军尤世禄和祖大寿在宁远城外二里严阵以待。皇太极准备发起冲击,代善、阿敏、莽古尔泰劝阻说:离城太近,攻击不利。皇太极气呼呼地说:"当初我父攻宁远不下,而今我攻锦州不下,像这样的野战,如不取胜,如何能张扬我国威!"说完就下令冲击,明兵也呐喊迎战。城上明兵用大炮轰击,战斗一直进行到第二天,双方死伤都很惨重,明总兵满桂受重伤,后金贝勒济尔哈朗、萨哈廉、瓦克达俱被创。②

皇太极攻宁远不成,又转攻锦州,亲自督率攻城。但锦州城

---

① 《明史纪事本末》"补遗"卷5《锦宁战守》。
② 《清太宗实录》卷3;《明史》卷271《满桂传》。

守坚固,后金兵死伤累累。此时正值暑天,后金兵不少中暑得病,士气低落,皇太极不得已撤围回沈阳。

这次宁、锦战役,后金"士卒死伤甚多",皇太极无功而还。明朝称这次战役为"宁锦大捷"。

三、袁崇焕冤死

袁崇焕在宁远先后两次击败后金的进攻,挽回了明朝在关外的危局。后金把袁崇焕看成他们进军关内的最大障碍。当时宦官魏忠贤专权,袁崇焕没有向他积极献媚,因而遭到忌恨。宁锦之捷,"文武增秩赐荫者数百人,忠贤孙亦封伯",却"论崇焕不救锦州为暮气",被排挤回乡[①]。不久,明熹宗朱由校死,朱由检即位,魏忠贤伏诛,袁崇焕再次起用。

1. 袁崇焕督师蓟辽

崇祯元年(天聪二年,1628 年)四月,明朝任袁崇焕为兵部尚书兼右副都御史,督师蓟、辽,兼督登、莱、天津军务。七月,袁崇焕入都,崇祯皇帝朱由检于平台召见,询问对付后金的方略。崇焕回答说:"臣受陛下特眷,愿假以便宜,计五年,全辽可复。"朱由检说:如果收复全辽,"朕不吝封侯赏。卿努力解天下倒悬"。朱由检退回休息时,给事中许誉卿问袁崇焕恢复全辽的具体打算,崇焕说:"圣心焦劳,聊以是相慰耳。"许誉卿说:"上英明,安可漫对! 异日按期责效,奈何?"经这一问,袁崇焕自知失言,等朱由检回到平台时,袁崇焕忙上奏说:"东事本不易竣,陛下既委臣,臣安敢辞难。但五年内,户部转军饷,工部给器械,吏部用人,兵部调兵选将,须中外事事相应,方克有济。"袁崇焕还考虑到原来孙承宗、熊廷弼为人排构的情况,又向朱由检上奏

---

① 《明史》卷 259《袁崇焕传》。

说:"恢复之计,不外臣昔年以辽人守辽土,以辽土养辽人,守为正著,战为奇著,和为旁著之说。""军中可惊可疑者殊多,但当论成败之大局,不必摘一言一行之微瑕。事任既重,为怨实多。诸有利于封疆者,皆不利于此身者也。况图敌之急,敌亦从而间之。"袁崇焕估计了敌我力量,明朝在辽东主要是防守,以"守为正著"。又感到任重怨多,怕廷臣因忌功嫉能而对他诬陷;再是考虑敌人用间。因此,他要朱由检用人"信而勿疑"①。朱由检刚即帝位,很想改变明朝当时的颓败局面,把希望寄托在袁崇焕身上。因此,他对袁崇焕的请求都慨然应允,即令各部尚书照办。朱由检把关外军务完全交袁崇焕处理,并赐尚方剑,令他统筹全局。

2. 诛杀毛文龙

袁崇焕受任蓟辽督师后,即欲诛杀毛文龙。这与明朝后期的党争有关。毛文龙原在辽东巡抚王化贞属下任游击,王化贞败后,毛文龙继续在沿海岛屿招收逃亡出来的汉人,扩充力量,不时袭扰后金的后方,使后金不得安宁。明廷屡次对他封赏,授为总兵,驻镇皮岛。毛文龙为了巩固自己的地位,"辇金京师"贿赂魏忠贤,"拜魏忠贤为父"。明朝官僚自然把毛文龙看成是魏的党羽。毛文龙驻镇皮岛,自恃有功,"渐骄恣,所上事多浮夸,索饷又过多,岁百二十万,朝议多疑而厌之"②。后金不断派人对他诱降,"时朝议忧皮岛文龙难驭"。袁崇焕被召入京,大学士钱龙锡和他商讨辽东形势时,就准备要杀毛文龙。他对钱龙锡说:"可用,用之;不可用,杀之。"

袁崇焕自到辽东任事以后,毛文龙很傲慢,不愿受文臣节制。崇祯二年(天聪三年,1629年)六月初,袁崇焕以阅兵为名,

---

① 《明史》卷259《袁崇焕传》。
② 《明史纪事本末》"补遗"卷4《毛帅东江》。

来到皮岛。五日,诱毛文龙到山上观将士射,预先埋伏甲士将之执缚,文龙倔强抗辩,袁崇焕历数他的十二大罪,使之"丧魂魄",无言以对,遂以尚方剑斩之。把原属毛文龙的士卒二万八千人分四协,由文龙子承祚、副将陈继盛、参将徐敷奏、游击刘兴祚分别管领,俱受陈继盛节制。处理完毛文龙的事情后,袁崇焕便返回宁远,向朝廷上报诛杀毛文龙的经过,并说:"文龙大将,非臣得擅诛,谨席稿待罪。"崇祯骤然听到这个消息,感到非常惊讶;转念一想,觉得毛文龙既已杀,现在正需依赖崇焕,不仅不加责备,还予以赞扬,接着又宣告文龙罪,"以安崇焕心"①。但崇祯内心深处却对袁崇焕有了疑忌。

袁崇焕诛杀毛文龙,这是亲者痛、仇者快的事情。它在客观上为后金除去了后顾之忧。毛文龙虽然有错误,但他一直坚持抵抗后金的立场,有他的功绩。毛文龙被杀后,皮岛军心涣散,有的将领如孔有德、尚可喜等便投向后金。

3.朱由检冤杀袁崇焕

袁崇焕原来任辽东巡抚时,曾与后金进行过和议谈判。这次他复镇蓟辽,在崇祯帝面前许下五年复辽的诺言。他自"知兵力不敌,思以捭阖纵横之计"② 达到目的,即想用和议使后金让出辽东地区。因此,袁崇焕便不顾崇祯帝和一些廷臣的反对,积极与后金进行谈判。

皇太极表面上和袁崇焕书信往还进行议和,暗中却积极备战。他感到宁、锦正面防线不易突破,便决定绕道蒙古,进攻明朝。崇祯二年(天聪三年,1629 年)十月,皇太极亲率十万大军,从蒙古绕道进关。当时明朝仅袁崇焕在宁、锦一带布有重兵,山海关以西则塞垣颓圮,军伍废弛。所以后金兵没有遇到什么阻

---

① 《明史》卷 259《袁崇焕传》。
② 《明史纪事本末》"补遗"卷 5《锦宁战守》。

挡,直抵遵化,巡抚王元雅自杀,三屯营副总兵连夜逃遁,"总兵朱国彦忿甚,揭逃将名氏于市,散家财给众",同妻子上吊自杀①。著名将领山海关总兵赵率教率兵入援,战死于遵化城下。后金攻下遵化后,直趋京师。这时,袁崇焕也急忙率兵入援,于十一月十日抵蓟州。但后金兵却越过蓟州西进,连下三河、香河诸城。袁崇焕急率兵去保卫京师,驻兵于广渠门外,因士马疲敝,请求到城中休息,被朱由检拒绝。

这次后金兵突破的关隘,是蓟辽总理刘策所管的地域,袁崇焕"甫闻变,即千里赴救,自谓有功无罪"。但当时京师的人们骤遭兵祸,怨恨"崇焕纵敌拥兵",和他有仇隙的官僚"因前通和议,诬其引敌胁和,将为城下之盟"②。正在这时,皇太极又设下反间计。后金在京畿牧马厂抓获了两个明朝太监,监禁在军营中。皇太极叫他的部将在夜间对话中,窃窃私语说:袁崇焕与后金有密约,我们可以不动一刀一枪进入北京。两太监中的杨姓太监闭着眼睛装睡,把他们的对话记在心里。第二天,后金有意纵放了杨太监。他进入北京城后,就立即向朱由检报告了袁崇焕通敌的机密情报。朱由检本来就好猜疑,听了杨太监的报告,遂相信了京师对袁崇焕的种种传说。十二月一日,朱由检召袁崇焕、满桂、祖大寿于平台,责问袁崇焕:"以前杀毛文龙,今逗遛,何也!"③一时间,崇焕不知如何回答,遂被逮捕下狱。在一旁的祖大寿吓得浑身发抖,待出城后,他就率领军队逃回山海关,后逃向宁远。朱由检于狱中取崇焕手书,派人去召回祖大寿。

袁崇焕被逮捕后,魏忠贤余党王永光、高捷、袁弘勋等谋兴大狱,力攻袁崇焕"擅主和议,专戮大帅"两事。最后,法司判以谋叛罪,于崇祯三年(1630 年)八月处以最惨酷的磔刑,并没收

---

①③ 《明史纪事本末》"补遗"卷 6《东兵入口》。

② 《明史》卷 259《袁崇焕传》。

他的家产,兄弟妻子流三千里。袁崇焕被冤杀,但当时人们都认为他是通敌叛国,一直到清人关后修清太宗皇太极实录时,真相才大白于天下。

袁崇焕被捕下狱后,朱由检以满桂为武经略尽统入卫诸军,并催促他出战。满桂骁勇敢战,但当时"敌劲援寡",他认为"未可轻战"①。而朱由检却不顾实际情况,不断派人催促,满桂不得已"挥涕而出,以五千人同孙祖寿等战安定门外",以寡不敌众,壮烈牺牲。另两员将领黑云龙、麻登云被俘,投降后金。②

后金诸将纷纷要求攻城,皇太极却说:"城中痴儿,取之若反掌耳!但其疆域尚强,非旦夕可溃者,得之易,守之难,不若简兵练旅,以待天命可也。"③ 崇祯二年(1629 年)十二月末,皇太极率军东归,沿途攻下遵化、永平、滦州、迁安四城,派兵驻守,其余部队都返回沈阳。

4. 皇太极攻陷大凌河和奔袭宣大

崇祯皇帝朱由检杀了袁崇焕后,任用孙承宗为兵部尚书,督关内外军事。孙承宗上任后,很快收复了遵化、永平、滦州、迁安四城。接着孙承宗派兵出关,重新部署防务,修筑大凌河城。崇祯四年(天聪五年,1631 年)八月,皇太极率军来攻,合围大凌河,经四阅月"城中粮尽援绝,守将祖大寿力屈出降"。大凌河失守,明朝廷臣指责孙承宗于大凌河"筑城非策"④。孙承宗感到朝廷多疑,自己年老,称病辞职回家。

后金虽然拔除了大凌河这个据点,但明朝在关外还控制着锦州、松山、杏山等地,由此到山海关,这一带的防线还是比较坚固的。因此,后金继续采用绕道蒙古进攻明朝的战略。

---

① 《明史》卷 271《满桂传》。
② 《明史纪事本末》"补遗"卷 6《东兵入口》。
③ 昭梿:《啸亭杂录》卷 1。
④ 《明史》卷 250《孙承宗传》。

崇祯七年(天聪八年,1634年),皇太极又发动了一次远袭明朝宣府、大同的战役。这年五月,皇太极部署八旗士兵,先后分两批出征,西行进入内蒙古。六月行近长城,皇太极把部队分为四路入口。七月,四路大军于应州会合,攻克代州后,复"分道出攻,东路至繁峙,中路至八角,西路至三垒"①。这次后金攻明,目的不在于争夺城池,而是为了掳掠财富,从经济上、军事上消耗明朝的实力。对于设防比较坚固的城市,就不强攻,皇太极攻大同五日未下,就转攻西安堡。

明朝为了对付后金,前此已抽调宣、大军队去加强山海关一带的防线,因此,这时宣、大一带的防务非常空虚。虽然后金在沈阳出发不久,明廷已得到情报,不断下令宣、大等地"严备固守",但只是空文,不起作用。皇太极写信羞辱明朝将领说:"朕入境几两月,蹂躏禾稼,攻克城池,曾无一人出而对垒,敢发一矢者。"② 在山西崞县,有两千多个后金兵,俘押妇女小孩千余人,当经过代州城下时,被俘的妇女小孩望着城上的亲人,"相向悲啼。城上不发一矢,任其飏去"③。崇祯皇帝朱由检听了只有"顿足太息"而已。

这次后金第二次入塞,"蹂宣、大逾五旬,杀掠无算"④。后金兵饱掠之后,于闰八月初撤兵东归。宣、大等地人民的生命财产遭到了重大损失。

四、皇太极称帝和清军远袭京师

1. 皇太极称帝

崇祯八年(天聪九年,1635年)九月,多尔衮统率出征察哈

---

①③④ 《明史纪事本末》"补遗"卷6《东兵入口》。

② 《东华录》天聪9。

尔的大军凯旋盛京,并献上了林丹汗之子额哲保存的元朝"传国玉玺"。至此,皇太极经过九年奋斗,已使朝鲜"称弟纳贡",漠南蒙古臣服,三大强敌,只剩下了一个气息奄奄的明朝,后金夺取全国的统治指日可待。传国玉玺的获得,更意味着"天命"所归。于是诸贝勒大臣就纷纷上表请上皇帝尊号。努尔哈赤和皇太极相继称汗,这是袭用蒙古的称号,汉族最高统治者的传统称号是皇帝。崇祯九年(天聪十年,1636年)四月五日,满洲诸贝勒、外藩蒙古诸贝勒、汉军都元帅、总兵官等齐集盛京,举行盛大典礼,共上尊号。文武群臣百余人分次排列皇太极面前,其中由和硕贝勒多尔衮代表满洲捧满字表文,由土谢图济农巴达礼代表蒙古捧蒙古字表文,由都元帅孔有德代表汉官捧汉字表文,分别率群臣跪读表文,上皇太极尊号为"宽温仁圣皇帝"。皇太极正式即皇帝位,改元崇德,国号大清。这表示着以满族贵族为核心,有蒙、汉封建主参加的联合政权正式确立。

2. 清军袭击京畿和深入冀鲁

即皇帝位的盛大庆典刚结束,皇太极随即派遣多罗武英郡王阿济格、多罗饶余贝勒阿巴泰等,率八旗兵十万出征明朝。阿济格等所率清军于六月二十七日分三路入独石口,经延庆入居庸关,攻陷昌平,总兵巢丕昌降清。接着由西山趋良乡,转至清河、沙河,陷宝坻,克定兴、房山。八月清军连下文安、永清,分兵攻漷县、遂安、雄县,攻香河,转至涿州,克顺义,复至昌平,向东北至怀柔,克西和,复掠雄县而北。阿济格遵照皇太极的战略布置,"如欲进攻,度可取则取,不可取则勿取"①。清军于一个多月中,在京师周围,"遍躏畿内,攻略城堡"②,共克十二城,获人畜十七万九千八百二十③。督师张凤翼和总督梁廷栋,只是尾

---

① ③ 《清太宗实录》卷29、31。
② 《明史纪事本末》"补遗"卷6。

随其后,不敢进击,摆个样子。

九月一日,清军携带掠取的人畜财物,出冷口,"俱艳妆乘骑,奏乐凯归"。他们还在木板上面写了"各官免送"四个字掷在道路上,讽刺明朝将官①。这次清军袭击京畿,目的主要是掠取人畜财物,并试探明军在京师附近的实力。

崇祯十一年(崇德三年,1638 年)皇太极命睿亲王多尔衮、贝勒岳托率清军第四次进攻明朝。这年九月,清军分左右翼两军,一军由墙子岭入,一军由青山关入。清军"自入塞分四道:一趋沧、霸,一趋山东济南,一趋临清,一趋彰德、卫辉"。②

当清军逼近北京城下时,明廷内部主和主战意见分歧。兵部尚书杨嗣昌和太监高起潜力主和议。侍读学士黄道周和督师卢象昇坚决主战,认为和议是根本不能实现的,"而遽谓款成之后可撤兵中原以讨流寇,此亦不思之甚矣"。当朱由检向卢象昇询问方略时,象昇回答说:"陛下命臣督师,臣知有战而已。"③当时卢象昇虽名为督师,但事事受到兵部尚书杨嗣昌和太监高起潜的牵制,属他指挥的只有宣府、大同、山西兵二万,后来又被兵部尚书陈新甲分去一半。经过几次战斗,最后卢象昇只领有疲卒五千。十二月十一日,卢象昇率师至巨鹿(河北邢台市偏东北)贾庄,部队没有粮饷,又无援兵,早晨象昇走出营帐,面对将士,北向拜曰:"吾与尔辈并受国恩,患不得死,勿患不得生。"全营将士皆痛哭失声。象昇拔寨至蒿水桥,遇清兵,鏖战到第二天早晨,清军数万骑兵把象昇的明军围了三重。"象昇麾兵疾战,呼声动天","身中四矢三刃",壮烈牺牲,全军"炮尽矢穷","一军尽覆"。④

---

① 《国榷》卷 95;《明史纪事本末》"补遗"卷 6《东兵入口》。
②③ 《明史纪事本末》"补遗"卷 6《东兵入口》。
④ 《明史》卷 261《卢象昇传》。

卢象昇所率明军被消灭后,太监高起潜所统重兵不战而溃。清军便深入河北南部,陷宝坻、蓟州、霸州,直至景州。杨嗣昌命山东巡抚移师德州防御,济南空虚。清军绕过德州,从临清渡河,奔袭济南。崇祯十二年(崇德四年,1639年)正月,济南这个中原的一大都会被清军攻占。布政使张秉文,副使邓谦济、周之训和知府苟好善都被杀。德王朱由枢被活捉,押到盛京。济南城被焚毁一空①。接着,清军转攻山东其他州县,直至兖州,距徐州只有百余里,远近震骇,居民纷纷南渡。二月,清军由山东转至天津,三月,经丰润到冷口,从青山口出塞,返回辽东。

这次清军进入关内达六月之久,蹂躏京畿、河北、山东,"转掠二千里,下州县七十余城"。②

五、松 锦 决 战

锦州是明朝在关外的军事重镇,广宁中屯卫和广宁左屯卫都设在这里。自从后金占领辽沈地区以后,锦州的战略地位就更为重要。自袁崇焕坚守宁远、打败努尔哈赤的进攻以后,明朝就一直在宁、锦一线派有重兵驻守,明清(后金)双方在十多年间形成对峙的局面。崇祯四年(天聪五年,1631年)大凌河的据点被后金拔除后,锦州完全暴露在敌军面前,成为明朝在关外的前哨阵地。锦州南面十多里是松山城,松山西南十多里处是杏山城,杏山西南约二十里处是塔山城,塔山西南数十里处是明朝在关外的又一个军事重镇宁远。因此松山、杏山和塔山三城是锦州的坚强后卫,又是宁远的有力屏蔽。清军欲从正面进关,就必须突破这宁锦防线,而锦州首当其冲。

---

①② 《明史纪事本末》"补遗"卷6《东兵入口》。

1. 清军围困锦州和八总兵赴援

皇太极即位后的十几年中,前后数次大规模深入关内,消耗了明朝大量的军事力量和经济力量。再加农民起义军的打击,明王朝这座大厦已摇摇欲坠。皇太极在考虑怎样推倒这座大厦,夺取全国的统治权。崇祯十三年(崇德五年,1640年)清都察院参政祖可法、张存仁等联名提出"进取"大计的奏章:一、"直捣燕京,割据河北","此刺心之着也";二、"直抵关门","此断喉之着也";三、"先得宁、锦","此剪重枝伐美树之着也"①。皇太极采取了先攻宁锦这一着。

用什么方法进攻宁、锦?以前努尔哈赤和皇太极几次硬攻,都没有成功。皇太极吸取了以往遭受挫败的教训,改用长期围困的办法。崇祯十三年(崇德五年,1640年)三月,皇太极派和硕郑亲王济尔哈朗、多罗贝勒多铎为左右翼元帅,率军往义州屯驻,于此"修城筑室",并于义州东西四十里田地开垦屯种。接着又推进到锦州城外扫清明军据点,孤立锦州。清军采取三个月一期,轮班更戍。第二年三月,清军逼近锦州城外而明军炮火又射不到的地方扎营,围绕锦州城四面各设八营,绕营挖一深壕,沿壕设垛口,每两旗之间挖一道长壕,临城的一边设置哨兵监视明军动静。这样,锦州就完全处在清军的严密包围之中。②

明朝锦州守将祖大寿,崇祯四年(天聪五年,1631年)在大凌河战斗中已投降后金,他诡称愿到锦州搬取妻小,并作内应,便获释回明。祖大寿回锦州后,仍效力于明朝。当时跟随祖大寿守锦州城的军队中有一部分蒙古人,驻守在外城。当他们看到围城的清军阵营严整,挖掘深壕,准备长期围困时,非常惊惧。蒙古将领诺木齐、吴巴什率领都司、守备等官员八十六人及男女

---

① 《清太宗实录》卷56。
② 《清太宗实录》卷52、55。

家小共六千二百一十一人投降清军①。这一捷报传到盛京，皇太极命八门击鼓，诸贝勒群臣齐集笃政殿，皇太极当众宣布攻克锦州外城的喜讯。锦州外城虽破，但祖大寿坚守内城，战斗打得极为艰苦。

明廷深知锦州地位重要，不断派兵支援。七月，明朝征调宣府总兵杨国柱、大同总兵王朴、密云总兵唐通、蓟州总兵白广恩、玉田总兵曹变蛟、山海关总兵马科、前屯卫总兵王廷臣、宁远总兵吴三桂所部八镇大军十三万，由蓟辽总督洪承畴统率赴援锦州。

洪承畴主张"且战且守"，步步为营去援救锦州。但兵部尚书陈新甲不顾敌我态势，主张速战速决。他派遣兵部郎中张若麒到前方催战；崇祯皇帝也下密诏，命洪承畴急速前进去解锦州之围。洪承畴被逼，把粮草留囤于杏山与塔山之间的笔架山，自己率六万人先行，诸军继进，到松山集结。洪承畴把骑兵环列于松山三面，步兵结营于乳峰山与松山之间。洪承畴所率援兵军势颇盛，八月初在乳峰山的争夺战中，屡败清军，夺占了两红旗、镶蓝旗的阵地，清军"人马中伤者甚众"。清军急报盛京，求派援军。皇太极急得"忧愤呕血，遂悉索沈中人丁，西赴锦州"②。皇太极亲率三千精锐骑兵先行，昼夜奔驰六天，八月十九日抵达靠近松山的戚家堡。

2. 松锦陷落

松山城处于锦、杏之间，为"宁、锦咽喉"，"关系最要"。若松山失陷，则"全局动摇"③。因此，松山成为明清双方争夺的战略要地。皇太极到松山前线后，把主力屯扎在松山与杏山之间，专

---

① 《清太宗实录》卷 55。
② 朝鲜《李朝仁祖实录》卷 40。
③ 《明军守卫松山等城堡的六件战报》，载《历史档案》1981 年第 2 期。

门打击洪承畴的援军。清军围绕松山深挖三道大壕包围明军，切断松杏的通道。同时，皇太极派阿济格率军奔袭塔山，夺取了明军在笔架山的粮草。

明军失去粮草，作战又遭挫折，随身携带的军粮将尽，军心动摇。洪承畴对诸将说："虽粮尽被围，应明告吏卒，守亦死，不战亦死，如战或可死中求生。不佞决意孤注，明日望诸军悉力。"① 王朴胆小怕死，不顾全局，于当天夜里率军先逃。唐通、马科、吴三桂、白广恩相继奔逃。清军从后追击，在沿途要道又预先设伏截杀，吴三桂、王朴等率残部狼狈逃到宁远。这次战役，清军歼灭明军五万三千七百余人，获马七千四百余匹，甲胄九千三百余副。"明兵自杏山，南至塔山，赴海死者甚众，所弃马匹甲胄以数万计，海中浮尸漂荡，多如雁鹜"。②

洪承畴与总兵曹变蛟、王廷臣和巡抚丘民仰率残兵一万余人，退守松山孤城。皇太极仍然采取围而不攻的战略。洪承畴五次突围，皆被堵回。直到第二年即崇祯十五年（崇德七年，1642 年）的二月，松山城内粮尽，副将夏成德降清，于十八日夜引清兵入城。曹变蛟、王廷臣和丘民仰被俘，不屈被杀。洪承畴被擒。

松山陷落，锦州军心瓦解，被围一年多，"城内粮尽，人相食，战守计穷"③，守将祖大寿举城降清。清军进城后，"屠戮城中人民"，各家财物被劫掠，"收取一空"。四月九日，清军攻陷塔山，歼灭城内明军七千。二十一日杏山明军开门出降，清军收降人口六千八百余。至此，明朝在关外的四城（锦州、松山、杏山、塔山）皆落入清军之手，只剩下了宁远一座孤城。

---

① 《国榷》卷 97。
② 《清太宗实录》卷 57。
③ 《东华录》崇德 7。

皇太极命令把祖大寿和洪承畴带到盛京。祖大寿降而复叛,这次被俘,清朝的不少大臣和将领主张把他处死。皇太极从爱惜人才和招抚汉官出发,仍然宽宥了他,这使祖大寿极为感动,从此祖氏家族大都替清朝效力。

洪承畴被解到盛京后,起初拒绝投降,皇太极派汉官范文程去劝降,他还是不断地谩骂。范文程耐心地劝说,并慢慢地和他谈论今古事。当房梁上的灰尘掉落到洪的衣服上时,他数次把灰尘轻轻拂去。范文程回来向皇太极报告:"承畴必不死,惜其衣,况其身乎!"于是皇太极亲自到洪住的地方去看望他,脱下所御貂裘衣之,曰:"先生得无寒乎?"承畴瞠目久之,叹曰:"真命世主也!"乃叩头请降。皇太极非常高兴,"即日赏赉无算,置酒陈百戏"庆贺。诸将不悦,认为对洪承畴优待过分了。皇太极说:"吾曹栉风沐雨数十年,将欲何为?"诸将说:"欲得中原耳!"皇太极笑着说:"譬诸行道,吾等皆瞽,今获一导者,安得不乐。"① 以后,洪承畴在帮助清朝夺取全国统治权中确实起了不小作用。

六、松锦之役后的明清关系

1. "款边剿寇"和清军第五次入口

松锦决战,其激烈程度和对明朝的重大打击,与萨尔浒之役不相上下。明朝经这次打击后,元气大伤。正如皇太极所说的:"取燕京如伐大树,须先从两旁斫削,则大树自扑……今明国精兵已尽,我兵四围纵略,彼国势日衰,我兵力日强,从此燕京可得矣。"②

这时,李自成领导的农民起义军正蓬勃发展着,腐朽的明王

---

① 《清史稿》卷 237《洪承畴传》。
② 《清太宗实录》卷 62。

朝已摇摇欲坠。明朝高层统治者,面对农民起义军和清朝这两股势力,决定勾结满洲贵族,企图借他们的军事力量来镇压农民起义军,即所谓"款边以剿寇"①。早在崇祯十五年(崇德七年,1642年)正月,崇祯帝已根据兵部尚书陈新甲的推荐,偷偷地派郎中马绍愉出关和皇太极谈判,"上深秘之,外廷不知也"②。六月,马绍愉将议和条款上报兵部。不久,议和事泄露,朝廷上下大哗,崇祯帝为了遮掩自己,归罪于陈新甲,将之处死。

明清和议不成,皇太极便于崇祯十五年(崇德七年,1642年)十一月,乘攻下松锦的锐势,第五次大规模攻明。派贝勒阿巴泰和内大臣图尔格率军由墙子岭入口,破迁安、三河,分道一趋通州,一自柳树涧趋天津。分路南下,连克霸州、文安、河间、衡水,转入山东,陷武城、临清,直抵兖州,鲁王朱寿镛被俘自杀。直到第二年四月,清军从山东回师,五月初由墙子岭出口东归。

此次清军入口,往返达八个月之久,共攻克三府、十八州、六十七县,俘获人口三十六万九千人,牲畜三十二万一千余头,获黄金一万二千余两、白银二百二十万五千余两。③

皇太极在位的十六年中,清(后金)前后五次大规模入关攻明,给明朝以沉重的打击,同时也给当地广大人民造成了深重的灾难。崇祯十六年(崇德八年,1643年)兵科给事中李永茂奉命到近畿地区察看。他回京后向明思宗朱由检报告了所经畿南地区的残破景象:出京后,经庆都、新乐、真定、栾城、柏乡、内丘,至顺德,行程千里,"一望荆榛,四郊瓦砾,六十里荒草寒林,止有道路微迹,并无人踪行走"。而平乡"受患极惨,至今城内止余焦赤残垣及堆积瓦砾"。整个"畿南郡邑",经崇祯十一年清兵入口烧杀以后,"惊魂未定,兼以五载荒瘟,民亡十之九"。清军每次入

①② 《明史纪事本末》"补遗"卷5《锦宁战守》。
③ 《清太宗实录》卷64。

口,"堕我名城,残我赤子,饱掠我玉帛金珠,不可胜数"①。满洲贵族为了夺取全国的统治权,给中原广大人民造成的灾难是多么深重。

2. 皇太极之死和清军全力挺进内地

皇太极于崇祯二年(天聪三年,1629 年)亲率八旗兵入口攻明时,曾要阿敏留守永平等四城,但很快就被明军收复。从此,清(后金)军入口,就不再占领城池。其原因,正如以后乾隆皇帝追述时所说的那样:"山海关,京东天险。明代重兵守此以防我朝,而大军每从喜峰、居庸间道内袭,如入无人之境,然终有山海关控扼其间,则内外声势不接,即入其他口,而彼得挠我后路。故贝勒阿敏弃滦、永、遵、迁而归,太宗虽怒谴之,而自此遂不亲统大军入口,所克山东、直隶郡邑,则不守而去,皆由山海关阻隔之故。"② 因此,打通山海关,是满洲贵族入关争夺全国统治权的必要一步。松锦决战,为清军入关开拓了道路。

崇祯十六年(崇德八年,1643 年)八月九日,白天皇太极仍和往常一样处理政务,晚上亥时,突然在清宁宫死去。据他的病情推测,很可能是患脑溢血死亡。

皇太极死后,清宗室内部爆发了争夺皇位的激烈斗争。结果,皇太极的第九子福临被拥戴为帝,改元顺治。福临当时只有六岁,由他的两个叔父多尔衮和济尔哈朗辅政,实权则掌握在多尔衮之手。清内部一度因争夺皇位而引起的混乱局面迅速稳定下来。

皇太极时期,明朝虽已岌岌可危,但它仍然维持着对全国的统治。所以皇太极一直把明朝作为进攻目标,对关内的农民军则采取避让态度。崇祯十五年(崇德七年,1642 年)皇太极在阿

---

① 《邢襄题稿》,中华书局 1958 年版。

② 《圣武记》卷 1《开国龙兴记》3。

巴泰出师前对他说:"如遇流贼,宜云尔等见明政紊乱,激而成变,我国来征亦正为此,以善言抚谕之。申戒士卒,勿误杀彼一二人,致与交恶。"① 多尔衮当政以后,仍然遵照皇太极的战略行事,写信给农民军的领导人,表示"协谋同力,并取中原。倘混一区宇,富贵共之"②。农民军不予答复。

崇祯十七年(顺治元年,1644 年)三月十九日,李自成率领的农民军进入北京,推翻了明王朝的黑暗统治。多尔衮得悉这一消息后,意识到夺取中原的时机到来了,而且意识到今后农民军将成为满洲贵族夺取全国统治权的主要敌人,于是立即采取紧急军事行动。"数日之内","急聚兵马","男丁七十以下,十岁以上,无不从军"③。形成清军"前后兴师,未有如今日之大举"④的局面。兵马既聚,多尔衮即率之向内地进发,途中恰逢明将吴三桂遣使请援,两者遂联合起来,共同入关对付李自成起义军。

---

①　《清太宗实录》卷 63。

②　郑天挺等编:《明末农民起义史料》,中华书局 1954 年版第 455 页。

③④　朝鲜《李朝仁祖实录》卷 45。

第二十章　明后期的中外关系

第一节　荷兰殖民者侵占我国领土
和郑成功收复台湾

　　十五世纪末由欧洲直通东方的新航路发现之后来到中国的西方殖民者,继葡萄牙之后,还有西班牙人和荷兰人,其中荷兰殖民者侵占中国台湾的事件尤其引人注目。

　　荷兰在远东,先是有几家私人企业组成几个贸易公司到东印度①从事香料贸易,获取巨利。万历三十年(1602年),由经营马来群岛贸易的几家公司组成联合东印度公司,荷兰政府给予它航运和贸易的垄断权,并允许其拥有武装和宣战、媾和以及占领土地、建筑炮台等特权。这样,东印度公司成为荷兰对外实行殖民侵略的机构。它拥有雄厚的资金和庞大的商船队,这些商船不仅可以载货,而且都配有现代武器,其实是随时可以实施武力袭击的战舰。

一、荷兰殖民者侵占我国台湾

　　荷兰人从马可·波罗及其他到过远东的旅行家的游记中知道中国的富庶。因此,当他们的殖民势力伸展到东方后,就想打

―――――――

　　①　当时欧洲殖民者称南部印度和马来群岛为东印度,马来群岛称为东印度群岛。荷兰殖民者侵占今印度尼西亚为殖民地后,称该地为荷属东印度。

开中国的大门。

荷兰殖民者首次侵入我国沿海地区是在万历三十二年（1604年），荷兰水师提督麻韦郎率领舰队进攻马尼剌，被已占领该地的西班牙人所击退，便转至香山澳，向广东当地政府要求准许他们贸易。"税使李道即召其酋入城，游处一月，不敢闻于朝，乃遣还"①。当地人民怕他们再登陆骚扰，严加防御，荷兰殖民者感到无隙可乘，才离去。

天启二年（1622年），荷兰人强占我国台湾西面的澎湖列岛。他们强迫岛上居民建筑炮台及军营。澎湖为台湾的门户，也是福建的屏障。荷兰殖民者自盘踞该地以后，不断对福建沿海鼓浪屿、中左所（厦门）、浯屿（金门岛）等地进行骚扰，百姓不得安宁。福建巡抚南居益在人民的大力支持下，于天启四年三次渡海进攻，终于把荷兰殖民者驱逐出澎湖列岛，并俘获其指挥官高文律等人。②

荷兰殖民者在盘踞澎湖列岛时，曾不断派出兵船到台湾沿海去勘测水流，发现了一个水深达六至八寻（一寻为八尺）可以停泊商船和军舰的港口。天启三年（1623年）六月，荷兰派人到台湾谈判贸易。同年十月，荷兰殖民者又派出军舰和士兵到台湾，遭到当地目加瑠湾高山族人民的袭击，狼狈逃回。

荷兰殖民者被逐出澎湖以后，加紧了对台湾的侵略。当时的荷兰殖民头子宋克接受以前遭受台湾高山族人民打击的教训，便先在无人居住的一鲲身的沙洲上建筑了热兰遮城堡。热兰遮是荷兰殖民者一艘军舰的舰名，也是荷兰的一个州名，但中国人都称它为台湾城。接着宋克用狡猾欺骗的手段，用甜言蜜语和十五匹粗棉布，向高山族人民骗得一鲲身对岸的一大片土

---

① 《明史》卷325《和兰传》；张燮：《东西洋考》卷6《红毛番》。

② 《明史》卷264《南居益传》。

地。后来荷兰殖民者在这里建筑了普罗文查要塞(即赤嵌城)。关于这种殖民者的欺骗手段,宋克在向荷兰东印度公司的报告中厚颜无耻地自供说:

> 他们(指台湾新港高山族人民)是十分可爱的民族,只要了解他们的感情,对付得当,就很容易结交。首先要投其所好,不过是可供一顿饱餐的米粮,一寻的粗棉布,一袋烟就足够了。①

荷兰殖民者在热兰遮和普罗文查立稳脚跟后,便得寸进尺扩展侵略地盘,逐步侵占了台湾南部地区。

荷兰侵入台湾后,天启六年(1626年),西班牙驻菲律宾的总督泰波拉也派遣舰队在台北鸡笼港(基隆)强行登陆,在海岸建筑圣·沙尔瓦多(San.Salvador)城,即鸡笼城,设置炮垒,在当地实行殖民统治。

荷兰殖民者侵占了台湾南部,西班牙殖民者在台湾北部发展势力。他们都想独吞我国领土台湾,但最初因势均力敌而未曾实现。直到崇祯十五年(1642年),西班牙国势逐渐衰弱,荷兰发动进攻,派遣庞大的舰队在淡水登陆,进围西班牙堡垒,西班牙军被围多日后投降,至此台湾全岛大部被荷兰殖民者所侵占。

二、荷兰殖民者对台湾人民的残酷统治

荷兰殖民者为了巩固它对台湾的统治,在全岛各险要地方建筑城堡和兵站。荷兰殖民者在台湾驻军一千二百人至二千二百人,三分之一以上的兵力驻扎在热兰遮城附近,其余的军队分驻在各个行政区。当时台湾全岛被划分为七个行政区。

---

① 村上直次郎:《热兰遮筑城史》。

1."长老"、"结首制度"和基督教

荷兰殖民者在政治上主要利用当地各族"长老"实行间接统治。这是他们对爪哇等地进行殖民统治所取得的"经验",认为那是最有效和最合算的。他们发给每个长老"刻着公司徽章的银头藤杖一条,作为职位的标志"①。每年召开长老评议会,会上荷兰殖民头子宣布东印度公司的殖民政策,要求长老对公司效忠,并赐予一些廉价物品,拉拢收买这些长老,使之成为东印度公司对台湾实行殖民统治的代理人。

荷兰殖民者还用"结首制度"来统治台湾人民。他们把数十家居民编制在一起,称为"小结",以赀产殷富的为"小结首";合数十小结为一"大结",举"富强有力"的为"大结首"。据《埔里社纪略》载:

> 昔荷人之法,合数十佃为一结,通力合作,以晓事而赀多者为之首,名曰小结首。合数十小结中举一富强有力公正服众者为之首,名曰大结首。有事官以问之大结首,大结首以问之小结首。然后有条不紊,视其人多寡授以地。垦成众佃公分,人得地若干甲,而结首倍之或数倍之,视其赀力。②

荷兰殖民者利用当地居民中"富强有力"的地主来统治广大农民。因为这些地主为了保护自己的财产和生命,易于和殖民者进行勾结。

荷兰殖民者在统治台湾期间,大力传布基督教。他们企图利用宗教来强化其殖民统治。他们侵占台湾后就派牧师到各地去传教。有的传教士把《马太福音》翻译成高山族语,并专门编了一本供当地人用的《宗教问答》。他们开设学校,强迫居民去

---

① 里斯:《台湾岛史》第八章。

② 姚莹:《埔里社纪略》,见《小方壶斋舆地丛抄》第9帙。

学习"上帝福音","当地居民每天要去上课,否则罚捐鹿皮一张或其他可用的东西"。星期日则把全村居民集中到教堂里来听讲福音,接受殖民政策的教育。在荷兰殖民者大力推行下,基督教在台湾的传布很广。据1639年的统计,新港社人口一千零四十七人,几乎全部受洗礼入教。目加瑠社人口一千人中有二百八十二人,麻豆社三千人中有二百十五人,大目降社一千人中有二百零九人受洗礼入教。①

据统计,从明末天启七年(1627年)到清康熙元年(1662年)的三十五年中,先后来了三十二个传教士。他们积极配合荷兰殖民者对台湾的统治,除了进行传教活动以外,还兼营商业,并参加商讨统治台湾的殖民政策。戴维逊在《台湾岛的过去和现在》一书中总结说:"对付本地人的成功,真正的原因既非由于军事力量,亦非由于政治制度,而是由于传教士的个人影响"。"政府充分了解这一点,因此赋予他们很大的权力"。这就说明荷兰殖民者认识到传教士们的活动,起到了军事、政治所起不到的作用。

2. 苛捐杂税、贩卖鸦片和抢掠奴隶

荷兰殖民者用"结首制度"把台湾居民加以层层管制,并进行残酷的经济剥削。他们把台湾的土地,不论已垦未垦全部收归荷兰东印度公司所有,称为"王田",把农民变成受他们剥削的农奴。《台湾使槎录》载:"自红夷至台,就中土遗民,令之耕田输租,及受十亩之地,名为一甲,分别上、中、下则征粟。"每甲每年上则田纳租十八石,中则田十五石六斗,下则田十石二斗。②

台湾土地肥沃,一岁三熟,福建泉州、漳州人原先多来此开

---

① 村上直次郎:《荷兰人的番社教育》;山崎繁树、野上矫介:《台湾史》2编3章。

② 连横:《台湾通史》。

发,可自由垦殖,不必纳税。现在荷兰殖民者却要收取如此苛重的赋税,这比内地农民缴纳的赋税重得多。

荷兰殖民者还向当地人民收取人头税,凡年满七岁以上的男女,每人每年要缴纳荷兰币四盾。只这人头税一项,荷兰殖民者每年就要向台湾人民刮取二十万盾。

还有狩猎税,不论高山族或汉族人民,进山狩猎,用网的,月纳执照费一里尔,设陷阱的每月交十五里尔。此外还有房屋税等种种苛捐杂税。

荷兰殖民者还用垄断对外贸易的办法来剥削台湾人民,这是东印度公司榨取殖民地人民的惯常手段。他们对外贸货物课以极重的关税,逼迫台湾人民只得把货物卖给荷兰人,集中到东印度公司手中,然后再用公司的船只运送到外国去牟取暴利。

鹿皮是台湾的特产。荷兰殖民者通过关税卡压的办法,搜刮到数量极大的鹿皮,其中一部分运至日本出售,一部分运回本国。1660年,从台湾到日本长崎的一艘荷兰货船上,装载了"六万四千八百九十件干燥而完好的皮货"①。由此可见其掠夺数量之巨。

荷兰殖民者是最早把鸦片输入中国的殖民主义者,《台湾通史》载:"台湾之有鸦片,始自荷兰之时。荷人贸易,以此为巨,销售闽粤两省,渐及内地。"

荷兰殖民者以台湾为基地,用武装船只在我国沿海拦劫商船,掠夺财货。东印度公司的账目中就有"掠夺财货"一栏。

贩卖奴隶是荷兰殖民者实行原始资本积累的一种手段,他们在我国澎湖、台湾等地也进行了这种罪恶活动。据当时充任船长的威廉·庞德古所写的《难忘的东印度旅行记》供述:

---

① C.E.S.:《被忽视的福摩萨》"附"卷上《可靠证据》第十六号。引自厦门大学郑成功历史调查组编《郑成功收复台湾史料选编》(增订本),下同。

（1623 年 5 月 1 日）在航途中，我们遇上另一只开往马尼拉的中国大帆船，载着价值千金的货物和二百五十人。我们抢夺了这只帆船，把大部分抓到的中国人送上大船……

现在我们大船上已有几百名中国人了。前面说过，我们的人健壮的只有五十人，由此非常担心会被中国人打败。我们让所有的水手在腰间都挂着剑，看起来都像军官似的。夜里我们把全部中国人关进船舱里，舱盖上用杠杆顶住，到处挂着灯，连下层的舱板也照亮了，在舱盖旁边有五六个人持剑看守……

我们把这些中国人以及从别条船上带来的中国人都带到澎湖群岛去，把他们两个两个地绑在一起，总数大约有一千四百人。我们叫他们运土造堡垒，造好以后，把他们运到巴达维亚卖掉。

这种罪恶活动，荷兰殖民者的头目宋克也供认不讳，他说："我们前时在中国沿海的行为，激起了全体中国人民的反抗，一般把我们看作杀人者、掠夺者和海盗。我们对中国的行为，确是残酷野蛮的。我以为用这种方法永远达不到和中国通商的目的。"

三、台湾各族人民的反抗斗争

在荷兰殖民者血腥统治的三十八年里，台湾各族人民的反抗斗争，此伏彼起，连续不断，规模也越来越大。顺治九年（1652年）终于爆发了由郭怀一领导的大规模的武装起义。

郭怀一，汉族人，原是郑芝龙的部属，长期在台湾南部居住。他"因愤荷人之虐，思歼灭之"，与其同伴一起计划于八月十五日中秋之夜，以自己"大结首"的身分，邀请荷兰驻台长官及普罗文查城的荷兰官吏来赏月，一举加以歼灭，然后以送长官入城为名,赚开城门,驱逐荷人。可惜这一计划被汉奸告密出卖了,郭便决定提前起义。八月初一日,郭怀一"集其党,啐以酒,激之曰:'诸君为红毛所虐,不久皆相率而死;然死等耳,计不如一战,战而胜,台湾我有也;否则亦一死。唯诸君图之。'"[1] 听了郭怀一的讲话,大家群情愤激,纷纷表示要和荷兰殖民者决一死战。于是大家分头去发动群众,很快聚集了一万六千多人,在郭怀一的率领下去进攻普罗文查城。

起义军都是没有作战经验的农民,手拿竹竿木梃作武器,自然敌不过握有优良火器的荷兰殖民军。经过激烈的战斗,郭怀一在战场上壮烈牺牲。起义军的副指挥被俘,"在台湾被活活烧死,尸体拉在马后,游城示众,然后头颅被割下挂在竿上"[2]。起义群众退到新港附近的欧汪,侵略军又野蛮进行追杀。这次起义前后历时十五天,数千起义者和无辜的台湾人民被屠杀。保存下来的起义群众撤退到山区,与高山族人民一起继续战斗。

郭怀一率领的武装起义虽然失败了,但它给荷兰殖民者以沉重的打击。参加镇压这次起义的荷军长官费尔堡,事后心有余悸地写信给巴达维亚评议会说:"许多半野蛮土人(指高山族人民)由于愚昧无知而屈服在我们的脚下,只要获得更多的知识,他们就不会像往常那样的安分守己了。我们的力量同他们的人数比起来,又算得什么,他们能够出动十万个战斗人员。此外,又有各种各样的中国人(指汉族人民)聚居岛上,他们经常从各方面窥探这块土地,并能不费气力地发动叛变。"因此,他提醒在台湾的荷兰殖民统治者:"尤须小心翼翼,夙夜戒备,决不应不经常想着这个问题而安然入睡。"

到了十七世纪六十年代,著名的民族英雄郑成功终于结束

---

① 连横:《台湾通史》卷1《开辟纪》。

② 甘为霖:《荷兰人侵占下的台湾》。

了荷兰人在台湾的殖民统治。

四、郑成功收复台湾

1. 进军台湾

十七世纪四十年代末至五十年代,郑成功在东南沿海坚持抗清(详下)。他所率领的武装集团实力雄厚,使盘踞台湾的荷兰殖民者感到很大的威胁。早在郑成功刚起兵后不久,在日本长崎的荷兰东印度公司的人员就说,郑成功的军队已经"把目光移向大员(即一鲲身)"。1652年,在中国的荷兰传教士回到巴达维亚时,向荷属东印度公司报告说,郑成功随时准备进军台湾。因此,巴达维亚评议会函告其台湾长官尼古拉斯·费尔堡,要他"继续准备防御,并随时提高警惕"①。郑成功因荷兰殖民者留难从大陆驶往台湾的商船,便对台湾实行经济封锁,"刻示传令各港澳并东西夷国州府,不准到台湾通商。由是禁绝两年,船只不通,货物涌贵,夷多病疫"②。1657年,荷兰驻台长官弗里德里克·揆一派代表来厦门谈判,要求恢复通商贸易,愿意"年输饷五千两,箭杆十万支,硫磺千石"③。郑成功答应了这一要求。其时大陆和台湾虽然恢复了通商贸易关系,但郑成功并没有忘怀收复台湾。荷兰殖民者也明白郑成功总有一天要进军台湾,因此,不断加强其在台湾的军事力量。1660年,荷兰东印度公司派樊德郎率领舰队到达台湾,留下战船三艘和部分士兵。同时"评议会命令中国人必须在规定的时间内迁出森林,携带全部行李到热兰遮城堡周围居住,以便控制,如有任何骚动,也可以立即镇压"④。并把一些中国居民拘禁在城堡中,防备他们支持

---

① ③ ④ 《被忽视的福摩萨》卷上。

② 杨英:《从征实录》。

郑成功军队登岸。

早在1659年,郑成功就曾与将士们讨论进军台湾的问题,"议遣前提督黄廷、户官郑泰,督率援剿前镇、仁武镇往平台湾,安顿将领官兵家眷"。但因将领们的意见分歧,没有作出决议。促使郑成功最后下定进军台湾决心的,是何廷斌来投事件。何廷斌又名何斌,是中国人,曾是郑成功之父郑芝龙的部下。荷兰殖民者侵占台湾后,他当上了通事(翻译)。1657年,何廷斌曾被派到思明州与郑成功谈判恢复通商事宜。在那次谈判中,郑成功的户官郑泰,秘密聘他为在台湾的税收代理人,凡自台湾运往郑成功管辖地区的货物,由何廷斌在台湾装货地代为抽税,而后由郑泰付给他一定的酬金。这一事件,后来被荷方发现,就撤了他的职,并处以很重的罚款。何廷斌便投奔郑成功,详细地介绍了台湾的情况,并进献可备进军台湾的地图,劝说郑成功收复台湾。

何廷斌的献图,坚定了郑成功进军台湾的决心,1661年正月,郑成功召开军事会议,他说:

> 前年何廷斌所进台湾一图,田园万顷,沃野千里,饷税数十万,造船制器,吾民鳞集,所优为者。近为红夷占据,城中夷伙不上千人,攻之可唾手得者。我欲平克台湾以为根本之地,安顿将领家眷,然后东征西讨,无内顾之忧,并可生聚教训也。[①]

要不要进军台湾,将领们争论得十分激烈,吴豪、黄廷等认为"(荷兰)炮台厉害,水路险要",主张不要去冒险。张煌言也写信劝阻郑成功:"军有寸进而无尺退。今入台则两岛(金门、厦门)将来恐并不可守,是孤天下人之望也。"[②] 马信、陈永华等人则

---

① 杨英:《从征实录》。

② 全祖望:《鲒埼亭集》卷9。

主张"统一旅前往探望,倘可进取,则并力而攻;如果厉害,再作相商"。他们虽然同意出征台湾,但信心不大。只有杨朝栋坚决拥护郑成功的决策,"亦倡言可行"。通过讨论,郑成功果断决定,立即渡海东征台湾。

1661年二月,郑成功自厦门移驻金门。他留长子郑经和黄廷、郑泰等驻守金、厦,自率马信、周全斌、萧拱宸等将领及第一批军队二万五千人,渡海东征。三月二十三日,东征军队乘大小战船数百艘,从金门料罗湾出发,横渡台湾海峡。翌日抵达澎湖群岛,"分各屿驻扎。藩驾驻峙内屿,候风开驾"①。三日后,继续东航至柑橘屿,遇巨风折回澎湖。船队在澎湖停留了四天,但风浪仍未停息,郑成功为了争取时间,于三月三十日夜,毅然下令出航。"成功坐驾竖起帅旗,旁列五方,中悬龙纛。发炮三声,金鼓震天。令洪暄(镇守澎湖游击)引港船先面东而去,诸提镇照序鱼贯。"② 在全体将士的努力下,终于战胜了狂风恶浪,顺利渡过台湾海峡,四月初一日黎明,郑成功东征船队抵达台湾鹿耳门外海面。

鹿耳门在台湾南部安平北,为海道入口,内有浅水海湾,水道迂回险阻。荷兰殖民者于此沉塞损坏的甲板船,使得较大的船只不能进出。他们认为郑成功的军队根本无法在这里通过。在一鲲身的热兰遮堡,荷兰殖民者配置了大炮,控制航道。但郑成功避开热兰遮堡的炮火,乘涨潮机会,在何廷斌的引导下顺利通过鹿耳门浅水海湾,在北线尾岛和禾寮岛登陆。荷兰侵略者惊慌失措,以为郑军"自天而降"。台湾的汉族和高山族人民听到郑军登陆,纷纷前来欢迎和支持,其热烈盛况,中外文献皆有记载:"随即有几千中国人出来迎接他们,用货车和其他工具帮

① 杨英:《从征实录》。
② 江日昇:《台湾外纪》卷11。

助他们登陆。"①"土番各社(指高山族人民)俱罗列恭迎。"②

郑成功军队登陆后,立即向荷兰殖民军发起进攻。在海上,郑军包围了荷军战舰,首先击沉了他们最大的赫克托号,接着又用火攻袭击荷军其他战舰,荷军剩下的一艘通讯船狼狈逃回巴达维亚去报警。在陆上,郑成功的军队也大败荷兰侵略者。郑军刚登陆时,荷军贝德尔上尉认为"中国人受不了火药的气味和枪炮的声音,只要放一阵排枪,打中其中几个人,他们便会吓得四散逃跑,全部瓦解"③。他率领二百四十名殖民军疯狂地反扑过来。结果郑成功的部将陈泽的部队用包抄夹击的战术,击毙贝德尔上尉及其部下共一百十八人,剩下的一百多人狼狈溃逃。

郑成功军队自踏上台湾的土地后,军纪整肃,深受当地居民的拥护,他们密切配合,共同打击荷军。据荷兰殖民者自供:"好些居住山区和平原的居民及其长老,还有几乎所有住在南部的居民都投降了国姓爷(即郑成功)。每位长老赏到一件浅色丝袍、一顶有金色顶球的帽子和一双中国靴。这些家伙如今辱骂起我们努力传播给他们的基督教真理。"④"我们所统治的人民,包括台湾土人在内,都起而反抗我们了。"⑤

2. 收复普罗文查和围困热兰遮城堡

荷兰侵略军遭到郑成功军队的打击后,龟缩到普罗文查和热兰遮城堡两个据点,妄图依凭城堡工事进行顽抗。郑成功乘胜包围了普罗文查城堡。这时驻扎在热兰遮城堡内的荷兰殖民者想用谈判来延缓时间等待援兵。他们派出两个评议员来会见郑成功,表示愿意"讲和"。郑成功严正指出:"(台湾)一向是属于中国的。在中国人不需要时,可以允许荷兰人暂时借居;现在

---

①③ 《被忽视的福摩萨》卷下。

② 江日昇:《台湾外纪》卷11。

④ 《热兰遮城日记摘录》1661年5月17日。

⑤ 赫波特:《爪哇、福摩萨、前印度及锡兰旅行记》。

中国人需要这块土地,来自远方的荷兰客人,自应把它归还原主,这是理所当然的事。"郑成功最后指出:"如果你们仍旧不可理喻,违抗我的命令,如果你们一意孤行,自取灭亡,那么我将立即当你们二人面前,下令攻取你方城堡。"①

郑成功放走两个评议员后,便紧缩包围圈,断绝普罗文查和热兰遮城堡之间的一切联系。当地居民向郑成功建议说:"城外高山,有水自上而下,绕于城壕,贯城而过。城中无井泉,所饮惟此一水,若塞其水源,三日而告困矣。"② 荷军普罗文查要塞司令描难实丁眼看孤城无援,又断水源,"用水仅能维持八天,给养和粮食的供应也很缺乏,火药还不够对付一次攻击"③,便献城投降。这样,郑成功在登陆后的第三天(四月初四日)就收复了普罗文查城堡。

郑成功收复普罗文查城后,即指挥军队分水陆两路围攻热兰遮城堡。"藩(郑成功)督师移札崑身山,传谕候令进攻台湾城。"④ 郑成功的数千名士兵于热兰遮城南登陆,在东面还有许多中国战船停泊在大炮射程以外的海面,水陆军容十分壮盛。在市区的荷兰殖民者纷纷逃向热兰遮城堡,"他们说,在那里呆一个晚上,就等于把头搁在断头台上,因此,不管有没有命令,都要逃进城堡里来"⑤。他们逃走之前,"在市区四隅放火,一些主要建筑如锯木厂、德里百货店,以及其他各种房屋都烧了起来。希望大火蔓延,把全市烧成灰烬"⑥。郑成功军队迅速推进,及时扑灭了火灾,保全了市区。

热兰遮是荷兰殖民者统治台湾的大本营,修建了坚固的城堡,城墙上有瞭望台,配有威力较大的火炮。郑成功军队的工事

---

①③⑤⑥ 《被忽视的福摩萨》卷下。

② 黄宗羲:《赐姓始末》。

④ 杨英:《从征实录》。

尚未筑好,就被荷军炮火所破坏。爱国士兵不怕牺牲,顽强战斗,克服种种困难,完成了攻城的准备工作。正当郑成功加紧部署围攻热兰遮城时,五月"黄安、刘俊、陈瑞、胡靖、颜望忠、陈璋等六镇,统船二十只至台"①。这就更增强了攻城的力量。郑成功还用政治攻势,接连几次去信劝荷兰殖民者投降。荷兰驻热兰遮城长官"揆一死守不下",郑成功"乃列营环攻以迫之"②。因军粮缺乏,郑成功命令"随将各镇分派汛地屯垦"。③

荷军的通讯船马利亚号,逃回巴达维亚报告郑军登陆台湾的消息后,荷方立即任命巴达维亚城的律师兼法院检察官雅科布·考乌为司令官,率领十二艘战斗快艇和双桅货船增援。船上载有七百二十五名士兵和供八个月用的米、牛肉和猪肉④。这支救援船队于1661年7月5日从巴达维亚出发,9月10日到达热兰遮城和城堡内的侵略军合在一起,分水陆两方面袭击中国军队;陆上出动三四百名士兵向市区进攻,水上用战舰轰击中国船队。荷兰殖民者满以为一举就可以把郑军打垮,宣布:"我们决不饶恕船上任何人,见人就杀,不留一个。"并用奖励的办法鼓励士兵卖命:"捕捉或焚烧一只帆船赏银一百里尔,一只中型帆船赏五十里尔,一只舡仔船赏二十五里尔。"⑤ 但荷兰侵略军用银钱鼓动的勇气,敌不过郑成功军队的爱国正气。9月16日双方激战的结果,中国战船大败荷兰援军,俘获三只小艇,打碎一只大船,用火烧毁一只大船,打死"一个艇长、一个尉官、一个护旗军曹和一百二十八名士兵,另有一些人负伤"⑥。在陆上出击的荷军,也被郑成功部将黄安所率领的部队大杀一阵,逃回城

---

① ②　夏琳:《闽海纪要》卷2。

③　杨英:《从征实录》。

④　《巴达维亚城日志》1661年7月5日。

⑤　《被忽视的福摩萨》"附"卷下《可靠证据》第9号。

⑥　《被忽视的福摩萨》卷下。

中。从此,考乌就不敢再出兵和郑军较量,他在"福摩萨评议会"上"要求准许他乘首班船回巴达维亚去",并"作为一名信差回去,丢下所指挥的军队",这遭到了评议会的指责。11月26日,荷兰殖民者决定接受清朝方面的建议,联合进攻郑成功留在大陆金、厦等地军队,于是考乌要求去执行这个任务,实际是乘机离开了台湾,逃回巴达维亚。

郑成功看到热兰遮城堡坚固,荷军又配置了较强的火器,如果强攻则"未免杀伤";同时从考乌援军情况来看,知道巴达维亚方面力量薄弱。因此,郑成功便采用"围攻俟其自降"的办法。十一月二十二日,荷兰驻热兰遮城长官揆一给巴达维亚写信报告被围的情况:"从开始围攻到十一月二十日,城内因负伤和得病而死者共三百七十八人","还有医院病号二百八十人。健壮能胜任战斗者仅有九百五十余人"。①

考乌的逃跑,在荷军士兵中引起莫大的恐慌,为求活命,有些荷兰士兵就出城投降郑军。一个叫拉迪斯的军曹投降后,把热兰遮城堡中守军的情况向郑成功作了报告:"由于长期的继续不断的围困,守军已经精疲力竭,城中已经找不到四百名强壮的士兵。""因此,他劝国姓爷充分利用围城内普遍存在的惊慌情绪和疲弱状态,不仅要用封锁,而且要用连续攻击,来彻底疲惫敌人,使其完全绝望。"② 郑成功接受了他的建议,把所有在台湾的兵力集中到一鲲身。1662年1月25日,郑成功发出总攻击令,配置在乌特利支圆堡东端和南端的二十八门巨炮,一齐向乌特利支圆堡开火,整整轰击了两个小时,共发射了约二千五百发炮弹,"使整个圆堡遭到彻底破坏,到了晚上,几乎成为一片废墟"③。郑成功在占领了乌特利支圆堡这一制高点后,热兰遮就

---

① 《巴达维亚城日志》1661年12月21日。
②③ 《被忽视的福摩萨》卷下。

完全在郑军的控制之下。

3．荷兰殖民者签署投降书

在热兰遮城堡内的荷兰殖民者,面对即将被消灭的命运,评议会又召开一次重要的秘密会议。经过讨论,认为出路只能是两条:是出击还是投降? 要求每一个与会者坦白地发表意见。出席会议的共二十九人,除四人主张出击,其余二十五人,包括长官揆一,都认为不能再坚持了,最后"一致同意并决定立即写信通知国姓爷,我们愿意和他谈判,在优惠条件下交出城堡"①。双方经过几天谈判之后,荷兰殖民者于 1662 年 2 月 1 日在投降书上签了字。这是中国人民反对西方殖民侵略史上的光辉一页。投降书内容如下:

本条约经双方订定并经双方同意。一方为自 1661 年 5 月 1 日至 1662 年 2 月 1 日包围福摩萨岛热兰遮城堡的大明招讨大将军国姓殿下,另一方为代表荷兰政府的热兰遮城堡长官弗里德里克·揆一及其评议会,本条约包括下列十八条款:

一、双方停止一切敌对行动,从此不记前仇。

二、荷方应将热兰遮城堡、外堡、大炮、剩余的军用物资、商品、现金以及其他属于公司的财产全部交与国姓殿下。

三、大米、面粉、酒、烧酒、肉类、猪肉、油、醋、绳索、帆布、沥青、柏油、锚、火药、枪弹、亚麻布以及被围者返回巴达维亚途中必需的其他物品,得由上述长官及评议会运上公司船只。

四、城堡内以及他处属于荷兰政府官员之私人动产应先经过国姓代表检查,然后运上公司船只。

---

① 《被忽视的福摩萨》"附"卷下《可靠证据》第 15 号。

五、除携带上述物件外,二十八名评议员每人准予随身携带二百银元,另二十名特定公民准予一共携带一千银元。

六、经检查后,荷兰士兵得以在长官指挥下,扬旗、鸣炮、荷枪、击鼓、列队上船。

七、所有在福摩萨之中国债务人及中国租地人之名单以及他们所欠债务应从公司帐簿中抄出,呈交国姓殿下。

八、所有荷兰政府之档案文件可以运往巴达维亚。

九、公司人员现为中国人拘禁在福摩萨者,应于八日至十日内释放,拘禁在中国(大陆)者,应尽早予以释放。公司人员在福摩萨未受拘禁者,应发给通行证,以便安全到达公司船上。

十、国姓将捕获之四艘小艇及其附属物品发还公司。

十一、国姓负责拨出需要的船只运载公司人员及其财货上船。

十二、公司人员在停留期间,国姓属下臣民应按月供应以合理价格之蔬菜、肉类以及其他维持日常生活之物品。

十三、公司人员未上船前留在岸上期间,除为公司服务外,国姓属下之士兵、臣民一律不得进入城堡,不得越过工事网之保篮,亦不得进至由国姓殿下下令所立之木栅。

十四、在公司所属人员全部撤出城堡以前,城堡上除白旗外,不许悬挂别种旗帜。

十五、公司人员及财货上船后,仓库管理人员应留在城堡内两三日,然后上船。

十六、本条约一经签字、盖章、宣誓后,双方各依本国习惯,国姓即派其官员 Moor Ongkun 及政治顾问 Pimpan Jamoosjo 到荷兰船上;公司方面亦派一位仅次于长官之官吏燕·奥根斯、樊·华弗伦及福摩萨评议员大卫·哈曹尔到国姓处作为人质,双方人质应留在指定地点,直到本条约规定之事项均已执行完毕为止。

十七、目前在城堡内或公司船上之中国俘虏应予释放，以交换荷方为国姓部属所俘虏之军民。

十八、本条约中如有发生疑义或有重要未尽事项，经任何一方提出后，应立即由双方协商解决之。[①]

上述荷兰殖民军投降书的内容说明，郑成功不仅是一个智勇双全的军事家，而且是一个有远大抱负的政治家。

投降书签署之后的几天内，荷兰殖民者就全部撤出了台湾。中国史书上曾概括叙述："(永历十五年)十二月，红夷酋长揆一降，纵其归国，台湾平。"[②] "守台湾城夷长揆一等，乞以城归赐姓(郑成功)，而搬其辎重货物下船，率余夷五百余人驾甲板船远去。"[③] 外国史书记载："双方都遵守这个和约，我方人员全数上船，在船上停留了几天，直到所有东西都交给他们为止，然后我们派一只船到中国沿海广东，去接被俘的赤嵌司令官，我们这些人则乘其他船只回巴达维亚去。"[④] 从此，荷兰殖民者在台湾三十八年的殖民统治宣告结束，美丽的宝岛回到了祖国的怀抱。

4. 郑成功收复台湾的意义

台湾历来是中国的领土。三百二十多年前，郑成功在祖国各族人民的支持下，跨海收复台湾，把荷兰殖民者逐出中国领土，这是世界反殖民主义斗争史上的壮举。十七世纪，西方殖民主义者已在世界各地建立了许多殖民地。在亚洲，印度、缅甸、锡兰(今斯里兰卡)、爪哇等都先后沦为殖民地。西方殖民者对之进行残酷的统治与压榨。这些殖民地人民都进行过英勇的反抗斗争，结果都失败了，唯有郑成功领导收复台湾的斗争取得了

① 《被忽视的福摩萨》卷下。
② 夏琳:《闽海纪要》。
③ 阮旻锡:《海上见闻录》。
④ 赫波特:《爪哇、福摩萨、前印度及锡兰旅行记》。

胜利。十七世纪,荷兰是世界上头号殖民帝国。正如马克思说的:"荷兰——它是十七世纪标准的资本主义国家——经营殖民的历史,'展示一幅背信弃义、贿赂、残杀和卑鄙行为的绝妙图画'。"① 它的船队在世界各地横行无忌。荷兰继葡萄牙、西班牙之后,把侵略矛头指向亚洲。明万历四十七年(1619年),侵占了马来群岛的咬𠺕吧,改名为巴达维亚,就以此为据点,向北侵扰中国沿海并占领了台湾。从荷兰殖民者的发展趋势看,它将以台湾为据点,把它的殖民势力再向北伸向日本和朝鲜。郑成功率领中国军队驱逐荷兰侵略者,收复台湾,维护了祖国的统一和完整,这不仅为中国人民建立了功勋,也给荷兰殖民帝国在亚洲的侵略行为以沉重打击,为当时的日本和朝鲜解除了威胁。

　　　　开辟荆榛逐荷夷,十年始克复先基。

　　　　田横尚有三千士,茹苦间关不忍离。

　　郑成功收复台湾后所赋的这首诗,表达他十年砥砺,经过含辛茹苦的斗争,终于实现了他"逐荷夷"的雄心壮志。郑成功是我国杰出的民族英雄!

第二节　华侨与东南亚人民的友谊和
共同反对西方殖民者的斗争

一、华侨与东南亚人民的友好关系

　　明朝后期,中国与东南亚各国的关系比明朝初中期更为密切。菲律宾邻近我国福建,明朝初期就和我国有频繁的交往,后来中断过一段时期,万历四年(1576年),"官军追海寇林道乾至其国,国人助讨有功,复朝贡"。吕宋和棉兰老岛是菲律宾群岛

---

① 《马克思恩格斯选集》第2卷第256页。

中最大的两个岛,当时中国人到这两个岛屿去的日益增多,只福建一省去吕宋的有几万人。"闽人以其地近且富饶,商贩至者数万人,往往久居不返,至长子孙。"①

猫里务也是菲律宾的一个岛,明朝万历时,中国商船经常往来于其地,当地居民"见华舟,跫然以喜,故市法最平"②。当时在我国社会上流传着这样一句口头语:"若要富,须往猫里务。"③ 可见我国和菲律宾商业贸易的频繁,以及它对人们的深刻影响。

我国到菲律宾去的华侨,除了商人以外,还有许多劳动者,如成衣匠、鞋匠、金属工匠、银匠、雕刻匠、锁匠、油漆匠、泥水匠、织布工人以及农民。他们把手工技术和耕作技术带到了菲律宾,和当地居民一起劳动,互相帮助,建立了深厚的友谊。

明朝后期,爪哇、苏门答腊和加里曼丹的华侨也很多,对当地的开发起了积极作用。《瀛涯胜览》"爪哇"条载:"至新村曰革儿昔者,本沙滩地,中国人客此而成聚落,遂名新村,约千余家,村主广东人也。"又说:"杜板之地,番名曰赌班,寓居千家,多广东、汀、漳人,以二头目为主。"这个地方又叫做锦石,直到万历四十年(1612年)仍有许多中国商船前往通商。④

万历时成书的《东西洋考》记载中国与爪哇通商的情况时说:"华船将到,有酋来问,船主送橘一笼,小雨伞二柄。酋驰信报王。比到港,用果币进王。""华人谙夷语者为通事,船各一人。其贸易,王置二涧,城外设立铺舍。凌晨各上涧贸易,至午而罢。"⑤ 这

---

① 《明史》卷 323《吕宋传》。

② 张燮:《东西洋考》卷 5《猫里务交易》。

③ 《明史》卷 323《合猫里传》。

④ 赫伦尼菲尔特:《在中国的荷兰人》第 53 页,见《南洋问题资料译丛》1957 年第 4 期第 26 页。

⑤ 《东西洋考》卷 3《下港》。

说明明代中国与爪哇等地的贸易一直是很繁盛的。这些地区的华侨，大多是小商人、手工业者和农民，有的与当地人民结亲①。在西方殖民者侵入这些地区之前，华侨和当地人民和睦相处，共同为社会经济的发展辛勤劳动。

二、华侨和东南亚人民共同反抗西方殖民者

十五世纪末十六世纪初，是"西班牙的势力独霸欧洲的时代"②。西班牙还把殖民势力伸向美洲和亚洲。正德十六年（1521年），麦哲伦率领西班牙舰队侵入菲律宾的萨马岛、宿务岛和马克坦岛，遭到当地人民的迎头痛击，麦哲伦被击毙，残存下来的殖民军下海逃遁。此后四十余年，西班牙侵略者不断派兵入侵，并通过传教士对当地人民进行种种欺骗，直至嘉靖四十四年（1565年），才占领菲律宾群岛。

华侨和菲律宾人民不甘忍受西班牙的殖民统治，不断发动反抗斗争。万历二年（1574年）冬，我国广东潮州人林凤率领战船六十二艘，水陆军各二千余人，在吕宋岛登陆，袭击西班牙殖民军。当时有一万多菲律宾人民纷起响应，参加了起义部队，予西班牙殖民者以沉重打击。西班牙殖民军凭借精良火器围攻起义军，林凤突围，从海上撤退。这次武装起义虽然失败了，但增强了菲律宾人民反抗殖民侵略者的信心和决心。

万历二十一年（1593年）八月，西班牙总督郎雷敝里系膀，从吕宋率领舰队去侵略美洛居（马鲁古群岛），强迫华侨二百五十人当兵，在船上为他们"操舟，稍怠，辄鞭挞，有至死者"。华侨

---

① 甫楱·沙勒：《在荷兰东印度公司以前居住印尼的中国人》，见《南洋问题资料译丛》1957.2，第87页。

② 马克思：《革命的西班牙》，《马克思恩格斯全集》第10卷第461页。

潘和五激励他的同伴们说:"叛死,箠死,等死耳,否亦且战死,曷若刺杀此酋以救死。胜则扬帆归,不胜而见缚,死未晚也。"①大家都拥护他的这一主张,便在晚上杀死郎雷敝里系胳及其爪牙,"和五等尽收其金宝、甲仗,驾舟以归"。因迷失航路驶抵安南,郭惟太等三十二人搭乘其他船只返回祖国。

西班牙殖民者听到这一消息后,便对菲律宾的华侨进行残酷的报复,把在吕宋的华侨全部赶到城外,并烧毁华侨的住宅。郎雷敝里系胳的儿子郎雷猫吝向明朝"遣僧陈父冤,乞还其战舰、金宝,戮仇人以偿父命"②。明朝政府竟不辨是非,不保护华侨的正当权益,接受了西班牙殖民者的要求,把郭惟太等反抗殖民侵略的英雄关进了监狱。潘和五等人就留在安南居住,不敢返回祖国。

西班牙殖民者非常害怕华侨和菲律宾人民联合起来反对他们,处心积虑残害华侨。他们于万历三十一年(1603年)制造了一起屠杀华侨的大惨案。万历三十年,福建人阎应龙、张嶷上书明神宗:"吕宋机易山素产金银,采之,岁可得金十万两、银三十万两。"③昏聩的朱翊钧不听大臣们的谏诤,采纳了这一建议,派海澄县丞王时和与张嶷前往吕宋勘查。西班牙殖民者乘机散布谣言,说中国政府使者表面是来探采金矿,实际是探听虚实,准备进攻菲律宾,以华侨为内应。同时西班牙殖民者"诡言将征他国",检搜华侨所有的铁器,使得"家家无复寸铁"④。"乃下令录华人姓名,分三百人为一院,入即歼之。事稍露,华人群走菜园,酋发兵攻"⑤。华侨突围到大仑山继续抵抗。但因手无寸铁,又无粮食,终于被西班牙殖民者所镇压,华侨前后被屠杀二万五千人。华侨在当地长期辛勤劳动积累起来的大批财产也被西班牙

①②③⑤ 《明史》卷323《吕宋传》。
④ 《东西洋考》卷5《吕宋》。

殖民者所掠夺。事后,西班牙殖民者为了掩饰自己的罪恶,派遣使者到中国狡辩这次惨案的原因是由于"华人将谋乱,不得已先之"①。腐败的明朝政府任凭自己的人民在国外遭受屠戮而毫无作为。

华侨和东南亚人民共同反对西班牙殖民者的斗争,表现了中国人民反对民族压迫的光荣传统,增强了中国人民与华侨所在国人民的友好情谊。

第三节　中朝人民的友谊和联合抗日

一、中朝人民的友谊

中国和朝鲜是山水相连、唇齿相依的邻邦,两国人民世世代代友好往来。明朝与朝鲜始终保持着亲密的友好关系,没有发生过战争。两国使臣和商人往来不断,两国之间的贸易十分频繁。中国向朝鲜输出绢、布等物,并特许朝鲜购买严禁输出的火药和弓角;朝鲜向中国输出马、牛、纸张、药材和苎麻布。

文化方面,中朝两国之间也进行了友好交流,互相影响。朝鲜知识分子对汉文有着深厚的根底,他们运用汉文进行写作的技巧非常纯熟。朱彝尊编的《明诗综》和钱谦益编的《列朝诗集》,都收集了不少朝鲜诗人的诗篇,丰富了汉文学的宝库。万历时中朝联合抗日胜利,朝鲜诗人苏谷赋诗纪其事:"嗟嗟天子圣,命驾出东征。首事箕王都,破竹游刃迎。汉京贼先遁,大驾随公卿。"②

朝鲜史学的鸿篇巨制《李朝实录》,全用汉文书写,共一千七

---

① 《明史》卷 323《吕宋传》。
② 钱谦益:《列朝诗集小传》"闰集"。

百余卷,记载了李朝太祖(1392～1398年)至哲宗(1849～1863年)的诸王事迹。其中太祖至仁祖十六朝(1392～1649年)相当于我国明朝时期,既记录了朝鲜李朝的有关历史,同时也记录了其时中朝两国的政治、经济、文化方面的交流情况。《李朝实录》可以说是中朝友好交往的见证。

二、日本丰臣秀吉发动对朝鲜的
侵略和中朝联合抗日

1. 日军第一次侵略朝鲜和李如松东征

日本战国群雄,经过近百年的战争,到十六世纪五十年代基本上实现了地域性的统一。于是各地域的霸主便进一步争夺全日本的统治权。控制尾张国的织田信长在军事上取得了胜利,1568年九月,他率军进入京都。1582年六月,织田信长家臣明智光秀发动叛乱,包围信长驻地本能寺,信长被围无援,烧寺自焚。信长的部将羽柴秀吉(即丰臣秀吉,《明史》称为平秀吉)得知织田信长自焚的消息,立即率军四万向京都挺进,在山崎、八幡之间的淀川河谷地带大败明智光秀军。明智光秀切腹自杀。于是羽柴秀吉便继承了信长的事业,完成了全日本的统一。1585年,朝廷任命他为关白,并授以丰臣之姓。

丰臣秀吉统一日本,对国内进行了整顿。他为了满足日本封建领主和商人的贪欲,积极向外扩张,把侵略矛头首先指向邻国朝鲜。他的侵略计划是先灭亡朝鲜,然后以朝鲜为根据地,渡鸭绿江,进攻中国。丰臣秀吉积极储备军粮,准备战船。明朝政府早已获悉这一情报,并转告朝鲜,但当时朝鲜国王李昖荒于酒色,对敌情"杳无所闻",不作防备。

万历二十年(1592年)正月,丰臣秀吉正式发布命令,出征朝鲜。侵朝日军共计十八万余人,"舟师数百艘",共分九军。第一军由小西行长率领,渡过对马海峡,在四月十二日于朝鲜釜山登陆。接着加藤清正率领的第二军和黑田长政率领的第三军等也相继于釜山登陆。日军占领釜山后,分兵北犯,"时朝鲜承平久,怯不谙战,皆望风溃"①。日军很快占领了王京(汉城),接着平壤又被日军占领,朝鲜王子被俘。短短三个月时间,日军几乎侵占了朝鲜全国。日本侵略军"毁坟墓,劫王子、陪臣,剽府库,荡然一空,八道几尽没,且暮且渡鸭绿"②。昏聩的朝鲜国王狼狈逃到义州,急忙遣使向明朝告急。

明朝政府得到朝鲜国王的告急后,经过商议认为朝鲜"为我藩篱",有唇亡齿寒的关系,决定出兵支援。但却只派了游击史儒和副总兵祖承训统兵三千余去朝鲜,结果史儒战死,祖承训只身逃回。

败报传来,明朝君臣大为震动,即派宋应昌为经略,李如松为提督,前去支援。当时李如松尚在宁夏,即由宋应昌去山海关集合赴朝军队。兵部尚书石星对援朝抗日缺乏信心,便又派遣嘉兴人沈惟敬去日本议和。

十二月,李如松自宁夏来到东征军中部署军事。沈惟敬从日方谈判归来向李如松说:"倭酋行长愿封,请退平壤以西,以大同江为界。"③ 李如松怒斥惟敬憸邪,把他关在军营中。李如松原籍朝鲜,其高祖英迁居辽东,任为铁岭卫指挥佥事。其父李成梁,镇辽二十二年,屡建战功。明廷用他为援朝东征提督,是很合适的人选。万历二十年(1592年)十二月二十五日,李如松率四万余人,誓师东渡,"临鸭绿江,天水一色,望朝鲜万峰,出没云海"。李如松和东征军士壮志满怀渡鸭绿江进入朝鲜,于第二年正月初六日抵达平壤城外。

---

①② 《明史纪事本末》卷 62《援朝鲜》。
③ 《明史》卷 238《李如松传》。

平壤"东南并临江，西枕山陡立，惟迤北牡丹台高耸"。地形险要，易守难攻，日军设有炮台，并以鸟铳等新式火器进行防守。正月八日，李如松指挥攻城，城上日军"炮矢如雨"，前锋稍有退却，李如松手斩一人，挺身直前。李如松坐骑被击毙，易马奔驰再战。李如松的弟弟李如柏被铅丸击中盔顶，毫不气馁，继续奋勇战斗。部将吴惟忠被铅丸击中，鲜血从胸前的伤口不住地流出，"犹奋呼督战"①。经过激烈战斗，明军终于从小西门、大西门突入，日军退保风月楼，夜半渡大同江南逃。

中朝军队收复了平壤以后，乘胜追击，正月十九日，李如柏收复了开城。"所失平安、黄海、京畿、江源四道并复"②。日军大部退屯王京(汉城)。

李如松连战皆捷，产生了轻敌思想，二十七日以轻骑趋碧蹄馆，离王京三十里，突然遭到数倍于己的日军的围攻，损失了几百名士兵。明军遂退回到开城。李如松探听到日军在龙山仓积储军粮数十万，就密令部将查大受选勇士深入敌后纵火焚烧。

日军吃了不少败仗，军粮被焚，又闹疫病，士气低落，无法再战。日军主将小西行长想有一个喘息的机会，便写信给沈惟敬去试探明朝的意向。这时明军又调来刘綎的川军和陈璘的水师，有条件乘胜进军彻底击溃敌军。但明朝方面却没有掌握住这一有利战机，经略宋应昌派遣游击周弘谟同沈惟敬去谈判，要日方"献王京，返王子，如约纵归"③。日军于四月十八日撤出王京，龟缩到釜山一带。于是"汉江以南千有余里，朝鲜故土奄然还定"。④

---

①③④　茅瑞徵:《万历三大征考》"倭"上。
②　《明史》卷238《李如松传》

正当援朝抗倭战争将要取得彻底胜利的关键时刻,明朝的一些官僚提出了撤兵的主张。兵科给事中侯庆远上疏说:"我与倭何仇,为属国勤数道之师,力争平壤,收王京,挈两都授之,存亡兴灭,义声振海外矣。全师而归,所获实多。"昏庸的明神宗听后传谕说:"朝鲜王还都王京,整兵自守。我各镇兵久疲海外,以次撤归。"① 经略宋应昌上疏反对撤兵:"釜山虽濒南海,犹朝鲜境。有如倭觇我罢兵,突入再犯,朝鲜不支,前功尽弃。"他还进一步指出:日本进兵朝鲜"意实在中国,我救朝鲜,非止为属国也。朝鲜固则东保蓟、辽,京师巩于泰山矣"。②朱翊钧听不进这一劝告,兵部尚书石星更一意主和,结果只留刘綎的川兵进行防守,其他各镇兵全部撤回国内。

2. 日军再次侵朝和中朝联军的最后胜利

丰臣秀吉提出和谈乃是为了争取时间,重新整顿军备,准备再次发动侵朝战争。因此,日本留驻朝鲜釜山的军队始终未撤。万历二十五年(1597年)正月,丰臣秀吉认为条件已经具备,遂调动水陆军十四万余人,第二次进攻朝鲜。

明朝政府即派兵部尚书邢玠为总督,佥都御史杨镐为经略,麻贵为提督,第二次赴朝抗日。

明朝军队抵达朝鲜后,麻贵统率诸军驰赴王京,这时日军已入庆州,据闲山岛,围南原。八月,南原、全州也相继失陷,日军紧逼王京,麻贵派兵扼守汉江,另派副总兵解生守稷山,朝鲜亦令都体察使李元翼出忠清道袭击敌人。解生于稷山挫败了日军,参将彭友德也在青山打了胜仗。日军行长所部退屯井邑,清正所部退屯庆州,后来都退到蔚山。

十二月间,邢玠、杨镐和麻贵共同商议进兵方略:"分四万人为三协,副将高策将中军,李如梅将左,李芳春、解生将右,合攻

①②　《明史纪事本末》卷62《援朝鲜》。

蔚山"。① 李如梅部游击摆寨以轻骑诱败日军,清正所部退保岛山,于城外复筑三寨进行防守。"裨将陈寅身先士卒,冒弹矢勇呼而上,砍栅两重"。② 杨镐妒嫉,不愿裨将立大功,"遽鸣金收军。贼乃闭城不出,坚守以待援"③。明军包围十昼夜,不能攻克。万历二十六年(1598 年)正月,小西行长"救兵骤至,(杨)镐大惧,狼狈先奔,诸军继之","士卒死亡殆二万"④。明军全部撤回王京,明朝政府罢免了杨镐,以天津巡抚万世德为经略。

总督邢玠接受前一战役缺乏水军的教训,专门招募江南水兵,增强军事力量。万历二十六年(1598 年)二月,邢玠分兵四路,"中路李如梅(后以董一元代),东路麻贵,西路刘綎,水路陈璘,各守信地,相机行剿"⑤。当时日军亦分三路驻扎,"东路则清正,据蔚山。西路则行长,据粟林、曳桥,建寨数重。中路则石曼子,据泗州"⑥。九月,明军分道进兵,互有胜负。

万历二十六年(1598 年)十月,"福建都御史金学曾报七月九日平秀吉(即丰臣秀吉)死,各倭俱有归志"⑦。于是中朝两国军队加紧发动进攻。十一月十七日夜,"清正发舟先走,麻贵遂入岛山、西浦","刘綎攻夺曳桥"⑧,明军总兵陈璘率水师一万三千余人,战舰数百艘,分布忠清、全罗、庆尚诸海口。刘綎进攻行长顺天大城时,"(陈)璘以舟师夹击,复焚其舟百余。石曼子西援行长,璘邀之半洋,击杀之"⑨。日军大队从海上逃走,副总兵邓子龙和朝鲜统制使李舜臣,统率水军邀击于釜山南海,大败日军。邓子龙"年逾七十,意气弥厉","直前奋击,贼死伤无算"⑩。朝鲜民族英雄李舜臣,在日军第一次侵略朝鲜时,率领铁甲龟船,

①③④ 《明史》卷 259《杨镐传》。
②⑤⑧ 《明史纪事本末》卷 62《援朝鲜》。
⑥⑦ 《明史》卷 320《朝鲜传》。
⑨ 《明史》卷 247《陈璘传》。
⑩ 《明史》卷 247《邓子龙传》。

多次打败日本水军,获得辉煌胜利,牵制了日军的行动,为以后中朝联军反击战的胜利创造了有利条件。这次海战中,他与邓子龙密切配合,狠狠打击日军,击碎和烧毁敌船多艘。最后,他与邓子龙壮烈牺牲①。这次海战,中朝联军歼敌万余人,取得了抗倭战争的最后胜利。邓子龙和李舜臣及中朝将士,在反侵略斗争中用鲜血结成的战斗友谊,在两国关系史上写下了光辉的一页。

第四节　耶稣会士来华传教和中西文化交流

一、耶稣会士来华传教

1. 基督教三次入华和耶稣会士东来

基督教与佛教、伊斯兰教并称为世界三大宗教。后来基督教本身又分裂为天主教、东正教和新教三大派。耶稣会则为天主教的一个教派。

基督教第一次传入我国是在唐朝初年,当时人称之为"景教"。明熹宗天启五年(1625 年)在西安西郊发现了《大秦景教流行中国碑》(现存西安碑林,该碑共约二千字),记载了唐代基督教流传中国的情况。景教是当时基督教的一支,其教士阿罗本于贞观九年(635 年)到唐朝的京师长安传教。唐太宗对外来文化采取兼收并蓄的宽容政策,景教便在中国境内流传,形成"寺满百城,法流十道"的盛况。唐武宗会昌五年(845 年)禁止佛教,毁寺杀僧,殃及外来诸教,摩尼教、大秦教(即景教)、拜火教皆被禁止,景教从此在中国绝迹。②

---

① 《明史》卷 247《邓子龙传》。

② 参见陈垣:《基督教入华史略》。

元代时,基督教再次传入中国,当时称之为"也里可温"(即拜上帝者之意)。基督教在元代何时传入中国,无确切年代可考,惟元太宗五年(1233年)的诏令中,已有关于也里可温的记述。当时基督教在中国境内广泛流传,不少地方建有教堂,称为寺,如扬州、镇江、杭州等地均有也里可温寺,或称十字寺。元亡,也里可温也随之在中国绝迹。

基督教第三次传入中国,即为明朝后期耶稣会士来华的传教活动。

十六世纪,新兴资产阶级在西欧国家产生和发展,在基督教内部便产生了代表这一新兴阶级利益的派别,他们实行宗教改革,形成了新教。新教在中国被称为基督教,它的势力在西欧北美迅速发展。旧教称为天主教,是欧洲"封建制度的巨大的国际中心"①。十六世纪中期,在宗教改革中,新教势力日盛,天主教在西欧北美的势力日益缩小,于是就掀起反宗教改革的活动,耶稣会便应运而生。

西班牙贵族伊纳爵·罗耀拉,为了扩张天主教势力,创建了一个传教组织,1540年获得教皇保罗三世的批准,命名为耶稣会(Societas Jesu)。第二年,罗耀拉被任命为第一任会长。当时新教势力强大,耶稣会在西方无力与其抗衡,转而向东发展,寻找新的地盘。这时,欧洲葡萄牙、西班牙殖民势力已经扩展到东方,因此,耶稣会士的传教活动自然和他们结合在一起。

耶稣会创办人之一的方济各·沙忽略,奉教皇之命,于1541年从葡萄牙京城里斯本出发,第二年到果阿,1549年到日本鹿儿岛。他在日本传教期间,感到中国儒家学说对日本社会的强大影响,便想进入中国布道传教。1552年沙忽略试图进入中国,但当时海禁严厉,一直未能如愿。他在给友人的信中说:中

---

① 《马克思恩格斯选集》第3卷第390页。

国海禁严厉,"为入中国海岸一节,此事甚难甚危"①。这年十一月,沙忽略病死于离广州仅三十多海里的上川岛上。

嘉靖三十六年(1557年)葡萄牙殖民者强占澳门以后,澳门就成为耶稣会士来华传教的一个据点。万历二年(1574年)耶稣会士范礼安与同会的四十一个传教士,从里斯本启程东来。范礼安想进入中国内地传教,也一直没能实现,只得居住澳门,发出无可奈何的叹息:"岩石! 岩石! 多咱是你开放的时期呢!"② 万历三十四年(1606年)范礼安病逝于澳门。

经过耶稣会士的不断努力,罗明坚和利玛窦终于挤进了中国内地的大门,基督教第三次传入中国广大的土地上。

2. 罗明坚与利玛窦进入中国内地传教

罗明坚与利玛窦是最早进入中国内地传教的耶稣会士,他们都是意大利人。罗明坚于万历七年(1579年)到澳门,学习中国语言文字,在念、写、说三方面平行进展。第二年十二月,罗明坚随葡萄牙商人进入广州,向两广总督陈文峰贡献了礼物,被允准暂住暹罗驿馆。万历十年(1582年),罗明坚第四次进入广州,新任总督郭应聘同意其留住肇庆天宁寺。他在肇庆建立了教堂,用中文撰写《天主实录》,宣传天主教教理。这样,罗明坚就成了明朝后期第一个进入中国内地传教的耶稣会士。但罗明坚在中国传教的时间并不长,万历十六年他回国后就没有再来中国。

利玛窦(1552~1610年)出生于意大利贵族家庭,少年时在家乡求学,后来进入罗马神学院,1571年加入耶稣会。1582年到澳门,第二年进入中国内地,直到1610年在北京去世,在中国

---

① 转引徐宗泽:《中国天主教传教史概论》第167~168页。

② 转引裴化行:《天主教十六世纪在华传教志》下编第一章《利玛窦的前驱范利安与罗明坚》。

居留二十八年之久。利玛窦来华,才使天主教在中国社会广泛传播开来,也为明朝后期中西文化交流开创了新局面。

利玛窦于万历十一年(1583年)和罗明坚一起到广州肇庆传教。他为了能与中国士大夫阶层互相交往,刻苦学习中国语言文字,穿着中国服装。利玛窦的意大利姓名是玛泰奥·利奇(Matteo Ricci)。他自称姓"利"名"玛窦"。以后,中国士大夫就称他为"利先生"或"利子"。其他来华的耶稣会士也都仿效他,改成中国姓名。

万历十七年(1589年)利玛窦迁居韶州,以后又到南京及江西南昌等地,与中国士大夫交游,畅谈社会政治、天文地理等等。士大夫们仰其学问渊博,乐于和他交往,"公卿以下重其人,咸与晋接"。①

利玛窦等耶稣会士深知要使天主教真正在中国扎根,必须取得明朝皇帝的允诺和支持。利玛窦曾对人说:"假使我们不能在南北两京到皇宫里,对着皇上宣讲福音,设法求得他的许可,至少许我们在中国境内自由传教,那么将来传教要得不到保障,也就什么也不能成就。"② 经过努力,万历二十八年(1600年)五月,利玛窦和西班牙教士庞迪我启程北上。次年正月利玛窦抵达北京,明神宗朱翊钧于便殿召见。利玛窦进赠天主、圣母像及珍珠镶嵌十字架一座,自鸣钟两架,万国图志一册等。利玛窦等得到了明朝皇帝的欢心,"帝嘉其远来,假馆授粲,给赐优厚"③,并准许在宣武门内居住。这样,耶稣会士便达到了在北京居留传教的目的,也得到了中国皇帝明神宗的允准,取得了合法地位。

利玛窦为了在中国顺利开展传教活动,深入研究儒家典籍,竭力把天主教义和儒家学说融合起来。他从万历二十一年

---

① ③　《明史》卷326《意大里亚传》。

② 　引自德利贤:《中国天主教传教史》第70页。

(1593 年)到万历二十四年写成的《天主实义》就是这样的著作。它在当时中国士大夫中起了不小的影响。大学士叶向高认为利玛窦宣传的天主教义,"言慕中华风,深契吾儒理"。张瑞图也说:"孟子言事天,孔圣言克己,谁谓子异邦,立言乃一揆。"万历二十四年,利玛窦被任为耶稣会在华首任会长。

明朝后期,与利玛窦同时来华的传教士还有葡萄牙人麦安东、孟三德、费奇观、罗如望、李玛诺,意大利人石方西、郭君静、熊三拔、龙华民,西班牙人庞迪我等。他们协助利玛窦在中国各地传教,教徒日益增多。万历十一年(1583 年)利玛窦于肇庆收受第一名信徒。万历十三年发展成为二十人,万历十七年有八十人,万历二十四年有一百多人,万历三十一年约有五百人,万历三十三年有一千多人,万历三十六年有二千多人,万历三十八年利玛窦去世时,约有二千五百人。利玛窦去世以后,由意大利人龙华民继任耶稣会在华会长,天主教在中国的传教事业继续迅猛地发展。万历四十三年,天主教信徒增加到五千人,万历四十五年有一万三千人,崇祯九年(1636 年)有三万八千二百人,到了清顺治七年(1650 年),竟增加到十五万人。[①]

二、中西文化交流

明朝后期在耶稣会士来华传教期间,中西文化交流比以往更为活跃和频繁。利玛窦等耶稣会士对中国近代科学先驱者徐光启、李之藻等人在研究、介绍西方天文、数学、物理、地理、测量等科学方面,起了引导的作用。

1. 天文学和历法

我国天文历算有悠久的历史,取得了辉煌的成就。元代时

---

① 德礼贤:《中国天主教传教史》第 60、66 页。

我国的科学家郭守敬制订了《授时历》,把我国的历法提到了新的高度,居世界领先地位。明代的《大统历》是根据《授时历》修订而成的。到明宪宗成化以后,因《大统历》长期不修,出现了显著的误差,"交食往往不验"①。人们纷纷讨论改革历法。耶稣会士利玛窦一到北京,就向明朝皇帝提出改革历法的建议。虽然没有被采纳,但他仍和中国的天文学家徐光启、李之藻等人一起从事天文历法研究。利玛窦著有《圜容较义》一卷,是研究天体数学的。该书由利玛窦口授,李之藻达词,译成中文。李之藻又根据西方天文学来解释周髀浑天、盖天之说,作《浑盖通宪图说》。

崇祯二年(1629年)五月一日,发生日食,钦天监的推算与日食前后均不符合。在我国封建社会,日月食被看成有关国家治乱兴衰的象征,非常受重视。崇祯皇帝下谕说,以后推算如再有错误,就要重治。于是礼部推荐礼部侍郎徐光启、南京太仆寺少卿李之藻两人负责修订历法。这时利玛窦已经去世,徐光启聘请了另外两个传教士龙华民和邓玉函来历局任职。李之藻、邓玉函到任后不久,先后去世,又调耶稣会士罗雅谷、汤若望来京参加修历工作。崇祯六年徐光启病危时,推荐山东参政李天经执掌历局。他说:"历法修正告成,书器缮治有待",李天经"博雅沉潜,兼通理数,历局用之尤为得力"②。十月徐光启去世,由李天经继续完成了修历工作。李天经在历局十年,誊缮了徐光启的遗稿,分两次进呈,连同徐光启生前进呈三次,共呈五次,计四十五种,一百三十七卷,定名为《崇祯历书》。

这次历法的修订,是在徐光启的领导下进行的,是在中国传统的《大统历》的基础上,吸收西洋历法的优点修改而成的。

---

① 《明史》卷31《历志》。
② 《徐光启集》卷8《治历疏稿二》。

徐光启感到历法"义理奥赜,法数殷繁,述叙既多,宜循节次;事绪尤纷,宜先基本"。这意思是翻译撰著事务,要分轻重缓急,"循序渐作,以前开后,以后承前"。为此,徐光启规定历书的主要内容"节次六目":一、日躔历;二、恒星历;三、月离历;四、日月交食历;五、五纬星历;六、五星交会历。同时他又提出基本五目:一法原,二法数,三法算,四法器,五会通。他认为"五基本,则梓匠之规矩,渔猎之筌蹄,虽则浩繁,亦须随时并作以周事用"①。这就是说,要把"节次六目"编好,必须先掌握有关历算的理论、方法和工具的基础知识。"法原",是天文学的基础理论知识和球面天文学原理。"法数",是观察计算的天文数据。"法算",是天文计算中的数学知识,主要是三角和几何学。"法器",是天文仪器。"会通",是中国传统历法和西洋历法各种计算单位的换算表。进呈的《崇祯历书》,基本上是按照这个计划编撰的。

《崇祯历书》比中国古代传统历法进步,主要有如下几点:《崇祯历书》采用了第谷所创立的天体运动体系和几何学的计算系统。它是介于哥白尼日心体系与托勒密地心体系之间的一种调和性的宇宙体系。它虽落后于哥白尼的日心体系,但比我国传统的浑天说要进步。《崇祯历书》引进了"地球"的概念和地理经纬度的概念。这不但对破除旧有的天圆地方或地平观念有着重大意义,而且极大地提高了推算日月食的精确度。《崇祯历书》引入了球面三角法,消除了计算本身的误差,扩大了解题的范围。《崇祯历书》采用了欧洲通行的天文学度量制度,周天分为360度,一日分为96刻(24小时),60进位制,黄赤道坐标制等。这样,就把中国天文学推进到世界天文学共同发展的轨道。②

① 《徐光启集》卷8《治历疏稿二》。
② 参看薄树人:《徐光启的天文工作》;陈久金:《徐光启和"崇祯历书"》。

《崇祯历书》是在徐光启领导的中外学者的共同努力下，于崇祯八年（1635年）编成的。当时魏文魁等保守势力"多方阻挠"，没能采用。一直拖到崇祯十六年（1643年）八月，崇祯皇帝朱由检下令："西洋法固密，即改为大统历法，通行天下。"第二年四月，新历还来不及实行，腐朽的明王朝被农民起义军推翻。顺治初年，原来参加编制《崇祯历书》的耶稣会士汤若望，把《崇祯历书》改定为一〇三卷，连《七政经纬新历》一起进呈清政府，立即颁行。新历称为《时宪书》，删改过的《崇祯历书》改名《西洋新法历书》，署名汤若望撰。正式刊刻出版的《崇祯历书》或《西洋新法历书》，其中各卷都载明"罗雅谷撰，汤若望订"或"汤若望撰，罗雅谷订"。

后来清朝修撰《明史》时，《历志》撰成后寄给黄宗羲修改，黄宗羲对上述情况指出："及《崇祯历书》既出，则又尽翻其说，收为己用，将原书置之不道，作者译者之苦心，能无沈屈。"[1] 并把徐光启和李天经等人组织修撰《崇祯历书》的经过情况，概要地增补到《明史·历志》的历法沿革中。

徐光启以明廷大臣督修《崇祯历书》，他不掠人之美，凡对《崇祯历书》作出贡献的人，他都一一开列在《治历已有成模恳祈恩叙疏》中。首叙耶稣会士罗雅谷、汤若望"数年呕心沥血，撰译书表，制造仪器"的功绩；接着表彰知历生员邬明著、儒士陈于阶等精密测量和绘制图表等方面的功绩；肯定王应遴、陈应登和魏邦纶"参订讹正"、"测算明晓"等方面的成绩；对程廷瑞、孙嗣烈等十一名生员、儒士在编历过程中"同心绩学，殚术承天"的劳绩也都予以肯定。徐光启认为《崇祯历书》的编撰完成，是中外学者共同努力的结果，他说："十狐之腋堪裘，众集之思成益。"[2]

---

① 黄宗羲：《答万贞一论明史历志书》。

② 《徐光启集》卷8《治历疏稿二》。

这比汤若望和罗雅谷的做法更为公允。

2. 西式火器的传入、仿制和使用

火药和火器,原是中国发明和首先制造的。通过阿拉伯人西传以后,经过改进,又传回到东方。明代中西文化交流中,首先从西方新式火器传入开始。

明成祖永乐时进攻交阯,"得火器法,立营肄习"[①],特设神机营。明武宗正德时,葡萄牙殖民者用新式火炮驾蜈蚣战船侵扰我国东南沿海,火力极强。明朝海道副使,为了加强海防,设法仿造。

明世宗嘉靖二年(1523年),葡萄牙殖民者别都卢率战舰侵扰广东新会西草湾。明军英勇迎战,生擒别都卢等葡军四十二人,缴获其炮,即名之为佛郎机炮。这种炮"以铜为之,长五六尺,大者重千余斤,小者百五十斤,巨腹长颈,腹有修孔,以子铳五枚贮药置腹中,发及百余丈,所击辄糜碎"。[②]

嘉靖九年(1530年)右都御史汪鋐奏准仿造佛郎机炮,在北方边塞使用,"其小止二十斤以下,远可六百步者,则用之墩台。每墩用其一,以三人守之。其大至七十斤以上,远可五六里者,则用之城堡。每堡用其三,以十人守之"。[③]

明神宗万历时期,东北女真崛起,辽事日亟,明朝官员急于设法改良武器加强战斗力,来华的耶稣会士就承担了这项工作。

明万历四十七年(1619年)后金军于萨尔浒大败明军,到明熹宗天启元年(1621年),后金军占领辽阳、沈阳。明军大小火器被后金军夺获,"而多寡之数,且不若彼远矣"[④]。这年,徐光启在通州、昌平练兵,与李之藻、杨廷筠合作派人到澳门购置了

---

① 《明史》卷80《兵志》。
② 《明史》卷325《佛郎机传》;《明世宗实录》卷24。
③ 《明史》卷325《佛郎机传》。
④ 徐光启:《庖言》卷3。

四门西洋大炮。徐光启把挽救明王朝的危亡,寄托在火器的改进上,认为这是"当今万胜之着"。徐光启利用耶稣会士"成造利器,教练精卒"① 的计划没有实现,被逼去职。

天启七年(1627 年)明熹宗去世、其弟朱由检当上皇帝以后,恢复了徐光启的礼部右侍郎职务。崇祯三年(1630 年)徐光启升任礼部尚书。第二年,后金军队攻陷了大凌河,东北战事更为吃紧,徐光启上《钦奉明旨敷陈愚见疏》,建议建立一支用西方火器装备的精锐部队。他的计划是共建十五营,每营四千人,共六万人。每一营配备双轮车一百二十辆,炮车一百二十辆,粮车六十辆,共计车三百辆。西洋火炮十六门,中炮八十门,鹰铳一百枝,鸟铳一千二百枝。他的设想是"若先练一营之人,先办一营之器;两者齐备,即成营矣。一营既成,更办次营。六万人当为十五营"。他并建议"速召孙元化于登州,令统兵以来,可成一营矣"。

孙元化,嘉定人,是徐光启的学生,以善用西洋炮法著称,于天启二年(1622 年)仿制西洋大炮成功,曾帮孙承宗、袁崇焕筑台制炮,抵抗后金军,这时任登州巡抚。孙元化的部下,还有工程技术人员王徵、张焘等人。王徵曾向耶稣会士邓玉函学习力学、机械学,译有《奇器图说》。张焘是李之藻的学生,对西式火器也有研究,曾受徐、李的委托到澳门购买西方大炮。孙的部队里还有一批西洋铳手和西洋大小铳炮。这是一支符合徐光启用先进火器装备起来的理想的部队。但徐光启上疏提出这一建议未及两月,崇祯四年(1631 年)闰十一月登莱参将孔有德发动"吴桥兵变",攻陷了登州,孙元化和王徵成了叛军的俘虏。不久,孔有德投向后金。

孔有德的叛变,使得孙元化所部的精良火器皆为后金所有,

---

① 《徐光启集补遗》,《致鹿善继简》第三通。

从而使明与后金的军事力量发生更大的变化。孙元化部队西式火器的装备和徐光启的练兵计划,是明朝末期中西文化交流在军事技术上的反映。

西式火器在部队中的使用,使明军军事技术不断得到改进,相应地,西式火器的制作技术和军事理论也从西方传入中国。如赵士桢的《神器谱》和他所藏《海外火攻神器图说》,"其中法则规制,悉皆西洋正传。然事关军机,多有慎密、不详载、不明言者,以致不获兹技之大观"①。孙元化著有《西洋神机》二卷,《嘉定县志》兵家类存目,附有简要介绍:"首论铸炮,次论制药,后论命中之由,并绘图式。是书得之西人,大要根于算法。"

比较系统的军事著作,还有《则克录》,又名《火攻挈要》,泰西汤若望授,宁国焦勖述,由他们两人合作于崇祯十六年(1643年)译成刻印。全书分上中下三卷,前有《火攻挈要诸器图》四十幅。卷上为造铳、造弹及造铳车、狼机、鸟枪、火箭、喷筒、火罐、地雷各种方法。卷中为制造、贮藏火药须知,以及试放新铳、装置各铳、运铳、火攻等基本原理。卷下为西铳之攻法,铸铳应注意事项,以及守城、海战、炮战等原则。另有《将略》一书,《则克录》中时常提及,如目录卷中后载:"其部伍营阵法及临阵机秘,另详《将略》卷内。"似为有关战略战术的军事著作。

3. 机械工程学与物理学

熊三拔著《泰西水法》。中国是一个农业国家,因此,明朝后期西学传入中国时,水利科学自然受到重视。利玛窦刚到中国时,曾与徐光启谈及水利之学。万历三十四年(1606年)意大利人耶稣会士熊三拔来华,利玛窦就把熊介绍给徐光启说:"余昨所言水法,不获竟之,他日以叩之此公可也。"② 后来,熊三拔编

---

① 焦勖:《则克录》序。
② 《泰西水法》徐光启序。

著了《泰西水法》六卷,论述了龙尾车、王衡车、恒升车以及水库等的性能与作用,并附图说明,于万历四十一年(1613年)刊行。这是第一部介绍西方农田水利的专著。徐光启所著《农政全书》水利部分,采录了《泰西水法》的主要内容。

邓玉函和王徵合译《奇器图说》。邓玉函,瑞士人,耶稣会士。王徵,陕西泾阳人,自小笃好科技,与在华耶稣会士邓玉函、金尼阁过从甚密,五十二岁时入天主教。《奇器图说》全名为《远西奇器图说录最》,是我国第一部机械工程学书籍,为瑞士人耶稣会士邓玉函口授,王徵译绘,共三卷,天启七年(1627年)刊刻于北京。这是明代流入中国的七千部西书中最早译成中文的。王徵自序,说明选录奇器的标准:录关系民生日用和国家工作之所急需者;录最简便,工费不巨,制作不难者;录同类器物中非重非繁最精妙者。总之,此书结合实用,为其特色。

《奇器图说》卷一说:"今时巧人之最能明万器所以然之理者,一名未多,一名西门。又有绘图刻传者,一名耕田,一名刺墨里。"未多,即维脱鲁维(Viruvius Pollio),是公元前一世纪古罗马建筑师,著有《建筑论》(De Architectura)。西门,即荷兰数学家斯蒂芬(Simon Stevin)(1548~1630年),又称西门·布鲁格斯(Simon de Bruges),著有《数学通论》(Hypom ne nematamathemtica)五卷。耕田,为拉丁文 Agricoa 之意译,指德国矿冶学家乔治·鲍尔(Geoig Bauer)(1494~1555年),著有《矿冶全书》(De Re Matallica)十二卷。刺墨里,即意大利人拉梅里(Agcstimo Ramelli)。据方豪《中西交通史》第四册第三章《机械工程学与物理学》考订:"《奇器图说》一、二两卷多取材西门所著《数学通论》一书之下册;未多所著《建筑论》(De Archtectura)第十章所叙诸器,见于《奇器图说》卷二;卷三图说之部,则多采刺墨里之书,约有二十图相同者。"由此可见,《奇器图说》所依据的基本是上述四位西方科学家的科学著作。

王徵除了与邓玉函合译《奇器图说》,介绍西方机械工程学以外,还根据西方机械原理创制新式机械。他著有《新制诸器图说》一书,收录他自己发明制作的虹吸、鹤饮、轮激、风磴、自行磨、自行车、轮壶、代耕、连弩等九器。其中自行车及轮壶系根据自鸣钟原理仿制的。

王徵又著有《额辣济亚牖造诸器图说》一书。额辣济亚(Gratia)是拉丁语"天主圣宠"之音译。"牖造"表示天主启示所造。王徵这本著作也是收录他所制作的新器,有天球自旋、地堑自收、日晷自移、水轮自汲、火船自去、风车行远、云梯直上、自转常磨、自行兵车、活台架炮、妙轮奏乐、神威惊敌等二十四种。王徵还著有《忠统日录》和《两理略》等书,也是收录他自己的发明制作,如龙尾车、恒升车、活杓、活闸、活辊木、运重机器、千步弩、生火机等。其中有的是王徵根据西方物理学原理改进制作的,如运重机器、活动地平。

4.数学

明朝后期,西方数学传入中国影响最大的,是《几何原本》和《同文算指》。

《几何原本》是古代希腊的数学名著。作者欧几里得,约生于公元前 330 年,公元前 270 年逝世,是希腊的著名数学家。《几何原本》是对古希腊数学的总结和升华,在西方被认为是数学的经典著作。

耶稣会士利玛窦到中国后,发现中国士大夫中不少人对数学很感兴趣,便想翻译此书。他曾几次与中国士人合作翻译,但都失败了。利玛窦慨叹说:"东西文理,又自绝殊,字义相求,仍多阙略,了然于口,尚可勉图,肆笔为文,便成艰涩矣。"利玛窦为译此书,"三进三止",仍未译成。[①]

---

① 利玛窦:《几何原本》引。

万历三十二年(1604 年),徐光启进北京翰林院,与利玛窦反复讨论后,于万历三十四年(1606 年)秋,开始合作翻译《几何原本》,利玛窦口授,徐光启笔述。第二年春,经过三易其稿,译完了前六卷。《几何原本》共有十五卷,徐光启想译完全书,但因利玛窦忙于传教,便中止了。译出的六卷先刻印了出来。

这本书的拉丁文本称为《欧几里得原本》,徐光启改成为《几何原本》。从此,"几何"一词成了我国数学上的专有名词。徐光启在翻译中所使用的一套术语,如点、线、面、平行线、直角、钝角、锐角等,由于切合原意,为后世沿用下来。

徐光启认为《几何原本》是"盖不用为用,众用所基"[1],确切地道出了数学是科学技术的基础这一重大价值。《几何原本》是西方数学名著译成中文的第一部书,它对沟通中西文化起了重要作用。

继《几何原本》的翻译,李之藻又和利玛窦编译《同文算指》。万历四十一年(1613 年)完成,第二年刊行。这部书主要依据克拉维斯《实用算术概论》和程大位的《算法统宗》编译而成,汇中西算术于一编。全书共十卷,分前编与通编,附有别编。前编二卷,主要论整数和分数四则运算。通编八卷,主要为比例、比例分配、多元一次方程组、开方等。《同文算指》介绍的西方笔算方法简便可行,清代数学家加以改进后,普遍推广。

5．地理学

明朝后期,随着西方耶稣会士的来华,也把欧洲的地理学知识传到中国。利玛窦于万历十一年(1583 年)到肇庆时,即以"所携图册,与其积岁札记"[2],编绘了一幅世界地图,并被人立即拿去付印。此图按西式绘制,用华名、华里、华辰计算,图

---

① 徐光启:《几何原本》序。
② 利玛窦:《万国舆图·序》。

中的很多讹误,一半是由于刻工不慎,一半是由于利玛窦当初不知道会立即付印,因此编制疏忽。利玛窦认为"要使中国人重视基督教,翻印这幅世界地图是最妙、最有用的工作了"。这就是他绘制这幅地图的目的。

利玛窦编制的这幅世界图,称为《山海舆地全图》,由当时任岭西按察司副使的王泮于万历十二年(1584 年)在广东肇庆刻印。万历二十三年至二十六年,应天巡抚赵可怀在苏州刻石翻印。万历二十八年(1600 年)南京吏部主事吴中明请利玛窦据王泮刻本加以增订,在南京刻印。万历三十年(1602 年)李之藻请利玛窦据吴中明刻本加以增订,在北京刻印。

利玛窦绘制的地图,向中国介绍了地圆、地球大小、地心说、五大洲的概念、五带的划分、世界各国的国名和山川。许多国名、地名,一直沿用了下来,如亚细亚、欧罗巴、亚墨(美)利加、加拿大、古巴、罗马、大西洋、地中海、北极、南极等。

除利玛窦编制的世界地图外,当时传入中国的西方地理图籍中影响较大的还有《职方外纪》一书,共五卷,为系统介绍世界各国的地理著作。天启三年(1623 年)刊印。题西海艾儒略增译,东海杨廷筠汇纪。艾儒略自称:"兹赖后先同志出游寰宇,合闻合见,以成此书。"[①] 卷首为万国全图、五大洲总图。卷一为亚细亚总说及分说十三则;卷二为欧罗巴总说及分说十二则;卷三为利未亚总说及分说十三则;卷四为亚墨利加总说及分说十五则,以及墨瓦蜡泥加总说;卷五为四海总说,有海名、海岛、海族、海产、海状、海舶、海道等。

西方地理著作和地图的传入中国,打开了中国人的眼界,得以从文字和图幅中初步了解全球五大洲的情况。同时也把西方绘制地图的投影术传入中国。

---

① 艾儒略:《职方外纪·自序》。

三、中国儒家典籍的西传及其对西方社会的影响

明朝晚期,来华传教的耶稣会士都懂中国语言和文字。为了适应中国的国情,他们也认真钻研中国儒家经典著作,并把它们传到欧洲。万历二十一年(1593年),利玛窦把"四书"译为拉丁文,寄回意大利。天启六年(1626年)比利时耶稣会士金尼阁把"五经"译成拉丁文,在杭州刊印。

清代初叶,在华的西方传教士,进一步把中国儒家的伦理道德和哲学思想介绍给西方国家。如意大利耶稣会士殷铎泽和葡萄牙耶稣会士郭纳爵合作,把《大学》译成拉丁文,书名《中国之智慧》(Sapientia Sinica),康熙元年(1662年)刻于建昌。接着殷铎泽又翻译《中庸》,书名《中国政治道德学》(Sinarum Scientia Politicomoralis),康熙六年于广州刻印①。万历十三年(1585年),在罗马出版了西班牙文的《中华大帝国史》。

这些儒家经典和有关中国的历史著作西传后,在当时欧洲的上层社会和知识界中起着深远的影响和作用。十八世纪启蒙运动的思想家,就曾从中国儒家经典中吸收过思想资料。如德国哲学家莱布尼兹很崇拜中国儒家哲学的自然神论,他在《致德蒙先生的信:论中国哲学》中说:"这种哲学学说或自然神论是从约三千年以来建立的,并且极有权威,远在希腊人的哲学很久很久以前。"

百科全书派的伏尔泰赞扬中国的历史记载,"几乎没有丝毫的虚构和奇谈怪论,绝无埃及人和希腊人那种自称受到神的启示的上帝的代言人;中国人的历史,从一开始起便写得合乎理性"②。

---

① 参见方豪:《中西交通史》第5册第六章。
② 《伏尔泰全集》卷3。

他还说:"全世界各民族中,唯有他们的史籍持续不断地记下了日蚀和星球的交会。我们的天文学家验证他们的计算后惊奇地发现,几乎所有的记录都真实可信。"①

霍尔巴哈则认为:"中国是世界上唯一的将政治和伦理道德相结合的国家。这个帝国的悠久历史使一切统治者都明了,要使国家繁荣,必须仰赖道德。"②

重农学派的创始人魁奈,因发表《中国的专制制度》,被称为"欧洲的孔子"。他在《自然法则》一书中把中国看成为实行自然法则的模范。他说:"自然法则是人类立法的基础和人类行为的最高准则","但所有的国家都忽视了这一点,只有中国是例外"。

除中国儒家经典西传以外,十七世纪以来,西方一些国家还流行"中国风格"、"中国趣味",社会上竞相使用中国的瓷器、漆器和丝绸等,也反映了中国文化对西方的影响。

---

① 《伏尔泰全集》卷3。
② 霍尔巴哈:《社会体系》卷1。

第二十一章 推翻明朝北京中央
政权的农民大起义

第一节 大起义的爆发及其初期阶段

明末农民大起义从爆发到推翻北京的明朝中央政权,共经历了三个阶段,自崇祯元年至崇祯六年冬为初期,自崇祯六年冬至崇祯十二年夏为中期,自崇祯十二年夏至崇祯十七年为高潮。

一、大起义爆发于陕西的原因

明末农民大起义在其后来的发展历程中,涉及了大半个中国,而其爆发的地点,是僻处西北的陕西。陕西何以成为起义的始发地呢?乃是因为这里阶级矛盾最尖锐,人民生活最痛苦。万历时人谢肇淛在其所著笔记《五杂俎》中说:

> 仕官谚云:命运低,得三西。谓山西、江西、陕西也。此皆论地之肥硗,为饱囊橐计耳。[①]

可见,陕西是当时有名的贫瘠地区。到了明末,这里的问题更加严重起来。其中影响最大的是,灾荒严重,出现了大量饥民。

据雍正《陕西通志》卷四十七"祥异"二记载:

> 神宗万历四年九月初七日,汉中大雪盈尺,杀禾稼……八年,河大西徙,冲崩墟墓……(十年)西、延大旱,饥,人相

---

① 《五杂俎》卷4"地部"2。

食。华阴雨雹。十一年夏四月,兴安州猛雨数日,汉江溢……全城淹没,公署民舍一空,溺死者五千余人,合家全溺无稽者不计数……十三年,凤翔大饥。十四年七月,陕西旱。冬,澄城地震……(十五年)西安大饥……(十九年)延绥、榆林二卫所八月霜雹相继,禾苗尽死……二十三年,凤翔地震;五月,麟游县烽火台雨雹,大如斗……(二十五年)榆林怪风拔木,吹人有至三四里者。二十六年,延安大水,漂人畜甚多。二十七年七月,蓝田地震,大雨十日,土窑皆陷……三十四年六月,陕西地震……三十七年,延安旱,饥。三十八年秋八月,不雨,至次年夏四月,民多疫死。四十年,西安大疫。四十一年七月,泾北暴溢,高数十丈,漂没居民商贾无算。夏四月,兴安州雨雹如弹,碎屋瓦,汉江以北如鸡卵,牧牛者当之即死,禾稼尽伤。四十四年夏六月,蓝田蝗飞蔽天,合省大旱。延长翠屏山崩,二十二日大雨如注五六日。泾阳县口子镇人,见有羊相斗,忽化为龙,横截峪口,水须臾而下,推激大石,如万雷声,两傍山为之动,直抵云阳,至三原越龙桥而过,淹没百里,漂七十余村,白渠以北鲜有存者。数月平地水方尽……四十五年,富平冰雹……四十八年,关中大饥,十岁儿易一斗粟……(熹宗天启二年)五月,渭南大风拔木,冰雹伤禾……(四年)八月,陕西地震。六年,富平旱,饥,延长大水。七年,米脂地震。

以上所引雍正《陕西通志》所载万历至天启年间陕西省遭受的自然灾害,并不完全。如《怀陵流寇始终录》记,天启七年(1627年)以前,"陕西北境,连年大旱,赤地千里"①;这一情况,雍正《陕西通志》即未反映。但是,仅其所记,就足以令人慨叹了。万历初到明末农民战争前的五六十年间,陕西地区几乎无年不灾,

①《怀陵流寇始终录》卷1。

其种类涉及旱、蝗、风、雹、水、霜、地震、山崩、瘟疫等。如此频繁的自然灾害，贫困的陕西人民哪里能承受得了呢！

崇祯二年（1629年）四月，原籍陕西的行人马懋才道经延安，以其亲身闻见，写了一篇《备陈灾变疏》，向明思宗报告灾情。这个奏疏，深刻地反映了陕西地区的农民，当时是处在怎样的痛苦之中。他说：

> 臣奉差事竣，道经臣乡延安府。自去岁（按：指崇祯元年）一年无雨，草木枯焦。八九月间，民争采山间蓬草而食。其粒类糠皮，其味苦而涩，食之仅可延以不死。至十月以后而蓬尽矣，则剥树皮而食。诸树唯榆树差善，杂他树皮以为食，亦可稍缓其死。殆年终而树皮又尽矣，则又掘山中石块而食。其石名青叶，味腥而腻，少食辄饱，不数日则腹胀下坠而死……最可悯者，如安塞城西，有粪场一处，每晨必弃二三婴儿于其中，有涕泣者，有叫号者，有呼其父母者，有食其粪土者，至次晨则所弃之子无一生，而又有弃之者矣……于是死者枕藉，臭气熏天，县城外掘数坑，每坑可容数百人，用以掩其遗骸。臣来之时，已满三坑有余，而数里以外不及掩者，又不知其几矣。小县如此，大县可知，一处如此，他处可知。[①]

这时陕西农民的处境就是这样的惨不忍睹。于是，为了寻找一条生路，陕西农民便纷纷起而"相聚为盗"。马懋才的这个奏疏，叙述了延安地区农民走上这条道路的情形：

> 民有不甘于食石以死者，始相聚为盗，而一二稍有积贮之民遂为所劫而抢掠无遗矣。有司亦不能禁治，间有获者，亦恬不知畏，且曰："死于饥与死于盗，等耳；与其坐而饥死，

---

① 雍正《陕西通志》卷86"艺文"2。个别字句据《明季北略》卷5"马懋才备陈大饥"条作了校补。

何若为盗而死,犹得为饱死鬼也。①

面对饥饿难忍的农民,贪暴的地方官吏却不肯减轻赋税剥削,这更促成了参加"劫盗"的人数的增多和规模的扩大。马懋才的这个奏疏,描写了"劫盗"现象在当时遍及陕西地区与官吏严厉催科的关系。他说:

> 国初每十户编为一甲,十甲编为一里,今之里甲寥落,户口萧条,已不复如其初矣。况当九死一生之时,即不蠲不减,民亦有呼之而不应者,官司束于功令之严,不得不严为催科。如一户止有一二人,势必令此一二人而赔一户之钱粮;一里(按,"里"当为"甲")止有一二户,势必令此一二户而赔一甲之钱粮。等而上之,一里一县,无不皆然。则见在之民,止有抱恨而逃,飘流异地,栖泊无依。恒产既亡,怀资易尽,梦断乡关之路,魂消沟壑之填,又安得不相率而为盗者乎!此处逃之于彼,彼处复逃之于此,转相逃则转相为盗。此盗之所以遍秦中也。②

严格说来,饥民"相聚为盗",还不同于直接与封建官府对立,前者虽也是农民反封建斗争的一种方式,但跟直接与封建官府对立相比,低了一个层次,它虽可以划入农民起义的范畴,但不算是完全意义上的农民起义,只有当它发展到直接与封建官府相对立时,完全意义上的农民起义才算形成,那些大规模农民起义的爆发,尤其应当以此为标志。然而饥民之"相聚为盗"极易发展到直接与封建官府相对立。因为饥民"相聚为盗"的现象一出现,以保护封建私有制为己任的封建官府会马上出而镇压,而"相聚为盗"的饥民遇到官府镇压时,一般不会束手就擒,往往起而反抗;这样,直接与封建官府对立的情形就出现了,非完全意义的农民起义就发展成了完全意义上的农民起义。所以人数众

---

①② 雍正《陕西通志》卷86"艺文"2。

多的饥民的"相聚为盗",乃是大规模的农民起义即将爆发的标志。明末农民大起义的正式爆发,正是在陕西地区灾荒严重、饥民众多并"相聚为盗"的基础上出现的。

明末农民大起义之所以爆发于陕西,还由于这里有许多生活极其困难的士兵。陕西地近蒙古,是明朝在西北地区的边防要地,附近设有延绥、宁夏、固原等边镇,驻有大量的军队。明朝末年,一方面是军费大量增加,而增加的军费多数用于"辽事",所以另方面是国家财政吃紧,一般边镇的额饷往往拖欠不发。如延绥镇,"(万历)末年百度废弛,负饷至百四十万"①。天启七年(1627年)八月二十四日,陕西巡抚胡廷晏上疏报告:

> 临、巩边饷缺至五六年,数至二十余万。靖卤边堡缺二年、三年不等。固镇京运,自万历四十七年至天启六年,共欠银十五万九千余两。各军始犹典衣卖箭,今则鬻子出妻;始犹沿街乞食,今则离伍潜逃;始犹沙中偶语,今则公然噪喊矣。②

崇祯二年(1629年)三月二十八日,户部侍郎南居益上奏:

> 迩因宇内多事,司农告匮,延绥、宁、固三镇,额粮缺至三十六月矣。③

额饷的不足,使军士们生活受到严重的影响,加之军士们还经常遭受军官的克扣军饷和自然灾害的侵袭,这便使之更陷绝境。于是,他们很自然地成为与饥民一起发动起义的重要社会力量。崇祯元年(1628年)聚饥民起义于府谷的王嘉胤,就是定边营(属榆林卫)的逃卒④。《怀陵流寇始终录》记载:"一时'贼'首,多边军之豪。"⑤崇祯三年六月兵科给事中刘懋在上奏中指出:

---

①④⑤ 《怀陵流寇始终录》卷1。

② 《崇祯长编》卷1。

③ 《明季北略》卷5"南居益请发军饷"条。

秦"寇"即延、庆之兵丁、土"贼"也。边"贼"倚土"寇"为向导,土"寇"倚边"贼"为羽翼。[1]

二、大起义的酝酿和爆发

明末农民大起义发生在崇祯年间,而其酝酿却始于万历,并持续到天启。《怀陵流寇始终录》一书明确地记载了万历以来陕西地区饥民和贫军"相聚为盗"的情况。它说:

> 陕西兵于万历己未(四十七年)四路出师败后西归(按:这里的"四路出师"指杨镐率四路明军与努尔哈赤交战事,见上文),河南巡抚张我续截之孟津,斩三十余级,余不敢归,为劫于山西、陕西边境。其后调援频仍,逃溃相次。边兵为"贼"由此而始。天启辛酉(元年),延安、庆阳、平凉旱,岁大饥。东事孔棘,有司惟顾军兴,征督如故,民不能供,道殣相望。或群取富者粟,惧捕诛,始聚为"盗"。"盗"起,饥益甚,连年赤地,斗米千钱不能得,人相食,从乱如归。饥民为"贼"由此而始。[2]

后来,明末农民大起义的正式爆发,正是在万历至天启年间陕西地区饥民与贫军"相聚为盗"的基础上出现的。从广义上说,明末农民大起义是万历、天启年间人民群众武装反封建斗争的继续,而从有直接的组织人员联系方面讲,明末农民大起义则是万历至天启年间陕西地区饥民与贫军"相聚为盗"的进一步发展。

明末农民大起义正式爆发的时间为崇祯元年(1628年)七月。这时,"王嘉胤聚饥民反于府谷",同起者有杨六、不沾泥(本

---

① 《平寇志》卷1。
② 《怀陵流寇始终录》卷1。

名张存孟)等①;清涧王左挂"合骑'贼'万人,反于宜川之龙耳嘴"。王左挂原名王之爵,或误为王之舜、王子顺,同起者有苗美、飞山虎、大红狼等②。同月发动起义者,还有白水县人王二,他起义后,曾"劫宜君县狱","掠蒲城之孝童、韩城之淄川镇",并曾经与王嘉胤合兵③。稍晚于上述几人而发动起义者,有汉南王大梁和安塞高迎祥等。王大梁,又名大梁王④。崇祯元年十月,"有党四百,纠成县、两当'土贼'三千余人犯略阳、汉中,官兵追至宁羌、阶县,遁去,复趋略阳,官兵战败"⑤。高迎祥起于崇祯元年十一月,称"闯王",起义后即"与王嘉胤合"⑥。由于许多支起义军先后奋起,起义烈火很快就遍及陕西省的许多州县。崇祯二年正月,陕西巡抚胡廷宴、延绥巡抚岳和声奏:

> 洛川、淳化、三水、略阳、清水、成县、韩城、宜君、中部、石泉、宜川、绥德、葭、耀、静宁、潼关、阳平关、金锁关诸处,流"贼"恣掠。⑦

---

① 《怀陵流寇始终录》卷1;《平寇志》卷1。两书所记起义时间不同,兹从《怀陵流寇始终录》。

② 《怀陵流寇始终录》卷1;《绥寇纪略》卷1。两书所记起义时间不同,兹从《怀陵流寇始终录》。关于王左挂的名字,请参见南炳文:《明末农民战争中的王左挂、王子顺实为一人》一文,载《齐鲁学刊》1981年2期。

③ 《绥寇纪略》卷1;《平寇志》卷1。王二起义的时间,各书所记不一,兹从《平寇志》卷1及《明史纪事本末》卷75所载巡按陕西御史吴焕疏。《绥寇纪略》卷1注文中也载此疏,但正文中却将起义记为十一月,自相矛盾。又,《烈皇小识》卷2记有澄城知县张耀采因"催科亟酷",天启七年被王二率众杀死一事。于是,史学界多以白水王二为天启七年三月澄城民变的领导者,并视此次民变为明末农民大起义正式拉开序幕之举。但《烈皇小识》的这一记载是靠不住的,比较可信的史料都说天启七年三月的澄城知县为张斗耀,且记载这一民变时,都未提及王二,有鉴于此,本书不采《烈皇小识》之说,不把王二当作天启七年三月澄城民变的领导者,也将这次民变当作明末农民大起义正式拉开序幕之举而特别提出。

④ 《绥寇纪略》卷1。

⑤⑥ 《怀陵流寇始终录》卷1。

⑦ 《怀宗崇祯实录》卷1。

从上面的叙述看,当时起义者多"立诨名"。这种现象几乎存在于整个明末农民大起义之中。其所以如此,乃是由于起义者们"不欲以姓名闻,恐为亲族累"。①

这些起义发生后,遭到当地官府的镇压。有的首领很快牺牲。如白水王二于崇祯二年(1629年)正月被明陕西商洛道刘应遇剿杀②。汉南王大梁所部遭到刘应遇与川将吴国辅的镇压,先败于略阳,后退往汉阴,刘应遇派兵追至大石川(大石川系河名,在西乡县城东南二百里,流入紫阳县境),王大梁与五百名义军阵亡,余部三百人转移到四川境内,时为崇祯二年二月③。崇祯二年四月,阶州士兵周大旺等起义,很快就被明副将贺虎臣"捕得"杀害④。有的起义军未被官军镇压下去,但因力量尚不强大,在作战中也常常遇到挫折。如王左挂部于崇祯二年二月围攻韩城之龙门渡时,遇明督粮参政洪承畴来救,即被打败,退往清涧。三月,"掠真宁","至耀州",为明守将孙枝繡击败,"逃匿深山"。四月,"复犯耀州",被洪承畴"合官兵乡勇万余人,列十二营,围之云阳",王左挂几为所俘,幸亏夜间雷雨大作,才得以"溃围,走韩城之神道岭"。官兵相追,义军牺牲二百多人。⑤

不过,起义的烈火并没有熄灭,反而在继续发展。当时,陕西地区的灾荒仍在继续,饥民仍在增多,这为起义军源源不断地输送着大量的补充人员。《怀陵流寇始终录》载,崇祯二年十二月,"延安大雪,冻馁死者无数,壮者为盗"⑥。另外,崇祯二年到

---

① 《怀陵流寇始终录》卷1。

② 《平寇志》卷1;《绥寇纪略》卷1;民国重印乾隆《白水县志》。

③ 《怀陵流寇始终录》卷2;《绥寇纪略》卷1;《国榷》卷90;《明史纪事本末》卷75。

④ 《绥寇纪略》卷1。

⑤ 《怀陵流寇始终录》卷2;《绥寇纪略》卷1。

⑥ 《怀陵流寇始终录》卷2。

三年初又发生了裁驿递和入援兵哗变事件,也使起义队伍得到新的补充。明代在交通要道设有驿站,任务是传送公文、接待来往官吏、运送军用物资及上供物料等。为了进行管理,官吏等人使用驿站设施时,须持有关部门发给的证明,这些证明称勘合、火牌等。驿站可说是当时的重要交通动脉,是推行政令、进行管辖不可缺少的一环。可是,封建官吏仅图个人私利,不管封建国家的全局,到明朝末年,把驿站制度搞得弊窦丛生。有的将勘合等递相假借,"一纸洗补数四"①;有的超标准享用驿站的夫马车辆,甚至在"供应之外,横索折乾"②。加上当时兵兴事烦,在驿站上应役的夫卒遂苦不堪言,国家的驿站经费也大大增加。有鉴于此,崇祯初,给事中刘懋和御史毛羽健奏请对驿站加以整顿,禁革冒滥。明思宗很欣赏这一建议,马上下令刘懋由刑科给事中改为兵科给事中,"专管驿递事务"。崇祯二年(1629年)四月,刘懋接到这一圣旨,即"恪遵钦定条例,力加裁减",经过三个月,定出了有关规则,"除请借冒滥不行外,正项差役亦减十六七"③。刘懋的这一改革,无疑是具有进步意义的。但是,这仅是它的一个方面。当时,在驿站服役的夫卒,是领有报酬的。这种报酬虽然数量极微,然而在一些极端贫困的地区,一些人却能以此来勉强维持生计。刘懋在整顿驿站时,除了清除官吏的滥用驿站设施外,还极力裁减驿站夫卒,使之大量失业。因此,刘懋的这次整顿驿站也有影响某些贫困地区驿站夫卒生计的副作用。如陕西的整顿就加剧了陕西地区的社会矛盾,许多失业的驿站夫卒,由此而加入到了起义队伍之中。清人所著史书《平寇志》记下了这一情况,它说:

① 《明史》卷 258《毛羽健传》。
② 《怀宗崇祯实录》卷 1。
③ 《国榷》卷 90;《明末农民起义史料》第 6 页。

给事中刘懋、御史毛羽健请裁驿站，以足国用。因申严号令，非敕使不得给邮符，即乘传有额，无敢滥用县官钱，岁省费无算。谓苏驿困也，而燕、赵、秦、晋，轮蹄孔道，游手之民，执鞭逐马走，多仰食驿糈，至是益无赖。又岁俭，无所得食，遂群聚为寇。①

所谓入援兵哗变事件，共有三起。崇祯二年十月至三年五月，后金兵入犯内地，"京师戒严"，各地驻军应诏驰援，而入援兵却受到虐待，因此山西、延绥、甘肃兵先后哗变。这些哗变的士兵，多数参加了农民起义的队伍。首先是山西兵哗变。他们在山西巡抚耿如杞和总兵官张鸿功的带领下，于崇祯二年十二月来到京城地区，最初兵部令往通州，一天后改调昌平，既至，又调守良乡。按照当时的规定：兵至信地，当天不准开粮，"次日列营汛地乃给之"。山西兵既被连续调动，数日得不到粮饷，奔走饥乏至极，遂出而劫掠。耿如杞、张鸿功"以不戢军士逮问"，士兵即散归山西，人数多达五千，"晋中流'贼'"自此"遂炽"②。延绥兵和甘肃兵的哗变于崇祯三年正月相继发生。它们的起因也皆与粮饷有关：延绥"总兵吴自勉入援，侵行粮，军中道逃归为'乱'"；甘肃"巡抚梅之焕统兵入援，兵以粮不时给，脱巾鼓噪。之焕查首数人正法，有千余人溃归陕西"，"与群寇合"③。边兵掌握着较高的军事技能，上述哗变士兵的加入起义队伍，除了使之人数增加外，更重要的是极大地提高了其战斗能力。

三、崇祯三、四年的战局

崇祯三年(1630年)后，大起义出现了明显的特点，其中主

---

① 《平寇志》卷1。
② 《明史》卷23；《国榷》卷90；《绥寇纪略》卷1；《怀陵流寇始终录》卷2。
③ 《明史》卷22；《绥寇纪略》卷1；《烈皇小识》卷2。

要的是,鉴于参加起义的人数越来越多,明政府感到光残酷剿杀不能解决问题,因而在军事剿杀的同时,开展了大量的招安活动。当时,自崇祯二年(1629年)起担任陕西三边总督的杨鹤,是进行这些活动的主要人物。而起义军方面,这时人数虽然不少,战斗能力也比刚发动起义时有所提高,但还多半不能与官军打硬仗。因此,除了若干支起义军拒不接受招安、坚持武装斗争外,有相当多的起义军曾经接受过官府的招安。不过,起义者当初参加起义,乃是由于穷困至极所致,他们一旦接受招安,官府必须对其生活有妥当的安排,才能使之安定下来,而当时的官府,根本做不到这一点。这样,接受招安者往往不久重又再起,形成"兵至则稽首归降,兵去则抢掠如故"的局面①。另一个特点是,起义军活动的范围比刚爆发起义时有所扩大,除了陕西外,山西也成为起义怒火熊熊燃烧之地。上述两个特点,一直保持到崇祯四年冬,其中第二个特点保持的时间更长。以下将崇祯三四年的战局作一简述,上述两个特点将处处可见。

崇祯三年(1630年)正月,由于西北各镇边兵被调援京城者甚多,起义军乘虚活跃起来。王左挂、苗美等率领起义军数千人,分列五营,"由宜洛,直奔韩城",将之包围,严重威胁西安。时杨鹤正在西安,急将部分刚出潼关往援京城的固原、临洮、河州边兵,"星夜调回","由朝邑、郃阳,间道衔枚疾驰",交洪承畴"监督",向起义军进攻。经过激战,起义军解围,北往清涧。杨鹤所调原往援京城的固原等兵,复东援而去。为了继续应付局面,杨鹤连续上疏,请调回西北各边镇往援京城的总兵官,"不果",遂请令起前总兵杜文焕"署延镇事,兼督固原军","便宜剿抚",得到批准。北往清涧的王左挂等起义军,受到杜文焕等官军的攻击。二月,王左挂降,苗美以八百人逃去,杜文焕追击之,

---

① 《明末农民起义史料》第17页。

苗美之叔苗登云降,黄虎、小红狼、一丈青、龙得水、掠地虎等一些首领投降。苗美再逃,不久,被人杀害,同时牺牲者还有飞山虎、大红狼等首领,时为同年四月。黄虎等投降后,被安置在"延绥之河西","给牒免死",但因生活困难问题得不到解决,"唯不焚杀,淫掠如故"。几个月后,王左挂"以贼白汝学攻绥德州,谋内应",为官军发觉,与苗登云等皆遭杀害。王左挂所率领的这一支起义军至此彻底失败。①

在王左挂起义军遭到失败的同时,在陕西最北部的王嘉胤起义军相当活跃。七月,他们攻下了黄甫、清水、木瓜三地,并下府谷县城。这时,洪承畴已升任延绥巡抚,杨鹤即"移会"于他,"檄遣"杜文焕,"督同各该官兵",对王嘉胤部进行围攻。经过三个月的激战,起义军牺牲一千多人,被迫撤出府谷,转向山西河曲。河曲城内的饥民热烈欢迎王嘉胤部的到来,在他们的内应下,未经攻打,起义军即进入该城,时为十月二十八日。②

早在万历末年开始,已有溃逃下来的援辽边兵不断来到山西,从事反对官府的活动。崇祯三年春,又有陕西起义军老回回、八金刚、王自用(又名王和尚,绰号紫金梁)、上天猴(名刘九思)等部,自神木造舟渡河,进入山西,"掠襄陵、吉州、曲沃,寻破襄陵、吉州、太平"。陕西起义军进入山西之前,"山西旧'贼'不过一二万人",老回回等部的到来,使这里的起义力量大为增加③。而王嘉胤部的到来,使山西的起义力量更加壮大了。

王嘉胤部进入山西前,在山西对付起义军的明朝文官武将,主要是仙克谨(崇祯三年正月至五月任山西巡抚)、宋统殷(崇祯

① 《绥寇纪略》卷1;《怀陵流寇始终录》卷3;《明末农民起义史料》第28页、第31页;《明史》卷239《杜文焕传》,卷260《杨鹤传》。

② 《明史》卷260《杨鹤传》;《明末农民起义史料》第20页、第28页、第31页;《绥寇纪略》卷1;《怀陵流寇始终录》卷3、卷4。

③ 《怀陵流寇始终录》卷3。"王自用",原文误为"王子顺",兹改正。

三年五月始任山西巡抚)等。王嘉胤部进入山西后,杜文焕与延绥东路副总兵曹文诏,被派入晋。他们来到河曲,见王嘉胤坚守不下,即"绝其饷道以困之"。不久,因陕西起义军神一元部攻下宁塞(神一元部情况详下),宁塞为杜文焕家属所在地,杜文焕"拜表西救"。明朝因另调保定总兵尤世禄为山西总兵,与曹文诏共攻河曲。崇祯四年(1631年)四月,曹文诏攻破河曲,王嘉胤脱险。五月二十四日,王嘉胤带领义军"从岳阳入屯留、长子境。二十七日,从高平之长平,取山径,至沁水坪上村,从檄山西南行,入阳城县之北乡"。六月二日,王嘉胤被其部下所杀。[①]

当王嘉胤牺牲前,王自用已在王嘉胤手下担任左丞的职务。王嘉胤牺牲后,史载:王自用"复纠众起兵三十六营,号二十万"。其三十六营的领导者,史书所载不一,《绥寇纪略》所载有:"八大王、扫地王、邢红狼、黑杀神、曹操、乱世王、撞塌天、闯将、满天星、老回回、李晋王、党家、破甲锥、八金刚、混天王、蝎子块、闯王、不沾泥、张妙手、白九儿、一阵风、七郎、大天王、九条龙、四天王、点灯子、上天猴、丫头子、齐天王、映山红、摧山虎、冲天柱、油里滑、屹烈眼等"[②]。这里所说"复纠众起兵三十六营"的"起兵"二字,用词并不准确。实际情况当是,这时王自用联合各支起义军形成了一个松散的联盟,而他做了这个联盟的盟主。所以,他并不是所谓"起兵三十六营",而是"联合了三十六营"。尽管如此,这个松散联盟的形成,还是值得重视的,它有利于各支起义军的配合作战,反映了起义事业的发展。上述三十六营的名单也不一定准确,但反映了基本情况,有一定的参考价值。名单中包括了明末农民大起义中的许多重要领导人,如"闯将"

---

① 《绥寇纪略》卷1;《怀陵流寇始终录》卷3、卷4;《明史》卷239《杜文焕传》,卷268《曹文诏传》。
② 《绥寇纪略》卷1。

即著名的起义领袖"李自成","八大王"即另一著名起义领袖"张献忠"。

崇祯三年(1630年)以后进入山西的各支陕西起义军,经常流动于陕、晋之间。这里仅叙点灯子为首的一支起义军为例,以见一斑。

点灯子,清涧书生,又名赵四儿、赵胜,"习业于石油寺,昼夜写读不倦",村民"异之,呼为点灯子"。时正"多故",讹言谓其将如评话里的黄巢那样,造兵书谋反,"又谓官且捕之"。点灯子惧,遂"聚众反于解家沟花牙寺",延安以及韩城、宜君、洛川,并山西沿河州县,皆有其部活动的足迹①。崇祯四年(1631年)三四月,在中部、郃阳、韩城等地为官军所败。五月,率其众千人渡河入晋,曾攻沁水之窦庄②。八月,被曹文诏及山西平阳道郭竹征所率官军败于桑壁镇、雾露山、宋家山、黄河畔、花地岔五地,转入永宁、石楼,并袭下隰州、蒲县。八月二十七日,曹、郭追之至吉州、乡宁县,三十日又至河津、稷山。在官兵的逼迫下,点灯子部下陈尔先等率七百人降,点灯子率百余人"越山北奔"。九月,在石楼县之康家山,遭到绥德州知州周士奇、守备孙守法的夜袭,被俘牺牲。③

当王嘉胤由府谷转入山西河曲后不久,陕西又出现了一支起义军,它的最初的领导人是神一元。这支部队与王嘉胤部东西并峙,是当时各支起义军中势力最大的两支。对付这支起义军的明朝官员是杨鹤,杨鹤积极对之进行招安。这一活动,与当时在杨鹤重视招安主张的影响下出现的其他一些招安活动,共同形成了崇祯四年(1631年)陕西地区的一次招安高潮。

---

① 《怀陵流寇始终录》卷3。
② 《怀陵流寇始终录》卷4;《绥寇纪略》卷1。
③ 《怀陵流寇始终录》卷4;《绥寇纪略》卷1;《明史》卷268《曹文诏传》。

神一元系"延绥叛兵",他自辽阳逃归,"纠党三千人",于崇祯三年(1630年)十二月,攻破新安、宁塞、柳树涧堡等处①。崇祯四年正月五日破保安。定边副将张应昌与战,神一元牺牲。其弟神一魁继起为首,战不利,转趋庆阳,二月二十四日包围庆阳,二十九日分兵下合水,俘虏知县蒋应昌。三月三日,张应昌以兵救庆阳,神一魁败,解其围②。在神一魁包围庆阳之时,三边总督杨鹤来到宁州,杨见到起义军来势凶猛,"人情汹汹","邻近处所"又"无兵马可调",即委宁州知州周日强派人前去招安。庆阳解围之后,神一魁派人见杨,接洽"求抚",得允后,于三月九日,六十余个大小首领率众前来"投降",送出合水知县蒋应昌。杨鹤认为:"此辈降人,须示之以礼。"官方引导投降的农民前往杨鹤的衙署。在那里举行了一番安设龙亭、"宣读圣谕"的仪式之后,杨鹤又与之前往"关帝庙中,焚香发誓"。三月十六日,神一魁亲来投见,杨鹤"责数其十罪",神一魁表示"服罪",杨鹤"即宣诏赦",并任命神一魁以"守备"之职。然后派人到"合水查点降丁,给散饥民印票,于三月二十九日散遣俱尽,神一魁本人被安置在宁塞,使参将吴宏器加以监督③。在杨鹤招安神一魁部之后的一两个月中,还出现了一系列招安起义军的事件。其中主要的有,"合水余'寇'田近庵等拥党五千,屯马兰山赵和尚寺,欲犯耀州",明关内道瞿师雍"以无兵可击,抚之"。"庆阳道周日强招铁角城刘道海(即刘六)等、环县白柳溪等;洛川知县刘三顾解散独头虎等",榆林道张福臻招抚"金翅鹏、过天星等数百人,满天星、金龙、强虎、钻天鹞、云交月等大'贼'八十五人"。被招安者原籍多在陕北延长、清涧、绥德、米脂、吴堡、葭州一带,他们

①《绥寇纪略》卷1;《怀陵流寇始终录》卷3;《平寇志》卷1。
②《绥寇纪略》卷1;《怀陵流寇始终录》卷4;《明末农民起义史料》第28页。
③《明末农民起义史料》第9~10页、第28~29页;《绥寇纪略》卷1;《怀陵流寇始终录》卷4;《明史》卷260《杨鹤传》。

原来在家乡起义,分成许多支,后来逐渐转移到延安之南、西安之北。招安后,一般是被遣还原籍①。当时杨鹤对于招安政策的执行,是真心实意的。如被招安者遣返原籍时,沿途往往受到极端仇视起义农民的地主分子等人的袭击,杨鹤为了贯彻其招安政策,于崇祯四年六月,曾专门向各府州县颁发告示,加以制止,其中说:

> 照得从贼之民,或为饥饿难忍,或为迫胁相从,本院部抚顺剿逆,一以免地方之祸乱,一以体皇上好生,非得已也。近闻解遣饥民归回原籍,经过镇店乡村,多被居民复行劫杀,以致见在饥民,闻而惊疑,迟聚不散,或饿毙中途,或仍复抢掠。凡此举动,是绝其生活之路,坚其从贼之心,地方之人,未厌祸乱,解散归农,何日之有!合亟申禁。为此,仰本道官吏,即便严行所属州县,禁谕军民人等,但遇归农饥民,安静无扰,两平买食者,一体交易,不得闭粜指勒。有妄行劫杀,即照杀降律例,究罪抵偿。如解散之众不改前非,仍行抢杀,果有实迹者,许地方人等杀死勿论。各宜仰体德意,实实举行,毋得容纵,致干天和。②

从这个告示的文字可以看出,杨鹤之所以真心实意地实行招安政策,完全是为了"免地方之祸乱",即是以维护封建统治秩序为出发点的。他的这一主张代表了地主阶级的长远利益,有利于保护社会生产力,具有相对的进步性。

杨鹤推行招安政策,最初是得到明思宗的支持的。如崇祯四年(1631年)正月,明思宗在接见入觐监司时曾说:"寇亦吾赤子,宜招抚之,不可纯剿。"并曾追问:"王左挂既降,何又杀之?"此外,这一月他还"命御史吴甡赍金赴陕西赈饥抚'盗'",下诏说:"陕西屡报饥

① 《怀陵流寇始终录》卷4。
② 《明末农民起义史料》第25页。

荒,小民失业,迫而从'贼',自罹锋刃,谁非赤子,颠连若此。今特发银十万两,命御史前去酌受灾处次第赈给。晓谕愚民,胁从归正,即为良民,嘉与维新,一体收恤。"① 后来,明思宗在接到杨鹤关于招安神一魁的题本后,他又明确批示:"杨鹤相机招安,允协朕意。"② 杨鹤之得以大力推行招安政策,使崇祯四年出现一次招安高潮,除了本人的因素外,当与明思宗的支持有一定关系。

如果崇祯四年的招安活动能坚持下去,当时陕北的阶级矛盾和斗争很可能经过曲折的变化,逐渐走向缓和。但事实并非如此。这是由许多因素造成的。这一年,陕西的自然灾害仍很严重。如雍正《陕西通志》载:"榆林连年旱,西安大旱。"③ 这使被招安者的生活安排极难解决。这年正月,吴甡所带赈济银两数量太少,杯水车薪,远远不能满足需要。七月,职方李继贞上疏指出:"前赈臣携十万金往,度一金一人,止可活十万人。而斗米七钱,亦止可活五十日耳。"④ 加之极端仇视起义农民的地主分子等又经常对接受招安者进行劫杀。这便使被招安者往往被迫"屯掠"如故,"解散者一二,啸聚者千百,乡村打粮,日无宁刻",甚至继续与尚未接受招安者一样攻城杀官。这年五月,杨鹤自宁州移驻耀州,"庆阳降'贼'郝临庵、刘六等"即"掠环县、真宁"。三个月后,刘六屯余家岭,杨鹤遣宁夏总兵贺虎臣等"以兵四千讨之,虎臣诱斩刘六"。六月,"降'贼'满天星、一丈青又叛,掠宜川、洛川"⑤。七月,"别贼李老柴、独行狼攻陷中部,田近庵以六百人守马栏山应之"。几个月后,李老柴被俘,中部复入官

① 《平寇志》卷1。
② 《明末农民起义史料》第13页。按,原文中记杨鹤题本写于崇祯四年二月二十二日,肯定有误,时间当略晚。
③ 雍正《陕西通志》卷47。
④ 《绥寇纪略》卷1。
⑤ 《怀陵流寇始终录》卷4。

军之手,独行狼率余部转移①。九月,杨鹤忧神一魁的部下茹成名"桀骜""难制","令一魁诱杀之于耀州","其党"黄友才等"猜惧",遂"挟一魁以叛"。后黄友才在官军进攻下,杀神一魁而降,但不久"复叛去"②。在这种情况下,官府方面极端仇视起义农民、力主纯用剿杀、反对招安的势力气焰渐渐嚣张起来,对重视招安的杨鹤发起了激烈的攻击,将其剿抚兼施说成是"苟图结局,徇抚讳剿",甚至将其颁发"惟禁杀降"的告示,歪曲为"出示敢言剿贼者斩"、"传檄郡县,兵俱不许设哨马,城俱不许设守具";将当时各种复杂因素导致的所谓"贼氛益炽"的情况,说成是杨鹤重视招安政策的结果③。急切希望平定起义的明思宗,被形势发展与其愿望背道而驰的情况搞得真假不辨,他听信了主剿派的意见,改变了自己原来支持杨鹤的态度。是年九月,他下令逮捕杨鹤入狱,另任洪承畴为三边总督④。同年十月十一日,杨鹤在临潼跪听了逮捕自己的圣旨全文,其中说:

> 杨鹤总制全陕,何等事权,乃听流寇披猖,不行扑灭,涂炭生灵,大负委任。著革了职,锦衣卫差的当官旗,扭解来京究问。⑤

杨鹤被解除兵权,入狱,不久被戍袁州,崇祯八年(1635 年)死于戍所⑥。杨鹤的下狱,标志着明政府对付农民起义政策的一大转变,这对当时的战局发生了重大影响,农民起义的历程从而进入一个新阶段。

---

① 《明史》卷 260《杨鹤传》;《明末农民起义史料》第 29 页;《怀陵流寇始终录》卷 4。

② 《绥寇纪略》卷 1;《怀陵流寇始终录》卷 4;《平寇志》卷 1。

③ 《明末农民起义史料》第 22 页、第 25 页。

④ 《明史》卷 23。

⑤ 《明末农民起义史料》第 26 页。

⑥ 《明史》卷 260《杨鹤传》。

四、李自成和张献忠的早期活动

崇祯五年(1632年)之后,李自成和张献忠两位明末农民战争的著名领袖人物越来越活跃。

李自成,米脂双泉都二甲人。祖名李海,父名李守忠[①]。万历三十四年(1606年)八月二十一日生[②]。父为农,家贫。幼曾为僧,俗名黄来僧,为本县大姓艾氏(一作姬氏)牧羊。长大后,充本县圁川驿马夫[③]。他参加起义的过程,史书所记差别很大。曾在明末起义队伍中生活过的河南人郑廉,在其专记明末农民起义的著作《豫变纪略》中记载:

> (自成)为驿卒,能得众。时岁洊饥,邑官艾氏贷子钱,自成辄取之,逾期不能偿。艾官怒,嗾邑令笞而枷诸通衢烈日中,列仆守之,俾不得通饮食,盖欲以威其众也。诸驿卒哀其困,移诸阴而饮食之。艾仆呵骂不许。自成忿然曰:"唉,吾即死烈日中何害!"则踉跄力荷其枷,仍坐烈日中,竟不饮食,虽惫甚,不少屈也。众益哀之,不胜其忿,遂哄然大哗,毁其枷,拥自成走出城外,屯大林中不敢出,然犹未至伤人也。而县尉则乘羸马,率吏卒,执弓刀而往捕之。林莽箐密,不敢入。相持良久,日且暮,众不得已,杖白梃一哄而出。县尉惊,堕马死,吏卒溃而奔,弓刀器械,悉为其有。是夜,遂乘势袭城,奋袂一呼,饥民群附,一夜得千余人。出而走,转掠远近,旬日间其势益众,又与盗相通为声援,往来奔窜,号曰闯将,俨然自为一部矣。[④]

---

① 顾炎武:《明季实录》,《明季稗史续编》本,第26页上。
② 《绥寇纪略》卷9。
③ 《明季实录》第26页上;《明史》卷309《李自成传》;《荒书》。
④ 《豫变纪略》卷3。

崇祯十五年(1642年)担任米脂县令的边大绶,为挖掘李自成的祖坟,曾向李自成的同里人李成调查,当时李成也叙述了李自成参加起义的情况,他说:"西川贼卜沾汛(应为不沾泥)作乱,(李自成)流入贼营,不知下落。①"郑廉与李成的说法虽不甚准确,但由其经历看,当比其他一般史书记载有更多的可靠性。

综合他们的说法,可以判断:大概李自成是在灾荒连年的情况下,加之受到豪绅地主和官府的欺凌,遂奋起反抗,他先是自己组织了一支起义队伍,后来很快就带队投入了不沾泥所领导的起义军。从总体上看,这时的李自成所部是属于不沾泥领导的,但又有一定的独立性。李自成发动起义及投入不沾泥所领导的起义军的时间,为崇祯三年,地点为西川(据《荒书》记载,"西川者,米脂、绥德、宁夏三处犬牙之地",是当时农民起义军经常聚居之处)。按上文提及,不沾泥本是在崇祯元年与王嘉胤一起起于府谷的,而这时他却是单独的一支起义军的首领(史书中将他单独记为"西川贼"即是证明),推原其故,当是他至晚到这一年,已经与王嘉胤分手,各自单独行动了。崇祯四年四月以后,不沾泥曾降于官军,作了俘虏,但后来复起,崇祯四年闰十一月曾攻克安定,十二月曾攻绥德,直至崇祯五年四月,才最后被俘,牺牲于绥德。牺牲以前,在西川立有"十七哨、六十四寨"②。李自成在崇祯三年投入不沾泥部以后,所部是否全与不沾泥一起行动,史无明文,但从有关资料分析看,大概不沾泥四年四月被俘投降前,他们是一起行动的,而不沾泥被俘时,李自成"走匿山泽间得免",而后两者就分别行动了。③

崇祯五年四月不沾泥牺牲于绥德之后,其余部即归了李自

① 《明季实录》第26页上。
② 《怀陵流寇始终录》卷4、卷5;《绥寇纪略》卷1;《明史纪事本末》卷75;《平寇志》卷1;《明史》卷239《张应昌传》;《烈皇小识》卷3;《国榷》卷91。
③ 参见《明史纪事本末》卷78。

成,并"渡河掠绛州"①。这个时间是否也是李自成入晋的开始呢?这是很难确定的。前文述及崇祯四年六月王自用于山西联合三十六营时,李自成所部为其中的一营,由此来看,很可能在崇祯四年四月不沾泥被俘投降后的一两个月中,李自成就已经到达过山西了。另外,《怀陵流寇始终录》卷四载,崇祯四年十一月"闯贼等犯渭南、扶风、陇州";这里所说的"闯贼"或许即为李自成。这个估计如果属实的话,那么联系上述崇祯四年四月后一两个月和五年四月李自成两次入晋的史实,则可以判断李自成所部在崇祯四、五年间如同点灯子所部那样也是在陕晋之间经常流动的。崇祯五年四月李自成来到山西时,由于不沾泥余部的归附,所以势力已相当可观。这年八月,御史刘令誉上疏说:"有自贼中逃回者言,旧在晋中贼首掌盘子等十六家,最枭獍者为闯将、紫金梁、戴金穿红,群贼效之,遂皆以红衣为号,而秦州过河之新贼,如刘五等,数十头目,又皆狰恶异常,攻围岳阳,垂涎城邑,声势浩大,急难扫除。"② 由于自李自成初次来晋到崇祯五年,大概已有一年以上,所以这里称之为"旧在晋中贼首掌盘子";而这里将之与紫金梁一起称为"最枭獍者",可见这时他的地位已经远远超过其他的一般起义军首领了。

张献忠,延安府肤施县柳树涧人,系延安卫籍③。万历三十四年(1606年)生,与李自成同岁④。据说,幼年时,曾读过书⑤。又曾"随父贩枣至四川内江,以驴系绅坊,粪溺污石柱,绅仆骂

---

① 《怀陵流寇始终录》卷4。原书误将此事记于四年四月,今分析有关记载,予以更正。

② 《崇祯长编》卷62,第38页。

③ 《明季北略》卷7"张献忠起"条;《绥寇纪略》卷10;《明史》卷309《张献忠传》;康熙十二年《延绥镇志》卷5之4《僭国列传》;参见王纲:《张献忠大西军史》,1987年湖南人民出版社版,第45页。

④ 《绥寇纪略》卷9。

⑤ 《明季北略》卷7"张献忠起"条。

之"，并鞭打其父，"喝令以手掬付他所"。献忠在傍，"怒目不敢争"，临走，发誓说："我复来时，尽杀尔等，方泄我恨。"[1] 长大后，隶延绥镇为军，"犯法当斩，主将陈洪范奇其状貌，为请于总兵官王威"，因而获释，"乃逃去"[2]。参加起义前，还曾做过延安"府中快手"，亦"不得志"[3]。崇祯三年（1630 年）六月，在起义形势继续发展的情况下，他在"米脂十八寨"起义，"自称八大王"[4]。这年八月，由于受到官军杜文焕部的威胁，为了保存实力，假意乞降，而杜文焕为了腾出手来先镇压其他起义军，也"阳许之，以为后图"[5]。十月，张献忠与其他起义军首领率五六千人"掠靖边、安定、绥德、米脂"，并攻清涧，遇到乡绅惠世扬及洪承畴、杜文焕等的镇压，起义军战士牺牲千名左右，被招安者二千人，余众"奔安定"，张献忠"据双柳"。[6] 四年（1631 年）六月，张献忠所部成了王自用所联合的三十六营之一。十二月，曾在陕北接受洪承畴的招安，不久，"叛入山西"，越来越成为重要的一支起义力量。[7]

五、起义军活动地区的转移和初期阶段的结束

自杨鹤下狱、洪承畴接任三边总督以后，陕西的官吏一改杨鹤的招安政策，专重剿杀，从此，在陕西地区出现了一场明末农民大起义爆发以来最残酷的对起义军的大镇压。经过大约一年

---

① 清人彭遵泗：《蜀碧》卷 3。
② 《明史》卷 309《张献忠传》；参见《平寇志》卷 3。
③ 康熙十二年《延绥镇志》卷 5 之 4《僭国列传》。
④ 《明史》卷 23、卷 309《张献忠传》。
⑤ 《国榷》卷 91；《怀陵流寇始终录》卷 3。
⑥ 《怀陵流寇始终录》卷 3；《明史》卷 23。
⑦ 《明史》卷 309《张献忠传》；《绥寇纪略》卷 1。

的时间,陕西地区的许多支起义军被洪承畴及当地其他将领所统率的军队镇压下去。他们除了前面提及的不沾泥等部外,主要有如下几支:

黄友才部。崇祯五年(1632年)正月,黄友才攻环县之万安镇,为明固原道王振奇、甘肃总兵杨嘉谟、宁夏总兵贺虎臣所击,黄友才中铳死。①

红军友、杜三、杨老柴部。这也是神一魁的一个余部。崇祯五年三月,该部屯镇原之蒲河,"欲犯平凉"。陕西巡抚练国事闻讯,自泾州驰固原,檄杨嘉谟与副将王性善"扼之"。洪承畴派临洮总兵曹文诏,以临洮兵三千"从鄜州间道来会"。接着官军与起义军在西濠发生激战,起义军牺牲上千人,杜三与杨老柴被俘。"余众南奔,夺武安监,破华亭",四月攻庄浪。曹文诏、杨嘉谟遣都司靳桂香、游击曹变蛟(曹文诏之侄)、冯举、刘成功等追击,战于张麻村,起义军又败。后来,双方又在咸宁关、陇安等地发生战斗,起义军走张家川,文诏从陇安司追至,用间杀红军友,官军"从而乘之,鏖战洛水城西,大呼摧陷"。最后,官军追击至"静宁州",起义军"奔居唐毛山,(曹)变蛟先登,殄其众"。②

郝临庵、刘道江(刘五)、可天飞部。崇祯四年(1631年)下半年,独行狼、李老柴占据中部时,该部曾往支援,被官军打败,退往西川。后来独行狼及红军友部的李都司都加入了这支队伍③。崇祯五年(1632年)七月,可天飞、刘道江围合水,曹文诏以千八百骑往救。起义军"匿精锐,以千骑迎战",待敌军抵达南原,伏兵遂大起。城上的官军皆谓曹文诏已经毙命;但后来发现竟正左右冲突于包围圈中,即出与合。官军反败为胜,起义军撤

① 《怀陵流寇始终录》卷5。

② 《怀陵流寇始终录》卷5;《绥寇纪略》卷1;《明史》卷260《练国事传》,卷268《曹文诏传》。

③ 《怀陵流寇始终录》卷4;《绥寇纪略》卷1。

围转向铜川桥。曹文诏与杨嘉谟随后追来，再败起义军。不久，曹文诏、杨嘉谟又与固原总兵杨麒、宁夏总兵贺虎臣败起义军于甘泉之虎兕凹。八月，洪承畴"斩可天飞、李都司于平凉，降其将白广恩"。十一月，起义军与官军战于耀州锥子山，叛徒杀害独行狼、郝临庵向官军投降。洪承畴"坑其狰狞剽悍者四百口，余散遣"。①

上述几支起义军之所以失败，主要原因是因为这里的官军比较精锐，曹文诏等将领比较善于作战，三边总督洪承畴"尤善调度"②，以缺乏军事训练的饥民为基本队伍的农民起义军，是对付不了他们的。此外，当时活动于陕西的其他起义军也遭到官军的摧残，只是由于其战术比较灵活——在形势极端困难的情况下，他们没有死守陕西，而是转移到了山西，从而避免了全军覆没的恶运。到崇祯五年冬之后，陕西在一个时期内不再有势力较大的起义军部队。

明朝政府在崇祯四年后关于对付起义军的政策的改变，对与陕西相邻的山西以及豫北(当时称"河北"，指属于河南省的黄河以北怀庆、卫辉及彰德三府地区)、畿南(指北直隶南部的真定、顺德等府)也有影响，那里或因之而增强了原来即已存在的起义军的力量，或因之而开始有了起义军的活动。

山西起义军的力量得到加强。如崇祯四年(1631年)冬天，在山西负责镇压起义军的主要是宁武总兵孙显祖，他屡次与起义军作战，并取得了不少胜利，但起义军的人数却越来越多。史载：

(孙)显祖自(崇祯四年)闰十一月至年终，在宁乡、石

① 《怀陵流寇始终录》卷5；《绥寇纪略》卷1；《明史》卷268《曹文诏传》，卷270《贺虎臣传》。

② 《明史》卷260《练国事传》。

楼、稷山、闻喜、河津一带,前后斩获三千三百余级,官兵才二千余,而贼飞虎将、闯天王、石灶火、柞手、李晋王、樊山虎、小红狼、蝎子块、定天红、撞天柱、懒收拾、强天王、李存孝、翻天鹞、曹操、一只虎、一字王等众至二十余万,日剿日益。①

这种"日剿日益"的现象,在山西一直延续到崇祯五年(1632年)。为什么出现这种现象呢?很清楚,其中的一个重要原因,是当时陕西的起义军由于遇到官军的强大压力,纷纷"流入山西"所致。②

豫北和畿南是先后展开了起义军的活动。豫北开始的时间为崇祯五年(1632年)八月。史书记其事说:

> (山西巡抚)宋统殷合诸军击贼于长子,贼南奔沁水。庚辰(十五日),紫金梁、老回回、八金刚以三万众围(沁水)窦庄,时(乡绅)张道濬得罪家居,率其族御之。贼闻秦师且至,惧,欲乞降。紫金梁呼于壁下,道濬登陴见之。紫金梁免胄而言曰:"我,王自用也。弃家学道,误从王嘉胤至此,此来乞降耳。"曰:"若偕来者安在?"因呼老回回至。道濬曰:"急还所掳,散若众,吾为请于抚院,给免罪券,往所犯不复问,身家可全矣。"贼逡巡未应,一人前跪曰:"我宜川廪生韩廷宪也,为王嘉胤所获,不能自振,今当奉约,即离此地,五日为期,前途当如约。"遂还所掳二百人,拔营西入阳城。道濬以贼情告于统殷曰:"贼狡未可信,然韩廷宪可图也。"因遣使阴唆廷宪图贼,诸贼咸就约。惟八大王、闯塌天五营不受命。廷宪阴告使者曰:"贼中有挠议者,俟至旧县当解兵矣。"旧县界岳阳、浮山、沁水之中,地平衍,可屯聚,贼按

---

① 《怀陵流寇始终录》卷5。
② 《明史》卷268《曹文诏传》。

> 甲不动。延宪日纵臾紫金梁归欤，未决。诸军乘不备，轻骑
> 袭其营。贼怒，分兵南犯济源，河北兵却之，遂陷温县。①

由上述记载来看，紫金梁等之进兵豫北，乃因联系投降而未决之时遭到官军的袭击，从而引起其愤怒，而他们之所以有意投降，则是因为"闻秦师且至，惧"。可见当时起义军之开始进入豫北，也与崇祯四年后明政府改变对付起义军的政策有关，这一改变使陕西官军开始无情剿杀起义者，成为起义军最凶恶的对手。

起义军开始在畿南活动的时间为崇祯六年（1633年）正月。据记载，这月的初五日（一作初四日），起义军的"游骑至顺德西山"。从山西来此的道路，本可经过井陉或其南北数百里间的隘口，但因有官兵严密把守，"乃迁道由濬、滑、邯郸、沙河"而来。"已而至西山者七部"，各部"多者万人，少五千人"，蔓衍而及于"赵州、元氏、宁晋、获鹿、井陉、灵寿，几遍畿南"②。起义军在进入豫北地区后，又继续进入畿南，一方面是因为山西有宁武总兵张应昌（张应昌自崇祯五年八月始任宁武总兵之职）、豫北有左良玉等人率领官军镇压③，另一方面也因受到了陕西明军的压力。崇祯五年（1632年）十一月，延绥镇的将领李卑、艾万年、贺人龙等因起义军"多流入山西"而奉命带兵来到山西，参加对起义军的镇压④。十二月七日，临洮总兵曹文诏在陕西境内的起义军大体上被镇压下去之后，奉命带领"逐一挑选、屡经战阵马步官兵三千五百员名"，"自庆阳府启行，由邠、乾、泾阳、华州、潼关渡河，直抵山西蒲州、河津贼聚等处，转至平阳、潞安一带各贼

---

① 《平寇志》卷1。参见《怀陵流寇始终录》卷5；《明史纪事本末》卷75。

② 《怀陵流寇始终录》卷6；参《绥寇纪略》卷1；《明史纪事本末》卷75；《平寇志》卷1。

③ 参见《怀陵流寇始终录》卷6。左良玉来豫北的情况见后。

④ 《明史》卷269《李卑传》，卷273《贺人龙传》；《绥寇纪略》卷1；《怀陵流寇始终录》卷5。

肆犯地方,同晋中官军相机速图剿定"①。这些凶残的陕西官兵对于活动在山西的起义军来说,不能不说是一个极大的威胁。在这种情况下,起义军把自己的活动地区在由山西扩大到豫北的基础上进一步扩大到畿南,实属必要,这对于避免与过强的敌人死拼极为有利。由此可见起义军之开始在畿南活动,与崇祯四年(1631年)之后明朝政府对起义军政策的改变有直接关系。

起义军活动的地区逐渐由陕晋两省转变为以山西、豫北和畿南为主,这对于明朝统治者来说,是一个不能容忍的现实。这是因为,起义烈火由边境地区向内地的转移,日益逼近京城,对统治者的威胁更加增大了。于是他们更加强了对起义军的镇压,除了山西、豫北和畿南的驻防军队外,又将外地的军队纷纷调来。除上述入晋的陕西军外,这时还调来了如下几支军队:

左良玉部。崇祯五年(1632年)八月,因起义军进入豫北,诏其以昌平兵二千四五百人往援,十月至。②

邓玘及马凤仪部。左良玉调往豫北后,数与起义军战,"虽有功,势孤甚",因命邓玘将所部川兵二千来援,并"益以石砫土司马凤仪兵"二千,时为崇祯六年(1633年)三月(马凤仪不久战死)。③

汤九州部及京营兵。崇祯六年夏,因畿内、豫北起义军活动激烈,潞王朱常淓(明穆宗第四子朱翊镠隆庆二年生,四岁封潞王,之藩卫辉。万历末朱翊镠死,世子朱常淓嗣)有疏告急,说:"卫辉城卑土恶,请选护卫三千人助守。"明思宗为此特地进一步

---

① 《明末农民起义史料》第56页。

② 《豫变纪略》卷2;《怀陵流寇始终录》卷5、卷6;《平寇志》卷1;《明史纪事本末》卷75。

③ 《明史》卷273《左良玉传》及附《邓玘传》;《怀陵流寇始终录》卷6;《明史纪事本末》卷75;《平寇志》卷1。

发兵前往豫北、畿南地区①。这时共发了两支军队,一为汤九州所率昌平兵,另一支为京营兵。京营兵共六千人,以倪宠、王朴为总兵,以太监杨应朝(一作杨进朝)、卢九德为监军。②

随着起义军与官军在山西、豫北、畿南地区的集中,双方遂在这一带展开了越来越激烈的斗争。翻开有关史籍,可以看到,在崇祯五六年的山西、豫北和畿南,这类斗争几乎是天天在发生。起义军在斗争中,曾取得了一些胜利。如崇祯五年(1632年)十二月,紫金梁、八大王、闯将、过天星、花关索、八金刚等活动于沁州、武乡、辽州一带,闯将、八金刚、过天星等并于二十四日夜攻下了辽州。第二年正月,因大量官军开来,起义军放弃了辽州,北上榆社、和顺、寿阳、榆次、平定一带活动,距山西省会太原仅五十里,使之"大震"③。再如崇祯六年(1633年)五月,"一字王、领兵王、黑蝎子、闯将、闯塌天、八大王等九大营,自武安南下,围毛葫芦兵四百于河沟村,尽杀之"④。但是,从总体上看,这时山西、豫北、畿南地区农民起义军与官军相比,还是处于劣势地位的。吃败仗是常常发生的事情,在官军的剿杀下,起义军不得不东避西躲,东西南北到处奔波。崇祯六年(1633年)夏,对各支起义军能起一定协调作用的王自用死于济源(或说病死,或说为邓玘射杀。死后其部众"归闯将"),在一段时间里,无人能代替他。史载:"此贼(指王自用)似能统领诸贼也。此贼死后,众贼各自为队,时分时合。"这更加深了起义军处境的困难程度⑤。

---

① 《绥寇纪略》卷1;《明史》卷120《诸王传》5。

② 《平寇志》卷1;《明史纪事本末》卷75;《绥寇纪略》卷1;《明史》卷269《汤九州传》。

③ 《怀陵流寇始终录》卷5、卷6;《绥寇纪略》卷1;《明末农民起义史料》第71页。

④ 《怀陵流寇始终录》卷6。按,毛葫芦兵是河南的一种乡兵,《明史》卷91《兵志》3说:"河南嵩县曰毛葫芦,习短兵,长于走山。"

⑤ 《怀陵流寇始终录》卷6;《绥寇纪略》卷1;《国榷》卷92;《石匮书后集》卷63。

在这种情况下,起义军为了自身的生存、发展,就不能不进一步采用运动战的战略战术,转移到新的更广阔的地区去作战,而不在原来的地区与优势的官军继续纠缠。

崇祯六年十一月,起义军确定了自豫北渡黄河南下的计划。为了麻痹敌人,减少阻力,起义军决定在渡河前采用假投降的策略。这月十七日,起义军向屯驻在武安的京营兵统领者王朴提出了"誓归降"、愿"还故土复业"的要求。当时明政府对起义军的政策,本是专重剿杀,一般将领对于这种要求,是不敢接受的,但王朴自恃与监军杨应朝等关系甚好,认为倘不顺利,杨可帮之脱罪,而进展顺利,即可"取大功",遂对起义军的"乞降"满口应承下来。十九日,起义军首领贺双全、张妙手等十二人亲至武安来见王朴等人,杨应朝等即为之疏报于朝。据载,这时前后在武安乞降的起义军首领共有六十一人,他们是:

> 贺双全、新虎、九条龙、闯王高迎祥、领兵山、勇将、满天飞、一条龙、一丈青、哄天星、三只手、一字王、闯将李自成、蝎子块、满天星、七条龙、关锁、八大王、皂鹰、张妙手、西营八大王张献忠、老张飞、诈手、邢红狼、闯塌天刘国能、马鹞子、南营八大王、胡爪、哄世王、一块云、乱世王、大将军、过天星惠登相、二将、哄天王、猛虎、独虎、老回回马光玉、高小溪、扫地王、整齐王、五条龙、五阎王、邢闯王、曹操罗汝才、稻黍秆、逼上路、四虎、黄龙、大天王、皮裹针、张飞、石塌天、薛仁贵、金翅鹏、八金龙、鞋底光、瓦背儿、刘备、钻天鹞、上天龙。①

农民军在"乞降"的同时,积极准备渡河的各项事宜。而王朴等"既受降,略不虑变"。在山西垣曲至河南济源间的一段黄河,"河身最狭",结冰也早。十一月二十四日,这里的黄河水已经结

---

① 《怀陵流寇始终录》卷6。

冰,起义军遂踏冰过河,在南岸的渑池马蹄窝、野猿鼻登陆,明"防河中军官袁大权仓卒战死"。这次渡河,因为是在渑池县境内登陆,所以史称"渑池渡"①。

渑池渡是一个很有历史意义的划阶段性的事件。此后,起义军摆脱了被局限于狭小地区的局面,广泛地活动在河南、湖广、南直、四川、陕西等许多省区之内,打破了明政府彻底剿杀的企图。吴伟业对此曾感叹道:

> 嗟乎!三晋地形险固,畿南河北山川犬牙相错,神京扼之于前,黄河绕之于左。阃外诸君并心灭贼,譬如逐鹿园中,探丸囊底,飞走路绝,形屈势穷。乃纵使渡河,鱼烂土崩,不可复救。当事知塞太行之口,而不断黄河之津。君子于六年十一月渑池之事,未尝不抚卷太息,以为此中原之所以溃,国家之所以亡也。②

此外,"渑池渡"以后,明朝对付起义军的办法也有一定的改变。如此等等说明:明末农民大起义进行到崇祯六年(1633年)冬天的南渡黄河,已经走完了自己的初期阶段的历程,进入了其发展途程的第二阶段。

第二节　起义活动范围扩大后的双方相持

一、大起义中期的基本特点

"渑池渡"后,明末农民大起义进入崇祯六年冬至崇祯十二年夏的中期阶段。在这一阶段里,起义军方面和官府方面都发生了一些与前一阶段不同的变化。

---

① 《怀陵流寇始终录》卷6;参见《明史》卷309《李自成传》。
② 吴伟业:《绥寇纪略》卷1。

从起义军方面讲,其主要变化是战斗力比以前有所提高。这是因为,在这一阶段里,起义军活动在较前大为扩大的地域里,这不仅使之可以更加灵活地躲开敌人的镇压,而且在人力、物力的补充上更加容易获得。《怀陵流寇始终录》于崇祯八年(1635年)记事中,对于当时起义军战斗力提高的情况曾有明确的叙述,其中说:

> 时贼掠六省骡马,一昼夜驰二三百里,诸将步兵(按:指官兵)日行五六十里。贼不入城郭,散屯郊原,占地百里,不可得围。日杀民,民愈少。日掠民,贼愈多。去年贼由豫楚入郧,此年贼由郧入豫楚,七十二营,二三十万,不避官兵,诸将所驻名都大邑,遍为走集,郧竹僻陋,殊不屑意。相去浃月,贼势大异。①

当时镇压起义军的高级指挥官,对于起义军战斗力的提高都有深刻的体会,其言论对此多有反映,如崇祯八年(1635年)三边总督兼摄陕、晋、豫、楚、川五省军务洪承畴在一个奏疏里即说:

> 先时贼避兵逃窜,今则迎兵对敌,左右埋伏,更番迭承,则剿杀之难也。贼人人有精骑,或跨双马,官兵马三步七,则追逐之难也。②

同年,河南巡抚陈必谦在一封信中也说:

> 三年以前,流寇尚畏官军,迩来势益强炽,有伏路静听以防袭杀,有前拨、倒拨、左翼、右翼,以备策应。收一壮丁即给一良马、授一美妻,逃出即杀其管队;一阵退缩,立置之死,故人皆为尽力死斗。③

在这一阶段里,官府对起义军的镇压采取了一些新措施,从

---

① ② 《怀陵流寇始终录》卷8。
③ 《怀陵流寇始终录》卷8;参见《绥寇纪略》卷4。

而使镇压力量也有所增加。这些措施中,较突出的有两个:一是设立总管起义军活动所及之数省地区军务的总督和总理。首先是崇祯七年(1634年)正月,擢延绥巡抚陈奇瑜为"兵部右侍郎,兼右佥都御史,总督陕西、山西、河南、湖广、四川军务,专办流贼"。不久,其职被三边总督洪承畴所替代①。其次是崇祯八年(1635年)八月,命湖广巡抚卢象昇总理江北、河南、山东、湖广、四川军务,仍兼湖广巡抚,不久,"解巡抚任,进兵部侍郎,加督山西、陕西军务"。九年秋,卢象昇离任,改由长垣人王家祯总理河南、湖广、山西、陕西、四川、江北军务。十年闰四月,又以总理之职改授贵州永宁卫人熊文灿②。二是不断增派军队剿杀起义军。增派军队中有大量边军。起义军活动地区的原有官军,虽属正规部队,但战斗力较弱,而且往往与起义军的成员有一定的人事关系(如老乡关系),所以在镇压起义军时,效果常常不能令明政府满意。而边军是明朝军队的精锐,其战斗力远远超过地方部队,并且与起义军的成员原来几乎没有任何人事关系,这样,边军被调来参加对起义军的镇压,就官府方面说,自然可以说得力许多。史书记载这种情况说:"前此官军多陕人,与贼亲故,对阵犹相劳苦,贼弃以牲货,即纵去。边关言语不通,交手便斫,故贼辄败。"③

由于在崇祯六年冬至崇祯十二年夏期间,起义军方面和明朝官府方面作战力量都有所增加,各次战役中互有胜负,双方在这一阶段实际上是处于相持时期。这种相持的局面,直到这一阶段的末尾才有所改变。以下略述其时各次战役的情况。

---

① 《明史》卷260《陈奇瑜传》;《怀陵流寇始终录》卷7。

② 《明史》卷260《熊文灿传》,卷261《卢象昇传》,卷264《王家祯传》;《怀陵流寇始终录》卷8、卷9、卷10。

③ 《怀陵流寇始终录》卷9;《绥寇纪略》卷4。

二、转战豫楚川陕与"车箱困"

起义军在渑池渡过黄河后,首先活动于河南的中部和西部,接着进入陕西、湖广和四川。由于起义军有许多支,且各自为战,其进军的具体路线史籍中记载得不十分清楚,但上面所述的大体活动趋向,在史籍记载中却是完全能够看出来的。如关于起义军首先在河南中部和西部活动的情况,《怀陵流寇始终录》卷六崇祯六年(1633年)十二月纪事载:

> 贼渡河后,势甚猖獗……贼党甚繁,凡洛阳、新安、陕州、灵宝、阌乡、卢氏、永宁、汝州、鲁山、叶县、舞阳、遂平、确山、信阳、南阳、裕州、泌阳、桐柏、淅川、新野、内乡等州县无不焚掠。

同书同卷还载:

> (崇祯六年)十二月十九日丁丑,贼至郾城,玄抚院(默)督汤帅(九州)兵,夜击贼于舞阳之吴城镇,大破之。廿二日庚辰,陈大金、左良玉胜之于保安,廿六日胜贼于赵庄。是日,左帅与守备许志忠又有信阳州平土关黑山之捷。七年正月戊子朔,按院刘令誉破贼于泌阳县之牛蹄村。得此三路大捷,贼走湖广。二月以后,玄抚院亲督诸将兵搜山,河南始宁。

上引第二条记载,除反映了起义军首先在河南中部、西部活动外,还反映了其由河南转向湖广的情形,而关于由河南向湖广转移的情形,《绥寇纪略》卷二《车箱困》也有明确的记载,它说:

> 贼于(崇祯)六年十一月二十四日过河,遂以十二月二十二日破郧西,二十五日破上津。七年甲戌正月二十九日破房县,破保康,直走空虚无人之地,捷若风雨之至。

郧抚蒋允仪束手无策，上书请死而已。楚抚唐晖又以贼之别股入枣阳、围南漳、陷当阳，护献陵、惠邸为重，留许成名、杨正芳之兵于荆州、承天，未肯援郧，郧事且日急。朝议调镇算兵五千赴襄阳救援，镇算恐不及数，又调施南各土司兵以足之，而贼已犯宜都、彝陵、松滋、归州，浸淫乎入蜀矣。

再如关于起义军进入陕西的情况，《怀陵流寇始终录》卷七崇祯七年(1634年)正月纪事载：

郧贼破洵阳、逼兴安，转破紫阳、平利、白河。

又如关于起义军入川的情形，《绥寇纪略》卷二《车箱困》记载说：

(自湖广西来之)贼以(崇祯七年)二月二十一日破夔州府，大宁、大昌、开县、新宁相继陷，惟梁山以中书涂原集乡勇战箐铣间……贼畏之，退入巴州，川兵败贼于巴州，贼攻太平县……攻保宁……攻广元。

这时，明政府负责镇压起义军的最高前线指挥官，是新任命的陕西、山西、河南、湖广、四川军务总督陈奇瑜。根据起义军的活动变化，崇祯七年(1634年)正月，他曾会兵于陕州[①]。后来又"驰至均州"。接着又于同年六月至七月，偕新代蒋允仪任郧抚的卢象昇，督官兵战于平利乌林关，"斩贼千七百余级"，并取得楚陕交界一带的"乜家沟、石泉坝、康家坪、蚋溪诸捷，斩首五六千"。[②] 除去陈奇瑜、卢象昇在湖广方面给予起义军以较大的压力外，当时四川的官兵给予起义军的压力也比较大，这使大部分起义军逐渐集中到了汉南即陕西南部一带，这里"东至于洵阳、白河、平利，又东至于兴安、石泉、汉阴，西至于西乡、洋县、汉中

---

① 《怀陵流寇始终录》卷7。
② 《绥寇纪略》卷2;《明史》卷260《陈奇瑜传》，卷261《卢象昇传》。

府,又西至于沔县、宁羌、略阳"①。局势的这一变化,引出了明末农民战争史上的一个著名事件——"车箱困"。

"车箱困"是指起义军主力被围困在车箱峡中的重大事件。车箱峡在兴安境,"峡四山巉立,中亘四十里,易入难出"。当时,李自成、张献忠等带领起义军误入其中。山上亲官府的居民"下石"相击,"或投以炬火",山口也被他们累石塞死。起义军在其中"无所得食,困甚",加之"大雨二旬,弓矢尽脱,马乏刍,死者过半"。倘若"官军蹙之",将无一人可幸免于难。李自成等"见势绌",遂商议"以重宝贿(陈)奇瑜左右及诸将帅,伪请降"。这时陈奇瑜因刚刚打了一系列胜仗,正"轻贼不足平,有骄色",头脑发胀,得到起义军"请降"的消息后,马上为"大功可立就"的前景所吸引,当即答应下来,"特许八月约降","先后籍三万六千余人,悉劳遣归农"。每百人以安抚官一人相监护。由于这些起义者"多绥德、米脂、清涧人",遣送回乡的路线,是"当从凤翔、陇州、平凉、环、庆、靖边以归"。为了使遣送顺利进行,陈奇瑜"檄所过州县具糗粮传送",沿途不许官兵邀截生事。起义军"既出栈道,遂不受约束,尽杀安抚官五十余人,攻掠诸州县,关中大震"。当起义军刚刚复起时,陈奇瑜尚未觉察到问题的严重,到闰八月十九日,他"驰至凤翔,亲见贼骑充斥,悔为所误,方分兵守御",但已为时太晚。

为了逃脱惩罚,陈奇瑜采用了委罪他人的办法:"贼初叛,猝至凤翔,诱开城。守城知其诈,给以绳城上,杀其先登者三十六人,余噪而去。其犯宝鸡,亦为知县李嘉彦所挫。"这时,陈奇瑜"遂劾嘉彦及凤翔乡官孙鹏等挠抚局,抚按官亦异心"。明思宗见疏大怒,"切责抚按",并下令"逮嘉彦、鹏及士民五十余人"。后来,陕西巡抚练国事也因陈奇瑜的弹劾而被逮。但不久陈奇

---

① 《绥寇纪略》卷2。

瑜即受到弹劾,他的陕西、山西、河南、湖广、四川军务总督之职被洪承畴取代,即在此时。[1]

三、兵锋东指与焚皇陵

"车箱困"后,起义军重新活跃在陕西,这使明政府大为吃惊。为了对付这一新的态势,明政府遂决定向陕西调集军队:"命豫兵从潼、华入,楚兵从商、雒入,蜀兵从汉、兴入,晋兵从韩、蒲入,尽天下之力输之秦合剿。"[2] 起义军除留下部分力量在陕西坚持斗争外(其中以李自成部为主),大部分大踏步东进,跳出了官军的战略包围圈,挺进湖广、河南,史载:

> 贼乃分其军为三:一向庆阳,一趋郧阳,一出关赴河南。趋郧阳者二十万,前哨报犯郧、津,而后队未发汉南,绵地八百余里。郧客兵尽行,所留不过二千余人……贼势飘忽,蹂均、光,踏随、枣,汉江水浅,策马径渡。上自荆门,下及黄、德,贼向日所不至者,无不蹣焉。其河南之贼又分为三:从商东抵渑池为过天星、闯王,从商南趋河、汝者为老回回,从洛南、上津逾郧阳徐家庙抵邓州者为横天王、九条龙,共七十二营……八年正月,贼自卢氏拔营攻巩县……东围汜水……城陷……明日分攻荥阳……斩关入……移兵河阴,入其郭,焚之,不克,与汜水贼合。闻左良玉提兵来援,移屯梅山、溱水间自固。明日,贼窥郑州……知有备,不敢犯,从郾

---

[1] 《绥寇纪略》卷2;《明史》卷23《庄烈帝》1,卷260《陈奇瑜传》,卷260《练国事传》;《怀陵流寇始终录》卷7。按:关于起义军被困车箱峡一事,史籍记载颇有出入。当前史学界看法也不一致,诸如李自成部是否也在被困之列、起义军被困的确切地点确切时间及具体经过怎样等,众说纷纭。请参见方福仁《李自成史事新证》、顾诚《明末农民战争史》的有关章节及其他有关论著。

[2] 《绥寇纪略》卷2。

城转而东攻下蔡,拔之,围汝宁……别贼自襄阳北还,分困唐县、泌阳。中原腹心千里之地,北至大河,南连楚界,蔓延皆贼。①

起义军的这次大转移,其实不仅东进至湖广、河南,而且东进至今安徽北部一带(当时称江北,行政区划属南直隶),尤为令人注目的是,进入了朱元璋的老家凤阳,焚烧了这里的皇陵建筑。据记载,崇祯八年(1635年)正月初七日,"汝宁贼"攻颍州。"其支贼"在初八日"由固始夜薄霍邱,三日,霍邱溃"。初十日"焚寿州之正阳镇"。"十一日,破颍州",知州事尹梦鳌"被创投水"而死,"州人、前兵部尚书张鹤鸣"被杀②。破颍州的起义军首领有闯王、曹操、过天星及扫地王、太平王等③。这时,因系皇帝老家而被定为中都的凤阳,正处于矛盾重重之中。镇守太监杨泽"虐而不忌",肆意欺凌军民④。凤阳军民听说颍州落入起义军手中,遂有所谓"乱民"前往颍州去迎接。于是起义军分出"闯王、曹操、过天星西行"——当月十五日到太和城下,十六日离太和,"十七日犯亳州",十九日"出亳州境,犯陈州、睢州、沈邱、鹿邑、永城、太康、舞阳"⑤;其余的在扫地王以及太平王率领下,于当月十五日乘雾赴凤阳。明凤阳留守死于阵。"卫兵千五百人踞

① 《绥寇纪略》卷2。按,同书同卷还记有农民军七十二营首领老回回、闯王、革里眼、左金王、曹操、改世王、射塌天、八大王、横天王、混十万、过天星、九条龙、顺天王等十三家,在明政府筹划调集军队赴河南围剿起义军之时,会集于荥阳,讨论各支起义军联合对敌的作战方案。众首领商议完毕,于崇祯八年(1635年)正月初一"杀牛马祭天誓师"。这就是史家所称的"荥阳大会"。这一大会,有不少史家否定其曾经召开。笔者认为持否定论者所提出的证据皆有相当说服力,应给予充分重视。但还认为,《绥寇纪略》的这一记载的有些内容,如兵科都给事中常自裕的调兵围剿建议等,并非尽属无据。笔者猜想,这次大会或许本是存在的,只是《绥寇纪略》的记载在召开时间、地点及参加人员等方面有误,因而引起了后人的怀疑。

②④ 《绥寇纪略》卷3。

③ 《怀陵流寇始终录》卷8;《罪惟录》纪17。

⑤ 《怀陵流寇始终录》卷8;《太和县御寇始末》卷下《复怀远高君》。

迎呼千岁"，起义军进入凤阳①。明知府颜容暄见事不妙，换上囚服藏到监狱之中，企图蒙混过去，但在起义军清理监狱释放囚徒时被发现，终遭处死。百余名被囚"罪宗"获释。起义军的首领高揭旗帜，上书"古元真龙皇帝"②。为了表示对明王朝的深切痛恨，起义军纵火烧掉了明朝皇陵的亨殿，朱元璋少年时代出家当和尚的龙兴寺也被火焚。三天后，太监卢九德、总兵杨御蕃以川兵三千救凤阳，南京明兵亦至，起义军主动撤出了凤阳③。这次起义军攻入凤阳，焚毁朱元璋的祖坟，政治意义相当深远，对于明王朝是一次沉重的打击。这年二月，消息传入京城，明思宗大为吃惊，当时正当"御经筵"，为此而特别下令"传免"，并"素服避殿，亲祭告太庙"，又"命百官修省，俱素服从事"。接着下令逮捕凤阳巡抚杨一鹏、巡按吴振缨及太监杨泽，杨泽自杀，杨一鹏被处死，吴振缨被遣戍。④

四、洪承畴关中围剿计划的失败

崇祯八年（1635 年）正月，由于起义军集聚于河南一带，兵科给事中常自裕认为"中原，天下安危所系"，上疏建议发大兵到河南，"以救胸腹之患"，于是兵部"议调西兵二万五千，北兵一万八千，南兵二万一千，又关宁铁骑二千，以（总兵）张外嘉及戍帅尤世威领之，真定标兵五千，赴临清等处策应，天津兵三千，以徐来朝领之，自临清、济宁赴归（德）、陈（州）。又征白杆罗纲坝兵

---

① 《怀陵流寇始终录》卷 8；《国榷》卷 94；《明史》卷 292《尹梦鳌传》。
② 《罪惟录》纪 17。
③ 《绥寇纪略》卷 3；《明史纪事本末》卷 75《中原群盗》。
④ 《明史纪事本末》卷 75《中原群盗》；《国榷》卷 94；《平寇志》卷 2。按：史籍多载李自成、张献忠参加凤阳之战，其实，此时李自成正在关中作战，不可能参加，至于张献忠是否参加凤阳之战，尚待考定。

三千,(川将)谭大孝领之,自夔门赴豫。南北济师共七万"。"备
饷七十八万六千,又留湖广新饷十三万,四川新饷二万,供军
兴"。明思宗批准了这一方案,另外还下令"督臣(洪)承畴出关
节制诸镇抚",规定以六月为期"灭贼",届时完成任务,"立颁上
赏";如达不到目标,"督抚诸臣立置重典,巡按御史不奏,并论"。
同月十六日,洪承畴率军自西安出发,开向河南,二十日出潼关。
后经登封、禹州、许州、郾城、上蔡诸处,于三月一日到达汝宁。①

　　鉴于官兵的大量东来,集聚在河南的起义军避实就虚,重又
由东向西地朝陕西开去。三月份,洪承畴在汝宁所写的一个奏
章称:

> 臣以三月初一日驰至汝宁,江北凤庐之贼,有由颍
> (州)、霍(山)入光(山)、固(始)、信阳,转入南阳;有由桐城、
> 潜(山)、太(湖)径奔麻、黄,先是襄阳犯麻、黄之贼又转而肆
> 抢孝感、云梦,复透出新野、唐县,与南阳各贼相合,前在南
> 阳各贼俱由淅川、内乡、上津等奔入汉西(南)商雒。②

四月份,《怀陵流寇始终录》记载:

> (起义军)嵩县、卢氏、灵宝、陕州近潼关者,又入陕西,
> 雒南贼六七万焚掠咸阳、盩厔诸县。

> 又有楚豫之贼从兴安、汉中陷宁羌州,转入临洮、巩昌。
> 麻、黄之贼自枣阳、襄阳、郧阳入陕西。③

约在这年六月,卢象昇于一封信中写道:

> 群寇遂由潼关、内、淅诸路,尽数归秦,比来日聚日多,
> 其数已至二百万矣。④

　　洪承畴刚到达河南时,这一带的起义军大部分尚未来得及

---

①　《怀陵流寇始终录》卷8;《绥寇纪略》卷3。

②　《绥寇纪略》卷3。

③　《怀陵流寇始终录》卷8。

④　《明大司马卢公文集》卷11《与蒋泽垒先生》。

西去,明政府所调各支部队也多未到达,因而,他曾"即麾下见兵",在当地"随贼所向分击"。他在奏疏里报告说:"臣以征兵未集,就便设防于江淮雒汝之间,补苴撑拄,未有成画。俟诸帅毕会,度地利、审机宜,次第上闻。"① 及至入夏,起义军大部分进入陕西,明政府所调部队也多半陆续到来,洪承畴遂制订了一项在陕西围剿起义军的计划,四月十二日他在汝州召集僚佐开会,在会上他谈了自己的想法,说:

> 群帅咸集,西安望救,当先定要束。吾意急入关。秦固形胜之国,地势险阻。贼今依深山,多径道,秦有兵则出豫楚,豫楚有兵则走之秦,我东西奔命,旷日费财,是敝道也,求其荡定,岂不难哉……若秦将士疾击,而豫楚弗多分部以遮迤要害,俾贼得鸟惊兽逸,则功败垂成,谁执其咎也!吾出关半载,具知隘口扼塞处。今日之事,当与诸将定分地。②

于是令诸将左良玉、汤九州扼内乡、淅川之要地吴村、瓦屋,令尤世威、徐来朝守雒南,令陈永福控卢氏、永宁、邓玘、尤翟文、张应昌、许成名遏湖广。此外,又移文山西防河,对江北等地的防守也作了安排③。洪承畴这个计划的核心,在于阻止起义军发挥运动战的优势,以便将之消灭。其用心可谓良苦。然而,当时明军"饷乏兵骄,法久不行",他的部署不能全部实现。如"徐来朝兵哗,不肯入山"④。邓玘奉命到达樊城后,"部将王允成以克饷鼓噪,杀其二仆。(邓)玘惧,登楼越墙堕地死"⑤。更重要的是,明政府决定投入的总兵力本来就不够,加之有些奉调部队长期不至,许多官军还被专门用于防守,这就使官军在数量上远远不

①② 《绥寇纪略》卷3。
③ 《明史》卷273《左良玉传》;参见《怀陵流寇始终录》卷8。
④ 《怀陵流寇始终录》卷8。
⑤ 《明史》卷273《邓玘传》。

如起义军,其能用于"追剿"的机动部队就更少得可怜。如此等等,决定了洪承畴的这次关中围剿,不能取得预期的效果。

四月十九日,洪承畴开始由河南"兼程入关",二十七日至灵宝,三十日到潼关,此后即开始在陕西与起义军周旋。起初,洪承畴曾取得过一些胜利,五月初,部将曹文诏曾在商州一带打过一次胜仗①。但是不久,洪承畴就处在了捉襟见肘的困境中,总是被动挨打,连吃败仗,其中最有名的两个败仗是襄乐镇之役和湫头镇之役。两个战役均发生在六月。襄乐镇之役发生在前。明副总兵艾万年、刘成功、柳国镇、游击王锡命以三千人在宁州襄乐镇与李自成所率部队作战,初战有所斩获,而天暮还兵,遇起义军埋伏,被围于巴家寨,经过激战,艾万年、柳国镇被杀(一说柳重伤),刘成功、王锡命身受重伤而逃,官兵死者千余人。②

湫头镇之役继襄乐镇之役而发生,参加这次战役的起义军队伍仍有李自成所部,在官军方面则是援剿总兵官曹文诏。当曹文诏得知艾万年阵亡的消息后,勃然大怒,"拔刀砍地,瞋目大骂",并向洪承畴请求出师报仇,正因连吃败仗而困顿不堪的洪承畴见状大喜,马上鼓励说:"非将军不足办此贼,顾吾兵已分,无可策应者,将军行,吾将由泾阳赴淳化,以为将军后劲。"曹文诏遂以三千人自宁州、真宁出发。六月二十八日,与起义军相遇于真宁之湫头镇。其侄、随征参将曹变蛟为前锋,直前冲击,追杀三十里,曹文诏率步骑为后继跟进。忽然起义军伏骑数万四起相围,"飞矢蝟集"。激战间,起义军认出了曹文诏,"围之益急"。曹文诏顽抗一阵子之后,终因力气不支,拔刀自刎而死。

艾万年与曹文诏皆当时官军中以"敢战"著称的将领,曹文诏的名声尤大。他们的先后毙命,对官军是一个严重的打击。

---

① 《怀陵流寇始终录》卷8;《明史》卷268《曹文诏传》。
② 《明史》卷269《艾万年传》;《怀陵流寇始终录》卷8;《国榷》卷94。

洪承畴得知曹文诏的死讯,"为之仰面恸哭",豫楚诸官军得到艾、曹阵亡的消息,"皆为夺气"。①

起义军在不断取胜于陕西地区的基础上,又不断冲击洪承畴设在陕西与豫楚交界处的防线,并终于取得了成功。史载,明将"徐来朝兵首变,强令设防,比贼(贼)至,跳身遁,一军尽亡"。时在这年七月。徐来朝所防地点为雒南县北朱阳关,该关为陕西入河南灵宝、陕州的通道。同月,明将尤世威所守陕西雒南通河南卢氏、永宁、嵩县的兰草隘,也遭到起义军的攻击,其部队被击溃,尤世威本人受创多处。于是,起义军遂得在八月初"越卢氏,至永宁"。当其由"商雒东行"时,声势相当浩大,人数"不下数十万","漫山遍野"。带领这支起义军东入河南的首领包括老回回等人。这支起义军的东入河南,标志着洪承畴企图在关中围剿尽起义军的计划遭到彻底的破产。②

五、高迎祥被俘黑水峪

老回回等带领所部起义军自陕西转战河南后,陕西还有八大王张献忠、闯王高迎祥、闯将李自成等坚持战斗。但不久,张献忠、高迎祥等也先后转移东行。其时约在十月至十一月初。参加这一次转移的起义军人数甚多,史称:"大队东行,尘埃涨天,阔四十里,络绎百里。老弱居中,精骑居外。"附近的两支官军,"相隔东西七十里,遥望山头,不敢邀击"③。至此,大部分起义军离开了陕西,继续留在原地的只有以李自成所部为主的少数几支起义军了。

---

① 《绥寇纪略》卷 3;《明史》卷 268《曹文诏传》,卷 309《李自成传》;《国榷》卷94;《怀陵流寇始终录》卷 8;《延绥镇志》卷 5 之 4《纪事志·僭国列传·伪顺》。

② 《绥寇纪略》卷 4;《怀陵流寇始终录》卷 8;《平寇志》卷 2。

③ 《怀陵流寇始终录》卷 8;《明史纪事本末》卷 75。

看到洪承畴在陕西围剿起义军的计划遭到破产,明思宗更加感到问题的严重。他决定进一步调整部署,增加兵力,加强镇压。他"召谕户、兵二部,以淮抚兵二千三百、杨御蕃兵千五百扼南畿要害,护祖陵;以董用文兵五千走彰、怀,倪宠兵三千、牟文绶兵二千赴齐、豫之交,相机调遣;刘泽清推孤山副将,未行,令暂防曹濮;马爌移镇颍亳;陈洪范所募健丁三千,护陵;又以龙固关参将李重镇兵四千、辽东总兵祖宽兵三千,先后驰援河南"①。前述崇祯八年(1635 年)八月始命湖广巡抚卢象昇总理江北、河南、山东、湖广、四川五省军务,即正是这时与增派兵力相配合而采取的加强镇压力量的一个重要措施。史称,这一军务总理之设,乃是考虑到虽然部分起义军东移,而陕西仍有起义军活动,"洪承畴势不能舍秦入豫"的缘故②。当时规定,"寇在关内,属洪承畴,关外属卢象昇";"如秦寇尽入豫,则承畴剿西北,象昇剿东南;如贼复入秦,则象昇入关合讨"③。由于明政府采取了上述加强镇压的措施,在此后一段时间内,起义军的形势有所逆转,甚至出现了较大的挫折。

李自成部等留在陕西的起义军,在崇祯八年下半年至九年年中曾取得一些战役的胜利,但吃败仗、遇危难的情况亦常出现。如崇祯八年(1635 年)十一月时,史载:"闯将有党七八万",因洪承畴遣军邀截,"不得渡河",官府又在各州县搞"坚壁清野",起义军严重缺粮,"东西分窜"。洪承畴乘机"檄宁夏总兵祖大弼屯泾阳,甘肃总兵柳绍宗屯咸阳","副将曹变蛟扼潼关","合兵大破之"。"闯将退屯兴平、武功、中部、宜君","诸将屡败

---

① 《绥寇纪略》卷 4;参见《怀陵流寇始终录》卷 8。
② 《绥寇纪略》卷 4。
③ 《绥寇纪略》卷 4;《怀陵流寇始终录》卷 8。

之,闯将计穷乞抚,连营屯诸县关厢,阴遣群盗攻掠山谷村堡,搜掘窖藏匄粮。贼既得食,联营西走汉中。"① 崇祯九年(1636年)二月,史载:

> 闯将有三四万人,过天星、满天星、混天星皆有三万人。承畴以兵二万追闯、混二贼,自澄城,历韩城、郃阳、宜川、雒川、鄜州、延安、环县、庆阳、固原、海喇都、西安州,鏖于看透山下。还,追至万安监。承畴闻过、满二贼在真宁、合水山中,焚掠高陵、三原,乃以兵南下,令诸将追闯、混。闯、混分路遁走。混贼至葭州,又至延绥,复与闯贼合。承畴击过、满二贼于中部,过、满合于闯、混,西奔,将犯兰州。承畴檄左光先与甘肃总兵柳绍宗合。甲申(九日)绍宗与贼战于乾盐池,大破之,贼绕寨东走。②

崇祯九年(1636年)五月,史载,"甲辰朔,闯将纠大寇围绥德。延绥总兵俞翀霄以镇兵逐贼。贼走。追之,陷伏中,围之数重,战士杀伤殆尽,翀霄被执。丧师千人,延西大震"。接着,"贼遣谍入榆林,将攻之,(明将)贺人龙伏兵于镇川堡之卧羊山以待,贼至城下,烽举,伏兵起,降兵于贼中应之,杀贼甚众。会大雨,无定河溢,溺死者无算,仅闯将、刘宗敏等数百骑脱去"。后起义军将领"高一功以万贼从固原来合队",处境方变,"复犯邠州,群盗并起,陷延川、绥德、米脂。贼多延安人,锦衣昼游,其亲故从乱如归"。③

离开陕西东去的起义军,远较留在陕西者为多。其中几支以老回回部为核心,主要活动在河南的西部地区。另有更多支起义军跟随闯王部活动,他们遭遇到总理卢象昇的沉重打击。

---

① 《怀陵流寇始终录》卷8;《平寇志》卷2。
② 《怀陵流寇始终录》卷9。
③ 《平寇志》卷2;《怀陵流寇始终录》卷9。

崇祯八年(1635年)十一月十二日,整齐王率领的一支起义军在汝州被官军打败,而后这支起义军与闯王、扫地王、闯塌天等部起义军一起攻洛阳,"连营六十里"。同月十九日,明将祖宽自汝州救洛,第二天与起义军遇于龙门白沙,发生激战,起义军又吃败战。此后,闯王等部东"奔光州、固始,至霍丘,逼凤阳"①。崇祯九年(1636年)正月,闯王、闯塌天、八大王、摇天动等七支起义军数十万,联营百余里,疾攻滁州。明行太仆卿李觉斯、知州刘大巩顽固坚守,起义军"围益急"。激战数日后,城内渐不能支。这时,自闯王进入河南起几乎一直对之紧追不舍的卢象昇,"合诸道兵"开来援助城内官军。起义军被这突然发生的变化搞得手足失措,"连营俱溃"。闯王精骑损失二千②。同月,闯王等部撤回河南境内,途中在朱仙镇再次受挫。接着又在汝州杨家楼、裕州七顶山等地多次受挫,"精骑逃死略尽"。三月,闯王、闯塌天、蝎子块等九支起义军由光化羊皮滩等处南渡汉水,经郧阳至兴安,"分掠石泉、汉阴"③。七月,闯王高迎祥破石泉,"由子午谷出,将至西安",不幸于盩厔黑水峪遭到陕西巡抚孙传庭的截击,总督洪承畴亦来助孙,闯王为孙所俘。两月后被送往京城,统治者将之残酷地处以磔刑④。崇祯九年(1636年)春,兵科给事中常自裕在一个奏疏里说:

> 流寇数十万,最强无过闯王。所部多番汉降丁、将卒亡命,其锐不可当也。皆明盔坚甲、铁骑利刃,其锋不可当也。行兵有部伍,纪律肃然不乱,其悍不可当也。对敌有

① 《怀陵流寇始终录》卷8。

② 《怀陵流寇始终录》卷9;《平寇志》卷2。

③ 《怀陵流寇始终录》卷9;《明大司马卢公集》卷4《剿荡愆期听候处分并陈贼势兵情疏》。

④ 《怀陵流寇始终录》卷9;《孙传庭疏牍》附录1《鉴劳录》、附录2《孙传庭传》,浙江人民出版社1983年版。

冲锋、埋伏,奇正合法,其狡不可当也。攻城无不破,对垒无不摧。①

这样一支强大的起义军,在崇祯八年下半年至九年年中的一段时间里,竟屡遭挫败,最后首领被俘、整支部队受到毁灭性的打击(其余部后来归并于李自成起义军中),这不能不说是当时整个明末农民起义事业的一大挫折。

六、明政府对付起义军的新措施
和起义低潮的出现

高迎祥被俘后,起义军反而有所活跃。这是因为崇祯九年(1636年)六月,清兵进入内地;七月,连下近畿州县;八月始出塞东去。为了保卫京城,八月,卢象昇奉命入援,率军前往真定;九月,因清兵已离去,改命总督宣大山西军务②。当时,接替总理河南、湖广、山西、陕西、四川、江北军务以负责中原地区及其附近一带"剿寇"事宜的长垣人王家桢,能力远不如卢象昇;加之,一些原来用于对付起义军的官军,这时也被调去对付清兵;这些使起义军的困难处境有所缓解③。《绥寇纪略》记载,崇祯十年(1637年)正月"丙午(六日),贼老回回等趋江北。时海内群贼混天星侵轶商雒,李自成盘踞西安,过天星鸱张汧、陇,独行狼④蠢动汉南,蝎子块雄视河西,与西羌作约,而老回回等久占郧襄,休粮息马,秋高足食,以其全军合曹操、闯塌天诸贼,可二十万,长驱沿流东下。蕲、黄、六合、怀宁、望江、江浦,在在震扰,

---

① 《平寇志》卷2;参《明史纪事本末》卷75。
② 《明史》卷23;《明通鉴》卷85。
③ 参见《明史》卷261《卢象昇传》,卷264《王家桢传》。
④ 按:"独行狼"当作"小红狼",参见《怀陵流寇始终录》卷10"崇祯十年正月纪事"。

烽火及于仪、扬"①。经过明政府调兵遣将进行围剿,到二月后,起义军发动的这次江北攻势方告转弱。但时过不久,他们又在这里发动猛烈的攻势,打了著名的酆家店之役。三月,进攻太湖县,明副将(一作参将,一作游击)潘可大将安庆兵九百,副将(一作参将)程龙、守备陈于王、蒋若来将吴中兵三千六百,屯于宿松酆家店,"分营"相扼。三月二十三日,三千起义军进攻潘可大营,潘抵抗,程龙等以兵来救,夹击起义军。起义军不利而退,夜间再来,中伏,再次败去。二十四日,曹操(罗汝才)、闯塌天(刘国能)等所率七营数万起义军开来,潘可大、程龙等遂陷入重围。起义军"发矢如雨",潘、程等顽固抵抗。明监军史可法与副将许自强领兵来救,但"扼于贼",仅能"鸣大炮遥为声援"。潘、程等借势"呼噪突围","会天雨,甲重不得出"。二十五日,起义军发起总攻击,"万骑四围冲垒而入",潘可大被杀,程龙自焚,陈于王自刎,蒋若来"杂马围得脱",官兵逃脱者仅千余人。程龙等所将吴中兵,是应天巡抚张国维花数年心血建立起来的一支军队,张国维闻讯,不禁痛哭不止。②

然而起义军处境有所改善的局面很快就结束了,继之而来的是一系列重大挫折,这导致起义出现了一个虽然为时短暂但程度相当严重的低潮时期。这一变化,乃是导源于当时明政府为对付起义军采取了一系列新措施。明政府之采用一系列新措施,是由杨嗣昌之被任用为兵部尚书开始的。

杨嗣昌,字文弱,武陵人,原陕西三边总督杨鹤之子。曾任永平、山海诸处巡抚、宣大山西总督。为人"工笔札,有口辨"。崇祯九年(1636年)秋,兵部尚书张凤翼卒,明思宗"顾廷臣无可

---

① 《绥寇纪略》卷5。

② 《明史》卷23《庄烈帝》1,卷269《陈于王传》;《平寇志》卷3;《明清史料》乙集第846~847页;《怀陵流寇始终录》卷10;《绥寇纪略》卷5。按:《绥寇纪略》及《怀陵流寇始终录》所记时间有误。

任者",决定起用正在家丁忧的杨嗣昌接任此职①。杨嗣昌于次年三月抵达京城,至则侃侃而谈,甚得明思宗的信任,"每对必移时,所奏请无不听",明思宗甚至慨叹:"恨用卿(指杨嗣昌)晚。"② 崇祯十年,杨嗣昌陆续提出了一系列对付起义军的新措施:

第一,确定四正六隅十面网的围剿计划。"请以陕西、河南、湖广、江北为四正,四巡抚分剿而专防;以延绥、山西、山东、江南、江西、四川为六隅,六巡抚分防而协剿。是谓十面之网。而总督、总理二臣,随贼所向,专征讨"。③

第二,"议增兵十二万"。④

第三,增饷二百八十万。此即前文所叙及的剿饷的开征。

第四;起用熊文灿代替王家祯担任南畿、河南、山西、陕西、湖广、四川军务总理。

上述几项措施,都得到明思宗的批准,并绝大部分被付诸实施。这无疑使起义军所面临的压力比以前增大了许多。这时,起义军仍主要分成两大部分:李自成等部在陕西等地,与以总督洪承畴为主的明军进行战争;张献忠、罗汝才、马守应等部在河南、湖广、江北一带活动,其对手以总理熊文灿为首。这时发生动摇或是屡吃败仗以至力量严重损失的情形,在两大部分起义军中均有存在。

长期以来在陕西一带与官兵周旋的李自成等部起义军,在崇祯十年(1637 年),与官军"相持于阶、成山中者七八月"。九月,由徽州、略阳"尽入汉南"。洪承畴督官军"由栈道星驰赴剿",这月二十六日起义军在汉中府城之外打了败仗,李自成所

① 《明史》卷 112《七卿年表》2,卷 252《杨嗣昌传》。
② 《明史》卷 252《杨嗣昌传》。
③ 《明史》卷 252《杨嗣昌传》;参见《三垣笔记》附识上。
④ 《明史》卷 252《杨嗣昌传》;参见《绥寇纪略》卷 5。

乘马匹被射杀，自成"裸身涉水逃去"①。而后，李自成等部南向四川，打了若干胜仗：十月三日破汉中宁羌州，初四日入广元，初八日破昭化，初十日破剑州，十二日破梓潼；十四日分其军为三，一往绵州，一往盐亭，一往江油，先后破川西三十余县，包围省城成都二十多天。洪承畴因秦兵缺饷，未能及时追剿起义军，直至十二月二十九日才督秦兵抵四川广元县，崇祯十一年正月九日到达保宁府。时调来对付起义军的四川官军有六七万人，"俱在绵州、潼川、射洪、遂宁、西充、南部、阆中驻守"，与起义军相距二三百里到四五百里不等；而起义军各部则已于"正月初三、初四等日"，"起营尽奔梓潼、剑州，据山屯抢"。于是秦兵分作两路，向起义军进攻，"正月十三、十五于剑、梓地方两杀之"，起义军即由"山中歧路"重新返回陕西②。李自成等部这次入蜀，对于官府是一次沉重打击，事后洪承畴及其手下的重要将领左光先、曹变蛟都因此而受到处罚。但起义军所受损失也很大，其人数"入蜀时数十万"，出蜀时只剩下"数万"了。③

李自成等部起义军自川返陕后，分成了几大股分别活动。其中大天王等部由"徽、秦犯庆阳"，三月，明陕西巡抚孙传庭迎击于合水，大天王二子被俘，起义军"大溃东奔"延西。五月，大天王"以二子被获未诛，率男妇腹党潜出夥营"，投降明军。过天星、混天星等部自川返陕后，继大天王等部之后"复从徽、秦"东移，"由凤、宝出栈，直犯西安"，"逾同、郃，突澄城"。孙传庭闻讯，四月"兼程遄至，豫伏一兵于黄龙山，余兵从澄城合击，五路并进"，大败起义军。过、混等转往延西，又往中部、宜君，再向西

---

① 《孙传庭疏牍》卷 1《恭报官兵两战获捷疏》；《明末农民起义史料》第 212 页；《怀陵流寇始终录》卷 10。

② 《绥寇纪略》卷 5；《怀陵流寇始终录》卷 10；《荒书》；《明末农民起义史料》第212～213 页。

③ 《怀陵流寇始终录》卷 11；《绥寇纪略》卷 6。

移,五月惨败于三水等地,混天星(郭汝磐)降明,过天星(张天琳)"率零'贼'无几,窜入宝鸡山中",六月亦降(后又重新参加起义队伍)。①

李自成部由川返陕后,经由临洮、巩昌,"引而西","出长城,入西羌界"。洪承畴督曹变蛟率兵尾随其后追击。曹变蛟在羌中与起义军展开激战,"不解甲者二十七昼夜"。起义军"还入塞",曹变蛟又追到洮河。起义军"拼命越渡",渡过了洮河,但相互失散,李自成仅带三百余人向汉中方向转移。在转移过程中,仍然受到官军的紧追。四月十日近晚,李自成到宁远马坞,第二天四五更起行;而明将左光先所率官军即于当天黎明到达这里,两者相距不过四五十里,形势相当危险;后来左光先因故没能及时追赶,李自成才得以摆脱困境,经由西和、礼县,进入汉中地区。这时,原先失散的部队有的陆续赶来会合,起义军的队伍渐渐有所恢复。②

此后不久,李自成部又南入四川,同行者还有祁总管等部,合计总人数有三千余名。陕西官兵跟踪而至,与四川官兵一起对付起义军。起义军在四川站脚不住,八月,重返汉中,打算"从城固过江,走石泉、兴安,转奔湖广、河南",这时已减员至一千四五百人。八月十六日,在城固遭明将左光先邀击,又损失三百多人。祁总管感到前途无望,向官军投降。惟李自成与部分战士"东遁",继续斗争③。十月,李自成在潼关之南原中官军埋伏,"妻女俱失",惟与刘宗敏等十八骑(一作"七骑")逃出,余部或死或降④。

① 《孙传庭疏牍》卷2第59～89页,附录1《鉴劳录》;《明史》卷262《孙传庭传》。
② 《绥寇纪略》卷6;《明清史料》乙编第9本第862～866页;《怀陵流寇始终录》卷11。
③ 《清代档案史料丛编》第6辑第73～76页;《明史》卷272《曹变蛟传》。
④ 《明史》卷272《曹变蛟传》;《绥寇纪略》卷6、卷9;《怀陵流寇始终录》卷11。

至此,陕西一带的起义军基本上被官军镇压下去。李自成此后在人烟稀少的川、陕、楚交界处活动了两年之久,因力量较小,不甚为人所知。

崇祯十年至十一年,在河南、湖广、江北一带活动的起义军有十五家之称,除了八大王张献忠、曹操罗汝才、老回回马守应①外,还有闯塌天刘国能、混十万马进忠、射塌天李万庆、过天星惠登相②、革里眼贺一龙、左金王蔺养成等,实际数目远远超过十五家③。当时,他们时分时合,在优势明军的剿杀下,常打败仗。如崇祯十年八月,张献忠"诈称官军驻南阳城外",谋智取其城。而恰好明将左良玉来到,献忠仓皇走避,"良玉追及,射之,中眉心,又贯其指于弓上",刀斫及面,血流甚多。多亏部将一堵墙孙可望极力相救,才得以逃往麻城④。再如崇祯十年(1637年)十二月,混十万等在罗山与太监刘元斌所率禁军作战,被"斩级千七百"⑤。但是,这时这些起义军中最引人注意的状况,是动摇投降的现象出现得很多。其所以如此,跟明朝对付这些起义军的前线总指挥——总理熊文灿很有关系。

熊文灿是贵州永宁卫人,后徙家蕲水。崇祯元年(1628年)任福建巡抚,五年改任两广总督,兼广东巡抚。他本身没有军事才能,但在任期间,却因客观条件的成熟,主要采用招抚的办法,解决了沿海的"海盗"问题。他在闽广居官时间较长,"积赀无算",为"久镇岭南",常以珍宝厚结中外权要。后来明思宗因感

---

① 按:"马守应"或作"马光玉",实即一人。参见李宪庆:《老回回、马光玉、马守应实为一人》,载《南开学报》1981年3期。

② 按:这一个"过天星"与上述跟李自成在一起活动的本名张天琳的"过天星"不是一个人。

③ 《怀陵流寇始终录》卷11;《绥寇纪略》卷6。

④ 《怀陵流寇始终录》卷10;《明史》卷309《张献忠传》。

⑤ 《怀陵流寇始终录》卷10;《绥寇纪略》卷6。

到对熊文灿不甚了解,加之对广东的其他一些问题也有疑问,曾派一名太监,"假广西采办名"来到广东,暗中进行考察。太监到后,熊文灿认为是对上结交的好机会,即大赠珍异,并留饮十日。太监被奉承得十分欢喜,在酒宴上无所不谈,因"语及中原寇乱"。这时,熊文灿"方中酒",竟大充好汉,"击案"而骂:"诸臣误国耳。若文灿往,讵令鼠辈至是哉!"太监一听,当即起立,如实相告:"某非往广西采办也。衔上命觇公。公信有当世才,非公不足办此贼。"这使并无实际才能的熊文灿大吃一惊,深悔失言,马上提出"五难四不可",企图借之推脱。但太监不答应,说:"此数事,某见上立请之。若主上通行无所咨者,即公亦不得谢矣。"熊文灿无言相对,只好勉强答应。于是,熊文灿便成了明思宗心目中能完成镇压起义军大任的难得人才。正当此时,杨嗣昌担任了兵部尚书,"以帝急平贼,冀得一人自助";而与杨嗣昌关系甚好、又与熊文灿为姻妮的蕲水人詹事姚明恭,"欲倚熊以就功名",因将熊文灿推荐给杨嗣昌,并告诉杨:"此有内援可引也。"杨嗣昌听后大喜。前文提及的熊文灿之被起用为总理,即由此而来。①

　　崇祯十年九月,熊文灿赴总理之任,十月到安庆②。这时,由于杨嗣昌一系列措施的提出和落实,官府的力量已经明显地大于起义军,但是,熊文灿到任后却实行了大力招抚的政策。这是因为他是个大言无实的人,没有军事才能,对完成镇压起义军的任务心里自然没底,于是就很容易把希望寄托在自己曾经在闽广用以平息海盗的招抚这一招上。史书记载,他在赴总理之任的路途上,即已确定了这一指导思想:

　　　　(崇祯十年)九月办严过岭,道庐山,谒所善空隐和尚,

---

① 《明史》卷260《熊文灿传》;《绥寇纪略》卷6。
② 《怀陵流寇始终录》卷10;《绥寇纪略》卷5、卷6。

和尚迎,谓之曰:"公误矣。"熊愕然,屏人问状。和尚曰:"公自度所将兵足以制贼死命乎?"曰:"不能也。""然则诸将有可属大事、当一面、不烦指挥而定者乎?"曰:"亦未知何如也。""公于此二者既不能当'贼',而上特以名使公,厚责望,且急其月日。一不效,恐祸及身矣。"熊却立良久,曰:"吾欲抚之,何如?"和尚曰:"吾固知公策必出于抚,抚之诚善。顾流寇非刘香① 比,慎之。"熊长跽佛前,曰:"得无恙,愿以余年入道。"②

在当时官方力量明显大于起义军的情况下,起义军中的意志薄弱者本来就易于向官军妥协投降;而熊文灿又实行大规模的招抚的政策,这便更鼓励了起义军中的这种妥协投降倾向。可见,这时河南、湖广、江北一带的起义军出现了较多的动摇投降现象,实非偶然。

河南、湖广、江北起义军十五家中的妥协投降事件,主要有如下数起:

第一,闯塌天刘国能之降。史载其事说:

总理熊文灿新至,贼惮之。见其下招降令,颇有欲归正者。国能先与张献忠有隙,虑为所并,后又与左良玉战,败,乃以(崇祯)十一年正月四日率先就抚于随州,顿首文灿前曰:"愚民陷不义且十载,赖公湔洗更生。愿悉众入军籍,身隶麾下尽死力。"文灿大喜,慰抚之,署为守备,令隶良玉军。③

按,据说刘国能初"曾为庠生",系"被掠入贼","性孝,归降奉其母命也"。由此看来,他原曾受过封建教育,封建伦理道德观念

---

①　按:刘香为熊文灿在广东所平大海盗。
②　《绥寇纪略》卷6。
③　《明史》卷269《刘国能传》;参见《绥寇纪略》卷6。

较深，而且原本就不是主动、自愿参加起义队伍的，这大概是他在崇祯十一年(1638年)正月走上投降道路的思想根源。刘国能投降后，其部下"多数归老回回、革里眼"。①

第二，张献忠谷城受抚。史载：张献忠在南阳受伤后，伤势很重，"不能战，大恐。(崇祯)十一年春，侦知陈洪范隶熊文灿麾下，为总兵，大喜，因遣间赍重币献洪范曰：'献忠蒙公大恩，得不死，公岂忘之邪？愿率所部降以自效。'洪范亦喜，为告文灿，受其降。巡按御史林铭球、分巡道王瑞楠与良玉谋，俟献忠至执之，文灿不可。献忠遂据谷城"②。张献忠之降明，与刘国能之投降有所不同。刘国能是彻底背叛了起义事业，而张献忠则并非真心归顺官府。其重要表现是不肯削弱自己的军事力量。受抚之后，他将部队分屯谷城四郊，"文灿使留精兵二万，给饷，余散遣之"，而张献忠却报称："部曲皆壮士，愿举军从，请十万人饷。"③ 为了提高军队的战斗力，他还与谷城诸生徐以显等研究兵法，操练部队。此外，为了取得官方的信任，张献忠曾"具军状，备调遣"，可是，当熊文灿真的"调其兵"时，张却"檄之者三"而"不应"。④

刘国能与张献忠两支部队相继受抚后，河南、湖广、江北地区的十五家起义军少了两家，于是又有了十三家之称。⑤

第三，马士秀、杜应金之降。马士秀与杜应金的经历，已不可得详，只知"皆出自十三家"。他们于崇祯十一年(1638年)二月十二日夜，于信阳城下降于明军⑥。而后所部八千人被"处之许州"。同年十二月，马、杜在许州重起反明，往投李万庆。次年

---

① 《怀陵流寇始终录》卷11。
② 《明史》卷309《张献忠传》。
③ 《绥寇纪略》卷6；《怀陵流寇始终录》卷6。
④ 《绥寇纪略》卷6；《平寇志》卷3；《明史》卷260《熊文灿传》。
⑤⑥ 《绥寇纪略》卷6。

二月,再次降于明军。①

第四,罗汝才等受抚。崇祯十一年(1638年)九月,罗汝才、老回回、射塌天、革里眼、左金王等部起义军在襄阳一带活动,熊文灿率军来镇压,双方战于双沟镇(在襄阳东北),起义军大败,被"斩二千余级",罗汝才等九营奔均州,旋入内乡、淅川山中,射塌天率三营走光山、固始,老回回东奔枣阳。不久,因清兵入犯内地,洪承畴、孙传庭被召领兵东出入援京城,而陕西一带的起义军也已遭到严重失败,只剩下李自成与少数余部隐蔽在深山中,罗汝才遂以为洪、孙之东出乃为剿己②,大为恐慌,于是率军及"小秦王白贵、过天星惠登相、整世王王国宁、托天王常国安、十反王杨友贤、关索王光恩、整十万黑云祥、混世王武自强,告武当山太和宫太监李继政,乞降。继政为移咨文灿,许之"。"文灿会诸将大晏汝才等","奏授汝才游击",处汝才等四营于郧县,"处过天星及王国宁、常国安、杨友贤及王光恩五营于均州"。但罗汝才自言不愿"受官领粮,愿为山农,耕稼自赡";并暗中与屯驻谷城的张献忠互为声援,时在同年十一月。从上述情况来看,罗汝才这次受抚,也不是死心塌地地归顺官府。③

第五,李万庆、马进忠之降。崇祯十二年(1639年),熊文灿使左良玉等击射塌天李万庆、混十万马进忠于南阳地区,李万庆、马进忠皆败,先后降,时在是年四月。④

及至李万庆、马进忠降明后,不仅陕西一带的起义军已遭到

① 《绥寇纪略》卷6;《怀陵流寇始终录》卷11、卷12;《明史》卷260《熊文灿传》。

② 当时明朝政府也故意将这一行动假称为"出关剿敌"。

③ 《怀陵流寇始终录》卷11;《绥寇纪略》卷6;《明史》卷260《熊文灿传》,卷269《李万庆传》,卷270《龙在田传》;《平寇志》卷3;《孙传庭疏牍》附录2《省罪录》;参见柳义南:《李自成纪年附考》。

④ 《怀陵流寇始终录》卷12;《明史》卷260《熊文灿传》,卷260《刘国能传》及《李万庆传》,卷273《左良玉传》。

严重的失败,而且河南、湖广、江北一带的起义军也只剩下了老回回、革里眼等少数几支部队尚坚持斗争。当时熊文灿曾踌躇满志地向明思宗报告说:"臣兵威震慑,降者接踵。十三家之贼,惟革、左及马光玉三部尚稽天诛,可岁月平也。"① 明末农民起义的形势,此时出现了少有的低沉局面。以起义军与官军相持为特点的明末农民大起义的中期阶段,至此结束。

第三节　起义的高潮阶段

明末农民起义军虽于崇祯十二年(1639年)四月面临了少有的低沉局面,而这一处境很快就被改变,自是年五月起,它走出了低谷,又一次活跃起来,并且是空前的活跃——起义进入了高潮。形势变化之所以如此迅速,从主要方面看,一是由于当时北方连年大灾荒,促使大量农民群众参加起义队伍,二是由于农民起义军的首领在知识分子的帮助下,制定了能够进一步团结群众的正确的政治经济政策。

明末农民起义军的高潮阶段,持续了五年之久,这五年形势的变化,可以分成三个小阶段:第一小阶段自崇祯十二年五月至十五年冬,是高潮逐渐形成的时期;第二小阶段自崇祯十五年冬至十七年正月,是高潮继续发展的时期;第三小阶段自崇祯十七年二月至同年四月,是高潮的顶点。

一、起义高潮阶段的到来

崇祯十二年五月至十五年冬,起义高潮逐渐形成的标志主要有三个:张献忠、罗汝才等部重新举起反明的旗帜;河南、山东

---

① 《明史》卷260《熊文灿传》;参见《绥寇纪略》卷6。

等地新出现了许多当地农民群众组织的起义队伍;李自成领导的起义军再度活跃,并日益壮大。

1. 张献忠、罗汝才等部的再起

如前所述,崇祯十一年(1638年)张献忠和罗汝才的先后受抚都不是死心塌地地归顺官府,因而重新举起反明旗帜的可能是存在的。不久,这种可能终于变成了现实,时在崇祯十二年五月。首先是张献忠于该月上旬再起于谷城,他"毁城、劫库、放囚",杀明知县阮之钿,在墙壁上书写留言,"以告楚人,言反由总理(熊文灿)酷取其货","具列上官姓名,疏取贿多寡、日月",并写上"唯襄阳道王瑞柟不取一钱"。从当时的客观环境看,张献忠再起后,为了避免陷于孤立无援的境地,必须"约(罗)汝才同反"。他看准了这一形势,在谷城再起后不久即率部离开谷城,开往房县境内——时罗汝才正在那里"解甲耕屯为观望"。张献忠到来后,罗汝才立即响应,也举起了反明的旗帜,并与之联合行动,攻下了房县城,时在同月下旬。

崇祯十二年(1639年)七月二十二日,张献忠与罗汝才率部自房县向西进入山中,熊文灿派左良玉追击。左良玉"谓路险饷艰,不可追;文灿身入祸门,不暇审计,强使行"。二十六日,左良玉与豫将罗岱一起出发,罗岱为前军,左良玉跟随在后,"逾房县八十里,至罗猴山(一作'罗㺗山')","军乏食",且遇起义军伏兵,罗岱为起义军俘虏杀死,左良玉"大败奔还,军符印信尽失,弃军资千万余,士卒死者万人"。[①]

罗猴山之役后,张罗联军"欲入陕西",而陕西明军扼守兴安,不得过,乃进入川东,又遭四川明军的抵御。同年九月,张、罗乃分开活动,张献忠向陕西转移,罗汝才转向湖广。十一月至

---

① 《绥寇纪略》卷6;《怀陵流寇始终录》卷12;《明史》卷260《张任学传》,卷273《左良玉传》。

十二月,罗汝才与明将杨世恩、罗安邦战于兴山县附近的香油坪,取得大胜,杨世恩、罗安邦身亡,全军覆没。①

张献忠、罗汝才的再起,说明了熊文灿处理农民起义问题的失败。明思宗在得知有关消息后,除了为农民起义的再度兴起而惊慌之外,对于熊文灿的无能极为恼火,当即将之"削官",令其"戴罪自赎"。熊文灿的举荐人杨嗣昌见状不免心中着急,为了免受责难,遂"请自行以塞上意"。杨嗣昌的被重用,本是明思宗一意主张的,当时并曾力排廷论中的不同意见,现在出了问题,明思宗"亦望嗣昌立功,以靖众口",因而杨嗣昌一提出"自行",他即"亟许之",决定由他往代熊文灿。崇祯十二年(1639年)八月,明思宗正式令杨嗣昌以大学士兼兵部尚书的身分,到镇压起义军的前线"督师讨贼",并"赐剑",许"以便宜诛赏"。九月六日,杨嗣昌"陛辞",明思宗亲自"赐诗祖晏",其诗为:"盐梅今暂("暂"一作"日")作干城,上将威严("威严"一作"新开")细柳营;一扫寇氛从此靖,还期教养遂民生。"九月二十九日,杨嗣昌到达襄阳,入熊文灿军中。不久熊文灿即被逮入京,"坐大辟"。②

这时,力量最大、对官府威胁最厉害的起义军是张献忠一支,所以杨嗣昌把镇压的矛头着重指向了它。崇祯十三年(1640年)闰正月,左良玉击败张献忠于枸坪关(在陕西东南部,近四川),张献忠退入四川太平县,先屯大竹河,继移九滚坪,再移玛瑙山。左良玉请入川追击,而杨嗣昌令秦督郑崇俭率副将贺人龙、李国奇等部担负这项任务,仅令左良玉"发偏师"追击,对左

---

① 《怀陵流寇始终录》卷12;《绥寇纪略》卷7;《明史》卷252《杨嗣昌传》,卷260《邵捷春传》;杨山松:《孤儿吁天录》卷12;《杨文弱先生集》卷38《楚兵大挫具实上闻疏》。

② 《怀陵流寇始终录》卷12;《绥寇纪略》卷7;《明史》卷252《杨嗣昌传》,卷260《熊文灿传》;《烈皇小识》卷6;《崇祯遗录》;《三垣笔记》上。

良玉本人及其所部主力,则要求驻守陕西兴安、平利。左良玉认为杨嗣昌的决定不妥,不肯服从,坚持带兵入川。二月,左良玉在玛瑙山大败张献忠部起义军,"斩首二千二百八十有七","献忠妻妾九人,被擒者七";参战的陕西官军,亦"斩首一千三百三十有三"。同月,"楚将张应元、汪之凤乘胜逐北,十六日,及之于水右坝,斩馘九百。献忠又走岔溪、千江河,蜀将张令、方国安十九日与战,复破之"。"献忠乃由千江河之十二湾,转入柯家坪"。张令"负勇争利",再来相攻,二十七日被张献忠军包围。十几天之后,由于大量官军来救,张献忠军才解除了对张令的包围。接着,张献忠部又先后在寒溪寺、盐井、木瓜溪、黄墩等处与明军战,失利,于是转入了兴山、房县一带的深山中,进行休整。①

当崇祯十三年(1640 年)上半年张献忠部在官军的围剿下艰苦奋战,并由四川转入湖广境内之时,罗汝才部也在与官军进行着英勇的斗争。它在湖广境内活动了一段时间,而后向四川东部转移。与它一起活动的,尚有过天星惠登相、小秦王白贵等原来与之一起接受过熊文灿招抚而在崇祯十二年(1639 年)又随张献忠的再起而再起的几支部队。在四川东部,他们曾经打了一些胜仗,如五月中,重创四川参将张令,使之回营后毙命。但由于官军的顽抗,起义军损失也很严重。七月,罗汝才部"走房县,又至兴山",与张献忠部再度会合。②

张献忠与罗汝才会合后,决定复入四川。经过八月的夔州土地岭等战,突破了官军设在川楚交界处的防线,九月至开县,奋力渡过达河,长驱西进。这时,小秦王白贵、过天星惠登相等部,已经再度投降明朝;所以长驱西进的,仅是张、罗两支起义

---

① 《怀陵流寇始终录》卷 13;《绥寇纪略》卷 7;《明史》卷 252《杨嗣昌传》,卷 269《张令传》;卷 273《左良玉传》;《国榷》卷 97。

② 《怀陵流寇始终录》卷 13。

军。十月,这支联军"破剑州","趋广元,从间道出百丈关,欲入汉中",遇到官军阻拦,"乃逾昭仪,走保宁",战梓潼,"渡绵河而西",十一月,"趋乐至","逼简州",南下"大足、内江间,屯于新店子",十二月,破隆昌,下泸州。①

由于张、罗复入四川,杨嗣昌见"楚地稍靖",于崇祯十三年(1640年)八月,将自己的屯驻地点自湖广夷陵迁往四川,九月至巫山,继至夔州、重庆。此外,还令万元吉监诸路官军,尾随在起义军之后进行追击。十一月,万元吉"飨士保宁,以诸将进止不齐",特地"申立军约,推总兵猛如虎为正总统"。十二月,杨嗣昌在重庆,"下令赦汝才罪,能降者授都司以下官;惟献忠不赦,有能擒斩者,赏万金,爵通侯"。但第二天,他的办公和居住处所,到处出现了"有斩阁部头来者,赏银三钱"的题字,杨嗣昌见之,"瞠视咄叱,疑左右皆贼"。②

崇祯十三年(1640年)十二月十一日,由于官军追来,张、罗联军撤离泸州,一改过去的自北而南路线,自南向北转移。十二日,破仁寿;十七日,"越成都,破德阳";二十日,"渡绵河东行";二十九日,"诈称杨阁部兵",进巴州。崇祯十四年正月四日,"自巴州陷通江,走达州,焚断驿舍七百里"。在起义军进行这一自南而北、又自西而东的大转移之时,猛如虎仍在督促各支官军进行尾随追击,但因距离太长,官军被拖得十分疲劳,加上当时官军将领之间矛盾重重,有的干脆在中途停顿下来,参加追击的官军的数量也在减少;这便导致一旦发生战斗,官军很难取胜。正月十三日,猛如虎所率官军在开县黄陵城追及起义军,双方交战,参将刘士杰等战死。史书描写说:

猛如虎所将仅宁夏、固原兵六百骑听指使,余皆(左)良

---

① 《怀陵流寇始终录》卷13。
② 《怀陵流寇始终录》卷13;《绥寇纪略》卷7;《明史》卷269《猛如虎传》。

· 1134 ·

玉兵,骄悍不奉法,前从良玉优游不战,今从如虎日夜驰逐山谷中,皆不乐,唯参将刘士杰忠勇,有讨贼心。(万)元吉深忧之。己丑(崇祯十四年正月十三日),如虎率诸将及贼于开县之黄陵城,日暮雨作,诸将咸以人马乏,请诘朝而战。刘士杰曰:"自泸州逐贼,驰骛四旬,今遇贼而纵之,谁执其咎? 请为诸君先。"策马竟进。如虎从之。士杰奋前搏贼阵,数交胜之。贼退奔山巅。献忠凭高而望,见军无后继,左军皆不进,因以精骑绕出官军后,大呼驰下。左军先走,士杰及游击郭开、如虎子先捷,皆战死。如虎率牙兵苦战,中军马智挟如虎决围出,印纛俱弃。

黄陵城之战后,张、罗联军"长趋东走",同月"至夔州,宿于乾溪","攻巫山,不克",疾走湖广境内。①

张献忠、罗汝才联军进入湖广境内后,从房、竹走远安、当阳,明郧阳抚治袁继咸"邀之,不能止",张献忠留罗汝才于郧与之相持,自率轻骑"一日夜驰三百里",向襄阳进发。未至襄阳之时,先派二十余骑,"伪为官军,持军符令箭",骗得襄阳守门官军的信任,进入襄阳,而后里应外合攻陷襄阳,明知府王承曾逃去。时为崇祯十四年(1641年)二月。玛瑙山之役中张献忠失去的家属这时正拘在襄阳狱中,于是遂得与张献忠团圆。襄阳城中的襄王朱翊铭,也作了起义军的俘虏。张献忠见到朱翊铭后,端给他一杯酒,说:"吾欲断嗣昌头,远在蜀,今借王头,使嗣昌以陷藩伏法。王其努力饮此。"遂将之杀死。襄阳是杨嗣昌储存军资甲仗之地,其被起义军攻克,对明政府是沉重的一击。杨嗣昌在张献忠、罗汝才东返湖广后,亦随之进入湖广。崇祯十四年(1641年)二月十八日行至夷陵,得到襄阳陷落、襄王被杀的消

---

① 《怀陵流寇始终录》卷13、卷14;《绥寇纪略》卷7;《滟滪囊》卷1《李自成张献忠寇巴蜀》;《明史》卷269《猛如虎传》。

息,"惊悸,上疏请死"。接着来到荆州之沙市,又接到洛阳于本年正月被李自成攻克、福王被杀的消息,"益忧惧,遂不食"。三月初一日,杨嗣昌死去,年五十四。袁继咸及河南巡按高名衡"以自裁闻,其子则以病卒报,莫能明也"。①

2. 河南、山东等地"土寇"的活跃

崇祯十二年(1639 年)夏季之后,尤其是十三年之后,连续两三年自然灾害十分严重,从而导致各地出现了许多地方性的农民起义队伍。当时,由于张献忠、罗汝才、李自成等起自陕西、流动作战于各省的起义队伍被称为"流寇",这些主要在各自家乡一带活动的地方性的农民起义队伍,便被叫做"土寇"。

崇祯年间,自然灾害几乎连年不断,而崇祯十二年(1639年)以后的两三年中,尤其严重,涉及的面积相当广,灾害的种类也比较多。据《明史·五行志》记载:

"水潦":崇祯十三年五月,浙江大水。十四年七月,福州风潮泛溢,漂溺甚众。

"恒雨":崇祯十二年十二月,浙江霪雨,阡陌成巨浸。十三年四月至七月,宁、池诸郡霪雨,田半为壑。

"冰雹":崇祯十二年八月,白水、同官、雒南、陇西诸邑,千里雨雹,半日乃止,损伤田禾。

"恒风":崇祯十四年五月,南阳大风拔屋。七月乙亥,福州大风,坏官署、民舍。

"恒旸":崇祯十二年,畿南、山东、河南、山西、浙江旱。十三年,两京及登、青、莱三府旱。十四年,两京、山东、河南、湖广及宣、大边地旱。

"蝗蝻:崇祯十三年五月,两京、山东、河南、山西、陕西大旱

---

① 《怀陵流寇始终录》卷 14;《绥寇纪略》卷 7、卷 8、卷 10;《明史》卷 119《诸王》4,卷 252《杨嗣昌传》。

蝗。十四年六月,两京、山东、河南、浙江大旱蝗。

"年饥":崇祯十二年,两畿、山东、山西、陕西、江西饥。河南大饥,人相食,卢氏、嵩、伊阳三县尤甚。十三年,北畿、山东、河南、陕西、山西、浙江、三吴皆饥。自淮而北,至畿南,树皮食尽,发瘗胔以食。十四年,南畿饥。畿南、山东洊饥。德州米千钱,父子相食,行人断绝。

上述情况,在《绥寇纪略》卷十二《虞渊沉》及《怀陵流寇始终录》等书中也有记载。《豫变纪略》所载河南汲县人王国宁于崇祯十四年(1641年)所写的一篇奏疏,对汲县自然灾害的严重情况所述颇详,兹引录于下:

汲民宿孽干天,降罚惨酷,自从天启年来,迄今未有丰岁,民力日耗,勉强撑支。迫戊寅(崇祯十一年)、己卯(崇祯十二年)之间,飞蝗为害,弥山蔽野,吞啮无遗。二麦不登,三秋失望,然未至惨绝也。庚辰(崇祯十三年),入夏不雨,交秋复蝗,村落丘墟,城市罄竭。粟米一石价十六千文。漕粮刍豆,一粒莫办。掘草根剥树皮矣,典衣装拆屋舍矣,卖妻子啖尸骸矣,甚至父子相食矣,夫妻相食、兄弟宗亲相食矣,又甚之兵相食、盗相食、昼夜掠人充食矣,伤毁天性,灭绝人理。群盗横行于郊外,僵屍坐毙于街前。宦族巨家,倾囊涸辙,无济枵腹之急,而郡城虚无人矣。延至今春,百无一二,有有地无人者,有有人无牛具者,雨泽稍霈,剜肉播种,而古今未有春生之蝗蝻,遍野涌出,平地厚积尺余,麦禾扫地立尽。旱灾、瘟疫旋复交侵。目今夏秋之交,全无滴雨,今岁不能播谷,何时敢望收成?顾后瞻前,万难存活……版图空存,陇亩尽荒,猪面象眼之人形,凶秽冤号之苦状,呼天无路,祈死不能!

连续发生的严重自然灾害,确实使广大劳动群众痛苦至极。而当时劳动群众之所以陷入如此不幸的境地,除了自然灾害的原因外,还有明朝统治者残酷剥削的影响。如前所述,总数高达银七百三十万两的练饷正是从崇祯十二年(1639年)六月开征的。赋役的急剧加重,除了直接增加人民的负担外,也降低了广大群众抵御自然灾害的能力,使自然灾害的严重程度加深。

崇祯十二年(1639年)夏以后,由于自然灾害及官府剥削加重而出现的"土寇",在自然灾害最为严重的河南、山东地区,出现得最多。

河南在崇祯十二年(1639年)夏以前就已有"土寇"发生。如崇祯十一年二月,"舞、叶间妖民刘保儿作乱,知县李藩长平之";"舞阳县奸民杨四作乱",不久失败;七月,"白莲妖贼犯杞县,攻城二昼夜,不克而去"。崇祯十二年(1639年)二月十二日,"土贼"一斗谷"犯柘城西关,遂袭城,不克而走";四月"土贼"一条龙(按,此"一条龙"非陕西之"一条龙",姓韦)、袁老山"作乱于梁、宋间"①。崇祯十二年夏之后,河南更有许多新的"土寇"陆续出现,数量越来越多。到崇祯十二年底至十三年初,河南的地方性农民起义队伍已达到"大起"的程度。《豫变纪略》卷三描写此后几年的情况说:

> 是时大旱蝗,川泽皆竭,濠隍之径扬尘。自是而后,土寇大起如蝟毛,黄河南岸上下千里中,营头不下百余。其倏起倏灭,或为将吏擒斩,或为其徒所兼并,如商丘黄老山、许州蓝大、蓝二,商水哪吒、二字王之类皆不著。而其尤大且久者,西则有李际遇、申靖邦、任辰、张鼎;南则有刘洪起、周家礼、李好、张扬;梁、宋之间则有郭黄脸、张长腿、王彦宾、宁珍、王文焕;其东则有李振海、房文雨、徐显环、程肖瑶、咸念梧等,皆拥众以为雄,凭栅结寨,彼此割据相攻杀……其

① 《豫变纪略》卷1~3。

公然离巢穴而肆剽掠者,如老当当、一斗谷、宋江、一条龙、
袁老山、张判子之属不与焉。

《豫变纪略》的这段话列举了当时河南地方农民起义武装的近三
十个首领的名字,而就目前的文献记载来看,至少还可以补充二
十个左右,如有"原武土贼张孟习"(崇祯十三年三月),"商水县
土贼千金刘"(崇祯十三年三月)①,往来于"梁、宋之间"等地的
袁时中,攻占过河阴的孟三(崇祯十四年春),裕州"土贼"张良相
(崇祯十四年十二月)②,以及瓦罐子(崇祯十四年)③,艾一、侯
二、侯四(以上皆崇祯十四年正月)④,武三(一作"武山")、翟荣
(一作"翟营")、孙学礼、周道玄、徐良臣、金高、刘铉、李奎、郑乾、
刘洪礼、狄应魁。⑤

在当时的众多的河南地方起义军中,影响较大、值得特别一
叙的是袁时中一支。袁时中本为滑县人(一作"开州"人,一作
"滑人,侨开州"),属北直隶。崇祯十三年(1640年),黄河以北、
位于北直隶南部的一些府县大荒,"群盗无虑数十万,真定(今河
北正定)以南道路全梗",袁时中"啸聚亡命"起义,攻袭开州。当
时因另有袁老山一营起义军,为与之相区别,袁时中的队伍便被
称为小袁营。袁时中为人比较机灵,同起者不久"相继扑灭",而
他"渡河南走","往来梁、宋之间"。崇祯十四年五月,曾"窥凤
阳、泗州、入蒙城",这时部众已至十余万。崇祯十五年,曾与革
里眼、左金王等革左五营起义军(该起义军此时的情况详下)在
江北有过合作。不久,又改与李自成部合作(李自成部起义军这
时的情况详下),作前锋,参与攻克睢州、宁陵、归德之役。又不

---

① 见《豫变纪略》卷3。
② 见《豫变纪略》卷4。
③ 见《烈皇小识》卷7。
④ 见《怀陵流寇始终录》卷14。
⑤ 见《国榷》卷99及《绥寇纪略》补遗下。

久,因与李自成部关系不谐,自杞县率众脱离李自成起义军,时为崇祯十五年四月。此后,"徘徊归、亳、永、蒙间",谋划接受明政府的招安,虽因故一直未能正式实现,但与明政府的关系日益密切。崇祯十六年五月,由于他将李自成的使者扶沟庠生刘宗文"执送"明政府,又攻杀李自成的游骑,并将被俘者送给明政府处斩,李自成大怒,"合步骑二万"攻之,在杞县围镇北,将之擒杀,"小袁营遂灭"。①

山东的"土寇",在崇祯十二年(1639年)已有发生。史称"(崇祯)十二、十三年间,有开州人黄小槐者,自称顺天仁义王,有众一万二千,与东阿李澐相应,焚掠临清、沂州间。后在郓州玉皇庙为山东总兵杨御藩所执"②。到崇祯十四年,更是"乱四起"。"有李廷实、李鼎铉者,陷高唐州"。又,"东平吏胥开门迎贼,抚臣王国宾讨平之"。"泰安土寇至十余万,掠宁阳、曲阜间,兖州大震"。起义者以妇女穿上甲胄守营,而后主力外出活动。"闻青州兵至,还走邳、徐","直抵扬州之南沙河店","复向东平、张秋,围丰县"。这时,著名的起义军首领"以十数",而其中以李青山为"最剧"。他本是一个屠户,"因乱啸聚,据梁山之寿张集"。崇祯十四年十二月为官兵所败,转战"兖州之沂州"。崇祯十五年正月六日,被官军擒获,解往北京杀害。此后,山东的"土寇"仍有发生,如崇祯十五年六月,"土贼"魏鼎元就曾在宁阳与官军作战。③

崇祯十二年(1642年)夏以后,河南、山东之外的其他地区,也有地方性的起义武装。如"秦有窦阿婆,破名城,杀

---

① 《怀陵流寇始终录》卷13、卷14、卷15、卷16;《豫变纪略》卷4、卷5、卷6;《国榷》卷97、卷98、卷99;《烈皇小识》卷6;《绥寇纪略》补遗下。

② 《绥寇纪略》补遗下。

③ 《绥寇纪略》补遗下;《怀陵流寇始终录》卷14、卷15;《国榷》卷97;《烈皇小识》卷7;《明史》卷276《张国维传》;光绪《峄县志》卷25。

长吏"。①

崇祯十二年夏以后以山东、河南为主兴起的地方性农民起义队伍，其规模或实力一般都比不上李自成部等所谓的"流寇"，其政治态度也不尽一致，有的甚至在某一时期倒向了官府。但从总体和主要影响看，他们的兴起打击和牵制了官府的力量，有的还随着形势的变化，直接汇合到了李自成部等所谓"流寇"之中。因此，这是当时非常重要的一个变化，它既促进了整个明末农民起义走向高潮，也是这个高潮已经到来的一个重要表现。

3．李自成部起义军的再度活跃和日益壮大

崇祯十一年（1638 年）十月后，李自成部在川、陕、楚交界处约两年的活动，因人少势寡，影响甚微，史书记载不多，约略可知者有：崇祯十一年冬曾"从数十骑过谷城"与张献忠相会②；崇祯十二年秋，曾与重起反明的张献忠、罗汝才联合作战于竹溪和竹山一带③；同年冬的兴山香油坪之役，李自成部也曾参加④；崇祯十三年上半年，先后活动于奉节一带的山中（即所谓"巴西鱼腹诸山"）和大宁、竹山、上龛（房县西南一百八十里）等地，秋，转向陕西平利、洵阳一带，接着进入商洛山中⑤。

崇祯十三年十一月，李自成所率起义军"出商洛，入豫，哨至淅川"⑥。这时，河南地区正是灾荒严重、"土寇"大起之时，因此

---

① 《绥寇纪略》卷 7。

② 《绥寇纪略》卷 10。

③ 王鳌永：《抚郧疏稿》；同治《竹溪县志》卷 7；同治《竹山县志》卷 19；参见柳义南：《李自成纪年附考》。

④ 《杨文弱先生集》卷 38《楚兵大挫具实上闻疏》；参见柳义南：《李自成纪年附考》及《北京师范大学学报》1978 年第 4 期顾诚：《李自成起义军究竟从何处入豫》。

⑤ 《怀陵流寇始终录》卷 13；《绥寇纪略》卷 9；《杨文弱先生集》卷 40《略陈驻彝调度疏》，卷 50《与平贼左将军良玉》，卷 51《与袁郧抚继咸》；《孤儿吁天录》卷 11 ~ 15；参见柳义南：《李自成纪年附考》。

⑥ 《豫变纪略》卷 3。

李自成的起义队伍在此得到大量人员补充,重新活跃起来。

另外,这时有几个著名的知识分子参加到这支起义队伍之中。其一为举人李岩,史籍中多将之记为杞县人,初名"李信",阉党李精白之子。曾"出粟千石赈荒",在家乡甚得民众的拥戴。后因被动地与"绳伎"出身的起义军首领红娘子结婚,遭仇人指控,加之本县知县"恶其市名得众",遂被捕入狱。"民之德之者""杀令破械出之"。这次入狱的经历,使这个原来无意反对官府的知识分子,思想发生转变,决定投奔"为众所拥"的李自成起义军。李自成早就闻知其名,得他来投后,"礼重之",任为制将军,其李岩之名即投奔李自成后所改①。上述史籍所记李岩的身世、事迹,多不可靠;但李岩实有其人,且约于崇祯十三年冬李自成到达河南后,投奔了李自成起义军,则是可信的②。

其二为牛金星,宝丰人(一说卢氏人),曾中乡举,"以磨勘被斥"。崇祯十三年以前因友人医生尚絅的介绍,而得"见自成,自成奇其辨,与谋议帐中"。后因事回乡,被官府捕获,"坐斩",又"得减死论"。当崇祯十三年冬李自成到达河南时,牛金星"谒见于牙门",自成得之大喜,遂委为重要谋士。③

其三为卜者宋献策。他是牛金星的朋友,由牛金星推荐而为李自成所用④。

这些知识分子因为都有比较丰富的政治知识和经验,投奔

---

① 《绥寇纪略》卷9;《怀陵流寇始终录》卷13;《平寇志》卷3;《明季北略》卷13"李岩归自成"条。

② 清初以来,有不少人认为实无李岩其人,如康熙《杞县志》的纂修者、清初河南人《豫变纪略》的作者郑廉,以及今人北京师范大学教授顾诚先生。他们的论点虽有一定道理,但仍有不严密之处,兹不取。

③ 《绥寇纪略》卷9;《豫变纪略》卷3;《国榷》卷97。

④ 《绥寇纪略》卷9。

李自成后便帮助其制定和推行了一系列很有见识的政策,如减轻人民的赋役负担①,赈济贫穷②,严明军纪,不许扰害群众③。如前所述,当时的河南、山东等地灾荒严重,明政府的赋税剥削也空前加重。此外,官军的纪律也败坏至极,史称"明季以来,师无纪律,所过镇集,纵兵抢掠,号曰'打粮',井里为墟"④。又称,官军往往杀百姓之首以"献功",士兵"以愚主将,主将以愚监纪,监纪以奏朝廷,此弊久已通行"⑤。在这样的社会状况下,李岩、牛金星等帮助李自成制定和推行了上述政策,无疑非常有利于劳苦大众,甚得人心。据记载,宋献策初见李自成时,"上谶记曰:'十八子主神器'"⑥。按,这一谶记在明代广为流传⑦,其含义是"姓李的人当作皇帝"。在今天看来,这样的谶语不过是一个神秘的预言,没有什么实际意义,而在明朝末年神权对于社会各阶层都有极大的威力的情况下,宋献策上这样的谶记在一定程度上有利于李自成威望的提高和影响的扩大,对李自成起义军的发展具有积极的作用。

由此可见,李自成起义军在崇祯十三年(1640年)冬进入河

---

① 《绥寇纪略》卷九说:"李岩教以据中原,取天下,宜拊循以收人心,唱为'迎闯王,不纳粮'之谣,教儿童传歌之,相鼓动。"

② 《怀陵流寇始终录》卷13记载:"闯'贼'嗜杀,人心不附,(李)岩教以行仁义,收人心,据河洛,取天下。闯'贼'从之……自是以所掠施贫民,造为谣言,仁义之声传播。"

③ 《明季北略》卷13"李岩归自成"条载:"岩见自成,即劝假行仁义,禁兵淫杀,收人心以图大事,自成深然之。"《石匮书后集》卷63载:崇祯十四年李自成起义军在河南作战时,"城下,'贼'秋毫无犯,自成下令曰:'杀一人者,如杀吾父;淫一女者,如淫吾母。'得良有司礼而用之,贪污吏及豪强富室籍其家以赏军。"

④ 《石匮书后集》卷63。

⑤ 《怀陵流寇始终录》卷13。

⑥ 《绥寇纪略》卷9。

⑦ 参见沈定平:《明末"十八子主神器"源流考》,载《明史研究论丛》第1辑,江苏人民出版社1982年版。

南后,其所以能很快得到大量的人员补充,重新活跃起来,除了客观条件之外,还与有见识的知识分子加入起义队伍后促成了起义军政策策略的改进这一主观因素有关。李岩、牛金星等有见识的知识分子加入李自成起义军后,对这支队伍所发生的影响,是极其重大的,对此,史家很早就有评论,如《怀陵流寇始终录》的作者指出:"闯贼在陕西时为饥民,在山西时为碌碌贼,出车箱峡后为大贼,至是(指李岩、牛金星等参加李自成起义军后)群策群力,居然以英雄自命。"[①]

崇祯十三年冬以后,李自成起义军继续得到发展。以下简述其于崇祯十三年冬至十五年冬的战斗情况和壮大历程。

(1) 攻占洛阳

李自成起义军于崇祯十三年(1640年)冬进入河南后,很快就由南阳地区北上攻克豫西宜阳(十二月二十一日)、永宁(十二月二十七日)、新安等县[②],接着开始向中原重镇洛阳发起攻击。洛阳为福王朱常洵的封国所在地,他自万历四十二年(1614年)来到这里后,一直居住在这里。由于他是明神宗的爱子,之藩时得到优厚的待遇,不仅庄田数量大,而且得到大量的盐引;明神宗通过矿监税使搜刮到的金银珍宝,也有很多赏赐给他;因此其"富实逾于天府"。然而朱常洵非常吝啬,崇祯十三年,"河南大荒,人相食",他竟置若罔闻,"不赈一钱"。这引起了许多人的不

---

① 见该书卷13。《罪惟录》列传31《李自成》载:"李岩教自成以虚誉来群望,伪为均田免粮之说相煽诱。"据此,史学界多认为这时李自成制定了解决土地问题的均田政策,也有人认为这里的"均田"指平均赋役负担。这两种看法都是靠不住的。按之当时的实情,殆李自成起义军并未直接提出"均田",《罪惟录》里所用的这一"均田"名词,乃是该书作者查继佐根据自己的理解,用以概括李自成起义军让绅富输纳财物以赈贫饷军的政策而提出来的。详见南炳文:《论李自成起义军均田口号的含义》一文,载《中国古代史论丛》1982年第1辑,福建人民出版社1982年12月版。

② 《绥寇纪略》卷9;《豫变纪略》卷3;《怀陵流寇始终录》卷13;参见王兴亚:《李自成起义史实研究》。

满,史载:"援兵之过洛者,口语籍籍,或詈道中,曰:'王府金钱百万,厌粱肉,而令吾辈枵腹死贼手!'"当时乡绅、南京兵部尚书吕维祺居于城中,"闻之",以"大计"相劝,要他不要当守财奴,他根本听不进去。这种情况,不言而喻,是为李自成的攻城取胜提供了有利条件。

崇祯十四年正月十九日,李自成起义军开到洛阳城下,"攻西北隅甚急",夜,明将总兵王绍禹所率守城兵倒向起义军,"开北门",起义军进入城内。朱常洵匿于迎恩寺,第二天被起义军抓获。起义军对他非常痛恨,将之杀死后,福王府的财富成了起义军的战利品。李自成根据李岩、牛金星的建议,"发福邸中库金及富人之赀,以号召饥民",在发放粮食及金银时,李自成对众人讲:"王侯贵人剥穷民,视其冻馁,吾故杀之,以为若曹,令饥者以远近就食。男子二十以上愿从军者,月食四十金,趫敢能为将者倍之。从我可富贵,无为交手死。"这番话正好说到了贫苦大众的心坎上,所以人民纷纷响应,"奔走赴之者百万"。为了流动作战,二月初二日,李自成率领起义军大队离开洛阳,转攻鲁山、汝州等地,留下投奔起义军的原明洛阳掾邵时昌担任"总理",募兵驻守。几天后,明河南巡抚李仙风乘洛阳起义军力量单薄之机,"以游击高谦等兵"开来,邵时昌被杀,洛阳再入明朝官府之手。

这次李自成起义军之攻占洛阳历时虽然不长,但反映了这支起义军力量的空前强大,它已有从官府手中夺取大城市的能力了,这应视作李自成起义军发展史上的一个里程碑。①

(2) 首次围攻开封

当河南的官兵开往洛阳之时,这一地区的另一重镇开封空

---

① 《怀陵流寇始终录》卷14;《绥寇纪略》卷8、卷9;《明史》卷120;《豫变纪略》卷4;《国榷》卷97。

虚起来,于是自崇祯十四年(1641年)二月九日起,李自成起义军急奔开封,攻其不备。当时,河南的地方起义武装瓦罐子、一斗谷等已加入李自成农民军,开往开封的兵力约有三万人。经过三昼夜的急行军,二月十二日到达开封城下。城内明河南巡按高名衡、开封府推官黄澍、祥符县令王燮等慌忙布置防守。开封是明太祖第五子周定王朱橚的封地,这时的周王是朱橚的后裔朱恭枵。朱恭枵与福王朱常洵有所不同,他懂得舍不得金钱就无法令人出力保护自己,因而自动拿出自己的库金,定赏格:有能出城斩"贼"一级者,赏银五十两;能射杀一"贼"者,赏银三十两;射伤一"贼"或砖石击伤者赏银十两。于是攻守双方展开激战。起义军挖城成洞,匿身其中,城上"矢石不能加";明祥符知县王燮"商计于巡按高名衡",于城上"照洞"下挖,挖通后投以火药,起义军被迫退出。起义军抬来云梯准备强攻,城上官军大放火炮,死力阻止。二月十六日,原来调援洛阳的副将陈永福部官军,闻起义军攻打开封,经过两昼夜的急行军赶了回来,官军力量大增。第二天,李自成在城下观察敌情时,被敌人射中左目之下,深入二寸。十八日,鉴于一时不可能攻下开封城,起义军自动撤走,西破密县,又赴登封。这次攻围开封共历时七昼夜。[①]

(3) 罗汝才合营李自成

崇祯十四年(1642年)二月,张献忠奇袭襄阳成功后,旋即放弃襄阳,与罗汝才转战而东。此后的近半年中,这两支起义军大体上联合在一起与明作战。他们先进入河南省境内,"攻掠汝宁以南光州、商城、罗山、息县、信阳等处",又"围固始,破光山","逼麻城","陷随州","攻南阳","犯裕州","围唐县",最后"犯德

---

① 《明史》卷116,卷267《高名衡传》;李光壂:《守汴日志》;白愚:《汴围湿襟录》;周在浚:《大梁城守记》;《怀陵流寇始终录》卷14;《豫变纪略》卷4。

安","攻应山"。在联合作战的过程中,张献忠与罗汝才因故产生了矛盾(或说张献忠"好凌人",罗汝才"久不乐"),互相分了手,于是罗汝才改与李自成联合,时在崇祯十四年七月,地点在河南的邓州地区。自此,李自成起义军"有众数十万,雄视河洛"。崇祯十二年夏季以后的一段时间里,起义军中力量最大者是张献忠部,而此后,李自成部越来越成为最强大的一支。[①]

(4) 项城之役

崇祯十四年(1641年)春杨嗣昌死后,明朝廷任命原陕西三边总督丁启睿为兵部尚书,"改称督师,代嗣昌尽督陕西、湖广、河南、四川、山西及江南北诸军,仍兼总督陕西三边军务,赐剑、敕、印如嗣昌"。但他是一个平庸无能之人,受命到任后,对于力量最强的李自成部不敢触碰,只拣力量稍弱的张献忠部作战,应付了事。不久,明朝廷另任昆明人傅宗龙以兵部右侍郎兼右佥都御史,总督陕西三边军务,并应丁启睿之请,将李自成部划归傅宗龙专办。傅宗龙与丁启睿相比,胆子大得多,敢于与李自成部较量。但他并非李自成的对手,双方只打了一仗,他就彻底失败,连自己的性命也丢了。这一仗,就是项城之役。

傅宗龙受命后,"议尽括关中兵饷以出,然属郡旱蝗,已不能应","兵部即以秦兵之在豫者李国奇、贺人龙之卒隶焉";另外又派自本年春天受命率总兵虎大威以众二万来河南对付起义军的保定总督杨文岳,与之相配合。崇祯十四年(1641年)九月初四日,傅宗龙、杨文岳等会于新蔡。贺人龙、李国奇将秦兵,虎大威将保定兵,共结浮桥,东渡汝河,趋项城,五日,两军毕渡,走龙口。这时,李自成与罗汝才的联军正在这一地区,"结浮桥于上流,将趋汝宁"。他们发现官军的上述动向后,即埋伏精锐于树林中,"阳驱诸'贼'自浮桥西渡"。傅宗龙等据候骑得来的情报,

---

① 《平寇志》卷4;《怀陵流寇始终录》卷14;《明史纪事本末》卷77、卷78。

以为起义军已"尽向汝宁",即挥军全力追赶。这正好中了起义军的计策,被起义军的伏兵包围在河西的孟家庄,并受到猛烈的进攻。贺人龙"有马千骑不战",李国奇"以麾下兵迎击"而不胜,"秦兵、保兵俱溃"。贺人龙、李国奇、虎大威皆逃向沈丘,傅宗龙与杨文岳率亲军退屯火烧店,坚持与起义军对阵。后来,杨文岳又丢下傅宗龙,逃向项城;傅宗龙檄贺人龙、李国奇来救,"二帅不应";傅宗龙及其手下的部分部队遂被起义军"穿壕二重以围之"。当月十八日,傅宗龙粮绝矢尽,"简士卒,夷伤死丧之余,有众六千",夜半突围,第二天中午,"未至项城八里",为起义军追击俘虏。起义军带着他来到项城城下,拟借他赚开城门,他顽固地加以拒绝,起义军将他当场杀死。接着攻下了项城。①

(5)杀死叛徒刘国能、李万庆

项城之役后的三个月中,李自成、罗汝才联军乘胜在河南境内继续转战,攻克不少州县,其中尤为大快人心的是,在转战过程中杀死了叛徒刘国能、李万庆。

起义军占领项城后,分兵下商水、扶沟等地,接着移兵下叶县。叶县的明守将是崇祯十一年(1638年)正月降明的起义军叛徒刘国能。他降明后死心塌地充当明王朝的看家狗,参加对起义军的镇压,被明王朝提拔为副将,起义军对之非常痛恨。经过激烈战斗,叶县失守,刘国能做了起义军的俘虏。起义军从大局出发,曾劝他重新归队,而他执意不肯,起义军只好将他杀死。②

崇祯十四年(1641年)十月,起义军进逼舞阳县北舞渡。屯驻这里的是崇祯十二年四月降明的起义军叛徒李万庆,他降明

---

① 《明史》卷260《丁启睿传》,卷262《傅宗龙传》及《杨文岳传》,卷309《李自成传》;《怀陵流寇始终录》卷14;《豫变纪略》卷4;《国榷》卷97。
② 《国榷》卷97;《平寇志》卷4;《明史》卷269《刘国能传》。

后也是死心塌地地效忠明王朝,因而得为"赞画都司,管副将事",镇守舞阳、襄城、郏县、郾城等处。起义军逼来后,他"力战不能胜",做了俘虏;劝降,不从,被起义军捆在柱子上射死①。十一月,裕州、南阳、唐县、镇平、新野、邓州等府州县城落入起义军之手,十二月上旬和中旬,起义军连下禹州、许州、鄢陵等地。其中,起义军攻克南阳时,曾将明朝的重要将领猛如虎杀死。②

(6) 再次围攻开封

崇祯十四年(1641年)年底,李自成、罗汝才联军再次围攻开封。十二月二十三日夜,大军开到开封城外,李自成屯"土堤外应城郡王花园内",罗汝才屯繁塔寺,纵横二十余里,精兵约三万,兵力总数达四十余万。城内巡抚高名衡、巡按任浚、祥符知县王燮、总兵陈永福等画地设守,"下令民间有男子一人不上城者,立斩以徇"。督师丁启睿自南阳领兵三千赴援,"就北门濠边筑垒屯之",十二月二十四日,起义军一来相攻,这支官军即全部投降,"惟启睿在城无恙也"。但是,高名衡等对抗得却极其顽固。起义军从城墙外侧向里挖洞,城内官军即从城头向下挖,使与相穿,而后"以砖石长枪击刺",使起义军在洞中不易存身,后来被迫"不挖直穴,更旁挖小穴以避之"。起义军"伐柏作台,长十丈余,广五丈余,高可三丈,上容百余人,置炮攻城";城上的官军就在城头筑方木为台,比城外柏台更高两三丈,"燃炮俯击",使城外柏台上的起义军根本无法立脚。崇祯十五年(1642年)元旦,起义军估计官军可能因节日有所懈怠,发起一次大规模的攻击,但城内官军竟戒备森严,"奋死力敌",使起义军的进攻无法得手。

---

① 康熙《南阳府志》;道光《舞阳县志》;《豫变纪略》卷1、卷4;参见王兴亚:《李自成起义史事研究》。

② 《怀陵流寇始终录》卷14;《明史》卷269《猛如虎传》;《豫变纪略》卷4;《绥寇纪略》卷9。

到崇祯十五年正月十三日,起义军围攻开封已近二十天,而依然未下,这除了因为城内防守者的顽固外,也由于开封城乃系金海陵王所重筑,特别坚固;于是起义军决定用"放地雷"的办法攻城,但也未成功。史载:

> "贼"于东北角凿城,作一大穴,约广丈余,长可十余丈,以布囊运火药于其中,无虑数十石。置药线三,长可四五丈,大如斗。是日(崇祯十五年正月十三日),骑"贼"千余俱勒马濠边,步"贼"无数,雁行列如将战然。巳刻点火,烟一起,黑迷如深夜,其声之震如天崩地裂,大磨百余片、砖石无算皆飞舞半空中,碎落城外二三里,濠边马、步"贼"一时皆为齑粉矣,间有人死而马自惊逸数里者。守陴卒未伤一人,城墙里半壁仅厚尺许,兀兀峙立如故也。

这次"放地雷"之后,起义军感到开封一时难下,而且得知保督杨文岳、左良玉等所率官军也将到来,遂决定撤围而去。正月十五日五鼓,老营拔营,部分起义军留下继续攻城作掩护,中午,掩护部队也得到了撤退的命令,"自西北往东南,扬尘蔽日"。起义军作出这一转移决定是非常正确的,它使自己摆脱了顿兵于坚城之下的困境,以利寻找适当时机,消灭比较易于消灭的敌人。①

(7) 襄城之役

李自成起义军于崇祯十五年(1642年)正月撤离开封后不久,把左良玉围在郾城,几经交战,左良玉部不是起义军的对手,郾城很有被攻下的危险。但这时,由于明陕西三边总督汪乔年领兵来到襄城,使李自成没能一鼓作气攻克郾城。

汪乔年,遂安人,崇祯十四年(1641年)擢右佥都御史,巡抚陕西。原陕西三边总督傅宗龙丧命项城后,汪又擢兵部右侍郎,

---

① 《守汴日志》;《豫变纪略》卷4、卷5;《汴围湿襟录》;《大梁城守记》;《怀陵流寇始终录》卷14、卷15;《明史》卷260《丁启睿传》,卷267《高名衡传》。

总督三边军务,代宗龙,并受命出关镇压起义军。崇祯十五年(1642年)正月,他率总兵贺人龙、郑嘉栋、牛成虎及马步三万人出潼关,到达洛阳,得知左良玉被包围在郾城的消息,决定"留步兵火器于洛阳,简精骑万人兼程"赴襄城。其作出这一决定的原因,乃是认为"襄去郾仅百里,而左又骁帅",如此行动,可以出起义军的不意,进行前后夹击,从而"大破"之。二月十二日,汪乔年进入襄城,即分贺人龙、郑嘉栋、牛成虎三将为三路,驻襄城之东四十里。

李自成得到汪乔年到来的情报后,马上解郾城之围,西向迎击。李自成之所以弃左而攻汪,除去为了避免军事上腹背受敌局面的出现之外,还因为他对汪乔年有特殊的仇恨之心。原来汪乔年在陕西,曾"奉诏发(李)自成"祖坟;在他的指使下,米脂令边大绶真的干了这件勾当。李自成的大军一到,贺人龙等三总兵吓得"不战而走";左良玉也没有像汪乔年所盼望的那样带兵西来与之一起夹击,而是"悉众东走",逃之夭夭。汪乔年无奈,只好带领尚未逃走的部分兵将与当地反动士绅躲在城内坚守。经过五天的交战,起义军攻下襄城。汪乔年不肯投降,被杀。时为二月十七日。两天后,起义军拔营而去。

这次战斗意义甚大,史称:从项城之役到襄城之役,李自成起义军"数月之间再败秦师,获马二万,降秦兵又数万,威震河、雒"。①

(8)第三次围攻开封

自襄城之役结束到崇祯十五年(1642年)五月初,李自成与罗汝才的联军用两个多月的时间连下西华、陈州、太康、睢州、宁陵、归德、考城、仪封、兰阳、杞县、亳州、柘城等府州县城,于是进

---

① 《豫变纪略》卷5;《明史》卷262《汪乔年传》及《杨文岳传》;《怀陵流寇始终录》卷15;《国榷》卷98。

军到开封附近,发起了第三次围攻开封之役。①

五月初二日,起义军的先头部队来到开封城外,第二天,"老营至城西",屯驻于距城二十里的阎李寨,李自成"屯其中",众首领"环营其外","纵广约十五里",罗汝才"屯横地铺",与李自成营相去不远。起义军总数甚多,史载:"步贼十万,马贼三万……胁从之众近百万"。②

起义军刚到达开封时,城内官军认为自己是"以逸待劳,利在速战",因而曾出城迎敌。但起义军"来势如潮","马步齐击",出城的官军"覆没殆尽"。于是开封的官军,改为"谨闭城门,严加防守"③。城内组织抵抗的官吏,主要是巡抚高名衡、总兵陈永福以及推官黄澍等,他们当时都坚决与起义军为敌,态度极为顽固。有鉴于此,加之前两次围攻开封皆因城坚未下的经验教训,李自成等决定这次开封之役,采取长期围困的战术。为了更好地孤立开封之敌,在包围开封后不久,就派出部队攻下了开封西面的郑州、荥阳、荥泽、新郑等州县④。五月中旬,明督师丁启睿、保定总督杨文岳与总兵左良玉等领兵来救开封,至朱仙镇;几支部队"连营四十里,号四十万"。起义军闻讯,移营往拒。双方大战六日。官军各部之间矛盾重重,力量最大的左良玉不肯服从督师丁启睿的节制,这使官军在这场战斗中遭到失败。史载:五月二十二日"夜二鼓,杨营犹鸣炮夜战,而良玉竟引军望襄阳走矣"。丁启睿"闻而惶遽无所措,自跨马追之,不能及,军行无复行伍,敕书剑印遗于途弗觉也。乃由许州南走光固"。"迟明,杨文岳率所部走归德"。官军既溃,起义军声势更振,五月二十五日,"老营复回阎李寨",恢复了对

---

② 《守汴日志》。

③ 《汴围湿襟录》。

④ 《豫变纪略》卷5。

开封的包围。①

此后几个月内,顽守开封的官军再也没得到外来大批官军的增援,成了釜中之鱼。为了早日解决问题,起义军曾将招降书射入城中,称:

> 奉天倡义营文武大将军李示:仰在城文武官吏军民人等知悉,照得丁启睿、左良玉俱被本营杀败,奔走四散,黄河以北,援兵俱绝。尔等游鱼釜中,岂能常活,可即开门投降,一概赦罪,文武官员,照旧录用,断不再杀一人,以干天和。倘罪重孽深,仍旧延抗,本营虽好生恶杀,将置尔等于河鱼腹中矣。慎毋沉迷,自贻后悔。

但是,城内官军没有接受。相反,仍继续顽抗。他们除了用组织"义勇大社"等手法,将城内各阶层居民尽驱城头进行顽抗,还挖掘黄河堤防,企图用洪水消灭起义军。史载其事说:

> 汴人熟知河势,见往岁黑罡上流遇决,即自贼营一路而下,适当其要;密禀巡抚高名衡,随差谍者潜渡河北,书约巡按严云京举事,果使(总兵)卜从善大营架舟南岸,掘一昼夜,贼觉之,领兵冲散。逆贼恨甚,亦于朱家寨顶冲河口,直对北门挖掘小河一道,引水灌汴。幸未大涨,止引细流至城下,深才三四尺,随溢随落,竟不为害。及将周城海河灌平,民得网鱼充饥,贼乏(之)马步不能近城一步。

此事各书所记时间不一,大体在六月或七月之时②。后来,起义军嫌这道小河有碍攻城,又"发万人取土"将之填平。随着围困日子的增加,城内粮食日益缺乏,到八月,民间已靠水草、水虫、粪蛆、胶泥、新马粪等充饥,"八月终九月初,父食子、妻食夫、兄

① 《守汴日志》;《豫变纪略》卷5;《大梁城守记》。
② 《豫变纪略》卷5;《汴围湿襟录》。

食弟、姻亲相食"的现象也出现了①。眼见起义军之拿下开封将是为期不远。但九月十五日,忽然发生黄河大决口,"黎明,水至城下,东北贼皆溺死,西南贼俱避水南遁"。第二天,"河水大至,入曹门(开封东门之在北者),水高丈余,南门遂坏,北亦冲破"。十七日,已是"满城弥望洪流","巍然波中可见者,惟钟、鼓两楼及各王府屋脊、相国寺顶、周府紫金城、上方寺铁塔而已"。周王及城内高级官吏被人以船接至黄河以北,城中百姓绝大部分丧生水中。②

关于这次黄河大决口的原因,史书所载不一,或称为起义军决河灌城所致③,或称为明河南巡抚高名衡、开封推官黄澍等决河所致④,或称为官府掘堤于前,农民军再掘于后所致⑤,或称为上天所致⑥。近人所写论著,意见虽不尽相同,但大体上认为此事与起义军无关。其真相如何,尚有待进一步考证。

自五月下旬朱仙镇之战结束算起,到九月中旬开封被洪水淹没,起义军对开封这一大都会包围了近四个月;起义军最终虽未攻下这一名城,但这一包围本身,不能不说是充分显示了起义军力量的强大。

(9) 柿园之役

李自成、罗汝才联军既撤离开封,即西向转战,不出九月,连下郏县、巩县、孟津、汜水、长葛、遂平、西平、光州等一系列城池。此后便发生了著名的柿园之役。这一战役的对手是孙传庭。孙传庭于崇祯十一年(1638 年)入援京城后,与当时在朝内掌握大

① 《守汴日志》。
② 《豫变纪略》卷 6;《怀陵流寇始终录》卷 15。
③ 《明史》卷 24《庄烈帝纪》2。
④ 《石匮书后集》卷 1《烈皇帝本纪》。
⑤ 《绥寇纪略》卷 9。
⑥ 《豫变纪略》卷 6。

权的杨嗣昌不协,不久被下狱。崇祯十五年春,由于杨嗣昌已死,而且李自成起义军在河南越战越强,明思宗重新起用他为兵部右侍郎,带领禁旅援开封。当陕督汪乔年战死后,他又受命总督陕西三边军务。不久李自成第三次围攻开封,明廷催他迅速带兵出关,对付李自成起义军。他的军队本多新募,"不堪用",但迫于朝命,只好勉强出师。

崇祯十五年(1642年)十月,他率军"逾太行,由汜水渡河而南,潜行山中,出禹州",时李自成起义军正在郏县之东,双方相距甚近,一场激战于是展开。孙传庭令部将"牛成虎将前军,左勷将左,郑嘉栋将右,高杰将中军",设下埋伏以待起义军。交战开始,牛成虎佯装失利,将起义军诱入伏中。起义军败而"东走"。官军追赶三十里,及于郏县冢头。起义军弃"甲仗军资于道",官军只顾发财,乱成一片。起义军乘机反攻,转败为胜,杀官军的"材官小将"七十八人,"倍获其所丧马",消灭官军达数千人。孙传庭逃向巩县,再"由孟入关"。这次战役进行时,因"天大雨",官军"粮不至,士卒采青柿以食,冻且馁",这是他们遭受失败的原因之一。因此,有人称这次战役为"柿园之役"。①

(10) 革左五营与李自成部的合营

当崇祯十二年(1639年)上半年大部分起义军首领接受明政府的招抚时,除李自成之外,还有五支起义军没有接受招抚,他们的首领是革里眼贺一龙、左金王蔺养成、老回回马守应、争世王贺锦、治世王刘希尧②。他们经常联合作战,因而被称为"革左五营"。"柿园之役"后不久,革左五营也与李自成起义军

---

① 《明史》卷262《孙传庭传》,卷273《高杰传》;《豫变纪略》卷6;《孙传庭疏牍》附录3《孙传庭传》;《怀陵流寇始终录》卷15。

② 这里所记各首领的绰号,是根据《怀陵流寇始终录》卷15的说法。其他一些史籍所记,与此有所不同,如《明史》卷309作"贺锦称左金王,刘希尧称争世王,蔺养成称乱世王"。待考。

联合了起来。其具体情况如下：

崇祯十二年(1639年)下半年以后，革左五营逐渐大体固定在今鄂、豫、皖三省交界地区活动。其活动相当灵活，史称："回、革善购土人为间谍，星卜市贩之流多为所用。官兵多则窜伏，少则迎敌；搜山清野则突出郊关，及列阵平原，又负险深箐。'贼'为主，兵反为客，是以多败。"① 为了对付这些起义军，崇祯十三年十一月，明王朝特派职方郎杨卓然"监督楚、豫、皖兵"，执行剿杀任务。十二月，在官兵大集的情况下，革左五营表示愿意投降，杨卓然入其营中，与之"定约"，并将之"安置于潜山、霍山、太湖之地"②。然而，"革、左称降，劫掠自如"。及至崇祯十四年春张献忠、李自成相继攻破襄阳、洛阳，"闯、献并横"，革左五营更加活跃，"大肆攻剽"。明思宗勃然大怒，下令兵部：分命有关官吏"分地责成，庶克底定"，并以朱大典为总督，"节制各路抚镇等官，进兵英山、霍山，专理督剿"。这一措施对革左五营来说，影响并不太大。当时起义的总形势是在日趋高涨，革左五营的形势自然也会越来越好。据记载，革左五营"依山避炎，秋凉又出"，在他们的打击下，鄂、豫、皖交界处的"山城长吏"，只能"挈印视事于濒江洲渚"。③

崇祯十四年七月，罗汝才部与张献忠部分手并合于李自成部之后，张献忠部单独在川、楚交界处作战，先后在郧阳、洵阳被官军打败，张献忠本人也"中弹"受重伤，于是经河南到江北，与革左五营相会合，时为当年九月④。张献忠部的到来，使革左五营的声势大震。此后他们经常与张献忠部联合作战。或单独，

①② 《怀陵流寇始终录》卷13。

③ 《怀陵流寇始终录》卷14。

④ 《明清史料》乙编第10本第931页；高斗枢：《守郧纪略》；《明史》卷260《高斗枢传》；《怀陵流寇始终录》卷14；参见方福仁《李自成史实新证》及柳义南《李自成纪年附考》。

或联合,取得了许多胜利。如:崇祯十五年正月,"左、革破巢县"。二月,"左、革陷全椒"。四月三日,"献忠陷舒城"。四月十日,献忠、革、左等取六安。五月,献忠入庐州,革里眼入无为州。六月,献忠"破庐江"。七月,献忠"陷六安州"。十月,献忠"袭破安庆"。十一月,献忠"陷无为州"①。

　　崇祯十五年的十一月底到闰十一月上旬之时,革左五营改与李自成部联合②。革左五营这样做的动机,《绥寇纪略》卷十载:"献忠强鸷而猜,往时与汝才携阻,革左亦以此不附。"但这并非惟一的原因。崇祯十五年闰十一月初六日,湖广巡抚宋一鹤在一个题本中谈及此事时曾说:"(回革等)狡谋日深,觊倚闯曹之势,负嵎汝宛之间。"③ 由此看来,李自成部力量的日益强大,当是促使革左五营向之靠拢的一个重要原因。当时,革左五营与张献忠在鄂、豫、皖交界处虽然战绩不小,但远远赶不上在河南的李自成部,李自成在河南屡败大敌的事实会使他们感觉到,他们倘能与之联合,对自己更有利。在这种情况下,他们与李自成部联合,实是顺理成章的事情。革左五营之与李自成部实现联合,使李自成部的力量更加壮大。另外,这也可以看作明末农民大起义发展史上的一个里程碑:以后被称为"流寇"的明末农民大起义的各支主力部队,除了张献忠一支外,其余都与李自成联合起来,以李自成与张献忠为首的两大支起义军并存的局面从此形成。

二、闯、献两部分战南北

　　革左五营与李自成部合营后,是明末农民大起义进入高潮

---

① 《怀陵流寇始终录》卷15。

② 参见柳义南《李自成纪年附考》。

③ 《明清史料》乙编第10本第970页。

继续发展的时期,其主要特点是李自成和张献忠领导的两支起义军分别战斗在北方和南方,而且都取得了很大的胜利。

1. 李自成部起义军凯歌猛进豫、楚、陕

自崇祯十五年冬至十七年正月,李自成部起义军战斗在河南、湖广、陕西三省,不仅打了许多胜仗,而且建立起了各级政权。

（1）汝宁大捷

李自成部起义军与革左五营联合后,力量更大,"数逾百万,势益燎原"①,马上进行了汝宁战役。崇祯十五年(1642年)闰十一月十三日,李自成、革左等领兵来到汝宁。时杨文岳以保定兵屯城西,监军佥事孔贞会以川兵屯城东,与起义军相抗。双方交战一昼夜,官兵溃入城内。起义军继续奋战,终于从西北门攻入城内。杨文岳、孔贞会皆被起义军俘虏。李自成劝说杨文岳投降,杨文岳拒不接受,起义军在城南三里铺将之杀死。至此,河南省的黄河以南地区,基本上被起义军控制。②

（2）进军湖广

汝宁既下,李自成起义军的矛头马上指向湖广襄阳。这时,左良玉率所部二十万驻在这里,由于官府供应的军饷仅"十之一","余皆掳掠自给",当地群众对之十分讨厌,此外,其部下多是招降纳叛所得,"不奉约束",因此,他根本不是李自成的对手。李自成起义军开来前,他已在樊城大造船只,准备南逃,而所造船只又被群众放火烧毁,只好另抢商人船只备用。崇祯十五年(1642年)十二月初三日,起义军到达樊城,左良玉曾进行抵抗,但当地群众积极支援起义军,不仅为之充当向导,使绕开左良玉

---

① 《明清史料》乙编第10本第979页。

② 《怀陵流寇始终录》卷15;《豫变纪略》卷6;《明史》卷262《杨文岳传》;《绥寇纪略》卷9;《国榷》卷98。

布置的地雷暗弩，而且"抵死"为之"抬架铳炮"，使能顺利渡江。左良玉眼见大势不好，慌忙率部南逃，先至承天，又逃武昌，再至安庆、九江一带。左良玉南逃后，襄阳城内尚有郧阳抚治王永祚，他稍加抵抗后也弃城逃去，于是襄阳在十二月四日落入起义军手中。

此后，起义军乘机扩大战果，襄阳府属城枣阳、宜城、光化、谷城不久皆下。当月十八日，李自成至荆州，"士民迎入城"。"公安、石首、松滋、枝江、夷陵土'寇'先起"，与之相应。二十八日，起义军攻占显陵。三十日，攻承天，崇祯十六年正月二日克之。正月三日下京山，十日下云梦，十一日下孝感，十二日至黄陂，十三日下景陵，以"马世泰守之"；下德安，以"白旺守之"，并传檄黄州，称：

> 为剿兵安民事。明朝昏主不仁，宠宦官，重科第，贪税敛，重刑罚。不能救民水火，日罄师旅，掳掠民财，奸人妻女，吸髓剥肤。本营十世务农良善，急兴仁义之师，拯民涂炭。今定承天、德安，亲临黄州，遣牌知会：士民勿得惊惶，各安生理。各营有擅杀良民者，全队皆斩。尔民有抱胜长鸣迎我王师，立加重用。其余毋得戎服，玉石难分。此檄。

这一檄文，不仅痛斥了明朝统治的黑暗，宣传了起义军的拯民宗旨，而且针对当时官军军纪败坏的情况，特别宣布了起义军的严格纪律，并指出当地人士若能拥护支持起义事业，即可得到重用。这无疑对争取群众、分化士绅具有积极作用，表现出了起义军斗争策略的逐渐成熟。由于进军顺利，到崇祯十六年（1643年）正月，李自成起义军所控制的地域已是"南跨大江"，包有"松滋、枝江及澧州"，"北滨大河"，"东有归德、汝宁、德安，西至潼关、远安"。承天、德安以西的湖广的北部，只有郧阳因起义军叛徒王光恩同明"郧抚徐起元设守"，未能攻下。后来，起义军控制的区域继续扩大，如是年三月，"富甲湖南"的常德也被起义军攻下。①

(3) 罗、贺问题的解决

罗汝才部与李自成部联合后,仍旧自为一军。两部在战斗中配合相当谐调,史载:"自成之兵长于攻,汝才之兵强于战,两人相须如左右手"。但是,他们毕竟都是封建社会的农民起义的领袖人物,不可能摆脱农民的狭隘、自私等缺点。他们自联合之日起就存在矛盾。他们在河南时,共得"五十余城",在分配战利品中,"自成十之六,汝才十之四",汝才部"稍为自成部众所侵,屡以驽骀易其善马,滋不平"。随着起义军势力的发展,来自外部(官军)的威胁显得相对变小,于是起义军内部李、罗矛盾更加扩大。当河南的黄河以南地区基本上落入起义军手中时,李自成"兵强士附,有专制心,忧汝才不为下";而罗汝才虽奉李自成为兄,"恃旧故",仍旧"尔汝之"。一次,李自成与罗汝才在一起喝酒,李自成说:"吾与汝起草泽,不自量至此,今当图关中,割土以分王。"李自成是故意对罗汝才进行试探,看他态度如何。罗汝才性"粗疏",加之多喝了几杯,竟然没有一点谦下、服从的表示,"率尔答曰:'吾等横行天下为快耳,何专土为!'"这使李自成"意色大忤"。于是双方互相合作的局面很难继续下去。②

除了罗汝才部与李自成部的合作发生危机外,革里眼贺一龙部与李自成部的合作也发生了危机。因为革左五营与李自成联合在一起后,贺一龙与老回回马守应对李自成虽听其军令,而"恶相属,请自为一军",仍保持着相对的独立性,并"颇与汝才善",李自成对之疑心很大。③

---

① 《怀陵流寇始终录》卷 15、卷 16;《绥寇纪略》卷 9、卷 11;《明清史料》乙编第 10 本第 979 页;《平寇志》卷 6;《明史》263《宋一鹤传》,卷 273《左良玉传》;《国榷》卷 98。

② 《怀陵流寇始终录》卷 16;《绥寇纪略》卷 9。

③ 《绥寇纪略》卷 9;钱𫛸:《甲申传信录》卷 6。

地主阶级的挑拨，更加深了起义军内部的矛盾，终于导致了李自成与罗汝才、贺一龙的火并事件。早在李自成第三次围攻开封时，官府即已使出了这一伎俩，《汴围湿襟录》载其事说：

> 贼久无退志，巡抚高名衡闻闯逆与曹贼明密暗疏，曹贼久怀异心，实欲招安，无人敢任其事。据逃回兵士屡言之，高抚乘机遂写伪书一封，内称："前接将军密札，已悉转祸为福之举；又见对阵打炮向上，不伤我军，已见真诚。本院已密题，首功元勋无出其右，封拜当在旦夕耳。所约密札河北兵马于八月二十九日子夜，由朱家寨南渡会合，专听举行。"随重赏谍者，潜投曹贼。后被闯营兵马捉获，搜得其书献闯。密而未泄，信以为真。后解围，于襄阳杀曹贼，为此故也。①

后来李自成之火并罗汝才，并非仅由这一离间所致，但它确实起了一定的作用。最后直接引起李、罗火并的，是黄州的反动知识分子陈某的挑拨活动。陈某最初"客授襄阳"，后得交于李自成，并与罗汝才相识。他了解到李、罗之间有矛盾，遂挑拨离间。他"说自成曰：'汝才必为变。'自成不应"。又"过汝才曰：'将军苦人以恶马易善马，盍以字烙之，令识别自为群耶？'汝才曰：'善，生其为我行之。'"他于是故意"分前后左右烙马字，而先烙其'左'为一群"，并往报李自成说："罗营东通（左）良玉，马用左字为号矣。"李自成为其谎言所惑，于崇祯十六年（1643 年）三月初七日，设酒邀请罗汝才与贺一龙。罗汝才心疑不至，贺一龙应邀而来。李自成即于酒宴上缚杀贺一龙。初八日五鼓，又率二十骑入罗汝才营中，在其帐中将之杀死。②

李自成杀罗汝才、贺一龙，产生了两方面的影响。一方面，罗汝才的部分将士因此而脱离了起义队伍，如罗汝才的亲将杨

---

① 《汴围湿襟录·诈书离间》。
② 《绥寇纪略》卷 9；《甲申传信录》卷 6；《国榷》卷 99。

绳祖、外甥王龙各以兵数千到陕西投靠官军,李汝桂以兵降左良玉。另外,与罗汝才关系密切的老回回马守应虽未因此脱离起义队伍,但不再接受李自成的领导,而转与张献忠合作。另一方面,李自成乘机对这两支部队的领导层进行了改组,"参之以亲信",于是他们成了李自成可以直接控制的部队,从此,李自成对其所统帅的全部部队,实现了空前的集中统一的领导。①

(4)军政机构的创建

李自成起义军于崇祯十四年(1641年)春打下洛阳后,曾经任命官员据守其地,这表明最晚至此时它已开始有建立政权的计划。但是,由于当时限于力量不足,主力撤出洛阳时所留人员太少,不久洛阳再入明政府手中,刚刚创建的洛阳义军政权被颠覆。此后在相当一段时间内,李自成起义军没再实行这一计划,这当是从实际出发而作出的决定。崇祯十五年夏秋,其力量大有增强,建立政权的计划遂又实施,从此"每得一城,辄分贼防守"②。及至进入湖广,这一计划推行更力。《绥寇纪略》在叙述了李自成杀死罗、贺一事后,紧接着写道:"牛金星教以分等威,申职守,早自异于侪偶,创为官名爵号,大加署置。"③ 看来,罗、贺事件后,建立政权的工作迅速进行了一阵子。综合有关记载,李自成起义军自崇祯十五年夏秋以来开始的建立政权的工作,主要是在崇祯十六年春进行。其所建立的政权机构包括军事机构和行政机构。

在军事机构方面,最高的领导人称元帅。李自成在崇祯十五年(1642年)底进入湖广以后不久,由奉天倡义大将军改称大元帅。元帅之下有将军。罗汝才被杀前,称"代天抚民德威大将

---

① 《怀陵流寇始终录》卷16;《绥寇纪略》卷9。
② 《守郧纪略》。
③ 见该书卷9。

军"。罗汝才死后,"大将军"之称不复使用。一般的将军称号有四,依次为:权将军、制将军、果毅将军、威武将军。著名的将军有权将军田见秀、刘宗敏,制将军李岩、贺锦、刘芳亮等。将军之下的各级将领,包括:"都尉、掌旅、部总、哨总,各以等第降杀"。当时征战各地的主力部队分中权亲军、左、右、前、后等五营,其将领各由若干名将军充任,五营共有二十二将军。上述征战各地的主力部队外,还有分守各地的部队,这种部队的编制采用了卫的名称,如襄阳有襄阳卫,"左右威武将军高一功、冯雄各领三千人为久戍";荆州有通达卫,用任光荣为制将军,配以六千人据守;承天置扬武卫;"汝宁卫威武将军韩华美守信阳,北扼孔道;均平卫果毅将军周凤梧守禹、郑二州,西备关中"。①

在行政机构方面,最高领导中心设在襄阳,改其名称为襄京。李自成"修故王宫殿居之"。崇祯十六年(1643年)正月攻克承天时投降过来的原明钦天监博士杨永裕劝说李自成正式即位,因"牛金星不可而止"。李自成采纳杨永裕等人的意见,设立了一套较为完整的从中央到地方的行政机构。中央设上相、左辅、右弼,以及六政府(相当于明朝的六部)的侍郎、郎中、从事等职位,在要地设防御史(相当于明朝的道),以下府设尹,州设州牧,县设县令。当时任左辅的是牛金星,吏政府侍郎是石首喻上猷,户政府侍郎是江陵萧应坤,礼政府侍郎是杨永裕,兵政府侍郎是米脂李振声,刑政府侍郎是江陵邓岩忠,工政府侍郎是西安姚锡允。②

李自成起义军所建立的包括军事、行政机构的政权,除了进

---

① 《怀陵流寇始终录》卷 16;《绥寇纪略》卷 9;《国榷》卷 99。

② 《绥寇纪略》卷 9。按,李振声原为明巡按御史,于崇祯十六年正月承天被起义军攻克时当了俘虏。李自成曾争取他投降,但不肯接受,后被处死。其在李自成起义军中的兵政府侍郎之职,殆为李自成争取他投降时所任命。参见顾诚:《明末农民战争史》第 177~178 及 180 页。

行武装斗争外,对于发展经济也很重视。如崇祯十六年(1643年)正月下旬,明兵科给事中李永茂在一个奏疏里写道:李自成起义军到达襄阳后,"占襄阳地土耕种",又"禁杀课耕,张官设吏",规定"杀牛一只,赔马十匹"①。再如崇祯十六年二月,明湖广郧阳府监纪推官朱翊辩在奏本中写道:李自成起义军到达荆州后,"设伪官,造伪印,给伪劄,百姓亦望尘投顺以为伪民",起义军"又给牛种,赈贫困,畜犊牲,务农桑,为久远之计"②。这种重视经济的作为,对于巩固刚刚建立起来的政权,支持农民起义战争,其重要作用是不容忽视的。

(5) 郏县之战

柿园之役后,孙传庭退回陕西。为了准备与起义军再战,"乃益募勇士,开屯田,缮器积粟"。鉴于"以前出关馈粮不至"而致败,又"造车载火器,名曰火车,赍衣粮弓弩","战则驱之以拒马,止则环以自卫"。此车共造二万辆。他知道起义军不易对付,因而"不欲速战"。但关中豪绅不乐意负担有关军饷,不欲其久留关中,其在朝中任职者"相与哗于朝,曰:'秦督玩寇靡饷'"。并传语威胁孙传庭说:"秦督不出关,收者至矣。"明思宗急于消灭起义军,也希望孙传庭早日出关作战,崇祯十六年(1643年)五月,命其兼督河南、四川军务,不久,又"进兵部尚书,改称督师,加督山西、湖广、贵州及江南北军务,赐剑",催战之旨频下。孙传庭不得已,只好勉强从命。

他以起义军的叛徒副总兵高杰将中军,以四川总兵秦翼明出商雒为犄角,以延绥、宁夏总兵王定、官抚民为后劲,以总兵牛成虎、副将卢光祖为前锋,以起义军的叛徒、总兵白广恩统火车营,"令河南总兵卜从善、陈永福合兵洛阳之下池寨,檄左良玉自

---

① 李永茂:《枢垣初刻·襄阳再陷疏》,中华书局1958年版。
② 《明清史料》乙编第10本第963页。

九江趋汝宁夹击"。八月六日,"师出潼关";十日,"师次阌乡";二十一日,"师次陕州"。时李自成"闻秦师出",尽发荆襄的农民军,"会于河南",于是大战一触即发。

交战之初,孙传庭军曾占了一些便宜。九月八日,孙传庭至汝州,起义军的都尉四天王李养钝降。李养钝向官军泄露起义军的军情,官军于九月十二日攻陷起义军设防的宝丰县,杀其州牧陈可新,并于同一天夜里攻破起义军老营的所在地唐县,将安顿其地的起义军家属尽数杀害。接着,孙传庭又率军进逼郏县。但官军得势时间不长,战局即发生急剧变化。时官军皆露宿与起义军相持,而"久雨道泞,粮车不能前",因而军粮奇缺。为解决军粮,孙传庭攻下了郏县。而此县甚小,仅"得骡羊二百余,分臠食之立尽"。领兵屯驻附近的李自成乘机遣轻骑出汝州,欲截官军粮道。于是官军恐惶万分,九月十七日"后军哗于汝州","流言四起"。孙传庭不得已,"分其军为三:以白广恩从大路,己与高杰从小路,还师迎粮",以陈永福率部留守营地。但"前军既移,后军乱,永福斩之不能止"。起义军马上出动追击。官军返辔还战。正在激战时,官军中未习战阵的火车营推火车者见到官军"阵稍动",大吃一惊,大喊:"师败矣。"而后尽脱挽辂而奔。车倾塞道,官军马匹"绖于衡不得前"。起义军的"佚骑凌而腾之","步贼手白桴遮击",官军被打中者"首兜鍪俱破"。官军大败亏输,一日夜"狂奔四百里,至于孟津,死者四万余,失亡兵器辎重数十万"。孙传庭"奔河北,转趋潼关,气败沮不复振"。李自成起义军郏县之战的胜利,不仅打破了明政府利用孙传庭所部消灭起义军的计划,而且消灭了孙传庭所部的精锐,为起义军重返陕西创造了条件。①

---

① 《怀陵流寇始终录》卷 16;《绥寇纪略》卷 9;《明史》卷 262《孙传庭传》,卷 309《李自成传》;《豫变纪略》卷 7。

（6）攻取西安

郏县之役后，李自成起义军乘胜追击。孙传庭刚到潼关，起义军的队伍也开了过来。起义军"间道缘山崖出潼关后夹攻"，官军大溃，潼关落入起义军手中。时为崇祯十六年（1643年）十月六日。明将白广恩奔固原，高杰奔延安，高汝利奔汉中，孙传庭"知事不可为，乃跃马操刀，率亲丁数百骑，陷阵而死"。李自成起义军继续向西进军，连下华州、渭南。十月十日克临潼。于是明朝控制西北地区的中心城市西安暴露在起义军的兵锋之下。这时，西安城内因部队多被孙传庭带走，守兵寥寥无几，为了应急，只好"留川兵之归蜀者五千人助防"。这一点点官军，远不是起义军的对手。而季当寒冬，"兵无冬装"，或劝秦王朱存枢"人给一棉衣"，秦王朱存枢却不肯答应，官兵的士气大受影响。十月十一日，起义军开来，负责守城的明将王根子开城投降，起义军进入城中。陕西巡抚冯师孔、陕西按察使黄炯、长安知县吴从义皆投井死；秦王朱存枢作了俘虏；布政使平湖陆之祺及里居吏部郎乾州宋企郊、提学佥事真宁巩焴等向起义军投降。①

（7）占领西北

李自成起义军攻占西安，附近许多州县闻风而下，但西北地区是明朝驻守重兵之处，还有不少城邑不经武装较量是不能到手的。因此，此后起义军马上进行了攻占明朝的整个西北地区的战役。

李自成首先派部将追高杰、高汝利和白广恩等明朝败将。其中李过（李自成之侄）北追高杰于延安。"高杰东走宜川，河冰适合，遂渡河入蒲州，绝蒲津以守"（后辗转南逃至江淮地区），起义军追至河边"冰解不得渡，乃止"。田见秀南追高汝利于汉中，

---

① 《怀陵流寇始终录》卷16；《绥寇纪略》卷9；《国榷》卷99；《豫变纪略》卷7；《明末农民起义史料》第416页；《明史》卷263《冯师孔传》。

"汝利遁入蜀,寻复降"。贺珍、刘宗敏、袁宗第、党守素等西追白广恩于固原,白广恩以城降。白广恩既降,李自成与之挈手共饭,相对极欢;明将"左光先闻之,亦降"。另一明将陈永福时拥众观望,李自成派白广恩相招,陈永福表示担心李自成不忘开封之役箭伤左目之仇,李自成即豁达地说:"此各尽其事,何害!"并折箭为誓,誓不报复。于是陈永福下定决心,弃暗投明,归服起义军。①

而后,李自成起义军攻打榆林、宁夏、甘州等地。榆林是延绥镇城所在地,总兵王定为起义军的声势吓破了胆,听到起义军到来的消息,预先"诡言讨河套寇,率所部遁去",这里的防守力量相当空虚。但兵备副使都任、副将惠显、参将刘廷杰,及里居将帅尤世威、王世钦、故延绥总兵李昌龄等坚持顽抗到底。带领起义军来攻城的是李过及刘芳亮。在攻城之前,起义军曾派延安人舒君睿"以自成手书来说降,且赍五万金犒师",都任等拒不接受。大规模的围攻于是开始。自崇祯十六年(1643年)十一月十五日至二十七日,交战十几天,起义军终于攻进城中②。宁夏继榆林之后,受到起义军的进攻,明总兵官抚民支持不住,"开门降"③。甘州之受到起义军的进攻,又在宁夏之后。甘州是甘肃镇城所在地。在进攻甘州以前,起义军先攻兰州,兰州官军开城投降,起义军遂得"渡河",继下凉州、庄浪两卫,"即进逼甘州"。明甘肃巡抚林日瑞据城顽抗,起义军乘夜坎雪而登,林日瑞被俘,甘州落入起义军手中,时为崇祯十六年十二月二十四日④。此后不久,起义军又拿下了西宁,西北全境为起义

---

① 《怀陵流寇始终录》卷16;《绥寇纪略》卷9;《明末农民起义史料》第487页;《明史》卷272《曹变蛟传》,卷273《高杰传》。

② 戴田有:《崇祯癸未榆林城守纪略》,《明清史料汇编》本;《明史》卷269《尤世威传》,卷294《都任传》;《怀陵流寇始终录》卷16;《绥寇纪略》卷9。

③ 《绥寇纪略》卷9;《国榷》卷99。

④ 《国榷》卷99;《明史》卷263《林日瑞传》。

军所占领。①

(8) 政权机构的健全

李自成进入陕西地区后,对于在崇祯十六年(1643年)春创建的军政机构作了一次较大的调整和发展,使之更趋健全。最高行政中心设于西安,改名为长安。崇祯十七年正月,李自成开始称王,建国号为"顺",改元永昌,造甲申历。拜牛金星为天佑阁大学士。以乾州宋企郊为吏政尚书,以平湖陆之祺为户政尚书,以真宁巩焴为礼政尚书,以归安张璘然为兵政尚书。权将军、制将军封侯,果毅将军以下封伯、子、男。为满足政权机构对官吏的需求,又"设科目试士",以宁绍先充考官,用"定鼎长安赋"拔扶风举人张文熙为第一②。李自成起义军军政机构的上述调整和发展,是起义力量空前壮大的一个标志。

2. 张献忠在湖广、江西英勇转战

在李自成起义军凯歌猛进豫、楚、陕的崇祯十五年冬至十七年正月,张献忠部起义军也相当活跃,英勇转战在湖广、江西的广大地区,也建立了自己的政权。只是其力量与李自成部相比要小一些,当时无力与李自成起义军较量的左良玉部却敢于与之相争斗,这使张献忠部除战果累累外,还略带几分被动。

(1) 夺取武昌,建立政权

当崇祯十五年(1642年)冬革左五部北上河南与李自成部合营时,张献忠部仍留在皖西地区活动。十二月十日曾攻桐城③,十二月十二日曾下太湖④。就在这时,由于李自成起义军的进军襄、荆地区,左良玉避自成东逃,由襄阳而武昌,再逃安徽,且"尽撤楚兵以从",使湖广东部的蕲黄地区至武昌一带,空

---

① 《明史》卷309《李自成传》。

② 《绥寇纪略》卷9。

③ 《怀陵流寇始终录》卷15。

④ 《国榷》卷98。

虚起来。看到这种情况,张献忠遂决定西移湖广,这使他此后不久取得了空前的胜利。①

崇祯十六年(1643年)正月二十三日,张献忠起义军攻下黄梅②。几天后,下广济及蕲州③。二月十日,前锋至蕲水,三月四日五更,进入该城④。三月二十三日,"自蕲水疾驰至黄州,乘大雾攻城,黎明城陷"。该城有叫张以泽者,"先期集亡命"迎接起义军,又有"生员李时荣拜马首"归附起义军。献忠"据府称西王"⑤。四月初,起义军下麻城。这里的"强宗右姓,家僮不下三四千人",平时为非作恶,及至起义军至,企图把家僮编成武装来保护自己。因而"听其下纠率同党,坎牲为盟,曰里仁会。诸家竞饰衣甲以夸耀之"。但家僮们与他们并不一心,一旦组织起来,"遂炮烙衣冠,推刃其故主",当张献忠进攻麻城时,是"里仁会之首曰汤志"者,与诸生周文江,共同将起义军迎进城内⑥。五月五日,起义军渡江破武昌县。这时,湖广省城武昌城内明朝文官武将混乱一片,防守准备极不充分。"时议募兵守城,而库藏空绌",封地在此的楚王朱华奎"积金数百万,三司长跪请贷金数十万以饷军",他竟令宦官搬出朱元璋搞分封时赐给的一个金裹交椅,说:"惟此可佐军需,他无有矣。"三司长只好"痛哭而出"。里居故大学士贺逢圣"倡义捐资募兵,金谓宜募土著",而适有一部分"承天、德安溃兵"来到,楚王即将之"收为军锋",称"楚府兵",这样的军队,是没有什么战斗力的。武昌城内的这种状况,表明官兵是守不住的。

① 《绥寇纪略》卷10。
② 《甲申传信录》卷6。
③ 《怀陵流寇始终录》卷16;《明清史料》乙编第10本第964页。
④ 《平寇志》卷6;《甲申传信录》卷6。
⑤ 《怀陵流寇始终录》卷16;《国榷》卷99;《平寇志》卷6;《绥寇纪略》卷10。
⑥ 《绥寇纪略》卷10;《平寇志》卷6;《甲申传信录》卷6。

当时,起义军的大营尚在江北,"会楚府募兵官张其在者罪被笞,往投之",尽以城内军情相告,李时荣在城内的族人也相约作内应,起义军遂于五月二十三日"从鸭蛋洲毕渡",向武昌发起攻击,二十九日"傅于堞",三十日城下。张献忠进入楚王宫中,见其库中积金,感慨地说:"有如此金钱,不能设守,朱胡子真庸儿。"楚王被沉入江中而死。武昌之下,是张献忠起义军第一次拿下省城这样的大城市,从这一角度讲,是其空前的大胜利。①

在取得空前胜利的形势下,崇祯十六年(1643年)六月,张献忠在武昌正式建立农民政权,称武昌为京城。张献忠"据楚王第,铸西王之宝","建二大旗于门,曰'天与人归'、'招贤纳士'"。武昌"九门俱树二旗,曰'天下安静'、'威镇八方'"。中央机构有"六部、五府",以周文江为兵部尚书,以张其在为总兵、前军都督。京城设有五城兵马司。又以李时荣为巡抚,武昌举人谢凤洲为守道,萧彦为巡道,陈驭六为学道。改武昌府为天授府,以周综文为知府,任沈会霖为汉阳知府,黄元凯为黄州知府。"开科试士,取七十八人,补二十一州县官并佐贰"。以汤志为游击,守麻城。以张以泽为总督,镇蕲黄。"李时荣死,用谢凤洲代之"②。由上述情况可知,张献忠建立的这一政权,基本上沿袭了明朝的模式。

(2) 南下湘赣

张献忠起义军在蕲黄、武昌一带的胜利,使明朝廷甚感不安,崇祯十六年(1643年)六月二十四日,明思宗命兵部传谕:"凤督禁旅会兵左良玉,共击献贼,以全股荡平为功,不得劳师糜财,坐误时机。"③ 于是有关官军开始向张献忠起义军发起反

---

① 《平寇志》卷6;《绥寇纪略》卷10;《明清史料》乙编第10本第988页;《怀陵流寇始终录》卷16;《明史》卷264《贺逢圣传》,卷294《崔文荣传》及《徐学颜传》。

② 《绥寇纪略》卷10;《平寇志》卷6;《国榷》卷99;《怀陵流寇始终录》卷16。

③ 《平寇志》卷6。

攻,其中左良玉部尤为凶恶。张献忠起义军之进军蕲黄、武昌一带,本是寻找军事力量薄弱的间隙,现在官军前来相攻,为了保存革命力量,便及时撤了出去,其撤往的地区,是今湖南和江西两省。于是蕲黄、武昌一带重入官军手中,而起义军却新得到了更大的一块区域。其具体的变化过程,大要如下:

崇祯十六年(1643年)七月十六日,左良玉派总兵方国安及副将徐恋德、马士秀"以舟师破献贼于蕲州之黄石港"①。七月二十日,方国安等从起义军手中夺去大冶。七月二十七日,"献忠闻楚兵渐集,以张其在、谢凤洲等四贼帅守武昌",身率大队,"为浮桥于金口,悉众西渡。分营为三:一屯白罗山,一屯白石矶,一屯蒿洲。连舟湖中,息马山谷,潜图犯岳"。八月一日,方国安等攻陷黄州。八月五日,徐恋德、马士秀等攻陷武昌。张其在率起义军转移,谢凤洲自杀。与此同时,明凤督马士英所遣六安诸生黄鼎,在麻城地区联络当地地主武装,策反周文江,杀死汤志。② 于是张献忠部全部丧失了蕲黄、武昌地区。

张献忠在崇祯十六年(1643年)八月后不断南下。八月五日,经过反复较量,战胜了偏沅巡抚李乾德的抵抗,攻克岳州。八月七日,"献忠前锋至湘阴"。八月二十三日至长沙。巡按御史刘熙祚,保护着封地在这里的吉王朱慈煃(第一代吉王为明英宗第七子朱见浚,天顺元年封,成化十三年就藩长沙)、本年封地荆州被李自成起义军占领后逃来这里的惠王朱常润(朱常润于天启七年之藩荆州),逃向衡州。起义军攻围长沙三日夜,八月二十五日入城,明将尹先民、何一德降,推官蔡道宪拒降被杀。张献忠大书檄文,传布四方,宣布:"孤提天兵临长沙,一日之内两府三州归顺……所属州县士民,照常乐业,钱粮三年免征。"而

① 《绥寇纪略》卷10;《怀陵流寇始终录》卷16。
② 《平寇志》卷7;《绥寇纪略》卷10;《明清史料》乙编第10本第988页。

后追击刘熙祚等至衡州,八月二十九日将该城袭破,吉王、惠王和封地在这里的桂王朱常瀛(朱常瀛于天启七年之藩衡州,见《明史》卷一二○《诸王》五)逃向永州。张献忠令尹先民守衡州,遣兵对三王跟踪追击。刘熙祚派人护送三王南入广西,自己在永州死守。城中有人做起义军的内应,开城迎接,起义军进入城中,刘熙祚做了俘虏,不久被杀。起义军之占领永州,已是这年的九月。在此前后,宝庆、常德等地也为起义军所占领,张献忠起义军统辖了今湖南省的大部分地区。当攻占常德时,因这里是杨嗣昌的老家,其家族组织团练与起义军为敌,所以起义军对其家族进行了严厉的镇压,宣布将其"霸占土田,查还小民"①。由于张献忠起义军占领了湖南,接邻的广东也受到波及,这年十月,"献忠别部趋连州。南赣兵备副使王孙兰驻韶(州),兵不满百,闻贼至,遽自经,知府逾城走,韶民尽窜。已而'贼'不至"。②

在基本上占领湖南后,张献忠又分出部分兵力,挥师东入江西。九月二十五日,"献忠前锋至袁州插岭"。明守备陈平策"侦探不设",起义军"奄至,仓卒迎降"。九月二十六日,张献忠自湘潭山中拔营向萍乡,"士民牛酒"相迎,第二天,献忠入萍乡。接着,张献忠退回长沙,派部将张其在向袁州进军。十月四日,张其在围万载县,明地方官逃去,起义军入城。十月五日,张其在拔插岭,分兵屯萍乡、醴陵境上,"檄萍乡造册献马";瑞州、临江、新喻、分宜、袁州的明地方官逃窜一空。张其在乘机"以兵千人自浏阳、万载分道至袁",袁州士民俱书"顺天救民"四字于门。热烈欢迎起义军入城。

这时,左良玉派副将吴学礼来争袁州,起义军不敌,袁州被

---

① 《平寇志》卷7;《明史》卷119《诸王》4,卷120《诸王》5,卷294《刘熙祚传》;《绥寇纪略》卷10;《怀陵流寇始终录》卷16;《国榷》卷99;《孤儿吁天录》卷16。
② 《平寇志》卷7;参见《明史》卷294《王孙兰传》。

吴学礼占领。但吴学礼所部开来后,对袁州、临江、吉安三府在山谷间避乱的士民肆意杀戮,三府士民屯结山险与之相抗。江西巡抚郭都贤"以兵民仇杀",令其撤回九江,另招土著设守。这给张献忠起义军在江西重新活跃提供了条件。同月十七日,"张其在自长沙突犯吉安",明分巡湖西副使岳虞峦"方阅兵于郊",起义军开来的消息一到,其兵皆溃,岳虞峦急忙"脱冠微服"逃命。第二天,"其在入吉安",所属吉水、永新、安福、太和诸县同日归附起义军,起义军分设官员,"改吉安为亲安府,庐陵为顺民县"。而后张其在传檄袁州,城内敌视起义军者不敢抵抗,慌忙逃走,袁州重入起义军之手。十一月二日,张献忠起义军下建昌,不久,又得抚州、南丰两城。至此,这支起义军在湖南和江西所占地区之广,达到了其顶点。①

(3)湘赣地区的放弃

张献忠起义军进入湘赣地区后,左良玉等部官军跟踪而至,特别是崇祯十六年(1643年)十一月以后,官军开来的越来越多,起义军所受的压力越来越大。十一月二日,总督江楚应皖军务吕大器以官兵攻吉安,擒斩起义军所设官吏,庐陵、吉水先后为其所夺。十一月十七日,左良玉留将张应元、吴学礼、卢鼎驻九江,令马士秀等率水师入楚,钞"岳(州)、长(沙)",出起义军之后,令马进忠等"将骑兵趋袁(州)、吉(安)",迎击起义军之前。十一月二十四日,马士秀等攻占临湘,并进而夺取岳州。十一月二十六日,马进忠等攻夺袁州。十二月八日,吕大器"复茶陵、醴陵"。面对上述形势,张献忠决定放弃湘赣,转战新地区。十二月六日,他"以水师至岳州",迫使"官军退守汉阳、武昌"。而后"虚设"官吏于"江南",在十二月二十四日率大队"自岳州渡江,至荆州",与活动在那里的老回回马守应部合营。

———————

① 《平寇志》卷7;《怀陵流寇始终录》卷16。

这时,正值李自成大队人马开进陕西,荆、岳间有其暂时立足的条件。但张献忠没有在这里停留,而是决计西向四川。史载:"或有献计东下取吴越者,献忠终忌(左)良玉在,乃决计入蜀。"这一记载仅仅解释了张献忠没有"东下取吴越"而是西入四川的原因,至于他为什么不在荆岳地区停留的原因则未涉及。按之当时的形势,当是因为前此不久,荆州本属李自成的势力范围,在他到达这里与马守应合营以前,尚有李自成的两个将领在这里与马守应"争雄",他到来后,李自成的两个将领才舍此而去;这不能不使张献忠担心:倘在这里久留,将与强大的李自成起义军发生冲突,这显然是不足取的。细察彼时张献忠的处境:北有强大的李自成起义军,东与南皆有不易对付的左良玉等官军,荆岳地区又不可久留,剩下的实只有入蜀一条路。由此可见,张献忠之决策西攻四川,并非偶然。张献忠起义军"大队自岳州渡江至荆州"后不几天,左良玉部官军便重占"长沙及湘阴、湘乡诸县",湘赣地区重归明朝。①

三、李自成起义军在北京

崇祯十五年冬至十六年春李自成起义军进入湖广的荆襄地区后,在其高级领导层中曾就起义军的战略发展计划作过讨论。《绥寇纪略》卷九载其事说:

> 会左辅以下官,议出兵所向。(左辅)牛金星请先取河北,直走京师。(礼政府侍郎)杨永裕谋顺流下金陵,断运道,则燕都自困。兵政府从事顾君恩进曰:"两人所言皆非也。金陵势居下流,虽济大事,其策失之缓。直取京师,万一不胜,退无所归,其策失之急。不如先定关中,为元帅桑

---

① 《怀陵流寇始终录》卷16;《平寇志》卷7;《绥寇纪略》卷10。

梓之邦,秦都百二山河,已得天下三分之二,建国立业,然后旁掠三边,资其兵力,攻取山西,后向京师,庶几进有可攻,退有所守,方为全策。"自成从之。

可见,李自成起义军在崇祯十六年(1643年)郏县之役后,跟踪追击,进军陕西,占领西北,并非偶然的行动,乃是其先据西北、再出晋地、"后向京师"的整个战略计划的具体实施。在这一战略指导下,李自成起义军在占领西北地区后,又马不停蹄,调转矛头,转战晋燕,迅速攻占北京城,推翻了北京的明朝中央政权。自崇祯十七年(1644年)二月至同年四月的明末农民起义,之所以被视为发展到其高潮的顶点,就是因为出现了这一伟大的历史变化。

1. 胜利进军北京城

早在崇祯十六年(1643年)十二月对西北地区的占领接近完成之时,李自成已经开始派出部队渡河入晋:十二月二十日,李自成起义军"抵河津,自船窝东渡",二十二日"攻平阳,拔之"。二十三日,过河的这支部队以"倡义提营首总将军"的名义,驰檄山西各郡县,宣布:"明朝大数已终,严刑重敛,民不堪命","我圣主体仁好生","海宇归心,渡河南而削平豫楚,入关西而席卷三秦","不忍坐视""晋燕久困汤火","特遣本首于本月二十日自长安领大兵五十万,分路进征为前锋,我主亲提兵百万于后","为先牌谕文武官等,刻时度势,献城纳银,早图爵禄。如执迷相拒,许尔绅民缚献"。檄文传出,许多"郡县望风迎款"。①

到崇祯十七年(1644年)二月,李自成亲率大军东渡黄河,经由山西攻夺北京的战役于是大规模地展开。二月二日,下汾州②。

---

① 《平寇志》卷7;《国榷》卷99、卷100;《明史》卷263《蔡懋德传》;《明末农民起义史料》第427页;《怀陵流寇始终录》卷16。

② 《明史》卷309《李自成传》;《国榷》卷100。

二月五日至太原,明山西巡抚蔡懋德罢官而尚未离任,即派部将牛勇等出城迎敌,但皆被起义军杀死。连战数日后,起义军终于攻进城内,时为二月八日①。在围攻太原之时,李自成曾"传檄远近,略云:'公侯皆食肉纨袴,而倚为腹心;宦官悉齕糠犬豚,而借其耳目;狱囚累累,士无报礼之心;征敛重重,民有偕亡之恨'"②。对于明朝的黑暗统治的这一有力揭露,无疑是密切地配合了当时的军事进攻。史称:这时李自成派人到"河南、山西各州县"做地方官,士民苦于明朝的"征输,乘乱逐旧官,焚香迎贼如狂,旧官造册设晏,交代而去。李岩复造为童谣,唱云:'开门迎闯王,不当差,不纳粮。'穷民云霓俟后"③。

攻下太原后,李自成率起义军继续北进。先至忻州,不战而下。遂围代州,明山西总兵周遇吉"凭城固守"。交战数日后,周遇吉因"食尽援绝,退保宁武"。起义军跟踪而至,双方再次展开激战,城墙被起义军用炮轰塌,周遇吉即组织部下重新修补。二月二十九日(一作三月一日),"官军力尽",起义军攻入城内,将周遇吉俘虏杀死④。宁武之战,是李自成亲自率领起义军由陕西向北京进军的过程中最为激烈的一次战斗,此后,起义军就几乎没有再受到什么阻拦。

三月一日,起义军抵大同城下,明大同总兵姜瓖早在这年年初已暗中降附起义军,这时即开城门迎接,大同巡抚卫景瑗被俘自杀。大同为明太祖第十三子代王朱桂的封地,崇祯末年的代王为朱传㸤,李自成入大同六日,将其全家杀死殆尽。而后起义

① 《明末农民起义史料》第449页;《怀陵流寇始终录》卷17;《明史》卷263《蔡懋德传》。

② 《国榷》卷100;《平寇志》卷8。

③ 《怀陵流寇始终录》卷17。

④ 《国榷》卷100;《明史》卷24《庄烈帝纪》2,卷268《周遇吉传》;《平寇志》卷8;《怀陵流寇始终录》卷17。

军"徇阳和,长驱向宣府"①。三月十一日,起义军至宣府,明监视太监杜勋郊迎三十里之外。巡抚朱之冯登城企图抵抗,但士兵皆不听其指挥,他让士兵向起义军发炮,而"默无应者","自起爇火,则炮孔丁塞,或从后掣其肘"。城中人得知起义军纪律严明,"不杀人","且免徭赋","举城哗然皆喜,结彩焚香以迎"。看到这种情景,顽固的朱之冯无可奈何,自缢而死②。三月十五日,起义军抵达居庸关,明总兵定西伯唐通、司礼太监杜之秩迎降,巡抚何谦逃走③。三月十六日,昌平被起义军占领④。三月十七日,起义军大队到达北京城下。⑤

2. 刘芳亮率领的南路偏师

李自成在亲自带领起义军由太原经大同、宣府、居庸关向北京进军的同时,还另派部分起义军作为偏师,由山西、河南与北直隶交界处,经北直隶的南部和中部,向北京方向挺进。这支偏师的主要率领者是刘芳亮,其进军路线和到达各地的具体时间,史籍中所记不如李自成所率主力部队清晰、系统,但大体脉络有迹可寻。兹据收集到的有关资料,就其要点叙述于下:

崇祯十七年(1644年)二月十四日,刘芳亮带领起义军进入潞安。时潞安的明官早已"闻风遁去,城门不闭",起义军未受阻拦,即得其城。刘芳亮在这里设置官员留守后,立刻率军离去,

① 《明史》卷117《诸王传》2,卷263《卫景瑗传》;《国榷》卷100。按:1959年中华书局出版的赵士锦《甲申纪事》所附《北归纪》称"三月六日大同陷",《怀陵流寇始终录》卷17记三月乙未(七日)"闯'贼'破大同",与《明史·卫景瑗传》所记相异,兹从《明史·卫景瑗传》。

② 《明史》卷24《庄烈帝纪》2,卷263《朱之冯传》。

③ 《明史》卷24《庄烈帝纪》2,卷272《曹变蛟传附唐通传》;《平寇志》卷8;《国榷》卷100。

④ 《国榷》卷100;《怀陵流寇始终录》卷17;《明史》卷24《庄烈帝纪》2;《平寇志》卷8。

⑤ 《国榷》卷100;《明史》卷24《庄烈帝纪》2;《平寇志》卷8。

"分骑趋怀庆、彰德"①。二月十六日，刘芳亮率军攻克怀庆府，明河内知县丁泰运被俘，拒降而被杀②。接着，卫辉府城也被起义军占领③。二月二十五日，刘芳亮至彰德，俘赵王朱常㳟④。同日，刘芳亮派人带着谕降牌，到大名府招降，行至大名城西段村铺，谕降牌被明分巡大名兵备副使朱廷焕派人打碎。三月初六日，刘芳亮亲率大军到大名，朱廷焕见势不妙，迎至十里之外。刘芳亮进城后，"究问打牌事"，终将朱廷焕杀死⑤。三月初八日，在当地人张汝行的迎接下，刘芳亮经磁州至广平府。三月十一日，留下"郭都尉、常掌旅"镇守其地，带领大队人马北上。张汝行请为北上的前锋，刘芳亮答应了他的请求⑥。此后，刘芳亮率领起义军经过顺德府，攻下了南宫县⑦，并约于李自成所率大军进至北京城下时，取途于河间，开向保定城。⑧

另外，据有关记载分析，崇祯十七年（1644 年）三月，李自成起义军的将领任继荣曾从山西带兵到井陉，而后到真定⑨。大

① 《长治县志》卷 8《大事记》，成文出版社影印光绪二十年刊本；《明史》卷 24《庄烈帝纪》2；《国榷》卷 100。
② 《国榷》卷 100；乾隆五十四年重刊《怀庆府志》卷 16《职官·名宦》；《明史》卷 294《丁泰运传》。
③ 徐汝瓒纂修：《汲县志》卷 10《人物志》中《忠烈》；《豫变纪略》卷 1。
④ 《明史》卷 24《庄烈帝纪》2，卷 118《诸王传》3；《国榷》卷 100；成文出版社影印民国二十二年重印嘉庆二十四年刊本《安阳县志》卷 19《人物志》；成文出版社影印民国二十二年《续安阳县志》卷 1《大事记》；台湾学生书局印行乾隆五十二年刊本《彰德府志》卷 31《祝祥》。
⑤ 成文出版社影印民国二十三年铅印本《大名县志》卷 12《兵事》，卷 13《政绩》，卷 30《杂俎》；《明史》卷 266《朱廷焕传》。
⑥ 光绪三年刊《续修永年县志》卷 20《杂稽》。
⑦ 康熙《南宫县志》卷 12《艺文》下。
⑧ 戴田有：《崇祯甲申保定城守纪略》，《明清史料汇编》三集本，文海出版社印行。
⑨ 成文出版社影印民国二十三年铅印本《井陉县史料》第 15 编《大事记·匪患》；民国三十年排印光绪元年本《重修正定县志》卷 7《事纪》。

概这支部队在刘芳亮自河间开向保定时,也向保定进发,并在那里与刘芳亮部会合在一起。[1]

从上述可知,刘芳亮所率领的偏师,与李自成所率主力,在崇祯十七年二三月,沿着不同的路线,同时向北京方向进发,从而形成了南北配合的钳形攻势。这一钳形攻势的战略,有利于切断明朝中央政权与外界的大部分联系,减少其外逃的可能性。到了崇祯十七年三月中旬末,当这两支大部队接近会合,即钳子的两端即将闭合之时,北京城内的明朝中央政权,几乎得不到什么外援,就像瓮中之鳖,面临被起义军一举尽歼的命运。

3．明思宗的垂死挣扎

当李自成起义军于崇祯十六年底到崇祯十七年初开始渡过黄河进入山西后,明思宗就已感到大难即将临头。由此到起义军开到北京城下时,明思宗采取了一系列措施,企图藉以阻止起义军的前进步伐,挽救明朝中央政权的危亡局面。但由于种种原因,其措施无法奏效,只不过是徒劳无益的挣扎而已。概括地说,当时明思宗采取的措施主要有如下几项:

第一,派遣李建泰督师出征。

李建泰,山西曲沃人,崇祯十六年(1643年)十一月拜东阁大学士。不久,李自成起义军"逼山西,建泰虑乡邦被祸,而家富于赀,可藉以佐军",因而有意以之为资本,亲自与起义军较量一番。有一天,明思宗临朝而叹,对面临的"亡国之象"深表不满,表示要亲自督师出征,与起义军决一死战,说罢痛哭失声。面对此景,各个大学士,包括李建泰,纷纷请求代其督师出征。明思宗惟允李建泰代其出征,说:"卿以西人平西地,朕愿也。"明思宗之所以看中李建泰,是由于考虑到了他有家财"饷军",不须另出"官帑"的缘故。明思宗非常重视这次出征,特为李建泰加衔兵

---

[1] 戴田有:《崇祯甲申保定城守纪略》。

部尚书,"赐尚方剑",使可"便宜从事"。又于崇祯十七年(1644年)正月二十六日,专门行"遣将礼",除派"驸马都尉万炜以特牲告太庙"外,并亲至正阳门楼,为李建泰赐宴饯行。宴上"出手敕曰'代朕亲征'"。宴毕,亲目送李建泰带军出发。①

虽然明思宗对这次出征极为重视,但此时明朝已十分空虚,而李自成起义军在人民的支持下进军神速,势如破竹,不可阻挡。史载:"建泰以宰辅督师,兵食并绌,所携止五百人。甫出都,闻曲沃已破,家赀尽没,惊怛而病。日行三十里,士卒多道亡。至定兴,城门闭不纳。留三日,攻破之,笞其长吏。"② 后来,李建泰经真定,南行至大名、邯郸一带,看到李自成起义军的攻势越来越猛,心中更怕,遂"北向鼠窜",其溃兵"所过之处,恣意劫杀"。曾破广宗城,"官帑民舍,抢掠一空"。二月中旬,退至河间地区。过东光时,因军纪败坏,"士民闭城拒守。建泰怒",又"留攻三日,破之"③。到三月中旬,在刘芳亮所率起义军由河间而向保定进军时,李建泰又急忙退到保定城里。到这时为止,李建泰尚未与起义军打过一仗;而北京的明朝中央政权已经到了灭亡之日;几天之后,随着保定城被起义军攻破,李建泰也做了起义军的俘虏④。李建泰的这次出征,是一次彻底失败的军事行动。

第二,用内官监视诸边和近畿要害。

这一措施主要采取于崇祯十七年(1644年)二月。二月中旬,明思宗一次决定派出太监十人,对诸边镇和近畿要害进行监

① 《明史》卷253《李建泰传》;《三垣笔记》附识中;赵士锦:《甲申纪事》。

② 《明史》卷253《李建泰传》。

③ 《国榷》卷100;《三垣笔记》附识中;光绪三年刊本续修《永年县志》卷20《杂稽》;民国二十二年铅印本《广宗县志》卷13《人物列传》3。

④ 戴田有:《崇祯甲申保定城守纪略》。北京的明朝中央政权的灭亡情况及保定城被起义军攻克的情况,皆见下文。

视,其中"高起潜总监关、蓟、宁远,卢惟宁总监通、德、临、津,方正化总监真定、保定,杜勋总监宣府,王梦弼监视顺德、彰德,阎思印监视大名、广平,牛文炳监视卫辉、怀庆,杨茂林监视大同,李宗先(一作"李宗化")监视蓟镇中协,张泽民监视西协"。对于这一决定,兵部尚书张缙彦曾提出异议,认为:"今日粮饷中断,士马亏折,督抚各官危担欲卸,重责欲分,若一时而添内臣十员,不惟物力不继,有失体统,抑且事权分掣,大误疆场。"但明思宗不为所动,坚持派出。后来,明思宗仍有类似举动,如三月八日,曾派太监杜之秩出守居庸关。

明思宗之所以派出太监监视诸边镇和近畿要害,乃是由于他对文武百官极不信任。但太监实际上也不可靠,当时明思宗的处境是树倒猢狲散,被派出的宦官除了极个别的忠心耿耿外,其余的绝大部分后来都投降了起义军,前文述及的杜勋降于宣府、杜之秩降于居庸关,即是两个典型的例子。[①]

第三,向北京及其附近调动军队。

北京虽是明朝的首都,但"武备积弛"。负责保卫北京的京营,一方面"戈矛朽蚀未试",战斗力极弱,另方面,兵员严重不足,尤使明思宗头痛。这时,其士兵有相当大的一部分因"出征"而远在南方,留在京城者有五万人安排在城外屯扎,其余用于"登陴"者,"仅存羸弱兵五六万",而"内外城堞凡十五万四千有奇",一人要管数堞。有人为解决守城士兵不足的问题,提出"金民兵"之议,但因担心老百姓靠不住,临战"一人走",就会引起连锁反应,"大事"即去,此议只好不用。于是"议增兵外城则内城缺,增兵内城则外城又缺",真是捉襟见肘,狼狈不堪。到三月十七日起义军兵临城下时,明思宗命令所有的太监——上自各监局

---

① 《平寇志》卷8;《国榷》卷100;《明史》卷24《庄烈帝纪》2;《怀陵流寇始终录》卷17。

掌印,下至小火者,"俱上城"参战,"每堞始得一人",不得不依靠皇帝最信任的宦官守城。由于京城的兵力如此缺乏,所以向京城及其附近调动军队,成了当时明思宗所采取的又一个重要措施。①

崇祯十七年二月二十八日,明思宗下令"征天下兵勤王"②。三月初,又特别下令调镇守宁远对付满洲贵族的辽东总兵吴三桂"率兵入卫",放弃山海关外的土地;调蓟镇总兵唐通和山东总兵刘泽清"率兵入卫"③。明思宗的这一系列调兵命令发出后,各地应调而至者寥寥无几。其原因在于当时事态发展甚快,各地来不及行动,但更重要的则是由于明朝已经大失人心。此外,明朝驻在各地的将领们多从保存实力出发,看到李自成起义军力量强大,不肯前来找倒霉,这也是应调而至者寥寥无几的一个原因。例如,刘泽清接到入卫命令后,不仅"不奉诏",而且"大掠临清南下",不久就远避至江淮一带④。明思宗的上述命令发出后,只有唐通于三月七日领八千人到达北京,明思宗连忙"召见之,慰劳倍至";三月八日,命其前往居庸关同杜之秩防守其地,但没有几天,他就在居庸关同杜之秩一起投降了起义军⑤,这在前文已经述及。奉调"入卫"的吴三桂接到命令后领兵向山海关内增援,可是三月十六日他才到达山海关,而起义军已于次日到达北京城下,并以一两天的功夫,迅速拿下了北京城。⑥

第四,令百官、勋戚、太监捐饷。

这时的北京不仅缺兵,而且缺饷。三月八日,明思宗问户部左侍郎吴履中"帑金几何?"回答是:"八万"。国库仅有这么一点

---

① 《怀陵流寇始终录》卷17;杨士聪:《甲申核真略》,浙江古籍出版社1985年2月版;《三垣笔记》附识中;《明史》卷266《王章传》;《国榷》卷100。

②③ 《国榷》卷100;《平寇志》卷8。

④ 《平寇志》卷8、卷9。

⑤ 《国榷》卷100。

⑥ 《平寇志》卷8;《明季稗史初编》卷26《平西王吴三桂传》。

银子，要应付起义军攻城，显然是不可能的。所以，自这年的二月中旬起明思宗就下令百官、勋戚和太监捐出一些私有银两，以解燃眉之急。当时规定以捐三万两银子为上等。但不管官吏，还是勋戚、太监，都很少有人肯捐献。勋戚中"惟太康伯张国纪输至二万"，"进爵为侯"。明思宗派太监徐高谕皇后周氏之父嘉定伯周奎"宜为戚臣首倡"，但周奎"谢无有"。徐高"泣谕再三，辞益坚"。徐高"怫然起曰：'皇亲如此，国事去矣，多金何为？'"周奎见实在推辞不过，始上疏勉强答应"捐万两"，明思宗嫌少，"勒二万"。而实际执行时，周奎是"密启求助于"女儿周皇后，周皇后"勉应以五千两，令(周)奎以私蓄足之"。周奎却"匿中宫所畀二千两，仅输三千两"。他确实无银可捐吗？绝对不是，起义军进入北京后搞追赃助饷，他被搞出的现银有五十二万两(一作五十三万两)，"珍币复数十万"。其余勋戚所捐皆没有达到万两的。太监中有曹化淳、王永祚等少数人捐银三五万两，但大多数太监不肯捐出，"诸奄俱大书其门曰：'此房急卖'，复杂出玩好陈于市以求'售'"，以此种种手法表示自己无力捐饷。太监"王之心富甲诸珰，上面谕之，仅献万金"。后来他被起义军追赃助饷时，被追出银子十五万两，"金玉他物称是"。文武百官的捐助，皆不过银两"几百几十而已"。

明思宗为了从他们身上榨出油来，先后改用了几种办法，"先论衙门，每衙门限助若干"，后改令按官吏的籍贯分省捐出，"限浙江六千，山东四千，余各有差"，接着又改令"每一大臣举一堪输者以应令"。但不管哪一个办法，收效都不大。这次捐饷，最后捐助的银两总数是二十万。不言而喻，明思宗依靠捐饷来解决军饷缺乏问题的企图完全落空了。①

第五，发布诏令，争取人心，分化起义军。

---

① 《国榷》卷100；赵士锦：《甲申纪事》；《平寇志》卷8；杨士聪：《甲申核真略》，浙江古籍出版社1985年2月版；《怀陵流寇始终录》卷17。

崇祯十七年(1644年)二月十三日、三月六日和三月十八日,明思宗曾以罪己为名三次下诏。其颁布这些诏书的目的,都在于争取人心和分化起义军。明思宗在这些诏书中,一方面对当时人民遭受战争之苦、负担沉重的"无艺之征"以及政治黑暗等现象的出现承担责任,检讨自己的罪过;另方面表示要"痛加惩艾,深省夙愆","一切不便于民,尽行革去,与天下更始";此外,更以"准与赦罪立功"为诱饵,煽动起义军内部的所谓"胁从之流"背叛起义军,归服朝廷。但此时,起义军的势力如日中天,而明王朝已危在旦夕,如此危局,岂是明思宗的几纸罪己诏所能挽救。这一点,《国榷》的作者谈迁在评论三月六日的罪己诏时就曾经指出:"此诏……使移于昨冬,则远近闻之,或为感动。今剥床以肤,祸临俄顷,出都城一步,咸怀疑易虑,其畴为信之!"[①]

第六,酝酿南迁。

在李自成起义军浩浩荡荡进军北京之时,明朝大臣一方面进行各项准备抵御的工作,另方面不少人感到兵力有限,孤城难守,打算丢下北京城逃往江南,这在当时称为"南迁"。主张逃跑的人有左都御史李邦华、右庶子李明睿、少詹事项煜,以及新乐侯刘文炳、驸马都尉巩永固等人。他们或主张明思宗本人"南迁",或主张明思宗留守北京而由太子朱慈烺先行。李邦华主张明思宗留守,太子南下,他在一个奏疏中说:"皇上自然守社稷,若皇太子则可抚军矣,仁庙之故事可考也。今屹然旧京,我皇祖奋兴故地,东南兵马不下西北,皇太子若往,望风争趋,不呼自集,况草野义师,枕戈豪杰,又相与引领者乎!财赋又在,不费远输;元气犹存,不比凋丧。有皇太子在其处,则皇上之守社稷,声势壮密,呼吸关通,贼即纷张,人心坚固。愿我皇上行之也。"李明睿则主张明思宗本人南迁,他在一次被明思宗召见时曾明确

---

① 《国榷》卷100;《平寇志》卷8、卷9;《甲申核真略》;赵士锦:《甲申纪事》。

地说:"今(起义军)逼近畿甸,诚危急存亡之秋,可不长虑? 却顾惟有南迁,可缓目前之急,徐图征剿之功。"

对于上述意见,明思宗反对太子先行,因为他认为:"朕经营天下十几年尚不能济,哥儿们孩子家,做得甚事!"而对于本人南迁,明思宗颇感兴趣。但他为人虚伪,极好名,怕人议论,"耻于自发,欲廷臣力劝而后行之"。所以,他曾多次寻找机会,让大臣商议此事。在每次公开商议时,他作出的姿态都是不允南迁,而内心里却希望形成大臣一致要求南迁的局面。然而,这种局面一直没有出现,因为当时许多大臣不敢明确主张此议,他们"虑驾行,属其留守,或驾行后京师不能守,帝必罪主之者"。此外,还有的朝臣,如兵科给事中光时亨,甚至出来反对南迁。这样,一直到起义军打到北京城下,关于南迁的酝酿也没有成功。从酝酿开始,到起义军打到北京城下酝酿被迫停止,前后历时两个多月。[1]

4. 明朝北京中央政权的覆灭

上述崇祯十七年春李自成起义军与明朝官府双方的斗争形势,决定了明朝北京中央政权必然迅速崩溃。三月十七日,起义军大队来到北京城下后,明朝驻扎在城外的三大营立刻溃散,其巨炮等武器皆归起义军所有,起义军"反炮攻城,轰声震地"。三月十八日,起义军架飞梯猛攻西直、平则(今阜成)、彰义(今广安)三门,并派在宣化投降的太监杜勋和在昌平投降的守陵太监申芝秀入城内与明思宗谈判。杜勋"盛称贼人马强壮,锋不可当",要明思宗"自为计";申芝秀则"备述贼不道语",要明思宗"避位"。明思宗不肯接受杜勋和申芝秀所讲的条件,谈判没有成功。下午申刻,彰义门被起义军攻破,起义军进入北京外城,

---

① 《平寇志》卷8;《怀陵流寇始终录》卷17;《甲申核真略》;《国榷》卷100;赵士锦:《甲申纪事》;《绥寇纪略》补遗中;《明史》卷24《庄烈帝纪》2,卷265《李邦华传》;《崇祯遗录》;李长祥:《天问阁文集·甲申廷臣传》。

当晚又开始攻入内城。明思宗见状不妙,在宫中先逼皇后周氏自杀,又让人把太子朱慈烺(十六岁)及另外两个儿子定王朱慈炯(十三岁)、永王朱慈炤(十二岁,一说五岁)送到皇宫之外躲藏起来。与太子二王临别之时,他为之解去"常服",换上敝衣,并告诉他们:"汝今日为太子,明日为平人。在乱离之中,匿形迹,藏名姓,见年老者呼之以翁,年少者呼之以伯叔。万一得全,来报父母仇,无忘我今日戒也。"后来他又以剑砍死六岁的女儿昭仁公主,砍伤十五岁(一作十六岁)的女儿长平公主。在剑砍长平公主时,他口中喊着:"汝何故生我家!"明思宗这一番杀妻砍女,反映了他失败前的绝望心态。但他不肯投降。当他完成了杀妻砍女之事后,与提督内外京城司礼太监王承恩"手持三眼枪",带领太监数十人,"皆骑而持斧",离开了皇宫,其目的是趁着黑夜出城,突出重围。他与随行的宦官折腾了好长时间也没出得城去。他们行至齐化门(今朝阳门),"守城内监疑有变,以矢石相向",不得出;再"走安定门,又不得启"。这时天已向曙,失去夜幕的掩护,明思宗和他的几十个随行太监,是无论如何也冲不出重围的。于是,明思宗重新回到皇宫,与王承恩一起自缢于万岁山(俗称煤山,今景山公园)。三月十九日,起义军大批进入内城,城内居民"俱书'顺民'两字粘于门",并"设香案,粘黄纸一条,书'大顺永昌皇帝万岁万万岁'",热烈欢迎起义军的到来。中午,李自成"毡笠缥衣,乘乌驳马",自德胜门入城。明思宗的自杀和李自成的进入北京,标志着统治了中国二百多年的明朝北京中央政权的覆灭。这是中国历史上的一个重大事件,是明末农民战争的一个巨大胜利。①

---

① 《绥寇纪略》补遗中;《国榷》卷100;《明史》卷121《公主传》;《平寇志》卷8、卷9;《崇祯遗录》;赵士锦:《甲申纪事》;刘尚友:《定思小纪》,浙江古籍出版社1985年2月版《明末清初史料选刊》本。

5．起义军在北京的活动

李自成起义军进入北京后,在这里占领了四十余天。时间不长,但所做的事情却很多,总括起来,主要有如下五项:

第一,严明军纪,稳定社会秩序。

李自成起义军自崇祯十三年(1640年)底起就已重视严明军纪,这一政策后来一直坚持执行,并且随着攻占城镇的增多,其中还增加了明确保护工商业、稳定市场的内容,如《再生纪略》记载,起义军自山西东渡、向北京方向进军后,"一路不杀不劫,以结人心,平买平卖,不许罢市"。及至进入北京,起义军当天就"榜示开业,罢市者斩",并揭榜宣布:"大师(帅)临城,秋毫无犯,敢扰民财者,即磔之。"有两个战士违令"抢前门铺中紬缎,即磔杀之,以手足钉于前门左栅栏上"示众①。由于严格实行军纪,所以起义军在进城之初,纪律是相当好的,社会秩序非常安定,史书中有不少关于起义军"果尔肃然"②,"不抄掠",以及市民"大喜传告,安堵如故"③,"人情稍帖"④ 之类的记载。

不过,在谈及起义军在北京军纪严明之时,不可溢美。它有两点不足之处,不可隐讳。一是在进北京之初,在军纪严明的同时,也有"约束未能遍"之处⑤,离将领"耳目稍远"者,往往"纵恣自若"⑥。当时"兵士掠财淫掠"而被发现、遭到"枭首"处分者,数量不少⑦。到晚上,"掠金银、淫妇女"的违纪现象发生尤多⑧。二是进北京后,随着时间的推移,军纪渐不如前。史载,"初贼略

---

① 《国榷》卷100;赵士锦:《甲申纪事》。

② 刘尚友:《定思小纪》。

③ 《国榷》卷100。

④⑤ 《再生纪略》。

⑥ 《定思小纪》。

⑦ 《甲申核真略》。

⑧ 赵士锦:《甲申纪事》。

不犯民,散居民家,唯收兵器火药,取饮食,渐至淫掠箠斫,人情大扰"①。四月下旬山海关之役失败回城后,更是"较前绝无纪律"②。有的史书说,有时"竟夜零贼淫掠,贼不能禁也,大房无不搜者"③,这些记载或许有所夸张,但也反映出当时的军纪确实已不能严格执行。这时起义军的领导层,虽有"出牌安民"之举④,但也有一些领导人主张对违纪现象加以宽容,如牛金星、顾君恩对军纪不严导致"人情大扰"有所不安,为此曾提请刘宗敏注意,然而刘宗敏却大不以为然,竟说:"此时但畏军变,不畏民变。军者我所恃以攻取,少失意则不为我用。若民则我已制其肘腋,设有动摇,闭门分剿,不烦鸣金击鼓,一时可尽。且军兴日费万金,若不强取,安从给办!"部分领导人的这种态度,对于当时军纪之渐不如前,无疑起着推波助澜的作用。⑤

上述记载说明李自成起义军在严明军纪上做得实在不够。这是不足为怪的。农民既是受压迫受剥削的劳动者,又是与私有制联系在一起的小私有者。作为受压迫受剥削的劳动者,他们有反对压迫、剥削的革命性,他们之能够参加农民起义,其根源就在于此;但是作为小私有者,他们在一定条件下又有自发的个人发家致富的倾向和要求,这种倾向和要求有时甚至可以使之为达目的而不择手段。当他们以胜利者的身分进入北京城之后,面对北京城内几乎没有任何抵抗能力的居民和大量的财富,他们具备了通过任意掠夺居民而实现个人致富的可能,于是破坏军纪的情况便难免发生。当时,虽然起义军首领从大局出发颁布了严厉的禁令,并对犯纪者进行了严厉的处罚,但这些措施只能治标,不能治本,它无法改变农民军成员的阶级本性,无法根

---

① 《怀陵流寇始终录》卷18。
②③④ 《甲申核真略》。
⑤ 《怀陵流寇始终录》卷18;《平寇志》卷10。

除其不择手段搞个人发家致富的自发倾向,因此也就无法杜绝违犯军纪、扰害居民的现象的发生。违纪现象的发生,不利于农民军与当地居民搞好关系。从史书记载看,到最后起义军撤离北京城时,出现大队人马撤离后,数千未及撤离者被"都人""搜斩"的事情,这当与起义军在北京城的后期纪律不好大有关系。①

第二,招抚近畿。

近畿地区主要是由刘芳亮所率领的偏师由晋、豫、冀交界处向北挺进后攻取的。在北京被李自成亲自率领的主力部队攻下的第二天,这支部队已进抵保定城下。崇祯十七年三月二十一日,起义军开始攻城。当地乡绅家居光禄少卿张罗彦、署府事同知邵宗元、太监方正化等固守。三月二十四日,起义军将保定城攻克,方正化被造反的官军杀死,张罗彦自杀,邵宗元被俘处死,而后起义军有部分人留守,其余开进北京②。至此,北京以南的近畿地区基本上归入起义军的管辖之下。但是,近畿的有些地方,刘芳亮所率偏师始终没有开到,因此李自成所率主力部队在拿下北京后,也曾派人对近畿的一些州县加以经营,其使用的方式基本上是乘战胜之余威,加以招抚。典型的例子是对通州和天津的招抚。三月二十日,有起义军五六骑至通州,在城下大呼:"京师已下,不得坚守。"明废弁魏广胜与起义军相识,负粮出迎,于是督饷侍郎党崇雅"率诸将吏迎降,知州张经自缢死"③。明天津兵备副使原毓宗,"母在京,贼厚遇其母以招之。毓宗闻都城不守,遂奉表入都纳款"。在原毓宗的安排下,天津城头飘起黄色旗帜,大书"天祐民顺",居民的门上也写上了"民顺"字样。④

---

① 《国榷》卷101。

② 《崇祯甲申保定城守纪略》。

③ 《怀陵流寇始终录》卷17;《国榷》卷100;《平寇志》卷9。

④ 《平寇志》卷9;《国榷》卷100;《怀陵流寇始终录》卷17;程源:《孤臣纪哭》,《玄览堂丛书》本。

第三,派兵南下。

李自成起义军攻占北京后,还派出了部分军队南下扩大占领区。其进军的目标,是占领山东省,而后继续南下江淮地区。进军山东基本上是顺利的,但南下到今江苏北部后,遭到明朝漕运总督、淮扬巡抚路振飞等人的抵御,没能进一步深入。当时所派南下部队不是一支,首领有权将军郭升,他"率三千人犯济南等府"[①],四月,到达济宁府[②] 后往兖州,留下掌旅傅龙以千人守御济宁[③]。还有制将军董学礼,他于四月六日奉命"以千人南至宿迁"[④],曾途经德州[⑤]、济宁[⑥],占据宿迁后,曾与路振飞作战[⑦]。又有制将军白邦政、巡漕户政府从事方允昌,他们"以兵二千索饷至淮上,见(明朝官军)守御甚严,退屯宿迁"[⑧]。据记载,白邦政、方允昌到达济宁时已是五月上旬[⑨],他们到达宿迁的时间当更在其后。有一些派出的将领,姓名失载。如"以兵二千下登莱"的将领,只知是制将军。[⑩]

上述被派出的将领所率部队,数量都不太大,这当是由于这时起义军占领地区骤然增大兵力感到不足所致。但是,当时明朝的势力在北方一带处于土崩瓦解的状态之中,因此,这几支力量不大的军队却能够取得相当可观的成绩。它们的进军,使得李自成起义军所控制的范围,除了原有的湖广北部、河南、山西、

---

①③ 《怀陵流寇始终录》卷18。

② 《怀陵流寇始终录》卷18;《再生纪略》;《国榷》卷101。

④ 《国榷》卷101。

⑤ 《平寇志》卷11;《国榷》卷101。

⑥ 《再生纪略》。

⑦ 《明史》卷276《路振飞传》;计六奇:《明季南略》卷1"路振飞王燮镇抚淮安"条。

⑧ 《平寇志》卷10;《国榷》卷101。

⑨ 《再生纪略》;《平寇志》卷11。

⑩ 《平寇志》卷10;《怀陵流寇始终录》卷18。

北直隶及西北地区之外,又增加了几乎山东一省和今江苏北部地区。这一成绩说明李自成起义军的派兵南下决策,极为正确。

第四,进行政权建设。

李自成起义军进入北京后,在政权建设方面又作了进一步充实,主要有规定和颁布有关仪制、筹备登极大典以及充实各级官吏等内容。

在仪制方面,规定"大僚加雉羽于冠,服方领"①,自认"以水德王,衣服尚蓝",官吏"品级以云为等,一品一云,九品仿之"②。又规定"凡文官俱受权将军节制,行跪礼"③。还颁布李自成本人及其先祖的名讳,其"自、印、务、明、光、安、定、成等字,悉避"④。当时曾刊印《永昌仪注》一卷,其有关仪制皆详载其中⑤。

李自成进入北京前尚未登极称帝,进入北京后,他花费不少时间,筹备正式登极的典礼。他本人曾与明朝降官探讨过登极的有关事宜,如为什么"郊天不荤酒、不近内、不刑"等⑥。他手下的有关官员为此更花费了不少心血。他们除了率领有关人员演习登极礼仪外,还根据皇帝登极要经过臣下"劝进"的惯例,自三月二十六日起,每逢"三、六、九日"都要进行"劝进"⑦。不过,登极的日子一拖再拖。最初定在三月二十九日,后改为四月初一日,再改为四月初六日,又改为四月十二日,接着改为四月十五日,而实际上最后真正举行登极典礼之时,已是四月二十九日——即李自成在北京居住的倒数第二天⑧。登极计划之所以一改再改,主要是由于起义军面临的事情过多,没有充裕的时间进行筹备。到最后举行典礼时,也是搞得非常仓促。

---

① ⑤ ⑥ 《国榷》卷 101。

② ⑦ 赵士锦:《甲申纪事》。

③ 《甲申传信录》卷 6。

④ 《怀陵流寇始终录》卷 18。

⑧ 《甲申核真略》;赵士锦:《甲申纪事》;《定思小纪》;《国榷》卷 101。

李自成起义军之所以要筹备登极大典,殆是因为此举有一定的政治作用。登极大典举行之后,就标志着"名分已定",在当时的条件下,这对于提高起义军的政治地位,扩大其政治影响,增强其政治号召力是有利的。到四月二十九日,李自成已根据形势的变化决定撤离北京城,但在撤离的前夕,他却坚持在北京把登极大典举行完,虽因时间限制,只能草草从事,也在所不惜。这当是因为鉴于北京作为京城已有数百年的历史,只有在这里举行登极大典,才有较大的被人承认的可能性。

　　充实各级官吏的办法主要采取了两条:一是进行科举考试,选拔人才。《甲申传信录》记载:四月初四日,牛金星等"考试举人,题下:'天下归仁焉','莅中国而抚四夷也','自天祐之,吉无不利'。进考七十余人,大率皆顺天府人"。"初六日,榜取实授举人五十名,量才授职"①。二是从明朝旧官吏中挑选。当时北京的明朝"文武官僚约三千余人"②,其中极少数人因顽固仇视起义军,自杀身亡,作了明朝的殉葬品,而其绝大多数最初"潜藏惟恐不深",不敢贸然出头。三月十九日,起义军"下令,勋戚文武各官,俱于二十一日朝见,愿为官者量才擢用,不愿者听其回籍,如有隐匿者,歇家邻佑一并正法"。"自是,各官乃往往为人出首",在"歇家衙役长班"的驱迫下,三月二十日,各官纷纷找到起义军"投职名"。此后,起义军便从他们当中挑选了一部分人,安排为起义军政权的各级官吏。③

　　关于起义军挑选这些人出来任职的人数,各书记载有所不同,但大体相差不多。如赵士锦《甲申纪事》记载,三月二十三日"点用九十六人",三月二十六日又选中了一些(未记具体数字)。

　　① 《甲申传信录》卷6。

　　② 《再生纪略》。

　　③ 《甲申核真略》;赵士锦:《甲申纪事》。

陈济生《再生纪略》记载，三月二十一日选拔"九十二名"，后"牛金星又送降官五十员到吏政府，限次日听选"。杨士聪《甲申核真略》记载，三月二十六日"选升各官四品以下百余人"。可见，当时选用总数约为一百多人。上述被选用的官吏，原在明朝的官衔品级都不超过三品，以三品而获用者只有一人，"凡三品以上者俱不与"①。除了上述一般官吏外，起义军入京时尚在狱中的原明朝官吏，这时也有被放出授官者，他们的原有品级也都不高。②

从上述李自成起义军进京后进行政权建设的各项活动来看，其积极作用是不可忽视的，它们使得起义军的政权机构得到充实，制度也渐趋完备。但也可发现，随着这些活动的进行，其政权的封建等级制和封建专制的色彩在急剧加浓，旧式的封建政权被李自成起义军当成了自己建立政权的榜样。这一现象再一次表明，单纯的农民革命不可能根本推翻封建制度。

第五，追赃助饷。

李自成起义军在崇祯十三年（1640年）底以后，曾经广泛地宣传"不当差、不纳粮"之类的口号③，而实际上并没能废除赋役的征收。如崇祯十六年（1643年）十月刚刚占领西安后，就规定"明年粮每石征一两三钱，今冬每石折草六十斤，输长安"④。不过其所征比明廷要轻，如在河南辉县，原来明廷每亩正加钱粮实际征收额达到"一钱三分至二钱余"⑤，而李自成起义军在这里"每地一亩派银五分"⑥，两者相差数倍。这样，起

---

① ② 《甲申核真略》。
③ 《平寇志》卷 8。
④ 《国榷》卷 99；参见《甲申传信录》卷 6。
⑤ 《倪文贞公奏疏》卷 8。
⑥ 国子监司业薛所蕴启：《为泣陈臣乡苦情仰乞睿鉴速发救兵以出斯民于汤火事》，中国第一历史档案馆藏顺治启本 23 号。

义军通过税收所得就数量甚微,而不停顿的战争无疑需要庞大的军费;另外,起义军的赈贫政策,也需要一定数量的支出。可以想像,单凭税收,起义军在财政上是满足不了需要的。那么,这一出大于入的矛盾是怎样解决的呢? 分析史书记载可知,一是靠军队屯田,如曾在南阳、襄阳地区搞过屯田[①];二是靠接收明官府的库存;三是靠以"助饷"的名义向各级士绅征收。上述三条中,向各级士绅征收一条是最重要的。这种活动,当时也称为"追赃",因为起义军认为"卿相所有,非盗上,则剥下,皆赃也"[②],"衣冠所畜皆赃耳"[③]。追赃所得的钱财数量很大。

早在崇祯十六年(1643年)进入关中时,李自成起义军就已经要求"巨室助饷",如渭南乡绅南氏曾被责"饷百六十万"[④]。及至进入北京,这项活动继续进行,但搞得过分激烈。它始于崇祯十七年(1644年)三月二十七日。"在京各官,不论用与不用","俱责输纳",所派之数,大体是:"内阁十万金,京卿、锦衣七万,或五三万,给事、御史、吏部、翰林五万至一万有差,部曹数千","勋戚之家无定数,人财两尽而后已"。这些官吏剥削群众、贪污国库从不犹豫,但从自己腰包里掏钱从不痛快,这时被派助饷,自不会顺利缴出,于是起义军就用关押、严刑对付他们,"如云不办,即严拷勒"[⑤]。当时起义军总负责此事的是刘宗敏和李过[⑥],刘宗敏为了便于行刑,共造"夹棍五千副"。行刑地点,或在刘宗敏的住处,或在其他监押处所,或在路边。被刑的人数,

① 见李永茂:《枢垣初刻·襄阳再陷疏》。
②⑥ 《怀陵流寇始终录》卷18。
③ 冯梦龙:《甲申纪闻》,《玄览堂丛书》本。
④ 《烈皇小识》卷8;《明史》卷264《南居益传》。
⑤ 《甲申核真略》;赵士锦:《甲申纪事》;《国榷》卷100;《明史》卷253《魏藻德传》。

约占总数的十分之三①。起初追赃的对象仅是官吏,后来"各处搜求渐密,贩鬻之家稍有赀产,则逮而夹之"。由于追赃助饷搞得过于激烈,引起许多人的不满。四月七日,李自成到刘宗敏家中,要他酌情释放被关押追赃的人员。四月八日,大部分被关押者才得到释放,不过继续关押的还有"百十人中"之"一二"②。据统计,起义军在京追赃所得银子共"七千万"两,其中得之勋戚者十之三,"内侍十之三,百官十之二,商贾十之二"。③

李自成起义军在北京所搞的追赃助饷,是对原来的剥削者进行的剥夺,从这个意义上讲有其可以理解的一面,但在他刚刚来到京城,尚未站稳脚跟之时,如此激烈地进行这一活动,不言而喻,是极不策略的,它使当时在大势所趋的情况下正在归向起义军的原明朝官吏,又基本上被推回到起义军的对立面,使起义军陷于孤立。另外,当时的"追赃"所得,也未见拿出一部分用于赈济京城的贫民,这也不利于争取人民的拥护。李自成起义军在北京没能久占,这当是一个重要原因。李自成起义军在北京进行追赃活动时搞得过分激烈,表面上看,乃是由于执行政策时分寸掌握得不当,而从更深一层来分析,则是源于农民小私有者的狭隘和自私性。

李自成起义军在北京的上述五项活动,反映了起义事业仍有所发展,但也反映出这一起义事业在走上顶峰后,由于农民阶级的局限性,严重的问题也逐渐出现了。这些严重的问题使农民军渐渐失去了广泛的同情和拥护,原来的政治优势开始丧失。这种状况表明,李自成起义军没能经受住胜利的考验。

6.起义军战斗意志的消沉

李自成起义军在北京之没能很好地经受住胜利的考验,还

---

① 《甲申核真略》;赵士锦:《甲申纪事》;《明史》卷265。
② 《甲申核真略》;赵士锦:《甲申纪事》;《国榷》卷101。
③ 《怀陵流寇始终录》卷18;《国榷》卷101。

表现在起义者本身趋于生活腐化,战斗意志日益丧失。这也与农民阶级的阶级性有关。贪婪与腐化往往是密不可分的,当起义农民的小私有者的私有性,在起义取得决定性胜利而得以迅速膨胀趋向于贪婪时,生活腐化、贪图享乐、厌烦艰苦斗争的坏作风就同时降临到了起义者身上。这种种坏作风,当时起义军从上到下不同程度地存在着。这时有些起义军战士虽然还未发展到生活腐化的程度,但因缺乏远大的革命目标,也开始顾恋小家庭的温饱,不愿继续奋斗。

李自成本以不好酒色著称,但进入北京后,贪图享受的坏毛病也不能丝毫不染,只不过与其他起义将领相比,程度较轻而已。《平寇志》卷九载:"自成与刘、李诸贼分宫嫔各三十人,牛、宋诸贼臣亦各数人。宫人费氏,年十六,投井,贼钩出之,悦其姿容,争相夺。""刘宗敏、李过、田见秀等归所据第,呼莲子胡同优伶、娈僮各数十,分佐酒,高踞几上,环而歌舞,喜则劳以大钱,怒即杀之。诸伶含泪而歌。或犯闯字,手斩其头,血流筵上。"这种封建贵族作风,已经脱离群众。"(三月)戊申(二十日),贼兵尽入民居,自成聚牛、宋、刘、李诸盗,酣饮宫中不出"。《燕都日记》四月十二日条载:吴三桂在山海关起兵对抗起义军的消息传来后,起义军将领"无一人欲战者……至黄昏,(李自成)召刘、李两贼率众御敌,互相推诿,贼首无可如何,遂决计自出"[①]。《再生纪略》载:"逆闯震恐(于吴三桂之起兵对抗起义军),躬叩刘、李两伪府,求其出御,伪将耽乐已久,殊无斗志,逆闯乃下令亲征。"《怀陵流寇始终录》卷十八载:"贼兵橐俱盈,臂上珠宝金钏,累累皆满。"《平寇志》卷十载:"贼闻关东兵至,咸涕泣思归,无有斗志。有客行市上,触贼刀背,遂为牵去,怖欲死。将至一宅,数十人群坐大嚼,或膝坐妇人弄之。见客至,群起问曰:'能作字乎?'

---

① 《玄览堂丛书》本。

曰：'能。'出瓦砚败笔，争拉之曰：'我辈不能作字者，为我代书。我辈父母、妻子在陕，生死未可知，聊寄家书以慰之。作贼不过多得财，得亦无由寄，从征辛苦，何以为家？悔为李闯所误。左良玉老于战争，恐旦夕江南兵来。又闻吴三桂兵入关且急，我等那能为敌？李闯相驱至此，尚不知死所。'言之各泣下，争出腰间镶钏掷碎缄之。有寄山西者、陕西者，寄父寄子寄妇者。外署永昌年月，尚有欲署崇祯年号者。书已，各出零落环簪花翠遗之，盈袖而返。"上述记载，难免有夸大之处，但不能不承认，基本上是可信的。

进入北京后的李自成起义军，外部日趋孤立，内部又战斗意志消沉，加之当时起义军占地甚广，"兵渐分，粮不足，既守城，复防边，支吾不给"[①]，这便使之在遇到具有相当强大的军事实力的对手时，难以对付。而到这年四月，它恰好遇到了力量相当强大的对手吴三桂与满洲贵族联军，于是导致它不得不退出北京城。

7. 山海关之战和起义军退出北京

辽东总兵吴三桂于崇祯十七年（1644年）三月十六日到达山海关后，仍继续朝北京方向进发，三月二十日到达丰润。这时李自成已经攻下了北京城，并派原明朝的降将唐通、白广恩将兵东攻滦州。吴三桂与唐通等相遇，"击破之，降其兵八千，引兵还保山海关"。这时，吴三桂的父亲吴襄正在北京，被起义军掌握着，李自成让吴襄给吴三桂写信，劝吴三桂投降；同时，又令唐通"以银四万犒师，遣别将率二万人代三桂守关"。吴三桂接受了李自成的招降，引兵而西。但行至滦州，听说他的爱妾陈圆圆"为自成将刘宗敏掠去"，遂勃然大怒，掉头东还，"击破自成所遣守关将"，再次走上与起义军

---

① 《怀陵流寇始终录》卷18。

对抗的道路①。当时吴三桂所拥有的正规部队约有五万人②,以此来对抗李自成起义军是力量不足的,于是,他便决定放弃前嫌、联络原来的对手满洲贵族出兵共同对付起义军。当时满洲贵族正迫不及待地想打进关内,他们已调发了十余万兵力,由摄政王多尔衮率领着朝内地进发。四月十五日,吴三桂派出的使者在翁后与清军相遇,多尔衮得知来意,大喜过望,一面写信给吴三桂,表示答应其要求,一面调整进兵路线,急速开向山海关。③

李自成得知吴三桂变卦的消息,感到问题严重,决定亲自率军前往解决。为了保证北京的安全,出发前,他安排牛金星和李岩留守④,并将原明大学士陈演等及勋戚大臣六十余人在西华门外处斩,以防明朝官僚乘机捣乱⑤。四月十三日,李自成正式带军出征,刘宗敏、李过等重要将领随行,士兵总数约五六万人,号称十万;并带上了吴襄和崇祯帝的三个儿子(太子及定王、永王)从行⑥。四月二十一日,起义军到达山海关。山海关除关城之外,四面各有小城一个,东名东罗城,西名西罗城,南名南翼城,北名北翼城。起义军自北京来山海关,是由西向东行军,因

---

① 《清史稿》卷474《吴三桂传》。关于吴三桂再次走上与起义军作对的道路的原因,还有许多不同的说法。如《平寇志》卷10记载说:"(吴三桂)至永平,遇familly苍头与一姬连骑东奔,惊问之。则襄爱姬苍头通焉,乘乱窃而逃焉者也,诡对三桂曰:'老将军被收矣,一门皆为卤,独与姬得脱,东归报将军,将军其速为计。'三桂乃翻然复走山海,拥兵自守。"本书所采陈圆圆被刘宗敏掠去的说法,仅是比较常见的说法,并不一定十分准确。

② 光绪四年重修《临榆县志》卷9《舆地编·纪事》。

③ 《清史稿》卷474《吴三桂传》;《明季稗史初编》卷26《平西王吴三桂传》;《沈馆录》卷7,《辽海丛书》本。

④ 此从赵士锦《甲申纪事》之说,史籍中还有另外一些说法。

⑤ 《明史》卷253《陈演传》;《平寇志》卷10。

⑥ 《国榷》卷101;《平寇志》卷10;《明季稗史初编》卷26《平西王吴三桂传》。或记这次出征兵力为"精兵数十万"、"二十万",皆不确。

此首先抵达并交战的地点是山海关西罗城之西的石河一带。是日,起义军与吴三桂之兵自辰至午一直在交战,而后,"相持竟日"①。当天天黑之后,清兵来到山海关外十五里许之地②。第二天,吴三桂亲自到清兵营中与多尔衮见了面,商定共同对付起义军的事宜。会见之后,吴三桂先回,接着清军也开进了山海关内③。此后他们的联军便与起义军展开了激战。但最先"满兵蓄锐不发",只有吴三桂的军队出马。吴兵"东西驰突",起义军则"左萦而右拂之","阵数十交,围开复合"。双方"苦战至日昳","三桂兵几不支",起义军也相当疲劳。这时"满兵乃分左右翼,鼓勇而前,以逸击劳,遂大克捷"。李自成率军退至永平,吴三桂部紧追不舍。李自成见吴三桂已死心塌地与起义军为敌,即于永平城西二十里范家庄杀死其父吴襄,而后退回北京④。四月二十六日,李自成回到了北京⑤,马上杀死了吴襄的全家,凡三十四口。⑥

　　当李自成于山海关战后退回北京时,北京城内的局势已经很不稳定,敌对者蠢蠢欲动,匿名反对起义军的传单即所谓"私示"不断出现,如四月十四日西长安街贴出的"私示"说:"明朝天数未尽,人思效忠,本月二十日共立东宫为帝,改元义兴。"⑦ 以吴三桂名义发布的"告示"也在城中流传,如四月二十五日,"传吴帅告示入城,谕众以皆为先帝服丧,大兵入城,冠素者不杀。由是城中百姓人各制素冠"⑧。城中敌对者的活跃,表明起义军

①③　光绪四年重修《临榆县志》卷9《舆地编·纪事》。
②　《沈馆录》卷7。
④　刘健:《庭闻录》,《豫章丛书》本。
⑤　《平寇志》卷11。
⑥　《甲申核真略》;《国榷》卷101。
⑦　《平寇志》卷10。
⑧　《甲申核真略》。

已不能有效地控制局势,而吴三桂与满洲贵族的联军又紧紧追赶,在这样的形势下,李自成起义军要想固守北京,已是很困难的事情了。李自成看清了这一点,果断地作出了撤离决定。四月二十九日,他在武英殿即皇帝位,尊七代祖妣俱帝后,由牛金星代行郊天仪式,"六政府各颁一赦书,称大顺永昌元年"[①]。当天夜里,在李自成的带领下,起义军放火烧了北京的宫殿,出城向西退走。[②]

李自成起义军之撤出北京城,是明末农民战争史上划阶段的一件大事,从此,这支起义军走完了自己的高潮阶段,进入另一个时期。

---

① 《平寇志》卷 11;《国榷》卷 101。

② 徐鼒:《小腆纪年附考》卷 5。

第二十二章 南明政权及农民军余部的拥明抗清

北京的明朝中央政权被李自成起义军推翻后,明朝残余势力不久又在南京重建了一个小朝廷,与起义军对抗。而清兵入关和李自成起义军之撤出北京,使当时山海关内的政治形势发生了根本性的变化——原来基本上是地主阶级的明朝官府与以李自成起义军为代表的农民起义力量相对抗,这时则加入了以满洲贵族为核心的清朝,从而形成三大政治势力的相互斗争。清朝的入关,给关内带来了民族压迫的新问题,而且其目标甚大,要吞并另外两大政治势力,把整个中国置于其统辖之下;这便使三种政治势力的相互斗争关系,逐渐发生变化:与清朝对立的另外两种政治势力彼此间渐弃前嫌,走到了一起,农民军余部实行了拥明抗清。不过,这种状况的形成,经历了相当一段时间。李自成余部走上这条道路较早,但也已在清朝入关一年零四五个月之后,当时南明政府与李自成余部已被清朝分别给予了沉重的打击,而且两者走到一起之后,相互间仍然存在摩擦和斗争,其合作关系甚不稳固,后来更为松散。农民军余部中的另外一支大西军余部,其走上拥明抗清的道路为时更晚,那时全国的抗清斗争已走到了最后阶段。这种种情况,都严重影响了两者合作抗清作战军事力量的发挥,再加上其他因素,终于使这不牢固的合作双方最后皆为清朝所亡。

从清朝入关、李自成撤出北京,到明朝最后灭亡,共历时四十年。这一时期的明朝历史,根据政治形势的发展,可分为四个阶段:第一阶段为 1644 年至 1645 年上半年;第二阶段为 1645 年下半年至 1646 年冬;第三阶段为 1646 年冬至 1651 年;第四阶段为 1652 年至 1683 年。

第一节　弘　光　政　权

一、福王即位于南京

明代南京的一套中央行政机构,平时主要安置不得志的大官僚,但这毕竟使南京不同于其他地方,而居于全国第二政治中心的地位。当李自成起义军攻下北京,推翻了明朝的中央政权之时,这个第二政治中心遂成了明朝残余势力的旗帜。在这里,明朝残余势力迅速拥立了新皇帝,重建了统治南方半壁江山的明朝政权。

这个新皇帝,名叫朱由崧,是明神宗之孙,福恭王朱常洵之长子。他生于万历三十五年(1607 年),初封德昌王,进封世子。崇祯十四年(1641 年)起义军克洛阳,朱常洵被杀,朱由崧逃至怀庆,崇祯十六年嗣封福王。崇祯十七年因躲避起义军的惩罚与潞王朱常淓一起南逃至淮安。①

崇祯十七年四月中旬,北京被起义军攻克、崇祯帝丧命的消息传至南京,南京文武大臣商议拥立新君。时崇祯帝的三个儿子都没逃离北京,可供选择者只有散在各地的藩王。从血缘关系讲,明神宗的直系子孙福王、惠王、瑞王、桂王与刚刚丧生的崇祯帝最近,因而最有资格当选。但惠、瑞、桂三王远在西南地区,不便拥立,只有福王既有血缘资格,又有地缘上的便利。不过,有一些大臣担心福王掌了权,说不定会"追怨'妖书'及'梃击'、

---

① 《国榷》卷 101;《明季南略》卷 1"赧皇帝"条;《小腆纪传》卷 1;《明史》卷 120。

'移宫'等案","潞王立,则无后患,且可邀功"①,所以多属意于潞王。暗中主之者为前礼部侍郎钱谦益,力主其议者为兵部侍郎吕大器,而右都御史张慎言、詹事姜曰广皆同意其说。前山东按察使金事雷缜祚、礼部员外郎周镳,则往来游说。

为了实现这一目标,张慎言、吕大器、姜曰广移牒屯兵浦口的参赞机务兵部尚书史可法称:"福王由崧,神宗孙也,伦序当立,而有七不可:贪、淫、酗酒、不孝、虐下、不读书、干预有司也。潞王常淓,神宗侄也,贤明当立。"可法亦以为然,遂由浦口还南京②。然而凤阳总督马士英认为"福王昏庸可利,为之内贿(操江诚意伯)刘孔昭,外贿(总兵)刘泽清,同心推戴,必欲立之"。他写信给史可法及吕大器,"谓以序以贤,无如福王,已传谕将士为三军主,请奉为帝。且责可法当主其议"③。又发兵拥福王至仪征,连营长江之北,势甚张。

在马士英的压力下,史可法等南京文武大臣只好放弃原议,接受马士英的主张。四月二十八日,南京守备魏国公徐弘基等具启迎福王于仪征,三十日百官迎见于龙江关。五月初一日福王自三山门登陆,拜谒过孝陵之后进入南京城。五月三日称监国,五月十五日即皇帝位。年号原拟"弘光"、"定武"两个,经福王"祝天探丸得弘光",于是决定以下一年为弘光元年。④

弘光政权是明朝残余势力建立起来的,它一古脑儿地继承了原来明朝政府的丑恶腐败现象,内部纷争严重,政治腐朽不堪。

---

① 《明史》卷308。

② 《明史》卷274;《明通鉴》附编卷1(上)。

③ 《明季南略》卷1"南京诸臣议立福藩"条。

④ 《国榷》卷101;《小腆纪传》卷1。

二、连绵不断的内部纷争

弘光政权历时一年，一年中内部纷争连绵不断。有统兵将领与所部驻地官绅的冲突，有统兵将领相互间的争斗，而最引人注目的是阉党官僚与以东林党人为核心的比较正直的官僚的纷争。

福王就职监国时，正直大臣史可法、姜曰广等为阁臣，马士英虽进东阁大学士，兼兵部尚书、右都御史，而总督凤阳如故①。朝中大权握于史可法手中，野心勃勃的马士英对此极为不满。拥立福王时，他靠自己掌握一部分兵权和驻扎于南京之北、江淮之间的黄得功、高杰、刘泽清及刘良佐所率领的四支部队的支持，获得了成功(当时南方的明朝军队除去驻扎于湖广的左良玉部外，主要是黄、高及二刘的四部)，这时他又以这四人为后盾，去夺取对朝政的控制权。福王监国后不久，他便来到了南京，威胁史可法让权。史可法无可奈何，于五月十二日向朱由崧"自请督师江北"，五月十八日辞朝而出②，马士英遂得留朝辅政。

马士英与阉党官僚阮大铖关系密切。他与阮大铖于万历四十四年(1616年)同中会试，又三年，成进士。后因居官檄取公帑馈遗朝贵而削职遣戍，流寓南京。崇祯十一年，阮大铖因"留都防乱公揭"之出而迁居南京郊外时，两人同病相怜，"相结甚欢"③。崇祯十五年马士英之由戍籍而忽起凤督，即由于阮大铖活动所致。他们二人的这种关系，使马士英一秉朝政，即对阮大铖大力推荐。六月六日，马士英以知兵为藉口，荐之为兵部右侍郎④。

---

① 《明季南略》卷1"诸臣升迁推用"条。
② 《国榷》卷101。
③ 《明史》卷308《马士英传》；《小腆纪年附考》卷5、卷6。
④ 《国榷》卷102。

东林党等正直派官僚不能容许这个名列逆案的人出来参政,"举朝大哗"①。但终究没有斗过大权在握的马士英,八月三十日,阮大铖得任兵部添注右侍郎,第二年进至兵部尚书,兼右副都御史,巡阅江防②。马士英不仅极力提拔阮大铖,而且为整个阉党解除了崇祯初年以来的"钦定逆案"枷锁。在他的鼓动下,崇祯十七年十二月,朱由崧下令礼部访求与"钦定逆案"相对立的《三朝要典》送史馆,并下令"追恤逆案诸臣"。③

在扶植阉党势力的同时,马士英与阉党分子携起手来,排挤朝中的东林党人等正直派官吏。如礼部尚书兼东阁大学士姜曰广、高弘图即先后被迫辞职。

随着时间的推移,弘光政权中阉党势力日大,而以东林党为核心的比较正直的官吏则势力日削,这使这一政权的政治状况每况愈下。

三、"相公止爱钱,皇帝但吃酒"

弘光时期,南京流行的谚语中有这样两句话:"相公止爱钱,皇帝但吃酒。"④ 它形象地道出了弘光政权腐败不堪的真相。一方面,马士英为首的大臣,任人唯亲,卖官鬻爵。如崇祯十七年(1644年)十月二十一日,阮大铖的外甥张秉贞,因裙带关系而由四川按察副使升任浙江巡抚⑤。第二年三月,马士英的儿子马锡又以血统高贵,通过阮大铖的推荐,由白衣擢都督佥事,

---

① 《南疆逸史》卷 56《阮大铖传》。
② 《明季南略》卷 1"马士英特举阮大铖"条;《石匮书后集》卷 48《阮大铖传》。
③ 《明季南略》卷 2"十二月甲乙总略"条;《小腆纪年附考》卷 8;《国榷》卷 103;《明通鉴》附编卷 1(下)。
④ 《续幸存录》。
⑤ 《国榷》卷 103。

充总兵官,管理京营①。再如崇祯十七年八月五日,吏部尚书徐石麒荐前总督朱大典、王永吉,起初马士英没有收到朱、王的贿赂,即拟旨严责:"永吉身任督师,致北都沦陷;朱大典赃私狼藉,先帝严追未结,何得朦胧推举!"但不久朱、王送来了重礼,马士英立刻另换了一副面孔,决定加以"擢用"②。另方面,身为皇帝的福王,唯知享乐,腐朽透顶。辖地仅有东南半壁,局势又极不安,本应节俭为先、励精图治,而他却大肆挥霍,沉湎酒色,不问政事。如他举行婚礼时,要求皇后礼冠要以猫睛、祖母绿为装饰,还要装饰重二钱之珠及重一钱五分珠数百粒、一钱及五分珠千粒。经办的中官与商人估价达数十万,工部及工科谏阻,俱不听。后户部联合工部及应天府苦苦哀求,他才答应降低规格,但所定仍有三万之多③。再如崇祯十七年除夕,清军步步紧逼,"警报沓至"。朱由崧在殿中愁眉不展,诸臣进见,以为是"兵败地蹙,上烦圣虑",谁知他却是为"梨园殊少佳者"而发愁。④

　　弘光政权在政治上如此腐朽,在经济上对人民的剥削势必非常沉重。其统治集团要维持自己的骄奢淫逸的生活,就不能不通过残酷吸吮人民的血汗来实现。弘光帝的即位诏书中,包括有若干减轻人民赋税负担的内容,但这并不能说明弘光政权对人民的赋税剥削较为轻缓。因为:第一,这些许诺数量有限,如它虽对崇祯十七年(1644 年)及以后年份的若干地区的田赋有所蠲免,而对人民不堪负荷的崇祯十七年以前的田赋并未涉及;第二,这些许诺有的是口惠而实不至的空头支票,如它规定"北直隶、山西和陕西全免田赋五年"⑤,而当时北直隶、山西和

　　① 《国榷》卷 104;《小腆纪年附考》卷 9。
　　② 《国榷》卷 102;《明季南略》卷 2"八月甲乙总略"条。
　　③ 《三垣笔记》下;《国榷》卷 103。
　　④ 《国榷》卷 103;《明通鉴》附编卷 1;《小腆纪年附考》卷 8。
　　⑤ 《明季南略》卷 1"国政二十五款"条;《小腆纪年附考》卷 6;《国榷》卷 101。

陕西已不在其管辖之下，这些规定毫无意义；第三，在宣布减轻人民的赋税负担后不久，又陆续玩弄了许多新花招，诸如丈量芦洲升课①、在某些府县"预征来年之银"②、加盐课③、向开洋之船起税④ 等，加紧对人民进行搜刮。总体上看，弘光政权的赋税剥削是极为残酷的。史书记载，弘光政权派出的督征赋税的官员、太监不绝于途，这从一个侧面反映出当时人民赋税负担实在沉重不堪。

四、错误的"联清灭顺"方针

清兵于崇祯十七年（1644 年）五月二日进入北京，而后一面积极进行统一全国的战争，一面在关内推行强迫汉人剃发易服和圈占汉人土地的民族压迫与民族歧视政策。这使关内的民族矛盾开始激化，逐渐成为主要的社会矛盾。在这种情况下，弘光政权本应采取联合李自成起义军共同对付清朝的方针，但它不能忘怀于李自成起义军颠覆其中央政权的仇恨，又为清朝的诱降政策所迷惑（清朝入关初把进攻的目标主要放在李自成起义军方面，对弘光政权则是先诱降，准备在解决了李自成起义军之后再集中力量对付之），竟认清朝为友，制定了"联清灭顺"的错误方针。

在"联清灭顺"方针的指导下，出现了著名的左懋第出使北京与清议和事件。崇祯十七年（1644 年）六月十六日，马士英推举陈洪范"北行款房"（即与清议和）。十九日，右金都御史、巡抚应天徽州诸府左懋第，因母死于北方，欲顺便处理丧事，请求与

---

① 《国榷》卷 103；《明季南略》卷 2"十二月甲乙总略"条。
② 《国榷》卷 104。
③ 《国榷》卷 104；《明季南略》卷 3"二月甲乙史"条。
④ 《国榷》卷 104；《明季南略》卷 3"四月甲乙史"条。

陈洪范同行,于是"遂定使清之议"。在讨论议和条件时,议及的条件是:"剖山海关外地与清",此外可答应给清岁币十万①,企图以此换取清朝帮助其剿灭李自成起义军并恢复其对全国的统治。十月一日,左懋第率领使团到达张家湾。清朝志在统一全国,根本无意与弘光政权的这一使团谈判,因而不以平等态度相待,要左懋第到京后驻于四夷馆。左懋第认为"是以属国见待也",争之再三,乃改为馆于鸿胪寺。后来,出面接待使团的清内院刚林一味指责弘光帝之即位为不合法,双方为此而争论不休,左懋第所准备的会谈内容,竟未能涉及。二十几天后,清朝强制使团南返,使团行至沧州境内又被追回,左懋第被拘禁于太医院。至此,左懋第之北使和谈彻底失败。②

左懋第北使和谈的失败标志着弘光政权"联清灭顺"方针的破产。这一错误方针使清朝减轻了来自南方的压力,可以专心对付西方的李自成起义军。顺治二年(即弘光元年,1645年)正月,李自成起义军在陕甘地区所进行的抗清斗争之遭到失败(详下),此为原因之一。而这一事件的重大影响,则是弘光政权本身不久成为继李自成起义军之后又一个被清朝各个击破的对象。

五、弘光政权的覆灭

顺治二年(1645年)正月,清和硕豫亲王多铎所率军队在陕西打败了李自成起义军后,即由陕西开拔,经河南向南进军,四月十三日,清军进至离泗州仅二十里之处③。在此紧急关头,弘光政权内部又发生了一场新的规模空前的内争——左良玉声讨

---

① 《明季南略》卷2"北事"条;《圣安本纪》。
② 《小腆纪年附考》卷7;《明史》卷275《左懋第传》;《明季南略》卷4"使臣左懋第"条;《北使纪略》;《弘光实录钞》卷3;《国榷》卷103。
③ 《世祖章皇帝实录》卷14~16。

马士英罪状,以清君侧为名自湖广起兵东向进攻,这无疑使弘光政权面临的局势更加紧张。左良玉东向称兵的原因,一是他与马士英仇隙早成(崇祯十六年下半年,由于张献忠起义军向四川转移、李自成起义军主力入关,左良玉的势力在湖广发展起来,弘光政权建立后成为其西方屏蔽。但左良玉之最初得到重用,乃是原属东林的侯恂所提拔,因而马士英对之阴有疑忌、多有裁抑)①;二是由于顺治二年正月李自成起义军在陕西被多铎军打败后,转向湖广(详下),对其形成威胁,因思东下以躲避。是年四月一日,左兵至九江,数日后左良玉病死,其子左梦庚继续领兵东下。②

面对北西交急的局面,在江北督师的史可法主张着重对付清兵,但大权在握的马士英不同意这一方案,主张把对付左良玉放在首位。马士英将黄得功部等从防御清兵的江北南撤,开往西方前线对付左良玉,于是"自此江北空虚",清兵之南下,更无障碍③。四月十七日,清军大队进至扬州城郊,第二天进逼城下。城内守备力量十分单薄,史可法率领军民誓死固守。四月二十五日城破,史可法不屈,被清兵所杀。扬州是长江边上当南北之冲的军事重镇,史可法是弘光政权中抗清最坚决、威望也最高的领导人物,扬州之役使弘光政权失去了扬州和史可法,弘光政权之亡于清朝从此成为定局。

灭亡之祸迫在眉睫,弘光政权统治集团却仍在醉生梦死。对前方战事,马士英只许报喜,不许报忧。对实际情况一无所知的弘光帝,高枕无忧,嬉游如常。五月五日,当百官入贺端午节时,他竟"以串戏无暇",没来"视朝"。时有人在长安门柱上张贴

---

① 《石匮书后集》卷25《左良玉传》;《明史》卷273《左良玉传》。

② 《明史》卷273《左良玉传》,卷277《袁继咸传》;《三垣笔记》卷下;《浔阳纪事》。

③ 《纤言》中"左镇"条。

对联说:"福人(指弘光帝)沉醉未醒,全凭马上(指马士英)胡诌;幕府凯歌已休,犹听阮中(指阮大铖)曲变。"① 清兵的进攻没有因为弘光政权的麻木不仁而停止,相反更加急迫。五月五日,清兵进至扬子江。时弘光政权只有郑鸿逵一支军队守京口。初八日夜,清兵"编筏张灯向镇江,而别由老观河渡",第二天,尽抵南岸,郑兵扬帆东遁。清兵渡江的消息传到南京,朝野上下大为吃惊。十日夜,当天午后还酣宴观戏的弘光帝,突然发现形势不妙,"从内臣,以千余骑出通济门"逃命。其突然出走一事,当时连皇太后都不知道。第二天黎明,马士英也带上皇太后逃出南京,前往浙江。南京城内处于无政府状态,于是大乱,"内门不闭,宫女杂走","各官奔窜"。十四日,清兵自丹阳趋句容,前队驻郊坛门。十五日,豫王多铎入南京,营于城北。弘光政权总督京营忻城伯赵之龙奉表纳款,勋戚大臣数百员皆出城迎降②。出逃在外的弘光帝不久也被清军俘获,五月二十四日被带到南京,九月被带北行,次年五月在北京被清廷杀死。③

　　明朝残余势力所建立的第一个南明政权就这样灭亡了。据史书记载,豫王多铎进南京后曾出告示一道,其大略为:"福王僭称尊号,沉湎酒色。信任金壬,民生日瘁。文臣弄权,只知作恶纳贿,武臣要君,惟思假威跋扈。上下离心,远近仇恨。"④ 这段对弘光政权的批评,应该说是正确的,这正是弘光政权之所以迅速灭亡的重要主观原因。

----

① 《明季南略》卷3"左良玉讨马士英檄"第二檄条,卷4"五月纪略"条。

② 《世祖章皇帝实录》卷16;《明季遗闻》第34页;《国榷》卷104;《明通鉴》附编卷2(上)。

③ 《清史稿》卷235《图赖传》;《国榷》卷104;《明季南略》卷4"刘良佐挟弘光回南京"条及"弘光拜豫王"条;《明史》卷268《黄得功传》;《小腆纪传》卷2《弘光纪》(下)。

④ 《明季遗闻》。

第二节 退出北京后的大顺政权

永昌元年(1644 年)四月二十九日夜,李自成起义军全部撤出北京后,这个消息马上就有人报告给多尔衮。多尔衮遂于四月三十日下令诸王、贝勒、贝子、公等率八旗兵往追,吴三桂也受命追击①。从而形成李自成起义军在前面跑,清军在后面紧追的形势。

出京后,李自成起义军以左光先、谷大成率两万骑兵断后。又从卢沟桥至固安,丢弃"盔甲衣服盈路",引诱吴三桂等所率军队拾取,延缓追兵。从而暂时摆脱了敌人,得以西走②。五月一日,李自成率军来到涿州,遭到当地原明朝官绅冯铨等人的抗拒,攻城失利,加之追兵即到,只好弃之而去③。五月二日,在保定为追兵所及,还战而败。五月三日,再战于定州北清水河岸,谷大成牺牲,左光先负伤。五月五日,李自成至真定,同日至获鹿之上安,第二天出固关,而后大队向太原,留部分精兵驻防于固关。时清朝刚刚开进山海关,所得北京及其附近地区,尚需巩固。因而,吴三桂等所率追兵至固关之后,便停止追击,并很快撤回北京。于是,李自成起义军与清朝之间以固关为界暂时休战。④

但是,这种休战形势是短暂的。不久清朝就调集兵力向李自成起义军发起了大规模的进攻,加上原明朝文武官绅的破坏等原因,李自成起义军竟连受挫折,以致大顺政权到第二年便遭覆灭。

---

① 《世祖章皇帝实录》卷 4;《小腆纪年附考》卷 5 第 153 页。
② 《怀陵流寇始终录》卷 18;《流寇志》卷 12。
③ 《明末农民起义史料》第 459~461 页。
④ 《怀陵流寇始终录》卷 18;《流寇志》卷 12、卷 13;《虎口余生记》。

一、晋冀鲁豫地区原明朝官绅的叛变活动

李自成起义军的追赃助饷政策，不仅在北京实行，而且在所控制的其他省区照行不误。如《豫变纪略》记载："(归德)府属一州八县，并管河通判，一时伪官贾士美等十人来上任……下车即追比助饷，凡有身家，莫不破碎，衣冠之族，骚然不得安生，甚则具五刑而死者比比也。初犹谓贾令之虐则然，既而闻各州县皆然。"① 《再生纪略》记载："伪(济宁)州牧王某、伪防御使张向行，俱于(永昌元年五月)初五日到任，出示索饷，乡绅位至八座(尚书级官吏)者十万，抚按五万，府县三万，翰林二万，道部司官一二万不等，举监生员富民千伯不等。乞哀求免，立置重刑。"② 《平寇志》记载："畿内、山东、河南诸伪官，单骑之任，士民胁息不敢动，恣意行虐，首勒绅衿助饷。"③ 一个明朝武官的塘报记载："(李自成起义军在秦晋)凡破一处，定要拷取乡绅并富民金银，或要十万两，或要五万两，地方罄劫一空。"④

这一政策，再加上原明朝官绅对农民革命原本就怀有敌意等因素，使大顺政权控制区内的原明朝官绅多半与大顺政权格格不入。在大顺政权势盛之时，他们一般采取隐忍不发、等待时机的态度，而一旦形势对大顺政权不利时，他们就会纷纷公开起来反对农民军。因此，在山海关之战前后，特别是李自成起义军撤出北京之后，晋冀鲁豫地区的原明朝官绅，掀起了屠杀大顺政权地方官吏、颠覆大顺地方政权的恶浪。其中发生于同年五月底以前的、规模大、影响广的叛乱事件，主要有：四月二十八日，

---

① 见该书卷 7。
② 《玄览堂丛书》本。
③ 见该书卷 10。
④ 《甲申纪事》附录《副总兵刘世昌塘报》，中华书局 1959 年版。

诸生、明大学士谢升之弟谢陛在德州杀大顺政权防御史阎杰和州牧吴征文,推明宗室朱帅锨为主,称济王;五月初一日,原明尚宝司卿程正揆联络明山东参将王桢等,在沧州杀大顺政权地方官;五月初六日,原明职方司主事凌駉于临清起兵,十日俘大顺防御史王皇极等;五月十日,原明宣化镇总兵姜瓖杀死大顺政权的大同守将张天琳等降清;五月二十六日,原明归德知府桑开第等,俘获大顺地方官商丘令贾士美(一作贾士俊)、鹿邑令孙澄等,解往南京。

晋冀鲁豫地区原明朝官绅的反叛活动,使大顺政权在这年五月底之前基本上丢掉了山东、河北两省以及晋北、豫东地区,形势更为恶化了。①

二、永昌元年五六月大顺政权巩固山西的努力

是年五月初,李自成起义军设防固关、清方追击部队撤回北京后,顺、清双方形成了暂时的休战状态。利用这一机会,李自成起义军采取了一系列措施,对地处最前沿的山西地区进行整顿,藉以加强对敌军进攻的抵抗力量,并准备以之为基地,向清朝控制区发动反击。这些措施主要有三项:

第一,在力所能及的范围内对反叛势力进行军事镇压。在李自成起义军由北京西撤时,山西中部的一些县也出现了反叛势力,而这些地区从宏观上讲,当时尚处于起义军能控制的范围之内。当顺、清休战的局势形成后,李自成不失时机地指挥起义军对这些反叛势力进行镇压,从而巩固了革命阵地。这些县主要有三:一是榆次,史称:"闯贼败后,榆次人拒贼",五月十二日,起义军"攻破之","屠杀数千人"。二是太谷,史称:"闯寇自京败

---

① 《再生纪略》下;《流寇志》卷13;《豫变纪略》卷7;《怀陵流寇始终录》卷18。

回,伪令不纳",五月,起义军"西过太谷,怒其曾守拒,杀二万七千人"。三是定襄,史称:"定襄亦杀贼官",五月二十二日,"为(起义军将领)刘芳亮所攻屠"。①

第二,迁徙缙绅富民。缙绅富民是当时叛乱活动的发起者和社会基础。因此,把这里的缙绅富民迁徙出去,割断这些地头蛇与当地的社会联系,便成了起义军巩固山西地区、加强其防守力量的重要策略。其迁徙地点,多为西安,有的是全家一齐被迁。除了山西之外,与其相毗连的河南地区,也有被迁者。②

第三,部署军队、配备文武将官。六月二十一日,李自成来到平阳,"分兵守山西诸隘"。同月,"留其将陈永福、府尹韩文铨守太原",据传,太原"城内兵马约有一万"。③

上述措施,从总体上看不能算充分、全面,但无疑是正确的。在后来的清、顺战争中起了一定的积极作用。

三、永昌元年七月至九月的顺、清战局

永昌元年(1644)七月,李自成起义军在五六月整顿防务的基础上,开始对清朝发动反攻。

据《明末农民起义史料》所载档案,永昌元年(1644年)七月十三日,清朔州城守备姚印业报告,七月七日李自成起义军曾发来行牌二面,其一内称:"今报长安二府田、绥德汉中高、赵,从西河驿过河,统领夷汉番回马步兵丁三十万,权将军刘统兵十万过

---

① 雍正《山西通志》卷50第31页、第33页,卷54第16页;《怀陵流寇始终录》卷18。

② 《怀陵流寇始终录》卷18;《绥寇纪略》卷7;《明清史料》丙编第3本第253页;《明末农民起义史料》第485页。

③ 《国榷》卷102第6122页;《绥寇纪略》卷9;《明末农民起义史料》第462页;《怀陵流寇始终录》卷18。

河,从平阳北上。又报皇上统领大兵三百五十万,七月初二日从长安起马。三路行兵,指日前来,先恢剿宁武、代州、大同、宣府等处,后赴北京、山海,剿除辽左。"① 该书所载档案还说:七月初九日,大名府地方传来李自成的行牌,上称:"权将军刘亲自领兵十万,由彰德磁州一带,指日攻取大名。"② 同一天,清朝的侦报探知,潞安府有起义军三万人,涉县一万,武安县五千。七月十三日,清顺德府威镇营前部千总并得久得哨探报告:七月初九日驻扎武安地区的起义军"发出寇贼三百名上临洺关去讫"③。

　　上述档案所记起义军发出的行牌,难免有夸大其词之处。如李自成本人,根据有关记载可知,同年六月他驻于山西平阳,七月初一西渡黄河赴韩城,二十余天后离开韩城去西安④。但上引七月七日发出的行牌却称:"皇上(指李自成)统领大兵三百五十万,七月初二日从长安起马。"这显然是不符合实际的。但七月上旬开始,李自成起义军确实对清朝辖区发起了反攻,上述档案中关于清朝所得情报的记载,即是证据。有关史书也记载过这一时期李自成起义军向外出击的活动。如《明季南略》卷二"李自成杂志"条即记:永昌元年(1644年)七月十三日,"顺贼出关,道洛阳,攻密县李际遇小寨"。《怀陵流寇始终录》卷十八、《国榷》卷一〇二、《流寇志》卷十三也都有类似的记载。只是,李自成起义军的反攻活动,比上述行牌中所讲的规模小得多。当时清朝官吏在评价这些行牌时,就说过"兵数多寡","未见的确"。⑤

　　同年八月,李自成起义军的反攻活动仍在继续进行。突出

---

①　见该书第 458 页。
②　见该书第 465 页。
③　见该书第 467 页。
④　见《怀陵流寇始终录》卷 18;《绥寇纪略》卷 9。
⑤　见《明末农民起义史料》第 465 页。

的一件是东取井陉。据记载，这一月，井陉知县莫某以为"西事稍缓，秋成在即"，将防守固关的士兵减少至二百名。当月二十一日，起义军精骑千余，自太原兼程东来，从固关山峪入口，走小路至井陉城下，"假称固关官兵，赚开西门"，驰入城中，直至县衙前。时知县莫某与典史古某等尚在饮酒作乐，起义军遂将古某杀死，把莫某俘去，而后回据固关。①

总体上看，李自成起义军在永昌元年七八月发动的反攻活动，规模一直不大。其原因是多方面的，而从主观方面讲，主要的当是由于起义军将领这时已经严重不和。《国榷》卷一〇二崇祯十七年六月丁丑(二十一日)条记载：

> 初，李自成自井陉入故关，吴三桂东返，自成整兵而西，至平阳，分兵守山西诸隘，益发汉(按："汉"当作"关")中兵西掠汉中。自成起戍卒，刘宗敏等皆锻工屠人，不谙号令部伍。自牛金星创制僭号，群盗环听。已李岩、李牟兄弟来奔，岩本诸生，知文墨，拜制将军，稍严纪律，人心倾向，牛金星因忌岩。贼称尊号，将率多据地杂坐，不辨等威。有户部郎中吴箎降贼，每呼曰吴虎，吴尝掩口笑之。李岩心轻自成。及败奔，贼臣多亡去，势稍衰，河南、山东多杀伪吏，李岩等心知无成，怏怏不得志。适闻丁启光尽杀归德诸伪官，自成计无所出，李岩请兵二万复下河南。自成逡巡未应。既退，密语金星曰："李岩有枭雄之姿，穷而归我，苟予以兵，俾其得志，难制矣。"金星曰："河南为三秦门户，晋楚屏障，在岩则故乡也。以大兵予之，举中州之豪杰，争衡天下，事未可知。且又同姓，十八小儿之谶，彼尝自负。今闻河南变乱，辄自请行，意可知矣。不若因而除之。"明日，自成发兵饯之，遂杀岩及讨北将军李牟于席，以其兵攻汉中。

---

① 《明末农民起义史料》第474～475页。

《绥寇纪略》卷九在记述了上述事件后,还有如下几句话:

> 宋献策闻二李之死也,扼腕愤叹,刘宗敏按剑切齿以骂金星曰:"我见金星,即手剑斩之。"文武不和,军士解体,自成遂不能复战,而席卷归秦矣。

类似的记载,还见于《怀陵流寇始终录》卷十八及《流寇志》卷十三等处。李岩兄弟之被杀,牛金星难逃罪责,李自成之多疑信谗亦应负一定的责任,而李岩本身也有其可予批评之处。在这里,我们不对三者的责任去过细追究,应当特别注意的是,这一悲剧产生了重大的历史影响,给李自成起义军造成了不可挽回的损失。正是从永昌元年(1644年)六月这一事件发生之后,李自成起义军"文武不和,军士解体","遂不能复战";紧随而来的七八两月的反攻活动,不难想像,绝不可能成为规模浩大的行动。

就在李自成起义军无力对清朝发动大规模反击的时候,清朝却开始向起义军所占领的山西地区大规模进攻。大顺永昌元年(1644年)六月十四日,清朝派固山额真叶臣率军平定山西一路,七月三日,又下令平定山东固山额真觉罗巴哈纳、石廷柱等移师,会叶臣军平定山西。九月十三日,再派前锋统领席特库率军往助平定山西的叶臣军。一方是无力大规模反攻,一方是大军接二连三地大举进攻,其结果很清楚,是清军步步进逼,而起义军则节节败退。这正是九月顺清战局的基本态势。在这个月里,双方的角逐主要在山西地区。农民军首先是基本上丧失了晋东南地区,九月二十日叶臣已自军中向清朝朝廷报告:"潞泽所属州县,俱已委员管理。"① 其次是太原已处于兵临城下的危局。九月十三日,清兵开到太原,大顺军守将陈永福"搜野为固守计",而清兵因"西洋神炮未至,休士马以待"②。以后,清兵继

---

① 《清世祖章皇帝实录》卷8。
② 雍正《山西通志》卷50。

续开来,太原局势日益危险。但直至九月底,太原尚未被清军攻陷。其陷落,乃是十月初三日之事。时清军已运来"西洋神炮",集于城西北角,开炮后"城垣立毁十余丈",清军乘机一拥而上。起义军向城外撤退,又遇伏兵,损失严重。陈永福出东门南逃,不知所终(一说被杀,一说降清),太原遂被清军占领。[1]

至此,大顺政权在山西保有的地盘所剩无几,主要是晋西南一隅。经过七月至九月三个月的较量,李自成起义军所面临的形势已十分不利了。

四、怀庆之役、潼关失守与放弃关中

是年九月下旬至十月上旬,由于清军集中在太原附近,河南地区成为其薄弱环节。为了改变日益不利的处境,十月中,李自成起义军决定利用清朝的这个薄弱环节,从自己尚控制着的晋西南地区和关中地区出发,向河南地区出击。这次出击的重点是怀庆府属各县,使用的兵力至少有骑兵一万余、步兵两万余。当起义军开到济源时,清怀庆总兵金玉和急忙率师往援,至柏香镇西,马陷稻塍间,为流矢所中而死。起义军乘胜攻下济源、孟县两城。时,清卫辉总兵祖可法死守怀庆府城,起义军围攻十余日不下,后来起义军的火药库起火,加之统兵将领牺牲,才被迫撤去[2]。除了怀庆地区外,起义军还向黄河以南发展势力。史载,十月下旬,李自成起义军东出潼关,"三营向归德,三营上裕

---

① 《清世祖章皇帝实录》卷10;《清代农民战争史资料选编》第1册(上),第20、28~29页;《清史列传》卷78;雍正《山西通志》卷50;《怀陵流寇始终录》卷18。

② 《豫变纪略》卷6;《清史稿》卷231《金玉和传》,卷234《祖大寿传》;《明清史料》丙编第5本第475页;《清代农民战争史资料选编》第1册(上),第24、25页;《明末农民起义史料》第479~480页。

州,二营踞郏县"。①

起义军的十月出击,特别是其中的怀庆之役,表现了起义军不屈不挠的顽强精神。但是,这番出击并未能改变起义军的处境。因为同月,清朝加强了对李自成起义军的进攻,首先派和硕英亲王阿济格为靖远大将军统军自北路,接着派和硕豫亲王多铎率军自南路,对起义军实行两路夹击。起义军的处境更加困难。

两路清兵中,首先对李自成起义军形成严重威胁的是阿济格一路。李自成起义军自北京西撤时,原明降将唐通随同西撤至府谷,不久以起义军"势蹙,不足恃","还驻保德州",以晋西北地区降清。顺治元年十一月,阿济格统军至宁武关,唐通遂往迎谒。阿济格即"令往保德州河岸,造筏"以备清军西渡陕西②。不过,从晋西北渡河入陕的,只是阿济格在宣大山西征调的清军,至于他自己率领的部队主力与相随而来的尚可喜、吴三桂所部,则是"出边自榆林"入陕西。自晋西北渡河入陕的清军,至"十二月二十日俱已过尽";阿济格所部入陕的时间也在十二月之内③。榆林附近很快被清军控制,只有高一功在榆林城里"坚拒相抗"。阿济格于十二月三十日委姜瓖为总督,统摄诸军围攻榆林,自己则带领兵马南下绥德,前往对付被围在延安、然而却英勇抵抗的李过所部起义军。④

多铎所率领的清军继阿济格之后,也很快对李自成起义军形成严重威胁。顺治元年(1644年)十二月十四日,多铎已经自

---

① 《明季南略》卷2"李自成杂志"条;《流寇志》卷13;《国榷》卷103第6158页。

② 《清史列传》卷79《唐通传》。

③ 《清史稿》卷234《尚可喜传》,卷217《阿济格传》;《清代农民战争史资料选编》,第1册(上)第31页。

④ 《清代农民战争史资料选编》第1册(上)第29页;《清史稿》卷234《尚可喜传》;《怀陵流寇始终录·甲申剩事》。

军中向清朝廷报告:其所率部队到达孟津,"遣护军统领图赖先率精兵渡黄河,流寇伪都司黄士欣、果毅将军张有声各遁去,沿河十五寨堡兵民,俱望风归附"。"今大军俱向潼关进发矣"①。接着,十二月十五日,多铎所部开至陕州,二十二日,距潼关二十里立营,候红衣军炮。②

　　面对清军的两路夹击,李自成起义军最初是以陕北为防御重点,后来随着多铎所部威胁之日益严重,防御重点又改为潼关一带。就地理位置讲,潼关离西安要比陕北近得多,起义军之作出上述转变,是合乎情理的。防御重点的转移,反映在李自成的行踪上。在永昌元年(1644年)十二月,他先是自西安率军北上增援,而后又南下赴救。《顺治白水县志》卷上及《康熙洛川县志》卷上记载了李自成的这一行踪③。当十二月二十二日清兵来到潼关附近时,李自成亦"率援兵至"。④

　　由于顺、清双方在潼关集结了大量部队,一场激烈的决战随即展开。十二月二十九日,刘宗敏据山为阵,以拒清军,首战失利。第二年正月四日,刘芳亮领兵千余去攻清营,清护军统领图赖、尼堪等率正黄、正红、镶白、镶红、镶蓝五旗各牛录护军迎击,起义军又受挫折。李自成闻讯,亲率马步兵拒战。五、六两日夜起义军又连续发动攻势,惜俱为清军所败。初九日,清红衣炮军至,起义军处境愈益困难。十一日,清军进逼潼关口。起义军凿重壕立坚壁,截其进军之路,又以骑兵三百横冲清军,还分兵绕至敌后加以牵制。无奈前阻、后牵、迎头痛击者,皆未成功,李自成见大势已去,只好带领大部分兵马撤回西安。第二天,起义军将领、据守潼关的巫山伯马世尧率所部七千余人伪降。十三日,

---

　　①　《清世祖章皇帝实录》卷12。
　　②　同上书卷14"顺治二年二月乙卯"条。
　　③　参见顾诚《明末农民战争史》第十三章;柳义南:《李自成纪年附考》。
　　④　《清世祖章皇帝实录》卷14"顺治二年二月乙卯"条。

清军开进潼关,而马世尧派往李自成处的信使被清朝察获,马世尧被杀。潼关之役以起义军的失败而告终。①

当潼关行将陷落、李自成西撤西安时,阿济格所统清军正在围攻延安的李过部起义军,不日即可南下西安。时至今日,对起义军来说,西安已守不住,关中也已无法立足。于是李自成决定放弃关中,向豫楚转战。永昌二年(1645年)正月十三日,李自成率领起义军开东门主动撤出西安,至蓝田,而后经商州龙驹寨朝东南方向开拔。②

五、李自成牺牲九宫山

永昌二年(1645年)正月底,李自成起义军开到河南内乡县③。二月五日向邓州进发,二月二十三日至襄阳,二月二十五日到承天④。而后赴荆州⑤,东逼汉阳府和沔阳州境。时南明左良玉部尚在武昌,驻守九江的南明总督袁继咸亲自督率属部往屯蕲春,与左良玉部相呼应。李自成起义军受扼而不便东进,即"从潜沔之沙湖,出上簰洲",南渡长江,败左良玉的属部马进忠、王允成军于荆河口。这时,袁继咸估计起义军"避重兵,必不趋武(昌),必由岳(阳)犯(长)沙"。但事实上是,左良玉见到起义军开来,十分害怕,很快即寻找藉口,"起全营,水陆俱下,往南京",武昌形成一座空城,李自成起义军遂顺利开进武昌。其时

<hr>

① 《清世祖章皇帝实录》卷14"顺治二年二月乙卯"条;《清史稿》卷235《图赖传》。

② 《清世祖章皇帝实录》卷14"顺治二年二月乙卯"条;《绥寇纪略》卷9;《怀陵流寇始终录·甲申剩事》。

③ 《康熙内乡县志》卷10。

④ 《怀陵流寇始终录·甲申剩事》。

⑤ 《张文贞公集》卷7。

在三月底之后、四月底之前。①

　　当李自成起义军主动撤离、多铎部清军占领西安后,清政府命令多铎所率清军立即进击江南,消灭弘光政权,对李自成起义军则责成阿济格率领所部进行追击。顺治二年(1645 年)二月,阿济格用尚可喜之议,攻克李过坚守的延安城②。接着赶到西安,并紧急南下,尾追李自成起义军。三月,所部到达襄阳③。李自成起义军撤出西安时,约有马步十三万人,进入豫楚,又会合了原来守御在襄阳、承天、荆州、德安四府所属州县的起义军七万人,总人数达二十万。④ 兵力不能说少,但由于处在被清军尾追的恶劣环境之中,心理状态不佳,战多失利。当李自成率主力进入武昌时,清军马上赶了上来。史称:"自成走武昌,(清军)纛章京哈宁噶将兵围武昌城数匝,贼将伪刘侯(刘宗敏)、田侯(田见秀)引兵五千人出城迎敌,大败之。"⑤ 在清军的围逼之下,起义军在武昌驻了两日后,即被迫撤离东去⑥。不久,哈宁噶又追及李自成于富池口,直逼其庐帐,俘其"总兵、知府、推官各一人,知县四人,守备把总五人,获马匹船舰无算",李自成只好东避九江。阿济格再令固山额真谭泰率大队清兵乘舟相追,在距九江四十里左右之处两军相遇,经过激战,起义军大败失利。⑦

　　起义军九江失利后,因东有左梦庚军挡路,为摆脱遭敌前后夹击,掉头自东向西转移。清军继续紧追。起义军在慌乱中,各部无法紧密配合,有些部分在突遇大队敌兵时因孤立无援而全

---

① 《浔阳纪事》;《国榷》卷 104 第 6206 页。
② 《清史列传》卷 78 第 18 页。
③ 《守郧纪略》。
④ 《清世祖章皇帝实录》卷 18 顺治二年"闰六月甲申"条。
⑤ 《张文贞公集》卷 7。
⑥ 《烈皇小识》卷 8 附《逆闯伏诛疏》。
⑦ 《张文贞公集》卷 7。

部覆没,这使起义军损失极大,而其中对起义军成败有决定性影响的,是李自成竟因此而在今湖北通山九宫山被乡间地主团练杀害。关于李自成之死,南明将领何腾蛟的一个奏疏和清人费密《荒书》中描写比较具体,前者说:

> 臣自遭左变,投身江涛,遇救得生(按:弘光元年左良玉起兵东下时曾胁当时任川湖黔郧总督的何腾蛟参与其事,何腾蛟不从,投水逃免;见《石匮书后集》卷47)。臣揣闯逆知左兵南逞,势必窥楚,即飞檄道臣傅上瑞、章旷,推官赵廷璧、姚继舜,咸宁知县陈鹤龄等,联络乡勇以待。闯果为清所逼,自泰(秦)、豫奔楚。霪雨连旬,闯逆困于马上者逾月,此固天亡之也。闯逆居鄂两日,忽狂风骤起,对面不见,闯心惊疑,惧清之蹑(蹑)其后也,即拔贼营而上。然其意,尚欲追臣、盘踞湖南耳。天意亡闯,以二十八骑登九宫山,为窥伺计;不意伏兵四起,截杀于乱刃之下。相随伪参将张双喜,系闯逆义男,仅得驰马先逸,而闯逆之刘伴当飞骑追呼,曰:"李万岁爷被乡兵杀死下马(按:当作马下),二十八骑无一存者。"一时贼党闻之,满营聚哭。①

费密说:

> 后大清追李自成至湖广,自成尚有贼兵三万人,令他贼统之,由兴国州游屯至江西。自成亲随十八骑,由通山县,过九宫山岭即江西界。山民闻有贼至,群登山击石,将十八骑打败。自成独行至小月山牛脊岭,会大雨,自成拉马登岭,山民程九伯者,下与自成手搏,遂辗转泥淖中。自成坐九伯臀下,抽刀欲杀。刀血渍又经泥水,不可出。九伯呼救甚急,其甥金姓以铲杀自成。不知其为闯贼也。武昌已系大清总督,自成之亲随十八骑有至武昌出首者,行查到

---

① 见《烈皇小识》卷8"附录"。

县,九伯不敢出认。县官亲入山,谕以所杀者流贼李自成,
奖其有功,九伯始往见。总督委九伯以德安府经历。

上述两项记载互有出入,但都说李自成是在身边只有少数随从
的情况下被乡间地主武装杀死的。这与当时李自成所率起义军
的基本状况符合,应是可信的。至于李自成牺牲的具体时间,由
于《康熙通山县志》卷五记载:"程九伯,(通山)六都人。顺治二
年五月,闯贼万余人至县……九伯聚众围杀贼首于小源口,本省
总督军门佟嘉其勇略,剞委德安府经历。"同书卷八又载:"顺治
二年五月初四日,闯贼数万入县。"一些史家判断李自成牺牲于
顺治二年五月四日或初旬,这大概与事实无大出入。①

关于李自成之死,史书上说法很多,如有的说是在罗公山得
病而死,有的说是隐居于石门夹山为僧而死,有的说是在九宫山
自缢而死,有的说是在五台山出家而死②。但根据现在掌握的
材料看,比较可靠的说法,应是顺治二年(1645 年)五月上旬为
乡间地主武装杀害于通山九宫山一说。二十世纪最后二十年,
主石门说者发表了多篇论文,用大量新发现的文物为证据,论证
其主张,而主通山九宫山被乡间地主武装杀害说者,激烈反驳。
两者辩论热烈,各持己见③。

李自成是中国历史上杰出的农民起义领袖之一,他领导农
民推翻了当时已经腐败透顶的明朝中央政权,并与推行民族征
服和民族歧视政策的满洲贵族进行了坚决的斗争,对于中国历
史的前进起了积极的推动作用。他由于阶级和历史的局限,也

① 参见顾诚《明末农民战争史》第十三章;柳义南:《李自成纪年附考》。
② 参见《小腆纪年附考》卷 10 第 372 ~ 374 页;《明通鉴》附编卷 2(下)第 3595 ~
3596 页;李文治:《晚明民变》第六章及上引柳义南、顾诚两书。
③ 参见中国社会科学院历史所李自成结局研究课题组:《李自成结局研究》,
辽宁人民出版社 1998 年版;刘重日主编:《李自成终归何处》,三秦出版社 1999 年
版。

犯过一些错误,因而给他领导的农民起义事业造成了严重损失,但这与他的功劳相比是极其微小的。他在世之时,受到了革命农民的真诚爱戴;死后,受到人民的深切怀念,他的名字将与其丰功伟绩一起永垂青史。

据顺治二年闰六月四日阿济格向清朝廷的报告,自李自成退出西安到李自成牺牲前后,阿济格率领的清军主力追击李自成及分遣别部对付李自成起义军的其他部分,"凡十有三战,获驼三十一,马骡六千四百五十,船三千一百八艘"。除李自成被杀外,还"俘自成两叔"赵侯和襄南侯、汝侯刘宗敏、总兵左光先、军师宋献策等。赵侯、襄南侯及刘宗敏皆被处于斩刑①。丞相牛金星则在刘宗敏等被俘之前开了小差②。这样,大顺政权的主要领导者已丧失殆尽,至此这个政权应该说是基本完结了。

六、大顺政权退出北京后遭到失败的原因

大顺政权刚退出北京时,所控制的地域还很辽阔,军队人数也很多,但仅一年的时间,竟在清军的进攻下,屡屡失地丢城,导致政权完结。这不是偶然的,从主观方面和客观方面都可以找出若干条原因。

首先,是由于大顺政权辖区内原明朝官绅的破坏。前面已述及大顺政权刚刚退出北京前后,晋冀鲁豫地区的原明朝官绅,曾掀起屠杀大顺政权地方官吏、颠覆大顺地方政权的恶浪,这对大顺政权是一个极大的破坏。后来这些原明朝官绅仍有不少人对大顺政权搞破坏活动,只是其表现形式有所不同,随着清军对大顺辖区展开进攻,许多原明朝官绅乘机脱离起义军,投降清

---

① 《清世祖章皇帝实录》卷18。
② 《绥寇纪略》卷9。

朝,有的不仅自己投降清朝,而且利用自己的社会联系,帮助清朝搞招降。如原明朝宁夏花马池副总兵董学礼,李自成起义军势盛时向起义军投降,顺治元年(1644年)清豫王多铎兵下河南时,他驻扎怀庆,又降清朝。因他原系陈之龙的旧将,他降清时陈之龙正任李自成起义军的宁夏节度使,于是为了向清朝献媚,就写信给陈,动员其降清。由于书信为起义军权将军牛成虎所获,这次招降活动没有成功,陈之龙险些被杀,而且也使董学礼留在宁夏的家属遭到起义军的惩处。但陈之龙最终还是在顺治二年(1645年)二月胁迫牛成虎一起将宁夏献给清朝①。再如肤施人南一魁,原为明副将,曾降李自成起义军,顺治二年又降清于山西,清令其充当攻打起义军的"前驱,西渡河",他即"同明降将康镇邦招抚延绥东路",致使"自黄甫川至安定边十七堡",俱降清②。又如原明大同东协副将王大业,顺治元年(1644年)于大同东路天城降清,被阿济格调去参加进攻李自成起义军的战斗。据他自己在一个揭贴中自供,他于同年十二月二十日抵米脂,被委延绥总兵,"料理镇务,收服西路地方"。当日他便"抵向水,差人招抚",因其"系本土之人",进行得相当顺利,"至二十八日止,自向水起宁塞止,共计一十营堡,俱倾心迎降"。当时陕西最北部对清坚持抵抗者,仅剩有榆林的高一功;这种情况的出现,就是由于王大业等人为清大力招降所致。③

上述三例不过是信手拈来。阿济格在顺治二年(1645年)二月十七日向清朝廷报告"平定三秦"情况时说:"大军入边,沿途剿贼,八战皆捷,秦属州县,攻下者四城,投降者三十八城。"④ 从各

① 《清史列传》卷79第53页、55页;《明末农民起义史料》第488页;《明清史料》丙编第5本第475页。

② 《清史列传》卷79第61页。

③ 《清代农民战争史资料选编》第1册(上)第29页。

④ 《清世祖章皇帝实录》卷14。

种资料综合观察,导致关中地区大部分城邑不战而降的,多数正是由于原明朝官绅的降清或为清招降。由此可知,原明朝官绅的破坏,对于大顺政权退出北京后的迅速溃败,产生了多么大的影响!

其次,是由于大顺政权领导集团发生内讧。这在前面已经谈过。

再次,是由于李自成犯了急躁的毛病。李自成是经过长期复杂的政治军事生活锻炼的农民起义领袖,政治经验丰富,个人修养也达到了一定的水平,因此在起义军诸将领中,不仅地位最高,在处理各种军政事务中,也最老练。但他也不是超凡脱俗的完人。撤出北京后政治形势变得对起义军极为不利,起义军从旗开得胜、蒸蒸日上,突然成为进退维谷,处境窘迫,这时作为起义军最高领导者的李自成,本应处变不惊,然他却因忧虑、苦恼而急躁起来。犯了急躁病,处事就会举措失当,这必然会使已经恶化的局势更加恶化。史载:"自成性好杀,为众意所矫,强诈称仁义,以扇惑愚民。兵既败,见齐晋多杀伪官以背之,辄复狠强自用。尝住韩城二十五日,鞭挞县官,斩斫掾吏,召里甲而刑剭之,发壮夫为丁,多所造作,徭役繁兴,米豆刍茭责之民者万端,韩人莫必其命。""在道怒吏政尚书宋企郊私其亲故,选补多用乾州人,锁其颈,至西安释之,使视事如故"。"以故太常卿张第元为兵政尚书","第元之从于韩城也,自成猝问之曰:'尔家在河北,无恙乎?'第元仓卒,不识忌讳,谩应曰:"人皆以其为贼官,相屠害。'自成大怒,立诛之"。"户政侍郎李天笃初论戍,寻缢杀之,妻子财物皆赏军。延安府尹贾我祺以赃秽死于市。直指伍中恺谪为军。牧守以下如知鄜州袁某,三水令李三楚,朝邑令某并其教官某等,坐受纳,用铜镯斩。胥隶不敢下乡,民有盗人一鸡者论死,惴惴莫敢犯法。"① 旧史书的这些记载,不无夸大以

① 《绥寇纪略》卷9;《怀陵流寇始终录》卷18。

至诬蔑之处,但确实反映了李自成这时因急躁而用法过严的实际情况。而这只能是加速起义军队伍的分化解体,削弱大顺政权的基础。

第四,是南明政权错误的"联清灭顺"方针与不间断的内部争斗,使清朝在南明、清、顺三方角逐的政治格局中,可以毫无顾忌地专力对付李自成的大顺政权。这在前面已经论述。

第三节　公元1645年下半年至1646年 冬季的明、清斗争形势

一、概　　述

顺治二年(1645年)五月李自成牺牲、弘光政权覆灭后,清政府曾认为统一全国的战争即将取得全胜,只派官员对南方各省加以招抚,就可将原由弘光政权控制的地盘接受过来。闰六月十三日,清派出内院大学士洪承畴前往南京总督军务,招抚江南各省地方,二十三日命恭顺侯吴惟华招抚广东,兵部尚书孙之獬招抚江西,兵部右侍郎黄熙允招抚福建,兵部右侍郎江禹绪招抚湖广,兵部右侍郎丁之龙招抚云贵;七月,又派右都督谢弘仪招抚广西①。然而,事实打破了清政府的幻想。清政府并没能顺利地实现统一南方的计划,除了四川地区被张献忠起义军占领外,在东南地区和中南地区,清朝的进展皆不顺利。

在江浙一带,顺治二年(1645年)五月清兵进入南京后,豫王多铎当即派原明御史刘光斗、鸿胪寺少卿黄家鼒等往常州、苏州等处讨取降顺册,黄家鼒在苏州被杀,清兵旋至,苏州落入清

---

① 《清世祖章皇帝实录》卷18、卷19。

军之手①。多铎还派贝勒博洛等率领部队直趋杭州②。时明潞王朱常淓驻在杭州,于顺治二年(1645年)六月八日,被出逃至杭州的马士英拥立监国。六月九日,清兵抵嘉兴,马士英派投降派老手陈洪范前往谈判,企图以割让江南四郡为条件,与清兵讲和。而清兵继续进逼,六月十一日抵塘栖,马士英仓惶出逃。六月十三日,清兵到杭州,潞王率群臣投降③。而后,清朝派人到浙东招抚,召乡绅朝见④。闰六月二十三日多铎向朝廷的报告中已经谈及:浙西湖州、嘉兴,浙东绍兴、宁波、严州等府,"亦皆归顺"⑤。然而,在清军招抚与武力夺取江南地区和浙江全省的同时,抗清斗争在这里日趋发展起来,并在浙东地区形成了以鲁王为首的一个南明政权。在相当长的一段时间里,清军不能渡钱塘江至浙东地区,其在长江与钱塘江之间一带也未得安宁。从史料看,除浙东的鲁王政权外,顺治二年下半年至顺治三年冬,江南地区的抗清斗争事件,主要有顺治二年(1645年)六月,明中书舍人卢象观奉明宗室朱议沥起兵茅山,谋攻南京⑥;明职方主事吴易等起兵长白荡;明总兵李某与诸生任源邃等起兵太湖⑦;长兴县民金有鉴奉明宗室通城王朱盛澂起兵,攻破湖州⑧。同年闰六月,典史陈明遇等领导江阴人民据城抗清;常州生员张龙文起兵,谋复府城⑨;松江在籍前兵部右侍郎沈犹龙、兵科给事中陈子龙等起兵守城;昆山前总兵王佐才、参将陈宏

---

① 《江南闻见录》;《明季南略》卷4"二十日辛丑"条;南园啸客:《平吴事略》。

②⑤ 《清世祖章皇帝实录》卷18。

③ 张道:《临安自制纪》卷2;《东南纪事》卷1第148页。

④ 《明季南略》卷5"祁彪佳赴池水"条。

⑥ 《南疆逸史》卷36《卢象观传》;《小腆纪年附考》卷10第382页;《南天痕》卷3《朱议沥传》。

⑦ 《小腆纪年附考》卷10第381页;《南疆逸史》卷36《李总兵传》。

⑧ 《小腆纪传》卷47《金有鉴传》;《南疆逸史》卷36《金有鉴传》。

⑨ 《小腆纪年附考》卷10第385页。

勋、贡生朱集璜、诸生归庄、顾炎武等起兵，杀清朝守令①；嘉定在籍前左通政侯峒曾、进士黄淳耀起兵据守，太仓生员王湛与兄王淳集兵数百，攻打州城②；嘉兴在籍翰林屠象美、吏部郎中钱楝，起兵数千人，杀清秀水知县胡之臣，据城拒守③。同年七月，南京孝陵卫营兵夜烧城门④。同年八月，把总吴之蕃起兵，图谋复嘉定⑤。同年九月，溧阳诸生谢琛、副将钱国华起兵抗清，失败被杀。⑥

在江西地区，清朝主要得力于降将金声桓的效劳。金声桓本是左良玉的部将。弘光政权覆灭后，左军在左梦庚率领下在"九江之东流县界扬子江中"投降清军⑦。清令左梦庚"以父官率诸将入朝"，而金声桓独不愿此，"自请取江西以献"，获允，因与原闯部降将王体忠合兵，西屯九江。他宣言清马步二十余万旦夕至；诸郡县原南明官吏望风奔窜，六月十九日遂得顺利进入南昌。八月底，他又杀掉了王体忠，招降其部下，另立该部旗牌官王得仁为统率⑧。除了南昌之外，金声桓还为清朝取得了江西的其他大部分地区，为清朝立了大功。顺治二年（1645年）九月二十九日，洪承畴在对清朝廷的一个报告中说，当时江西南昌、南康、九江、瑞州、抚州、饶州、临江、吉安、广信、建昌、袁州俱已平定。但赣州却长期攻取不下，其他府县也

① 《明季南略》卷4"昆山朱集璜赴水"条；《明史》卷277《朱集璜传》；《小腆纪年附考》卷10第389~390页。

② 《明史》卷277；《南疆逸史》卷36《王淳、王湛传》；《小腆纪年附考》卷10第391~392页。

③ 《南疆逸史》卷36《朱大定、钱楝传》；《小腆纪年附考》卷10第394页。

④ 《明季南略》卷4"七月附志"条。

⑤ 《小腆纪年附考》卷11第421~422页。

⑥ 《南疆逸史》卷36《谢琛、钱国华传》；《小腆纪年附考》卷11第431页。

⑦ 《清世祖章皇帝实录》卷18。

⑧ 《南疆逸史》卷55《金声桓传》；徐世溥：《江变纪略》。

间有反复①。

顺治二年下半年至顺治三年冬,江西的抗清斗争事件主要有:顺治二年六月,江西布政使夏万亨等拥益王朱由本保据建昌;同月,德化李含初起兵,连下德化、瑞昌②;七月,德安郭贤操聚众,攻克德安、建昌③;八月,明宗室永宁王朱由橏(一作朱慈炎)举兵,下抚州、建昌;十月,明故汜水知县、南昌人胡海定(一作胡定海)与德兴海口董氏,起兵德兴④;十二月,明右佥都御史、新昌人陈泰来,与上高举人曹志明等相结,攻取上高、新昌、宁州、万载,进攻抚州⑤;顺治三年(1646年)秋,明检讨、临川人傅鼎铨募集乡勇,攻下宜黄,驻兵乐安⑥;清兵占领南京后,杨廷麟等一直为明坚守赣州,直至顺治三年十月方遭失败。

由于江浙地区和江西地区抗清势力的存在,福建一带在相当长的时期里得到了屏护,趁此机会,唐王在此建立了又一个政权,并即位当皇帝,对大部分南明残余势力发号施令。

在湖广一带,清朝在击溃了李自成起义军,基本上控制了洞庭湖以北地区,并在这里派官置吏。但李自成余部及若干抗清山寨等在这里的活动仍相当频繁,至于洞庭湖以南则仍为南明将领何腾蛟、堵胤锡与李自成起义军余部所控制。湖广南部的屏蔽,使清朝势力无法进入两广和云贵。

清朝在取得南京之后之所以遭到激烈的反抗,乃是由于这

---

① 《清世祖章皇帝实录》卷 20;《明史》卷 278《万元吉传》;《小腆纪传》卷 65《金声桓传》。

② 《小腆纪年附考》卷 11 第 407 页;光绪七年刊《江西通志》卷 97。

③ 《小腆纪年附考》卷 11 第 407～408 页;光绪七年刊《江西通志》卷 97。

④ 《小腆纪年附考》卷 11 第 407 页;光绪七年刊《江西通志》卷 97;《南疆逸史》卷 16《胡海定传》。

⑤ 光绪七年刊《江西通志》卷 97;《小腆纪年附考》卷 11 第 453～454 页,《明史》卷 278《陈泰来传》。

⑥ 《小腆纪年附考》卷 13 第 498 页;光绪七年刊《江西通志》卷 97。

时清朝统治者在胜利进展的情况下,有些忘乎所以,对汉族人民的民族压迫不知节制,从而激化了民族矛盾。比如,清军占领南京后,竟不顾居民的利益,强占民房,迫令居民迁徙。下令"兵居东半城,民居西半城",东半城居民被迫"日夜搬移,提男抱女,哀号满路"。搬家动作稍迟,就会"刀棍交下",立时丧命。"什物悉为兵有,百姓止走空身而已"。①

更突出的表现是再次颁布剃发令。如前所述,清朝一进关就推行了强迫汉人改变束发习俗、勒令剃发的政策。这种严重伤害汉民族自尊心的歧视政策,当即引起汉族上下的普遍反对。当时,清朝鉴于入关伊始,本身力量尚不强大,过分违背民心,便无法在关内立足,只好暂时自我节制,收回剃发成令。同年五月二十四日,多尔衮下令:"予前因归顺之民,无所分别,故令其剃发,以别顺逆。今闻甚拂民愿,反非予以文教定民之本心矣。自兹以后,天下臣民,悉照旧束发,悉从其便。"② 但是,清朝统治者并非彻底放弃这一民族歧视政策。当南京到手之后,他们认为时机成熟,再次推行剃发政策。顺治二年(1645 年)五月,豫王多铎便已在南京城中出示剃发,不过尚有一定限制,规定"剃武不剃文,剃兵不剃民"③。六月五日,"以江南奏捷",清朝廷更派人赍敕往谕多铎:"各处文武军民,尽令剃发,倘有不从,以军法从事。"六月十五日,礼部又接到一道严厉的圣谕:

　　　　向来剃发之制,不即令画一、姑听自便者,欲俟天下大定,始行此制耳。今中外一家,君犹父也,民犹子也,父子一体,岂可违异? 若不画一,终属二心,不几为异国之人乎? 此事无俟朕言,想天下臣民亦必自知也。自今布告之后,京

---

① 《明季南略》卷 4"十九日庚子"条。
② 《清世祖章皇帝实录》卷 5。
③ 《明季南略》卷 4"二十六丁未"条。

城内外限旬日,直隶各省地方自部文到日,亦限旬日,尽令薙发。遵依者为我国之民,迟疑者同逆命之寇,必置重罪。若规避惜发,巧辞争辩,决不轻贷。该地方文武各官,皆当严行察验,若有复为此事续进章奏,欲将朕已定地方人民,仍存明制、不随本朝制度者,杀无赦。其衣帽装束,许从容更易,悉从本朝制度,不得违异。①

强迫剃发的政策是汉族人民不能接受的。此外,在清军推进的过程中,在其新占地区内,吏胥也往往乘政治混乱之机,敲诈勒索百姓,更激化了矛盾。再者,随着弘光政权的覆灭,明朝士大夫联合清朝消灭农民起义军的幻想彻底破灭,被清朝彻底征服的灾祸降临到眼前,如不欲投降,就只有起而抵抗一条路可走。可见,清军占领南京后未能如愿以偿地顺利实现对全国的统一计划,不断遭到激烈的反抗,进展迟缓,实不足怪。

鲁王浙东政权和唐王福建政权的建立,是这时明清斗争激烈进行的一个突出标志。另外,在顺治二年下半年,南明将领何腾蛟、堵胤锡,于湖广地区与李自成起义军的余部结束了长期互相对立状态,实现了共同对清作战,这更是这一时期中国政治形势中出现的引人注目的大变化,反映了国内民族矛盾所占地位的进一步上升,是汉民族抗清斗争中出现的可喜现象。当时参加抗清斗争队伍的人,包括了上上下下各个阶层和阶级,从明朝宗室到地主绅士、大商人,从一般商人、手工业者到贫苦农民、各色人等。而由于政治、军事经验及社会影响的关系,在其中起领导组织作用的,多是原明朝的官吏或读书人。令人遗憾的是,南明两个政权中继续保留原明朝遗留下来的腐败现象,内部斗争纷纭不已,加之地盘狭小,人力物力俱不充足,而其他各个抗清势力多是孤立进行,相互间缺乏配合,这遂使清朝终于陆续战胜

① 《清世祖章皇帝实录》卷17。

了各个抗清势力,鲁王和唐王为首的两个政权分别于顺治三年六月和八月被打垮,东南地区基本上为清朝所控制。此后,明清斗争就发展到两者以争夺西南地区为主的新阶段。

以下较为详细地叙述鲁王唐王两政权及李自成余部与南明共同抗清的情况,以进一步了解这一时期的明清斗争形势。

二、浙东鲁王政权

鲁王朱以海,是明太祖朱元璋的十世孙。父肃王寿镛。排行第五。崇祯十二年(1639年),父寿镛死,长兄以派嗣位。崇祯十五年,清兵下兖州,朱以派自杀。崇祯十七年二月,朱以海嗣位。李自成攻占北京后,朱以海南逃。同年五月,福王立于南京,命朱以海徙封江广,暂住台州①。弘光政权覆灭后,朱以海在浙东地区出现多支抗清武装的基础上,又建立了一个南明政权。

顺治二年(1645年)闰六月九日,明原九江道金事孙嘉绩、明原史科都给事中熊汝霖,在家乡余姚起兵反清,举起了浙东抗清的第一面义旗。而后浙东抗清武装纷纷出现。闰六月十一日,诸生郑遵谦起于绍兴。闰六月十二日,明原刑部员外郎钱肃乐起于宁波。再后起兵者,在慈溪有明原山西道御史沈宸荃和原江上兵备金事冯元飏,在嵊县有裘尚爽。余姚、绍兴等地起兵的消息传到台州,陈函辉即辅佐朱以海正式起兵,于闰六月二十一日拥之监国。鲁王朱以海起兵和监国的消息传出,受到各支浙东抗清武装的拥戴,在他们的"具疏敦请"下,八月初三日,鲁王迁驻绍兴,统一领导浙东的抗清斗争。纪年以翌年为监国元年。②

---

① 《鲁之春秋》卷1;《海东逸史》卷1《监国纪》(上)。

② 《浙东纪略》;《海东逸史》卷1;黄宗羲:《行朝录》卷3《鲁王监国》(上);《小腆纪年附考》卷10。按:《痛史》本《隆武遗事》所载《隆武皇帝亲答监国鲁王御书》称,鲁王"以七月十七日监国于台,八月十六日迎至于绍"。待考。

鲁王政权控制的地域是浙东,而浙西则在清朝的控制之下。浙东与浙西之间有一条宽阔的钱塘江,鲁王政权曾与清朝在这条江边发生多次战争。此外,当时浙西也有许多抗清武装,为了包抄以杭州为主要据点的浙西清兵,鲁王政权的武装也曾潜至浙西,联合和发动当地的抗清势力,从而使浙西也成为双方的一个战场。不过,双方的主战场仍在钱塘江边,鲁王政权的部队大部分布置在这里。起初,这里的鲁王政权的军力与清朝相比占据优势,鲁王政权处于主动地位,是进攻者。但是,自顺治三年(1646年)春季始,形势渐对浙东政权不利,清朝成了主动出击者。

浙东政权对清斗争之由优势向劣势转化,并非偶然。除了清朝方面的因素(如投入兵力的大小及其变化)之外,从浙东政权自身来说,主要是由于它本身具有极大的脆弱性。其脆弱性表现在四个方面:第一,辖区老百姓负担过重。为了抗清立国,境内供养过多部队,但浙东一隅地盘有限,大量部队必然使老百姓承担沉重的人力物力负担,再加上许多部队纪律不好,自然灾害也时有发生等原因,更使老百姓雪上加霜。第二,对所属各支抗清武装不能实行高度统一的管理。这些部队,有的是当地士绅号召家乡农民、小工商业者等新组建起来的所谓"义军";有的是明朝原有的官军。后者中又分为两种,一种是原驻在浙东的,一种是随着清兵的南下而被迫由其他地区转移到浙东的。他们当中的大部分归方国安、王之仁统领,称为"正兵"。以上各支部队虽同在鲁王政权的管辖之下,但各自实际上仍有一定的独立性,其统帅者对自己掌管的部队具有很大的权力。上述情况使得各支部队相互间虽有配合,而出于私利各行其是、互不为谋的事情经常发生,甚至矛盾重重、争夺军饷、互相厮杀。第三,其政权具有一定的腐朽性。鲁王于危难之际立国,本应励精图治,但反是"有深宫养优之心"，"颇安逸乐"①。朝中执掌大权的是外戚萧山人张国俊，他内结宦官，外倚悍将，受贿卖官，为所欲为。在鲁王、张国俊的带动、影响下，一般官僚也多是浑浑噩噩地过日子，"燕笑漏舟之中，回翔焚栋之下"②。第四，不能处理好与唐王政权的关系。两者的关系若好，可使闽得屏障，浙获后盾，可惜实际并非如此。唐王在闽称帝后不久，曾派使节到浙东颁诏，但鲁王从个人地位出发，不肯受诏向唐王称臣；于是双方交恶，势如水火。为了防备唐王进攻，鲁王不得不从抗清前线撤下部分军队，派往闽浙交界处驻守。

鲁王政权的脆弱性，使其无法战胜清朝驻在杭州等地的浙西军队，并逐渐丧失优势，但它毕竟有数量相当多的军队，清朝要想战胜它，也需等待条件的成熟。到顺治三年（1646年）上半年，条件终于成熟。这时江南的抗清斗争已基本被平息下去。清朝已可抽调大量兵力解决浙江与福建的问题。是年二月，清朝命多罗贝勒博洛同固山额真公图赖率师往征浙闽，五月二十日其军抵达杭州③。五月下旬，清军始用大炮轰击浙东兵营，六月一日突破钱塘江防线，渡江进入绍兴，随即向浙东各县进攻。鲁王逃出绍兴，流亡海上。鲁王政权所属的抗清武装，或降或溃，或为清朝消灭。清朝对浙东地区的征服，就此初步完成。顺治三年八月十四日，博洛关于"全浙底定"的奏疏，送到了北京城。④

三、福建唐王政权

福建唐王政权的首脑人物是朱元璋的九世孙朱聿键。其先

---

① 《鲒埼亭文集·庄太常传》。
② 《小腆纪年附考》卷11。
③ 《清世祖章皇帝实录》卷24、卷26。
④ 《清世祖章皇帝实录》卷27。

唐定王朱桱,系朱元璋第二十三子,封于南阳。朱聿键于崇祯年间袭王位,不久因遇清兵内犯、京师戒严,率护卫勤王,违背诸王不得擅离封地的规定,被废为庶人,囚于凤阳。弘光登极,遇赦,受命徙驻广西平乐府。弘光政权垮台时,行至杭州,被靖虏伯郑鸿逵接往福建,遂受当地官绅拥戴即位:当年闰六月七日监国于福州,二十七日正式称帝。以福建为福京,以福州为天兴府,改元隆武,本年七月初一之后即为隆武元年(1645 年)。此后不久,除福建省在其直接管辖之下外,两广、江西、湖广、云贵、四川等省区的原明朝地方官以及江南等地的抗清首领,多半陆续承认这一政权的领导,它与同时并存的浙东鲁监国政权相比,威权要大得多。不过,真正能充分行使其领导权的,主要的还是福建地区,其他省区则有些鞭长莫及。

朱聿键在南明诸帝中,是少有的一个很想有所作为、而且具有一定政治眼光的人物。他把中兴明朝定为自己的奋斗目标,宣布"若一日孝陵未见,一日西北赤子未援,一统旧疆未复,即是孤负祖负民"[1]。为了中兴明朝,他既把清朝当成敌人,又把李自成、张献忠起义军当成敌人。但在当时,由于李自成起义军已经遭受严重挫折,而张献忠起义军远在四川(详后),只有清兵才是近在咫尺、直接威胁其存在的敌对势力,所以在其思想深处首先要对付的,实际上是清兵。为了实现中兴壮志,朱聿键很注意约束自己,生活节俭,处理政务相当勤奋,史载他:"长斋布素,日与大臣讲求政治于便殿","复性喜书籍","手自披览,常丙夜不休"[2]。与南明的其他君主相比,他是难得的有抱负的皇帝。

朱聿键虽然颇有抱负,但他的政权却难以有所作为。其原因有二:第一,大将郑芝龙不与他通力合作。郑芝龙,南安石井

---

① 《思文大纪》卷 1。
② 《思文大纪》卷 2;《东南纪事》卷 1。

人,早年为海盗,往来日本等地,娶日女为妻,生子郑森即郑成功。崇祯间受抚,历任游击、都督、总兵官等职,爵封南安伯,控制了福建沿海地区。郑鸿逵是其弟弟,朱聿键入闽时,他参与了拥立之举,权势因之更大,史称唐王政权的"内外大权,尽归芝龙"①,朱聿键不过是"祭则寡人"的傀儡②。这时郑芝龙若能与朱聿键同心协力,朱聿键的中兴明朝的志向,才有实现的可能。但郑芝龙关心的只是个人的权势,即所谓"徒自贵倨,欲生杀予夺出己手"③。至于中兴明朝的目标,在其心目中根本没有地位。之所以如此,乃是由于他是个富商投机家,既无封建正统派的忠君思想,也未因清朝的民族歧视政策而产生反抗民族压迫的观念,朱聿键也好,清朝也罢,都不过是他谋个人之利的棋盘上的一个棋子而已④。第二,中心辖区福建的经济负担过重。这一点与浙东鲁王政权极为相似。为了抗清兴明,朱聿键不得不组建、保持数量庞大的军队;郑芝龙虽无意抗清复明,但为了巩固自己的权势,也需要养活一支数量庞大的军队。而养兵就需有饷,当时唐王政权的兵饷供应地,主要靠福建一省,加之一向贪婪的郑芝龙还利用征收兵饷的机会分外多收,积累个人财富,于是仅有八府一州的福建地区就被加上了沉重的经济负担。人民的负担过重,社会矛盾随之激化,隆武当局的精力便不得不较多地用于处理这方面的问题,至于其他方面,就难以有所作为了。

尽管难以有所作为,唐王朱聿键还是不甘消沉,为了实现自己的抱负,他曾克服困难组织了两次出征,这些出征虽皆摆脱不了失败的厄运,但其奋斗精神实足称道。第一次出征为隆武元年七月大学士黄道周出征江西,同年十二月因兵力不足、粮械缺

---

① 《南疆逸史》卷 54《杂传》;《明季南略》卷 7"郑芝龙议战守"条。
② 《行朝录》卷 1。
③ 《南疆逸史》卷 54《杂传》。
④ 《小腆纪年附考》卷 12。

乏,兵败于婺源。第二次为隆武帝亲征。原定隆武元年八月出发,由于郑芝龙的阻挠,拖了好久才由御营左先锋郑鸿逵和御营右先锋郑彩各率一支军队分出浙东、江西,十二月朱聿键才得离开福州。出征后两路兵马虽与清兵有所交手,而由于郑芝龙的操纵,基本上是分别长期停驻在闽浙交界处与闽赣交界处,没有进展。

唐王政权覆灭于隆武二年的下半年,直接原因是郑芝龙的暗中破坏。清朝深知郑芝龙是唐王政权的实权人物,至晚在是年的五月即以王爵相招降,心怀投机的郑芝龙当即复书与通。六月,清兵渡过钱塘江进入浙东后,郑芝龙不经朱聿键批准即把驻守闽浙交界处的军队撤走,向清兵敞开入闽大门。八月底,在清兵的追击下,朱聿键被俘于汀州,整个福建随之为清朝所据。十一月,郑芝龙不听郑成功等人的劝告,丢下聚集在安平镇(在泉州南)的部队,亲至福州降清。他原以为清朝可以让他继续留驻东南沿海,但却被带往北京。后虽得到封爵,实则遭到软禁。

四、大顺军余部拥明抗清的开始

李自成牺牲后,进入湖广的大顺军由于失去了领导者,面对复杂的形势不知所措,制定不出正确的行动计划,所以自顺治二年(1645 年)五月初到八月,在通山和蒲圻境内逗留了三个月①。在这三个月中,在清朝的招降下,这支部队的若干领导人曾代表所部向清明表示归服。清江西、湖广等八省总督佟某所写的"恭报地方情形"揭帖,就反映了这一情况②。这个揭帖中提到的表

---

① 参见柳义南:《李自成纪年附考》第 302～304 页。
② 《明清史料》甲编第 2 本第 121～122 页。据《明清史料》丙编第 6 本第 589 页,佟某乃佟养和。

示接受招降的李自成部将,后来基本上都又程度不同地参加过抗清斗争,这说明他们的这次向清表示归服,或属于一时性的意志动摇,或属于欺骗敌人的一种策略,而不管哪一种情况,都说明当时这支部队处于非常困难的境况之中。

除了李自成亲自带入湖广的一支外,当时的湖广境内,还有另一支大顺军余部,这是李自成之侄李过和妻弟高一功所带领的。当永昌二年(1645年)正月李自成由西安撤向湖广时,李过和高一功尚率部坚守陕北,来不及南下与之会合。后来,他们受到清军的猛烈攻击,而且得知了李自成已离开西安的消息,便于二月撤离陕北①。三月,经西安以西,退入汉中②。四月,通过秦蜀边界的太平、东乡、达州、夔府、新宁等县山区,进入湖广西部荆门、当阳一带③。他们拒绝了清朝的多次招降④,曾攻破荆门州和当阳县,并于七月二十日开始,在李过、李友、贺篮、高一功、刘汝魁、马重禧、张能、田虎、杨彦昌等率领下,分九股猛攻荆州城,半月之后才"稍退",但仍"磐踞咫尺"⑤。当时,这支部队所受挫折比李自成所率一支要小得多,战斗力颇强;不过它北有清兵,南有明朝残余势力,处于夹缝之中,情势也很紧迫。⑥

顺治二年(1645年)八月之后,湖广境内的大顺军余部所处局势发生了很大变化。首先是在八九月间,原由李自成统率留

----

① 《清史列传》卷78《尚可喜传》;《绥寇纪略》卷9"附纪"。

② 《明末农民起义史料》第489页《陕西总督孟乔芳启"为恭陈川陕招抚情形事"》。

③ 《荒书》第160页;《明清史料》丙编第5本《驾臣李万学奏疏》。

④ 《明清史料》甲编第2本《总督八省军门佟揭帖》。

⑤ 《明清史料》丙编第5本《荆州副总兵郑四维揭贴》,同书第6本《荆州总兵郑四维揭帖》。

⑥ 以上关于湖广境内大顺军余部情况的论述,请参看1957年9月26日《光明日报》所载方福仁:《关于李自成农民军从陕西南撤等问题》,以及柳义南:《李自成纪年附考》第293~300页《关于大顺农民军由陕西二路南撤问题》。

在湖广的大顺军余部中,有田见秀、刘芳亮、吴汝义、张鼐等部由蒲圻西移岳州,而后到荆南之松滋县草坪,与李过等所率的一支大顺军相会合,总兵力达到三十万。田见秀还把李自成留下的原明朝玉玺交给李过,将李过奉为主帅①。从此两大支大顺军余部结束了彼此失去联络的局面。其次是这两支大顺军余部先后与拥奉隆武政权的南明将领何腾蛟和堵胤锡联系上,并由与之对立改变为接受其节制。自此,大顺军余部开始"拥明抗清"。

原由李自成带入湖广的大顺军,除会合于李过等部者外,其他各部,如刘体仁(或作刘体纯)、郝摇旗(或作郝尧奇)、袁宗第、蔺养成、王进才等部,首先与何腾蛟联系上,并受其节制。

何腾蛟,字云从,贵州黎平卫人,天启举人。崇祯中历任南阳知县、湖广巡抚等职,弘光时受命总督湖广、四川、云南、贵州、广西军务。左良玉之以诛马士英为名称兵东向,何腾蛟不从,被劫上舟,即"乘间跃入江水",逃至长沙。而后集诸属吏堵胤锡、傅上瑞、严起恒、章旷、周大启、吴晋锡等,"痛哭盟誓",为南明坚守湖南;遣章旷自燕子窝、溆浦、武冈调来副将黄朝宣、张先璧、刘承胤所率部队,"兵势稍振"②。刘体仁、郝摇旗等部之与何腾蛟取得联系,接受南明的节制,是顺治二年(1645 年)九月③ 发生的,地点在湖南境内的湘阴、长沙、新墙等地④。这就是说,这些大顺军余部是在这一年八月离开蒲圻和通山,而后南下,从而实行这一转变的。对他们的转变,何腾蛟曾解释说:"自'逆闯'死,而闯二十余万之众,初为'逆闯'悲号,既而自悔自艾亦自失,

① 《怀陵流寇始终录·甲申剩事》;《明清史料》丙编第 6 本《湖北巡按马兆煃揭帖》及《荆州总兵郑四维揭帖》;《明季南略》卷 12《堵胤锡始末》;参见柳义南《李自成纪年附考·关于大顺农民军由陕西二路南撤问题》。

② 《明史》卷 280《何腾蛟传》。

③ 《西南纪事》卷 3《何腾蛟传》。

④ 《烈皇小识》卷 8 所附何腾蛟《逆闯伏诛疏》。

遂就戎索于臣"①。这里的所谓"自悔自艾",恐怕未必,而"自失"之说却是可信的。一旦杰出的首领李自成突然牺牲,几十万军队群龙无首,方向不明、怅然若失的情绪随之产生,显系势之必然。本身处于这种状态,周围又是气势汹汹的对手,在这种情况下,他们产生调整斗争任务以摆脱窘境的思想,也是可以理解的。由此可见,何腾蛟的上述解释,应该说是可信的。《永历实录》在叙述大顺军余部实行这一转变时说:"诸部从贼久,颇厌剽徙,为(虏)所大挫,心魂俱褫。闻南京立天子,欲归附,不知所介绍,擒田野民问之,乃知何腾蛟为楚抚,遂欲因腾蛟降。"可见,清兵的压力也是他们决定实行这一转变的原因之一。郝摇旗等接受南明节制后,隆武帝非常赞赏,曾赐名郝摇旗叫"永忠"。②

继刘体仁、郝摇旗等部接受南明节制之后,李过、高一功等率领的大顺军余部,也很快与南明地方官堵胤锡联系上,并接受其节制。堵胤锡,无锡人,弘光时以湖广参政分守武昌、黄州、汉阳。隆武立,以何腾蛟荐,升右副都御史,巡抚湖北。李过等之与其取得联系,地点在松滋县草坪,时间未出顺治二年九月。隆武帝得知李过等接受南明节制后,也曾大加表彰,授李过御营前部左军,高一功右军,皆使挂龙虎将军印,封列侯。赐李过名赤心,高一功名必正,"号其营曰忠贞",封李自成妻高氏贞义夫人。"然赤心书疏犹称自成先帝,称高氏太后"。③

从史料所载刘体仁、郝摇旗、李过、高一功等与南明督抚何腾蛟、堵胤锡相互接洽谈判的全过程来看,这时大顺军余部将领所接受的条件是,在政治上归附南明,其奋斗目标定为"中兴"明朝,为之"光复旧宇",而起义军将领自己则从中"建立功业","永

---

① 《烈皇小识》卷8所附何腾蛟《逆闯伏诛疏》。
② 《永历实录》卷15《郝永忠传》;《东南纪事》卷1《唐王聿键》。
③ 《明史》卷279《堵胤锡传》,卷280《何腾蛟传》;光绪重刊《堵文忠公集》;《思文大纪》卷5。

保富贵"①。这说明这时大顺军余部已转变为"拥明抗清",这是当时国内民族矛盾激化的产物,在当时的条件下,它有利于团结明朝的残余势力共同抗清,增强抗清阵线的力量,由此开创了抗清史的新阶段。此外,还应注意,这时大顺军余部也并未完全放弃自己的独立性,他们的部队尽管答应服从南明的指挥,但编制未打乱,也就是说,作为一个政治实体,它仍然存在,这使他们在必要时,仍可以在一定程度上按自己的意志办事。前述李过等称李自成为先帝,称高氏为太后,对此南明干涉不了,这既说明他们在需要时仍可以在一定程度上按自己的意志办事,也说明他们在思想上对于自己过去进行的阶级斗争并未彻底否定。

大顺军余部实现拥明抗清的转变之后,湖广境内的抗清力量大大加强,遂向清兵发起过多次有成效的进攻。史载,顺治三年(1646年),"腾蛟督郝永忠、张先璧等攻岳州,傅城大战,又战于藤溪、湘阴,皆捷,表加永忠恢剿左将军,先璧右将军,江楚间民多结寨以应"。"腾蛟喜,冀大举",计划恢复武昌、岳州及江西之袁州、吉州。可惜的是,这时唐王政权覆灭,形势有变,"兵不果出"②。堵胤锡节制的李过等部也积极战斗。顺治三年(1646年)春,忠贞营渡江猛攻荆州,几乎把城攻克,只是由于一天早上大量清兵突然自武昌开来援助荆州守敌,忠贞营才被迫撤围③。同年五月,受堵胤锡节制的大顺军余部还取得了著名的"草坪大捷"。④

湖广境内抗清力量的加强使清朝大为惊慌,他们连忙调整部署,增派部队。顺治二年(1645年)十一月,为了对付"出没武

① 《南疆逸史》卷21《何腾蛟传》;《明季南略》卷12"堵胤锡始末"条。

② 《西南纪事》卷3;《南疆逸史》卷21;《清世祖章皇帝实录》卷28。

③ 《西南纪事》卷3;《清世祖章皇帝实录》卷25;《明季南略》卷12"堵胤锡始末"条。

④ 光绪十三年重刊《堵文忠公全集》所载《堵文忠公年谱》及堵胤锡墓表。

昌、襄阳、荆州诸府"的"自成余党一只虎(按即李过)等",及"招李自成余部、分据诸府县"的"明唐王聿键所置湖广总督何腾蛟",清朝调坐镇江宁对付江浙一带抗清力量的平南大将军多罗贝勒勒克德浑,及其助手镇国将军宗室巩阿岱及固山额真叶臣,移师湖广。顺治三年(1646年)春,突袭忠贞营、解除荆州包围的援军,即是勒克德浑所率[①]。勒克德浑取得荆州胜利后不久,清朝调之回京,但同年八月,清朝就续派恭顺王孔有德为平南大将军,与怀顺王耿仲明、智顺王尚可喜等,"率满洲蒙古汉军官兵,往征湖广两广"[②]。加之隆武政权同月被灭亡,全国抗清斗争的中心从此移到了中南地区和大西南一带。

第四节　张献忠建立的大西政权

崇祯十七年(1644年)春季,张献忠领导的起义军西进四川,不久在成都重建了自己的政权,这是张献忠领导的起义事业发展的巅峰。由于四川偏居西南,远离当时的抗清斗争前线,阶级矛盾在这里仍占主导地位,因此,张献忠起义军进入四川以至重建政权后,所进行的仍是阶级斗争,这种状况一直继续到公元1646年年底张献忠牺牲。

一、张献忠占领四川

当崇祯十七年(1644年)初张献忠进入四川时,对抗起义军的是明四川巡抚陈士奇。他原在四川督学政,以文士而好谈兵,

---

① 《清世祖章皇帝实录》卷21、卷25;《清史稿》卷216《勒克德浑传》,卷233《叶臣传》。
② 《清世祖章皇帝实录》卷27。

崇祯十五年秋改任四川巡抚。"及抚蜀,又日以诗文为事,军政皆废弛"①,这给起义军之进入四川,提供了一个方便的条件。崇祯十七年初,有人建议陈士奇增兵十三隘,加强这一由楚入蜀的重要关口的防御,而陈不能用。张献忠遂未受阻拦即长驱进入夔州,时在是年正月十一日②。而后,起义军连下云阳、万县。三月,明总兵曾英抵御起义军于上湖滩(在今重庆市万州区西六十里大江上,水势险急),起义军连攻三日,曾英退保望州关(在今涪陵南十里),命部将李占春以舟师堵江。起义军不能进,即以"一军绊曾英,一军出间道攻(梁山)白兔亭",继至长寿,反出湖滩之西,湖滩明兵不攻自溃③。起义军遂得浩浩荡荡向西进军,史称:时起义军"健斗者十余万,负载者倍之,号四十万,横四十余里,左步右骑,翼舟而上"④。重镇重庆成为起义军攻打的首要目标。时陈士奇正在重庆,而重庆以东四十里有铜锣峡,为江路所必经,陈士奇在此布下重兵,用以抵御起义军。张献忠为了克服这一困难,一方面分舟师溯流犯峡,另一方面自以精骑越山西驰百五十里,攻下重庆以西的江津县,而后以所得船只,顺流而东,不三日夺得佛图关(重庆附近),铜锣峡反在其下,明兵惊扰不能支,遂溃,起义军因至重庆城下。陈士奇日夜登陴,进行顽抗。重庆城三面临江,皆石壁,西南有砖城数十丈。起义军选定砖城为突破口,挖穴藏药,发炮引爆,终于在六月二十一日早晨,攻下了这座坚城。时瑞王朱常浩由汉中避乱来重庆,因与陈士奇一起被起义军杀死⑤。重庆既下,成都东面的门户洞开,七月四日,张献忠留部将刘廷举守重庆,自己带上大队人马,向

---

① 《小腆纪传》卷34《陈士奇》;《蜀难叙略》。
② 《小腆纪年附考》卷2第56~57页;《蜀龟鉴》卷2第4页(下)。
③ 《国榷》卷100第6032页;《蜀龟鉴》卷2第7页(下)~8页(上)。
④ 《蜀龟鉴》卷2第11页(下)~12页(上)。
⑤ 《怀陵流寇始终录》卷18第15页;《小腆纪年附考》卷6第210页~211页。

成都方向浩浩荡荡地开去。①

　　这时，明朝在成都城内可说是基本上处于无所准备的境况之中。蜀王朱至澍，蜀献王之后，朱元璋十世孙。为人贪财至极，面对起义军日逼的紧张形势，当四川巡按刘之渤等请他出赀募兵设守时，他却以"祖训不典兵"为藉口加以拒绝。为了逃命，他谋划迁于云南，而巡按刘之渤力持不可，内江王朱至沂与之渤相争，乃得以六月十三日启行。然而守门士卒汹汹作乱，其辎重有被掠者，使蜀王被迫取消了出逃计划。在这种情况下，蜀王被迫答应"出财招募"，不过"三日无应之者"。七月，新任巡抚龙文光和总兵刘佳允率兵三千从川北开来，谋设守，而"王宗大姓逸去者半"。② 兵微将寡、人心惶惶的成都危在旦夕。

　　八月五日，起义军骑兵自资阳，水军自洪雅、新津开到成都附近。明总兵刘佳允出战而败，巡抚龙文光派人去灌县决都江堰，企图引水注城壕，加强防御。但形势发展很快，起义军以攻重庆之法攻成都，九日黎明，火发，北角楼坍陷，"木石如飞鸟蔽天者久之，守陴者皆走"，起义军一涌而进，当灌县水至，成都全城已落入起义军之手。蜀王看到大势已去，只好率宫眷投井而死。巡抚龙文光、总兵刘佳允投浣花溪自杀。刘之渤，原籍陕西，起义军曾"以同乡欲用之"，但遭到他的拒绝，最后被起义军杀死，与龙文光、刘佳允一起作了明朝的殉葬品。③

　　攻克成都后，张献忠起义军又向四川各府州县进兵，不久，除遵义而外，四川的大部分地区均为其占领。④

------

　　① 《荒书》第155页；《蜀难叙略》第2页（上）。
　　② 《小腆纪传》卷9《蜀王至澍传》；《小腆纪年附考》卷7第242页；《怀陵流寇始终录》卷18第16页（上）、17页（上）。
　　③ 《怀陵流寇始终录》卷18第17页（下）~18页；《蜀难叙略》第2页（上）；《小腆纪年附考》卷7第242~243页。
　　④ 《蜀难叙略》第4页（上）。

二、大西政权的建立

在节节胜利的凯歌声中,张献忠起义军在成都重建了自己的政权。张献忠正式称帝,时为崇祯十七年(1644年)十月十六日(关于张献忠称帝的时间,各书记载不一。如《荒书》记为崇祯十七年八月十五日,《绥寇纪略》、《国榷》、《怀陵流寇始终录》和《小腆纪年附考》记为崇祯十七年十一月十六日,这里采用《蜀龟鉴》的说法)。国号为大西,年号大顺。改蜀王府正殿为承天殿,以府门外屋为朝房,以成都为西京。以养子孙可望节制文武,以桐城诸生汪兆麟(一作"龄")总决诸事。建东、西两府,以居孙可望及另一养子李定国,命皆称千岁。又以孙可望为平东将军,李定国为安西将军,刘文秀为抚南将军,艾能奇为定北将军。刘、艾也是张献忠的养子。孙、李、刘、艾四人皆赐姓张,封为王。他又以王尚礼为中军府都督,白文选为前军府都督,王自奇为后军府都督。又有马元利、刘进忠、凌三品、张能第、张化龙等人,皆封为将军。置丞相、六部以下官,汪兆麟为左丞相,绵州严锡命为右丞相。严行名讳制度,文字称谓不许触犯"献忠"二字,凡郡邑人物犯必改,坊碑必镵其字。①

张献忠起义军自崇祯十七年(1644年)春季入川到十月在成都建立大西政权,历时不到一年。其在四川的进展不可谓不快。为什么能够出现这种局面呢? 回顾上面关于张献忠起义军入川后的经历可以看出,一是由于起义军的战术很出色,如湖滩之战、铜锣峡之战即表现了其战术的灵活巧妙,二是由于当时四川的明朝势力已经无法得到其中央政府的支援,而它本身又无

---

① 《蜀龟鉴》卷2第26页;《小腆纪年附考》卷8第285~286页;《蜀乱始末》第7页,《秘籍汇函》本;《怀陵流寇始终录》卷18第21页(下)。

得力的组织者,川东陈士奇的不守十三隘和成都蜀王的守财奴行为即是明证。此外,另有两点也是十分重要的:

其一是四川地区社会矛盾很尖锐。明清之际四川广安人欧阳直曾描写当时四川的社会状况说:"贪官污吏、学霸势绅、市棍土豪、衙蠹宦仆,猫鼠固结,鱼肉良善,倾人之家,破人之产,鬻人之子,骗人之财";"绅衿棍蠹莫不万亩千楹,更锦衣而玉食,乡农佣贩惟有佃田租屋,且啼饥以号寒";"以致积愤不平,抑冤难诉,憾天诅地,泣鬼愁神"①。欧阳直的这些描述绝不是危言耸听,而是对现实的真实写照。这只要看一下当时四川地区不断发生的民变事件,即可一目了然。民变最早于崇祯五年(1632 年)发生于渠县,生员群起鼓噪打死衙蠹(州县吏胥快皂之为恶者)数十人②。崇祯十四年初,民变又遍及成都府属各州县,且由除衙蠹发展为除五蠹。所谓五蠹,除衙役外,还有府蠹(投献王府武断乡曲者)、豪蠹(民间强悍之人)、宦蠹(缙绅之家狗仗人势作威欺人之豪奴义男一类人)、学蠹(喜事害人的生员)。事变之中,许多五蠹中人被捶击而死,或糜烂于鼎釜,或活埋于土中。最后,由于巡抚廖大亨派官兵镇压,事情才告结束。另外,这一年顺庆府的生员,也曾鼓噪而打死衙蠹③。民变的屡次发生,反映了社会矛盾的尖锐和阶级斗争的激烈,这为张献忠起义军之顺利入川,提供了极大帮助。许多被压榨得苦不堪言的贫苦群众,在张献忠起义军入川时,把起义军当作自己的归宿,依靠起义军的力量向本地的地主恶霸讨还血债。史称:时川民之"从献者",重要的原因之一,就是要"求逞志于绅民"。④

---

① 《蜀乱始末》第 2～3 页。

② 《蜀乱始末》第 4 页。

③ 《荒书》第 153～154 页;《蜀乱始末》第 5 页(上);《蜀龟鉴》卷 1 第 31 页(下)～32页(上)。

④ 《蜀龟鉴》卷 3 第 17 页(上)。

其二是姚(摇)黄起义军在四川的长期活动,消耗了四川地区地主阶级的力量。姚(摇)黄起义军之在四川活动,始于崇祯六年(1633年)。最早的领导者是摇天动和黄龙,他们原在山陕活动,而后入蜀。这支起义军的得名,即由此而来。由于初起事时无戈缺甲,因此又被地主阶级称为"棒贼"。入蜀后,甚得穷苦百姓的拥护,史称"利于贼者,无聊穷人,背主黠仆。贼与此辈气味相投","此辈乘此机会,利于投贼,贼亦利其内应"。也有一些当地的小股起义军,加入到这支起义队伍之内。如"广安白莲'妖人'何加起,称老佛,聚众数万,事败,投摇黄贼"。这样,摇黄起义军的队伍日益壮大,人数达十余万,其首领逐渐发展为十三家,包括整齐王张显、遵天王袁韬、逼反王刘维明、黑虎混天星王高、夺食王王友进、邢十万扈九思、黄鹞子景可勤、震天王白蛟龙、顺虎混天星梁时政、杨秉允、陈琳等。在崇祯十七年(1644年)以前,这支起义军的活动区域基本上不出四川北部和东部地区,所攻打的也大体上以乡间硐寨为主,对于大股官兵盘踞的城邑,攻打不多。这是由于它的力量毕竟不算太大的缘故。不过,由于活动时间长,对官兵的打击仍相当严重。所以,当崇祯十七年初张献忠入川时,所遇到的官兵阻力就得以大大减小。崇祯十七年十二月十九日,明四川按察佥事张一甲在一个奏疏中说:"川非无兵,为摇黄折尽。"就反映了上述情况。①

三、大西政权的几项政策

由于文献缺乏,对于张献忠起义军在四川建立政权后实行的政

---

① 《滟滪囊》卷1第3页(上)、4页(下)、5页;《蜀难叙略》第10页(下);《蜀龟鉴》卷1第8页(下),卷3第7页(上);《蜀乱始末》第5页(上);《国榷》卷103第6169页。

策,今天已经无法得知它的全貌了,但对若干文献记载进行汇集和分析,仍可了解其中的部分情况。有如下几项政策,值得注意。

第一,在政治态度上,要求辖区居民必须顺从大西政权。

这一政策,早在正式建立大西政权之前,即已实行。如攻下重庆之后,曾将抵抗过起义军的重庆明军一两万人,"割耳鼻、断一手以徇各县,谓抗者如之,能杀官绅、封府库以待,则秋毫无犯"。这实即公开宣布了所到之处只许归顺服从、不许站在对立面的明确政策。据记载,当时起义军的这一做法曾起了一定的作用,"由是所至皆降"①。大西政权建立后,这一政策继续坚持执行,如刚建立大西政权后不久,大西起义军来到简州(今简阳),给当地居民每人发给带有印信的"西朝顺民"四字,只要"载在背上",即"兵不敢乱"②。即是说,居民表示顺从归服起义军后,起义军即不会再对之施加暴力。

崇祯年间以来,由于政治不稳定,兵荒马乱,四川地区出现了许多性质不同的据保山寨的地方势力。对于这些山寨,起义军一律要求解散,人员要求全部回到城邑或村落居住。如《蜀乱始末》记载:"(起义军)尽勒(各州县)绅士入城,军民入村,凡居山扎寨者,攻之。"③《蜀难叙略》记载,起义军在洪雅地区下令:"凡尔处市镇,俱顺民,毋恐,家给大顺钱,缀于首,可不死,而山中作逆者,当剿除之。"④ 这里的"山中作逆者",实指一切居住在山寨中的人,因为当时张献忠起义军对所有"居山寨者",是一律"目为反叛"的⑤。不许居民聚保山寨,其目的很明显,就是为了肃清敌对势力。

---

① 《国榷》卷 102 第 6122 页。

② 《五马先生纪年》。

③ 见该书第 8 页(下)。

④ 见该书第 3 页(上)。

⑤ 《蜀龟鉴》卷 2 第 20 页(下)。

由于地主绅士有较高的文化知识和政治经验,加之他们一般都有较广泛的社会影响,张献忠起义军在建立大西政权的过程中,采取了争取他们合作的政策。当时,有不少地主豪绅鉴于形势的转变,为了自己的前途和各种利益,选择了与起义军合作、出而担任大西政权各级官吏的明智态度。但是,也有不少地主绅士坚持与农民起义为敌,顽固地拒绝与起义军合作。对于这些顽固分子,起义者以无情镇压相对待,这也反映了起义军要求辖区居民必须归服的坚定政策。如宜宾人尹伊,当起义军到达宜宾时,为明在籍前湖广布政司官吏,"被获,大骂求死",起义军看重他的名声,"欲生致之,舁至井研,骂益厉",起义军大怒,遂将他杀死①。在史籍中有不少关于张献忠起义军要搜捕杀绝四川绅衿的记载,如《蜀难叙略》在顺治元年(1644年)的记事中记载:"'逆'(指张献忠)令搜求仕宦,及起送卫所世职,皆杀之,又案籍诛其妻孥,无得免者。"② 对于这类反映张献忠对地主绅士的态度十分严厉的记载,不可全信,特别是在大西政权建立之初,更不可信以为真,《蜀龟鉴》的作者即说过:"献忠悬伪职以待乡绅,设科举以待生监举人,其初固无意于屠儒也。"③ 可见,至少在大西政权建立之初,凡关于张献忠起义军要杀光四川绅士的记载都是夸大之辞,应该认定,这时起义军所杀的绅士,只是那些顽固的拒不合作者。张献忠的大西政权,对在四川的明朝宗室,杀的数量相当多。有的记载说:"(顺治元年)十月,'逆'(指张献忠)令各郡县起送王府宗室暨家口数万人,皆杀之,惟富顺之镇国将军平樆,蜀王弟子也,间道走荣经县。"④ 张献忠之所以大杀四川的明朝宗室,当是因为把他们看作了明朝的具体

---

① 《小腆纪年附考》卷8;《国榷》卷103。
② 见该书第4页(上)。
③ 见该书卷2第29页(上)。
④ 《蜀难叙略》第3页(下)。

体现,另外,大概也与他们绝少跟起义军合作的可能有关。史载,顺治元年八月张献忠起义军进入成都后,获成都王世子,曾经将之封为太平公,后来过了三天,才将他杀死①。张献忠之给予成都王世子封号,可能就是要争取他的合作,不久又将他杀死,当即由于他拒绝合作的缘故,否则,这种现象的发生是难以解释的。

制定和执行要求辖区居民归从自己的政策,是无可非议的,而且是必要的,否则大西政权就不可能存在下去。但其在执行这一政策中往往一味依靠暴力镇压和重罚威胁,而且有时过分挑剔。如《客滇述》载:张献忠起义军入川后,江鼎镇向起义军投降,被任命为礼部尚书、考试总裁。及至举行迎春典礼,献忠问出何门。时因国号大西,献忠希望他回答出西门,但其所回答却是出东门。献忠听后不快,问其出东门的根据,江鼎镇答以"出《大明会典》"。献忠当即大怒,说:"汝尚知有大明乎!"当即责打一百棍。他的门生何某请求代受五十棍,结果是何某及其一家五十人,与江鼎镇一起被杀死。一时引用明朝制度并不说明其政治立场站在明朝一边,而因之将其杀死,实属过分。过犹不及,如此推行其要求辖区居民必须归从的政策,必然使其本来正确的政策,后来却无法发挥作用,甚至产生相反的影响。

第二,对辖区进行严格的政治控制。

这一政策在西京成都执行得尤为严格。每天五更,提督衙门派出缉事士卒千余人,或扮乞丐,或扮医卜,或装商贩,分布于大街小巷,往来巡查,凡有迹涉讥讪新朝者,即予逮捕。一至傍晚,则"巡缉之兵,或潜入人室,伏人卧榻之下,或上人房屋之上",窃听人语。并行连坐法,"每一家犯事,左右邻人"一并受罚。四城门不许随便出进,各设官吏"以讥诃出入"。凡城内出

---

① 《蜀龟鉴》卷 2 第 19 页(下)。

者,要先赴兵马司处,"投递手本,上开某街第几铺或某坊,民某人,出到某处,左右邻某人,户首某人,保结某人,有无家口,约某日回城"。如到期不归,则"先拘左右邻及户首斩杀,后拘出城不回之人家口,不拘老少,尽数斩杀"。有自城外入城者,要经兵马司盘问明白,填给入票,事毕出城,需验缴原票,方行放出。原票失落,即遭处罚。如系本日往还,则于左颊印一图章,至晚出城,需将图章验明,方可放行。如果图章被汗水冲掉,或因磨擦而不明,"亦拘留斩首"①。在政局不稳、斗争激烈的当时,加强治安防范是正确的;但行之过分,给人造成恐怖的感觉,也会产生消极影响。

第三,使用和控制相结合的知识分子政策。

随着大西政权的逐步建立,大西迫切需要大批知识分子,参与政权的组织和管理,因而张献忠入川不久即确定了大量使用当地知识分子的政策。攻下重庆时,张献忠就已如此,史载:"设伪官左辅右弼九卿文武等官,大抵皆蜀人,而举贡诸生为多。"②他在成都称帝后,更马上实行科举,从知识分子中选拔人才。乡试中者八十人,以温江史镔传为解元;会试中五十人,以汉川樊某为状元(一云状元姓刘)。献忠亲自写出一篇万言策,历评古今帝王,以西楚霸王为第一,颁布学宫。又设武科,以华阳张大受为武状元。时所设宰相以下各府部内外文武官,多以科举所取文武进士举人为之。③

张献忠任用知识分子的同时,还进行严密的控制。其招徕知识分子参加科举,有一定的强制性。其不至者,要受处罚,"妻

① 《纪事略》,1959年中华书局上海编辑所据上海图书馆所藏抄本印刷;《怀陵流寇始终录》卷18第22页;《蜀碧》卷2。

② 《国榷》卷102第6122页。

③ 《蜀难叙略》第2页(下);《怀陵流寇始终录》卷18第21页(下);《蜀碧》卷2;《蜀龟鉴》卷2第29页(下)。

子没入营,十家连坐"①。考试之后,"已中者不得宁家,未中者不得在乡居住,以为秀才在乡造言生事,并家眷尽驱入城中,十人一结,一家有事,连坐九家"②。当农民政权刚刚建立之时,对原来并未参加起义事业的知识分子,进行必要的防范,并非不妥,不过,张献忠作如此过分的防范和控制,就不恰当了,对于争取人心是很不利的。

第四,整顿吏治。

大西政权中吸收了原明朝的一些官吏,他们难免把明朝官场的腐朽作风带进大西政权中来,即使是大西政权中的农民军将领,也可能受到这种作风的腐蚀。因此,如何对待这些弊病,是摆在大西政权领导者面前的问题之一。当时,张献忠确定的政策是,不许这种腐朽的东西在大西政权中存在和发展,厉行整顿吏治。如平东将军孙可望自汉中还成都,朝中臣僚"连名状迎之,献忠怒其沿故朝旧习,按名棒杀二百人"③。祭酒某,"以生辰受诸生礼,值十钱",被献忠发现,当即处死④。右丞相严锡命家在绵州,献忠从此经过,发现其宅第壮丽,即斩之⑤。张献忠之整顿吏治,手段也失于过分严厉,但其用意则是应予称道的。

第五,经济政策。

史载:"(张献忠)僭位之初,假施仁义,以博民心。"⑥ 由此可以推知,张献忠入川之后,在经济上所采取的政策肯定比较得民心。不过封建文人在记载张献忠史迹时,对这一方面不感兴趣,因而今天只能搜寻到其中的一鳞半爪。大体说来,如下几方

---

① 《蜀龟鉴》卷 2 第 29 页(下)。
② 《五马先生纪年》。
③ 《怀陵流寇始终录》卷 18 第 22 页(上)。
④ 《小腆纪年附考》卷 9 第 350 页。
⑤ 《怀陵流寇始终录》卷 18 第 19 页(下)~20 页(上)。
⑥ 《圣教入川记》。

面是张献忠曾经实行过的经济政策。

首先有确定赋役的征收办法。佚名《纪事略》载,左丞汪兆麟曾"条陈治安之策",除谈及进取汉中、用人等项外,也谈到了"定赋役"等各项事宜。可见张献忠君臣是讨论过赋役的征收办法的。而且从情理讲,这次入川一驻便是两年有余,并且正式建立了政权,其对赋役的征收办法,一定不仅作过讨论,而且作出了决定。《蜀难叙略》记载,顺治元年(1644年)因对汉中用兵,大西政权"于田里起征戍之兵,而排门征运粮人夫"①。对于这同一件事,《蜀龟鉴》记为"方有事汉中,按粮签兵征夫"②。所谓"按粮"、"于田里"、"排门",即是说根据土地的多少、土地税的数量以及门户来征收。这就说明,当时大西政权辖区内的各民户,一定各有按照既定的办法而确定下来的赋税负担额;因为否则这次签兵征夫便不可能说是"按粮"、"于田里"、"排门"了。另外,这次签兵征夫所采用的办法本身,也可说是大西政权所规定的赋役征收办法的一部分。所以,《蜀难叙略》和《蜀龟鉴》的这两条记载,便从史实上为认定大西军政府曾确定赋役的征收办法,提供了证据。《怀陵流寇始终录》卷十八记载,顺治元年(1644年)张献忠入川后,"声言边郡新附,免其租三年,蛮司贪贼货,多降"③。这一史料再次表明,大西政权确实有一定的赋役征收办法,否则就无其所谓"免其租三年"了。使人遗憾的是,张献忠所规定的赋役征收办法究竟是什么样的,现在已因史料缺载而搞不清楚了。不过,从各种情况来推断,其基本办法大概与明朝相差不多。张献忠虽然不愿人们依从明朝旧例办事,要求人们彻底与故明划清界限,但在治理国家的基本制度上,由于

① 见该书第4页(上)。
② 见该书卷2第36页(下)。
③ 见该书第23页(上)。

时代和阶级的局限,他实则无法与明朝一刀两断,明朝的办法仍是大西政权的蓝本。上述大西政权的组织法,从基本面貌讲,即与明朝无多大差别。其赋役征收办法之基本上与明朝相似,当在情理之中。

其次有"籍富民大贾"。《蜀龟鉴》记载说:"饬各州郡籍境内富民大贾,勒输万金,少亦数千金。"[①]《蜀难叙略》也有相类似的记载,但指出"勒输"的名义,乃是"罚饷银"[②]。可见,这是与李自成起义军的"追赃助饷"完全相同的一种经济政策。大西起义军队伍庞大,征战不断,势必需要数量巨大的军费。明朝的军费有很大一部分是靠"剿饷",起义军不能用这种名义来筹款,这样,其解决军费的办法,即除了入川时没收官府库藏之外,只好靠正常的赋税收入。而战乱的影响,必然使正常的赋税收入不易征收;为了安定秩序、争取人心,起义军甚至还需不断减免某些地区的正常的赋役负担;这样,起义军向富民大贾"勒输"款项,就成为解决军费的一个重要手段了。可见,大西政权之实行"籍富民大贾"的经济政策,即意味着"剿饷"之类不正常的加派的废除,意味着对某些地区减免正常的赋役负担创造条件,意味着普遍负担的赋役(在明朝统治时期由于地主阶级的转嫁往往贫苦群众被迫负担其绝大部分)有一部分改为全由富民大贾来负担。这就是说,籍富民大贾的经济政策,体现出了大西政权的农民政权性质。除了籍富民大贾外,为了解决军费,大西政权还有派军队下乡打粮的办法。如《蜀乱始末》记载:"献'贼'每五日十日一发人采粮。"[③]打粮的对象,自然主要是"富民",因此,它在性质上与"籍富民大贾"有相同之处。但是,这种方式往往侵

----

① 见该书卷2第30页(上)。

② 见该书第4页(上)。

③ 见该书第10页(上)。

犯一般群众的利益,很不足取。另外,不管是下乡打粮,还是"籍富民大贾",都有过分侵害富商大贾利益之处,对于稳定局势、巩固大西政权,有一定的消极作用。

再次有保护商业。为了便于商业流通,张献忠起义军进入成都后,专门设立铸局,"取藩府所蓄古鼎玩器,及城内外寺院铜像,熔液为钱,其文曰'大顺通宝'"。这种钱"精致光润,不类常铜",用以"作妇女簪花,不减赤金"①。用古鼎玩器、寺院铜像等熔液造钱,毁坏文物珍品是不足取的,但有利于商业的发展,不可完全否定。据记载,当时的商人还可以进入兵营进行贸易②,这也反映了大西政权保护商业的政策。

第六,注意军纪。

史书中,关于张献忠起义军在建立大西政权后大量杀人的记载极多,似乎军纪极坏。其实不尽如此。在大西政权的后期,起义军杀人较多,但在前期则是对军纪相当注意。这只要细读史料,即能发现若干比较符合实际的记载。如《五马先生纪年》记载,简州地区的大西军在崇祯十七年(1644年)刚刚到达后的相当一段时期内,即"不甚扰民"。现存大顺二年(即顺治二年)三月的"大西炮骑营都督府刘禁约"碑拓片,更反映了张献忠起义军对军纪的注意,其所提禁约共有六条:一、"不许未奉府部明文、擅自招兵,扰害地方者,许彼地士民锁解军前正法,如容隐不举,一体连坐"。二、"不许往来差舍并闲散员役擅动铺递马匹兵夫,查出捆打"。三、"不许坐守地方武职擅受民词,违者参处"。四、"不许假借天兵名色,扰害地方,该管地方官查实申报,以凭枭示"。五、"不许无赖棍徒投入营中,擅辄具词,诈告妄害良民,违者捆打"。六、"不许守□文武官员擅娶本土妇女为妻妾,如违

---

① 《蜀碧》卷2。
② 见《五马先生纪年》。

参究"①。这样周到的规定,如果不是出于对军纪的重视,是不可能制定出来的。

第七,神道设教。

史称,张献忠所过,"园亭寺庙无不焚毁,存者唯关帝、文昌。关帝,秦所尊;文昌,献忠所祖"②。史籍中还有许多所谓张献忠故意与天作对、好像天不怕地不怕的记载,如《纪事略》记,张献忠攻下重庆后要杀瑞王,"行刑之时,滂沱如注,霹雳交轰,当时击杀执刃贼兵四人,献忠略不省惧,竟用铳炮相角"。似乎张献忠并不重视神道设教。而实际上并非如此。旧史籍的这类记载,只是出于作者攻击张献忠的动机;在迷信天命的封建时代,如果有人不畏天命神怪,就会被一般舆论视为狂妄无道之人,旧史籍的作者如此描绘张献忠的形象,目的即在于此。考察史籍的全部记载,可知张献忠在当时曾利用迷信神道设教。如《圣教入川记》说:"献忠称帝后,每行一事,必谓奉天之命,以证其实为天子。并妖言煽惑,使百官不信而信。又暗编辑一书,名曰《天书》,满载邪说狂妄之言、暗昧隐语,拉杂成篇。谓此书系某军人得自密处。并谓此书所言无人得知,惟天子独知,因天子奉天之命,独能解释故也。此书多隐语,乃献忠伪作。且称此书为预言,预示其国未来诸事。"③ 在弄清张献忠实则重视神道设教之后,对于他所搞的那通有名的圣谕碑,便可作出比较贴切的解释了。这个圣谕碑的内容是:"天以万物与人,人无一物与天,鬼神明明,自思自量。"④ 很清楚,这通碑文,为人们必须听从上天的安排提出了理由:"天以万物与人,人无一物与天"。可见,这通圣谕碑的刻立,正是张献忠为进行神道设教而采取的重要步骤。

---

① 见《明末农民起义史科》所附禁约碑图版及释文。
② 《蜀龟鉴》卷3。
③ 见该书第33页。
④ 《怀陵流寇始终录》卷18第21页(下)。

在封建时代,利用超自然的力量,巩固自己的政治权力,这种手段确有其现实作用。从这一角度讲,张献忠为了巩固大西政权,运用神道设教,是可以理解的。

四、明朝残余势力的抵抗和反扑

清兵于崇祯十七年上半年在吴三桂的勾引下打入内地后,民族矛盾从全国范围讲在逐渐上升,但是,四川地区远离民族矛盾和民族斗争第一线,地主阶级和农民阶级的阶级矛盾仍占第一位。在这样的形势下,在大西政权建立的前后,四川的明朝残余势力,包括文武官吏及在乡的绅衿等,出于对农民起义军的阶级仇恨,加之大西政权的政策对其利益多所妨碍,便多次发起抵抗张献忠起义军进军的事件,在起义军已经攻克的地方,则屡屡发动反扑。由于大西政权的一些政策和做法也有欠妥之处,这使不少一般群众,在明朝残余势力的蛊惑下,也参与了这些抵抗和反扑事件。截止到张献忠起义军攻克成都前后,明朝残余势力发动的抵抗和反扑事件,除去前文已经述及者外,主要有如下数起:崇祯十七年(1644 年)上半年张献忠起义军攻打梁山时,本县"副榜高宗舟守北门",当起义军攻入城内后,他还进行巷战,直至被杀为止①。不久,起义军至合州,诸生董克治"倾家资,募义勇,与战于长安坪,不胜,退据岣中",顽抗一月有余,被地主阶级"比之田横"。同时,在永川,则有"'义民'蒋世铉起兵"守城,抵抗起义军,被执而不降②。在江津,则有乡绅刁化神集众顽抗,起义军"招之不听"③。在八月起义军攻克成都的前后,

① 《蜀龟鉴》卷 2 第 8 页(上)。
② 《小腆纪年附考》卷 6 第 211～212 页;《蜀龟鉴》卷 2 第 14 页(上)。
③ 《荒书》。

仁寿和井研也有明朝残余顽抗起义军之事:明仁寿知县刘之策当起义军之至,声称"事迫矣,吾惟有不动心三字耳",结果与本县举人贾锺斗、生员刘士恺等拒战被杀;井研"义民"雷应奇,看到起义军开来,对"郡县无一杀贼者"极为慨叹,"纠义勇拒于高境关","力杀数贼"而死①。这时,尤其引人注目的是明朝残余在川东重镇重庆向张献忠起义军发起了反扑。张献忠在六月攻下重庆后,自己率大军继续西征,留下部将刘廷举带领部分士兵镇守重庆,至八月下旬,明川东兵备道马乾来攻,刘廷举支持不住,弃城而去,重庆又入明军手中。②

南京弘光政权建立后,在实行"联清灭顺"方针、企图消灭李自成起义军的同时,也确定了坚决消灭张献忠起义军的方针。由于张献忠起义军远在四川,与清军没有接触,弘光政权无法借刀杀人,只能亲自出马。但它派不出军队,所采取的具体措施是委任高级官员,前往四川加强对农民军的进攻。崇祯十七年(1644年)五月十一日,改右军都督金事汉羌总兵官赵光远为镇守四川总兵官③,六月七日,又进赵光远为都督同知,提督四川陕西总兵官④。八月中旬,任命前兵部右侍郎、宜宾人樊一蘅为南京兵部右侍郎兼右金都御史,总督四川陕西军务⑤。同月下旬,命前礼部尚书、武英殿大学士、巴县人王应熊兼兵部尚书,总督川湖云贵军务,开府于遵义,并赐尚方剑,使得便宜行事。不久又下令,蜀将须悉听王应熊调遣,当地的"文武官吏汉土兵"惟其所用⑥。

---

① 《小腆纪年附考》卷7第247页;《蜀龟鉴》卷2第21页(上)。

② 《荒书》;《蜀龟鉴》卷2第21页(下);《蜀难叙略》第3页(下)。

③ 《国榷》卷101第6093页。

④ 《国榷》卷102第6113页。

⑤ 《国榷》卷102第6139页;《小腆纪年附考》卷7第248页。

⑥ 《国榷》卷102第6143页、卷103第6172页;《小腆纪年附考》卷7第253页;《蜀龟鉴》卷2第21页(下)。

十一月二十三日,以九江分守道四川监军耿廷箓加南京太仆寺少卿,赴云南调临安府土官沙定洲军,由建昌入川,镇压张献忠起义军,次年三月,又任命他为右佥都御史、四川巡抚①。崇祯十七年(1644年)十二月,以都督佥事贾登联为四川总兵官②。弘光政权所委派的这些高级官员,在对付张献忠起义军上所起作用不同,有的甚至没有收到任何效果,但对于四川的明朝残余势力则是一个鼓励,随着这些任命的一个个发出,这年冬季以后他们反抗大西政权的活动更趋猖狂。

在川北,崇祯十七年(1644年)十月,张献忠部将孙可望攻克龙安府,第二年三月又取茂州,派人招降明松潘副总兵朱化龙,索其印,而朱化龙却以"他印与之。可旺(按:即可望)去",他又"发三寨夷兵同管理通判万文相,下复茂州",并"与龙安府同知詹天汉共复龙安府"。③

在邛、雅地区,早在崇祯十七年(1644年)八月和九月,便有激烈的斗争。成都刚被张献忠起义军攻克时,邛州人向明上南巡道胡恒"伐鼓大噪,索印款贼",胡恒不给,南走建昌。途经雅州,被知州王国臣拘禁,不久得天全土司高跻泰救援,得以脱险,而王国臣被迫避入成都。九月,张献忠以王国臣为茶马御史,使与艾能奇所部重来雅州,行至飞仙关,高跻泰恐惧,献出胡恒,胡被押往成都。但此后,更激烈的斗争在这里展开。十月份,张献忠发出各郡县起送王府宗室暨家口的命令后,蜀王之侄镇国将军朱平榻"间道走荥经";而明建昌守将丁如龙、周双乔等因前奉令迎接胡恒这时恰好来到这里,得知胡恒已落入起义军之手,乃与黎州千户马云龙、土官马乘等,率七姓蛮兵,谋划攻击起义军;

---

① 《国榷》卷103第6164页,卷104第6194页;《小腆纪年附考》卷9第335页。
② 《国榷》卷103第6172页。
③ 《荒书》。

此外,八月中曾在成都抵御起义军的明参将、黎州人曹勋,这时也逃到荣经。于是内江人、原明户部主事范文光、邛州举人刘道贞、芦山举人程翔凤等,遂与曹勋等同奉朱平榈做盟主,称蜀王,"图兴复"。以曹勋为副总兵,统诸将;范文光为监军道,刘道贞为兵部职方司主事,程翔凤为监纪官。一个对抗起义军的小中心就此建立起来。此后,在这个小中心的策划下,其所统带的部队与起义军在雅州龙观山、雅州城下、荣经县、大渡河所之大关山(在荣经县西八十里)等地进行过多次较量,连遭失败后,才不得不退守小关山(在荣经县西南五十里)。①

在嘉定叙州地区,出现了以嘉定人杨展为首的明军武装。崇祯十七年(1644年)八月的成都之役中,杨展以参将身分参加抵抗张献忠起义军的活动,城破被俘,设计逃出,行至新津,遇到二千余名从成都跑出的明朝溃卒,遂被奉为统领。他令众人从他道去叙州府,而自往嘉定取家口来会。及归,嘉定与诸属邑俱已落入起义军手中,乃与其子璟新收编了一支屯于峨眉县的明朝军队,开向叙州府。十月,下叙州府,十二月,起义军来攻,杨展军不敌,逃至泸卫,又走永宁卫,往遵义谒见王应熊。王应熊对杨展大加慰劳,仍以之为参将。杨展遂居永宁休息。次年三月,杨展自永宁出攻叙府,与冯双礼所部起义军展开拉锯战。四月,孙可望又率领起义军来战,杨展连遭失败,再逃永宁,五月下旬,移兵东北至江津兑溪,并屯驻在那里。②

在重庆一带,明朝残余势力一直占据上风。崇祯十七年(1644年)十一月,明参将曾英和川东道刘鳞长次綦江。第二年正月,曾英至重庆援助马乾,大大加强明朝残余势力在重庆的力

---

① 《荒书》;《蜀难叙略》第 3 页。

② 《荒书》;《蜀难叙略》第 3 页(下)~第 4 页(下);《小腆纪年附考》卷 9 第 348 页;《滟滪囊》卷 2 第 59 页。

量。自从刘廷举被迫撤出重庆后，张献忠认为这个战略要地不能弃之不顾，乃派刘文秀率领三万人马来争。顺治二年（1645年）二月，起义军至合州，据多功城为老营。三月十八日，以精甲为奇兵，出浮图关，而陆路大队出合州，水陆夹攻重庆。曾英闻讯，遣部将于大海迎击水路，张天相迎击陆路，"戒勿轻战"，而"自以轻骑五百间道击多功城老营"。曾英在多功城出击得手，取其旗帜，"往绕'贼'后，与大海等夹攻"，终在重庆亭溪大破起义军，曾英从此名声大噪，王应熊以之为副总兵，后又晋平寇伯。①

以上四个地区明朝残余势力反对大西政权的活动，是崇祯十七年冬季之后的这类活动中范围较广、持续时间较长者。范围较小、持续时间较短者还有许多。如崇祯十七年十月，峨眉平夷三堡，联络归化八里及万年寺僧，招募土人两万余，组成地主武装，对抗大西政权，大西政权的峨眉县令胡銮奔成都告变，张献忠派总兵欧阳柄领兵来对付。双方在纸钱街大战一场，地主武装败奔万年寺；后地主武装出高桥，败起义军于了宝楼，又将欧阳柄围在县城，四面攻打十余日。十一月，张献忠调欧阳柄回成都，留下部分起义军继续对付峨眉、夹江一带的地主武装。然而明夹江县令纠合"义兵"，通万年寺，僧俗协力反对起义军；起义军连连失利，只好撤回成都②。此外，在中江、射洪、巴州、通江等地，也都发生过规模较小的明朝残余势力反对大西政权的活动③。《小腆纪年附考》记载顺治二年（1645年）上半年的形势说："时四方兵大起，揭竿纠集，取'贼'（指大西政权）所置守牧令

---

① 《荒书》；《蜀难叙略》第4页（下）。

② 《滟滪囊》卷3第4页（上）；《蜀龟鉴》卷2第31页（下）、第32页（下）。

③ 详见《蜀龟鉴》卷3第2页（下）~第3页（下）；《滟滪囊》卷3第9页（下）~第11页（下）。

判,或刺于庭,或投之水火,一时殆尽。"① 这段话说得不无过头,但确实反映了当时明朝残余势力反对大西政权活动的猖獗。

崇祯十七年(1644年),张献忠之率领起义军来到四川,本意是在这里建立根据地,而后统一全国。他向重庆进军时,船只上悬有黄旗一面,上书"澄清川岳"四个大字,他派到城里说降的人在回答明官关于"献忠复入四川,意欲何如"的提问时,所说的话即是:"暂取巴蜀为根,然后兴师平定天下。"② 所以,在大西政权建立之初,张献忠尽管对不肯归附者采用了严厉的镇压手段,但所杀毕竟不多。不过,明朝残余势力顽固地反对大西政权,使张献忠十分恼怒,以致渐渐地产生了大加杀戮的念头。这正如史书所载:大西政权建立之初,张献忠"侈然有帝蜀之心,故未大纵戮。既以郡县义兵诛伪官,贼众屡挫阻,始有剿绝蜀人之心,肆屠剥焉"③。张献忠的这种报复措施虽然是事出有因,但并不是解决矛盾的好办法,因此其结果是导致明朝残余势力更顽固的抵抗,史称:"(顺治)二年乙酉正月,'逆'(指张献忠)以蜀民多阻险自固,益恨之,令闭诸郡邑城门,悉行斩戮,人皆惴惴待死……'逆'残暴日甚,人知必死,凡有险阻,皆举义旗。"④ 两者间的矛盾更趋激化了。这种局势终于导致了顺治二年(1645年)下半年以后两者间的更残酷的斗争。

五、明朝在川的残余势力更加猖狂

顺治二年(1645年)下半年之后,四川的明朝残余势力更加猖狂。除了巩固住其原来已取得的利益外,又不断从大西政权

---

① 见该书卷9第350页。
② 《滟滪囊》卷2第54页(下)~55页(上)。
③ 《小腆纪年附考》卷8。
④ 《蜀难叙略》第4页(上)。

手中夺得新地盘。

绵州举人郝孟旋,原为大西军俘获,授以上南道,他表面上顺从了起义军,实则暗中打定主意,等待机会从内部搞破坏。他千方百计招募军队,积蓄力量。又欲与盘踞小关的明朝残余势力曹勋、范文光通消息,而一直找不到机会。顺治二年(1645年)十一月,他的旧友、与曹勋和范文光在一起的程凤翔得知他的处境,自小关写信相招,郝孟旋遂杀雅州的大西军将士,"称明正朔",号其兵为"匡正营",把雅州交给曹勋和范文光。①

与郝孟旋事件同时发生的还有谯应瑞、冯开余事件。初,邯郸殷承祚在顺庆(今南充)主京报,大西军取得顺庆后,殷承祚被任为大西军的将领,奉令招兵,谯应瑞、冯开余成为他的部下。殷承祚企图叛变,暗中派人与王应熊联系,向王密报大西军的情报,并约定大西军将领马元利一旦离开顺庆,他即正式叛变。后马元利被张献忠调往潼川(今三台),殷承祚也被带到那里。他见起义军声势浩大,不易得手,即私派谯应瑞、冯开余回顺庆起事。结果,殷承祚被起义军杀死,而谯、冯两人在顺庆反叛成功。大西军设在那里的地方官为其所杀,他们自称其反叛武装为"中兴营"。马元利闻讯,引兵前来平叛,但久围不下。②

也是在顺治二年(1645年)十一月,杨展所率的明军在纳溪县也取得了一次对大西军的胜利,起义军"溺死者无算"。③

顺治三年(1646年),四川明朝残余势力反对大西军的活动持续发展。正月,洪雅的大西政权守备潘璘,乘明朝军队临城,欲叛变,谋于县令严赓,"赓不可,欲执之",逃免,但终于"启城,潜纳外兵,斩赓首,赴雅州献馘"④。同月,眉州(今眉山市东坡

① 《荒书》;《续编绥寇纪略》第7页(下);《蜀难叙略》第5页(上)。
② 《荒书》;《蜀龟鉴》卷3第15页(下)。
③ 《荒书》。
④ 《蜀难叙略》第5页(上)。

区)人陈登皞集数千人,树栅醴泉河,发动叛乱;大西军平叛,为所败,牺牲三百人。大西军移驻东馆,陈登皞又设计袭击,杀数百人。从此陈登皞自称其反动武装为"铁胜营",附近一些地主武装"悉归之"。[①]

随着四川明朝残余势力反对大西军的活动日趋猖獗,形势对大西军越来越不利。《小腆纪年附考》在顺治三年(1646年)三月的记事中,曾综述当时四川的局势说:

> (杨)展既取嘉定,贼帅刘文秀、狄三品来攻,为展所败,遁回成都。展遂合游击马应试尽复嘉、邛、眉、雅诸州邑。于时故总兵贾登联及其中军杨维栋取资、简,侯天锡、高明佐取泸州,李占春、于大海守忠、涪。其他据城邑奉征调者:洪雅则曹勋及监军范文光,松、茂则监军詹天颜,夔、万则谭宏、谭谊(即谭诣)。(樊)一蘅乃移驻纳溪,居中调度,会(王)应熊于泸州,檄诸路刻期并进。献贼始惧。[②]

六、张献忠残酷报复

面对明朝残余势力日甚一日的反抗活动,张献忠感到在四川难以立足,逐渐萌生了离开四川的想法。在顺治二年(1645年)七月,他曾想用赏赐金钱的办法,结好蜀地居民,而后派一将领在此镇守,自己则抽身入秦。但此议一出,立刻受到汪兆麟的反对,他说:

> 蜀民剽悍,臣先言之,今则然矣。皇上汗马血战,抚有此土,而蜀人德不知怀、威不知畏,屡抚屡叛。是蜀人负皇上,非皇上负蜀人也。今弃之往秦,以秦中山河百二,足以

---

① 《小腆纪年附考》卷12第460页;《蜀龟鉴》卷3第12页(下)。
② 见该书卷12第470~471页。

增重天朝,此所谓提裘挈领,诚有如圣谕所云据中原首领者是也。但今群雄并起,皇上弃蜀,焉知其无有据蜀而王者?如东汉之公孙述,宋初之孟昶,元末之明玉珍。此殷鉴不远也。皇上命将镇守之谕,恐贻后日之患……以臣愚意,莫若先将在城人民,尽行屠戮,其四道府州县之民,另计分剿,宫殿房屋,效楚人一炬,使之千里赤地、万井无烟。然后弃之他往,使后有据蜀者,有土无人,势难久住。俟皇上收服中原,正位长安,然后驱他省之民,以实户口,则事不劳而功易收。此制剽悍安反侧之善策也。

汪兆麟的这番话,使张献忠在顺治二年(1645 年)上半年之前产生过的在四川大加杀戮报复的念头重新引出。张献忠在汪兆麟的帮衬下,开始了对蜀民的残酷杀戮①。主要有如下几起:

顺治二年(1645 年)七月十三日至十八日,张献忠指挥部队在成都搞了一次大屠杀。先杀男子,后逼妇女跳江,"除投缳赴井者莫可查考,其膏锋刃者,男妇不下四五百万"②。这场屠杀,是在汪兆麟献策的次日下令进行的。

不久,张献忠又以"特科"的名义,对四川的乡绅、士子及医卜僧道杂流进行了一次杀戮。当时,"将发兵四路剿杀",但"恐有遗漏,且虑激变",张献忠找汪兆麟商议办法。汪说:"士为四民之首,即释道医卜堪舆之流,皆有智虑,可为民倡。今设一特科之法,托言遴选真才,随才器使,凡一切绅士贡监生童技术,俱调集省城,地方教官点送,有托故不到者,立时正法。如此,则人无不集,然后以计杀之,百姓虽多,皆各顾身家,岂敢为变。从此分兵四出,蜀民可立尽也。"张献忠很赞成汪兆麟的这一计策,即照计而行。没多久,各地士子俱至,悉收入大慈寺中,以骁勇的

---

① 《纪事略》第 49 ~ 50 页。
② 《纪事略》第 50 页。

士卒千余守住,"共计随行仆从不下万余人,教官且千余员"。十一月九日,张献忠忽然传下谕旨:"岁已及除,遴选不及,令教官将诸生领回肄业,俟来春再行调取。"次日,汪兆麟戎装入寺,命人持牌若干面,上写"某处绅士随牌出寺",而后牌前人后,各地士子等依次被带出城外,由东关至濯锦桥。时"献忠帅甲士万余,横据桥上,诸人罗拜桥下。甲士举刀乱斫,弃尸桥下,顺流而去。依次出即依次杀,自寅至申方止"。①

顺治三年(1646年)正月十日至十五日,大杀大西军中的川籍士兵。下令除年十四岁以下者外,"其余老弱成丁,不论男妇,尽杀",搞得"成都北关外威凤山起至南门梓潼园(一作桐子园),绵亘七十余里,尸骸山积,臭闻百里外"。张献忠之所以搞这次杀戮,乃是认为以前所杀者,"皆城市之民,脆弱无为之辈","其剽悍亡命叵测不轨之徒应募入伍者","尤为肘腋大患"。②

顺治三年(1646年)上半年,在成都府属三十二州县地方派兵分剿。当时所传给执行任务的各支部队的命令是:"俱要处处残灭,节节搜杀。"定例:每杀人,剁两手掌、割两耳及一鼻解验,准一功,妇人手以四双准一功,幼小婴童以六双准一功。计自"正月十六日剿杀起,至五月尽回成都,查验功数,男妇不下千余万"。③

---

① 关于这次用特科名义杀戮士子,各书记载不尽一致。如《纪事略》记为士子到京后先安插于青羊宫,而后移至大慈寺,杀戮的日期为十月十日。再如《蜀难纪略》记为九月,"诡以秋选科试之法,诱杀进士举人贡监生员及家属,合数万。又开特科,死者复万七千余人"。这里从《续编绥寇纪略》卷1第10页的说法。参见《纪事略》第52~54页;《滟滪囊》卷3第9页;《荒书》第160~161页;《蜀乱始末》第12页(下)~13页(上);《蜀难叙略》第5页(上);《蜀龟鉴》卷3第8页(上)~9页(上),第10页(上)~10页(下),第15页(上);《小腆纪年附考》卷9第351页。

② 《续编绥寇纪略》卷1第10页(下);《纪事略》第55页;《蜀龟鉴》卷3第17页(上)。

③ 《纪事略》第56页。

由于记载以上几起杀戮事件的旧史书的作者，都是地主阶级知识分子，有的本身即被张献忠起义军侵犯过其利益，所以都对张献忠起义军抱有成见，他们对这几起杀戮事件的记载难免有失实之处。这里，略举一例即可完全证明这一判断的正确。《续编绥寇纪略》卷一《蜀川沸》记载，顺治三年（1646年）正月，孙可望等奉命带兵四出剿杀蜀民，张献忠则在成都府所属州县剿杀。五月，"各路贼将回成都，上报功疏。平东一路可望所杀，男子五千九百八十一万有奇，女子九千五百万有奇，幼稚及城中者不计；抚南一路文秀所杀，男子九千九百六十余万，妇女八千六百六十余万，幼稚及城中者不计；安西一路定国所杀，男子七千九百余万，妇女八千八百余万，幼稚及城中者不计；定国（北）一路能奇所杀，男子七千六百余万，妇女九千四百余万，幼稚及城中者不计。献忠自领伪御府老营，所杀献忠自记，在外不得而知。尚有王尚礼所搜近城百姓填之江中者不计。又振武、南厂、七星、虎贲、治平、虎威、中厂、八卦、三奇、隆兴、金戈、天讨、神策、三才、太平、志气、正兵、龙韬、豹韬、虎略、决胜、宣威、果营等营，分剿川南川北两道，其斩杀男女数目，不能详悉记载"（毛奇龄《后鉴录》卷六及赵吉士《流寇琐记》卷下亦记有孙可望等诸路杀人数字，与此大同小异）。仅将《续编绥寇纪略》的这条记载中有确切数字的几件加起来，杀人总数即达六亿七千八百余万。如所周知，明代全国人口的最高数字为明神宗万历六年（1578年），也仅有六千零六十九万[1]。这与上述数字相比，尚不到十分之一！无可置疑，《续编绥寇纪略》所记的张献忠起义军在川杀人数，绝不可靠。由此推想，旧史书上述几起张献忠起义军杀戮事件的记载，夸大渲染之处肯定存在。

但是，关于上述杀戮事件，有多种史书加以记载，而且除了

---

[1]《明史》卷77。

细节的差异外,基本情况大体相同,这说明这些事件应是确有其事。在杀戮中,张献忠不懂得把明朝残余势力和一般绅士、劳苦群众区分开来,错误地把明朝残余势力的顽抗,视作整个四川居民的反对大西政权,狭隘的地域观念,使他对四川人产生偏见,从而不仅杀了明朝残余势力,也杀了许多一般绅士,更杀了不少劳苦群众,这便使这类事件在一定程度上带有了反人民性。应该说这是张献忠在晚年犯下的一个极其严重的错误。由于张献忠之在四川大杀戮,具有反人民性的一面,这便使之严重脱离群众。脱离群众的人是不可能成功的,张献忠之大杀四川人,成为其后来遭到丧命惨败的一个重要原因。

七、放弃成都,出走川北

时至顺治三年(1646年)夏季,形势对张献忠起义军已十分不利。早在这年三月,张献忠曾在彭山江口与杨展打了一仗,吃了大亏,"走还成都"①。此后便"势不振"。五月,明总兵曾英等又率兵向成都推进,献忠闻讯,"益惧,遂决意弃成都","走川北"②。八月六日,自成都出发,"逾月,至川北顺庆府属西充地方"。③

史籍记载,在离开成都、转移川北的前后,张献忠干了如下几项引人注意的事情:

第一,杀士兵家属,收缴金银。张献忠认为"财货妇女累兵心,令有妇女必杀,已成夫妇有子女,无不恸诀。有金银必缴,藏一两者斩,十两剥皮"④。"用法移锦江而涸其流,穿穴数仞",而

---

① 《小腆纪年附考》卷12第472页。
② 《小腆纪年附考》卷12第478页,卷13第489页。
③ 《纪事略》第59页。
④ 《蜀龟鉴》卷3第18页(上)。

后将所得金银放入，以土石埋盖，"然后决堤放流，名曰'锢金'"。他说："自我得之，自我灭之，不留毫末贻人也。"①

第二，火烧成都，堕成都及州县城墙。张献忠思量成都城墙，"高大坚固，若不毁塌，恐恢复者借以自卫，易于成功"，于是调兵平城。及掘平垛口，"其自垛口以下坚硬如铁"，"非经年不能"奏效，方令中止。又将"城内王宫、寺观、民居"，俱"纵火焚烧"②。对"州县城"也"遣'伪'将堕之"，"谓毋为后人捍卫"。③

第三，杀士兵。张献忠离开成都前，"恶其党太多"，说："吾初起草泽才五百人，所至无敌；今兵多益败，非为将者习富贵，不用命，即为兵者贪恋怀二心。吾欲止留旧人。"汪兆麟听后即献计迎合说："恐兵知而先噪，奈何！不若立法责之。"商议已定，而士兵未知，"习故态，角射纵酒，嬉笑怒骂如平时。逻者至，辄收治"，第一天即杀"十余万人"④。离开成都后，张献忠仍嫌人多，"行营不便"，继续"设计杀之"。其中一计为"过队法"：传令各营，不拘男妇，俱依次从张献忠面前"过队"，鱼贯而行，"每过三抽取一人，不问是男是妇，是老是幼"。其被抽取之人，名曰"四班"，命刘文秀统带，于旷阔处起造木城一座，令其居住。"居旬余，挤满木城，约数十万有奇"，于九月初十日领出，"尽数杀之"⑤。另一计是借口完成任务不好而杀人。如传令士兵出外寻找粮食，"定例每人一名，背细米二斗；每马一匹，驮细米四斗回营"，"如少升合"，"皆杀勿赦"，"每遇寻粮一次，死者不下千人"。⑥

① 《小腆纪年附考》卷13第489～490页。
② 《纪事略》第58～59页。
③ 《蜀龟鉴》卷3第18页(上)。
④ 《小腆纪年附考》卷12第471页；《续编绥寇纪略》卷1第12页(上)。
⑤ 《续编绥寇纪略》卷1第14页(上)；《纪事略》第59页。
⑥ 《纪事略》第60页。

上述三件事,有的可能基本上符合事实,如为了增强部队的战斗力并不使敌人得到好处,张献忠可能确实曾经规定,不许士兵携带金银,并将收缴来的金银埋在江底。为了不使敌人得到现成的防御工事,张献忠也可能确实曾经下令平毁成都及各州县的城墙。但在张献忠下达这些命令时,大概不会像旧史书所记载的那样严厉残酷。上述三件事情,有的还可能根本不存在,或者被完全歪曲了。如所谓嫌部队太多而故意设计杀人,就应该是基本不符合真相的。部队是政治家的命根子,是军事家赖以打天下的本钱,不可能想象张献忠在敌我斗争极为激烈的时候,竟肯向自己的部队大挥屠刀。所谓"有妇女必杀",也基本上不符合实际。在史籍中存在有不少关于张献忠起义军离开成都后,其部队中仍有许多妇女的记载,《纪事略》中就有这样一句话:"八月初六日,自成都启行,望北进发,随营男妇尚不下百五十万。"① 可见并没有把起义军中的妇女杀绝。从情理来推断,为了保持部队的战斗力,张献忠在当时可能曾经硬性限制士兵不准带或少带家属;在执行这一规定时难免发生若干涉及人命的事件,而下令尽杀妇女之事则绝不会发生,否则上述史籍中存在有不少关于张献忠起义军离开成都后、其部队中仍有许多妇女的记载这一现象,就无法得到解释了。

张献忠到达西充后,从各种记载看,在西充凤凰山金山铺驻扎了一两个月之久。在这一两个月中,曾从山中"砍伐大树,鸠工打造大船","将走湖广"②。这就是说,这时张献忠的战略目标已不再是顺治二年七月议定的由蜀入秦。这样,这里有三个问题需要解释:一是为何由蜀入秦改成了由蜀入楚,二是为何由

---

① 见该书第 59 页。

② 《纪事略》第 59 页;《荒书》;《续编绥寇纪略》卷 1《蜀川沸》第 14 页(下);《蜀乱始末》第 14 页(下)。

成都赴楚最便捷之路是顺江而不，而他却迁道川北，三是何时作出这一战略目标的改变。这些问题都是可以解答的。由前文可知，顺治二年上半年清兵已占领陕西，张献忠如由蜀入秦，必须与力量相当强大的清朝相拼搏，这对于经过与四川的明朝残余势力斗争两三年而被搞得精疲力竭的张献忠来说，是一件难以承担的任务。张献忠在顺治二年七月确定由蜀入秦计划时，由于交通不便，大概尚未得知清兵已占陕西的消息，因而敢于作出这样的计划。但这一消息此后不久他不会了解不到，这势必逼迫他改变计划。《小腆纪年附考》在记载张献忠于顺治三年三月在彭山与杨展作战时说："献忠(在成都)闻(杨)展兵势甚盛，大惧，率兵十数万，装金宝数千艘，顺流东下，将走楚。展逆于彭山之江口，纵火焚其舟，贼大败，士卒辎重丧亡殆尽，走还成都。"[1]由此看来，当是张献忠早在顺治三年三月已将由蜀入秦战略计划改为由蜀入楚；本来他由成都出发执行由蜀入楚计划是要顺江而下的，但因杨展挡路，只好改为迁道川北。

八、清兵偷袭和张献忠的牺牲

清朝在顺治二年(1645年)上半年打败了李自成起义军之后，不久即把打击张献忠起义军以占据四川作为其战略目标。是年十月，清朝廷开始正式部署进攻张献忠起义军，派固山额真巴颜、墨勒根蝦等率兵往陕西，会同驻防西安内大臣何洛会"剿"四川，命何洛会为定西大将军。接着，又于顺治三年(1646年)正月，命肃亲王豪格为靖远大将军，同郡王罗洛宏、贝勒尼堪等统兵"征四川"。[2] 不过，由于湖广、陕西这时一直有李自成余

① 见该书卷12第472页。
② 蒋氏《东华录》卷5第82页。

部、明朝的残余抗清势力等据守,清政府实际上对四川鞭长莫及,其军队并未能开到四川。顺治三年下半年,清政府基本上解决了陕西的问题,其军队才得以开入四川。这时,又发生了张献忠的部将刘进忠叛变投清事件,遂使清朝大大加速了镇压张献忠起义军的进程。

刘进忠,陕西汉中人①,任大西军驳骑营都督。他的两个部将梁一训、时某在顺治二年(1645年)与杨展打过一仗,失败被俘,后乘守者懈怠,逃归,但印信却丢失了。"献忠檄还,将治以罪"。而刘进忠营中多四川人,"营中纷纷传献忠欲杀川兵",遂引起部分将领的反叛。这使刘进忠恐惧万分,遂决定叛投明将曾英,"率众至合州,与曾英共屯"。但不久他心中又产生疑虑,于这年七月引兵至保(宁)、顺(庆),战胜了曾英派来的追兵,与摇黄起义军袁韬部相结合,被称为新天王。后来,他觉得"袁韬辈不可以成事",劝说袁韬一起到陕西降清。他们共同引兵出保宁,走至柏林驿(在宁羌县治之北),袁韬中变,引兵回川,刘进忠自己投降到豪格的麾下②。这时正是清朝初定陕西,准备正式入川的顺治三年(1646年)下半年。刘进忠是汉中人,长期在张献忠军中任职,因而既熟悉川陕之间艰险异常的道路,又了解张献忠军队的内部情况以及当时整个四川的斗争形势。他之降清,便使清朝得到了一个十分理想的入川带路人。史载:

> (刘进忠)偕吴之茂等百余人走汉中,见肃王(豪格)投诚,请兵取川。肃王悦,赐袍帽靴带马匹,即日留晏。问献忠"僭号"、"屠民"及四川形势,俱以实对,又问:"献忠今在何处?"对云:"今在顺庆西充县金山铺。"又问:"速行几日可

---

① 据顾诚《明末农民战争史》第326页所引《清故镇守益阳等处总兵官都督同知一等阿思哈哈番刘公神道碑》。

② 《荒书》。

到?"进忠云:"一千四百里,倘疾驰,五昼夜可到矣。"王谕进忠:"俟发兵日导引入川。"进忠俯伏对云:"救民水火之师,宜速不宜缓,祈千岁早临蜀地一日,多救生灵无限。"王许之。次日,八旗大兵黎明进发……命进忠、之茂引兵竟涉瓦子滩,过江,直趋金山铺。①

由于清兵自汉中向四川的进军十分迅速,形成了对驻扎于西充凤凰山金山铺张献忠起义军的突然袭击。

张献忠虽知清兵已控制了陕西的基本形势,而对其迅速入川却毫无预料。这时张献忠起义军尚有几十万②,但由于没有战斗准备,竟被清军打了个措手不及,张献忠中箭而亡。关于张献忠牺牲的具体情况,史籍记载多有差别。如箭射献忠的,有的记为豪格亲射,如《清史稿》卷二一九《肃武亲王豪格传》;有的记为由刘进忠指示目标,由善射者章京雅布兰射中,载《荒书》及《小腆纪年附考》卷十三。再如牺牲的日期,有的记为顺治三年(1646年)十二月十一日,如《蜀难叙略》;有的记为顺治三年(1646年)十一月十六日,如《续编绥寇纪略》卷一;还有的记为公元1647年1月3日(阴历为顺治三年十一月十四日),如《圣教入川记》。根据对各种记载进行分析,《纪事略》关于张献忠牺牲状况的一段记载,大体上反映了基本情况,其所记日期顺治三年(1646年)十一月十七日也较可信。

通观张献忠的一生,尽管他在后期犯过严重的错误,曾经将许多无辜的四川群众冤杀,但其贡献还是值得重视的。他领导大西军战斗了近二十年,沉重打击了地主阶级,直接间接地配合了李自成起义军的战斗,他的部队也给贫苦群众带来了许多实际利益,其所建立的大西政权带有明显的革命性质,其所进行的

---

① 《滟滪囊》卷3第16页(上)至17页(上)。

② 《荒书》。

多次十分讲求战略战术的战役，丰富了农民革命战争史的内容。不容置疑，张献忠不愧是中国封建社会农民起义史上的一位杰出领导者。

张献忠牺牲后，大西政权随之瓦解。而这支起义军的余部，由孙可望、李定国等人率领，转向贵州、云南一带继续活动。

第五节　公元 1651 年前的永历政权和大西军余部

唐王政权覆灭后，南明势力又建立了一个永历政权和绍武政权，其中主要是永历政权。自顺治三年（1646 年）冬到八年（1651 年）底，控制着两广、江西、湖南等地的永历政权，是抗清斗争的领导力量和中心，此外南方的抗清力量还有云贵地区的大西军余部、逐渐形成的活动于川楚边的西山十三家、浙闽沿海的鲁监国政权和郑成功领导的武装等。本节仅叙述永历政权和大西军余部的情况。

一、公元 1651 年前的永历政权

1. 永历、绍武两政权的冲突和公元 1647 年永历政权的战局

建立永历政权的是明神宗之孙、桂端王朱常瀛之第四子朱由榔，崇祯十六年（1643 年）桂端王因张献忠起义军之逼，自湖南逃至广西，朱由榔随后亦至。隆武二年（1646 年）唐王政权覆灭，十月十四日，在广西巡抚瞿式耜等人的拥戴下朱由榔监国于广东肇庆，瞿式耜作了大学士。由于形势紧张，十月二十日朱由榔西迁广西梧州。

建立绍武政权的是隆武帝之弟唐王朱聿锷，隆武二年（1646

年)十一月二日,朱聿锷被原隆武帝的大学士苏观生等在广州拥戴监国,初五日正式即帝位,改元绍武。

上述两个政权都很腐朽。绍武政权的核心人物苏观生,面对险恶的局势却一心粉饰太平,所委任者皆佞人无赖。朱由榔的政权中,除了瞿式耜等少数人颇有政治眼光外,其余的唯计"一身功名"[①],至于朱由榔本人,则庸碌无为,遇到危险逃得甚快。最令人痛惜的是,两个政权,唇齿相依,本应相扶相助,共同抗清,但却同室操戈。朱由榔得知绍武政权建立的消息后,为了抵制之,当即东还肇庆,以十一月十八日即帝位,以翌年为永历元年(1647年)。绍武政权杀了永历政权派到广州颁诏的使臣,并派兵攻打永历政权,双方先后战于三水、海口,互有胜负。鹬蚌相争,渔人得利。正当永历政权与绍武政权厮杀正酣之际,清兵在李成栋(原为史可法部将,弘光元年在徐州降清,后从清军攻打江南、福建的抗清力量)率领下自福建到广东,十二月中旬进入广州,苏观生自杀,朱聿锷出逃被俘,绍武政权灭亡。形势的这一变化,对永历政权也很不利。永历政权建立之初,能够控制的地区主要是湖广和广西;如果绍武政权不亡且能与永历政权交好,它即可以分担抵御闽赣方面清军的任务,使永历政权可以解除后顾之忧,专力经营湖广一带;但事实是绍武政权与永历政权不睦且迅速灭亡了,这便使永历政权虽属肇建,也不得不同时承担起两线作战的任务,搞得捉襟见肘,狼狈不堪。公元1647年(即永历元年,顺治四年)永历政权面临的战局,从主要方面讲,就是如此。

在东线,清兵于正月十六日取肇庆,二十九日取梧州,继下乐平,明思恩侯陈邦傅(一作陈邦传)逃向南宁。永历帝在清兵的进攻下,皆先期逃命,这年元旦已由肇庆逃到梧州,后经乐平

---

① 《瞿式耜集》卷3《书牍·丁亥正月初十再书寄》。

逃到桂林(正月二十二日),二月二十五日到全州,四月中旬到湖广武冈。

在湖广方面,永历政权的战况同样不佳。自从刘体仁、郝摇旗、李过、高一功等在湖南接受何腾蛟、堵胤锡的节制,实行拥明抗清后,湖南的抗清力量大为增强,但不久即发生了变化。大量清兵很快就派到这一地区来,这里的力量对比逐渐发生着不利于抗清阵线的转变。由于兵饷难筹等原因,接受何、堵节制的一部分大顺军余部也时间不长就离湖南而去,其中包括李过、高一功所率领的部队,在顺治三年(1646年)春天的荆州之役受挫后,西迁川、楚交界地区①,这更使湖南的局势发生着不利于抗清阵线的变化。此外,何腾蛟所统帅的原明朝军队,多半被一个个军阀控制着,而这些军阀多不肯听从何腾蛟的指挥,而是为了个人的私利,自行其是。这种情况在一开始就是如此,隆武帝死后,更加严重。如黄朝宣占据攸县燕子窠,"不出其山","张先璧据攸县","卢鼎据衡州","刘承胤保武冈不出","各招市井无赖,转相凌虐"。真是"人人自雄",使何腾蛟无可奈何。这种状况,显然也大大削弱着湖南方面的抗清力量②。永历政权成立后,湖南的抗清力量接受了永历政权的领导,而永历政权没能给它带来丝毫帮助,其日益困难的处境在继续恶化下去。

永历元年(1647年)二月初,孔有德、耿仲明、尚可喜所率清兵至岳州,中旬下湘阴,二十五日取长沙,接着占据湘潭,三月底衡山再入其手,四月又破衡阳。在清兵的南下逼迫下,何腾蛟由长沙而衡山、衡阳,依次提前撤离,至四月十九日便退向了接近广西的永州。③

---

① 《永历实录》卷13《高李列传》;《堵文忠公集》附录堵胤锡墓表;《清代农民战争史资料选编》第1册(上)第87页。

② 《永历实录》卷7《何腾蛟传》;《瞿式耜集》卷1《请驻全阳疏》。

③ 《三湘从事录》;《岭表纪年》卷1;《永历实录》卷1《大行皇帝纪》。

在何腾蛟部受到清军日益严重的逼迫之时,堵胤锡部处境也不佳。顺治三年(1646年)春荆州之役后,堵胤锡率部退据常德。① 第二年春,清兵攻克长沙后,原归何腾蛟领导的马进忠部亦来常德驻屯②。不久,常德即受到清兵的进攻,堵胤锡与马进忠等率部退屯永定卫、九溪卫及永顺、保靖两土司地区。在这里,他们经常抓时机,对占领常德和辰州地区的清兵进行袭击,但从总的情况来看,在相当长的一段时间里,他们是处于被动地位的。③

在形势日益严峻的情况下,永历政权的武冈守将刘承胤发生动摇,于八月降清。九月,清兵又占领了永州。至此,永历政权在湖南控制的地方几乎丧失净尽。刘承胤降清后,永历帝再次出逃,经广西柳州、象州等地,于十二月五日到达桂林。

总观永历元年的局势,永历政权在清兵的两面进逼下,辖区在日益减少。但广西的许多地方失而复得,最后竟得基本保住。这种局面的出现,一方面是由于当时广东地区出现了原明朝官使陈邦彦、张家玉、陈子壮等分别领导的多支自发组织的抗清武装,他们虽然自身失败了,但迫使李成栋撤回了西入广西的清军,有利于永历政权在广西地区的反攻。另方面是由于瞿式耜自这年春天起留守桂林,坚决抗清,于三月中旬和五月下旬打了两次漂亮的桂林保卫战。两次保卫战的胜利,打击了清兵的气焰,长了抗清力量的志气,使广西的局势大为改观,清攻明守变成了明攻清守。这年秋天,平乐、梧州等又回到了永历政权手中。

---

① 《堵文忠公集·堵文忠公年谱》;《明季南略》卷12(下)《堵胤锡始末》。

② 《永历实录》卷9《马进忠传》。

③ 《堵文忠公集》附录堵胤锡墓表;《永历实录》卷9《马进忠传》;《岭表纪年》卷1;《清代农民战争史资料选编》第1编(上)第88~89页、93页;《堵文忠公集·堵文忠公年谱》。

2．郝永忠部在桂林地区与南明部队的共同抗清

郝永忠自接受何腾蛟的节制后，"倾心附腾蛟以自安，腾蛟深委信之"。当隆武皇帝被清俘虏时，郝永忠正奉何腾蛟之命活动于郴州地区。永历元年（1647 年）长沙、衡州等地相继为清占领后，郝永忠率部经桂阳、永州、道州等地，转移到桂林①。而在郝永忠部到达桂林地区的前后，其他一些原驻湖南的南明部队也退到这里。是年初冬，这里已经聚集了郝永忠部、卢鼎部、滇营（弘光时自云南东出参加南明抗清的一支部队，统率者有赵印选、胡一青等）、焦琏部（长期以来驻守于桂林地区的一支明军）等多支部队，连何腾蛟也来到此地。②

由于郝永忠部这支重要的大顺军余部与许多支其他南明部队共同驻扎在桂林地区，便使这里的抗清力量一时大为增强，在各支部队的配合之下，遂出现了有名的全州大捷。全州处于广西的东北角，是自湖南进入广西的重要通道。清兵自这年九月占领了湖南西南部重镇永州（见《三湘从事录》），两个月后即开始攻打全州。十一月上旬，双方展开了激烈的攻守战，城内明兵"恪守将令"，坚守待援。十日，何腾蛟身坐兴安，约齐三勋（新兴伯焦琏、宜章伯卢鼎、南安侯郝永忠）与滇营（赵印选、胡一青），会议合师，驰援全州。"时四营连发，万马齐驱，真有排山倒海之势"。十三日辰时，四营同至脚山，离全州二十里；而后郝永忠由小路、另三镇由大路，分别开向全州城。到达之后，激战遂起。或称，午时抵北关，"虏（指清兵）于北门扎营，势甚猖獗"，郝永忠"身先士卒，率标镇马骑直冲虏营。虏交锋大败，奔溃北走"。或称，"胡一青当头立砍生虏三级，各勋镇协力奋勇，虏寇奔溃"。

① 《清史稿》卷 234《孔有德传》；《永历实录》卷 15《郝永忠传》；《岭表纪年》卷 1。

② 《天南逸史》；《所知录》卷 2；《岭表纪年》卷 1；《三湘从事录》。

最后,清兵被迫遁走全州东北的黄沙镇,其统帅怀顺王耿仲明"仅以身免",郝永忠等兵追赶二三十里,方因"天晚收兵回营"。此役事后被永历皇帝赞为"真中兴战功第一"。①

郝永忠部与南明部队在桂林地区协同抗清,充分显示了团结合作的威力。但很可惜,这里的共同抗清局面不久便出现了波折。其重要原因,是这里的许多南明官吏将领敌视起义军,处处设障碍、找麻烦,而郝永忠部起义军也不善于处理这一矛盾。早在郝部到达桂林而尚未进城之时,有些南明官吏即曾"坚主闭门不纳",有的还曾主张"闭门歼除"。郝永忠部在此屯驻下来之后,他们又利用自己控制的团练与之为难,"乡间蔬菜俱不入市",郝永忠部士兵"往乡,乡民又辄杀殴之"。而当南明将领焦琏率领的部队九月份自平乐还驻桂林时,在团练的操纵下,却"民归如市,米蔬鱼肉不可胜用。寻移水东,又从而之东"。郝永忠指斥当地的巡按鲁可藻等"不为晓示",鲁不仅不肯接受,而且反倒指责郝永忠部军纪不好,说什么"无强夺,无过索,今日一乡民剩五分一钱去,明日便有十乡民来,后日便有百乡民来。虽严示禁止,将见皆冒死而来,不期成市矣。不然舌敝颖秃,谁听哉!"

面对若干南明官吏将领的敌视态度,郝永忠若能采取宣传、发动、争取群众的办法来克服困难,用既有斗争又有节制的办法对付抱有敌视态度的上层人物,这里的抗清力量的大体团结统一,将是可以保持住的。但郝永忠没有这样办,他为了解决军饷问题,采取了类似大顺起义军在北京时所采取的追赃助饷的措施,"札营教场,日取乡民,弦绞其腿,讯诸司贤否贫富,阅十百人,乃于各名下划圈,以多寡分饷高下,按而索之","司道府各官各千万不等"。郝永忠采取这一措施,不能不说是事出有因,但损害与南明政府的联合,只能进一步激化抗清力量的内部矛盾。

---

① 《瞿式耜集》卷1《飞报大捷疏》。

在这种情况下,郝永忠在桂林地区与南明部队的共同抗清,显然是不能持久进行下去的。①

全州之役后,滇营、焦琏和郝永忠部等大部队很快即撤离全州,在这里只剩下很少一些部队,由副将唐文曜、王有成等带领着协助知州马鸣鸾驻守。唐、王、马三人认为:"大帅在内,仅留我辈独支门户重地,孤注之势也。城不守,则必绳以失地之罪;守城,则众寡强弱不敌,无噍类矣。不如降之便。"于是在十二月中旬,他们投降了清朝,使清兵不费一矢便占领了进入广西的门户重地②。这时,原来即"主客不和"的郝永忠部和焦琏部,"益不睦,琏走平乐,永忠壁兴安",两支重要的抗清力量从此不再彼此呼应。③

桂林地区郝永忠部大顺军余部与其他南明部队共同抗清局面的破坏,给当时的抗清事业带来很大损失。永历二年(1648年)二月,郝永忠部在灵川被清兵打败,奔还桂林,而后撤至柳州。当其奔还桂林之时,在兵荒马乱之中,包括瞿式耜在内的一些官吏,家产遭到不少损失。由于桂林形势危急,永历皇帝只好离开这里,经过象州,迁往南宁④。三月,清兵估计桂林空虚,曾向桂林又一次发起猛攻,只是由于瞿式耜、何腾蛟等拼死抵御,才没有被清兵攻下。⑤

3. 江西、广东"反正"与肇庆时期的永历政权

正当永历政权在清兵的两面进逼下处境日益困难之际,永历二年(1648年)上半年,江西和广东先后发生了金声桓、王得

---

① 《岭表纪年》卷1、卷2。

② 《三湘从事录》。

③ 《所知录》卷2。

④ 《小腆纪年附考》卷15第574~575页;《瞿式耜集》卷1《变起仓促疏》;《岭表纪年》卷2。

⑤ 《天南逸史》;《所知录》卷2。

1282

仁和李成栋的反清归明即所谓"反正"事件,这使永历政权的处境在一段时期内得到了改善。

金声桓为清取得江西后被授镇守江西总兵,他对此很不满意,因于永历二年(1648年)正月与王得仁一起在南昌"反正"。李成栋为清取广东后,被授左都督,充提督广东总兵官,他也自以功高赏薄,因继金声桓之后,于同年闰三月与养子李元胤、署广东布政使袁彭年一起"反正"。金、李等人"反正",使永历政权的辖区大大扩展。同年八月初,永历帝自南宁东迁肇庆。

江西、广东"反正",使在湖南至广西一线进攻永历政权的清兵有了后顾之忧,许多兵力被调去增援在江西作战的清兵,这给永历政权在广西至湖南一线发展势力创造了条件,永历政权遂在这里展开了全面反攻。永历二年(1648年)闰三月永历政权恢复常德,堵胤锡从永定卫山中出来,进驻此地。是年上半年,靖州、绥宁、城步、新宁、临武、蓝山、道州也都落入永历政权之手。到了下半年,攻势仍在发展。这时,在川、楚交界处屯驻了两年左右的李赤心、高必正部,应堵胤锡之调,来到湖南。十月初六日渡过荆江,自松滋合刘二虎(即刘体纯部)到澧州境内,二十四日抵益阳,大败清兵,十一月三日克湘潭,十一日围攻长沙。在李赤心部取得湖南北部和中部胜利的同时,何腾蛟也指挥部队在湖南南部取得进展,十一月攻克永州,继下衡州。至此,清在湖南的据点,主要者仅长沙一城了。

江西、广东反清投明后,永历政权在对清作战中处境大为好转,但其腐朽本质并未改变,随着形势的变化,内部矛盾也日益发展起来。首先是肇庆小朝廷内部以争权夺势为主要内容的门户之争愈演愈烈。最初,朝臣主要是"东"、"西"两派互争,"自粤东来者,以反正功气凌西人,而粤西随驾至者,亦矜其发未剃以嗤东人"。后来,由于利害关系的变化,门派又有变化,同乡观念的影响逐渐分成了"吴楚两局"。"主持吴局者,阁臣朱天麟,吏部侍郎吴自(贞)毓,给事张孝起、李用楫,外则制辅堵胤锡。而江右之王化澄、万翱、雷德复,蜀中之程源,粤东之郭子奇实为之魁。主持楚局者,丁时魁、蒙正发、袁彭年"。"陕西刘湘客、杭州金堡既与时魁等合,桂林留守瞿式耜亦每事关白,居然一体矣。""吴人谓楚东恃元胤,西恃留守,实则吴亦内倚(左都督掌锦衣卫事马)吉翔,外倚(陈)邦傅"。[1] 由于当时永历小朝廷设在李成栋父子势力强大的广东境内,因此在吴楚两党的争斗中,占上风的是得到李元胤支持的楚党,朝政主要由楚党掌握,其反对者称楚党权力极大的五人为五虎:丁时魁为虎尾,蒙正发为虎脚,金堡为虎牙,刘湘客为虎皮,袁彭年为虎头。[2] 其次是拥兵驻各地的将领恣睢跋扈。他们视自己所控制的区域为独立王国,不许朝廷干涉;相互间还因为私仇、争功夺利等缘由,经常搞摩擦。永历政权的上述腐朽状况,不仅严重消耗着其本来就不甚强大的国力,而且牵掣了彼此的精力,使之无法全心谋划如何对付清兵的大计。而清朝方面却在不断增派军队。顺治五年(永历二年,1648年)三月,派固山额真谭泰为征南大将军同固山额真何洛会统领大兵前往江西,同年九月又派和硕郑亲王济尔哈朗为定远大将军统兵往湖广。这样,江西、广东"反正"后永历政权面临战局的好转趋势,没能保持多久便走向了反面。

永历三年(1649年)正月,南昌被清兵攻破,金声桓、王得仁死去。同月,何腾蛟在湘潭被清兵俘虏,不久被杀。此后,湖南境内的明军纷纷溃败,李赤心率领的忠贞营退到广西境内,滇营退到了桂林地区,湖南的大部分州县再入清手。二月,清兵自南昌直趋信丰,进攻驻扎该处的李成栋部,李成栋不能抵御而南逃,因酒后渡河,与坐骑一起淹死,余部退回广州。夏秋两季,清

---

① 《所知录》卷3。
② 《明季南略》卷12"假山图五虎号"条。

朝调整了对永历政权作战的部署。八月,以征伐湖广为目标的济尔哈朗班师回京,而在此前三个月,清朝命令定南王孔有德带二万人往攻广西,命靖南王耿仲明与平南王尚可喜各带兵一万往攻广东(按,顺治三年八月孔有德等奉命征湖广两广的那次出征,已于顺治五年九月二十八日班师)。十二月十二日,孔有德所率大兵开到永州,永历政权的粤西门户受到威胁。同月除夕前一天,尚可喜和耿继茂(耿仲明已于上月死去,其子耿继茂代领其军)率清军过庾岭,永历四年(1650年)正月初三进入南雄,打开了广东的门户。永历帝闻讯,仓皇西逃,二月初一到达梧州。永历政权的肇庆时期至此结束。

4.两广地区的丧失

形势日益恶化,永历小朝廷本应变分裂为团结,但却内讧越演越烈。小朝廷一到梧州,吴贞毓、张孝起等马上与同党接连攻击金堡、袁彭年、刘湘客、丁时魁、蒙正发等五人"把持国政""谋危社稷"。永历帝以袁彭年"反正"有功而免议,其余四人下狱拷讯。后经瞿式耜等人力救,四人才保住性命,丁、金被判充军,刘、蒙"赎配追赃"。这就是所谓"五虎之狱",此后吴党在永历小朝廷中势力大增。①

在永历政权的朝臣们不顾大局、热衷于争权夺利之时,忠贞营的将领们则在极力抵制党争,倡导集中统一,为了挽救永历政权的危机,作了一系列的努力。

早在永历三年(1649年)忠贞营刚刚来到广西时,其将领李赤心、高必正即为抵制党争作出了贡献。他们刚刚进入广西后,屯驻于梧州,陈邦傅以为这是一支可以利用来进行党争的力量,对之大加拉拢——将其迎接到浔州和南宁地区驻扎,拜李赤心

---

① 《小腆纪年附考》卷17;《永历实录》卷21《金堡列传》;《岭表纪年》卷4;《明通鉴》附编卷5。

母为母,"以舅事高必正"。而后,极力"劝令举兵入肇庆劫驾,并元胤军,杀堡及刘湘客、丁时魁"。高必正、李赤心不肯服从,史载:"赤心初佯许之,久之乃曰:'陈兄劝我劫驾,是将终谓我为贼也。'""必正佯诺,退谓其客曰:'吾虽尝为大贼,亦自磊落行志,安能作此狗彘行乎!'"高、李在这里对自己以前参加农民起义的历史虽有不正确的看法,而他们不肯接受陈邦傅摆布,不肯参加党争的态度,却是十分正确的。由于他们态度坚决,陈邦傅的企图遭到可耻的破产,史载陈邦傅听了李赤心拒不听从的话后,"惧,乃不敢复言"。①

永历四年(1650年)春发生"五虎之狱"后,忠贞营的将领继续为抵制党争而努力。这年春天,李赤心病死于南宁②。五月,高必正和忠贞营的另一将领党守素率兵五千到梧州。时大学士严起恒由于在"五虎之狱"中的表现,为吴党吴贞毓等所仇视("五虎"当权时,严数为"五虎"所指摘,而"五虎之狱"发生后,吴贞毓等原料想他会乘机落井下石,而事实上却是"申救甚力",成为"五虎"能逃一死的重要因素),吴等正对他进行弹劾。吴等听说高、党到来,"欲藉以倾起恒","杀五虎",于是郊迎四十里。对高、党说:"朝事坏于五虎,主之者严起恒。公入见,请除君侧奸,数语即决矣。"但是,高、党在见永历帝以前,听说了严起恒救"五虎"的原委,在面见永历帝时,乃"力言起恒公忠无私,宜专委任",并且说:"金堡等处分过当。"这使当时热衷党争的吴贞毓等人大失所望,极为沮丧。③

除了反对党争外,这次入朝,高必正、党守素还要求各地将领不再专横跋扈,倡导集中统一,明确提出:"大家该和衷为国"。

---

① 《永历实录》卷13《高李列传》,卷26《陈邦傅传》。
② 《岭表纪年》卷3;《永历实录》卷13《高李列传》。
③ 《小腆纪年附考》卷17第639页;《所知录》卷4;《岭表纪年》卷4。

又"请身为诸将倡:以兵归兵部,赋归户部",认为如此而后,加之"简汰疲弱,分汛战守,较勘功罪,则事尚可为","如因仍离析,兵虽众,将虽尊,皇上求一卒之用而不可得,有主臣皆陷而已"。①

忠贞营将领抵制党争、倡导团结抗清和集中统一的主张,无疑都有一定的积极意义,表现出了宽广的胸怀和深远的眼光,但这没能从根本上改变局面。各地将领不肯让权;吴、楚两党的宿怨并未解除,吴党利用自己掌握朝政的有利地位,继续打击楚党,甚至忠贞营也受到其欺凌,使其在同年七月不得不拔营返回南宁。鉴于永历政权的腐朽局面已无法改变,加之军饷缺乏,清兵的威胁也日益增加,是年冬天,高必正和党守素带领忠贞营离开南宁地区,经庆远到贵州,而后向川楚边界转移,途中高必正死去,领导责任落到了李赤心养子李来亨身上。②

忠贞营抵制党争、倡导集中统一的努力失败后,永历小朝廷更趋衰落。永历四年十一月,尚可喜和耿继茂所率清兵攻克广州,广东基本上落入清兵手中。这年三月,孔有德所率清兵攻破湘粤交界处的龙虎关,十一月入桂林,瞿式耜被俘拒降,闰十一月从容就义。清兵继续推进,永历五年二月克梧州、柳州,九月陈邦傅以浔南之地降,清兵遂"分路略定广西郡县"③。在清兵推进的过程中,永历帝屡屡后退逃跑。永历五年十一月他逃离梧州,后经浔州、南宁、新宁等地,于永历六年二月初六到贵州安隆所,改名安龙府④。这时的安隆所,处在大西军余部所控制的区域内,永历帝之来到这里,是应了大西军余部首领孙可望的邀请。从此永历政权结束了以两广为主要活动区域的阶段。

---

①　《岭表纪年》卷4;《永历实录》卷13《高李列传》。
②　《永历实录》卷13《高李列传》;《小腆纪年附考》卷17第656~657页。
③　《明通鉴》附编卷5;《小腆纪年附考》卷17。
④　《岭表纪年》卷4;《所知录》卷4;《小腆纪年附考》卷17~18。

二、大西军余部占据云南及秦王封爵之争

1．张献忠牺牲后大西军余部的向南转移和政策调整

张献忠牺牲后，其余部由平东将军孙可望、安西将军李定国、抚南将军刘文秀、定北将军艾能奇等带领，撤向川南。顺治三年(1646年)十二月，至重庆，经过水战，阵杀明守将曾英，进入城中。因尚未摆脱清兵的威胁，决定由遵义入黔。同月二十七日到綦江。翌年正月十日至遵义，接着突破乌江的明军防线，进入贵阳，明守将皮熊等弃城而逃，不久再占领威清、平坝、安顺等处，在贵州暂时站住了脚。[①]

大西军余部在向南撤退的过程中，对自己的政策作了很大调整。其中主要有两点：

一是立即停止了在四川一度执行的杀人过甚的政策。孙可望等人对于张献忠在四川过多杀人，早就不满[②]，大西军在四川严重受挫之后，他们更加感到这种政策极不可取，因而当机立断，改弦更张。为了实现这个转变，他们撤至遵义时，杀掉了极力主张过多杀人的汪兆麟[③]。此后，大西军所到之处，除了顽固抵抗者外，一般不再杀人，如在遵义驻屯十几天时，即"无所侵掠，第遣贼往各乡村索刍粮"。[④]

二是由反明转向扶明。在清兵到达四川之前，大西军对于全国范围内民族矛盾地位的日益上升缺乏感受，清兵之突然进川和张献忠之突然牺牲，使大西军强烈感受到民族矛盾地位上升的事实，这促使他们不能不重新考虑自己在明朝和清朝之间

---

① 《续编绥寇纪略》卷2。
② 《圣教入川记》，四川人民出版社1981年版，第29页。
③ 《明季南略》卷10"张献忠乱蜀本末"条。
④ 《续编绥寇纪略》卷2《滇黔窜》。

应采取什么态度。《南疆逸史·李定国传》说："献忠死，可望等溃至重庆，杀曾英，南走綦江，入贵州，破定番，四人相与谋曰：'明德入人心久矣，李闯入京，称帝而不终，今蜀事又不成，是天未厌明德也，我等何可终踵败辙，盍相与反正扶明，洗去贼名乎？'乃为坛而盟，复本姓，尊可望，受约束。"这段话中的"四人"是指当时大西军余部的主要统帅者孙可望、李定国、刘文秀和艾能奇。他们原来都是张献忠的养子，从献忠而姓张，这时因献忠死而得恢复本姓。从这段话来看，大西军余部进入贵州后，其对明朝的政策，已由反对转变为扶助、支持了。这里的"扶明"实即拥明。其转变的原因，这段话记为是孙可望等认识到"天未厌明德"的缘故，这是不确切、不全面的。另外，孙可望等这时所确定的"扶明"政策，还包含有抗清的内容，而这段话里也未加反映。清初云南人刘彬所作《晋王李定国列传》，记有李定国在大西军进入云南后敦促孙可望落实扶明政策时说的一段话，这段话是："闯、献两帝辛苦二十年，蹂躏遍天下，至今身死业隳，究无寸土。而□□（空缺两字当是蔑称清朝的字眼）坐享渔人之利，甚可悲也。吾辈本大明臣民，中国沦陷于外寇，则当严辨华夷之界，以中国为重。今挈滇、黔、蜀归就明室，诚心辅佐，恢复旧京，荡清海内，则半生流贼之耻辱可雪，将来竹帛之垂名可图也。"这段话很难说确切表述了其时大西军的政策，但与上引《南疆逸史》的记载相比，显然可信程度要大许多。在民族矛盾激化之时，大西军余部对明朝由反对转为扶助，不可能不是为了"严辨华夷之界"，并进而抵抗清朝，从其手中"恢复旧京"及其他失地。

大西军余部上述政策调整，是十分正确的，特别是其中第二点尤其重要。它们对大西军余部的发展非常有利，对抗清阵营的团结、统一极有好处，标志着大西军余部拥明抗清阶段即将到来。令人感到可惜的是，由于种种原因，大西军余部的扶明政策，在后来的落实过程中多有曲折，积极作用没能充分发挥。

2. "沙定洲之乱"和大西军入滇

大西军余部占领贵州后不久,即转战云南。这是由于当时云南发生了所谓"沙定洲之乱",为之提供了机会。

沙定洲是云南地区王弄山长官司沙源的次子。沙源骁勇有将才,万历中多次应调从征有功,被委以王弄副长官事。后又以军功,得安南长官司地,累加至宣抚使,其兵号沙兵。沙源死,沙定洲嗣。沙定洲又因娶阿迷土知州普名声寡妻万氏之故,兼有了安南、阿迷两土司之地。隆武元年(1645年)八月,武定土司吾必奎叛明,沙定洲应世代镇守云南的明黔国公沐天波之召,领兵前往平叛。及至,"必奎已先诛,定洲因留会城不去",并于当年十二月发动叛乱,占领省城,沐天波西逃永昌,与驻守楚雄的明金沧副使杨畏知互相呼应,对抗沙军。①

当永历元年(1647年)春大西军余部进入贵州时,沙定洲与云南明朝官军的厮杀仍在进行。石屏州土官龙在田于崇祯年间曾奉调参加镇压农民起义军,隶总督熊文灿麾下,与孙可望相结识,这时,他站在明朝官军一边,与沙定洲相对抗。他听到大西军余部至黔的消息,即使人去见孙可望,"告以滇乱",请大西军入滇平定叛乱。孙可望等得知这一情况,认为正是实行"扶明"方针的机会,而且当时清兵也从川北追击而来,因此,大西军余部立即决定开向云南。为了减少阻力,孙可望等利用沐氏历代镇守云南、具有较大号召力的客观情况,"诈称黔国焦夫人弟率兵来复仇。云南初苦沙乱,皆延颈望其来"。②

沙定洲得知孙可望等入滇的消息后,以兵迎战于草泥关(一作革泥关),大败,遁阿迷。四月,大西军余部开进省城。接着,

---

① 《明史》卷279、卷313;《滇考》卷下《普吾沙乱滇》;《明末滇南纪略·必奎作叛》;《南疆逸史》卷50《沐天波传》;《明末滇南纪略·沙酋谋逆》。

② 《南疆逸史》卷50《沐天波传》;《纪事略》;《明史》卷270《龙在田传》;《滇考》卷下《普吾沙乱滇》。

孙可望率领一部分大西军经营云南西部地区,李定国则经营东部一带。在西部,"杨畏知犹以流贼"看待大西军余部,领兵抵抗于禄丰启明桥,兵败被执。孙可望对他很器重,慰问他说:"闻公名久。吾为讨贼来,公能共事,相与匡扶明室,非有他也。"杨畏知听说后,有些怀疑,睁大了眼睛说:"绐我尔。"可望当即回答说:"不信,当折矢誓。"杨畏知遂表示:"果尔当从我三事:一不得仍用伪西年号,二不得杀人,三不得焚庐舍、淫妇女。"这三条要求,孙可望都答应了。于是双方达成了协议,杨畏知归附了大西军余部。接着,沐天波闻讯"亦来归"。至此,云南西部基本上归入了大西军余部的管辖之下。大西军余部在云南西部进展之速,证明了其扶明政策的正确。在东部,李定国部遇到了沙定洲部的顽抗,仅拿下了临安等地,对沙定洲盘踞的阿迷当年未能前往进攻。直到第二年,李定国与刘文秀再次率兵往征,才将沙定洲俘虏,平定了整个云南东部。沙定洲被带回省城处死,沐天波感激大西军余部为他复了仇,从此"甘为之用,传檄各土司,皆令归附可望","滇人之被沙毒者,亦咸以为快焉"。①

孙可望等入滇后,与沐天波、杨畏知等明官建立了共事关系,实权掌握在孙可望等手中,沐天波、杨畏知等并不掌实权,如史载,可望等对沐天波是"以勋旧礼待之,不复假以事任"②。这时,利用自己手中的权力,大西军余部的将领们,根据客观情况和自己的愿望,采取了一系列措施,对云南加以治理。

首先是建立政权。当时,永历政权虽已建立于广东,但"诏令不至"③,所以大西军余部将领们,便自主地在云南建起了政权。自张献忠牺牲以来,大西军余部一直是在孙可望、李定国、

---

① 《行朝录·沙氏乱滇》;《明史》卷 279、卷 313;《滇考》卷下《普吾沙乱滇》;《明末滇南纪略》"计穷顺贼"、"倡义讨逆"、"政图安治";《续编绥寇纪略》卷 2《滇黔奰》。

② 《南疆逸史》卷 50《沐天波传》。

③ 《明史》卷 279《杨畏知传》。

刘文秀、艾能奇四人的领导之下,而其中孙可望"年差长,又稍知文墨,故位第一"①;因此,这个政权是以四人为首脑,而其中又以孙可望位最高。另外由于大西军余部将领奉行的是"扶明"的政策,政权中吸收了不少明朝官吏参加。可望、文秀、定国与能奇皆改称王,原明朝御史任僎等"倡议尊可望为国主"。王下有六部等官。杨畏知被任为华英殿学士兼都察院左都御史,任僎被任为副都御史。这个政权无疑是现实存在的、有土有民的实体,但没建国号,不定年号,唯"以干支纪年"②。这一现象表明,它虽实质上作为一个独立政权而存在,但不以独立政权自居,时刻准备接受明朝朝廷(按当时实情,即指永历政权)的领导。

其次是操练士兵,修造武器,加强军备,严明军纪,不许扰民。

再次是令各府州县立登闻鼓,开放言路,鼓励绅士军民为地方利弊之兴除而进言,严惩贪污,整顿吏治。

又次是严保甲,设门岗,加强省城的治安防范。

最后是兴修水利,借民牛种,制定正常的赋税征收办法,发展农业生产,铸造"兴朝通宝"铜钱,允许百姓开采金银铜铁等矿,保护手工业和商业。

由上述来看,孙可望等在入滇后采取的措施,在若干方面继承了大西军在四川时所采取的办法,但对其又有所修正,明显地反映出张献忠牺牲后这支部队对自己的政策加以调整的痕迹。这时的措施,应该说比治川时成熟多了,也反映了形势的新变化。由于这些措施的实施,云南被治理得秩序井然,社会经济欣欣向荣。在大西军余部入滇的那一年夏天,史称"大饥",但当年

---

① 《行朝录·永历纪年》。

② 《滇考》卷下《普吾沙乱滇》;《明末滇南纪略》"沐公顺贼"、"盘踞滇城"、"政图安治";《明史》卷279《杨畏知传》。

秋天,就取得好收成。第二年、第三年更连续出现"大熟、百姓丰足"的局面。① 在实力增大的基础上,在永历四年秋以后,大西军余部出兵黔川,至永历五年底,其辖区包括了云贵两省及四川南部和北部的广大地区,使清朝在四川只保有北部一隅。

3．秦王封爵之争

按照大西军余部的"扶明"政策,该部入滇后应尽早与永历政权联系上,并接受其领导。但是,在入滇后近两年的时间内,这一情况一直没有出现。如果说刚入滇时,两者之未能建立联系,乃是由于时间仓卒、消息不明等客观原因所致,那么过了一段时间之后,这种情况继续存在,就不能不从大西军余部的领导人身上寻找原因了。应该说,这主要是大西军余部的主要领导人孙可望对此不积极所致。这时,他热心的是称国主、提高自己的权势地位,对于原来的"扶明"决定,逐渐淡漠,以至接近背离。这是不难理解的。孙可望在与李定国等人做出"扶明"决定时,所处的境况是清军在后面紧迫,而自己没有一块稳定的立脚之地;这种紧迫的情况使之以采用"扶明"政策最为相宜,否则便会身处绝境。而进入云南后,稳定的立足之地搞到了;处境的转变,使之不再感到必须通过"扶明"去摆脱危机,相反,对彻底落实扶明政策将要带来的交出最高领导权的后果会有所考虑;孙可望作为一个封建社会的农民起义首领,没能克服掉对个人权势的追求欲望,他在考虑到这种后果时,很自然地会踏步不前,以至于趋向把原来的决定根本丢掉。

但是,永历三年(1649 年)春,也就是在大西军余部进入云南接近两年之际,孙可望突然派出了使者杨畏知等前往肇庆,与永历政权联系,要求永历帝给予其秦王的封爵,其来书称:

> 先秦王荡平中土,扫除贪官污吏,十年来未尝忘忠君爱

---

① 《明末滇南纪略》"盘距滇城"、"政图安治"、"悔罪归明"。

国之心。不谓李自成犯顺,玉步旋移。孤守滇南,恪遵先
志,合移知照,王绳父爵,国继先秦,乞敕重臣会观诏土。谨
书。己丑年正月十五日孙可望拜书。

此书所称"先秦王,谓献忠也"。全书"以方幅黄纸书之,不奉朔,
亦不建朔"①。这是为什么呢?原来孙可望此举的目的,主要是
为了便于击败在大西军内部的竞争对手李定国,进一步提高自
己的权势。

孙可望"既据有全滇,益自尊大",但"异姓兄弟各不相下,外虽
以孙为盟主,而内实不然","李定国尤强悍,每事多扦格"②。为此,
孙可望曾故意寻机把李定国责打了一次。据《小腆纪年附考》记载:

(孙可望等)诹日赴演武场,定国先至,放炮,升帅字旗。
可望诘之,(王)尚礼请责旗鼓官。定国怒曰:"我与汝兄弟耳,
何如是!"众力解之。可望登座曰:"欲我为主,必杖定国百棍
乃可;否则,军法不能行,何以约束诸将!"定国愈喧哄,白文
选抱持之,曰:"请勉受责以成好事,一决裂则我辈必各散,为
人所乘矣。"尚礼等亦力持之,鞭五十。可望复相抱哭。③

永历二年(1648 年)李定国之率兵往擒沙定洲,乃是这次受责后
为赎罪而进行的。但此后李定国对孙可望更为不满,而且"兵力
日强,可望不能制"④。在这种情况下,孙可望非常需要有个"压
服其心"的办法⑤。永历二年秋,明四川巡抚钱邦芑派人送信给
孙可望,"劝其归朝",而杨畏知也乘机"说可望归朝受封爵,庶可
服众",孙可望觉得正合其意。永历三年春杨畏知等之受命赴肇

① 《所知录》卷 3;《明季南略》卷 12"孙可望请封王"条;《续编绥寇纪略》卷 2
《滇黔宙》。
② 《皇明四朝成仁录》卷 11《死孙逆之难诸臣传》;《明末滇南纪略·政图安治》。
③ 见该书卷 16。
④ 《野史无文》卷 9;《清史列传》卷 79《孙可望传》。
⑤ 《明季南略》卷 14"续孙可望踞云贵事"条。

庆为孙可望求封一事，就是在这种背景下出现的。①

孙可望在给永历帝的信中所提要求，是"王绳父爵，国继先秦"。这是一个要价颇高的条件。如所周知，明代制度，异姓未有封亲王者，而且"秦王乃亲藩上十王之首"②，永历皇帝如果答应了他的这个要求，就是违犯祖制。

孙可望请封的使者到达永历朝廷后，永历君臣中出现了不同的主张，争论不已，孙可望与永历政权间也反复讨价还价，直到永历四年（1650 年）十一月，永历政权统辖的广州、桂林相继为清兵攻克，永历帝由梧州逃向南宁等地，此后清兵日逼，永历政权惟一保留在手中的地盘广西地区，也在一天天丧失，在这种紧迫的情势下，永历君臣走投无路，深感有必要争取孙可望的支持，在秦封问题上才决定主动妥协。永历五年五月，正式封孙可望为秦王。次年初永历帝在地盘丢光后之得以迁居大西军余部势力范围内的安隆所，其原因即在此。

永历小朝廷之向孙可望实行妥协，由于仅仅是出于形势所迫，所以内心里并不甘心，而孙可望的个人权势欲随着其势力的扩大，也在日渐发展。这样，双方建立的新关系不可能长期继续下去。永历帝迁到安隆所后不久，为了争夺地位，双方就展开了争斗，这成了导致大西军余部与永历小朝廷最后一起归于灭亡的重要因素。

第六节　大西军余部的失败
和永历政权的灭亡

孙可望得到永历皇帝承认的秦王爵衔之后，他与李定国的

---

① 《小腆纪传》卷 32《钱邦芑传》;《明季南略》卷 14《孙可望李定国构隙本末》;《南疆逸史》卷 52《李定国传》。
② 《安龙逸史》卷上。

矛盾并未得到缓和,而随着形势的发展,两者的矛盾也在发展。永历皇帝迁到大西军余部辖区后,由于不满于孙可望日益增长的"僭逼"行为,积极介入两者的矛盾,拉拢李定国,反对孙可望,从而使形势更加复杂,斗争更为激烈。这终于导致了孙、李的彻底决裂,给清朝以可乘之机,使大西军余部的抗清事业遭到失败,永历政权归于灭亡。

一、大西军余部与清兵的激烈 冲突及孙李矛盾的发展

永历四、五年(顺治七、八年)大西军余部占领贵州和四川南部地区时,正逢清兵向西南地区继续进逼。在四川,顺治七年(1650年)清军占领了龙安①。八年(1651年)秋末起,清政府决定扩大在四川的军事进攻,又特派平西王吴三桂和固山额真墨尔根侍卫李国翰,"统领大军,入川征剿"②。到第二年四月为止,吴三桂和李国翰所率清军先后夺得了大西军余部控制的成都、嘉定、重庆、叙州等地。③ 在湘、桂、黔,驻湘桂地区的清兵于顺治九年(永历六年,1652年)二月,由孔有德带领,出广西河池州,向贵州进发④。清兵的进逼,使大西军余部不得不奋起抵抗,战争愈演愈烈。

永历六年(1652年)三月,为了抵御清军的进攻,孙可望派出了两路大军。一为派刘文秀入川,将步骑六万,出叙州、重庆。一为派李定国出湖南、广西,以征虏将军冯双礼为副手,将步骑

---

① 《蜀龟鉴》卷3、卷4。

② 《清世祖章皇帝实录》卷60、卷61。

③ 《蜀乱始末·自纪》;《荒书》;《清史稿》卷236《李国翰传》;蒋氏《东华录》卷7;《小腆纪年附考》卷18 第679页。

④ 《明季稗史初编》卷26《定南王孔有德传》。

八万,计划由武冈经全州,进取桂林①。刘文秀一路最初进军很顺利。八月,连取重庆和叙州,吴三桂屡战不利,率清军撤向保宁,刘文秀跟踪追到保宁。但十月保宁一战,刘文秀骄傲麻痹,吃了大败仗,几乎全军覆没,最后收集少数残余,退向贵州,被罢职。李定国一路四月克黎平;五月连下沅州、靖州、武冈和宝庆。七月四日攻克桂林,清朝坐镇桂林的孔有德自焚身死。不久,又收复平乐、梧州、柳州、南宁等地。九月,挥师北上,夺得永州、衡州,十月所派北取长沙的部将略地岳州,所至披靡。另外,所派另一支队还攻下了永新、安福,"遂围吉安"。至此,李定国"兵出凡七月,复郡十六、州二,辟地将三千里,军声大振"。②

李定国出征旗开得胜,令人欢欣,但他与孙可望的矛盾,随着捷报的频传而日益激化起来,严重地影响了对清作战。

当桂林之役的捷报传到贵州后,孙可望题请封李定国为西宁郡王兼行军都招讨,冯双礼为兴国侯,并准备派人前去犒军。但未曾出征的驾前军(孙可望的护军)却产生了嫉妒心,表示不满。"诸往来使命者",复"多增饰喜怒,谓(李)定国闻郡王封,滋不悦,曰:'封赏出自天子,奈何以王封王!'"于是对李定国本有忌心的孙可望,这时猜忌更重了。他自贵阳率兵东出湖南,"欲夺定国兵柄"③。这年七月,清朝为加强对西南地区抗清力量的镇压,命和硕敬谨亲王尼堪为定远大将军,统兵征湖南、贵州,十月抵湖南。李定国闻讯,令屯驻长沙的部将主动放弃长沙,而后在衡州境内布下埋伏,以夹击敌人。这是一个很好的计划,但时已带兵至武冈的孙可望却故意破坏,密令李定国的部将违背李定国的部署行事,结果在十一月下旬的衡州之役中,李定国部虽

---

① 《小腆纪年附考》卷18;《小腆纪传》卷65《孙可望传》。
② 《永历实录》卷14《李定国传》;《皇明末造录》卷上;《南疆逸史》卷52。
③ 《小腆纪年附考》卷18;《皇明末造录》卷上;《永历实录》卷14。

击毙了尼堪，而从整体上无法战胜敌人，只好收兵走邵阳、退至宝庆。接着，孙可望招李定国赴武冈议事，李定国得到到武冈将被孙可望杀害的密报，行至中途引兵转向广西。第二年三月，孙可望率驾前军与清兵战于湖南西南部岔路口，大败，逃归贵阳，清兵遂陷武冈、靖州、沅州、黎平等地，大掠千里。后孙可望又以刘文秀挂招讨印，领兵恢复常德，亦败归，可望令之回云南驻守。

李定国转移到广西后不久，又东进广东，从此在两广地区东西转战。永历七年（1653年）三月败于肇庆，退驻柳州。七月取高州府境内化川、吴川、信宜、石城。又率兵二万围攻桂林七昼夜（永历六年桂林被李定国攻克后，由于李定国率兵入楚，不久重陷清手），不克，闻清援兵自武冈开来，撤围而去。八年四月，兵至雷、廉，攻克罗定、新兴、石城、电白、阳江、阳春等地。五月，下高州。进围新会，十一月清兵援军大至，李定国撤围而去。九年二月，败于广西兴业，再败于横州，收余众退保南宁。

李定国自永历六年至九年的出征，对清朝打击很大。遗憾的是，由于内部分裂，最后遭到了失败，这对后人是一个极深刻的教训。

二、到达安龙后的永历帝及李定国迁之入滇

孙可望之请封秦爵和迎永历帝入境，本非从扶明政策出发，只是为了抬高自己的地位，满足权势欲望，所以永历帝迁到安龙后，不受礼遇。一切诏命，"悉非帝出"，"可望假天子号令，行中外"，"生杀予夺，任意恣肆"[1]，并"拟改国号曰后明，日夜谋禅位"。[2]

永历帝不能忍受孙可望的简慢无礼，孙可望阴谋禅位的活动更使之寝食不安；他了解到李定国很久便与孙可望有矛盾，而

---

① 《安龙逸史》卷下；《明末滇南纪略·发兵图蜀》；《皇明末造录》卷上。
② 《安龙纪事》。

且永历六年(1652年)春天以后率军出征在外,屡打胜仗,声势颇振,遂决定秘密召之前来护驾。经过与内监张福禄、全为国、吏科给事中徐极、兵部员外林青阳、首辅吴贞毓等相商,于永历六年(1652年)十一月商定由林青阳将密敕送出。年底,林青阳"抵定国所,定国接敕感激,许以迎王(指永历帝)"。但他未能马上来迎,因他拟于"恢取东粤"之后再行。由于林青阳久去未归,次年六月,永历帝又差使往催①。永历帝的上述活动,很快被身在安龙但一心投靠孙可望的明官马吉翔得知,马即向孙可望告密。孙可望马上派亲信部将郑国查处。在性喜投机、极力向孙可望献媚的太监庞天寿的帮助下,永历八年三月初六日,郑国在安龙逮捕了有关人员;并用严刑拷问的方法查清了详情,惟永历帝受到有关人员的保护,其参与情况未能查到。最后此事以"盗宝矫诏,欺君误国"八字结案,内监张福禄等三人被判为首犯,凌迟处死;翰林蒋乾昌等十四人被判为从犯,处以斩首;首辅吴贞毓因地位特殊,仅令自缢。十八人被合葬于安龙北关马场②。这一事件,史称"密敕之狱"。它是永历帝与孙可望围绕最高统治权而进行的一场斗争。此后永历帝周围"莫非可望私人",永历帝"笑啼言语不敢自由"。③ 但是,孙可望的这次胜利只是暂时的,形势很快就发生了变化。

永历九年(1655年)李定国退至南宁后,所部只有六千人,其势甚衰,孙可望乘机派部将关有才等统兵来袭,李定国大惊。记室金维新向李定国献计说:"王无患焉",来者"虽盛,皆王旧部卒,必不敢相敌。今我疾引兵从间道出其后,彼必惊溃。我乘胜入安隆,迎天子入云南,大势在我,秦王无如我何也"。李定国听

①　《安龙纪事》;《安龙逸史》卷下;《小腆纪年附考》卷18。

②　《安龙纪事》;《明季南略》卷14"续孙可望踞云贵事"条;《小腆纪年附考》卷18;《明史》卷279《吴贞毓传》。

③　《续编绥寇纪略》卷2《滇黔䘏》。

后甚觉有理，决定按计而行①。关有才等来到广西后，屯兵于田州，李定国兼程疾进，偷袭其营，关有才跨马而逃，其军士全部投降。永历十年正月二十二日，李定国来到安龙，永历帝从此进入李定国军营中。时大西军余部重要将领白文选正在安龙，即留在李定国营中。由于永历帝与李定国的会合，使李定国在政治上获得了永历帝这面有一定号召力的旗帜，从而大大加强了自己的地位，此后不久，大西军余部中起决定作用的第一号人物，便由李定国代替了孙可望。

正月二十六日，在李定国、白文选的拥戴下，永历帝自安龙出发，迁向云南。二月二十一日到曲靖。李定国将永历帝暂时安置在这里，自己先率兵赴云南省城。这时云南省城驻军不多，且主要守将刘文秀欢迎李定国的到来，因此李定国到后即顺利入城。三月，李定国与刘文秀遣兵自曲靖把永历帝迎至省城。不久，永历帝封李定国为晋王，"各处镇守、都督、总兵、都司、守备以及马步军兵"，悉归其"统领调遣"；刘文秀封蜀王；白文选封巩国公；善于花言巧语的马吉翔本被拘禁，但经大施谄谀伎俩，迷惑了李定国，很快得以文安侯"入阁办事"。对于孙可望则派白文选前往相招，令其回滇。孙可望见状大怒，但"以妻子在云南，蓄谋不敢动"。②

三、孙可望叛变降清和清兵入滇

李定国之迁永历帝入滇，是他在与孙可望斗争中取得的重大胜利。但入滇之后，他不能不考虑到清兵对西南的进攻仍在继

① 《安龙逸史》卷下；《南疆逸史》卷52《李定国刘文秀列传》。
② 《安龙逸史》卷下；《南疆逸史》卷52；《明季南略》卷14"孙可望犯阙败逃本末"条及"续孙可望踞云贵事"条；《皇明末造录》卷上。

续,他必须采取措施,缓和与孙可望的矛盾,以便共同对敌。所以李定国入滇不久即派白文选至黔招孙可望回滇。这一措施失败后,李定国仍未停止这类活动。永历十一年(1657年)五月,他又让永历帝出面,派张虎把尚留云南的孙可望家属送往贵州,临行前还特地在后殿由永历帝接见张虎,要他设法调解孙李关系。可是,张虎系孙可望心腹,对永历帝入滇后给他的封爵不满意,因此至贵州后竟不顾大局,不仅不调解,反而造谣说永历帝要他找机会杀死孙可望。对于张虎的挑拨,孙可望信以为真,十分恼怒,加之妻子已离开云南,无所顾忌,遂不顾一切地决定向云南发动军事进攻。至此,李定国缓和与孙可望矛盾的努力完全失败。

八月,孙可望开始正式向云南进攻,出兵号称十万(或说十六万,或说十四万等),自己亲自督领,留冯双礼守卫贵阳。时李定国的全部兵马不过三万,双方力量相当悬殊。然而孙可望所为不符合团结抗清大计,部下多不为所用。这决定了孙可望兵多而反败。九月,双方接战于交水,孙可望军临阵反戈,孙可望只剩下五十余骑,奔还贵州。十月一日到达贵阳。不久,因李定国派刘文秀领兵来追,又继续东逃,十日到偏桥,随行仅剩二十余人。及过镇远、平溪、沅州,各守将俱闭营不纳。睹此情景,孙可望懊丧地感到:人心俱变,惟有降清才有出路;遂狼狈赴长沙,降于清经略洪承畴军前。冯双礼投向李定国一边。孙可望降清后被封为义王,送往北京,不久因病身亡。一说后随出猎,被射身死。

孙可望降清时,云南永昌府尚有其心腹王自奇所率一支部队没有归服李定国。这年十一月,李定国进兵永昌,擒王自奇而诛之。至此,孙可望诸营兵部将,俱归服于永历帝的旗帜之下,滇黔再度统一,而"事权专归定国"。①

孙可望攻滇失败后,滇黔虽统一在永历帝的旗帜之下,而大

---

① 《明季南略》卷14"孙可望犯阙败逃本末"条;《南疆逸史》卷52。

西军余部的处境此后却极困难。孙可望与李定国的内讧严重削弱了大西军余部的力量;孙可望降清后又把大西军余部的虚实报告清朝,这便给清军向大西军余部发起总攻、打败这支起义军提供了条件。另外,在战胜孙可望之后,李定国由于"计虑筹划不及可望",对善后事宜的处理多有失误,其中重要的是不信任原孙可望的部下,致使他们心中有所不满,这对大西军余部之抵抗清军入犯,也极为不利①。所以李定国战胜孙可望之后没多久,大西军余部就遇到了空前的无法克服的困难。

清朝经略洪承畴早在永历七年(1653年)五月,也就是孔有德、尼堪相继丧命于抗清斗争火焰之后半年,受命经略湖广、广东、广西、云南、贵州等处地方。同年六月出都,十一月抵武昌受事,"以长沙为湖南北总汇之区,身自弹压"。他很想把大西军余部早日镇压下去,以期不负清朝皇帝的厚望。但"在楚五年",几乎毫无进展。后来只好借口有病而"予告"。然而就在他准备离任而尚未动身之时,孙可望投降一事发生了。他看到立功的时机从天而降,于是身上的病马上"痊愈",不再要求离任"调理",而是"上方略,言滇黔可取状"。清政府接到报告,马上于同年十二月下令三路进攻贵州:洪承畴同宁南靖寇大将军罗托为一路,自湖广;平西大将军吴三桂为一路,自四川;征南将军赵布泰为一路,自广西。第二年正月,又令宁远靖寇大将军多尼自北京出发入黔,在罗托等攻下贵州后,仍与吴三桂、赵布泰等分三路取云南,而罗托回防荆州。②

进攻贵州的三路清军进展皆很顺利。吴三桂接到取黔命令时正在汉中,顺治十五年(1658年)三月抵保宁,四月初至重庆,

---

① 《南疆逸史》卷52《李定国刘文秀传》。
② 蒋氏《东华录》卷7;王氏《东华录》顺治朝卷29～30;《明季南略》卷15"吴三桂率清兵取云贵"条,卷16"洪承畴传"条。

接着占领遵义。同年五月,罗托和赵布泰两路同时进入贵州。十月五日,多尼率军至黔,与赵布泰、吴三桂、洪承畴等会于平越杨老堡,讨论三路取滇事宜,决定:多尼军出中路,经关岭铁索桥至云南省城;吴三桂军自遵义经七星关,先于中路十日出发;赵布泰自贵州、广西边境平浪、永顺坝、威透山,出安隆所、黄草坝、罗平州,先四川兵十五日行。

由于形势日益紧张,李定国同主要将领白文选、冯双礼等全部出兵抵抗(时刘文秀已死)。李定国与冯双礼扼盘江河,据鸡公背,谋攻贵州,白文选受命守七星关。但这时清朝大兵聚集,起义军已不是其对手。李定国等连吃败仗,只好后撤。十二月十三日,李定国撤到云南省城。省城里得到了前线失利的消息,人心惶惶,永历帝急忙出逃,时在十五日;后经楚雄、大理等地,于永历十三年(1659年)正月四日到达永昌。李定国在永历帝西逃时,以大兵断后,晚于永历帝三天离开省城,至大理追上永历帝,后又跟到永昌。

在李定国、永历帝向西撤退时,清兵紧追不舍。永历十三年(1659年)正月三日,吴三桂等率兵进入云南省城。闰正月二日,清兵向永昌方向进发,十五日至大理之玉龙关,白文选与战败走。消息传到永昌,永历帝西撤腾越,十八日到达。李定国亲自率军在潞江以西二十里的磨盘山设伏以待清兵。此山箐深路曲,本有胜敌希望,但清兵至后叛徒告密,李定国终被打败,于二十二日夜半撤走。永历帝逃至腾越后继续西逃,二十五日至盏达土司,二十八日入缅关,二月一日至缅甸境内大金沙江。二日,缅甸王派人以四只船只来迎。十八日至井亘。五月八日,迁至距缅甸京城阿瓦甚近的赭硔。①

---

① 《狩缅纪事》;《也是录》;《求野录》;《皇明末造录》卷下;《行在阳秋》卷下;《安龙逸史》卷下;《行朝录》卷5《永历纪年》;《明季南略》卷15"吴三桂率清兵取云贵"条。

磨盘山之役后,吴三桂等对永历帝又追击了一段路程。闰正月二十四日取腾越,二十五日过南甸,追至孟村,"离腾越百有十里,为云南迤西尽界"。三十日"振旅班师"。三月(清顺治十六年闰三月)二十三日,"旋师昆明"。四月二十四日"会奏全滇平服"。"以荡平功",清帝命"三桂总统全师,镇守云南,而经略及将军、贝勒等俱覆命"。①

四、永历政权的覆灭和李定国之死

1. 缅甸对永历帝的态度

缅甸原是明朝"西南徼外属国,旧同土司,隶地云南",至万历以后始"绝贡"不来②。当永历帝要前来避难的消息传来后,缅甸作为一个小国,不敢贸然加以拒绝。但为了本国的安全起见,在永历帝入境时,缅甸要求其随从尽解弓刀盔甲,赤手空拳而入。在后有追兵的情况下,永历帝委曲求全,答应了这一要求。永历帝既至缅甸,清平西王吴三桂随即派人找缅甸王,气势汹汹地要他从速缚献永历帝。一方是软弱可欺,一方是气势压人。缅甸当何去何从? 在刚刚见到吴三桂的使者时,缅甸王很想把永历帝献出。但后来想到永历帝虽软弱可欺,而沐天波等常侍左右,对付起来并非易事;清使虽至,兵马并未开来,其威胁尚非燃眉之急。因此最后决定暂不接受清使的要求。不过,缅甸王也不肯让永历帝离去。因为缅甸王在接受永历帝入境时,不肯答应永历帝的各支部队来缅,但实际上这些部队纷纷前来,遇到这种情况,缅甸出示永历帝的一纸敕令,即可使来者退回,

---

① 《明季南略》卷15"吴三桂率清兵取云贵"条;《明季稗史初编》卷26《平西王吴三桂传》。

② 《续编绥寇纪略》卷4《缅甸散》。

所以缅甸需要将永历帝"拘执以为退师之具"。为了便于控制，还"潜阻内外"，使之"声闻不通"①。缅甸对待永历帝的这种态度，引起了忠于永历帝的部队的反对，李定国、白文选都因此而率军入缅作过战，但由于缺乏对缅甸内情的了解，加之水土不服，人力物资均无必要的补给，结果皆未成功。

2．永历帝和李定国之死

清兵在永历十三年（1659 年）占领云南后，由于感到条件不成熟，没有继续进军缅甸以彻底消灭永历政权。但奉命镇守云南的吴三桂急于再立"新功"，第二年四月便上疏要求立刻出兵缅甸。经过一番研究，清朝皇帝批准了吴三桂的计划，这年八月派爱星阿为定西将军，"率禁旅会三桂南征"②。不久，吴三桂传檄缅甸，"令执由榔以献"。这时，缅甸已因李定国、白文选等的屡次进攻，吃尽了苦头，所以改变了以前不交出永历帝的决定，一接到吴三桂的檄文，就答应一旦打败了李定国等，即将永历帝献出。永历十五年春天，吴三桂派人到缅甸，商定了出兵日期；三月，吴三桂派出的一支部队已开到了猛卯③，与之相配合，七月缅甸王制造了咒水事件——以吃咒水盟誓的名义，将永历帝左右的大臣骗出，杀死四十二人，其中包括沐天波等，从此永历帝左右再无有力反抗之人。十二月初一日，吴三桂所督清兵到达缅甸京城附近，初三日缅甸送永历帝至清兵营中；同月九日，吴三桂等带着永历帝班师回国。永历十六年三月到达云南省城，四月永历帝被杀死。至此，永历政权最后灭亡。

永历帝被俘时，李定国正在九龙江（澜沧江下游），闻报，东走景线。翌年五月至孟腊，患病。不久，永历帝被害的消息传

---

① 《求野录》；《狩缅纪事》。
② 《清史稿》卷 236《爱星阿传》，卷 474《吴三桂传》；蒋氏《东华录》卷 8。
③ 《清史稿》卷 474《吴三桂传》。

来,李定国"恸哭发丧,命军士缟素"。病情继续恶化,六月二十七日死去。一说死于景线。当其病重,托其子李嗣兴于部将靳统武,并且留下遗嘱:"宁死荒外,毋降也。"但其死后不久,靳统武也死去,嗣兴无所依而降清①。李定国在大西军余部的后期,作为最主要的领导人,正确地坚持符合形势需要的扶明政策,影响很大,值得肯定。不过,他注意了大西农民军与永历政权的合作,对于大西军内部的团结却注意得不十分周到。他与孙可望的矛盾,主要责任无疑应由孙可望去负,而他在处理这个问题上,也不是毫无缺点可言。孙可望降清后,他对其余部所做的争取工作,又欠周全。而这些,对于大西军余部和永历政权的最后失败,都产生了一定的影响。所以,在注意到李定国的功劳的同时,还应注意到他的缺点。就总体来看,李定国的功劳要远远超过其过错,这一点正好与孙可望相反。李定国不愧是当时的一位有重大贡献的农民起义领袖和抗清将领。

第七节 郑成功抗清和坚持永历 年号的台湾郑氏集团

在永历政权以大西军余部为支柱而据有云贵及流亡到缅甸之时,川楚交界处有几支大顺军余部也在坚持着抗清斗争。他们中的大多数原来通过何腾蛟、堵胤锡的"招抚"而实行过拥明抗清,但由于遭到南明官吏的歧视和排挤,再加上其他一些原因,在永历五年(顺治八年,1651 年)前,陆续脱离南明(即永历)政府的直接控制,来到川楚交界处。由于他们有许多支(主要首领有贺珍、袁宗第、刘体仁、郝永忠,李来亨、塔天宝、马腾云、党

---

① 《南疆逸史》卷 52《李定国刘文秀传》;《续编绥寇纪略》卷 4《缅甸散》;《行在阳秋》卷下;《清代农民战争史资料选编》第 1 册(上),第 392 页。

守素等），而明末以来，起义军在有若干支的情况下，往往被泛称为十三家，他们所居住的川楚交界处，山高林密，由湖北方面看来，地在西，因而，史书中称之为"西山十三家"，封建文人也骂之为"西山寇"。永历六年（1652年）以后，西山十三家在拥明的旗帜下坚持抗清斗争十余年，其最后失败的时间（永历十八年八月），比永历政权还晚。西山十三家是大顺军的最后阶段，随着西山十三家的失败，整个大顺军及其抗清斗争也宣告结束。另外，内地以南明为旗帜的大规模抗清斗争，至此也是终点。不过，这还不是南明抗清斗争的最后结束。唐王政权覆灭后，抗清斗争的主力一直在西南，但这时在东南沿海地区有郑成功及其后裔进行的抗清斗争，他们的斗争也值得重视，他们在永历政权覆灭、西山十三家失败后，把明朝的旗号又保持了一段时间。

一、郑成功抗清队伍的兴起

当郑芝龙降清并被挟持到北京后，郑成功正式起兵抗清。他在安平誓师，誓词慷慨激昂。起兵后近三年，主要在闽南沿海活动。永历三年（1649年）十一月之后，开始进入广东东部沿海活动。截止到永历四年六月，所部并未取得太大的胜仗，所得城池旋得旋失，但活动范围在扩大，作战能力在逐渐提高，呈现着发展壮大之势。其所以比较顺利，一是由于其起兵乃是为了反对民族压迫，因而大得人心；二是由于郑成功出身于在当地影响较大的郑氏家族，从而具有较大的号召力；三是由于郑成功具有出色的指挥才能。

永历四年（1650年）下半年之后到第二年年底，郑成功所部的境况更明显好转，这表现在三个方面：

第一，永历四年（1650年）八月占据了厦门。厦门四面环海,对于善于骑射的清朝兵将极为不利,而对于郑成功的擅长水战的部队来说,则是很好的用武之地。郑成功之占有此地,使之具有了相当可靠的根据地。

第二,统一了东南沿海的郑氏部队。隆武帝在世时,其政权主要靠郑芝龙弟兄等率领的郑氏部队作支柱。隆武政权灭亡、郑芝龙降清北去后,几支郑氏部队(除郑成功部外,还有其同族兄弟郑彩部、郑联部以及其叔郑鸿逵部)仍是东南沿海的重要抗清力量,他们在抗清斗争中虽有协作,但最初并未统一。永历四年(1650年)秋至永历五年,郑联、郑彩、郑鸿逵等部依次归于郑成功的统率之下,从而使郑成功的军事力量大为增强。

第三,张名振等所率领的鲁监国余部来归。鲁王于顺治三年(1646年)六月流亡海上后,收集了原鲁王政权和唐王政权的残余力量,在浙闽沿海一带继续坚持抗清,重建了其政权。这个政权在公元1647年正月到次年正月,曾在福建取得三府一州二十七县,但它毕竟敌不过清兵的进攻,于公元1651年被清兵击败于舟山,鲁王在部将张名振等的护送下逃至郑成功占据的厦门。郑成功深受隆武帝的赏识,被特地赐姓朱(此即郑成功被称为"国姓爷"的由来),因而对隆武帝感情极深,他又知鲁王曾与隆武帝互争帝位,仇恨极大,所以对鲁王甚为反感。他决不肯拥戴鲁王,在他刚起兵时,虽然隆武帝已死而鲁王尚在,他用的年号却是隆武而不是鲁监国。公元1649年他得知永历政权成立的消息而改用永历年号,才使他克服了用其纪年而现实生活中已无此帝君的矛盾。公元1651年鲁王逃至厦门后,郑成功仍不拥戴他,他只好过起寓公生活,两年后又自动去掉监国名义,其政权正式灭亡。不过,鲁王当了寓公之后,张名振等人则与部下士卒归属了郑成功。这一变化,标志着东南沿海地区原隆武、鲁监国两个系统的抗清力量的最终会合,郑成功成了这一地区高举永历旗帜的抗清力量的最高指挥者。

二、拒绝招降,英勇奋斗

截止到永历五年(1651年)年底,郑成功的军事力量虽已相当强大,而就全国来说抗清斗争的中心仍在西南地区。因此,清朝的兵力这时只能主要用于西南,对郑成功部则一面武力进攻,一面诱降,用招降和谈弥补兵力的不足。其诱降活动主要在永历八年以前进行。如永历七年正月,郑芝龙奉命派出的招降信使自北京到达厦门,来诱骗郑成功降清;同年八月,郑芝龙派出的招降信使再次来见郑成功;永历八年春,清政府派人以封海澄公、给靖海将军敕印为条件向郑成功诱降;同年秋,清政府又派内院学士叶成格等到福建找郑成功谈判。对于清朝的诱降,抗清意志坚决的郑成功决不肯上当,但他答应与之谈判;其所以如此,乃是为了以此为手段,使清朝对自己的用兵有所弛缓,而后自己可到比较广阔的沿海地区去征取兵饷。郑成功的谈判目的既然如此,这就使之在谈判中不得不运用巧妙的策略,以保证既进行谈判而又不使清朝达到招降目的。这时他所运用的策略,主要是提出清朝不可能答应的颇高的受抚条件(如要求清朝划给他三省地盘,再如要求像高丽朝鲜那样仅作藩属,不作地方长官)。郑成功在谈判中的表现,使清朝终于在永历八年年底发现招降失败,改用专藉武力,派世子济度率军往征,并将郑芝龙下狱。

除了用巧妙的策略在谈判中发展自己、打击敌人外,郑成功主要的还是用战斗的手段进行反清斗争。从永历六年到永历十五年进军台湾之前,郑成功领导所部进行了许多抗清的战役。这些战役大体上是在闽南、闽北至浙东的沿海以及安徽至江苏的长江沿岸进行,其中规模和影响较大者有十几次,而最值得一提的是三次北入长江之役。第一次在永历七年,郑成功派张名振、陈辉率军北入长江,"破京口,截长江,驻营崇明"①。第二次在永历八年,张、陈两人率军再入长江,直至金山寺,遥祭孝陵而回。第三次在永历十三年,此役声势最为浩大。郑成功亲率大军打至南京城下,将南京城包围起来。前驱张煌言(张煌言系鲁监国旧将,永历九年张名振病故,遗言以所部归煌言率领)率部西至芜湖,江之南北闻讯相率来归。"郡则太平、宁国、池州、徽州","县则当涂、芜湖、繁昌、宣城、宁国"等,"州则广德、无为以及和阳,或招降,或克服,凡得府四、州三,县则二十四焉"。"即江楚鲁卫豪雄",亦"多诣军门受约束,请归枋旗相应"②。惟因郑成功见胜而骄,中敌狡计,最后反被南京守敌打败。郑成功撤回厦门。张煌言归路梗阻,兵溃于铜陵,后历尽艰险,辗转逃至浙江天台。

三、郑成功与永历帝、李定国的交往

郑成功虽然尊奉永历政权、使用其年号,但因相距遥远,其决策实是均由己出。不过,他毕竟自认是永历政权属下的一个将领,因而与永历朝廷的交往经常不断。由于李定国在永历政权中地位相当重要,所以郑成功除了与永历帝发生关系外,与李定国也有许多信件往还。

郑成功与永历帝、李定国的交往,主要有如下数起:第一,永历六年(1652年)李定国进军广西逼孔有德自杀,而后遣使与郑成功联络抗清事宜,郑成功即派效用官李景"往广西约会师期"③。第二,永历七年六月,永历帝封郑成功为漳国公。同月,

---

① 《先王实录》;《明通鉴》附编卷6;《小腆纪年附考》卷18。
② 《张苍水全集》卷12《北征录》。
③ 《先王实录》。

郑成功收到李定国来信,信中通告了其自四月开始围攻肇庆的情况,并邀郑成功前往支援①。第三,永历八年夏,永历帝派兵部主事万年英赍敕晋封郑成功为延平王。第四,永历八年十月,根据李定国的要求,郑成功派左军辅明侯林察等率舟师南下,支持李定国进攻广东新会等城邑。次年五月,因李定国战败西退梧州,林察等应援不及,退回厦门。第五,永历十年夏,李定国写信给郑成功,信中叙述了永历帝入滇经过,勉励郑成功"枕戈靡懈","整帆饬旅","待我于长洋"。翌年二月郑成功回信告诉李定国他正"提水陆精锐收复闽浙,薰风盛发,指日北向",要求李定国"卷甲长驱,鼓行迅击",以便形成"首尾交攻"之势,然后"扫清宫阙,会盟畿辅"②。第六,永历十一年九月,郑成功的一件奏疏送到永历帝那里,其中写道:"欲躬督舟师从瓜洲、镇江而入,直取金陵",请命李定国等领兵"由楚泛洞庭会合恢复,以迎圣驾"。③

由上看来,郑成功与永历帝、李定国之间经常互通情报,郑成功对永历政权在军事上不仅有间接的配合,而且有直接的支援,李定国十分重视这种支援,永历朝廷对郑成功异常器重。如果将郑成功在这一时期所进行的北伐等战役,与他跟永历帝、李定国的信件往来联系起来考察,还会发现,在全局性的战略部署上,他们相互间也是有商量和协调的。这些无疑都有利于抗清事业。不过,这两大抗清力量始终没能直接会师。这当与当时的主客观条件有关。已经相当强大的清朝军队,不允许李定国

---

① 《海上见闻录》(定本)卷 1;《先王实录》;郭影秋:《李定国纪年》,第 120~121页。

② 《先王实录》将郑成功收到李定国此信并作复记于永历八年二月,误。兹从郭影秋《李定国纪年》及其论文《谈郑成功和李定国的关系》之说。郭文载《新建设》1961 年第 12 期。

③ 《台湾外纪》卷 10。

一支向东发展;而郑成功所部的根基在东南沿海,他们尽管可以派出一定的力量西向支援,但绝不可能丢下东南沿海的根据地不管,尽其全力去争取与李定国所部的会合。

四、郑成功之死及其后的台湾郑氏政权

永历十四年(1660年)以前,郑成功虽然打了不少胜仗,但主要是靠习于水战、机动灵活而取得,至于其军进行持久性的陆上阵地战的能力则远不如清朝,因此除厦门少数岛屿外,他并无稳固的立脚点。从全国的抗清斗争形势讲,这时西南地区的大西军余部是在日趋衰微,到永历十三年甚至丢掉了云南,这使清朝渐可拿出更多的兵力来对付郑成功的部队。在这种情况下,郑成功甚需一块比厦门更可靠、更不易受到清军攻击的根据地。于是,与大陆隔着台湾海峡从而使不善舟楫的清军不易进攻的台湾岛,成了他理想的物色对象。永历十五年他毅然决定进军台湾,驱逐了盘踞其地的荷兰殖民者(详前文)。由于收复台湾是一个十分艰巨的任务,郑成功为此而付出了许多心血,被搞得疲劳至极。此外,他的父亲郑芝龙及在北京的家人于永历十五年十月被清朝处死,他的留守厦门的长子郑经与乳母通奸之事在他入台后被人揭发,这两件事在精神上都对他产生很大的刺激。如此等等,终于使郑成功不堪重负,于永历十六年五月八日病死于台湾,年仅三十九岁。

郑成功死后,在台大将黄昭等伪造遗命,数郑经罪状,拥郑成功之弟郑袭为主。郑经闻讯不从,自厦门入台,夺回了延平王的继承权。从此,台湾郑氏政权内讧不断,削弱了自己的力量。这时清朝在全国的统治日趋巩固,这便使台湾的郑氏政权在此后的对清作战中,反而越来越处于不利地位。永历十七年(1663年),厦门岛被清军夺占。清康熙十二年(永历二十七年,1673

年)吴三桂举兵反清,挑起著名的三藩之乱;次年三月,靖南王耿精忠(耿继茂之子)在闽反清,响应吴三桂。趁此机会,郑经曾率军西征,取得闽南粤东一带地盘;但因与耿精忠关系不协,进展大受限制。后耿精忠再度降清,形势更加不利,康熙十九年春郑军被迫退回台湾。次年春,郑经死,其长子郑克壆本应继位,但握有大权的侍卫冯锡范发动政变,杀死郑克壆,另立自己的女婿、郑经的次子、年仅十二岁的郑克塽继承延平王之位,这使台湾的局势更加动荡不安。这时,雄才大略的康熙帝了解了台湾的上述情形,马上决定派原郑成功的降将、熟悉海战的施琅,以靖海将军充水师提督,赴闽相机攻台。康熙二十二年(永历三十七年,1683年)六月,施琅开始正式发军攻台;七月,郑克塽在无力抵抗的情况下缴印投降。八月,施琅到台。十月,郑克塽离台赴京。至此,台湾纳入了清朝的版图。郑氏政权在台湾一直沿用永历年号,随着它的覆灭,这个年号也便停止使用。郑氏政权是南明政权的最后一股残余势力,它的覆灭也标志着朱元璋所建明朝的最终结束。

台湾的郑氏政权自郑成功永历十五年(1661年)入台算起,共存在了二十多年。它未能实现郑成功以台湾为基地把清朝打败的初衷,但在形势对己越来越不利的情况下,以拥明的旗号将抗清斗争又坚持了二十余年,其所表现出的顽强地反抗民族压迫的精神,却是极其伟大的。郑成功在世时,曾按照内地的办法,在台湾设立了比较健全的政权机构:永历十五年五月,改赤嵌地方为东都明京,设一府二县,府名承天,县名天兴和万年,这使台湾在政治上大有进步。他还在台湾大搞军屯,鼓励东南沿海汉族居民移入台湾,发展农业生产,保护当地土著高山族的利益、促进民族融合,这些对台湾经济、社会的进步,无疑都有重大意义。郑成功死后,其继承者继续发展台湾的政治和经济,史载:永历二十三年(1669年),郑经"改天兴、万年二县为州,置凤山、诸罗二县。深耕种,通鱼盐,安抚土番,贸易外国,向之惮行者,今喜为乐土焉"①。可见,郑氏政权在开发台湾方面,也有很大贡献。当然,将台湾从荷兰殖民者手中收复过来,更是它的重大贡献。台湾之最后被清朝统一,是历史的必然,是康熙帝、施琅以及其他一些清朝文臣武将顺应历史潮流所做的一件好事,从长远看,对台湾和内地的发展,都有好处,不仅在政治上实现了国家领土的统一、完整,而且大大方便了台湾与内地的人员往来,有利于经济上的协作和交流。而被统一的郑氏政权,在其存在期间,也是历史上的积极因素,这一方面是由于它作了上述应予肯定的好事,另方面它之与清朝相对立而存在、台湾之暂时不能与大陆统一在一起,也是当时客观形势之必然,是不可避免的一个历史过程。历史上的许多事情,看起来似乎矛盾,实则不然,这就是历史的辩证法。

---

① 《海上闻见录》(定本)卷2。

第二十三章 明代的哲学、史学、地理学和宗教

第一节 哲 学 思 想

明代哲学思想从总体看相当活跃,出现了多位在哲学史上影响重大的思想家。

一、明初期程朱理学的统治

明朝开国皇帝朱元璋为了巩固刚建立起来的明王朝,除了在经济政治和军事方面采取各种措施加强专制统治以外,并在思想领域提倡程朱理学,加强思想控制。明末人陈鼎追述明初的情况说:"我太祖高皇帝即位之初,首立太学,命许存仁为祭酒,一宗朱子之学。令学者非五经、孔孟之书不读,非濂洛关闽之学不讲。"① 当时规定学校"一以孔子所定经书诲诸生"②。朱元璋强调说:"四书五经如五谷,家家不可缺。"③ 北方经元末长期战乱,学校废坏较多,朱元璋于洪武十四年(1381 年)特地颁发四书五经于北方各地学校。

永乐时期,明成祖继续提倡程朱理学,为了防范"天下士所

---

① 《东林列传》"高攀龙传"。
② 《南雍志》卷 1。
③ 《闲中古今录摘抄》。

为学,言人人殊,俗异而政无统"①,特命翰林学士胡广纂修《四书五经大全》、《性理大全》,汇辑宋元各家理学之说,颁行全国,作为士子求学和当官的必读教科书,凡不符合程朱理学的则视为异端予以排斥。如朱棣看了鄱阳人朱季友所著书,大发雷霆说:"此儒之贼也。"遣行人押赴饶州,令诸地方官吏杖之,焚所著书。罪名是"毁宋儒以自是"②。这件事典型地表现了朱棣以政治权势来维持程朱理学的统治的用心。

明朝前期,靠着封建统治者的强制推行,程朱理学成了官方的统治思想。这一时期的理学家,主要是以薛瑄为主的"河东学派"和吴与弼为主的"崇仁学派"。

薛瑄(1389~1464年),字德温,号敬轩,山西河津人。他曾任大理寺卿、礼部侍郎等官,英宗复辟后,回家讲学。在政治上,薛瑄强调重视民心,他说:"自古未有不遂民心而得天下者","为政临民岂可视民为愚且贱而加慢易之心哉!"③ 在学术上,薛瑄非常尊崇朱熹,认为"孔子之后有大功于圣学者,朱子也"④。他主张向外求知,提倡笃实践履之学,认为"游程子之门流于老禅者,由致知格物之功未至也"⑤。心学主张静坐悟理,他批判说:"谓人读书为义外工夫,必欲人静先得此心。若如其说,未有不流于禅者。"⑥

薛瑄对张载也很推崇,他的《读书录》就是仿照张载的《正蒙》方式写成的。他接受了张载气本体论的思想,他说:"天地之间只有理气而已,其可见者气也,其不可见者理也。"在论述理气究竟以何者为本时,他认为"一气流行,一本也。着物则各形各色而分殊矣"⑦。但薛瑄在理气关系上,最终还是陷入了朱熹的

---

① ② 《明书》卷62《选举志》。
③ 《读书录》卷3。
④ ⑤ 《读书续录》卷5。
⑥ 《读书录》卷4。
⑦ 《读书录》卷1、3。

理本气末的唯心论观点,他说:"理为主,气为客。客有往来,皆主所为,而主则不与俱往。"① 这就是说,理是常住不变的,气的往来变动是理所主宰着的。

薛瑄在当时社会上很有影响,人们称他为"薛夫子"。黄宗羲的《明儒学案》把他列为"河东学案"。《明史》说:"英宗之世,河东薛瑄以醇儒预机政,虽弗究于用,其清修笃学,海内宗焉。"② 这一评价,似乎过高了一点,其实薛瑄在明初思想界没有起到多大的作用,只不过是重复了宋元理学家们的一些观点,并没有什么独到创新的见解。薛瑄死时七十六岁,这一年他写诗自述:"七十六年无一事,此心惟觉性通天。"③ 这可能是他对自己七十六年生活道路的概括:没有什么大的作为,只不过是兢兢业业宣扬和实践天命性理之学。

明代前期,和薛瑄齐名的是吴与弼(1391～1469年),江西崇仁人,号康斋,当时两人并称为南北两大儒。

吴与弼一生只做过两个月的左春坊左谕德,其他时间一直家居讲学。他非常崇拜朱熹,在其《日录》中常有他梦见朱熹的记载,晚年专程去福建谒朱子墓。他和朱熹一样,积极鼓吹"存天理,灭人欲",一再强调"人须于贫贱患难上立得脚住,克治粗暴,使心性纯然,上不怨天,下不尤人,物我两忘,惟知有理而已"④。这样教人安于现状的消极思想,完全是为维护明朝封建统治制造舆论。

吴与弼虽然崇奉程朱,但在他的思想中,也夹杂着心学思想。他"尝叹宋末以来笺注之繁,率皆支离之说,眩目惑

① 《读书录》卷5。
② 《明史》卷282《儒林传》。
③ 《薛文清文集》卷5。
④ 《明儒学案》卷1"崇仁学案"。

心,非徒无益,而反有害焉。故不轻于著述"①。很明显,这是他承袭了陆九渊批判朱熹的"支离"之说。他在一篇题为《道中作》的诗中说:"寸心含宇宙,不乐复如何。"② 这是寸心包含宇宙的心学思想。黄宗羲《明儒学案》说,吴与弼虽"一禀宋人成说",但心学家"白沙(陈献章)出其门",陈献章继承了吴与弼的心学思想而更往前推进,到王阳明时心学大盛。"椎轮为大辂之始,增冰为积水之成。微康斋,焉得有后时之盛哉!"③ 黄宗羲把吴与弼看成是明代心学之滥觞,是有道理的。

二、明代心学的前驱——陈献章

明代中期,随着社会矛盾的加剧,思想领域也起了巨大的变化。这时,程朱理学已显得陈腐,一些理学家,只是"笃践履,谨绳墨,守儒先之正传,无敢改错"④。他们墨守成规,缺乏改革精神。于是心学崛起,陈献章学说成为明代从朱熹理学向王阳明心学演变的中间环节,正如《明史·儒林传序》所称:"原夫明初诸儒,皆朱子门人之支流余裔,师承有自,矩矱秩然……学术之分,则自陈献章、王守仁始。"

陈献章,生于明宣德三年(1428年),卒于明弘治十三年(1500年),广东新会白沙里人,学者称白沙先生。他年轻时和当时其他知识分子一样,崇奉程朱理学,走科举做官的道路。二十七岁时,他跟随吴与弼学习,才"叹迷途其未远,觉今是而昨非。即取向所汩没支离者洗之以长风,荡之以大波,惴惴焉惟恐

① 娄谅:《康斋先生行状》。
② 《吴康斋先生集》卷6。
③ 《明儒学案》卷1"崇仁学案"。
④ 《明史》卷282。

其苗之复长也"①。他要把程朱的"支离"之学荡涤干净,从此转变为合心与理为一的"心学"。

陈献章虽然宣称要把"向所汩没支离者洗之以长风,荡之以大波",其实他的思想中仍然保留有程朱理学的一些观点。这不仅因为他自己是从程朱理学方面转变过来的,也与宋末以来朱陆两派思想互相渗透融合有关。如在论述"气"、"理"、"心"的相互关系时,陈献章说:"元气塞天地,万古常周流"。② "天地间,一气也而已,诎信相感,其变无穷"。③ 他认为"元气"是构成宇宙万物的基本要素,这和张载的观点相近似。但当进一步探究"气"的本质时,他没有把"气"认作本体、看成是万事万物的最后根源。如他在论述"气"与"道"的关系时,认为"道为天地之本"。他说:

> 道至大,天地亦至大,天地与道若可相侔矣。然以天地而视道,则道为天地之本;以道视天地,则天地者太仓之一粟,沧海之一勺耳。④

陈献章明确地认为,如果把天地与"道"相比,"则道为天地之本",元气所充塞的天地,只不过是"太仓之一粟,沧海之一勺耳"。这与朱熹把"理"与"气"相比,认为"理"是"生物之本"的观点是相似的。但陈献章不像朱熹那样,认为"理"是独立于宇宙万物之先的绝对存在,而是认为心具万理、万物。这就背离了客观唯心主义的理学而进入主观唯心主义的"心学"。他说:"君子一心,万理完具,事物虽多,莫非在我。"这和陆九渊"心即理","万物森然于方寸之间"的说法完全相同,都认为万理、万物皆是吾心的产物。

---

① 《龙岗书院记》。
② 《白沙子》卷5。
③④ 《白沙子》卷1。

陈献章怎样从理学转变为"心学",他自己曾有一段描述:"仆才不逮人,年二十七始发愤,从吴聘君学,其于古圣贤垂训之书,盖无所不讲,然未知入处。"他回到白沙后,继续用力,"忘寐忘食,如是者亦累年,而卒未得焉"。所谓未知入处或未得,"谓吾此心与此理未有凑泊吻合处也",就是心与理不能合一。"于是舍彼之繁,求吾之约",改变用功的方法,"惟在静坐,久之,然后见吾此心之体,隐然呈露",见到了心之本体,理就在心中。这样就使得心与理吻合,达到了"日用间种种应酬,随吾所欲"。再去"体认物理,稽诸圣训,各有头绪来历,如水之有源委也。于是涣然自信曰:作圣之功,其在兹乎"。①

陈献章一生中举而未中进士,未入仕途,在政治上极为平凡。但他在学术上却有重要的地位,因为他的学说的出现,使得"久抑而未彰"的心学复兴起来,结束了程朱理学的一统局面。从陈献章以后,心学逐渐风行起来,到"嘉隆而后,笃信程朱、不迁异说者,无复几人矣"。②

三、王守仁的心学及其社会政治思想

王守仁(1472～1528年)字伯安,浙江余姚人,人称阳明先生。明代著名的主观唯心主义哲学家。他所生活的时期,社会矛盾尖锐,大规模的农民起义不断发生;统治阶级内部矛盾也日益剧烈,宦官专权,政治黑暗,地方藩王接连反叛,明王朝出现了严重的政治危机。而明初以来占统治地位的程朱理学,这时已沦为僵化的教条和封建士大夫猎取功名的工具,逐渐失去笼络控制人们思想的力量。王守仁对造成如此深重的社会危机的原

① 《明儒学案》卷5。
② 《明史》卷282。

因进行了探讨和分析,他说:"夫天下之不治,由于士风之衰薄,而士风之衰薄,由于学术之不明。"① 王守仁所说的"不明"之"学术",就是指崇尚空谈、不务实际的程朱理学。他在这样的社会背景下,创立了其主观唯心主义的"心学",企图用他的"心学"来代替客观唯心主义的程朱理学,作为维护明王朝封建统治的精神支柱,以挽救当时的政治危机。

王守仁的哲学思想集中国古代主观唯心主义之大成,其主要内容为"心外无物"、"心外无理"的主观唯心主义的宇宙观;"致良知"的先验唯心主义认识论;"知行合一"的封建伦理道德修养论。

1."心外无物"和"心外无理"

王守仁继承了陆九渊"宇宙便是吾心,吾心即是宇宙"的观点。他认为"心之本体无所不该"②。他说:"人的良知就是草木瓦石的良知,若草木瓦石无人的良知,不可以为草木瓦石矣。岂惟草木瓦石为然,天地无人的良知亦不可为天地矣。"③他又说:"身之主宰便是心,心之所发便是意,意之本体便是知,意之所在便是物。"④ 王守仁把"心"、"良知"等精神意识说成是第一性的,天地万物则是第二性的,是意识所派生的。《传习录》中有一段典型的记载:

> 先生游南镇,一友指岩中花树问曰:"天下无心外之物,如此花树在深山中自开自落,于我心亦何相关?"先生曰:"你未看此花时,此花与汝心同归于寂;你来看此花时,则此花颜色一时明白起来,便知此花不在你的心外。"⑤

山中的花树是并不依赖人的感觉的客观存在,不会因为没有人

---

① 《阳明全书》卷22《送别省吾林都宪序》。
②③⑤ 《传习录》下。
④ 《传习录》上。

来看它,它就不存在。王阳明用人们认识事物必须通过感觉来论证事物的存在依靠于感觉,这当然是错误的。

和"心外无物"论紧密联系的是"心外无理"论。王守仁进一步发挥了陆九渊"心即理"的论点,否认心外有理。他批评程朱一派理学所以错误,就在于"析心与理而为二也"。他说:"夫万事万物之理不外于吾心,而必曰穷天下之理,是犹析心与理而为二也。"① 他认为:"物理不外于吾心,外吾心而求物理,无物理矣。遗物理而求吾心,吾心又何物耶?"②

王守仁所讲的理或天理,主要是讲封建伦理道德的基本原则。他说:"礼字即理字"。③"大学所谓厚薄,是良知上自然的条理,不可逾越,此便谓之义;顺这个理,便谓之礼;知此条理,便谓之智;始终是这条理,便谓之信"。④ 很明显,王守仁所谓"理",即为仁、义、礼、智、信等封建道德。而这种封建道德是存在于心的,是人人头脑里所固有的。实现封建道德,关键在于自己主观上去努力。王守仁对此进行论证说:"天下又有心外之事,心外之理乎?"他自己肯定地回答,不存在心外之理:"心即理也"。"以此纯乎天理之心,发之事父便是孝,发之事君便是忠,发之交友治民便是信与仁,只在此心去人欲存天理上用功便是"。⑤他并进一步论证说:"忠与孝之理,在君亲身上,在自己心上?""假而果在于亲之身,则亲没之后,吾心遂无孝之理欤?"王守仁反复论证封建道德是人人心中所固有的,这当然是完全错误的。马克思说:"不是人们的意识决定人们的存在,相反,是人们的存在决定人们的意识。"⑥ 王守仁所论证的忠孝等封建伦理道德,是封建社会的政治制度与家族制度所决定的,而封建的政治制度

---

① ② 《传习录》中。

③ 《传习录》上

④ ⑤ 《传习录》下。

⑥ 《马克思恩格斯全集》第 13 卷第 8 页。

与家族制度则是封建社会的经济关系所决定的。在所谓"亲没之后",家族制度宗族血缘关系依然存在,自然仍有孝亲思想。

2．致良知

在认识论上,王守仁提出了他的主观唯心主义的"致良知"的学说。"致良知",是王守仁所创学说最基本的理论,他说:"吾生平讲学,只是致良知三字。"① 王守仁认为人人都有良知,他说:"知是心之本体,心自然会知。见父自然知孝,见兄自然知弟,见孺子入井自然知恻隐,此便是良知。"② "良知"即是"天理",从社会政治方面来说,即是封建伦理纲常。"致良知"的"致",是指人们克灭私欲的认识和修养功夫。通过"致",使"良知"得以明白或恢复,即"存天理,去人欲",也就是使得人人都能按照封建伦理纲常去行事。

王守仁为了宣扬他"致良知"的学说,还把程朱理学"格物致知"说纳入他的"致良知"学说的体系之中。王守仁说:

> 所谓致知格物者,致吾心之良知于事事物物也。吾心之良知即所谓天理也。致吾心良知之天理于事事物物,则事事物物皆得其理矣。致吾心之良知者致知也,事事物物皆得其理者格物也。是合心与理而为一也。③

王守仁把"致知格物"完全作了主观唯心主义的解释,他所说的致知格物,不是探求客观事物的客观规律,只是把人心中固有的天理贯彻到客观事物中去。这和他主观唯心主义的宇宙观是完全一致的。

3．"知行合一"说

武宗正德四年(1509年),王守仁在主持贵阳书院时,始论

---

① 《阳明全书》卷26《寄正宪男手墨两卷》。

② 《传习录》上。

③ 《答顾东桥书》。

"知行合一"之说。王守仁在"知行合一"说中着重强调了封建道德付之实际行动的重要性。因为自朱熹提倡"知先行后"学说后,在封建士大夫中间逐渐形成了知而不行的弊病。南宋时陈亮就提出了批评,说:"自道德之说兴","为士者耻言文章行义,曰'尽心知性',居官者耻言政事书判,而曰'学道爱人',相蒙相欺以尽废天下之实,则亦终于百事不理而已"①。到王守仁生活的时期,这种崇尚空谈、不务实际的情况,更是弥漫充塞于官僚士大夫中间。所以王守仁说,他的"知行合一"说,"专为近世学者分知行为两事,必欲先用知之之功而后行,遂致终身不行,故不得已为此补偏救弊之言。学者不著实体履,而又牵制缠绕于言语之间,愈失而愈远矣"。因此,王守仁特别强调"知行合一",说:"今人学问,只因知行分为两件,故有一念发动,虽是不善,然却未曾行,便不去禁止。我今说个知行合一,正要人晓得一念发动处,便即是行了,发动处有不善,就将这不善的念头克倒了,须要彻根彻底,不使那一念潜伏在胸中,此是我立言宗旨。"②

王守仁"知行合一"说,在强调知与行的统一、行是人们有目的的活动以及人们的认识来自践履等方面,有其正确的含义,但他把"欲行之心"的意识认作为行动的本身,所谓"一念发动处,便即是行了",这样就混淆了知行的界限。王守仁虽然想强调行的重要性,结果却成为以知代行,歪曲了真正的行的意义。

4. 王守仁的社会政治思想

王守仁的社会政治思想,扼要说,即主张实施"仁政",反对"功利"。他把三代以前的社会,看成是实行"仁政"的昌盛时期;三代以后,江河日下,圣人所倡导的"仁义"被"功利"所淹没。他说:"三代之衰,王道熄而霸术昌,孔孟既没,圣学晦而邪说横"。

---

① 《龙川文集》卷15《送吴允诚运干序》。
② 《传习录》下。

"圣人之学日远日晦，而功利之习愈趋愈下"，"盖至于今，功利之毒沦浃于人之心髓，而习以成性也，几千年矣！"① 可以看出，王守仁是一个复古论者，在他心目中，社会发展是逆行的。他把这种社会历史的发展状况作了一个比喻：人在一天之间，古今世界都经过一番，"夜气清明时，无视无听，无思无作，淡然平怀，就是羲皇世界；平旦时神清气朗，雍雍穆穆，就是尧舜世界；日中以前，礼仪交会，气象秩然，就是三代世界；日中以后，神气渐昏，往来杂扰，就是春秋战国世界；渐渐昏夜，万物寝息，景象寂寥，就是人消物尽世界"②。王守仁所描绘的我国古代社会发展的历史，完全成了一幅颠倒的图景，荒诞地把社会看成越发展越破败越黑暗，到他生活的明代中叶，已经是"人消物尽"的世界了。

王守仁的社会政治思想，集中地表现在他所反复阐释的"达其天地万物一体之仁"的"明德"、"亲民"的主张。他说："大人者(统治者)以天地万物为一体者也，其视天下为一家，中国犹一人焉。"③ "夫圣人之心，以天地万物为一体，其视天下之人，无外内远近，凡有血气，皆其昆弟赤子之亲，莫不欲安全而教养之，以遂其万物一体之念。"④"仁者以天地万物为一体，使有一物失所，便是吾仁有未尽处。"⑤ 他还强调，"亲民之学不明，而天下无善治矣！"⑥

王守仁所竭力提倡的"仁政"，就是贵贱尊卑有序、长幼亲疏有别的儒家传统的伦理道德规范。他所谓的"天下犹一家，中国犹一人"，"达其天地万物一体之仁"等概念，都是有严格的贵贱亲疏的等级差别的。如当时有人向王守仁提出疑问："大人与物

---

① ④ 《传习录》中。

② 《传习录》下。

③ 《大学问》。

⑤ 《传习录》上。

⑥ 《书赵孟立卷》。

同体,如何又说个厚薄?"王守仁回答说:

> 惟是道理自有厚薄。比如身是一体,把手足捍头目,岂
> 是偏要薄手足,其道理合该如此。禽兽与草木同是爱的,把
> 草木去养禽兽,心又忍得。人与禽兽同是爱的,宰禽兽以养
> 亲,与供祭祀燕宾客,心又忍得。至亲与路人同是爱的,如
> 箪食豆羹,得则生,不得则死,不能两全,宁救至亲,不救路
> 人,心又忍得。这是道理合该如此。及至吾身与至亲,更不
> 得分别彼此厚薄,盖以仁民爱物皆从此出,此处可忍,便无
> 所不忍矣。①

王守仁还把这种爱分别彼此厚薄等级的主张,提到"良知"
学说上进行论证,认为是良知上自然的条理。王守仁根据这个
"条理",指出光讲"博爱"、不分厚薄的称不上"仁"。他认为爱的
根源固然是仁,但要看爱得是否恰当,须要爱得是,方才是爱人
本体,才可称之谓仁。如果只知博爱,而不论爱得是与不是,那
就称不上仁。他批评墨子提倡的"兼爱无差等,将自家父子兄弟
与途人一般看待","便不是生生息息,安得谓之仁"。②

王守仁提倡的"明德"、"亲民"、"达其天地万物一体之仁"的
社会政治思想,是为地主阶级设想的治国方略。一方面,他要统
治者以身作则遵守封建纲常,并"以教天下",推广到每一个人,
使得统治阶级内部的各个阶层,"惟知同心一德以共安天下之
民,视才之称否,而不以崇卑为轻重,劳逸为美恶。效用者亦惟
知同心一德,以共安天下之民。苟当其能,则终身处于烦剧而不
以为劳,安于卑琐而不以为贱"。另一方面他要被统治的广大劳
动人民"安其农、工、商、贾之分,各勤其业以相生相养,而无有希
高慕外之心",大家都安分守己。这样,"天下之人,熙熙皞皞,皆

---

① 《传习录》下。
② 《传习录》上。

相视如一家之亲"①,就能达到"等级有序"、"爱分差等"、上下相安的理想的封建王国。

5．南赣乡约

王守仁在任官期间不断上疏陈述的政治主张,并未被明朝皇帝所采纳。只有在担任南赣巡抚那一段时间,王守仁曾着实推行他的政治设想。王守仁从正德十一年(1516 年)以左佥都御史巡抚南赣汀漳等处,直到正德十六年六月,升任南京兵部尚书,在南赣前后历时六年。正德十三年,王守仁在南赣所推行的乡约制度,是他"达其天地万物一体之仁"的政治理想在乡村中付诸实践的一次尝试。

乡约制度并不是王守仁的创造,它是一种利用宗法制度,以"社会公约"的形式把乡族中的人们组织到"公约"中来。我国封建社会贵贱上下的等级制度,是与宗法家族制度的尊卑亲疏关系密切结合的,两者形成了严密的封建统治秩序。封建社会后期,宗法制度也随着封建专制制度的加强而演化着。宋代以后,族谱、家规、乡约等大量出现。宋明理学家就利用这种形式来推行他们的理学思想。程颐竭力主张要有严厉的家规家法。朱熹每到一个地方做官,就用宗法制度的形式推行封建礼教。封建统治者也十分懂得利用宗法制度去巩固自己的统治。如明初建立的里老制度,也与宗法有关,当时"天下邑里,皆置申明、旌善二亭,民有善恶则书之,以示劝惩。凡户婚、田土、斗殴常事,里老于此判决"②。《明律集解》也载:"州县各里皆设申明亭,里民有不孝、不弟、犯奸、犯盗,一应为恶之人,姓名事迹俱书于版榜以示惩戒,而发其羞恶之心,能改过自新则去之。其户婚田土等小事,许里老于此劝争解纷。"

---

① 《传习录》中。
② 《日知录》卷 8《乡亭之职》。

王守仁的《南赣乡约》，就是综合了上述的形式和内容制订出来的。南赣乡约由约长、约副主持其事，由同约中推"年高有德"、"家道殷实行止端庄"一人为约长，两人为约副。除此以外，还有约正、约史、知约、约赞等名称。①

《南赣乡约》的主要内容为两个方面：

其一是通过"彰善"、"纠恶"，使老百姓达到修身、齐家、"致良知"的境界。王守仁虽然认为人人皆有良知、人人皆可以为圣人，但统治阶级的"圣人"，与被统治的劳动人民，为人欲所蔽的情况是不同的。他认为统治者"圣人之心""纤翳自无所容"，也就是没有人欲的蒙蔽，"自不消磨刮"；"而常人之心"则像一面"斑垢驳杂"的镜子，"须痛加刮磨一番"，才能恢复"良知"、"天理"②。等而下之，被压迫被剥削的劳动者的"小人之心"，既已分隔隘陋"，"其动于私，蔽于欲，利害相攻，忿怒相激，则将戕物圮类，无所不为，其甚至有骨肉相残者，而一体之仁亡矣"③。王守仁所谓的"动于私"、"蔽于欲"，就是指劳动人民有争取生存的欲望；所谓的"戕物圮类"、"骨肉相残"，就是指劳动人民反抗封建统治的农民起义战争、诛杀地主分子的行为。王守仁从镇压农民起义中得出教训，感到仅仅把农民的反抗斗争镇压下去，并没有从根本上解决问题，"无革心之诚，复遗患于后"④，必须"扫荡心腹之寇，以收廓清之功"。但"扫荡心腹之寇"并不是那么容易见效的，这是因为"天理"、"良知"等，原是为了维护地主阶级利益的说教，现在要劳动人民在饥寒交迫中恢复良知，"洗心涤虑，永为良善"⑤，心甘情愿地处于受剥削受压迫的地位，当然难以

---

① 《南赣乡约》。以下凡引本文时不再加注。
② 《答黄宗贤》。
③ 《大学问》。
④ 《祭浰头山神文》。
⑤ 《牌行招抚官》。

做到。所以王守仁深感"破山中贼易，破心中贼难"①。但王守仁可称得上是一个知难而进的地主阶级的思想家，为了"达其天地万物一体之仁"的境界，苦思焦虑"破心中贼"，《南赣乡约》就是他在这一方面努力的产物。

《南赣乡约》规定以封建伦理道德为准绳，凡是遵守封建道德、封建法规的，称为"善"，就要进行表彰；反之就是"恶"，则要纠举。这种"彰善纠恶"、去"恶"从"善"的做法，是王守仁所宣扬的"修身"、"齐家"、"致良知"学说的具体运用。

《南赣乡约》的再一个内容是调和地主和农民之间的阶级矛盾，不使之激化。明朝中叶，江西、福建、广东交界地区，人民不断聚众起义，"凡在虔楚闽广接壤山泽，无非贼巢，大小有司束手无策，皆谓终不可理"②。广西少数民族人民也不断起义，形成所谓"广西民三而贼七"的情况③。当这些地区的农民起义被镇压下去之后，王守仁采取了调和阶级矛盾的方法，把参加过起义的农民称之为"新民"，为了使他们不致生活无着而重新造反，就"分拨田土，令其照例纳粮当差"，或"置买耕牛农器，分给农民"，使他们"洗心涤虑，永为良善"④。一些在农民起义中遭到打击的"仇家"，往往挟仇报复，向"新民"榨取财物。于是王守仁就"拘仇家当面开释，各安生理，毋相构害"⑤。从而缓和地主和农民之间的矛盾，使社会安定、地方安宁。

王守仁把镇压农民起义中实行阶级调和的经验，作为《南赣乡约》的主要内容之一。他说：

　　往者新民，盖常弃其宗族，畔其乡里，四出而为暴，岂独

---

① 《与杨仕德薛尚谦》。
② 《明军功以励忠勤疏》。
③ 《地方疏》。
④ 《牌行招抚官》。
⑤ 《行龙川县抚谕新民》。

其性之异,其人之罪者!亦由我有司治之无道,教之无方,尔父老子弟所以训饬于家庭者不早,熏陶渐染于里闬者无素,诱掖奖劝之不行,连属叶和之无具。又或愤怒相激,狡伪相残,故遂使之靡然日流于恶,则我有司与尔父老子弟皆宜分受其责。

王守仁指出,农民起义并不仅仅是他们性情"恶劣"的缘故,也是官府"治之无道,教之无方"和地主阶级"愤怒相激,狡伪相残"所造成的。因此,王守仁"特为乡约,以协和尔民",调和地主和农民之间的矛盾,要"尔等父老子弟毋念新民之旧恶,而不与为善","毋得再怀前仇,致扰地方"。

总之,《南赣乡约》是用社会公约的形式来约束人们,共同维护封建纲常,遵守封建法规,维护封建秩序,达到"共成仁厚之俗"。如乡约开宗明义所指出的那样:"自今凡尔同约之民,皆宜孝尔父母,敬尔兄弟,教训尔子孙,和顺尔乡里;死丧相助,患难相恤;善相劝勉,恶相告诫;息讼罢争,讲信修睦。务为良善之民,共成仁厚之俗"。这就是王守仁"达其天地万物一体之仁"和"致良知"学说的社会政治实践。

四、"浙中王门"、"江右王门"及"泰州学派"

1. 王阳明学派的分化

王守仁学说自身包含着不可克服的矛盾,如王守仁自定为"我的宗旨"的"四句教":"无善无恶是心之体,有善有恶是意之动,知善知恶是良知,为善去恶是格物"[①],对"四句教"的理解和解释,王守仁的两个大弟子钱德洪(宽)和王汝中(畿)便各执一词。

---

① 《传习录》下。

王汝中认为"此恐未是究竟话头"。也就是说,王守仁的"四句教"是和他自己所倡导的学说自相矛盾的,说不通的。因为按照王守仁的学说,意、知、物都是心的产物,所以王汝中接着说:"若说心体是无善无恶",那么"意亦是无善无恶的意,知亦是无善无恶的知,物亦是无善无恶的物矣。若说意有善恶,毕竟心体还有善恶在"。王汝中的这一质问确实是击中了王守仁学说自相矛盾的要害。钱德洪却回避了问题的实质,只是浮泛地对王守仁学说进行卫护。他说:"心体是天命之性,原是无善无恶的;但人有习心,意念上见有善恶在,格、致、诚、正、修,此正是复那心体功夫。若原无善恶,功夫亦不消说矣。"[①] 王守仁在听了王、钱两人的不同意见后说:

> 二君之见,正好相资为用,不可各执一边。我这里接人,原有此二种。利根之人,直从本源上悟入,人心本体,原是明莹无滞的,原是个未发之中。利根之人一悟本体,即是功夫,人己内外,一齐俱透了。其次不免有习心在,本体受蔽,姑且教在意念上实落为善去恶,功夫熟后,渣滓去得尽时,本体亦明尽了。汝中之见,是我这里接利根之人的;德洪之见,是我这里为其次立法的。二君相取为用,则中人上下,皆可引入于道。若各执一边,眼前便有失人,便于道体各有未尽。[②]

王守仁和王、钱两人的这一席谈话,后来被王门弟子称为"天泉证道"。其实这次证道,王守仁并没有把自己的学说从理论根源上讲清楚。王守仁在理论上肯定王汝中提出的"四无"说,但却反对在社会上宣传和实践这一学说,这反映出他的主观唯心主义"心外无理"的心学与他竭力维护封建道德之间的矛盾。

---

①② 《传习录》下。

王守仁学派在王守仁去世以后仍然继续发展,但由于王守仁学说本身存在着矛盾,因此在王守仁去世以后王学内部就发展成为许多派别。其中以浙中王门、江右王门和与王学有密切关系的泰州学派最为著名。

2.“浙中王门”与“江右王门”

“浙中王门”是指王守仁同郡(宁波绍兴)的王学传人。其代表人物为前面说到的他的两个大弟子钱德洪和王汝中。他们两人曾一再放弃科举机会,专心就学于王守仁,并成为王守仁讲学时的辅导员,被称为“教授师”。王守仁在世时,他们对王学已有不同理解。王守仁去世后,互相批评责难更为激烈,王讥钱为“随人脚跟转”,钱讥王为“养成一种枯寂之病”。

钱德洪主张“四有”,王汝中固执“四无”。钱德洪力避空疏,恢宏师说。他在《复王龙溪》的信中说:“吾党于学未免落空,初若未以为然,细自磨勘,始知自惧。日来论本体处说得十分清脱,及征之行事,疏略处甚多,此便是学问落在空处。”他主张“君子之学,必事于无欲”。无欲便是良知真体,便是天理。“作圣”的法则就是“透得此心,彻底无欲”,“无欲则不必言止而心不动”①。钱德洪的这些理论,只是对王守仁学说作些补充说明。黄宗羲在《明儒学案》中说他于王学如“把缆放船,虽无大得,亦无大失”。②

王汝中仍固执“四无”观点去宣传“良知”说,主张良知就是“心之本体”。因此,王汝中认为伦理道德的修养功夫就是“笃信谨守,一切矜名饰行之事,皆是犯手做作”③。这就把其师王守仁自诩为最基本的理论“致良知”的“致”,也看做是“犯手做作”

---

② 《明儒学案》卷 11《浙中王门·钱德洪传》。
③ 《明儒学案》卷 12《浙中王门·王畿传》。

的行为。

王汝中不拘守王守仁的成说,说:"天下之公学,非先师所得而私也。"① 他不拘泥于王守仁学说的字句之间,说:"虽尽将先师口吻言句,一字不差,一一抄誊与人说,只成剩语,诳人诳己。"②他认为:"一生若要做个千古真豪杰,会须掀翻箩笼,扫空窠臼。"因此,他在一些问题的看法上,具有其独到的见解,如他对格物的解释就是这样,他说:"天生蒸民,有物有则。物是伦物感应之实事,如有父子之物,斯有慈孝之则;有视听之物,斯有聪明之则。"③ 这就是说,观念和感觉是客体的复写和反映,这是唯物主义的认识论。这个论点,和王守仁"事父不成去父上求个孝的理,事君不成去君上求个忠的理"的观点,是完全相对立的。

"江右王门"是指明代江西地区的王学传人,其代表人物主要是邹守益,江西安福人,世称东廓先生。黄宗羲认为"姚江之学惟江右为得其正传"④,指的就是邹守益。

邹守益跟钱德洪一样,没有独创性的见解,他的讲学以弘扬师说、传播王学为旨归。当时不少学者对王守仁学说的基本理论"致良知"进行了责难。但邹守益"生平自精神心术之微以达于人伦事物之著,皆不离良知一脉运用"⑤。邹守益认为周敦颐的"主静",程颐、程颢的"寡欲",以及思孟的"戒惧","皆致良知的别名也"。"盖其名虽异,血脉则同"⑥。这就是说,他认为"致良知"是孔孟以来的正传。

邹守益无论在任官或居家期间,从不间断讲学,足迹遍于江南各地。讲学的对象不限于士子,"田夫市侩"也"趋而听

---

①② 《龙溪先生全集》卷8《大学首章解义》。
③ 《龙溪先生全集》卷6《格物问答原旨》。
④ 《明儒学案》卷16《江右王门学案·序》。
⑤ 《东廓邹先生文集·序》。
⑥ 《东廓邹先生文集》卷5《复黄致斋使君》。

之,惟恐或后"①。讲学规模也很盛大,听讲的人数有时"以千计"。可见邹守益对传播师说、扩大王学的影响起了很大的作用。

3."泰州学派"

泰州学派的创始人是王艮,泰州安丰场(今江苏东台)人,字汝止,号心斋(1483～1540年),灶丁出身。王艮在三十八岁时跟从王守仁学习,接受了王守仁的学说。

泰州学派的成分比较复杂,其中有上层社会的官员,如徐樾,字波石,云南左布政使;何心隐,原名梁汝元,曾得江西省试第一名;也有樵夫朱恕、陶匠韩贞、田夫夏廷美,是劳动人民出身。这一点,对泰州学派的学说有不小影响。

从王艮哲学思想的核心来说,是从属于主观唯心主义的"心学"。但他并没有因循师说,而是有他独特的见解,开创了别树一帜的泰州学派。王艮思想中具有独特的地方,主要是他所倡导的"百姓日用之道"说和"安身立本"的"格物"论。

王艮的"百姓日用之道"说,把圣人之道与百姓日用等同了起来。他说:"圣人之道,无异于百姓日用。凡有异者,皆是异端。"又说:"百姓日用条理处,即是圣人之条理处。圣人知,便不失;百姓不知,便会失。"②王艮强调只有合乎百姓日用的思想学说,才是"圣人之道",否则便是异端。王艮指的"圣人之道",虽仍包含着封建伦理道德,但他把它和"百姓日用"等同起来,则是对封建等级制的冲击。

赵贞吉在《王艮墓铭》中说:"越中良知,淮南格物,如车之两轮,实贯一毂。""越中"即指王畿,"淮南"即指王艮。王守仁死后,王畿的"良知"说和王艮的"格物"论,在当时的知识界中有较

---

① 《经世堂集》卷 19。
② 《王心斋先生遗集》卷 1"语录"。

大的影响。

王艮说:"王公论良知,某谈格物。"他把自己的格物论与王守仁所提倡的良知说相提并论。对"格物"的定义,他有这样的阐释:"格物,知本也;立本,安身也。"① "安身者,立天下之大本也。"② 王艮把"安身"认做是立天下之大本。王艮所说的安身,首要的是生活上的"安",能吃饱穿暖,如果"人有困于贫而冻馁其身者,则亦失其本而非学也"。这里,王艮十分明确地指出,吃不饱,穿不暖,就是"失其本"。

王艮的"安身立本"论,还有维护人的尊严的含义。他说:"身与道原是一体,至尊者此道,至尊者此身。尊身不尊道,不谓之尊身;尊道不尊身,不谓之尊道。"③ 可见王艮讲的"安身",更包含着人身的安,所以他把身和道都看成为"至尊者",不能遭受侮辱和损害。

在安身立本、承认人们物质欲望的合理性方面,何心隐说得更为明确。何心隐(1517～1579年),江西吉州永丰人,是泰州学派的后学。他认为人们满足味、色、声、安逸等欲望,是合乎人性的。他说:"性而味,性而色,性而声,性而安逸,性也。"④ 何心隐把"人欲"说成出于"性",这就把"天理"与"人欲"的对立取消了。何心隐在上述认识的基础上,反对"绝欲",主张"育欲",并主张"与百姓同欲"⑤,这就是承认人类共同需要的物质享受要求是合理的,应该得到适当的满足。

在人心论方面,泰州学派的后学罗汝芳(1515～1553年)提出了"赤子之心"。他说:"天初生我,只是个赤子。赤子之心,浑然天理。细看其知不必虑,能不必学,果然与莫之为而为,莫之

---

① 《心斋王先生全集》卷3。
② 《明儒学案》卷32。
③ 《王心斋先生遗集》卷1。
④⑤ 《爨桐集》卷2、3。

致而至的,体段浑然,打得对同过。"① 罗汝芳把"赤子之心"看成是自然具备着"知"和"能"的"浑然天理"。这是先验主义的人心说,但它明显地具有着反对传统封建伦理思想的进步含义。

泰州学派确实有一种冲击传统思想的战斗精神,所以黄宗羲在《明儒学案》中批评王艮违背了王守仁的"良知"学宗旨,说:"阳明先生之学,有泰州、龙溪而风行天下,亦因泰州、龙溪而渐失其传。"并指责泰州学派发展到何心隐等人时,"遂非名教之所能羁络矣"。泰州学派是李贽进步思想的先导。

五、李贽的进步思想

李贽号卓吾,又号温陵居士,福建泉州人。生于明世宗嘉靖六年(1527年),卒于神宗万历三十年(1602年)。泉州从宋代以来即为对外贸易港口。李贽的祖先曾从事航海经商。他的父亲以教书为生。嘉靖三十一年李贽在福建乡试中举,以后做过二十多年地方官。万历九年李贽弃官到湖北黄安定居,从事讲学和著述。

李贽曾师事泰州学派的王襞,对王畿和罗汝芳很尊敬。李贽的言行被当时的封建卫道士们攻击为"异端之尤",而李贽也以异端自居,并公开向封建卫道士们宣战:"今世俗子与一切假道学共以异端目我,我谓不如遂为异端,免彼等虚名加我。"②

李贽的"异端"言论非常尖锐泼辣。《焚书》和《续焚书》是他与当时的道学先生们针锋相对的论战集。他自己在解释为什么叫"焚书"时说,因其中多半是"忿激语,不比寻常套语。恐览者或生怪憾,故名曰《焚书》,言其当焚而弃之也"。《焚书》的写作

① 《明儒学案》卷34。
② 《焚书》卷1《答焦漪园》。

目的是"将《语》、《孟》逐节发明"。就是将《论语》和《孟子》的疵谬逐一揭发。这对奉孔孟为圣人的封建卫道士们来说,自然是异端叛逆者的行为。《藏书》是他对战国至元亡八百多个历史人物重新评价的历史著作。《续藏书》则是他对明代历史人物的评论集,也是他的明史专著。他认为历史上被封建卫道士们所推崇的圣贤只是"浮名传颂,而其实索然"。李贽在这两部著作中作了不少翻案文章,他自己说这是为了"以其是非堪为前人出气"。他用自己的观点进行历史的批判,同时也表示他的"精神心术所系"①,即批判历史是为了批判现实。

李贽对程朱学派的"理"进行了批判,认为世界最初只是阴阳二气,并没有在阴阳二气之上的理。他说:"有天地然后有万物,然则天下万物皆生于两,不生于一,明矣。而又谓一能生二,理能生气,太极能生两仪,何欤? 夫厥初生人,惟是阴阳二气,男女二命,初无所谓一与理也,而何太极之有? 以今观之,所谓一者果何物,所谓理者果何在,所谓太极者果何所指也?"② 李贽在这一段话中,说得十分清楚,宇宙间最初只是阴阳二气产生万物,根本没有什么产生阴阳二气的理,更没有什么在天地之上的太极。

李贽虽然对程朱学派客观唯心主义的"理"作了批判,但他自己在解释宇宙时,却陷入了佛家唯心主义的窠臼。他不承认物质世界的独立存在,认为社会生活与自然现象的"人伦物理"都是"真空"的表现。因此"学者只宜于伦物上识真空,不当于伦物上辨伦物"③。这就是说,人伦物理不是独立存在的,而应从"真空"去辨识它的存在,因它只是"真空"的显现。李贽所说的

① 《焚书》卷 1《答焦漪园》。
② 《焚书》卷 3《夫妇论》。
③ 《焚书》卷 1《答邓石阳》。

"真空",即是佛教在论述宇宙时所虚构的最高的精神性本体。

宋明理学家都把孔子的言论奉为神圣的教条,四书五经被封建统治者视为"行赏罚"的定本。李贽大胆地提出了不以孔子之是非为是非的观点。他指出,是非是随着时代的变迁进展而改变的,不应该把孔子所说的话作为永久不变的定论,他说:

> 前三代,吾无论矣,后三代,汉唐宋是也。中间千百余年而独无是非者,岂其人无是非哉?咸以孔子之是非为是非,故未尝有是非耳。然则予之是非人也又安能已!夫是非之争也,如岁时然,昼夜更迭,不相一也。昨日是而今日非矣,今日非而后日又是矣。虽使孔子复生于今,又不知作如何非是也,而可遽以定本行罚赏哉![1]

李贽反对封建正统派"以孔子之是非为是非",这表现了他反传统反教条的无畏精神。他在强调是非随时代变化时,提出了"是非无定质、无定论"的观点,他说:

> 人之是非初无定质,人之是非人也亦无定论。无定质,则此是彼非并育而不相害;无定论,则是此非彼亦并行而不相悖矣。然则今日之是非,谓予李卓吾一人之是非,可也;谓为千万世大贤大人之公是非,亦可也;谓予颠倒千万世之是非,而复非是予之所非是焉,亦可也;则予之是非信乎其可矣。[2]

李贽提出是非无定质、无定论,否定了是非的客观标准,取消了客观真理,陷入了相对主义。这是他的主观唯心主义所使然。

李贽竭力宣扬"童心"说。他把"童心"称做"真心"。

> 童心者,真心也。若以童心为不可,是以真心为不可也。夫童心者,绝假纯真,最初一念之本心也。若失却童心,便失却真心;失却真心,便失却真人。人而非真,全不复

---

[1][2] 《藏书·世纪列传总目前论》。

有初矣。①

李贽的"童心"说,是由泰州学派罗汝芳"赤子之心"说发展而来的。这种"童心"是真诚的,不是虚假的,是一种未受官方御用思想侵蚀过的原始的天真纯朴的精神状态。它与王守仁的"良知"说不同,王守仁认为良知即是义理,是否合乎天理,要以良知为准则。李贽却相反,认为义理蒙蔽童心,义理懂得越多,童心丧失得越多。因此,李贽反复强调的"童心"是"绝假纯真"没有受到闻见道理熏染的赤子之心。如果受到了义理的熏染,那就不是真心,就失却童心了。他说:

> 既以闻见道理为心矣,则所言者皆闻见道理之言,非童心自出之言也。言虽工于我何与?岂非以假人言假言,而事假事,文假文乎?盖其人既假,则无所不假矣。②

假人、假言、假事、假文,这是李贽所深恶痛绝的。针对当时社会上的这些弊病,他要求"真心"、"真人"。这是要求个性解放的一种表现。

封建礼教特别强调夫权,男子可以娶妾,而寡妇不准再嫁。李贽批判了男女不平等的偏见,主张寡妇应再嫁,赞美卓文君自己作主和司马相如结婚是"善择佳偶"。这种婚姻自主的主张,在当时"饿死事小,失节事大"的封建礼教禁锢着人们头脑的社会中,是非常大胆的新思想。李贽还明确地主张女子也可以学道,认为男女在才智上是平等的。他说:"谓人有男女则可,谓见有男女岂可乎?谓见有长短则可,谓男人之见尽长,女人之见尽短,又岂可乎?"③

李贽特别强调物质生活的重要,与理学家们喋喋不休"存天理,灭人欲"的说教相反,他明确指出:

---

① ② 《焚书》卷3《童心说》。

③ 《焚书》卷2《答以女人学道为见短书》。

> 穿衣吃饭,即是人伦物理,除却穿衣吃饭,无伦物矣。
> 世间种种,皆衣与饭类耳。故举衣与饭,而世间种种自然
> 在其中。非衣饭之外,更有所谓种种绝与百姓不相同者
> 也。①

穿衣吃饭,解决温饱问题,是老百姓生活最根本的大计,也是最基本的要求。他认为提出解决衣饭等日常生活问题的建议,是"迩言"、"善言",作为好的统治者就应该很好察听。

李贽在揭露批判理学家们"道心"、"天理"等的说教时,公开宣称"自私"是人的天性,"无私则无心"。他说:

> 夫私者,人之心也,人必有私,而后其心乃见;若无私,
> 则无心矣。如服田者,私有秋之获,而后治田必力;居家私
> 积仓之获,而后治家必力;为学者利进取之获,而后举业之
> 治也必力。此自然之理,必至之符,非可以架空而臆说
> 也。②

李贽认为人类一切活动,都出于自私自利的动机。他把封建社会地主、官僚的贪欲、权势欲和农民、手工业者等劳动人民所具有的私有心理,都等同地看成为人类的本性。这种利己主义的人性论,显然是错误的。

李贽主张"道不虚谈"、"学务实效",对历史上变法图强的人物加以表彰,认为他们"各各有一定之学术,各各有必至之事功"③,李悝变法"行之魏国,国以富强";吴起变法"用之魏则魏强,用之楚而楚伯"。

李贽对孔孟传统思想和程朱理学的批评非常广泛,也很尖锐深刻,言论十分大胆。这在我国古代思想家中是少有的。

---

① 《焚书》卷1《答邓石阳》。
② 《藏书》卷32《德业儒臣后论》。
③ 《焚书》卷5《孔明为后主写申韩管子六韬》。

六、罗钦顺、王廷相的反理学斗争

罗钦顺,字允升,号整庵,生于明宪宗成化元年(1465年),卒于明世宗嘉靖二十六年(1547年),江西泰和人,曾任南京吏部尚书等职。

王廷相,字子衡,号浚川,生于明宪宗成化十年(1474年),卒于明世宗嘉靖二十三年(1544年),河南仪封人,曾任都察院左都御史等职。

罗钦顺和王廷相都是明朝中期地主阶级中的进步人物。罗钦顺反对宦官专权的腐朽政治,指责权门势力时说:"今太仓之粟,化为月课,以入权门者不可胜计。"① 由于权门的"横敛亟行",人民生活日益贫困。他主张实行变法,认为"法有当变者,不可不变,不变即无由致治"。②

王廷相与当时宦官刘瑾和权奸内阁首辅严嵩等作了坚决的斗争,屡遭贬谪。他批评当时的腐朽政治说:"今之时政繁矣,风侈矣,民劳矣,财困矣,生促矣,天下之大灾也。"③ 他看到了国家的繁重赋役,统治者的奢侈生活,是造成财政困绌、人民生活艰难的主要原因,是国家的大灾难。他主张统治者应该节俭,不要对人民进行过分的剥削。他说:

> 天下顺治在民富,天下和静在民乐,天下兴行在民趋于正。上节俭,则寡取于民而富矣;上简易,则动于民者寡而乐矣;上稽道于圣,则民不惑于异术而趋于正矣。④

罗钦顺和王廷相都是明代中叶著名的唯物主义的先进思想家,对当时风行的陆王心学和作为统治思想的程朱理学进行了

---

① ② 《困知记》卷上。
③ ④ 《慎言·御民篇》。

批判,推进了我国封建社会唯物主义思想的发展,为明清之际的进步思潮做了开拓和先导的工作。

罗钦顺和王廷相在宇宙观上都是张载气一元论唯物主义思想的继承者。罗钦顺说:"盖通天地,亘古今,无非一气而已。"又说:"人物之生,本同一气。"① 这就是说,从古至今气是永恒存在于宇宙之间的,人物草木都是"气聚而生"的,世界是物质的。

王廷相断言:"天内外皆气,地中亦气,物虚实皆气,通极上下,造化之实体也。"② 这是说充塞于宇宙间的都是气,天地万物都是气所构成的,有具体形象的物体是气,虚若无物的空间同样是气。

关于理与气的关系问题,罗钦顺和王廷相都批判了"理在气先"的唯心主义观点。罗钦顺认为"理只是气之理",理"初非别有一物,依于气而立,附于气以行也"③。王廷相则认为"理在气中",批判朱熹等人所说的"未有天地之先,毕竟也只是理"的观点是"支离颠倒",他指出:"万理皆出于气,无悬空独立之理。"④罗钦顺和王廷相都认为气是原始物质,理是物质运动变化的规律。这是我国古代朴素唯物论的传统表达方式。

罗钦顺和王廷相还对程朱的"理一分殊"的唯心主义观点进行了批判。程朱理学强调"万物一理",王廷相认为不能专讲理一,应当讲理万。他指出:"天地之间,一气生生,而常而变,万有不齐,故气一则理一,气万则理万。世儒专言理一,而遗理万,偏矣。天有天之理,地有地之理,人有人之理,物有物之理,幽有幽之理,明有明之理,各各差别。"⑤ 他认为不同的事物有不同的理,有统一的理,也有分殊的理,专言理一,而遗漏了理万,那是

---

①③ 《困知记》卷上。

② 《慎言·道体篇》。

④ 《太极辩》。

⑤ 《雅述》上篇。

偏而不全的。

罗钦顺则更把程朱理学唯心主义的"理一分殊"的命题,进行了唯物的改造。他首先把程朱所宣扬的"理",改变成为"只是气的理",然后说:"盖人物之生,受气之初,其理唯一;形成之后,其分则殊;其分则殊,莫非自然之理。"[①] 人和物都是禀受气而生的,就这点说,"其理唯一",形成为每一个具体事物之后,其运动的规律和特性则是各不相同的,叫做"分殊"。而且"其理之一,常在分殊之中"[②]。"所谓理一者,须就分殊见得来,方是真切。"[③] 这就是说,一般的"理一"是存在于个别事物的"分殊"之中,可见罗钦顺在论述"理一分殊"的关系时,已经触及了一般与个别(或特殊)的辩证关系,这在当时来说是难能可贵的见解。

在历史观方面,王廷相提出了进步的观点。他把气变理亦变的观点用来解释社会历史,认为人类社会是不断发展的。他说:

> 鸿荒之世,犹夫禽兽也。唐虞之际,男女有别,而礼制尚阔也。殷人五世之外许婚。周人娶妇而侄娣往媵。以今观之,犯礼伤教甚矣。当时圣人不以为非,安于时制之常故尔。是故男女之道,在古尚疏,于今为密,礼缘仁义以渐而美者矣。[④]

王廷相认为政治制度也是随着社会历史的发展而起变化的。他说:

> 道无定在,故圣人因时。尧舜以禅授,汤武以征伐,太甲成王以继序。道无穷尽,故圣人有不能。尧舜之事,有羲轩未能行者。三代之事,有尧舜未能行者。[⑤]

---

①② 《困知记》卷上。

③ 《困知记》卷下。

④ 《慎言·文王篇》。

⑤ 《慎言·作圣篇》。

政治体制没有固定的格式,历代圣君根据时代的不同而变革。尧舜讲究禅让,商汤周武是征伐,太甲成王是继袭。尧舜的事情伏羲无法做到,三代的事情尧舜也无法做到。王廷相肯定了历史的演化。

王廷相从历史演化的观点出发,反对复古泥古,主张因时制宜,不断改革,他说:"法久必弊,弊必变,变所以救弊也。"[①] 他主张渐变,说:"变有要乎? 曰渐。春不见其生而日长,秋不见其杀而日枯,渐之义也,至矣哉。"[②]所谓"渐",就是逐渐地进行一点一滴的改良。

罗钦顺和王廷相对唯物主义理论学说的阐述和对宋明理学的批判,为以后明清之际先进的社会思潮奠定了基础。

第二节　史学和地理学

明代私人修史比前代发达,官修史书则比前代逊色。地理学在前代的基础上有所发展。

一、官　修　史　书

明代官修的史书,主要有《元史》、《明会典》与《明实录》。

1.《元史》

朱元璋即位后,马上下诏编修《元史》。洪武元年(1368 年)八月,徐达率领的北伐军攻入大都,获得元十三朝实录。十二月,朱元璋命宋濂、王祎为总裁,李善长为监修,纂修《元史》。次年二月开设史局于天宁寺,到八月就写完了本纪、志、表、列传共一百五十九卷。只有元顺帝一朝因无实录而未写,欧阳佑等遂

---

①② 《慎言·御民篇》。

专程去北平采集顺帝一朝的事迹,洪武三年(1370年)史局重开,至七月续成了未完部分。

《元史》全书共二百十卷,其中本纪四十七卷,志五十八卷,表八卷,列传九十七卷。《元史》记载了从成吉思汗元年(1206年)至元顺帝至正二十八年(1368年)一百六十余年的历史。这样一部规模庞大的史书,两次开局编纂,只用了十一个月时间,真如钱大昕所说的:"古今史成之速,未有如《元史》者;而文之陋劣,亦无如《元史》者。盖史为传信之书,时日促迫,则考订必不审,有草创而无讨论,虽班马难以见长,况宋、王词华之士,征辟诸子皆起自草泽,迂腐而不谙掌故者乎!"①

《元史》草率成书,自然存在着不少错误与不足的地方。首先是它没有反映元朝历史的全貌。《元史》记事主要在世祖以后。蒙古帝国在世祖忽必烈至元八年(1271年)时改国号为元,至元十六年统一全国。在此以前尚有太祖成吉思汗、太宗窝阔台、定宗贵由、宪宗蒙哥四朝七十三年(1206~1278年)的历史,《元史》反映得太简略了。当时的东西交通、民族关系及文化交流等都比较频繁,但《元史》很少涉及。再者《元史》编纂者只求速成,没有采集当时已有的史料。如《元朝秘史》、《黑鞑事略》、《蒙鞑备录》、《长春真人西游记》及《辍耕录》等,都是研究元朝历史的珍贵史料,但《元史》编纂者却弃而不顾。

《元史》虽存在着上述缺陷,但仍有其一定的史料价值。除顺帝以外的本纪,其材料皆采自元十三朝实录,而元实录今已失传。志、表部分的材料,主要来自《经世大典》,该书今已残缺。因此,《元史》仅就这两部分的情况来看,就有十分宝贵的史料价值。

---

① 《十驾斋养新录》卷9《元史》。

2.《明会典》

《明会典》是从宋元时期的会要体发展而来的,它是记述明朝典章制度的专书。《明会典》在明朝修过多次。孝宗弘治十年(1497年)三月,命大学士徐溥等纂修会典,弘治十五年修成,武宗正德四年(1509年)由李东阳重核刊行,共一百八十卷。嘉靖时,世宗命改修,嘉靖二十八年完成,但修成进呈后未曾刊行。万历四年(1576年)神宗又命申时行等重修,至十五年(1587年)修成刊行,即目前通行的二百二十八卷本。

《明会典》的体例是首列宗人府,其下依吏、户、礼、兵、刑、工六部与都察院、六科以及各寺、府、监、司等为序,叙述其职掌及历年事例。其中文职衙门为二百二十六卷,武职衙门只有两卷。各个部门都记载有具体的统计数字,如田土、户口、驻军、粮饷等,比《明史》各志要详细得多,是研究明代典章制度的官方原始材料。

3.《明实录》

我国很古以来就有史官记录皇帝的每天言行,汉武帝时叫"禁中起居注"。唐朝时还有宰相把当时的军国大事撰成"时政记"。宋代又建立日历所,把起居注和时政记加以整理,编成"日历"。"实录"就是每当一个皇帝死后,下一个新皇帝令臣僚根据前朝的上述资料和采集各类档案、碑志行状等纂修而成的。唐、五代、宋、辽、金、元各朝皆有实录,但多数已亡佚。现存最早的一部实录是唐朝韩愈所撰的《顺宗实录》五卷,保存在他的《昌黎全集》中。还有北宋钱若水所撰的《太宗实录》残本二十卷也保存了下来。现在比较完整保存下来的是《明实录》和《清实录》。

《明实录》为明代历朝的官修编年体史书。从明太祖朱元璋到明熹宗朱由校共修成十五朝实录。建文朝附于《太祖实录》,景泰朝附于《英宗实录》,因此称为"十三朝实录"。《明实录》计《太祖实录》二百五十七卷,《太宗实录》二百七十四卷,《仁宗实录》十卷,《宣宗实录》一百十五卷,《英宗实录》三百六十一卷,《宪宗实录》二百九十三卷,《孝宗实录》二百二十四卷,《武宗实录》一百九十七卷,《世宗实录》五百六十六卷,《穆宗实录》七十卷,《神宗实录》五百九十六卷,《光宗实录》八卷,《熹宗实录》八十七卷(今存七十四卷),共计三千零四十五卷。

《太祖实录》先后修过三次,第一次为建文时方孝孺主持修撰,第二次于永乐时由李景隆等改修,第三次亦系永乐时由姚广孝、夏原吉等重修。朱棣两次重修《太祖实录》的目的,是将"其有碍于燕者,悉裁革"①。因此,有关"靖难"等处,多有失实。明代其他朝的实录,也往往由于种种原因而存在失实之处。

明朝对修纂实录非常重视,新皇帝即位便诏修前朝实录,由朝廷任命总裁及纂修诸官,由礼部命令中央及地方各官署采辑先朝事迹。明朝政府并派人到各布政司、郡、县搜访,把收集到的各类章疏奏牍、抄存邸报、碑志行状、先朝遗事等材料,汇总送付史馆。"分为吏、户、礼、兵、刑、工为十馆,事繁者为两馆。分派诸人,以年月编次,杂合成之,副总裁删削之,内阁大臣总裁润色"。② 这样,就编写成为一朝实录。

《明实录》内容非常丰富,对政治、经济、军事、文化及民族关系和中外交往,都作了比较详细的记载。它是研究明代历史最基本的史籍。

明代历朝实录修成后,一般抄录成正副两本,正本放在皇史宬,副本置于内阁,底稿则由史官在太液池旁椒园焚毁,不许随便传抄。但仍有人寻找机会抄出。如万历二十二年(1594年)提出历朝实录,供修"国史",史官就借机把明实录传抄出来,流传到民间,据说多达十几种。现在通用的为两种本子,一种是

---

① 《罪惟录·艺文志》。
② 王鏊:《震泽长语》卷上"官制"。

1940年根据江苏国学图书馆本影印的,共五百册,其中错讹字较多;一种是经台湾黄彰健等人校勘的,也已影印出版,计正文一百三十三册,校勘记二十九册,附录二十一册,为现在所见最好的本子。

二、私家修撰的当代史书

明代官方修史不及前代,没有巨著,也没有独创的作品。但明代私家修史的风气很盛,涌现出一批著名的史学家,如王世贞、何乔远、谈迁、郑晓、焦竑等。他们撰写的当代史著作相当丰富。

1. 王世贞及其史学著作

王世贞,字元美,号凤洲,又号弇州山人,江苏太仓人。据钱大昕的《弇州山人年谱》记载,王世贞生于嘉靖五年(1526年),卒于万历十八年(1590年)。他出身于大官僚地主家庭,于嘉靖二十六年(1547年)考中进士,曾任员外郎、郎中及尚书等官。他在文学上主张复古,为后七子中的领袖人物。

王世贞在明代虽以文学家见称,但他在史学方面的成就是十分可观的。他在青少年时期,就注意收录本朝掌故旧闻,有志于撰写明代历史。他于晚年追忆这一情况时说:

> 老人束发入朝行而尝窃有志矣,故上自列圣之汇言,累朝之副草,旁及六曹九镇畿省之便利要害,大家委巷之旧闻,文学掌故之私记,皆网搜扎录。有志而未成,而惜乎予老矣。[1]

王世贞为了撰写明朝国史,孜孜不倦地从历朝实录、档案文书以及野史家乘中采录有用材料。他把这些史料加以整理、考核,分门别类汇编成为几部关于明史的资料书《弇山堂识小录》、《少阳

---

[1] 《弇州史料》"陈继儒序"。

丛谈》等。万历十六年（1588年）前后，王世贞已六十多岁，他感到自己难以完成撰写明史这一巨大任务，便把自己所收集的上述资料加以整理，汇编成《弇山堂别集》一百卷，在金陵刊刻。所以称为"别集"，是对他自己所撰的《四部稿》正集而言的。后来又由董复表对其遗著加以收集整理，万历四十二年（1614年）刻成《弇州史料》一百卷，前集三十卷，后集七十卷。

《弇山堂别集》和《弇州史料》是王世贞的史学力作，也可以说是王世贞撰写国史（明史）的草稿。如《弇山堂别集》包括《皇明盛事述》五卷，《皇明异典述》十卷，《皇明奇事述》四卷，《史乘考误》十一卷，《表》三十四卷，《考》三十六卷。"述"是记事的，"考"以记典章制度为主，"表"如纪传体中的"表"。在各类述、表和考之前有序，简要叙述其在明代的演变状况。《弇州史料》收辑的内容，其中除《皇明三述》、《史乘考误》和《弇山堂别集》相重复外，其他大部分是不曾刊行过的。全书包含有关于明代君臣事迹、政治经济、典章制度、礼仪风俗、少数民族与民族关系、对外关系等方面的内容。如前集第三卷至第十六卷中有《京营兵将考》、《市马考》、《藩禄考》、《科举考》、《中官考》等篇，第十七、十八卷中有《锦衣志》、《北虏志》、《三卫志》、《哈密志》等篇，第十九卷至第三十卷，有多至六七十人的世家和传记。后集第三十七卷有《户口登耗之异》、《舆地贡赋》、《钞法》、《宗费》、《官俸》、《边费》等篇。《弇山堂别集》和《弇州史料》这两部书的内容非常丰富，材料非常珍贵。清代编纂《明史》时，其中不少传记和志表继承了王世贞的原作。

2．何乔远的《名山藏》

何乔远，福建晋江人。万历十四年（1586年）进士，历任刑部主事及南京工部右侍郎等官。他所写的《名山藏》一百卷，崇祯十三年（1640年）刊刻。从它的内容看，其实是一部纪传体"明史"，有纪、志、传，无表。其中的《典谟记》即为"本纪"，《坤则记》即为"后妃传",《分藩记》即为"诸王传",《舆地记》即为"地理志",《河漕》、《漕运》、《钱法》、《兵制》、《马政》、《茶马》等志,即为"食货志"和"兵志"。《王享记》,记述明代时外国和西域的情况,同时又收辑了有关海西女真和建州女真的一些材料。《货殖记》则记述了江南一些大地主及工商业的情况。

《名山藏》记事始于洪武,终于隆庆,其中有的材料为他书所不载,十分可贵。

3．谈迁与《国榷》

谈迁,字孺木,浙江海宁人。明万历二十二年(1594年)生,清顺治十四年(1657年)卒。他从天启年间(1621～1627年)开始撰写《国榷》,几乎用毕生精力投入这一著述活动。明朝覆灭时,他完成了天启以前史事的撰写。进入清朝以后,在"席有凝尘,甑无宿火"的穷困生活中,继续撰成了崇祯、弘光两朝史事,成为首尾俱全的明代编年体史书。顺治四年(1647年)全部手稿被盗,但他遭此沉重打击仍不气馁,发愤重写,经过五年奋斗,完成了第二稿。

《国榷》全书一百零八卷,按年月日记载明朝一代的史事,约五百余万字,是编年体的明史中篇幅极浩繁的一种。其内容,主要根据明朝实录及百余家明人著作编修而成。

谈迁是一个正直的爱国史学家,他在《国榷》中敢于直书。如对朱元璋晚年杀戮功臣,对建文朝的史事,他都作了记述。他不顾清朝统治者的忌讳,记述了建州各卫所设置的时间和各卫首领的承袭情况。他怀着深厚的爱国感情,以"盈盈济上水,有泪与之长"的心情①,记载了明末时期清朝统治者入关烧杀抢掠的罪恶事实,同时歌颂了内地抗击清兵的英雄人物。他以愤慨的心情指责明朝皇室和贵族官僚们的奢侈荒淫:"豪贵一筵,抵

---

① 《枣林诗集·哀济南》。

穷民岁费","数日之粮不足供一席之费,百亩之人不能易一身之衣";"风俗若此,欲民之不穷也可得乎!"明亡以后,他弃诸生,拒不为清朝办事。他认为"国可灭,史不可灭"。他怀着对故国无限怀念的心情,继续写完了崇祯、弘光两朝史事。谈迁的《国榷》可贵的地方还在于它对有异说的史实进行了考订,使史料具有一定的可靠性。

《国榷》成书以后,遭清朝查禁,一直没有刊刻问世,直到谈迁逝世三百年后的1958年,才由中华书局整理出版。这部长久被湮没的明史巨著,终于公之于世。

4.郑晓的《吾学编》和张萱的《西园闻见录》

郑晓,浙江海盐人,嘉靖进士,官至兵部尚书。他注重史学,所著《吾学编》,共六十九卷,记述了从洪武到正德的史事。"凡关系大政者,仿朱子纲目,以岁系月,各为一记。建文四年虽革除残缺,亦搜集遗文,析为逊国记。至于同姓诸王分封列藩,及开国、靖难、御胡、剿寇,并戚畹、佞倖、列爵三等者,各为表传"。① 这是一部编写较早的当代国史,材料比较详实,后来谈迁著《国榷》时常引用此书。

张萱,字孟奇,别号西园,广东博罗人。万历中举于乡,曾任平越知府。他博览群书,笃好史学,经过二十余年的勤奋努力,编辑成《西园闻见录》,共一百零七卷,记述了从洪武到万历的史事。全书分为三编,"内编以表德行,专重行谊;外编记政事,依官为次,始内阁、翰林、六部、台谏,以及外官,然后分众事以隶之;其方伎之属无所归者则为杂编"。张萱在编辑这本书时,辑录了不少明人奏议中的材料,引用了许多明人的著作,有的原书已经散失,赖《西园闻见录》而保存下来。这本书对研究明代历史有较高参考价值。

---

① 《吾学编》"雷礼序"。

5．焦竑的《国朝献征录》和陈子龙等选辑的《皇明经世文编》

焦竑，字弱侯，号澹园，江宁（今江苏南京）人。万历十七年状元，官至翰林院修撰。他与当时进步思想家李贽交往密切，受其影响较深。他落职还家后，专心从事著述，编有《国朝献征录》一百二十卷，辑录了洪武至嘉靖朝著名人物的传记资料。全书按照宗室、戚畹、勋爵、内阁，直至六卿以下官员，分类依次编排。没有做过官的，则按孝子、儒林、艺苑等分类编排。多数人物传记皆注明材料出处，内容比较丰富。

《皇明经世文编》共五百零四卷，补遗四卷。陈子龙、徐孚远和宋征璧选辑，崇祯十一年（1638 年）成书。这是一部明人文集选编。编者从四百二十余人的文集和奏议中，"取其关于军国济于时用者，上自洪武，迄于今皇帝（按：指明思宗）改元，辑为经世一编，文从其人，人从其代"①。它的编排顺序是"首先代言，其次奏疏，又其次尺牍，又其次杂文"。这是一部研究明代历史的重要史料书，特别是其中保存了一些反映明清关系的历史文献，在《明史》等官书讳言这类内容的情况下，更值得重视。

三、私家修撰的前代史书

明代私人除了撰写当代史以外，也撰写前代史书，但体例和史学观点缺乏创新，也没有出现巨著。比较著名的有以下几部著作：

《宋史新编》，柯维骐撰。柯字奇纯，福建莆田人。他于嘉靖二年考中进士，授官没有到任，在家专心读书，经过二十年的努力，撰成《宋史新编》。计本纪十四卷，志四十卷，列传一百四十

---

① 《皇明经世文编》"方岳贡序"。

二卷,表四卷,共二百卷。原来宋史和辽金二史分为三书,《宋史新编》合成为一书,以辽金附之。钱大昕评其书说:"用功已深,义例亦有胜于旧史者,惜其见闻未广,有史才而无史学耳。"①

《宋史纪事本末》,冯琦、陈邦瞻合编,为明人编写纪事本末体史书中最好的一部。此书大部分为陈邦瞻所编撰。陈字德远,万历二十六年(1598 年)进士,笃好宋元历史。《宋史纪事本末》共分一百零九目,对宋朝一代兴衰治乱的情况,叙述得颇有条理。陈邦瞻还编撰了《元史纪事本末》,共分二十七目,每目一卷,篇幅不多,但把元代的政治、军事和经济等各方面的情况叙述得比较清楚,是学习元史较好的入门书。

《续文献通考》,王圻编纂,万历十四年(1586 年)成书。这是一部记叙典章制度的专书,计分三十门。它记事年代与《文献通考》相衔接,起自南宋宁宗嘉定年间,至明万历初年。该书体例和内容虽稍嫌杂乱,但收录材料较多,尤其明代部分更为丰富。

《武备志》,茅元仪编,共二百四十卷。全书汇辑了历代军事理论、战略战术、军用物资等方面的文献资料,各部分并绘图加以说明,所收录材料非常广泛丰富,如《郑和航海图》即收录在该书。这是一部资料翔实的军事学专书,在此以前,还没有这样的专书。

四、明代的地图、地理学和地方志

明代中叶以后,随着耶稣会士的来华传教,西方的地图测绘方法也传入我国,这在前面《耶稣会士来华传教和中西文化交流》一节中已作了叙述。这里主要介绍明人沿袭我国传统方法绘制的地图及编纂的地理学著作和地方志。

---

① 《潜研堂文集》卷 28《跋柯维骐宋史新编》。

1.《广舆图》和《皇明职方地图》

《广舆图》是罗洪先根据元人朱思本的《舆地图》绘制的。罗洪先,字达夫,号念庵,江西吉水人。他于嘉靖八年(1529年)中进士第一名,历任修撰、左赞善等职,后因上书得罪了朝廷遭到除名,便发愤读书,"考图观史,自天文、地志、礼乐、典章、河渠、边塞、战阵攻守,下逮阴阳、算数,靡不精究"[①]。罗洪先在"考图观史"中,觉得历代地图"疏密失准",便想编绘一幅内容丰富、方位准确的地图。他见到朱思本的《舆地图》很合自己的心意,但认为它"长广七尺,不便舒卷"[②]。于是就按计里画方的网格法分幅转绘,并增加了自己收集到的资料内容,经过十年努力,长广七尺的《舆地图》终于被改制成有数十幅之多的地图集,称为《广舆图》。《广舆图》中的两直隶十三布政司分图,系根据《舆地图》改绘,按明制更改地名,并加记注。九边图、黄河图、漕河图、海运图、朔漠以及西域图等,则为他自己所增绘。

罗洪先所绘《广舆图》列出了府、州、县、驿等二十多种图例符号。这在十六世纪的中国,是测量制图学上的重大进步。《广舆图》于嘉靖三十四年(1555年)首次刊印,以后,在明清两代先后刊印六次,广为流传,影响很大。

《皇明职方地图》,陈祖绶主持绘制,参与编绘的共四十余人。崇祯八年(1635年)正月开始编绘,次年夏绘竣刊印。当时陈祖绶任兵部职方主事,有条件参阅国家所藏各种图籍。他对影响较大的《舆地图》和《广舆图》作了细致研究,认为"元人朱思本计里画方,山川悉矣,而郡县则非"。罗洪先《广舆图》则"郡县可考,而山川险阻莫测"[③]。他主张郡县和山川都要合理地表

---

① 《明史》卷283《罗洪先传》。
② 《广舆图·序》。
③ 《皇明职方地图·大序》。

示。陈祖绶还非常重视边塞情况,认为"九边之要,全在谨备于外,故夷出没,不可不详"①,这是很有军事眼光的。因此,他主持绘制的《皇明职方地图》兼采了朱、罗两图的优点,且注意绘制军事内容,是明代较好的地图之一。

在《皇明职方地图》稍后有吴学俨等人的《地图综要》及潘光祖的《舆图汇考》。这两幅地图虽有某些改进,如潘光祖在《舆图汇考》中吸取了利玛窦传入中国的《东西两半球图》,但在取材及绘制法上,仍没有超脱朱、罗的范围。

2. 九边图和海防图

明朝政府为防御蒙古势力的侵扰,有九个边镇的设置,简称为"九边"。有关北方军事地理著作都加上"九边"字样,如《九边图论》、《九边图说》、《九边图志》等。

诸种《九边图论》中,以许进的《九边图论》记载最为详细,初刻本在嘉靖十七年(1538 年)。许进在编写该书时,任兵部职方主事,具有参阅政府所藏图籍资料的便利条件,其所绘地图和所作图论的内容比较可靠。其《九边图论》采取一图一论的方式,先画图,后作论对图加以说明。

诸种《九边图说》中,以隆庆时兵部尚书霍冀的《九边图说》和崇祯时兵部职方郎中申用懋的《九边图说》较为详细。霍冀在绘图撰述之前,命令各镇把其辖区的地理形势"画图贴说"上报,而后综合各镇上报的图说及参阅前人的地图,绘制编写成《九边图说》。该书"每镇有总图,以统其纲,有分图,以析其目";有图有说,见其图可知"各镇之地利险易",读其说,可知"各边之兵马多寡"。这种绘制编写方式,大约是受罗洪先《九边图》的影响。罗洪先在每幅图旁都加注说明兵马数目及屯积粮草情况。

明朝时期,东南沿海常遭倭寇侵扰,我国军民在抗击倭寇过

---

① 《皇明职方地图·大序》。

程中,为军事上的需要而绘制了许多海防图。前面提到的陈祖绶的《皇明职方地图》中即绘有《海防图》一幅。最著名的海防图则为胡宗宪编撰的《筹海图编》。

胡宗宪,字汝贞,绩溪人,官至兵部尚书、浙闽总督。嘉靖时,他于闽浙沿海领导抗击倭寇,著《筹海图编》十三卷。全书有图有文,首载舆地全图、沿海沙山图;次载王官使倭略、倭国入贡事略、倭国事略;次载广东等五省沿海郡县图、倭变图、兵防官考及事宜;次载倭患总编年表;次载倭迹分合图谱①。这是明代一部比较全面的抗击倭寇的海防图。书中对当时沿海地形有比较详细的编绘,并标明倭寇的入侵路线,书中还记载了抗击倭寇几次大的战争的经过。

《筹海图编》在嘉靖年间即已刊印,现存隆庆年间翻刻的《筹海图编》署为"昆山郑若曾辑"。因此,《筹海图编》的作者,究竟是胡宗宪还是郑若曾,有不同的说法。郑若曾在胡宗宪幕府工作过,很可能这部《筹海图编》是他们两人合作编撰的。由郑若曾编辑,胡宗宪挂名,后胡宗宪下狱瘐死,郑乃具名。

3. 志书

明代志书的编撰非常兴盛。洪武三年(1370年)朱元璋命儒臣魏俊民等编纂《大明志书》,所记内容包括十二省、一百二十府、二百零八州、八百八十七县、三安抚司、一长官司;东至大海,南至琼崖,西至临洮,北至北平。但这部书没有留传下来。

景泰七年(1456年)大学士陈循等奉敕撰成《寰宇通志》,共一百一十九卷。首列两京,次序十三布政使司,其下又分建置沿革、郡名、山川、形势、风俗、土产等三十八门。这是明代一部全国性的志书。

英宗复辟,憎恶《寰宇通志》成书于景泰年间,命大学士李贤

---

① 《四库全书总目提要》卷69"地理类二"。

等人重编全国志书,于天顺五年(1461年)编成,称为《大明一统志》,共九十卷。全书以南北两京、十三布政司分区,各府、州分建置沿革、郡名、形胜、风俗、古迹、人物等目。末两卷为少数民族地区和四邻各国。书中引用资料错误较多,但对了解明代政区情况仍有一定价值,可与《寰宇通志》参照使用。

　　除上述两部官修全国性的志书外,还有王士性私人编撰的《广志绎》,成书于万历二十五年(1597年)。全书共六卷,卷一方舆崖略;卷二两都;卷三江北四省(河南、陕西、山东、山西);卷四江南诸省(浙江、江西、湖广、广东);卷五西南诸省(四川、广西、云南、贵州);卷六"四彝辑",有录无书。这部书所记载的内容不少是王士性的亲历见闻,"凡山川险易,民风物产之类,巨细兼载"。

　　对地方性志书,即记述省府州县及乡镇等的地方志,明代也很注意编写。我国地方志书,南宋时定型,元代发展不大。明朝时修撰地方志风气极盛,二百七十多年中,共修成各类志书二千八百余种,形成"天下郡县莫不有志"的局面。

　　明代各种类型的地方志书都已齐备,大体包括通志、府志、州志、县志、乡镇志、卫所志、边关志、土司志等。通志为记述一省者,如嘉靖《广西通志》,也有称为总志的,如成化《河南总志》。府志、州志及县志为记述一府一州一县者,如洪武《苏州府志》等。卫所志主要是记述卫所的兵备、武事,"卫志之作,一以国朝兵制为主"①。边关志以边关要塞重镇为记载范围,其目的是为了"尽知天下厄塞、士马虚实强弱之数"②。乡镇志是记载一个乡镇的情况。土司志主要记述云南、贵州、湖广、四川等地少数民族聚居地区土司的情况。

---

① 正德《金山卫志》"凡例"。
② 《明会要》卷32"职官兵部四司"。

明代地方志种类多，数量大，资料详尽，内容丰富。现在尚存一千余种，这是研究明代社会经济、政治、军事、文化的珍贵资料。

第三节　宗　教

一、道　教

道教是我国土生土长的传统宗教。一般认为创始于东汉，到晋代时形成了一个比较完整的宗教体系。道教产生后，封建统治者就利用它作为统治人民的工具。农民起义的领袖，也曾利用道教作为农民起义的组织形式，并用其教义作为发动农民起义的思想武器。宋代时，理学家们则吸收了道教关于宇宙生成和万物化生的观点来充实儒家学说。道教从事炼丹想长生不老成仙得道的做法，自然是荒谬的，但他们在冶炼中所积累的经验和知识，对我国古代化学、医药等有关学科的发展，曾起过不小的影响。

由于道教长期在中国封建社会中流行，文学艺术也受到了它的不小影响，诗歌、小说、戏曲等都有反映道教神仙思想的作品。文学艺术的传播，扩大了道教在社会上的影响，有些道教故事演绎为人们熟知的成语，如"八仙过海，各显神通"，"脱胎换骨"，"一人得道，鸡犬升天"等等，直到今天还是人们常用的口头语。

明朝统治者也利用道教来为巩固其统治服务。明朝的开国皇帝朱元璋在与群雄角逐时，就利用道人周颠等人来为他编造神话，倡言"天上无他座"，意谓朱的对手在天上无座位，皇帝的宝座必定属于朱元璋。朱元璋亲自为其撰写《周颠仙传》来加以表彰。

洪武十五年（1382年）京师置道录司，在地方上，府州县分别设置道纪司、道正司和道会司,掌管各级道教事务。但朱元璋对道教的热情还是有限度的。洪武元年,张道陵四十二世孙、龙虎山正一派的张正常来贺即位,朱元璋认为用"天师"的称号不适宜,说:"天有师乎?"便去掉了元朝封赠他的"天师"之号,改授"正一嗣教真人"①。朱元璋对道教所宣扬的迷信思想,认为"诞妄不可信",要他的臣下"凡事涉怪诞者勿以闻"。②

明成祖朱棣崛起于北方,因此对北方之神真武大帝进行吹捧,并大规模兴建武当山道观。但朱棣对道教长生不老的说法并不相信。他和其臣僚谈及这一问题时说:"人能清心寡欲,使气和体平,疢疾自少。如神仙家说吐纳导引,亦只可少病,岂有长生不死之理。"③《明通纪》载:永乐十五年(1417年)有人进丹药方书,朱棣斥责说:"此妖人也。秦皇汉武一生为方士所欺,求长生不死之药。此又欲欺朕,朕无所用。金丹令自服之,方书亦与毁之,毋令别欺人也。"

明世宗朱厚熜笃信道教,这使嘉靖时期道士相当活跃,宫廷里设斋打醮、乌烟瘴气。但嘉靖时期道教的兴盛,只是因得明世宗宠幸而形成的,它并没有坚实的社会基础。在中国封建社会中,士大夫这个知识阶层是中国传统文化的传承者。一种宗教的盛衰与是否取得士大夫的拥戴关系极大。而道教,自元朝以后,日益注重设斋打醮,士大夫视其为粗俗不堪,认为其"盖源于古之巫觋,与老子殊不相干";"徒滋益人心之惑,而重为世之害"④。因此,道教在没有士大夫阶层充当其社会基础的情况下,也就没有长期稳定发展的条件,它的兴盛也就只能是暂时的现象。

嘉靖四十五年(1566年)十二月,朱厚熜服丹药丧命。明穆

---

① 《明史》卷 299《张正常传》。
② 《涌幢小品》卷 1。
③ 《古今图书集成》"神异典"卷 215。
④ 《戒庵老人漫笔》卷 6。

宗朱载垕即位后，"方士悉付法司治罪，罢一切斋醮工作"①。从此，道教势力日趋衰落。但它在民间仍有市场，如斋醮祈禳、禁咒画符、印剑镇妖、占卜扶箕、祈雨止风、镇宅镇墓等等活动，仍在民间长盛不衰。

二、佛 教

佛教自东汉传入，到魏晋南北朝时已在我国广泛传播，佛经的翻译与研究日益发展。到隋唐时遂产生了具有中国特色的天台、华严、唯识、禅宗、净土、密宗等宗派。佛教思想对社会上各阶层人们的生活都有影响，在风俗习惯、文化艺术等领域都有它的反映。尤其对宋明理学的影响更为明显。

1．明朝诸帝对待佛教的态度

明王朝建立以后，年轻时当过和尚的朱元璋，对于佛教有意加以扶持，并利用佛教来为他的封建统治服务。洪武元年（1368年），在南京天界寺设立善世院管领佛教。洪武十五年建立僧官制度，于中央设僧录司，府设僧纲司，州设僧正司，县设僧会司。僧录司设左右善世、左右阐教、左右讲经和觉义等僧官，由礼部任命②。朱元璋"诏天下沙门讲《心经》、《金刚》、《楞伽》三经。命宗泐、如玘等注释颁行"。③

从表面现象看，朱元璋为了宣扬佛教确实是忙乎了一阵，其实他自己并不相信这一套。他曾说："佛天之地，未尝渺茫，此等快乐，世尝有之"；"为国君及王侯者，若不作非而为善，能保守此境，非佛天者何"④。他认为他这个国君和勋贵王侯所处的富贵

---

① 《明史》卷19《穆宗纪》。
② 《明史》卷139《李仕鲁传》。
③ 《释氏稽古略续集》卷2。
④ 《心经序》。

享乐生活,就是"佛天之地",主要的问题是如何把这个王朝长久地保持下去。他之所以宣扬佛教,乃是因为知道它能"暗助王纲"①,即能帮助他巩固封建王朝。

明成祖朱棣靖难之战,曾以和尚姚广孝为谋主。他对佛教也采取积极扶持的态度。永乐时,"京师聚集僧道万余人,日耗廪米百余石"②。朱棣在南京建筑报恩寺,"役囚万人"。为便于行脚僧人的活动,他又专门下旨,要礼部出榜晓谕:"该行脚僧道,持斋受戒,凭他结坛说法。有人阻挡,发口外为民。"③朱棣亲自撰有《神僧传》九卷,共列二百零八个僧人,始于东汉迦叶摩腾,终于元代胆巴,可见他对佛教的重视。

朱棣和其父朱元璋一样扶持佛教,意在借佛教来维护他的统治。他在《御制大乘妙法莲华经序》中说:"善恶两途,由人所趋,为善获吉,为恶获凶,幽明果报,不爽锱铢。"朱棣宣扬"不爽锱铢"的善恶因果报应,乃是要人们服服贴贴地服从明王朝的统治。

明代皇帝对佛教迷信得出奇的,要算明武宗朱厚照。正德二年(1507年),一天之内"度僧道四万人"。正德五年六月,他"自号大庆法王,所司铸印以进"④。朱厚照还特别崇信喇嘛教,《明史》记载:"帝崇信西僧,常袭其衣服,演法内厂。"⑤朱厚照推崇佛教,是荒唐皇帝的胡闹。但他是皇帝,是最高统治者,他的荒唐行为自然给社会带来不小的影响,以致正德年间,"法王、佛子、禅师、国师之号,充满京师"。

明代皇帝中排斥佛教最厉害的是明世宗朱厚熜。他因为崇

---

① 《三教论》。
② 《明史》卷164《邹缉传》。
③ 《释氏稽古略续集》卷3。
④ 《明史》卷16《武宗纪》。
⑤ 《明史》卷184《刘春传》。

道,所以极力排佛。他曾"刮正德所铸镀佛金一千三百两","焚佛骨万二千斤"。①

其余诸帝则多数是佞佛的。如英宗正统时的大宦官"王振佞佛,请帝岁一度僧。其所修大兴隆寺,日役万人,糜帑数十万,闳丽冠京都。英宗为赐号'天下第一丛林'。命僧大作佛事,躬自临幸,以故释教益炽"②。景帝朱祁钰"建大隆福寺,庄严与兴隆并"。景泰四年(1453年)"大隆福寺成,甲京师,费以数十万"③。正统、景泰时期因崇信佛教,形成天下"男女出家累百千万,不耕不织,蚕食民间,营构寺宇,遍满京师,所费不可胜记"。④

神宗朱翊钧说:"朕惟佛氏之教,具在经典,用以化导善类,觉悟群迷,于护国佑民,不为无助。"朱翊钧的母亲慈圣皇太后好佛,自号"九莲菩萨",于"京师内外,多置梵刹,动费巨万,帝(明神宗)亦助施无算"。⑤

明代佛教就是在这种政治背景下,在社会上进行传播的。

2.明代佛教各宗派

明代佛教仍传承宋元以来各宗派,在南北各地传授。

律宗,亦称南山宗,唐道宣所创,因道宣居于南山而得名。宋代这一派主要在南方活动,它的中心在杭州地区。元代时渐趋衰微。

明朝初期,律宗在社会上没有多大影响。英宗正统时朴原主杭州昭庆寺,开坛传戒,被称为宗师。影响较大的为明末时寂光,俗姓钱,字三昧,广陵(今扬州)人。他先学华严教义,后来专志律学,于南京宝华山开坛传戒,"足迹遍海内,临坛演戒百有余

---

① 《万历野获编》卷27。
②④ 《明史》卷164《单宇传》。
③ 《古今图书集成·释教部汇考》卷6。
⑤ 《明史》卷114《后妃传》。

所"。"修建梵宇凡十数处",自称"大明律师"①。律宗一时间出现中兴气象,寂光起了很大的作用。

华严宗,是唐代法藏所创建的一个宗派。武则天赐法藏号为"贤首大师",故又称贤首宗。因其所依经典为《华严经》,所以称为华严宗。华严宗在明代的影响不大。比较有名的高僧是隆庆、万历时期宝华山的洪恩,曾大力弘传华严宗。还有明后期的明河,曾按照贤首教义疏释《楞伽》经等,并编撰了《补续高僧传》二十六卷,闻名于世。

天台宗,为隋朝智顗所创建,因他住于天台山(今浙江天台县境)故称为天台宗。因其所依经典为《法华经》,所以又称为法华宗。宋元时主要流传于江浙地区。

明代天台宗比较有名的高僧为万历时的无尽传灯(1553～1627年),曾从百松真觉受天台教规,后住于天台幽溪高明寺,重立天台祖庭。著有《法华玄义略辑》一卷、《天台传佛心印记注》二卷等。传灯时期被称为天台中兴。

明末清初时,又有智旭(1599～1655年)在弘扬天台宗方面起了很大作用。智旭本姓钟,名际明,吴县木渎人。原习儒业,曾作《辟佛论》,后读袾宏佛学著作而出家,原先住于南直九华山,晚年移居浙江孝丰灵峰寺。智旭名义上虽非天台宗人,后人把他奉为净土宗第九祖,但他与天台宗的关系非常密切。他写的《法华经会义》十六卷、《法华经纶贯》一卷和《教观纲宗》一卷,进一步阐释发挥了天台教义,成了以后讲、学天台宗教义的教材。智旭为明代弘扬天台宗的最后一个大家。

唯识宗,源于古印度大乘佛教的瑜伽宗,是唐代玄奘及其门人窥基所创,主张"万法唯识",故名。因窥基常住长安大慈恩寺,又称慈恩宗。

---

① 《新续高僧传》"寂光传"。

慈恩宗的教义过于繁琐,未经几传就衰微下来,宋元时逐渐失传,明初时几乎没有人去研究它。武宗正德时,逐渐有人对它进行研究与传授。其后被誉为明代四高僧之一的真可(柴柏尊者),主张调和佛教各派思想,称赞了慈恩宗。真可的俗弟子著名医学家王肯堂,攻治《成唯识论》,著有《成唯识论证义》十卷。明清之际的著名思想家王夫之著有《相宗络索》一书,对慈恩宗的教义进行了阐释和发挥。

明代时,上述佛教各宗派虽在各地传授,但影响都不大,当时盛行在社会上的主要是净土宗和禅宗两派。

净土宗,亦称莲宗,为唐代善导所创立,追认东晋慧远为初祖。净土宗依据《无量寿经》、《阿弥陀经》和《往生论》,专念"阿弥陀佛",以期往生西方极乐世界"净土",故名。因它修行简易,中唐以后广泛流行。

明代和宋元一样,净土信仰为各派所尊奉。明初所谓"国初第一宗师"的禅僧梵琦,也兼倡净土,如他的"净土诗":

> 遥指家乡落日边,一条归路直如弦。
>
> 空中韵奏般般乐,水上花开朵朵莲。
>
> 杂树枝茎成百宝,群居服食胜诸天。
>
> 吾师有愿当垂接,不枉翘勤五十年。

这首诗表明梵琦在寻求归宿时,完全在倡导净土教义了。

明代传播净土宗影响最大的,当推被称为"莲宗八祖"的袾宏。袾宏(1535~1615年),俗姓沈,字佛慧,别号莲池,仁和(今浙江杭州)人。"年十七,补邑庠,试屡冠诸生"①。三十二岁时出家为僧,后于五云山结庵而居,题名"云栖"。初仅茅屋数间,后渐成名刹。袾宏八十一岁时圆寂。五十年中,凡"坐道场四十余年"②。"其及门授戒得度者,不下数千计"。

---

①② 德清:《古杭云栖莲池大师塔铭》。

袾宏的著作,主要有"释经"、"辑古"、"手著"等三类三十种。他的《答净土四十八问》和《净土疑辩》,都是专门宣扬净土教义的。他说净土之教,"专一心而向往,历三界以横超,诚哉末法之要津矣"。这就是说,在苦难深重的时代,净土法门成为渡向极乐世界的"要津"。

　　明代除了出家僧人弘扬净土宗以外,还有在家居士的文人学士也崇尚净土宗。如袁宏道,"与兄宗道、弟中道,并有才名,时称'三袁'"①。"三袁"都好佛,崇尚净土。"袁氏一门,向心净土"②。袁宏道的《西方合论》十卷,是明代净土宗的重要著作。周之夔在《重刻〈西方合论〉序》中对其赞誉备至,说"《西方合论》会通异同,决释疑滞,阐发玄奥,直指归趋"。"净土得此,方称惟心,达理之士,宜人手一编,日披数次"。

　　由于僧俗名流大力宣扬,也由于净土宗本身所具有简易通俗的优点,遂使明代的净土宗得以在社会上广为传播。

　　禅宗是明代佛教中势力最盛的宗派。禅宗以专修安静止息杂虑的禅定为主,所以称禅宗。南朝宋梁时,菩提达摩由天竺来中国传授禅法而创立。唐代时,分成北方神秀的渐悟说和南方慧能的顿悟说两宗。后世唯南宗顿悟说盛行。后来南宗又分为五家七宗。南宋以后,南宋的临济、曹洞两派盛行,其他各派渐趋消沉。

　　明朝初期,知名的禅僧有楚石梵琦、梦堂昙噩、愚庵智及。这三人是元末禅僧入明后继续传法、弘扬禅宗教义的高僧。梵琦和昙噩,都参加过南京蒋山法会,为朱元璋所礼重。

　　明初知名禅僧还有宗泐和道衍等人。洪武五年(1372年),钟山建法会,朱元璋命宗泐升座说法,并命他主南京大天界寺,

---

① 《明史》卷288《袁宏道传》。
② 《西方合论》卷首。

掌管全国僧事。他和圯笺释的《心经》、《金刚经》、《楞伽经》，由明朝政府颁行全国。道衍，号逃虚子，长洲(今江苏苏州)人。十四岁出家为僧，弘扬禅宗教义，兼及净土，后随朱棣到北平。朱棣起兵时任为军师。朱棣即位后，论功授僧录司左善世。永乐二年(1404年)任太子少师，复姓姚，赐名广孝。姚广孝常居僧寺，冠带而朝，还仍缁衣。他除参与监修《太祖实录》、《永乐大典》外，著有《道余录》一卷、《净土简要录》一卷等。

明代中叶以后，禅宗更加昌盛。当时著名的禅僧有德宝(1512～1580年)。他俗姓吴，字月心，别号笑岩。德宝先是"随缘开化，靡所定居"，晚年居于北京柳巷。德宝提出信、志、时三个学道条件。他说："凡欲学道，厥要有三：曰信、曰志、曰时。立信要真，决志要定，时之要极。信真，则始末无歧路；志定，则逆顺无异缘；时极，则忽悟如反掌。自古迄今，超凡证圣，鲜不由斯而成者，可不悉乎！"① 德宝强调信仰、志向和时节因缘，认为只有具备这三者才谈得上"学道"。他以禅道接引诸方学者，在传授禅宗方面起了不小作用。

明代后期的禅学大师，最著名者为真可(1543～1603年)和德清(1546～1623年)。真可，字达观，号紫柏。俗姓沈，南直吴江人。德清，俗姓蔡，南直全椒人。他们和袾宏、智旭，被称为明代四高僧。真可和德清曾向德宝叩问禅要，继承了德宝的事业，使禅宗进一步推广。真可的著作有《紫柏尊者全集》三十卷和《紫柏尊者别集》四卷，收载了他的法语、经释、赞偈、语录等。真可虽弘扬禅学，但对其他各宗也不排斥，采取了调和态度。德清著作颇多，有《华严经纲要》八十卷、《大乘起信论疏略》四卷、《观楞伽经记》八卷等。德清虽是禅门宗匠，但并不拘守一派。他主张佛教内部禅净双修，主张儒释道三教互相调和。他说："为学

①《笑岩集》卷3。

有三要:所谓不知《春秋》,不能涉世;不精老庄,不能忘世;不参禅,不能出世。"①

3．士大夫中的佛教研究

明代儒释之间的交往密切,许多士大夫喜欢谈佛,如明初宋濂为翰林学士,"学术醇深,文章古茂"。他对佛教也很有研究,几次阅读《大藏经》,撰写的高僧塔铭等三十余篇,是元末明初时期有关佛教的重要资料。

明代中后期,禅宗在士大夫中间广为流传,在家居士研究佛教成为一种风气。如李贽为当时思想界的领袖人物,他尤好禅宗,撰有《文字禅》、《净土诀》、《华严合论简要》等佛学著作。后来则干脆落发当了和尚。袁宏道起初向李贽学禅,宣称讲禅除李贽外天下无敌。瞿汝稷博览禅宗典籍,编撰了《水月斋指月录》三十二卷,系统地汇辑禅宗师徒相承的主要语录,包含自过去七佛至道川禅师六百余人,是宣扬禅宗思想的重要著作。焦竑博览儒家经书和佛家典籍。他著有《楞伽》、《法华》、《圆觉》的《精解评林》各二卷。焦竑认为佛经所说,深得儒家"尽性至命"的精义,欲引佛入儒。

有的僧人,喜爱社交,更促进了士大夫对佛学的热情。如沈德符记载:

> 竺乾一时尊夙尽在东南,最著则为莲池、达观两大宗主。然二老行径迥异:莲专以西方直指化诱后学;达则聪明超悟,欲以机锋言下醒人。莲枯守三条,橡下跬步不出;达则折芦飞锡,所在皈依……大抵莲老一派主于静默,惟修净土者遵之,而达老直截痛快,佻达少年骤闻无不心折。②

其中所说莲池即袾宏,是净土宗兼禅宗的僧人,由于他"橡下跬

---

① 《梦游集》卷 39。
② 《万历野获编》卷 27。

步不出”,与社会上的交往较少。达观即真可,他与袾宏的“行径迥异”,他走南闯北,广交士大夫,与汤显祖、董其昌、陶望龄等有名文人的交往很深。董其昌做秀才的时候,“参紫柏(达观)老人,与密藏师激扬大事,遂博观大乘经,力究竹篦子话”[①]。著名的文学家、戏曲作家汤显祖也以达观为师,晚年更加滋长了佛道的出世思想。

　　总之,在明代中后期,在士大夫中间往往以谈禅交禅为风流韵事。不少文人与禅僧唱酬往来。在家中几案上摆放着佛书道书,寻僧奉佛,成为当时士大夫们的普遍风尚。这些居士们的行为,对佛教的兴盛起着不小的作用。

---

　　① 《居士传》卷44。

第二十四章　明代的文学艺术

明代推行八股文取士的考试制度,封建士大夫的精力主要用在钻研时文的写作技巧,因此,明代文学在古文诗词方面就远逊于唐宋。但明代商品经济发展,城市日趋扩大与繁荣,市民阶层不断增长,于是适应社会经济的变化,适应新生活、新思想意识的要求,各种新形式的戏曲、小说等市民文学便蓬勃发展起来。

第一节　诗　　文

黄宗羲在《明文案·序》中,对明代文学的发展进行了论述,他说:

> 有明之文,莫盛于国初,再盛于嘉靖,三盛于崇祯。国初之盛,当大乱之后,士皆无意于功名,埋身读书,而光芒卒不可掩。嘉靖之盛,二三君子振起于时风众势之中,而巨子哓哓之口舌,适足以为其华阴之赤土。崇祯之盛,王李之珠盘已坠,郏朱不朝,士之通经学古者,耳目无所障蔽,仅得以理既往之绪言。此三盛之由也。

黄宗羲的这一见解是有见地的,他是在对明代三百年文学发展各派代表人物进行研究后得出这一结论的。我们参考他的见解,把明代文学的发展从如下几方面进行论述。

一、明初诗文的师古风格和"台阁体"

明初,文学得到了一定程度的发展。这一方面是由于明初统治者努力铲除元朝蒙古族带来的风俗习惯,积极修明礼乐制度和提倡文学。如"洪武初年,亲王之国,必以词曲千七百本赐之"①。朱元璋在评价《琵琶记》时说:"高明《琵琶记》如山珍海错,富贵家不可无。"② 另方面是由于时"当大乱之后,士皆无意于功名,埋身读书"。

明初文学以宋濂、刘基和高启为代表。

宋濂主张文章应"明道致用",要为巩固封建纲纪服务。"吾之所谓文者,天生之,地载之,圣人宣之,本建则其末治,体著则其用彰,斯所谓乘阳阴之大化,正三纲而齐六纪者也"③。但他反对诘屈聱牙、晦涩难懂的文风,主张辞达。他的《送东阳马生序》是他古文中较优秀的作品。它以朴实的语言,叙述作者年轻时求学之"勤且艰苦"的状况,对比当时的太学生"无冻馁之患","坐大厦之下而诵诗书"的优越条件,从而激励人们专心刻苦学习。

刘基认为诗文的任务在于讽谏,"上以风化下,下以风刺上,主文而谲谏,言之者无罪,闻之者足以戒"。反对那种"俱为清虚浮靡以吟莺花,咏月露而无关于世事"的作品。他的《卖柑者言》就是这样的作品。它假卖柑者之口,用犀利的笔法,指出那些"峨大冠"、"坐高堂、骑大马"、饮美酒的大臣将军们,看起来是那样威武,实际是"民困而不知救,吏奸而不知禁"的"金玉其外,败絮其中"的骗子,深刻地揭露了封建统治的腐朽与黑暗。

---

① 李开先:《张小山乐府序》。

② 《南词序录》。

③ 宋濂:《文原》。

高启以诗著名。他主张"兼师众长,随事模拟,待其时至心融,浑然自成,始可以名大方"①。高启有诗两千余篇,自选九百余首,编成《缶鸣集》十二卷。人们评论他的诗"隽逸而清丽"②。他写的有些讽刺诗,深刻地揭露了当时封建统治者对人民的残暴统治,如《筑城词》:"去年筑城卒,霜压城下骨。今年筑城卒,汗洒城下尘。大家举杵莫住手,城高不用官军守。"但高启重在模拟,没有独创,正如《四库全书总目》所说:"其于诗,拟汉魏似汉魏,拟六朝似六朝,拟唐似唐,拟宋似宋,凡古人之所长,无不兼之"。但"未能熔变化自为一家,故备有古人之格,而反不能名启为何格"。③

宋濂、刘基、高启的诗文,主要表现为师古风格,在"振元末纤秾缛丽之习而返之于古"方面,起了积极作用,但他们并没有创新,这种师古风格,还影响了后来前后七子的拟古作风。

明代自成祖永乐(1403～1424 年)至英宗正统(1436～1449年)时期,社会经济日趋繁荣,统治秩序比较稳固,于是在文坛上出现了宰辅权臣所领导的"台阁体"。台阁体的代表是当时历任成祖、仁宗、宣宗、英宗四朝大学士的"三杨"(杨士奇、杨荣、杨溥)。他们的作品,自命为"从容安闲",其实只是一些歌功颂德、雍容典丽的应酬诗文,散发着"富贵福泽之气",其"余波所衍,渐流为肤廓冗长,千篇一律"。④

二、拟古派和唐宋派

对于台阁体的庸弱文风,不少文人纷起反对,于是弘治、正

---

① 《独庵集序》。
② 钱谦益:《列朝诗集小传》甲集。
③ 《四库全书总目》卷 169。
④ 《四库全书总目》卷 170。

德时,有李梦阳、何景明为领袖的前七子的崛起。他们提出"文必秦汉,诗必盛唐"的口号。这在反对台阁体庸弱文风方面起了积极作用。但他们盲目尊古,贬抑抹煞唐宋以来的文学成就,宣扬一代不如一代的文学退化论。他们要学的不是秦汉、盛唐文学的思想内容,而是形式主义地从字句上摹拟,公然主张创作以模拟为上乘,扼杀了文学发展的生机。

嘉靖、隆庆到万历前期,文学方面的复古拟古思潮,继前七子而后,又有以李攀龙、王世贞为代表的后七子的兴起。《明史》说李攀龙"持论谓文自西京,诗自天宝而下,俱无足观,于本朝独推李梦阳。诸子翕然和之,非是,则诋为宋学"①。王世贞也主张:"文必西汉,诗必盛唐,大历以后书勿读。"② 在这一思想支配下,他们写出来的诗文就很陈腐,如李攀龙的《拟陌上桑》:"日出东南隅,照我西北楼。罗敷贵家子,足不逾门枢……行者见罗敷,下担故绸缪;少年见罗敷,袒褐出臂韝;来归相怨怒,且复坐斯须。"这种亦步亦趋的摹拟,实在不能算是创作。

不过前后七子在封建社会中属于正派官员,不满于当时的腐朽政治,甚至起而进行斗争。因此,在他们的诗文中也有思想内容上乘的佳作,如宗臣的散文《与刘一丈》,在后七子作品中就是不可多得的佳作。作者用给刘一丈的书信,对严嵩当政时官场丑恶现象进行了深刻的揭露,对权奸贪污受贿的丑态、干谒者奴颜婢膝的秽行,都刻画得淋漓尽致。前后七子的复古拟古思潮,一时间曾垄断文坛,使得当时一些士子的心目中只有李、何、王、李四大家。

前后七子复古拟古文风盛行之时,有唐宋派出来与之抗衡。这一派的代表人物前有王慎中、唐顺之,后有归有光和茅坤。黄

---

① 《明史》卷 287《李攀龙传》。
② 《明史》卷 287《王世贞传》。

宗羲在《明文案·序》中所说的"二三君子,振起于时风众势之中",指的就是他们。

唐顺之著文论述了作文之法。他认为秦汉时"法寓于无法之中",发展到唐代以后,作文的法则日趋严谨,"故其为法也严而不可犯"。这说明文章法则是随着时代的前进而变化发展的,从而批判了复古派摹拟剽窃造成"决裂以为体,饾饤以为词"①的做法。

茅坤在《与蔡白石太守论文书》中,论述了司马迁《史记》的人物传所以有感染力,是因"各得其物之情而肆于心故也"。这就是说掌握所写人物的情态,再描述出来,才能传神。而不是秦汉派所强调的摹拟"区区句字"所能达到的。茅坤为了推广唐宋文学,选韩愈、柳宗元、欧阳修、苏洵、苏轼、苏辙、王安石、曾巩散文一百六十四卷,编为《唐宋八大家文钞》。从此,唐宋八家成为唐宋古文的典范。

归有光认为秦汉文有秦汉的特色,唐宋文有唐宋的特色。他反对贵古非今,反对割断文学发展的历史。他借韩愈的诗句以讥刺复古派王世贞等人:"李杜文章在,光焰万丈长,不思群儿愚,那用故谤伤。蚍蜉撼大树,可笑不自量。"② 并指责他们为"妄庸人"。

唐宋派反对复古拟古派呆板的摹秦汉,主张以唐宋通顺的文体代替秦汉诘屈聱牙的文风。这是适应文学发展的形势的。

唐宋派中的王慎中、唐顺之、茅坤和归有光,以归有光最负盛名,被人推为"明文第一"。归有光最善于抒情、记事。他的《先妣事略》、《项脊轩志》等篇,都以清淡之笔,抒真挚之情。如《项脊轩志》,借"百年老屋"的兴废经过,追述家庭中生活琐事,

① 《董中峰侍郎文集序》。
② 《项思尧集序》。

表达亲人之间的深厚感情,并抒发人亡物存的感慨及对祖母、母亲和妻子的怀念,读来真挚感人。归有光的诗也写得很好。如《海上纪事诗》,以沉痛的心情指斥封建统治者只知鱼肉人民、不知抵御倭寇的腐败无能的状况:"二百年来只养兵,不教一骑出围城。民兵杀尽州官走,又下民间点壮丁。""大盗睢盱满国中,伊川久已化为戎。生民膏血供豺虎,莫怪夷兵烧海红。"

归有光死后,拟古派的王世贞在《归太仆赞》中说:"风行水上,涣为文章,风定波息,与水相忘。千载有公,继韩、欧阳。予岂异趣,久而自伤。"这赞语,一面对归有光文学成就以高度的评价;一面对自己盲目崇古有一定程度的愧悔和惆怅伤感。

三、公安派和竟陵派

万历时期(1573～1620年)又有公安派和竟陵派的兴起。

公安派的领导者是湖广公安袁氏三兄弟,因他们是公安人,故称为公安派。"三袁"中以袁宏道最有名。宏道(1568～1610年),字中郎,号石安,有《袁中郎全集》。兄宗道(1560～1600年),字伯修,有《白苏斋书集》。弟中道(1570～1623年),字小修,有《珂雪斋文集》。他们曾受业于李贽,深受李贽进步思想的影响。《明史·文苑传》说:

> 先是王李之学盛行,袁氏兄弟独心非之。宗道在馆中,与同馆黄辉力排其说,于唐好白乐天,于宋好苏轼,名其斋曰白苏。至宏道益矫以清新轻俊,学者多舍王李而从之,目为公安体。

"三袁"主张文学是发展变化的,有其时代性。他们认为一字一句都要拟古的做法,是不承认文学的发展。袁宏道说:"文之不能不古而今也,时使之也"。"夫古有古之时,今有今之时,袭古人语言之迹，而盲以为古，是处严冬而袭夏之葛者也"。①
袁宗道说："夫时有古今，语言亦有古今，今人所诧谓奇字奥句，
安知非古之街谈巷语耶？"② 他们反对拟古派的理论，既合乎历
史发展规律，又合乎实际情况。

"三袁"主张文学应"独抒性灵，不拘格套"③。独抒性灵，便
是文学应抒发自己的真实感情，不摹拟，不矫揉造作；不拘格套，
便是充分发挥文学创作的个性，不受古代格调的拘束。他们认
为文学不应蹈袭前人的陈迹，主张"文章新奇，无定格式，只要发
人所不能发，句法、字法、调法，一一从你自己胸中流出，此真新
奇也"④。批评拟古派那种力求一字一句与古人神似的作品，是
根本没有存在价值的。

"三袁"的作品，不仅文字清新，在状写人物时也生动细致。
如袁中道的《李温陵传》，说李贽"为士居官，清节凛凛"，"深入至
道，见其大者"，"直气劲节，不为人屈"。把李贽的为人刻画得极
为生动形象，使人读《李温陵传》如见李贽其人。公安派在反对复
古拟古方面，在明代文学史上是有积极意义的，但他们有些作品
受佛教思想的影响，有脱离现实的倾向，这是他们的消极之处。

与公安派同一时期的还有竟陵派，其代表人物为钟惺和谭
元春。他们合编了《古诗归》和《唐诗归》，风行一时，为人推崇，
并称钟谭。因都是湖广竟陵（湖北天门）人，故称为竟陵派。

竟陵派对"三袁"所倡导的反拟古的文学主张是赞同的。
《诗归序》，是竟陵派诗文理论的要旨所在。钟惺认为作诗者之
途径之变有穷，而精神其变无穷，要求古人之真诗，就应于精神
上求变。他指责拟古派之作，"大要取古人极肤、极狭、极熟，便

---

① 《雪涛阁集序》。
② 袁宗道：《论文》上。
③ 袁宏道：《叙小修诗》。
④ 袁宏道：《答李元善》。

于口手者"。怎样求古人的真诗呢？钟惺提出自己的观点是要"察其幽情单绪，孤行静寄于喧杂之中"，"独往冥游于寥廓之外"。这样，他们又走向另一极端。因为根据这一观点做出来的诗文，其流弊必然是脱离社会现实。钱谦益说，竟陵派"以凄声寒魄为致"，"以噍音促节为能"①，是有道理的。

第二节　小　　说

　　小说是明代文学的代表，在我国文学发展史上有其重要的意义。

　　明代小说是从宋元时期的"话本"发展起来的。"话本"起源于宋代，是说话人（说书人）所用的底本。"说话"分成好些"家数"，其中主要的是"讲史"和"小说"。讲史所说的是历史上帝王将相英雄好汉兴亡成败的长篇历史故事。小说所说的主要是现实生活中市民阶层及说话人所熟悉的一些人物为主角的短篇故事。

　　"说话"是民间口头文学，主要靠说话人进行口头创作。他们备有一个简单的提纲，作为讲说和传授时的底本。这种底本，被称为"话本"。后来，随着"说话"技艺的发展，口头创作过程中形成的一些生动的故事情节，逐渐增加到底本中去。一些对于民间文学有兴趣的文人也加入这一艺术加工的工作。所谓"书会"，就是这些文人和说话人合作，对各种"说话"底本进行编辑整理的专业性组织。

　　上述经过长期艺术加工的"说话"底本，便作为书写文学渐渐独立地在社会上流传。"讲史"所用的底本，经过文人的再创造，成为各种长篇历史小说，如《水浒》和《三国演义》等。"小说"所用的底本，经过文人的锤炼提高，成为正式短篇小说，并被收

---

① 钱谦益：《列朝诗集小传》丁集《钟提学惺》。

集在各种总集里,这就是《三言》、《二拍》等。

一、长 篇 小 说

1.《三国演义》

《三国演义》也称《三国志通俗演义》,或《三国志演义》,是一部长篇历史小说。它的一些故事情节,唐宋时已在社会上流传。唐李义山《骄儿诗》中有两句是:"或谑张飞胡,或笑邓艾吃。"可见三国故事,已在当时社会上传开。宋苏东坡《志林》载:"王彭尝云:'涂巷中小儿薄劣,其家所厌苦,辄与钱,令聚坐听说古话。至说三国事,闻刘玄德败,频蹙眉,有出涕者;闻曹操败,即喜唱快。'以是知君子小人之泽,百世不斩。"可见宋代已有专门说三国故事的说话人,并已具有尊刘抑曹的故事梗概。

三国故事的话本,现在能见到的是元至治年间(1321～1323年)刊的《全相三国志平话》。该文本起自黄巾起义,刘关张桃园结义,终于晋王一统。从其故事的铺陈起结来看,后来的《三国志演义》于此已初具规模。

元末明初的文学家罗贯中,在《三国志平话》的基础上,运用陈寿《三国志》和裴松之"注"等历史资料,编成一本"文不甚深,言不甚俗"雅俗共赏的历史小说《三国志通俗演义》。罗名本,字贯中,号湖海散人,山西太原人,一说钱塘(今浙江杭州)或庐陵(江西吉安)人。他是中国首先写作小说的作者,相传写有小说数十种之多。现在留存下来的,除《三国演义》外,还有《隋唐志传》、《残唐五代史》和《三遂平妖传》等。

《三国演义》我们能见到的最早本子是弘治甲寅(1494 年)序、嘉靖壬午(1522 年)刊刻的《三国志通俗演义》,题为"晋平阳侯陈寿史传,后学罗贯中编次"。全书二十四卷,每卷十节,共二百四十节。罗贯中改编的《三国志通俗演义》,比元朝的平话本增加了篇幅,修饰改正了文字,删削了过于荒诞的内容。这样,罗书更富于文学色彩。从此,平话本逐渐被淘汰,到明朝末年,《三国演义》有几十种刊本在社会上流传。

清朝初年,毛宗岗对《三国演义》重新加以修订,并逐回评论,称之为"第一才子书"。毛宗岗从以下几个方面作了改动:整顿回目,修正文辞,删除论赞,增删琐事,改换诗文等。《三国演义》经毛宗岗修订后,故事情节更为紧凑,文字更为畅达,文学价值增高,这就是今天所看到的一百二十回本的《三国演义》。

《三国演义》是一部宣扬封建正统思想的历史小说。它奉腐朽的东汉王朝为正统,为替东汉王朝效死力的董承、弥衡之流唱赞歌。根据封建正统的观点,尊蜀贬魏,把曹操写得奸诈凶恶,贬斥为"欺君罔上"的"乱臣贼子";竭力颂扬刘备、诸葛亮的"王道"、"仁政"。正如鲁迅先生所指出的:"以至欲显刘备之长厚而似伪,状诸葛之多智而近妖。"《三国演义》鼓吹帝王将相的英雄史观,诬蔑当时的黄巾农民起义为盗贼,美化残酷镇压农民起义的反动行径。《三国演义》还散布"天下大势,分久必合,合久必分"的历史循环论。这些都是《三国演义》这部小说所存在的糟粕。

《三国演义》也描述了当时社会历史的一些真实情况,反映了三国时期的种种社会矛盾和人民的灾难,以及东汉政权宦官、外戚争权夺势,互相倾轧,搞得民不聊生的腐朽政治情况。对曹操统一北方,刘备统一西南和孙权统一江南的历史功绩,也都给予了不同程度的肯定。

从文字方面看,《三国演义》是一部成功的历史小说。它在描写各个政治集团的矛盾中,把许多历史材料形象化、文学化,内容丰富地展开政治、军事、智慧和才略的斗争。桃园结义、三顾茅庐、过关斩将、群英会、空城计、舌战群儒、赤壁之战等,写得生动精彩,对读者有极强的吸引力,成为社会上形容事物的通用语。"异姓联昆弟之好,辄曰桃园;帷幄运筹之才,动言诸葛"。

明末农民起义领袖李自成、张献忠,也从《三国演义》中吸取作战的经验。甚至如努尔哈赤创建清帝国时,也从《三国演义》中学习指挥作战的方略。

《三国演义》成功地塑造了众多的人物形象,其中有的成为栩栩如生的艺术典型。如作者着重描绘了诸葛亮、曹操和关羽三人。诸葛亮成为智慧的化身,曹操成为权奸的代表,关羽成为忠义的典范。其他如刘备、张飞、周瑜、鲁肃等也都形象生动、性格鲜明。

《三国演义》还善于描写战争。《三国演义》描写的战争,其中有些战略战术的运用,基本上是符合军事规律的。如官渡之战、赤壁之战、彝陵之战等,都是因采用正确的战略战术,从而以劣势转变为优势、最后取胜的。

《三国演义》叙述从东汉末到晋统一全国百余年的历史,描写众多的人物和复杂的事件。前八十回,描写汉末大小军阀之间的战争;后四十回,描写魏、蜀、吴之间的种种矛盾斗争,直至晋统一全国。全书有头有尾,前后呼应,故事情节的来龙去脉交待清楚,这表明了《三国演义》在文字表达、文章结构上取得的巨大成就。

2.《水浒传》

《水浒传》是以北宋末年宋江领导的一次农民起义为题材的古典小说。宋江确有其人,这是为正史所载明的。《宋史·徽宗本纪》载:"淮南盗宋江等犯淮阳军,遣将讨捕,又犯京东、江北,入楚海州界,命知州张叔夜招降之。"《侯蒙传》载:"侯蒙上书言:'宋江以三十六人横行齐、魏,官军数万,无敢抗者,其才必过人。今清溪盗起,不若赦江,使讨方腊以自赎。'"《张叔夜传》载:"宋江起河朔,转略十郡,官军莫敢婴其锋。"①《水浒传》所叙述的

---

① 《宋史》卷21,卷351,卷353。

梁山好汉虽有史实根据，但其性质与《三国演义》不同。《水浒传》只取点滴史实，自由扩充铺陈，不受历史资料限制。和《三国演义》成书相同的地方，在于它也是经人民群众、艺人和文人的集体创作而成的。

南宋时，"水浒"已成为民间流行的故事。《大宋宣和遗事》里，记载了这些故事的大致轮廓，从杨志押运花石纲，到征方腊终结，已有人物三十六人。当时画家李嵩为之画像，文人龚圣与作三十六人的像赞。《癸辛杂识》载："宋江事见于街谈巷语，不足采著，虽有高如李嵩辈传写，士大夫亦不见黜，余年少时壮其人，欲存之画赞。"元代有不少水浒故事的杂剧，其中以写黑旋风的居多。

元末明初，施耐庵在民间传说和话本的基础上，整理加工编撰出《水浒传》。《百川书志》载："《水浒传》一百卷，施耐庵的本，罗贯中编次。"这是有关《水浒传》版本最早的记载。嘉靖年间，武定侯郭勋家有汪道涵作序的《水浒传》善本，共一百回，其中删掉了征讨田虎、王庆内容，加进了征辽一事。从郭本内容来看，显然是又经过文人的修改，在文学上又提高了一步。

天启、崇祯年间，杨定见根据郭本重新把征讨田虎、王庆内容插入征辽之前，编成一百二十回本的《忠义水浒全书》。明末，金圣叹站在封建统治者的立场，认为"强盗"招安、建功立业的事情不能提倡，便腰斩《水浒》，只留前七十回，卷首另加引子，在宋江受天书之后，添写卢俊义噩梦的情节，以一百零八位英雄被害为结局。从此，三百多年来，在社会上流传的《水浒传》，就是金圣叹的七十回本。

《水浒传》是一部描写和歌颂农民起义的长篇小说，这在我国小说史上是仅见的。《水浒》作者站在农民和广大被压迫者的立场上反对官府和地主豪强，具有朴素的阶级观点。"赤日炎炎似火烧，野田禾稻半枯焦。农夫心内如汤煮，公子王孙把扇摇"。

这首歌词，唱出了两个阶级鲜明对比的阶级意识。

《水浒传》深刻地揭露了农民起义的社会根源。北宋末年是一个政治腐朽的黑暗社会，《水浒》对组成这一罪恶社会的各帮人物进行了解剖。如描写了蔡京、童贯、高俅一类荒淫无耻、作威作福的贪官，西门庆、蒋门神一类奸人妻子、占人财物的恶霸等等。

梁山英雄们提出来的口号是劫富济贫，有饭大家吃。鲁智深说："杀人须见血，救人须救彻。"宋江宣言："替天行道，保境安民。"宋江、武松、鲁智深、李逵、林冲等人被逼上梁山的过程，都是被欺凌、不得不反抗的血泪史。而"逼上梁山"则成为长期以来劳动人民被迫起来反抗的形象用语。

《水浒传》在塑造人物形象和描绘人物性格方面，是非常出色的。《水浒》作者用粗线条的笔法、浓烈的色彩、准确的语言，描写出不同类型的英雄形象。武松、李逵、鲁智深，都是为读者所喜爱的人物，他们具有劳动人民纯朴善良的品质，锄恶扶弱的侠义心肠，但人物个性鲜明，读者可从其言行中辨别出是武松，是李逵，还是鲁智深。全书有许多精彩的篇章，如吴用智取生辰纲、林教头风雪山神庙、鲁提辖拳打镇关西、景阳岗武松打虎、武松醉打蒋门神等。我们可以从中体会到《水浒传》丰富的语言和优秀的写作技巧。

《水浒传》还通过对宋江这一悲剧人物的塑造，反映了农民起义的历史局限性。宋江出身于中小地主家庭，当过基层地方官吏，封建道德伦理在他身上打上了深深的烙印。他不满贪官污吏，却对皇帝存在不切实际的幻想。因此，他虽然被逼上梁山，却不想和宋朝彻底决裂，"素怀归顺之心"。其受招安的思想，自上梁山以后，是经常表现出来的，虽有少数人如李逵等的反对，却为大多数人所拥护、所默许。这是梁山领导层妥协投降性的表现。

梁山起义军接受招安,实际上便是走上了妥协投降的道路,走向毁灭,并被统治者利用为消灭方腊起义军的工具。在自相残杀中,兄弟们一个个在战争中阵亡,最后宋江自己也被统治者毒死。这便是受招安的下场。

宋江受招安的行为是错误的。我国历史上的农民起义,有坚持战斗,始终不屈,最后壮烈牺牲的;也有接受招抚而被消灭的;也有发展壮大推翻了旧王朝而被地主贵族利用了成为改朝换代工具的。《水浒》作者选择了接受招安的方式,来反映北宋末年一次农民起义发生、发展和失败的全部过程。在接受招安征讨方腊后,作者进一步深刻地揭露了封建统治者的狠毒手腕和描写了起义者的悲惨结局。宋江与李逵被毒死,吴用与花荣自缢在宋江坟前。这样,它使得读者更深刻地认识封建统治者的本质,更清楚地认识妥协投降道路的危害性。

3.《西游记》

《西游记》是我国著名的神魔小说。《西游记》的成书,也和《三国》、《水浒》一样,经过几百年的孕育与形成时期。唐初贞观时,玄奘历尽艰险困苦,从印度取经回国。人们钦佩玄奘战胜种种艰险的坚强意志,便编出了种种故事来歌颂玄奘的英雄行为。

宋代时,有人搜集民间传说故事编成《大唐三藏取经诗话》。孙行者已是保护唐僧取经、神通广大的猴王。元代时,剧作家已采用取经的故事写成杂剧。《永乐大典》第一三一三九卷,有一条是《魏征梦斩泾河龙》,引书标题为《西游记》,全用白话。虽然只留下一千余字,但所叙故事情节相当清楚。

明代中后期时,吴承恩根据宋元以来有关唐僧取经的故事,加以再创作,编写成一部优美完整的神魔小说。如上述《永乐大典》中所载的《魏征梦斩泾河龙》一条,吴承恩便在这一基础上加以扩展提高,写成《袁守城妙算无私曲》、《老龙王拙计犯天条》。

吴承恩,字汝忠,号射阳山人(约 1500～1582 年),淮安山阳人。吴承恩科场失意,屡试不中,嘉靖二十三年(1544 年)始成贡生。嘉靖三十九年(1560 年)六十岁时,才谋到浙江长兴县丞一职,做了七年,终因性格高傲,不甘折腰,辞官归家。吴承恩从小喜欢通俗文学,到处搜集民间故事成为他的一种嗜好。这就为他创作《西游记》奠定了基础。

《西游记》的思想内容,主要是通过孙悟空这个形象表现出来的。孙悟空具有坚强的战斗意志、不妥协的反抗精神。他从出生那一刻起,就是一个反抗者。他有见义勇为、不畏权势的优良品质。《西游记》大闹天宫是孙悟空反抗最高统治者的一场斗争。作者把天宫的统治情况写得非常黑暗,最高统治者玉帝是那样的昏庸。作者以诙谐的文字描写天宫的腐败黑暗状况,其实就是对现实社会政治的讽刺。玉帝对孙悟空这个叛逆者,先是用武力镇压,继而采用引诱招安的办法,都无济于事,最后借如来佛的力量来实行镇压,这和明代社会中统治者对农民起义所用的办法一样。

《西游记》作者对现实统治不满的思想,在塑造孙悟空这个形象时,也充分反映了出来。如来佛曾问齐天大圣(孙悟空):"你那厮乃是个猴子成精,焉敢欺心,要夺玉皇上帝尊位。"大圣回答:"他虽年幼修长,也不应久占在此。常言道,皇帝轮流做,明年到我家。只教他搬出去,将天宫让与我,便罢了,若还不让,定要搅攘,永不清平!"这些话看似诙谐,却极严肃,其中包含着反封建的民主思想和革命思想。

《西游记》所描写的种种妖魔,凭借权势胡作非为,有的占人妻女,有的杀人吃人,有的掠夺财物。他们与最高统治者都有密切的联系,如金角大王、银角大王是太上老君看守八卦炉的童子,波月洞里的黄袍怪是奎星下凡等等。这些妖魔正是现实社会官僚恶霸地主地痞流氓的反映。作者借着丰富的幻想、夸张的描绘,把他们的丑恶行径充分地揭露出来。

《西游记》作者以积极浪漫主义精神,把从现实社会中摄取来的感受,用美丽的神话形式反映出来,塑造了一个个生动的艺术形象。

孙悟空是作者倾注全力塑造出来的一个叛逆典型。作者刻画了一个刚正不阿、嫉恶如仇、藐视权威、自由不羁的具有无比神通的人物形象,使孙悟空这个神通广大的猴王形象深入人心,得到广大人民的喜爱。

猪八戒也是一个令人喜爱的艺术典型,作者赋予猪八戒的性格很复杂,他有吃苦耐劳、朴素憨直的一面;又有贪吃、懒惰、贪色、妒嫉等一面。作者还把猪八戒的性格和外形作了浪漫主义的和谐的统一。

其他如牛魔王、铁扇公主、红孩儿等也都描写得相当成功。至于唐僧那样现实的历史人物,在神魔小说中就难以着笔,反而写得不那么生动了。

《西游记》也存在着它的不足之处,这尤其表现在宣扬封建道德和佛教思想混杂着的因果报应说以及成仙成佛的荒诞思想上。如第十一回:

> 唐王问曰:"此意如何?"判官道:"陛下明心见性,是必记了,传与阳间人知。这唤做六道轮回:那行善的,升仙化道;尽忠的,超生贵道;行孝的,再生福道;公平的,还生人道;积德的,转生富道;恶毒的,沉沦鬼道。"唐王听说,点头叹曰:"善哉真善哉! 作善果无灾。善心常切切,善道大开开。莫教兴恶念,是必少刁乖。休言不报应,神道有安排。"

4.《金瓶梅》

《金瓶梅》是我国古代著名的长篇世情小说,它截取《水浒传》中西门庆、潘金莲通奸这一段故事,铺写成一百回长篇巨著。小说通过西门庆这个恶棍的罪恶一生,揭露明代封建统治阶级荒淫无耻的生活,反映出明代城市生活的丑恶面,是一部具有强烈暴露性的小说。

《金瓶梅》成书约在明嘉靖末年到万历中期,现存《金瓶梅词话》,有万历丁巳(1617年)"东吴弄珠客"的序,可能是《金瓶梅》的最早刊本。

《金瓶梅》的作者,署名兰陵笑笑生。兰陵今属山东枣庄市,书中时有山东方言,由此推知作者可能是山东人。但笑笑生的真实姓名无从得知。沈德符《万历野获编》载:"闻此(指《金瓶梅》)为嘉靖大名士手笔,指斥时事,如蔡京父子则指分宜(严嵩)、林灵素则指陶仲文、朱勔则指陆炳,其他亦各有所属云。"清康熙时谢颐为《金瓶梅》作序,指实"大名士"为王世贞,因其父王抒死于严嵩,便造作《金瓶梅》攻击严嵩以复父仇。但仅为推测,并无确据。今人黄霖考证《金瓶梅》的作者是屠隆。①

《金瓶梅》在揭露明朝后期官绅阶级荒淫腐朽生活的同时,也反映贫苦人民的悲惨生活;并在一定程度上反映当时的商品经济和市民的生活状况。可以说《金瓶梅》是反映那个时代社会的一面镜子。

《金瓶梅》着重写一个暴发户的历史,写他怎样由一个破落户发展成为暴发户,最后在纵情淫欲中灭亡。这个暴发户西门庆,原是清河县一个破落户财主,"终日闲游浪荡。一自父母双亡,专一在外眠花宿柳、惹草招风。学得些好拳棒,又会赌博,双陆、象棋、抹牌、道字,无不通晓。结识的朋友,也都是些帮闲抹嘴、不守本分的人"②。后来发迹,成为清河县数一数二的财主,"知县知府都和他往来。近日又与东京杨提督结亲"。③ 他一方

---

① 《复旦学报》1983年第3期《金瓶梅作者屠隆考》。
② 《金瓶梅》第一回。
③ 《金瓶梅》第七回。

面交结官府,奴颜婢膝地去奉承朝廷官员,同时又用卑鄙残忍的手段去榨取人民的血汗及其狐朋狗党的钱财。他昧着良心专干那些拐骗奸淫的勾当,谋夺寡妇的财产,欺骗朋友的妻子,谋害人命,贪赃枉法,无所不为。

《金瓶梅》是我国第一部由文人独立创作的长篇小说,也是我国第一部以一个家庭和以妇女作为主要人物的长篇小说。书名《金瓶梅》是以潘金莲、李瓶儿、春梅三个女人名字联缀而成。《金瓶梅》以细致的描绘,尤其对人物心理状态的精微刻画,塑造了一个个栩栩如生的人物形象。《金瓶梅》在这些写作上的成就,超过了前人。它为清代《红楼梦》、《儒林外史》等长篇小说的产生准备了条件。

现实主义或积极浪漫主义的作品,在批判现实的丑恶时,总含蕴着理想和希望。但《金瓶梅》全书充斥着黑暗和绝望,指给人们的只是一种因果报应的宿命思想,这是它的一个缺陷。

《金瓶梅》再一个缺陷是大量描写丑恶淫秽情节,尤其是肆无忌惮地描写性行为,埋没了这部小说艺术上应有的美质,失去了它的社会教育作用。它的这种风气也给后来小说的写作起了不良的影响。

5.《封神演义》

《封神演义》,明许仲琳编,约成书于明隆庆、万历年间(1567～1620年)。《封神演义》的前身,是元人刊行的《武王伐纣平话》。武王伐纣的故事,早已在社会上流传,在史籍中也有这方面的记载。如《旧唐书·礼仪志》引《六韬》说:

> 武王伐纣,雪深丈余,五车二马,行无辙迹,诣营求谒。武王怪而问焉,太公对曰:此必五方之神来受事耳。遂以其名召入,各以其职名焉。

> 《史记·封禅书》载:八神将,自古而有之,或曰太公以来作之。

从上述材料可以看出,《封神演义》的作者,曾经广泛地搜集民间传说和文献记载的历史故事来进行创作;同时也可以看出,这些文献中所记载的历史故事,已经带有相当浓厚的浪漫主义色彩,《封神演义》作者再进一步加以丰富发展,就演变为各种奇奇怪怪的人物和情节,成为一部虚幻奇异的神魔小说。作者的想象力是很丰富的。

《封神演义》作者反暴政的思想非常明显。作者深刻地揭露了以纣王为代表的商朝末期统治集团的暴虐:酒池肉林、炮烙忠臣、剖杀孕妇、奴役人民等。

《封神演义》还把在明代盛行的释道神仙的故事穿插进去,书中安排截教为助纣的势力,把释道作为助周的势力,双方斗法,进行激烈的战争。最后,截教与纣王败灭;武王入殷,以封神封国结束。

《封神演义》的作者塑造了众多的人物,他们具有不同的外形和特长。其中有的成为人们所熟悉的典型形象,如姜子牙、土行孙、申公豹等。《封神演义》也不乏离奇生动的故事,如哪吒闹海等至今还为人们津津乐道。

《封神演义》宣扬了"成汤气数已尽,周室天命当兴"等宿命思想,迷信色彩比较浓厚。在艺术上,《封神演义》描写的一次次破阵,反反复复地那么平淡的一套公式,十分枯燥乏味。它的思想性和艺术性比同是神魔小说的《西游记》要逊色得多。

6.《四游记》

《四游记》为流行民间的四种神魔小说的合编本。分别为《东游记》、《南游记》、《北游记》、《西游记传》。其内容大都是描写成佛成仙的迷信故事。

《东游记》,原名《上洞八仙传》,共二卷五十六回,嘉靖、隆庆时人吴元泰编,描写铁拐李、汉钟离、蓝采和、张果老、何仙姑、吕洞宾、韩湘子、曹国舅八人成仙的故事。八仙的故事,在明代以前已有流传,元人马致远的杂剧《吕洞宾三醉岳阳楼》,就是有名之作。不过八仙的人名传说不一,吴元泰的《东游记》出来以后,才确定了上述八人,以后没有再改变。

《南游记》,又名《五显灵官大帝华光天王传》,共四卷十八回,隆庆、万历时人余象斗编。该书主要描述华光救母之事,是一部宣传佛教的读物。文字稍胜于《东游记》。

《北游记》,又名《北方真武玄天上帝出身志传》,共四卷二十四回,也是余象斗所编。书中内容为真武大帝成道降妖事,主要为道教宣传。内容荒诞,文字拙劣。

《西游记传》,共四卷四十一回,杨志和编。该书内容与吴承恩所编的《西游记》大体相似。大约是杨志和与当时书贾为凑成东南西北四游记,对吴本《西游记》删改而成。文字与内容远逊于吴本。

二、短篇小说《三言》、《二拍》

明代中叶以后,短篇小说逐渐盛行起来。

明中叶嘉靖年间(1522~1566年),洪楩搜集了宋元明初的话本,汇编为《清平山堂话本》。这是我国已发现的最早的话本总集。现仅存残本三卷,共十五篇。从留存下来的篇章看,文字粗糙,大概是未经修改的话本原状。

万历、天启时期,话本盛行,文人拟作的也日渐增多。到明代末年,便形成了短篇小说创作的繁盛时期。于是有人把短篇小说纂辑刊印,最著名的是冯梦龙。冯字犹龙,别署龙子犹,又号墨憨斋主人,长洲(今江苏苏州)人。约生于万历初期,一生潦倒,五十多岁时才成为一个贡生,六十多岁时做了寿宁县知县,后闲居乡里。明亡、清兵南下时,冯梦龙曾往来奔波号召抗清,最后忧愤而死。

冯梦龙以毕生精力从事通俗文学的搜集、研究和整理。《三言》是他进行这方面工作所取得的巨大成果。

　　《三言》即《古今小说》(《喻世明言》)、《警世通言》和《醒世恒言》三书的总称,是冯梦龙纂辑的三种短篇小说集。《三言》都在天启时(1621～1627年)刊行。每书四十卷,每卷一篇,共收有宋元明话本一百二十篇。现在已很难指出其中各篇创作的具体时代,但其中有些篇章还是能够辨别出来的,如《古今小说》中的《杨思温燕山逢故人》、《汪信之一死救全家》,《警世通言》中的《崔待诏生死冤家》、《金明池吴清逢爱爱》,《醒世恒言》中的《十五贯戏言成巧祸》、《闹樊楼多情周胜仙》等,显系宋元时作品。从故事内容和写作风格等方面,可以确切辨别属于明代作品的,有《古今小说》中的《木绵庵郑虎臣报冤》、《沈小霞相会出师表》,《警世通言》中的《玉堂春落难逢夫》、《杜十娘怒沉百宝箱》,《醒世恒言》中的《卖油郎独占花魁》、《施润泽滩阙遇友》等。

　　不管是宋元的话本,还是明代的作品,当冯梦龙把它们编入《三言》时,大都经过他的润饰和加工。有的是改定题目,修饰文字;有的只保留了原作的故事情节,加以改写。原来的作品,经过冯梦龙的整理改编以后,加强了故事情节,提高了作品的艺术性,语言通俗、朴素,完善了小说的形式。

　　《三言》的内容非常广泛,几乎涉及社会的各个方面,有描写男女爱情故事的,如《杜十娘怒沉百宝箱》、《王娇鸾百年长恨》和《宋小官团圆破毡笠》等。这三个故事从三个不同类型——妓女、贵族小姐和城市妇女来描写他们追求婚姻自由和爱情幸福的理想。有描写科举制度的腐朽情况的,如《老门生三世报恩》,揭露科举是荣华富贵的阶梯,中了进士做了官,"昧着心田做去,尽可荣身肥家";"进士官就是个铜打铁铸的,撒漫做去,没人敢说他不字"。有描写商品经济繁荣情况的,如《施润泽滩阙遇友》,描绘了明代后期的一个江南市镇,"那市上两岸绸丝牙行,约有千百余家,远近村坊织成绸匹,俱到此上市"。

受时代的限制及当时社会风气的影响,《三言》中夹杂着不少糟粕,宣扬消极出世思想的有《李道人独步云门》,淫秽色情描写的有《赫大卿遗恨鸳鸯绦》、《金海陵纵欲亡身》等,至于宣扬因果报应迷信思想的篇章就更多了。

《二拍》即凌濛初的《初刻拍案惊奇》和《二刻拍案惊奇》。凌濛初字玄房,别号即空观主人,浙江乌程人,约生于万历初期,死于崇祯十七年(1644 年)。曾为上海县丞及徐州通判。《二拍》刻于崇祯初,与《三言》一样,每书四十卷,每卷一篇,共八十篇。但第二十三篇《大姊游魂完宿愿》、《小妹病起续前缘》,两书重出。而二刻第四十卷则为《宋公明闹元宵杂剧》。因此,《二拍》实际上只有短篇小说七十八篇。

《三言》主要是搜集整理宋元明的短篇话本,而《二拍》则主要是凌濛初自己的作品。凌濛初从古今文献和民间传说故事中,选取材料,经过自己的构思而写成短篇小说。有的本事在原书中只数十字,他加以扩展写成数千言。

《二拍》和《三言》一样,其中不少篇章揭露了封建制度的种种腐朽情况,同情男女追求婚姻自由的斗争。《二拍》也夹杂有淫秽之作,如《乔兑换胡子宣淫》、《闻人生野战翠浮庵》等不少篇章都有淫秽的描写和宣扬因果报应的迷信思想。

第三节 戏 曲

我国的戏曲艺术在明代形成了一个新的发展时期。它的总趋势是,在杂剧日趋衰落的同时,南戏却迅速发展起来。余姚腔、海盐腔、弋阳腔和昆山腔等,各种声腔并列竞争,互相交流,在广泛的地域流布,逐渐形成了以南戏为主、吸收杂剧成果的传奇时代。

一、杂　　剧

明代初年,元杂剧仍然流行于当时的剧坛,元明之际还有不少杂剧作者。但当时的作品大多取材于神仙释道,吟风弄月,文辞内容俱不足观。周宪王朱有燉为其代表作家。

朱有燉(1379～1439年)系朱元璋的孙子,袭封周王。他写作有《牡丹仙》等杂剧三十多种,称为《诚斋乐府》。朱有燉的作品,大多音律和谐,但内容贫乏。他是养尊处优的贵族,写作杂剧,只是作为娱乐。贵族生活除了享乐,就是希望长生不老、得道成仙。因此,在他的作品中有写长寿或神仙思想的,如《瑶池会八仙庆寿》、《惠禅师三度小桃红》等;写妓女的有《李亚仙花酒曲江池》等。这些作品正是朱有燉贵族意识的流露和反映。

到明代中叶,南戏逐渐繁盛,杂剧趋向消沉。但这时杂剧也还出现了有积极意义的作品,如在弘治、嘉靖年间,王九思写的《沽酒游春》和康海写的《中山狼》。他们两人都是陕西人,所写的杂剧,都具有北方的古朴色彩。

王九思的《沽酒游春》,是写杜甫憎恨权奸当国而归隐的故事。戏中对权奸痛加贬斥:"三三两两厮搬弄,管什么皂白青红,把一个商伯夷,生狃做虞四凶。兀的不笑杀了懵懂,怒杀了天公"。"自古道聪明的却贫穷,昏子谜做三公"。这里虽借口骂古人,其实是在指责当时的朝政腐朽昏暗。

康海的《中山狼》,则是借寓言编成杂剧,是很有社会教育意义的作品。在戏里,作者深刻地批判了不讲原则的温情主义,强烈地谴责了以怨报德者的凶残行径。剧中描写了一个迂腐懦弱、滥行仁慈的东郭先生,因救下被人追逐的中山狼,狼反而要吃他,他吓得呼天叫地,而当杖藜老人捉住了狼时,他却又发了仁慈之心。剧中有一段老人与东郭先生的对话,颇有意味:

老:先生,你可有佩刀么?

东:俺带得有佩刀也。

老:如今怎的还不下手?

东:虽然是他负俺,俺却不忍杀了他也。丈人,只都是俺的晦气,那中山狼且放他去罢。

老:(拍掌笑科)这般负恩的禽兽,还不忍杀害他,虽然是你一念的仁心,却不做了个愚人么?

东:丈人,那世上负恩的尽多,何止这一中山狼么!

老:先生说的是,那世上负恩的好不多也……你看世上那些负恩的,却不个个是中山狼么?

这段对白,痛快淋漓,借着禽兽,骂尽了世上的负恩者,具有深刻的教育意义。

嘉靖以后,昆腔传播日广,传奇日盛,杂剧的创作也颇受南戏的影响,因而有"南腔北曲"新体裁杂剧的产生。这种杂剧,短小精悍,是摘取故事中最精彩的片段进行表演,很吸引人。这种新体裁杂剧的优秀作品有徐渭的《四声猿》、王衡的《郁轮袍》、徐复祚的《一文钱》和孟称舜的《桃花人面》等。

徐渭,字文长,号青藤(1521~1593年),浙江山阴人。他富于才学,思想新颖,不满传统的伦理道德。《四声猿》是他所创作的《渔阳弄》、《翠乡梦》、《雌木兰》和《女状元》四个杂剧的合编本。

《渔阳弄》写弥衡骂曹操,文字短小精干,作者以借古喻今的手法,对当时的黑暗统治进行贬斥。

`《翠乡梦》写柳翠得道,取材于"月明和尚度柳翠"的故事。作者尖锐地揭露和讽刺了在宗教外衣掩盖下的丑恶灵魂。

《雌木兰》写木兰替父从军,《女状元》写黄崇嘏及第得婿。这两个戏歌颂了具有文治武功的巾帼英雄,通过戏剧冲突和对人物形象的塑造,对重男轻女的传统思想进行批评。

徐复祚的《一文钱》和王衡的《郁轮袍》,是两个讽刺剧。《一文钱》把土财主的悭吝性格揭露得淋漓尽致。《郁轮袍》通过王维的仕途经历，暴露讽刺了封建社会中科举制度的黑暗。

孟称舜的《桃花人面》写崔护和叶蓁儿的恋爱故事，是当时杂剧中言情之作的代表。它以优美动人的抒情笔调，表达了普通人的真挚感情，是成功之作。

二、南戏和元末明初的传奇

宋元的南戏是明代传奇的前身。南戏，就是南曲戏文，是在南方流行的民间戏曲，大约是在宋徽宗时产生的。据叶子奇《草木子》卷四载："俳优戏文，始于《王魁》，永嘉人作之。"这种戏曲比较自由，没有严整的宫调格律，容易在民间流行。元代中期时，北方的杂剧南移，双方既激烈竞争又相互影响。到了元末明初，一些文人也参加了南戏的改良工作，使得原来只是为下层民众所喜爱的作品，进入到上层贵族和文人生活领域。《杀狗记》、《白兔记》、《拜月亭》、《琵琶记》和《荆钗记》五大传奇就是在这个时期产生的。

《杀狗记》全剧三十六出，洪武初秀才徐畔作。它写的是一个普通家庭的悲惨遭遇和兄弟之间的关系。《杀狗记》的说白，运用浅显的适合剧中人身分的口语，是很可取的。

《白兔记》是一部民间作品，全剧三十二出。它写的是五代后汉刘知远穷困投军，其妻李三娘受尽艰难，终获团圆的故事，颂扬了李三娘的善良品质。

《拜月亭》，一名《幽闺记》，全剧共四十出。王世贞《艺苑卮言》认为是元施惠作。刘大杰《中国文学发展史》认为出于施惠之说不确，而是出于无名氏①。它以金末动乱时代为背景，叙述

---

① 《中国文学发展史》卷下。

了两对青年男女，经过悲欢离合，最终缔为姻缘的故事。故事曲折，曲文亦佳，说白也符合剧中人物身分。其艺术价值，比前者为高。

《琵琶记》作者高明，字则诚，浙江瑞安县人。生于元代，死于明初。元代至正十六年（1356年）以后，高明避乱于鄞县的栎社，以词曲自娱，《琵琶记》约于这时成书。

《琵琶记》是在原来南戏《赵贞女蔡二郎》的基础上改写的。《赵贞女蔡二郎》批判蔡伯喈"弃亲背妇"的丑恶行为。高明不满意于这种结局。他认为戏曲创作，"不关风化体，纵好也徒然"。因此，他改编的《琵琶记》，把蔡伯喈"弃亲背妇"的情节改为中状元后被迫入赘牛府，变成了颂扬蔡伯喈全忠全孝的剧本。但作者主观上虽在宣传封建道德，而在客观效果上，反而使人们对赵五娘产生深切的同情，对封建道德产生强烈的反感。

《琵琶记》共四十二出，在艺术上有不少成就，它是文人从事传奇创作第一部有影响的作品。《琵琶记》语言生动，并能切合剧中人物的身分地位。如第七出穷秀才的对话，第十出公婆的对话，第十七出社长里正的对话，都能贴切地反映出不同身分人物的心理状态。曲辞也很优美。因有上述几方面的原因，《琵琶记》能在社会上流传开来。

《荆钗记》的作者原来认为是元柯丹邱，经王国维考证认为作者是朱权。朱权，明朱元璋第十七子，封宁王，精通音律，著有《太和正音谱》及杂剧十余种。晚年学道，号涵虚子，又号丹邱先生。

《荆钗记》共四十八出，写王十朋和钱玉莲的恋爱，经过种种波折，终于成婚。作品内容主要是表彰义夫节妇的封建道德。因作者精通音律，此戏很适宜于演唱。同时有的曲文，如王十朋对钱玉莲的哀悼，写得真实动人。这样，它在当时社会上也很流行。

三、昆腔的兴起

元末明初产生《琵琶记》等名作以后,传奇戏曲却一度趋向消沉,杂剧仍然盛行于剧坛。传奇作为明代戏曲的主流,是在明中叶以后,与昆腔一起兴盛起来的。

明代南戏,因地域不同,其腔调也因之而异。《南词叙录》载:"今唱家称弋阳腔者,则出江西,两京、湖南、闽、广用之;称余姚腔者,出会稽,常、润、池、太、扬、徐用之;称海盐腔者,嘉、湖、温、台用之。惟昆山腔止行于吴中。"这些南戏的腔调,都产生于宋元,明代得以沿袭。当时以弋阳腔流行地域最广,昆山腔流行范围最小,"止行于吴中"。但它"流丽悠远,出乎三腔之上,听之最足荡人"。这说明昆山腔具有发展兴旺的潜在条件。

嘉靖年间(1522~1566年),以魏良辅为首的一批音乐家、戏曲家,积数十年的努力,对昆山腔进行了改革。

魏良辅,昆山人,居于太仓南关。他"愤南曲之讹陋",发愤加以改革,为此"足迹不下楼者数十年",用力甚苦。当时,在他的周围会聚了一批戏曲音乐家,如善于北曲的河北人张野塘、苏州的洞箫名手张梅谷、昆山的名笛师谢林泉,以及老曲师袁髯、尤驼、张小泉、周梦山等人,皆与之通力合作,致力于艺术革新。

他们对昆山腔的改革,主要在唱曲和音乐伴奏这两个方面。在唱曲方面,他们保持发扬了昆山腔自身"流丽悠远"的优点,兼采海盐、弋阳腔的长处,并吸收了北曲结构谨严的艺术成果,注意宫调、板眼、平仄等技巧。沈宠绥在《度曲须知》中对其作了如下的评价:"声则平上去入之婉协,字则头腹尾音之毕匀,功深熔琢,气无烟火,启口轻圆,收音纯细。"

在音乐伴奏方面,南戏诸腔,采用的是锣、鼓和板,而无管弦伴奏。魏良辅他们并用弦索、箫管、鼓板三类乐器,形成了一个完整的管弦乐伴奏乐队。“嘉隆间，昆山有魏良辅者，乃渐改旧习，始备众乐器而剧场大成。”①

昆山腔经过魏良辅等人的改革之后，使音乐更加优美丰富，曲调细腻婉转，更能表达剧中人物的感情。因此改革后的昆山腔，压倒了南戏各腔，并形成“自吴人重南曲，皆祖昆山魏良辅，而北词几废”的局面。②

四、梁辰鱼和《浣纱记》

魏良辅等所改革的昆山腔，只作为清唱，还没有登上戏曲舞台。用改革后的昆山腔“新声”来演唱传奇的是梁辰鱼。

梁辰鱼，字少白，号伯龙，昆山人。他的生卒年和事迹不详，大约生活于嘉靖到万历初年，是一个多才多艺的人。他继魏良辅之后，对昆山腔又作了重大变革。胡应麟《少室山房笔丛》载：

> 魏良辅能谐声律，梁伯龙起而效之，考证元剧，自翻新调，作《江东白纻》、《浣纱》诸曲，金石鉴然。谱传藩邸戚畹金紫熠爚之家，取声必宗伯龙，谓之昆腔。

可见梁辰鱼是应用昆腔写作传奇戏曲的创始者，又因他所作的戏曲“金石鉴然”，深得社会各阶层人们的赞赏。其所作剧本《浣纱记》只能用昆腔演唱，成为昆腔戏曲中的典范。

《浣纱记》是以春秋吴越交兵为题材，叙述西施亡吴的故事。它是根据旧本《吴越春秋》改编的。作者在这个戏里通过范蠡和西施的悲欢离合，演出了吴越两国兴亡的历史，揭露了昏君、权奸误国的种种罪恶。这是一出有着丰富思想内容的传奇剧本。

---

① 沈宠绥：《弦索辨讹》。

② 沈德符：《顾曲杂言》。

《浣纱记》的曲辞又十分优美,如《游春》描写的旖旎春景使人陶醉。最后《泛湖》一幕,主人公唱着"富贵如浮云,世事如儿戏"淡泊潇洒的曲辞飘然远去,漾溢着浓厚的诗情画意。《浣纱记》中的"回营"、"转马"、"打围"、"进施"、"寄子"、"采莲"、"泛湖"等,一直是昆曲舞台中著名的传统折子戏。

这一时期比较有名的传奇还有王世贞的《鸣凤记》,共四十一出。它不同于当时作家专写恋爱故事,而是以黑暗政治为题材,把严嵩及其同党的罪恶与丑态暴露得淋漓尽致,而把杨继盛为国除奸的赤胆忠心表现得非常感人。如《夫妇死节》一幕的曲辞:"肠裂空山哀月猿,刳不出伤心剑","你一点丹心明素愿,翻成白刃流红茜",把悲壮哀怨的情绪充分地表现出来。

五、汤显祖和晚明戏曲

昆山腔经过魏良辅等人改革,接着又有梁辰鱼推出应用新腔创作的《浣纱记》,形成了"吴阊白面冶游儿,争唱梁郎雪艳词"的局面,并向南北各地广泛推广。自此,从万历初年以后到天启、崇祯,传奇创作进入一个繁荣昌盛的阶段,产生了不少名家名作。其中最著名的代表性作家是临川派的创始人汤显祖和吴江派首领沈璟。

汤显祖(1550~1617年),字义仍,号海若,江西临川人。万历十一年(1583年)考中进士。汤显祖刚直不阿,不趋炎附势,只做过几年小官。他在任遂昌知县时,因纵放囚犯被劾,于万历二十六年归乡隐居。他所作传奇最为有名的是《玉茗堂四梦》,即《临川四梦》,包括:《紫钗记》、《还魂记》、《南柯记》和《邯郸记》。

《紫钗记》是根据蒋防的《霍小玉传》改编创作的,叙述李益和霍小玉的遇合恋爱。《邯郸记》是根据沈既济的《枕中记》改编,《南柯记》是根据李公佐的《南柯太守传》进行改编,这两梦是寓言讽世剧,描述富贵功名的虚空,显然是受佛老消极无为思想的影响。这两个"梦"就像两面镜子,把现实社会中官场的黑暗、人情的险恶反映了出来。汤显祖《临川四梦》中《还魂记》是他的代表作,影响最大。

《还魂记》又名《牡丹亭》,全剧共五十五出,是明代著名的长篇传奇剧本。它描写的是杜丽娘和柳梦梅这一对青年男女的爱情故事。杜丽娘是宋代南安太守杜宝的女儿,才貌出众。一天,她在游园中,梦遇英俊少年柳梦梅,一见钟情。从此,她对梦中少年日夜思念,最后因病而死。临死前,她自画像一幅,题词"他年得傍蟾宫客,不是梅边是柳边"。杜丽娘死后,葬在梅花庵。三年后,柳梦梅赴京赶考投宿梅花庵,见到杜丽娘的画像,油然而生爱慕之情。柳梦梅掘开坟墓,杜丽娘复生。但是他们的爱情却遭到杜宝的反对。最后,柳梦梅考中状元,才使有情人终成眷属。让杜丽娘死而复活,这是作者为了加重加浓爱情的分量和色彩,用浪漫主义的手法加以夸张的描写。

剧中杜丽娘的艺术形象,是汤显祖倾注了自己的理想与希望而塑造出来的。杜丽娘热爱自然,热爱生活,更执著地追求自己幸福的爱情。

杜宝和杜丽娘的塾师陈最良,则是封建势力和封建伦理道德的代表和代言人。作者对他们进行的鞭挞和讽刺也是深刻有力的。

《牡丹亭》是一部不朽的文学名著。如《惊梦》、《寻梦》、《写真》、《拾画》、《魂游》和《闹宴》等幕,曲辞优美,佳句连篇。其中《惊梦》一出,尤为脍炙人口。曹雪芹《红楼梦》第二十三回《牡丹亭艳曲惊芳心》中,描写林黛玉在听到"原来是姹紫嫣红开遍,似这般都付与断井颓垣","良辰美景奈何天,赏心乐事谁家院",以及"只为你如花美眷,似水流年"等曲辞时,不觉心动神摇,跌坐到石上细嚼其中的滋味。

沈璟(约 1555～1615 年)字伯英,号宁庵,吴江人。进士出身。他精通音律,被他的朋友誉为"词坛之庖丁","度曲申、韩",是当时格律派的代表。他著有《南九宫谱》,严整南曲的调律,阐释南曲的唱法,被当时的制曲家奉为圭臬。沈璟主张作曲以合律为第一义,不重视戏曲的思想内容,当时不少人受他的影响,而形成为吴江派。

沈璟著有传奇十七种,现存《义侠记》、《博笑记》、《埋剑记》、《桃符记》、《红蕖记》和《双鱼记》六种。其中以《义侠记》最有名,是据《水浒传》武松的故事编写的。《义侠记》虽也有些精彩片断,但从全剧来说,却显得平弱。在传奇的创作上,沈璟主张使用朴素的本色语,这在当时骈丽之风炽盛的情况下,是有积极意义的,但他自己创作传奇时却未能做到这一点。沈璟虽创作传奇十余种,但都属一般之作,与汤显祖的作品实在是不能相提并论。他在当时与汤齐名,被人们捧得很高,主要是从"表音韵"、"订全谱"方面来说的。

明代末年传奇作家比较有名的还有李玉和阮大铖。

李玉,字玄玉,吴县人。崇祯时举人,明亡后隐居家乡,从事戏曲研究,著有《北词广正谱》,颇为有名。李玉所作传奇有三十余种之多,其中以《一捧雪》和《占花魁》思想内容和艺术成就较高。《一捧雪》是暴露严世蕃的奸恶,表彰戚继光的正义。《占花魁》与《醒世恒言》中的《卖油郎独占花魁》的情节大致相同,只是戏曲的情节写得更为复杂,结构也很紧凑。这两个传奇都是写得成功的。

阮大铖其人在政治上很糟糕,但在戏曲创作上颇有成绩。他著有《燕子笺》、《春灯谜》、《牟尼台》、《双金榜》等传奇。其中以《燕子笺》为最有名,全剧情节曲折离奇,曲词优美,是典型的才子佳人戏,对清代的传奇创作有一定的影响。

六、朱载堉创建"新法密率"

明代戏曲盛行。戏曲是一种综合表演艺术,它把文学、音乐、舞蹈等糅合在一起进行表演。戏曲演员要经过音乐、舞蹈、乐器的综合训练,"未教戏,先教琴,先教琵琶,先教提琴、弦子、箫管、鼓吹、歌舞"[①]。魏良辅在改进昆曲时,发现器乐与唱腔不相谐和的矛盾,说:"丝竹管弦与人声本自谐合,故其音律自有正调。箫管以工尺俪词曲,犹琴之勾剔以度诗歌也。今人不知探讨其中义理,强相应和。以音之高而凑曲之高,以音之低而凑曲之低,反足淆乱正声,殊为聒耳。"[②] 魏良辅提出三个要求:"字清"、"腔纯"、"板正"。这就是说演员发声吐字要清晰,乐队伴奏要依照所定音律的高低,节奏要依照所定速度的快慢。戏曲艺术的发展迫切要求音乐家在乐律方面有新的突破。朱载堉的"新法密率"即十二平均律,就是解决这一问题的一种创造。

朱载堉(1536～1611年),字伯勤,卒谥端清。朱载堉自幼好学,他自称从壮年以来,对于音律、历法"志之所好,乐而忘倦"[③],尤其对于音律方面,有高深的造诣。他著有《瑟谱》、《律学新说》、《律吕精义》、《乐学新说》、《律历融道》附《音义》、《操缦古乐谱》、《旋宫合乐谱》、《律吕正论》、《律吕质疑辨惑》等。

朱载堉花费了几十年时间,不懈地研究律学,创建了十二平均律。他在《律学四物谱》的《黍谱》中已记载有"新法密率"的内容。以后又在《律学新说》及《律吕精义》等书中进一步阐释了新法密率的内容及其求法。朱载堉所说的"新法密率",就是十二

---

① 张岱:《陶庵梦忆》。
② 魏良辅:《曲律》。
③ 朱载堉:《进历书奏疏》。

平均律。

我国古代封建统治者在祭祀、朝贺及宴飨等政治活动时都要奏乐，历代正史都有《乐志》。《明史·乐志》载："古先圣王治定功成而作乐，以合天地之性类万物之情，天神格而民志协。盖乐者心声也，君心和六和之内无不和矣，是以乐作于上而民化于下。"[①] 封建统治者把制礼作乐看成为安邦治国的大事。因此，律学自然为朝廷所重视。律学也称为音律学或乐律学，是声学的一个分支学科。朱载堉把音乐学和音律学区分为"乐学"、"律学"。他说："乐也者，声音之学也；律也者，数度之学也。"[②] 这里所说的数度之学，即是数学计量学。朱载堉兼具科学家和艺术家的文化素养，所以能将数理理论充分应用于音乐实践中，创造出十二平均律。

十二平均律是用数理方法进行调音，它以一个完全八度为基础，用开方的方法将八度分成十二个半音，使任意两个相邻的音程都相等，其音程值都是 2 的 12 次方根。它的优点是可以旋宫转调，尤其是琴键乐器可以根据需要任意使用所有的键。十二平均律在今天被普遍地看成"标准调音"。十二平均律的求法，朱载堉在他的《律学四物谱》和《律吕精义》关于"新法密率"中说得相当清楚，在此之前，在世界上还没有先例。李约瑟博士说："第一个使平均律数学上公式化的荣誉，确实应归之于中国。"[③] 朱载堉的"新法密率"传到欧洲后，在学术界引起了震惊。赫尔霍姆茨说："在中国人中，据说有一个王子叫载堉的，他在旧派音乐家的大反对中，倡导七声音价，把八度分成十二个半音以及变调的方法，也是这个有天才和技巧的国家发

---

① 《明史》卷 61《乐志·序》。

② 朱载堉：《律吕精义·序》。

③ J. Needham, *Science and Civilisation in China*. Vol. Ⅳ : 1, P. 228. 转引自戴念祖：《朱载堉——明代的科学和艺术巨星》。

明的。"[1] 1692年,日本学者中根璋(1662~1733年)在其所撰《律原发挥》一书中,把朱载堉《律吕精义》关于"新法密率"介绍到日本。

朱载堉创造的"新法密率"解决了旋宫转调的问题,这在音乐史上是一项伟大的创造。它逐渐传播到世界各地。

第四节 绘画与雕塑

一、绘 画

明代宫廷画家和民间画家皆有可观的成就,而民间画家的成就尤大。

1. 明代的宫廷绘画

明朝初年,朱元璋统一全国后,政治形势渐趋稳定,社会经济也得到发展。相应地,在文化事业上制定了各项措施,在绘画方面则恢复了征召画家入宫的制度,宫廷绘画又兴盛起来。

明代的宫廷绘画与两宋时的情况不同,明代没有正式成立画院机构,只是征召各地的著名画家到宫廷服务。画家所授的职务没有一定的名称,也没有一定的隶属关系。洪武、永乐时,征召来京的画家,有的称为文渊阁待诏、翰林待诏、武英殿待诏,或称为供事内府,或任营缮所丞等。宣宗宣德以后,大部分宫廷画家在武英殿及文华殿任供奉待诏。有的画家则封以锦衣卫武官职衔。本来,画家与锦衣卫没有关系,这大概是锦衣卫无固定人员编制,"恩荫寄禄无常员"。因此,有的画家就在其中挂个名,称为指挥、千户、镇抚等,以便领取薪俸。其实他们并不从事

---

[1] H. Von Helmholtz, On the Sensation of Tone, Trans. by A. J Ellis, 4thed., 1912, P.258。同上。

这些武官的工作,仅从事绘画。还有些画家则没有其他职衔,只称为画士。

当时的画家,大多是荐举、征召进入宫廷绘画的,极少数是通过考试录用,如英宗时曾"召取天下画士至京,试以'万绿枝头红一点,动人春色不须多'之题"。又如孝宗时也考选过画士:弘治七年(1494年)"诏选天下画士,(林)郊中第一,授直武英殿锦衣卫镇抚"。

明初洪武时,朱元璋征赵原、周位入内宫。他们都是元末明初著名的山水画家,宫殿壁画多出于他们之手。周位于殿壁画《天下江山图》,闻名于时。朱元璋滥用刑罚,赵原因绘画不称他的心意而被杀。这就使得画家人人自危,凡作画只求迎合朱元璋的喜好,不敢有所创造。

明成祖永乐时,宫廷画家在文华殿绘有《汉文止辇受谏图》及《唐太宗纳魏征十思图》,这些绘画都有一定的政治含义。当时擅长画花鸟的边文进、善于画虎的赵廉和工于画人物佛像的蒋子成,被称为"禁中三绝"。

从宣德到成化、弘治,是明代宫廷绘画最为兴盛的时期。宣德时著名的宫廷画家谢环,擅长人物山水。他所画的《杏园雅集图》,是描写几个内阁宰辅一起在杏园内聚会的情景,其中的人物园景描绘细致,反映了当时上层官员的生活情况。这是宣德时期人物山水画的一幅代表作品。宣德时期的著名宫廷画家还有石锐和李在,他们都擅画山水,兼工人物。还有被誉为明朝第一的戴进,宣宗时也曾进过皇宫,后来成为浙派画家的首创者。

成化、弘治时期,宫廷画家中有赐给"画状元"印章、擅长山水人物的吴伟,有被孝宗皇帝称为"今之马远"的王谔,还有考天下画工第一、擅长花鸟画的林郊,可谓济济多士。

明代宫廷绘画,自武宗正德以后渐趋消沉。明代宫廷绘画受南宋马远、夏珪的影响较大。宫廷画家,各有专长,但也有兼擅多种题材的。

2. 浙派画家

明代画坛浙派的创始人为戴进。戴字文进,号静庵,浙江钱塘人,在他影响下形成的画派称为浙派。据传他早年曾为锻工,后改学画。宣宗时,曾进入宫廷作画,但遭到其他画家的嫉妒。他曾画有一幅《秋江独钓图》,穿红袍者垂钓水边。另一画家在宣宗朱瞻基面前说,这幅画画得不错,但显得鄙野。红色是品官的服色,现在穿在钓鱼人的身上,是很不相称的。朱瞻基点头称是,戴进遂被放归乡里。戴进返回乡里后,便以卖画为生,老死钱塘。

戴进绘画的题材十分丰富,山水、人物、神像、走兽、花果等,都画得非常精致。戴进师承渊源宽广,兼法宋元诸家,其山水画受南宋马远、夏珪画风影响较深。但他并不局限于此,而能融合各家风格,创出新意,所谓"文进源出郭熙、李唐、马远、夏珪,而妙处多自发之"。因此,他的画奔放却不失法度,既严谨又含潇洒。如他的人物画《达摩至慧能六代像》与《钟馗夜游图》,前者画法工细,后者则风格粗犷;山水画如《关山行旅图》气势雄壮,《洞天问道图》笔法遒劲严整;花鸟画如《葵石蛱蝶图》风格劲秀,《三鹭图》则以淡水墨写意,表现烟雨迷蒙的景色,又别有韵致。

戴进以后,影响较大的浙派画家为吴伟。吴伟字士英,号鲁夫,又号小仙,江夏(今湖北武汉)人。吴伟少年时生活贫困,勤奋学画,青年时流落到南京。他所作的画,深得人们的喜爱,也受到南北两京王公贵戚的赏识。宪宗时,吴伟进入皇宫,朱见深拟授锦衣镇抚,待诏仁智殿。但他不愿受拘束,辞官回南京。孝宗时,吴伟再次被召入京,因其所画符合皇帝的心意,赐给"画状元"印章,授锦衣百户。但他终因不乐做官,称疾回南京,居住在秦淮河上。

吴伟作画内容广泛,山水人物等无所不能。画作有宗教人物、渔夫、牧童等。他长期生活在民间，因此下层社会也就成为他的绘画题材。他在南京曾为灵谷寺绘有高达四丈的壁画。吴伟近学戴进，远师马远、夏珪，并能融合创新，形成自己的风格。他的《灞桥风雪夜》和《长江万里图》等山水画，笔墨奔放，挥洒自如，气势宏大。

吴伟之后，浙派画家比较著名的有张路、蒋嵩以及蓝瑛等，在山水人物画方面也都取得了一定的成就。自此以后，所谓的浙派画家，往往追求形式，格调不高，而笔墨粗劣。他们的作品已迥异于浙派绘画的精神风格。从此，浙派渐趋消沉，吴派崛起。

3．吴派画家

江南苏州地区，元朝时就成为文人荟萃之地，很多诗人画家集中在这一地区活动。明朝初期，继续元代的风气，产生了更多画家。他们绘画的技法和风格，主要是追随元代画家，这和宫廷画家、浙派崇尚南宋马远、夏珪的画风相对立。当时比较有名的有赵原、徐贲、陆广、张羽等。到明代中叶，沈周、文征明、唐寅登上画坛，吴派才确立起来。

沈周（1420～1509年）字启南，号石田，长洲（今江苏苏州）人。沈周书画有家学渊源，其祖父沈澄，工于诗画，其父沈恒也擅画。沈周天资聪颖，继世家之业。他学习董源、巨然和李成，晚年又摹仿黄公望和吴镇，融会宋元画家的技法，其用笔劲利而含蓄，无霸悍之气。沈周不但为吴派的宗主，也是明代山水画的代表作家。

文征明（1470～1559年），原名璧，以字行，号衡山，长洲人。文征明绘画学沈周，文学学吴宽，书法学李应祯，都是一代名家。因此，他工诗善书。绘画方面，他不专习师法，能融会宋元诸家之长。他绘画不限于水墨，并能青绿设色；不只是粗豪，并能工致精细。明代画坛往往文沈并称。文征明作品传世的较多，大都纤美精致。

文征明和当时很多名流往来密切,他和祝允明、唐寅、徐祯卿被称为"吴门四才子"。文家自征明以后,后代善画的不少,约有二十余人活跃于画坛,如文彭、文伯仁、文震亨等。

唐寅(1470~1523年),字伯虎,号六如居士,吴县人。他和文征明为同时代人。唐寅曾中解元,却没有进入官场,安处恬淡闲静的生活。他刻一印章,自称为"江南第一风流才子"。他绘画学李唐、刘松年,所画人物花鸟秀润缜密。

沈周、文征明和唐寅之后,到万历、崇祯时吴派画家更进入鼎盛时期,其中有不少名家名作。如文伯仁的《四万图》,表现了万壑松风、万竿烟雨、万顷晴波和万山风雪四种情景,气势磅礴,富有感染力。

后来吴派画家,因其人数众多,又区别为松江(董其昌)、华亭(顾正谊、莫廷韩等)、云间(沈士充、陈继儒等)各支派。吴梅村曾为晚明吴派名家作画中九友歌,这九人是:董其昌、王时敏、王鉴、李流芳、杨文聪、程嘉燧、张学曾、卞文瑜、邵弥。其中董其昌官至礼部尚书,位高望重,诗文书画,为人推崇。他画学董源、巨然,擅画山水,风格清润。他的画风,对晚明以后的画坛有较大影响。

4.徐渭和陈洪绶

明代的水墨写意花鸟画,在中国绘画史上有其独特的地位。中国花鸟画从唐代到南宋,采用工笔写生着色。南宋时,受文人画的影响,出现了以墨代色的工笔花鸟画。到了明代,唐寅等人则摆脱了水墨工笔勾填,而代之以活泼洒脱的水墨写意的技法。

明代后期,水墨写意花鸟画有杰出成就的首推徐渭。徐渭(1521~1593年),字文长,号青藤,浙江山阴人。他不仅是画家,也是当时优秀的剧作家。徐渭作画新颖奇特,不落俗套,富有思想含义。他自题牡丹花曰:"牡丹为富贵花,主光彩夺目,故昔人多以勾染烘托见长,今以泼墨为之,虽有生意,多不是此花真面目。盖余本人性与梅花宜,至荣华富丽,风若马牛,弗相似也。"又如他在画蟹中题:"稻熟江村蟹正肥,双螯如戟挺青泥,若教纸上翻身看,应见团团董卓脐。"这些表明了徐渭蔑视贵富、嫉恶如仇的思想风貌。徐渭豪迈潇洒的水墨写意画法,在花鸟画上有很高的成就,清代石涛、八大山人等受他的影响很深。

陈洪绶(1599~1671年),字章侯,号老莲,浙江诸暨人,是明末著名的人物画家。陈洪绶幼年时就有绘画才能,四岁那年,在白粉墙上画关羽像,长八九尺。最初他向蓝瑛学画,后于崇祯年间奉召去北京宫廷作画,有机会观摩皇室藏画,技艺得到很大进步。陈洪绶年轻时曾从刘宗周求学。明亡,清兵进入浙东,刘宗周殉国。陈洪绶于绍兴云门寺为僧一年多,自号悔迟,亦称老迟,不与清朝合作。

陈洪绶画的《屈子行吟图》,深刻地表现了屈原形容憔悴、行吟泽畔的状貌及其爱国忧民的思想情操。他还绘有《水浒叶子》及《九歌》、《西厢记》等绣像描图,是明清间复制板画的精品。晚年作画,夸张变形,有的人物画,躯干伟岸,衣纹挺劲,但却面目怪异,全身比例失当。这大约是他处于当时变动时代的痛苦变态心理的反映。

二、雕　　塑

明朝推翻元朝后,在文化制度上以"恢复中华"相号召。因此,它不仅在绘画方面重新恢复了宋代召画家入宫的制度,而且从当时遗留下来的雕塑造像也可以看出是在追求唐宋风格。从雕塑的内容看,这时佛教石窟雕像趋向衰萎,而城乡寺庙中的佛道造像以及城隍、土地、关羽、岳飞等塑像则日渐增多。同时,随着社会经济的发展和工艺技术的改进,为生活服务的建筑装饰雕塑,比历代要繁荣,出现不少珍贵的作品。

1.宫殿和陵墓的雕饰

宫殿和帝王陵墓历来是雕塑装饰的主要地方。关于宫殿的雕饰,在本书第二十五章《明代的科学技术》的宫城建筑中一并叙述,这里主要介绍明代帝王陵墓雕饰。

明朝共十六个帝王,开国皇帝朱元璋死后葬于南京,即今天南京东郊钟山南麓的"明孝陵"。其他十五帝中(除第二代惠帝朱允炆和第七代景帝朱祁钰)有十三人葬在北京,即今天昌平县天寿山的"明十三陵"。明孝陵和明十三陵都有大量的石雕装饰。

明孝陵的石雕计有十二对石兽,包括狮子、獬豸(古代瑞兽,形类鹿、狮混合体)、骆驼、大象、麒麟和翼马各两对。其造型壮硕浑厚,反映了明初政治上的盛大气象。

明十三陵,因陵地聚集在一处,共用明成祖长陵的一个陵道。雕置在陵道上的石雕群,和明孝陵是相同的。在陵道的最南端是一座石牌坊,建于嘉靖十九年(1540年),用汉白玉石砌成,面阔五间,宽二十八米余,高十四米。在夹柱石上雕刻着麒麟、狮子和龙等,形态生动。门上端额枋雕有云纹,很是柔美。这是我国现存最大最早的石坊。从大石坊到龙凤门的陵道上,依次雕置着狮子、獬豸、骆驼、象、麒麟、马,均两卧两立,共二十四座。接着是武臣、文臣、勋臣各四座,共十二座。这些石人石兽的雕刻比较精巧,但却显得纤弱,与唐宋时的陵墓雕刻相比,欠缺劲健的气魄。但这些庄重威武的文武官员的形象,和有一定寓意的动物雕像,在艺术上确实可以起到衬托墓主人生前显赫地位的作用。

明代帝王陵墓雕刻,除南京明孝陵和北京明十三陵以外,还有在今安徽凤阳的明皇陵(朱元璋父母的葬地)和在今江苏泗洪县的明祖陵(朱元璋高祖、曾祖和祖父的葬地)墓前也雕置了石人石兽,而且其数量比明孝陵和长陵要多。这两处陵墓都建于明初时,造型古朴,有的更显得雄伟壮健,其雕刻水平也较高。[①]

除帝王陵墓以外,还有各地藩王和贵族死后的葬地,往往也设置了石雕群。但它们的规模和雕刻水平就比上述帝王陵墓要差得多。

2. 石窟雕像和寺庙雕塑

明代佛教石窟雕刻,比较完整的在山西平顺县东北林虑山崖。那里有建于北周的宝岩寺,后改称为金灯寺。金灯寺后有依山崖开凿的窟龛二十多个,其中雕像大多为明代雕造。最大的一处为第五窟中的"水陆道场"浮雕。"水陆道场"是佛教中宗教活动的一种法会,主要是布施饮食以救度僧众,又称为"水陆斋"。这处"水陆道场"的浮雕共有六十九方,其中的人物身分和情节各有不同。这处水陆道场浮雕,可能是当时记事性的作品,其艺术水平不算高,但却是明代石窟雕刻的重要遗产。[②]

明代的佛寺雕塑比较普遍,今各省市城乡大多保存有明代的佛寺,其中的雕塑,主要是泥塑像,它们的造型继承了唐宋风格,而更侧重于写实。

明代佛寺彩塑最具有代表性的在山西平遥县的双林寺。双林寺原名中都寺,最早建于北魏,明代时多次重修,现在保存下来的建筑和塑像,多为明代遗物。双林寺有大小佛殿十座,彩塑像两千多尊,有天王、金刚、佛、菩萨、观音以及地藏殿中的十殿阎君和六曹判官等等。这些塑像"生动活泼而又概括提炼"。"雕塑的胸、腰、腹部位与衣纹等恰如其分,每个地方都很注意整体,显得很美"。而有的塑像又能不落于一般的公式。如许多佛寺的天王像,往往突出形象的怪异和凶恶,这里的天王像则吸取

---

① 《考古》月刊 1963 年 8 期。

② 《文物参考资料》1961 年第 12 期《宝岩寺明代石窟》。

了武士的形象,塑造出勇猛的、有气魄的巨人样的英雄形象。[1]

壁塑在唐宋时已有一定基础,明代时有了进一步的发展。陕西蓝田县水陆庵大殿中有明代彩色壁塑,其中塑有亭台楼阁,有殿宇宝塔,并塑有数以百计诸佛菩萨、供养人等,或坐或立,或喜或怒,神态各异。还有龙凤狮子麒麟等。布局严整,层次分明,是明代留存下来有名的壁塑艺术品。

明代时道教与佛教一样,也在民间流传,因此,各地也有关于道教方面的庙宇和塑像,尤其是玉皇庙、东岳庙和城隍庙等较为普遍。比较有名的是,明洪武八年(1375 年)所建的陕西三原县城内的城隍庙。庙内有二十四个乐女和侍女塑像(现已毁坏),很有生活情趣。"如其中的两个乐女,一弹琵琶,一吹竹笙,神态生动自然"。"另外的一个捧着印盒的侍女,神态也是非常生动的"。[2] 还有山西汾阳县的太符观,为道教庙宇,内有明代制作的泥塑玉女像,丰满的脸型,显示了北方妇女健壮的体态。

3. 佛塔和牌坊、照壁、廊柱雕饰

中国的佛塔和作为纪念碑式的牌坊,以及附属于宫殿寺庙和馆舍的照壁、栏柱等,均为建筑装饰雕刻的地方。

明代佛塔建筑雕饰,最著名的在今北京海淀区五塔寺的金刚宝座塔。五塔寺原名真觉寺,建于永乐时,成化时建五塔,故称五塔寺,又因五塔之下有一雕有护法金刚的高大平台,故此五塔称金刚宝座塔。"金刚宝座"高五层,南面有斜阶可登上台座。台座上建有五塔,成"回"字形,中心塔高约八米,为十三层,四角四塔各高约七米,为十一层。塔身各层四周均雕有佛龛造像,以及护法天王、金刚等,雕饰精细[3]。花纹装饰多为中国传统的云纹和宝相花。

---

① 傅天仇:《仿古代雕塑》,见《文物》1961 年第 12 期。
②③ 参见王子云:《中国雕塑艺术史》上册。

山西洪洞县广胜寺外的砖建飞虹塔雕饰，也为优异之作。此塔最早建于汉，以后屡经修建，现存飞虹塔是明代遗物。明武宗正德十年（1515年）开始重建，明世宗嘉靖六年（1527年）竣工。飞虹塔塔身为八角形，十三层，通高四十七米。外形轮廓由下至上逐层收缩，形如锥体。塔底层内，铸有释迦铜像，铜像顶部为琉璃藻井。塔身用砖砌，外镶黄绿蓝三色琉璃烧制的屋宇、神龛、斗拱、莲瓣、角柱、勾栏、花罩及盘龙、人物、鸟兽和各种花卉图案等，雕制非常精巧。塔身通体装饰得绚丽多彩，金碧辉煌，被人们称誉为我国琉璃塔中的代表性作品。①

牌坊，亦称牌楼。木建者绘以彩画，石建者则用雕刻装饰。我国封建时代这种表彰忠孝节义和功名等的纪念碑式的建筑物，随处可见，其中也有不少优异制作。

河北省灵寿县县城有石牌坊一座，明崇祯十四年（1641年）建，是用细青石仿五层楼阁的木构建筑形式建成。在额枋上，透雕为云龙、双凤以及飞鹤等纹饰，雕工精美。在下部四柱夹柱石上雕有狮子数十只，形体大小不同，神态各异，可见当时民间匠人的高超技艺。

又如江苏省宜兴县城内文庙前，有一座表彰功名的石坊。它是天启七年（1627年）为本县万历癸丑（1613年）科状元周延儒修建的。石坊平面呈"〉〈"形，这样的结构，比"——"字形牌坊增强了稳定性。面阔三间，明间高出，上覆歇山顶，高约四十米。整座石坊，从上至下，都进行了雕刻装饰。上额枋雕有五鹤飞翔于苍海之上。龙门枋上的浮雕为五龙戏珠。两次间的大小额枋，雕有牡丹与麟凤。石坊下部夹柱石雕有雌雄狮子，雄狮腹背皆有绣球，雌狮则皆伴有幼狮，神态甚为生动。整座石坊雕刻细致周到，安排紧凑。石坊通体选用汉白玉石，皎洁的质地，衬着

---

① 参见山西省古建筑保护研究所编《广胜寺》。

精美的雕饰,是明代牌坊雕刻装饰中的精品。[1]

照壁,一般设置在宫殿寺宇前,多数采用砖建,加以雕刻,或用带有釉彩的琉璃砖加以装饰。明代时常常雕饰以"九龙",故称之为"九龙壁"。洪武年间所建的山西省大同市内的"九龙壁"比较著名,原系代王府(朱元璋第十三子朱桂封代王)照壁,后来王府毁圮,照壁却保存了下来。这一照壁长约45.5米,宽2.02米,高8米,全部用彩色琉璃镶砌。九龙姿态各异,翻卷盘绕,腾云飞舞,生机勃勃,为明代雕塑艺术之一佳作。[2]

照壁除用砖建以外,也有用石建的,如湖北襄阳有一块采用青绿色石料砌成的"绿影壁"。它是明正统元年(1436年)襄王朱瞻墡从长沙徙封襄阳时所建,"绿影壁"即为当年王府的照壁。绿影壁高约7米,宽25米,厚1.60米。壁面中部雕刻了一排飞舞的巨龙,并于四周围雕有形态各异的数十条小龙,配衬融洽,显得格外活泼雄伟。

殿廊石柱,也是雕刻装饰的重要处所。如山东曲阜孔庙大成殿前廊的十根盘龙石柱,是明朝弘治(1488～1505年)时雕制的。"在十根大石柱上,每根柱各雕两龙,相对回舞盘旋,中有宝珠,绕以火焰,柱脚四周皆刻水波纹,其下圆雕复莲柱础。全部石柱雕刻深邃,云龙腾起如飞,神态各异。远远望去,宛如祥云之中蛟龙飞舞,不见石柱"。[3]雕刻精细,布局妥帖,是明代廊柱雕刻中的著名作品。

① 参看《宜兴会元状元坊》,《文物》1960年第3期。
② 参看《美术研究》1980年第4期《山西大同九龙壁》。
③ 参见《光明日报》1979年6月13日《我国著名的文化古城——曲阜》。

第二十五章 明代的科学技术

明代的科学技术,在前代的基础上有了进一步的发展,这些科学技术的发展状况,如航海、冶炼、农业技术在本书其他各相关章节中已进行了叙述。再者明代中后期时还因耶稣会士来华,进行了中西文化交流,传入了天文历法、物理学、几何等西方科学技术,对我国当时社会产生了影响。这些也已载入本书第二十章《明后期的中外关系》。这里,着重介绍明代的建筑技术、数学、医药学以及明朝晚期几位著名科学家的卓越贡献等。

一、建 筑

1.规划整齐的北京城和瑰丽的皇宫

明代北京城经过了两次大营建。一在朱棣迁都北京时,一在嘉靖年间。朱棣营建的北京城,主要是在元大都的基础上加以改建和扩建而成的。明世宗嘉靖二十九年(1550年)发生了"庚戌之变",蒙古俺答部骑兵直抵北京城下。为了加强京城的防御,嘉靖三十二年(1553年),在原来都城的南面加筑了外城。

明代北京城的布局非常严整。外城东西 7950 米,南北 3100米。东西各一门,南面三门,北面三门,通往内城。外城主要是当时的商业和手工业区。内城东西 6650 米,南北 5350 米,东北西各两门,南面三门(即外城的北门)通向外城。皇城,位于内城的中心偏南,东西 2500 米,南北 2750 米,四面皆开有门。南面的门是皇城的正门,建于明永乐十五年(1417年),原叫承天门,清顺治八年(1651年)改建后称天安门。皇城中有宫城(即故宫),俗称紫禁城。

明代北京城的建筑设计,充分体现了以宫殿为主体的思想。它以一条从南到北七公里多长的中轴线为全城的干道,把城内宫殿等重要建筑连贯在一起。这条中轴线南端以外城永定门为起点,直达内城的正阳门。再往北经正阳门、大明门到承天门,为全城首脑的皇宫作前导。经承天门、端门,通过午门,即进入宫城。宫城内大小不同的宫殿建筑在这条中轴线上。宫城后有一座高约五十米的景山,是中轴线的最高峰。尔后经过皇城的北门(地安门),通向中轴线的终点——钟楼和鼓楼。这样的布局就使得宫殿居于全城的中央。

在皇宫周围分布着南北和东西向的大小干道。在这些大小干道上列置着各类商业和手工业铺坊。从这些大小干道分流出去的则是众多的胡同小巷,为市民的居住区。这种布局是我国古代城市的传统格式。

明代的宫城(皇宫),于永乐五年(1407年)开始修建,到永乐十八年(1420年)基本建成,历十四年,共役使数十万工匠和上百万夫役。以后,明清两代曾多次修建,但仍保持了初建时的布局。

这个明清两代的皇宫(明清故宫),南北960米,东西760米,共占地七十二万多平方米,房屋九千余间,建筑面积约十五万平方米。四周有高约十米的城墙,墙外环有约五十二米宽的护城河。宫墙四角矗立有富丽旖旎的角楼。四面有高大的城门。南面的午门是正门,北面叫神武门(原称玄武门),东面为东华门,西面的称西华门。

明清故宫是我国现存最大最完整的古建筑群。故宫内宫殿众多,分前后两大部分。前部称外朝,后部称内廷。外朝以奉天殿(又名皇极殿,清朝叫太和殿,俗称金銮殿)、华盖殿(又名中极殿、清朝叫中和殿)和谨身殿(又名建极殿,清朝叫保和殿)为中心组成。这里是皇帝登基和举行重大典礼以及日常处理朝政的地方。这三大殿中现存的华盖殿(中和殿)和谨身殿(保和殿)仍是明代的建筑。而奉天殿(太和殿)因多次失火,曾重建过五次。现存的太和殿则是清康熙三十七年(1698年)所建,基本上仍保持着原建时的规模。内廷以乾清宫、交泰殿和坤宁宫为主。乾清宫在内廷的最前面,明代时为皇帝居住和处理政务之处。坤宁宫在内廷的最后面,明时为皇后住所。交泰殿在乾清宫和坤宁宫之间。在这一组宫殿的两侧有居住用的东西六宫等,最后是一座御花园。

故宫三大殿,可以说是一座雕塑艺术品的陈列厅。奉天殿面阔十一间,建筑宽大,高达26.92米,东西宽63.96米,南北深37.20米,殿内共有72根柱子支撑,每根柱子高14.40米,直径1.06米。华盖殿高18.87米,屋顶四角攒尖。谨身殿高20.87米,屋顶为歇山式。这三座大殿建筑在高8.13米的基座上,周围都用汉白玉雕刻的各种构件砌成。奉天殿内正中是雕镂非常精致的御座,上有盘龙藻井,殿前有龟鹤日晷嘉量等雕刻装饰。现存谨身殿后重达二百多吨的云龙阶石,乾清门外的鎏金铜狮,奉天殿外的琉璃九龙壁,都雕刻得非常精巧细致。总之,故宫建筑的梁枋斗拱、藻井天花、门窗格扇、花罩、栏杆等都加以精巧细致的雕刻装饰,采用了砖雕、木雕、石雕、贴金、镏金、彩画等等,封建社会所能达到的一切工艺美术手段都一一使用上了,集中体现了我国古代建筑装饰艺术的优秀传统和独特风格。在当时的社会条件下,能建造这样巍峨壮丽的宫殿建筑群,充分反映了我国古代劳动人民的高度智慧和创造才能,在建筑史上具有十分重要的地位。

2. 明代的万里长城

秦始皇把原来秦、赵、燕北边的长城连接起来,成了一条长五千多里的万里长城。明代时,在原来的基础上,重新修筑了长城,其工程比秦始皇造万里长城更为浩大。

明朝建立后,北方蒙古的军事势力一直是它的威胁。因此,明朝统治者十分重视北部的防务。为了防备蒙古骑兵的袭扰,从明初开始,明朝用了一百多年时间,完成了西起嘉峪关、东至山海关全长一万二千七百多里的长城的修筑。现在的万里长城就是明代时修筑的。明朝政府沿长城分段设立了九镇(辽东镇、蓟镇、宣府镇、大同镇、太原镇、延绥镇、宁夏镇、固原镇、甘肃镇),屯驻重兵,进行防守。

明代修筑的长城,其东半部(山西以东至山海关称东半部,山西以西至嘉峪关称西半部)城墙高约八米,墙基宽约六米,墙顶宽约五米,大部筑在崇山峻岭中,有的修筑在山脊上,雄伟险要。城墙大多用砖砌,有的地方用石条筑,而以石灰浆勾缝,非常牢固。西半部墙高约五米,墙基宽约四米,墙顶宽约两米,夯土版筑,也很坚实。明朝政府在长城地形险要的地方修建了不少关城,如山海关、居庸关、嘉峪关等,都是军事要地。山海关号称"天下第一关"。

3．园林建筑

我国园林建筑有悠久的历史,秦汉以来,封建统治者在兴建宫殿外,同时注意建造供游赏的宫廷园林。六朝唐宋时期私人园林也有很大的发展。经过历代匠师和劳动人民的创造,中国古代园林,在世界园林艺术中形成了独特的风格。

随着社会经济的发展,明代的园林艺术出现了超越前代的盛况。故宫内的御花园,布置有精巧的亭台和种植着奇花异草。包括现今北海在内的西苑,是明代皇城内最大的园林。最早辽代在此建立"瑶屿行宫"。金代时又疏浚水道,扩大湖面,并在沿湖修建离宫。元代时,以此为中心,修建大都,把这里建成为皇城内御苑。明朝又在元代的基础上修建亭台阁榭,堆砌假山,使这里的风光更加旖旎秀丽。

私人园林在明代时极为繁盛,当时一些官僚士大夫、巨贾富户往往于其深宅大院之中构筑精致的园林。沈德符《万历野获编》载:"嘉靖末年,士大夫富厚者,以治园亭,教歌舞之隙,间及古玩。"① 尤其是江浙地区更是异彩纷呈,如南京、苏州、扬州、无锡、松江、杭州、嘉兴、绍兴等地,修建的园林星罗棋布。南京一地著名的园林就达十余处。明末祁彪佳作《越中园亭记》,所记绍兴城内园林达几十处之多,城外东西南北也都有园林建筑。这些园林构筑得小巧玲珑,"入径以竹篱围绕,地不逾数武,而盘旋似无涯际"。或"即其宅后为园,地不逾半亩,层楼复阁,已觉邈焉旷远矣。主人多畜奇石,垒石尺许,便作峰峦陡簇之势"。②

明代建筑的著名园林,有上海的豫园和苏州的拙政园等。上海的豫园,从嘉靖三十八年(1559 年)到万历五年(1577 年)前后费了十八年时间进行修筑。其中亭台楼阁,曲廊回环,园内种植有瓜桃李梅等水果树木,池内养殖鱼类,既有经济收入,更增加村野自然风光情趣。苏州的拙政园,也是明代嘉靖时所建,距今虽已有四百多年的历史,但园内的总体格局仍保持着原来的式样。全园以水池为中心,环池建有亭台楼阁,并用漏窗、回廊相互联系,造成亭台楼阁掩映于山水之间的效果。

明代园林为综合艺术,融合了绘画、诗词、工艺等多种艺术手段。它取自然之势经过人工的创造点缀,把诗情画意烘托了出来,成为优美的游息之处。山明水秀的郊野,固然可以建造园林,喧闹都市中也可叠山引水,创出幽静的园林,如上海的豫园及苏州的一些园林都是这样。

明末时人计成写的《园冶》一书,总结了我国历代、尤其是明

---

① 《万历野获编》卷 26。
② 《祁彪佳集》卷 8。

代的造园艺术。书中分相地、立基、屋宇、装折、门窗、墙垣、铺地、掇山、选石、借景十节。其中有的还附图加以说明,非常细致。他主张造园,"虽由人作,宛自天开"。要做到这一点,他特别强调借景处理"为林园之最要者"。他对借景作了深入论述,分为远借、邻借、仰借、俯借、应时而借等,立论精辟。如果没有诗人画家的美学素养,是难以写出这样一部学术价值相当高的《园冶》专著的。这部专著的诞生,也反映了明代造园艺术的高度发展。

二、商业数学和珠算

1.《九章算法比类大全》

明代社会经济比以往各代都发达,商业交往非常频繁,商业数学也相应地发展起来。景泰元年(1450年)吴敬编著的《九章算法比类大全》的完成,是商业应用数学发展的一个成果。

吴敬,字信民,浙江仁和(今杭州)人。他对浙江的田亩、粮税和人口等经济情况非常熟悉。当时负责财政、经济方面的官员常邀他协助工作,这就促使他去研究数学的应用问题。

吴敬"积二十年"之功,编著了《九章算法比类大全》,全书共十卷。在第一卷之前有《乘除开方起例》一卷,叙述大数、小数、度量衡的单位、乘除算法、整数四则运算和分数四则运算等问题,并列出一百九十四个应用问题的解法。卷一至卷九,分为方田、粟米、衰分、少广、商功、均输、盈朒、方程和勾股九类,各卷内容都是对应用问题的解法。全书共列应用题一千三百二十九个。这许多应用题,分"古问"和"比类"两种。前者是摘自古算术书的;后者是结合当时社会情况的应用问题。另有一部分应用问题是用诗词形式提问。第十卷专论开方,包括开平方、开立方、开高次幂、开带从平方和开带从立方。

吴敬在《九章算法比类大全》中搜集的许多应用问题,不少是与商业有关的,如计算利息、合伙经营、就物抽分(以货物作价抵补运费或加工费)。这些都是明代商品经济发达在数学中的反映。

2.珠算和《算法统宗》

我国约于春秋战国时期筹算已成熟应用,用竹制的算筹计数,进行加减乘除和开方等运算。一直沿用到明代,这种计算方式才被珠算代替。

珠算大约在元代后期时已在社会上应用。元至正二十六年(1360年),陶宗仪的《南村辍耕录》已有关于珠算盘的记载:"擂盘珠……不拨自动","算盘珠……拨之则动"[①]。再者,元曲《庞居士误放来生债》中有"去那算盘里拨了我的岁数"的唱词,可见珠算盘已在社会上常见了,并被用作打比喻的谚语和被引到戏曲的唱词中去。

珠算术主要是用串联起来的算盘珠演算,比用算筹演算的筹算要方便得多。它一经出现,很快就受到人们的欢迎。到了明代,珠算已在社会上普遍推广,取代了筹算。珠算术的四则方法代替了筹算的加减乘除运算方法。

明代时珠算术形成一套加减乘除口诀。加法口诀称为"上法诀",如"一,上一;一,下五除四;一,退九进一十"等等。减法口诀称为"退法诀",即"一,退一;一,退十还九;一,上四退五"等等。宋元的筹算书中不记录加、减法口诀。至于乘法的九九口诀和除法的九归口诀,则明代的珠算术和元代的筹算术是完全相同的。不过元代筹算术的除法中没有一归口诀,因为在筹算术中,遇到被除数第一位数码是"一"的,采用"减法代除"。明代的珠算术作了改进,出现"一归口诀",即"见一无除作九一,起一

---

① 《南村辍耕录》卷29。

1419

下还一"。

明代随着珠算在社会上的普及,出现了不少珠算术著作,其代表作是程大位的《算法统宗》。程大位,字汝思,号宾渠,安徽休宁人。生活于嘉靖、万历时期。程大位少年时就喜爱数学,长大后一面经商,一面研究数学。万历二十年(1592年)完成了《算法统宗》一书的编写。

《算法统宗》共十七卷,其体例与内容,不少地方与《九章算法比类大全》相同。它也对大数、小数、度量衡单位和数学术语作了解释。其中所记应用问题的计算,都是用珠算盘演算的。它最早记载使用珠算方法开平方和开立方。《算法统宗》中,还记载了程大位创制的测量田地用的"丈量步车",并附有图。它是用竹篾做的,可以卷缩,类似现代的卷尺。《算法统宗》在明清两代不断翻刻、改编,在社会上影响极大。明末李之藻编译《同文算指》时,也从《算法统宗》中摘录了不少应用问题。

我国珠算术由于简便,为人们所欢迎,先后传到日本、朝鲜以及东南亚各国,并一直沿用到今天。现在有些欧美国家也在使用。

三、医 药 学

1. 瘟病学说的建立

瘟病学说是我国医学家们长期与各种传染病作斗争的经验总结。明代以前医学家一直把瘟病作为伤寒的一种,对它的认识还没有超出张仲景《伤寒论》的范围,认为冬天严寒,人触冒了寒气,称为伤寒。"寒毒藏于肌肤,至春变为瘟病"。这当然是对瘟病病因的错误认识。明代时,曾有数次瘟疫流行,死者甚众。永乐六年(1408年)正月,"江西建昌、抚州,福建建宁、邵武,自去年至是月,疫死者七万八千四百余人"。正统九年(1444年)

冬，"绍兴、宁波、台州瘟疫大作，及明年死者三万余人"。①

明代的医药学家，在临床实践中，深入研究瘟疫的发病原因、特点及治疗方法。他们在前人的医学基础上，提出了新的认识，写出了论著，创立了瘟病学说，发展了我国的医学。

明初人王履，字道安，江苏昆山人。他著有《医经溯洄集》，指出瘟病不同于伤寒，不能"混称伤寒"。从此，突破认识瘟病的旧框框，开启了辨别瘟病的新途径。

明末清初时人吴有性（1592～1672年），字又可，江苏吴县人。他曾亲自见到瘟病的肆虐，甚至阖门传染，而医生却往往以伤寒来医治，以致"枉死者不可胜记"。他认为许多病人"不死于病，乃死于医"。他发愤对瘟病的病因及传染情况深入考察研究，于崇祯十五年（1642年）写成《瘟疫论》二卷。

吴有性认为伤寒"与瘟疫自是迥别"。《瘟疫论》中提出瘟疫这种急性传染病的病原，是自然界的一种"戾气"。这种戾气，不易察见和触觉，是从口鼻，也即是从呼吸道和消化道传入。吴有性并指出戾气有多种，不同的戾气，可使人患不同的传染病。《瘟疫论》中还指出，人与各种动物对不同的戾气有不同的感受性，所以当疾疫流行时，"牛病而羊不病，鸡病而鸭不病，人病而禽兽不病"。吴有性主张要针对病因来进行治疗，他说："用邪而发热，但能治邪，不治其热而热自已。"吴有性创立戾气病因的学说，具有重大的临床意义，它为瘟病治疗开创了新的途径。吴有性关于戾气病因的学说，在十七世纪下半期荷兰生物学家列文虎克（Antong Van leeu wenhock，1632～1723年）发现细菌之前，是很有价值的见解。

2．种痘法的发明

天花，据说是由汉代时战争中的俘虏传入的，所以又叫"虏

---

① 《明史》卷28《五行志》。

疮"。古代医书中所记载的"豆疮"、"登豆疮"和"疱疮"等都是天花的别名。明代以前,一直没有探索到预防天花的方法。直到明代中叶,才有种痘法的发明。据清人俞茂鲲《痘科金镜赋集解》载:"闻种痘法起于明隆庆年间宁国府太平县(今安徽太平)……由此蔓延天下。"

据清人张璐《医通》记载,人痘接种计有痘衣、痘浆、旱苗法等几种。痘衣法是把天花患者穿过的内衣给接种人穿,使受感染。痘浆法是用棉花蘸上天花患者的疮浆,塞到接种人的鼻孔里,使受感染。旱苗法是把天花患者红润的疮痂阴干后研为粉末,作为痘苗,用管吹入接种人的鼻孔里,使受感染。这种人痘接种法,是一种原始的免疫方法,但用这种方法接种,可以使患者出痘较轻。后来,在不断的临床实践中,发现用经过多次接种的痘痂作疫苗,效果要好得多。朱奕梁在《种痘心法》中说:"其苗传种愈久,则药力之提拔愈清,人工之选炼愈熟,火毒汰尽,精气独存,所以万全而无害也。"这种痘苗的选育法,是从长期临床经验中总结出来的。

自从明代隆庆时期发明人痘接种法以后,逐渐在全国推广。它"始自江右,达于燕齐,近者遍行南北"①。到清代时,这种人痘接种法就传播到了世界各地。康熙时,俄罗斯遣人"至中国学痘医"。接着辗转传入欧洲各地,日本也从我国直接传入。直到1796年英国人琴纳(Edward Jenner)发明牛痘接种法,因其更加安全,更加科学,逐渐代替了人痘接种法。在此之前,中国的人痘接种法,为人类作出了巨大的贡献。

3．外科

外科学在明代也有很大发展,当时出现不少著名医师,不仅外科医术相当高明,而且根据自己的临床经验,写成专门著作,

---

① 张璐:《医通》卷12。

在外科学上作出了贡献。

明代中期的薛立斋(1488~1558年),江苏吴县人,世代从事医学,曾任太医院院使。他一生从医,深入研究医学,校注了宋代陈自明《外科精要》。他自己则根据临床经验著有《外科心法》七卷、《外科发挥》八卷、《外科枢要》四卷、《疠疡机要》三卷。他的著作多附治验病例,后人加以汇集,称为《薛氏医案》,共七十八卷。

明代后期的王肯堂(1549~1613年),江苏金坛人。他精于医学,曾任福建参政等职。晚年定居故乡,钻研医学,广泛搜集历代医学文献四十四种,编成《古今医统正脉全书》。王肯堂尤精于外科医术,他汇集历代名医方论,并融合自己的临床经验,写成《疡科准绳》,对痈疽、跌损、疮、癣等病因和治疗方法均作了详细论述,这是明代一部优秀的外科医书。

明代外科医学成就最大的,则推陈实功(1555~1636年)。陈字毓仁,又字若虚,南直南通人。他从少年时代起学医,经过四十多年外科医学实践,在外科方面的医学理论和医术都有很高的成就。晚年,他认为把自己从医的经验留传下来"不无小补于人间"。于是潜心著作,把外科大小疾病,分门别类地从病理、症状、治法、典型病例到药物的制作等都记载下来,有的还编成歌诀。万历四十五年(1617年)写成《外科正宗》四卷。全书记载外科各种疾病一百多种,内容非常丰富,人们对它评价很高:列证最详,论治最精。

陈实功的外科医术很高明,成功地做过断喉吻合术。他创造了以细铜筋丝线圈套来摘除鼻息肉的治疗方法。在《外科正宗》一书中,对下颌骨脱臼整复法、咽喉和食道内铁针取出术,对于各种肿瘤病、皮肤病等治疗记述得相当详尽。陈实功的外科医术及他的著作,对我国外科医学作出了很大的贡献。《外科正宗》出版后,成为外科医生的常备必读书。清人写的《外科大

成》、《医宗金鉴》等书,都参考了陈实功的《外科正宗》一书,并采
录其中的不少验方。

四、明朝晚期四大科学家及其著作

明朝晚期,我国一些先进知识分子讲求实学实用实效,主张
经世致用,他们对以往的科学技术进行了总结,写出了优秀的科
学著作。

1．李时珍和《本草纲目》

李时珍(1518～1593年),字东璧,晚年号濒湖山人,湖广蕲
州(今湖北蕲春)人。他家世代从医,他的祖父和父亲李言闻都
以行医为业。李时珍从小就受到医药知识的熏陶。李时珍十四
岁补诸生,后来三次参加乡试未中,便决心继承父业学医。

我国古代医、药学两者的关系十分密切,中药学也是以中医
学的理论为根据的。李时珍在药物学本草方面取得的巨大成
就,是与他高深的医学知识分不开的。

李时珍因医术高明,曾被征到楚王府和太医院任职。在这
段时间里,他充分利用任职处所藏书多的有利条件,阅读了很多
在民间不易见到的医、药学方面的书籍,充实了自己,为他后来
编写本草奠定了基础。李时珍学习勤奋,认真钻研。他在阅读
各种药物学著作时,发现历代本草内容谬误很多,有的分类杂
乱,有的漏列药物。药物书上这些疏陋和谬误,势必造成严重的
后果。于是李时珍立意要编写一部新的本草。

嘉靖三十一年(1552年),李时珍三十四岁,开始编写《本草
纲目》。他为了避免错误,写好这部药物著作,非常注意实际考
察,他的足迹遍及家乡的山川。他还到过今江西、江苏、安徽、河
南、河北等许多产药地,采集标本,摹绘图像。李时珍前后共读
书八百余种,历时二十六年,经三次修改,于万历六年(1578年)

完成《本草纲目》一书。这部书于万历二十四年(1596 年)在南京出版(金陵版)。这时,李时珍已与世长辞。

《本草纲目》全书五十二卷,分十六部:水、火、土、金石、草、谷、菜、果、木、服器、虫、鳞、介、禽、兽、人。共记载药物一千八百九十二种,验方一万一千零九十六则,插图一千一百六十幅,共约一百九十万字。

《本草纲目》对每一种药物的名称、性味、用途、制作方法都作了详细说明,并绘制成图。李时珍从古人的经验中总结认定药物的性能和效用。如延胡的止痛作用、牵牛子的下泻作用、黄芩的降热作用、三七的止血作用等,他都根据古人的经验再于临床应用中一一加以验证。李时珍还以科学家的求真精神,纠正了以往本草中的若干错误。如在记述"水银"时说:"大明言其无毒,本经言其久服神仙,甄权言其还丹元母,抱朴子以为长生之药。六朝以下贪生者服食,致成废笃,而丧厥躯,不知若干人矣。方士固不足道,本草其可妄言哉!"①

《本草纲目》不仅对前人的科学研究作了总结,并把我国药物学的研究提高到新的阶段。《本草纲目》不仅是一部药物学著作,并对植物、动物、矿物都作了可贵的记载。这部书自金陵版后,辗转翻刻过三十多次。《本草纲目》出版后不久,万历年间就流传到日本,接着又传到朝鲜、越南。十七八世纪时又传到欧洲,先后被译成拉丁、日、英、德、俄、法等多种文字,流传于世界各地。达尔文在《人类的由来》一书中,引用《本草纲目》关于金鱼颜色的形成为动物的人工选择作说明。《本草纲目》至今还为中国和世界许多国家所重视。《中华人民共和国药典》采用《本草纲目》的药物和制剂在一百种以上。《本草纲目》对世界医药学和生物学都作出了巨大贡献。李时珍是我国历史上杰出的药

----

① 《本草纲目》卷9"石类·水银"。

物学家和生物学家，《本草纲目》是我国宝贵的文化遗产。

2．徐光启和《农政全书》

徐光启（1562～1633年），字子先，号玄扈，上海人，出身于中小地主兼商人家庭。徐光启一生勤奋好学，对天文、历法、数学、生物学和农桑各科都有高深的造诣。因家乡常遭倭寇侵扰，他也注意学习兵书。万历九年（1581年）徐光启二十岁时成秀才，后考举人，屡试不第，直到万历二十五年中顺天府乡试解元。万历三十二年考中进士。徐光启在成为秀才后到中进士前的二十多年时间，在家乡并到广东、广西教书。他辗转数千里，开阔了眼界，并为而后的科学研究奠定了基础。

徐光启三十四岁时，在广东韶州认识了天主教传教士郭居静，此后与耶稣会士往来密切。他于四十二岁时在南京信从了天主教。于四十三岁那年考中进士后，考选为翰林院庶吉士，从此，便与耶稣会士利玛窦一起研究天文、历法、数学，并合译了《几何原本》。徐光启的这些科学研究活动，在本书第二十章中已作了叙述，这里着重介绍他有关农业方面的研究。

徐光启的科技研究，除天文、历算之外，用力最勤的是农业。《农政全书》一书是他在农学方面的重要成果。他写《农政全书》，一方面重视前人的成就，征引前人文献二百余种；另一方面则注意实践，边向生产者了解生产技术，边自己实验，来验证前人的经验。徐光启为了写作《农政全书》，化了几十年心血，这是一部集我国古代农业科学之大成又吸收了西方科技知识的学术著作。

《农政全书》共六十卷，约六十万字，分农本、田制、农事、水利、农器、树艺、蚕桑、蚕桑广类、种植、牧养、制造和荒政十二类，对有关农业生产的问题，从政策、制度，到生产技术、水利、肥料、土壤、选种、果木嫁接、植桑养蚕等，作了全面的论述。在农田水利方面，他主张治水与治田相结合。他认为北京附近发展水稻作物的潜力很大,这是他根据亲自在天津屯种总结出来的经验之谈。他通过自己在上海试种高产作物甘薯后,证实在长江三角洲地区同样能栽种。他重视选择优良品种,认为"择种为第一义,种一不佳,即天时、地利、人力俱大半弃掷矣"①。他对农业生产上的保守思想进行不懈的斗争,指出"若谓土地所宜,一定不易,此则必无之理"②。他在《除蝗疏》中所讲的蝗虫的产生、成熟和习性,是早期的昆虫知识的科学记录。所有这些都是徐光启为我国农业生产的发展作出的重大贡献。

3. 徐霞客和《徐霞客游记》

徐霞客(1586～1641年),名弘祖,字振之,霞客是他的别号,南直江阴人,出身于一个中落的地主家庭。徐霞客从小酷爱阅读记载山川名胜的书籍。长大后,他不应科举考试,摈弃仕途,有志于考察名山大川。他母亲思想开放,不同于一般妇女,鼓励徐霞客外出游览,并特意为他缝制一顶远游冠。

徐霞客曾博览众多的地学典籍,他对前人所写的地理书多"承袭附会"的做法深为不满,决心实地考察,认识祖国山河的真实面貌。徐霞客有惊人的毅力,也有健壮的体魄。他从二十一岁游太湖开始,到逝世前一年的五十四岁为止,三十余年中,登悬崖,临绝壁,涉深涧,走遍祖国大半河山,足迹遍及华东、华中、华南和西南各省,对祖国的地理、地质进行了深入细致的考察。在生命的最后一刻,他还在研究各种标本。《徐霞客游记》就是他用毕生精力对祖国河山进行考察的科学记录。

《徐霞客游记》在科学上的贡献,首先是它记录和揭示了我国西南广大石灰岩地区溶蚀地貌的特征。徐霞客是世界上第一个对这种地貌进行大规模考察的人。他对观察到的现象进行分

---

① 《农政全书》卷38。

② 《农政全书》卷2。

类对比,订定各种名称,如石峰、环洼、石梁等。他考察了不少洞穴,详细地记录了它们的方向、高深和宽窄的具体数字,并对溶洞、钟乳石、石笋等成因进行研究分析,得出了基本符合科学原理的结论。同时,考察了由于高度和纬度不同而形成的气候差异对动植物的生态与分布状况的影响,并对之作了很好的分析与论述。李约瑟在《中国科学技术史》中说:"他的游记读来并不像是十七世纪的学者所写的东西,倒像是一位二十世纪的野外勘测家所写的考察记录。"① 这是对《徐霞客游记》一书中肯的评论。

4.宋应星和《天工开物》

宋应星,字长庚,江西奉新人。生于明万历十五年(1587年),约卒于康熙初年。他二十八岁考中举人,后放弃科举,从事实用生产技术的研究。崇祯七年(1634年)宋应星四十七岁任江西分宜教谕时,着手编写《天工开物》,崇祯十年刊行。明亡后,回到家乡,不再做官。

《天工开物》全书分三编,共十八卷,全面系统地记述了我国古代农业和手工业的生产技术和经验,包括作物栽培、养蚕、纺织、熬盐、制糖、酿酒以及陶瓷、舟车制造、烧制石灰、造纸、采矿、兵器等的生产技术。我国古代社会,向来重视农业,视其为立国之本,轻视工商。因此,农书较多,系统记载手工业的书籍很少,自春秋末的《考工记》后,就数《天工开物》了。

《天工开物》的特点是对各种产品,从原料到制成品的全部生产过程的工序、方法都有较详细的说明,并加图解,便于后人对当时各种生产工具和制作方法更好地理解和应用。宋应星的研究很深入,成就很大。《天工开物》关于陶瓷、纺织生产的记载,至今仍然是研究明代社会生产水平的宝贵资料。宋应星注

---

① 《中国科学技术史》中译本第5卷第10分册62页。

意到环境的变异对作物的影响,书中讲述了肥料、品种、土壤、气候等方面的大量知识,对于提高农业生产水平是很有益处的。

《天工开物》刊行后,很快在日本翻刻,十九世纪中叶有法文摘译文,后又有德、日、英等多种译本,成为世界性的科技著作。

宋应星博学多能,不仅在农业和手工业技术方面很有成就,对天文、音律以及哲学都有研究。因此,他除了《天工开物》以外,还有《谈天》、《论气》、《野议》、《思怜诗》等多种著作。他在《论气》中说:"盈天地,皆气也。"这就是说充满天地中间的都是气(物质)。他在《谈天》中,对日食作了比较符合科学的说明,认为日食是由于"纯魄与日同出,会合太阳之下,日方得食"。这就是说,当月球(纯魄)会合到太阳之下,挡住了地球上人们的视线时,才产生日食。为此,他还写了一首诗阐明日食的原因:"两仪道合暂韬光,枉责群阴伐鼓忙。万劫历元千载秘,何因直待此时彰。"

第二十六章 明代的图书事业

第一节 图书的刊刻和收藏

明代的图书事业在前代基础上有了较大的发展,无论印装、收藏和编目,皆有明显的成绩。

一、刻书业的发达和写本书

1．刻书业的基本状况

明初因处长期战乱之后,社会经济凋敝,百废待兴,图书出版事业不甚发达。明人曾说:"国初书版,惟国子监有之,外郡县疑未有,观宋潜溪《送东阳马生序》可知。宣德、正统间,书籍印版尚未广。"① 但随着社会经济的恢复和发展,图书出版事业也逐步恢复和发展起来。明中叶,封建经济进入少有的繁荣时期,农业、手工业和商业提高到前所未有的水平,城市经济空前发达。与之相伴随,城市居民对出版物提出了越来越多的要求,这时,印刷的工艺水平也有了提高,刻书的价格相当低廉,于是,社会上出版物激增,形成了"所在书版日增月益"②,"异书辈出,剞劂无遗"的局面③。不仅前代的各种著作大量出版,而且当代的著作也纷纷付之梨枣,或称:当时"数十年读书人,能中一榜,必

---

① ② 《书林余话》卷上引明陆容《菽园杂记》10。
③ 《五杂俎》卷 13《事部》1。

有一部刻稿。屠沽小儿,身衣饱暖,殁时必有一篇墓志"①。这种刻书盛行的风气一直继续到明末。

洪武时期(1368～1398年),朱元璋为了朱明王朝的长治久安,一方面杀戮功臣,大兴文字狱,用高压手段对付知识分子,迫使他们循规蹈矩当顺民;另方面又继承隋唐以来的科举制度,用八股取士,对知识分子加以收买和笼络,以培养选拔封建统治的助手和奴才。科举考试以四书五经为命题依据,因此为了满足需要,儒家经典及有关书籍成为当时出版物中的大宗。此外,为了推行政令,进行统治,政府的法令和记载典章制度的书籍也是当时最重要的出版物之一。随着时间的推移、社会生活的发展,明初出版物内容狭窄的状况越来越不适应客观的需要,以营利为目的的私人书坊,不大理会封建统治者的需要,只要是社会上销路广的书籍,他们就予以大量印刷。这样,明中叶之后书籍的印刷范围日益广泛,前代的经、史、子、集四部书都成为印刷的对象,当代的史书、文集等更在出版之列,医书、日用便览、童蒙读本等日用参考书也都大量刻印出来。尤其值得大书特书的,是这时文学书籍的出版进入了一个十分重要的时期,其数量之大、品种之多,无不超越前代。对于唐以前的文学总集、别集的出版,出版家非常重视,翻刻宋版文集视为风尚,各种文学选本相继出现。《京本通俗小说》、《清平山堂话本》等话本集先后出版,大部头的小说《三国志通俗演义》、《水浒传》等陆续刻印出来,《顾氏文房小说》、《古今说海》等小说丛书也纷纷问世。建安余氏双峰堂、杭州容与堂,都以刊印精图小说而著名,金陵唐氏富春堂、陈氏继志斋,则擅长于刊印插图戏曲,它们都可称为专门出版文学书籍的书坊。苏州的出版家叶昆池等也以刻印了《醒世恒言》、《石点头》、《列国志》等著名小说,而获得很高的声誉。

---

① 《书林清话》卷7《明时刻书工价之廉》。

大量文学书籍的出版,使之在明中叶以后的出版界中占据了重要地位,形成这一时期图书出版的一个重要特色。

　　明代刻书地点分布很广,可说所有的省区都在刻书。即使在边远地区,也有刻书之事。如嘉隆万时人周弘祖撰有《古今书刻》一书,登录各地刻书情况,从该书可知,连地处海南岛的琼州府也刻了《琼台吟稿》等书三种。但由于各地政治、经济情况的差异,其刻书的多少和精劣也有区别。宋金以来的刻书中心,如河南开封、山西平阳、四川成都等都已衰落,浙江杭州也不及明代以前活跃,只有福建的建阳书坊尚能保持旧日的状况,刻书数量很大。但新兴的刻书中心很多,诸如南京、北京、苏州、徽州、湖州等地,都是刻书兴盛的地区。刻书最多的是苏州、南京、建阳。明人胡应麟《少室山房笔丛》说:"吴会、金陵,擅名文献,刻本至多,巨帙类书,咸会萃焉。海内商贾所资,二方十七,闽中十三。"① 仅据《古今书刻》统计,苏州府刻书达一百七十六种,南京刻书至二百七十四种,建阳书坊刻书更有三百六十八种。这些统计实际上甚不完全,但从中已可看出其刻书数量之多。刻书最精的是苏州、常州和南京,湖州、徽州在万历之后也迎头赶上,进入了刻书最精的地区之列。胡应麟在《少室山房笔丛》中说:"余所见当今刻本,苏常为上,金陵次之,杭又次之。近湖刻、歙刻骤精,遂与苏常争价。"② 与胡应麟约略同时的谢肇淛也曾指出:"宋时刻本以杭州为上,蜀本次之,福建最下。今杭刻不足称矣,金陵、新安、吴兴三地,剞劂之精者,不下宋板。"③ 这里所谓刻书最精的地区,是就一般状况而言的,在其他地区也有刻印甚精之本,如福建地区的汪文盛嘉靖二十八年所刻《前汉书》、

---

① 见该书甲部"经籍会通"4。
② 《少室山房笔丛》甲部"经籍会通"4。
③ 《五杂俎》卷 13"事部"1。

《后汉书》和浙江地区的元和吴元恭所刻《尔雅注》，即为明代刻书之精品①。但从总体看，这些地区与上述刻书最精的地区相比，是有一定差距的。

2. 官、私刻书

明代的图书出版主要的仍是雕板印刷，刻书事业的经营者仍像唐末、五代以来一样，包括政府（官刻）和私人两种，私人又分家刻和坊刻两种类型，对当时官刻、家刻和坊刻的情况加以回顾，将大大有助于对有明一代刻书事业发展水平的深入了解。

（1）官刻书

官刻图书中，重要的是内府刻书、监本和藩刻本。

内府刻书指宫廷刻书。主持其事者是宦官衙门司礼监，其下设有经厂，专司书籍刊载。据万历《明会典》记载，嘉靖年间，司礼监所属有刊字匠315名、刷印匠134名、黑墨匠77名②，这些匠役当即用于图书的刊印事宜，由此可以推知，内府印书的规模相当之大。内府刻书主要是供宫内书房学习、小内监诵读和颁赐群臣等，所以大多是经史读物、国家政令典制。周弘祖《古今书刻》载有内府刻书八十三种的名单，刘若愚《明宫史》土集"内板书数"载有经厂明末存板书籍一百五十八种的名单（另有佛经、道经等若干种），由这两个名单，可以大体了解有明一代内府刻书的数量和种类。内府刻书具有独特的风格，其书板式宽阔，行格疏朗，字大如钱，纸墨皆精，展卷悦目醒神。

明人称"监书、内酒、端砚、浙漆、吴纸，皆为天下第一"③。这里所说的"监书"，即指司礼监所掌管的内府刻书。但是，由于

---

① 《书林清话》卷5"明人刻书之精品"。
② 见该书卷189。
③ 明太平老人《袖中锦》。

内府刻书被宦官所掌握,过去的藏书家出于对宦官的鄙视,因其人而及其书,对明内府刻本多所指斥诋毁。平心而论,这是不公道的。万历之后,因政治腐败,"讲幄尘封,右文不终",而主管内府书板的太监"鲜谙大体",视书板如泥沙,再加上外朝大臣不敢"越俎"过问,造成经厂库内所存明代历朝积累起来的图书,"多被匠夫厨役偷出货卖"。经厂库内的空地,或被占作园圃,以致书板无处晾晒,渐渐"湿损模糊",有的被削去原有刻字改作他用,有的被蛀成千孔百洞的玲珑板,有的被尘涂发霉形同泥板,有的甚至被劈毁当柴,烧火取暖。由于日甚一日的丢失亏缺,到了明代末年,内府书板的数量与万历初年相比,已经"什减六七"了。①

监本分南监本和北监本。明代南京和北京皆设国子监,两个国子监都曾刻印书籍,故有南监本和北监本之分。在两监之中,南监刻书较多。元朝灭宋时,把宋国子监的书板都集中于杭州西湖书院,入元之后西湖书院又刻了一些书板。明初南京国子监接收了西湖书院所藏书板,还接收了元集庆路儒学旧藏的各种书板,因而"南监多存宋监元路学旧板,其无正德以后修补者,品不亚于宋元"②。明人梅鷟撰有《明南雍经籍考》,分九类记载了南监嘉靖年间所藏书板状况,其九类为制书、经、子、史、文集、类书、韵书、杂书、石刻等,每类下载有存板名称及其存缺、好坏、裂破、模糊等详细情形。《古今书刻》分经书、子书、史书、诗文集、杂书、本朝书(即《明南雍经籍考》的"制书")、法帖等七类,登录了南监所刻书二百七十多种。这两个记录基本上反映出南监本数量之多。南监所藏书板中,有著名的"二十一史",其中《宋书》、《南齐书》、《梁书》、《陈书》、《魏书》、《北齐书》、《北周

---

① 《明宫史》土集"内板书数"。
② 《书林清话》卷5"明时诸藩府刻书之盛"。

书》七种为宋代所刻;辽、金二史,翻刻元板;宋、元两史,出自明刻;其余十种,全系元雕;因而有"三朝本"之称。这套书板直至清代嘉庆年间才因火灾毁掉,其中七种宋代所刻书板存世几达七百年之久,为书板史上所少见。由于长期使用,这套书板多有损坏模糊,明代各朝迭有补修,有的补修是罚监中诸生进行的,"草率不堪","板式凌杂,字体时方时圆",又未细加校勘,"致令讹谬百出","并脱叶相连亦不知其误"①。但有总胜于无,南监本"二十一史"在古代正史之保存、传播上功不可没。北京国子监刻书"多据南监本重刻"②。所刻最著名的有《十三经注疏》和"二十一史",均刻于万历年间③,其底本即系南监本。"十三经"、"二十一史"之外,北监所刻罕见他书;"周弘祖《古今书刻》所录",仅有四十一种,由此可见北监本大大少于南监本。④

　　藩府刻书极多,是明代官刻本的一个突出特点。由于明代在政治上对藩王限制极严,藩王及其子女不许过问政治,领有优厚的禄米,只能吃喝玩乐当寄生虫,其中有些人比较好学,就把精力用在刻书上,于是形成了数量庞大的藩刻书。《古今书刻》上登载有刻书的王府十五个,清末叶德辉所著《书林清话》卷五"明时诸藩府刻书之盛"条载有刻书的王府二十个。两者合在一起,除去重复,共记载有蜀府、宁府、代府、吉府、晋府、秦府、周府、徽府、沈府、鲁府、楚府等二十多个王府。藩刻本不仅数量多,而且多有精本,这一方面是由于藩王一有财力,二有时间,因而能够精校细刻,注意质量,另方面则是因为他们都从朝廷得到了许多赐书,而"其时被赐之书,多有宋元善本"⑤,从而可以据之翻刻。在藩王刻书中最为有名的是蜀王府,自洪武年间起即

---

① 《书林清话》卷7"明南监罚款修板之谬"。

②④⑤ 《书林清话》卷5"明时诸藩府刻书之盛"。

③ 见《十驾斋养新录》。

已开始刻书,以后几乎在整个明代刻书不绝。《古今书刻》著录蜀王府刻书共二十八种,《书林清话》卷五记其刻书至清末尚存者,仍有自洪武二十七年(1394年)刻《自警编》至万历五年刻《重修政和经世证类备用本草》等五种。嘉靖以后藩王刻书最有名的是晋王府,其所用堂号有宝贤堂、志道堂、虚益堂、养德书院等,《书林清话》卷五记其刻书至清末尚存者,尚有嘉靖年间所刻《宋文鉴》、《唐文粹》、《元文类》、《元张伯颜本文选注》、《安国桂坡馆初学记》等五种之多。其他藩王刻书虽不如蜀、晋两府著名,但数量也往往不少,且亦有极精之本。如吉王府,《书林清话》卷五著录其刻书清末尚存者达二十种以上。唐王府成化年间所刻《文选》、辽王府所刻《东垣十书》等皆极精良,宁王府所刻乐律书《太和正音谱》是音乐史上的名著。

内府刻书、监本和藩刻本之外,中央政府各部院,如礼部、兵部、工部、都察院,都有刻书,钦天监、太医院等部门也以职责所关,刻有本专业的图书,地方上各省布政司、按察司、府州县等官署、各地儒学书院及盐运司等,则刻有方志和其他书籍。这些统统属于官刻的范畴,其总量也不在少数。

(2)家刻书

明代私家刻书风气甚盛,嘉靖以后尤多,并且大多集中在富饶的江浙一带。许多刻书家都是藏书家,他们因藏书而提倡刻书(如无锡安国、苏州顾元庆、宁波范钦),在保存和传播古代典籍上作出了可贵的贡献。家刻本的刊刻者,除了刊印古籍之外,往往翻刻著名的宋元版,这对提高刻书质量极为有利,使宋元精本化身百千。

传世的及书目著录的明代精良家刻本数量很多,兹择其尤为著名者简记于下,以见一斑。

正德以前:

丰城游明翻刻元中统本《史记集解索隐》,约刻于天顺、成化之际。

江阴知县涂祯于弘治十四年(1501年)复刻宋本《盐铁论》,后来有许多翻刻本,都出自这一涂刻本。

苏州顾元庆于正德十二年(1517年)开始,用十六年时间刻出《顾氏文房小说》四十种,校刻很精审。

嘉靖时期:

锡山安国桂坡馆于嘉靖二年刻《颜鲁公文集》及《补遗》;嘉靖十三年(1534年)刻宋本《初学记》,此本后被多次翻刻。

嘉靖六年(1527年)震泽王延喆恩褒四世之堂刻《史记集解索隐正义》,此本出自宋黄善夫本,刻工精细,是《史记》复宋本中之佼佼者。

嘉靖七年(1528年),苏州金李泽远堂刻《国语韦昭解》,龚雷刻《鲍彪校注战国策》,两书皆出宋本。

苏州袁褧嘉趣堂于嘉靖十四年(1535年)据陆放翁刊本重刊《世说新语》,《世说》通行本注皆删节不具,而此本甚为完善。又于嘉靖二十八年(1549年)刻仿张之纲本《文选注》,精美绝伦,为世所称,书后附有袁褧跋语:"余家藏书百年,此本甚称精善,因命工翻雕。匡郭字体,未少改易,计十六载而完,用费浩繁,梓人艰集。"他在刻印此书中态度堪称审慎!

苏州吴元恭太素馆于嘉靖十七年(1538年)仿宋刻《尔雅注》,清人阮元曾称赞此本"绝无私意窜改处,为经注之最善者"。①

嘉靖二十九年(1550年)上海顾从德复宋刻本《黄帝内经》,嘉靖三十三年(1554年)松江张之象猗兰堂刻《盐铁论》,皆有佳椠之誉。

嘉靖年间苏州沈辨之野竹斋刻有《韩诗外传》及《画鉴》,其

_____

① 《尔雅注疏校勘记·序》。

刻本多被误作元刻,驰名于时。

隆庆以后:

嘉禾项笃寿万卷堂于隆庆四年(1570年)刻《郑端简奏议》,于万历十二年(1584年)刻《东观余论》。

常熟赵用贤于万历十年(1582年)刻《管子》、《韩非子》。明人王世贞为《管子》作序称:"悉其赀力,后先购善本凡数十,穷丹铅之用,而后授梓。"可见此本是会校各本而成。

万历四十三年(1615年)苏州陈仁锡阅帆堂刻《陈白阳集》与《石田先生集》,字体仿赵雪松,写刻甚精,自具特色。

万历中新安程荣刻《汉魏丛书》、新安吴勉学刻《韩非子》。①

(3)坊刻书

明代书坊刻书进一步发展,分布地区较前更为广泛,数量更为增多。人民大众日常所需的各种医书、科技书、经史书等纷纷由书坊出版发行,文学作品和通俗读物也主要是书坊的产品。有些书坊始于宋元,历史悠久,在古代文化史上占有光辉的一页。

福建建宁府是书坊最发达的地区。宋元时代建宁府书坊多在建宁府附郭之建安县;至明代,建安书坊衰落,建阳县书坊独盛。建阳县书坊集中于麻沙、崇化两镇。元末麻沙书坊被毁,嘉靖时始略有恢复,而崇化书坊在有明一代一直保持繁荣并有所发展。据记载,崇化书坊在明代的状况是:"比屋皆鬻书籍。天下客商贩者如织,每月以一、六日集。"② 这种每月有六天专门卖书的集市,为当时全国所仅有。明代建宁府的书坊总数不下六七十家,其中绝大部分集中于建阳崇化③。建宁府有许多宋

① 以上参见《书林清话》卷5"明人刻书之精品";吴则虞:《版本通论》;毛春翔:《古书版本常谈》;沈燮元:《明代江苏刻书事业概述》,载《学术月刊》1957年第9期。

② 嘉靖《建阳县志》卷3。

③ 参见张秀民:《明代印书最多的建宁书坊》。

元以来的老书坊,如建阳刘氏翠岩精舍、建安刘氏日新堂、叶氏广勤堂、郑氏宗文堂、虞氏务本堂,均为元代老铺,至明代开业或已百余年,或已二百余年。建安余氏,宋代有余仁仲的万卷堂、元代有余志安的勤有堂、明代有余文台的双峰堂等,万卷堂的牌号一直到明代仍在使用。明代刻书最多的两个书坊刘洪慎独斋与刘宗器安正堂也都在建宁府的建阳县。慎独斋所刻大抵以史部书居多,而且卷帙浩繁,"其版本校勘之精,亦颇为藏书家所贵重"①。正德十三年(1518 年),除了刻《十七史详节》二百七十三卷外,又刻一百五十卷《宋文鉴》,由于这样两种卷帙极繁的书,均于一年之中刻成,《书林清话》的作者叶德辉曾为其"勇于从事"的精神而赞叹不已②。安正堂所刻多为集部及医经类书,如弘治十七年(1504 年)刻有《针灸资生经》,正德十二年(1517 年)刻有《类聚古今韵府群玉续编》,正德十六年(1521 年)刻有《象山先生集》,嘉靖三年(1524 年)刻有《宋濂学士文集》及其《附录》。③

长江下游的南京、苏州等地也有许多书坊。南京书坊数量比建宁要少,但至少也在近六十家。其牌号多标明"金陵书林"或"金陵书坊"字样,少数标明"白下"或"建业"等。最早的是"金陵王举直",于明初刻有《雅颂正音》。南京书坊以唐姓和周姓所经营者为最多。所刻书籍与建宁相较,医书、杂书及小说数量较少,而戏曲方面则超过建宁。整个明代南京书坊所刻戏曲可能达二三百种。其中唐对溪富春堂所刻最多,据说有上百种,现存者尚有《管鲍分金记》等三十种。该书坊的刻书在版框四周加有花纹图案,打破了宋元以来单调的单边或双边的呆板式样④。

①② 《书林余话》卷下。
③ 《书林清话》卷 5"明人私刻坊刻书";《书林余话》卷下。
④ 参见张秀民《明代南京的刻书》,载《文物》1980 年第 11 期。

苏州书坊著名者有龚少山、叶昆池及席氏所开扫叶山房等。扫叶山房之名，为与同业者叶姓竞争而起，意取双关。所刻古今书籍有《十七史》、《四朝别史》、《东都事略》等，版心均有"扫叶山房"字样。

北方地区书坊最多的是北京，可考者有七八家，它们是：永顺书堂（也作永顺堂）、金台鲁氏、国子监前赵铺、正阳门内大街东下小石桥第一巷内金台岳家、刑部街住陈氏、北京宣武门里铁匠胡同叶铺等。1967年在上海嘉定县发现了永顺书堂刻印的十一种说唱词话和一种南戏《白兔记》①。铁匠胡同叶铺于万历十二年（1584年）刊有《真楷大字全号缙绅便览》及《南北直隶十三省府州县正佐首领全号宦林便览》，开了清代琉璃厂书铺刊印《缙绅录》的先河。②

（4）佛道藏经的官私刻本

佛教和道教都被明代统治者视作维护封建秩序的思想武器，得到保护，所以佛道藏经在明代都有刻印，直到现在许多印本还有留存，在历史上发生了不小的影响。

佛道藏经在明代主要是官刻本，有南藏、北藏、番藏和道藏。

洪武五年（1372年），明太祖朱元璋命集众僧在蒋山校刻佛教《大藏经》，约至永乐元年（1403年）刻成。因刻于南京，后人称为"南藏"。计收录佛教著作一千六百一十部，六千三百三十一卷，分装六百三十六函。字为欧体，刚劲有力，书作梵筴装，与一般书籍有别。它又称"洪武南藏"、"初刻南藏"。明成祖即位后，于永乐十年至十五年（1412～1417年）在南京又刻印了一部《大藏经》，它是"洪武南藏"的再刻本，但略有改动。这部《大藏经》后人也称"南藏"，又称"永乐南藏"。

---

① 见《文物》1972年第11期。

② 参见张秀民《明代北京的刻书》，载《文献》1979年第1辑。

明成祖朱棣还下令在北京另刻一部佛教《大藏经》,为区别于南藏,称为"北藏"。北藏之刊,始于永乐十八年(1420年),成于正统五年(1440年)。卷首正统五年御制序称:共六百三十六函,六千三百六十一卷。后来神宗之母又增刻四十一函,四百一十卷,称"续入藏经"。北藏与南藏一样作梵筴装,但字作楷体,近似唐代虞世南书法,与南藏相异。北藏曾广为颁赐,因此以前南北名山古刹多有藏本。该书封面及书套都用花色不一的织锦装帧,甚为美观。

番藏即西藏文《大藏经》。据说番藏在元代即已有刊本,至明成祖永乐年间又重新刊印。此书底本系中官侯显等奉朱棣之命自西藏取回,刊于司礼监统属的番经厂。万历时又据永乐本重刻,并增刻续藏四十二帙。据《明宫史》记载,该书共"一百四十七函,十五万七十四叶"。①

忽必烈时兴佛灭道,道教经典几乎全部销毁。明成祖朱棣命四十三代天师张宇初篆修《道藏》,以适应恢复道教的需要。正统年间,《道藏》雕板印行,共五千三百零五卷,四百八十函。万历时,五十代天师张国祥又受命续刊道藏,共三十二函。明道藏刻板保存至清末,最后被八国联军烧毁。但该书印本尚存,其内容虚伪荒诞之处不少,但也保存了许多古代的哲学、医学、文史著作,是宝贵的文化遗产之一。

明代私人刊印的宗教典籍远不如官刻本多,主要的只有佛教的《径山藏》。佛教的梵筴装典籍,翻检不易。嘉靖年间杭州昭庆寺道开和尚提议把梵筴改为方册(即线装)。万历七年,紫柏和尚等重提此议,在山西五台山妙德庵创设募刻方册藏经的组织。至万历十七年(1589年)遂付之实施,不久,刻成数百卷,但因五台山气候不利于刊刻,迁到杭州径山的寂照庵和兴圣万

---

① 见该书土集"内板书数"。

寿寺继续进行。万历三十七年始,因故刊印受挫,进展不速。后来由于贵州赤水继庆和尚和云南姚安陶珽等人的努力,才于康熙十六年(1677年)刻完正藏。接着,又刻了续藏和又续藏。藏经刻成后,规定凡需该书者,到嘉兴楞严寺接洽,但板片存于径山,印刷也在径山,所以此书叫《嘉兴藏》,又叫《径山藏》。正藏收录佛教著作一千六百五十四部,六千九百五十六卷,线装六百七十八函。续藏十九函,又续藏四十三函。《径山藏》开始以方册形式大量流传佛经,在中国佛教史上很引人注目。明代私人刻印的佛教《大藏经》还有《武林藏》,刻于杭州,年代不详,它也是采用了翻检较易的方册装。

3．印刷装帧技术的进步

明代印刷装帧技术比以前有明显的进步。本书上册已谈及铜、铅活字的应用及套印、饾板、拱花技术的发明,这里再就版式、字体之类刻书风格的演变及装订方法的变化等方面,略作补充。

(1)绘图书籍

书籍之附图,很久以前即有。到了明代,更为盛行和精妙。诸如《人镜阳秋》、朱载堉《乐书》、《隋炀帝艳史》、仇英《绘图列女传》、万历三十七年(1609年)刻本顾鼎臣《状元图考》、隆庆元年(1567年)众芳书斋校刻本《增编会真记》等,皆是难得的绘图精本。《三国志演义》的一种刻本,绘图竟多至二百四十幅[1]。明代绘图书籍之盛行、精致与书坊有很大关系,他们为了牟利,千方百计在书籍装帧插图方面下功夫,把精美的绘画当成吸引读者购买书籍的重要手段之一。

自明初开始,书籍图画的绘刻风格、插图版式等,对宋元来说逐渐发生变化。如1967年在上海嘉定县明代宣姓墓中发现

---

① 《书林清话》卷8"绘图书籍不始于宋人"。

的成化年间刊印的一批书,其图画就反映了这一情况。虽然其中的《花关索传》每页都是上图下文,仍具宋元传统,但其他的(如《刘智远还乡白兔记》等)却是整页插图,表现出新的发展①。万历以后刊印的书籍,带有图画的更加普遍,所刻文艺书籍戏曲、小说等尤其如此,几乎无书无图。在数量增多的情况下,不同的风格流派逐渐形成。主要流派有三:建宁、金陵和新安(安徽歙县)。建宁派壮健粗豪,古朴简率,所刻书多采用宋元的上图下文的插图旧式。金陵派线条秀劲,布局疏朗,人物生动,上图下文改为整板半幅,或前后页合并成一大幅,图像放大。新安派布景缛丽繁富,人物刻画精细,刀法圆活,生动流利。新安派图画多出于歙县虬村黄姓族人之手。黄氏刻工根据画稿,细心雕镂,不仅不损原画精神,而且有时其刀锋能助画家笔触之未到,深刻地表现出画中人的内心情绪,做到眉目传神,栩栩如生。黄氏一族先后数代专精此道,直到清初才逐渐衰落下去。

上述建宁、金陵和新安三派之分,是就大体情形而言。其实,倘细加考察,在一个地区也并非风格完全一致,各地区相互间不乏互相影响、渗透的痕迹。如南京,书商唐氏所刊书籍的图画,古拙粗放,富有民间趣味,而陈氏继志斋所刊则渐脱古朴的风格,向秀丽细致发展,又有汪氏环翠堂,所刊力求精丽工致。汪氏环翠堂所为,实属于典型的新安派风格。汪氏是徽州人,寓居南京,这说明刻工的移居,是各地刻书风格互相影响的重要途径。当时的刻工移居,主要是安徽刻工迁往南京、杭州、吴兴、苏州等地,这对新安派风格的影响各地,起了很大的促进作用。

(2) 版式、字体等刻书风格的演变

明初印书的版式、字体等风格,基本上沿袭元代之旧,多是黑口赵(孟頫)体字,行界比较紧密,因此过去有些图利的奸商,

---

① 参见王红元《三十年来的考古发现与书史研究》,载《文献》1979年第1辑。

往往将明初刊本挖去序文及有关文字,冒充元刊。

嘉靖时期,风气发生大变化。当时文化上发生"复古"运动,作文的人模仿秦汉,写诗的人效法盛唐,于是刻书的人争相追模北宋风格。白口盛行,黑口本几乎绝世,字体也采用了欧阳询、颜真卿的书法,特别重视整齐方板,刀法趋于板滞。版心上方往往刻有字数,下方刻有刻工姓名,有时还有写样人的姓名。

万历以后,黑口本渐多,从此黑、白口都成常见。字体方面,更趋方整,终于在明末发展成横轻直重的肤廓字样,只具外壳形式,毫无精神。当时刻工称之为"宋体字",实际上完全不是宋体的本来面目。版本学家称之为"明匠体",有的外国人称之为"明朝字"。以前版心所刻书名一般不是全名,万历以后开始全刻书名。[①]

明人印书用纸有绵纸、竹纸等。嘉靖以前多用绵纸,万历以后以竹纸为最常见。其颜色,初期多用黄色,嘉靖时多用白色,后来又改为多用黄色。印书用墨,少数为色泽青纯之佳品,而大多数品质低劣。万历以后为降低成本,多用煤和以面粉代替墨汁,烟煤往往脱落,使书叶成为大花脸,令人生厌。[②]

以上所说只是以江南地区为主的明人刻书风格的一般情形。其实际情况,要复杂得多。比如明初的内府本,其风格就不像一般刻本那样完全承袭元刻本。嘉靖时期济南刻的《黄帝内经》等,就没有随同当时风气的转变而转变,它继续采用赵体字,保存着浓厚的元人气息。在明代后期,一方面是宋体字盛行,另一方面也有许多书籍是用手写体上版,还有的采用行书或草书,皆流利生动,令人喜爱。

(3) 由包背装到线装

---

① 《书林余话》卷下。

② 毛春翔:《古书版本常谈》;《书林余话》卷上。

明初书籍的装订继南宋、元代之后而行包背法。如《明太祖御制诗集》、《辽史》、《金史》、《元史》、《永乐大典》等就是包背装明本书，全是朱丝栏写本，明黄绫包背。包背装有两种装订方法：一种是把各书叶粘在包背的纸上；另一种是在书叶边栏外的空白处打孔，穿上纸捻，然后再加上包装的封面。第一种是较早的办法，明代的包背装多数采用第二种方法。

包背装优于蝴蝶装，但仍有缺点，不便于裁切书背即其中之一。这导致了明中叶即十五世纪线装法的出现。线装是由包背装演变而来的。把包背装的封面裁成两个半叶，分别放在书身的前后，再把它们连同书身一起打孔穿线，装订起来，这样，包背装就变成了线装。线装至清初开始广泛采用，直到现在还有应用。用线装法装订起来的书籍，即使装订线断了，书叶也不易散乱，外观形式非常美观，另外，无论新旧，皆可改装，且可整旧如新，保管方便。其稍有不便者，在于书口易于断裂；在遇到书中有大型插图时，往往不如蝴蝶装之反摺书叶更为方便。但从总体上看，线装的出现，是中国古代书籍装帧技术发展到最进步阶段的表现，充分反映了我国古代劳动人民的才干。

4．对明刻本的评价

明代刻书事业在发展过程中除了取得上述成就外，也出现过一些缺点。这些缺点主要是：

第一，有的书籍校勘不精，致使脱文讹字比比皆是。如王国维曾得到明抄本《张说之文集》二十五卷，用它校对该书的明嘉靖刻本，发现该刻本脱掉两页，卷二十三内脱文一篇，又脱落一行者共十处，改正讹字不可胜计。当时官吏奉使出差，回京必刻一书，馈送长官，这种书"世即谓之书帕本"。书帕本"校勘不善"，讹谬尤多。①

---

① 《书林清话》卷7"明时书帕本之谬"。

第二,有的刻书家随意改动、删略原书。有的改动题目,如《大唐新语》被改为《唐世说新语》,《岩下放言》被改为《蒙斋笔谈》,《释名》被改作《逸雅》,叶德辉对此曾痛加斥责说:"全属臆造,不知其意何居!"① 有的篡改作者姓名,如宋阮阅所撰《诗总》,明一号月窗道人的宗室在刊刻时,将作者改为"阮一阅"。有的改动原书结构,如上述《诗总》,月窗道人在刊刻时,曾"条而约之",根据己意重加"汇次"②。有的搀入他书文字,如《说文》中搀入《五音韵谱》,《通典》中搀入宋人议论,《夷坚志》搀入唐人事迹,"与原书迥不相谋"③。有的改动若干文字,如明人杨慎《丹铅续录》卷三曾指出,苏州所刻《世说》,"右军清真"被妄改为"右军清贵","兼有诸人之差"被妄改作"兼有诸人之美","声鸣转急"被妄改成"声气转急","皆大失古人语意"。删节内容者多出于书坊刻书,如福建书坊经常翻刻畅销书,其卷数目录虽与他处所刻书相同,但篇中文字多所删减,一部售价只定为他处所刻书的一半,人们不知内情,往往争相购买④。明代所刻丛书,如《格致丛书》、《宝颜堂秘笈》等,其所收各书多半任意删节。

第三,有的喜用古体字。如嘉靖年间"闽中许宗鲁刻书,好以《说文》写正楷"。海盐冯丰诸人喜用古体字刻书之癖,尤其严重。⑤

第四,有的喜好堆砌无用的序跋,这种情形且有日甚一日之势。

由于明代刻书有如上缺点,招致了当时及后世许多人的批

---

① 《书林清话》卷7"明人刻书改换名目之谬"。
② 《四库全书总目》"诗话总龟"条。
③ 杭世骏:《道古堂集》卷18。
④ 见《七修类稿》。
⑤ 《书林清话》卷7"明许宗鲁刻书用说文体字"条及"明刻书用古体字之陋"条。

评。对这些缺点进行批评是应该的,但不少批评用语过分严厉,甚至因此而否定了整个明代刻书事业。有的说:明刻诗文"不特谬,而且遗落多矣"。有的说:"明人好刻书,而最不知刻书。"有的说:"昔人所谓刻一书而书亡者,明人固不得辞其咎矣。"① 这些批评都应该说是过了火。

首先,在看到某些明刻本上述缺点时,同时还应看到明代刻书业从刻书数量到印刷装订技术,都取得了可喜的成就,在质量方面,也有许多从校刊到印刷皆属出类拔萃的精品。如果将明代刻书业的成就与缺点作一比较,占主导方面的是成就而不是缺点。这只要对前面的叙述加以回顾即可一目了然。明代刻书业既然成绩是主要的,将之全盘否定显然是说不过去的。

其次,明代刻书的地区很广,刻书人的身分很复杂,各时期刻书的风气也不相同,因而不同地区、不同身分的刻书家和不同时期所刻出的书籍,其质量互有差别。不同地区刻书质量之差别,前文已有论及。关于不同身分的刻书家所刻出的书籍,一般说坊刻本质量稍差,而其他身分的人所刻出的书质量较高。书坊刻书为的是谋利,定价又不能太高,所以往往采用低劣的纸墨,不肯花大力气精校细刻,这自然就容易造成质量低劣。如嘉靖年间,由于建阳书坊所刻"五经四书","款制褊狭,字多差讹",引起官府干涉,规定建阳"刻书匠户",必须严格按照官发定本翻刊,"再不许故违官式,另自改刊"② 。其他刻本没有谋利问题,质量一般就较有保障。如家刻本之刊印,一般说是刊印者的业余活动,其目的是为了宣传自己的著作,或传布自己所喜爱的古书。刊印者往往是官僚、地主或富商大贾,也有财力在刻书质量上下功夫。因此家刻本大多底本好、校印精、纸墨优良。从时期

---

① 《书林清话》卷7"明时书帕本之谬"及"明人不知刻书"。

② 《书林清话》卷7"明时官刻书只准翻刻不准另刻"。

上看,一般说嘉靖以前所刻书籍较好,而万历之后质量下降。丁丙《善本书室藏书志》的编辑条例中曾说:"朱氏一朝,自万历后,剞劂固属草草。然近溯嘉靖以前,刻书多翻宋椠,正统、成化刻印尤精,足本、孤本所在皆是。"① 明代刻书业的情况既然如此复杂,参差不齐,怎么能简单地将其一概否定呢!

明代刻书业不仅不应一概否定,而且应该充分估计其价值。其印刷装订技术的提高,是历史悠久的中国印刷业不断向前发展的重要里程碑。其庞大的印刷数量,使许多古籍得以流传于世,昔人不易见到者,明以后成为普通读书人案头之物。宋本大体说来,比明本要好,但也有少数书籍明本反优于宋本,可用以校正宋本,近代著名学者余嘉锡就说过:"今所传六朝唐人写本固多能存古书之真,然其讹谬处,乃至不可胜乙。宋人刻书,悉据写本,所据不同,则其本互异;校者不同,则所刻又异。加以手写之误,传写之讹,故明刻可以正宋刻,刊本可以校写本。"② 即使那些质量较差的明刻本,在传播文化上也起过一些积极作用,在注意它们的缺点的同时,也要注意其历史功绩。时代越久,保存旧刻本的困难越大,今天宋元本已属不可多得,明刻本的历史价值与日俱增,万万不可用草率的态度对待这份宝贵的历史遗产。

5. 写本书

自从印刷术发明之后,书籍的生产有印、写两个办法:印刷效率高,故日益兴盛,而手写效率低,所以渐趋衰微。但写本书一直存在。写本书主要包括手写的稿本和依据稿本或印本抄录下来的抄写本。明代的稿本,今日仍有留存,但最被人注意的却

---

① 这里说坊刻书和万历以后所刻书质量较差,是就一般而言,并不是否认坊刻书和万历以后刻书之中有精品。如不少精美的绘画书籍是出自书坊,而且印于万历之后。

② 《藏园群书题记序》。

是抄书家的抄本。

明代藏书家多半抄书,把抄书当成补充其藏书的重要手段。其所以如此,原因主要有两个:第一,当时印书虽多,但由于交通条件毕竟不甚发达,再加上其他因素的影响,购买图书仍不是一件十分容易办到的事情。谢肇淛在其钞本王禹偁《小畜集》中曾写下跋语说:"余少时得元之诗文数篇,读而善之。锐欲见其全集,遍觅不可得。既知有板梓于黄州,托其州人觅之,又不得。去岁,入长安从相国叶进卿先生借得内府宋本,疾读数过,甚快,因钞而藏之。"① 这个跋语说明,印本之仍属不易求得,是当时抄书盛行的原因之一。第二,有些书、特别是珍贵罕见之书,只有个别人有收藏,市场上没有出卖者,藏书家为了扩充自己的藏书,只好借抄。明代著名藏书家祁承爜有一次在河南抄到百余种图书,他在给儿子的家信中提到这批抄本时曾说:"此番在中州所录书,皆京内藏书家所少,不但坊间所无者也。而内中有极珍贵重大之书,今俱收备。即海内之藏书者不可知,若以两浙论,恐定无逾于我者。"② 从祁承爜的这番话中,不难体察出,当时仍有不少书籍、特别是仍有不少珍贵书籍,市场上没有售卖,这是当时抄书盛行的第二个原因。上述两个原因,第二个更重要。

喜爱抄书的藏书家,在抄书上往往表现出十分勤奋刻苦的精神。如明代前期的叶盛,做官数十年,未尝一日停止抄书,"虽持节边徼,必携钞胥自随,每钞一书成,辄用官印识于卷端"③。谢肇淛有一次在北京借到一本内府藏书,"时方沍寒",而恰值"需铨旅邸,资用不赡",就不顾条件艰苦,自为抄写。每清霜呵

---

① 转引自《福建省图书馆学会通讯》1981 年第 3 期所载方品光《明代福建著名钞书家——谢肇淛》。

② 转引自《文献》1979 年第 1 辑所载黄裳:《〈天一阁被劫书目〉前记》。

③ 《潜研堂文集》卷 31。

冻,十指如槌。经过二十天的苦干,终于抄写完毕①。他一生抄书总数已不可知,仅今可见者即近二十种。喜爱抄书的藏书家的刻苦努力,换来了丰硕的成果,大量图书因被抄录而增加了副本,而这些藏书家也成为留名青史的著名抄书家。

明代抄本最为后人珍贵的,有吴抄(长洲吴宽丛书堂抄本)、叶抄(昆山叶盛赐书楼抄本)、文抄(长洲文徵明玉兰堂抄本)、王抄(金坛王肯堂郁冈斋抄本)、沈抄(吴县沈与文野竹斋抄本)、杨抄(常熟杨仪七桧山房抄本)、姚抄(无锡姚咨茶梦斋抄本)、秦抄(常熟秦四麟致爽阁抄本)、祁抄(山阴祁承㸁澹生堂抄本)、毛抄(常熟毛晋汲古阁抄本)、谢抄(长乐谢肇淛小草斋抄本)等。这些著名的抄本书在用纸、版式上多有独特风格和标记,如吴抄多用红格纸,版心有"丛书堂"三字;叶抄多用绿墨两色格纸,版心有"赐书楼"三字;文抄于格栏外有"玉兰堂录"四字;王抄于版心有"郁冈斋藏书"五字;沈抄于格栏外有"吴县野竹斋沈辨之制"九字;杨抄于版心有"嘉靖乙未七桧山房"八字,或"万卷楼杂录"五字;姚抄于版心有"茶梦斋抄"四字;秦抄于版心有"致爽阁"三字,或"玄览中区"四字,或"又玄斋"三字,或"玄斋"两字;祁抄往往用蓝格纸,于版心有"澹生堂抄本"五字;毛抄于版心有"汲古阁"三字,格栏外有"毛氏正本汲古阁藏"八字;谢抄于版心有"小草斋抄本"五字。这些独特的风格和标记,是识别鉴定的极好依据。②

在明代著名抄书家中,尤其突出的是毛晋。据说,他"家蓄奴婢二千指","入门僮仆尽钞书"③。凡用钱买不到的"世所罕见而藏诸他氏"的宋版书,毛晋就设法借来,"选善手以佳纸墨影

---

① 《小草斋集》卷21,转引自《福建省图书馆学会通讯》1981年第3期所载方品光《明代福建著名钞书家——谢肇淛》。

② 参见《书林清话》卷10"明以来之抄本"。

③ 《书林清话》卷7"明毛晋汲古阁刻书之二"。

抄之",字体点画,行格款识,一如原式,"名曰影宋抄"①。毛晋的这种"影宋抄",精美绝伦,获得了"古今绝作"之誉②,后人争相效法。"毛抄"今仍有不少传世品,如北京图书馆藏有毛抄《西崑酬唱集》,纸白如玉,墨光如漆,界栏如发,边栏如带,令人爱不释手③;天津市人民图书馆藏有毛抄《五代名画补遗》,也是纸墨精良,字画秀丽端正。④

除了私人抄书之外,明政府也组织过一些抄书活动。如《永乐大典》编成之初因字数太多只抄了一份清稿,到嘉靖、隆庆之际为防止散失损坏,明政府又组织人员重抄一份。明代的历朝实录当时也没有印本,只有清稿本和若干传抄本,其中一些传抄本是明政府派员抄写的。

明代官私进行的抄书活动,不仅使图书增加了数量,而且保存了许多宋元善本的大致面目,许多从未付印的书籍更赖之以延命脉,这些历史功绩是不可忽视的。

二、图书的收藏和流通

1. 官府藏书

明代官府藏书主要集中于宫廷之内。

（1）图书搜求和收藏数量

朱元璋很注意读书,并非常重视访求收藏书籍。早在正式建立明朝之前,他就已经"命有司访求古今书籍,藏之秘府,以资览阅"⑤。洪武元年,大将军徐达率军攻破元朝都城大都（今北

---

① 见《东湖丛记》。
② 《藏书记要》第三则"抄录"。
③ 毛春翔:《古书版本常谈》。
④ 陈瑞铭:《试谈抄本》。
⑤ 《明太祖实录》卷16;《明经世文编》卷76丘濬《访求遗书疏》。

京)时,他又命徐达"收其秘阁所藏图书典籍","致之南京"①。元朝的藏书是在承袭宋、辽、金三朝藏书的基础上形成的②,明朝把宋、辽、金、元的国家藏书全部承袭下来,奠定了自己的藏书基础。

明历代皇帝,仍旧进行过一系列搜求书籍的活动。史称:"建文即位,尤急儒修,购遗书,申旧典,日惟汲汲不遑逸。"③ 永乐四年(1406年)四月,有一次明成祖"御便殿,召儒臣讲论",问起文渊阁(洪武以来的国家藏书库,在南京)藏情况,学士解缙回答:"经史粗备,子集尚多阙。"成祖听后,说:"士人家稍有余资,皆欲积书,况于朝廷,可阙乎?"遂召来礼部尚书郑赐,令其派人"四出购求遗书",且说:"书籍不可较价直,惟其所欲与之,庶奇书可得。"而后他又对解缙等说:"置书不难,须常览阅乃有益。凡人积金玉欲遗子孙,朕积书亦欲遗子孙。金玉之利有限,书籍之利岂有穷也!"④

明成祖把首都迁到北京,与之相适应,明朝国家藏书的中心也由南京迁来。永乐十七年(1419年)三月,明成祖派侍讲陈敬宗从北京至南京,"起取文渊阁所贮古今书籍,自一部至百部以上,各取一部北上"。坐镇南京的皇太子"乃遣修撰陈循如数赍送",其剩余者仍封贮在南京⑤。运往北京的书籍恰好是一百柜⑥。为了存放这些北运的图书,明成祖特在北京新建了一个文渊阁"于午门之东"⑦。但据《万历野获编》的记载,这些北运

---

① 《万历野获编》卷1"访求遗书";《明史》卷96《艺文志》。
② 《曝书亭集》卷44;《文渊阁书目跋》。
③ 《明书》卷75。
④ 《典故纪闻》卷8;《明会要》卷26;《明史》卷96《艺文志》。
⑤ 《明会要》卷26。
⑥ 《明史》卷96《艺文志》。
⑦ 《西园闻见录》卷8"藏书"条载高拱语。

的图书最初是存放在"左顺门北廊",直至正统六年(1441 年)才"移入文渊阁中"①。随着这批图书的北运,辽、宋、金、元之旧藏再次聚集在北京了。

明宣宗与明太祖、明成祖一样喜爱读书,他曾"临视文渊阁,亲披阅经史,与少傅杨士奇等讨论,因赐士奇等诗"②。宣德八年(1433 年)四月,为了便于览阅,他还"命少傅杨士奇、杨荣,于馆阁中择能书数十人",取五经四书及《说苑》之类,"各录数本,分贮广寒、清暑两殿及琼花岛"③。在他当政期间,明朝的国家藏书达到极盛阶段。史载"是时秘阁贮书约二万余部,近百万卷,刻本十三,抄本十七"④。正统六年(1441 年),杨士奇等人通过清理文渊阁所贮书籍,编出著名的《文渊阁书目》,收书达七千多种。这些书多系"宋元所遗,无不精美,装用倒摺,四周外向,虫鼠不能损"⑤。真是琳琅满目,珍贵之极。

正统末年以后,明朝的国家藏书开始走下坡路。正统十四年(1449 年)南京宫殿发生火灾,南京文渊阁的藏书"悉遭大火。凡宋元以来秘本,一朝俱尽"⑥。英宗之后不再关心图书的典藏,更不注意派员搜求。弘治五年(1492 年)五月,大学士丘濬在《访求遗书疏》中指出:对于国家藏书,"数十年来,在内未闻考校,在外未闻购求"⑦。丘濬的这个奏疏还建议:要清查文渊阁的藏书,"或有缺本,则行各直省访求,有者,借官抄录,以增未备";除去文渊阁之外,还要增加两京国子监的藏书,文渊阁存书凡有副本者,均应分一本送两京国子监,以便"藏贮而有异所,永无疏失之虞"。有"中兴贤君"之誉的明孝宗看到这个建议后曾

---

① 见该书卷 1"访求遗书"条。

②④⑤ 《明史》卷 96《艺文志》。

③ 《明宣宗实录》卷 101;倪灿:《明史艺文志序》。

⑥ 《万历野获编》卷 1;参见陈登原《古今典籍聚散考》卷 4。

⑦ 《明会要》卷 26。

表赞成，但仅仅停留在口头上，史称"疏入，上纳之，而究未能行"。①

嘉靖中，御史徐九皋上疏建议，"查历代艺文志书目参对，凡经籍不备者，行士民之家，借本送官誊写"。当时的皇帝明世宗正"一心玄教"，对这种事更不感兴趣，他借口"书籍充栋，学者不用心，亦徒虚名耳，苟能以经书躬行实践，为治有余裕矣"，公然拒绝了徐九皋的意见②。由于皇帝不关心，国家藏书不仅没有增加，而且管理不善，损坏严重，盗窃成风，数量日渐减少。如正德年间，主事李继先曾借整理文渊阁藏书的机会，窃取精本③。内阁大学士们，更是混水摸鱼，"假阅者，往往不归原帙"④。万历三十三年(1605年)，大理寺左寺副孙能传、中书舍人张萱等，奉命清理文渊阁藏书，编出《内阁书目》八卷。这个重编书目所载图书，与一百六十多年前杨士奇等所编正统书目相较，已是"十不存一"，"惟地志差详，然宋元图经旧本，并不登载，著于录者，悉成、弘以后所编"，"其他唐宋遗编，悉归子虚乌有"⑤。对于这种情况，《万历野获编》的作者曾辛辣地讽刺说："更数十年，文渊阁当化为结绳之世矣！"⑥明清之际，由于战乱频仍，文渊阁藏书进一步遭受损失，康熙时徐乾学修《一统志》，"请权发阁中书资考校"，所见竟"寥寥无几"。⑦

(2) 掌握图书的机构和职官

明朝开国初"仍元制"设有专门掌握国家图书的独立机构秘

① 《明会要》卷26；《明经世文编》卷76；倪灿：《明史艺文志序》；《明孝宗实录》卷63。

② 《万历野获编》卷1"访求遗书"。

③⑥ 《万历野获编》卷1"先朝藏书"。

④ 倪灿：《明史艺文志序》。

⑤ 张钧衡：《内阁书目》跋；《曝书亭集》卷44《跋重编内阁书目》；倪灿：《明史艺文志序》。

⑦ 《鲒埼亭集》外编17《抄永乐大典记》。

书监①,其正式设立的时间是洪武三年(1370年)三月,起初规定为正六品衙门,设监丞一人、直长二人,不久改为设令一人、丞和直长各二人,职司"内府书籍"②。洪武十三年(1380年)七月,明政府又决定,"罢秘书监,所藏古今图籍改归翰林院典籍掌之"③。从此取消了独立的国家藏书机构。翰林院典籍共有二员,官品很低,只有从八品④,很不利于图书的保管。由于秩卑品下,对于内阁大学士之偷窃图书,不敢谁何;他们自己"皆赀郎幸进,虽不知书,而盗取以市利者实繁有徒"⑤。明代中叶以后国家藏书状况之日趋糟糕,与独立的国家藏书机构之被取消,有很大关系。

(3) 皇史宬

在叙述明代官府藏书事业时,值得一提的还有闻名中外的国家档案库皇史宬。

皇史宬位于东苑(今天安门东南池子一带)。建于嘉靖十三年,门额以"史"作"叏",以"成"作"宬",左右小门分别有"韇历左门"和"韇历右门"字样,以"龙"作"韇",都是明世宗亲自造字并书写⑥。它不用木料修建,"宬中四周上下,俱用石甃"。直接装档案的是铜皮鎏金的木柜(即所谓"金匮"),它们在宬中也不直接着地,而是置于石台之上,明朝末年,放金匮的石台,共有二十个⑦。可见,这个皇史宬,完全是仿古代石室金匮之义而特别建造的保险库房。

---

① 倪灿:《明史艺文志序》。

② 《明史》卷73《职官》;《明太祖实录》卷50。

③ 《明会要》卷36;《明太祖实录》卷132;《明会典》卷221;《明史》卷96《艺文志》。

④ 《明史》卷73;《明经世文编》卷76丘濬《访求遗书疏》。

⑤ 倪灿:《明史艺文志序》;《万历野获编》卷1"先朝藏书"。

⑥ 《春明梦余录》卷13;《明宫史》金集"宫殿规制"。

⑦ 《春明梦余录》卷13。

皇史宬中所存放的档案,主要是历朝实录、圣训和其他"要紧典籍"。当时每个皇帝一死,继位者要马上为之专门"开局纂修"实录,纂修完毕,一应草稿全部烧掉,而将正本存放在皇史宬之中①。《永乐大典》的副本抄出后也被贮存在这里②。每年六月六日,是这里晒晾档案典籍的日期,届时,由"司礼监第一员监官提督,董其事而稽核之,其看守则监工也"。③

清朝取代明朝后,继续以皇史宬作档案库,只是原来所存放的明代实录等被迁到他处,这里另换成清朝的实录、圣训、玉牒等。嘉庆年间还曾对它加以重修,但基本格局未变,只是小有变动。

(4) 其他官府藏书

除去文渊阁、皇史宬藏书外,明代属于官府藏书的还有中央各部院、国子监、府州县学等各级衙门和各级学校藏书,以及各藩王府藏书。这些藏书中有许多是朝廷颁发的。如洪武十四年(1381年)三月,曾"颁四书五经于北方学校"④,永乐十五年(1417年)四月,曾"颁五经四书、《性理大全》于两京六部、国子监及天下府、州、县学"⑤。弘治年间大学士丘濬曾说:"两京国子监虽设典籍之官,然所收掌,止是累朝颁降之书,及原贮书板,别无其他书籍。"⑥

在藩王府藏书中,有一些藩王很出名。明代前期有周定王朱橚、晋庄王钟铉和宁献王朱权,后期有朱橚的后裔朱睦㮮和朱权的后裔朱郁仪。其中最有名的是朱睦㮮。他字灌甫,号西亭,

---

① 《明宫史》金集"宫殿规制";《春明梦余录》卷13。
② 《春明梦余录》卷12。
③ 《明宫史》金集"宫殿规制"。
④ 《明史》卷2《太祖本纪》。
⑤ 《明会要》卷26。
⑥ 《明经世文编》卷76《访求遗书疏》。

系镇国中尉,万历五年(1577年)出任过周藩宗正。他精通经学,自幼喜好购求书籍,曾购得江都葛涧、章邱李开先的万卷藏书。为了存放书籍,他在宅西建堂五楹,各书按经史子集用不同颜色的牙签加以区别。他编有自藏书目(《万卷堂书目》),隆庆四年(1570年)晒书之后,为之写了自记。而后,他与其子朱勤美又陆续增购图书若干,并随时补充原来的书目,以致今天可以看到许多不同的《万卷堂书目》抄本。朱睦㮮父子先后积书约至五万卷,惜于崇祯年间被大水吞没。[①]

2.众多的私人藏书家

(1)空前兴盛的私人藏书

明代私人藏书特别兴盛,这是明代藏书的一大特点。清末民初人叶昌炽编有专门记载历代藏书家故事的一本书,名叫《藏书纪事诗》,书中所收五代至清末藏书家共1175人,其中明人即有427人,高于以往的任何朝代(五代15人,宋184人,辽1人,金4人,元35人),只有后来的清代比之稍多。由此可见明代私人藏书家的数量之大。明代著名的藏书家有宋濂、郑潢、叶盛、陆容、张泰、陆钺、吴宽、朱存理、杨循吉、都穆、文璧、钱同爱、张寰、顾元庆、徐献忠、何良俊、朱大韶、陆深、黄标、唐顺之、王世贞、钱榖、刘凤、杨仪、茅坤、沈节甫、项元汴、项笃寿、高承埏、范钦、焦竑、李鹗翀、钱谦益、陈继儒、王圻、施大经、宋懋澄、俞汝辑、赵琦美、毛晋、祁承㸁、钮石溪、陈第、谢肇淛、徐𤊹、李廷机、晁瑮、高儒、李开先、孙承泽、梁清标、周亮工等[②]。他们多半集中在经济发达的东南地区,其中江、浙一带尤多。从藏书总量上看,明代私家藏书远远超过了国家藏书,论藏书质量,也以私家

---

① 《明史》卷116《周王橚传》;王重民:《中国目录学史料·万卷堂书目》,载《吉林省图书馆学会会刊》1981年第2期。

② 参见袁同礼《明代私家藏书概略》,载《图书馆学季刊》2卷1期。

多校勘精审的善本。当时,有的私人藏书家,还总结历代藏书的经验教训,提出了系统的购书、鉴别、收藏理论。如此等等,充分反映出明代私人藏书发展到了前所未有的新阶段。

为了有助于了解明代私人藏书的具体情况,下面从明代众多的藏书家中选择藏书多、有特色的几个最著名的人物(也适当考虑了地区和生活时代等因素),作简单介绍。

(2) 嘉隆前最著名的藏书家

这一时期的著名藏书家有宋濂、叶盛、杨循吉、李开先、王世贞、项元汴等。

宋濂,字景濂,谥文宪,浦江人,博览群书,明初礼乐制作,多其裁定。祁承爜《澹生堂藏书约》记载说:明初,"宋文宪公读书青萝山中,便已聚书万卷"。

叶盛,字与中,谥文庄,昆山人,曾佐于谦守北京,官至吏部左侍郎。生平爱书,"手自雠录,至数万卷"。曾欲"作堂以藏之,取《卫风·淇奥》'学问自修'之义,名曰'菉竹'",但直至其五世孙叶恭焕,"堂乃克成"①。他曾根据家藏图书编出《菉竹堂书目》六卷,其上登录图书共四千六百多册,二万二千七百多卷。他的藏书不算太多,但奇书秘本仅亚于宫中所藏,而且作为明代早期的一个藏书家,开了吴派藏书的先风,在明代私人藏书史上有其重要意义。

杨循吉,字君谦,苏州人,成化年间曾任礼部主事,"好读书,每得意,手足踔掉不能自禁,用是得'颠主事'名"②。也喜欢藏书,"家本素封,以购书故,晚岁贫困,所藏书十余万卷"。③

李开先,字伯华,章邱人,为嘉靖年间著名文人,官至太常少

① 叶昌炽:《藏书纪事诗》卷 2 引乾隆《苏州府志》。
② 《明史》卷 286《杨循吉传》。
③ 《澹生堂藏书约》。

卿,性好蓄书,"藏书之富甲于齐东"①,"名闻天下"②。但其书百余年后散佚无遗,其大半归周藩朱睦㮮之手。

王世贞,著名文学家、史学家,前文已述其有关成就。其藏书处叫"小酉馆",藏书三万卷。另有"藏经阁"专藏释道两家经典,"尔雅楼"专藏宋版书,皆极精美③。他收藏的《汉书》等宋版书超过了三千卷。④

项元汴,字子京,号墨林,嘉兴人。是浙江有名的藏书家。精于鉴赏,其天籁阁藏书,皆精妙绝伦。又凭藉雄厚的资力,"购求法书名画,三吴珍秘,归之如流"。但喜于多钤印章,"每得名迹,以印钤之,累累满幅"。他卒于万历十八年(1590年)清兵入关之后,所藏"尽为千夫长汪六水所掠,荡然无遗"。⑤

(3)范钦与天一阁

截止到嘉隆时期,明代所出现的最著名藏书家还有范钦,他所创建的天一阁至今犹存。范钦,字尧卿,一字安卿,鄞县人,嘉靖十一年进士,知随州,迁工部员外郎,后历任袁州知州,按察副使、备兵九江,副都御史、巡抚南赣,最后官至兵部右侍郎⑥。他性喜藏书,每至一地,都千方百计搜访书籍。嘉靖四十年(1561年),在家乡月湖之西创建著名的天一阁藏书楼,到他去世时,藏书总数已达七万多卷,成为浙东地区藏书最多的一家。据说,这个藏书楼初建时,"凿一池于其下,环植竹木,然尚未署名也"。及披阅古代碑帖,见《龙虎山天一池记》中引有汉人郑玄注《易经》"天一生水"、"地六成水"之语,于是决定将藏书楼命名为"天

① 叶昌炽:《藏书纪事诗》卷2。
② 《明史》卷287《李开先传》。
③ 胡应麟:《少室山房笔丛》卷4甲部"经籍会通"4;《五杂俎》卷13"事部"1。
④ 叶昌炽:《藏书纪事诗》卷3。
⑤ 姜绍书:《韵石斋笔谈》。
⑥ 阮元:《宁波范氏天一阁书目序》。

一阁",而阁前所凿水池称为"天一池",从而使阁名与"水"联系起来,欲以得到以水避火的"吉利",有利于图书的保存。为了进一步贯彻这一宗旨,天一阁楼上不分间,以体现"天一生水"之说;楼下分六间,以应"地六成水"之义,甚至连楼内藏书橱的制作,在尺寸上也合六一之数。①

天一阁藏书的来源主要有四个:第一,同乡丰氏万卷楼的旧藏。丰氏是南宋以来的望族,广有藏书,至嘉靖时丰氏后裔丰坊与范钦很有交往,范钦常到万卷楼抄书,并请丰坊为之作记。丰坊晚年患病,藏书丢失严重,又遭大火。后其残余,尽归范钦②。第二,范钦之侄范大澈的旧物。范大澈曾随范钦至北京,"酷嗜钞书","所养书佣多至二三十人"。范钦建天一阁后,拒不借给大澈书看,大澈发奋,更加大力搜求,"异书秘本,不惜重值购之",凡得到天一阁所未收藏的书籍,"辄具酒茗",迎范钦至家,"以所得书置几上",对之炫耀。范钦看过之后,只好默不作声③。后来范大澈死去,其书渐入天一阁。第三,明代藏书家互相借抄图书的风气很盛,这也成为天一阁藏书的一个重要来源,如王世贞与天一阁就有互相借抄书籍的约定④。第四,上述之外,天一阁还通过其他途径,购买或受赠了大量书籍。

范钦藏书有一个明显的特点,即他不同于一般只注重版本的藏书家,比较重视对明代人著述和明代新刊古籍的收藏,眼界和收藏尺度比较宽,所以在他的藏书中明代方志、政书、实录、诗文集等特别多。这是他比其他的藏书家高明的地方。不过,他

---

① 叶昌炽:《藏书纪事诗》卷 2;王欣荣:《范钦和天一阁藏书楼》,载 1979 年 3 月 21 日《光明日报》。

② 全祖望:《天一阁藏书记》。

③ 吴晗:《江浙藏书家史略》。

④ 陈训慈:《谈四明范氏天一阁》,载《越风》半月刊,第 2 期,1935 年 11 月出版。

的藏书思想也没有完全摆脱封建士大夫的思想局限,对于更接近下层人民并为之服务的一般通俗实用书等,就很少收集。书籍之外,范钦还注意收藏碑帖,据清人钱大昕编《天一阁碑目》,除去重复者,天一阁所藏自三代迄宋元不下七百多通。

范钦还刻印过一些书籍,他死后其子范大冲也刻过一些书。据统计,天一阁刻书共三十余种,经过范钦校订的有二十种,未经范钦校订而刻印的古籍有七种,范钦和范大冲的著作有四种,其中二十种(有的作二十一种)被后人合成一部丛书,称《范氏奇书》。现在天一阁中还保存着当时的数百片刻书板片。①

范钦死后,天一阁藏书仍继续增加。但自明清之际开始,其藏书渐渐散失。明清之际的战乱,使之散失二成左右。乾隆帝修《四库全书》时,天一阁奉命进呈六百多部,因而得到赐《古今图书集成》一部的奖励。但许多进呈的书籍被承办者扣留侵吞,没能按规定退还。道光年间发生中英鸦片战争,英国侵略者占据宁波,曾掠走不少方志。太平天国革命期间,小偷乘乱窃走大量书籍。民国初年,外国侵略者又勾结上海旧书商,雇用大盗进阁盗窃。经过上述劫夺和偷窃,到解放前夕,天一阁藏书只剩下一万余卷。解放后,由于党和人民政府的重视,天一阁才获得了新生。散失在外的许多古籍被重新收集回阁,书楼及其周围环境也得到了整修和妥善保护。现在天一阁藏书中最受人重视的是明代地方志和科举题名录两类书籍,大部分纂修于嘉靖年间及其以前。其中明代方志二百七十一种,百分之六十五是海内孤本;登科录、会试录和乡试录有三百八十九种,大部分也是仅见之本②。它们是研究明代政治、经济、人物、科技等各方面情

---

① 骆兆平:《天一阁刻书考略》,载《图书馆研究与工作》1981年第4期;骆兆平:《天一阁刻书续考》,载《图书馆研究与工作》1983年第3期。

② 骆兆平:《天一阁史话》,载《图书馆学通讯》1980年第3期。

况的珍贵资料。

天一阁藏书有的盖着专用印章,仅范钦所用,即有"古司马氏"、"七十二峰"、"东明草堂"、"范钦私印"、"天一阁古人"等二三十颗,其子范大冲有"范子受氏"、"范大冲印"等二十多颗,他们的后代也有一些另外字样的印章。这些印章是鉴定天一阁原藏书籍的一个依据,但有的是后人作伪,在鉴别时还应参照其他条件。[1]

(4)万历后最著名的藏书家

这一时期的著名藏书家有陈第、赵琦美、徐𤊹等。

陈第,字季立,号一斋,福建连江人,为戚继光部将。好谈兵,官至游击将军。他出身于一个小官僚地主家庭,家中原有一些藏书,但因他"惟书是癖",祖传书籍不能满足要求,于是在出外居官和游历之时,"遇书辄买","不择善本,亦不争价值"。后又在南京藏书家焦竑等处抄过书。经过三四十年的积累,藏书达到万余卷。后来他的儿子又加增补,但数量不多。入清后不久其藏书即散佚无存[2]。他作为一个武人而从事藏书,这在明代是为数不多的。[3]

赵琦美,字玄度,常熟人,官至刑部郎中。是明末常熟三大藏书家之一。他网罗载籍,朱黄雠校无虚日,明清之际著名学者钱谦益称他"好之之笃挚,与读之之专勤,近古所未有"[4]。据说,他曾校一部刻本《洛阳伽蓝记》,先后用了四种抄本和一种刻本,"凡历八载,始为完书"[5]。他藏书之室叫脉望馆。天启四年

---

[1] 叶昌炽:《藏书纪事诗》卷2;王竞:《范氏天一阁藏书印考》,载《吉林省图书馆学会会刊》1981年第5期。

[2] 王重民:《中国目录学史料》4,载《吉林省图书馆学会会刊》1981年第5期;叶昌炽:《藏书纪事诗》卷3。

[3] 除他之外,明代武人藏书较多的还有涿州高儒。

[4] 《初学集》卷66《刑部郎中赵君墓表》。

[5] 叶昌炽:《藏书纪事诗》卷3。

(1624年)卒,死后其书尽归常熟的另一大藏书家钱谦益的绛云楼。

徐𤊻,字惟起,一字兴公,福建闽县人,以布衣终。"博闻多识,善草隶书",是闽中著名诗人①。他非常爱读书,曾自谓"淫嗜生应不休,痴癖死而后已"②。万历十七年(1589年)前后他开始藏书,万历三十年,他的藏书总数达到五万三千余卷③。以后他的藏书又续有增补。他的藏书处称"鳌峰书舍"④。顺治初其藏书尚安然无恙。但到康熙初年,则已"并田园尽失之"。⑤

(5) 祁承㸁及《澹生堂藏书约》

万历以后出现的最著名的藏书家,也有一个人值得特加介绍,这就是浙东藏书家祁承㸁。他不仅藏书甚富,而且提出了系统的藏书建设理论。

祁承㸁,字尔光,号夷度,又称旷翁、密士老人,浙江山阴(今绍兴)人。万历三十二年(1604年)进士,曾宦游南京、苏州、山东、河南等地,最后官至江西右参政。一生的辛勤攻读,使他成为学识渊博的学者,其著述甚多,惜大部分已经散失,今存者只有《澹生堂集》、《澹生堂外集·宋贤杂佩》、《澹生堂藏书约》、《澹生堂书目》等数种。

由喜爱读书,祁承㸁进一步发展到热心收集图书。"即内子奁中物,悉以供市书之值";"凡试事过武林,遍问坊肆所刻",在委巷深衢遇到奇异书籍时,即使是虫鼠咬过的残本,也"无不珍重市归,手为补缀"。"十余年来,馆谷之所得,饘粥之所余,无不归之书者。合之先世,颇逾万卷,藏载羽堂中"。万历二十五年(1597年),不幸发生火灾,"先世所遗及半生所购,无片楮存

① ④ 《明史》卷286《徐𤊻传》。
② ⑤ 叶昌炽:《藏书纪事诗》卷3。
③ 《红雨楼家藏书目序》。

者"。但面对这一严重打击,他毫不气馁,另筑澹生堂书库,重新一本本收集起来。十六年之后,其所藏书籍,"以视旧蓄,似再倍而三矣"①。以后他再接再厉,继续收集,藏书总数达到十余万卷。回顾祁承㸁收藏图书的经历,不禁使人对其热爱图书和坚韧不拔的精神肃然起敬。

更值得称道的,还是他写出了著名的《澹生堂藏书约》一书。此书除前言部分外,有"读书训"、"聚书训"和"藏书训略"三部分。"读书训"和"聚书训"是抄录古人聚书、读书的事迹而写成的;"藏书训略"分"购书"和"鉴书"两小节,这是他对自己平生购书、鉴书经验的总结,写得"若与故人对话,娓娓可听,语语皆从阅历中来,亲切之至"②,它是中国古代藏书建设的重要文献。

《澹生堂藏书约·藏书训略》提出的藏书建设理论,主要是"购书三术"和"鉴书五法"。其购书三术,包括"眼界欲宽,精神欲注,而心思欲巧"。所谓"眼界欲宽",是指要放开视野,"知旷然宇宙,自有大观",购书时不局限于某一类。他批评一些人,"每见子弟于四股八比之外略有旁览,便恐妨正业,视为怪物",而有些"子弟稍窃窥目前书一二种,便自命博雅、沾沾自喜",这些乃是"不知宇宙大矣"之坐井观天举动。所谓"精神欲注",是指养成读书的嗜好。祁承㸁认为"古今绝世之技、专门之业,未有不由偏嗜而致者","物聚于所好,奇书秘本,多从精神注向者得之"。因此,他要求购书者要逐渐移种种嗜好于嗜书,最后达到"饮食寝处,口所嗫嚅,目所营注,无非是(指书)者","非此不复知人生之乐"。所谓"心思欲巧",是指多动脑筋、多想办法。

他在郑樵提出的"即类以求"、"旁类以求"、"因地以求"、"因

---

① 《澹生堂藏书约》。
② 郑振铎:《劫中得书记》。

家以求"、"求之公"、"求之私"、"因人以求"、"因代以求"等搜求
书籍的八道之外,设想了三种搜求书籍的途径:一为辑佚,二为
将某些书一分为二,三为搞待访书目。关于辑佚,他说:"书有著
于三代而亡于汉者,然汉人之引经多据之;书有著于汉而亡于唐
者,然唐人之著述尚存之;书有著于唐而亡于宋者,然宋人之纂
集多存之。每至检阅,凡正文之所引用、注解之所证据,有涉前
代之书而今失其传者,即另从其书各为录出。"关于将某些书一
分为二,他说:"如《世说》词旨本自简令,已使人识晋人丰度于眉
宇间。若刘孝标之注,援引精核,微言妙义,更自灿然,可与《世
说》各为一种,以称快书。"关于搞待访书目,他说:"古书之必不
可求,必非昭代所梓行者也。若昭代之所梓行,则必见序于昭代
之笔,其书即不能卒得,而其所序之文则往往载于各集者可按
也。今以某集有序某书若干首,某书之序刻于何年、存于何地,
采集诸公序刻之文而录为一目,自知某书可从某地求也,某书可
向某氏索也。置其所已备,觅其所未有,则异本日集,重复无
烦。"① 祁承爜三个搜求书籍途径的提出,实际上已超出了藏书
的范畴,而上升到了古籍整理的层次。

《澹生堂藏书约·藏书训略》所讲的鉴书五法包括"审轻重"、
"辨真伪"、"核名实"、"权缓急"和"别品类"。所谓"审轻重",是
指根据各类图书之刊刻、亡佚与时代推移的关系,给予不同的重
视。他认为"得史十者不如得一遗经,得今集百者不如得一周秦
以上子,得百千小说者不如得汉唐实录一","购国朝之书十不能
当宋之五也,宋之书十不能当唐之三也,唐之书十不能当汉与六
朝之二也,汉与六朝之书十不能当三代之一也"。所谓"辨真
伪",是指分清著作的真假。他分析了各种图书的情况,认为"经
不易伪,史不可伪,集不必伪,而所伪者多在子"。所谓"核名

---

① 《澹生堂藏书约》。

实",是指搞清书籍的内容,以不被前人在书名上搞的种种花样所迷惑。关于书籍的名实,他认为有五种情况应予注意:"有实同而名异者;有名亡而实存者;有得一书而即可概见其余者;有得其所散见而即可凑合其全文者;又有本一书也,而故多析其名以示异者"。所谓"权缓急",是指根据实用价值的大小,对各类图书给予不同的重视。他认为除尊经以外,"就三部而权之,则子与集缓,而史为急;就史权之,则霸史、杂史缓,而正史为急"。又,"学不通今,安用博古","故凡涉国朝(指其所在的明代)典故者,不特小史宜收,即有街谈巷议,亦当尽采"。所谓"别品类",是指搞好图书分类。他认为书籍分类甚难,应该"博询大方,参考同异",善于吸取前人的经验,但也不能过分拘泥于前人成法,"书有定例,而见不尽同,且亦有无取于同者"。①

祁承㸁提出的包括"购书三术"和"鉴书五法"的藏书理论,有一定的参考价值。祁承㸁对于图书的典藏保管及阅览出借等,也提出过有一定积极作用的意见。他的理论对于后世也发生过一定的影响。他在中国图书馆学形成史上,写下了不可磨灭的一页。

(6) 战争对私人藏书的影响

明初以后,中国东南沿海长期受到倭寇的骚扰,嘉靖时期为祸尤烈,这使东南地区的不少私人藏书归于毁灭。如大学者顾炎武的先人所藏数千卷图书,即因倭寇之侵扰而与室庐"俱焚无孑遗"②。松江府人黄标、李可教、何元朗等也都因遭受倭寇侵犯而丧失了丰富的藏书。明清之际,由阶级矛盾和民族矛盾酿成的长期战乱,对私人藏书的破坏尤其严重。如江右陈士业"颇好藏书",康熙初黄宗羲从其子来信得知,"兵火之后,故书之存

---

① 《澹生堂藏书约》。
② 《亭林文集·抄书自序》。

者,惟熊勿轩一集而已"①。全祖望的先人亦多藏书,在这期间,"里第为营将所居,见有巨库,以为货也",打开一看,全是书籍,因"大怒,付之一炬"②。乌程人潘曾纮,"有意汲古,广储缥缃",后"视学中州,罗致更富"。但明清之际"遭劫,士兵至以书于溪中迭桥为渡,以搬运什物"③。经明清之际的战乱后,宋元版书籍大量减少。这是当时的战争对藏书事业的严重破坏。

3. 图书保管技术的新成就

明代的图书保管技术,在汲取了前人的经验教训的同时,还取得了新的进步。这些新进步,扼要说来有两项:一是采用了多种多样的防蠹办法;二是在藏书楼室的设计中,注意了对灾变的防范,特别是注意了对多种灾变的综合防范。

(1) 防蠹技术

明代藏书家为了防蠹,在汲取前人经验的基础上,各自采用了自认为效果最佳的措施。如天一阁范氏防蠹的办法,是放置芸草。谢坤《春草堂集》记载说:"范氏天一阁藏书甚富,内多世所罕见者,兼藏芸草一本,色淡绿而不甚枯,三百年来书不生蠹,草之功也。"这种芸草即芸香草,也叫七里香,早在明代以前就已被藏书家用做防蠹的药物④。它能分泌抗虫杀菌的物质,用以防蠹确有实效;但年月过久,效用会逐渐变小以至消失。现在天一阁中还保存着芸草三本,它们虽已因年代久远而失效,然而作为研究资料,却是极宝贵的⑤。福建藏书家谢肇淛重视翻阅、通风等在防蠹中的作用,他说:"书中蠹蛀,无物可辟,惟逐日翻阅

---

① 《南雷文约》卷4《天一阁藏书记》。

② 《鲒埼亭集》外编卷 17《双韭山房藏书记》。

③ 《江浙藏书家史略》引《吴兴藏书录》。

④ 沈括:《梦溪笔谈》。

⑤ 骆兆平:《漫谈天一阁藏书管理的历史经验》,载《图书馆研究与工作》1980年第 3 期。

而已。置顿之处,要通风日,而装潢最忌糊浆厚裱之物。宋书多不蛀者,以水裱也。日晒火焙固佳,然必须阴冷而后可入笥,若热而藏之,反滋蠹矣。"① 明末常熟大藏书家毛晋注意在裱糊时采取防蠹措施,清人孙庆增在《藏书记要》中叙述其防蠹措施说:"毛氏汲古阁用伏天糊裱,厚衬料,压平伏。裱面用洒金墨笺,或石青、石绿、棕色紫笺,俱妙。内用科举连裱里。糊用小粉、川椒、白矾、百部草细末,庶可免蛀。"②

明代防蠹技术中最突出的成绩是发明了俗称"万年红"的防蠹纸。它是广东南海(佛山一带)发明的,上面涂有用铅、土硫磺、硝石等化合而成的橘红色粉末状物质铅丹(也叫红丹)。铅丹的主要成分是四氧化三铅,而四氧化三铅具有毒性,可以毒死蛀书害虫,这便是防蠹纸可以产生防蠹作用的原因。另外,四氧化三铅在空气中化学性质稳定,所以这又使防蠹纸的防蠹作用具有持久性。当时,广东所出的线装书,往往在扉页和封底里各装一张防蠹纸作为附页,用以防蠹。经过这种处理的书籍今天还保存着一些,而且它们绝大部分未被虫蛀,个别的虽有虫蛀现象,也极为轻微。利用防蠹纸保护书籍,比晋代已经采用的"入潢"法,以及后来在书橱中放芸草等方法,都要简便易行,效果显著,并且防蠹纸的鲜艳的橘红色,与书页相映,使书籍的美观程度也增几分。明代防蠹纸的发明和应用,是古代中国人民的一个伟大创造。③

(2) 注意灾变防范的藏书楼室设计思想

明人在建筑藏书楼室时,防范灾变的思想相当明确,而且考虑得非常周到细致。下面仅举几例,以见一斑。

---

① 《五杂俎》卷9"物部"1。

② 见该书第5则"装订"。

③ 中国历史博物馆防蠹纸研究小组:《对明清时期防蠹纸的研究》,载《文物》1977年第1期;刘启柏:《古籍防蠹》,载《四川图书馆学报》1979年第3期。

据王世贞记载,浙江藏书家胡应麟的藏书室,"屋凡二楹,上固而下隆其阯,使避湿,而四敞之可就日"①。这便于采光的目的,显然是要防潮、防霉和防蠹。

大藏书家祁承㸁于天启三年(1623年)给其子的一封家信中有段话是专讲藏书楼的建筑的,其中说:"只是藏书第一在好儿孙,第二在好屋宇。必须另构一楼,迥然与住房书室不相接联,自为一境方好。但地僻且远,则照管又难。只可在密园之内外,裁度其地……若起楼五间,便觉太费。而三间又不能容蓄。今欲分作两层。下一层离基地二尺许,用阁栅地板,湿蒸或不能上。只三间便有六间之用矣。前面只用透地风窗,以便受日色之晒,惟后用翻轩一带,可为别室检书之处。然亦永不许在此歇宿,恐有灯烛之入也……此楼之制,既欲其坚固,又欲其透风。须我与匠人自以巧心成之。"② 从这一封信可以充分看出祁承㸁对藏书楼要注意防范灾变的重视。在选址上,他要求"迥然与住房书室不相接联,自为一境方好";在藏书楼后检书别室里,他规定"永不许在此歇宿,恐有灯烛之入也"。在藏书楼的构造上,他考虑到"下一层离基地二尺许,用阁栅地板,湿蒸或不能上",要求"前面只用透地风窗,以便受日色之晒",明确提出"既欲其坚固,又欲其透风"。这些考虑和要求说明,祁承㸁对防火、防潮、防霉、防蠹都是非常注意的。由上述来看,祁承㸁为了防范灾变,在设计藏书楼时,确实是用尽了苦心,想尽了方法,所谓"须我与匠人自以巧心成之"云云,并非虚语。

在明代藏书楼室的设计上最有名的还是皇史宬和天一阁。它们的优点也是注意对多种灾变的综合防范。如皇史宬除了以砖石为建筑材料,以利防火外,还专门建造了放档案柜的高台,

① 《江浙藏书家史略》。

② 转引自黄裳《澹生堂二三事》,载《社会科学战线》1980年第4期。

墙壁很厚,达四五米,东西墙有对开的大窗户,能流通空气,如此等等,对于防潮、防蛀、防霉都很有利。天一阁在"月湖之西,宅之东,墙圃周迴"①,远离灶火,阁前又凿有天一池蓄水备用,可见注意了防范火灾。而它本身的规制,是坐北朝南的两层木结构楼房,前后皆开窗户,楼内书柜也都前后设门,有利于通风;楼顶为起脊式,除了外形显得质朴雅致外,还有利于防止漏雨和隔热;楼前楼后有廊,对于防光、隔热和防尘都有好处;可见天一阁的构造对于火灾外的霉变、虫蛀等多种灾变,也都注意了防范。

由于明人讲究藏书楼室对灾变的防范,这便大大提高了藏书楼室保护图书的效能。清代乾隆帝对天一阁的建筑设计十分欣赏,在其组织纂修《四库全书》时,曾令人专门到天一阁调查其建造方法②。后来贮放《四库全书》的七个书库,都是仿照天一阁的式样造成的。

4. 国内图书流通状况

明代图书互通有无的手段甚多,有赠送,有互抄,还有在市场上购买等,其中在市场上购买是最重要的一种;而公私藏书借人阅读的风气不浓,只有少数人肯借书给人。

(1) 市场上的图书买卖

明代市场上的图书买卖相当发达,因为刻书业兴盛,其产品需要通过市场买卖找到出路。刻书业最发达的地方往往设有专门的书市(如建宁)。有些地方虽然刻书业不甚发达,但由于是交通要道,或者系政治、经济、文化的中心,图书的买卖也很盛行。如"楚、蜀、交、广,便道所携,间得新异。关、洛、燕、秦,仕宦橐装所挟,往往寄鬻市中,省试之岁,甚可观也"③。当时书市最

---

① 阮元:《宁波范氏天一阁书目序》,载《揅经室集》2集7卷。
② 王先谦:《东华续录》乾隆朝,卷79。
③ 胡应麟:《少室山房笔丛》甲部"经籍会通"4。

发达的地方是北京、南京、苏州和杭州。北京虽有刻书业，但并不算最发达之处，然而书市却极盛，因为这里"海内舟车辐辏，筐篚走趋，巨贾所携，故家之蓄，错出其间，故特盛于他处"。北京的书肆，"多在大明门之右，及礼部门之外，及拱宸门之西"。每会试举子，书肆主人即于场前租赁民舍卖书，一个月后"试毕"始归。每年二月花朝(旧俗以二月十二日为百花生日，称花朝)后三天，书肆主人还在灯市"税地张幕"，列架卖书；每月初一、十五和二十五三天，则在城隍庙设摊经营。只是北京市场上书价较高，"诸方所集者，每一当吴中二，道远故也"。当地所印者，"每一当越中三，纸贵故也"。南京的书肆，"多在三山街及太学前"；苏州的书市，"多在阊门内外及吴县前"。这里出售的书，多是本地所刻，"他省至者绝寡"。杭州的书肆"多在镇海楼之外，及涌金门之内，及弼教坊，及清河坊"，这些地方都是交通冲要之处。"省试则间徙于贡院前。花朝后数日，则徙于天竺，大士诞辰也。上巳后月余，则徙于岳坟，游人渐众也。梵书多鬻于昭庆寺，书贾皆僧也"。其余的小街巷之中，偶而也可见到"奇书秘简"的出卖者。

由于书市的发达，书的定价逐渐形成了规律，这个规律是："视其本，视其刻，视其纸，视其装，视其刷，视其缓急，视其有无。本视其钞刻，钞视其讹正，刻视其精粗，纸视其美恶，装视其工拙，印视其初终，缓急视其时，又视其用，远近视其代，又视其方。合此七者，参伍而错综之，天下之书之直之等定矣。"①

(2) 公私藏书的出借

明代因袭宋元以来制度，国子监及府州县地方学校，置有官书，供生员阅览。这种官书，多印有"××学官书，许生员关看，不许带出学门"字样②。但官府藏书量最大的文渊阁藏书，却是

---

① 胡应麟：《少室山房笔丛》甲部"经籍会通"4。
② 《书林清话》卷8"宋元明官书许士子借读"。

不许一般读书人借阅的。这里的藏书，主要是为了方便皇帝，"即皇上欲有所考，立取立具"，除此之外，就"独二三元僚、奉诏入门、参万几、备顾问者，仅乃锵翔其间"。连一般官僚，也无资格阅读①。个别读书人，如《五杂俎》的作者谢肇淛，曾经通过有私人关系的大学士，得见文渊阁的藏书，但这不过是为数不多的例外②。这样，文渊阁藏书的收藏远远超过了其利用价值，而这正是明官府搞这种藏书的指导思想。《万历野获编》中记载文渊阁说："其地既居邃密，又制度卑隘，窗牖昏暗，虽白昼亦须列炬，故抽阅甚难。"③ 这样不便阅读、只堪堆放的建筑形制，显然也是收藏重于利用的指导思想的产物。

　　明代私人藏书家的指导思想也多半是收藏重于利用，把自己的藏书当成个人的珍秘，并企图世代相传，除了自己的子孙可以阅读外，一般不肯示人。如金华藏书家虞守愚，将藏书"贮之一楼，在池中央，小木为彴，夜则去之，榜其门曰：'楼不延客，书不借人。'"④ 天一阁的藏书也不许外人借阅，清人阮元记载说："司马(指范钦)没后，封闭甚严。继乃子孙各房相约为例，凡阁厨锁钥，分房掌之。禁以书下阁梯，非各房子孙齐至，不开锁。子孙无故开门入阁者，罚不与祭三次；私领亲友入阁及擅开厨者，罚不与祭一年；擅将书借出者，罚不与祭三年；因而典鬻者，永摈逐不与祭。"⑤ 有的藏书家虽然准许外人借阅，但条件极严，与不准借阅差别并不太大。如祁承爃对其澹生堂存书规定："子孙取读者，就堂检阅，阅竟即入架，不得入私室。

---

① 《西园闻见录》卷8"藏书"。
② 《五杂俎》卷13"事部"1。
③ 《万历野获编》卷1"先朝藏书"。
④ 《五杂俎》卷13"事部"1；《江浙藏书家史略》。
⑤ 《宁波范氏天一阁书目序》。

亲友借观者,有副本则以应,无副本则以辞,正本不得出密园外。"①

明代也有一些思想开通允许外人借阅自己藏书的藏书家,如江阴李鹗翀即是这样一个人物。他"见图籍则破产以收,获异书则焚香肃拜",而且与朋友共用,"遇秘册必贻书相问,有求假必朝发夕至"②。曾说:"天下好书,当与天下读书人共之。"③ 吴县人杨循吉也是这样的开明藏书家。他有《题书厨诗》说:"奈何家人愚,心惟财货先,坠地不肯拾,断烂无与怜。朋友有读者,悉当相奉捐,胜付不肖子,持去将鬻钱。"可惜的是当时像李鹗翀、杨循吉之类的开明藏书家为数太少,他们的行动,没能使明代私人藏书不肯借阅的风气彻底改变。

5．图书输出

明代中国图书输出国外者甚多。当时中国在世界上,特别是在亚洲各国中,不仅是大国、强国,而且文化发达,处于先进国家之列,其高度的物质文明和精神文明,甚为外国、特别是为亚洲邻国所羡慕,外国把输入中国书籍当作学习中国文化的重要途径,而明朝政府则把图书输出当作扩大影响的一个办法。

明朝政府在派遣使臣到外国时,往往带去若干书籍。明朝行用的《大统历》,即是明朝使臣带给外国书籍当中的一种。这种书籍的给予对象,全是向明朝表示臣服的国家,或明朝打算使之臣服的国家,其给予包含着政治的意义在内。如洪武二年(1369 年)明派使臣到安南(今越南),"赐(其王)日煃《大统历》"④。同年,明遣使至爪哇,"赐以《大统历》"⑤。洪武四年,明

---

① 《澹生堂藏书约》。
② 《藏书纪事诗》卷 3。
③ 陈登原:《古今典籍聚散考》卷 3。
④ 《明史》卷 321《安南传》。
⑤ 《明史》卷 324《爪哇传》。

命僧人祖阐、克勤等出使日本，"赐（日本王）良怀《大统历》"。①

外国使臣访明回国时，也往往受"赐"而带回许多书籍。如洪武二年（1369年）高丽（今朝鲜）国王派成惟德出使明朝，明朝"赐以《六经》、《四书》、《通鉴》"②。洪武五年（1372年），琐里（今印度）遣使奉表朝贡"，"乃赐《大统历》"③。永乐二年（1404年），暹罗（今泰国）有使臣来访，明对之"赐赉有加，并赐《列女传》百册"④。明朝政府之利用外国使臣来访的机会给予外国书籍，有的是应使臣的请求而进行的。如永乐元年，朝鲜国王派使"请冕服书籍。帝（指明朝皇帝成祖）嘉其能慕中国礼，赐金印、诰命、冕服、九章、圭玉、佩玉，妃珠翠七翟冠、霞帔、金坠，及经籍彩币表里"⑤。据《明会典》所载，这次给予朝鲜的经籍包括"五经"、"四书"、《春秋会通》、《大学衍义》等⑥。再如永乐五、六年，日本屡次派使臣来，"且献所获海寇。使还，请赐仁孝皇后（按，即明成祖之皇后徐氏）所制《劝善》、《内训》二书，即命各给百本"⑦。成化十三年（1477年）九月，日使妙茂"以国王意求《佛祖统纪》等书，命以《法苑珠林》与之"。⑧

出使明朝的外国使臣除了通过"赏赐"从明朝政府手中得到书籍外，还以自己所带的货物换取书籍。如天顺元年（1457年）安南"遣使入贡"，"其使者乞以土物易书籍、药材，从之"。⑨

---

① 《明史》卷322《日本传》；《明会要》卷77。按："良怀"实际上是当时在九州主持征西府的后醍醐天皇的皇子怀良亲王。

② 《明会要》卷77。

③ 《明史》卷325《琐里传》；《明会典》卷111。

④ 《明史》卷324《暹罗传》；《明太宗实录》卷31。

⑤ 《明史》卷320《朝鲜传》。

⑥ 见该书卷111。

⑦ 《明史》卷322《日本传》。

⑧ 《明史》卷322《日本传》；《明宪宗实录》卷170。

⑨ 《明史》卷321《安南传》；《明会要》卷78。

有的国家在使臣访明时，还有许多僧人、商人随同来明，他们归国时也将书籍携带回去。当时，日本的这种情况最多。据日本史籍记载，景泰年间访明的一个日僧曾在中国以一扇换得《翰墨全书》一部；同时访明的另一僧人在回国后，曾将从中国带回的《清江贝先生文集》三册赠给别人。①

万历《明会典》载："各处夷人朝贡领赏之后，许于会同馆开市三日或五日"，"禁载收买史书"②。据此，按当时明政府的规定，史书是不能出境的。而实际不然，输出到国外的，不仅有经、子、集等各部书籍以及佛经、类书等，同样也有史书。上面提到的洪武二年(1369 年)高丽使臣来访时，曾被"赐"给著名编年体史书《资治通鉴》，即是一例。《明史》记载，"万历四十三年十一月，(朝鲜)使臣表贺冬至，因奏买回《吾学编》、《弇山堂别集》等书，载本国事与《会典》乖错，乞改正。礼部言：'野史不足凭。今所请耻与逆党同讥，宜悯其诚，宣付史馆。'报可"③。由此来看，当时连私人搞的野史也被外国人买到手、输出境外了。

明代输出的图书，不仅品种全，而且数量多。《明会典》记载，嘉靖二十年(1541 年)，明政府曾下令广西布政司，每年要为安南印《大统历》，其数量高达一千本④。永乐二年(1404 年)九月，礼部受命装印《列女传》，以"给赐诸番"，其数量竟为整整一万本。⑤

明代的图书大量向国外输出，使明朝的先进文化传向国外，特别是传向亚洲的一些邻国，对传入国社会生活和科学文化的提高，起了积极的推动作用，也加深了外国对中国的了解，这是

---

① 木宫泰彦：《日中文化交流史》，商务印书馆 1980 年版，第 578～579、597 页。
② 见该书卷 108。
③ 见该书卷 320《朝鲜传》。
④ 见该书卷 111。
⑤ 《明太宗实录》卷 31"永乐二年九月辛亥"条。

中外交往史上值得纪念的一页。

第二节　类书和丛书的编纂

明代类书和丛书的编纂工作,规模大、数量多,对保存和利用图书起着重要作用。

一、卷帙空前浩繁的大类书——《永乐大典》

明成祖于靖难之役后,为了笼络人心,特别是为了拉拢知识分子,组织大批人手,编成一部卷帙空前浩繁的大类书《永乐大典》,这是明代类书编纂中最突出的一个成绩。

1.编纂

《永乐大典》的编纂始于永乐元年(1403年)七月。明成祖在当时指定翰林侍读学士解缙等人负责此事,他在下达命令时说:

> 天下古今事物,散载诸书,篇帙浩穰,不易检阅。朕欲悉采各书所载事物,类聚之而统之以韵,庶几考索之便,如探囊取物尔。尝观《韵府》、《回溪》二书,事虽有统,而采摘不广,纪载太略。尔等其如朕意,凡书契以来,经、史、子、集百家之书,至于天文、地志、阴阳、医卜、僧道、技艺之言,备辑为一书,毋厌浩繁。①

这为这部类书的编纂体例和指导思想作了明确的规定。第二年十一月,解缙等编成进上,明成祖为之起名"文献大成"。但不久明成祖发现内容尚多有阙略,"遂命重修,而敕太子少师姚广孝、刑部侍郎刘季篪及(解)缙总之",又命翰林学士王景等五人为总

---

① 《明太宗实录》卷20。

裁,翰林院侍讲邹缉等二十人为副总裁,"命礼部简中外官及四方宿学老儒有文学者充纂修,简国子监及在外郡县学能书生员缮写"①。"与其事者凡二千一百六十九人"②。永乐五年(1407年),该书最后编纂成功,共二万二千二百一十一卷,一万一千九十五本,"更赐名《永乐大典》",明成祖还特为制序"以冠之"③。该书卷帙浩繁,总字数达三亿七千万,为任何类书所不及。

2. 流传

《永乐大典》编成后只抄了一部,本打算刻板印行,而以工程太大而不果④。后因迁都北京,该书移储北京文楼。明世宗即位后,"好古礼文之事,时取探讨,殊宝爱之",凡遇有疑,即按韵索览,"几案间每有一二帙在焉"。嘉靖三十六年(1557年),皇宫内奉天、华盖、谨身三殿发生火灾,明世宗即命身边的人赶快去文楼把《永乐大典》搬出去,一夜中接连传出三四次抢救该书的命令,"是书遂得不毁"。为了防备不测,这次火灾发生后,明世宗命令重录一部,"贮之他所",其具体时间为嘉靖四十一年(1562年)八月⑤。隆庆元年,重录工作完成,"当时供誊写官生一百八名,每人日抄三叶"⑥。录成的副本藏于皇史宬。正本在明末已下落不明,副本也有残缺。雍正初,副本由皇史宬移翰林院敬一亭,所缺已近二千册⑦。光绪初又丢失一些,存者仅三千

① 《明太宗实录》卷 32。
② 《四库全书总目》卷 137。
③ 《明太宗实录》卷 54。关于《永乐大典》的卷数,这里据《明太宗实录》。但《四库全书总目》卷 137 记作 22877 卷,又有目录 60 卷,共 22937 卷;《万历野获编》补遗卷 1 记作 22900 卷有余;《明史·艺文志》记作 22900 卷。一般认为,《四库全书总目》所记可能比较准确。
④ 见《旧京词林志》。
⑤ 《明世宗实录》卷 512。
⑥ 刘若愚:《酌中志》卷 18。
⑦ 全祖望:《鲒埼亭集》外编卷 17"钞永乐大典记"。

余册①。光绪二十年(1894年),翁同龢查点,又发现丢了许多,尚存者仅八百余本②。光绪二十六年(1900年)八国联军侵入北京,翰林院被焚,《永乐大典》几乎尽付一炬,幸存者也多被英、美、德、俄、日等帝国主义者劫去。1960年,中华书局根据历年征集到的七百三十卷影印出版。1983年初,山东掖县一农民将家中放置多年、残缺不全的一册古书献给北京图书馆,经鉴定,这一册古书是《永乐大典》的两卷(真字韵门制类卷3518、卷3519)。据统计,目前散藏世界各地的《永乐大典》原本不过约八百卷,仅为原帙的百分之三略多。

3．体例

类书把各种资料按类集中,为检寻利用提供了方便,但类的范畴即所包括的材料没有客观标准,这对检索仍有不便。因此,在其发展过程中,就出现了克服这种缺点的一个办法:把常用的典故、人名、地名、事物名等,逐渐附入最通行的检韵字典之中。这个办法日益发展,逐渐形成以韵隶事的类书,唐代颜真卿的《韵海镜原》、宋代袁毂的《韵类选题》、钱讽的《回溪史韵》、宋元之际阴时夫的《韵府群玉》,就是这种类书。《永乐大典》正是继承和发展了这种类书的办法,特别是直接将《回溪史韵》和《韵府群玉》当成了蓝本,采用了按韵收字,用字系事的体例。它所依据的韵目次序是《洪武正韵》。在所列各字之下,先注《洪武正韵》的音义,次录各韵书、字书的反切与解说。又用唐颜真卿《韵海镜原》的方式,并列该字的楷篆各体。然后分类汇辑与该字有关的天文、地理、人事、名物以及诗文词曲等各项记载。所汇辑的记载,完全据原书照抄,不改一字,原书书名和作者名,用红字写出,极为醒目。

---

① 缪荃孙:《艺风堂文续集》卷4"永乐大典考"。
② 《翁文恭公日记》甲午六月初十日。

4. 价值

《永乐大典》在以字系事时,办法未能统一,"或以一字一句分韵,或析取一篇,以篇名分韵,或全录一书,以书名分韵"。这是一个缺点,但"元以前佚文秘典、世所不传者,转赖其全部全篇收入",而得以保存下来①。清初全祖望首先从《永乐大典》中辑佚古书②,乾隆时安徽学政朱筠建议从《永乐大典》中辑古书善本,遂导致了四库全书处的设立,经过十多年,共辑出古书数百种,多半刻入了聚珍板丛书,被《四库全书总目》著录的达三百六十五种,附存目的又一百零六种,其中《旧五代史》、《续资治通鉴长编》、《建炎以来系年要录》、《水经注》诸书最为有名。后来嘉庆中徐松又从中辑出《宋会要》五百卷、《中兴礼书》一百五十卷等,皆系部头极大的古书③。光绪中,缪荃孙也辑出了几种。

尤其值得重视的,是《永乐大典》所收古书,除了封建时代最受重视的封建正统学派的著作之外,还包括大量的为人民大众所喜闻乐见而对民生日用十分有益的,关于农业、手工业、科技、医学和古典文学等方面的书籍。如《永乐大典》屡引《氾胜之书》和《齐民要术》;其"二十九尤"韵的"油"字内,收有大量关于古代各种油质及其制法、用途的材料;其"三未"韵的"戏"字内,包括着《小孙屠》、《张协状元》、《宦门子弟错立身》等三种戏文,是研究古代戏曲的宝贵参考资料④。可见,《永乐大典》不仅摘录数量多,而且所摘内容价值甚高。

总观《永乐大典》的编纂史及其被利用的历史,不难得出这样的结论,不管明成祖倡导组织这一事业的主观动机如何,它的编纂不愧是中国图书史上极光辉的一页。

---

① 《四库全书总目》卷 137。
② 《鲒埼亭集》外编卷 17"钞永乐大典记"。
③ 缪荃孙:《艺风堂文续集》卷 4"永乐大典考"。
④ 参见中华书局影印本《永乐大典》郭沫若序。

二、种类繁多的私修类书

明代官修类书,《永乐大典》之外,无足道者,但私修类书数量很大,种类繁多,仅《四库全书总目》著录者即有十三部,另有存目一百二十多部。有的对前代类书加以重编,有的专辑一方面的内容,还有的图文并茂。真是琳琅满目,丰富多彩。兹叙数种,以见一斑。

重编前代类书的有俞安期《唐类函》。该书共二百卷,分"天"、"岁时"等四十三部。它把唐人所编类书的内容合编在一起,删去重复,故名《唐类函》。它主要从《艺文类聚》、《初学记》、《北堂书钞》、《白氏六帖》四部类书中取材。"《类聚》居前,不复加删,删者删其后三书也。大都《书钞》删多于《初学记》,《白帖》删多于《书钞》。至若《类聚》略而三书详,则取三书所详,足《类聚》之阙"。① 四书所取内容的排列次序,除《艺文类聚》排在最前面外,《初学记》排在第一,《北堂书钞》、《白氏六帖》分别居第二和第三。上述四书之外,《唐类函》还从杜佑《通典》及韩鄂《岁华纪丽》中选取了一些内容。俞安期在编纂《唐类函》时,曾对所取材料的"讹失"作了一些校勘。这部类书为检索唐以前的典故诗文,提供了很大方便。

卓明卿《藻林》是专门分类汇集写诗作赋所用辞藻的类书。其"凡例"称:"惟取音响明亮、词华绮丽、可入诗赋者录之,若古今故实,自有诸类书可考,兹不备。"该书所汇辞藻,选自《易经》、《诗经》、《左传》、《礼记》、《庄子》、《文选》、《初学记》、《艺文类聚》诸书。全书共八卷三十七类,每类所选辞藻,均列于原书书名之下。每个辞藻之下,有双行小字加以注释。该书所选辞藻,虽列

---

① 见该书"凡例"。

于原书书名之下，但未注出所在原书的卷第及篇名，有的所谓"书名"，实非确切书名（如"诸史"、"六朝"）。还有人认为该书并非卓明卿原作，而是他窃取吴兴王氏的成果①。总之，该书颇有令人指责之处。但它把各类辞藻汇集在一起，对于检索参考，不能不说具有一定的价值。

徐元太《喻林》是专门分类汇集"古人设譬之词"的类书②。该书共有一百二十卷，"析分十门，列类五百八十有奇"③。据卷首所载"采摭诸书"，计有经、史、子、集及道、释等书四百多种，其中多是隋唐以前的著作，但也包括《艺文类聚》、《太平御览》、《玉海》等晚出类书数种。该书所引语句，皆在下面用双行小字注明原出何书及其卷第篇名，与同时出现的大多数类书相比，编辑态度比较严肃认真。古书中使用比喻的情况很普遍，但从来没人将之汇为一书，《喻林》之出，是破天荒的第一部，"实为创例"，尤足重视④。该书卷首所载"采摭诸书"中，将明人伪书《武侯心书》列为诸葛亮撰，《天禄阁外史》列为汉黄宪撰；正文中有些语句的出处，所注并非其最原始者，这些都是作者的疏忽之处。

凌迪知《左国腴词》是专取一书字句分类编排的类书。该书共八卷，前五卷摘编《左传》字句，共分四十类；后三卷摘编《国语》字句，共分四十三类。该书质量不高，但专门摘编一书字句，对后人检索仍有一定用处。

王志庆《古俪府》是专收骈体文辞藻的类书。全书共十二卷，分十八门，门下子目凡一百八十二。它"以六朝唐宋骈体足供词藻之用者，采摭英华，分类编辑"；"汉魏赋颂之类，虽非四

---

① 《四库全书总目》卷138。
② 《四库全书总目》卷136。
③ 《喻林·自序》。
④ 《四库全书总目》卷136及该书"郭序"。

六,而典实博丽,已开对偶之渐者",亦加收录①。它注意保持原文篇章的完整性,并多从各总集、别集直接摘录,在明代各类书中它是编纂较好的一部。

游日章《骈语雕龙》是专门以"骈偶之词类隶古事"的类书②。全书共十七门,每门下又各分若干类,共一百五十八类。正文之下,有双行小注,将古事原委详为注出。注文出于林世勤之手,据林世勤在该书"注《骈语雕龙书目》后"所记,注文涉及图书共六百七十六种,除经、史、子、集各类著述外,还包括有《艺文类聚》、《初学记》、《册府元龟》、《太平御览》、《山堂考索》、《玉海》等类书近二十种。该书各门收录内容一般相当陋略,如器用门下只有扇、烛两类,但官制一门,下设三公、太师等八十五类,颇有参考价值。

王志坚《表异录》是专门辑录难解词语及其解释的类书。全书共二十卷,分天文、地理等二十部,有些部下还分有若干类,如"地理部"下有"邑里类"及"山川类"。据作者之弟王志庆为该书所作序言称,"盖其披阅之间,或字或句,偶有深奥,辄笔录之,一时寄兴,非欲成书也。久积为册,遂传家塾","殁后八年",其书始出。该书分量并不算大,但对阅读古籍时检索生僻字的含义,颇有帮助。

图文并茂的类书有章潢《图书编》。该书共一百二十七卷,"凡诸书有图可考者,皆汇辑而为之说"③。最初题名《论世编》,但不久即改今名。明代附图书籍,以此书与王圻《三才图会》为篇幅最大,但王书所收琐屑冗杂,考证疏漏,不如《图书编》之抓住要点、内容可靠。《四库全书总目》曾给予它很高的评价。④

---

①③④ 《四库全书总目》卷136。
② 《四库全书总目》卷137。

三、丛书的编纂

明代丛书编纂极为兴盛。丛书种类已基本完备,除普通丛书外,还有族姓丛书、自著丛书、地方丛书和各种专科丛书等。每一类之中都有著名的代表作,有的数量还相当多。

在普通丛书中,《顾氏文房小说》、《唐宋丛书》、《古今逸史》、《古今说海》、《稗海》、《汉魏丛书》、《津逮秘书》等颇负盛名。《顾氏文房小说》,顾元庆辑,刊于嘉靖年间,收有孔鲋《小尔雅》、王仁裕《开元天宝遗事》、乐史《杨太真外传》等汉至宋著作四十种,多据宋本翻雕,相当珍贵。《唐宋丛书》为钟人杰、张遂辰辑,按"经翼"、"别史"、"子余"和"载籍"四部收书,共收明以前著作一百零三种,其中唐人和宋人的著作占了绝大部分。《古今逸史》,吴琯辑。本书在收辑诸书(共五十五种)时,模仿司马迁、班固以来的正史和郑樵《通志》的体例,设置了不同部类,而将诸书系属于相关部类之下。它共设有"逸志"、"逸记"两大门,"逸志"包括"合志"和"分志"两类,"逸记"包括"纪"、"世家"、"列传"三类。其对收辑诸书所属部类的安排难免有不尽恰当之处,但整个丛书的编排具有较强的逻辑性,这不能不说是它的一个优点。《古今说海》,陆楫辑,刊于嘉靖二十三年(1544 年)。它也是分部别类收辑历代书籍的丛书,其中唐、宋著作最多。部分四个,类分七个,分别是:"说选部",下辖"小录家"、"偏记家"两类;"说渊部",下辖"别传家"一类;"说略部",下辖"杂记家"一类;"说纂部",下辖"逸事家"、"散录家"和"杂纂家"三类。整个丛书包括著作共一百三十五种,一百四十二卷。《稗海》,商浚辑,刊于万历年间,所收著作有张华《博物志》、任昉《述异记》、刘肃《大唐新语》、岳珂《桯史》及蒋子正《山房随笔》等。《汉魏丛书》,程荣辑,刊于万历年间。所收著作被分成"经籍"、"史籍"和"子籍"三部,共收京房撰《京氏易传》等三十八种著作。《津逮秘书》，著名刻书家、图书收藏家毛晋辑，刻于崇祯年间，共有十五集，收书一百多种，是明代编纂的丛书中少有的大部头丛书。由于毛晋富于藏书，而且所与交游者多"博雅之士"，所以这部丛书的编选质量也较高，它虽有一些缺点，但总的说来，"较他家丛书去取颇有条理"。①

在族姓丛书中有《震泽先生别集》等。《震泽先生别集》为王永熙所辑，万历中刊印。所收著作有王鏊撰《震泽长语》和《震泽纪闻》及王禹声撰《续震泽纪闻》和《郢事纪略》等，共四种。

在自著丛书中有《俨山外集》及《少室山房四集》等。《俨山外集》为陆深所撰，刊于嘉靖二十四年（1545 年），收书有《传疑录》、《河汾燕闲录》、《平胡录》等，共二十三种。《少室山房四集》为胡应麟所撰，刊于万历四十六年（1618 年），所收著作有《少室山房笔丛》（其中包括《经籍会通》等著作十种）、《续笔丛》（其中包括《丹铅新录》等著作两种）、《诗薮》（包括内编、外编、续编及杂编）和《少室山房类稿》等。

地方丛书中的《盐邑志林》，是明代丛书中很有名的一部。它于明季由海盐知县黄冈人樊维城编辑，专收历朝海盐县人的著作，自三国至明朝共四十余种，其中明朝人的著作占总数的四分之三弱。这部丛书对于所收著作的处理间有失误之处，如将《玉篇》、《广韵》两书并为一书，甚属舛谬；但它是按地域编辑丛书的较早范例，对于后世有一定的影响，其在这方面的开启作用是不应忽视的。

专科丛书中为人们所经常提及的，有诸子丛书《六子全书》、《子汇》，医学丛书《古今医统正脉全书》，军事丛书《兵垣四编》，文学丛书《唐诗二十六家》、《元曲选》等。《六子全书》为顾春所

① 《四库全书总目》卷 134。

辑,刊成于嘉靖十二年(1533年),所收著作有《老子道德经》、《庄子南华真经》、《扬子法言》、《荀子》、《列子冲虚至德真经》、《文中子中说》等六种子书。《子汇》为周子义等编辑,刊于万历年间,收有《鬻子》等子书二十四种。《古今医统正脉全书》为王肯堂所辑,吴勉学刊之于万历二十九年(1601年),所收书有《黄帝素问灵枢经》、华佗《中藏经》、刘完素《伤寒标本心法类萃》、陶华《伤寒琐言》等历代名医专著四十四种。《兵垣四编》为闵声等所辑,刊于天启元年(1621年),它的正编包括《黄帝阴符经》、《黄石公素书》、《孙子十三篇》和《吴子六篇》四种著作,附编包括许论《九边图论》及胡宗宪《海防图论》两种著作。该丛书为朱墨套印,开卷醒目。它刊印于明末辽东地区战事紧张之时,反映了辑印者为现实服务的用心。《唐诗二十六家》为黄贯曾所辑,刊印于嘉靖三十三年(1554年),所收图书有《李峤集》、《王昌龄集》等。《元曲选》为臧懋循所辑,万历年间刊印,共分二十集,每集收杂剧五种,整部丛书共收一百种。丛书之辑印,有利于图书的保存和利用,而专科丛书的辑印,为专科研究汇集了资料,为科学文化向前发展提供了便利条件。

明代丛书除了数量多、种类全之外,还有一个引人注目之处,即出现了许多专门收集明人著作的丛书。其中最有名的是《金声玉振集》和《纪录汇编》。它们的出现为后人研究明代的政治、军事、经济、民族、外交、文化等问题,提供了很好的条件。《金声玉振集》为嘉靖年间袁褧所辑刻,收书共五十五种,其中五十四种为明人著作,剩下的一种《帝王纪年纂要》是元人察罕所撰,但也经过了明人黄谦的订正。这些著作大多数直接记载了明代的某一方面的情况,如关于明初统一战争的有《平蜀记》等,关于北方民族关系的有《北征录》等,关于中外关系的有《海寇议》等,关于水利的有《问水集》等,关于海运的有《海道经》等。《纪录汇编》为沈节甫所辑,万历四十五年(1617年)陈于廷刊。

收书一百多种,编在一起共二百一十六卷。这个丛书所收的著作也是大多数直接记叙了明代某一方面的情况。如《鸿猷录》是关于用兵事宜的著作,《使琉球录》是关于中外关系的著作,《江西舆地图说》是关于地理的著作。

明代辑刻丛书的成绩固然不小,而在发展过程中也存在一些缺点或不甚成熟之处,约略说来,主要有如下几项:第一,除了个别丛书外,大部分丛书所收著作皆为"短书"、"小品"。第二,许多丛书对所收著作多加删节。如历来评价较高的《古今说海》,亦不免对各书"略有删节"①。第三,有的丛书对所收著作任意点窜,甚至改易名目,如《四库全书总目》卷一百二十四对《格致丛书》评论说:"是编为万历、天启间坊贾射利之本。杂采诸书,更易名目。古书一经其点窜,并庸恶陋劣,使人厌观……摭王应麟《困学纪闻》论诗之语,即名曰《困学纪诗》;又摭其《玉海》中诗类一门,即名曰《玉海纪诗》;又摭马端临《经籍考》论诗数段,即名曰《文献诗考》。"第四,有的丛书在总目录中刻入了某书之名,而实际上丛书之中并未刻入该书。如丛书《百陵学山》中即有这种情况:《三炼法》及《六炼九炼法》两书均有目无书。明代丛书辑刻中存在的上述缺点或不甚成熟之处,有的是历史条件的局限造成的,有的则是辑刻者态度不够严肃所致。这些不足之处的存在,影响了明代丛书的历史地位,但它们与明代丛书的成绩相比,仍是次要的。

---

① 《四库全书总目》卷 123。

结 束 语

从 1368 年朱元璋建立明朝,至 1644 年闯王进京、朱由检煤山上吊,明朝前后历时二百七十六年;如再包括南明,则达三百多年。这在我国古代史上是属于国祚较长的一个朝代。由于它在政治、经济、军事、文化和对外交往诸方面的显赫成就与深刻的经验教训,使之在我国封建社会内占有引人注目的地位。当我们叙述完明朝的历史后,不能不思绪万端。篇幅所限,使我们不能尽抒胸臆,在这里仅述数端,以作结语。

中国有句古话,叫做"顺天者昌,逆天者亡"。这里的"天",如果按照唯物论者的解释,把它作为客观规律的代称,那么这句古语就是从宏观的角度道出了人类社会历史发展中的一个颠扑不破的真理:不管是什么人,只有顺应历史发展的客观规律去办事,才能获得成功,才能对人类社会的进步起推动作用。这个真理,在世界历史上和中国历史上,曾经无数次地得到证明;而明朝的历史,尤其清楚地向人们作了证明。就以朱元璋的历史活动为例,从总体上讲,朱元璋无疑是一个获得极大成功的历史人物,而其中最重要的表现,是他在群雄并起的元朝末年,既削平了群雄,又推翻了元朝,在中国大地上重建了以汉族为主体的多民族的统一政权。他为什么能够建立这一历史性功绩?显然是由于他顺应了当时的历史潮流。元朝末年,以蒙古贵族为核心的封建政权的黑暗统治,造成了阶级矛盾和民族矛盾极为尖锐的局面,当时群雄之所以一时并起,根源即在于此。而要解决这时的混乱状态,就只有在消除或在一定程度上缓和了这两种矛盾之后，才能奏效，这也就成了当时强烈的时代要求。通观这时的元朝政权和朱元璋以外的各地群雄，都没有能提出符合这一时代要求的政策，而只有朱元璋做到了。他起兵不久就支持农民反抗地主夺取土地的斗争，这有利于阶级矛盾的缓和。在北伐中原、向设在大都（今北京）的元朝中央政权作最后冲刺时，他又发布告北方人民的檄文，号召汉族各阶层人民"驱逐胡虏，恢复中华"；对蒙古、色目人则宣布"愿为臣民者，与中夏之人抚养无异"，这对解决当时的民族矛盾起了积极的作用。朱元璋所以能够削平群雄、战胜元政权的奥秘就在这里。

朱元璋是一个有作为的皇帝，为明王朝在政治、经济、军事等各方面订立了完备的制度、法令与章程，但这些制度、法令与章程在其后各个继任者中执行情况并不相同。这就牵涉到人治与法治的问题。人治好，还是法治好？这在中国历史上一直是争论不休的问题。笔者看来，两者都是不可缺少的。只有好的章程、法规，而没有一个善于执行这些章程、法规，在国民中享有极大威信的当权人物，是不能把国家治理好的。反过来，只有一个理想的当权人物，而没有相应的比较健全的章程、法规，同样不可能把国家治理好。对于这一问题，明朝历史也生动地作出了说明。让我们以专制主义中央集权制度为例。朱元璋建立明朝后，进一步发展了中央集权的专制主义制度。这一制度在对付人民群众方面的功能，诚然是不足称道的，但它将统治阶级的权力，尽可能地集中在皇帝手中，削弱了文官武将、地方势力的力量，使统治阶级内部的任何臣民都无力与皇帝对抗，因此也较好地担负起了防止封建统治阶级内部发生叛乱、稳定社会秩序的功能，从这一角度讲，它是值得肯定的。不过，当时的这一制度的积极作用，只有在皇帝是比较有作为的当权者的情况下，才能得到发挥，否则就起不了作用。比如，成化年间，由于明宪宗倦勤怠政，结果使得宦官的权势大大发展，出现了汪直等有名的权势显赫的大宦官,时有"今人但知汪太监"之说,专制主义中央集权制度限制皇帝之外的其他统治阶级人物手握大权的功能,被大大降低。再如天启年间,由于明熹宗非常昏庸,造成了大权旁落于著名宦官魏忠贤手中的局面,文武大臣和地方官吏纷纷向魏忠贤献媚,为其所造生祠遍于各地,专制主义中央集权制度限制皇帝之外其他统治阶级人物手握大权的功能,再一次被大大削弱。而嘉靖年间,情况与上述两个时期截然相反,皇帝朱厚熜在宦官问题上头脑甚为清醒,对宦官控制甚严,犯罪者"挞之至死,或陈尸示戒"(《明史》"宦官传"一),从而使得这时的宦官皆小心谨慎,不敢越权行事,专制主义中央集权制度限制皇帝之外的其他统治阶级人物手握大权的功能,因之没有受到宦官的任何影响。以上所举各例,虽然都仅限于宦官势力消长一个领域,但它们在说明为了要把国家治理好,好的章程与好的当权者必须同时具备上,却是十分充分的。

回顾明朝的兴衰史,还可以深深地感受到,其中期的改革运动,对于延长明朝的寿命,起了很大作用。土木之变后,经过八十余年发展演变的明朝政权,已经逐渐进入其中期阶段。在经济上有所发展的同时,土地集中的现象日益严重,人民的赋役负担越来越重,政治上的腐败现象与日俱增,社会矛盾日趋尖锐,境外势力的威胁也在迅速增长。到了正德年间,农民起义的烽火已经燃遍了南北各地,嘉靖年间更出现了"南倭北虏"交相为患的局面。时至于此,如果没有相应的挽救措施,明朝政权的覆灭指日可待。但是,自嘉靖中期之后,明朝统治集团中出现了海瑞、高拱、张居正等一批有远见、有头脑的政治家,他们先后搞起了以改革赋役制度、增加国家财政收入为中心的、涉及经济、政治、军事、文化、民族关系诸多方面的改良运动,这一运动先由地方搞起,继而成为自上而下推行到全国的一次大浪潮。由于这一改革浪潮的发生,在一定程度上调整了当时的阶级关系,清除或抑制了若干腐朽的社会现象,从而缓和了社会矛盾,改善了封建国家的财政状况,增强了国力。这一统治阶级的自救运动,尽管不可能化腐朽为神奇,从根本上改变明王朝没落的命运,但却确确实实为这一险象丛生的封建王朝注入了一些活力,使之避免了迅速灭亡的命运。如果从张居正去世、这一全国性的改革基本停止的万历十年(1582年)算起,明朝中央政权此后延续的时间仍有六十二年之久;如果从嘉靖中期算起,延续时间则达约一个世纪。明中期改革运动延长明王朝寿命的事实,对于后人是很有借鉴意义的。一个政权,当它刚刚建立之时,除个别情况外,一定是生气勃勃的。但是,随着时间的推移,它又必然会面临日益严重复杂的社会矛盾。这是矛盾的普遍性规律所决定的。面对这种局面,如果当权者昏暗不堪,墨守成规,那么等待他们的只能是一步步陷入灭顶之灾,其政权很快遭到覆亡的命运。他们如果不想遭到这样的下场,那就只好向明朝中期的张居正等人学习,除此之外别无出路。其实,这样的正反两方面的经验教训,在中国古代历史上可说是相当之多;不过,明朝的情况十分典型,尤其值得人们注意。

官吏是否廉洁,对于政权的兴亡,往往产生决定性的影响。这是回顾明朝的兴衰史时,令人得到的又一个极为深刻的感受。在封建社会里,官吏贪污受贿是一个不可治愈的痼疾;然而,统治者采取严厉的反贪措施对抑制官吏贪污腐败仍有一定作用,从而对于社会安定发展产生积极的影响。明初朱元璋时期就是这样。朱元璋出身贫苦农民,对于元末官吏贪污盛行的害处十分了解,因而建立明朝后,极力抑制贪污,为此不惜动用严刑酷法,其令人惊骇的剥皮实草之类严惩贪污措施,在历史上很引人注目。这对于改变元末以来延续下来的贪官污吏恣意横行的局面发生了明显的作用。相对来说,这一时期确实是封建社会里吏治比较清明的时期。朱元璋当政的明初三十余年,是社会生产得到恢复发展的"清明"时期,社会比较安定,政权日趋巩固,究其原因,官吏贪污之受到抑制是其中重要的一个。明朝末年的情况与朱元璋当政时期是一个鲜明的对照。明中期以后,政治渐趋腐败,贪污受贿的现象日渐抬头,当时兴起的改革运动虽然曾经将抑制贪污列为改革的内容之一,但并没能把这一问题较好地解决。到了明朝末年,吏治空前败坏,文官武将的贪污中饱极为普遍,甚至由于贪风太盛导致无钱即不能办事,从而使得个别官吏想独自成为清廉君子也办不到。当时贪污最厉害、影响最大的是军官。由于军官的营私中饱,使得明王朝筹措来镇压农民起义、抵御后金的军费,大部落入他们的私囊。为了解决问题,应付时局的需要,明王朝只好再次筹措,但接踵而来的是军官的再次吞没。于是便形成了无休止的恶性循环。在这一次次的恶性循环中,劳动人民的赋役负担随之而一次次加重。这时的所谓三饷加派,便是由此而产生的。说到明朝灭亡的原因,谁都知道赋役剥削的极端沉重是最重要的原因之一,而由上述来看,追根究底来讲,则不能不将之归结在吏治的败坏、贪风的盛行上。综观明初和明末的情况,一个发人深省的规律清清楚楚地摆在人们面前:官吏廉,国可兴;文武贪,国必亡。这一血的教训,后人是多么应该牢牢记取呀!

明朝中后期,由于生产力的提高和商品经济的发展,中国封建社会的内部开始出现资本主义萌芽。当时,江南地区的丝织业等行业中,存在着明显的资本主义性质的雇佣劳动,甚至在思想文化领域中也出现了与资本主义萌芽相适应的离经叛道思想、强调"人必有私"的观念,以及提倡"独抒性灵"的文学主张等。大约与此同时,西欧自地中海沿岸开始,也陆续出现了资本主义萌芽。但是,西欧的资本主义萌芽很快发展起来,在十七世纪中叶英国发生了资产阶级革命,十八世纪又出现了工业革命,从而进入资本主义社会阶段。而在中国资本主义萌芽却一直没有发展起来。十七世纪中叶英国发生资产阶级革命之时,中国发生的是旧式的农民战争。到了十八世纪,资本主义萌芽虽以明清之际战乱后的残余为基础,重新进入恢复期,但始终没有壮大起来,十九世纪中叶后中国社会更因外力入侵而中断了正常发展,陷入半殖民地半封建的深渊。为什么中国与西欧的资本主义萌芽遭遇了两种不同的命运呢?回顾明朝的历史以及同期的西欧史可知,刚刚出世的资本主义萌芽,力量十分弱小,单靠自己是不能茁壮成长的,它需要得到国家政权的支持,才能战胜封建势力,壮大自己,并最终取代封建生产方式的统治地位;这种支持,资本主义萌芽在西欧得到了,而在明代和清代的中国没能得到,相反还受到了种种压制和摧残,如在明代的中国受到了重征迭税的剥夺和矿监税使的肆虐。可见,中国和西欧的资本主义萌芽之遇到两种不同的命运,实非偶然。我们不能认为,中国封建社会里的资本主义萌芽之所以没能发展壮大起来,完全是因为没有国家政权支持的缘故,但也不能否认,国家政权之不予支持,确实是其诸种原因中极重要的一个。明代资本主义萌芽的这段历史给后人留下了深刻的教训:担当国家重任的后来人,当新的先进的社会因素出现时,千万不可忘记爱之、扶之,否则将酿成大错,成为历史的罪人。

中华民族是由多个兄弟民族组成的民族大家庭,各个民族之间优势互补,相依而存,在互相学习、帮助中共同为中国的文明发展作出贡献。各个民族之间,由于这样那样的原因,难免偶尔产生矛盾,甚至发展至冲突和战争,而冲突和战争的结果是两败俱伤、皆受损害,这从反面教育了双方,最终会放弃前嫌,重归于好。因而在历史上,中华民族大家庭中的兄弟民族相互间,友好相处、亲密交往是常态,矛盾冲突是偶或存在的变态,而且大家越来越认识到相互间避免冲突、友好相处的重要,相互间的关系呈日益密切的总趋势。回顾明朝的历史,对于这一点,可以十分清楚地观察出来。如当时的蒙汉关系即是如此。由于明朝是在推翻蒙古贵族为核心的元朝的基础上建立起来的，而退到漠北的蒙古贵族又不甘心这一失败，因而自明初以来明朝与蒙古贵族之间发生了不少武装冲突。但是，尽管如此，蒙古族与内地汉族之间的民间交往，在有明一代一直未断。并且因双方为了应付武装冲突，都耗费了大量的人力物力（仅从修筑万里长城一项，就可以想像出明朝为此而付出了多么大的代价；至于蒙古方面，关于"分番夜守"、日防明兵之"赶马捣巢"、"未遂安生"等记载，则史不绝书)，导致"华夷交困"。这种两败俱伤的结果，对于双方都是惨痛的教训，而最终使明蒙双方弃战言好，从而出现了隆庆年间"俺答封贡"的局面。自此，明朝解除了北方的边患，北边"数千里军民乐业，不用兵革，岁省费什七"；蒙古则得到了在沿边开设互市市场的好处，可以很方便地以畜产品换回内地的布匹、铁锅等生活必需品，双方皆大受其益。蒙古族和汉族在这种情况下，亲密关系得到了进一步加深。明代及历史上各代中华民族大家庭中各民族相互关系日益亲密的总趋势及其形成原因，为后人正确处理这类关系、努力发展平等和睦互助的中华民族大家庭，提供了有益的启示。

明代中国与周边国家以至非洲、欧洲国家，发生了广泛的关系，这一段中外交往史给后人的启示也是很深刻的。其中有两点特别值得一提：一是强大的综合国力非常重要；二是积极吸收外来先进文化，十分必要。有明二百多年历史中，倭寇曾猖狂骚扰东南沿海，来自西方的葡萄牙、荷兰等国殖民主义者也先后侵略过中国，他们都给中国人民带来了很大危害，但最终都被中国军民打败了：倭患被平定，葡萄牙殖民主义者被从浙闽沿海等地赶走，荷兰殖民主义者在台湾向郑成功递交了投降书。为什么能出现这种结果？当然是由于中国军民的英勇抵抗。但是，在抵抗外国侵略中仅有英勇精神是不够的，还必须有强大的综合国力作后盾,否则就会心有余而力不足。明代中国无论经济发展水平、科学文化发达程度,抑或是国家的组织能力和军事实力,都处于世界的先进之列,综合国力不逊于任何外来入侵者,这才保证了军民抵抗外来侵略的最终胜利。由此可以看出,中国为了自立于世界之上,保持自己的独立地位,必须永远不忘加强自己的综合国力,这是一条十分重要的历史经验。明朝后期,西方耶稣会士随着殖民主义者的东来,也来到了中国。他们的本意在于向中国传布天主教,但为了取得中国人的好感和信任以便传教,很注重向中国介绍欧洲的科学知识,其中有一些是先进于中国的。当时一些勇于吸收外来先进文化的知识分子,如徐光启等,也积极与西方耶稣会士相交往,接受其介绍的先进知识,从而形成了一个中西文化交流的高潮。这对当时中国数学、天文学、历法、物理学、军火制造等科学技术水平的提高,起了相当积极的作用。比如当时在中国行用了数百年、已出现了显著误差的旧历法,因此而得到了修订,清朝所使用的比较准确的时宪历,就是这一修订所取得的成果。徐光启等勇于吸收外来先进文化的举动,反映了中华民族兼容并蓄的博大胸怀,而其吸收外来先进文化给中国所带来的益处启示着后人:一个民族,一个国家,要想不断进步,积极吸收外来先进文化诚为十分必要。

附录:明史大事年表

明太祖洪武元年(1368 年)

正月,朱元璋即位于应天府,定国号为明,建元洪武。

闰七月,明军克通州,元顺帝弃大都,逃往上都,八月,明军入大都,结束了元朝在全国范围内的统治。

是年,以应天为南京,以开封为北京,改大都路为北平府。定六部官制。沿用前代旧制,允许衍圣公袭封并授曲阜知县。

洪武二年(1369 年)

二月,诏修元史,至八月成书。

四月,编《祖训录》,定封建诸王之制。

八月,定内侍官制。

九月,以临濠为中都。

洪武三年(1370 年)

四月,元顺帝死于应昌,子爱猷识理达腊嗣位。

五月,诏设科取士,并定科举格。

洪武四年(1371 年)

三月,始策试天下贡士。

十一月,命官吏犯赃者不可宽免罪责。

洪武五年(1372 年)

五月,下令战乱期间沦为奴隶者复为民,复业的流民允许根据丁力的可能耕种土地,"毋以旧田为限"。

十二月,下令以农桑、学校的状况考察官吏政绩的优劣。

洪武六年(1373 年)

颁定《大明律》。

洪武七年(1374 年)

二月,修曲阜孔子庙,设孔、颜、孟三氏学。

洪武八年(1375 年)

立钞法,罢宝源局铸钱,禁用金、银、货物交易。

洪武九年(1376 年)

六月,改行中书省为承宣布政使司。

洪武十一年(1378 年)

四月,北元昭宗爱猷识理达腊死,子脱古思帖木儿嗣位。

洪武十三年(1380 年)

正月,以谋反罪名,杀左丞相胡惟庸等,株连甚众。罢中书省,废丞相,更定六部官秩。改大都督府为中、左、右、前、后五军都督府。

九月,置四辅官。

洪武十四年(1381 年)

在户帖制度基础上确立黄册制度。

洪武十五年(1382 年)

四月,罢仪鸾司,置锦衣卫。

七月,罢四辅官。

十月,置都察院。

十一月,置殿阁大学士。

洪武十六年(1383 年)

三月,以沐英镇云南,此为沐氏世守云南之始。

洪武十七年(1384 年)

三月,颁科举取士式。

七月,禁内官预外事。

洪武十八年(1385 年)

三月,因官粮被盗杀户部侍郎郭桓,株连甚众。

十月,颁《大诰》于天下。

洪武十九年(1386 年)

定工匠轮班制。

洪武二十年(1387 年)

在全国范围内普遍丈量土地,绘制鱼鳞图册。

洪武二十二年(1389 年)

五月,置泰宁、朵颜、福余三卫于兀良哈。

是年,北元脱古思帖木儿被部下杀死,坤帖木儿立。

洪武二十三年(1390 年)

五月,作《昭示奸党录》,布告天下。

洪武二十四年(1391 年)
　　是年,天下郡县赋役黄册成,计户 10684435,丁 56774561。

洪武二十五年(1392 年)
　　二月,令天下卫所军以十分之七屯田。
　　四月,皇太子朱标死;九月,立朱允炆为皇太孙。

洪武二十六年(1393 年)
　　二月,以谋反罪杀凉国公蓝玉,兴蓝党之狱,株连甚众。
　　是年核实全国土田共 8507623 顷。

洪武二十七年(1394 年)
　　八月,派国子监生分行天下,督吏民修水利。

洪武二十八年(1395 年)
　　六月,申谕嗣君不许复设丞相,臣下胆敢请设者惩以重典。

洪武三十年(1397 年)
　　是年沔县民众起义,田九成称帝,高福兴称弥勒佛,终被镇
压。

洪武三十一年(1398 年)
　　闰五月,明太祖去世,朱允炆即位,以翌年为建文元年。
　　是年,以齐泰、黄子澄参国政,定议削藩。周、齐、代、岷诸王
以罪被逮。

明惠帝建文元年(1399年)

七月,燕王朱棣在北平起兵,以僧道衍为谋士,指齐泰、黄子澄为奸臣,称"靖难"。

建文二年(1400年)

是年,参政铁铉、都督盛庸御燕兵于济南,燕兵败,撤围而去。

建文三年(1401年)

是年,燕王用僧道衍计,决定直趋南京。

建文四年(1402年)

四月,燕兵获灵璧之捷;五月,渡淮,抵扬州;六月,渡江至京师,李景隆、谷王朱橞开金川门相迎,南京落入燕王之手。宫中火起,惠帝不知所终。朱棣即皇帝位。

七月,革除建文年号,称建文四年为洪武三十五年,以翌年为永乐元年。

是年,北元鬼力赤杀坤帖木儿,废除元国号,称鞑靼。

明成祖永乐元年(1403年)

正月,以北平为北京。二月,改北平曰顺天府。

是年,遣行人邢枢往谕奴儿干。

是年,初遣中官出使爪哇等国,始命内官出镇及监京营军。

永乐二年(1404年)

四月,立朱高炽为皇太子。

六月,封哈密安克帖木儿为忠顺王。

永乐三年(1405年)

六月,郑和与王景弘等从苏州刘家港出发,开始第一次下西洋之远航。

永乐五年(1407年)

三月,封乌斯藏僧哈立麻为大宝法王。

六月,置交阯布政司。

是年,《永乐大典》编成。

永乐七年(1409年)

闰四月,设奴儿干都司。

五月,封瓦剌马哈木为顺宁王、太平为贤义王、把秃孛罗为安乐王。

永乐八年(1410年)

是年,朱棣亲征鞑靼,至斡难河,败本雅失里,又败阿鲁台。

永乐九年(1411年)

二月,工部尚书宋礼开会通河。

十月,封哈密兔力帖木儿为忠义王。

十一月,立皇长孙朱瞻基为皇太孙。

永乐十一年(1413年)

二月,始设贵州布政司。

七月,封鞑靼阿鲁台为和宁王。

是年,在奴儿干都司的治所特林之永宁寺旁立"敕修永宁寺记"石碑。

永乐十二年(1414年)

是年,朱棣亲征瓦剌,于忽兰忽失温大败马哈木,追至土剌河。

是年,宗喀巴派弟子释迦也失进京朝见,宗喀巴被明封为大慈法王。

永乐十三年(1415年)

五月,凿清江浦,通北京漕运。

永乐十七年(1419年)

六月,辽东总兵刘江歼倭寇于望海埚。

永乐十八年(1420年)

二月,山东蒲台唐赛儿起义。

九月,下诏自明年起,改北京为京师;十一月以迁都北京诏告天下。

是年,始设东厂,命中官刺事。

永乐二十年(1422年)

是年,朱棣亲征鞑靼,阿鲁台遁去;以兀良哈为阿鲁台羽翼,又移军击败之。

永乐二十一年(1423年)

是年,朱棣复征阿鲁台,闻其已为瓦剌所败,部落溃散,遂还师。

永乐二十二年(1424年)

四月,朱棣再次亲征阿鲁台,不见敌而还,七月,于途中病死榆木川。

八月,朱高炽即皇帝位,以翌年为洪熙元年。

十月,立朱瞻基为皇太子。

明仁宗洪熙元年(1425 年)

三月,将还都南京,诏北京诸司悉称行在。

五月,朱高炽病死。

六月,朱瞻基即皇帝位,以翌年为宣德元年。

八月,大理卿胡概、参政叶春巡抚南畿、浙江,巡抚之设自此始。

明宣宗宣德元年(1426 年)

八月,汉王高煦反,朱瞻基亲征,高煦不敌而降。

宣德二年(1427 年)

是年,撤交阯布政使司,召回文武吏士,立陈暠为安南国王。

宣德三年(1428 年)

二月,立皇长子朱祁镇为皇太子。

宣德五年(1430 年)

九月,擢御史于谦、长史周忱六人为侍郎,巡抚两京、山东、山西、河南、江西、浙江、湖广,此为各地专设巡抚之始。

是年,郑和第七次率船队下西洋(一说在宣德六年)。

宣德六年(1431 年)

十一月,始令官军兑运民粮。

宣德八年（1433年）

　　是年,在特林的永宁寺旁立"重建永宁寺记"石碑。

宣德九年（1434年）

　　八月,瓦剌脱懽攻杀阿鲁台。

宣德十年（1435年）

　　正月,朱瞻基逝世;朱祁镇即位,以翌年为正统元年。

　　九月,王振掌司礼监。

明英宗正统元年（1436年）

　　是年,始征金花银。

　　是年,始钦差巡盐。

正统四年（1439年）

　　是年,瓦剌脱懽死,子也先嗣,称太师淮王,北方诸部皆受其控制。

正统五年（1440年）

　　十一月,僧杨行祥伪称建文帝,械送京师,下锦衣卫狱,死于狱中。

正统六年（1441年）

　　十一月,定都北京,文武诸司不复称行在。

正统七年（1442年）

　　是年,王振除去明太祖在宫内所立"内臣不得干预政事"铁碑。

正统十年(1445年)

是年,叶宗留起义,进攻永丰,不久,遭遇挫折。

正统十二年(1447年)

是年,叶宗留义军再起。

正统十三年(1448年)

四月,邓茂七起义于福建,称铲平王。

九月,黄萧养起义于广东。

十一月,叶宗留牺牲,余众由叶希八率领。

正统十四年(1449年)

七月,瓦剌也先犯边,朱祁镇带兵亲征。

八月,明军败于土木堡,朱祁镇被俘;郕王朱祁钰监国,立皇子朱见深为太子,以于谦为兵部尚书,整顿京城防务。

九月,郕王即皇帝位,遥尊朱祁镇为太上皇帝,以翌年为景泰元年。

十月,于谦等率军击败瓦剌兵于北京城下。

明景帝景泰元年(1450年)

八月,朱祁镇获释回到京师,入居南宫。

是年,叶希八降明。

景泰三年(1452年)

五月,废皇太子朱见深为沂王,立朱祁钰子朱见济为皇太子。

十二月,始立团营。

景泰四年(1453 年)

　　七月,也先自立为可汗。

　　十一月,皇太子朱见济去世。

景泰五年(1454 年)

　　五月,礼部郎中章纶、御史钟同以请复立沂王朱见深为皇太子下狱。

　　是年,也先为知院阿剌所杀,瓦剌衰落,鞑靼渐盛。

景泰七年(1456 年)

　　十二月,景泰帝病。

　　是年,瑶人侯大苟率瑶、壮民众起义。

景泰八年,明英宗天顺元年(1457 年)

　　正月,石亨、徐有贞、曹吉祥等发动夺门之变,迎朱祁镇复位,改景泰八年为天顺元年,杀兵部尚书于谦、大学士王文。

　　二月,景泰帝被废为郕王,同月逝世。

　　三月,复立朱见深为皇太子。

　　四月,罢团营。

　　十月,释建文帝幼子文圭及其家属,安置凤阳。

天顺五年(1461 年)

　　七月,总督京营太监曹吉祥与嗣子昭武伯曹钦反,旋被平息。

天顺八年(1464 年)

　　正月,英宗朱祁镇去世,遗诏罢宫妃殉葬。朱见深即皇帝位,以翌年为成化元年。

二月,始以内批授官。

三月,复立团营。

十月,立武举法。

明宪宗成化元年(1465 年)

是年,刘通领导荆襄流民起义,称汉王,年号德胜。

是年,金都御史韩雍受命镇压大藤峡瑶壮人民起义,斩断峡藤,改大藤峡之名为"断藤峡"。

成化二年(1466 年)

正月,更定团营制。

闰三月,刘通被俘。

成化六年(1470 年)

是年,李原、小王洪率领荆襄流民再次起义,李原称太平王。转年失败。

成化八年(1472 年)

是年,规定每年向京师漕运粮食四百万石,而计入耗米等,京、通两仓实入近 519 万石。

成化九年(1473 年)

九月,王越袭击河套鞑靼于红盐池,大破之。

成化十一年(1475 年)

八月,浚通惠河。

十一月,立皇子朱祐樘为皇太子。

十二月,复郕王帝号。

成化十二年(1476 年)

　　十二月,置郧阳府,设行都司卫所,安置、控制流民。

成化十三年(1477 年)

　　正月,置西厂,太监汪直提督官校刺事。

成化十八年(1482 年)

　　三月,罢西厂。

成化十九年(1483 年)

　　六月,调汪直南京御马监,八月,谪为奉御,其党羽亦先后罢
黜。

成化二十一年(1485 年)

　　二月,放免传奉文武官 560 余人。

　　是年,下令允许轮班工匠在自愿的条件下以银代役。

成化二十三年(1487 年)

　　八月,宪宗朱见深逝世。

　　九月,朱祐樘即皇帝位,以翌年为弘治元年;斥逐佞幸侍郎
李孜省、太监梁芳、外戚万喜等。

　　十月,汰传奉官二千余人,罢遣禅师、真人、西番法王等千数
百人。

明孝宗弘治元年(1488 年)

　　二月,封哈密卫左都督罕慎为忠顺王。

弘治二年(1489 年)

五月,河决开封,入沁河,役五万人治理。

弘治三年(1490年)
闰九月,禁宗室、勋戚奏请田土及受人投献。

弘治五年(1492年)
三月,立皇子朱厚照为皇太子。
是年,户部尚书叶淇请召商纳银运司,领取盐引,赴边开中之法自此废除。

弘治六年(1493年)
二月,擢布政使刘大夏右副都御史,治张秋决河。次年完工,改张秋名安平。

弘治十年(1497年)
三月,召大学士刘健等于文华殿议庶政,后以为常。
自本年始纂修《大明会典》,至弘治十五年完成。

弘治十二年(1499年)
十二月,兵科给事中张弘至上言,批评孝宗近年浸复传奉官、斋醮不绝等,与其初政大异。

弘治十三年(1500年)
二月,定问刑条例。

弘治十八年(1505年)
五月,孝宗朱祐樘逝世,皇太子朱厚照即皇帝位,以翌年为正德元年。

明武宗正德元年(1506年)

十月,以太监刘瑾掌司礼监,丘聚、谷大用提督东、西厂,张永督十二团营兼神机营,魏彬督三千营,各据要地。

正德二年(1507年)

三月,敕各镇守太监预刑名政事。

八月,作豹房。

正德三年(1508年)

六月,朝会时,发现揭露刘瑾罪行之匿名文书,百官罚跪于奉天门外,下三百余人于锦衣卫狱。

八月,立内厂,由刘瑾掌管。

是年冬,四川保宁人刘烈率众起义。

正德四年(1509年)

是年,四川起义者蓝廷瑞称"顺天王",鄢本恕称"刮地王",廖惠称"扫地王",部众至十万。

正德五年(1510年)

四月,安化王朱寘鐇反,不久被平息。

八月,以谋反罪逮捕刘瑾,同月处死。

十月,刘六、刘七起义爆发。

正德九年(1514年)

是年,乾清宫失火,为重建而加天下赋一百万。

正德十一年(1516年)

是年,葡萄牙马六甲总督佐治派裴来斯特罗来中国。

正德十二年(1517年)

　　是年,朱厚照微服出德胜门,至居庸关、宣府、大同等地游乐,自称总督军务威武大将军总兵官,在应州督诸军战鞑靼,次年正月才回到京师。

　　是年,葡萄牙派皮来资以国王名义充任大使,和安特拉德率舰队来到中国。

正德十三年(1518年)

　　是年,朱厚照出巡宣府、大同、偏头关、榆林、绥德、石州、太原等地,自封镇国公,次年二月回到京师。

正德十四年(1519年)

　　三至四月因百官谏南巡,先后有146人被杖于午门,死11人。

　　六月,宁王朱宸濠反,七月被擒。

　　是年,朱厚照以亲征宸濠为名,南下游玩,经涿州、扬州,至南京。

正德十五年(1520年)

　　是年,朱厚照游玩于南京,闰八月北返,九月于清江浦泛舟捕鱼,舟翻落水,由此成疾,年底至京师。

正德十六年(1521年)

　　三月,朱厚照逝世于豹房。皇太后张氏和大学士杨廷和定议,迎兴献王朱祐杬子朱厚熜来京继位。

　　四月,朱厚熜即皇帝位,以翌年为嘉靖元年。五天后,命礼臣集议兴献王朱祐杬的封号,揭开了大礼议的序幕。

　　七月,观政进士张璁上《大礼疏》,主张继统不继嗣,请尊崇所生、反对考孝宗、改称兴献王为皇叔父的主张。杨廷和等抗疏驳斥。

明世宗嘉靖二年(1523年)

四月,朱厚熜听信太监崔文言,建斋醮于宫中。

六月,"争贡之役"起。

嘉靖三年(1524年)

七月,发生左顺门事件,大礼议的形势陡变;至九月,即决定称孝宗为皇伯考,称张太后为皇伯母,称朱厚熜的生身父母为皇考和圣母。

是年,发生大同兵变。

嘉靖七年(1528年)

六月,《明伦大典》编成,颁示天下。追罪持反对意见的议礼诸臣,削杨廷和等籍。

嘉靖十二年(1533年)

十月,大同兵变,坚持到次年二月。

嘉靖十四年(1535年)

是年,辽东兵变。

嘉靖十九年(1540年)

八月,太仆卿杨最谏服丹药,被杖死。

嘉靖二十一年(1542年)

十月,宫婢杨金英等欲杀朱厚熜,未遂,被害。朱厚熜从此移居西苑,不还大内。

嘉靖二十三年(1544 年)

十月,蒙古鞑靼部自万全右卫入边,掠至完县,京师戒严。

十一月,加方士陶仲文少师,仍兼少傅少保;一人兼领三孤,为明朝惟一之人。

嘉靖二十五年(1546 年)

是年,三边总督曾铣上疏请复河套。

嘉靖二十七年(1548 年)

是年,朱厚熜听信严嵩谗言,先后杀死曾铣和夏言。

嘉靖二十九年(1550 年)

八月,俺答率众入边,掠通州,围京师,饱掠而退。

九月,罢团营,复三大营旧制。

嘉靖三十年(1551 年)

是年,锦衣卫经历沈鍊因劾严嵩被杖,贬佃于保安州。

嘉靖三十二年(1553 年)

正月,兵部员外郎杨继盛弹劾严嵩,下狱。

三月,海盗汪直勾结倭寇,大举入犯,浙东西、江南北滨海数千里,同时告警。

七月,河南师尚诏发动起义,数月后失败。

十月,京师外城建成。

嘉靖三十四年(1555 年)

五月,张经、俞大猷取得王江泾大捷,自有倭患以来,此捷为"战功第一"。

九月,俺答犯大同、宣府、怀来,京师戒严。

嘉靖三十六年(1557年)
本年,葡萄牙殖民者强行租占澳门。

嘉靖三十九年(1560年)
二月,南京振武营兵变。
二月,郭希颜上疏请立皇太子,被杀。

嘉靖四十年(1561年)
正月,潘季驯上疏要求在广东继续遵行均平里甲法,获准。

嘉靖四十一年(1562年)
春季,废除班匠服役制度,以银代役。
五月,严嵩罢官。
十一月,分遣御史访求方士、法书。

嘉靖四十二年(1563年)
四月,戚继光破倭于平海卫。
十月,鞑靼兵破墙子岭而入,掠顺义、三河等地,京师戒严。

嘉靖四十三年(1564年)
二月,倭犯福建仙游,总兵官戚继光大破之,福建倭平。

嘉靖四十五年(1566年)
二月,户部主事海瑞上疏,极论朝政之非,被逮入狱。
十二月,朱厚熜因服食丹药中毒而死,其子裕王朱载垕即皇帝位,以翌年为隆庆元年,嘉靖朝政令不便者,皆以遗诏更改。

明穆宗隆庆元年(1567 年)

九月,俺答寇大同,陷石州,土蛮犯蓟镇,掠昌黎、卢龙,至于滦河。京师戒严。

隆庆二年(1568 年)

三月,立皇子朱翊钧为皇太子。

五月,命戚继光以都督同知总理蓟州、昌平、保定三镇练兵事宜。

隆庆四年(1570 年)

春,应天巡抚海瑞组织开吴淞江,浚常熟县白茆河。

十月,俺答孙把汉那吉来降。

十一月,俺答乞封。

十二月,俺答执献叛人赵全等,把汉那吉遣返蒙古。

隆庆五年(1571 年)

是年封俺答为顺义王,开互市。

隆庆六年(1572 年)

五月,朱载垕逝世。

六月,朱翊钧即皇帝位,以翌年为万历元年。

六月,高拱被罢官,张居正为首辅。

明神宗万历元年(1573 年)

正月,王大臣案发生。

十一月,立章奏考成法。

万历三年(1575 年)

二月,始命日讲官分值记注起居,纂缉章奏,临朝侍班。

六月,命抚按官对有司贤否一体荐劾,不得偏重甲科。

万历四年(1576年)

正月,辽东巡按御史刘台上疏弹劾张居正专擅威福,下狱削籍。

六月,始重修《大明会典》,至万历十五年完成。

万历五年(1577年)

十月,编修吴中行、检讨赵用贤、员外郎艾穆、主事沈思孝、进士邹元标因弹劾张居正夺情视事,被杖,罢黜谪戍有差。

万历六年(1578年)

七月,刑部侍郎潘季驯进工部侍郎兼右都御史,总理河漕。

是年,《本草纲目》编成。

是年,下令清丈全国土地,至万历九年完成,总计全国田亩701万余顷,比弘治时多300万顷。

万历七年(1579年)

正月,诏毁天下书院。

万历九年(1581年)

是年,在全国推行一条鞭法。

万历十年(1582年)

二月,顺义王俺答汗去世。

三月,杭州兵变。

六月,张居正去世。

十二月,太监冯保谪奉御,被抄家。

万历十一年(1583 年)

三月,追夺张居正官阶。

五月,努尔哈赤起兵征尼堪外兰,克图伦城。

万历十二年(1584 年)

四月,抄张居正家。

是年,王泮在肇庆刻印利玛窦编绘之世界地图《山海舆地全图》。

万历十四年(1586 年)

二月,辅臣申时行等请立皇长子朱常洛为皇太子遭拒绝,"国本"之争由此开始。

万历十六年(1588 年)

是年,殷应采等起义于太湖;梅堂起义于蕲、黄。

万历十七年(1589 年)

三月,朱翊钧不视朝,免升授官面谢,从此视朝更少。

四月,李圆朗起义于龙南。

本年,四川播州宣慰使杨应龙开始反叛。

万历十八年(1590 年)

六月,更定宗藩事例,始允无爵者得自谋生计。

万历二十年(1592 年)

正月,给事中孟养浩因疏请建储,被杖、削籍。

三月,哱拜反于宁夏,九月被平定。

是年,倭犯朝鲜,陷王京,明派军入朝援朝抗倭。

万历二十一年(1593年)

正月,诏并封三皇子为王,廷臣力争,不久收回成命。

是年,吏部尚书孙钺、考功郎中赵南星主持京察,秉公澄汰,受到首辅王锡爵及其追随者的攻击;"门户之祸坚固而不可拔"自此始。

是年,明军收复平壤,倭寇被迫议和,明召回援朝诸边镇兵。

万历二十二年(1594年)

三月,从陈于陛之请,诏修国史。

十月,邢玠总督川、贵军务,讨杨应龙。次年,杨应龙听命。

万历二十四年(1596年)

七月,始遣中官开矿于畿内;不久,河南、山东、山西、浙江、陕西皆令开采,以中官主持。

十月,始派中官榷税于通州;此后,各省皆设税使。

万历二十五年(1597年)

六月,罢修国史。

七月,杨应龙复叛。至万历二十八年六月,失败,自缢而死。

是年,因倭寇复侵朝鲜,明军再次入朝。

万历二十六年(1598年)

是年,忧危竑议妖书案发生。

是年,日本关白丰臣秀吉死,明军与朝鲜军乘机击败侵朝日军。

万历二十七年(1599 年)

四月,临清民变。

十二月,武昌、汉阳民变。

万历二十九年(1601 年)

三月,武昌民变再次发生。

六月,苏州民变。

十月,立皇长子朱常洛为皇太子。

是年,利玛窦至北京,受到朱翊钧的接见。

万历三十年(1602 年)

是年,李贽自杀于狱中。

万历三十一年(1603 年)

十一月,续忧危竑议案发生。

是年,楚宗案发生。

是年,西班牙殖民者在吕宋屠杀华侨二万五千人。

万历三十二年(1604 年)

是年,顾宪成等在无锡重修东林书院,成为东林党讲学、议政的中心。

万历三十三年(1605 年)

十二月,下令停止天下开矿,但税使未撤。税使之流毒终万历之世未绝。

是年,正直派官吏吏部侍郎杨时乔等主持京察,被斥者多为首辅沈一贯的心腹。

万历三十四年(1606年)

　　三月,云南民变,杀税监杨荣。

　　是年,利玛窦、徐光启合译《几何原本》,至第二年译出前六卷。

万历三十九年(1611年)

　　是年,吏部尚书孙丕扬等主持京察,许多邪恶官僚被列入察疏。

　　御史徐兆魁疏劾东林讲学诸人阴持计典,从此门户之争加剧。

万历四十年(1612年)

　　十一月,御史孙居相揭发韩敬科场案。

万历四十二年(1614年)

　　三月,福王朱常洵就藩洛阳。

　　四月,福建民变,反对太监高寀。

万历四十三年(1615年)

　　五月,梃击案发生。

　　是年,努尔哈赤正式设立八旗。

万历四十四年　后金(清)太祖天命元年(1616年)

　　是年,努尔哈赤建立大金政权,史称后金,建元天命。

万历四十五年　后金天命二年(1617年)

　　是年,由吏部尚书郑继之等主持京察,尽斥东林,楚、齐、浙三党邪派势力由此更为嚣张。

万历四十六年　后金天命三年（1618年）

　　四月，努尔哈赤兴兵攻明，临行，书"七大恨"告天。

　　闰四月，明以杨镐经略辽东。

　　九月，以军饷缺乏，加天下田赋。

万历四十七年　后金天命四年（1619年）

　　二月，明军四路攻后金；三月，后金消灭三路明军。

　　十二月，为对付后金军，再次加天下田赋。

万历四十八年　明光宗泰昌元年　后金天命五年（1620年）

　　三月，为对付后金军，第三次加天下田赋。

　　七月，朱翊钧病死。

　　八月，朱常洛即位，以翌年为泰昌元年。

　　九月，朱常洛病死。皇长子朱由校即位，以翌年为天启元年，是年八月以后称泰昌元年。

明熹宗天启元年　后金天命六年（1621年）

　　三月，后金军先后取沈阳、辽阳。

　　九月，永宁宣抚使奢崇明叛乱。

天启二年　后金天命七年（1622年）

　　二月，水西土同知安邦彦叛乱。

　　是年，徐鸿儒、于弘志领导的白莲教起义发生于山东、北直隶。

　　是年，荷兰殖民者侵占澎湖。天启四年被赶出，侵略矛头转向台湾。

天启三年　后金天命八年（1623年）

十二月,魏忠贤总督东厂。

天启四年　后金天命九年(1624年)
　　三月,杭州兵变。
　　六月,左副都御史杨涟劾魏忠贤二十四大罪,南北诸臣纷起弹劾魏忠贤,皆被传旨切责。

天启五年　后金天命十年(1625年)
　　是年,魏忠贤兴大狱,逮正直官吏杨涟、左光斗、袁化中、魏大中、周朝瑞、顾大章等六人,六人先后死于狱中。
　　八月,毁天下东林讲学书院。

天启六年　后金天命十一年(1626年)
　　正月,正式开始纂修《三朝会典》,至六月完成,刊布中外。
　　正月,后金围攻宁远,宁前道参政袁崇焕固守败敌。
　　二月,兴周起元、周顺昌、高攀龙、缪昌期、李应昇、周宗建、黄尊素等七君子之狱。不久,高攀龙赴水自杀,周起元等先后死于狱中。
　　六月,浙江巡抚潘汝祯将在西湖为魏忠贤建生祠事疏闻于朝,诏赐名普德。从此,各地纷起效尤。
　　是年,努尔哈赤死,皇太极继为后金汗。

天启七年　后金(清)太宗天聪元年(1627年)
　　三月,澄城民变。
　　八月,朱由校去世,光宗第五子、信王朱由检继位,以翌年为崇祯元年。
　　十一月,安置魏忠贤于凤阳,魏忠贤于途中自杀。

明思宗崇祯元年　后金天聪二年（1628 年）

五月，焚毁《三朝要典》。

七月，王嘉胤、王左挂等分别起义于府谷、宜川等地，明末农民起义正式爆发。

十一月，高迎祥起义，称"闯王"。

崇祯二年　后金天聪三年（1629 年）

八月，安邦彦、奢崇明被明军击败、丧命。

十月，后金兵入大安口，趋京师。次年上半年始东归。

十二月，朱由检中后金反间计，逮袁崇焕入狱。次年袁被处死。

是年，复社举行尹山大会。

崇祯三年　后金天聪四年（1630 年）

春季，老回回、王自用等部起义军自神木渡河入晋。

六月，张献忠在米脂十八寨起义，称八大王。

九月，兵部尚书请续增辽饷，至次年开始实行。

是年，李自成起义，不久带队投入不沾泥部起义军。

是年，复社举行金陵大会。

崇祯五年　后金天聪六年（1632 年）

五月，后金攻察哈尔部，克归化城，林丹汗西走。

是年，复社举行虎丘大会（一说在崇祯六年举行）。

崇祯六年　后金天聪七年（1633 年）

十一月，起义军各部于渑池渡黄河，入河南。

是年，孔有德、耿仲明降于后金。

崇祯七年　后金天聪八年(1634年)

　　正月,尚可喜降于后金。

　　是年,后金兵入塞,"蹂宣、大逾五旬",闰八月东归。

　　是年,高迎祥、李自成等起义军误入兴安车箱峡,被围两月,诈降脱险。

崇祯八年　后金天聪九年(1635年)

　　正月,起义军焚烧凤阳皇陵享殿。

崇祯九年　清太宗崇德元年(1636年)

　　四月,皇太极即位,改元崇德,国号大清。

　　六月,清兵分三路入独石口,九月东归。

　　七月,高迎祥于盩厔黑水峪被俘,不久被杀。

崇祯十年　清崇德二年(1637年)

　　是年,杨嗣昌出任兵部尚书,确定四正六隅十面网之围剿起义军计划,并确定开征剿饷280万两。

　　是年,《天工开物》刊行。

崇祯十一年　清崇德三年(1638年)

　　四月,张献忠伪降,驻谷城。

　　九月,清兵入口,次年正月下济南,三月东归。入关凡半年,下七十余城。

　　十月,李自成在潼关之南原中官军埋伏,与刘宗敏等十八骑逃出,此后在川、陕、楚交界处隐蔽两年之久。

　　十一月,罗汝才暂降官军,暗中与张献忠互为声援。

崇祯十二年　清崇德四年(1639年)

五月,张献忠再起于谷城,罗汝才起而应之,克房县。

六月,始加征练饷。

七月,左良玉讨张献忠,败于罗猴山。

崇祯十三年　清崇德五年(1640年)

十一月,李自成起义军出商洛入豫,重新活跃起来。

崇祯十四年　清崇德六年(1641年)

正月,李自成克洛阳,杀福王朱常洵。

二月,张献忠下襄阳,杀襄王朱翊铭。

崇祯十五年　清崇德七年(1642年)

正月,密派马绍愉出关与清谈判,六月议和条款上报兵部,事泄,不久朱由检杀兵部尚书陈新甲以掩盖真相。

二月,松山被清攻克,洪承畴被俘,后降清。

十一月,清兵入口,翌年由山东回师,五月初出口,往返八个月,克三府、十八州、六十七县。

闰十一月,李自成起义军大捷于汝宁。

崇祯十六年　清崇德八年(1643年)

五月,张献忠下武昌,六月,正式建立政权,称武昌为京城,铸"西王之宝"。

八月,张献忠入长沙。

九月,李自成进行郏县之战,大败官军。十月,取潼关。十一月,取西安。

十二月,李自成起义军开始东渡黄河入山西。

是年,皇太极去世,子福临即位,改翌年为顺治元年。

崇祯十七年　清世祖顺治元年(1644年)

正月,李自成在西安称王,定国号为顺,改元永昌。

二月,李自成起义军下太原。

三月,李自成起义军于月初下大同,十八日晚攻入北京内城。十九日黎明朱由检自杀;中午李自成入京。

四月,二十二日吴三桂与清兵联合败李自成起义军于山海关。二十九日,李自成在武英殿即皇帝位,次日黎明撤出北京。

五月二日,清兵入北京。

五月十五日,福王朱由崧在南京即皇帝位,改翌年为弘光元年。

九月,清世祖福临到达北京。

十月十六日,张献忠称帝,国号大西,年号大顺(史书中所记张献忠称帝时间说法不一,兹从《蜀龟鉴》之说)。

南明福王弘光元年　南明唐王隆武元年　清顺治二年(1645年)

正月十三日,李自成撤出西安。

四月二十五日,清兵破扬州,史可法不屈被杀。

五月上旬,李自成牺牲于通山县九宫山。

五月十日夜,弘光帝逃出南京,十五日清兵入南京,数日后弘光帝为清兵俘获。

六月,潞王朱常淓在杭州监国,数日后降清。

闰六月七日,唐王朱聿键监国于福州,二十七日称帝,以是年七月一日之后为隆武元年。

闰六月二十一日,鲁王朱以海监国于台州,八月初三迁驻绍兴,以翌年为监国元年(一说七月十七日监国于台州,八月十六日被迎至绍兴)。

南明隆武二年　南明鲁监国元年　南明唐王绍武元年　清顺治三年(1646 年)

六月,鲁监国政权的钱塘江防线被清军突破,鲁监国逃出绍兴,流亡海上。

八月底,隆武帝朱聿键在汀州被清兵俘获。

十月四日,朱由榔监国于肇庆;十一月十八日即帝位,以翌年为永历元年。

十一月二日,朱聿𨮁监国于广州,五日即帝位,改元绍武。

十一月,郑芝龙降清;其子郑成功不从,旋正式起兵抗清。

十一月十七日,张献忠牺牲于西充凤凰山。

十二月中旬,清兵入广州,朱聿𨮁出逃被俘,绍武政权亡。

南明永历四年　南明鲁监国五年　清顺治七年(1650 年)

八月,郑成功占据厦门。

南明永历六年　南明鲁监国七年　清顺治九年(1652 年)

二月,朱由榔应孙可望之邀迁居安隆所,更其地名为安龙府。

南明永历七年　南明鲁监国八年　清顺治十年(1653 年)

三月,鲁王朱以海自去监国之号。

是年,郑成功派张名振、陈辉率军北入长江,破京口,驻营崇明。

南明永历八年　清顺治十一年(1654 年)

是年,张名振、陈辉率军再入长江,至金山寺,遥祭孝陵而回。

是年,朱由榔遣使封郑成功为延平王。

南明永历十年　清顺治十三年(1656年)

正月二十六日,李定国拥朱由榔离安龙,迁向云南;三月,朱由榔至云南省城。

南明永历十二年　清顺治十五年(1658年)

十二月十五日,朱由榔自云南省城出逃,三天后李定国亦撤离。

南明永历十三年　清顺治十六年(1659年)

闰正月二十八日,朱由榔入缅。

是年,郑成功率军北入长江,包围南京,前驱张煌言西至芜湖,凡得四府、三州、二十四县。

南明永历十五年　清顺治十八年(1661年)

正月,清世祖福临去世,玄烨继位,以翌年为康熙元年。

十二月,缅甸将朱由榔交给清兵。

十二月十三日,荷兰殖民者被迫在投降书上签字,向郑成功投降,退出台湾(一说签字在十二月二十二日)。

南明永历十六年　清圣祖康熙元年(1662年)

三月,朱由榔被清兵带至云南省城,四月被杀,永历政权亡。

五月八日,郑成功病死于台湾。不久,其子郑经继任延平王。

南明永历十七年　清康熙二年(1663年)

是年,清兵占领厦门。

南明永历十八年　清康熙三年(1664年)

八月,李来亨自杀,清兵攻陷茅麓山起义军营寨,西山十三家抗清斗争终结。

南明永历三十五年　清康熙二十年(1681年)
　　春,郑经死,次子郑克塽在冯锡范支持下继位。

南明永历三十七年　清康熙二十二年(1683年)
　　七月,郑克塽降清,台湾纳入清朝版图。

初 版 后 记 *

  我们撰写这部《明史》，是从 1978 年开始的，七年后的 1985 年出版了上册，又过了五年，1990 年才把下册写完交给了上海人民出版社。由于我们才思不敏，以致前后拖延了十二年之久。今天总算了却了心愿，并奉答关心我们《明史》写作的朋友们。

  我们在写这本《明史》时，始终得到上海人民出版社刘伯涵先生的帮助。1978 年，我们接受《明史》撰写任务后，初次拟订大纲时，还受旧框框的限制，重在制度叙述，少有人物活动。是刘伯涵先生启发我们的思路，帮我们一起重新拟订大纲，并通阅初稿，加以修改，才有今天这样的规模。王界云先生则非常认真地审阅初稿，给我们提出宝贵的修改意见。王有为、张志哲和倪墨炎先生，从我们接受写作任务后，就不断地关心、支持与鼓励我们。再是我们在撰写这本《明史》时，参考和吸收了许多明史专家学者的科研成果，如果没有他们的科研成果，我们是写不成今天这个样子的。因此，我们在此对上述诸位先生一并致以诚挚的谢意。

  由于我们水平所限，书中一定存有不少错误，敬请各位专家学者指正，不胜感谢。

作 者

1990 年 12 月

---

 * 这个后记在初版中附在"结束语"的末尾，兹分出单独成篇。

再 版 后 记

借这次再版的机会,我们对本书作了一些修改。感谢上海人民出版社给予再版的机会,感谢张美娣女士对再版修改所提出的宝贵意见以及她为再版而付出的大量艰辛劳动。

本书撰写的分工是:汤纲承担第一至六章、第七章一至三节、第十章、第十七至二十章、第二十三至二十五章;南炳文承担第七章第四节、第八至九章、第十一至十六章、第二十一至二十二章、第二十六章、"结束语"。

作 者

2001 年 10 月 12 日